W0412149

E-Book inside.

Mit folgendem persönlichen Code
können Sie die E-Book-Ausgabe
dieses Buches downloaden.

60018-yxx6p-
56r01-143ly

Registrieren Sie sich unter
www.hanser-fachbuch.de/ebookinside
und nutzen Sie das E-Book
auf Ihrem Rechner*, Tablet-PC
und E-Book-Reader.

Der Download dieses Buches als E-Book unterliegt gesetzlichen Bestimmungen bzw. steuerrechtlichen Regelungen, die Sie unter www.hanser-fachbuch.de/ebookinside nachlesen können.

* Systemvoraussetzungen: Internet-Verbindung und Adobe® Reader®

Sillmann

Apps für iOS 10 professionell entwickeln

Thomas Sillmann

Apps für iOS 10 professionell entwickeln

Sauberen Code schreiben mit Swift 3 und Objective-C

Stabile Apps für iPhone und iPad programmieren

Techniken & Methoden von Grund auf verstehen

HANSER

Der Autor:
Thomas Sillmann, Aschaffenburg
www.thomassillmann.de

FSC www.fsc.org MIX Papier aus verantwortungsvollen Quellen FSC® C013736

Bibliografische Information der Deutschen Nationalbibliothek:

Die Deutsche Nationalbibliothek verzeichnet diese Publikation in der Deutschen Nationalbibliografie; detaillierte bibliografische Daten sind im Internet über http://dnb.d-nb.de abrufbar.

Lektorat: Sylvia Hasselbach
Copy editing: Walter Saumweber, Ratingen
Herstellung: Irene Weilhart
Umschlagdesign: Marc Müller-Bremer, München, www.rebranding.de
Umschlagrealisation: Stephan Rönigk
Gesamtherstellung: Kösel, Krugzell
Printed in Germany

Print-ISBN: 978-3-446-45073-8
E-Book-ISBN: 978-3-446-45206-0

Für meinen Vater, Ernst Sillmann.

„Bis zum Mond und wieder zurück haben wir uns lieb.“

Inhalt

Vorwort

iOS ist und bleibt für Entwickler ein spannendes Feld, nicht zuletzt, da Apple mit dem App Store einen Weg geschaffen hat, mit dem auch einzelne Entwickler Software für einen internationalen Markt verbreiten können, ohne dass sie sich um Dinge wie Bezahlsysteme, Abrechnungen und Download Gedanken machen müssen. Ich selbst habe mich aufgrund dessen vor über fünf Jahren für die iOS-Entwicklung begeistern lassen und habe bis heute nichts von der Faszination für diese spannende und innovative Plattform verloren.

Beim Einstieg in die iOS-Entwicklung habe ich eines aber schmerzlich vermisst: einen einfachen, übersichtlichen und professionellen Einstieg. Ich habe mich mit viel Literatur auseinandergesetzt, war in vielen Foren unterwegs und habe schlicht und einfach viel ausprobiert. Da vieles von diesen Anfängen aber sehr umständlich oder im Nachhinein betrachtet sogar gänzlich falsch war, hat mich das viel Zeit und Lehrgeld gekostet. Und ich habe mir oft gewünscht, man hätte mich von Beginn an an die Hand genommen und mir nicht nur gezeigt, *wie* ich Apps für iOS entwickle, sondern wie ich *gute und professionelle* Apps entwickle, welche Besonderheiten, Best Practices und Design Patterns es gibt und wie ich effektiv und effizient mit der Entwicklungsumgebung arbeiten kann. Und dieser Wunsch hat den Grundstein für dieses Buch gelegt.

Dieses Buch vermittelt Ihnen alle essenziellen Grundlagen und Kenntnisse über die Entwicklung für iOS. Angefangen bei der Vorstellung des Betriebssystems selbst geht es weiter über die Programmiersprachen Objective-C und Swift, deren Struktur und jeweiligen Besonderheiten und all das, was sie ausmacht. Danach rückt die eigentliche Entwicklung für iOS in den Fokus. Sie erfahren alles über die wichtigsten Frameworks von Apple für die App-Entwicklung und lernen typische Best Practices kennen. Besonders wichtig ist hier auch die Vorstellung der Dokumentation, die für Sie als App-Entwickler Bestandteil Ihrer täglichen Arbeit sein wird. Denn letztlich beherbergt die Apple-Dokumentation alle Antworten auf die Fragen, wie Sie bestimmte Probleme in der iOS-Entwicklung angehen und welche Möglichkeiten Ihnen die einzelnen Frameworks von Apple liefern.

Nach der Vorstellung der Plattform und der Programmiersprache(n) geht es weiter mit der Entwicklungsumgebung Xcode, mit der wir unsere Apps für iOS entwickeln. Dabei war es mir besonders wichtig, den genauen Aufbau und die Struktur hinter Xcode vorzustellen sowie alle spannenden Möglichkeiten und Kniffe aufzuzeigen, die Xcode Ihnen bietet und Ihre tägliche Arbeit erleichtern. Auch der Umgang mit Grafiken oder die Lokalisierung Ihrer Anwendung sowie Debugging und Refactoring habe ich in dieses Kapitel mit aufgenommen.

Bis zu diesem Punkt habe ich mich rein mit den essenziellen Grundlagen beschäftigt und ich finde es wichtig, dass auch Sie diese Grundlagen verinnerlicht und verstanden haben, denn sie sind die Grundpfeiler für gute und erfolgreiche Apps. Dazu abschließend folgt im sechsten Kapitel die Vorstellung von MVC – Model-View-Controller. Dabei handelt es sich um eines der wichtigsten Design-Patterns in iOS und ist essenziell für die App-Entwicklung. Aufgrund dessen widme ich MVC ein eigenes Kapitel, stelle es im Detail vor und erkläre, wie und warum Sie es in Ihren eigenen Apps anwenden sollen.

Anschließend geht es im Speziellen um die Entwicklung für iOS und die Nutzung der Funktionen und Frameworks für Apple, unterteilt auf die drei Bereiche Controller, View und Model aus dem MVC-Pattern. Auch in diesen Kapiteln geht es darum, die grundlegenden Besonderheiten zu erläutern und aufzuzeigen, wie Sie mit den einzelnen Elementen arbeiten und diese in Ihren eigenen Apps verwenden. Sie lernen die wichtigsten Elemente aus den jeweiligen Bereichen kennen und erfahren, wie Sie selbstständig mit ihnen arbeiten können und worauf bei der jeweiligen Verwendung zu achten ist. Mit diesem Wissen gewappnet sind Sie imstande, sich selbst in neue Frameworks, Technologien und Themen anhand der Apple-Dokumentation einzuarbeiten und selbstständig Probleme zu lösen. Und genau das ist es, was einen guten und professionellen iOS-Entwickler ausmacht.

Kapitel 10 setzt sich im Detail mit den sogenannten Local und Push Notifications auseinander, die es Ihnen erlauben, Nachrichten aus Ihren Apps an Ihre Nutzer zu senden. Im darauffolgenden Kapitel erstelle ich Ihnen ergänzend dazu dann Extensions vor, die uns Entwicklern ganz neue und innovative Möglichkeiten an die Hand geben, unsere Apps zu erweitern und über das gesamte iOS-System heraus zugänglich zu machen.

Im Anschluss daran widme ich ein eigenes und umfangreiches Kapitel der Entwicklung für die Apple Watch. Die Apple Watch ist die neue spannende Plattform in Apples Ökosystem und ist – was die grundsätzliche App-Entwicklung betrifft – in vielen Dingen recht ähnlich zur iOS-Plattform. Da eine Apple Watch-App immer eine iPhone-App voraussetzt, war es nur passend, auch die Entwicklung für die Apple Watch in diesem Buch im Detail zu beleuchten und zu zeigen, wie Sie Ihre eigenen iPhone-Apps um ein Pendant für die Apple Watch erweitern können. Sie lernen alle Möglichkeiten und Einschränkungen kennen und werden so in die Lage versetzt, selbst mit der Entwicklung eigener Apple Watch-Apps zu beginnen.

Anschließend folgen die Themen Tests und Versionsverwaltung mit Git, die in jeder neuen Xcode-Version mehr und mehr in die Entwicklungsumgebung integriert und unterstützt werden. Ich zeige Ihnen dabei, was Unit-Tests sind, warum Sie sie in Ihren Apps verwenden sollten, wie Sie Unit-Tests schreiben und wie Sie Xcode in Sachen Unit-Tests unterstützt und Ihnen unter die Arme greift. Auch UI-Tests finden dabei Beachtung. Bei der Versionsverwaltung mit Git erfahren Sie alles über die integrierten Funktionen zur Arbeit mit Git in Xcode und wie Sie Änderungen im Code verfolgen und nachvollziehen können.

Zu guter Letzt geht es noch – wie könnte es anders sein? – um die Veröffentlichung Ihrer Apps im App Store und die integrierten Tools in Xcode, die Ihnen bei diesem Prozess unter die Arme greifen. Insbesondere erfahren Sie hier etwas über die Erstellung und Verwaltung Ihrer Apps in Apples Developer Program.

Bei allen diesen Themen soll dieses Buch Sie unterstützen und Ihnen die Grundlagen und das essenzielle Praxiswissen vermitteln und mit auf den Weg geben. Es soll Ihnen nicht Beispielprojekte aufzeigen und deren Verhalten und Eigenschaften erklären (davon gibt es nämlich von Apple selbst mehr als genug), sondern Ihnen das nötige Wissen mitgeben, um Sie in die Lage zu versetzen, Problemstellungen selbstständig zu lösen und zu verstehen, wie Sie gute und professionelle iOS-Apps entwickeln. Denn wenn Sie diesen Status erreicht haben, können Sie darauf aufbauen, experimentieren und eigene spannende und innovative iOS-Projekte umsetzen. Und ich bin gespannt, welche großartigen Apps wir von Ihnen erwarten dürfen.

Ich wünsche Ihnen viel Freude beim Lesen dieses Buches und viel Erfolg mit all Ihren iOS-Projekten.

Thomas Sillmann

ios-buch.thomassillmann.de

Unter dieser Adresse finden Sie zusätzliche Informationen und Services, die ich ergänzend zu diesem Buch anbiete. Dazu gehören vollständige Code-Beispiele und Projekte, anhand derer Sie Ihr erlangtes Wissen testen und vertiefen können, sowie verschiedene Frameworks, die Sie direkt in eigene Projekte integrieren können. Ebenso stelle ich dort Lern-Vieos zur App-Entwicklung bereit und berichte in Blog-Beiträgen über Neuerungen und Aktualisierungen; ein Besuch lohnt sich also. ☺

Danksagung

Für mich als Autor ist es eine ungemeine Freude und ein großartiges Glück, wenn ein Buch wie jenes, das Sie gerade in Händen halten, bereits in einer dritten Auflage erscheint und bereits viele zufriedene Leser gefunden hat. Als die erste Auflage des Buches im Jahr 2014 zu iOS 8 erschien, hätte ich niemals damit gerechnet, zwei Jahre später an einer dritten Auflage zu iOS 10 zu arbeiten. Genau so ist es aber gekommen, und hier sind wir also.

Nachdem ich Ihnen einiges über das Buch an sich und dessen Entstehung und Inhalte erzählt habe, möchte ich diese Stelle nutzen, kurz ein paar ausgewählten Menschen zu danken.

Da wäre Daniel Bocksteger, der all meine bisherigen Bücher rezensierte und mich dabei als Autor immens stolz und glücklich gemacht hat.

Da wäre meine ehemalige Lektorin Sieglinde Schärl vom Hanser Verlag, ohne die ich niemals da wäre, wo ich heute bin und die mich in meiner Tätigkeit als Autor bestärkt und immer aufs Beste unterstützt hat.

Da wäre meine jetzige Lektorin Sylvia Hasselbach, dank der diese dritte Auflage überhaupt erst zustande kam und die das Projekt so erst möglich gemacht hat.

Da wäre Irene Weilhart, die mir bei Fragen und Problemen während der Arbeiten am Manuskript immer zuverlässig, hilfsbereit und schnell zur Seite stand.

Da wäre Walter Saumweber, der dieses Buch so großartig und genau korrigiert hat, um es so fehlerfrei wie nur irgend möglich umzusetzen.

Und natürlich ist da meine Frau Michaela, die in jeder noch so stressigen Phase dieses Buchprojekts hinter mir stand und mir den Rücken stärkte, die meinen Problemen und Sorgen lauscht und immer die richtigen Worte findet, um mich voranzutreiben und den Glauben nicht verlieren zu lassen. Auch wenn es bisweilen finster um mich herum ist, du scheinst immer hell und leuchtest mir den Weg.

Und selbstverständlich sind da Sie, liebe Leserin, lieber Leser. Nur Ihnen habe ich es zu verdanken, heute primär als Autor tätig zu sein und mir damit einen persönlichen Traum zu erfüllen. Ich danke Ihnen für Ihr zahlreiches konstruktives Feedback und die vielen Verbesserungsvorschläge, die ich nach bestem Wissen und Gewissen versuche umzusetzen und in meine Bücher einfließen zu lassen.

Ohne Leser ist ein Autor nichts, und daher danke ich Ihnen von Herzen, das Sie hier bei mir sind und meinen Worten lauschen. Und nun wünsche ich Ihnen viel Spaß und Freude mit dieser dritten Auflage meines iOS-Buches und hoffe, es ist Ihnen ein guter Begleiter und hilft Ihnen bei Ihrer Tätigkeit als App-Entwickler!

1 Über iOS

1.1 Was ist iOS?

Auch wenn diese Frage in der heutigen Zeit möglicherweise überflüssig erscheint (und auch in Anbetracht dessen, dass Sie sich dieses Buch gekauft haben), möchte ich zu Beginn doch zumindest kurz darauf eingehen, was eigentlich dieses iOS ist, für das ich mich - und Sie sich offensichtlich auch - als Entwickler so sehr interessiere. Dabei werde ich auch direkt den Spagat schlagen und Ihnen die Geräte vorstellen, auf denen iOS verfügbar ist, und beschreiben, wie sich das System im Laufe der Jahre entwickelt hat.

Zunächst einmal ist iOS ein Betriebssystem der Firma Apple. Seinen ersten großen Auftritt hatte es im Jahr 2007 zusammen mit der Vorstellung des allerersten iPhone, denn genau auf diesem Gerät lief und läuft bis heute iOS (auch wenn es damals noch iPhone OS hieß). Mit dem iPhone krempelte sich der Markt der Smartphones maßgeblich um und heutzutage sieht man Touch-Smartphones mit dem Bildschirm als Hauptbedienelement allerorten.

Nach mehreren Hardware-Sprüngen des iPhone folgte im Jahr 2010 das nächste iOS-Device von Apple: Das iPad, welches - ebenso wie das iPhone zuvor den Smartphone-Markt - nun den Tablet-Markt ordentlich aufmischte und bis heute den Quasistandard im Bereich Tablets setzt. Auch auf dem iPad läuft Apples Mobil-Betriebssystem iOS (dessen Namensänderung ebenfalls im Jahr 2010 mit dem Erscheinen des iPad von iPhone OS zu iOS erfolgte).

Darüber hinaus läuft iOS auch auf dem iPod touch. Alle Apps, die Sie für das iPhone entwickeln, sind prinzipiell ebenfalls auf dem iPod touch lauffähig, lediglich die zugrunde liegende Hardware unterscheidet sich ein wenig; Telefonieren ist beispielsweise mit dem iPod touch nicht möglich. So kann sich aber ein iPod touch durchaus als günstiges Testgerät für iOS-Apps anbieten (das iPhone spielt da nun mal doch in einer etwas anderen Preisklasse).

Und direkt zu Beginn noch eine kleine Randnotiz: Das von Apple im Jahr 2015 neu vorgestellte und überarbeitete Apple TV besitzt viele Parallelen zu iOS, was die App-Entwicklung betrifft. Zwar verfügt dieses neue Apple TV über ein eigenes Betriebssystem (bekannt unter dem passenden Namen tvOS), dieses besitzt aber viele Gemeinsamkeiten mit iOS. All das Wissen, das Sie sich mithilfe dieses Buches zur iOS-Entwicklung aneignen, können Sie somit auch als perfekte Grundlage für etwaige Apps für das Apple TV heranziehen.

Bild 1.1 iPhone und iPad sind die erfolgreichsten Geräte mit dem Betriebssystem iOS. Daneben verfügt auch Apples iPod touch über iOS als Betriebssystem.

1.1.1 iOS und macOS

Zusammengefasst lässt sich also einfach sagen: iOS ist das Betriebssystem von Apples iPhone-, iPad- und iPod touch-Familie. Sicherlich wissen Sie aber auch, dass Apple nicht nur iOS-Geräte entwickelt und veröffentlicht (auch wenn das aktuell das Geschäft ist, das Apple den größten Umsatz einbringt). Daneben gibt es noch – neben der Apple Watch und dem Apple TV, auf die ich an dieser Stelle ausnahmsweise (noch) nicht eingehe – die Mac-Familie, die Apples Produktplatte aus Notebooks und Desktop-PCs darstellt. Und besonders spannend ist hierbei, dass iOS zu großen Teilen auf macOS – dem Betriebssystem der Macs und ehemals unter dem Namen OS X bekannt – basiert. So sind viele Frameworks, mit denen wir in der iOS-Entwicklung arbeiten werden, unter macOS in derselben oder in einer leicht abgewandelten Form verfügbar. Das bedeutet umgekehrt auch, dass der Einstieg in die macOS-Entwicklung leichter fällt, wenn Sie bereits für iOS entwickelt haben – und umgekehrt. Das aber nur als kleine Randnotiz und mögliche Motivation, sich nach der Lektüre dieses Buches eventuell auch mit der macOS-Entwicklung näher auseinanderzusetzen; Sie werden sehen, über das nötige Rüstzeug verfügen Sie dann. ☺

1.1.2 Besonderheiten der iOS-Plattform

Auch wenn iOS auf macOS basiert, so gibt es doch mannigfaltige Unterschiede zwischen den beiden Betriebssystemen (auch wenn sie sich unter der Haube relativ ähnlich sind).

Entscheidend anders sind die Bedienoberflächen und das Bedienkonzept gestaltet. Während macOS und jedes andere Desktop-Betriebssystem typischerweise mittels Maus und Tastatur gesteuert werden, verfügen iOS-Geräte lediglich über einen Touchscreen, über den mittels Fingergesten und Berührungen alle Aktionen gesteuert werden. Hier gibt es also ganz neue Aspekte, auf die wir als Entwickler achten müssen, um gut funktionierende und intuitiv bedienbare Apps zu entwickeln. Denn ein Finger zum Bedienen eines Touchscreens ist nun mal etwas gänzlich anderes als eine Maus, die ich pixelgenau an jede Position bewegen kann. Ein Finger besitzt wesentlich mehr Fläche und allein das muss bereits beim Konzipieren und Entwickeln eigener Anwendungen für iOS maßgeblich beachtet werden.

Auch sind die Nutzer mit iPhone und iPad mobil unterwegs, was in heutigen Zeiten mit sehr gutem Ausbau des Mobilfunknetzes nichtsdestotrotz bedeutet: Nicht immer ist Internet verfügbar (mal ganz davon abgesehen, dass es das iPad auch in einer reinen WLAN-Version ohne Mobilfunkverbindung gibt) und den Nutzer dazu zu zwingen, eine Internetverbindung herzustellen, sollte nur wirklich dann erforderlich sein, wenn es gar nicht anders geht und ein Internetzugang zwingend für die Nutzung der eigenen App (oder der gerade benötigten Funktion) notwendig ist.

iPhone und iPad sind Mobilgeräte, und genau so werden sie auch genutzt, soll heißen: Viele Nutzer holen ihr Smartphone nur für den Bruchteil eines Augenblicks hervor, checken aktuelle Facebook- oder WhatsApp-Nachrichten und lassen das Handy anschließend wieder verschwinden. Auch für Sie als App-Entwickler gilt: Halten Sie den Nutzer bei dem, was er mit Ihrer App tun will, nicht auf. Weniger ist hier ganz klar mehr. Ihre App soll eine eindeutige Funktion erfüllen, bieten Sie diese darum dem Nutzer so komfortabel, übersichtlich und leicht zugänglich wie nur irgend möglich an.

Daneben gibt es noch einen weiteren wichtigen Aspekt, den wir als Entwickler immer berücksichtigen sollten: Schonender Umgang mit den Akku-Ressourcen. Wenn wir ununterbrochen Bluetooth in Beschlag nehmen und nach anderen Geräten suchen, saugen wir den Akku des Nutzers damit sehr schnell leer und dürfen uns wahrscheinlich im Umkehrschluss über schlechte Kritiken unserer App im App Store „freuen“. Hier gilt ganz klar: Weniger ist mehr, und Ihre App sollte sich immer auf genau die Aufgabe konzentrieren, für die sie gedacht ist.

Sie sehen also, Apps für iOS zu entwickeln besteht nicht nur darin, die Programmiersprache(n) und SDKs zu beherrschen; es geht auch darum, zu verstehen, wie die iOS-Gerätefamilie funktioniert, wie sie genutzt wird und wie Sie mit Ihren Apps den Nutzern das Leben erleichtern.

1.2 iOS für Entwickler

Apple hat mit dem App Store und iOS eine großartige Infrastruktur für uns Entwickler geschaffen. Wir können uns damit voll und ganz auf die Entwicklung unserer Apps konzentrieren, alle sonstigen Modalitäten wie Bezahlmethoden, Zahlungseingang oder Vertrieb übernimmt Apple für uns. Auch wenn Apple dafür einen Obolus in Form eines jährlichen Mitgliedsbeitrags im Apple Developer Program als auch 30 % der Erlöse pro verkaufter App fordert, so stellt der App Store doch eine großartige Möglichkeit dar, die eigene Anwendung binnen kürzester Zeit einem internationalen (und auch durchaus zahlungswilligen) Nutzerkreis zum Download zur Verfügung zu stellen.

Was an dieser Stelle auch gleich gesagt sein muss: Es gibt von Apple keinen anderen vorgesehenen Weg zur Installation einer App auf einem iOS-Gerät außer dem offiziellen App Store (von den Besonderheiten firmeninterner Businessanwendungen sehe ich an dieser Stelle einmal ab). Höchstwahrscheinlich haben Sie bereits einmal von einem Jailbreak gehört, der es ermöglicht, unter anderem den Weg über den App Store zu umgehen und dadurch Apps aus beliebigen Quellen (wie zum Beispiel direkt über die Website eines Anbieters) auf dem eigenen Gerät zu installieren; das sollte aber nicht Ihr bevorzugtes Vorgehen sein, wenn Sie Apps für iOS entwickeln möchten. Zum einen schiebt Apple den Lücken, über die sich ein solcher Jailbreak durchführen lässt, regelmäßig mittels Software-Updates einen Riegel vor, zum anderen ist das schlicht und einfach nicht der Weg, diese Plattform zu nutzen. Apple hat die iOS-Geräte als relativ geschlossene und abgeschottete Systeme konzipiert, und genau so sollten sie auch betrachtet und genutzt werden. Denn auf der anderen Seite sollte nicht der Sicherheitsgewinn vergessen werden, den gerade iOS gegenüber anderen Mobil-Betriebssystemen innehat; Schadsoftware lässt sich nur schwer bis gar nicht auf den Geräten installieren. Möglicherweise halten Sie diese Einstellung für engstirnig und betiteln mich in Gedanken bereits als „Apple Fanboy“, ich versuche aber schlicht, die iOS-Plattform als das zu sehen, was sie ist, und sie so zu nutzen, wie es gedacht ist. Damit ist sowohl uns Entwicklern als auch all den Millionen iOS-Nutzern da draußen am meisten geholfen.

So weit, so gut, doch was benötige ich als Entwickler nun konkret, um mit der Entwicklung für iOS starten zu können?

1.2.1 Hardware für Entwickler

Um für iOS entwickeln zu können, benötigen Sie in jedem Fall einen gewissen Fuhrpark an Apple-Geräten. Zunächst wäre hier einmal der Mac genannt. Ja, ein Mac ist notwendig, um für iOS entwickeln zu können, denn nur unter macOS – dem Betriebssystem des Mac – stehen die SDKs und Frameworks zur Entwicklung für iOS zur Verfügung. Für welches Gerät Sie sich dabei im Detail entscheiden, ist gut und gerne Ihnen und Ihren persönlichen Vorlieben überlassen, leistungstechnisch eignen sich alle. Achten Sie im Idealfall am ehesten noch darauf, einen Mac mit mindestens 8 GB Arbeitsspeicher zu erstehen; für die Entwicklung und zum Kompilieren Ihrer Apps ist das ein sehr angenehmes Mindestmaß, glauben Sie mir (siehe Bild 1.2).

Bild 1.2 Die Macs von Apple eignen sich alle gleichermaßen zur Entwicklung für iOS, auch wenn man mindestens 8 GB Arbeitsspeicher beim Gerätekauf berücksichtigen sollte.

Tipp

Ein Detail, auf das Sie möglicherweise ebenfalls beim Mac-Kauf achten sollten, ist das Display. In den letzten Jahren hat Apple sein sogenanntes Retina-Display nämlich nicht nur in iPhones und iPads, sondern auch in immer mehr Mac-Modellen verbaut. Aktuell ist das MacBook Air der einzige verbliebene Mac, der noch nicht über ein so hochauflösendes Display verfügt, während sich bei MacBook (12 Zoll), MacBook Pro und iMac inzwischen passende Modelle mit Retina-Display finden.

Der Grund, warum ein Retina-Display für die App-Entwicklung von Vorteil sein kann, ist im Testen Ihrer Anwendungen im sogenannten Simulator begründet. Ein iOS-Simulator „simuliert" iPhone und iPad auf Ihrem Mac und erlaubt es somit, Ihre Apps direkt auf dem Mac auszuführen und zu testen. Verfügt Ihr Mac dann selbst über ein solches Retina-Display, nimmt der Simulator nicht so viel Platz ein wie auf einem Nicht-Retina-Display. Das liegt daran, dass Retina doppelt oder sogar dreifach so viele Pixel für einen Punkt darstellt, und bei Displays, die über keine so hohe Auflösung verfügen, verschlingt der Retina-Simulator entsprechend deutlich mehr Platz (keine Sorge, wenn Ihnen von den vielen Worten wie Retina, Pixel und Punkte ein wenig schwindelig geworden ist, später gehe ich noch näher darauf ein ☺).

Kurzum: Für die App-Entwicklung für iOS lohnt es sich, ein Retina-Display einzusetzen. ☺

Neben Ihrem Mac sollten Sie auch mindestens ein iPhone und/oder iPad besitzen – eben je nachdem, ob Sie nur für eine oder für beide Plattformen Apps entwickeln. Zwar haben Sie die Chance, all Ihre entwickelten Apps auch in einem Simulator auszuführen und zu testen, Sie sollten aber in jedem Fall vor der Veröffentlichung Ihrer App im App Store diese auch auf einem richtigen iOS-Gerät ausführlich geprüft haben. Der Simulator nutzt nämlich die komplette Hardware-Power Ihres Mac, wodurch es passieren kann, dass zwar im Simulator alles schnell und fluffig läuft, aber auf einem richtigen (möglicherweise auch schon etwas betagteren) iOS-Gerät alles ruckelt oder sogar abstürzt; dazu aber später noch mehr. ☺

1.2.2 Software für Entwickler

Das Programm, mit dem Sie als Entwickler die meiste Zeit verbringen werden, ist Xcode. Xcode ist kostenlos über den App Store Ihres Mac erhältlich und ist die komplette IDE von Apple zur Softwareentwicklung für iOS, macOS, watchOS und tvOS (eben für all die verfügbaren Betriebssystemplattformen von Apple). Es liefert alle Werkzeuge, die Sie benötigen, inklusive aller SDKs und Simulatoren (sehen Sie dazu auch das fünfte Kapitel, „Die Entwicklungsumgebung – Xcode"). Bild 1.3 zeigt das App-Icon von Xcode.

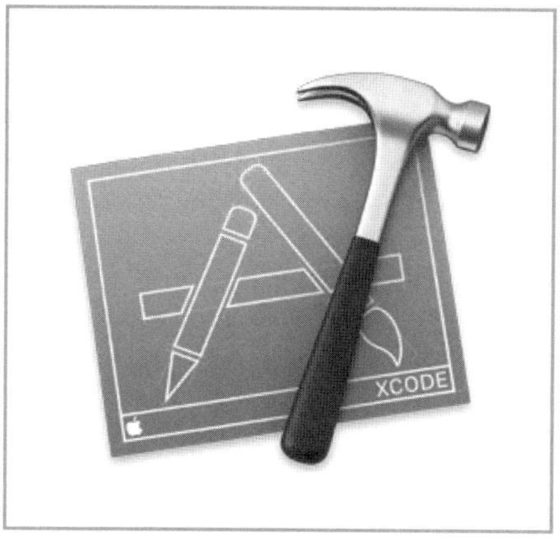

Bild 1.3
Xcode: Mit dieser IDE legen Sie in der iOS-Entwicklung richtig los!

Daneben gibt es noch weitere Software, die Ihnen in Ihrer täglichen Entwicklerarbeit das Leben erleichtern kann, zum Beispiel spezielle Clients zur Arbeit mit der Versionsverwaltung Git oder Apps zur Arbeit mit Datenbanken. Diese sind aber nicht notwendig und werden von mir an passender Stelle im Buch in der benötigten Tiefe vorgestellt.

1.2.3 Das Apple Developer Program

Wie eingangs erwähnt, ist es mit der Entwicklung einer App allein noch nicht mit der Veröffentlichung im App Store getan. Neben den 30 % Verkaufserlös, die Apple automatisch von Ihren App-Verkäufen abzwackt, müssen Sie auch noch Mitglied im Apple Developer Program sein. Als Mitglied können Sie dann ein eigenes Entwicklerzertifikat beantragen und damit Ihre Apps signieren, was nötig ist, um diese in den App Store einzureichen als auch um sie auf einem eigenen iOS-Gerät testen zu können. Insgesamt gibt es vier verschiedene Formen des Apple Developer Program, die hier nun einmal in Kürze vorgestellt werden sollen:

Apple Developer Program Individual

Das ist das Entwicklerprogramm für alle, die alleine bzw. freiberuflich oder selbstständig Apps für iOS entwickeln und veröffentlichen möchten. Die Mitgliedschaft kostet 99 $ pro Jahr und erlaubt den vollen Zugriff auf alle Entwicklerressourcen von Apple, einschließlich Vorabversionen der Entwicklungsumgebung Xcode als auch iOS selbst.

Apple Developer Program Company

Das Apple Developer Program Company entspricht im Großen und Ganzen dem Individual Program, nur dass dieses hier explizit für Firmen ausgelegt ist. Dieses Programm bietet daher auch die Möglichkeit, mehrere Teammitglieder und Entwickler mit verschiedenen Rollen anzulegen und zu verwalten. Die Kosten belaufen sich - ebenfalls wie bei Individual - auf 99 $ im Jahr.

Apple Developer Enterprise Program

Das Enterprise Program ist für Firmen gedacht, die Apps für interne Geschäftszwecke entwickeln und nutzen möchten. So erlaubt dieses Programm das Veröffentlichen von Apps auf beliebig vielen im Programm registrierten Geräten, es ist allerdings keine Veröffentlichung von Apps in Apples App Store möglich. Die Kosten für dieses Programm liegen bei 299 $ pro Jahr.

Apple Developer University Program

Das Apple Developer University Program ist das einzige kostenlose Entwicklerprogramm von Apple. Wie der Name bereits andeutet, richtet es sich an Studierende und Lehrkräfte von Hochschulen und Universitäten, um dort beispielsweise iOS-Entwicklung zu unterrichten (siehe Bild 1.4).

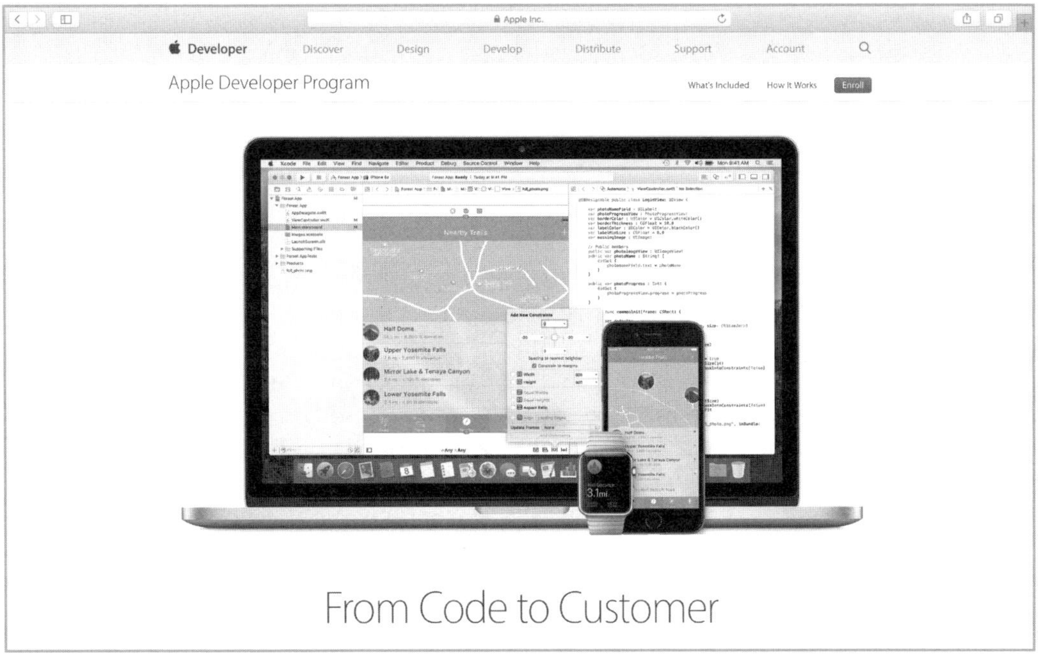

Bild 1.4 Auf *https://developer.apple.com/programs* finden Sie weitere Informationen zum Apple Developer Program und gelangen von dort auch zur Registrierung. (Bild: *developer.apple.com*)

Weitere Informationen zum Apple Developer Program sowie das Formular für die Registrierung finden Sie unter *https://developer.apple.com/programs.*

1.3 Der Aufbau von iOS

Wir wissen nun also, was iOS ist, auf welchen Geräten es läuft und was diese Plattform ausmacht. Für uns als Entwickler ist aber besonders interessant, wie dieses System aufgebaut ist und wie die Architektur von iOS aussieht.

1.3.1 Die vier Schichten von iOS

iOS fußt auf insgesamt vier Schichten (den sogenannten Layern). Es gibt hier den Core OS Layer, den Core Services Layer, den Media Layer und den Cocoa Touch Layer (siehe Bild 1.5). All diese Schichten machen iOS zu dem, was es ist, und Sie als Entwickler nutzen die verschiedenen Funktionen der einzelnen Schichten, um Ihre Anwendungen zu entwickeln. Im Folgenden sollen diese Schichten einmal im Detail vorgestellt werden.

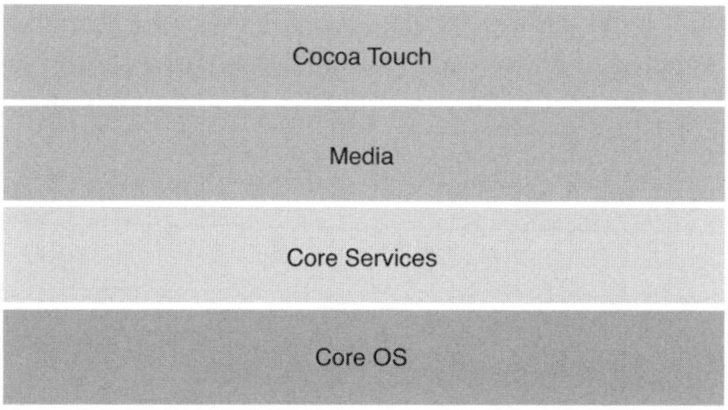

Bild 1.5
Die vier Schichten von iOS, chronologisch geordnet von unten nach oben. (Bild: Xcode-Dokumentation)

Core OS

An allererster Stelle steht das Core OS (und es ist somit die unterste Schicht des Systems). Es beherbergt die grundlegenden Funktionen und Frameworks zur Arbeit mit iOS, wobei wir die meiste Zeit über mit den darüber liegenden Schichten zu tun haben. Es ist aber wichtig zu wissen, dass es diese Funktionen und Frameworks gibt und wofür sie gut sind. Auf diesem Layer finden sich so beispielsweise das Core Bluetooth, das Security und das External Accessory Framework. Ebenfalls kümmert sich das Core OS um die Netzwerkkommunikation, Input/Output, Zugriffe auf das Dateisystem und mathematische Operationen.

So wichtig all diese Funktionen auch sind, so werden wir aber meist in unserer täglichen Arbeit – wie eben erwähnt – eher mit Frameworks arbeiten, die auf dem Core OS aufbauen und damit einen erleichterten und komfortableren Zugang auf diese Ressourcen erlauben. Sie sehen aber, dass Sie auch die Möglichkeit haben, selbst in diese Bereiche vorzudringen (sollte das nötig sein).

Core Services

Die nächste Schicht in der iOS-Systemarchitektur ist der Core Services Layer. Wie der Name bereits andeutet, stellt diese Schicht grundlegende Dienste zur Verfügung und setzt damit auf dem Core OS auf. Beispielsweise enthält dieser Layer die Peer-to-Peer-Services, mit denen Verbindungen zwischen verschiedenen iOS-Geräten via Bluetooth hergestellt werden können. Wie Sie sehen, brauchen Sie für eine solche Aufgabe nicht zwingend das Core Bluetooth Framework aus dem Core OS zu nutzen; das entsprechende Multipeer Connectivity Framework aus dem Core Services Layer setzt darauf auf und bietet bereits Lösungen für den Verbindungsaufbau zwischen verschiedenen iOS-Geräten an.

Daneben enthält Core Services noch Frameworks zur Arbeit mit iCloud, die automatische Speicherverwaltung ARC (mehr dazu in Kapitel 4, „Grundlagen der iOS-Entwicklung"), Frameworks für In-App-Käufe und mehr.

Mit am wichtigsten für uns als Entwickler ist mit Sicherheit das Foundation-Framework, welches grundlegende Datentypen wie Strings, Arrays etc., Funktionen zur Berechnung von Datum und Uhrzeit und weitere grundlegende Klassen liefert, die für die tägliche Arbeit unabdingbar sind, aber dazu später mehr.

Media

Hier wird es multimedial (im wahrsten Sinne des Wortes). Egal ob Frameworks zur Arbeit mit Bildern und Videos, zur Arbeit mit Animationen, zum Arbeiten mit Audio oder das Erstellen eigener Grafiken, im Media Layer findet sich all das Handwerkszeug, das Sie als Entwickler für alle Aufgaben rund um verschiedene Medien benötigen. Auch die Frameworks zur Arbeit mit AirPlay oder zum Verwalten eigener Game Controller finden sich auf dieser Schicht. Die meisten dieser Dinge werden aber ausschließlich für spezielle Einzelfälle benötigt, sodass wir in diesem Buch nur grundlegend auf das ein oder andere Framework näher eingehen werden (Sie werden aber sehen, dass Sie nach der Lektüre dieses Buches in der Lage sind, sich das nötige Know-how für all die anderen Media-Frameworks ohne Schwierigkeiten selbst anzueignen, versprochen).

Cocoa Touch

Mit Cocoa Touch erreichen wir die oberste Schicht in der iOS-Architektur und damit auch die Schicht, die den größten Unterschied zwischen iOS und macOS darstellt. Ganz grundlegend gesprochen stellt Cocoa Touch alle Frameworks und Funktionen zur Verfügung, um Apps für iOS zu entwickeln. Es enthält allen voran das UIKit-Framework, welches verschiedene Views und Controller zum Bau von iOS-Apps enthält und womit dann das komplette Aussehen und Design einer App umgesetzt werden kann. Es enthält auch Frameworks und Funktionen für die grundlegende App-Infrastruktur, so beispielsweise ein System, um den Nutzer mittels Notifications zu informieren, oder die Arbeit mit verschiedenen Touch-Gesten umzusetzen. Viele enthaltene Frameworks bauen auf den Funktionen der darunter liegenden Schichten auf, womit Cocoa Touch einfach nutzbare und objektorientierte Schnittstellen bietet.

Zur Entwicklung von iOS-Apps ist dieses Framework essenziell und für grundlegende Apps auch ausreichend. Dennoch ist es wichtig, als Entwickler zu wissen, aus welchen Schichten sich iOS aufbaut und welche Funktionen Ihnen als Entwickler zur Verfügung stehen.

1.4 Die perfekte iOS-App

Zum Abschluss dieses ersten Kapitels schöpfe ich noch einmal aus dem Vollen und spreche direkt von der perfekten iOS-App. O je, solch ein reißerischer Titel direkt zu Beginn dieses Buches? Nun ja, auch wenn ich Ihnen hier kein Patentrezept zu einer erfolgreichen und ertragreichen App geben kann, so kann ich Ihnen aber sagen, was Sie beachten müssen, wollen Sie mit Ihrer App-Idee wirklich erfolgreich sein. Und ich teile diese Weisheiten bereits mit Ihnen hier zu Beginn dieses Buches, weil es grundlegende Aspekte sind, die Sie bei jedem Schritt der Entwicklung (und bereits davor) im Hinterkopf behalten und absolut verstehen sollten.

Zunächst einmal: Achten Sie bei jedem Schritt der Entwicklung auf die Besonderheiten der iOS-Plattform (wie in den vorigen Abschnitten beschrieben). Sie haben es hier mit Mobilgeräten zu tun, die die Nutzer in unregelmäßigen Abständen nutzen und mit denen sie meist gezielt eine bestimmte Aufgabe erfüllen möchten. Halten Sie den Nutzer nicht mit ewig langen Hinweisen oder Meldungen auf und achten Sie auf die Akku-Ressourcen und gar zu stromhungrige Funktionen, die Sie eigentlich gar nicht benötigen. Wenn Sie das beherzigen (und zwar am besten bereits in der Planungs- und Konzeptionsphase, bevor die erste Zeile Code geschrieben ist), haben Sie bereits einen essenziellen Grundstein für eine erfolgreiche App gelegt. Denn Sie machen sich keine Vorstellung, bei wie vielen Apps genau diese Aspekte bereits schieflaufen und zu entsprechend schlechten Kritiken im App Store führen.

Darüber hinaus gibt es noch eine weitere Weisheit, die zwischen Erfolg und Misserfolg Ihrer App entscheiden kann und daher auch von Beginn an berücksichtigt werden sollte: Konzentrieren Sie sich auf genau die eine Aufgabe, die Ihre App erfüllen soll! Denn dafür sind Apps für iOS gedacht: Für eine Aufgabe, die der Nutzer dank der App schnell, komfortabel und intuitiv lösen können soll. Was sich jetzt möglicherweise einfach und simpel anhört, ist in der Praxis bisweilen ein schmaler Grat und alles andere als einfach umzusetzen. Geben Sie sich daher im Vorhinein die Mühe und überlegen Sie, wie Sie sich selbst Ihre Traum-App vorstellen würden. Wie würde sie aussehen, welche Funktionen muss sie anbieten? Wie bedient sie sich, wie nutzt sie Animationen zum besseren Verständnis? Werden Sie sich über diese Dinge klar, bevor Sie beginnen, massiv Code zu schreiben, denn das geht meist nach hinten los. Und denken Sie daran, den Nutzer nicht mit unzähligen (und unnützen) Features zu überfrachten, die er gar nicht oder zumindest so gut wie gar nicht braucht; der Nutzer wird Ihnen diese Überfrachtung der App nicht danken. Deshalb betone ich es noch einmal, einfach weil es so wichtig ist und zwischen Erfolg und Misserfolg Ihrer Idee und Ihrer App entscheiden kann:

Wichtig

Konzentrieren Sie sich auf die eine Aufgabe, die Ihre App erfüllen soll ...
und dann geben Sie Vollgas!

1.4.1 iOS Human Interface Guidelines

Bevor Sie dann mit der Entwicklung loslegen, ist eines auch ganz besonders wichtig: Werden Sie mit dem Betriebssystem und dem iPhone bzw. iPad als Zielplattform vertraut. Kennen Sie diese Geräte bisher lediglich aus der Presse und der Werbung und haben sich selbst noch nie mit ihnen über einen längeren Zeitraum beschäftigt, holen Sie das erst nach. Sonst kann es leicht passieren, dass Sie die Besonderheiten der Plattform und das typische Verhalten von iOS-Apps bei Ihrer Planung und Konzeption komplett missachten und schließlich eine App entwickeln, die sich vor schlechten Kritiken kaum retten kann. Eine große Hilfe an dieser Stelle sind die iOS Human Interface Guidelines, die wertvolle Tipps zum Aufbau und zur Gestaltung Ihrer App geben. In diesem Dokument hat Apple alle Informationen zu Design und Aufbau typischer für iOS optimierter Apps zusammengefasst, es ist daher nicht nur für Einsteiger in die iOS-Entwicklung einen Blick wert (siehe Bild 1.6). Sie finden diese Guidelines online unter *https://developer.apple.com/ios/human-interface-guidelines* sowie als eigenständiges Buch in iBooks.

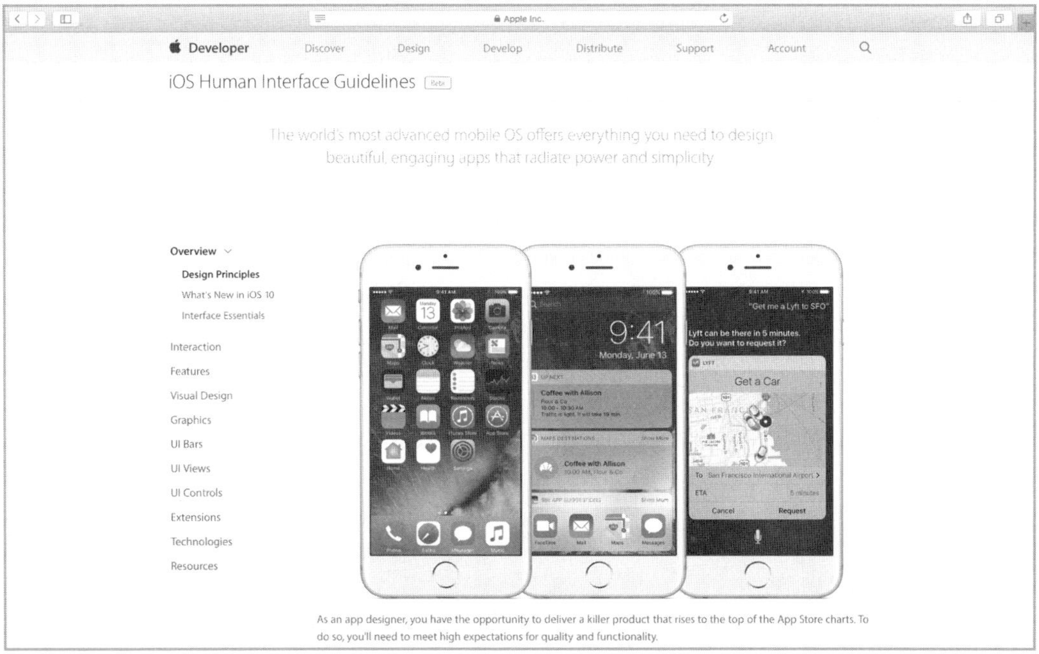

Bild 1.6 Die iOS Human Interface Guidelines sind eine sehr gute Anlaufstelle für die perfekte Gestaltung von iOS-Apps; selbst als erfahrener Entwickler lohnt ein Blick in dieses Entwicklerdokument von Apple. (Bild: *https://developer.apple.com/ios/human-interface-guidelines*)

Berücksichtigen Sie bitte diesen Ratschlag, denn ich kann aus eigener Erfahrung sagen: Erst wenn Sie wissen, wie Sie mit iPhone und iPad effektiv arbeiten und wie Sie die verschiedenen Gesten und Strukturen der Apps nutzen, werden Sie imstande sein, selbst eine großartige und innovative App für genau diese Plattformen zu entwerfen und zu entwickeln. Und schließlich soll das doch das große Ziel sein, nicht wahr?

2 Die (bisherige) Programmiersprache – Objective-C

2.1 Über Objective-C und objektorientierte Programmierung

Objective-C war lange Zeit *die* Programmiersprache, wenn es um die Entwicklung von Apps für iOS oder macOS ging. Jahrelang hat Apple diese Programmiersprache gepflegt und ihre Frameworks nach den Paradigmen dieser Programmiersprache gestaltet und entwickelt.

Tatsächlich schrieb ich eben *war*. Warum das? Weil Apple 2014 eine komplett neue Programmiersprache namens Swift vorgestellt hat. Mehrere Jahre lang hat Apple klammheimlich an dieser Sprache gearbeitet und sie im Herbst 2014 in einer ersten Version veröffentlicht. Seitdem hat sich Swift bereits bedeutend weiterentwickelt und wird sehr positiv von der Entwicklergemeinde aufgenommen. Wer heute neu in die App-Entwicklung für iOS einsteigt, sollte sich auf jeden Fall schwerpunktmäßig auf Swift konzentrieren und auch alteingesessene Objective-C-Hasen tun gut daran, sich Swift im Detail anzusehen.

Doch warum überhaupt dann dieses Kapitel? Warum dann noch eine Referenz zu Objective-C? Einfach weil es noch immer eine vollwertige und zu 100 % für die iOS-Entwicklung verwendbare Programmiersprache ist. Und weil nicht von heute auf morgen der gesamte Objective-C-Code aus der Welt verschwindet und durch Swift ersetzt wird.

Wenn Sie Ihre eigenen Apps für sich selber oder in einem Team entwickeln, mag Swift vollkommen ausreichend sein. Aber wenn Sie als Entwickler in verschiedenen Projekten arbeiten und auch teils mit Apps konfrontiert werden, die bereits seit mehreren Jahren entwickelt werden, dann werden Sie auch zwangsläufig auf Objective-C-Code stoßen, diesen womöglich sogar *warten* müssen.

Bei all der Euphorie und der Freude über Swift (ich persönlich liebe diese Programmiersprache und entwickle ausschließlich damit) dürfen wir nicht vergessen, dass Objective-C noch immer weit verbreitet ist und auch von vielen App-Entwicklern geschätzt wird. iOS-Entwicklung ist nicht nur Swift, es ist auch Objective-C, und genau das möchte ich auch unbedingt in diesem Buch berücksichtigen. Dabei ist es im Übrigen kein Problem, wenn Sie sich vollkommen auf Swift konzentrieren möchten; überspringen Sie einfach dieses Kapitel und gehen Sie direkt zu Kapitel 3, „Der Neue im Club – Swift", über. Dieses Kapitel behandelt rein die Sprache Objective-C (so wie das nachfolgende Kapitel ausschließlich die Programmiersprache Swift behandelt) und ist daher nur von Relevanz, wenn Sie mehr über Objective-C erfahren möchten.

Sie sind noch da? Sehr schön. ☺ Dann gebe ich Ihnen auf den kommenden Seiten einen Überblick über Objective-C, wie die Sprache funktioniert und über welche Besonderheiten sie verfügt. Dabei behandle ich rein die Sprache selbst, Besonderheiten zur Programmierung mit iOS folgen dann in Kapitel 4, „Grundlagen der iOS-Entwicklung".

2.2 Grundlagen der Programmierung

Bevor wir nun in die Details und Eigenheiten von Objective-C abtauchen, muss ich Ihnen zunächst noch die grundlegenden Konzepte vorstellen, die für das Schreiben von Code und die Arbeit mit Objective-C unabdingbar sind. Sind Sie bereits mit der Programmierung vertraut, können Sie diesen Abschnitt getrost überspringen; hier geht es um die Grundlagen zu primitiven Datentypen, Operatoren sowie Abfragen und Schleifen.

Grundlagen der iOS-Entwicklung

In diesem Kapitel geht es rein um die Programmiersprache Objective-C und ihre Syntax. Zu Besonderheiten der iOS-Entwicklung sowie zu den essenziellen Frameworks und dem Aufbau einer iOS-App komme ich in Kapitel 4, „Grundlagen der iOS-Entwicklung".

2.2.1 Objekte

Mit Objective-C nutzen wir eine objektorientierte Programmiersprache und haben daher – wie der Name vermuten lässt – viel mit Objekten zu tun. Doch was sind Objekte? Ein Objekt basiert auf einer Klasse und besitzt ihre Eigenschaften. Entsprechend können wir ein Objekt dann dazu nutzen, auf diese Eigenschaften zuzugreifen oder sie zu verändern.

Das Besondere ist: Wir arbeiten ausschließlich mit Objekten. Für jeden Teil unserer Anwendung erstellen wir eine Klasse, die den für diesen Teil notwendigen Code enthält, und erstellen daraus ein oder mehrere Objekte, die dann die Funktionen dieser Klasse nutzen. Wie wir Objekte unserer Klasse erstellen, erfahren Sie in Kapitel 4, „Grundlagen der iOS-Entwicklung".

2.2.2 Primitive Datentypen

Die Programmiersprache Objective-C (oder besser gesagt ihre Obermenge C) bringt eine Handvoll sogenannter primitiver Datentypen mit. Primitive Datentypen besitzen einen bestimmten Wertebereich und können passende Werte innerhalb dieses Wertebereichs annehmen. Sie erlauben uns, einfache Informationen in ihnen zu speichern und zu verwenden. Auch wenn wir die meiste Zeit mit ausgewachsenen Objekten arbeiten werden, so ist es wichtig, zumindest die grundlegenden primitiven Datentypen zu kennen und zu verstehen, wofür sie gut sind, denn sie werden immer Bestandteil der täglichen Arbeit sein.

Unterschied zwischen primitiven Datentypen und Objekten

Objekte basieren auf Klassen und besitzen alle Eigenschaften dieser Klasse. Primitive Datentypen hingegen basieren auf keiner Klasse; sie sind ein fest definiertes Sprachelement und besitzen einen klaren Wertebereich; ich kann ihnen also nur ganz bestimmte und fest vorgegebene Werte zuweisen.

Im Folgenden habe ich Ihnen einmal diejenigen primitiven Datentypen aufgelistet, die für die tägliche Programmierarbeit essenziell und für grundlegende Aufgaben und Operationen ausreichend sind.

Primitiver Datentyp	Beschreibung	Wertebereich
int	int steht für Integer. Damit werden Ganzzahlen erstellt. Diese Ganzzahlen müssen innerhalb des Wertebereichs liegen.	-2.147.483.648 bis 2.147.483.647
unsigned int	Quasi äquivalent zu int, jedoch können damit nur positive Ganzzahlen abgebildet werden; der Wertebereich ist also ein anderer.	0 bis 4.294.967.295
float	Mit float können Fließkommazahlen abgebildet werden.	1.2E-38 bis 3.4E+38
bool	Bei bool handelt es sich um einen Wahrheitswert, der entweder wahr oder falsch sein kann. Mehr als diese zwei Zustände kann bool nicht annehmen.	TRUE/FALSE oder YES/NO
char	char kann für die Speicherung und Nutzung von Zeichenketten genutzt werden (also Buchstaben, Sonderzeichen etc.).	Zeichenketten bis maximal 2.147.483.647 Zeichen

2.2.3 Variablen

Mit Variablen haben Sie die meiste Zeit während der Entwicklung zu tun. Variablen sind Platzhalter, denen Sie Datentypen oder Objekte zuweisen. Sie greifen dann über die Variable auf diesen Datentyp oder dieses Objekt zu, um es auszulesen oder zu verändern. Im Abschnitt 2.4 „Methoden“ werden Sie bereits Variablen bei der Methodendeklaration kennenlernen und spätestens bei der Implementierung sind sie fester und ständiger Begleiter Ihrer Arbeit.

Zunächst einmal können Sie einer Variablen einen beliebigen eigenen Namen geben. Das ist auch gut und wichtig so, schließlich hält diese Variable ein Objekt oder einen Wert, den Sie aus einem bestimmten Grund in ihr festhalten und zu einem bestimmten Zweck verwenden wollen. Damit der Code gut lesbar und klar verständlich ist, sollte eine Variable also beim besten Willen nicht einfach variable1 heißen, sondern zum Beispiel carColor (wenn es um die Farbe eines Autos geht). Der Unterschied ist deutlich, oder? Es erlaubt Ihnen, Ihren eigenen Code klarer zu strukturieren und lesbarer zu machen, und das wird spätestens dann besonders wichtig, wenn auch andere Entwickler an einem Projekt mitarbeiten.

Wie erstelle ich nun eine Variable? Sie können eine Variable für jede Klasse und jeden primitiven Datentyp erstellen, die bzw. der verfügbar ist. Da wir uns erst später konkret mit Klassen und Objekten auseinandersetzen und das grundlegende Verhalten das gleiche ist, soll das Erstellen von Variablen anhand der bereits bekannten primitiven Datentypen erläutert werden.

Eine neue Variable erstellen Sie, indem Sie zuerst den Namen der Klasse oder des Datentyps angeben, zu dem die Variable gehören soll. Möchten Sie also eine eigene Variable mit dem Namen meineZahl für eine Ganzzahl anlegen, nutzen Sie die in Listing 2.1 gezeigte Anweisung.

Listing 2.1 Erstellen einer Variablen

```
int meineZahl;
```

Zu Beginn erscheint die Klasse oder der Datentyp, gefolgt vom Wunschnamen der Variablen. Abgeschlossen wird die Anweisung (wie alle anderen Anweisungen in Objective-C auch) mit einem Semikolon. Fertig, die Variable ist erstellt und kann genutzt werden! Fortan können Sie über meineZahl auf diese Zahl zugreifen, sie für Berechnungen benutzen oder verändern.

Machen wir damit weiter, dass wir unserer Variablen zunächst einmal einen Wert zuweisen. Das erledigen wir über den Zuweisungsoperator = (siehe Listing 2.2).

Listing 2.2 Zuweisen eines Werts

```
meineZahl = 123;
```

meineZahl ist jetzt als Integer in Ihrem Programm bekannt, daher kann die Variable ohne jegliche weitere Zusatzinfo verwendet werden. Über das Gleichheitszeichen wird der Variablen nun ein Wert zugewiesen. Wichtig hierbei: Der zugewiesene Wert muss zur Klasse bzw. zum Datentyp der Variablen passen, in diesem Fall muss es sich also um eine Ganzzahl handeln. Wichtig ist auch hier wieder das abschließende Semikolon am Ende der Anweisung.

Die gezeigten Schritte zum Erstellen einer Variablen und zum Zuweisen eines Wertes können auch direkt miteinander kombiniert werden (siehe Listing 2.3).

Listing 2.3 Erstellen einer Variablen und direkte Zuweisung eines Werts

```
int meineZahl = 123;
```

Hiermit wird die Variable meineZahl erstellt und ihr der Wert 123 zugewiesen.

Auf diese Art und Weise lassen sich auch Variablen für die anderen Datentypen erstellen und passende Werte aus ihrem jeweiligen Wertebereich zuweisen. Wie Sie Objekte aus Klassen erstellen und Variablen zuweisen, erfahren Sie in Kapitel 4, „Grundlagen der iOS-Entwicklung“.

2.2.4 Operatoren

Sie haben bereits einen typischen Operator kennengelernt, den Zuweisungsoperator =. Er ist dafür zuständig, einer Variablen einen Wert zuzuweisen, wie wir bereits gesehen haben. Daneben gibt es noch weitere Operatoren, die vor allen Dingen für Abfragen und Schleifen (siehe den folgenden Abschnitt) benötigt werden. Hier stelle ich Ihnen alle wichtigen Operatoren in Objective-C vor:

Operator	Funktion
=	Weist der Variablen links vom Operator den Wert rechts des Operators zu.
==	Prüft, ob der Wert links vom Operator mit dem rechts vom Operator identisch ist.
!=	Prüft, ob der Wert links vom Operator mit dem rechts vom Operator nicht identisch ist.
<	Prüft, ob der Wert links vom Operator kleiner als der Wert rechts vom Operator ist.
<=	Prüft, ob der Wert links vom Operator kleiner oder gleich dem Wert rechts vom Operator ist.
>	Prüft, ob der Wert links vom Operator größer als der Wert rechts vom Operator ist.
>=	Prüft, ob der Wert links vom Operator größer oder gleich dem Wert rechts vom Operator ist.
+	Mathematischer Operator für Additionen
-	Mathematischer Operator für Subtraktionen
*	Mathematischer Operator für Multiplikationen
/	Mathematischer Operator für Divisionen
++	Erhöht den Wert eines Integers oder Floats um 1.
--	Verringert den Wert eines Integers oder Floats um 1.

2.2.5 Abfragen und Schleifen

Die Anwendungen, die Sie schreiben, werden nicht immer stupide exakt das Gleiche tun. Ab und an müssen bestimmte Informationen abgefragt und anschließend entsprechende Aktionen ausgeführt werden. Oder Sie wollen bestimmte Funktionen so lange ausführen, bis eine festgelegte Bedingung erfüllt ist. Zu diesem Zweck gibt es Abfragen und Schleifen.

if-Abfrage

Die `if`-Abfrage ist in der Programmierung das typische Konstrukt, um eine Bedingung zu prüfen, die dann entweder wahr oder falsch ist. Listing 2.4 zeigt das typische Grundgerüst einer solchen `if`-Abfrage in Objective-C.

Listing 2.4 Eine einfache `if`-Abfrage in Objective-C

```
if (meineZahl1 == meineZahl2) {
    <do something. . .>
}
```

Diese Abfrage vergleicht die Werte der Variablen `meineZahl1` und `meineZahl2` miteinander. Sind sie gleich – also wenn die in Klammern stehende Bedingung erfüllt ist –, wird der Codeblock in den geschweiften Klammern ausgeführt, andernfalls macht das Programm mit dem nachfolgenden Code nach der `if`-Abfrage weiter.

Wie Sie sehen, wurde in der Abfrage eben der Gleichheitsoperator `==` verwendet; dieser dient dazu, zwei Werte miteinander zu vergleichen. Für `if`-Abfragen können Sie auch alle anderen im vorigen Abschnitt vorgestellten Operatoren verwenden und damit beispielsweise abfragen, ob `meineZahl1` größer ist als `meineZahl2` (siehe Listing 2.5).

Listing 2.5 `if`-Abfrage mit Größer-Operator

```
if (meineZahl1 > meineZahl2) {
    <do something. . .>
}
```

Nur der Zuweisungsoperator `=` macht in `if`-Abfragen keinen Sinn: Mit ihm werden keine Werte verglichen, sondern ein Wert einer Variablen zugewiesen.

Sie können `if`-Abfragen auch um einen `else`-Block erweitern; dieser wird dann ausgeführt, wenn die Bedingung der `if`-Abfrage nicht erfüllt ist. Listing 2.6 zeigt die Erweiterung einer `if`-Abfrage um einen solchen `else`-Block.

Listing 2.6 if-Abfrage mit else-Block

```
if (meineZahl1 == meineZahl2) {
    // tue etwas, wenn meineZahl1 gleich meineZahl2 ist
} else {
    // tue etwas, wenn meineZahl1 nicht gleich meineZahl2 ist
}
```

Hier wird der `if`-Block ausgeführt, wenn `meineZahl1` gleich `meineZahl2` ist, andernfalls springt das Programm in den `else`-Block.

Und dann gibt es noch verschachtelte `if`-Abfragen mit mehreren möglichen Optionen (siehe Listing 2.7).

Listing 2.7 `if`-Abfrage mit mehreren `if else`-Blöcken

```
if (meineZahl1 == meineZahl2) {
    // tue etwas, wenn meineZahl1 gleich meineZahl2 ist
} else if (meineZahl1 < meineZahl2) {
    // tue etwas, wenn meineZahl1 kleiner als meineZahl2 ist
} else if (meineZahl1 > meineZahl2) {
    // tue etwas, wenn meineZahl1 größer als meineZahl2 ist
}
```

Sie können nach dem ersten beginnenden `if`-Block einen `else if`-Block folgen lassen, der dann eine weitere Bedingung in runden Klammern aufführt. Ihre Anwendung durchläuft alle Blöcke der `if`-Abfrage, bis sie einen findet, dessen Bedingung zutrifft oder das Ende erreicht. Jede `if`-Abfrage besteht mindestens aus der ersten einleitenden `if`-Bedingung, der `else if`- und der `else`-Block sind optional. `else if`-Blöcke können Sie beliebig viele nach der `if`-Bedingung erstellen, allerdings kann es nur einen einzigen `else`-Block pro Abfrage geben (das macht ja schließlich auch Sinn, denn der `else`-Block wird dann ausgeführt, wenn keine sonstige Bedingung zutrifft, und einen solchen Block brauchen Sie nicht mehrfach in Ihrer Abfrage).

Sie können innerhalb der runden Klammern auch mehrere Bedingungen miteinander verknüpfen. Dazu gibt es die Parameter && (und) und || (oder). So wäre die Bedingung bei && dann wahr, wenn alle Bedingungen in den runden Klammern erfüllt sind, während bei || nur eine erfüllt sein muss. Listing 2.8 zeigt dazu ein Beispiel.

Listing 2.8 Verknüpfte `if`-Abfrage mit &&-Operator

```
if (meineZahl1 == meineZahl2 && meineZahl1 < 30) {
    // tue etwas, wenn meineZahl1 gleich meineZahl2 und meineZahl1 kleiner 30 ist
}
```

Diese Abfrage prüft, ob `meineZahl1` gleich `meineZahl2` ist und ob `meineZahl1` kleiner 30 ist. Nur wenn **beide** Bedingungen zutreffen, wird der `if`-Block ausgeführt, andernfalls nicht (siehe Listing 2.9).

Listing 2.9 Verknüpfte `if`-Abfrage mit ||-Operator

```
if (meineZahl1 == meineZahl2 || meineZahl1 < 30) {
    // tue etwas, wenn meineZahl1 gleich meineZahl2 oder meineZahl1 kleiner 30 ist
}
```

Mit dem Oder-Parameter ist die Bedingung in den runden Klammern dann erfüllt, wenn **entweder** `meineZahl1` gleich `meineZahl2` ist **oder** `meineZahl1` kleiner als 30 ist.

Sie können beliebig viele &&- und ||-Parameter in den Abfragen verwenden und damit ihre Bedingung anpassen.

if-Abfragen in einer Zeile

Sie können eine `if`-Abfrage auch in eine einzige Zeile ohne die geschweiften Klammern schreiben. Das funktioniert aber nur, wenn – sofern die `if`-Abfrage wahr ist – ein einziger Befehl zur Ausführung kommt (siehe Listing 2.10).

Listing 2.10 `if`-Abfrage in einer einzigen Zeile

```
if (meineZahl1 == meineZahl2) <do something...>
```

Der Vorteil besteht darin, dass Sie alles in eine Zeile packen können und der Code trotzdem noch gut lesbar ist. Sollten jedoch später doch mehr Befehle zur Ausführung kommen, müssen Sie die `if`-Abfrage doch wieder mit geschweiften Klammern schreiben, die andernfalls – hätten Sie sie gleich gesetzt – sowieso schon da wären. Hier entscheidet der persönliche Geschmack, ob man derartigen Code schreiben möchte oder nicht. Ich persönlich würde empfehlen, immer mit geschweiften Klammern zu arbeiten.

switch

switch funktioniert ähnlich wie die if-Abfrage, besitzt aber einen anderen Aufbau. Sie übergeben der switch-Anweisung zu Beginn einen Integer, den sie prüfen soll, und implementieren dann verschiedene case-Blöcke mit einer Bedingung. Ist die Bedingung wahr, wird der entsprechende Block aufgerufen, andernfalls nicht.

Zwei wesentliche Unterschiede gibt es hier zur if-Abfrage:

1. Sie können nur Integer für switch-Anweisungen nutzen, während Sie in if-Abfragen alle möglichen Bedingungen in den runden Klammern abfragen können (am Ende muss lediglich ein boolescher Wert wahr oder falsch zurückgeliefert werden).
2. Wenn ein case-Block aufgerufen wurde, werden standardmäßig auch alle folgenden case-Blöcke ausgeführt. Wenn Sie das nicht wollen, müssen Sie das nach dem entsprechenden case-Block mittels einer break-Anweisung verhindern.

Darüber hinaus besitzt switch neben den case-Blöcken noch einen einzigen (optionalen) default-Block. Dieser entspricht dem else-Block in der if-Abfrage und wird ausgeführt, wenn keine Bedingung aus den case-Blöcken zutrifft.

Eine switch-Abfrage zum Prüfen einer Zahl könnte so wie in Listing 2.11 aussehen.

Listing 2.11 switch

```
switch (meineZahl) {
    case 19:
        // tue etwas, wenn meineZahl gleich 19 ist
        break;
    case 21:
        // tue etwas, wenn meineZahl gleich 21 ist
        break;
    default:
        // tue etwas, wenn meineZahl nicht gleich 19 und nicht gleich 21 ist
        break;
}
```

Die Syntax ist auf den ersten Blick etwas gewöhnungsbedürftig. Zunächst kommt die switch-Anweisung, gefolgt von dem Integer in runden Klammern, der geprüft werden soll. Anschließend werden in geschweiften Klammern alle benötigten case-Blöcke definiert. Dazu setzt man das Schlüsselwort case, gefolgt von dem zu prüfenden Wert und von einem Doppelpunkt (in diesem Beispiel also zuerst die Prüfung gegen die Zahl 19, dann gegen die Zahl 21). Ist die Prüfung erfolgreich, wird der nach dem Doppelpunkt folgende Code ausgeführt.

Das Schlüsselwort break sorgt dafür, dass die switch-Anweisung verlassen wird, nachdem er ausgeführt wurde. Fehlt diese Anweisung, werden automatisch alle folgenden case-Blöcke ebenfalls ausgeführt (entweder bis zum Ende der switch-Anweisung oder aufgrund eines break in einem späteren case). Wäre also in diesem Beispiel break in case 19 nicht gesetzt und würde dieser aufgerufen, würde danach auch noch automatisch der Code nach case 21: ausgeführt.

Der default-Block in einem switch ist nicht notwendig und kann auch weggelassen werden.

while-Schleife

Die `while`-Schleife führt eine bestimmte Funktion so lange aus, bis eine Bedingung erfüllt ist. Sie wird oft zusammen mit einer Zählvariablen verwendet, die bei jedem Durchlauf der Schleife um 1 erhöht wird, bis die Bedingung nicht mehr zutrifft. Ein einfaches Beispiel dazu zeigt Listing 2.12.

Listing 2.12 `while`

```
int i = 0;
while (i < 10) {
    <do something. . .>
    i++;
}
```

Hier wird zunächst eine Variable `i` vom Typ `int` deklariert und ihr der Wert 0 zugewiesen. Die darauffolgende `while`-Schleife wird so lange durchlaufen, wie `i` kleiner 10 ist (das ist die Bedingung der `while`-Schleife in den runden Klammern). Da `i` kleiner 10 ist (nämlich 0), wird der Code innerhalb der Schleife ausgeführt. Am Ende dieses Codeblocks wird der Wert der Variablen `i` um 1 erhöht. Damit wird diese Schleife insgesamt zehnmal durchlaufen, anschließend ist `i` gleich 10 und damit die Bedingung der `while`-Schleife nicht mehr erfüllt.

Vorsicht vor Endlosschleifen

Was würde passieren, würde die Zählvariable `i` innerhalb des `while`-Blocks nicht erhöht werden? `i` wäre immer 0 und somit wäre die Bedingung, dass `i` kleiner 10 ist, ununterbrochen erfüllt. Ein solches (definitiv ungewolltes) Verhalten führt zu einer Endlosschleife, die niemals verlassen wird, und das hat immer einen Absturz Ihrer Anwendung zur Folge. Denken Sie also daran, dass Ihre `while`-Bedingung nicht ewig wahr sein darf, wenn Sie mit einer `while`-Schleife arbeiten. ■

for-Schleife

Die `for`-Schleife hat dasselbe Prinzip wie die `while`-Schleife: Ein Codeblock wird so lange wieder und wieder durchlaufen, bis eine Bedingung erfüllt ist. Allerdings werden hier die Informationen zur Zählvariablen direkt in die runden Klammern zur Bedingung gepackt (siehe Listing 2.13).

Listing 2.13 `for`

```
for (int i = 0; i < 10; i++) {
    <do something. . .>
}
```

Diese `for`-Schleife tut exakt dasselbe wie die vorige `while`-Schleife: Solange `i` kleiner 10 ist, wird der innerhalb der geschweiften Klammern aufgeführte Code ausgeführt. Im Unterschied zur `while`-Schleife wird unsere Zählvariable aber direkt zu Beginn der Bedingung definiert, anschließend folgt von einem Semikolon getrennt die eigentliche Bedingung.

Nach einem weiteren Semikolon kommt der Befehl, der nach jedem Durchgang automatisch ausgeführt wird. In diesem Fall wird unsere Zählvariable um 1 erhöht.

Die `for`-Schleife ist in diesem Fall damit kompakter als die `while`-Schleife und leichter lesbar.

2.2.6 Kommentare

Kommentare dienen dazu, den Quellcode zu dokumentieren und ihn für andere besser verständlich zu machen (oder auch für Sie selbst, wenn Sie längere Zeit nicht an einem Projekt gearbeitet haben und zu einem späteren Zeitpunkt wieder einsteigen). Kommentare können Sie an jeder Stelle in Ihrem Quellcode platzieren und können dann im Klartext alles darin schreiben, was Sie möchten. Um einen einzeiligen Kommentar zu erstellen, setzen Sie zunächst zwei Slashs (//) und schreiben dann Ihren Kommentar, wie in Listing 2.14 gezeigt.

Listing 2.14 Einfacher Kommentar

```
// Mein Kommentar.
```

Manchmal ist der Platz für einen Kommentar mit einer Zeile aber recht knapp bemessen, darum gibt es auch eine passende Syntax, mehrzeilige Kommentare zu schreiben. Dazu leiten Sie den Kommentar mittels /** ein und beenden ihn an passender Stelle wieder mittels */ (siehe Listing 2.15).

Listing 2.15 Mehrzeiliger Kommentar

```
/**
Hier steht ganz klar ...
...ein mehrzeiliger Kommentar!
*/
```

Der Kommentar selbst ist an keine Syntax gebunden und wird am Ende auch nicht mit in Ihre App wandern; er dient rein zur Dokumentation Ihres Quelltextes.

Wichtig: Dokumentation!

Spätestens wenn Sie mit anderen Entwicklern zusammen an einem iOS-Projekt arbeiten, ist es essenziell, dass Sie Ihren Quelltext im gegebenen Maße dokumentieren, sodass sich andere schnell und einfach darin zurechtfinden können. Doch auch für Sie selbst ist Dokumentation eine wichtige Sache: Wenn Sie über einen längeren Zeitraum nicht an einem Projekt gearbeitet haben und steigen dann wieder ein, werden Sie froh sein, wenn Sie Ihren Quellcode gut dokumentiert haben. Und genau dazu sind die Kommentare da.

Ausführlichere Informationen zum Erstellen guter Dokumentationen für Ihre iOS-Projekte finden Sie in Kapitel 4, „Grundlagen der iOS-Entwicklung“, im Abschnitt „Dokumentation“.

2.3 Aufbau einer Klasse

Eine Klasse in Objective-C stellt einen Bauplan für ein Objekt dar, das wir in unserer App verwenden möchten, zum Beispiel ein Fahrzeug-Objekt, mit dem wir interagieren und dessen Werte wir setzen und abrufen möchten. Eine Klasse in Objective-C besteht dabei immer aus zwei Dateien:

- einer Header-Datei (mit der Dateiendung *.h*)
- einer Implementation-Datei (mit der Dateiendung *.m*)

Die Header-Datei repräsentiert die öffentlich zugänglichen Schnittstellen und Aktionen, über die diese Klasse verfügt; stellen Sie sie sich also wie einen öffentlichen Bauplan vor. Alle Attribute und Aktionen, über die aus der App auf diese Klasse zugegriffen werden soll, werden in dieser Header-Datei festgelegt.

Die Implementation-Datei kümmert sich um die Implementierung, enthält also die Logik für alle Aktionen dieser Klasse. Dieser Teil ist nicht öffentlich und damit für Außenstehende nicht einsehbar. Mit Ihrer Klasse kann nur über die von Ihnen definierten Attribute und Aktionen aus der Header-Datei interagiert werden und die Implementierung enthält den dazu passenden ausführbaren Code.

Implementation-Datei mit der Dateiendung .mm

Es gibt auch Implementation-Dateien mit der Dateiendung .mm. Diese unterscheiden sich von der Implementation-Datei mit der Dateiendung .m dadurch, dass Sie neben C- und Objective-C-Code in ihnen auch noch zusätzlich Objective-C++-Code schreiben können. Da wir für die tägliche Entwicklerarbeit für iOS keinerlei Objective-C++ benötigen, werde ich in diesem Buch auch nicht weiter darauf eingehen. Sollten Sie aber Interesse daran haben, auch Objective-C++-Code zu schreiben und zu verwenden, so können Sie das tun.

2.3.1 Die Header-Datei

Die Header-Datei einer Klasse ist – wie wir inzwischen wissen – die öffentliche Schnittstelle, mit der man mit meiner Klasse interagieren kann. Die Header-Datei ist dabei wie in Listing 2.16 gezeigt aufgebaut.

Listing 2.16 Aufbau einer Header-Datei

```
@interface <Name der Klasse>: <Superklasse>
<Öffentliche Methoden>
<Öffentliche Variablen>
@end
```

Sehen wir uns nun die verschiedenen Teile einmal in Ruhe an, beginnend mit der `@interface`-Deklaration (siehe Listing 2.17).

Listing 2.17 `@interface`-Deklaration

```
@interface <Name der Klasse>: <Superklasse>
```

Mit `@interface` beginnt die Definition Ihrer Klasse. Danach folgt der Name, den Sie für Ihre Klasse verwenden möchten (beispielsweise „Vehicle“), gefolgt von einem Doppelpunkt und dem Namen der Superklasse.

Die Superklasse

Die Superklasse ist auch als Elternklasse bekannt. Die Superklasse ist die Klasse, von der unsere Klasse „erbt“, sprich all ihre Attribute und Aktionen übernimmt. Unsere Klasse verfügt damit automatisch über alle Eigenschaften, über die auch die Superklasse verfügt. Bei der Entwicklung mit Objective-C müssen Sie für jede Klasse immer eine Superklasse angeben, im einfachsten Fall heißt diese `NSObject`. `NSObject` ist die Standardklasse, die alle Funktionen enthält, die wir brauchen, um beispielsweise neue Objekte einer Klasse zu erstellen. Mehr zu `NSObject` und dem Erstellen von Objekten zu einer Klasse erfahren Sie in Kapitel 4, „Grundlagen der iOS-Entwicklung“.

Eine Beispiel-Fahrzeug-Klasse würde also wie in Listing 2.18 gezeigt in der Header-Datei deklariert werden.

Listing 2.18 Deklaration einer Klasse

```
@interface Vehicle: NSObject
```

Englische Bezeichnungen

In den Code-Beispielen in diesem Buch werde ich für Klassen, Methoden und Variablen immer englischsprachige Bezeichner verwenden. In der Software-entwicklung ist es üblich, gänzlich in Englisch zu arbeiten, und ich werde das in den entsprechenden Code-Beispielen auch so handhaben.

Was als Nächstes folgt, ist die Deklaration der Variablen und Methoden, über die diese Klasse verfügt (so zum Beispiel die Farbe eines Fahrzeugs als Variable und die Aktion „Fahre los“ als Methode). Diese Informationen werden in der Zeile nach `@interface` der Reihe nach aufgeführt. Abgeschlossen wird die Header-Datei am Ende mit einem `@end` (siehe Listing 2.19).

Listing 2.19 Beispiel-Deklaration einer Klasse

```
@interface Vehicle: NSObject
<Deklaration von Variablen und Methoden>
@end
```

Deklaration von Variablen und Methoden

Ohne Variablen und Methoden sind unsere Klassen nur leere dumme Konstrukte, die über keine Attribute verfügen und die keine Aktionen durchführen können. Ich werde alsbald darauf eingehen, wie Sie eine Klasse mit Leben füllen, möchte aber zuvor noch den grundlegenden Aufbau der Implementation-Datei abschließen, denn das ist essenzielles und grundlegendes Wissen zur Arbeit mit Objective-C. Haben Sie also noch ein wenig Geduld, es geht bald ans Eingemachte. ☺ ■

2.3.2 Die Implementation-Datei

Wir haben nun gesehen, wie die Header-Datei einer Klasse aufgebaut ist. Sehen wir uns jetzt den Aufbau der Implementation-Datei einmal genauer an.

Die Implementation-Datei – also die Implementierung unserer Klasse – enthält all die Logik und den Code, der dafür sorgt, dass die Klasse das tut, was sie soll. Sie bestimmt, wie die in der Header-Datei aufgeführten Variablen und Methoden funktionieren und was sie tun. Bevor wir aber mit der Implementierung loslegen können, müssen wir auch hier wissen, wie die entsprechende Klassen-Datei aufgebaut ist. Glücklicherweise unterscheidet sich der Aufbau der Implementation-Datei nur minimal von dem der Header-Datei. Listing 2.20 zeigt den typischen Aufbau einer Implementation-Datei.

Listing 2.20 Aufbau der Implementation-Datei

```
@implementation Vehicle
<Implementierung der Methoden>
@end
```

Im Gegensatz zum Header wird die Implementierung mit dem Schlüsselwort `@implementation` eingeleitet, gefolgt vom Namen der Klasse. In den anschließenden Zeilen folgt die Implementierung bis zum Schlüsselwort `@end`; an dieser Stelle ist die Implementierung abgeschlossen.

@interface in der Implementation-Datei

Wenn wir unsere ersten Klassen in Xcode erstellen, werden Sie feststellen, dass auch die Implementation-Datei einen eigenen `@interface`-Block besitzen kann. Dieser ist genauso aufgebaut wie in der Header-Datei und dazu gedacht, Variablen und Methoden, die Sie in der Implementation-Datei brauchen, aber nicht in der Header-Datei für alle sichtbar machen wollen, stattdessen dort in der Implementierungsdatei anzulegen. Das ist auch absolut sinnvoll und Sie sollten immer überlegen, ob Sie eine Methode oder Variable öffentlich in der Header-Datei bekannt machen müssen oder ob eine Deklaration im `@interface`-Bereich der Implementation-Datei ausreichend ist. Als Faustregel gilt: Wenn niemand außer die Klasse selbst auf eine Variable oder Methode zugreift, dann braucht sie auch nicht in der Header-Datei deklariert zu werden (es sei denn, ein zukünftiger Zugriff auf diese Variable oder Methode soll möglich sein).

Der Aufbau der Implementation-Datei sieht dann wie in Listing 2.21 gezeigt aus.

Listing 2.21 Implementation-Datei mit `@interface`-Deklaration

```
@interface Vehicle ()
<Deklaration von privaten Variablen und Methoden>
@end
@implementation Vehicle
<Implementierung der Methoden>
@end
```

Bei der Deklaration von `@interface` in der Implementation-Datei handelt es sich um eine sogenannte Extension – eine Erweiterung. Mehr dazu erfahren Sie im Abschnitt 2.14 in diesem Kapitel.

2.3.3 Los geht's: Unsere erste Klasse!

Wenn Sie noch nicht viel Erfahrung mit der Anwendungsentwicklung gesammelt haben oder das generell Ihr erster Einstieg in die Entwicklung ist, mag das bisher Geschriebene zu Objective-C reichlich kryptisch wirken. Damit das Ganze nun auch einen praktischen Hintergrund erhält, erstellen wir unsere `Vehicle`-Klasse einmal direkt in Xcode – der IDE für die iOS-Entwicklung. Sollten Sie schon erfahrener sein und diese Grundlagen beherrschen, können Sie diesen Abschnitt auch getrost überspringen, für alle anderen gilt: Lasst uns unsere erste Klasse erstellen!

Xcode

Xcode ist die Entwicklungsumgebung von Apple, mit der wir unsere Apps für iOS entwickeln. Sie können es sich kostenlos aus dem Mac App Store Ihres Mac herunterladen. Mehr zur Installation erfahren Sie in Kapitel 5, „Die Entwicklungsumgebung – Xcode".

Starten Sie Xcode auf Ihrem Mac. Ein Begrüßungsfenster erscheint, welches Ihnen – sofern vorhanden – eine Übersicht der von Ihnen zuletzt bearbeiteten Projekte gibt sowie die Möglichkeiten, ein neues Projekt zu erstellen oder ein bestehendes Projekt aus einem Repository auszuchecken (siehe Bild 2.1). Diese Möglichkeiten interessieren uns momentan nicht, stattdessen erstellen wir direkt eine neue Objective-C-Klasse über das Menü mittels File → New → File...

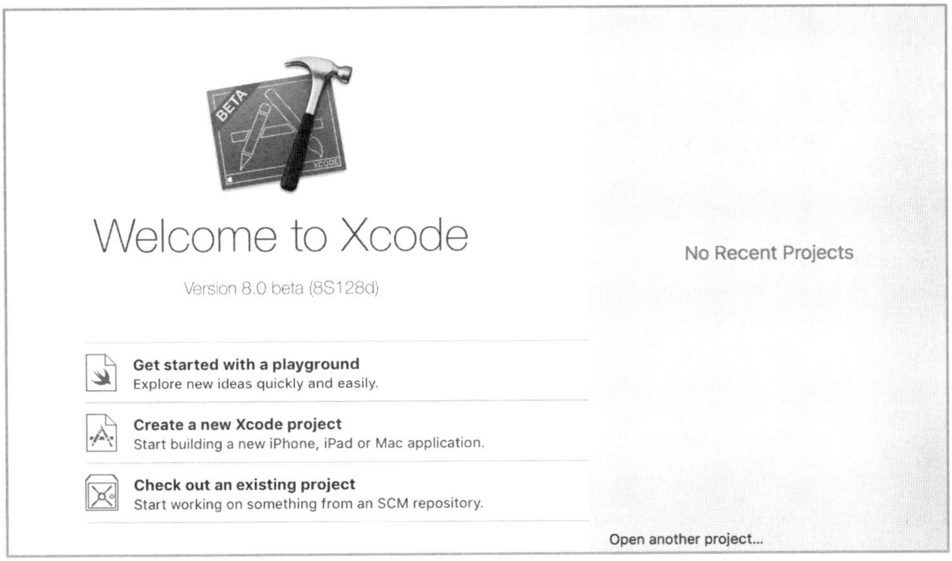

Bild 2.1 Das (noch leere) Xcode-Begrüßungsfenster

Es öffnet sich das Xcode-Template-Fenster zum Erstellen einer neuen Datei. Wählen Sie hier im oberen Bereich iOS aus und scrollen Sie anschließend in den Bereich *Source*. Dort klicken Sie dann auf den ersten Eintrag Cocoa Touch Class und anschließend auf Next (siehe Bild 2.2).

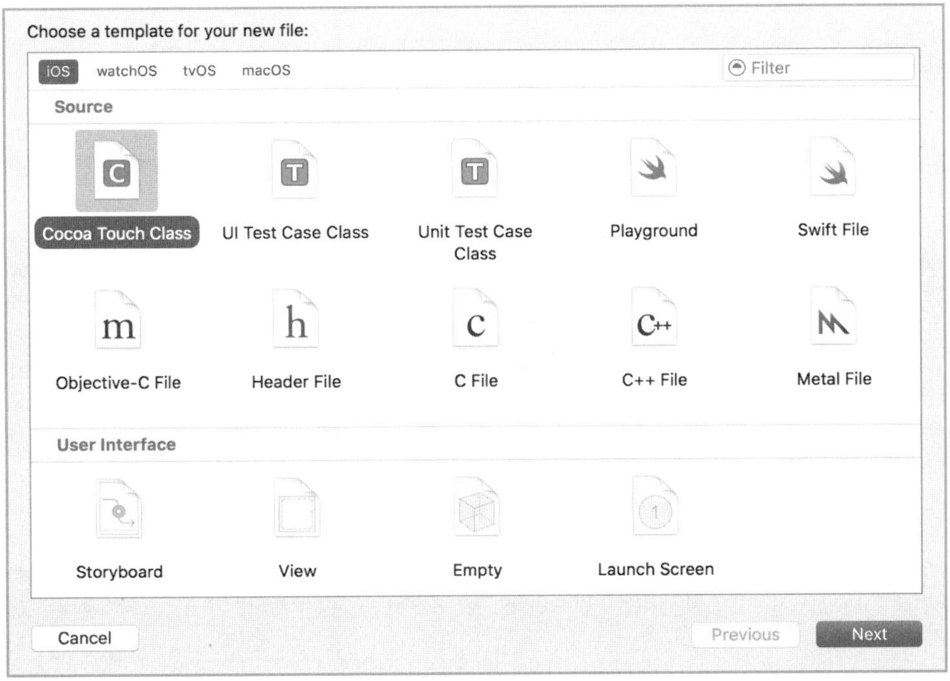

Bild 2.2 Das Datei-Template-Fenster von Xcode

Xcode fragt Sie nun nach dem Namen der Klasse sowie der entsprechenden Superklasse. Wählen Sie bei *Subclass of* die Klasse NSOBJECT aus und vergeben Sie bei *Class* den Namen „Vehicle". Klicken Sie anschließend auf NEXT (siehe Bild 2.3).

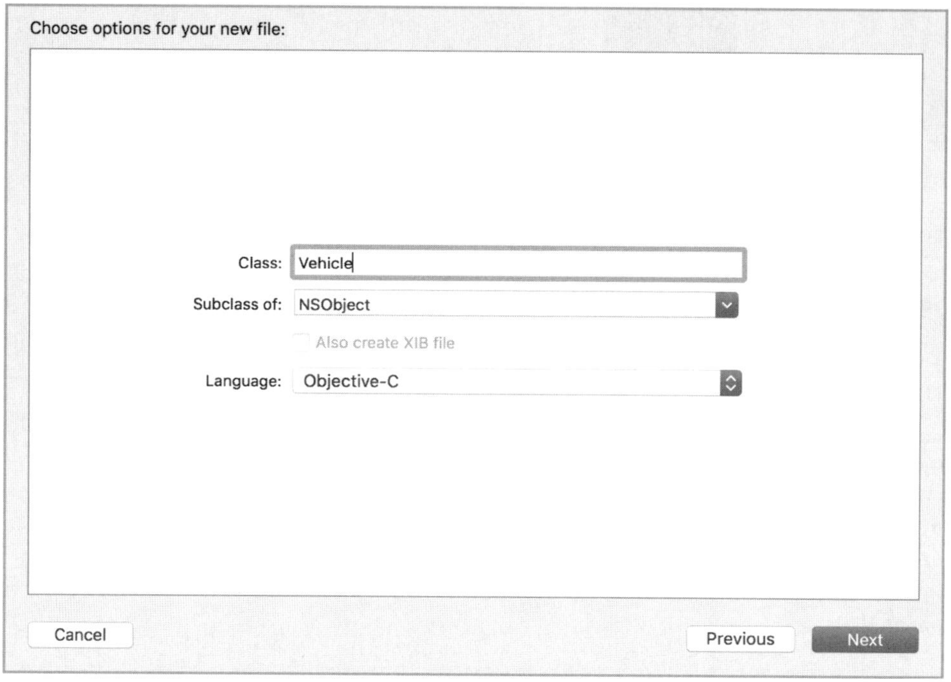

Bild 2.3 Der Name der neu zu erstellenden Klasse sowie die Superklasse müssen hier angegeben werden.

Wählen Sie nun noch einen beliebigen Speicherort für Ihre neue Klasse aus und erstellen Sie sie per Klick auf CREATE. Voilà, Sie haben soeben Ihre erste eigene Objective-C-Klasse erstellt. ☺

Betrachten wir nun einmal, was Xcode beim Erstellen dieser neuen Klasse alles getan hat. Erste Auffälligkeit: Es wurden zwei Dateien erstellt, die Datei `Vehicle.h` und die Datei `Vehicle.m`. Richtig so, denn wie Sie bereits gelesen haben, setzt sich eine Klasse aus eben diesen zwei Dateien zusammen.

Werfen wir nun einmal einen Blick in die Datei `Vehicle.h`. Der Inhalt dieser Datei dürfte auch bei Ihnen in etwa so aussehen wie in Bild 2.4 (abgesehen vom Erstellungsdatum und von dem Namen des Entwicklers zu Beginn der Datei).

Fällt Ihnen etwas auf? Xcode hat automatisch den benötigten Aufbau der Header-Datei erstellt. Wir sehen das `@interface` mit dem anschließenden Namen der Klasse gefolgt vom Namen der Superklasse sowie dem `@end` einige Zeilen später. Wenn wir Klassen in Xcode erstellen, nimmt uns Xcode die Arbeit somit weitestgehend ab und liefert uns eine sofort fertige Vorlage, die wir mit unserem eigenen Quelltext befüllen können.

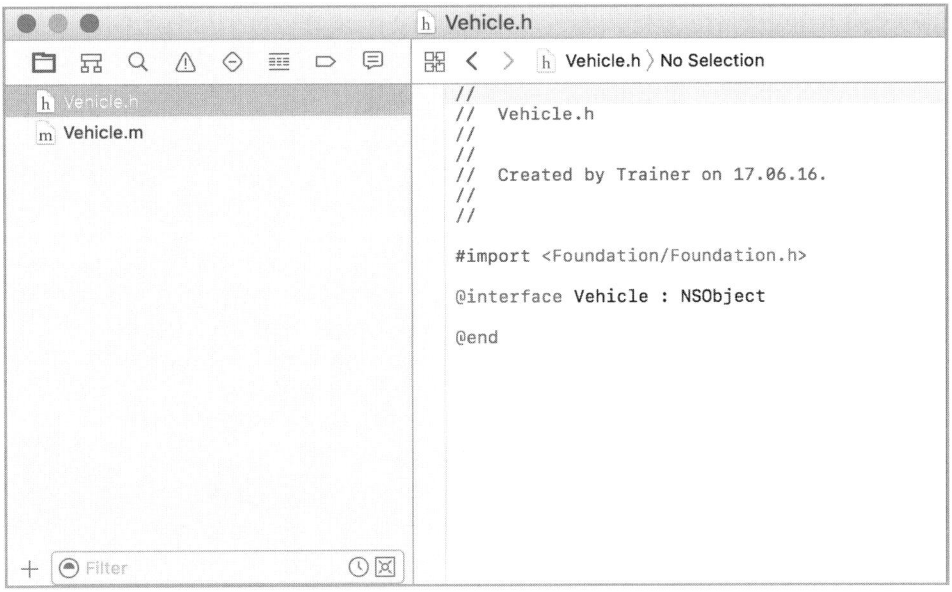

Bild 2.4 Die automatisch von Xcode vorbereitete Header-Datei Vehicle.h

#import

Ihnen ist sehr wahrscheinlich die `#import`-Anweisung oberhalb des `@interface`-Befehls aufgefallen. `#import` dient dazu, Klassen und Frameworks, die Sie für Ihre eigenen Klassen benötigen, einzubinden. Klingt komplex? Eigentlich ist es ganz einfach. Stellen Sie sich vor, Sie wollen Ihre Klasse `Vehicle` auch in anderen Klassen verwenden – zum Beispiel, weil Sie in anderen Klassen Objekte der Klasse `Vehicle` benötigen. Um das tun zu können, müssen Sie diesen Klassen aber auch die benötigte Klasse zur Verfügung stellen, damit diese auch die Methoden und Funktionen kennt, über die diese Klasse verfügt; andernfalls weiß die Klasse nicht, was sie damit anfangen und wie sie damit umgehen soll. Darum wird über `#import` auch immer nur die Header-Datei importiert; diese enthält schließlich das öffentliche Interface, das beschreibt, wie eine Klasse genutzt werden kann und welche Funktionen sie besitzt.

In diesem Beispiel findet ein Import des Foundation-Framework statt (mehr zum Foundation-Framework erfahren Sie im Abschnitt „Foundation-Framework“ in Kapitel 4, „Grundlagen der iOS-Entwicklung“). Dadurch können Sie alle Klassen und Funktionen nutzen, die dieses Framework zur Verfügung stellt.

Merken Sie sich also: Die Klassen, die Sie in Ihrer eigenen Klasse benötigen, müssen in dieser entsprechend importiert werden. Und dazu dient die `#import`-Anweisung, diese ist zwingend; Sie können nur mit den Klassen arbeiten, die über diese Anweisung in Ihre Klasse importiert werden. ■

2.4 Methoden

Nun geht es ans Eingemachte: Wir wissen nun, dass sich eine Klasse aus einer Header- und einer Implementation-Datei zusammensetzt. Auch kennen wir den Aufbau einer Klasse und haben in Xcode eine erste eigene Klasse erstellt. Kommen wir nun zum Herzstück einer jeden Klasse: ihren Methoden.

Was ist eine Methode?

Für alle, die bisher noch keine Programmiererfahrung haben, mag sich das Wort „Methode“ in diesem Kontext möglicherweise seltsam anhören. Eine Methode ist im Endeffekt eine Aktion, die ich auf meiner Klasse aufrufen kann. Bei unserer `Vehicle`-Klasse wäre das beispielsweise eine Methode „Fahre los“, die unserem Fahrzeug-Objekt sagt, es soll nun losfahren.

Methoden sind die Befehle, mit denen man mit einer Klasse arbeiten kann. Diese Methoden werden in der Header-Datei definiert, sodass man darauf zugreifen kann, und die Implementation-Datei enthält dann den Quellcode, der ausgeführt wird, sobald die entsprechende Methode aufgerufen wird.

2.4.1 Aufbau von Methoden

Eine Methode setzt sich aus mehreren Bestandteilen zusammen, die ich Ihnen zunächst einmal anhand eines kleinen Beispiels vorstellen möchte. Dazu zeige ich Ihnen eine mögliche Deklaration der bereits beschriebenen Methode „Fahre los“ für unsere `Vehicle`-Klasse in Objective-C (siehe Listing 2.22).

Listing 2.22 Deklaration einer einfachen Methode

```
- (void)startDriving;
```

Betrachten wir einmal die Bestandteile dieser Methode im Detail:

Das erste Zeichen ganz zu Beginn (`-`) ist der sogenannte *Method Type Identifier*. Er legt fest, ob es sich bei der Methode um eine Klassen- oder eine Instanzmethode handelt und besteht dann entweder aus einem `+`- oder einem `-`-Zeichen. Im Moment braucht uns das noch nicht näher zu interessieren, eine detaillierte Beschreibung dazu folgt im Abschnitt 2.4.5 „Klassen- und Instanzmethoden“.

Das darauffolgende `(void)` ist der Rückgabewert der Methode, also eine Information, die Ihnen die Methode sendet, nachdem sie aufgerufen wurde. Der Rückgabewert entspricht dabei dem Datentyp oder der Klasse, die in den runden Klammern angegeben ist. `void` bedeutet, dass kein Wert zurückgeliefert wird, also die Methode nur aufgerufen wird und dann ihre entsprechende Aktion durchführt.

`startDriving` ist schlussendlich der Name der Methode, dieser Teil wird auch offiziell als *Method Signature Keyword* bezeichnet. Dieser Name wird genutzt, um die Methode später aufzurufen. Abgeschlossen wird die Deklaration dann mit einem Semikolon.

Das war ein sehr simples Beispiel einer einfachen Methode in Objective-C, sehen wir uns daher nun ein nächstes Beispiel in Listing 2.23 an.

Listing 2.23 Deklaration einer Methode mit Parameter

```
- (int)doubleTheNumber:(int)number;
```

O je, das sieht auf den ersten Blick direkt ein ganzes Stückchen anders und irgendwie auch kompliziert aus. Doch halb so wild, diese Methode unterscheidet sich lediglich an zwei Stellen von unserem ersten Beispiel:

Der Rückgabewert ist nun nicht mehr `void`, sondern `int`. Diese Methode gibt uns also einen Wert vom Typ `int` zurück, wenn wir sie aufrufen, liefert uns also eine Ganzzahl als Ergebnis, mit der wir weiterarbeiten können.

Die zweite Änderung sehen wir am Ende des Methodennamens. Nach dem Namen `doubleTheNumber` folgt ein Doppelpunkt, gefolgt von einer Klammer, die den Typ `int` enthält, und dem Wert `number`. Was hat das nun alles zu bedeuten?

Der Doppelpunkt weist uns zunächst darauf hin, dass diese Methode einen Parameter entgegennimmt. Ich kann diese Methode also nicht nur einfach aufrufen, sondern muss ihr auch einen Parameter übergeben, den die Methode dann in ihrer Implementierung entsprechend für ihre Funktion nutzt (in unserem Beispiel also möglicherweise dazu, die übergebene Zahl zu verdoppeln). Nach dem Doppelpunkt folgt in Klammern der Typ, den der Parameter besitzen muss, in diesem Fall ist es also wieder eine Ganzzahl vom Typ `int`. Und nach der Klammer folgt der Name der Variablen, in dem der übergebene Parameter von der Methode genutzt wird. In diesem Beispiel wird also die Methode aufgerufen und ihr dabei eine Ganzzahl übergeben, und die Methode liefert am Ende dann selbst eine Ganzzahl als Ergebnis zurück.

Betrachten wir nun noch ein letztes Beispiel in Listing 2.24, um den Aufbau von Methoden an dieser Stelle abzuschließen.

Listing 2.24 Deklaration einer Methode mit zwei Parametern

```
- (int)addUpNumber:(int)firstNumber withNumber:(int)secondNumber;
```

Im Großen und Ganzen ähnelt dieses Beispiel dem vorherigen, zumindest bis zum ersten Parameter `firstNumber`. Wir haben den *Method Type Identifier*, den Rückgabewert `int`, das *Method Signature Keyword* `addNumber:` und den Parameter `firstNumber` vom Typ `int`.

Was anschließend nach einem Leerzeichen folgt, ist nichts weiter als ein zweiter Parameter; wie Sie sehen, entspricht der Aufbau des zweiten Parameters exakt dem Aufbau der Methode nach der Deklaration des Rückgabewerts zu Beginn: Wir haben einen Namen (auch hier handelt es sich um ein weiteres *Method Signature Keyword*) für den entsprechenden Aufruf der Methode (`withNumber:`) gefolgt von einem Typ für den Übergabewert in Klammern (`(int)`) und dem Namen des übergebenen Parameters, wie ihn dann die Methode weiter verwendet (`secondNumber`). Eine Methode kann also nicht nur einen, sondern beliebig viele

Parameter entgegennehmen. In diesem Beispiel addiert die Methode zwei Zahlen, die ihr als Parameter übergeben werden, und liefert das entsprechende Ergebnis anschließend zurück.

Methodennamen

Die Methoden, die wir bisher gesehen haben, werden in dieser Form in den Header- und Implementation-Dateien einer Klasse genutzt. Wenn wir aber von einer bestimmten Methode sprechen oder über sie schreiben, müssen wir nicht den Rückgabewert und alle Parameter-Typen angeben. Der Name einer Methode setzt sich in Objective-C rein aus den einzelnen *Method Signature Keywords* zusammen (inklusive der Doppelpunkte, falls Parameter übergeben werden). Die bisher vorgestellten Beispielmethoden tragen also die in Listing 2.25 aufgeführten Namen.

Listing 2.25 Methodennamen

```
startDriving
doubleTheNumber:
addUpNumber:withNumber:
```

In Swift verhält sich das Ganze ein wenig anders und Methodennamen werden dort zwar auf ähnliche, dennoch aber abgewandelte Art und Weise geschrieben. Da Swift inzwischen die populärere Sprache zur Entwicklung von iOS-Apps geworden ist, werde ich außerhalb dieses Kapitels zu Objective-C im Fließtext immer die Swift-Variante der Methodennamen verwenden. Wie diese aussehen und wie sie aufgebaut sind, erfahren Sie in Kapitel 3, „Der Neue im Club – Swift".

Sprechende Methodennamen

In Objective-C ist es üblich, lange und sprechende Methodennamen zu verwenden, die schon ziemlich genau beschreiben, was eine Methode macht. Sie werden auch in den System-Frameworks von Apple einige lange Methodennamen finden, die dafür recht eindeutig zu verstehen sind. Achten Sie also auch in Ihren Projekten darauf, möglichst sprechende und klare Methodennamen zu verwenden.

2.4.2 Methoden in Header- und Implementation-Dateien einer Klasse

Schön und gut, so sehen also Methoden in Objective-C aus. Doch wie werden diese nun korrekt in den Header- und Implementation-Dateien einer Klasse deklariert und verwendet?

Die Header-Datei macht es uns zunächst relativ einfach; die Deklaration der Methode wird dort genau so hinterlegt, wie Sie es bereits kennengelernt haben. Kommen wir beispielsweise zu unserer `Vehicle`-Klasse zurück. Wir wissen bereits, wie die Header-Datei aufgebaut ist (siehe Listing 2.26).

Listing 2.26 Aufbau einer Header-Datei

```
@interface Vehicle: NSObject
<Hier können Ihre Methodendeklarationen stehen...>
@end
```

In Listing 2.27 fügen wir nun unsere Beispielmethode `startDriving` hinzu, sodass sie in der Header-Datei deklariert ist und für unsere `Vehicle`-Klasse genutzt werden kann.

Listing 2.27 Header-Datei mit Methode

```
@interface Vehicle: NSObject
- (void)startDriving;
@end
```

That's it! In der Header-Datei geben Sie schlicht und einfach die Methodendeklaration mit all ihren Bestandteilen und möglichen Parametern an. Beispielhaft füge ich unserem `Vehicle`-Header in Listing 2.28 nun noch die anderen Beispielmethoden hinzu, nur damit Sie sehen, wie die entsprechende Header-Datei dann aussehen würde (Sie stimmen mir ansonsten sicherlich zu, dass Berechnungen mit einer `Vehicle`-Klasse durchzuführen nicht gerade sinnvoll ist, aber schieben wir das zu Demonstrationszwecken einmal beiseite).

Listing 2.28 Header-Datei mit mehreren Methoden

```
@interface Vehicle: NSObject
- (void)startDriving;
- (int)doubleTheNumber:(int)number;
- (int)addUpNumber:(int)firstNumber withNumber:(int)secondNumber;
@end
```

So viel zur Header-Datei, doch wie sieht es mit der Implementierung in der Implementation-Datei aus? Auch hier haben wir bereits den grundlegenden Klassenrumpf kennengelernt (siehe Listing 2.29).

Listing 2.29 Implementation-Datei

```
@implementation Vehicle
<Hier können Ihre Methodenimplementierungen stehen...>
@end
```

Prinzipiell werden die Methoden hier ebenfalls mit ihrer kompletten Deklaration eingebunden. Allerdings werden sie anschließend nicht von einem Semikolon abgeschlossen, sondern in eine geöffnete und eine geschlossene geschweifte Klammer gesetzt, wie in Listing 2.30 gezeigt.

Listing 2.30 Implementation-Datei mit Methode

```
@implementation Vehicle
- (void)startDriving {
    <Hier folgt die Implementierung der Methode>
}
@end
```

Die geöffnete und die geschlossene geschweifte Klammer nach dem Methodennamen umschließen die entsprechende Implementierung. Zwischen diesen Klammern fügen Sie dann also Ihren Quellcode ein, der der Methode Leben einhaucht und sagt, was sie tun soll.

2.4.3 Implementierung von Methoden

Sie haben nun einiges zu Methoden in Objective-C gelernt und wissen die grundlegendsten Dinge über sie: Wie sie aufgebaut sind, wie Parameter definiert werden und wie Sie sie in den Klassendateien deklarieren. Widmen wir uns nun dem vorerst letzten spannenden Punkt zum Thema Methoden: deren Implementierung in der Implementation-Datei einer Klasse.

Die Implementierung ist das eigentliche Kernstück einer Methode. Sie enthält den Code, der ausgeführt wird, sobald die Methode aufgerufen wird. An dieser Stelle möchte ich Ihnen die Implementierung anhand zweier einfacher Beispiele grundlegend vorstellen, denn schließlich werden wir uns noch ausgiebig mit dem Schreiben von Code in den späteren Abschnitten auseinandersetzen und jede Menge Methoden implementieren. ☺

Nehmen wir unsere Beispielmethode von vorhin zum Verdoppeln einer Zahl (siehe Listing 2.31).

Listing 2.31 Methode zum Verdoppeln einer Zahl

```
- (int)doubleTheNumber:(int)number {
}
```

Was diese Methode tun soll, ist relativ klar: Die übergebene Zahl soll verdoppelt, also mit 2 multipliziert werden. Auf den übergebenen Parameter können wir ganz einfach über den entsprechenden Parameternamen `number` zugreifen. Legen wir also einmal eine neue Variable vom Typ `int` an und weisen ihr den doppelten Wert der übergebenen Zahl zu (siehe Listing 2.32).

Listing 2.32 Implementierung der Methode zum Verdoppeln einer Zahl

```
- (int)doubleTheNumber:(int)number {
    int doubledNumber = number * 2;
}
```

So weit, so gut. `number` enthält den Wert, der der Methode übergeben wurde, und ist vom Typ `int`, entsprechend können wir auch damit arbeiten. Allerdings wäre die Methode so allein noch nicht fertig, denn wie Sie sehen, besitzt sie auch einen Rückgabewert, ebenfalls vom Typ `int`. Diese Methode muss also ein Ergebnis an den Aufrufer der Methode zurückliefern. Hierfür verwenden wir das Schlüsselwort `return`, wie in Listing 2.33 gezeigt.

Listing 2.33 Methode mit Rückgabewert

```
- (int)doubleTheNumber:(int)number {
    int doubledNumber = number * 2;
    return doubledNumber;
}
```

`return` sorgt dafür, dass die aktuelle Methode verlassen wird, und übergibt den dahinter folgenden Wert. In diesem Fall geben wir also den doppelten Wert der übergebenen Zahl zurück, und damit erfüllt die Methode genau die Funktion, für die sie gedacht ist, und kann nun so benutzt werden.

return

`return` ist das Schlüsselwort, um eine Methode zu verlassen. Sie brauchen es in jedem Fall immer dann, wenn eine Methode einen Wert zurückgeben soll. `return` ist dann dafür verantwortlich, diesen Wert zurückzuliefern. Sie können `return` aber auch noch anderweitig nutzen, selbst in Methoden, die keinen Rückgabewert besitzen (also mit `void` deklariert sind). Sie können nämlich `return` auch ohne zusätzlichen Parameter aufrufen (siehe Listing 2.34).

Listing 2.34 return in einer Methode ohne Rückgabewert

```
- (void)startDrivingn {
    return;
}
```

Das sorgt dafür, dass die Methode an der Stelle von `return` verlassen wird. Jeglicher Code, der nach `return` in der Methodenimplementierung folgen würde, würde damit nicht mehr ausgeführt. Dieses Verhalten ist besonders bei Abfragen nützlich, wo Methoden schon vorzeitig verlassen werden können, wenn klar ist, dass der weitere Code der Methode nicht ausgeführt zu werden braucht. In späteren Beispielen und wichtigen Design-Patterns werden wir einige Beispiele dazu sehen. ■

Ich darf Ihnen gratulieren: Wenn Sie diese Grundlagen über den Aufbau von Methoden verstanden haben, wissen Sie nun nicht nur, wie Objective-C-Klassen aufgebaut sind, sondern auch, wie Sie ihnen mit eigenen Methoden Leben einhauchen.

Lokale und globale Variablen

Wir haben innerhalb einer Methode eine Variable erstellt und mit ihr gearbeitet. Dabei handelt es sich um eine sogenannte *lokale* Variable. Lokal deshalb, weil diese Variable nur innerhalb der Methode nutzbar ist, in der sie deklariert wurde. *Globale* Variablen hingegen sind Variablen, die Sie an jeder Stelle Ihrer Implementierung nutzen können, also auch in jeder Methode. Das hat aber natürlich auch zur Folge, dass eine Änderung der Variablen in einer Methode diese Variable überall und für alle ändert.

Eine globale Variable erstellen Sie genauso wie eine lokale Variable, nur dass die Deklaration der Variablen an irgendeiner Stelle außerhalb einer Methode in Ihrer Implementierung erfolgen muss, zum Beispiel direkt nach dem `@implementation`-Block (siehe Listing 2.35).

Listing 2.35 Deklaration einer globalen Variablen

```
@implementation
int number;
@end
```

2.4.4 Methoden aufrufen

Sie haben nun viel über Methoden gelernt, aber vermutlich brennt Ihnen eine Frage auf der Zunge: Wie rufe ich denn nun solche Methoden auf?

In Objective-C spricht man vom „Senden von Nachrichten“. Um Methoden aufzurufen, brauchen Sie also einen Sender – derjenige, der die Nachricht schickt – und die Nachricht selbst, die Sie an den Empfänger verschicken möchten. Ein solches Senden einer Nachricht erfolgt in Objective-C in eckigen Klammern (siehe Listing 2.36).

Listing 2.36 Aufbau eines Methodenaufrufs

```
[sender sendetNachricht];
```

`sendetNachricht` steht in diesem Fall für den Methodennamen, also zum Beispiel für `startDriving` (haben Sie das entsprechende Info-Kästchen zu Methodennamen gelesen? Falls nicht, werfen Sie noch einmal einen Blick darauf, um den Unterschied zwischen der Methodendeklaration und dem Methodennamen, den wir hier an dieser Stelle zum Aufruf der Methode benötigen, zu verstehen).

`sender` ist eine Variable, die ein Objekt der entsprechenden Klasse hält, dessen Methode aufgerufen wird.

Nehmen wir also an, wir haben ein Objekt unserer Klasse `Vehicle`, welche wir der Variablen `myVehicle` zugewiesen haben. Ein Aufruf der Methode `startDriving`, die im Header der Klasse `Vehicle` deklariert ist, sähe dann wie in Listing 2.37 gezeigt aus.

Listing 2.37 Ein einfacher Methodenaufruf

```
[myVehicle startDriving];
```

Das wäre nun ein einfacher Methodenaufruf. Allerdings haben wir ja auch Methoden kennengelernt, die einen oder mehrere Parameter entgegennehmen. Denken wir uns doch an dieser Stelle einmal die in Listing 2.38 gezeigte Methode für unsere Klasse `Vehicle` aus, die einen Integer entgegennimmt.

Listing 2.38 Beispielmethode für `Vehicle`-Klasse

```
- (void)driveWithSpeed:(int)speed;
```

Wie ich Ihnen bereits erklärt habe, verwenden wir beim Aufruf von Methoden nicht die komplette Methodendeklaration, sondern den Methodennamen, in diesem Fall also `driveWithSpeed:` (ja, vergessen Sie nicht den Doppelpunkt am Ende, er gehört zum Methodennamen!). Da diese Methode eine Ganzzahl als Parameter erhält, könnte ein entsprechender Aufruf von unserem `myVehicle`-Objekt aus wie in Listing 2.39 gezeigt aussehen.

Listing 2.39 Aufruf der Beispielmethode

```
[myVehicle driveWithSpeed:100];
```

Viel hat sich im Vergleich zum vorigen Methodenaufruf nicht geändert: Wir verwenden den Namen der Methode und übergeben – nach dem Doppelpunkt, der ebenfalls noch zum Methodennamen gehört – einen entsprechenden Parameter. Zum Abschluss sehen wir uns noch den beispielhaften Aufruf der folgenden Methode an, die gleich drei Parameter entgegennimmt. Listing 2.40 zeigt die beispielhafte Methodendeklaration im Header unserer `Vehicle`-Klasse.

Listing 2.40 Deklaration einer Beispielmethode mit drei Parametern

```
- (void)driveWithMinimumSpeed:(int)minSpeed maximumSpeed:(int)maxSpeed
ignoreRedTrafficLights:(BOOL)ignoreRedTrafficLights;
```

Listing 2.41 zeigt nun einen möglichen Aufruf dieser Methode über unsere Variable `myVehicle`:

Listing 2.41 Aufruf der Methode mit drei Parametern

```
[myVehicle driveWithMinimumSpeed:50 maximumSpeed:200 ignoreRedTrafficLights:YES];
```

Gerade wenn man bereits andere Programmiersprachen gewohnt ist, mag der Aufruf von Methoden in Objective-C mit seinen eckigen Klammern etwas befremdlich anmuten. Aber es sei Ihnen versichert, dass – wenn Sie das grundlegende Prinzip zum Aufruf von Methoden wie eben beschrieben verstanden haben – Sie sich nicht nur schnell an die Objective-C-Syntax gewöhnen werden, sondern auch schnell Gefallen an ihr finden werden; so ging es zumindest mir. ☺

2.4.5 Klassen- und Instanzmethoden

Ähnlich wie bei den Klassen mit ihren Header- und Implementation-Dateien gibt es auch bei den Methoden eine Unterscheidung: Es gibt sogenannte Klassen- und Instanzmethoden. Sie unterscheiden sich in ihrer Deklaration an einem winzigen Detail. Na, erinnern Sie sich noch an den *Method Type Identifier*? Das allererste Zeichen zu Beginn einer Methode, im folgenden Fall das Minus `-` (siehe Listing 2.42).

Listing 2.42 Eine einfache Instanzmethode

```
- (void)startDriving;
```

Das Zeichen zu Beginn bestimmt, ob es sich um eine Klassen- oder eine Instanzmethode handelt. Es hat entweder den Wert `-` für eine Instanzmethode (die also auf einem Objekt dieser Klasse aufgerufen wird) oder `+` (wenn die Methode direkt auf der Klasse aufgerufen wird). Im Fall von Listing 2.43 wird die Methode von eben nicht als Instanz-, sondern als Klassenmethode deklariert.

Listing 2.43 Eine einfache Klassenmethode

```
+ (void)startDriving;
```

Wäre diese Methode in dieser Form in unserer Klasse `Vehicle` deklariert, so würde man sie nun wie in Listing 2.44 gezeigt aufrufen.

Listing 2.44 Aufruf einer Klassenmethode

```
[Vehicle startDriving];
```

Es braucht hier kein Objekt der Klasse `Vehicle`, um diese Methode aufzurufen; im Gegenteil, die Methode steht für Objekte der Klasse gar nicht zur Verfügung! Es wird direkt der Klassenname als Sender für den Aufruf der Methode genutzt. Klassenmethoden werden häufig zum einfachen Erstellen und Initialisieren von Objekten einer Klasse genutzt; die Klassenmethode liefert dann beispielsweise ein direkt fertig konfiguriertes Fahrzeug zurück (siehe Beispiel in Listing 2.45).

Listing 2.45 Beispiel einer Klassenmethode

```
[Vehicle createMercedes];
```

Diese Klassenmethode könnte mir direkt ein `Vehicle`-Objekt zurückliefern, das ich dann einer Variablen vom Typ `Vehicle` zuweisen kann. Wir werden im Bereich Instanziierung noch viele Beispiele von Klassenmethoden antreffen, denn auch die Klassen aus Apples iOS-Frameworks setzen dieses Vorgehen sehr häufig ein. Weitere Anwendungsfälle für Klassenmethoden sind eben all jene Methoden einer Klasse, die nicht zwingend für ein Objekt der Klasse verfügbar sein müssen, sondern für sich stehen. Das mag an dieser Stelle sehr theoretisch klingen, Sie werden aber noch früh genug auf die Arbeit mit Instanz- und Klassenmethoden stoßen und die Materie wird Ihnen schnell in Fleisch und Blut übergehen. Wichtig ist an dieser Stelle nur, dass Sie um die Existenz von Instanz- und Klassenmethoden wissen und deren Unterschied verstehen. Klar so weit? Sehr schön, dann weiter im Programm! ☺

2.5 Instanzvariablen

Wir haben nun den Aufbau von Klassen kennengelernt und wissen, wie wir Methoden deklarieren und aufrufen. Der zweite wichtige Bestandteil von Klassen neben den Methoden sind die Instanzvariablen. Sie halten Objekte und Informationen, auf die ein Objekt der jeweiligen Klasse jederzeit zugreifen kann. Für das `Vehicle`-Beispiel wäre das beispielsweise eine Instanzvariable für die Farbe, die die Farbinformation zu unserem `Vehicle`-Objekt hält und die diese entsprechende Information zurückliefert.

Properties

Eine wesentlich komfortablere und sicherere Möglichkeit zur Arbeit mit Instanzvariablen liefern Properties in Objective-C, welche ich im folgenden Abschnitt ausführlich vorstelle. Es reicht, wenn Sie an dieser Stelle die Basics zu Instanzvariablen und ihrem Zweck verstanden haben, denn den Rest erledigen wir einfach, schnell und komfortabel über Properties.

Instanzvariablen werden in Objective-C nach der `@interface`-Direktive innerhalb von geschweiften Klammern aufgeführt, wie beispielhaft in Listing 2.46 gezeigt.

Listing 2.46 Deklaration von Instanzvariablen

```
@interface Vehicle: NSObject {
    BOOL vehicleIsRed;
}
- (void)startDriving;
@end
```

Damit stehen die hier definierten Instanzvariablen der Klasse zur Verfügung und können von Objekten dieser Klasse direkt genutzt werden; dazu muss in der Implementierung an passender Stelle einfach die Instanzvariable direkt über ihren Namen aufgerufen werden, in diesem Fall also über den Namen `vehicleIsRed`.

Sollen auch andere Klassen auf die Werte dieser Instanzvariablen zugreifen, müssen Sie eine entsprechende Methode schreiben, deren Implementierung dann den Wert der Instanzvariablen zurückliefert oder ihn ändert, siehe Listing 2.47. Man spricht hierbei auch von sogenannten Setter- und Getter-Methoden (die eine setzt einen Wert, die andere liefert ihn zurück). In der Programmierung ist das ein bekanntes und typisches Pattern und kommt auch exzessiv in Objective-C zum Einsatz.

Listing 2.47 Methoden zum Zugriff auf Instanzvariablen

```
- (BOOL)vehicleIsRed {
    return vehicleIsRed;
}
- (void)setVehicleIsRed:(BOOL)updatedVehicleIsRed {
    vehicleIsRed = updatedVehicleIsRed;
}
```

So könnte eine mögliche Implementierung in der Implementation-Datei der `Vehicle`-Klasse aussehen. Werden die beiden Methoden dann noch in der Header-Datei deklariert, können auch andere Klassen sie nutzen und entsprechend auf die Instanzvariable zugreifen. Um diese Schreibarbeit kommt man mit Instanzvariablen nicht umhin, was sehr aufwendig und auch zeitintensiv sein kann (man stelle sich vor, Sie haben Dutzende von Instanzvariablen einer Klasse und müssen nun für jede einzelne je eine Setter- und eine Getter-Methode schreiben, um sie aufrufen und verwenden zu können).

Genau deswegen gibt es aber eine komfortable Lösung für das genannte Problem, und das nennt sich Properties.

2.6 Properties

Wenn Sie bisher noch keine Erfahrung mit Objective-C gesammelt haben, dürften Sie beim Begriff „Properties" möglicherweise erst einmal verwundert die Augenbrauen heben; in anderen Programmiersprachen gibt es ein solches Modell der Properties wie in Objective-C nicht. Doch was genau sind denn Properties?

Einfach ausgedrückt: Mit Properties erstellen Sie Instanzvariablen für Ihre Klasse. Eine Property bestimmt dabei den Typ bzw. die Klasse für diese Instanzvariable und bietet die Möglichkeit, zusätzliche Optionen für diese Variable festzulegen. Doch das ist noch nicht alles: Properties legen auch automatisch die Getter- und Setter-Methoden an, um auf diese Variablen zuzugreifen.

Properties sind eine einfache und schöne Möglichkeit, Ihre Instanzvariablen zu erstellen, denn sie nehmen Ihnen einerseits einen Großteil Ihrer Code-Schreibarbeit ab und sind zum anderen für andere Entwickler leicht lesbar und schnell verständlich. Bei meiner täglichen Arbeit nutze ich primär und wann immer möglich Properties anstatt Instanzvariablen.

Doch genug davon, sehen wir uns einmal eine typische Property an.

2.6.1 Aufbau einer Property

In Listing 2.48 deklariere ich eine Property für eine boolesche Variable mit dem Namen `isProperty`.

Listing 2.48 Deklaration einer Property

```
@property (nonatomic) BOOL isProperty;
```

Properties werden immer zunächst mit dem Schlüsselwort `@property` deklariert. Anschließend folgen in Klammern die Optionen für diese Property (dazu kommen wir gleich noch im Abschnitt 2.6.3 „Optionen", achten Sie erst einmal nicht weiter darauf). Nach den Klammern folgt der Typ bzw. die Klasse, zu der die Property gehört (in diesem Fall also ein `BOOL`), und zu guter Letzt haben wir den Namen, über den diese Property angesprochen werden kann: `isProperty`. Ich kann diesen Namen wie alle anderen Variablen auch nutzen und ansprechen, habe mit dieser Property also im Endeffekt nichts weiter getan, als eine Instanzvariable vom Typ `BOOL` mit dem Namen `isProperty` erstellt (inklusive der Setter- und Getter-Methoden). Abgeschlossen wird die Deklaration – wie bei Methoden auch – durch ein Semikolon.

Die Deklaration von Properties findet im `@interface`-Bereich einer Klasse statt, in unserem Fall also wie in Listing 2.49 gezeigt.

Listing 2.49 Deklaration einer Property in `@interface`

```
@interface Vehicle: NSObject
@property (nonatomic) BOOL isProperty;
@end
```

Setter und Getter

In diesem Abschnitt sind nun schon öfter die Begriffe Setter und Getter gefallen, doch was hat es damit auf sich? Setter und Getter bezeichnen die Aufrufe, mit denen Sie auf Ihre Instanzvariablen zugreifen können. Im Endeffekt sind das also nichts weiter als Methoden, die Ihnen entweder den Wert der Variablen zurückliefern (Getter) oder der Variablen einen neuen Wert zuweisen (Setter). Nehmen wir einmal als Beispiel die in Listing 2.50 deklarierte Property `myString` von der Klasse `NSString` (dies ist eine Klasse aus Apples Foundation-Framework, um mit Zeichenketten zu arbeiten; das ist aber für den Moment nicht wichtig, genauso wenig wie die Optionen für die Property in den Klammern, dazu kommen wir später).

Listing 2.50 Deklaration einer Property

```
@property (strong, nonatomic) NSString *myString;
```

Um nun innerhalb einer Klasse, in der diese Property deklariert ist, auf diese zuzugreifen, kann man eine Nachricht wie in Listing 2.51 gezeigt schicken.

Listing 2.51 Zugriff auf eine Property mittels Nachricht

```
[self myString];
```

self

`self` ist das Schlüsselwort, um innerhalb einer Methode auf die eigene Klasse zuzugreifen. Damit können dann Methoden aufgerufen werden, die zur eigenen Klasse gehören, oder auf Instanzvariablen und Properties dieser Klasse zugegriffen werden. Der Aufruf der Methode `startDriving` innerhalb einer Methode unserer `Vehicle`-Klasse sähe dementsprechend wie in Listing 2.52 gezeigt aus.

Listing 2.52 Aufruf einer Methode über `self`

```
[self startDriving];
```

`self` steht für das Objekt der eigenen Klasse. Mit `self` ist der Zugriff auf Instanzmethoden der eigenen Klasse möglich, nicht aber auf Klassenmethoden. Und genauso können Properties einer Klasse innerhalb der Klasse selbst angesprochen werden, so wie eben gesehen.

Der Getter ist einfach der Name der Property und wird aufgerufen wie jede andere Methode auch. Rückgabewert der Methode ist in diesem Fall ein Objekt vom Typ `NSString`, das eben den Wert unserer Variablen enthält. Werfen wir nun einen Blick auf den Aufruf des Setters (siehe Listing 2.53).

Listing 2.53 Aufruf des Setters einer Property

```
[self setMyString:@"Neuer String"];
```

Das Schlüsselwort hier ist `set`. Setter-Methoden von Properties besitzen immer ein `set` vor dem eigentlichen Variablennamen (der dann mit einem Großbuchstaben beginnt). Eine solche Methode wird automatisch allein durch die Deklaration der Property für uns angelegt und wir können sie direkt nutzen, auch wenn in unserer Klasse selbst keine derartige Methode deklariert ist.

Und hier sehen wir auch den klaren Vorteil von Properties: Ohne, dass Sie irgendwo in Ihrem Code eine solche Getter- und Setter-Methode angelegt haben, kennt das System diese und setzt diese auch korrekt ein. Mit dem eben gezeigten Setter wird unserer Variablen `myString` der neue `NSString` `@"Neuer String"` zugewiesen; ganz automatisch steht uns diese Funktion zur Verfügung, und das nur, weil wir die Instanzvariable als Property deklariert haben. Großartig, nicht wahr?

nil

Bisher sind wir davon ausgegangen, dass unsere Objekte immer einen Wert besitzen, aber natürlich muss das nicht sein. Wenn Objekte nicht mehr existieren (weil sie zum Beispiel vom Speicher des Systems entfernt wurden) oder innerhalb der eigenen Programmlogik nicht mehr benötigt werden, werden sie auf `nil` gesetzt (in anderen Programmiersprachen auch als `NULL` bekannt). `nil` bedeutet, dass ein Objekt „leer" ist und nicht mehr existiert. Wollen wir also zum Beispiel das `NSString`-Objekt von eben auf „leer" setzen, würde der Setter-Aufruf wie in Listing 2.54 gezeigt aussehen.

Listing 2.54 Setzen auf `nil`

```
[self setMyString:nil];
```

2.6.2 Die Punktnotation

Wir haben bisher über die Setter- und Getter-Methoden auf die Properties zugegriffen, eben genau so, wie man Methoden in Objective-C aufruft. Es gibt allerdings auch noch eine zweite Möglichkeit, auf Properties zuzugreifen (und zwar nur auf Properties, für Methoden gilt das nicht!): die Punktnotation. Wenn Sie bereits mit anderen Programmiersprachen Erfahrung gesammelt haben, dürfte Ihnen das sehr vertraut vorkommen. Sehen wir uns noch einmal unseren Getter-Aufruf für `myString` in Listing 2.55 an.

Listing 2.55 Aufruf des Getters einer Property

```
[self myString];
```

Alternativ können wir auch eine Punktschreibweise wie in Listing 2.56 gezeigt verwenden.

Listing 2.56 Aufruf des Getters mittels Punktnotation

```
self.myString;
```

Diese Punktnotation funktioniert exakt so wie der Methodenaufruf, in diesem Fall liefert uns `self.myString` den entsprechenden Wert unserer Variablen `myString` zurück. Beim Setter verhält es sich wie in Listing 2.57 gezeigt.

Listing 2.57 Aufruf des Setters mittels Punktnotation

```
self.myString = @"Neuer String";
```

Wir verwenden hier den Zuweisungsoperator =, um unserer Variablen einen neuen Wert zuzuweisen. Wenn Sie wie beschrieben bereits Erfahrungen mit anderen Programmiersprachen gesammelt haben, kommt Ihnen diese Syntax mit Sicherheit vertraut vor.

Beide Verfahren – sowohl die Nutzung der Methoden als auch die Punktnotation – sind vollkommen legitim und haben keinerlei Unterschied in ihrer Funktion. Im Endeffekt entscheiden die persönlichen Vorlieben (oder Coding Guidelines, sofern Sie in Ihrem Team welche aufgestellt haben) über den Zugriff auf Properties; es gibt hier kein richtig oder falsch. Sie können sogar beide Verfahren mischen, Sie müssen sich zu keiner Zeit auf eines festlegen. Doch ich persönlich würde Ihnen raten, Ihren Favoriten herauszupicken und dann dabei zu bleiben und nur dieses Verfahren zur Arbeit mit Properties zu benutzen; entweder den Methodenaufruf oder die Punktnotation. Das ist aber nur meine persönliche Meinung, funktionell können Sie es handhaben, wie Sie lustig sind.

2.6.3 Optionen

Das Grundverständnis zu Properties besitzen Sie nun und wissen auch, wie Sie sie nutzen und darauf zugreifen. Was aber noch nicht geklärt ist, sind diese Optionen, die Sie einer Property in geschweiften Klammern zuweisen, zum Beispiel bei unserem `NSString` von vorhin (siehe Listing 2.58).

Listing 2.58 Optionen einer Property

```
@property (strong, nonatomic) NSString *myString;
```

Insgesamt gibt es vier verschiedene Arten von Optionen, die Sie Ihrer Property entweder zuweisen können oder müssen. Die Optionen werden dabei in den runden Klammern kommasepariert aufgeführt. Im Folgenden stelle ich diese vier Arten und ihre möglichen Parameter im Detail vor:

Speicherverwaltung

Die Optionen für die Speicherverwaltung regeln, wie die Property im Speicher des iOS-Geräts gehalten wird. Speicherverwaltung an sich ist bereits ein sehr komplexes Thema und an dieser Stelle soll es rein um die Optionen und ihre Bedeutung für die Properties gehen. Mehr zum Thema Speicherverwaltung erfahren Sie im Abschnitt „Speicherverwaltung“ in Kapitel 4, „Grundlagen der iOS-Entwicklung“.

- *strong:* Bei dieser Option wird das Objekt fest von der entsprechenden Property gehalten und erst freigegeben, wenn kein Objekt der zugrunde liegenden Klasse, zu der die Property gehört, mehr existiert.

- *weak:* Mit dieser Option wird das Objekt nicht von der Property gehalten, sondern an anderer Stelle von einem anderen Objekt. Sollte dieses Objekt freigegeben werden und nicht mehr existieren, ist der Wert der Property automatisch `nil`.
- *copy:* Mit copy wird beim Zuweisen eines Objekts zu dieser Property dieses Objekt kopiert und die kopierte Version von der Property gehalten. Sie besitzt also nicht das original zugewiesene Objekt, sondern eine eigens erstellte Kopie davon.

Diese Optionen sind nur für Objekte relevant, nicht für primitive Datentypen wie `BOOL` oder `int`. Bei Objekten müssen Sie immer eine der aufgeführten Optionen angeben, bei den primitiven Datentypen nicht.

Schreibbarkeit

Wenn Sie keine Option für die Schreibbarkeit angeben, wird standardmäßig die Default-Option `readwrite` gesetzt. Diese Option legt fest, dass die Property sowohl gelesen als auch gesetzt werden kann. Da diese Option der Standard ist, müssen Sie sie nicht angeben, wenn Sie sie verwenden wollen. Die andere Option in dieser Kategorie ist `readonly`. Damit kann die Property nur gelesen, nicht aber neu gesetzt werden. Das macht dann Sinn, wenn Sie nur lesenden Zugriff auf eine solche Property erlauben möchten und verhindern wollen, dass ihr ein anderer Wert zugewiesen wird. Durch Setzen der Option `readonly` wird automatisch nur die Getter-, nicht aber die Setter-Methode für die Property erstellt.

Setter und Getter

Properties legen automatisch Setter- und Getter-Methoden für uns an (wie wir ja bereits wissen). Standardmäßig ist der Name der Getter-Methode gleich dem Namen der Property und der Name des Setters setzt sich zusammen aus dem Schlüsselwort `set` gefolgt vom Namen der Property. Das ist der Standard, es gibt aber zwei Optionen, mit denen Sie eigene Namen sowohl für den Setter als auch den Getter festlegen können: `setter=<Name des Setters>` und `getter=<Name des Getters>`. Listing 2.59 zeigt ein Beispiel dazu.

Listing 2.59 Setter- und Getter-Optionen einer Property

```
@property (strong, nonatomic, setter=setMyStringWithValue, getter=getMyString)
NSString *myString;
```

Sie müssen keine von beiden Optionen implementieren, das ist rein freiwillig und macht auch nur Sinn, wenn Sie einen anderen als den Standardnamen für die Getter- und Setter-Methoden verwenden möchten.

Atomarität

Die Atomarität legt fest, ob die Property gegen gleichzeitige Änderungen durch unterschiedliche Threads abgesichert ist oder nicht. Die Option `atomic` legt fest, dass die Property abgesichert ist, `nonatomic` erlaubt auch das gleichzeitige Ändern der Property durch unterschiedliche Threads und ist in den allermeisten Fällen die sinnvollere Option.

2.6.4 Direktzugriff auf Properties

Ich habe Ihnen bisher gezeigt, dass Sie in Ihren Klassen auf die dazugehörigen Properties über `self` zugreifen sollen, und das ist auch richtig so, denn damit werden die zu den Properties gehörenden Setter- und Getter-Methoden aufgerufen.

Diese Getter- und Setter-Methoden können wir selbst auch überschreiben (siehe dazu auch gleich den folgenden Abschnitt 2.6.5 „Setter und Getter überschreiben"). Das macht immer dann Sinn, wenn wir beispielsweise beim Auslesen einer Property mittels Getter selbst noch eine weitere zusätzliche Aktion ausführen möchten; diese kann dann in die zugehörige Getter-Methode wandern. Selbiges gilt für die Setter-Methode. Daher ist es so wichtig, immer mittels `self` auf die Properties zuzugreifen, damit eben sichergestellt ist, dass immer die Getter- und Setter-Methoden mit all ihrer Logik aufgerufen werden.

Doch es gibt eine Ausnahme von dieser Regel, und die ist möglicherweise so offensichtlich, dass sie zunächst gar nicht ins Auge sticht: der Zugriff auf die Property selbst in ihren eigenen Setter- und Getter-Methoden.

Womöglich legen Sie gerade die Stirn in Falten und denken über diese Aussage nach. Spielen wir das doch einmal durch: Sie überschreiben beispielsweise die Getter-Methode für Ihre Property, um noch weiteren Code auszuführen, am Ende aber wollen Sie dennoch natürlich Ihre Property zurückgeben. Wenn Sie nun über `self` auf diese Property zugreifen ... ja, dann wird erneut der Getter aufgerufen, erneut wird ihr erweiterter Code ausgeführt, erneut soll ihre Property über `self` zurückgegeben werden ... Also ruft `self` erneut den Getter auf und so weiter. Sie verstehen, worauf ich hinaus will? Würden wir unsere Properties über `self` in ihren Setter- und Getter-Methoden aufrufen, kämen wir in eine Endlosschleife, weil immer und immer wieder der Setter beziehungsweise der Getter aufgerufen würde.

Darum gibt es nicht nur die Möglichkeit, über Setter und Getter auf eine Property zuzugreifen. Sie können sie auch direkt wie eine Instanzvariable ansprechen. Der Name dieser Variablen für Ihre Property ist wie in Listing 2.60 gezeigt aufgebaut.

Listing 2.60 Aufbau des Namens der Instanzvariablen einer Property

```
_<Name der Property>
```

Für unseren Beispiel-String von vorhin mit dem Property-Namen `myString` lautet der Name der zugehörigen Instanzvariablen also `_myString`.

@synthesize

Der Name der Instanzvariablen `_myString` wird so automatisch vom System angelegt, Sie können aber auch einen anderen vergeben. Dazu dient das Schlüsselwort `@synthesize`. Damit können Sie einen alternativen Namen für die Instanzvariable einer Property festlegen. Ein entsprechender Befehl setzt sich wie in Listing 2.61 gezeigt zusammen.

Listing 2.61 Aufbau eines `@synthesize`-Aufrufs

```
@synthesize <Name der Property> = <Name der zugehörigen Instanzvariablen>;
```

Wenn wir in unserem Fall beispielsweise den Namen `myGreatString` für die Instanzvariable der Property `myString` verwenden möchten, würden wir entsprechend einen `@synthesize`-Befehl wie in Listing 2.62 gezeigt aufrufen.

Listing 2.62 Beispielhafter Aufruf von `@synthesize`

```
@synthesize myString = myGreatString;
```

Früher war der Befehl `@synthesize` in jedem Fall Pflicht und musste für jede Property geschrieben werden. Das führte aber dazu, dass fast jeder `@synthesize`-Befehl nichts anderes tat, als den Namen der Instanzvariablen aus einem vorangestellten Unterstrich _ und anschließendem Namen der Property zu erstellen. Das ist ein typisches Pattern für Namen von Instanzvariablen in Objective-C, und daher hat sich Apple dazu entschlossen, einen entsprechenden Instanzvariablennamen nun standardmäßig für jede Property zu vergeben, womit die zwingende Verwendung von `@synthesize` für jede Property wegfiel. Im Endeffekt erstellt Xcode nun für jede Property automatisch selbst einen `@synthesize`-Befehl, so wie in Listing 2.63 zu sehen.

Listing 2.63 Aufbau des automatisch erzeugten `@synthesize`-Befehls

```
@synthesize <Name der Property> = _<Name der Property>;
```

Nur wenn Sie einen anderen Namen für die Instanzvariable verwenden möchten, müssen Sie `@synthesize` selbst setzen. Üblicherweise werden alle `@synthesize`-Befehle direkt zu Beginn des `@implementation`-Blocks aufgerufen (siehe Listing 2.64).

Listing 2.64 Aufruf von `@synthesize`

```
@implementation Vehicle
@synthesize isProperty = _isProperty;
...
@end
```

■

Sie können überall in Ihrer Klasse über diese Variable auf Ihre Property zugreifen und sie so auslesen oder setzen. Aber damit umgehen Sie die eigentlichen Setter- und Getter-Methoden, weshalb Sie nur innerhalb eben jener Methoden direkt die Instanzvariable der Property in dieser Form ansprechen und verwenden sollten. Denn selbst wenn Sie zu Beginn noch keine eigenen Getter und Setter verwenden und daher keine Notwendigkeit sehen, über `self` auf die Property zuzugreifen, so wissen Sie nicht, ob sich das vielleicht noch in Zukunft ändern wird.

! Daher gilt: Immer über `self` auf die Properties der Klasse zugreifen, nur in den zugehörigen Setter- und Getter-Methoden nicht! ■

Apropos eigene Setter und Getter; wie sieht's eigentlich damit aus?

2.6.5 Setter und Getter überschreiben

Die Setter und Getter sind nichts weiter als Methoden, die die entsprechende Logik enthalten, um entweder eine Property zurückzugeben oder neu zu setzen. Solange Sie beim Zugriff auf eine Property nichts weiter tun wollen, als eben den Wert jener Property auszulesen oder zu verändern, müssen Sie sich um diese Methoden keine Gedanken machen; alles funktioniert durch die Deklaration der Property genau so, wie es soll, ohne dass Sie auch nur eine Zeile Code dafür schreiben müssen.

Sie haben aber ebenso die Möglichkeit, diese Setter- und Getter-Methoden zu überschreiben. Die Deklaration dieser Methoden setzt sich immer wie in Listing 2.65 zu sehen zusammen.

Listing 2.65 Aufbau beim Überschreiben von Getter und Setter

```
- (<Datentyp / Klasse>)<Name des Getters der Property>
- (void)<Name des Setters der Property>:(<Datentyp / Klasse>)<Name der Property>
```

Für die boolesche Property `isProperty`, die ich beispielhaft zu Beginn des Abschnitts vorgestellt habe, sähen die entsprechende Getter- und Setter-Methode so wie in Listing 2.66 zu sehen aus.

Listing 2.66 Getter und Setter der Property `isProperty`

```
- (BOOL)isProperty
- (void)setIsProperty:(BOOL)isProperty
```

Wir haben bereits bei dem `myString`-Beispiel gesehen, wie sich die Namen der Getter und Setter zusammensetzen, entsprechend sind logischerweise auch die dazugehörigen Methoden benannt. Wenn Sie so Getter- und/oder Setter-Methoden zu Ihren Properties in Ihrer Implementierung einfügen, wird Xcode automatisch beim Zugriff auf den Getter bzw. Setter der Property diese Methoden aufrufen. Das bedeutet aber auch, dass Sie sich selbst um alle Details kümmern müssen, die Ihnen ansonsten Xcode bereits automatisch abgenommen hat. Der Getter muss also den richtigen Wert zurückgeben und der Setter entsprechend den richtigen Wert setzen. Sobald diese Methoden implementiert sind, tut Ihr Programm nur noch das, was in diesen Methoden steht, das automatische Setzen bzw. Auslesen Ihrer Property funktioniert dann nicht mehr. Implementieren Sie also beispielsweise diese Methoden, ohne eigenen Code hinzuzufügen, funktioniert der Zugriff auf die Property nicht mehr, denn Ihre Methoden führen keinerlei Code aus.

2.6.5.1 Getter

Kehren wir zu unserem `BOOL`-Beispiel mit der Property `isProperty` zurück und überschreiben wir die Getter-Methode. Bevor wir zusätzlichen Code einfügen, wollen wir zunächst einmal die grundlegende Funktion des Getters wiederherstellen; die Rückgabe des Werts der Property. Hierbei gibt es ein entsprechendes Design-Pattern für Getter-Methoden, das Sie sich in jedem Fall einverleiben sollten (siehe Listing 2.67).

Listing 2.67 Pattern für Implementierung eines Getters

```
- (BOOL)isProperty {
    if (!_isProperty) {
        _isProperty = NO;
    }
    return _isProperty;
}
```

Na, fällt Ihnen schon etwas auf? Wie bereits im Abschnitt 2.6.4 „Direktzugriff auf Properties“ beschrieben, verwenden wir hier im Getter direkt die Instanzvariable der Property, da wir ansonsten über `self` die gleiche Methode immer und immer wieder aufrufen würden. Aus unserem sonstigen Zugriff auf die Property mittels `self.isProperty` wird also innerhalb des Getters `_isProperty`.

Sehen wir uns nun einmal das Design-Pattern für einen Getter genauer an. Los geht's dabei mit einer `if`-Abfrage (wie in Listing 2.68 gezeigt).

Listing 2.68 Abfrage der Instanzvariablen innerhalb des Getters

```
if (!_isProperty) {
    _isProperty = NO;
}
```

Hauptbestandteil eines jeden Getters sollte diese Abfrage sein, die prüft, ob die Property überhaupt schon gesetzt ist und einen Wert besitzt. Falls nicht, wird der `if`-Block ausgeführt und in aller Regel wird dann die entsprechende Property erstellt und so konfiguriert, wie sie standardmäßig gebraucht wird.

Dieses Pattern hat einen extrem großen Vorteil: Wenn Sie eine Property verwenden, müssen Sie so nicht selbst vorher prüfen, ob sie überhaupt einen Wert besitzt oder erstellt wurde. Denn sollte das nicht der Fall sein, sorgt der Getter dafür, dass die Property korrekt gesetzt wird, bevor sie verwendet wird. Und umgekehrt hat es keinen Einfluss darauf, wenn die Property nun verändert wird: Da sie ja nun einen Wert besitzt, schlägt die Abfrage des Getters fehl, und es wird am Ende einfach nur noch der entsprechende Wert der Property zurückgegeben (siehe Listing 2.69).

Listing 2.69 Rückgabe des Werts der Property im Getter

```
return _isProperty;
```

2.6.5.2 Setter

Auch bei den Setter-Methoden gibt es ein gängiges Design-Pattern, mit dem Sie unbedingt vertraut sein und das Sie auch in Ihren eigenen Settern anwenden sollten (siehe Listing 2.70).

Listing 2.70 Pattern für Implementierung eines Setters

```
- (void)setIsProperty:(BOOL)isProperty {
    if (_isProperty == isProperty) return;
    _isProperty = isProperty;
}
```

Auch hier steht ganz zu Beginn die in Listing 2.71 gezeigte Abfrage.

Listing 2.71 Abfrage der Instanzvariablen innerhalb des Setters

```
if (_isProperty == isProperty) return;
```

Diese Abfrage vergleicht unsere Instanzvariable mit dem der Methode übergebenen Wert. Sollten beide identisch sein, wird der Setter verlassen. Das macht auch Sinn, denn schließlich muss unsere Property nicht noch einmal mit dem Wert gesetzt werden, den sie bereits besitzt. Sollten die beiden Werte nicht übereinstimmen, wird im nächsten Schritt unserer Instanzvariablen entsprechend der neu übergebene Wert zugewiesen (siehe Listing 2.72).

Listing 2.72 Zuweisung des neuen Werts zu einer Property innerhalb des Setters

```
_isProperty = isProperty;
```

2.6.5.3 Zusammenfassung

Das ist das Standardverhalten, wie Sie Getter- und Setter-Methoden überschreiben und selbst implementieren. Daneben steht es Ihnen nun frei, weitere Logik in die entsprechenden Methoden zu packen; zum Beispiel einen Zähler, der die Anzahl der Aufrufe der Setter und Getter einer Property protokolliert. Was auch immer Sie sonst noch in diesen Methoden anstellen, Sie wissen nun ganz genau, wie Sie es richtig machen und worauf Sie zu achten haben!

2.7 Konstanten

Konstanten sind ein ideales Mittel, um festen Werten, die Sie in Ihrer App benötigen, ein klares und verständliches Gesicht zu geben. Sehen Sie sich dazu einmal das Code-Beispiel in Listing 2.73 an.

Listing 2.73 Deklaration von Floats

```
float firstCalculatedValue = 100 + 10;
float secondCalculatedValue = 10 + 10;
```

Hm, sieht nach einigen einfachen Berechnungen aus, nicht wahr? Doch was hat es mit diesen Zahlen auf sich? Was bedeuten `100 + 10` und `10 + 10`? Sieht man sich solchen Code an, wird manch einer verwundert die Augenbrauen heben und darüber brüten, was der Entwickler uns damit sagen will. Klar, Kommentare oder klare Variablen- und Methodennamen können an dieser Stelle helfen, doch in manchen Dingen machen die sogenannten Konstanten deutlich mehr Sinn und sind leichter lesbar.

Doch was genau sind Konstanten? Konstanten sind zunächst schlicht Variablen, denen ein fester Wert zugewiesen wird. Konstanten zeichnet aus, dass dieser Wert der Variablen unveränderlich und sie damit eine feste und fixe Angabe in Ihrem Quellcode sind. Solche Konstanten sind zum Beispiel für feste Koordinaten sinnvoll oder für feste Schlüsselwörter, die Sie an mehreren Stellen verwenden möchten (konkrete Beispiele werden Sie auch im weiteren Verlauf dieses Buches noch kennenlernen). Kurz gesagt: Konstanten halten feste, unveränderliche Werte, die Sie in Ihrem Quellcode nutzen können. Betrachten wir noch einmal das Beispiel zu Beginn und vergleichen es mit dem Code in Listing 2.74.

Listing 2.74 Verwendung von Konstanten

```
float firstCalculatedValue = defaultBoxHeight + distanceToTop;
float secondCalculatedValue = defaultLineHeight + distanceToBottom;
```

Anstatt irgendwelcher Zahlen – im Entwickler-Jargon auch liebevoll als *Magic Numbers* bezeichnet – verwenden wir hier Konstanten, und schwups, wird die Bedeutung unserer Zahlen wesentlich deutlicher und verständlicher. Und nicht nur das: Insgesamt haben wir in diesem Beispiel dreimal die Zahl 10 verwendet, doch wie wir nun sehen, hat sie in jedem Fall eine andere Bedeutung; einmal beschreibt sie einen Abstand vom oberen Rand, einmal vom unteren Rand und dann noch die Höhe für eine Linie. 10 ist in diesen Fällen also nicht gleich 10! Dazu kommt: Wollen Sie beispielsweise den Wert für den Abstand nach unten verändern, müssen Sie bei einer Konstanten dazu lediglich einmal den Wert eben dieser Konstanten ändern und – schwups – ist die Änderung für alle Stellen, an denen die Konstante verwendet wird, übernommen. Schon toll, solche Konstanten, nicht wahr?

2.7.1 Deklaration von Konstanten

Die Deklaration von Konstanten ist quasi identisch zur Erstellung einer „normalen" Variablen und erfolgt innerhalb der Implementierung Ihrer Klasse, allerdings werden diese zusätzlich noch mit dem Schlüsselwort `const` deklariert (siehe Listing 2.75).

Listing 2.75 Deklaration von Konstanten

```
const float defaultBoxHeight = 100;
```

Hier wurde eine Konstante vom Typ `float` mit dem Namen `defaultBoxHeight` erstellt und ihr der Wert 100 zugewiesen. Hier sehen Sie auch, dass das Schlüsselwort `const` eben genau das ist, das wir brauchen, um eine Variable als Konstante zu deklarieren und somit unveränderlich zu machen. Unveränderlich bedeutet dabei natürlich auch, dass Sie – außer bei der Deklaration – den Wert einer Konstanten zu keiner Zeit mehr ändern können.

Manchmal kann es aber sein, dass Sie eine Konstante, die Sie in einer Klasse deklarieren, auch anderen Klassen zugänglich machen möchten, sodass auch diese dieselbe Konstante mit demselben Wert verwenden können. Der erste Schritt – die Deklaration der Konstanten in der Implementierung – bleibt dabei bestehen, allerdings muss in diesem Fall noch die Konstante bekannt gemacht werden. Und wo machen wir Variablen und Methoden einer Klasse für andere Klassen bekannt? Richtig, in der Header-Datei! Und so auch bei Konstanten (siehe Listing 2.76).

Listing 2.76 Bereitstellen einer Konstanten mit `extern`

```
extern float const defaultBoxHeight;
```

Wie Sie sehen, ist die Deklaration im Header ähnlich wie in der Implementation-Datei. Wichtig ist natürlich, dass der Konstantenname mit dem in der Implementation-Datei identisch ist, damit auch der richtige Wert der Konstanten ausgelesen wird. Zusätzlich benötigen wir im Header noch das Schlüsselwort `extern`.

2.8 Namenskonventionen

Wir haben uns nun ausgiebig mit Klassen, Methoden und Properties auseinandergesetzt und Sie besitzen somit das Rüstzeug, Ihre eigenen Objective-C-Klassen zu schreiben. Worauf Sie aber sowohl beim Erstellen von Klassen als auch Methoden und Properties achten sollten, sind die typischen Namenskonventionen. Namenskonventionen sorgen dafür, dass der grundlegende Code-Aufbau einheitlich ist und jeder Entwickler sich leicht und schnell in Ihrem Code zurechtfindet. Es sind grundlegende Regeln für die Namensgebung von Klassen, Methoden und Properties.

In den bisherigen Beispielcodes habe ich diese Namenskonventionen bereits berücksichtigt, möchte aber nun noch einmal im Detail darauf eingehen.

2.8.1 Klassen

Klassennamen werden großgeschrieben, wie wir beispielsweise bei unserer `Vehicle`-Klasse gesehen haben. Setzt sich ein Klassenname aus mehreren Subjekten zusammen, wird jeder Anfangsbuchstabe jedes Subjekts ebenfalls großgeschrieben, zum Beispiel: `VehicleObjectClass`.

2.8.2 Methoden

Bei Methoden ist die Namenskonvention ähnlich wie bei Klassen, nur dass Methoden mit einem Kleinbuchstaben beginnen. Der Anfangsbuchstabe jedes folgenden Subjekts oder sprechenden Worts im Methodennamen wird dann auch großgeschrieben. Das haben wir bereits zuhauf gesehen, zum Beispiel so wie in Listing 2.77.

Listing 2.77 Deklaration einer einfachen Methode

```
- (int)doubleTheNumber:(int)number;
```

Auch die Parameter besitzen dieselbe Namenskonvention wie der Methodenname. Jeder weitere folgende Parameter beginnt ebenfalls mit einem Kleinbuchstaben, die Anfangsbuchstaben jedes folgenden Subjekts oder sprechenden Worts werden dann wieder großgeschrieben (siehe Listing 2.78).

Listing 2.78 Deklaration einer komplexeren Methode

```
- (int)addUpNumber:(int)firstNumber withNumber:(int)secondNumber;
```

2.8.3 Properties

Properties besitzen exakt dieselbe Namenskonvention wie Methoden. Sie beginnen mit einem Kleinbuchstaben, jeder Anfangsbuchstabe eines folgenden Subjekts oder sprechenden Worts wird dann großgeschrieben (siehe Listing 2.79).

Listing 2.79 Namenskonvention von Properties

```
@property (nonatomic) BOOL isProperty;
@property (nonatomic) BOOL vehicleIsRed;
```

2.9 Strukturen

Strukturen sind ein Sprachmerkmal, sie ermöglichen es, schnell und unkompliziert mehrere Konstanten für einen bestimmten Integer-Bereich zu erstellen. Strukturen machen daher oftmals dann Sinn, wenn Sie beispielsweise feste Zählvariablen in Ihrer Klasse benötigen und nicht einfach eine nicht näher definierte Zahl in Ihrem Code niederschreiben wollen (dass das Ihren Code nämlich deutlich besser lesbar machen kann, haben wir ja bereits im Abschnitt 2.9 „Konstanten" gesehen).

Prinzipiell gibt es zwei Arten von Strukturen: Zum einen sind da die „einfachen" Enumerations, mit denen Sie feste Konstanten für Integer-Werte erstellen, sowie die darauf aufbauenden eigenen Typ-Definitionen mittels `typedef`, die man als eine Art „kleine Vorstufe" zu Klassen sehen kann.

2.9.1 enum

Mithilfe von `enum` können Sie schnell und einfach unveränderliche Integer-Variablen in Form einer Enumeration erstellen, auf die Sie dann in Ihrem Quellcode zugreifen können. Ein `enum` umfasst mindestens einen Wert, kann aber beliebig viele besitzen. Dem ersten Wert wird der Integer 0 zugewiesen, dem zweiten der Integer 1 und so weiter (siehe Listing 2.80).

Listing 2.80 Beispiel für eine einfache Enumeration

```
enum {
    ersterInteger,
    zweiterInteger
}
```

Eingeleitet wird ein enum mit dem Schlüsselwort enum, gefolgt von einer geöffneten und einer geschlossenen geschweiften Klammer. Dazwischen folgen die Namen der Werte, wie Sie sie dann auch in Ihrem Quellcode aufrufen können. Diese werden mit Komma voneinander getrennt, nur nach dem letzten Wert bleibt das Komma aus.

In diesem Beispiel gibt mir so die Integer-Variable zweiterInteger den Wert 1 zurück. Im Unterschied zu den sonstigen Variablen, die wir im vorherigen Abschnitt kennengelernt haben, lassen sich die Werte aus einem enum nicht verändern. Sie dienen somit dazu, feste Integer, die Sie in Ihrem Code benötigen, zu definieren. Das Hochzählen übernimmt dann Objective-C für Sie. Darüber hinaus sind diese definierten Werte leichter lesbar und verständlicher, als wenn Sie an die benötigte Stelle einfach nur eine Integer-Zahl wie 1 schreiben.

Sie können die Werte innerhalb eines enum auch beeinflussen, indem Sie eigene Integer zuweisen (siehe Listing 2.81).

Listing 2.81 Beispiel für eine angepasste Enumeration

```
enum {
    integerFuerZahl5 = 5,
    integerFuerZahl6
}
```

Hier wurde dem ersten Integer eine andere Zahl zugewiesen, nämlich 5. Nun zählt das enum ab dieser Stelle weiter, womit der nächste Integer den Wert 6 besitzt. Sie können innerhalb eines enum jedem Wert einen eigenen Integer zuweisen, müssen aber beachten, dass dann bei den Werten, denen kein eigener Integer zugewiesen wurde, das enum von der letzten vorigen Zuweisung an weiterzählt.

2.9.2 typedef

Wie eingangs erwähnt, baut ein typedef auf dem Prinzip von enum auf. Der große Unterschied besteht darin, dass ein typedef nicht nur die verschiedenen deklarierten Konstanten hält, sondern auch über einen eigenen, eindeutigen Bezeichner verfügbar macht. Dieser Bezeichner kann dann beispielsweise für Parameter in Methoden verwendet (dann erwartet diese Methode also ein Element aus dem entsprechenden typedef) oder sogar für das Erstellen von Properties einer Klasse genutzt werden. Der Aufbau eines typedef unterscheidet sich dabei nur marginal von dem eines enum, wie Listing 2.82 zeigt.

Listing 2.82 Deklaration eines typedef

```
typedef enum {
    ersterInteger,
    zweiterInteger
} MyTypedef;
```

Ein typedef wird mit eben diesem Schlüsselwort eingeleitet und endet mit dem Bezeichner, über den das typedef dann in der Klasse verfügbar ist. Eine entsprechende Klasse könnte sodann auch über die in Listing 2.83 gezeigte Property-Deklaration verfügen.

Listing 2.83 Verwenden eines `typedef` als Property

```
@property (nonatomic) MyTypedef typedefVariable;
```

Hier wird eine Property mit dem Namen `typedefVariable` deklariert, die vom Typ `MyTypedef` ist; vom Aufbau her also identisch wie eine Property, die einer Klasse angehört. In unserem Beispiel kann diese Property nun nur die Werte `ersterInteger` und `zweiterInteger` annehmen. Und wie bereits erwähnt, wäre auch ein passender Parameter in einer Methodendeklaration denkbar (siehe Listing 2.84).

Listing 2.84 Verwenden eines `typedef` als Parameter einer Methode

```
- (void)myTypedefMethodWithValue:(MyTypedef)typedefParamter;
```

Der Vorteil von `typedef` besteht hierbei darin, dass klar ersichtlich ist, welche Typen ein entsprechender Wert annehmen kann. Darüber hinaus macht es den Code leichter lesbar und verständlicher. Auch viele Klassen aus Apples System-Frameworks nutzen `typedef`, um beispielsweise Konfigurationen zu definieren. Da gibt es ein `typedef`, in dem für eine Operation alle möglichen Konfigurationen mit einem klar verständlichen Namen versehen sind (also der Konstanten), und der Nutzer muss auch entsprechend genau einen solchen Wert für die Operation nutzen. Und Sie können durch Verwendung von `typedef` Gleiches in Ihren eigenen Anwendungen und Klassen realisieren.

2.10 Initialisierung von Objekten

Objekte sind das A und O in der täglichen iOS-Entwicklung (nicht zuletzt, da wir ja mit Objective-C auch eine objektorientierte Programmiersprache verwenden). Wir haben bisher bereits erfahren, dass wir Objekte aus unseren Klassen heraus erstellen und unsere Klassen somit eine Art „Bauplan“ für die daraus entstehenden Objekte darstellen. Die Erstellung von Objekten selbst aus so einer Klasse haben wir bisher aber noch nicht näher betrachtet. Das hat folgenden Grund: Für die Erstellung von Objekten nutzen wir Methoden der Klasse `NSObject`, und `NSObject` hat per se zunächst einmal nichts mit der Programmiersprache Objective-C zu tun. Was `NSObject` ist und welche Aufgaben diese Klasse erfüllt, werden wir im Detail noch in Kapitel 4, „Grundlagen der iOS-Entwicklung“, erfahren und kennenlernen. Wir kommen aber an dieser Stelle nicht umhin, uns bereits mit zwei essenziellen Eigenschaften dieser Klasse auseinanderzusetzen, um mit den Grundlagen der Initialisierung von Objekten mit Objective-C vertraut zu werden. Legen wir also los und arbeiten nun direkt mit unseren ersten eigenen Objekten! ☺

2.10.1 alloc und init

Möchten wir ein neues Objekt erstellen, so sind zwei Methoden essenziell für uns: `alloc` und `init`. Beide gehören zur Klasse `NSObject`, Listing 2.85 zeigt die Deklaration der beiden Methoden in Objective-C.

Listing 2.85 Deklaration der Methoden `alloc` und `init`

```
+ (instancetype)alloc
- (instancetype)init
```

Wie Sie sehen, handelt es sich bei `alloc` um eine Klassenmethode (die also direkt auf `NSObject` aufgerufen wird) und bei `init` sodann um eine Instanzmethode. Und da jede Klasse, die Sie erstellen, in Objective-C in jedem Fall von `NSObject` erbt (sei es, weil `NSObject` direkt die entsprechende Superklasse ist oder weil es in der Vererbungshierarchie früher oder später eine Superklasse Ihrer Klasse sein wird), bedeutet das, dass diese beiden Methoden auch auf Ihre Klassen angewendet werden können, ohne dass Sie selbst dafür noch etwas tun müssen. Wundern Sie sich auch nicht über den Rückgabewert `instancetype`. Dieser besagt, dass diese Methoden ein neues Objekt von jener Klasse zurückliefern, auf der sie aufgerufen werden. Mehr zu `instancetype` erfahren Sie auch im Abschnitt 2.11 „init im Detail“.

Doch was tun diese beiden Methoden eigentlich?

`alloc` schaufelt uns zunächst einmal Speicher für das zu erstellende Objekt im Arbeitsspeicher des iOS-Geräts frei. Im Gegensatz zu den primitiven Datentypen, die nur einen bestimmten Wert innerhalb eines festgelegten Wertebereichs annehmen können, sind Objekte weitaus komplexer und verfügen – wie wir ja bereits wissen – über verschiedene Eigenschaften und Methoden, die aufgerufen und ausgeführt werden können.

Ein Aufruf der Methode `alloc` aus der Klasse `NSObject` heraus zur Erstellung eines neuen Objekts dieser Klasse mit Namen `newObject` könnte daher so wie in Listing 2.86 gezeigt aussehen (wir erinnern uns: `alloc` ist eine Klassenmethode, also rufen wir sie auch direkt auf die Klasse auf).

Listing 2.86 Aufruf von `alloc`

```
NSObject *newObject = [NSObject alloc];
```

Zeiger

Wundern Sie sich aktuell nicht über das Sternchen vor dem Variablennamen. Dabei handelt es sich um einen Zeiger, der bei Objekten unabdingbar ist. Was genau es mit Zeigern auf sich hat und wie wir im Detail mit ihnen arbeiten, erläutert der folgende Abschnitt 2.10.2 „Zeiger“.

`alloc` hat uns nun also den Speicherplatz freigegeben, den wir für unser Objekt benötigen, und das zurückgelieferte Objekt der Methode `alloc` haben wir in der Variablen `newObject` gespeichert. Nun müssen wir das Objekt noch initialisieren, um es nutzen und damit arbeiten zu können; damit wird dann unser neues Objekt erstellt. Und hier landen wir bei der Methode `init`.

`init` erstellt eine neue Instanz unseres Objekts, die wir dann gemäß der Klasse, von der unser Objekt abgeleitet wurde, nutzen können. So können wir dann die Eigenschaften des Objekts auslesen, verändern und deren Methoden aufrufen.

`init` ist eine Instanzmethode, sie wird also auf ein Objekt angewandt, das uns zuvor nach dem `alloc`-Aufruf zurückgegeben wurde. Listing 2.87 zeigt einen entsprechenden Aufruf, ausgehend von unserem vorherigen Beispiel aus Listing 2.86.

Listing 2.87 Aufruf von `init`

```
newObject = [newObject init];
```

Hier wenden wir die Instanzmethode `init` auf unser zuvor erstelltes Objekt `newObject` an.

Wie Sie sehen, hängen `alloc` und `init` bei der Initialisierung eines neuen Objekts stark zusammen und es werden auch beide Aufrufe benötigt, um eine neue Instanz einer Klasse zu erstellen. Daher ist es gebräuchlich, die beiden Methodenaufrufe von `alloc` und `init` in einem einzigen Aufruf zusammenzufassen (siehe Listing 2.88).

Listing 2.88 Gemeinsamer Aufruf von `alloc` und `init`

```
NSObject *newObject = [[NSObject alloc] init];
```

Verschachtelte Methodenaufrufe

Hier haben wir eben zum ersten Mal einen verschachtelten Methodenaufruf gesehen (welcher vollkommen legitim und in der Programmierung mit Objective-C auch erwünscht ist). Wir kennen das Prinzip zum Aufruf von Methoden in Objective-C ja bereits: Ein Objekt sendet eine Nachricht. Genau dasselbe geschieht auch hier, nur dass eben zwei Aufrufe direkt ineinander verschachtelt wurden. Im inneren Klammernpaar wird die Klassenmethode `alloc` auf `NSObject` aufgerufen, wodurch dieser Aufruf am Ende ein entsprechendes Objekt der Klasse `NSObject` zurückliefert. Und auf dieses zurückgelieferte Objekt wird dann im äußeren Klammernpaar die Methode `init` angewendet. Dieser verschachtelte Methodenaufruf ist also exakt mit den beiden identisch, die wir zuvor separat in einer eigenen Zeile aufgerufen haben. Und wir werden noch öfter in der iOS-Entwicklung auch solche verschachtelten Methodenaufrufe nutzen.

new

Neben dem gezeigten Erstellen eines Objekts über die Methodenaufrufe `alloc` und `init` verfügt `NSObject` auch noch über eine andere Klassenmethode namens new, deren Deklaration Listing 2.89 zeigt.

Listing 2.89 Deklaration von new in Objective-C

```
+ (instancetype)new
```

Diese Methode führt ebenfalls `alloc` und `init` aus, womit wir unser Objekt `newObject` auch wie in Listing 2.90 gezeigt hätten initialisieren können.

Listing 2.90 Aufruf von new

```
NSObject *newObject = [NSObject new];
```

Wenn Sie jetzt denken, dass das doch viel einfacher und komfortabler ist als der Aufruf von `alloc` und `init`, stimme ich Ihnen zwar prinzipiell zu, doch mit `init` können Sie noch weit mehr anstellen, als einfach ein Objekt standardmäßig zu initialisieren (und diese Möglichkeiten fehlen Ihnen mit der Methode new). Mehr dazu erfahren Sie im Abschnitt 2.11 „init im Detail".

Voilà, das ist das grundlegende Vorgehen zum Erstellen von Objekten in iOS. Wir werden in diesem Kapitel auch noch mehr darüber erfahren und weitere Verfahren zur Initialisierung von Objekten kennenlernen, doch zuvor widmen wir uns noch einem anderen Thema: den Zeigern.

2.10.2 Zeiger

Bei der Arbeit mit Objekten gibt es einen essenziellen Unterschied im Vergleich zu der mit primitiven Datentypen wie `int` oder `BOOL`. Während Datentypen jederzeit problemlos in Ihrem Code verwendet werden können, sind Objekte deutlich mächtiger. Sie halten nicht nur einfach einen bestimmten Wert aus einem vorgegebenen Wertebereich, nein, sie verfügen überdies auch noch über verschiedene Funktionen und Methoden. Und all diese Informationen eines Objekts müssen beim Erstellen eines solchen gespeichert werden.

Technisch bedeutet das, dass ein erstelltes Objekt im Arbeitsspeicher des iOS-Geräts landet. Das System kümmert sich selbsttätig darum, eine entsprechend freie Speicheradresse zu ermitteln und diesen Speicherbereich für das neu angelegte Objekt zu nutzen. So weit, so gut, das bedeutet aber einen essenziellen Unterschied im Umgang mit Objekten im Vergleich zu Datentypen: Objekte leben im Speicher, und nach dem Initialisieren eines neuen Objekts über `alloc` erhält die Variable, der wir dieses Objekt zuweisen, die entsprechende Information, an welcher Stelle im Speicher sich das Objekt befindet. Doch diese Information ist für uns Entwickler nicht von Belang, wir wollen ja mit dem eigentlichen Objekt arbeiten. Und hier kommt der Zeiger ins Spiel.

Wie beschrieben erhält die Variable, der das neu erzeugte Objekt nach dem Aufruf von `alloc` zugewiesen wird, die Speicheradresse, an der sich das Objekt befindet. Die Variable hält also nicht das Objekt an sich, sondern verweist auf die Stelle im Speicher, wo wir das Objekt finden; die Variable ist ein Zeiger. Und um die Variable als Zeiger zu kennzeichnen und gleichzeitig mit ihr auf das eigentliche Objekt zugreifen zu können, müssen wir beim Erstellen der Variablen diese als Zeiger kenntlich machen, und das tun wir über den Stern (siehe Listing 2.91).

Listing 2.91 Zeiger

```
NSObject *myObject = ...;
```

Alle Variablen, die auf Objekte verweisen, fungieren als Zeiger, denn alle Objekte werden im Speicher des Geräts abgelegt. Wann immer wir also eine neue Variable erzeugen und ihr ein Objekt zuweisen, verwenden wir den Stern vor dem Variablennamen, um damit kenntlich zu machen, dass diese Variable auf die Stelle des betreffenden Objekts im Speicher zeigt. Das ist nur beim Erstellen einer neuen Variablen von Belang; sobald die Variable erstellt ist, kann sie wie sonst auch ganz normal über ihren Namen genutzt werden; ganz ohne Sternchen.

2.11 init im Detail

Mit `init` initialisieren wir ein Objekt und erstellen es, es ist also genau die Methode, die unserem Objekt Leben einhaucht. Jede Klasse verfügt über die Methode `init`, da sie in jedem Fall von der Klasse `NSObject` erben wird. Das bedeutet aber nicht, dass wir nicht selbst eine Implementierung für `init` für unsere Klasse schreiben können. Das macht vor allen Dingen dann Sinn, wenn wir unser Objekt bereits bei der Initialisierung mit `init` mit bestimmten Standardwerten belegen wollen (z. B. für ein Objekt unserer `Vehicle`-Klasse sofort die Standardfarbe Schwarz setzen möchten).

Um das zu bewerkstelligen, müssen wir nichts weiter tun, als die Methode `init`, die wir von `NSObject` geerbt haben, in unserer eigenen Klasse im `@implementation`-Block zu überschreiben. Damit wird beim Aufruf der Methode `init` auf unserer eigenen Klasse auch unsere überschriebene `init`-Methode aufgerufen und ausgeführt, womit wir direkt eigene Aktionen bei der Initialisierung durchführen können. Beim Überschreiben ist es aber wichtig, ein grundlegendes Pattern zu beachten (siehe Listing 2.92).

Listing 2.92 Pattern für die Initialisierung

```
@implementation
- (instancetype)init
{
    self = [super init];
    if (self) {
        <Initialisierung durchführen>
    }
    return self;
}
@end
```

instancetype

`instancetype` ist ein Schlüsselwort als Rückgabewert für eine Methode, die ein Objekt der entsprechenden Klasse zurückliefert. Dies ist bei allen `init`-Methoden der Fall; sie liefern ein Objekt der entsprechenden Klasse zurück, und daher ist der Rückgabewert dieser Methoden `instancetype`.

Sehen wir uns den Inhalt der überschriebenen init-Methode einmal Stück für Stück an und beginnen dabei mit dem in Listing 2.93 gezeigten Aufruf von super.

Listing 2.93 Aufruf von super in init

```
self = [super init];
```

super

Mit super rufen wir in Objective-C eine Methode oder Property der Klasse auf, von der die eigene Klasse abgeleitet ist. Dabei handelt es sich um eine essenzielle Funktion im Bereich der Vererbung, die wir im gleichnamigen Abschnitt noch im Detail kennenlernen werden. Für den Moment reicht es für Sie aus zu wissen, dass über super nicht eine Methode der eigenen Klasse, sondern der Klasse, von der unsere eigene abgeleitet ist, aufgerufen wird.

In dieser Zeile rufen wir über [super init] die init-Methode der Superklasse unserer Klasse auf und weisen das zurückgelieferte Objekt dem Objekt unserer Klasse (self) zu. Doch warum tun wir das? Warum rufen wir mittels super die init-Methode der Elternklasse auf? Das ist essenziell, damit das Objekt richtig initialisiert werden kann, denn nur die Klasse NSObject enthält die Logik, die benötigt wird, um ein neues Objekt zu erstellen und im Speicher zu halten, und darum müssen wir unbedingt auch die init-Methode aller Elternklassen ausführen, wenn wir init überschreiben.

Im nächsten Schritt fragen wir anschließend self ab, wie in Listing 2.94 gezeigt.

Listing 2.94 Abfrage von self

```
if (self) {
    <Initialisierung durchführen>
}
```

Damit stellen wir sicher, dass die weitere Initialisierung nur durchgeführt wird, wenn tatsächlich self einem Objekt der Elternklasse zugewiesen wurde und somit self überhaupt existiert und über einen passenden Wert verfügt. Wäre hier zum Beispiel ein Fehler aufgetreten und self hätte keinen Wert, würde auch die Initialisierung nicht funktionieren, denn „Nichts“ kann man auch keine Werte zuweisen.

Innerhalb der if-Abfrage können dann alle Befehle erfolgen, um dem Objekt Leben einzuhauchen, indem beispielsweise schon Standardwerte für Properties gesetzt werden.

Am Ende der Methode wird dann das eigene Objekt zurückgegeben (siehe Listing 2.95).

Listing 2.95 Rückgabe von self

```
return self;
```

Das ist dann das Objekt, das der Aufrufer der Methode init erhält und zum Beispiel einer entsprechenden Variablen zuweist (wie wir es zuvor mit der Variablen newObject der Klasse NSObject getan haben).

Zugriff auf Properties in der init-Methode

Normalerweise wird innerhalb einer Klasse auf die Properties über das Schlüsselwort `self` zugegriffen, so wie wir es bereits im entsprechenden Abschnitt 2.6 „Properties" kennengelernt haben. Es gibt aber zwei Ausnahmen von dieser Regel: Methoden zur Initialisierung sowie Setter- und Getter-Methoden einer Property. Die Setter und Getter haben wir bereits im genannten Abschnitt zu den Properties kennengelernt, und denselben Effekt haben wir auch in der `init`-Methode: In `init` wird unser Objekt der Klasse überhaupt erst erstellt, weshalb wir den direkten Aufruf der Setter- und Getter-Methoden unserer Properties über `self` vermeiden sollten. Auch hier sollten stattdessen Properties direkt über ihre entsprechende Instanzvariable gesetzt werden.

2.11.1 Erstellen eigener init-Methoden

Es spricht nichts dagegen, in einer Klasse mehrere verschiedene eigene `init`-Methoden zu deklarieren und zu implementieren; ganz im Gegenteil. Schließlich erstellen Sie in `init` ein Objekt Ihrer Klasse, und es macht durchaus Sinn, bei dieser Erstellung bereits bestimmte Werte für manche Properties zu setzen.

Nehmen wir zum Beispiel unsere `Vehicle`-Klasse. Wäre es nicht klasse, wenn wir ein Objekt davon erstellen und diesem direkt bei der Initialisierung eine Farbe zuweisen könnten? Das ist kein Problem, wir müssen lediglich im Header der Klasse eine entsprechende `init`-Methode deklarieren, wie in Listing 2.96 gezeigt.

Listing 2.96 Deklaration einer eigenen `init`-Methode

```
- (instancetype)initWithColor:(UIColor *)color;
```

Unsere `Vehicle`-Klasse besitzt damit diese `init`-Methode, die ein Objekt der Klasse zurückgibt. Sehen wir uns nun einmal die entsprechende Implementierung in der Implementation-Datei an (siehe Listing 2.97).

Listing 2.97 Implementierung der eigenen `init`-Methode

```
- (instancetype)initWithColor:(UIColor *)color {
    self = [super init];
    if (self) {
        _color = color;
    }
    return self;
}
```

Wie wir sehen, besitzt diese `init`-Methode den gleichen Aufbau wie die, die wir uns bereits angesehen haben. Innerhalb des if-Blocks erfolgen – wie wir ja bereits wissen – alle zusätzlichen Initialisierungen und wir können hier unsere Instanzvariablen setzen. Hier nutzen wir unsere eigene `init`-Methode, um den übergebenen `color`-Wert direkt in einer Property `color` unseres neuen `Vehicle`-Objekts zu speichern. Wenn wir also über diese Methode ein

Objekt der Klasse Vehicle initialisieren, besitzt es sofort nach der Initialisierung die übergebene Farbe in der Property color.

Natürlich können wir aber auch Instanzvariablen setzen, ohne dass Parameter übergeben werden. Zum Beispiel könnten wir in der Standard-init-Methode der Klasse Vehicle auch eine Implementierung wie in Listing 2.98 gezeigt umsetzen.

Listing 2.98 Überschreiben der init-Methode

```
- (instancetype)init {
    self = [super init];
    if (self) {
        _color = [UIColor redColor];
    }
    return self;
}
```

Damit setzen wir auch beim Aufruf der Methode init bereits einen Wert für die Property color, allerdings ist dieser hier festgelegt und kann nicht verändert werden. Entsprechend sollten derartige Deklarationen auch immer in der Dokumentation einer Methode aufgeführt werden (siehe dazu auch den Abschnitt „Dokumentation“ in Kapitel 4, „Grundlagen der iOS-Entwicklung“).

2.11.2 Designated Initializer

Wir wissen nun alles Wichtige über init: Wie wir die init-Methode überschreiben und damit direkt Werte für unsere Properties setzen und wie wir eigene init-Methoden schreiben, um so beispielsweise direkt Parameter entgegenzunehmen und im neu erstellten Objekt zu speichern.

Eine sehr wichtige Bedeutung hierbei hat der Designated Initializer. Dabei handelt es sich um die init-Methode, die in jedem Fall aufgerufen werden muss, um ein Objekt der entsprechenden Klasse zu erstellen.

Nehmen wir zum Beispiel an, dass die Farbe, die einem Objekt unserer Klasse Vehicle zugewiesen wird, nicht verändert werden kann und gleichzeitig aber ein essenzieller Parameter ist, um mit der Klasse arbeiten zu können (weil wir immer davon ausgehen, dass unser Vehicle-Objekt eine Farbe besitzt). In diesem Fall würden wir als diejenigen, die diese Klasse entwerfen, davon ausgehen, dass der Nutzer in jedem Fall eine Methode wie initWithColor: aufrufen muss, um ein neues Objekt der Klasse zu erstellen und darüber direkt die gewünschte Farbe zu setzen.

Dabei ändert sich nichts an der init-Methode selbst, der Aufbau bleibt genau derselbe. Der Designated Initializer ist vielmehr ein Mittel der Dokumentation, um mitzuteilen, dass diese init-Methode notwendig ist, um mit einer Instanz einer Klasse arbeiten zu können.

Wenn Sie eine solche Methode in Ihrer Klasse besitzen – also eine init-Methode, die in jedem Fall aufgerufen werden muss, wenn Sie mit der Klasse arbeiten wollen –, müssen Sie das auch in allen anderen init-Methoden berücksichtigen, die Sie möglicherweise zur Verfügung stellen. Nehmen wir zum Beispiel an, dass unsere Vehicle-Klasse noch eine weitere init-Methode besitzt, mit der nicht nur die Farbe, sondern auch ein Hersteller gesetzt wird, wie in Listing 2.99 gezeigt.

Listing 2.99 Erweiterte init-Methode

```
- (instancetype)initWithColor:(UIColor *)color manufacturer:(NSString *)manufacturer;
```

Wenn nun initWithColor: Ihr Designated Initializer ist, sähe eine passende Implementierung beispielsweise wie in Listing 2.100 gezeigt aus.

Listing 2.100 Implementierung der erweiterten init-Methode

```
- (instancetype)initWithColor:(UIColor *)color manufacturer:(NSString *)manufacturer {
    self = [self initWithColor:color];
    if (self) {
        _manufacturer = manufacturer;
    }
    return self;
}
```

Wie Sie sehen, wird nun in unserer zusätzlichen init-Methode nicht [super init] aufgerufen, sondern stattdessen unser Designated Initializer. Der erhält auch den entsprechenden Parameter für die Farbe, den wir daher in unserer zusätzlichen init-Methode nicht selbst setzen müssen; darum kümmert sich dann der Designated Initializer in seiner Implementierung, die wir bereits gesehen haben.

Umgekehrt ginge das Ganze natürlich auch: Nehmen wir an, die Methode initWithColor:manufacturer: wäre unser Designated Initializer und wir würden nun initWithColor: implementieren, so würden die beiden Methoden wie in Listing 2.101 gezeigt aussehen.

Listing 2.101 Implementierung der init-Methoden

```
- (instancetype)initWithColor:(UIColor *)color manufacturer:(NSString *)manufacturer {
    self = [super init];
    if (self) {
        _color = color;
        _manufacturer = manufacturer;
    }
    return self;
}
- (instancetype)initWithColor:(UIColor *)color {
    return [self initWithColor:color manufacturer:nil];
}
```

Nun ruft initWithColor:manufacturer: die init-Methode von super auf und setzt gleichzeitig sowohl den Wert für die Farbe als auch den Hersteller in der entsprechenden Instanzvariablen. initWithColor: hingegen ruft nur den Designated Initializer auf, denn sie besitzt keine zusätzlichen Informationen, die nicht auch im Designated Initializer gesetzt werden (wie zuvor der Hersteller). Dabei übergibt die Methode einfach den Parameter für die Farbe, den sie erhalten hat, und für den Hersteller einen festen Wert; in diesem Fall nil, womit einfach kein Hersteller gesetzt wird. Das Ergebnis dieses Methodenaufrufs muss dann nur noch mittels return zurückgegeben werden.

Dokumentation!

Den Designated Initializer erkennt man in Objective-C – im Gegensatz zu Swift – nicht anhand eines klaren Merkmals. Sie können ihn sich – wenn Sie Zugriff auf den entsprechenden Quelltext haben – ableiten, indem Sie prüfen, welche `init`-Methode in jedem Fall aufgerufen wird. Das ist aber nicht Sinn der Sache. Vielmehr soll der Designated Initializer in der Dokumentation der Methoden klar gekennzeichnet werden, damit auch andere Entwickler wissen, dass Sie entweder diese `init`-Methode aufrufen müssen oder dass diese `init`-Methode automatisch in jedem Fall auch von anderen `init`-Methoden aufgerufen wird. Genaueres zur Dokumentation Ihres Quellcodes erfahren Sie im Abschnitt „Dokumentation“ in Kapitel 4, „Grundlagen der iOS-Entwicklung“.

2.12 Vererbung

Vererbung ist in der objektorientierten Programmierung eine der wichtigsten Grundlagen zum Erstellen und einfachen Wiederverwenden von Klassen. Vererbung bedeutet, dass eine Klasse, die Sie erstellen, alle Methoden und Instanzvariablen ihrer Superklasse „erbt“. Klingt vielleicht reichlich abstrakt, ist aber gar nicht so kompliziert.

Sehen wir uns einmal in Listing 2.102 eine mögliche Header-Datei für unsere `Vehicle`-Klasse an.

Listing 2.102 Beispielhafter Header für die `Vehicle`-Klasse

```
@interface Vehicle: NSObject
@property (strong, nonatomic) UIColor *color;
- (void)startDriving;
- (void)stopDriving;
@end
```

Die Klasse verfügt über eine Property für die Farbe des `Vehicle`-Objekts und zwei Methoden, um das Fahrzeug zu starten und zu stoppen. Gut. Nehmen wir nun mal an, Sie benötigen eine weitere Klasse, um nicht im Allgemeinen ein Fahrzeug, sondern im Speziellen ein Motorboot abzubilden. Ein entsprechendes Interface einer solchen `Motorboat`-Klasse ist in Listing 2.103 zu sehen.

Listing 2.103 Beispielhafter Header einer `Motorboat`-Klasse

```
@interface Motorboat: NSObject
@property (strong, nonatomic) UIColor *color;
@property (strong, nonatomic) NSString *boatType;
@property (strong, nonatomic) NSString *fuselageShape;
- (void)startDriving;
- (void)stopDriving;
@end
```

Na, fällt Ihnen etwas auf? Bis auf zwei neue Properties verfügt unsere spezifische Klasse `Motorboat` über dieselben Properties und Methoden wie unsere `Vehicle`-Klasse. Und natürlich wäre es müßig, müssten wir für jede unserer Klassen immer alle Properties und Methoden schreiben, wenn wir eigentlich schon eine Klasse haben, die wir als Grundlage verwenden können.

Und genau hier kommt die Vererbung ins Spiel. Wie bereits geschrieben, bedeutet Vererbung, dass eine Klasse alle Methoden und Instanzvariablen ihrer Superklasse erbt.

O Moment, hat es da eben bei Ihnen Klick gemacht? Wenn Sie das Buch bisher von Anfang an durchgelesen haben, ist Ihnen der Begriff Superklasse schon einmal untergekommen, und zwar im Abschnitt zum Aufbau einer Klasse. Auch in den hier aufgeführten Beispielen haben wir eine Superklasse für unsere Klassen `Vehicle` und `Motorboat` angegeben: Sie heißt `NSObject` und steht nach dem Doppelpunkt nach dem Klassennamen (siehe Listing 2.104).

Listing 2.104 Angabe der Superklasse

```
@interface Vehicle: NSObject
@interface Motorboat: NSObject
```

Eine Superklasse müssen wir bei der Entwicklung für iOS immer mit angegeben. `NSObject` ist eine Klasse aus dem Foundation-Framework von Apple, welches wir in Kapitel 4, „Grundlagen der iOS-Entwicklung", noch ausführlich kennenlernen werden. `NSObject` ist sozusagen die Mutterklasse aller Klassen, mit denen wir arbeiten. Sie stellt grundlegende Methoden zur Verfügung, mit denen wir Objekte unserer eigenen Klasse erstellen können, und vieles mehr. Doch was hat das nun mit der Vererbung zu tun?

Eine Klasse, die Sie erstellen, kann von jeder beliebigen verfügbaren Klasse erben und besitzt damit automatisch all ihre Methoden und Properties. Klassen, die also von `NSObject` erben (wie wir bisher immer gesehen haben), besitzen automatisch alle Methoden von `NSObject`, ohne dass Sie diese selbst deklarieren müssen; die Klasse hat sie geerbt. Das haben wir bereits bei den beiden Methoden `alloc` und `init` gesehen, die für die Initialisierung eines neuen Objekts einer Klasse verantwortlich sind. Auch wenn wir diese in eigenen Klassen nicht selbst implementieren, können wir sie trotzdem nutzen, da sie automatisch von `NSObject` geerbt werden.

Und natürlich ist `NSObject` nicht die einzige Superklasse, die Sie verwenden können. Wie bereits geschrieben, kann eine Klasse von jeder anderen verfügbaren Klasse erben. Und in dem Beispiel von unserer `Vehicle`- und `Motorboat`-Klasse macht das auch absolut Sinn. Ein Motorboot ist schließlich auch ein Fahrzeug und besitzt damit all seine Methoden und Properties und wird lediglich noch um die Methoden und Properties ergänzt, die nur für diese Klasse gelten. Sehen wir uns das einmal in Listing 2.105 an.

Listing 2.105 Vererbung von der Klasse `Vehicle`

```
@interface Motorboat: Vehicle
@property (strong, nonatomic) NSString *boatType;
@property (strong, nonatomic) NSString *fuselageShape;
@end
```

Wie Sie sehen, wurde in der `@interface`-Deklaration nun die Superklasse von `NSObject` zu `Vehicle` geändert. Das bedeutet, dass unsere Klasse `Motorboat` automatisch alle Methoden und Properties besitzt, die auch `Vehicle` besitzt; diese neue Deklaration entspricht damit exakt der, die wir zuvor angelegt haben und die `NSObject` als Superklasse besaß. Somit reicht es aus, wenn wir nun nur noch unsere beiden neuen Properties `boatType` und `fuselageShape` deklarieren, denn der Rest wird dieser Klasse automatisch durch die Vererbung von der Superklasse `Vehicle` zur Verfügung gestellt.

Und natürlich erbt `Motorboat` nicht nur rein die Methoden und Properties von `Vehicle`. Da `Vehicle` selbst auch eine Superklasse besitzt (nämlich `NSObject`), sind auch die in dieser Superklasse deklarierten Methoden und Properties in `Motorboat` verfügbar.

Damit ist Vererbung ein sehr mächtiges und in der täglichen Entwicklerarbeit auch notwendiges Mittel zur Arbeit mit Klassen. Es erlaubt uns, auf bereits existierenden Klassen aufzubauen und all deren Eigenschaften in unsere Klassen zu übernehmen, die wir dann nur noch um die Eigenschaften erweitern müssen, die für unsere Klassen relevant sind.

Superklasse und Subklasse

In diesem Abschnitt war immer von der Superklasse die Rede. Die Superklasse ist die Klasse, von der eine andere Klasse ihre Methoden und Eigenschaften erbt. Diese Klasse selbst wiederum bezeichnet man als Subklasse. Bei der in Listing 2.106 gezeigten Deklaration handelt es sich also bei `Motorboat` um die Subklasse und bei `Vehicle` um die Superklasse.

Listing 2.106 Superklasse und Subklasse

```
@interface Motorboat: Vehicle
```

Mehrfachvererbung

Aus anderen Programmiersprachen kennen Sie möglicherweise das Prinzip der Mehrfachvererbung. Das bedeutet, dass eine Klasse nicht nur von einer, sondern gleich von mehreren Klassen ihre Eigenschaften und Methoden erben kann. Mehrfachvererbung gibt es in Objective-C nicht. Hier besitzt jede Klasse genau eine Superklasse.

2.12.1 Methoden der Superklasse überschreiben

Vererbung erlaubt es nicht nur, Methoden der Superklasse auf einem Objekt der eigenen Klasse aufzurufen und auszuführen. Nein, Methoden der Superklasse können auch in der eigenen Klasse überschrieben werden.

Wenn Sie eine Methode von einer Superklasse erben und ein Objekt Ihrer Klasse ruft diese Methode auf, so wird normalerweise die zugehörige Implementierung der Superklasse ausgeführt; ganz automatisch und ohne dass Sie dafür etwas tun müssen (ist sozusagen im

Service mit inbegriffen). Oftmals macht es aber Sinn, die geerbte Methode noch einmal in der jeweiligen Subklasse selbst zu implementieren und dort dann möglicherweise andere, eigene Funktionen auszuführen. Ruft nun ein Objekt Ihrer Klasse diese Methode auf, wird auch entsprechend die Implementierung Ihrer Klasse aufgerufen und nicht die der Superklasse. Und dazu müssen Sie die Methode auch nicht nochmals im Header Ihrer Klasse deklarieren; wie gesagt, die Vererbung kümmert sich darum, dass die Methode bekannt ist, und wird sie aufgerufen, werden alle Klassen dahingehend geprüft, ob diese Methode implementiert ist – beginnend bei Ihrer. Wird sie dort nicht gefunden, wird die zugehörige Superklasse geprüft. Und wird sie in dieser auch nicht gefunden, wird deren Superklasse geprüft und so weiter.

Zum Überschreiben müssen Sie nichts weiter tun, als Ihre Methode – so wie jede andere – in Ihrer Implementation-Datei der Klasse zu implementieren (siehe Listing 2.107).

Listing 2.107 Methode der Superklasse überschreiben

```
@implementation Motorboat
- (void)startDriving {
    <Ihre eigene Implementierung>
}
@end
```

Hier überschreiben wir die Methode `startDriving` der Superklasse `Vehicle`. Rufen wir nun über ein Objekt der Klasse `Motorboat` diese Methode auf, wird unsere Implementierung genutzt und nicht die, die in `Vehicle` integriert ist.

super

Sowie das Schlüsselwort `self` auf das Objekt der eigenen Klasse verweist (und damit den Zugriff auf die eigenen Properties und Methoden erlaubt), gibt es auch das Schlüsselwort `super`. Mit `super` greifen Sie auf die Methoden der Superklasse Ihrer Klasse zurück. Die `super`-Aufrufe machen vor allen Dingen dann Sinn, wenn Sie beispielsweise eine Methode der Superklasse in Ihrer Klasse überschreiben, aber dennoch – zusätzlich zu Ihrer neuen Implementierung – auch noch den ursprünglichen Code der Implementierung der Superklasse ausführen möchten (wir lernen in Kapitel 7, „Die Vielfalt der (View-)Controller", auch noch einige Methoden kennen, in denen ein solches Verhalten zwingend notwendig ist). Möchten wir also beispielsweise in unserer Implementierung der Methode `startDriving` in der `Motorboat`-Klasse auch noch die zugehörige Implementierung dieser Methode in der Superklasse `Vehicle` ausführen, müssen wir wie in Listing 2.108 gezeigt vorgehen.

Listing 2.108 Zugriff auf Methode der Superklasse

```
- (void)startDriving {
    [super startDriving];
    <Ihre eigene Implementierung>
}
```

2.13 Kategorien

Kategorien erlauben es Ihnen, bestehende Klassen um eigene Methoden zu erweitern, und sind damit ein mächtiges und flexibles Werkzeug für Ihre tägliche Entwicklerarbeit. Denn Kategorien können Sie nicht nur auf Ihre eigenen, selbst geschriebenen Klassen anwenden: Sie funktionieren mit allen Klassen, also auch den Klassen aus Apples System-Frameworks oder Klassen und Frameworks von Drittanbietern.

Möglicherweise denken Sie nun daran, lieber eine Subklasse zu einer bestehenden Klasse zu erstellen und dort die von Ihnen gewünschten Methoden zu implementieren. Das können Sie natürlich tun, doch dieses Verfahren hat zwei Nachteile:

- Alle Objekte, die bisher der Superklasse zugeordnet waren und nun Ihre neue Subklasse nutzen sollen, müssen entsprechend angepasst und umgestellt werden, was unter Umständen – gerade wenn Sie mit Apples System-Frameworks arbeiten – gar nicht möglich ist.
- Von manchen Klassen ist es nicht ratsam oder sogar verboten, Subklassen anzulegen (das kann der Dokumentation der entsprechenden Klasse entnommen werden).

Nehmen wir zum Beispiel an, Sie möchten für Ihre Zwecke auf Objekte der Klasse `NSString` eine Methode anwenden, die diese Klasse von Apple so nicht bietet. Anstatt mühsam nun eine eigene Subklasse von `NSString` zu erstellen und in Ihrem kompletten Quellcode alle `NSString`-Objekte durch Ihre neue Subklasse zu ersetzen, können Sie auch eine Kategorie von `NSString` erstellen, dort die benötigte Methode deklarieren und implementieren und dann in Ihrem Quelltext auf alle `NSString`-Objekte Ihre neue Methode anwenden. Hört sich nicht schlecht an, nicht wahr?

2.13.1 Aufbau von Kategorien

Kategorien bestehen – wie normale Objective-C-Klassen auch – aus zwei Dateien: einer Header- und einer Implementation-Datei. Die Deklaration der Header-Datei wird in Listing 2.109 gezeigt.

Listing 2.109 Deklaration des Headers einer Kategorie

```
@interface <Klasse> (<Name der Kategorie>)
<Deklaration der Methoden>
@end
```

Wie Sie sehen, ist der Aufbau dem der Header-Datei einer Objective-C-Klasse sehr ähnlich, jedoch fehlt die Angabe der Superklasse nach dem Klassennamen. Stattdessen wird in runden Klammern der Name der Kategorie angegeben. Diesen Namen können Sie frei wählen, doch er sollte beschreiben, wofür diese Kategorie da ist und welche Art von Methoden sie bei der betreffenden Klasse ergänzt. Die Deklarationen der entsprechenden Methoden finden dann wie gewohnt innerhalb des Blocks zwischen `@interface` und `@end` statt. Eine beispielhafte Kategorie für die Klasse `NSString` aus Apples System-Frameworks mit dem Namen „Extension“ könnte zum Beispiel wie in Listing 2.110 gezeigt aussehen.

Listing 2.110 Beispielhafte Kategorie für `NSString`

```
@interface NSString (Extension)
- (BOOL)hasTenOrMoreCharacters;
@end
```

In diesem Fall wird `NSString` um eine Methode ergänzt, die zurückgibt, ob der jeweilige String zehn oder mehr Zeichen besitzt.

Widmen wir uns nun der Implementation-Datei. Auch diese entspricht von ihrem Aufbau her im Großen und Ganzen dem einer normalen Objective-C-Klasse (siehe Listing 2.111).

Listing 2.111 Deklaration der Implementierung einer Kategorie

```
@implementation <Klasse> (<Name der Kategorie>)
<Implementierung der Methoden>
@end
```

Nach dem Namen der betreffenden Klasse folgt in Klammern der Name der Kategorie. Zwischen dem `@implementation`- und `@end`-Block folgt die Implementierung der Methoden. Die Implementation-Datei unserer Beispielkategorie „Extension" könnte also wie in Listing 2.112 gezeigt aussehen.

Listing 2.112 Beispielhafte Implementierung einer Kategorie

```
@implementation NSString (Extension)
- (BOOL)hasTenOrMoreCharacters
{
    if ([self length] >= 10) {
        return YES;
    } else {
        return NO;
    }
}
@end
```

2.13.2 Kategorien in Xcode erstellen

Neue Kategorien lassen sich über Xcode schnell und einfach erstellen und Ihrem Projekt hinzufügen. Gehen Sie dazu über das Menü FILE → NEW → FILE ... und klicken Sie in dem sich öffnenden Fenster im oberen Menü auf iOS und scrollen anschließend in den Bereich *Source*. Wählen Sie dort OBJECTIVE-C FILE aus und klicken Sie anschließend auf NEXT (siehe Bild 2.5).

In der erscheinenden Ansicht können Sie nun im Feld FILE den gewünschten Dateinamen vergeben. In der Auswahlbox FILE TYPE wählen Sie CATEGORY für die Erstellung einer neuen Kategorie aus. Zu guter Letzt müssen Sie im Feld CLASS noch die Klasse auswählen beziehungsweise eingeben, für die die neue Kategorie erstellt werden soll (siehe Bild 2.6).

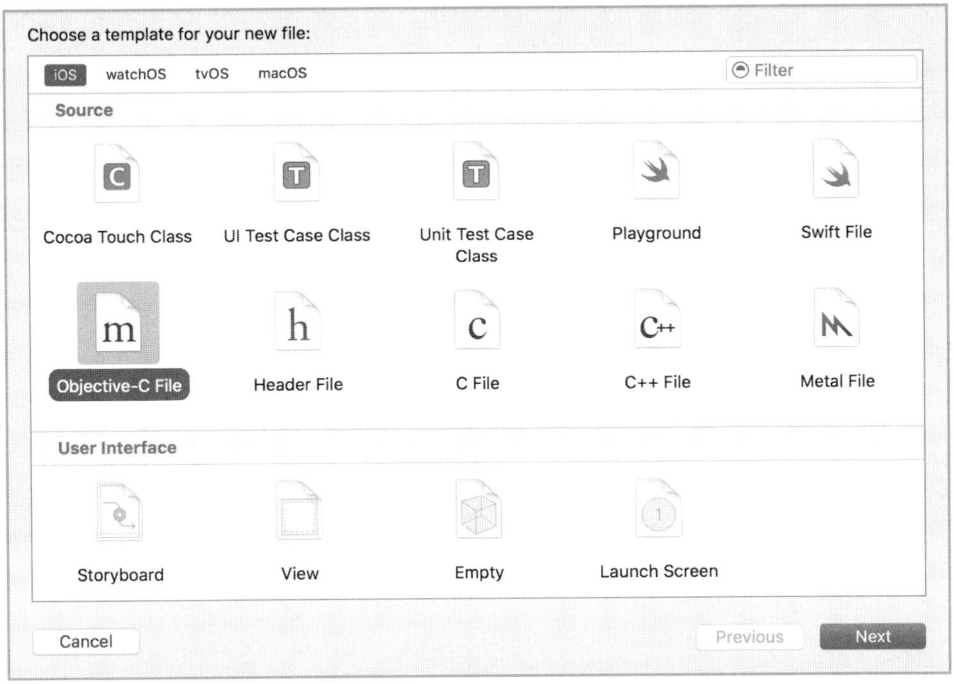

Bild 2.5 Über das Template „Objective-C File“ können Sie eine neue Kategorie in Xcode erstellen.

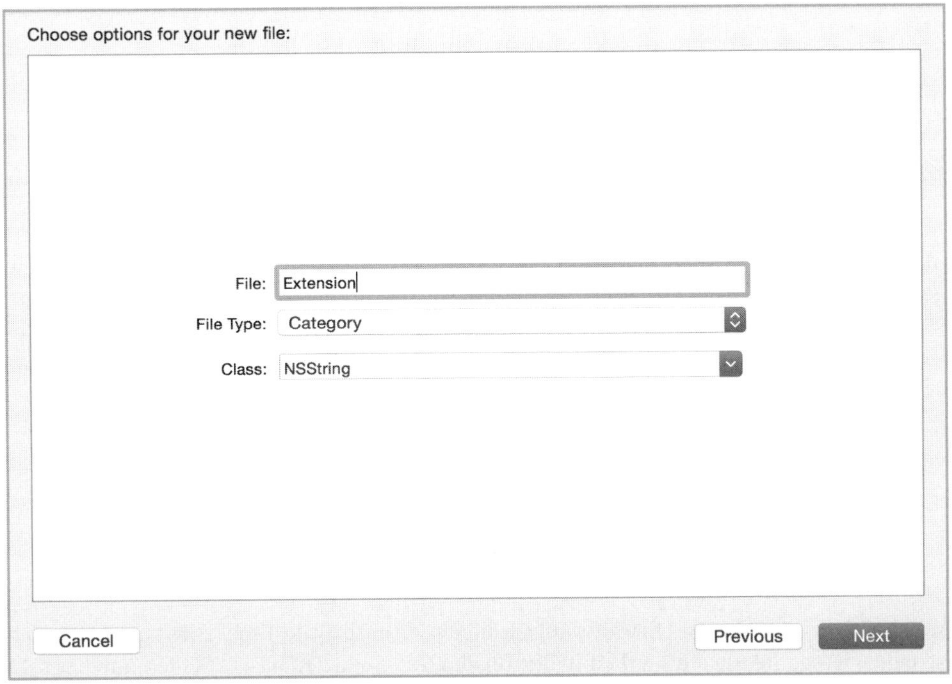

Bild 2.6 Im Auswahlfeld „File Type“ wählen Sie „Category“, um eine neue Kategorie zu erstellen.

Aus dem von Ihnen vergebenen Namen im Feld FILE sowie der gewählten Klasse wird automatisch ein passender Dateiname generiert, der sich wie folgt zusammensetzt:

<Gewählte Klasse>+<Gewählter Dateiname>

Wenn Sie also beispielsweise eine Kategorie für die Klasse `NSString` erstellen und ihr den Namen „Extension" geben, erzeugt Xcode eine entsprechende Kategorie mit dem Namen `NSString+Extension`.

Mit einem anschließenden Klick auf NEXT brauchen Sie nur noch den gewünschten Speicherort auszuwählen, anschließend wird die neue Kategorie direkt erstellt.

2.13.3 Verwenden von Kategorien

Damit Sie den erweiterten Code einer Kategorie innerhalb einer Klasse verwenden können, ist es wichtig, die Kategorie in der entsprechenden Klasse mittels der bereits bekannten `#import`-Anweisung zu importieren. Tun Sie das nicht, sind in der Klasse auch nicht die Methoden der Kategorie bekannt und sie können somit nicht genutzt werden.

Die Import-Anweisung für die gezeigte „Extension"-Kategorie innerhalb einer Klasse würde wie in Listing 2.114 gezeigt aussehen.

Listing 2.113 Deklaration der Implementierung einer Kategorie

```
import "NSString+Extension.h"
```

Ist der Header einer Kategorie importiert, können deren Methoden dann wie gewohnt im Code verwendet werden.

2.14 Erweiterungen

Mit den zuvor vorgestellten Kategorien haben wir bereits eine Art von Erweiterung kennengelernt: Wir haben eine beliebige Klasse um eigene Properties und Methoden ergänzt. Diese Ergänzung bezog sich sowohl auf die Deklaration von Properties und Methoden in der Header-Datei als auch auf eine Implementierung der Implementation-Datei in der von uns erstellten Kategorie.

Hier kommt der Unterschied zu den Erweiterungen in Objective-C ins Spiel. Erweiterungen verfügen lediglich über eine Header-Datei (sprich sie enthalten nur Property- und Methodendeklarationen, nicht aber deren Implementierung) und können nur auf Klassen angewendet werden, über deren Quellcode Sie verfügen; Erweiterungen können Sie also beispielsweise nicht auf eine Klasse wie `NSString` aus Apples System-Frameworks anwenden (wie Sie es dazu im Gegensatz bei Protokollen durchaus können).

Wozu also Erweiterungen? Erweiterungen dienen dazu, private Properties und Methoden zu deklarieren, die nicht öffentlich in der Header-Datei einer Klasse für jeden nutzbar sein sollen. Dies macht bei Properties und Methoden Sinn, die Sie nur innerhalb der eigenen

Klasse benötigen, um bestimmte Funktionen auszuführen, die aber nicht von Objekten anderer Klassen genutzt werden sollen.

2.14.1 Aufbau von Erweiterungen

Die Header-Dateien von Erweiterungen besitzen den in Listing 2.114 gezeigten Aufbau.

Listing 2.114 Aufbau einer Erweiterung

```
@interface <Name Ihrer Klasse> ()
<Deklaration privater Properties und Methoden>
@end
```

Der Aufbau von Erweiterungen ist damit nahezu identisch zu denen der Header-Datei einer Klasse. Anstatt einem Doppelpunkt gefolgt von der Superklasse nach dem Klassennamen werden aber bei Erweiterungen einfach eine geöffnete und geschlossene Klammer gesetzt. Dadurch weiß Ihr Programm, dass die innerhalb dieses `@interface`-Blocks definierten Properties und Methoden nur in der Implementation-Datei der entsprechenden Klasse genutzt werden können, nicht aber von außerhalb nutzbar sind (wie es ja sonst bei Properties und Methoden in den Header-Dateien der Fall ist). Die entsprechende Header-Datei für eine Erweiterung unserer `Vehicle`-Klasse hätte daher den in Listing 2.115 gezeigten Aufbau.

Listing 2.115 Beispielhafte Erweiterung der Klasse `Vehicle`

```
@interface Vehicle ()
<Deklaration privater Properties und Methoden>
@end
```

Wie gesagt, eine zusätzliche Implementation-Datei benötigen wir nicht, da dazu die bereits vorhandene Implementation-Datei der nach dem `@interface` genannten Klasse genutzt wird.

2.14.2 Erweiterungen innerhalb der Implementation-Datei

Es gibt noch einen alternativen Weg, Erweiterungen für private Properties und Methoden zu nutzen und zu deklarieren. Anstatt eine eigene Header-Datei zu erstellen, die diese Properties und Methoden enthält, können Sie auch direkt den gezeigten `@interface`-Block für Erweiterungen in der Implementation-Datei zusätzlich zu dem dort vorhandenen `@implementation`-Block einfügen. Damit haben Sie exakt dasselbe Ziel erreicht: Sie deklarieren die privaten Properties und Methoden im `@interface`-Block und kümmern sich um deren Implementierung im `@implementation`-Block. Der Unterschied besteht nur darin, dass beide Blöcke sich innerhalb Ihrer Implementation-Datei befinden und Sie sich eine separate Header-Datei für die Klassenerweiterung sparen. In diesem Fall würde unsere Implementation-Datei der Klasse `Vehicle` wie in Listing 2.116 gezeigt aussehen.

Listing 2.116 Erweiterung der Klasse `Vehicle` innerhalb der Implementation-Datei

```
@interface Vehicle ()
<Deklaration privater Properties und Methoden>
@end
@implementation Vehicle
<Implementierung der Methoden>
@end
```

Welches Vorgehen Sie hierbei bevorzugen, ist ganz und gar Ihnen überlassen; funktional sind beide Vorgehen – Erstellen einer separaten Erweiterungs-Header-Datei und direkte Deklaration in der Implementation-Datei – identisch. Der Vorteil des Deklarierens der Klassenerweiterungen innerhalb der Implementation-Datei besteht natürlich darin, dass Sie sich eine zusätzliche Header-Datei in Ihrem Code sparen. Umgekehrt kann aber natürlich auch Ihre Implementation-Datei sehr umfangreich werden, wenn Sie viele private Properties und Methoden in einer Erweiterung deklarieren.

2.14.3 Erweiterungen in Xcode erstellen

Ähnlich wie bei Kategorien können Sie auch Erweiterungen direkt, schnell und einfach über Xcode erzeugen. Gehen Sie dazu entweder über das Menü über FILE → NEW → FILE ... beziehungsweise verwenden Sie das Tastaturkürzel CMD + N und klicken Sie anschließend im sich öffnenden Fenster im oberen Bereich auf iOS und scrollen in den Bereich *Source*. Wählen Sie dort den Punkt OBJECTIVE-C FILE aus (siehe Bild 2.7).

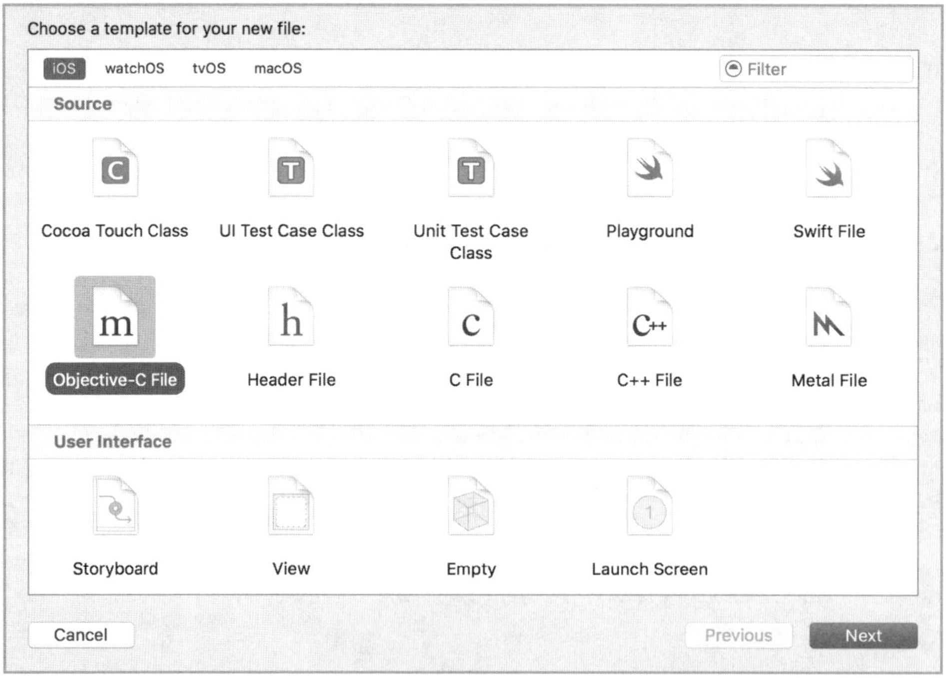

Bild 2.7 Über das Template „Objective-C File" können Sie eine neue Erweiterung in Xcode erstellen.

Wie bei den Kategorien auch, vergeben Sie hier einen Namen und wählen als FILE TYPE dieses Mal EXTENSION aus. Im Feld CLASS geben Sie den Namen der Klasse ein, für die Sie eine Erweiterung erstellen möchten (siehe Bild 2.8).

Aus diesen Informationen erstellt Xcode eine neue Datei, die sich aus dem von Ihnen gewählten Namen und der zu erweiternden Klasse wie folgt zusammensetzt:

<Gewählte Klasse>_<Gewählter Name>

Erstellen Sie so beispielsweise eine Erweiterung mit dem Namen „Extension“ für die Klasse `Vehicle`, würde Xcode eine Datei mit Namen `Vehicle_Extension` erzeugen.

Mit einem abschließenden Klick auf NEXT und der Auswahl des gewünschten Speicherorts schließen Sie die Erstellung einer neuen Extension in Xcode ab.

Bild 2.8 Im Auswahlfeld „File Type“ wählen Sie „Extension“, um eine neue Erweiterung zu erstellen.

2.15 Protokolle

Protokolle dienen dazu, Methoden zu deklarieren, die dann von beliebigen Klassen implementiert werden können. Ein Protokoll verfügt über einen `@protocol`-Block, in dem all diese Methoden deklariert werden. Eine Implementierung gibt es auch hier – genau wie bei den Erweiterungen – nicht. Protokolle sind dafür aber nicht auf eine bestimmte Klasse wie die Erweiterungen festgelegt. Jede Klasse hat die Möglichkeit, ein Protokoll zu nutzen. Damit zeigt die Klasse nach außen hin, dass sie die im Protokoll definierten Methoden implementiert und somit die Methoden des Protokolls auf ein Objekt dieser Klasse angewendet werden können; und das, ohne dass diese entsprechenden Methoden im Header der Klasse definiert sind. Sie stehen im Protokoll, und wenn eine Klasse mit einem solchen Protokoll „konform" ist, muss sie sich auch um die entsprechende Implementierung kümmern.

Wo und wann machen Protokolle aber nun Sinn? Schließlich enthalten sie einfach nur Methodendeklarationen, sonst nichts. Genau darin liegt aber ihre Stärke und ihr klarer Vorteil: Stellen Sie sich vor, Sie benötigen in Ihrem Programm in den verschiedensten Klassen ein und dieselbe Methode, jedoch muss jede dieser Klassen die Methode anders implementieren (weil jede Klasse entsprechend der Methode eben eine eigene Aktion durchführt). Um das zu realisieren, müssten Sie nun entweder

a) in jeder Klasse die entsprechende Methode im Header deklarieren oder

b) eine Superklasse erstellen, die diese Methode deklariert, und dann die Methode in allen Subklassen entsprechend überschreiben (siehe hierzu auch den Abschnitt 2.12 „Vererbung").

Beides ist natürlich möglich, aber keine besonders schöne Lösung, da Sie entweder ein und dieselbe Methode an den verschiedensten Stellen immer wieder deklarieren oder eine Superklasse erstellen, die nur diese Methode deklariert, selbst aber mit ihr nichts anfangen kann (schließlich müssen die Subklassen ja die entsprechende Logik durch Überschreiben der Methode implementieren).

Wenn Sie nun aber ein Protokoll erstellen, das genau diese Methode deklariert, brauchen Sie sonst nichts weiter zu tun, als allen Klassen, die diese Methode implementieren sollen, das entsprechende Protokoll zuzuweisen; fertig!

2.15.1 Aufbau von Protokollen

Wie bereits kurz angeschnitten, besitzen Protokolle keinen `@interface`- oder `@implementation`-Block. Ein Protokoll besteht zunächst nur aus einer Header-Datei (die Implementierung findet ja in den Klassen statt, denen das Protokoll zugewiesen wird). Und diese Header-Datei besitzt anstatt eines `@interface`- einen `@protocol`-Block (siehe Listing 2.117).

Listing 2.117 Aufbau eines Protokolls

```
@protocol <Name des Protokolls>
<Deklaration der Methoden>
@end
```

Inzwischen dürfte Ihnen dieser prinzipielle Aufbau schon ziemlich bekannt vorkommen. ☺ Nach dem `@protocol` folgt der Name des Protokolls, und bis zu einem abschließenden `@end` am Ende der Deklaration werden all die Methoden deklariert, die für das Protokoll wichtig sind.

Eine Klasse, der nun dieses Protokoll zugewiesen wird, muss alle Methoden implementieren, die hier angegeben sind. Manchmal ist dieses Verhalten aber nicht gewünscht und stattdessen sollen eine oder mehrere Methoden optional sein, sprich die Klasse kann diese implementieren, muss es aber nicht tun. Auch für diesen Fall kann das Protokoll entsprechend konfiguriert werden (siehe Listing 2.118).

Listing 2.118 Optionale Methoden eines Protokolls

```
@protocol <Name des Protokolls>
<Deklaration der zwingend zu implementierenden Methoden>
@optional
<Deklaration der optional zu implementierenden Methoden>
@end
```

Mit dem Keyword `@optional` zwischen `@protocol` und `@end` wird ein Bereich gestartet, in dem optional zu implementierende Methoden deklariert werden können. Ein Protokoll muss keinen `@optional`-Bereich angeben, kann dies aber tun.

Übrigens brauchen Sie sich während der Entwicklung keine Sorgen zu machen, dass Sie, wenn Sie ein Protokoll einer Klasse zuweisen, vergessen, eine Methode zu implementieren, die zwingend ist. Der Compiler der Entwicklungsumgebung Xcode wird Sie entsprechend darauf stoßen und eine Warnung ausgeben, dass zwingend zu implementierende Methoden aufgrund des zugewiesenen Protokolls noch nicht implementiert wurden.

2.15.2 Zuweisen eines Protokolls zu einer Klasse

Um zu signalisieren, dass eine Klasse die Methoden eines Protokolls implementiert, muss der `@interface`-Block der Klasse entsprechend ergänzt werden (siehe Listing 2.119).

Listing 2.119 Deklaration der Zuweisung eines Protokolls zu einer Klasse

```
@interface Vehicle: NSObject <MyProtocol>
```

Nach dem Namen der Superklasse können zwischen einem Kleiner- und Größer-Zeichen die Namen der Protokolle eingefügt werden, deren Methoden die entsprechende Klasse implementiert. Mehrere Protokolle können nacheinander durch Komma getrennt aufgeführt werden (siehe Listing 2.120).

Listing 2.120 Zuweisung mehrerer Protokolle zu einer Klasse

```
@interface Vehicle: NSObject <MyFirstProtocol, MySecondProtocol>
```

Auch können Sie Protokolle einer Klasse über eine Class Extension (siehe Abschnitt 2.14 „Erweiterungen“) hinzufügen. Damit definieren Sie, dass die Klasse die entsprechenden Protokollmethoden in ihrer Implementierung implementiert, allerdings ist nicht nach außen hin sichtbar, dass diese Klasse die entsprechenden Protokolle nutzt (siehe Listing 2.121).

Listing 2.121 Zuweisung eines Protokolls zu einer Extension

```
@interface Vehicle () <MyProtocol>
```

2.15.3 Vererbung in Protokollen

Genau wie bei den Klassen gibt es auch bei den Protokollen die Möglichkeit der Vererbung (siehe hierzu Abschnitt 2.12 „Vererbung"). Ein Protokoll kann also die Methodendefinitionen eines anderen Protokolls erben. Dazu muss dieses „Super-Protokoll" nach der `@protocol`-Definition angegeben werden (siehe Listing 2.122).

Listing 2.122 Zuweisen eines „Super-Protokolls"

```
@protocol MyProtocol <SuperProtocol>
```

Nach dem Namen des Protokolls folgt zwischen einem Kleiner- und Größer-Zeichen der Name des Protokolls, dessen Methoden auch in dem eigenen Protokoll definiert werden sollen. In diesem Beispiel erbt das Protokoll `MyProtocol` alle Methodendeklarationen, die in `SuperProtocol` definiert sind. Auch die Information darüber, welche Methoden zwingend und welche optional zu implementieren sind, wird dabei übernommen. Ihr eigenes Protokoll braucht sich somit - wie sonst auch - nur um die Deklaration der eigenen Methoden zu kümmern.

2.15.4 Protokolle in Xcode erstellen

Auch Protokolle lassen sich schnell und bequem über Xcode erstellen. Erneut muss dazu über das Menü über FILE → NEW → FILE ... beziehungsweise das Tastaturkürzel CMD + N vorgegangen werden. Klicken Sie in dem sich öffnenden Fenster im oberen Bereich auf iOS, scrollen Sie in den Bereich *Source* und wählen Sie anschließend OBJECTIVE-C FILE aus (siehe Bild 2.9). Mit einem Klick auf NEXT gelangen Sie zur weiteren Konfiguration Ihres neuen Protokolls.

Als FILE TYPE wählen Sie dieses Mal PROTOCOL aus, wodurch die Eingabe einer spezifischen Klasse über das Textfeld CLASS auch logischerweise wegfällt und dieses passend dazu ausgegraut wird (siehe Bild 2.10). Im Textfeld FILE vergeben Sie noch den gewünschten Namen und schließen die Erstellung des Protokolls anschließend per Klick auf NEXT und Auswahl des gewünschten Speicherorts ab.

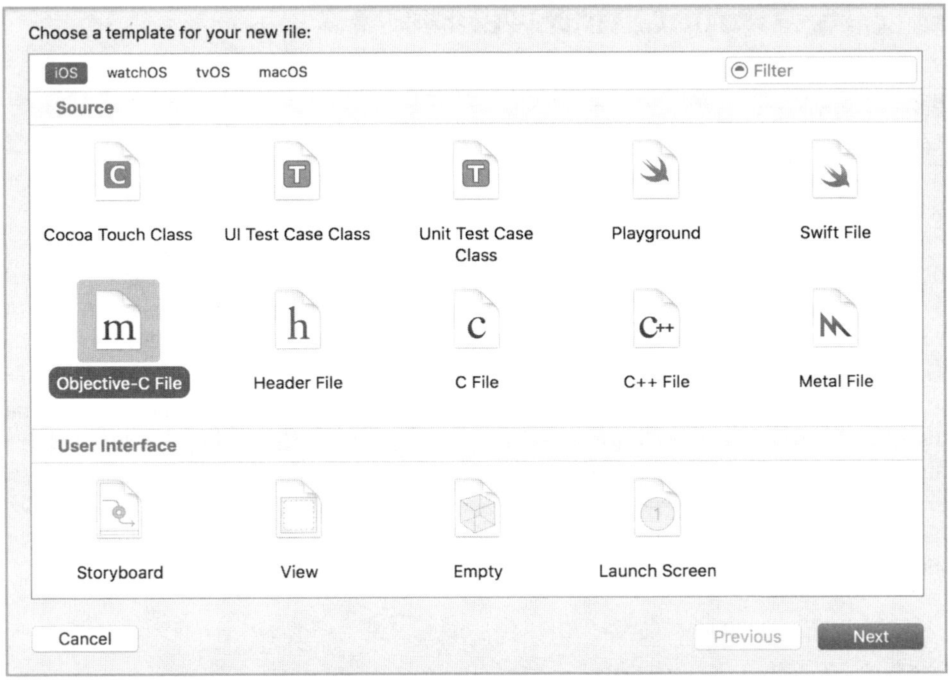

Bild 2.9 Über das Template „Objective-C File" können Sie ein neues Protokoll in Xcode erstellen.

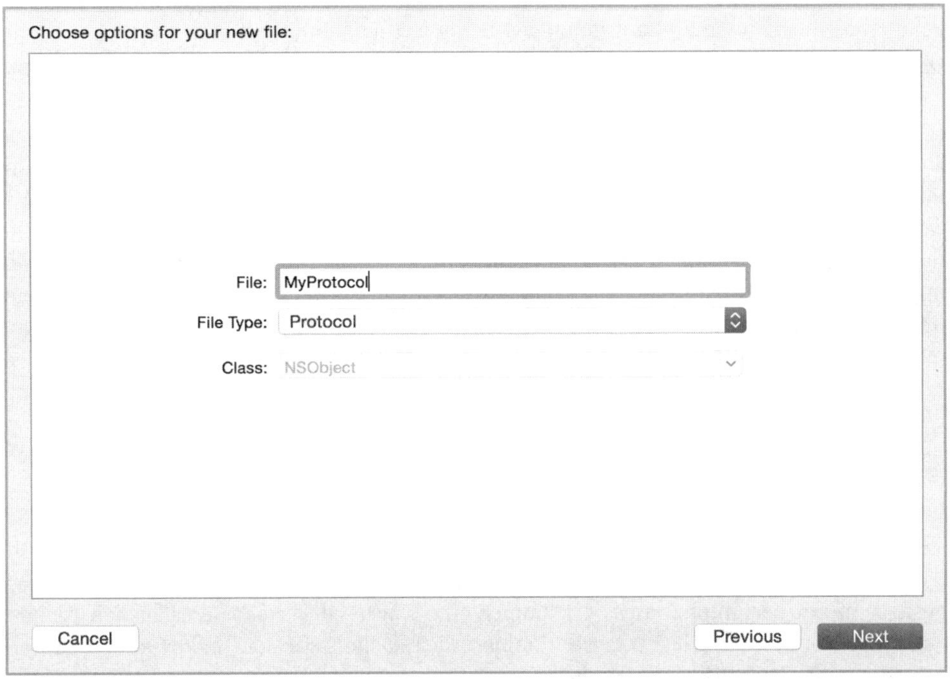

Bild 2.10 Im Auswahlfeld „File Type" wählen Sie „Protocol", um ein neues Protokoll zu erstellen.

2.16 #import und @class

2.16.1 #import

Im Abschnitt 2.3 „Aufbau einer Klasse“ wurde der Befehl `#import` bereits einmal kurz angeschnitten: Mit `#import` importieren Sie die Schnittstelle einer Klasse in Ihre eigenen. Das ist immer dann notwendig, wenn Sie andere Klassen in Ihren eigenen Klassen benötigen (zum Beispiel weil Sie von diesen anderen Klassen Objekte erstellen möchten). Dazu brauchen Sie eben den „Bauplan“ dieser Objekte, und den kennt Ihre eigene Klasse nur, wenn Sie ihn vorher in Form des zugehörigen Headers importiert haben; so schließt sich der Kreis.

`#import` rufen Sie immer außerhalb der Deklaration Ihrer Klasse auf, also außerhalb des `@interface`- oder `@implementation`-Blocks. Normalerweise erfolgen die `#import`-Befehle direkt zu Beginn einer Klasse. Dabei werden immer nur die Header-Dateien bei `#import` angegeben, denn nur sie sind an dieser Stelle relevant, schließlich sind die Header-Dateien eben die öffentliche Schnittstelle, über die Sie eine Klasse nutzen und mit ihr arbeiten können. Die Implementierung der jeweiligen Klassen interessiert uns an dieser Stelle schlicht nicht. Einen einfachen `#import`-Befehl zeigt Listing 2.123.

Listing 2.123 Import einer Klasse

```
#import "Vehicle.h"
```

Hier wird mittels `#import`-Befehl die Header-Datei der `Vehicle`-Klasse importiert, sodass innerhalb der Klasse, in der dieser `#import`-Befehl erfolgt, nun Objekte der Klasse `Vehicle` genutzt werden können und mit ihnen gearbeitet werden kann.

Neben dem Importieren des Headers einer einzelnen Klasse gibt es auch noch die Möglichkeit, ganze Frameworks zu importieren. Das werden Sie primär vor allen Dingen dann brauchen, wenn Sie mit Frameworks von Apple arbeiten. Denn stellen Sie sich vor, wie mühsam es wäre, müssten Sie jede Klasse eines Frameworks, mit dem Sie arbeiten möchten, einzeln importieren. Gerade bei einem so umfangreichen Framework wie dem Foundation-Framework (welches wir in Kapitel 4, „Grundlagen der iOS-Entwicklung“, im Abschnitt „Foundation-Framework“ noch näher kennenlernen werden) müssten Sie dann Dutzende Klassen importieren, wenn Sie alle Funktionen nutzen möchten. Aus diesem Grund gibt es noch eine passende Syntax, um alle Klassen eines Frameworks direkt über einen Befehl zu importieren. Wie das beim Foundation-Framework aussieht, ist in Listing 2.124 zu sehen.

Listing 2.124 Import eines Frameworks

```
#import <Foundation/Foundation.h>
```

Wie Sie sehen, wird hier nicht einfach nur eine Header-Datei importiert („Foundation.h“), sondern auch noch davor der Name des Frameworks aufgeführt, gefolgt von einem Slash (`Foundation/`). Das ist ein typisches Pattern, wie unter iOS Frameworks gestaltet sind. So besitzt ein gut designtes Framework immer eine Klasse, die exakt den gleichen Namen des Frameworks trägt. Diese Klasse kümmert sich sodann um den Import aller weiteren Klassen des Frameworks. Das bedeutet, dass Sie – wenn Sie eben diese „Haupt“-Header-Datei importieren – automatisch auch Zugriff auf alle anderen Klassen dieses Frameworks erhalten. Genau das passiert in der Anweisung zum Importieren des Foundation-Frameworks: Das Framework heißt Foundation und besitzt eine Klasse `Foundation`, deren Header wir importieren.

> **„“ und <>**
>
> Sicherlich ist Ihnen aufgefallen, dass die Klasse zu Beginn in Anführungszeichen und das darauffolgende Framework in Kleiner-/Größer-Zeichen eingeschlossen wurde. Das ist das jeweils typische Vorgehen und die typische `#import`-Syntax, je nachdem, ob Sie eben nur den Header einer einzelnen Klasse importieren oder auf die Klassendatei eines Frameworks zugreifen.

2.16.2 @class

Wir wissen nun, wozu wir `#import` benötigen und warum es so wichtig ist. Es importiert eben die Klassen, die wir in unseren eigenen Klassen benötigen, sodass wir mit ihnen arbeiten und ihre Methoden und Properties nutzen können. Doch stellen Sie sich nun einmal folgenden Fall vor: Sie schreiben eine Klasse `MyFirstClass` und importieren dort den Header einer Klasse `MySecondClass` (weil Sie `MySecondClass` eben in `MyFirstClass` benötigen). Doch nun ist es umgekehrt genauso: In Ihrer Klasse „`MySecondClass`“ benötigen Sie ebenfalls Zugriff auf `MyFirstClass`, also importieren Sie den Header von `MyFirstClass` auch in `MySecondClass`.

Was prinzipiell richtig ist, hat ein Problem: Wenn nun Ihr Projekt von Xcode gebaut wird, geht es alle Klassen durch und findet so `MyFirstClass`. Der Compiler begutachtet diese Klasse und stellt fest, dass sie `MySecondClass` benötigt, und springt somit weiter in diese Klasse. In `MySecondClass` stellt er nun fest, dass diese Klasse `MyFirstClass` benötigt, also importiert er diese und springt wieder in diese Klasse und so weiter. Hier wird eine unnötige Importschleife kreiert, die es zu vermeiden gilt. Und hier kommt `@class` ins Spiel.

Während `#import` den Header einer Klasse direkt importiert, gibt `@class` lediglich an, dass diese Klasse an irgendeiner anderen Stelle im Code importiert wird; es ist ein Versprechen, dass diese Klasse nutzbar sein wird, sobald sie gebraucht wird, und der Compiler prüft nicht weiter und importiert auch nichts.

Da immer nur die Header-Dateien importiert werden, ist das ein ideales Vorgehen, um benötigte Klassen in Ihren Header-Dateien über `@class` zu deklarieren und sodann in der Implementation-Datei der Klasse über `#import` zugänglich und nutzbar zu machen. Dies ist ein typisches Pattern in iOS, Klassen einzubinden. Die Header- und Implementation-Datei unserer Klasse `MyFirstClass` würden dann wie in Listing 2.125 und Listing 2.126 gezeigt aussehen.

Listing 2.125 Verwendung von `@class` im Header

```
@class MySecondClass;
@interface MyFirstClass: NSObject
@property (strong, nonatomic) MySecondClass *mySecondClassProperty;
@end
```

Listing 2.126 Verwendung von `#import` in der Implementierung

```
#import "MySecondClass.h"
@implementation MyFirstClass
...
@end
```

Wie Sie sehen, können Sie auch mit `@class` ohne Probleme im Header einer Klasse auf die damit deklarierte Klasse zugreifen. Dem Compiler wird damit einfach nur mitgeteilt, dass die entsprechende Klasse schon zur rechten Zeit implementiert wird; das ist das Versprechen, welches Sie dem Compiler mittels `@class` geben. Darum muss in der dazugehörigen Implementierung auch der Import der entsprechenden Klasse erfolgen, wie eben gezeigt. Für unsere Klasse `MySecondClass` würden die Header- und Implementation-Datei genau äquivalent dazu aussehen.

Wie bei `#import` wird auch die `@class`-Deklaration außerhalb des `@interface`-Blocks durchgeführt (wie im Beispiel eben zu sehen). Die Syntax für `@class` ist immer wie folgt:

```
@class <Name der Klasse>;
```

Hier wird auch keine Angabe zur Dateiendung benötigt, es wird also wirklich nur der reine Name der Klasse aufgeführt, ohne Dateiendung *.h*.

> Prägen Sie sich dieses Vorgehen gut ein: Die Header-Dateien der Klassen, die Sie in Ihren eigenen Klassen benötigen, deklarieren Sie im Header Ihrer Klasse zunächst mittels `@class` und versprechen somit, diese in Ihrer Implementierung zu importieren; was Sie dann auch im entsprechenden Implementation-File Ihrer Klasse mittels `#import` tun.

2.17 Blöcke

Blöcke sind ein spannendes und extrem praktisches Sprachmerkmal von Objective-C, wenn auch zu Beginn möglicherweise recht komplex zu verstehen (gerade was die Syntax betrifft). Auch fortgeschrittene Entwickler, die bereits viel Erfahrung mit Objective-C gesammelt haben, sind mit Blöcken möglicherweise noch nicht sehr vertraut oder scheuen sich vor dem Einsatz. Ich kann aber aus eigener Erfahrung sagen: Auch wenn der Einstieg und das Verständnis für Blöcke zu Beginn möglicherweise recht holprig sein mögen, lohnt es sich in jedem Fall, diese in eigenen Projekten zu nutzen. Denn sie können – richtig angewandt – Ihren Code und Ihre Klassen übersichtlicher, leichtgewichtiger und unabhängiger von anderen Klassen machen. Zudem werden Sie auch in Apples Frameworks des Öfteren auf Methoden stoßen, die einen Block als Parameter erwarten.

2.17.1 Was sind Blöcke?

Zunächst einmal fassen Blöcke schlicht und einfach mehrere Codezeilen und Befehle zusammen. Sie können sich einen Block wie eine Methode vorstellen: Der Block enthält ausführbaren Code, der eben dann ausgeführt wird, wenn der Block aufgerufen wird. Im Gegensatz zu Methoden ist dieser ausführbare Code aber nicht an eine bestimmte Methode Ihrer Implementierung gebunden. Wie eine Variable können Sie einen solchen Block anderen Objekten zuweisen oder für entsprechend dafür vorgesehene Methodenaufrufe verwenden.

Ein kleines Beispiel soll den Sinn und Zweck von Blöcken verdeutlichen: Nehmen wir an, Sie haben eine Klasse, die auf den Druck eines Buttons reagiert und dann eine Methode in dieser Klasse aufruft. Nun soll der Code, der innerhalb dieser Methode ausgeführt wird, sich immer unterscheiden und von anderen Objekten festgelegt werden. Welche Möglichkeiten hätten Sie, dieses Problem zu lösen? Eine eigene Klasse mit einer passenden Implementierung der Methode für jeden Fall, den Sie benötigen? Grausam! Wie wäre es stattdessen, wenn die Methode einfach einen Codeblock ausführt, den die Objekte frei nach Gusto übergeben können? Was in dem Codeblock steht, spielt keine Rolle und kann alles Mögliche sein, und wenn nun der Button gedrückt wird, führt die Methode einfach das aus, was in dem übergebenen Codeblock steht.

Das hört sich gut an? Dann willkommen in der Welt der Blöcke! ☺

2.17.2 Aufbau eines Blocks

Hauptmerkmal eines Blocks – gerade im Unterschied zu sonstigen Variablen – ist das Zeichen ^. Mit diesem Zeichen beginnt die Deklaration eines Blocks. Dahinter stehen in Klammern die Parameter, die der Block entgegennimmt, gefolgt von einer geöffneten und geschlossenen geschweiften Klammer, zwischen der dann der Code steht, den der Block ausführen soll. Einen einfachen Block ohne Parameter sehen Sie in Listing 2.127.

Listing 2.127 Einfacher Block ohne Parameter

```
^() {
    <Hier steht der auszuführende Code>
}
```

Sieht doch schon mal gar nicht so wild aus, nicht wahr? Mit zwei Integer-Parametern mit den Variablennamen `number1` und `number2` würde der Block wie in Listing 2.128 gezeigt aussehen.

Listing 2.128 Block mit zwei Parametern

```
^(int number1, int number2) {
    <Hier steht der auszuführende Code>
}
```

Dieser Block bekommt also zwei Integer-Parameter, die innerhalb des Blocks dann über die Bezeichner `number1` und `number2` genutzt werden können. Der Block könnte so zum Beispiel eine Addition der übergebenen Zahl durchführen und das entsprechende Ergebnis zurückgeben, so wie in Listing 2.129 zu sehen (der Block würde uns dann also, wenn wir ihn entsprechend mit zwei Integer-Parametern aufrufen, die Summe der beiden Zahlen zurückgeben).

Listing 2.129 Block mit Rückgabewert

```
^(int number1, int number2) {
    int result = number1 + number2;
    return result;
}
```

O.k., wir wissen nun also, wie ein Block aufgebaut ist, doch wie rufen wir ihn auf und nutzen ihn? Hierbei gibt es zwei Möglichkeiten:

1. Wir weisen den Block einer Variablen zu, die wir dann mit den entsprechenden Parametern aufrufen.
2. Eine Methode erwartet einen Block als Parameter und wir übergeben ihn direkt in der Form, wie wir es eben gesehen haben.

Wir werden uns beide Möglichkeiten nun einmal im Detail ansehen.

2.17.3 Zuweisen eines Blocks zu einer Variablen

Lassen Sie uns einmal den zuletzt gezeigten Block einer Variablen zuweisen. Wie bei jeder Variablendeklaration müssen wir zunächst bestimmen, von welchem Typ die Variable ist bzw. zu welcher Klasse sie gehört. Bei Methoden wird dieser Typ bzw. die Klasse vom Rückgabewert des Blocks bestimmt. In unserem letzten Blockbeispiel hat der Block einen Integer-Wert zurückgegeben, entsprechend muss auch die Variable, der wir den Block zuweisen, vom Typ `int` sein. Hätte der Block keinen Rückgabewert, wäre die Variable vom Typ `void`.

Nach dem Typ folgt in Klammern der Name der Variablen für den Block. Dem Namen vorangestellt ist wieder das Zeichen ^, was signalisiert, dass es sich hierbei um einen Block handelt. Zum Schluss folgen in einer weiteren Klammer die Typen bzw. Klassen der Parameter, die der Block entgegennimmt. Einen solchen kompletten Aufbau sehen Sie in Listing 2.130.

Listing 2.130 Beispielhafte Deklaration eines Blocks als Variable

```
int (^myBlock)(int, int) = ...;
```

Wir haben hier gerade einen Block mit dem Namen `myBlock` erstellt, welcher einen Integer-Wert zurückgibt und zwei Integer als Parameter entgegennimmt. Wundern Sie sich übrigens nicht, dass bei der Deklaration der Parameter in der letzten runden Klammer keine Variablennamen stehen, sondern nur die Typen beziehungsweise entsprechende Klassen. Die Namen der Variablen, die der Block dann zur Arbeit mit den Parametern verwendet, werden im Block selbst festgelegt, so wie wir es bereits zu Beginn im Abschnitt 2.17.2 „Aufbau eines Blocks“ gesehen haben.

Was nun noch fehlt, ist der Block selbst, der der Blockvariablen `myBlock` zugewiesen wird. Dazu müssen wir nichts weiter tun, als den Block, den wir bereits erstellt haben, nach dem Gleichheitszeichen genauso aufzuführen (siehe Listing 2.131).

Listing 2.131 Zuweisen eines Blocks zu einer Variablen

```
int (^myBlock)(int, int) = ^(int number1, int number2) {
    int result = number1 + number2;
    return result;
};
```

Hm, das sieht schon etwas gewöhnungsbedürftiger aus, nicht wahr? Besonders ist darauf zu achten, die Blockdeklaration auch mit einem Semikolon am Ende abzuschließen. Wir erstellen hier eine Variable und die Deklaration endet genauso wie bei jeder anderen Variablen auch, nur ist der Wert der Variablen hier eben ein mehrzeiliger Block.

Doch diesen Block können wir nun über die von uns erstellte Variable `myBlock` nutzen. Einen Block rufen Sie im Code immer so auf, wie in Listing 2.132 zu sehen.

Listing 2.132 Deklaration des Aufrufs eines Blocks

```
<Name des Blocks>(<Parameter1>, <Parameter2>, ...);
```

Die Anzahl und der Typ der Parameter hängen von der Blockdeklaration ab. In unserem Fall besitzt unser Block zwei Parameter vom Typ Integer (siehe Listing 2.133).

Listing 2.133 Beispielhafter Aufruf eines Blocks

```
myBlock(42, 49);
```

Diese Codezeile führt nun den Inhalt unseres Blocks aus, addiert also die beiden übergebenen Zahlen miteinander und gibt das entsprechende Ergebnis zurück (mit dem wir in diesem Fall aber nichts anfangen). Das war's. So kompliziert der Aufbau eines Blocks selbst auch sein mag, der Aufruf beschränkt sich dann auf den Variablennamen des Blocks und die Übergabe der passenden Parameter. Um hier unser Ergebnis in einer anderen Variablen zu nutzen, könnten wir beispielsweise etwas wie in Listing 2.134 zu sehen tun.

Listing 2.134 Zuweisen des Ergebnisses eines Blocks zu einer Variablen.

```
int blockResult = myBlock(42, 49);
```

Damit haben wir der neuen Variablen `blockResult` das Ergebnis des Blocks zugewiesen; in diesem Fall ist `blockResult` also gleich 91.

2.17.4 Nutzen eines Blocks als Parameter einer Methode

Eben haben wir einen Block erstellt und einer Variablen zugewiesen, um ihn so innerhalb einer Methode nutzen zu können. Der größte Vorteil von Blöcken entfaltet sich aber dann, wenn wir einem Objekt einen Block über eine Property oder Methode direkt zuweisen und dieses Objekt dann bei einer bestimmten Aktion unseren Block ausführt. Oftmals erhalten dafür entsprechende Methoden bereits einen Block als Parameter in ihrer Deklaration (siehe Listing 2.135).

Listing 2.135 Block als Parameter einer Methode

```
- (void)startCalculationWithBlock:(int(^)(int, int))block;
```

Generell ist uns dieser Aufbau wohlbekannt: Hier wird eine Methode ohne Rückgabewert deklariert, die einen Parameter `block` entgegennimmt. Interessant ist der Typ des Blocks, der wie immer innerhalb der runden Klammern angegeben ist (siehe Listing 2.136).

Listing 2.136 Typ eines Blocks

```
int(^)(int, int)
```

Kommt Ihnen das bekannt vor? Abgesehen davon, dass wir an dieser Stelle keinen Namen für den Block nach dem ^-Zeichen setzen, ist das exakt dieselbe Deklaration wie die, die wir für die Variable verwendet haben, der wir dann einen entsprechenden Block zugewiesen haben. Und natürlich macht das auch Sinn so, schließlich übergeben wir nun eben dieser Methode einen entsprechenden Block wie zuvor der Variablen. Wir haben zuerst den Rückgabewert des Blocks, gefolgt von einem Klammernpaar mit dem ^-Zeichen (zur Deklaration des Blocks) gefolgt von einem weiteren Klammernpaar mit den Typen bzw. Klassen der Parameter.

Warum wir an dieser Stelle keinen Namen für den Block nach dem ^-Zeichen brauchen, ist relativ simpel: Dieser Blockparameter erhält innerhalb der Methodendeklaration, ganz am Ende, einen entsprechenden Bezeichner, den die Methode zur Nutzung innerhalb ihrer Implementierung nutzen kann: `block`. Das ist der Parameter wie zuvor unsere Variable `myBlock`, der dann den übergebenen Block enthält und ihn wie bereits gesehen aufrufen kann.

Eine Besonderheit gibt es hier nun noch, und sie betrifft die zu übergebenden Parameter für den Block, in diesem Beispiel zwei Integer: Wie Sie sehen, stehen hier nur die Typen der Parameter, aber keine Parameternamen. Das kann man so machen und ist auch richtig so, hat jedoch zur Folge, dass Sie selbst entsprechende Namen für die Parameter vergeben müssen, wenn Sie einen passenden Block schreiben. Alternativ können Sie auch direkt selbst Namen für die Parameter vergeben (siehe Listing 2.137).

Listing 2.137 Definition der Parameternamen eines Blocks

```
- (void)startCalculationWithBlock:(int(^)(int number1, int number2))block;
```

Beides ist richtig und in Ordnung, Sie können also nach eigenem Gusto entscheiden, welches Verfahren Ihnen besser gefällt. Wenn Sie die Variante ohne festgelegte Parameternamen bei der Deklaration des Blocks verwenden, müssen Sie wie beschrieben darauf achten, beim Erstellen des Blocks (wie wir gleich sehen werden) selbst eigene Parameternamen zu setzen. Wie diese dann lauten, ist voll und ganz Ihnen überlassen.

Um dieser Methode nun den entsprechenden Blockparameter zuzuweisen, haben Sie zwei Möglichkeiten: Entweder packen Sie den entsprechenden Block zuvor in eine Variable, die Sie dann beim Methodenaufruf angeben, oder Sie schreiben den Code für den Block direkt in den Methodenaufruf (siehe Listing 2.138).

Listing 2.138 Implementierung des Blocks im Methodenaufruf

```
[sender startCalculationWithBlock:^(int number1, int number2) {
    int result = number1 + number2;
    return result;
}];
```

Na, auch das müsste Ihnen bekannt vorkommen: Das, was nach dem Doppelpunkt nach `startCalculationWithBlock` folgt, ist exakt der Block, den wir ganz zu Beginn erstellt haben, nur dass wir ihn nun direkt bei einem Methodenaufruf schreiben und übergeben. Und es ist durchaus gängige Praxis, Blöcke, die als Parameter von Methoden erwartet werden, auf diese Weise zu erstellen und nicht erst extra gesondert in eine Variable zu packen.

2.17.5 Blöcke als Properties

Ergänzend soll hier auch erwähnt werden, dass Sie Blöcke nicht nur innerhalb von Methoden bzw. in Methodendeklarationen verwenden können. Möchten Sie beispielsweise bei einer Klasse einen Block wie eine Property nutzen, die gesetzt oder ausgelesen werden kann, so ist auch das mit Blöcken möglich. Diese Property wird auch wie jede andere deklariert, mutet auf den ersten Blick aufgrund der doch etwas komplexen Blockoptik aber ein wenig befremdlich an (siehe Listing 2.139).

Listing 2.139 Block als Property

```
@property (strong, nonatomic) int (^myBlock)(int, int);
```

Wie Sie sehen, handelt es sich hierbei um exakt die gleiche Syntax wie beim Zuweisen eines Blocks zu einer Variablen. Hier haben wir die Blockdeklaration festgelegt und einen Block definiert, der den Namen `myBlock` trägt, einen Integer zurückgibt und zwei Integer als Parameter erwartet.

2.17.6 Blockvariablen

Was wir bisher gesehen haben, sind Blöcke, die ihre eigenen kleinen Codezeilen und Befehle enthalten und mit den übergebenen Parametern arbeiten. Blöcke können aber nicht nur mit den übergebenen Parametern arbeiten: Sie können auch mit Variablen arbeiten, die außerhalb des Blocks erstellt wurden, und diese dann zur Ausführungszeit des Blocks nutzen. Das ist aber nicht ohne Weiteres möglich, dazu muss die entsprechende Variable als Blockvariable deklariert werden. Dazu gibt es den Befehl `__block` (siehe Listing 2.140).

Listing 2.140 Deklaration einer Blockvariablen

```
__block int blockInt;
```

Hier haben wir einen Integer mit dem Namen `blockInt` erstellt. Durch das vorangestellte `__block` wird signalisiert, dass diese Variable auch innerhalb eines Blocks genutzt werden kann. Listing 2.141 zeigt die Verwendung einer solchen Blockvariablen innerhalb eines Blocks.

Listing 2.141 Verwenden einer Blockvariablen

```
__block int blockInt;
^() {
    blockInt = blockInt + 1;
}
```

Ohne das vorangestellte `__block` würde hier ein Fehler ausgegeben werden. Diese Deklaration ist wichtig, um klarzustellen, dass diese Variable innerhalb des Blocks verwendet und verändert werden kann, denn schließlich wissen wir nicht, ob und wann dieser Block aufgerufen und damit auch möglicherweise der Wert dieser Variablen genutzt oder gar verändert werden kann. Auf der anderen Seite ist das eine sehr mächtige Möglichkeit, Variablen der eigenen Klasse zu verändern, ohne diese als Parameter an alle möglichen anderen Objekte zu übergeben; der Block kümmert sich in diesem Fall dann um alles Nötige.

2.17.7 Globale Blöcke

Möchten Sie einen Block definieren, der an mehreren Stellen innerhalb Ihrer Klasse verfügbar ist und nicht nur innerhalb einer Methode, in der der Block deklariert wird, können Sie Ihren Block auch als sogenannten *globalen* Block anlegen (im Gegensatz zu einem *lokalen* Block innerhalb einer Methode, wie wir es bisher kennengelernt haben). Einen Unterschied in der Syntax gibt es dabei nicht, lediglich der Ort, wo der Block innerhalb Ihrer Implementation-Datei erstellt wird, ist ein anderer: ganz einfach außerhalb Ihres `@implementation`-Blocks (siehe Listing 2.142).

Listing 2.142 Verwenden eines globalen Blocks

```
int (^myBlock)(int, int) = ^(int number1, int number2) {
    int result = number1 + number2;
    return result;
};
@implementation
- (void)myFirstMethod {
    myBlock(42,49);
}
- (void)mySecondMethod {
    myBlock(13, 21);
}
@end
```

Hier wurde nun unser Block außerhalb des `@implementation`-Bereichs deklariert und ist somit an jeder Stelle unserer Implementierung zugänglich. Sowohl die Methode `firstMethod` als auch `secondMethod` nutzen diesen Block, aber mit jeweils anderen Parametern. Block-Funktionen, die Sie also an mehreren Stellen innerhalb Ihrer Implementierung benötigen, sind als globale Blöcke besser angelegt. Alternativ bliebe nur, den Block in jeder Methode, wo er gebraucht wird, neu zu definieren (extrem unschön, da derselbe Code mehrmals verwendet wird!) oder eine Property zu nutzen, die diesen Block speichert. Wenn Sie aber nicht gerade eine Property nutzen, weil Sie den Block übergeben bekommen möchten, ist ein globaler Block stattdessen meist die einfachere und leichter lesbare Lösung.

2.18 Singletons

Bei Singletons handelt es sich um Klassen, von denen nur ein Objekt innerhalb Ihrer gesamten App existieren soll. Das macht zum Beispiel bei einer Klasse Sinn, die Informationen über die Einstellungen hält, die der Nutzer in Ihrer App gewählt hat; gäbe es mehrere, unterschiedliche Objekte dieser Klasse in Ihrer App, so würde jedes Objekt seine eigenen Informationen zu den Einstellungen halten. Wenn Sie diese Klasse aber als Singleton deklarieren, sodass es tatsächlich nur ein einziges Objekt dieser Klasse in Ihrem Projekt gibt, so können darüber immer die richtigen Informationen zu den Einstellungen abgerufen oder auch gesetzt werden.

Um eine Klasse als Singleton zu nutzen, müssen Sie in Ihrer Klasse eine Klassenmethode zur Verfügung stellen, die dieses eine Objekt der Klasse zurückliefert. Diese Klassenmethode stellt also sicher, dass bei ihrem Aufruf immer nur dasselbe Objekt zurückgegeben wird und damit jeder, der diese Methode nutzt, Zugriff auf dasselbe Objekt erhält; eben unser Singleton.

Die Deklaration einer solchen Methode im Header einer Klasse ist simpel und wird beispielhaft in Listing 2.143 gezeigt.

Listing 2.143 Deklaration einer Klassenmethode für Zugriff auf ein Singleton

```
+ (MyClass *)sharedObject;
```

Als Rückgabewert der Methode muss die Klasse angegeben werden, von der das Singleton-Objekt abgeleitet wird. In der Regel handelt es sich dabei um dieselbe Klasse, in der auch die Methode deklariert wird, in diesem Beispiel also `MyClass`. Der Name der Methode - in diesem Fall `sharedObject`- kann frei gewählt werden, beginnt in der Regel aber mit dem Schlüsselwort `shared` (um damit auch noch einmal zu verdeutlichen, dass es sich hierbei um ein Singleton handelt).

Bei der Implementierung gibt es ein klares Design-Pattern, das für Singletons verwendet wird und welches Sie so in jedes Ihrer Projekte übernehmen können. Exemplarisch sei es hier für unser Singleton-Objekt der Klasse `MyClass` in Listing 2.144 veranschaulicht.

Listing 2.144 Typische Implementierung eines Singleton

```
+ (MyClass *)sharedClass {
    static MyClass *sharedObject = nil;
    static dispatch_once_t onceToken;
    dispatch_once(&onceToken, ^{
        sharedObject = [[MyClass alloc] init];
    });
    return sharedObject;
}
```

Gehen wir einmal Schritt für Schritt diese Implementierung durch, beginnend mit der Deklaration des Objekts, das als Singleton fungiert (siehe Listing 2.145).

Listing 2.145 Deklaration des Singleton-Objekts

```
static MyClass *sharedObject = nil;
```

Zunächst wird eine Variable vom Typ der Klasse erstellt und ihr einfach der Wert nil zugewiesen; das ist nötig, da der Verweis auf das eigentliche Objekt in dieser Variablen an einer späteren Stelle in einem Block erfolgt, wir aber die entsprechende Variable auch außerhalb des Blocks brauchen, da wir sie ganz am Ende zurückgeben. Das Schlüsselwort static sorgt dafür, dass diese Variable nur einmal in der gesamten App verfügbar sein wird; egal wie viele Instanzen es letztendlich von dieser Klasse gibt.

Betrachten wir als Nächstes einmal den Block im Detail, über den das Singleton gesetzt wird (siehe Listing 2.146).

Listing 2.146 Initialisierung des Singleton-Objekts

```
static dispatch_once_t onceToken;
dispatch_once(&onceToken, ^{
    sharedObject = [[MyClass alloc] init];
});
```

Hier wird ein Block über die Funktion dispatch_once ausgeführt. dispatch_once sorgt dafür, dass dieser Block nur ein einziges Mal in Ihrer App ausgeführt wird. Sobald er also einmal aufgerufen wurde, wird er kein weiteres Mal mehr ausgeführt werden. Innerhalb des Blocks wird dann die eigentliche Instanz der Klasse erstellt und unserer zuvor erstellten Variablen zugewiesen. Der Block ist der zweite Parameter der Funktion dispatch_once, als ersten Parameter erhält sie einen Wert vom Typ dispatch_once_t, den wir zuvor – ebenfalls wieder mit dem Schlüsselwort static – deklarieren. Dabei handelt es sich um den Prüfwert, der abgleicht, ob der Block in der dispatch_once-Funktion bereits ausgeführt wurde oder nicht. Am Ende wird das erstellte Singleton-Objekt zurückgegeben (siehe Listing 2.147).

Listing 2.147 Rückgabe des Singleton-Objekts

```
return sharedObject;
```

Da der Block zur Erstellung dieses Objekts während der gesamten Laufzeit der App nur ein einziges Mal durchlaufen wird, haben Sie damit sichergestellt, dass diese Klassenmethode immer ein und dasselbe Objekt zurückliefert.

Damit auch an jeder Stelle in Ihrem Code dieses eine Singleton-Objekt genutzt wird, ist es aber wichtig, dass Sie an jeder Stelle, wo Sie das Objekt brauchen, dieses über diese Klassenmethode abrufen. Dann erhalten Sie das Singleton-Objekt und können weiter damit arbeiten.

3 Der Neue im Club – Swift

3.1 Programmierst du noch oder swifst du schon?

3.1.1 Über Swift

Apples neue Programmiersprache Swift war eine ziemliche Überraschung auf der WWDC 2014, mit der niemand wirklich gerechnet hatte. Bis dato war Objective-C die Sprache der Wahl, wenn es um die Entwicklung von Apps für iOS und macOS (ehemals OS X) ging, inzwischen hat sich das aber stark gewandelt. Swift wurde von dem Gros der Entwicklergemeinde mit Begeisterung aufgenommen, und die Tatsache, dass die Sprache seit Ende 2015 als Open Source-Projekt für jedermann zugänglich gepflegt und weiterentwickelt wird, sorgt für eine weitere Verbreitung und Akzeptanz der Sprache.

Tatsächlich macht Apple sehr deutlich, dass Swift inzwischen die Sprache der Wahl ist, wenn es um die Entwicklung von Apps für eine ihrer Plattformen (iOS, macOS, watchOS oder tvOS) geht. Auf ihrer Entwicklerkonferenz WWDC werden Swift haufenweise Sessions gewidmet, Beispielcode wird in allen Sessions primär in Swift vorgestellt und gezeigt. Apple selbst setzt die Sprache bereits massiv in den eigenen Entwicklungsabteilungen ein und hat bereits viele eigene Anwendungen entweder teilweise oder sogar komplett auf Swift umgestellt.

Was aber bedeutet Swift für uns Entwickler? Muss man sich als alteingesessener Objective-C-Entwickler Sorgen machen, bald aus der App-Entwicklung für Apple-Plattformen ausgeschlossen zu werden? Sicher ist, dass Apples Fokus jetzt und in Zukunft wesentlich stärker auf Swift denn auf Objective-C liegen wird, daran besteht kein Zweifel. Aber ebenso sicher ist, dass Objective-C noch lange nicht abgeschrieben wird (wenn überhaupt). Apple selbst besitzt eine derart gigantische Code-Basis, die noch immer zum Großteil auf Objective-C basiert, und würde sich nur ins eigene Fleisch schneiden, würden sie den Support für Objective-C vollumfänglich einstampfen. Auch dürfte sich Apple trotz vieler Vorzüge von Swift darüber im Klaren sein, dass sie einen Teil ihrer treuesten App-Entwickler womöglich verlieren würden, würden sie sie derart vor den Kopf stoßen und Objective-C als Sprache zur App-Entwicklung ausschließen. Beide Sprachen haben ihre Daseinsberechtigung und es ist nicht abzusehen, das Objective-C in absehbarer Zeit von Apple abgeschrieben wird.

Dennoch wage ich ganz klar zu sagen: Swift gehört die Zukunft. Und auch alteingesessene Objective-C-Entwickler tun gut daran, sich im Detail mit dieser Programmiersprache zu beschäftigen.

Swift selbst erinnert von seiner Syntax her sehr stark an Skriptsprachen wie Python oder JavaScript. Klares Ziel von Apple bei der Einführung von Swift war wohl, das Programmieren einfacher und „spaßiger" zu gestalten und damit mehr Entwickler für ihre eigenen Plattformen zu begeistern.

Besonders die Sache mit der Einfachheit war für viele Entwickler, die frisch in die App-Entwicklung mit Objective-C eingestiegen sind, alles andere als gegeben; es braucht nun einmal seine Zeit, bis man sich an die eckigen Klammern und an die Sprache selbst gewöhnt hat.

Swift hingegen soll gerade Einsteiger dazu ermuntern, doch für Apples Plattformen zu entwickeln. Und der Plan scheint aufgegangen zu sein, zumindest avancierte Swift binnen weniger Monate nach der erstmaligen Vorstellung zu einer der beliebtesten Programmiersprachen überhaupt. Und dank der Freigabe des Quellcodes als Open Source dürfen wir mehr als gespannt sein, auf welchen Plattformen wir Swift in Zukunft noch begrüßen werden dürfen.

3.1.2 Voraussetzungen zur Nutzung von Swift

Swift ist seit Version 6 von Xcode fest in Apples Entwicklungsumgebung integriert; Sie brauchen also nichts weiter zu tun, als Xcode herunterzuladen und zu installieren, um eigene Apps in Swift programmieren zu können. Zu beachten ist lediglich der iOS-Support durch Swift: iOS 7 ist die älteste von Swift unterstützte Version des Betriebssystems; möchten Sie Ihre Anwendung auch für ältere iOS-Versionen zur Verfügung stellen, kommt Swift als Programmiersprache für Ihr Projekt nicht infrage. Allerdings sollte diese Limitierung heute keine Rolle mehr spielen. Da iOS inzwischen bei Version 10 angelangt ist und die letzten Versionen des Betriebssystems auch noch viele Altgeräte unterstützen, dürfte es heute kaum noch ein Projekt geben, das aufgrund der genannten Limitierung nicht für die Programmierung mit Swift infrage kommt.

3.1.3 Swift und Objective-C

Ein großer Vorteil von Swift besteht darin, dass Sie sich in Ihren Projekten nicht für oder gegen Swift entscheiden müssen; Sie können Swift problemlos parallel zu existierendem Objective-C-Code hinzufügen und verwenden. Ihr Projekt kann somit sowohl über in Swift als auch in Objective-C geschriebene Klassen verfügen und diese können auch problemlos miteinander verwendet werden. So müssen Sie lediglich beim Erstellen von neuen Code-Dateien in Ihrem Projekt angeben, in welcher Programmiersprache Sie diese schreiben möchten.

3.1.4 Playgrounds

Mit Xcode 6 hat Apple die sogenannten Playgrounds eingeführt. Dabei handelt es sich um eine Art abgespeckte Xcode-Projekte mit der Endung *.playground*. Mit diesen Playgrounds arbeiten Sie genauso wie mit allen anderen Projekten auch, allerdings besitzen Playgrounds einen anderen Fokus. Wie der Name bereits andeutet, sind diese primär zum Experimentieren und Ausprobieren gedacht. Daher sind sie auch ideal, sich einmal grundlegend mit der Programmiersprache Swift auseinanderzusetzen und erste Erfahrungen mit ihr zu sammeln.

Im Unterschied zu Xcode-Projekten wird der Code, den Sie innerhalb eines Playgrounds schreiben, umgehend kompiliert und Ihnen in einer Seitenleiste das entsprechende Ergebnis angezeigt (beispielsweise der Inhalt einer Variablen oder das Ergebnis einer Addition). Auch zusätzliche Informationen wie die Anzahl der Durchläufe einer Schleife lassen sich direkt aus Playgrounds heraus entnehmen.

Mit den letzten Aktualisierungen von Xcode wurden auch die Playgrounds mit der Zeit immer mächtiger. Inzwischen sind diese soweit, dass Sie ganze Dokumentationen damit erstellen können, die Sie mittels Überschriften, Aufzählungen und anderen Auszeichnungen formatieren können. Damit eignen sich Playgrounds auch ideal dazu, bestimmten Code zu erklären und verschiedene Funktionsweisen zu erläutern. Entwickler können also konkrete Problemlösungen innerhalb eines Playgrounds realisieren und direkt passend formatieren, um eine schöne und übersichtliche Dokumentation Ihrer Lösung zu generieren (siehe Bild 3.1).

Einen neuen Playground können Sie schnell und einfach über das Xcode-Startfenster erstellen (siehe Bild 3.2). Alternativ können Sie auch Playgrounds über das Xcode-Menü über FILE → NEW → PLAYGROUND... erstellen und somit beispielsweise auch Ihrem Projekt direkt hinzufügen.

Auch zur Arbeit mit diesem Kapitel und zum Kennenlernen von Swift ist es durchaus sinnvoll, mit Playgrounds zu arbeiten. Erstellen Sie also gerne einen neuen Playground und setzen Sie dort die gelernten Eigenschaften und Funktionen von Swift direkt einmal praktisch um.

Mehr zu Playgrounds und ihren Funktionen erfahren Sie in Kapitel 5 zur Entwicklungsumgebung Xcode.

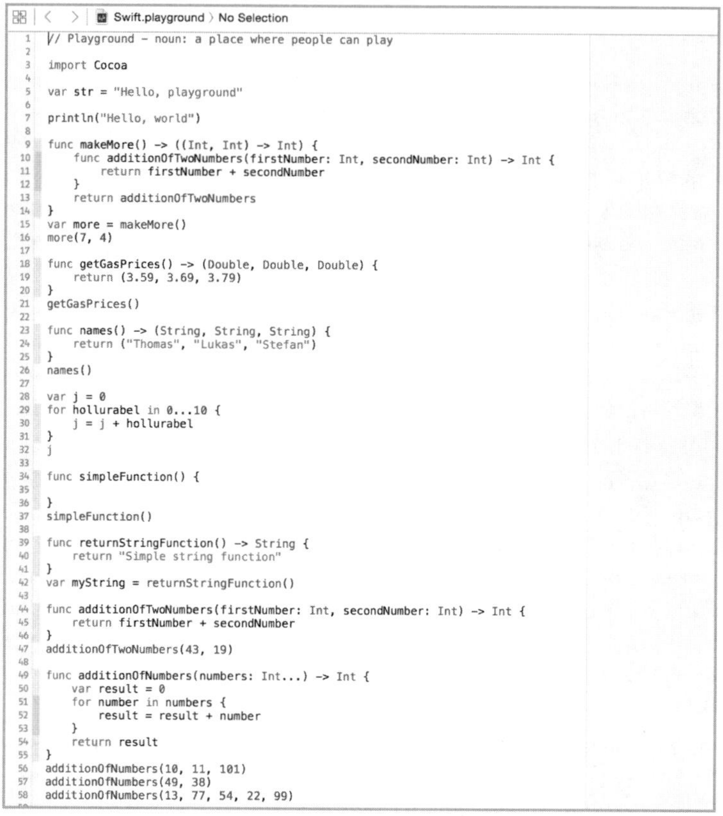

Bild 3.1 Mithilfe von Playgrounds können Sie wild drauflosschreiben und die Ergebnisse Ihrer Arbeit in der rechten Bildschirmhälfte betrachten.

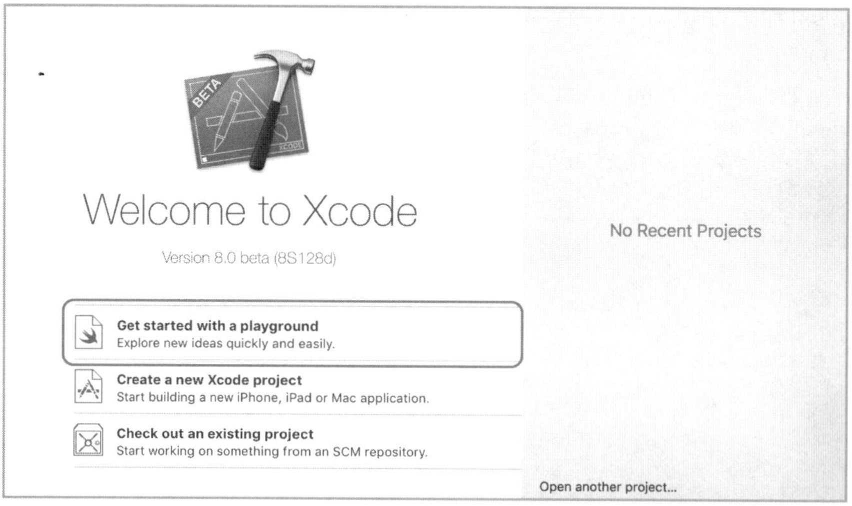

Bild 3.2 Bereits aus dem Startfenster von Xcode heraus können Sie einen neuen Playground erstellen.

3.2 Grundlagen der Programmierung

Äquivalent zu Kapitel 2, „Die Programmiersprache – Objective-C", möchte ich zunächst einmal mit den essenziellen Grundlagen zur Entwicklung mit Swift einsteigen. Dabei beginne ich mit den Fundamental Types, die grundlegender Bestandteil der Programmiersprache sind. Anschließend folgt die Vorstellung von Variablen und Konstanten, verfügbaren Operatoren und ihren Funktionen, Abfragen und Schleifen sowie Kommentaren.

Bevor wir nun praktisch loslegen und Sie Swift im Detail kennenlernen, möchte ich hier noch ein paar grundsätzliche Worte über manche Eigenschaften der Sprache verlieren:

- Das Setzen eines Semikolons am Ende einer Anweisung ist optional und somit Ihnen überlassen! Das bedeutet, Sie müssen nicht – wie im Gegensatz zu Objective-C – eine Anweisung mittels Semikolon abschließen. Stattdessen reicht auch das einfache Springen in eine neue Zeile; fertig. Dieser Umstand ist in Entwicklerkreisen bereits des Öfteren auf Kritik gestoßen und wird nicht nur positiv aufgenommen. Unabhängig davon bleibt es für Sie im Endeffekt aber bei der freien Wahl zu entscheiden, ob Sie ein Semikolon für das Abschließen einer Anweisung verwenden möchten oder nicht. Da Apple selbst auf das abschließende Semikolon verzichtet, folge ich in all meinen Projekten und auch in diesem Buch Apples Beispiel.
- Swift verfügt über einen Befehl namens `print`, mit dem es möglich ist, Text auf der Konsole von Xcode auszugeben. Diesen Befehl werde ich in einigen Code-Beispielen in diesem Kapitel verwenden, um bestimmte Funktionen und Abläufe zu erklären. Um `print` aufzurufen, muss man in Swift lediglich diesen Befehl schreiben und dahinter innerhalb von runden Klammern die gewünschte Textausgabe angeben. Möchte man beispielsweise den Text „Hallo Welt" auf der Konsole ausgeben, lautet der passende Befehl mittels `print` wie folgt: `print("Hallo Welt")`. Mehr zu `print` erfahren Sie noch in den kommenden Abschnitten.

Nun denn, mit diesem grundlegenden Wissen gewappnet stürzen wir uns in das Abenteuer Swift!

3.2.1 Swift Standard Library und Fundamental Types

Den Einstieg in die Programmiersprache Swift begehen wir mit der Swift Standard Library und den sogenannten Fundamental Types. Hier kommt es nämlich bereits zu einem großen Unterschied zu Objective-C.

Die Swift Standard Library ist die Basis der Programmiersprache Swift. In ihr finden sich alle grundlegenden Typen und Funktionen, um in Swift zu programmieren. Sie ist bereits in Xcode integriert, womit uns alle Eigenschaften der Swift Standard Library bei der App-Entwicklung immer und zu jeder Zeit zur Verfügung stehen.

Damit kann die Swift Standard Library in gewisser Weise als Pendant zum Foundation-Framework mit seinen Klassen wie `NSObject` gesehen werden, die essenziell sind, um eigenen Objective-C-Code schreiben zu können (mehr dazu erfahren Sie in Kapitel 4, „Grundlagen der iOS-Entwicklung"). Swift kann somit auch ohne Verwendung des Foundation-Frameworks für die Programmierung genutzt werden, eben mit allen Funktionen und Eigenschaften, die die Swift Standard Library bietet. Natürlich lässt sich auf der anderen Seite aber auch das Foundation-Framework (so wie jedes andere von Apples Frameworks) in Swift importieren und nutzen, im Gegensatz zu Objective-C ist die Funktionsweise der Sprache aber nicht davon abhängig.

Die sogenannten Fundamtental Types sind Bestandteil der Swift Standard Library. Es handelt sich dabei um ganz grundlegende Datentypen, die wir bei der Programmierung in Swift verwenden können. Da gibt es beispielsweise `Int` zur Darstellung von Ganzzahlen, `Float` zur Arbeit mit Fließkommazahlen oder `String` zur Abbildung von Zeichenketten.

Um Ihnen im Vorhinein schon einmal einen Überblick über die verschiedenen verfügbaren Datentypen zu geben (den Sie natürlich auch jederzeit wieder als Referenz heranziehen können), finden Sie im Folgenden eine Auflistung von einigen der wichtigsten und am meisten benötigten Fundamental Types (siehe Tabelle 3.1).

Tabelle 3.1 Übersicht der Fundamental Types

Fundamental Type	Beschreibung
`Int`	Dient zur Speicherung einer Ganzzahl (zum Beispiel 19).
`Float`	Dient zur Speicherung einer Fließkommazahl (zum Beispiel 48.99).
`Double`	Dient wie Float ebenfalls zur Speicherung einer Fließkommazahl, deckt aber einen größeren Speicherbereich ab.
`Bool`	Dient zur Speicherung eines Wahrheitswerts (entweder true oder false).
`String`	Dient zur Speicherung und Arbeit mit Zeichenketten (zum Beispiel „Mein Name ist Thomas Sillmann“).
`Array`	Dient zur Speicherung mehrerer Objekte.
`Dictionary`	Dient zur Speicherung verschiedener Schlüssel-Wert-Paare.
`Set`	Dient zur Speicherung mehrerer (unsortierter) Objekte.

Swift und das Foundation-Framework

Die Fundamental Types sind nicht nur ein mächtiges Sprachmerkmal von Swift, sie dienen darüber hinaus mitunter auch als performanter und schlanker Ersatz für Klassen aus dem Foundation-Framework von Apple. So können wir statt eines Objekts der Klasse `NSString` einfach direkt mit einem Objekt vom Fundamental Type `String` arbeiten, äquivalent verhält es sich mit den Klassen `NSArray` und `NSDictionary` zu den Fundamental Types `Array` und `Dictionary`. Mehr zu den Klassen aus dem Foundation-Framework sowie dem entsprechenden Zusammenspiel mit Swift erfahren Sie in Kapitel 4, „Grundlagen der iOS-Entwicklung“.

Mehr zur Verwendung der Fundamental Types und zur Arbeit mit den verschiedenen Typen erfahren Sie in den entsprechenden Abschnitten. Starten wir nun einmal los mit Variablen und Konstanten in Swift!

3.2.2 Variablen und Konstanten

Beginnen wir damit, uns das Erstellen von Variablen und Konstanten in Swift einmal näher anzusehen, denn das macht direkt deutlich, um wie viel „einfacher“ die Sprache doch im Vergleich zu Objective-C ist.

Für das Erstellen einer neuen Variablen inklusive dem direkten Zuweisen eines Wertes reicht der in Listing 3.1 gezeigte Aufruf.

Listing 3.1 Erstellen einer einfachen Variablen

```
var myVariable = 42
```

Fertig, damit haben Sie eine neue Variable namens `myVariable` mit dem Wert `42` erstellt. Generell dient das Schlüsselwort `var` in Swift zum Erstellen einer neuen Variablen, dahinter folgt der gewünschte Variablenname.

Möchten Sie den einer Variablen zugewiesenen Wert ändern, weisen Sie einfach entsprechend Ihrer Variablen den gewünschten neuen Wert zu (siehe Listing 3.2).

Listing 3.2 Zuweisen eines neuen Werts zu einer bestehenden Variablen

```
myVariable = 49
```

Ähnlich einfach und durchgängig verhält es sich mit dem Erstellen von Konstanten. Einziger Unterschied besteht in der Verwendung des Schlüsselwortes `let` anstatt `var` (siehe Listing 3.3).

Listing 3.3 Erstellen einer einfachen Konstanten

```
let myConstant = 13
```

Selbstredend können Konstanten natürlich nicht wie Variablen geändert werden, sodass Sie nun über `myConstant` lediglich auf den Wert dieser Konstanten in Ihrem Programm zugreifen können.

Bei diesen bisher doch sehr einfachen Code-Schnipseln fallen aber auch direkt zwei Dinge ins Auge, die ich bereits im vorigen Abschnitt 3.1 „Programmierst du noch oder swifst du schon?“ angeschnitten habe:

1. Alle Befehle können direkt per Zeilenumbruch abgeschlossen werden; ein Semikolon am Ende einer Zeile ist in Swift nicht nötig, aber optional (beispielsweise aufgrund eigener Vorlieben) trotzdem möglich.
2. Bei der Erstellung von Variablen beziehungsweise Konstanten muss kein Typ angegeben werden. In diesen Beispielen wurden einfach neue Variablen und Konstanten erstellt und ihnen ein Wert zugewiesen, ohne an irgendeiner Stelle überhaupt zu definieren, welchen Typ die Variable haben soll. Swift ermittelt dann selbsttätig, welcher Typ aufgrund der Zuweisung der passende für diese Variable beziehungsweise Konstante ist. Dies wird auch als Type Inference bezeichnet.

Letzteres wird spätestens dann deutlich, wenn Sie beispielsweise versuchen, den Wert der Variablen `myVariable` in einen `Float` zu ändern (siehe Listing 3.4).

Listing 3.4 Fehlerhafte Zuweisung eines Werts zu einer Variablen

```
myVariable = 49.13
// Fehler: myVariable ist ein Integer, kein Float!
```

Hier würde der Compiler einen Fehler ausgeben, da es sich ja bei `myVariable` um einen Integer und nicht um einen Float handelt; das haben wir zwar nicht definiert, aufgrund der vorigen Integer-Zuweisung geht Swift aber davon aus, dass es eben genau so ist.

3.2.2.1 Direkte Typzuweisung bei Variablen und Konstanten

Setzen wir direkt an diesem Punkt einmal an: Wie definiere ich denn nun den genauen Typ für eine Variable oder Konstante in Swift? Dazu geben wir den gewünschten Typ einer Variablen oder Konstanten direkt nach deren Deklaration nach einem Doppelpunkt an (siehe Beispiele in Listing 3.5).

Listing 3.5 Beispiele für eine direkte Typzuweisung in Swift

```
var myIntVariable: Int = 43
var myStringVariable: String = "My String"
let myFloatConstant: Float = 13.78
```

Wie Sie sehen, funktioniert dieses Verhalten für Variablen und Konstanten gleichermaßen. Wichtig ist eine klare Typdefinition besonders dann, wenn aus dem zugewiesenen Wert nicht eindeutig hervorgeht, welchen Typ die Variable oder Konstante letztlich besitzen soll. Das ist beispielsweise der Fall, wenn Sie eine Ganzzahl einer Variablen zuweisen, die eigentlich als Float fungieren und damit auch mit Fließkommazahlen umgehen soll (siehe Listing 3.6).

Listing 3.6 Direkte Typzuweisung eines Floats

```
var myFloatVariable: Float = 13
```

Würden wir hier auf die Typzuweisung von Float verzichten, würde Swift unsere Variable `myFloatVariable` als Integer deklarieren. So können wir aber der Variablen `myFloatVariable` auch problemlos eine Fließkommazahl zuweisen, ohne einen Fehler zu produzieren (siehe Listing 3.7).

Listing 3.7 Erfolgreiche Zuweisung eines Floats

```
myFloatVariable = 33.81
```

Diese direkte Typzuweisung wird in Swift als Type Annotation bezeichnet.

Best Practice: Type Annotation nur verwenden, wenn es gar nicht anders geht

Die Type Inference, also das automatische Ermitteln des Types einer Variablen oder Konstanten durch Swift, ist ein mächtiges Feature, auf das Sie standardmäßig bauen sollten. Es macht den Code deutlich kompakter und übersichtlicher, wenn nicht überall noch der konkrete Typ für eine Variable oder Konstante in Form der eben gezeigten Type Annotation fest zugewiesen wird. Setzen Sie stattdessen auf Swifts Möglichkeit, den passenden Typ selbsttätig mittels Type Inference zu ermitteln, und gestalten Sie so Ihren Code ein wenig übersichtlicher und kompakter. Type Annotation sollte nur zum Einsatz kommen, wenn es wirklich unbedingt notwendig ist und der exakte Typ aufgrund der Zuweisung nicht festgelegt werden kann (wie in dem gezeigten Beispiel der Float-Variablen `myFloatVariable`, der eingangs lediglich ein Integer zugewiesen wird, die aber eben auch mit Fließkommazahlen umgehen können soll; ohne Type Annotation hätte Swift ansonsten auf den Typ `Int` für die Variable geschlossen).

3.2.3 Operatoren

Operatoren dienen dem Zuweisen und Prüfen von Werten sowie dem Durchführen von Berechnungen. Die in Swift verfügbaren Operatoren sind dabei fast mit denen aus Objective-C identisch, weshalb erfahrene Programmierer sich auch in Swift schnell damit zurechtfinden werden. Tabelle 3.2 gibt einen Überblick über die verfügbaren Operatoren, ihre Art und ihre Funktionsweise. Die einzelnen Operatoren werden wir in den folgenden Abschnitten noch im Detail kennenlernen.

Tabelle 3.2 Verfügbare Operatoren in Swift

Operator	Art	Beschreibung
=	Zuweisungsoperator	Weist der Variablen beziehungsweise Konstanten links vom Operator den Wert rechts vom Operator zu.
==	Vergleichsoperator	Prüft, ob der Wert links vom Operator mit dem rechts vom Operator identisch ist.
!=	Vergleichsoperator	Prüft, ob die beiden Werte links und rechts vom Operator nicht identisch sind.
<	Vergleichsoperator	Prüft, ob der Wert links vom Operator kleiner dem Wert rechts vom Operator ist.
<=	Vergleichsoperator	Prüft, ob der Wert links vom Operator kleiner oder gleich dem Wert rechts vom Operator ist.
>	Vergleichsoperator	Prüft, ob der Wert links vom Operator größer dem Wert rechts vom Operator ist.
>=	Vergleichsoperator	Prüft, ob der Wert links vom Operator größer oder gleich dem Wert rechts vom Operator ist.

(Fortsetzung nächste Seite)

Tabelle 3.2 Verfügbare Operatoren in Swift *(Fortsetzung)*

Operator	Art	Beschreibung
+	Berechnungsoperator	Operator für Additionen.
-	Berechnungsoperator	Operator für Subtraktionen.
*	Berechnungsoperator	Operator für Multiplikationen.
/	Berechnungsoperator	Operator für Divisionen.
+=	Berechnungsoperator/ Zuweisungsoperator	Der Wert links vom Operator wird um den Wert rechts vom Operator erhöht.
-=	Berechnungsoperator/ Zuweisungsoperator	Der Wert links vom Operator wird um den Wert rechts vom Operator verringert.
*=	Berechnungsoperator/ Zuweisungsoperator	Der Wert links vom Operator wird mit dem Wert rechts vom Operator multipliziert.
/=	Berechnungsoperator/ Zuweisungsoperator	Der Wert links vom Operator wird durch den Wert rechts vom Operator dividiert.

Was ist mit ++ und --?

In Objective-C (und in vielen anderen Programmiersprachen auch) ist es möglich, den Wert einer Variablen mittels der Operatoren ++ und -- zu erhöhen beziehungsweise zu verringern. Diese Möglichkeit existiert in Swift nicht (mehr). Bis Version 2.2 von Swift war es tatsächlich auch möglich, diese beiden Operatoren zu den genannten Zwecken zu verwenden, seit Swift 2.3 hat Apple diese aber aus der Sprache verbannt. Alternativ müssen stattdessen nun die Berechnungs- und Zuweisungsoperatoren += und -= verwendet werden.

3.2.4 Abfragen und Schleifen

Abfragen und Schleifen unterscheiden sich kaum von denen in Objective-C. Abgesehen von einigen kleineren Unterschieden in der Syntax sind diese für beide Sprachen fast identisch. Dafür hat Swift an der ein oder anderen Stelle noch eine kleine Optimierung in petto.

3.2.4.1 if

Eine if-Abfrage dient zum Prüfen einer Bedingung. Ist die abgefragte Bedingung wahr, wird der Code innerhalb der if-Abfrage ausgeführt, andernfalls nicht. if-Abfragen lassen sich genau wie unter Objective-C über die folgende Syntax umsetzen (siehe Listing 3.8).

Listing 3.8 Aufbau einer `if`-Abfrage

```
if (<Bedingung>) {
    <do something...>
}
```

So weit ist die Syntax gänzlich aus Objective-C bekannt. In Swift gibt es aber die Möglichkeit, auf die runden Klammern, die die Bedingung umgeben, zu verzichten (siehe Listing 3.9).

Listing 3.9 `if`-Abfrage ohne runde Klammern für die Bedingung

```
if <Bedingung> {
    <do something...>
}
```

Letzten Endes bestimmt Ihr persönlicher Geschmack, welche der beiden Varianten Ihnen besser gefällt und welche Sie einsetzen; es gibt keine Vor- und Nachteile zwischen den beiden. Ich persönlich bevorzuge in Swift generell die Variante ohne Klammern, weshalb ich in den kommenden Code-Listings darauf verzichten werde.

Eine einfache if-Abfrage, die nun zwei Werte miteinander vergleicht, könnte wie in Listing 3.10 gezeigt umgesetzt werden.

Listing 3.10 Beispiel für eine `if`-Abfrage

```
if meineZahl1 == meineZahl2 {
    // meineZahl1 und meineZahl2 sind identisch
}
```

Für die Bedingungen können wir die in Abschnitt 3.2.3 „Operatoren“ vorgestellten Vergleichsoperatoren verwenden (wie im Beispiel eben den Vergleichsoperator ==). Auch können wir dabei mehrere Bedingungen aneinanderreihen und verknüpfen. Wie in Objective-C stehen uns dazu der Oder-Operator (||) sowie der Und-Operator (&&) zur Verfügung. Listing 3.11 zeigt eine beispielhafte Verwendung dieser in zwei if-Abfragen.

Listing 3.11 Verknüpfen von Bedingungen mittels && und ||

```
if meineZahl1 == 19 && meineZahl2 < 99 {
    // wird ausgeführt, wenn meineZahl1 entspricht 19 und meineZahl2 ist kleiner als 99
}
if meineZahl1 == 19 || meineZahl < 99 {
    // wird ausgeführt, wenn meineZahl1 entspricht 19 oder meineZahl2 ist kleiner als 99
}
```

Im ersten Beispiel müssen aufgrund des &&-Operators beide Bedingungen erfüllt sein; `meineZahl1` muss also dem Wert 19 entsprechen *und* `meineZahl2` muss kleiner als 99 sein, nur dann wird der Code innerhalb der if-Abfrage ausgeführt. Anders ist das bei der zweiten Abfrage. Aufgrund des ||-Operators muss *entweder* `meineZahl1` gleich 19 sein *oder* `meineZahl2` kleiner als 99. Ist bereits eine der beiden Bedingungen wahr, wird der Code in den geschweiften Klammern innerhalb der if-Abfrage ausgeführt.

Daneben beherrscht Swift natürlich auch die Aneinanderreihung mehrerer Bedingungen mittels `else if` und `else`. Damit können mehrere Bedingungen nacheinander geprüft werden, ist eine wahr, wird diese ausgeführt und anschließend die gesamte Abfrage verlassen. `else` ist dabei ein Sonderfall, es ist an keine Bedingung geknüpft und wird immer ausgeführt, wenn keine der vorherigen if-Anweisungen ausgeführt wurde. Listing 3.12 zeigt ein Beispiel einer komplexeren if-Abfrage mit `else if` und `else`.

Listing 3.12 Verschachtelte `if`-Abfrage mit `else if` und `else`

```
if meineZahl1 == meineZahl2 {
    // meineZahl1 entspricht meineZahl2
} else if meineZahl1 < meineZahl2 {
    // meineZahl1 ist kleiner als meineZahl2
} else {
    // meineZahl1 ist größer als meineZahl2
}
```

Eine if-Abfrage kann über beliebig viele zusätzliche `else if`-Verschachtelungen verfügen, aber maximal einen einzigen `else`-Zweig besitzen.

Keine Kurzschreibweise möglich

In Objective-C ist es möglich, eine if-Abfrage mit einem einzigen Befehl direkt in eine komplette Zeile zu schreiben, beispielsweise so:

```
if (meineZahl1 == meineZahl2) <tue etwas, wenn meineZahl1
gleich meineZahl2 ist>
```

In Swift ist eine solche Kurzschreibweise nicht möglich. Apple besteht darauf, nach einer Bedingung die geschweiften Klammern einzufügen und dazwischen alle auszuführenden Befehle aufzuführen, selbst wenn es sich nur um einen einzigen handelt.

3.2.4.2 switch

`switch` bietet im Vergleich zu Objective-C deutlich mehr Möglichkeiten und Optionen und ist um einiges flexibler. Das Grundprinzip hat sich dabei nicht geändert: Man übergibt `switch` eine Variable oder Konstante und fragt diese dann gegen verschiedene Werte ab. Ist der passende Wert dabei, wird der Code innerhalb dieses Bereichs ausgeführt. Den grundlegenden Aufbau von `switch` in Swift zeigt Listing 3.13:

Listing 3.13 Aufbau von `switch` in Swift

```
switch <Variable oder Konstante> {
case <zu vergleichender Wert>:
    <auszuführender Code, wenn Wert passt>
case <anderer zu vergleichender Wert>:
    <auszuführender Code, wenn anderer Wert passt>
default:
    <auszuführender Code, wenn kein Wert passt>
}
```

`switch` ist dabei vergleichbar mit `if`. Die verschiedenen `case`-Zweige können als Bedingungen gesehen werden, die immer auf Gleichheit mit der zu prüfenden Variablen beziehungsweise Konstanten geprüft werden, während `default` mit `else` verglichen werden kann. `default` wird immer dann aufgerufen und ausgeführt, wenn zuvor kein `case` mit dem Wert der abzufragenden Variablen beziehungsweise Konstanten identisch war.

Im Gegensatz zu Objective-C ist der `default`-Zweig aber immer Pflicht in Swift. Wenn Sie `switch` verwenden, müssen Sie auch immer `default` implementieren und somit ein Standardverhalten anbieten. Das liegt daran, dass `switch` in Swift **jedes mögliche Ergebnis** des zu prüfenden Werts abfragen muss. Wenn Sie in `switch` also beispielsweise einen Integer prüfen, müssen Sie sicherstellen, dass jeder mögliche Wert eines Integers innerhalb von `switch` geprüft wird. Ohne den `default`-Block würde das unzählige `case`-Blöcke bedeuten, und das ist natürlich nicht Sinn der Sache.

Tatsächlich gibt es aber eine Ausnahme von dieser Regel: der `default`-Block eines `switch` kann dann weggelassen werden, wenn **alle möglichen Werte**, die der abzufragende Wert annehmen kann, innerhalb der erstellten `case`-Blöcke abgefragt werden. Womöglich fragen Sie sich jetzt, wann solch ein Fall eintritt und wann das denn Sinn macht. In der Tat werden Sie dieses Verhalten beim Abfragen von Integern oder Strings mittels `switch` sicherlich nie erreichen. Wir werden aber im weiteren Verlauf Beispiele kennenlernen, in denen das tatsächlich möglich und auch sinnvoll ist.

Jeder `case`-Block sowie `default` müssen immer über mindestens einen Befehl verfügen, der beim Aufruf ausgeführt wird; ein leerer Block ist nicht erlaubt und wird mit einem Compiler-Fehler quittiert. Möchten Sie aber tatsächlich aus einem bestimmten Grund in einem `case`- oder `default`-Block keinerlei Code ausführen, können Sie sich damit behelfen, als einzigen Befehl dort dann `break` auszuführen. Damit wird der entsprechende Block verlassen, und wenn es sich dabei um den einzigen Befehl des Blocks handelt, führt dieser auch keine weiteren sonstigen Aktionen aus.

Was ist mit break?

Wenn Sie bereits mit Objective-C entwickelt oder das entsprechende Kapitel in diesem Buch gelesen haben, wissen Sie, dass in `switch` auch alle folgenden `case`-Blöcke durchlaufen werden, sobald die Bedingung eines `case`-Blocks erfüllt ist. Um dieses Verhalten zu verhindern, muss ein `case` in Objective-C mit dem Befehl `break` beendet werden, um die Ausführung der darauffolgenden `case`-Blöcke zu verhindern. In Swift ist das nicht so. Hier wird immer nur der Block ausgeführt, dessen Bedingung erfüllt ist, und anschließend wird die switch-Abfrage wieder verlassen.

Vielmehr kommt in Swift daher umgekehrt der Befehl `fallthrough` zum Einsatz, wenn man nach Ausführung eines `case`-Blocks auch den darauffolgenden ausführen möchte. Während das das Standardverhalten in Objective-C ist, muss es in Swift entsprechend aktiv implementiert werden. ■

Eine weitere Besonderheit von `switch` in Swift ist, dass es nicht auf Zahlenwerte beschränkt ist. Während in Objective-C nur Zahlenwerte mittels `switch` geprüft werden können, kann Swift mit allen Typen in `switch` umgehen. Listing 3.14 zeigt beispielhaft die Verwendung von `switch` im Zusammenspiel mit einem String.

Listing 3.14 Beispielhafte Verwendung von `switch` mit einem String

```
let myName = "Thomas"
switch myName {
case "Martin":
    // Mein Name ist Martin.
case "Thomas":
    // Mein Name ist Thomas.
case "Tobias":
    // Mein Name ist Tobias.
default:
    // Mein Name ist anders.
}
```

Dadurch ist `switch` deutlich mächtiger und flexibler als in Objective-C, doch da geht noch mehr. So können Sie beispielsweise mehrere verschiedene Bedingungen gemeinsam an einen einzigen `case` knüpfen, der dann ausgeführt wird, wenn eine dieser Bedingungen dem Wert der zu prüfenden Variablen beziehungsweise Konstanten entspricht. Dazu werden die entsprechenden Bedingungen kommasepariert voneinander nach dem jeweiligen Schlüsselwort `case` aufgeführt. Listing 3.15 zeigt ein solches Beispiel.

Listing 3.15 Prüfen mehrerer Bedingungen in einem `case`

```
let myName = "Thomas"
switch myName {
case "Martin", "Thomas", "Tobias":
    // Mein Name ist Martin, Thomas oder Tobias.
default:
    // Mein Name ist anders.
}
```

Zu guter Letzt verfügt `switch` in Swift über eine Funktion, die als sogenanntes *Range Matching* bezeichnet wird. Diese Funktion kann nur für Zahlenwerte verwendet werden und dient dazu, Werte in einem bestimmten Bereich zu prüfen. Nehmen wir beispielsweise an, Sie möchten eine Zahl mittels `switch` prüfen und einen bestimmten `case` immer dann ausführen, wenn der Wert der Zahl zwischen 19 und 99 liegt; wohl kaum jemand möchte alle passenden Werte kommasepariert in einem `case` zusammenfassen, und Gott sei Dank müssen wir das auch nicht. Stattdessen können wir die Kurzschreibweise des Range Matching verwenden, um diese Bedingung mit wenigen Zeichen darzustellen. Listing 3.16 zeigt eine passende Implementierung.

Listing 3.16 `switch` und Range Matching

```
let anIntegerValue = 19
switch anIntegerValue {
case 10...99:
    // anIntegerValue entspricht einem Wert zwischen 10 und 99.
default:
    // anIntegerValue entspricht keinem Wert zwischen 10 und 99.
}
```

Die drei Punkte `...` zwischen 10 und 99 entsprechen der Bedingung „von bis inklusive". Der entsprechende `case` wird also ausgeführt, wenn die zu prüfende Variable beziehungsweise Konstante einem Wert zwischen 10 und einschließlich 99 entspricht. Als Äquivalent dazu gibt es noch die Bedingung `..<`, die „von bis exklusive" entspricht. In unserem Beispiel würde damit also `anIntegerValue` nur gegen alle Werte zwischen 10 und 98 geprüft werden (da 99 in diesem Fall nicht mehr berücksichtigt wird).

3.2.4.3 while

`while` ist eine Schleife und wird dazu verwendet, die innerhalb der `while`-Schleife festgelegten Aktionen so lange immer und immer wieder auszuführen, bis eine festgelegte Bedingung nicht mehr erfüllt ist. Den grundlegenden Aufbau einer `while`-Schleife in Swift zeigt Listing 3.17.

Listing 3.17 Aufbau einer `while`-Schleife

```
while <Bedingung> {
    <do something...>
}
```

Eine `while`-Schleife arbeitet typischerweise mit einer sogenannten Zählvariablen, die vor dem Aufruf von `while` deklariert und innerhalb der Schleife erhöht wird. Generell ist es wichtig, dafür zu sorgen, dass eine `while`-Schleife ab einem bestimmten Punkt verlassen wird. Ist das nicht der Fall, erzeugen Sie damit eine Endlosschleife, die zwangsläufig zum Absturz Ihrer App führt.

Ein einfaches Beispiel für eine `while`-Schleife mit einer typischen Zählvariablen sehen Sie in Listing 3.18.

Listing 3.18 Beispiel einer einfachen `while`-Schleife mit Zählvariable

```
var i = 0
while i < 10 {
    // Code hier wird ausgeführt, solange i kleiner 10 ist.
    i += 1
}
```

Hier kommt die Zählvariable `i` zum Einsatz, die mit dem Wert `0` deklariert wird. Die Bedingung der `while`-Schleife prüft nun, ob `i` kleiner `10` ist. Solange das der Fall ist, wird der Code innerhalb der Schleife immer und immer wieder ausgeführt. Am Ende wird dabei innerhalb der Schleife die Variable `i` mittels `i += 1` immer um eins erhöht, was bedeutet, dass diese Schleife insgesamt zehnmal durchlaufen wird. Anschließend entspricht `i` dem Wert `10`, womit die Bedingung `i < 10` nicht länger erfüllt ist und somit die Schleife verlassen wird.

3.2.4.4 repeat-while

`repeat-while` gehört ebenso wie `while` zu den Schleifen und ist `while` dabei sehr ähnlich. Die Funktionalität ist letzten Endes die gleiche, es gibt nur einen kleinen Unterschied: eine `repeat-while`-Schleife wird in jedem Fall mindestens einmal durchlaufen, erst dann wird die zugrunde liegende Bedingung geprüft. Diese Prüfung der Bedingung erfolgt somit **nicht zu Beginn** der Schleife (wie bei `while`), sondern erst **am Ende**. `repeat-while` eignet sich dadurch für Schleifen, die in jedem Fall – unabhängig von der Bedingung – mindestens einmal durchlaufen werden sollen.

Listing 3.19 zeigt den syntaktischen Aufbau einer `repeat-while`-Schleife in Swift.

Listing 3.19 Aufbau von `repeat-while`

```
repeat {
    <do something...>
} while <Bedingung>
```

Listing 3.20 zeigt ein einfaches Beispiel einer `repeat-while`-Schleife. Dabei wird diese nur ein einziges Mal durchlaufen, da die zu erfüllende Bedingung von Beginn an nicht erfüllt ist. Würde es sich dabei nun stattdessen um eine `while`-Schleife handeln, würde der Code innerhalb der Schleife gar nicht ausgeführt werden, in diesem Fall aber aufgrund der `repeat-while`-Schleife schon.

Listing 3.20 Beispiel einer `repeat-while`-Schleife

```
var i = 10
repeat {
    print("Test")
    i += 1
} while i < 10
```

3.2.4.5 for-in

Eine `for-in`-Schleife verbindet das Prinzip einer `while`-Schleife mitsamt Zählvariable und fasst die entsprechende Deklaration in einem Schritt zusammen. Die `for-in`-Schleife selbst wird dann so lange durchlaufen, wie die festgelegte Bedingung erfüllt ist. Dabei werden innerhalb einer `for-in`-Schleife eine temporäre Konstante definiert, der der jeweils aktuelle Wert eines Schleifendurchlaufs zugewiesen wird, sowie ein Bereich, der während der Schleife durchlaufen werden soll. Ein solcher Bereich kann dabei durch verschiedene Elemente definiert werden. Es kann sich dabei um einen Zahlenbereich von einer Zahl bis zu einer anderen handeln, wobei die `for-in`-Schleife dann für jede Zahl dieses Bereichs einmal durchlaufen wird, oder auch beispielsweise um ein Array (in letzterem Fall wird die `for-in`-Schleife für jedes Objekt des Arrays einmal durchlaufen und das jeweils aktuelle Element der genannten Konstante zugewiesen).

Den grundlegenden Aufbau einer `for-in`-Schleife sehen Sie in Listing 3.21.

Listing 3.21 Aufbau einer `for-in`-Schleife

```
for <Schleifen-Konstante> in <zu durchlaufender Bereich> {
    <do something...>
}
```

Ein einfaches Beispiel einer solchen `for-in`-Schleife sehen Sie in Listing 3.22. Es werden darin eine Schleifen-Konstante `i` und ein Wertebereich von `0` bis kleiner `10` deklariert. Damit wird die Schleife insgesamt zehnmal durchlaufen und bei jedem Durchlauf der Konstanten `i` der jeweils aktuelle Wert des definierten Bereichs zugewiesen (erst `0`, dann `1`, dann `2` und schlussendlich `9`).

Listing 3.22 Beispiel einer einfachen `for-in`-Schleife

```
for i in 0..<10 {
    print("Test")
}
```

Besonders interessant ist dabei die Syntax des definierten Bereichs der `for-in`-Schleife. Links und rechts werden die beiden Zahlen angezeigt, die den Beginn und das Ende des Zählbereichs definieren. Unsere Zählvariable `i` wird also auf 0 gesetzt und automatisch nach jedem Durchgang um 1 erhöht; und das so lange, wie `i` kleiner 10 ist. Letzteres wird durch den Range-Matching-Operator `..<` festgelegt, den wir zusammen mit dem anderen Range-Matching-Operator `...` bereits im Abschnitt 3.2.4.2 „switch" kennengelernt haben.

Was ist mit einer „normalen" for-Schleife?

Womöglich wundern Sie sich, dass ich hier nur von der `for-in`-Schleife, aber nicht von einer einfachen `for`-Schleife spreche. Der Grund dafür ist sehr simpel: Es gibt keine `for`-Schleife (mehr) in Swift.

Zusammen mit Swift 3 hat Apple die „normale" Form der `for`-Schleife aus der Programmiersprache entfernt, die sich aus den drei Bestandteilen *Zählvariable*, *Bedingung* und *Inkrement* zusammensetzte (so wie es noch immer bei `for`-Schleifen in Objective-C der Fall ist). Stattdessen steht ab Swift 3 nur noch die in diesem Abschnitt vorgestellte `for-in`-Schleife für alle Arten von `for`-Schleifen zur Verfügung.

3.2.5 Kommentare

Mithilfe von Kommentaren können wir unseren Quelltext dokumentieren und auch in gewisser Weise strukturieren. Dabei bringt Swift die bereits von Objective-C bekannte Syntax zum Erstellen von Kommentaren mit. Text, der sich innerhalb solcher Kommentare befindet, wird vom Compiler nicht ausgewertet. Listing 3.23 zeigt die Erstellung eines einfachen einzeiligen Kommentars in Swift.

Listing 3.23 Beispiel für einen einzeiligen Kommentar

```
// Ein einzeiliger Kommentar...
```

Alles, was nach den beiden Slashs // geschrieben wird, ist der Kommentar und somit nichts, was später zusammen mit unserer App gebaut wird; es dient lediglich uns Menschen zum besseren Verständnis unseres Quellcodes.

Neben dem einzeiligen Kommentar gibt es auch in Swift die Möglichkeit, mehrzeilige Kommentare zu verfassen. Diese werden mit /* eingeleitet und enden mit */. Alles dazwischen gehört zum Kommentar. Listing 3.24 zeigt ein Beispiel für solch einen mehrzeiligen Kommentar.

Listing 3.24 Beispiel für einen mehrzeiligen Kommentar

```
/* Beginn eines mehrzeiligen Kommentars...
...der sich über mehrere Zeilen erstreckt...
...bis er schließlich beendet wird. */
```

Mehr zur Dokumentation des eigenen Quellcodes erfahren Sie in Kapitel 4, „Grundlagen der iOS-Entwicklung“, im Abschnitt „Dokumentation“.

3.2.6 print

Der Befehl `print` wird in Swift dazu verwendet, Informationen auf der Konsole auszugeben. Wir können diese Funktion verwenden, um unseren Code zu testen und zu prüfen, ob beispielsweise eine Funktion korrekt aufgerufen wird. Eine einfache Verwendung von `print` zeigt Listing 3.25.

Listing 3.25 Einfaches Beispiel zur Verwendung von `print`

```
let value = 19
if value == 19 {
    print("value entspricht 19")
} else {
    print("value entspricht nicht 19")
}
// value entspricht 19
```

In diesem Beispiel wird eine Konstante namens `value` erstellt und ihr der Wert 19 zugewiesen. Anschließend folgt eine `if`-Abfrage, die den Wert der Konstanten `value` gegen 19 prüft. Je nach Ergebnis wird ein anderer Text auf der Konsole ausgegeben, in unserem Fall ist es `value entspricht 19`. Der Funktion `print` wird dabei einfach in runden Klammern ein String übergeben, der entsprechend in der Konsole ausgegeben werden soll.

Die Konsole

An dieser Stelle möchte ich noch einen Hinweis für all jene einbauen, die sich gerade fragen, was ich die ganze Zeit mit *Konsole* meine. Die Konsole ist ein Teil der Entwicklungsumgebung Xcode und erlaubt es uns, Informationen zu unserer App auszugeben, während diese ausgeführt wird. Das wird häufig verwendet, um die eigene App auf korrekte Funktionsweise zu prüfen oder im Fehlerfall zu ermitteln, was gerade schiefläuft.

In neuen Projekten wird die Konsole am unteren Bildschirmrand eingeblendet und dort angezeigt (siehe Bild 3.3). Das passiert automatisch, sobald ein Befehl etwas in die Konsole schreibt. In Playgrounds werden derartige Konsolenausgaben direkt im rechten Fensterbereich angezeigt und ausgegeben (siehe Bild 3.4).

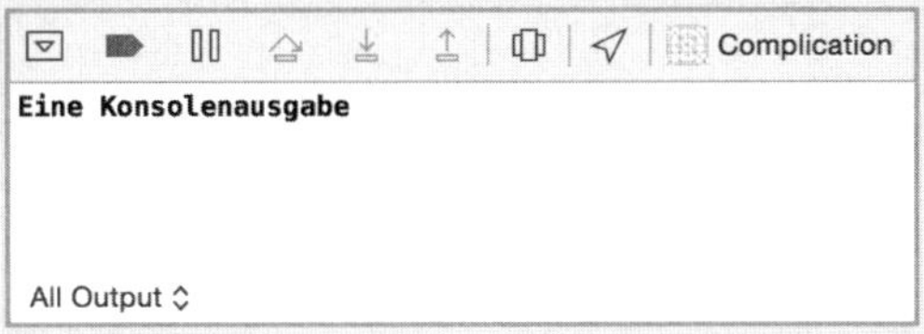

Bild 3.3 Die Konsole wird in Xcode am unteren Bildschirmrand angezeigt.

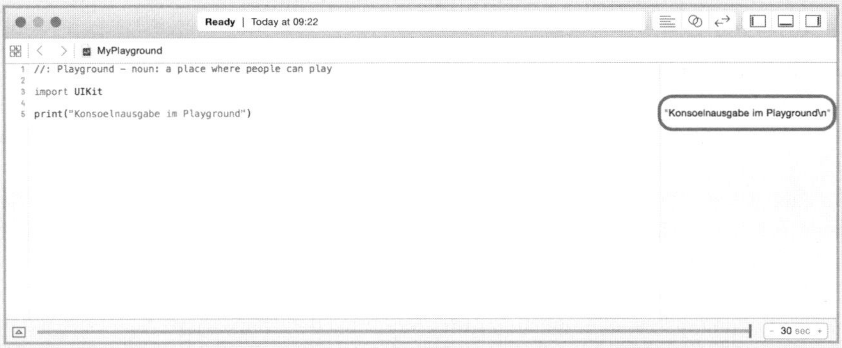

Bild 3.4 Konsolenausgaben erfolgen in Playgrounds direkt am rechten Bildschirmrand.

Mehr zum Umgang mit der Konsole und allgemein zum sogenannten Debugging erfahren Sie in Kapitel 5, „Die Entwicklungsumgebung - Xcode“.

Neben diesen einfachen Textausgaben kann `print` aber noch mehr. So können wir mit dieser Funktion auch direkt die Werte von Variablen und Konstanten ausgeben. Das erlaubt es uns, zur Laufzeit einer App zu prüfen, welchen Wert eine bestimmte Variable oder Konstante besitzt. Dazu müssen wir innerhalb des Strings, den wir `print` in runden Klammern übergeben, einen sogenannten Platzhalter mittels der Syntax `\()` einfügen. Innerhalb der runden Klammern dieses Platzhalters folgt dann die Variable oder Konstante, deren Wert wir ausgeben möchten. Listing 3.26 zeigt ein entsprechendes Beispiel.

Listing 3.26 Ausgabe einer Variablen über `print`

```
var myName = "Thomas"
print("Mein Name ist \(myName).")
myName = "Thomas Sillmann"
print("Mein vollständiger Name ist \(myName).")
// Mein Name ist Thomas.
// Mein vollständiger Name ist Thomas Sillmann.
```

In diesem Beispiel geben wir dynamisch den aktuellen Wert der Variablen `myName` über `print` aus. Während diese zu Beginn des Beispiels noch den Wert `Thomas` besitzt, ändert dieser sich anschließend zu `Thomas Sillmann`. Damit erlaubt es uns `print`, zur Laufzeit unserer App den Wert einer Variablen oder Konstanten zu prüfen, was extrem hilfreich und wichtig sein kann, wenn einmal etwas in unserer App nicht wie gewünscht funktioniert und wir auf Fehlersuche gehen müssen. Das fällt aber bereits in das große Thema Debugging, von dem Sie mehr in Kapitel 5, „Die Entwicklungsumgebung – Xcode“, erfahren. Mit diesem grundlegenden Wissen über `print` können Sie aber die folgenden Code-Beispiele und ihre jeweilige Funktion besser verstehen und nachvollziehen.

3.3 Fundamental Types und Swift Standard Library im Detail

Sie haben nun die Grundlagen zur Programmierung mit Swift kennengelernt. Ehe wir uns nun Klassen und Methoden in Swift ansehen, möchte ich zuvor noch einmal auf die bereits im Abschnitt 3.2.1 „Swift Standard Library und Fundamental Types“ vorgestellten Fundamental Types eingehen. Diese stellen eine einzigartige Besonderheit von Swift dar und erleichtern uns die grundlegende Arbeit mit der Programmiersprache. Während bei der Arbeit mit Zahlen in Form von Integern, Floats et cetera auch in Swift keine zusätzlichen Funktionen verbunden sind, so stellen Strings, Arrays und Dictionaries mächtige Typen dar, die auch über ein Set an eigenen Funktionen verfügen, welche wir direkt nutzen können. Und eben diese wollen wir uns nun einmal im Detail ansehen.

Typen in Swift

Es wurde nun bereits öfter das Wort *Typ* von meiner Seite verwendet. Generell bezeichnet ein Typ in Swift den zugrunde liegenden Datentyp oder die Klasse eines Objekts. Erstellen wir beispielsweise eine Integer-Variable, so hat diese den Typ Integer, eine String-Variable besitzt den Typ String und so weiter. Erzeugen wir eine Instanz einer Klasse – beispielsweise von einer Klasse namens `MyClass` –, so ist diese Instanz auch vom Typ `MyClass`. Typ bezeichnet damit die Art einer Variablen oder Konstanten und gibt so eindeutig an, über welche Funktionen und Eigenschaften sie verfügt und wie wir sie in unserem Projekt nutzen können.

Mehr zu Klassen erfahren Sie im Abschnitt 3.4 „Aufbau einer Klasse“.

3.3.1 Strings

Strings sind Zeichenketten und werden ständig in der Entwicklung verwendet. Gerade Textausgaben für Nutzer laufen in der Regel immer über Strings. Möchte man solche in Objective-C nutzen, führt kein Weg an der Klasse `NSString` des Foundation-Frameworks von Apple vorbei (siehe dazu auch den Abschnitt „Foundation-Framework“ in Kapitel 4, „Grundlagen der iOS-Entwicklung“). Mit dem Fundamental Type `String` hat Swift den Umgang mit derartigen Zeichenketten deutlich vereinfacht und Basisfunktionen zur Verfügung gestellt, die auch ohne `NSString` nutzbar sind. Einige der wichtigsten und nützlichsten Funktionen möchte ich Ihnen in diesem Abschnitt vorstellen.

3.3.1.1 Deklaration und Erstellung eines Strings

Beginnen wir zunächst einmal mit der fundamentalen Grundlage, nämlich dem Erstellen eines neuen Strings in Swift. Das gestaltet sich als ziemlich einfache Angelegenheit: Erstellen Sie dazu einfach eine neue Variable oder Konstante und weisen Sie Ihr eine Zeichenkette innerhalb von Anführungszeichen zu; fertig ist Ihr String (siehe Listing 3.27).

Listing 3.27 Erstellen eines neuen Strings

```
var myString = "Das ist ein String"
```

Hier wird direkt ein String mit einem passenden Wert – in diesem Beispiel `"Das ist ein String"` – erstellt. Alternativ können Sie auch (zunächst) einen komplett leeren String erstellen, beispielsweise um diesen später zu ändern und zu bearbeiten. Dazu haben Sie zwei Möglichkeiten: Entweder weisen Sie einer Variablen einfach einen leeren String in Form zweier aufeinanderfolgender Anführungszeichen (ohne Inhalt) zu, oder Sie nutzen die passende Initializer-Methode des Fundamental Type `String`. Listing 3.28 stellt beide Verfahren vor.

Listing 3.28 Erstellen eines neuen leeren Strings

```
var myFirstEmptyString = ""
var mySecondEmptyString = String()
```

Der Aufruf des Initializers mittels `String()` ist in Swift eine typische Möglichkeit, eine Instanz eines bestimmten Typs zu erstellen (und wie wir bereits erfahren haben, sind alle Arten von Datentypen und Klassen letztlich Typen in Swift). Dieses Verfahren werden wir in den folgenden Abschnitten auch bei den anderen vorgestellten Fundamental Types kennenlernen. Mehr zur Initialisierung von Objekten in Swift an sich erfahren Sie im Abschnitt 3.10 „Initialisierung".

3.3.1.2 Verbinden und Verändern von Strings

Einen erstellten String können wir mithilfe des Berechnungsoperators + verändern und um weitere Zeichenketten ergänzen. Eine vergleichbare Syntax gibt es in Objective-C nicht, was von vielen Entwicklern bemängelt wird, da es selbst eine einfache Zusammensetzung von Zeichenketten sehr umständlich und aufwendig macht. Haben Sie aber so beispielsweise zwei Strings, die Sie miteinander verbinden wollen, können Sie diese mithilfe des +Operators miteinander verbinden (so als ob Sie zwei Integer miteinander addieren wollten). Listing 3.29 stellt das Vorgehen einmal beispielhaft dar.

Listing 3.29 Verbinden von Strings

```
let myFirstString = "Mein Name ist "
let mySecondString = "Thomas Sillmann"
let myThirdString = myFirstString + mySecondString
// myThirdString entspricht "Mein Name ist Thomas Sillmann"
```

Das geht sogar so weit, dass Sie auch den Berechnungs- beziehungsweise Zuweisungsoperator += verwenden können, um eine bestehende `String`-Variable zu verändern (siehe Listing 3.30).

Listing 3.30 Verändern von Strings mittels +=

```
var mutableString = "Mein Name ist "
mutableString += "Thomas Sillmann"
// mutableString entspricht "Mein Name ist Thomas Sillmann"
```

Das eben gezeigte Vorgehen ist aber nur möglich, wenn der String, der mittels += verändert werden soll, in einer Variablen gespeichert ist; bei einer Konstanten würde das umgehend zu einem Compiler-Fehler führen. Das ist auch irgendwie logisch, schließlich sind Konstanten *unveränderlich*; ihr einmal zugewiesener Wert kann zu einem späteren Zeitpunkt im Programm (und sei es auch direkt in der nächsten Zeile) nicht mehr geändert werden.

3.3.1.3 Anzahl der Zeichen eines Strings zählen

Swift bietet eine einfache Funktion, um die Anzahl der Zeichen, die ein String enthält, zu ermitteln. Sie lautet `count` und wird auf die Eigenschaft `characters` eines Strings aufgerufen, dessen Zeichen gezählt werden sollen. Listing 3.31 zeigt eine beispielhafte Anwendung dazu.

Listing 3.31 Zeichen eines Strings zählen

```
let myName = "Thomas Sillmann"
let myNameCount = myName.characters.count
// myNameCount entspricht 15.
```

3.3.1.4 Strings miteinander vergleichen

Strings können in Swift ganz einfach mithilfe einer `if`-Abfrage miteinander verglichen werden. Ich betone das deshalb an dieser Stelle, weil es in Objective-C nicht ganz so einfach ist (mehr dazu erfahren Sie in Kapitel 4, „Grundlagen der iOS-Entwicklung“). Benutzen Sie einfach den Vergleichsoperator ==, um zu prüfen, ob zwei Strings identisch sind, beziehungsweise den Vergleichsoperator `!=`, um festzustellen, ob sie nicht identisch sind (siehe Listing 3.32).

Listing 3.32 Strings miteinander vergleichen

```
let myName = "Thomas Sillmann"
if myName == "Thomas Sillmann" {
    // myName entspricht Thomas Sillmann
}
```

3.3.1.5 Präfix und Suffix abfragen

Swift bringt auch zwei Grundfunktionen für Strings mit, um sie gegen ein spezifisches Präfix beziehungsweise Suffix abzufragen. Die entsprechenden Funktionen dafür lauten `hasPrefix(_:)` und `hasSuffix(_:)`. Diese werden aufgerufen, indem man nach einer String-Variablen oder -Konstanten einen Punkt setzt und dann die gewünschte der beiden Funktionen aufruft. In Klammern hinter der Funktion wird wiederum der String angegeben, den man als Präfix oder Suffix abfragen möchte. Typischerweise werden diese Funktionen oftmals in Verbindung mit einer `if`-Abfrage genutzt, um einen String auf ein bestimmtes Präfix oder Suffix zu prüfen und je nach Ergebnis eine bestimmte Aktion auszuführen. Listing 3.33 zeigt einmal die beispielhafte Anwendung dieser Funktion. Mehr zu Funktionen und Methoden erfahren Sie im Abschnitt 3.5 „Methoden".

Listing 3.33 Präfix und Suffix abfragen

```
let firstChapter = "Chapter One: The Beginning"
if firstChapter.hasPrefix("Chapter One") {
    // firstChapter besitzt das Präfix "Chapter One"
}
if firstChapter.hasSuffix("Beginning") {
    // firstChapter besitzt das Suffix "Beginning"
}
```

3.3.2 Arrays

Arrays dienen zum Speichern und Verwalten von mehreren Objekten. Ein Array fasst damit mehrere Werte zusammen, die an passender Stelle ausgelesen oder verändert werden können. Arrays werden typischerweise verwendet, um zusammenhängende Objekte zusammenzufassen und über ein solches einzelnes Array-Objekt auf die entsprechenden verschiedenen Werte zuzugreifen und diese zu verwenden.

3.3.2.1 Erstellen eines neuen Arrays

Um ein neues Array in Swift zu erstellen, werden eckige Klammern `[]` bei der Zuweisung zu einer entsprechenden Variablen oder Konstanten verwendet. Innerhalb der eckigen Klammern werden dann kommasepariert alle Objekte aufgeführt, die Teil des entsprechenden Arrays sein sollen. Listing 3.34 zeigt die beispielhafte Erstellung eines leeren Arrays sowie eines Arrays, welches drei Namen in Form von Strings enthält und zusammenfasst.

Listing 3.34 Erstellung neuer Arrays

```
var emptyArray = []
var names = ["Thomas", "Michaela", "Tobias"]
```

Eine Besonderheit bei Arrays in Swift ist, dass diese *typsicher* sind. Das bedeutet, dass Sie nur Objekte eines festgelegten Typs (zum Beispiel `String`) enthalten können. Ein Versuch, ein Objekt eines anderen Typs einem solchen Array hinzuzufügen, würde in einem Compiler-Fehler enden. Damit unterscheiden sich Arrays grundlegend von der Klasse `NSArray`, die in Objective-C zum Erstellen und Verwalten von Arrays dient und nicht auf Typsicherheit ausgelegt ist (siehe dazu auch Kapitel 4, „Grundlagen der iOS-Entwicklung").

Im Beispiel von eben entspricht somit das letzte Array `names` einem Array von Strings. Dieses Array kann keinerlei Objekte von anderen Typen als `String` aufnehmen und verwalten. Swift hat diese Deklaration selbsttätig anhand der Elemente vorgenommen, die dem Array bei der Erstellung hinzugefügt wurden; eben Strings. Ein solcher Typ lässt sich aber auch explizit bei der Erstellung eines Arrays angeben, um eindeutig zu zeigen, welche Typen von Objekten dieses Array ausschließlich besitzen und verwalten darf. Dabei kommt die aus Abschnitt 3.2.2.1 bekannte Type Annotation zum Einsatz (siehe auch Listing 3.35).

Listing 3.35 Genaue Typangabe für die Objekte eines Arrays mittels Type Annotation

```
var names: Array<String> = ["Thomas", "Michaela", "Tobias"]
```

Der Typ eines Arrays wird dabei mit dem entsprechenden Schlüsselwort `Array` (eben für den eigentlichen Typ des Objekts, nämlich `Array`) eingeleitet, anschließend folgt innerhalb eines Kleiner- und Größer-Zeichens der Typ für die Objekte, die das Array enthalten und verwalten kann, in diesem Beispiel also `String`. Sie können an dieser Stelle jeden beliebigen Typ angeben, anschließend sind Sie aber auch daran gebunden und können das entsprechende Array nur im Zusammenspiel mit dem angegebenen Typ verwenden. Wenn Sie hingegen auf die explizite Angabe des Typs mittels Type Annotation verzichten, ermittelt Swift diesen automatisch anhand der bei der Erstellung des Arrays hinzugefügten Objekte.

Typsicherheit von Arrays aufheben

In Swift ist Typsicherheit sehr wichtig und Sie sollten, wenn immer möglich, einen expliziten Typ für die Objekte eines Arrays festlegen. Das hilft Ihnen zuletzt in jedem Fall bei einer etwaigen Fehlersuche, wenn Sie beispielsweise versuchen, einem Array ein Objekt eines Typs zuzuweisen, der nicht für dieses Array gedacht ist; in diesem Fall weist bereits der Compiler Sie auf ein entsprechendes Problem hin, welches Sie anschließend beheben müssen. Andernfalls würde Ihre App an einer entsprechenden Stelle im Code einfach abstürzen.

Nichtsdestoweniger gibt es Situationen, in denen man auch Arrays Objekte verschiedener Typen hinzufügen möchte und selbst dafür Sorge trägt, beim Zugriff auf das Array zu prüfen, mit welchem Typ von Objekt man es jetzt im Einzelnen zu tun hat. Auch in Swift ist eine solche Aufhebung der Typsicherheit möglich. Das Zauberwort dabei heißt `AnyObject`. `AnyObject` weist Swift darauf hin, dass der erwartete Typ jedem beliebigen Typ eines Objekts entsprechen kann, ganz egal ob es sich dabei um einen String, ein Array, ein Dictionary oder etwas anderes handelt. Möchten Sie also ein Array erstellen, das Objekte jeden beliebigen Typs aufnehmen kann, weisen Sie diesem entsprechend bei der Deklaration `AnyObject` zu:

```
Array<AnyObject>
```

Verwenden Sie diese Zuweisung aber wirklich nur in Fällen, wo es nicht anders geht und Sie definitiv Objekte verschiedener Typen innerhalb eines Arrays mischen müssen. Andernfalls ist die explizite Typangabe immer klar vorzuziehen.

Mehr zu `AnyObject` erfahren Sie im Abschnitt 3.3.4 „Any und AnyObject“. ■

Es gibt auch – so wie bei Strings – die Möglichkeit, ein neues leeres Array mittels des entsprechenden Initializers zu erstellen, wie es bei allen Typen in Swift möglich ist. Bei diesem Vorgehen ist aber zu beachten, dass der Typ, den alle Objekte innerhalb dieses Arrays haben sollen, zwischen dem inzwischen bekannten Kleiner- und Größer-Zeichen bei der Initialisierung des Arrays mit angegeben werden muss. Listing 3.36 zeigt die Erstellung eines neuen Arrays auf diese Art und Weise, welches nur Objekte vom Typ String entgegennehmen kann.

Listing 3.36 Erstellen eines Arrays mithilfe des Initializers

```
var stringArray = Array<String>()
```

Darüber hinaus gibt es für ein solches Erstellen eines neuen leeren Arrays eine weitere alternative Schreibweise in Swift, die Listing 3.37 zeigt.

Listing 3.37 Alternative Schreibweise zum Erstellen eines Arrays mithilfe des Initializers

```
var stringArray = [String]()
```

Statt des Initializers `Array<String>()` wird hier die verkürzte Schreibweise `[String]()` verwendet, die exklusiv für Arrays zur Verfügung steht. Innerhalb der eckigen Klammern wird der Typ angegeben, der für die Objekte des Arrays erwartet wird, gefolgt von der abschließenden geöffneten und geschlossenen runden Klammer.

Unterscheidung zwischen veränderlichem und unveränderlichem Array

Man unterscheidet in Swift zwischen veränderlichen (auch als *mutable* bezeichnet) und unveränderlichen Arrays (auch als *immutable* bezeichnet). Erstere können nach ihrer erstmaligen Erstellung jederzeit verändert und angepasst werden, beispielsweise indem neue Objekte hinzugefügt oder bestehende daraus entfernt werden (wie das geht, sehen wir gleich in den folgenden Abschnitten). Immutable Arrays hingegen sind unveränderlich und lassen sich somit nach ihrer erstmaligen Erstellung in keiner Weise mehr verändern; die Objekte, die ihnen bei der Erstellung zugewiesen werden, besitzen sie dann sozusagen auf Lebenszeit, weder können bestehende Objekte entfernt noch neue hinzugefügt werden. Während oftmals veränderliche Arrays die Regel sind, um dynamisch verschiedene Objekte zu verwalten, machen unveränderliche Arrays für statische und feststehende Informationen Sinn (beispielsweise wenn Sie ein Array zur Speicherung feststehender Kartentypen für ein Kartenspiel definieren wollen).

Ob es sich bei einem Array um ein veränderliches oder unveränderliches Array handelt, hängt von seiner Deklaration ab. Wird ein Array als Variable mittels `var` deklariert, so ist es veränderlich; Sie können diesem Array jederzeit neue Objekte hinzufügen oder bestehende entfernen. Definieren Sie ein Array hingegen als Konstante mittels `let`, so ist dieses unveränderlich und Sie können es nach der erstmaligen Erstellung nicht mehr verändern (siehe zur Verdeutlichung auch Listing 3.38).

Listing 3.38 Unterscheidung zwischen mutable und immutable Arrays

```
var mutableArray = [1, 2, 3]
let immutableArray = [4, 5, 6]
```

In diesem Beispiel kann das erste Array `mutableArray` mit den Objekten 1, 2 und 3 jederzeit noch verändert und angepasst werden. Beim zweiten Array `immutableArray` hingegen stehen die Objekte 4, 5 und 6 fest. Diese können weder entfernt noch können neue Objekte hinzugefügt werden, `immutableArray` wird immer ausschließlich über diese Werte verfügen und kann nicht verändert werden. Und über diesen Punkt entscheidet einzig und allein die entsprechende Deklaration mittels `var` oder `let`.

3.3.2.2 Zugriff auf ein Element eines Arrays

Um auf ein Element innerhalb eines Arrays zuzugreifen, steht in Swift eine passende Kurzschreibweise zur Verfügung. Dazu wird der sogenannte Index – also die Stelle beziehungsweise Position, an der sich das gewünschte Objekt innerhalb des Arrays befindet – in eckigen Klammern hinter den Namen des entsprechenden Arrays gesetzt. So wird das dazugehörige Objekt zurückgeliefert. Listing 3.39 verdeutlicht das an einem Beispiel.

Listing 3.39 Zugriff auf die Elemente eines Arrays

```
let names = ["Thomas", "Michaela", "Tobias"]
let firstValue = names[0]
let thirdValue = names[2]
// firstValue entspricht Thomas
// thirdValue entspricht Tobias
```

Der Index eines Arrays beginnt dabei immer bei 0. Damit verweist der Aufruf `names[0]` auf das erste Objekt des Arrays, in diesem Fall `Thomas`. Index 1 verweist dann auf `Michaela` und Index 2 auf `Tobias`. In dem gezeigten Beispiel wurden somit die Werte `Thomas` und `Tobias` jeweils den Konstanten `firstValue` beziehungsweise `thirdValue` zugewiesen.

3.3.2.3 Anzahl der Elemente eines Arrays zählen

Um zu erfahren, wie viele Objekte sich innerhalb eines Arrays befinden, können Sie die Eigenschaft `count` nutzen, die von allen Arrays unterstützt wird. Sie können diese einfach auf ein Array aufrufen, indem Sie den Namen des Arrays gefolgt von einem Punkt und dem anschließenden Befehl `count` schreiben. Die Funktion liefert daraufhin einen Integer mit der Anzahl der Objekte des jeweiligen Arrays zurück (siehe Listing 3.40).

Listing 3.40 Elemente eines Arrays zählen

```
let firstArray = ["Thomas", "Michaela", "Tobias"]
let secondArray = [1, 2, 3, 4, 5, 6, 7, 8]
print("firstArray besitzt \(firstArray.count) Objekte.")
print("secondArray besitzt \(secondArray.count) Objekte.")
// firstArray besitzt 3 Objekte.
// secondArray besitzt 8 Objekte.
```

3.3.2.4 Neues Element zu Array hinzufügen

Arrays verfügen über eine Funktion namens `insert(_:at:)`, die es uns erlaubt, ihnen neue Objekte hinzuzufügen. Dabei werden ihnen das gewünschte Objekt, das neu hinzugefügt werden soll, sowie die Position innerhalb des Arrays in Form des gewünschten Index übergeben. Ein Beispiel für diese Funktion zeigt Listing 3.41.

Listing 3.41 Neue Elemente zu Array hinzufügen

```
var names = ["Thomas", "Tobias"]
names.insert("Michaela", at: 1)
// names entspricht jetzt ["Thomas", "Michaela", "Tobias"]
```

Der Funktion `insert(_:at:)` wird dabei zuerst das Objekt übergeben, das dem Array neu hinzugefügt werden soll (in diesem Fall ist es der String `Michaela`), anschließend folgt nach dem Schlüsselwort `at` der Index, an dem das entsprechende Objekt innerhalb des Arrays eingefügt werden soll. Auch hier gilt zu beachten, dass der Index eines Arrays bei 0 beginnt und somit die erste Stelle des Arrays auch den Index 0 besitzt.

Alternativ dazu bieten Arrays noch die Funktion `append()`, die das Hinzufügen eines neuen Objekts an das jeweilige Ende des Arrays erlaubt. Ein entsprechendes Beispiel dazu sehen Sie in Listing 3.42.

Listing 3.42 Neues Element am Ende eines Arrays einfügen

```
var names = ["Thomas", "Michaela", "Tobias"]
names.append("Mark")
// names entspricht jetzt ["Thomas", "Michaela", "Tobias", "Mark"]
```

`append()` bietet sich immer an, wenn die Reihenfolge der Elemente innerhalb des Arrays keine Rolle spielt beziehungsweise wenn man einfach ein neues Objekt an das Ende des Arrays hinzufügen möchte. Dabei wird `append()` in Klammern das gewünschte Objekt (in diesem Beispiel war es der String `Mark`) übergeben.

Funktioniert nur bei mutable Arrays!

Das hier gezeigte Vorgehen zum Hinzufügen von Elementen zu einem Array ist nur möglich, wenn das entsprechende Array mittels `var` als Variable und somit als veränderbares Array erstellt wurde. Handelt es sich bei einem Array um eine mittels `let` erzeugte Konstante, ist es auch nicht möglich, dieses zu verändern und diesem neue Elemente hinzuzufügen; in solch einem Fall erhalten Sie von Xcode eine Fehlermeldung.

3.3.2.5 Bestehendes Element aus Array entfernen

Das Hinzufügen von Elementen zu einem Array ist die eine Sache, die andere ist das Entfernen bestehender Elemente. Auch hierbei bietet der Typ `Array` zwei passende Funktionen an.

Die erste davon lautet `remove(at:)`. Der Funktion wird der gewünschte Index des zu entfernenden Objekts übergeben, das dann entsprechend aus dem Array entfernt wird (siehe Listing 3.43).

Listing 3.43 Element aus Array entfernen

```
var names = ["Thomas", "Michaela", "Tobias"]
names.remove(at: 0)
// names entspricht jetzt ["Michaela", "Tobias"]
```

In diesem Beispiel wird das Element mit dem Index 0 aus dem Array entfernt, was in diesem Fall dem String `Thomas` entspricht. Daneben gibt es auch noch die Funktion `removeLast()`, die das jeweils letzte Element des entsprechenden Arrays entfernt (siehe Listing 3.44).

Listing 3.44 Letztes Element aus Array entfernen

```
var names = ["Thomas", "Michaela", "Tobias"]
names.removeLast()
// names entspricht jetzt ["Thomas", "Michaela"]
```

Mit `removeLast()` wird immer das Element am Ende eines Arrays automatisch entfernt, womit die Notwendigkeit zur Angabe eines Index bei dieser Funktion entfällt.

Nur möglich, wenn Array mutable ist

Auch hier gilt – genau wie beim Hinzufügen von neuen Elementen zu einem Array: das Entfernen von Objekten ist nur dann möglich, wenn das Array mittels `var` deklariert wurde und somit mutable ist. Auf einem mittels `let` deklarierten Array können die gezeigten Funktionen nicht aufgerufen werden.

3.3.2.6 Alle Elemente eines Arrays auslesen

Sie haben soweit die grundlegende Funktionsweise von Arrays und die Arbeit mit Arrays in Swift kennengelernt. Als Abschluss dieses Abschnitts möchte ich Ihnen noch zeigen, wie Sie mithilfe einer `for-in`-Schleife alle Elemente eines Arrays durchlaufen und auslesen können. Dazu zeigt Ihnen Listing 3.45 zunächst einmal direkt eine entsprechende Umsetzung einer solchen Funktion.

Listing 3.45 Auslesen eines Arrays mittels `for-in`-Schleife

```
let names = ["Thomas", "Michaela", "Tobias"]
for name in names {
    print(name)
}
// Thomas
// Michaela
// Tobias
```

Statt eines festen Wertebereichs übergeben wir nun der `for-in`-Schleife nach dem Schlüsselwort `in` das Array, dessen Elemente wir komplett durchlaufen wollen. Für jedes Objekt innerhalb dieses Arrays wird dann der Code innerhalb des Schleifenblocks aufgerufen und ausgeführt. Der jeweilige Wert des zugehörigen Elements wird in diesem Beispiel in der temporären Konstanten `name` gespeichert, die innerhalb der Schleife dazu verwendet werden kann, um das entsprechende Objekt des Arrays auszulesen (in diesem Fall für die Ausgabe der Namen mittels `print`).

3.3.3 Dictionaries

Dictionaries sind den Arrays nicht sehr unähnlich. Auch sie enthalten verschiedene Objekte und erlauben den Zugriff darauf. Im Unterschied zu Arrays arbeiten sie aber mit sogenannten Schlüssel-Wert-Paaren. Jedes Element eines Dictionaries setzt sich dadurch nämlich aus einem Schlüssel mitsamt zugehörigem Wert zusammen. Der Schlüssel ist dabei mit dem

Index eines Arrays vergleichbar, er dient als Verweis auf ein Objekt innerhalb des Dictionaries. Schlüssel sind aber für uns Menschen leichter lesbar, da es sich dabei nicht um eine einfache Index-Zahl wie 0 oder 1 handelt, sondern beispielsweise um einen klar lesbaren String wie `FirstName` oder `LastName`. Dictionaries dienen typischerweise auch dazu, zusammenhängende Informationen zu einem bestimmten Element zusammenzuhalten. Wenn wir beispielsweise eine Adresse mit Name, Straße und Stadt zusammenfassen möchten, so könnten wir diese Objekte allesamt in ein Array packen, schöner ist an dieser Stelle aber die Verwendung eines Dictionaries, das mit eindeutigen Schlüsseln wie `Name`, `Street` und `City` auf die gewünschten Elemente verweist.

3.3.3.1 Erstellen eines neuen Dictionaries

Das Erstellen eines neuen Dictionaries ist dem eines neuen Arrays sehr ähnlich. Auch hier kommen wieder die eckigen Klammern zum Einsatz und die verschiedenen Schlüssel-Wert-Paare eines Dictionaries werden kommasepariert voneinander angegeben. Aufgrund dessen, dass wir nun aber eben pro Element einen Schlüssel und einen zugehörigen Wert angeben müssen, verändert sich die Erstellung eines Dictionaries ein wenig im Vergleich zum Array. Listing 3.46 zeigt die einfache Erstellung eines neuen leeren Dictionaries sowie eines Dictionaries mit zwei Schlüssel-Wert-Paaren.

Listing 3.46 Erstellung eines neuen Dictionaries

```
var myFirstDictionary = [:]
var mySecondDictionary = ["FirstKey": "FirstValue", "SecondKey": "SecondValue"]
```

Die Schlüssel-Wert-Paare werden in Swift durch einen Doppelpunkt `:` voneinander getrennt; links steht der Schlüssel, über den der Zugriff auf ein Element erfolgen soll, rechts der entsprechende Wert. Für die Erstellung eines neuen leeren Dictionaries wird einfach innerhalb der eckigen Klammern nur ein Doppelpunkt angegeben.

Für Dictionaries gilt in Swift auch Typsicherheit. Das bedeutet, dass alle Schlüssel und alle Werte eines Dictionaries immer einem festgelegten Typ zugeordnet sein müssen, andere Typen lassen sich dann nicht als Schlüssel beziehungsweise Werte verwenden. Im Beispiel eben wären sowohl alle Schlüssel als auch alle Werte vom Typ `String`, entsprechend könnte kein weiterer Schlüssel beziehungsweise kein weiterer Wert hinzugefügt werden, der nicht auch vom Typ `String` ist.

Verdeutlicht wird das Ganze auch bei Dictionaries, wenn man den Typ mittels Type Annotation eindeutig bei der Deklaration zuweist (siehe Listing 3.47).

Listing 3.47 Erstellung eines neuen Dictionaries mit Type Annotation

```
var myDictionary: Dictionary<String, Int> = ["Age": 27]
```

Hier wird ein neues Dictionary erstellt, welches als Schlüssel Objekte vom Typ `String` und als Werte Objekte vom Typ `Int` erwartet. Dabei werden die gewünschten Typen nach dem Schlüsselwort `Dictionary` zwischen einem Kleiner- und Größer-Zeichen kommasepariert angegeben.

Mit dieser Syntax sowie einer ebenfalls verfügbaren Kurzschreibweise können Sie auch schnell und einfach neue leere Dictionaries erstellen, wie Listing 3.48 zeigt.

Listing 3.48 Neue Dictionaries mittels Initializer erstellen

```
var myFirstDictionary = Dictionary<String, Int>()
var mySecondDictionary = [String: Int]()
```

Mit beiden Befehlen wird hier jeweils ein neues Dictionary erstellt. Dazu wird die entsprechende Initializer-Syntax genutzt, die uns bei allen Typen zur Verfügung steht und mittels der runden Klammern am Ende durchgeführt wird. Neben der bereits aus dem vorherigen Beispiel mit der Type Annotation bekannten Schreibweise `Dictionary<String, Int>` wurde hier auch die Kurzschreibweise `[String: Int]` gezeigt, die exklusiv für Dictionaries zur Verfügung steht. Mit beiden Varianten werden hier neue Dictionaries erzeugt, die Schlüssel als String-Objekte und Werte als Integer erwarten.

3.3.3.2 Zugriff auf ein Element eines Dictionaries

Um auf ein Element eines Dictionaries zuzugreifen, müssen wir den entsprechenden Schlüssel des zugehörigen Elements auf das Dictionary anwenden (vergleichbar mit dem Index bei Arrays). Dabei wird der Schlüssel, dessen zugehöriges Element abgefragt werden soll, in eckigen Klammern nach dem Namen des Dictionaries übergeben. Listing 3.49 zeigt ein Beispiel dazu.

Listing 3.49 Zugriff auf ein Element eines Dictionaries

```
let address = ["Name": "Thomas Sillmann", "Street": "Kettererstraße 6", "City":
"Aschaffenburg"]
let myStreet = address["Street"]
// myStreet entspricht Kettererstraße 6
```

Zugriff auf einen nicht existierenden Schlüssel

Sollten Sie auf einen Schlüssel zugreifen, den es innerhalb des entsprechenden Dictionaries nicht gibt, so erhalten Sie `nil` zurück. `nil` bedeutet – wie auch in Objective-C –, dass es hier keinen Verweis auf ein Objekt gibt.

3.3.3.3 Anzahl der Schlüssel-Wert-Paare eines Dictionaries zählen

Wie `Array` so bringt auch `Dictionary` die Eigenschaft `count` mit, mit der Sie die Anzahl der Schlüssel-Wert-Paare eines Dictionaries zählen können. `count` liefert dabei die Anzahl der Schlüssel-Wert-Paare als Integer zurück (siehe Listing 3.50).

Listing 3.50 Anzahl der Schlüssel-Wert-Paare eines Dictionaries zählen

```
let address = ["Name": "Thomas Sillmann", "Street": "Kettererstraße 6", "City":
"Aschaffenburg"]
let numberOfKeyValuePairs = address.count
// numberOfKeyValuePairs entspricht 3
```

3.3.3.4 Neues Schlüssel-Wert-Paar zu Dictionary hinzufügen

Um ein Dictionary um ein neues Schlüssel-Wert-Paar zu ergänzen, braucht es keiner eigenen Funktion wie bei Arrays. Stattdessen greifen Sie einfach auf den neu zu erstellenden Schlüssel des Dictionaries zu und setzen dafür einen entsprechenden Wert. Durch diese Zuweisung wird das Schlüssel-Wert-Paar, das es bisher nicht für dieses Dictionary gibt, automatisch erzeugt. Würde es umgekehrt den passenden Schlüssel im Dictionary schon geben, so würden Sie damit einfach den zugeordneten Wert durch den neuen ersetzen. Listing 3.51 zeigt das Hinzufügen eines neuen Schlüssel-Wert-Paares zu einem bestehenden Dictionary.

Listing 3.51 Neues Schlüssel-Wert-Paar zu Dictionary hinzufügen

```
var address = ["Name": "Thomas Sillmann", "Street": "Kettererstraße 6"]
address["City"] = "Aschaffenburg"
// address entspricht jetzt ["Name": "Thomas Sillmann", "Street": "Kettererstraße 6",
"City": "Aschaffenburg"]
```

Funktioniert nur bei mutable Dictionaries

Das gezeigte Vorgehen zum Hinzufügen eines neuen Schlüssel-Wert-Paares zu einem Dictionary oder zum Ändern des Wertes eines bestehenden Schlüssels eines Dictionaries ist nur dann möglich, wenn das entsprechende Dictionary als Variable mittels `var` und somit als mutable deklariert wurde. Als Konstanten mittels `let` definierte Dictionaries können nach ihrer Erstellung in keiner Weise mehr verändert werden.

3.3.3.5 Bestehendes Schlüssel-Wert-Paar aus Dictionary entfernen

Es gibt zwei Wege, ein Schlüssel-Wert-Paar aus einem Dictionary zu entfernen. Entweder greifen Sie auf den gewünschten Schlüssel zu und setzen dessen Wert auf `nil` (womit das gesamte Schlüssel-Wert-Paar entfernt wird) oder Sie nutzen die Funktion `removeValue(forKey:)`, die Sie auf ein Dictionary aufrufen können und dem Sie den Schlüssel übergeben, dessen Schlüssel-Wert-Paar entfernt werden soll. Beide Varianten führen zum selben Ergebnis. Listing 3.52 stellt diese beiden Varianten beispielhaft dar.

Listing 3.52 Bestehendes Schlüssel-Wert-Paar aus Dictionary entfernen

```
var address = ["Name": "Thomas Sillmann", "Street": "Kettererstraße 6", "City":
"Aschaffenburg"]
address["Street"] = nil
address.removeValueForKey("City")
// address entspricht jetzt ["Name": "Thomas Sillmann"]
```

3.3.4 Any und AnyObject

Neben den bisher vorgestellten Typen in Swift gibt es noch zwei besondere Typen: `Any` und `AnyObject`. Dabei handelt es sich nicht um einen speziellen Typ wie `String` oder `Array`, sondern um eine Art Platzhalter oder Joker, mit dem kein genauer Typ definiert wird; es kann sich bei dem entsprechenden Objekt um jeden beliebigen Typ handeln. Um herauszufinden, um welchen Typ es sich bei einer mit `Any` oder `AnyObject` deklarierten Variablen oder Konstanten handelt, müssen wir das sogenannte Type Casting verwenden (mehr dazu erfahren Sie im gleichnamigen Abschnitt 3.11 „Type Casting").

Diese Typen werden immer dann verwendet, wenn der genaue Typ an der entsprechenden Stelle nicht bestimmt werden kann; im Laufe dieses Buches lernen wir mehrere Beispiele kennen, in denen es zu solchen Fällen kommt. Doch was hat es mit `Any` und `AnyObject` auf sich, wo liegt der Unterschied zwischen den beiden?

- `AnyObject` repräsentiert eine Instanz einer beliebigen Klasse (siehe auch den folgenden Abschnitt 3.4 „Aufbau einer Klasse").
- `Any` repräsentiert eine Instanz eines beliebigen Typs.

Mehr zu Klassen und Typen in Swift erfahren Sie in den folgenden Abschnitten.

3.4 Aufbau einer Klasse

Auch in Swift sind Klassen das A und O und begleiten uns ununterbrochen, ähnlich wie in Objective-C. In ihnen schreiben wir unseren Quellcode und füllen unsere App so mit Leben. Auch die zugrunde liegenden Frameworks von Apple, mit denen wir während der Entwicklung ständig zu tun haben, basieren zu einem Großteil auf Klassen (mehr zu diesen Frameworks und der Arbeit mit ihnen erfahren Sie in Kapitel 4, „Grundlagen der iOS-Entwicklung").

Eine Klasse in Swift ist zunächst einmal deutlich simpler gestrickt als in Objective-C. Während sich eine Klasse in Objective-C in eine Header- und Implementation-Datei aufteilt, bestehen Klassen in Swift aus nur einer einzigen Datei (mit der passenden Dateiendung *.swift*). Eine Klasse wird dabei mit dem Schlüsselwort `class` eingeleitet, gefolgt vom gewünschten Namen der Klasse. Zwischen einer geöffneten und geschlossenen geschweiften Klammer folgt dann die eigentliche Implementierung der Klasse. Listing 3.53 stellt diesen grundlegenden Aufbau einmal dar.

Listing 3.53 Aufbau einer Klasse in Swift

```
class <Name der Klasse> {
    <Implementierung der Klasse>
}
```

Innerhalb der Implementierung einer Klasse finden dann typischerweise Funktionen und Variablen Platz, die für die jeweilige Klasse benötigt werden. Wie Sie solche Funktionen umsetzen und Ihre Klassen somit mit Leben füllen, sehen Sie in den kommenden Abschnitten.

Erstellen einer neuen Swift-Klasse in Xcode

Um eine neue Swift-Klasse über Xcode zu erstellen, rufen Sie den Assistenten zum Hinzufügen einer neuen Datei auf (entweder über das Menü über FILE → NEW → FILE... oder über das Tastaturkürzel CMD + N). Im oberen Bereich iOS klicken Sie dann im Bereich *Source* und wählen anschließend COCOA TOUCH CLASS aus. Alternativ können Sie sich auch für die Vorlage SWIFT FILE entscheiden, über die direkt eine neue leere Swift-Datei erzeugt wird, dort fehlt dann aber die Standardimplementierung für eine Klasse; diese müssen Sie in diesem Fall selbst noch händisch erstellen. Weiter geht's dann per Klick auf NEXT (siehe Bild 3.5).

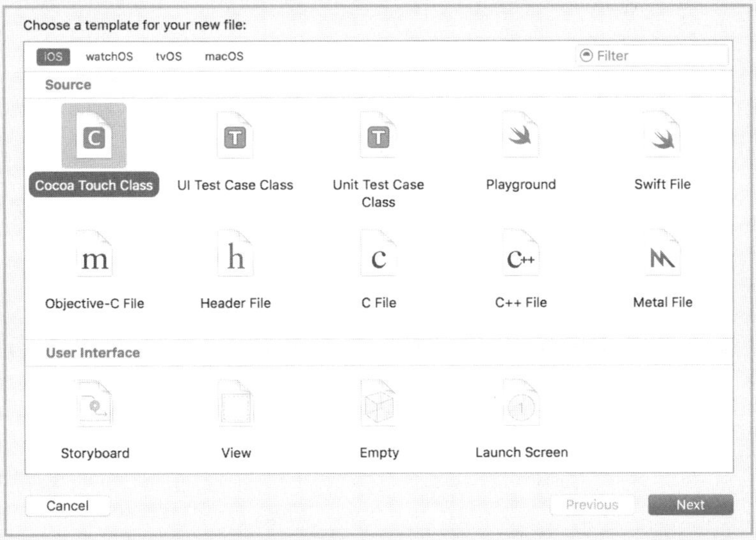

Bild 3.5 Eine neue Swift-Klasse können Sie über die Vorlage „Cocoa Touch Class" erzeugen.

In dem sich öffnenden Fenster können Sie nun im Feld CLASS den gewünschten Namen für die neue Klasse vergeben, als LANGUAGE wählen Sie aus dem entsprechenden Drop-down-Menü SWIFT aus. SUBCLASS OF bestimmt die Elternklasse der neu zu erstellenden Klasse, was für Vererbung wichtig ist (mehr dazu im kommenden Abschnitt 3.8 „Vererbung"). Standardmäßig ist hier NSOBJECT vorausgewählt, was Sie im Normalfall auch so stehen lassen können (siehe Bild 3.6).

Ein abschließender Klick auf NEXT lässt Sie noch entscheiden, wo Sie die Datei für Ihre neue Swift-Klasse speichern möchten, anschließend ist sie auch schon erstellt und einsatzbereit (siehe Bild 3.7).

Bild 3.6 Vergeben Sie einen Namen und eine Superklasse für Ihre neue Swift-Klasse.

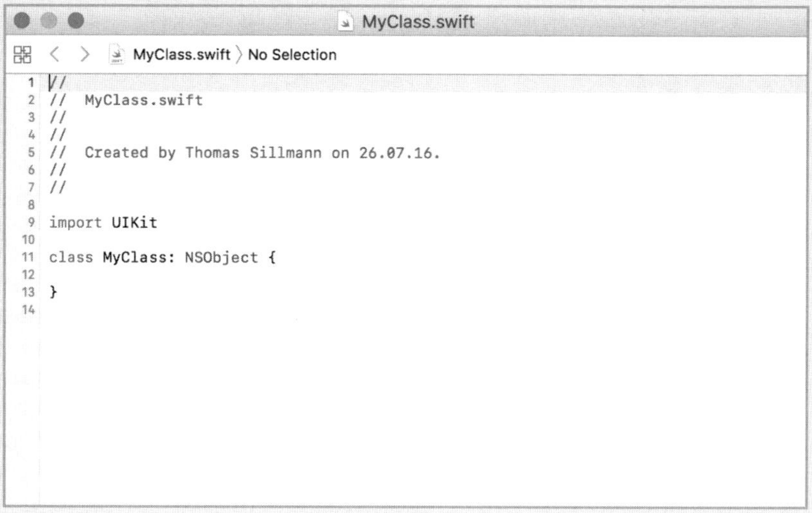

Bild 3.7 Voilà, eine neu erstellte Swift-Klasse! ■

3.4.1 Erstellen einer Instanz einer Klasse

Klassen allein stellen das Grundgerüst für unseren Code dar, doch um mit ihnen arbeiten zu können, müssen wir sogenannte Instanzen einer Klasse erstellen. Eine Instanz einer Klasse lebt im Arbeitsspeicher des iOS-Geräts und erlaubt uns den Zugriff auf alle Variablen und Funktionen, die die Klasse zur Verfügung stellt. Dabei können wir beliebig viele unterschiedliche Instanzen einer Klasse erstellen und alle auf die jeweils gewünschte Art und Weise konfigurieren.

Das Erstellen einer neuen Instanz in Swift erfolgt standardmäßig über die sogenannte Initializer-Syntax. Dabei werden nach dem Namen der Klasse, von der man eine neue Instanz erstellen möchte, eine geöffnete und eine geschlossene runde Klammer gesetzt (so, wie wir es zuvor bereits auch bei den Fundamental Types gesehen haben). Diese Instanz weisen wir dann einer Variablen oder Konstanten zu und können darüber dann auf alle Funktionen der Klasse zugreifen. Wie wir solche Funktionen umsetzen und wie wir konkret mit Klassen arbeiten, zeigen die folgenden Abschnitte. Listing 3.54 zeigt das einfache Erstellen einer Instanz zu einer Klasse.

Listing 3.54 Erstellen einer einfachen Instanz einer Klasse

```
class MyClass {
    <Implementierung der Klasse>
}
var myClassInstance = MyClass()
```

Hier wird der Variablen `myClassInstance` eine neue Instanz der Klasse `MyClass` zugewiesen, die sodann auf alle Funktionen und Eigenschaften der Klasse zugreifen kann. Mehr über das Erstellen von Instanzen einer Klasse erfahren Sie im Abschnitt 3.10 „Initialisierung“.

3.4.2 Zugriff auf Eigenschaften einer Klasse

Wie beschrieben, fügen wir einer Klasse Eigenschaften und Funktionen in Form von Variablen, Konstanten und Methoden hinzu, um diese mit Leben und der gewünschten Logik zu füllen (mehr zu Methoden erfahren Sie im folgenden Abschnitt 3.5 „Methoden“). Das erlaubt es uns beispielsweise, einer Klasse Variablen hinzuzufügen, auf die dann Instanzen dieser Klasse zugreifen können. Listing 3.55 zeigt ein solches Beispiel.

Listing 3.55 Zugriff auf eine Variable einer Klasse

```
class MyClass {
    var myVariable: Int
}
var myClassInstance = MyClass()
myClassInstance.myVariable = 19
```

Hier verfügt die Klasse `MyClass` über eine Variable `myVariable` vom Typ `Int`. Die erstellte Instanz `myClassInstance` dieser Klasse kann nun auf diese Eigenschaft der Klasse zugreifen, um sie so auszulesen oder (wie in diesem Fall) zu verändern. Dazu wird getrennt durch einen Punkt nach dem Namen der Instanz auf die gewünschte Eigenschaft zugegriffen (wie in diesem Beispiel also über `myClassInstance.myVariable`). Generell verwenden wir in Swift diese Punktsyntax, um von einem Element aus auf dessen Eigenschaften und Funktionen zuzugreifen. In den kommenden Abschnitten werden wir noch mehr solcher Zugriffe zu sehen bekommen.

3.5 Methoden

Methoden sind das Herzstück unserer Klassen. Sie enthalten die Logik für bestimmte Aufgaben, die durch Aufruf der entsprechenden Methode ausgeführt werden. In unsere Klassen packen wir all die Methoden, die wir für die korrekte Funktionalität eben jener Klasse benötigen. Methoden können dabei einen oder mehrere Parameter entgegennehmen und ein Ergebnis zurückliefern. Listing 3.56 zeigt den grundlegenden Aufbau einer Methode in Swift.

Listing 3.56 Aufbau einer Methode in Swift

```
func <Methodenname>(<Parameter>) {
    <Implementierung der Methode>
}
```

Eingeleitet wird die Deklaration einer Methode mit dem Schlüsselwort `func`, anschließend folgt der von Ihnen festgelegte gewünschte Name. Die runden Klammern hinter dem Methodennamen enthalten die Liste der Parameter, die diese Methode entgegennimmt. Soll die Methode über keine Parameter verfügen, bleibt der Inhalt zwischen den runden Klammern schlicht und einfach leer. Abschließend folgt innerhalb von geschweiften Klammern der eigentliche Inhalt der Methode. Listing 3.57 zeigt eine einfache Methode, die keinen Parameter entgegennimmt und einfach den Text „Hallo Welt" in der Konsole ausgibt.

Listing 3.57 Einfache Methode mit Konsolenausgabe

```
func printHelloWorld() {
    print("Hallo Welt")
}
```

Ein Aufruf einer Methode in Swift erfolgt über die Angabe des Methodennamens sowie das Übergeben der passenden Parameter in darauffolgenden runden Klammern. Diese runden Klammern müssen bei jedem Aufruf gesetzt sein, auch wenn eine Funktion gar keine Parameter entgegennimmt. Ein Aufruf der Methode `printHelloWorld()` aus dem vorherigen Beispiel würde damit so wie in Listing 3.58 gezeigt erfolgen.

Listing 3.58 Aufruf einer Methode

```
printHelloWorld()
```

3.5.1 Methoden mit Rückgabewert

Manche Methoden sollen ein bestimmtes Ergebnis zurückliefern. Beispielsweise könnten Sie eine Methode zur Addition von zwei Zahlen erstellen, die das Ergebnis der Addition zurückliefert, damit es an der aufrufenden Stelle weiterverwendet werden kann. In solchen Fällen geben Methoden einen entsprechenden Rückgabewert zurück.

Ob eine Methode über einen Rückgabewert verfügt, muss bei der Deklaration der Methode festgelegt werden. Ein Rückgabewert wird durch das Setzen eines Pfeils → und die anschließende Angabe des Typs, von dem der Rückgabewert sein wird, deklariert. Diese Deklaration des Rückgabewerts erfolgt direkt nach den Parametern einer Methode, die innerhalb der runden Klammern angegeben werden. Listing 3.59 zeigt ein Beispiel einer Methode mit Rückgabewert.

Listing 3.59 Beispieldeklaration einer Methode mit Rückgabewert

```
func returnSimpleString() -> String {
    <Implementierung der Methode>
}
```

Hier wird mittels `-> String` angegeben, dass diese Methode ein Objekt vom Typ String zurückliefert. Wird eine Methode mit Rückgabewert deklariert, ist es aber auch zwingend notwendig, dass diese Methode entsprechend einen passenden Wert zurückgibt. Diese Rückgabe muss innerhalb der Implementierung der Methode erfolgen. Dabei wird der zurückzugebende Wert mit dem Schlüsselwort `return` an den Aufrufer der Methode geschickt. Dieses Vorgehen zeigt Listing 3.60, das das Beispiel von eben um eine passende Implementierung erweitert.

Listing 3.60 Rückgabe eines Werts in einer Methode

```
func returnSimpleString() -> String {
    return "Das ist ein einfacher String"
}
```

Das Schlüsselwort `return` leitet das Verlassen einer Methode ein. Wann immer Sie es innerhalb einer Methode aufrufen, so wird die Methode an genau dieser Stelle verlassen; folgt auf das `return` noch weiterer auszuführender Code innerhalb der Methode, so wird dieser nicht mehr berücksichtigt und somit auch nicht mehr ausgeführt.

Die Beispielmethode `returnSimpleString()` gibt laut Deklaration einen String zurück, daher ist es zwingend, dass die Methode am Ende in jedem Fall `return` aufruft. Nach dem Schlüsselwort `return` folgt dann das Objekt, das zurückgegeben werden soll, in diesem Fall ist das der String `"Das ist ein simpler String"`.

Einen solchen Rückgabewert können wir beim Aufruf einer Methode weitergeben beziehungsweise weiterverarbeiten. Listing 3.61 zeigt den Aufruf der eben vorgestellten Methode `returnSimpleString`, in dem das Ergebnis einer Variablen zugewiesen wird.

Listing 3.61 Verwenden eines Rückgabewerts einer Methode

```
var mySimpleString = returnSimpleString()
// mySimpleString entspricht "Das ist ein einfacher String".
```

Hier wird der Variablen mySimpleString der Wert der Methode returnSimpleString() zugewiesen. Und was ist der Wert der Methode returnSimpleString()? Richtig, ein Objekt vom Typ String! Entsprechend wird die Variable mySimpleString von Swift automatisch mittels Type Inference als String deklariert, doch nicht nur das. Der Rückgabewert der Methode returnSimpleString, die hier aufgerufen wird, wird auch der Variablen mySimpleString zugewiesen. mySimpleString enthält damit den Wert "Das ist ein einfacher String".

return in Methoden ohne Rückgabewert

Wie bereits angedeutet, können Sie return auch in Methoden verwenden, die keinen Wert zurückgeben. Wichtig ist dabei, nach dem Schlüsselwort return aber auch keinerlei weitere Angaben zu machen, schließlich wollen (und können) Sie in so einem Fall ja nichts zurückgeben. Ebenfalls ist zu beachten, dass eventuell nach dem return aufgeführter Code nicht mehr ausgeführt wird. Aus diesem Grund nutzt man return beispielsweise bei Abfragen innerhalb von Methoden, wenn klar ist, dass aufgrund einer bestimmten Bedingung kein weiterer Code der Methode mehr ausgeführt werden soll. Listing 3.62 zeigt ein Beispiel für solch eine Implementierung.

Listing 3.62 Vorzeitiges Verlassen einer Methode mittels return

```
var myValue = 19
func checkValue() {
    if myValue == 19 {
        return
    }
    print("myValue ist nicht 19")
}
```

In der Methode checkValue() wird eine zuvor definierte Variable myValue abgefragt. Entspricht sie dem Wert 19, wird die Methode verlassen, ohne weitere Aktionen auszuführen; das wird durch den return-Befehl innerhalb der if-Abfrage festgelegt. Ist myValue nicht gleich 19, läuft das Programm an dieser Stelle stattdessen weiter und ruft letzten Endes den print-Befehl auf.

Wir werden in den kommenden Abschnitten noch öfter die Verwendung von return in verschiedenen Szenarien genauer kennenlernen.

3.5.2 Methoden mit Parametern

Wir kennen nun bereits den grundlegenden Aufbau von Methoden und wissen, wie wir Werte mit Methoden zurückgeben. Widmen wir uns nun dem letzten essenziellen Punkt, der für den täglichen Umgang mit Methoden unabdingbar ist: Methoden mit Parametern.

Erwartet eine Methode Parameter, so müssen ihr für jeden Parameter beim Aufruf der Methode passende Werte übergeben werden. Die Methode kann diese Parameter dann verwenden, um die eigenen Operationen und Aktionen durchzuführen. Je nachdem, welche

Parameter dabei übergeben werden, kommt ein anderes Ergebnis zustande. Damit erreicht man eine enorme Flexibilität, da die Methode immer dynamisch anhand der übergebenen Parameter ein passendes Ergebnis zurückliefert.

Parameter werden in Swift nach dem Namen der Methode in den runden Klammern kommasepariert voneinander aufgeführt. Dabei wird zunächst ein Name für den Parameter vergeben, gefolgt von einer eindeutigen Typzuweisung mittels Type Inference. Den grundlegenden Aufbau eines jeden Parameters einer Methode in Swift zeigt Listing 3.63.

Listing 3.63 Grundlegender Aufbau von Parametern einer Methode

```
<Name des Parameters>: <Typ des Parameters>
```

Listing 3.64 zeigt ein Beispiel für eine Methode zur Addition zweier Zahlen, wobei die beiden Zahlen als Integer-Parameter übergeben werden.

Listing 3.64 Methode zur Addition zweier Zahlen

```
func additionOfTwoNumbers(firstNumber: Int, secondNumber: Int) -> Int {
    let result = firstNumber + secondNumber
    return result
}
```

Für diese Methode wurden zwei Parameter definiert: `firstNumber` und `secondNumber`, beide vom Typ `Int`. Innerhalb der Implementierung der Methode können wir diese Parameter nutzen, als wären sie innerhalb der Methode deklarierte Konstanten. In diesem Beispiel werden die beiden Integer miteinander addiert und einer neuen Konstanten `result` zugewiesen, die anschließend zurückgegeben wird (denn die Methode besitzt ja den Rückgabewert `Int`).

Wenn wir nun diese Methode aufrufen, müssen wir auch entsprechend passende Werte für die beiden Parameter übergeben. Die Angabe der entsprechenden Werte erfolgt auch beim Aufruf innerhalb der runden Klammern nach dem Methodennamen. Dabei wird zunächst immer der Name des Parameters vorangestellt, gefolgt von einem Doppelpunkt und dem gewünschten Wert für diesen Parameter. Listing 3.65 zeigt mehrere beispielhafte Aufrufe der zuvor deklarierten Methode `additionOfTwoNumbers(firstNumber:secondNumber:)`.

Listing 3.65 Aufruf einer Methode mit Parametern

```
let firstResult = additionOfTwoNumbers(firstNumber: 19, secondNumber: 99)
let secondResult = additionOfTwoNumbers(firstNumber: 7, secondNumber: 3)
let thirdResult = additionOfTwoNumbers(firstNumber: 100, secondNumber: 0)
// firstResult entspricht 118
// secondResult entspricht 10
// thirdResult entspricht 100
```

Für jeden Parameter muss zwingend der Bezeichner des Parameters beim Aufruf mit angegeben werden und zwar vor dem übergebenen Wert. Das würde also auch für einen möglichen dritten, vierten oder fünften Parameter gelten.

Unterschied zwischen Funktionen und Methoden in Swift

Swift verfügt nicht nur über Methoden, sondern auch allgemein über sogenannte Funktionen. Funktionen werden genauso deklariert und implementiert wie die bisher vorgestellten Methoden, in dieser Beziehung gibt es keinen Unterschied zwischen den beiden. Doch was unterscheidet dann eine Methode von einer Funktion in Swift, gerade wenn die Erstellung und Verwendung doch bei beiden komplett identisch ist?

Ob es sich um eine Methode oder Funktion handelt, hängt einzig und allein davon ab, *wo* die entsprechende Methode beziehungsweise Funktion deklariert wird. Wird sie innerhalb einer Klasse erstellt, so handelt es sich dabei um eine Methode (und das ist eben genau der Fall, mit dem wir als iOS-Entwickler am meisten zu tun haben). Wird sie dagegen *außerhalb* einer Klasse implementiert, dann handelt es sich um eine Funktion. Listing 3.66 soll das verdeutlichen.

Listing 3.66 Unterscheidung zwischen Funktion und Methode

```
func aFunction() {
    <do something...>
}
class MyClass {
    func aMethod() {
        <do something...>
    }
}
```

Bei `aFunction`, die außerhalb der Klasse deklariert und implementiert ist, handelt es sich um eine Funktion, während `aMethod` – da sie innerhalb einer Klasse umgesetzt ist – eine Methode ist. Beachten Sie diesen kleinen, aber wichtigen Unterschied, wenn Sie mit Methoden beziehungsweise Funktionen in Swift arbeiten. Da wir es, wie gesagt, aber generell und in den meisten Fällen immer mit Methoden zu tun haben werden, werde ich mich bei den folgenden Beschreibungen auch primär auf Methoden konzentrieren (zumal es funktional, wie beschrieben, keinen Unterschied zwischen beiden gibt). ■

Parameter einer Methode mit Standardwerten vorbelegen

Sie können jedem Parameter einer Methode in Swift direkt einen Standardwert zuweisen. Damit ist es beim Aufruf der entsprechenden Methode nicht mehr notwendig, den zugehörigen Parameter zu setzen. Wird der Parameter beim Methodenaufruf so weggelassen, dann wird dem entsprechenden Parameter einfach der Standardwert zugewiesen. Ein Beispiel einer solchen Methode mitsamt Standardwert für einen Parameter zeigt Listing 3.67.

Listing 3.67 Beispiel einer Methode mit Standardwert für Parameter

```
func methodWithDefaultParameterValue(_ value: String = "Default") {
    print("Value: \(value)")
}
```

Dem einzigen Parameter `value` dieser Methode wird innerhalb der Methodendeklaration mittels Zuweisungsoperator der Standardwert `Default` zugewiesen. Damit kann die Methode nun auf zwei verschiedenen Wegen aufgerufen werden, wie Listing 3.68 zeigt; einmal auf die altbekannte Art und Weise mit Übergabe eines zugehörigen Parameters und einmal ohne eine solche Übergabe.

Listing 3.68 Beispielhafte Aufrufe der Methode `methodWithDefaultParameterValue(_:)`

```
methodWithDefaultParameterValue("Test")
methodWithDefaultParameterValue()
```

In ersterem Fall wird dem Parameter `value` der Wert `"Test"` zugewiesen, in letzterem Fall wird stattdessen schlicht und einfach der Standardwert der Methode verwendet. ■

3.5.3 Local und External Parameter Names

Bei Parametern einer Methode in Swift unterscheidet man zwischen den sogenannten Local Parameter Names und External Parameter Names. Den Local Parameter Name haben wir bereits kennengelernt: Es ist der Name des Parameters, der auch innerhalb der Methode selbst verwendet wird, um auf den entsprechenden Parameter zuzugreifen. Listing 3.69 zeigt noch einmal ein einfaches Beispiel dazu.

Listing 3.69 Local Parameter Names einer Methode

```
func simpleFunction(localParameterName: String, anotherParameter: String) {
    print("\(localParameterName)")
    print("\(anotherParameter)")
}
simpleFunction(localParameterName: "First Parameter", anotherParameter: "Another
Parameter")
// First Parameter
// Another Parameter
```

Die Local Parameter Names der Methode `simpleFunction(localParameterName:anotherParameter:)` sind in diesem Fall `localParameterName` und `anotherParameter`. Sie werden verwendet, um innerhalb der Methode auf die entsprechend übergebenen Werte zuzugreifen und damit zu arbeiten (wie in diesem Beispiel durch eine Ausgabe mittels `print`). Beim Aufruf der Methode werden diese Parameternamen ebenfalls mit angegeben. So weit, so bekannt. Nun gibt es aber Situationen, in denen dieses Verhalten von Swift nicht erwünscht ist. So möchte man womöglich in manchen Fällen beim Aufruf einer Methode auf die explizite Nennung eines Parameters verzichten oder für den Aufruf lieber eine alternative Bezeichnung verwenden statt des Namens, den der Parameter trägt.

Genau hier kommen die sogenannten External Parameter Names ins Spiel. Wie ihr Name bereits andeutet, handelt es sich dabei um Bezeichner von Parametern, die extern – also beim Aufruf einer Methode – zum Tragen kommen. External Parameter Names sind immer optional und keine Pflicht. Sie können sie sowohl für alle Parameter einer Methode als auch nur für einzelne Parameter setzen. Möchten wir einen External Parameter Name für einen Parameter verwenden, so setzen wir ihn einfach vor den entsprechenden Local Parameter Name innerhalb der Deklaration der Methode. Listing 3.70 erweitert die Deklaration der Methode `simpleFunction(localParameterName:anotherParameter:)` aus dem vorherigen Beispiel um einen External Parameter Name für beide Parameter.

Listing 3.70 External Parameter Names einer Methode

```
func simpleFunction(firstExternal localParameterName: String, secondExternal
anotherParameter: String) {
    print("\(localParameterName)")
    print("\(anotherParameter)")
}
simpleFunction(firstExternal: "First Parameter", secondExternal: "Another Parameter")
// First Parameter
// Another Parameter
```

Hier wurde die ehemalige Methode `simpleFunction(localParameterName:anotherParameter:)` um die beiden External Parameter Names `firstExternal` und `secondExternal` ergänzt. Wie Sie sehen, werden diese schlicht und einfach bei der Deklaration der Methode dem jeweiligen Local Parameter Name vorangestellt; fertig ist der External Parameter Name! Innerhalb der Methode selbst hat dieser External Parameter Name keinerlei Auswirkungen und ist dort vollkommen irrelevant, der Zugriff auf die übergebenen Parameter erfolgt dort weiterhin über die festgelegten Local Parameter Names. Tatsächlich spielen External Parameter Names nur beim Aufruf einer Methode eine Rolle, wie wir ebenfalls in unserem Beispiel sehen können. Für beide Parameter werden nun nicht mehr die bisherigen Local Parameter Names `localParameterName` und `anotherParameter` beim Aufruf verwendet, sondern stattdessen die neuen External Parameter Names `firstExternal` und `secondExternal`.

External Parameter Names erlauben Ihnen somit die Anpassung Ihres Methodenaufrufs, um diesen möglicherweise aussagekräftiger und verständlicher zu machen.

3.5.3.1 Parameternamen beim Aufruf einer Methode weglassen

Möglicherweise wünschen Sie sich für Methoden aber auch einen umgekehrten Weg, nämlich das komplette Weglassen des Parameternamens. Auch dafür gibt es in Swift eine passende Lösung. Setzen Sie dazu für alle Parameter, für die Sie gar keinen Parameternamen beim Aufruf angeben möchten, einen Unterstrich _ als External Parameter Name (siehe Listing 3.71).

Listing 3.71 Verzicht auf Parametername beim Aufruf einer Methode

```
func simpleFunction(_ firstParameter: String, _ secondParameter: String) {
    <do something...>
}
simpleFunction("First", "Second")
```

In dem eben gezeigten Beispiel wird für beide Parameter ein Unterstrich als External Parameter Name gesetzt. Statt des Parameternamens wird nun beim Aufruf der Methode für diesen Parameter direkt der gewünschte Wert übergeben.

3.5.4 Methodennamen in Swift

Ihnen ist womöglich schon in den letzten Abschnitten dieses Kapitels aufgefallen, wie ich Methoden im Fließtext benenne. Nehmen wir dazu einmal einige Beispielmethoden, die in Listing 3.72 deklariert sind.

Listing 3.72 Deklaration einiger Beispielmethoden

```
func simpleFunction() {
    <do something...>
}
func functionWithOneParameter(parameter: Int) {
    <do something...>
}
func functionWithoutExternalParameterName(_ parameter: Int) {
    <do something...>
}
func functionWithTwoParameters(firstParameter: Int, secondParameter: Int) {
    <do something...>
}
```

Die Namen von Methoden in Swift setzen sich immer aus den folgenden Bestandteilen zusammen:

- Dem eigentlichen Methodennamen, der vor den Parametern in runden Klammern aufgeführt wird.
- Den External Parameter Names der verschiedenen Parameter einer Methode (sofern vorhanden), getrennt durch einen Doppelpunkt.

Das klingt noch etwas kryptisch? Dann will ich ein wenig Licht ins Dunkel bringen! Betrachten wir dabei die vier verschiedenen Methoden aus dem eben gezeigten Listing 3.72. Die erste Methode hört nach den beiden von mir genannten Punkten auf den Namen `simpleFunction()`. Sie besitzt keine Parameter und daher ist nur ihr eigentlicher Name relevant (die runden Klammern für die Parameter werden beim Methodennamen dennoch immer mit angegeben, selbst wenn keine Parameter vorhanden sind).

Bei der nächsten Methode wird es schon etwas schwieriger. Diese besitzt einen Parameter mit dem External Parameter Name `parameter` (der gleichzeitig auch der Local Parameter Name ist). Aufgrund der beiden von mir genannten Punkte lautet der Name der Methode somit `functionWithOneParameter(parameter:)`. Bei der darauffolgenden dritten Methode wird auf einen External Parameter Name verzichtet, indem stattdessen ein Unterstrich dafür angegeben wird. Entsprechend lautet der Methodennamen der dritten Methode `functionWithoutExternalParameterName(_:)`. Der Unterstrich, der hier also explizit für den External Parameter Name gesetzt wurde, schlägt sich somit auch im Methodennamen nieder.

Und wie verhält es sich bei mehr als einem Parameter, wie in der vierten Beispielmethode? In solch einem Fall werden alle External Parameter Names der einzelnen Parameter nacheinander aufgeführt, genau so, wie es auch bei einem einzelnen Parameter der Fall ist. Der Name der letzten Methode lautet also `functionWithTwoParameters(firstParameter:secondParameter:)`.

Das ist die typische Art und Weise, wie Methoden in Swift benannt werden. Ich werde diese Benennung von Methoden durch das gesamte Buch hinweg verwenden, wenn ich auf eine bestimmte Methode verweise. Einzige Ausnahme ist Kapitel 2 zu Objective-C, in dem ich explizit die Methodenbezeichnungen verwende, wie sie auch eben in Objective-C zum Einsatz kommen.

Wozu das alles?

Womöglich fragen Sie sich, was dieser Abschnitt hier soll und warum ich mich dermaßen über die Benennung von Methoden auslasse. Das Ganze hat mehrere Gründe. Einerseits werde ich – wie eben beschrieben – diese Art der Methodennamen im Text dieses Buches verwenden, um auf entsprechende Methoden zu verweisen. Zum anderen werden Sie aber auch in der Dokumentation von Apple exakt diese Schreibweise und Bezeichnung von Methoden finden. Es ist also wichtig, dass Sie verstehen, wie sich der Name einer in Swift deklarierten Methode zusammensetzt und wie er lautet, nicht zuletzt, um sich in der für Sie als App-Entwickler unabdingbaren Dokumentation von Apple problemlos zurechtzufinden. ■

3.5.5 Aufruf von Methoden einer Klasse

Wir haben bereits gesehen, dass Methoden generell durch Angabe ihres Namens und das Übergeben der benötigten Parameter aufgerufen werden. Doch wie sieht so ein Aufruf bei Methoden einer Klasse aus, die wir von einer entsprechenden Instanz der Klasse aufrufen möchten?

Generell gibt es hier keinen großen Unterschied zu den Methodenaufrufen, die wir bisher gesehen haben. Wir müssen lediglich den Namen der Instanz, auf der wir die gewünschte Methode aufrufen möchten, angeben und anschließend den Methodennamen getrennt von einem Punkt aufführen und so aufrufen. Listing 3.73 zeigt ein einfaches Beispiel dazu.

Listing 3.73 Aufruf einer Methode einer Klasse

```
class MyClass {
    func myMethod(firstParam: String, secondParam: String) {
        <do something...>
    }
}
var myClassInstance = MyClass()
myClassInstance.myMethod(firstParam: "First parameter", secondParam: "Second
parameter")
```

In diesem Beispiel erstellen wir zunächst eine Instanz unserer Klasse `MyClass` und weisen diese der Variablen `myClassInstance` zu. Anschließend rufen wir auf diese Instanz die Methode `myMethod(firstParam:secondParam:)` der Klasse `MyClass` auf und übergeben die benötigten Parameter. Auf diese Art und Weise und mit dieser Syntax werden alle Methoden in Swift aufgerufen und verwendet.

3.5.6 Zugriff auf andere Eigenschaften und Methoden einer Klasse

Worüber wir bisher noch gar nicht gesprochen haben, ist der Aufruf von verschiedenen Methoden untereinander innerhalb einer Klasse, sprich der Zugriff auf eine Methode aus einer anderen Methode heraus. Glücklicherweise gestaltet sich das in keiner Weise kompliziert und ist in Swift einfach und komfortabel gelöst. Innerhalb einer Klasse reicht es, einfach die gewünschte Methode genauso aufzurufen, wie wir es auch bisher die ganze Zeit über getan haben. Listing 3.74 zeigt ein einfaches Beispiel dazu.

Listing 3.74 Aufrufen von Methoden untereinander innerhalb einer Klasse

```
class MyClass {
    func additionOfTwoNumbers(firstValue: Int, secondValue: Int) {
        let result = firstValue + secondValue
        printResultForAddition(result)
    }
    func printResultForAddition(_ result: Int) {
        print("Das Ergebnis lautet \(result).")
    }
}
var myClassInstance = MyClass()
myClassInstance.additionOfTwoNumbers(firstValue: 19, secondValue: 99)
// Das Ergebnis lautet 118.
```

Hier werden innerhalb der Klasse `MyClass` zwei Methoden definiert: `additionOfTwoNumbers(firstValue:secondValue:)` und `printResultForAddition(_:)`. Letztere wird dabei direkt innerhalb der Methode `additionOfTwoNumbers(firstValue:secondValue:)` aufgerufen und ihr ein passendes Ergebnis übergeben. Letzten Endes sehen wir aber, dass wir innerhalb einer Klasse problemlos andere Methoden aufrufen können. Selbiges gilt übrigens für den Zugriff auf Variablen einer Klasse, wie Listing 3.75 zeigt.

Listing 3.75 Zugriff auf Variablen innerhalb einer Klasse

```
class MyClass {
    var myVariable = 19
    func increaseMyVariableWithValue(_ value: Int) {
        myVariable += value
    }
}
var myClassInstance = MyClass()
print("myVariable ist \(myClassInstance.myVariable).")
myClassInstance.increaseVariableWithValue(99)
print("myVariable ist jetzt \(myClassInstance.myVariable).")
// myVariable ist 19.
// myVariable ist jetzt 118.
```

Hier wird innerhalb der Methode `increaseMyVariableWithValue(_:)` auf die innerhalb der Klasse deklarierte Variable `myVariable` zugegriffen und diese um den übergebenen Wert erhöht. Auch ein solcher Zugriff ist problemlos in Swift möglich und bedarf keiner weiteren Konfiguration, die Variable kann direkt über ihren Namen innerhalb der Klasse angesprochen werden.

self

Dieser Zugriff unterscheidet sich stark von dem in Objective-C, wo beim Zugriff auf Eigenschaften und Methoden innerhalb einer Klasse immer das Schlüsselwort `self` verwendet werden musste, um zu signalisieren, dass der entsprechende Aufruf auf der zugrunde liegenden Instanz durchgeführt werden soll. Tatsächlich gibt es `self` auch in Swift und hat auch dieselbe Bedeutung, allerdings ist es standardmäßig optional. Sie hätten die Implementierung der Methode `increaseMyVariableWithValue(_:)` aus dem vorherigen Beispiel auch wie folgt schreiben können (siehe Listing 3.76).

Listing 3.76 Verwendung von `self`

```
class MyClass {
    var myVariable = 19
    func increaseMyVariableWithValue(_ value: Int) {
        self.myVariable += value
    }
}
```

Es steht Ihnen frei, ob Sie `self` in diesen Fällen auch in Swift immer verwenden oder nicht, ich selbst verzichte darauf, sofern es nicht notwendig ist. In den kommenden Abschnitten werden wir noch Situationen kennenlernen, in denen kein Weg an der Nutzung von `self` vorbeiführt, aber generell ist es in solchen Fällen optional.

3.5.7 Klassen- und Instanzmethoden

Bisher haben wir die sogenannten *Instanzmethoden* kennengelernt. Diese werden – wie der Name ja bereits andeutet – auf eine *Instanz* einer Klasse aufgerufen, indem man nach dem Namen der entsprechenden Instanz einen Punkt setzt und anschließend die gewünschte Instanzmethode aufruft. Listing 3.77 zeigt ein vollständiges Beispiel dazu.

Listing 3.77 Aufruf einer Instanzmethode einer Klasse

```
class MyClass {
    func myMethod(firstParam: String, secondParam: String) {
        <do something...>
    }
}
var myClassInstance = MyClass()
myClassInstance.myMethod(firstParam: "First parameter", secondParam: "Second
parameter")
```

Alternativ dazu gibt es noch die sogenannten Klassenmethoden. Im Gegensatz zu Instanzmethoden werden zum Aufrufen solcher Methoden eben keine Instanzen der jeweiligen Klasse benötigt, stattdessen können sie einfach direkt auf die Klasse selbst aufgerufen werden.

Klassenmethoden unterscheiden sich dabei kaum von Instanzmethoden. Sie können genauso Parameter entgegennehmen und über einen Rückgabewert verfügen, auch die eigene Implementierung unterscheidet sich in keiner Weise von der von Instanzmethoden. Der einzige Unterschied besteht darin, dass Klassenmethoden mit dem Schlüsselwort `class` vor der Deklaration der eigentlichen Methode gekennzeichnet werden. Ein entsprechendes Beispiel zeigt Listing 3.78.

Listing 3.78 Aufruf einer Klassenmethode

```
class MyClass {
    class func myClassMethod(firstParam: String, secondParam: String) {
        <do something...>
    }
}
MyClass.myClassMethod(firstParam: "First parameter", secondParam: "Second parameter")
```

Wie Sie sehen, wird die Klassenmethode nun auch direkt auf die Klasse `MyClass` aufgerufen, ohne dass eine Instanz der Klasse erstellt werden muss.

Klassenmethoden erlauben keinen Zugriff auf die Eigenschaften einer Klasse

Wir können eine Klasse mit verschiedenen Eigenschaften in Form von Variablen und Konstanten versehen. Instanzen der Klasse können auf diese Eigenschaften zugreifen, sie auslesen und (im Fall von Variablen) verändern (siehe Listing 3.79).

Listing 3.79 Zugriff auf eine Variable einer Klasse

```
class MyClass {
    var myVariable: Int
}
var myClassInstance = MyClass()
myClassInstance.myVariable = 19
```

Das erlaubt es uns, pro Instanz für jede dieser Eigenschaften unterschiedliche Werte zu vergeben, womit jede Instanz mit ihren Informationen einzigartig sein kann. Dieses Vorgehen und diese Funktionsweise haben wir soweit auch kennengelernt.

Nun ist es wichtig zu wissen, dass Klassenmethoden **nicht** auf diese Eigenschaften wie Variablen, Konstanten oder Instanzmethoden zugreifen können. Das liegt daran, dass all diese Eigenschaften eben an eine Instanz einer Klasse gebunden sind, und eine solche Instanz gibt es bei Klassenmethoden nicht. Somit können Klassenmethoden auch nur weitere Klassenmethoden der eigenen Klasse aufrufen, alle weiteren Eigenschaften der eigenen Klasse bleiben ihnen verwehrt. Daher sollten Sie Klassenmethoden immer nur dann einsetzen, wenn deren Funktionalität keinen Einfluss und keinen Bezug auf bestehende Instanzen dieser Klassen und deren spezifische Eigenschaften hat. ■

3.5.8 Verändern von Parametern einer Methode mittels inout

Normalerweise können die Parameter einer Methode innerhalb der jeweiligen Methode selbst nicht verändert werden; sie sind wie Konstanten, auf die sie zwar lesend zugreifen, sie aber nicht überschreiben können. In manchen Fällen ist dieses Verhalten aber nicht erwünscht und es soll explizit ein Parameter verändert werden, und zwar nicht nur innerhalb der jeweiligen Methode selbst, sondern auch direkt das zugrunde liegende aufrufende Objekt, das als Parameter beim Aufruf dieser Methode übergeben wurde.

Betrachten wir dazu ein kleines Beispiel. Listing 3.80 zeigt eine Methode namens `expandString(_:withString:)`, die die Aufgabe besitzt, einen als String übergebenen Parameter um einen zweiten String-Parameter zu erweitern. Der erste Parameter soll also innerhalb der Methode *verändert* werden. Normalerweise wäre das unmöglich und wir müssten uns anderweitig behelfen, beispielsweise indem wir einen komplett neuen String über diese Methode zurückgeben. Das soll hier aber nicht der Fall sein. Wenn diese Methode aufgerufen wird, soll auch das zugrunde liegende Objekt, das als erster String-Parameter übergeben wird, entsprechend verändert werden, und zwar direkt ohne eine Neuzuweisung eines aktualisierten Werts. Damit das funktioniert, muss ein entsprechender zu verändernder Parameter mit dem Schlüsselwort `inout` gekennzeichnet werden, so wie auch in Listing 3.80 zu sehen. `inout` wird dabei immer direkt vor den Typ des jeweiligen Parameters eingefügt. Damit geben Sie an, dass dieser Parameter innerhalb der entsprechenden Methode wie eine Variable verändert und ihr auch ein neuer Wert zugewiesen werden kann.

Listing 3.80 Implementierung einer Methode zum Verändern eines String-Parameters

```
func expandString(_ stringToExpand: inout String, withString expandString: String) {
    stringToExpand += expandString
}
```

Ohne das Schlüsselwort `inout` wäre die Implementierung der Methode mit dem Befehl `stringToExpand += expandString` unmöglich, da standardmäßig kein Parameter einer Methode verändert werden kann. So aber kann der erste Parameter `stringToExpand` angepasst werden.

Wann immer eine Methode einen `inout`-Parameter erwartet, müssen Sie diesen aber auch besonders bei einem Aufruf einer solchen Methode berücksichtigen. Einerseits können Sie solch einem Methodenparameter ausschließlich Variablen des passenden Typs übergeben; Konstanten oder die direkte Übergabe eines Werts funktionieren dort nicht. Das macht auch Sinn, schließlich weist Sie ein `inout`-Parameter darauf hin, dass der zugrunde liegende Wert dieses Objekts verändert werden kann. Eine Konstante kann niemals verändert werden, sie kommen somit auch niemals als `inout`-Parameter infrage, ebenso wenig wie direkt zugewiesene Werte, da diese keine Referenz im Speicher besitzen, über die sie verändert werden könnten.

Ebenso werden `inout`-Parameter beim Aufruf einer passenden Methode noch zusätzlich mit einem vorangestellten `&` gekennzeichnet. In der Regel brauchen Sie selbst daran aber gar nicht zu denken, da Xcode mittels Auto Completion automatisch dieses `&` einem `inout`-Parameter beim Aufruf einer entsprechenden Methode voranstellt.

Listing 3.81 zeigt zum Abschluss einen beispielhaften Aufruf der gezeigten Methode `expandString(_:withString:)`.

Listing 3.81 Aufruf einer Methode mit `inout`-Parameter

```
var myName = "Thomas"
expandString(&myName, withString: " Sillmann")
// myName entspricht jetzt Thomas Sillmann
```

3.6 Closures

Closures sind ein mächtiges Werkzeug in der Entwicklung mit Swift. Vereinfacht ausgedrückt sind Closures eigene Funktionen, die innerhalb Ihres Codes weitergereicht und übergeben werden können. Im Gegensatz zu den Methoden in Swift, die wir im vorherigen Abschnitt 3.5 „Methoden“ bereits ausführlich kennengelernt haben und die an einer bestimmten Stelle in Ihrem Code fest definiert werden, sind Closures eigene Objekte, die Sie an beliebigen Stellen in Ihrem Code erstellen und auch als Parameter weitergeben können.

Closures in anderen Programmiersprachen

Das Prinzip der Closures gibt es auch in vielen anderen Programmiersprachen, unter anderem auch in Objective-C; dort tragen sie den Namen Blöcke.
Die Blöcke von Objective-C funktionieren so wie Closures in Swift. In anderen Programmiersprachen sind Closures auch unter dem Begriff Lambdas bekannt. Das aber als rein informative Randnotiz.

Closures finden in der iOS- und macOS-Entwicklung besonders häufig als Parameter für Funktionen Einsatz. Sie können Closures dann dazu verwenden, eigenen Code mit entsprechenden eigenen Funktionen als Parameter zu übergeben, die dann an passender Stelle innerhalb dieser Funktion ausgeführt werden. Dies erhöht die Flexibilität enorm, da Sie mithilfe von Closures genau festlegen können, welcher Code ausgeführt werden soll.

Was soweit sehr theoretisch und auch komplex klingt, soll an dieser Stelle anhand eines einfachen Beispiels erläutert werden. Betrachten wir dazu zunächst einmal in Listing 3.82 das Erstellen eines Closures inklusive Zuweisung zu einer Variablen.

Listing 3.82 Erstellen eines einfachen Closures

```
var simpleClosure = { () -> () in
    print("Das ist ein Closure...")
    print("...mit zwei print-Befehlen")
}
```

Zunächst einmal zu dem, was dieses Closure tut: Es gibt lediglich zwei Infos mittels `print` aus (ich weiß, kein sonderlich komplexes Beispiel). Dieses Closure wird hier erstellt und direkt der Variablen `simpleClosure` zugewiesen. Das Closure selbst ist der in Listing 3.83 folgende Teil dieses Beispielcodes.

Listing 3.83 Der Code des Closures

```
{ () -> () in
    print("Das ist ein Closure...")
    print("...mit zwei print-Befehlen")
}
```

Nach dem Zuweisungsoperator = folgt die Deklaration des Closures. Diese wird mit einer geöffneten geschweiften Klammer { eingeleitet. Was dann folgt, ist eine dem Function Type entsprechende Auflistung der Parameter dieses Closures und des Rückgabewerts: `() -> ()`

Function Type

Auch Methoden stellen in Swift – so wie `Int` oder `String` – einen eigenen Typ dar. Eine Variable kann somit auch dem Typ einer Methode entsprechen (dazu sehen wir gleich im Zusammenhang mit Closures noch mehr).

Der Typ einer Methode definiert sich wie folgt: Zunächst werden innerhalb runder Klammern kommasepariert die Typen aller Parameter der Methode in deren korrekter Reihenfolge aufgeführt. Anschließend folgt ein Pfeil mit anschließendem Typ des Rückgabewerts dieser Methode (besitzt die Methode keinen Rückgabewert, werden hier entweder `()` oder `Void` angegeben). Eine Methode, die somit zwei Integer als Parameter entgegennimmt und einen Integer zurückgibt, besitzt damit den folgenden Function Type: `(Int, Int) -> Int`.

In diesem Beispiel ist die Deklaration sehr einfach gehalten: Es gibt weder Parameter noch einen Rückgabewert für dieses Closure. Im Anschluss daran folgt das Schlüsselwort `in`. Alles, was in den darauffolgenden Zeilen geschrieben wird, ist der Code, der von diesem Closure ausgeführt wird, in diesem Beispiel sind es die beiden `print`-Befehle. Abgeschlossen wird ein Closure durch eine schließende geschweifte Klammer }.

Zusammenfassend zeigt Listing 3.84 noch einmal den Grundaufbau eines jeden Closures in Swift.

Listing 3.84 Grundaufbau eines Closures

```
{ (<Parameter>) -> (Rückgabewert) in
    <auszuführender Code des Closures>
}
```

Zur besseren Erläuterung folgt in Listing 3.85 noch einmal ein anderes Beispiel eines Closures, welches zwei Integer als Parameter entgegennimmt, diese addiert und dann wiederum als Integer zurückliefert.

Listing 3.85 Beispiel eines Closures mit zwei Integer-Parametern und einem Integer-Rückgabewert

```
{ (firstInteger: Int, secondInteger: Int) -> Int in
    return firstInteger + secondInteger
}
```

Ich habe in diesem Beispiel nun bewusst auf die Zuweisung des Closures zu einer Variablen verzichtet, damit hier wirklich nur das Closure und dessen Aufbau im Fokus stehen. Ein Code in dieser Form wird aber einen Compiler-Fehler verursachen, da damit schlicht und ergreifend nichts angefangen werden kann; schließlich gibt es keine Möglichkeit, diesen Code in irgendeiner Form aufzurufen und zu verwenden. Aus diesem Grund werden Closures immer für einen von zwei Zwecken verwendet:

1. Als Wert einer Variablen oder Konstanten (wie im allerersten Beispiel zu Beginn dieses Abschnitts gezeigt).
2. Als Parameter zu einer Funktion, die ein Closure als Parameter erwartet.

3.6.1 Closures als Variablen und Konstanten

Ein Closure kann bei seiner Deklaration problemlos direkt einer Variablen oder Konstanten zugewiesen werden, wie in Listing 3.86 gezeigt.

Listing 3.86 Zuweisung eines Closures zu einer Variablen

```
var addition = { (firstInteger: Int, secondInteger: Int) -> Int in
    return firstInteger + secondInteger
}
```

Hier wird eine Variable `addition` erstellt, die nun das darauffolgende Closure enthält. Da es sich bei Closures um Funktionen handelt und diese Funktion nun in der Variablen `addition` steckt, können wir sie auch wie jede andere Funktion in Swift über diese Variable aufrufen (siehe Listing 3.87).

Listing 3.87 Aufruf eines Closures über eine Variable

```
let nineteenPlusNinetynine = addition(19, 99)
// nineteenPlusNinetynine entspricht 118
```

Wichtig beim Aufruf ist das Setzen aller benötigten Parameter innerhalb der runden Klammern `()`. Werden die Parameter weggelassen oder werden nicht alle Parameter gesetzt, führt dies zu einem Compiler-Fehler.

Ebenfalls wichtig zu wissen ist, dass ohne die runden Klammern mitsamt den Parametern die Funktion des entsprechenden Closures nicht aufgerufen wird, sondern stattdessen das Closure selbst zugewiesen wird, wie in Listing 3.88 zu sehen.

Listing 3.88 Zuweisen eines Closures

```
let secondAdditionConstant = addition
```

Ohne die runden Klammern nach `addition` wird die entsprechende Funktion nicht aufgerufen. In diesem Fall wird also das Closure, welches `addition` hält, nun auch der Konstanten `secondAdditionConstant` zugewiesen, die somit daraufhin ebenfalls die Funktion nutzen und aufrufen kann. Achten Sie auf dieses Detail und diesen Unterschied, wenn Sie mit Closures im Zusammenhang mit Variablen und Konstanten arbeiten.

Vergessen Sie nicht den Typ!

In diesem Beispiel wurde der Variablen `addition` ein Closure zur Berechnung zweier Integer zugewiesen, welches das passende Ergebnis zurückliefert. Entsprechend wird auch der Typ der Variablen passend zu der Deklaration des Closures gesetzt, in diesem Fall ist es also `(Int, Int) -> Int`. Dabei handelt es sich wieder um den sogenannten Function Type. Auch bei Closures wird Variablen und Konstanten bei einer entsprechenden Zuweisung ein solcher Function Type zugeordnet, entsprechend der Deklaration des zugehörigen Closures. Das bedeutet für Sie aber auch, dass eine so deklarierte Variable nur noch Werte dieses Typs annehmen kann. Sie können also kein Closure mit einem anderen Typ zuweisen, zum Beispiel `() -> ()`, das würde umgehend zu einem Compiler-Fehler führen.

3.6.2 Closures als Parameter für Methoden

Ein sehr häufiges Einsatzgebiet von Closures ist die Verwendung als Parameter für Methoden. Der Vorteil besteht darin, dass Sie mit Closures spezifischen auszuführenden Code an eine bestehende Methode übergeben können, durch den diese Methode weitere von Ihnen festgelegte Befehle ausführen kann. Das macht sowohl Sinn bei Methoden, die etwas generischer sind und mithilfe von Closures eine flexiblere Funktionalität erlangen sollen, als auch bei verschiedensten Methoden aus Apples System-Frameworks, deren Methoden Sie schließlich nur aufrufen, nicht aber verändern können. Wenn eine solche Methode aber ein Closure als Parameter entgegennimmt, können Sie beim Ausführen der Methode selbst noch eigenen Code mit einbinden.

Dazu kommt hier zunächst einmal ein einfaches Beispiel einer Methode, die ein Closure als Parameter erwartet und dieses aufruft (siehe Listing 3.89).

Listing 3.89 Funktion mit Closure-Parameter

```
func closureFunction(closure: () -> ()) {
    closure()
}
```

Die Beispielfunktion `closureFunction(closure:)` wird hier genau wie jede andere Funktion auch deklariert. Wie Sie sehen, erwartet sie einen einzigen Parameter namens `closure`. Wie bei Parametern üblich, wird deren Typ nach einem Doppelpunkt aufgeführt, genau wie es auch hier der Fall ist. Als Typ für ein Closure verwenden wir den Function Type, der zum erwarteten Closure passt. In diesem Fall ist das `() -> ()`, also eine Funktion ohne Parameter und ohne Rückgabewert. Innerhalb der Funktion `closureFunction(closure:)` wird sodann als einziger Befehl genau dieser Parameter aufgerufen und ausgeführt. Ein entsprechender Aufruf dieser Methode mithilfe einer Konstanten könnte nun beispielsweise wie in Listing 3.90 gezeigt aussehen.

Listing 3.90 Beispielhafter Aufruf einer Methode mit Closure

```
let printClosure = { () -> () in
    print("Das ist ein Closure-Parameter")
}
closureFunction(closure: printClosure)
// Das ist ein Closure-Parameter
```

Zunächst erstellen wir die Konstante `printClosure`. Sie erhält denselben Function Type wie der Parameter, den unsere Funktion `closureFunction(closure:)` besitzt, nämlich `() -> ()`. Unser Beispiel-Closure besitzt dabei als einzige Funktion einen `print`-Befehl, der beim Aufrufen von `printClosure` ausgeführt werden soll.

Und genau dieses Closure übergeben wir zuletzt als Parameter an unsere Methode. Diese führt das Closure aus und somit wird die Info aus unserer Konstanten ausgegeben.

Gehen wir von diesem einfachen Beispiel hin zu einem etwas umfangreicheren und komplexeren. Diesmal geht es darum, eine generische Methode namens `mathFunction(_:)` zu erstellen, die ebenfalls als einzigen Parameter ein Closure erwartet. Dieses erwartete Closure soll zwei Integer entgegennehmen und ein Integer zurückliefern. `mathFunction(_:)` wird diesem Closure immer die gleichen, innerhalb der Funktion festgelegten Integer-Werte übergeben. Lediglich das Closure ist dafür verantwortlich, wie mit diesen Werten umgegangen werden soll; die Methode selbst nimmt darauf keinerlei Einfluss. Nur das Ergebnis – also der Wert, den das Closure als Ergebnis zurückliefert – liefert anschließend auch die Funktion wieder an den Aufrufer zurück.

So viel zur Theorie, sehen wir uns einmal die gewünschte Funktion `mathFunction(_:)` im Code an (siehe Listing 3.91).

Listing 3.91 Methode `mathFunction(_:)`

```
func mathFunction(_ closure: (Int, Int) -> Int) -> Int {
    let firstStaticValue = 19
    let secondStaticValue = 99
    let result = closure(firstStaticValue, secondStaticValue)
    return result
}
```

Betrachten wir zunächst einmal die Deklaration der Methode im Detail, die durch den Closure-Parameter schon deutlich komplexer aussieht (aber wirklich auch nur aussieht, Sie werden es mit Sicherheit gleich verstehen):

```
func mathFunction(_ closure: (Int, Int) -> Int) -> Int
```

Innerhalb der runden Klammern `()` werden wie immer die Parameter der Methode aufgeführt. Der einzige hier aufgeführte Parameter trägt den Namen `closure` und ist vom Typ `(Int, Int) -> Int`, im Folgenden fett hervorgehoben:

```
func mathFunction(_ closure: (Int, Int) -> Int) -> Int
```

Anschließend folgt schlicht und einfach noch der Rückgabewert der Methode selbst, bei dem es sich in diesem Fall um einen Integer handelt:

```
func mathFunction(closure: (Int, Int) -> Int) -> Int
```

Damit unterscheidet sich diese Methodendeklaration nicht von allen anderen, aufgrund der Closure-Deklaration wirkt sie auf den ersten Blick allerdings etwas unübersichtlich. Mit den Hervorhebungen sollte aber klar sein, wie die Methode `mathFunction(_:)` nun genau aufgebaut ist.

Werfen wir nun einen Blick auf den Inhalt der Funktion selbst:

```
let firstStaticValue = 19
let secondStaticValue = 99
let result = closure(firstStaticValue, secondStaticValue)
return result
```

Wie bereits beschrieben, verfügt diese Funktion über zwei festgelegte Werte, die sich zu keinem Zeitpunkt verändern. Diese Werte sind in den Konstanten `firstStaticValue` und `secondStaticValue` der Methode gespeichert.

Nach der Deklaration dieser festen Werte folgt der Aufruf des übergebenen Closures. Dieses Closure, welches im Parameter `closure` der Funktion gespeichert ist, nimmt laut Deklaration zwei Integer entgegen und liefert selbst einen Integer zurück. Genau aus diesem Grund übergeben wir an dieser Stelle auch unsere beiden festen Integer-Werte `firstStaticValue` und `secondStaticValue` beim Aufruf des Closures und weisen das erwartete Ergebnis entsprechend einer neuen Konstanten namens `result` zu. Dies geschieht in dieser Zeile:

```
let result = closure(firstStaticValue, secondStaticValue)
```

Zu guter Letzt liefert unsere Methode das vom Closure erhaltene Ergebnis mittels `return result` zurück.

Der große Vorteil dieser Methode ist nun: Sie kann jedes beliebige Closure entgegennehmen und diesem die festgelegten statischen Werte übergeben. Die Methode kümmert sich nur darum, dass immer die gleichen Werte bearbeitet werden; wie und was mit ihnen geschieht, kann dann durch beliebige verschiedene Closures entschieden werden. Einzige Voraussetzung für ein entsprechendes Closure: Es muss den passenden Function Type `(Int, Int) -> Int` besitzen.

Gehen wir nun also einen Schritt weiter und rufen die Funktion mit einem Closure auf, das beide Zahlen miteinander multipliziert (siehe Listing 3.92).

Listing 3.92 Closure zur Multiplikation zweier Integer

```
func mathFunction(_ closure: (Int, Int) -> Int) -> Int {
    let firstStaticValue = 19
    let secondStaticValue = 99
    let result = closure(firstStaticValue, secondStaticValue)
    return result
}
let multiplicationClosure = { (firstInteger: Int, secondInteger: Int) -> Int in
    return firstInteger * secondInteger
}
let multiplicationResult = mathFunction(multiplicationClosure)
// multiplicationResult entspricht 1881
```

Zu Beginn sehen Sie noch einmal die bereits bekannte Deklaration und Umsetzung der Methode `mathFunction(_:)` mit ihren zwei festen Werten. Anschließend wird ein Closure mit dem Namen `multiplicationClosure` erstellt, welches genau dem Function Type entspricht, den `mathFunction(_:)` als Parameter erwartet, nämlich `(Int, Int) -> Int`. Alles, was das Closure nun tut, ist, die beiden Integer-Parameter zu multiplizieren und zurückzuliefern. Dieses Closure nun der Funktion `mathFunction(_:)` zu übergeben, würde bedeuten, dass `mathFunction(_:)` dieses Closure mit den Parametern 19 und 99 aus seinen Konstanten `firstStaticValue` und `secondStaticValue` aufruft und das Ergebnis der Multiplikation wieder zurückliefert. Genau ein solcher Aufruf erfolgt in der letzten Zeile, in der die Konstante `multiplicationResult` erstellt und ihr das entsprechende Ergebnis von `mathFunction(_:)` zugewiesen wird. Dabei übergibt sie `mathFunction(_:)` unser `multiplicationClosure` als passenden Parameter. Entsprechend erhält `multiplicationResult` den Wert 1881.

Um an dieser Stelle den Sinn und Zweck und die Flexibilität von Closures zu verdeutlichen, sei hier beispielhaft in Listing 3.93 noch einmal ein alternativer Aufruf von `mathFunction(_:)` mit einem anderen Closure aufgeführt.

Listing 3.93 Beispielhafte Aufrufe von `mathFunction(_:)`

```
func mathFunction(_ closure: (Int, Int) -> Int) -> Int {
    let firstStaticValue = 19
    let secondStaticValue = 99
    let result = closure(firstStaticValue, secondStaticValue)
    return result
}
let anotherCalculation = { (firstInteger: Int, secondInteger: Int) -> Int in
    return (firstInteger + secondInteger) / 2 + 100
}
let anotherCalculationResult = mathFunction(anotherCalculation)
// anotherCalculationResult entspricht 159
```

In diesem Fall übergeben wir `mathFunction(_:)` das Closure, welches in der Konstanten `anotherCalcuation` gespeichert ist. Das addiert die beiden Integer-Parameter, teilt sie anschließend durch zwei und addiert einhundert dazu (großartig, nicht wahr? ☺). Entsprechend erhält die Konstante `anotherCalculationResult`, welche `mathFunction(_:)` mit diesem neuen Closure-Parameter aufruft, das veränderte Ergebnis 159 zugewiesen. Und das haben wir nur allein durch die Veränderung des Closures erreicht.

3.6.3 Kurzschreibweise für Closures als Parameter von Methoden

Im vorherigen Abschnitt haben Sie gesehen, wie Sie Closures als Parameter in Methoden nutzen und entsprechende Closures diesen Funktionen übergeben. Allerdings wurde diese Übergabe immer ein wenig umständlich gelöst: Erst wurde eine Variable beziehungsweise Konstante mit dem Closure deklariert und diese anschließend für den Methodenaufruf genutzt. Swift bietet hierzu alternativ noch einen schnelleren, übersichtlicheren und komfortableren Weg, den wir uns jetzt einmal im Detail ansehen.

Sie haben die Möglichkeit, beim Aufruf einer Methode, die ein Closure als Parameter erwartet, den kompletten zugehörigen Code für dieses Closure – den wir zuvor immer zunächst in Variablen oder Konstanten geschrieben haben – direkt beim Aufruf aufzuführen, eben ganz genau so, wie Sie es auch mit allen anderen Parametern wie Strings oder Arrays tun können. Zur Verdeutlichung nehme ich noch einmal das Beispiel mit der Funktion `mathFunction(_:)` aus dem vorherigen Abschnitt und weise das gewünschte Multiplikations-Closure direkt beim Aufruf der Funktion zu (siehe Listing 3.94).

Listing 3.94 Direkte Wertübergabe eines Closures bei einem Methodenaufruf

```
func mathFunction(_ closure: (Int, Int) -> Int) -> Int {
    let firstStaticValue = 19
    let secondStaticValue = 99
    let result = closure(firstStaticValue, secondStaticValue)
    return result
}
let multiplicationResult = mathFunction({ (firstInteger: Int, secondInteger: Int) ->
Int in
    return firstInteger * secondInteger
})
// multiplicationResult entspricht 1881
```

Betrachten wir einmal im Detail, was genau hier bei der Erstellung der Konstanten `multiplicationResult` nach dem Zuweisungsoperator `=` geschieht. Zunächst wird die Methode `mathFunction(_:)` aufgerufen, inklusive der runden Klammern, in denen die Parameter angegeben werden. In diesem Fall erwartet diese Methode nur einen Parameter, ein Closure. Im Folgenden ist zunächst einmal der Methodenaufruf mitsamt der öffnenden und schließenden runden Klammer aufgeführt, um zu verdeutlichen, wo der Methodenaufruf beginnt und wo er endet:

```
mathFunction({ (firstInteger: Int, secondInteger: Int) -> Int in
    return firstInteger * secondInteger
})
```

Hier wird bereits deutlich, dass der meiste Code bei diesem Aufruf von einem einzigen Parameter herrührt. Und wenn wir uns nun nur diesen einzigen Parameter im Detail ansehen, stellen wir fest, dass es sich dabei um nichts anderes als die bereits bekannte Deklaration eines Closures handelt:

```
mathFunction({ (firstInteger: Int, secondInteger: Int) -> Int in
    return firstInteger * secondInteger
})
```

So kompliziert dieser Code auch auf den ersten Blick aussehen mag, so vollkommen logisch ist er, betrachtet man ihn einmal im Detail. Das fertige Closure wird hier einfach direkt und ohne Umweg über eine Variable oder Konstante als Parameter übergeben, so wie wir es bereits mit anderen Typen wie Strings oder Integern gesehen haben. Genauso funktioniert es auch bei Closures, und das sogar, wenn eine Methode mehrere Parameter erwartet. Für diese Verdeutlichung zeige ich Ihnen hier eine fiktive Methode (inklusive beispielhaftem Aufruf), die als Parameter zuerst einen Integer, dann ein Closure und anschließend noch einen String erwartet (siehe Listing 3.95).

Listing 3.95 Komplexerer Methodenaufruf mit Closure

```
func myFunction(integer: Int, closure: () -> (), string: String) {
    // do something...
}
myFunction(integer: 19, closure: { () -> () in
    print("Das Closure gibt etwas aus...")
    }, string: "Das ist ein String")
```

Die Methode myFunction(integer:closure:string:) erwartet genau die Parameter, wie es eben beschrieben wurde. Das Closure ist in diesem Fall der Übersichtlichkeit wegen simpel gehalten und erwartet keine Parameter und besitzt keinen Rückgabewert. Im anschließenden Aufruf der Methode werden alle drei Parameter direkt im Code – ohne Umweg über Variablen oder Konstanten – angegeben. Zur Verdeutlichung hebe ich sie an dieser Stelle noch einmal nacheinander hervor. Zuerst kommt der Integer …

```
myFunction(integer: 19, closure: { () -> () in
    println("Das Closure gibt etwas aus ...")
    }, string: "Das ist ein String")
```

… gefolgt vom Closure …

```
myFunction(integer: 19, closure: { () -> () in
    println("Das Closure gibt etwas aus...")
    }, string: "Das ist ein String")
```

… bis hin zum abschließenden String:

```
myFunction(integer: 19, closure: { () -> () in
    println("Das Closure gibt etwas aus ...")
    }, string: "Das ist ein String")
```

Trailing Closures

Neben der eben gezeigten Kurzschreibweise gibt es in Swift noch eine weitere mögliche Schreibweise von Closures beim Aufruf einer Methode, genannt *Trailing Closures*. Diese Schreibweise steht aber nur dann zur Verfügung, wenn der Closure-Parameter einer Methode der *letzte* erwartete Parameter ist; es dürfen dann keine weiteren Parameter mehr folgen, ansonsten kann diese Schreibweise nicht angewendet werden.

Dazu folgt zunächst in Listing 3.96 ein Beispiel einer passenden Funktion inklusive Aufruf, wie wir ihn bis jetzt kennengelernt haben.

Listing 3.96 Methode mit Closure

```
func myFunction(integer: Int, closure: () -> ()) {
    // do something...
}
myFunction(integer: 19, closure: { () -> () in
    print("Das Closure gibt etwas aus")
})
```

So weit, so bekannt. Da es sich aber bei dem Closure-Parameter um den letzten Parameter nach dem Integer handelt, können wir die runden Klammern auch bereits direkt nach dem letzten Parameter vor dem Closure schließen. Somit folgt die Deklaration des Closures unabhängig von den umgebenden runden Klammern der Funktion und steht so mehr für sich, was den Code etwas übersichtlicher macht:

```
func myFunction(integer: Int, closure: () -> ()) {
    // do something...
}
myFunction(integer: 19) { () -> () in
    print("Das Closure gibt etwas aus")
}
```

Alle Parameter werden hierbei wie gewohnt in den runden Klammern nach dem Funktionsnamen angegeben, bis auf das Closure, welches nun komplett für sich steht.

Das Ganze geht sogar noch einen Schritt weiter: Erwartet eine Methode als einzigen Parameter ein Closure, so können Sie die runden Klammern auch komplett weglassen:

```
func myFunction(closure: () -> ()) {
    // do something...
}
myFunction { () -> () in
    print("Das Closure gibt etwas aus")
}
```

Dieses Prinzip der Trailing Closures ist aber kein Muss, sondern soll lediglich eine Erleichterung darstellen und den Code ein wenig übersichtlicher gestalten. ■

3.7 Properties

Properties bezeichnen in Swift Variablen und Konstanten, die Teil einer Klasse sind. Sobald Sie also eine Variable oder Konstante innerhalb einer Klasse deklarieren, handelt es sich dabei automatisch um eine Property (siehe Listing 3.97).

Listing 3.97 Deklaration einer Property in einer Klasse

```
class MyClass {
    var myProperty = 19
}
var myClassInstance = MyClass()
myClassInstance.myProperty = 99
```

Dabei handelt es sich auch um sogenannte *Stored Properties*. Diese können von Instanzen einer Klasse aufgerufen und verändert werden. Sie können wie „ganz normale“ Variablen verwendet werden, ihr einziger Unterschied besteht eben darin, dass sie über die Instanz einer Klasse oder direkt innerhalb der Klasse selbst angesprochen werden.

3.7.1 Computed Properties

Neben den Stored Properties gibt es auch sogenannte *Computed Properties*. Computed deshalb, weil sie selbst keinen festen Wert speichern, sondern einen solchen berechnen und diesen zurückgeben. Listing 3.98 zeigt ein Beispiel dazu.

Listing 3.98 Beispiel einer Computed Property

```
class MyClass {
    var length: Float = 100
    var width: Float = 50
    var area: Float {
        get {
            return length * width
        }
        set(newArea) {
            length = newArea / 2
            width = newArea / 2
        }
    }
}
```

Bevor wir uns die Computed Property im Detail ansehen, ein paar grundlegende Worte zu diesem Beispiel. Die Stored Properties `length` und `width` dienen zum Erfassen der Länge und Breite einer Fläche. Nun wollen wir aber noch eine Property, die uns eben daraus die Fläche berechnet und zurückliefert. Genau das tut die Computed Property `area`. Werfen wir einmal einen Blick darauf.

Zunächst ist es bei Computed Properties essenziell, den Typ anzugeben, dessen Wert zurückgeliefert wird beziehungsweise dessen Werte man der Computed Property zuweisen kann. In unserem Beispiel handelt es sich dabei bei `area` um einen `Float`. Nach dieser Deklaration der Property folgen eine geöffnete und eine geschlossene geschweifte Klammer, zwischen denen die Implementierung der Computed Property stattfindet (ähnlich der Implementierung von Methoden). Diese Implementierung unterteilt sich in zwei Bereiche: den sogenannten Getter und den Setter. Der Getter wird aufgerufen, wenn die Property ausgelesen und auf sie zugegriffen wird (man also ihren Wert abfragen möchte), der Setter wird beim Setzen eines neuen Werts für diese Property aufgerufen. Listing 3.99 zeigt diesen grundlegenden Aufbau einer einfachen Computed Property.

Listing 3.99 Aufbau einer Computed Property

```
var <Name der Computed Property>: <Typ> {
    get {
        <Implementierung des Getters>
    }
    set {
        <Implementierung des Setters>
    }
}
```

Herzstück einer Computed Property sind somit der Getter und der Setter. Betrachten wir nun diese beiden einmal im Detail.

Wie bereits beschrieben wird der Getter beim Zugriff auf eine Property aufgerufen, um deren Wert auszulesen. Im Umkehrschluss bedeutet das, dass der Getter in jedem Fall einen passenden Wert des Typs der Computed Property zurückgeben muss. Diese Rückgabe erfolgt - wie bereits von den Methoden bekannt - mithilfe des Schlüsselworts `return`. In unserem Beispiel aus Listing 3.98 handelt es sich dabei um das Ergebnis der Multiplikation von Länge und Breite.

Der Setter wird aufgerufen, sobald der Computed Property ein neuer Wert zugewiesen wird. Der Setter ist dann dafür verantwortlich, den übergebenen Wert in der gewünschten Form zu verarbeiten und alle notwendigen Aktionen damit auszuführen. Im Beispiel aus Listing 3.98 wurde damit die erhaltene Fläche, die der Computed Property `area` zugewiesen wird, durch zwei geteilt und dieses Ergebnis der Einfachheit halber jeweils der Länge und Breite zugewiesen. Doch wie greife ich innerhalb des Setters auf den Wert zu, der der Computed Property zugewiesen wurde?

Standardmäßig kann man innerhalb des Setters auf eine Konstante namens `newValue` zugreifen. Diese enthält den Wert, der beim Aufruf des Setters übergeben wurde (siehe dazu auch das Beispiel in Listing 3.100, das noch einmal die Computed Property aus Listing 3.98 aufgreift).

Listing 3.100 Zugriff auf `newValue` innerhalb des Setters

```
var area: Float {
    get {
        return length * width
    }
    set {
        length = newValue / 2
        width = newValue / 2
    }
}
area = 20
// newValue innerhalb des Setters entspricht 20
```

Wie beschrieben liefert uns die exklusiv innerhalb des Setters zugängliche Konstante `newValue` den Wert, der `area` an dieser Stelle zugewiesen wurde (in diesem Fall also `20`). Man kann aber auch einen eigenen Namen für diese Konstante vergeben, so wie auch bereits in Listing 3.98 geschehen. Dazu muss nach dem Schlüsselwort `set` für den Setter innerhalb von runden Klammern der gewünschte Name für die entsprechende Konstante angegeben werden. Typischerweise setzt man diesen Namen aus einem einleitenden `new`, gefolgt von dem Namen der Computed Property zusammen, in diesem Fall also beispielsweise `newArea` (siehe Listing 3.101).

Listing 3.101 Änderung des Namens der Konstante des Setters

```
var area: Float {
    get {
        return length * width
    }
    set(newArea) {
        length = newArea / 2
        width = newArea / 2
    }
}
```

Letzten Endes können Sie aber frei wählen, ob und welchen Namen Sie selbst für den Setter der Computed Property vergeben.

3.7.1.1 Read-Only Computed Properties

Es gibt noch eine Sonderform der Computed Properties, die als Read-Only Computed Property bezeichnet wird. Diese verfügt nur über einen Getter und liefert somit nur einen Wert zurück; ihnen kann selbst kein neuer Wert zugewiesen werden. Sie werden typischerweise für Berechnungen und Operationen aus bestehenden Werten verwendet, ohne dass ihnen selbst ein neuer Wert zugewiesen werden kann. Listing 3.102 zeigt ein einfaches Beispiel für eine Read-Only Computed Property.

Listing 3.102 Beispiel einer Read-Only Computed Property

```
class MyClass {
    var firstValue = 19
    var secondValue = 99
    var additionResult: Int {
        get {
            return firstValue + secondValue
        }
    }
}
```

Die Property `additionResult` soll an dieser Stelle immer das Ergebnis der Addition aus den Properties `firstValue` und `secondValue` zurückgeben. Umgekehrt macht es aber keinen Sinn, hier einen Setter zu implementieren, denn was sollte die Property mit einem übergebenen Ergebnis anstellen? Aus diesem Grund verfügt diese Computed Property nur über den Getter-Block, und genau das macht sie auch schon zu einer Read-Only Computed Property. Alles, was Sie tun müssen, ist, den Setter-Block wegzulassen, um aus einer Computed Property eine Read-Only Computed Property zu machen. Wie gesagt müssen Sie dabei aber beachten, dass Sie zwar auf den Wert der Property lesend zugreifen, diesen dann aber nicht verändern können (siehe auch Listing 3.103).

Listing 3.103 Zugriff auf Read-Only Computed Property

```
var myClassInstance = MyClass()
print("Das Ergebnis ist \(myClassInstance.additionResult).")
// Das Ergebnis ist 118.
myClassInstance.additionResult = 100 // Fehler: Read-Only Property kann kein Wert
zugewiesen werden!
```

In diesem Beispiel zeigt sich, dass Sie zwar problemlos auf eine Read-Only Computed Property zugreifen, diese aber nicht verändern können.

In Swift gibt es für Read-Only Computed Properties zusätzlich noch eine Kurzschreibweise. Da diese sowieso nur aus dem Getter bestehen, kann auf das Schlüsselwort `get` verzichtet werden und stattdessen direkt die entsprechende Implementierung innerhalb der geschweiften Klammern nach der Deklaration der Property erfolgen (siehe Listing 3.104).

Listing 3.104 Verkürzte Schreibweise für Read-Only Computed Properties

```
class MyClass {
    var firstValue = 19
    var secondValue = 99
    var additionResult: Int {
        return firstValue + secondValue
    }
}
```

Das funktioniert deshalb, weil jede Computed Property mindestens über einen Getter verfügt; ein Setter ist im Gegensatz zum Getter immer optional.

3.7.2 Property Observers

Swift bringt zwei Funktionen mit, um Properties zu überwachen und festzustellen, wenn Werte von Properties geändert werden. Diese Funktionen werden als *Property Observers* bezeichnet. Wir können sie dazu nutzen, weitere Funktionen auszuführen, sollte eine entsprechende Property geändert werden. Die Verwendung und die Syntax von Property Observers sind sehr ähnlich zu der von Computed Properties aus dem vorherigen Abschnitt.

Property Observers stehen nur Stored Properties zur Verfügung

Property Observers können nur im Zusammenspiel mit Stored Properties verwendet werden. Computed Properties unterstützen keine Property Observers, für diese muss der Setter genutzt werden, um alle gewünschten Aktionen beim Ändern der Property durchzuführen.

Es stehen in Swift zwei Property Observer zur Verfügung: `willSet` und `didSet`. `willSet` wird aufgerufen, wenn der Wert einer Property geändert wird, die Änderung aber noch nicht durchgeführt wurde. `didSet` wird nach der Änderung des Werts einer Property aufgerufen. Sie können sowohl beide als auch nur einen dieser Property Observer einer Stored Property hinzufügen. Die Syntax entspricht dabei weitestgehend der von Getter und Setter einer Computed Property. Listing 3.105 zeigt den grundlegenden Aufbau von Property Observers in einer Stored Property.

Listing 3.105 Aufbau von Property Observers

```
class MyClass {
    var myStoredProperty: Int {
        willSet {
            <Implementierung von willSet>
        }
        didSet {
            <Implementierung von didSet>
        }
    }
}
```

Die Property Observers werden nach der Deklaration der Stored Property innerhalb von geschweiften Klammern eingefügt. Jeder Property Observer selbst enthält dann seine entsprechende Implementierung innerhalb eines weiteren Paars geschweifter Klammern.

Innerhalb von `willSet` können Sie auf die Konstante `newValue` zugreifen. Diese ist vergleichbar mit der gleichnamigen Konstante, die Ihnen im Setter von Computed Properties zur Verfügung steht. Sie enthält den Wert, den die Property nach der entsprechenden Zuweisung erhalten *wird*; zum Zeitpunkt, zu dem `willSet` aufgerufen wird, besitzt die Property ja schließlich noch ihren Ursprungswert, die Änderung wurde noch nicht durchgeführt. Mithilfe von `newValue` können Sie aber diesen neuen Wert bereits auslesen und für weitere Aktionen verwenden (zum Beispiel zur Aktualisierung des Titels einer Ansicht).

Ähnlich verhält es sich bei `didSet`. Darin können Sie auf den Wert zugreifen, den die Property *vor* der Änderung innehatte, denn beim Aufruf von `didSet` wurde der Property ja bereits der neue Wert zugewiesen. Den alten Wert können Sie mithilfe der Konstanten `oldValue` innerhalb des `didSet`-Blocks abfragen und verwenden.

Genau wie beim Setter von Computed Properties können Sie die Bezeichner `newValue` und `oldValue` aber auch durch einen eigenen Namen ersetzen. Schreiben Sie diesen dazu in runden Klammern jeweils nach dem Befehl `willSet` beziehungsweise `didSet`. Diesen Namen können Sie dann nutzen, um innerhalb des jeweiligen Blocks auf den neuen beziehungsweise den ursprünglichen Wert der Property zuzugreifen.

3.7.3 Type Properties

Die letzte besondere Art von Properties sind die sogenannten Type Properties. Wie der Name bereits andeutet, sind diese nicht für eine einzelne Instanz einer Klasse gültig, sondern programmübergreifend für den entsprechenden Typ. Ähnlich wie Klassenmethoden erfolgt der Zugriff auf Type Properties ausschließlich direkt über die Klasse, zu der die Type Property gehört; über Instanzen der Klasse können Sie nicht darauf zugreifen.

Der große Unterschied von Type Properties ist der, dass sie – egal an welcher Stelle in Ihrer App Sie auf sie zugreifen – immer den gleichen aktuellen Wert zurückliefern. Es gibt keine Unterscheidung wie bei Instanzen, in der jede Instanz für eine Property einen anderen Wert besitzen kann; der Wert einer Type Property gilt für die gesamte App. Das bedeutet umgekehrt auch, dass eine Änderung des Werts einer Type Property ebenso für die gesamte Anwendung gilt; wer immer auch als Nächstes auf die Type Property zugreift, erhält den zuvor neu zugewiesenen Wert zurück.

Davon abgesehen sind Type Properties ansonsten identisch zu den Stored Properties und verhalten sich auch genauso. Um eine Type Property in einer Klasse zu deklarieren, verwenden Sie das Schlüsselwort `class` vor der eigentlichen Deklaration der Property (siehe Listing 3.106).

Listing 3.106 Deklaration einer Type Property

```
class MyClass {
    class var myTypeProperty = 19
}
print("myTypeProperty entspricht \(MyClass.myTypeProperty).")
// myTypeProperty entspricht 19.
```

Type Properties sind immer dann sinnvoll, wenn eine bestimmte Eigenschaft durchgängig für den gesamten Typ gilt, unabhängig von den Instanzen dieses Typs. Denn damit stellen Sie mit einer Type Property sicher, dass die entsprechende Property tatsächlich programmübergreifend nur einen einzigen Wert besitzen kann. Im Gegensatz dazu stehen die „normalen" Stored Properties, die pro Instanz immer einen anderen Wert besitzen können (und in der Regel ja auch sollen).

3.8 Vererbung

Vererbung ist ein extrem wichtiges und mächtiges Sprachmerkmal in der objektorientierten Programmierung. Es erlaubt uns, neue Klassen aufbauend aus bereits bestehenden Klassen zu erstellen und so deren Eigenschaften und Methoden direkt in unsere neue Klasse zu übernehmen. Man spricht hierbei auch von einer Super- und einer Subklasse; die Superklasse bezeichnet die Klasse, von der eine andere erbt, während diese wiederum als Subklasse ihrer Superklasse bezeichnet wird.

Warum Vererbung so wichtig und sinnvoll ist, soll das Beispiel in Listing 3.107 verdeutlichen.

Listing 3.107 Verschiedene Klassen ohne Vererbung

```
class Vehicle {
    var color: String = "Schwarz"
    var currentSpeed: Float = 0
    var maxSpeed: Float = 200
    func startDriving() {
        <do something...>
    }
    func stopDriving() {
        <do something...>
    }
    func printInfo() {
        print("Das ist ein Fahrzeug")
    }
}
class Motorboat {
```

```
    var color: String = "Schwarz"
    var currentSpeed: Float = 0
    var maxSpeed: Float = 30
    var boatType: String = "Daycruiser"
    func startDriving() {
        <do something...>
    }
    func stopDriving() {
        <do something...>
    }
    func printInfo() {
        print("Das ist ein Motorboot")
    }
}
```

In diesem Beispiel sehen wir zwei Klassen `Vehicle` und `Motorboat`, die den Großteil ihrer Eigenschaften und Methoden teilen; bis auf die jeweilige Ausgabe in der Methode `printInfo()` und der zusätzlichen Property `boatType` der Klasse `Motorboat` sind sie vollkommen identisch. Dennoch wurden hier für beide Klassen jeweils dieselben Eigenschaften doppelt aufgeführt. Das ist ein typisches Beispiel, in dem Vererbung seine Stärken ausspielen kann. Statt wieder und wieder die gleichen Eigenschaften und Methoden in verschiedenen Klassen zu deklarieren, packt man diese in eine Superklasse, von der andere erben. In diesem Beispiel würde es schon reichen, `Vehicle` als Superklasse von `Motorboat` festzulegen und die Klasse `Motorboat` dann lediglich um die neue Property `boatType` und die geänderte Methode `printInfo()` zu ergänzen.

Um eine Subklasse in Swift zu erstellen, muss bei der Deklaration der entsprechenden Klasse die gewünschte Superklasse angegeben werden. Die Angabe dieser Superklasse folgt nach einem Doppelpunkt nach dem Namen der Subklasse. Listing 3.108 zeigt die Erstellung der Klasse `Motorboat` als Subklasse von `Vehicle`.

Listing 3.108 Erstellen einer Subklasse

```
class Motorboat: Vehicle {
    var boatType: String = "Daycruiser"
}
```

In diesem Beispiel erbt nun die Klasse `Motorboat` alle Eigenschaften und Methoden der Klasse `Vehicle`, sie muss nun nur noch um eigene Eigenschaften und Methoden ergänzt werden, die speziell für diese Klasse relevant sind (wie in diesem Fall die neue `boatType`-Property). Instanzen der Klasse `Motorboat` können dann neben den direkt in `Motorboat` deklarierten Eigenschaften auch auf alle Eigenschaften und Methoden der Superklasse – in diesem Fall `Vehicle` – zugreifen (siehe Listing 3.109).

Listing 3.109 Zugriff auf Eigenschaften und Methoden der Superklasse

```
var myMotorboat = Motorboat()
myMotorboat.color = "Blau"
myMotorboat.currentSpeed = 10
myMotorboat.maxSpeed = 20
myMotorboat.boatType = "Autoboot"
myMotorboat.startDriving()
```

So können wir all die Funktionen nutzen, die uns auch die Superklasse zur Verfügung stellt, ohne diese doppelt implementieren zu müssen. Das geht auch über mehrere Ebenen. So könnten wir auch von `Motorboat` eine weitere Subklasse erstellen, die wiederum über weitere eigene Eigenschaften verfügt und dennoch sowohl auf die Eigenschaften von `Motorboat` wie auch von `Vehicle` zugreifen kann.

3.8.1 Überschreiben von Eigenschaften und Methoden der Superklasse

So schön es auch ist, bestehende Eigenschaften und Methoden aus einer Superklasse zu übernehmen und in einer eigenen Subklasse zu nutzen, so möchte man in manchen Fällen doch auch eine bestehende Eigenschaft beziehungsweise Methode einer Superklasse überschreiben und mit eigener Logik versehen. Ein Beispiel dafür haben wir bereits im vorherigen Abschnitt gesehen: die Methode `printInfo()` der Superklasse `Vehicle` soll in der Subklasse `Motorboat` etwas anderes ausgeben.

Glücklicherweise können wir auch in der Vererbung bestehende Eigenschaften und Methoden der Superklassen überschreiben und neu implementieren. Wichtig dabei ist die Verwendung des Schlüsselworts `override`. Wenn wir eine bestehende Eigenschaft oder Methode in einer Subklasse überschreiben, müssen wir dieses zwingend der Deklaration und Implementierung der jeweiligen Eigenschaft beziehungsweise Methode voranstellen. Anschließend können wir die von uns gewünschte Implementierung auf gewohnte Art und Weise vornehmen.

Listing 3.110 zeigt das Überschreiben der Methode `printInfo()` in der Subklasse `Motorboat` mithilfe des Schlüsselworts `override`.

Listing 3.110 Überschreiben einer bestehenden Methode der Superklasse in der Subklasse

```
class Motorboat: Vehicle {
    override func printInfo() {
        print("Das ist ein Motorboot")
    }
}
var myVehicle = Vehicle()
var myMotorboat = Motorboat()
myVehicle.printInfo()
myMotorboat.printInfo()
// Das ist ein Fahrzeug
// Das ist ein Motorboot
```

Wie Sie sehen, wird nun, je nachdem, von welcher Instanz die Methode aufgerufen wird, die passende Implementierung der Klasse `Vehicle` oder die der Klasse `Motorboat` aufgerufen.

Neben Methoden können Sie auch Properties der Superklasse auf diese Art und Weise überschreiben, allerdings gibt es dafür nur zwei Möglichkeiten:

1. Überschreiben des Getters und Setters von Computed Properties
2. Überschreiben der Property Observers von Stored Properties

Tatsächlich sind das auch die einzigen Fälle, in denen das Überschreiben von Properties Sinn macht, denn die zugewiesenen Werte speichern sie ja in jedem Fall, egal ob sie in der Super- oder in der Subklasse deklariert sind. Womöglich möchten Sie aber bei Computed Properties andere Getter und Setter verwenden beziehungsweise bei Stored Properties entweder bestehende Property Observers überschreiben oder neue ergänzen. Auch in diesem Fall deklarieren Sie die entsprechende Property wie gewohnt in der Subklasse und müssen lediglich darauf achten, der Deklaration das Schlüsselwort `override` voranzustellen (siehe Listing 3.111).

Listing 3.111 Überschreiben von Properties einer Superklasse in einer Subklasse

```
class Motorboat: Vehicle {
    override var color: String {
        didSet {
            print("Umlackiert!")
        }
    }
}
```

In diesem Beispiel wurde die bestehende Property `color` aus der Superklasse `Vehicle` um einen Property Observer ergänzt.

3.8.2 Zugriff auf Eigenschaften und Methoden der Superklasse

Genauso, wie Sie bestehende Eigenschaften und Methoden einer Superklasse in einer Subklasse überschreiben können, so können Sie aus einer Subklasse heraus auch direkt auf die ursprünglichen Eigenschaften und Methoden der direkten Superklasse zugreifen. Das Schlüsselwort dabei lautet `super`. `super` verweist auf die Eigenschaften der Superklasse und kann diese entsprechend auslesen beziehungsweise Methoden ausführen. `super` ist aber nur innerhalb der Implementierung der entsprechenden Subklasse verfügbar, Sie können nicht von der Instanz einer Klasse aus direkt auf Eigenschaften und Methoden der zugehörigen Superklasse zugreifen.

Listing 3.112 zeigt erneut die überschriebene Methode `printInfo()` der Klasse `Motorboat`, die neben der neuen Konsolennachricht auch die gleichnamige Methode ihrer Superklasse aufruft. Rufen wir so die Methode `printInfo()` nun auf eine Instanz von `Motorboat` auf, werden zwei Konsolennachrichten ausgegeben.

Listing 3.112 Zugriff auf die Methode einer Superklasse mittels `super`

```
class Motorboat: Vehicle {
    override func printInfo() {
        super.printInfo()
        print("Das ist ein Motorboot")
    }
}
var myMotorboat = Motorboat()
myMotorboat.printInfo()
// Das ist ein Fahrzeug
// Das ist ein Motorboot
```

Auf dieselbe Art und Weise können Sie auch auf alle anderen Methoden und Eigenschaften wie Properties der Superklasse innerhalb der Implementierung der Subklasse zugreifen.

3.9 Optionals

Optionals sind ein besonderes Sprachmerkmal von Swift, das Objective-C im Laufe der Zeit in einer eigenen Variation übernommen hat. Optionals erlauben es uns, Variablen oder Parameter und Rückgabewerte von Methoden als „optional" zu deklarieren. Diese Deklarierung legt fest, dass die entsprechende Variable beziehungsweise der Parameter oder Rückgabewert möglicherweise keinen Wert besitzt (also `nil` ist). Fehlt diese Deklaration, muss umgekehrt immer ein valider Wert gesetzt sein, eine Zuweisung von `nil` zu einem nicht optionalen Objekt ist verboten.

Dieses Pattern unterscheidet Swift grundlegend von herkömmlichen Objective-C-Code. Während im Allgemeinen in Objective-C jede Variable oder jeder Parameter prinzipiell `nil` sein kann, muss in Swift zunächst einmal für jede Variable und jeden Parameter immer ein passender Wert gesetzt werden. Ein optionaler Wert ist als solcher auch immer explizit als Optional zu kennzeichnen.

3.9.1 Deklaration von Optionals

Doch wie deklariert man nun eine Variable oder einen Parameter als Optional in Swift? Wir nutzen hierzu ein Fragezeichen ?, was bei der Deklaration hinter den Typ der Variablen beziehungsweise des Parameters oder Rückgabewerts gesetzt wird. Listing 3.113 zeigt die Deklaration von Optionals in verschiedenen Szenarien.

Listing 3.113 Deklaration von Optionals

```
var optionalVariable: Int?
func methodWithOptionalReturnValue() -> Int? {
    <do something...>
}
func methodWithOptionalParameter(parameter: Int?) {
    <do something...>
}
```

Setzen wir ein Fragezeichen ? hinter den Typ, so deklarieren wir den entsprechenden Wert als optional. Wie beschrieben hat das zur Folge, dass der entsprechende Parameter möglicherweise über keinen Wert verfügt. Diesen Fall müssen wir abfangen und entsprechend darauf reagieren.

Jeder Wert muss gesetzt sein

Optionals sind in Swift deshalb so wichtig und müssen explizit gekennzeichnet werden, da die Sprache den Grundsatz besitzt, dass jeder Wert gesetzt sein muss (beispielsweise von Properties einer Klasse oder von Parametern einer Methode). Rufen wir beispielsweise eine Methode ohne optionale Parameter auf, so müssen beim Aufruf dieser Methode alle Parameter über einen passenden Wert verfügen. Dieses Vorgehen gibt uns die Sicherheit, dass die entsprechenden Parameter und Variablen tatsächlich immer über einen Wert verfügen, mit dem wir arbeiten können. Nur wenn eine Variable oder ein Parameter explizit als optional gekennzeichnet ist, müssen wir auf den Fall reagieren, dass wir eventuell keinen passenden Wert erhalten.

Wie sieht das Ganze nun in der Praxis aus? Betrachten wir als Erstes einmal die Methode mit dem optionalen Rückgabewert aus dem vorherigen Beispiel. Auch wenn der Rückgabewert als optional deklariert ist, so muss diese Methode weiterhin in jedem Fall `return` aufrufen und etwas zurückgeben. Bei diesem zurückgegebenen Wert kann es sich aber in diesem Fall auch um `nil` handeln. Listing 3.114 zeigt ein Beispiel für solch eine Methode.

Listing 3.114 Beispiel einer Methode mit optionalem Rückgabewert

```
func divideValues(firstValue: Int, secondValue: Int) -> Float? {
    if secondValue == 0 {
        return nil
    }
    return firstValue / secondValue
}
```

Die Methode `divideValues(firstValue:secondValue:)` nimmt zwei Parameter entgegen und liefert ein optionales Float zurück. Die Aufgabe der Methode besteht darin, die beiden übergebenen Werte zu dividieren. Da eine Division durch Null nicht möglich ist, wird der zweite Wert innerhalb der Methode abgefragt; entspricht er `0`, liefert die Methode `nil` zurück, da eine entsprechende Berechnung nicht durchgeführt werden kann.

Wäre der Rückgabewert dieser Methode nicht als optional deklariert, so wäre der Aufruf von `return nil` unzulässig. Dann nämlich „verpflichtet" sich die Methode, immer einen passenden Wert des entsprechenden Typs zurückzuliefern. Das ist der entscheidende Unterschied bei der Arbeit mit Optionals. Verwenden Sie Optionals daher immer dann, wenn die gewünschte Variable oder der gewünschte Parameter womöglich keinen Wert besitzt. Soll hingegen immer ein Wert gesetzt sein, verzichten Sie auch auf die Deklaration als Optional.

3.9.2 Zugriff auf Optionals

Wir wissen nun, was Optionals sind und wie wir sie deklarieren. Der zweite Schritt besteht nun darin, eine optionale Variable beziehungsweise einen optionalen Parameter vor der eigentlichen Verwendung zu prüfen; wenn die Variable oder der Parameter schließlich `nil` ist, können wir keine Operationen damit durchführen und müssen einen alternativen Ablauf starten.

Ganz grundlegend gibt es zwei Wege, ein Optional auf einen Wert zu prüfen. Der erste besteht darin, ein Optional mittels `if`-Abfrage mit `nil` zu vergleichen (siehe Listing 3.115).

Listing 3.115 Prüfen eines optionalen Parameters gegen `nil`

```
func methodWithOptionalParameter(parameter: Int?) {
    if parameter == nil {
        // parameter besitzt keinen Wert und ist somit nil
    } else {
        // Parameter besitzt einen validen Wert
    }
}
```

Je nachdem, ob der optionale Parameter über einen Wert verfügt oder nicht, landen Sie somit im korrekten Zweig der `if`-Abfrage und können Ihre weitere Logik implementieren. Doch damit ist erst der erste Schritt zur Prüfung eines Optionals erfüllt, der zweite besteht im eigentlichen Zugriff auf den Wert des Optionals. Um nämlich den Wert eines Optionals auszulesen, müssen Sie dieses „entpacken" (aus dem Englischen von „unwrap"). Wenn Sie ein Optional entpacken, müssen Sie absolut sicher sein, dass es auch tatsächlich über einen entsprechenden Wert verfügt; andernfalls führt das Entpacken zum Absturz Ihrer App. Die eben gezeigte `if`-Abfrage kann daher typischerweise genutzt werden, um zunächst zu prüfen, ob ein Optional nicht `nil` ist, ehe man es entpackt; dann nämlich besitzt man die Gewissheit, dass das Optional tatsächlich über einen validen Wert verfügt.

Für das Entpacken eines Optionals wird das Ausrufezeichen ! verwendet, welches einfach hinter den Namen der optionalen Variablen beziehungsweise des optionalen Parameters gesetzt wird. Damit greifen Sie direkt auf den Wert des Optionals zu und lesen diesen aus. Dieses Vorgehen wird auch als *Forced Unwrapping* bezeichnet. Listing 3.116 zeigt ein Beispiel für das Entpacken eines Optionals mittels Forced Unwrapping.

Listing 3.116 Forced Unwrapping

```
var result: Int?
func addValueToResult(_ value: Int?) {
    if value != nil {
        if result == nil {
            result = value!
        } else {
            result! += value!
        }
    }
}
```

In diesem Beispiel gibt es eine optionale Variable `result`, die ein aktuelles Ergebnis enthält, und eine Methode `addValueToResult(_:)`, der ein optionaler Wert übergeben wird, der auf die Variable `result` dazu addiert werden soll. Zu Beginn der Methode `addValueTo Result(_:)` wird dann zunächst einmal geprüft, ob der übergebene Parameter nicht `nil` ist (und somit einen Wert enthält); nur in diesem Fall macht es überhaupt Sinn, eine entsprechende Addition des Werts des Parameters mit `result` durchzuführen. Doch genau so muss auch in einem zweiten Schritt geprüft werden, ob nicht `result` auch noch nil ist; falls ja, könnte man nichts dazu addieren. In diesem Fall wird stattdessen result der aktuelle Wert des Parameters value zugewiesen. Da wir eben direkt auf den Wert dieses Optionals zugreifen, müssen wir ihn mithilfe des Ausrufezeichens ! entpacken. Besitzt umgekehrt result beim Aufruf der Methode bereits einen Wert, so wird auch dieser entpackt und der Wert des übergebenen Parameters zu result dazu addiert. Insgesamt findet hier also dreimal ein Forced Unwrapping statt, eben immer dann, wenn wir direkt auf den Wert eines Optionals zugreifen wollen beziehungsweise müssen.

Alternativ zur Abfrage gegen nil und dem Verwenden des Forced Unwrapping bietet Swift noch ein weiteres Pattern exklusiv für Optionals, um diese abzufragen. Dabei handelt es sich auch um eine if-Abfrage, die den Wert des Optionals prüft. Verfügt das Optional über einen Wert, so wird dieser direkt einer Konstanten zugewiesen, die Sie dann innerhalb des if-Blocks nutzen können, um mit dem entsprechenden Wert des Optionals zu arbeiten. Listing 3.117 zeigt die Syntax dieser als *Optional Binding* bezeichneten Technik.

Listing 3.117 Optional Binding.

```
var optionalVariable: Int?
if let unwrappedValue = optionalVariable {
    // optionalVariable verfügt über einen Wert und
    // dieser Wert wird der Konstanten unwrappedValue zugewiesen
}
```

Mithilfe der if let-Syntax wird sowohl eine neue Konstante erstellt (in diesem Beispiel eine Konstante namens unwrappedValue) und dieser der Wert eines Optionals (in diesem Fall der Variablen optionalVariable) zugewiesen. Innerhalb der if-Abfrage können Sie dann die neu erstellte Konstante verwenden, um mit dem Wert des Optionals zu arbeiten. Welchen Namen Sie generell für diese Konstante vergeben, bleibt Ihnen überlassen. Sollte das Optional hingegen über keinen Wert verfügen, ist die Bedingung der if-Abfrage nicht erfüllt und sie wird gar nicht erst ausgeführt.

3.9.2.1 Implicit Unwrapping

Sie wissen nun, was Optionals sind und wie man sie typischerweise verwendet und mit ihnen arbeitet. Das Forced Unwrapping ist dabei eine wichtige Technik, um auf den Wert eines Optionals zuzugreifen. Allerdings ist es auch müßig, immer explizit auf den Wert eines Optionals durch Setzen des Ausrufezeichens ! zuzugreifen, gerade dann, wenn man weiß, dass das entsprechende Optional in der Regel nach einer erstmaligen Zuweisung eines Werts auch nicht mehr auf nil gesetzt wird.

Aus diesem Grund findet sich in Swift noch eine alternative Deklaration von Optionals, die als *Implicit Unwrapping* bezeichnet wird. Dabei wird ein Optional statt mit einem Fragezeichen direkt mit einem Ausrufezeichen deklariert. Listing 3.118 zeigt beide Deklarationen nebeneinander im Vergleich.

Listing 3.118 Deklaration von Optionals für Forced und Implicit Unwrapping

```
var forcedUnwrappingOptional: Int?
var implicitUnwrappingOptional: Int!
```

Zunächst einmal gibt es technisch keinen Unterschied zwischen den beiden deklarierten Variablen `forcedUnwrappingOptional` und `implicitUnwrappingOptional`; beide sind Optionals, so wie wir sie bisher kennengelernt haben. Der Unterschied wird erst beim Zugriff auf den Wert des jeweiligen Optionals ersichtlich. Während wir den Wert der Variablen `forcedUnwrappingOptional` mittels Forced Unwrapping und Setzen des Ausrufezeichens `!` explizit abfragen müssen, können wir auf den Wert der Variablen `implicitUnwrappingOptional` direkt zugreifen; es ist keinerlei explizites Entpacken notwendig. Listing 3.119 zeigt den beispielhaften Zugriff auf den Wert der beiden Variablen.

Listing 3.119 Zugriff auf den Wert von Optionals

```
var forcedUnwrappingOptional: Int? = 19
var implicitUnwrappingOptional: Int! = 99
print("forcedUnwrappingOptional entspricht \(forcedUnwrappingOptional!)")
print("implicitUnwrappingOptional entspricht \(implicitUnwrappingOptional)")
```

Beiden Variablen wird hier bei der Deklaration ein Wert zugewiesen. Während der Wert bei `forcedUnwrappingOptional` mittels explizitem Forced Unwrapping und Setzen des entsprechenden Ausrufezeichens `!` ausgelesen werden muss, kann der Wert von `implicitUnwrappingOptional` direkt mittels einfachem Zugriff auf die Variable ausgelesen werden.

Einsatzgebiete von Implicit Unwrapping

Implicit Unwrapping bietet sich an, wenn der Wert einer Variablen zwar optional ist, in der Regel aber gesetzt ist beziehungsweise nach dem erstmaligen Setzen nicht mehr auf `nil` zurückgesetzt wird. Dadurch erspart man sich das ständige Entpacken von Optionals, von denen man ausgehen kann, dass sie über einen Wert verfügen.

Dennoch gilt es auch hier aufzupassen, denn es handelt sich noch immer um Optionals; sie *können* also `nil` sein beziehungsweise auf `nil` gesetzt werden. Darum haben Abfragen gegen `nil` oder das Optional Binding auch bei mit einem Ausrufezeichen `!` deklarierten Optionals noch immer ihre Daseinsberechtigung und sollten genutzt werden, um auch ein solches Optional gegen `nil` zu prüfen, ehe man auf seinen Wert zugreift. Wenn der Zugriff auf den Wert eines Optionals erfolgt und dieser `nil` entspricht, endet das immer im Absturz der eigenen App.

3.10 Initialisierung

Wir haben bereits in diversen Code-Beispielen neue Instanzen eigener Klassen oder von Fundamental Types erstellt; dieser Vorgang wird als Initialisierung bezeichnet, eben das Erstellen einer neuen Instanz eines Typs. Dabei spielt die Initialisierung in Swift eine immens große Rolle, denn in Swift gilt der Grundsatz:

Alle Werte eines Typs müssen nach der Initialisierung einer neuen Instanz gesetzt sein. Was genau bedeutet das? Das bedeutet, dass alle Properties eines Typs, die nicht optional sind, nach der Initialisierung über einen Wert verfügen müssen. Wie diese Werte gesetzt werden, ist von uns abhängig, und es gibt dabei zwei Möglichkeiten:

1. Allen Properties werden bereits bei der Deklaration innerhalb einer Klasse per se Standardwerte zugewiesen (die dann für jedes Objekt nach der Initialisierung entsprechend gesetzt werden).
2. Es werden eigene sogenannte Initializer implementiert, die bei der Initialisierung aufgerufen werden und den Properties dynamisch übergebene Werte zuweisen.

Diesen Grundsatz müssen wir auch beim Erstellen eigener Klassen in Swift beachten. Denn wenn wir einer Klasse Properties hinzufügen, die nicht optional sind, so müssen wir diesen entweder direkt einen passenden Wert zuweisen oder alternativ einen eigenen Initializer für diese Klasse zur Verfügung stellen, der dieser Property einen entsprechenden Wert zuweist. Nur optionale Properties bleiben von dieser Regel ausgenommen, da sie – wie der Name schon sagt – optional sind und keinen Wert besitzen müssen.

Bevor wir uns dem Erstellen eigener Initializer widmen, möchte ich einmal kurz auf die praktische Umsetzung des ersten Falls eingehen, nämlich dem Setzen von Standardwerten. Wir haben es schon öfter in diesem Abschnitt gesehen, dennoch möchte ich noch einmal ganz praktisch zeigen, wie eine Klasse mit Properties aussieht, denen bei der Deklaration ein Standardwert zugewiesen wird (siehe Listing 3.120).

Listing 3.120 Setzen von Standardwerten

```
class MyClass {
    var myFirstProperty: Int = 19
    var mySecondProperty = "Thomas"
}
```

Den beiden Properties `myFirstProperty` und `mySecondProperty` wird hier ein Standardwert zugewiesen, bei `myFirstProperty` wird sogar mittels Type Inference der Typ der Property direkt mit angegeben. Erstellen wir von solch einer Klasse eine neue Instanz, so verfügen die beiden Properties direkt über diese standardmäßig zugewiesenen Werte, womit die Bedingung, dass alle Properties nach der Initialisierung einer Instanz gesetzt sind, erfüllt ist. Werfen wir nun einen Blick auf die Initializer, mit denen wir die Erstellung von Instanzen erweitern und optimieren können.

3.10.1 Schreiben von Initializern

Wir brauchen Initializer, um neue Instanzen unserer Klassen zu erstellen. Den sogenannten *Default Initializer* haben wir schon kennengelernt und auch angewendet, er wird durch den Namen der Klasse gefolgt von leeren runden Klammern aufgerufen (siehe Listing 3.121).

Listing 3.121 Aufruf des Default Initializer

```
var myStringInstance = String()
var myClassInstance = MyClass()
```

Wie der Name Default Initializer bereits andeutet, steht uns dieser Initializer standardmäßig zur Verfügung, ohne dass wir dafür etwas tun müssen. Für jede Klasse, die wir selbst in Swift erstellen, können über den Default Initializer Instanzen dieser Klasse erstellt werden. Allerdings bietet der Default Initializer keinerlei Dynamik. Wir können keinerlei Eigenschaften oder Attribute für die neue Instanz unserer Klasse bei deren Initialisierung festlegen, sondern müssen diese für jede Instanz nach deren Erstellung händisch vornehmen. Bei vielen Klassen wünscht man sich aber, dass man einigen oder allen Properties der Klasse bereits bei der Initialisierung dynamisch Werte übergibt, die die neue Instanz dann direkt besitzt. Hier kommen die eigenen Initializer ins Spiel, die wir in jeder Klasse in Swift selbst erstellen können.

Betrachten wir dabei zunächst einmal den Grundaufbau eines Initializers. Ein Initializer ist zunächst nichts anderes als eine Methode, die wir innerhalb unserer Klasse implementieren. Sie besitzt keinen Rückgabewert und kann über mehrere Parameter verfügen (oder gar keinen). Ein Initializer wird mithilfe des Schlüsselworts `init` erstellt, gefolgt von runden Klammern, die mögliche Parameter enthalten (genau wie bei Methoden). Innerhalb darauffolgender geschweifter Klammern folgt dann die Implementierung des Initializers. Listing 3.122 zeigt diesen grundlegenden Aufbau eines jeden Initializers.

Listing 3.122 Aufbau eines Initializers

```
init(<Parameter>) {
    <Implementierung des Initializers>
}
```

Der einfachste Initializer, den man erstellen kann, ist einer ohne Parameter. Ein solcher Initializer fungiert automatisch als Default Initializer und wird somit bei der einfachen Initialisierung einer neuen Instanz einer Klasse aufgerufen. Einen derartigen Initializer ohne Parameter verwendet man typischerweise, um Standardwerte für die eigenen Properties zu setzen. Dieses Vorgehen ist somit vergleichbar mit dem direkten Setzen von Standardwerten für Properties bei deren Deklaration.

Listing 3.123 zeigt die Implementierung eines entsprechenden einfachen Initializers in einer Beispielklasse.

Listing 3.123 Implementierung eines einfachen Initializers

```
class Vehicle {
    var color: String
    var manufacturer: String
    var maxSpeed: Float
    init() {
        color = "Blau"
        manufacturer = "Opel"
        maxSpeed = 200
    }
}
var myVehicle = Vehicle()
print("Farbe: \(myVehicle.color)")
print("Hersteller: \(myVehicle.manufacturer)")
print("Höchstgeschwindigkeit: \(maxSpeed)")
// Farbe: Blau
// Hersteller: Opel
// Höchstgeschwindigkeit: 200
```

Die Klasse `Vehicle` verfügt über drei (nicht optionale) Properties. Wie wir gelernt haben, muss jede nicht optionale Property nach der Initialisierung eines neuen Objekts über einen Wert verfügen. Da den Properties in dieser Klasse keine Standardwerte zugewiesen werden, muss diese Zuweisung also zwingend über einen Initializer erfolgen. Genau das ist hier auch der Fall. Wir überschreiben den Default Initializer mittels `init()` und sorgen in der Implementierung des Initializers dafür, dass jede Property einen Standardwert erhält. Der Code innerhalb dieses Initializers wird somit bei jedem Aufruf von `Vehicle()` ausgeführt. Damit ist die grundlegende Bedingung von Swift, alle Properties nach der Initialisierung einer Instanz mit Werten zu versehen, auch erfüllt. Würde der Initializer innerhalb der Klasse fehlen, würde uns ein Compiler-Fehler darauf aufmerksam machen, dass in dieser Klasse die nicht optionalen Properties nach der Initialisierung über keinen Wert verfügen; unsere App ließe sich in diesem Falle also auch gar nicht bauen und ausführen.

3.10.1.1 Initializer mit Parametern

Wir wissen nun, wie wir selbst einen einfachen Initializer implementieren und umsetzen und wozu das notwendig und gut ist. Allerdings fehlt uns noch immer die Dynamik, um bereits bei der Initialisierung Objekte mit einzigartigen und passenden Eigenschaften zu versehen. Aus diesem Grund gibt es auch die Möglichkeit, eigene Initializer zu schreiben, die Parameter entgegennehmen, die wir wiederum den Properties der Klasse direkt zuweisen können. So lassen sich die Eigenschaften eines Objekts bei der Klasse bereits bei der Initialisierung individuell festlegen.

Ein solcher Initializer mit Parametern wird ähnlich erstellt wie eine Methode mit Parametern. Grundlage ist aber erneut das Schlüsselwort `init`, gefolgt von runden Klammern. Innerhalb dieser Klammern können wir aber beliebig viele Parameter definieren, denen wir dann beim Aufruf des Initializers direkt passende Werte übergeben können. Listing 3.124 zeigt das `Vehicle`-Beispiel von eben mit einem angepassten Initializer, der für jede Property einen Parameter entgegennimmt und den übergebenen Wert der passenden Property zuweist.

Listing 3.124 Erstellen eines Initializers mit Parametern

```
class Vehicle {
    var color: String
    var manufacturer: String
    var maxSpeed: Float
    init(color: String, manufacturer: String, maxSpeed: String) {
        self.color = color
        self.manufacturer = manufacturer
        self.maxSpeed = maxSpeed
    }
}
```

In diesem Beispiel nimmt `init` drei Parameter entgegen. Name, Typ und Anzahl der Parameter können wir selbst für eigene Initializer festlegen, es gibt hierbei keinerlei Beschränkungen. Wie gesagt ist es lediglich wichtig, am Ende der Initialisierung allen nicht optionalen Properties einer Klasse einen Wert zugewiesen zu haben.

In dem Beispiel aus Listing 3.124 fällt darüber hinaus auf, dass bei der Zuweisung der Parameter zu den Properties das Schlüsselwort `self` verwendet wird, um auf die Properties zuzugreifen. `self` verweist dabei auf die Klasse und die zugrunde liegende Instanz selbst, entspricht also einem Verweis beziehungsweise einem Aufruf der Eigenschaften und Methoden der Klasse selbst. Normalerweise können wir in Swift auf die Verwendung von `self` verzichten, wenn wir auf Properties und Methoden innerhalb einer Klasse zugreifen möchten, auch wenn es optional möglich ist. Im Falle des Initializers aus diesem Beispiel ist die Verwendung von `self` zum Zugriff auf die entsprechenden Properties aber Pflicht. Doch warum ist das so?

Das liegt an den Namen der Parameter, die wir im Initializer festgelegt haben; diese sind identisch mit den Namen der Properties der Klasse. Verzichten wir hier auf `self` zum Verweis auf die Property, geht Swift davon aus, dass wir den Parameter ansprechen. Ohne `self` würde Swift also versuchen, dem Parameter selbst seinen eigenen Wert zuzuweisen, was in einem Compiler-Fehler endet. Dieses Problem würde nicht existieren, hätten die Parameter eine andere Bezeichnung als die Properties. Listing 3.125 stellt das beispielhaft dar. Funktional entspricht es Listing 3.124.

Listing 3.125 Angepasste Parameternamen eines Initializers

```
class Vehicle {
    var color: String
    var manufacturer: String
    var maxSpeed: Float
    init(colorParam: String, manufacturerParam: String, maxSpeedParam: String) {
        color = colorParam
        manufacturer = manufacturerParam
        maxSpeed = maxSpeedParam
    }
}
```

Wann immer also Properties einer Klasse und Parameter einer Methode über denselben Namen verfügen, ist die Verwendung von `self` mitunter zwingend notwendig, damit Swift weiß, welches der beiden Elemente denn nun gemeint ist.

Sie können einer Klasse darüber hinaus mehr als nur einen Initializer hinzufügen. Beim Erstellen einer neuen Instanz einer Klasse können Sie dann einen der verfügbaren Initializer auswählen und über diesen das neue Objekt erstellen. Mehrere Initializer haben den Vorteil, auf verschiedene „Konfigurationswünsche" der eigenen Klasse einzugehen und jeweils die Werte abzufragen, die für den jeweiligen Initializer relevant sind. So ergänze ich in Listing 3.126 die Klasse `Vehicle` aus Listing 3.124 um einen weiteren Initializer, der nur einen Hersteller als Parameter entgegennimmt und für die restlichen Properties der Klasse wiederum Standardwerte setzt.

Listing 3.126 Verwenden mehrerer Initializer

```
class Vehicle {
    var color: String
    var manufacturer: String
    var maxSpeed: Float
    init(color: String, manufacturer: String, maxSpeed: String) {
        self.color = color
        self.manufacturer = manufacturer
        self.maxSpeed = maxSpeed
    }
```

```
    init(manufacturer: String) {
        color = "Blau"
        self.manufacturer = manufacturer
        maxSpeed = 200
    }
}
```

Beide deklarierten Initializer können nun zur Erstellung einer neuen Instanz der Klasse Vehicle verwendet werden. Bei der Implementierung von beiden ist lediglich wichtig - wie schon so oft gesagt -, dass allen nicht optionalen Properties ein passender Wert zugewiesen wird; was in beiden Initializern der Fall ist (einmal nur durch Übergabe von Parametern, einmal aus einer Mischung aus Parameter und Standardwerten).

3.10.1.2 Aufruf von Initializern

Wie man den Default Initializer eines Typs aufruft, haben wir bereits erfahren; dazu setzen wir eine geöffnete und geschlossene runde Klammer nach dem Namen des Typs, von dem wir eine neue Instanz erzeugen möchten, beispielsweise Vehicle(). Das entspricht dem Aufruf des Initializers der Klasse, der keine Parameter entgegennimmt. Wie aber rufen wir nun alternative Initializer mit Parametern auf, wie wir sie in den letzten Beispielen erstellt haben?

Initializer werden genau so aufgerufen, wie sie auch deklariert sind, das heißt innerhalb der runden Klammern wird jeder Parameter des gewünschten Initializers namentlich aufgeführt, gefolgt von einem Doppelpunkt und anschließend dem zu übergebenden Wert. Alle Parameter eines Initializers werden dabei nacheinander kommasepariert voneinander aufgeführt. Listing 3.127 zeigt solch einen Aufruf der beiden in Listing 3.126 implementierten Initializer der Klasse Vehicle.

Listing 3.127 Aufruf von Initializern

```
var myFirstVehicle = Vehicle(color: "Rot", manufacturer: "Audi", maxSpeed: 300)
// myFirstVehicle.color ist Rot
// myFirstVehicle.manufacturer ist Audi
// myFirstVehicle.maxSpeed ist 300
var mySecondVehicle = Vehicle(manufacturer: "Chevrolet")
// mySecondVehicle.color ist Blau
// mySecondVehicle.manufacturer ist Chevrolet
// mySecondVehicle.maxSpeed ist 200
```

Wie Sie sehen, werden je nach Aufruf unterschiedliche Werte für die Properties der Klasse Vehicle gesetzt. Es ist aber sichergestellt, dass jede Property nach der Initialisierung eines Objekts der Klasse Vehicle in jedem Fall über einen passenden Wert verfügt.

Failable Initializer

In manchen Fällen kann die Initialisierung eines Objekts möglicherweise nicht funktionieren, beispielsweise weil eine bestimmte Ressource fehlt oder eine Angabe fehlerhaft ist. Nehmen wir beispielsweise an, Sie haben eine Klasse, um eine Bilddatei darzustellen, und erwarten im zugehörigen Initializer dieser Klasse einen entsprechenden Verweis auf diese Datei. Nun wäre es möglich, dass dieser Verweis falsch oder fehlerhaft ist und damit keine passende Bilddatei gefunden wird, die aber für die Funktion Ihrer Klasse essenziell ist. Hier kommen die sogenannten *Failable Initializer* ins Spiel.

Ein Failable Initializer wird mittels `init?` deklariert und ist ansonsten identisch aufgebaut wie alle anderen Initializer auch. Allerdings haben Sie in einem Failable Initializer die Möglichkeit, diesen zu jeder Zeit mittels des Aufrufs `return nil` zu verlassen und damit auch kein Objekt für die Initialisierung zurückzuliefern (sie ist in diesem Fall also fehlgeschlagen). Listing 3.128 zeigt ein einfaches Beispiel eines Failable Initializers. Dabei erwartet die Klasse `PersonInformation` einen Namen, sollte dieser leer sein, schlägt die Initialisierung fehl.

Listing 3.128 Beispiel eines Failable Initializers

```
class PersonInformation {
    var name: String
    init?(name: String) {
        if name == "" {
            return nil
        }
        self.name = name
    }
}
```

Dabei gilt es zu beachten, dass Sie `return` nur aufrufen, wenn Sie `nil` zurückgeben möchten. Wenn die Initialisierung wie gewünscht durchgeführt werden kann, setzen Sie einfach wie gewohnt alle Properties und schließen damit die Initialisierung ab.

3.10.2 Designated und Convenience Initializer

Man unterscheidet zwischen zwei verschiedenen Arten von Initializern in Swift, den sogenannten Designated und Convenience Initializern. Designated Initializer sind diejenigen, die für alle Properties passende Werte setzen. Einer dieser Designated Initializer muss in jedem Fall bei der Initialisierung eines neuen Objekts des entsprechenden Typs aufgerufen werden, um eine vollständig konfigurierte Instanz zu erhalten. Convenience Initializer hingegen sind ergänzende Initializer, die selbst ausschließlich optionale Konfigurationen vornehmen (beispielsweise das Setzen von Werten für Optionals einer Klasse) und am Ende immer einen Designated Initializer aufrufen, um die Initialisierung abzuschließen. Convenience Initializer werden mit dem Schlüsselwort `convenience` vor `init` deklariert.

Typischerweise verwendet man Convenience Initializer oftmals dazu, doppelten Code bei der Initialisierung zu vermeiden. Werfen wir beispielsweise einen Blick auf die beiden Initializer in Listing 3.126. Letzten Endes tun beide dasselbe, nämlich schlicht und einfach Werte für die bestehenden Properties setzen. Der Unterschied besteht darin, dass der erste Initializer Parameter für jede Property entgegennimmt, während der zweite nur einen Parameter für den Hersteller erwartet und für die anderen beiden Properties Standardwerte vergibt. So ein Fall ist ideal geeignet, um einen Convenience Initializer zu erstellen. Denn wirklich wichtig ist in diesem Beispiel nur ein Initializer: der, der für *jede* Property einen Parameter erwartet und so eine neue Instanz dynamisch konfiguriert. Der zweite Initializer könnte schließlich auch einfach den ersten aufrufen und ihm die Standardwerte sowie den Parameter für den Hersteller übergeben, und genau das können wir mit einem Convenience Initializer umsetzen.

Listing 3.129 zeigt die Überarbeitung des zweiten Initializers von Listing 3.126 als Convenience Initializer.

Listing 3.129 Deklaration und Implementierung eines Convenience Initializers

```
class Vehicle {
    var color: String
    var manufacturer: String
    var maxSpeed: Float
    init(color: String, manufacturer: String, maxSpeed: String) {
        self.color = color
        self.manufacturer = manufacturer
        self.maxSpeed = maxSpeed
    }
    convenience init(manufacturer: String) {
        self.init(color: "Blau", manufacturer: manufacturer, maxSpeed: 200)
    }
}
```

Statt in beiden Initializern die Wertzuweisung zu den Properties durchzuführen, ruft der Convenience Initializer stattdessen einfach direkt den Designated Initializer auf und übergibt die gewünschten Werte (zwei Standardwerte, ein Parameter). Dieses Pattern findet sich häufig in der Entwicklung mit Swift und ist sinnvoll, um den Code übersichtlich und strukturiert zu halten.

3.10.3 Initializer und Vererbung

Bis jetzt haben wir Initializer nur immer aus einer Basisklasse heraus betrachtet. Sobald Vererbung ins Spiel kommt, müssen wir aber beim Schreiben eigener Initializer für Subklassen noch etwas beachten: Ein Designated Initializer muss dann zwingend einen Designated Initializer der Superklasse aufrufen, um die Erstellung einer neuen Instanz der Subklasse sauber durchführen zu können. Das hat auch einen logischen Grund: Während die Initializer einer Subklasse zunächst nur dafür Sorge tragen müssen, die eigenen nicht optionalen Properties mit passenden Werten zu setzen, erbt diese Subklasse aber gleichzeitig auch alle Eigenschaften (und damit Properties) der Superklasse; und deren Werte müssen dann natürlich bei der Initialisierung auch gesetzt werden. Damit nun eine Subklasse nicht für jede Property in der gesamten Vererbungshierarchie einen Wert setzen muss, muss stattdessen aus jedem Designated Initializer heraus auch ein Designated Initializer der Superklasse aufgerufen werden. Das geschieht mithilfe des Aufrufs von `super`, gefolgt vom gewünschten Initializer der Superklasse. Listing 3.130 zeigt ein Beispiel dazu.

Listing 3.130 Aufruf eines Designated Initializers der Superklasse

```
class Vehicle {
    var color: String
    var manufacturer: String
    var maxSpeed: Float
    init(color: String, manufacturer: String, maxSpeed: String) {
        self.color = color
        self.manufacturer = manufacturer
        self.maxSpeed = maxSpeed
    }
}
class Motorboat: Vehicle {
    var boatType: String
    init(color: String, manufacturer: String, maxSpeed: String, boatType: String) {
        self.boatType = boatType
        super.init(color: color, manufacturer: manufacturer, maxSpeed: maxSpeed)
    }
    convenience init(boatType: String) {
        self.init(color: "Weiß", manufacturer: "Fairline Boats", maxSpeed: 30,
boatType: "Autoboot")
    }
}
```

Dieses Beispiel zeigt die Verwendung eines Initializers innerhalb einer Subklasse. Die Klasse `Motorboat` ist eine Subklasse von `Vehicle` und besitzt einen eigenen Designated Initializer, um Werte für alle wichtigen Attribute zu setzen. Die Klasse selbst bringt nur eine eigene Property mit: `boatType`. Wie in Designated Initializern üblich, werden darin zunächst alle eigenen Properties der Klasse mit Werten versehen. Erst danach wird ein Designated Initializer der Superklasse aufgerufen. Diese Reihenfolge ist wichtig, halten Sie sich nicht daran, erzeugt das einen Compiler-Fehler. Möchten Sie Properties, die eine Superklasse deklariert, in einem eigenen Initializer ändern, so dürfen Sie auf diese Properties der Superklasse erst zugreifen, *nachdem* Sie einen Designated Initializer der Superklasse mittels `super` aufgerufen haben. In Convenience Initializern gilt dasselbe, dort dürfen Sie auch erst auf die Properties der Superklasse zugreifen, *nachdem* Sie mittels `self.init` einen anderen Initializer innerhalb derselben Klasse aufgerufen haben.

Diese Regeln zum Ablauf von Designated Initializern sind im Folgenden noch einmal zusammengefasst:

1. Ein Designated Initializer muss die Werte für alle nicht optionalen Properties der eigenen Klasse (nicht die der Superklasse!) setzen.
2. Ein Designated Initializer muss nach dem Setzen von Werten aller nicht optionalen Properties der eigenen Klasse einen Designated Initializer der Superklasse aufrufen (sofern eine Superklasse existiert).
3. Properties, die in Superklassen definiert wurden, dürfen erst nach Aufruf eines Designated Initializers der Superklasse aufgerufen, ausgelesen und verändert werden.

Wie bereits beschrieben, gilt für Convenience Initializer soweit dasselbe, mit dem Unterschied, dass diese direkt einen anderen Initializer aufrufen und erst danach sowohl auf die eigenen als auch auf die in Superklassen deklarierten Properties zugreifen dürfen. In Bild 3.8 sehen Sie eine grafische Darstellung der Aufrufe von Initializern untereinander, um die vorgestellte Abfolge zu verdeutlichen. Während Designated Initializer immer nur Designated Initializer der Superklasse aufrufen, können Convenience Initializer sowohl andere Convenience Initializer als auch Designated Initializer derselben Klasse aufrufen. Doch dieser letzte Punkt ist dabei entscheidend: Convenience Initializer rufen nur Initializer *derselben* Klasse auf. Und tatsächlich muss am Ende *immer* ein Designated Initializer aufgerufen werden. Irgendein Convenience Initializer in dieser Kette muss also zum Schluss einen Designated Initializer aufrufen, sodass – egal, welchen Initializer man letzten Endes aufruft – in jedem Fall am Ende immer ein Designated Initializer aufgerufen wird.

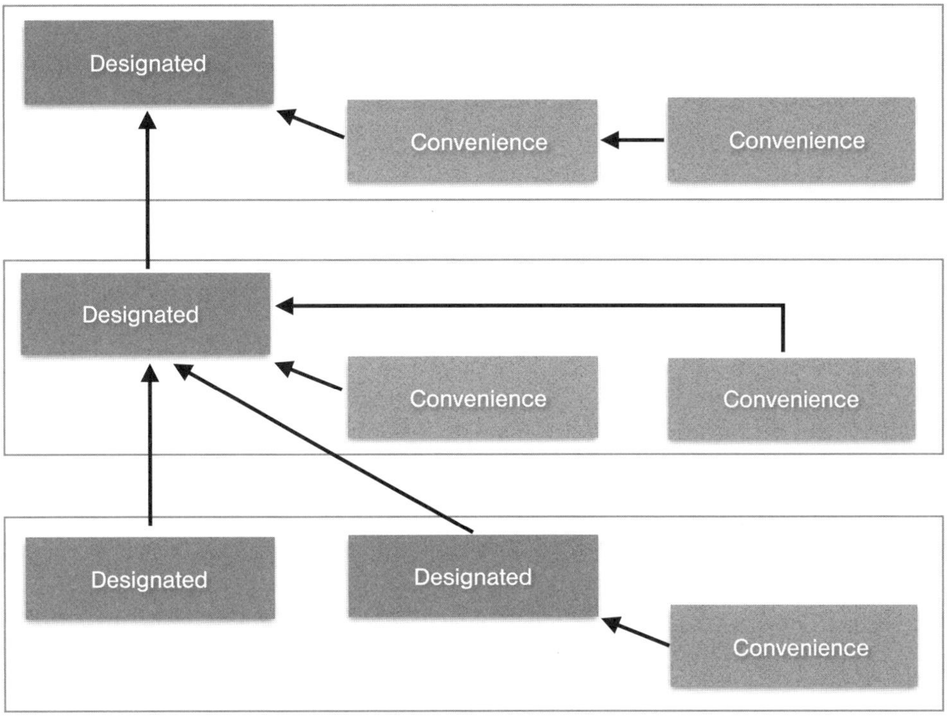

Bild 3.8 Die Aufrufe zwischen Designated und Convenience Initializern untereinander grafisch dargestellt.

3.10.4 Deinitialisierung

Deinitialisierung bezeichnet die Entfernung eines Objekts aus dem Speicher, womit es freigegeben wird und nicht mehr länger verwendet werden kann (siehe dazu auch den Abschnitt „Speicherverwaltung" in Kapitel 4, „Grundlagen der iOS-Entwicklung"). Sobald ein Objekt auf diese Art und Weise deinitialisiert wird, wird in Swift die Methode `deinit` der Klasse des freizugebenden Objekts aufgerufen. Standardmäßig müssen wir diese Methode nicht weiter beachten und müssen sie in unseren Klassen auch nicht implementieren, da sich die Speicherverwaltung um das korrekte Auflösen des Objekts kümmert. In manchen Fällen möchte man aber noch ein paar „Aufräumarbeiten“ durchführen, ehe das Objekt komplett aus dem Speicher verschwindet. Dabei kann es sich beispielsweise um das Entfernen sogenannter Observer handeln, mit denen ein Objekt bestimmte Nachrichten und Eigenschaften im gesamten Projekt überwacht und informiert wird, wenn sich etwas tut (siehe dazu auch Kapitel 6, „MVC – Model-View-Controller“). Werden diese Observer vor der Deinitialisierung eines Objekts nicht entfernt, bleiben diese im System bestehen und führen zu einem Absturz, sobald ein solcher Observer aktiv wird und das inzwischen freigegebene Element über eine Änderung informieren will.

`deinit` werden wir an den Stellen in der iOS-Entwicklung, an denen wir es tatsächlich brauchen, noch entsprechend kennenlernen; ich werde an passender Stelle jeweils auf die Verwendung von `deinit` hinweisen. An dieser Stelle reicht es aus, über die eben beschriebene Grundfunktion und den Sinn von `deinit` Bescheid zu wissen. Möchte man `deinit` in eigenen Klassen nutzen, so muss man die in Listing 3.131 gezeigte Methode innerhalb der entsprechenden Klasse hinzufügen.

Listing 3.131 Deklaration von `deinit`

```
deinit {
    <Implementierung von deinit>
}
```

Man sieht hier bereits einen deutlichen Unterschied zu Methoden und Initializern; die runden Klammern mit etwaigen Parametern fehlen. Darüber hinaus verhält es sich mit `deinit` wie mit jeder anderen Methode auch. Innerhalb der geschweiften Klammern folgt die entsprechende Implementierung. Dabei handelt es sich um den Code, der ausgeführt wird, bevor eine entsprechende Instanz der Klasse aus dem Speicher verschwindet. Hier wäre also beispielsweise der geeignete Platz, gesetzte Observer wieder freizugeben oder etwaige laufende Animationen zu beenden.

3.11 Type Casting

Type Casting in Swift besitzt zwei Aufgaben: Einerseits können Sie damit den Typ prüfen, den eine Variable beziehungsweise Konstante innehat, und andererseits erlaubt es uns, ein Objekt explizit in einen anderen Typ umzuwandeln (sofern das möglich ist). Beide Verfahren möchte ich Ihnen an dieser Stelle vorstellen und erläutern.

3.11.1 Typ prüfen

Den Typ einer Variablen oder Konstanten zu prüfen, wirkt auf den ersten Blick paradox, geben wir doch den Typ in Swift immer explizit an oder lassen ihn automatisch von Swift setzen. Dennoch gibt es Situationen, in denen wir nicht genau wissen, mit welchem Typ wir es zu tun haben, oder in denen wir einen spezifischeren Typ erwarten und prüfen müssen, ob er auch tatsächlich auf die entsprechende Variable oder Konstante zutrifft. Dazu finden Sie in Listing 3.132 ein umfangreiches Beispiel, anhand dessen ich das Type Casting erläutern möchte.

Listing 3.132 Klassen zur Abbildung von Geschichten und Büchern

```
class Story {
    var title: String
    init(title: String) {
        self.title = title
    }
}
class Book: Story {
    var numberOfPages: Int
    init(title: String, numberOfPages: Int) {
        self.numberOfPages = numberOfPages
        super.init(title: title)
    }
}
class Audiobook: Story {
    var reader: String
    var lengthInMinutes: Int
    init(title: String, reader: String, lengthInMinutes: Int) {
        self.reader = reader
        self.lengthInMinutes = lengthInMinutes
        super.init(title: title)
    }
}
```

Hier werden insgesamt drei Klassen deklariert: eine Klasse `Story` mit der Property `title` sowie zwei Subklassen von `Story`, `Book` und `Audiobook` (mit jeweils eigenen passenden Properties). In einem nächsten Schritt erstelle ich nun ein neues Array vom Typ `Story`, dem unterschiedliche `Book`- und `Audiobook`-Objekte zugewiesen werden. Das funktioniert deshalb, weil diese Objekte als gemeinsame Superklasse `Story` besitzen und ein Typ einer Variablen oder Konstanten auch alle Subklassen mit einschließt (siehe Listing 3.133).

Listing 3.133 Erstellen eines Arrays mit unterschiedlichen `Story`-Objekten

```
let stories: Array<Story> = [
    Book(title: "Es", numberOfPages: 1181)
    Book(title: "The Stand", numberOfPages: 1199)
    Audiobook(title: "Dr. Sleep", reader: "David Nathan", lengthInMinutes: 1219)
]
```

Als Nächstes möchte ich nun die Anzahl an Büchern und Hörbüchern innerhalb dieses Arrays zählen, doch da habe ich ein Problem. Das Array beherbergt Objekte vom Typ `Story`, ich kann also im Nachhinein gar nicht unterscheiden, ob es sich dabei um Objekte der Klasse `Book` oder `Audiobook` handelt.

Dank Type Casting haben wir die Möglichkeit, eben doch eine solche Prüfung durchzuführen. Wir können ein Objekt gegen einen bestimmten Typen abfragen, um so zu erfahren, ob das Objekt zu dem entsprechenden Typ konform ist oder nicht. Dazu nutzen wir den Operator `is`. In Listing 3.134 sehen wir sogleich die Lösung für das geschilderte Problem. Alle

Objekte des stories-Arrays werden mittels for-in-Schleife durchlaufen und jedes Objekt gegen den Typ Book beziehungsweise Audiobook geprüft. Je nachdem, um was es sich handelt, wird eine entsprechende Zählvariable hochgezählt.

Listing 3.134 Typ prüfen mit is

```
var bookCount = 0
var audiobookCount = 0
for story in stories {
    if story is Book {
        bookCount += 1
    } else if story is Audiobook
        audiobookCount += 1
    }
}
// bookCount entspricht 2
// audiobookCount entspricht 1
```

Wie wir sehen, ist das Type Casting daher besonders im Zusammenspiel mit Vererbung wichtig, falls man prüfen möchte, ob ein Objekt von einer bestimmten Subklasse abgeleitet ist (eben genau wie in diesem Fall). Mithilfe von is können wir jederzeit ein Objekt auf einen bestimmten Typ prüfen und nur, wenn das Objekt zum abgefragten Typ gehört, weitere Aktionen durchführen.

3.11.2 Downcasting

Den Typ eines Objekts mithilfe von is abzufragen, ist die eine Fähigkeit des Type Casting. Die andere besteht darin, ein Objekt eines Typs in einen anderen „umzuwandeln“. Ich setze das deshalb in Anführungszeichen, weil es sich technisch um keine Umwandlung handelt. Doch der Reihe nach.

Das Beispiel aus Listing 3.134 hat gezeigt, dass wir es manchmal mit Objekten zu tun haben, die einen anderen Typen besitzen als angenommen oder erwartet (gerade im Zusammenspiel mit Vererbung). Wenn wir so beispielsweise auf die Story-Objekte aus Listing 3.133 zugreifen, haben wir ein Problem: Wir können nur auf die Property title dieser Objekte zugreifen, denn sie sind ja vom Typ Story, und andere Eigenschaften liefert die Klasse nicht mit. Die zusätzlichen Informationen wie die Anzahl der Seiten der Klasse Book oder der Sprecher der Klasse Audiobook bleiben unzugänglich, da alle Objekte innerhalb des stories-Arrays als Typ Story deklariert sind. Was also tun?

Hier kommt das sogenannte Downcasting ins Spiel. Wie der Name schon sagt, erlaubt es uns, ein Objekt innerhalb der Vererbungshierarchie in einen spezifischeren Typ „umzuwandeln“, um damit auf dessen spezifischere Eigenschaften (wie die der Klassen Book und Audiobook) zuzugreifen. Doch Obacht: Downcasting funktioniert nur, wenn es sich bei dem entsprechenden Objekt auch tatsächlich um eine Instanz eben dieses Typs handelt, zu dem man einen Downcast durchführt. So können wir keinen Downcast von einer Instanz vom Typ Book in ein Audiobook durchführen.

Dieses Downcasting brauchen wir beispielsweise, wenn wir die Inhalte des stories-Array aus Listing 3.133 auslesen und spezifische Aktionen ausführen möchten, je nachdem, ob es sich bei dem Objekt innerhalb des Arrays um eines vom Typ Book oder Audiobook handelt.

Unterstützt werden wir dabei von den Operatoren `as?` und `as!`. Mit diesen können wir den Typ eines Objekts explizit ändern. `as?` liefert bei der Umwandlung ein Optional zurück (schließlich kann ein Downcast ja auch fehlschlagen); sollte der Downcast nicht möglich sein, erhält man somit auch `nil`. Anders bei `as!`: Hier wird der Downcast in jedem Fall durchgeführt. Sollte er nicht möglich sein, führt das zum Absturz der App.

Im folgenden Listing 3.135 ändere ich das Beispiel aus Listing 3.134 ab und caste die Objekte des `stories`-Arrays je nach Typ in ein `Book` oder `Audibook`, um anschließend auf die spezifischen Informationen der jeweiligen Klasse zuzugreifen.

Listing 3.135 Downcasting mit `as!`

```
for story in stories {
    if story is Book {
        let book = story as! Book
        print("Buch mit Titel \(book.title) und \(book.numberOfPages) Seiten.")
    } else if story is Audiobook {
        let audiobook = story as! Audiobook
        print("Hörbuch mit Titel \(audiobook.title), Sprecher \(audiobook.speaker)
und einer Länge von \(audibook.lengthInMinutes) Minuten.")
    }
}
// Buch mit Titel Es und 1181 Seiten.
// Buch mit Titel The Stand und 1199 Seiten.
// Hörbuch mit Titel Dr. Sleep, Sprecher David Nathan und einer Länge von 1219
Minuten.
```

Beim Downcast weise ich in diesem Beispiel das Objekt einer neuen Konstanten zu, die dann vom entsprechenden Typ ist (in diesem Fall `Book` oder `Audiobook`). Das erlaubt es mir auch, auf die zusätzlichen Attribute von `Book` und `Audiobook` zuzugreifen, die bei `Story` nicht zur Verfügung stehen.

Ebenso sieht man, dass ich den Downcast erst durchgeführt habe, nachdem ich mittels `is` geprüft habe, ob der Typ auch tatsächlich bei dem entsprechenden Objekt unterstützt wird.

if let bei Downcasts

Alternativ zu der in Listing 3.135 vorgestellten Syntax zum Abfragen und anschließenden Downcast des Typs lässt sich beides mittels der `if let`-Syntax auch in einem einzigen Schritt verbinden. Genau wie beim Prüfen von Optionals können wir mittels `if let` beim Type Casting einerseits prüfen, ob ein Objekt von einem bestimmten Typ ist, und – wenn das der Fall ist – den Wert dieses Objekts entsprechend einer neuen Konstanten dieses Typs zuweisen. Listing 3.136 zeigt diese Verwendung von `if let` als Alternative zum Code aus Listing 3.135.

Listing 3.136 Downcasting mit `if let`

```
for story in stories {
    if let book = story as? Book {
        print("Buch mit Titel \(book.title) und \(book.numberOfPages)
Seiten.")
    } else if let audiobook = story as? Audiobook {
```

```
            print("Hörbuch mit Titel \(audiobook.title), Sprecher \
(audiobook.speaker) und einer Länge von \(audiobook.lengthInMinutes)
Minuten.")
        }
}
// Buch mit Titel Es und 1181 Seiten.
// Buch mit Titel The Stand und 1199 Seiten.
// Hörbuch mit Titel Dr. Sleep, Sprecher David Nathan und einer Länge von
1219 Minuten.
```

Diese Syntax vereint die beiden Schritte zur Abfrage und zum Downcast eines Objekts in einen anderen Typ. Dabei wird der `as?`-Operator verwendet, da an dieser Stelle unklar ist, ob das entsprechende Objekt vom abgefragten Typ ist. Im Gegensatz dazu steht der bereits bekannte `as!`-Operator, der ein Objekt definitiv in einen anderen Typ castet.

3.12 Enumerations

Mithilfe von Enumerations lassen sich Gruppen von festen Werten zusammenstellen, auf die Sie dann zugreifen können. Sie dienen primär dazu, Ihren Code besser lesbar und übersichtlicher zu machen.

Eine neue Enumeration erstellen Sie mithilfe des Schlüsselworts `enum`, gefolgt vom gewünschten Namen der Enumeration. Namen von Enumerations beginnt man in Swift in der Regel mit einem Großbuchstaben, da diese – genau wie Klassen – eigene Typen in Swift definieren; Sie können also auch Variablen oder Parameter erstellen, die als Typ einer Enumeration entsprechen. Anschließend folgt die Implementierung der Enumeration innerhalb von geschweiften Klammern.

In der Implementierung werden die festen Werte, über die eine Enumeration verfügen soll, mithilfe des Schlüsselworts `case` definiert. Diese einzelnen Werte einer Enumeration werden auch als *Member* bezeichnet. Listing 3.137 zeigt die komplette Deklaration und Implementierung einer Beispiel-Enumeration.

Listing 3.137 Deklaration und Implementierung einer Beispiel-Enumeration

```
enum Direction {
    case left
    case right
    case bottom
    case top
}
```

Hier wird eine Enumeration namens `Direction` deklariert, die über vier verschiedene Member verfügt: `left`, `right`, `bottom` und `top`. Objekte, die wir als Typ der Enumeration `Direction` definieren, können somit nur einen dieser vier festgelegten Member annehmen.

Listing 3.138 zeigt die Deklaration einer Variablen und eines Methodenparameters vom Typ `Direction`.

Listing 3.138 Deklaration von Variablen und Parametern als Enumeration-Typ

```
var direction: Direction?
func changeDirection(updatedDirection: Direction) {
    direction = updatedDirection
}
```

Möchte man solch einer Variablen oder solch einem Parameter einen entsprechenden Wert übergeben, so setzt sich dieser standardmäßig aus dem Namen der Enumeration (in unserem Fall also `Direction`) gefolgt von einem Punkt sowie dem gewünschten Member innerhalb der Enumeration zusammen. Listing 3.139 zeigt die direkte Zuweisung eines Werts zur zuvor deklarierten Variablen `direction` sowie die Verwendung als Parameter der Methode `changeDirection`.

Listing 3.139 Zuweisung eines Werts einer Enumeration

```
direction = Direction.top
changeDirection(Direction.right)
```

Neben dieser Schreibweise gibt es noch eine zusätzliche Schreibweise in Swift, um Objekten vom Typ einer Enumeration schneller und besser lesbar einen passenden Wert zuzuweisen. Denn wenn der Typ eindeutig feststeht (wie es in diesem Fall mit `Direction` der Fall ist), kann bei der Zuweisung eines entsprechenden Members aus der jeweiligen Enumeration auf die Angabe des Typs zu Beginn verzichtet werden; man beginnt einfach direkt mit dem Schreiben des Punkts, gefolgt vom gewünschten Member aus der Enumeration. Listing 3.140 zeigt das gleiche Beispiel wie in Listing 3.139, allerdings mit der verkürzten Schreibweise.

Listing 3.140 Kurzschreibweise bei der Zuweisung eines Werts einer Enumeration

```
direction = .top
changeDirection(.right)
```

3.12.1 Zusätzliche Werte in Membern einer Enumeration speichern

Die bisher gezeigte Form einer Enumeration dient vor allen Dingen dazu, feststehende und zusammenhängende Werte in einer Gruppe (eben der Enumeration) zusammenzufassen, um so einen einfacheren und übersichtlicheren Zugriff darauf zu gewähren. Statt beispielsweise mit verschiedenen String-Objekten zu hantieren oder Arrays mit separaten Objekten zu erstellen, fasst man die gewünschten Informationen stattdessen in einer Enumeration zusammen. Da diese auch als eigenständiger Typ in Swift erkannt werden, helfen sie auch bei der Entwicklung, da ein Objekt vom Typ einer Enumeration eben auch nur Werte aus dieser Enumeration annehmen kann; die Zuweisung eines anderen Werts führt umgehend zu einem Compiler-Fehler.

Dennoch möchte man manchmal noch zusätzliche Werte in den Membern einer Enumeration speichern. Nehmen wir beispielsweise eine Enumeration, die verschiedene Namen zusammenfasst (siehe Listing 3.141).

Listing 3.141 Enumeration zum Zusammenfassen von Namen

```
enum Name {
    case michaela
    case thomas
    case tobias
}
```

Hier könnte es Sinn machen, jedem dieser Member einen String zuzuweisen, der den Namen eben auch noch einmal als String darstellt, um diesen auch zur Textausgabe zu verwenden. Für solche Fälle haben wir in Enumerations die Möglichkeit, den Membern einen zusätzlichen Typ zuzuweisen. Jedem Member innerhalb der Enumeration muss dann ein entsprechender Wert dieses Typs zugewiesen werden. Listing 3.142 zeigt die Deklaration der Enumeration `Name` als `String` und weist jedem Member den entsprechenden Namen als String zu.

Listing 3.142 Setzen eines Typs für eine Enumeration

```
enum Name: String {
    case michaela = "Michaela"
    case thomas = "Thomas"
    case tobias = "Tobias"
}
```

Haben wir nun ein Objekt vom Typ `Name`, so können wir auch auf den zugrunde liegenden String dieses Objekts zugreifen. Dazu verwenden wir die Funktion `rawValue`, die wir auf einen Member einer Enumeration aufrufen, um so den zugewiesenen Wert auszulesen. Listing 3.143 zeigt verschiedene Beispiele zur Verwendung von `rawValue`.

Listing 3.143 Zugriff auf den Wert eines Enumeration-Members

```
var myName: Name = Name.thomas
print("Mein Name ist \(myName.rawValue).")
print("Ein anderer Name ist \(Name.tobias.rawValue).")
// Mein Name ist Thomas.
// Ein anderer Name ist Tobias.
```

Wir sehen hier zwei Möglichkeiten zum Zugriff auf den Wert eines Enumeration-Members: entweder über ein entsprechendes Objekt der Enumeration und direkten Aufruf von `rawValue` auf dieses Objekt (schließlich verweist es ja auf einen Member der entsprechenden Enumeration) oder über den Aufruf von `rawValue` direkt über den gewünschten Member einer Enumeration wie im zweiten Beispiel. In beiden Fällen greifen wir direkt auf den Wert dieses Members zu.

Darüber hinaus ist auch der umgekehrte Weg möglich: Wir können einen spezifischen Wert in einer Enumeration abfragen, um darüber den passenden Member dieser Enumeration zu erhalten. Listing 3.144 zeigt ein entsprechendes Beispiel.

Listing 3.144 Zugriff auf den Member einer Enumeration mittels des zugrunde liegenden Werts

```
let thomas = Name(rawValue: "Thomas")
// thomas ist vom Typ Name und verweist auf den Member Thomas
```

Mithilfe der Funktion `rawValue`, die wir auf jede Enumeration aufrufen können, können wir einen gewünschten Wert eines Members übergeben, den wir innerhalb dieser Enumeration suchen (wie in diesem Beispiel den String `Thomas`). Daraufhin liefert die Enumeration den passenden Member zurück, die Konstante `thomas` ist in diesem Beispiel somit vom Typ `Name` und verweist auf den Member `thomas`.

Enumerations um zusätzliche Funktionalität erweitern

In Swift haben Sie die Möglichkeit, Enumerations neben den Membern noch zusätzliche Funktionalität mit an die Hand zu geben. So können Sie innerhalb von Enumerations auch zusätzliche Variablen, Konstanten und Methoden definieren. Dadurch unterscheiden sich Enumerations in Swift stark von denen in Objective-C, in denen derartige Erweiterungen nicht möglich sind.

3.13 Structures

Structures sind in Swift den Klassen sehr ähnlich. Sie erlauben es, eigene Typen zu definieren und ihnen Properties und Methoden zuzuweisen. Wir können Instanzen von diesen Typen erstellen, auf die Properties zugreifen und die Methoden aufrufen. Eine Structure wird mithilfe des Schlüsselworts `struct` deklariert, gefolgt vom gewünschten Namen der Structure. Listing 3.145 zeigt ein Beispiel für die Deklaration und Implementierung einer Structure, basierend auf dem `Vehicle`-Beispiel aus den vorherigen Abschnitten.

Listing 3.145 Deklaration und Implementierung einer Structure

```
struct Vehicle {
    var manufacturer: String
    var maxSpeed: Float
    func startDriving() {
        <do something...>
    }
    func printInfo() {
        print("Das ist ein Fahrzeug.")
    }
}
```

Ein großer Unterschied von Structures im Vergleich zu Klassen sticht dabei auch bereits ein wenig ins Auge: Obwohl im Structure `Vehicle` zwei nicht optionale Properties definiert sind, gibt es keinen entsprechenden Initializer. Das liegt nicht daran, dass man in Structures keine Initializer erstellen kann (das geht nämlich sehr wohl), sondern daran, dass Structures immer ganz automatisch einen sogenannten *Memberwise Initializer* mitbringen.

Das ist ein Initializer, der automatisch alle nicht optionalen Properties erfasst und diese bei der Initialisierung abfragt. In Listing 3.146 sehen Sie die Erstellung einer neuen Instanz der Structure `Vehicle` mithilfe des Memberwise Initializers.

Listing 3.146 Memberwise Initializer einer Structure aufrufen

```
var myVehicle = Vehicle(manufacturer: "Opel", maxSpeed: 200)
```

Der Memberwise Initializer fragt automatisch alle nicht optionalen Properties einer Structure ab, womit Sie ohne weiteres Zutun immer mindestens einen passenden Initializer für eigene Structures besitzen. Davon abgesehen verhalten sich Structures insgesamt fast genauso wie Klassen, es gibt aber weitere essenzielle Unterschiede zwischen diesen beiden Elementen, die ich Ihnen im Folgenden auflisten möchte. Zunächst zu den *Gemeinsamkeiten* von Structures und Klassen:

- Structures und Klassen definieren neue Typen, die Sie in Swift nutzen können.
- Structures und Klassen lassen sich um Properties, Methoden und Initializer ergänzen.
- Alle Werte von nicht optionalen Properties von Structures und Klassen müssen nach der Initialisierung einer entsprechenden Instanz gesetzt sein.

Daneben gilt es folgende essenzielle *Unterschiede* zwischen Structures und Klassen zu beachten:

- Methoden in Structures können nur lesend auf die eigenen Properties der Structure zugreifen, nicht schreibend.
- Structures verfügen über einen automatisch generierten Initializer, den Memberwise Initializer, mit dem automatisch Werte für alle nicht optionalen Properties gesetzt werden können; Klassen besitzen einen solchen automatisch generierten Memberwise Initializer nicht.
- Klassen können die Methode `deinit` zur Deinitialisierung nutzen, Structures nicht.
- Klassen können Vererbung nutzen, Structures nicht.

Typischerweise werden Structures für kleinere komplexe Programmlogiken verwendet, um darüber einfache Typen mit ein paar wenigen Properties und Methoden abzubilden. Für alles andere werden in der Regel aber immer Klassen verwendet, und gerade in der Programmierung für iOS, wo Klassen das A und O sind, kommen wir um das regelmäßige Erstellen und Bearbeiten von Klassen gar nicht herum (mehr dazu in Kapitel 4, „Grundlagen der iOS-Entwicklung“).

3.14 Generics

Generics sind ein ganz besonderes Highlight der Programmiersprache Swift. Sie erlauben es Ihnen, Funktionen und Typen zu definieren, die über einen oder mehrere dynamisch definierte Typen verfügen; soweit die grobe und durchaus kompliziert klingende Zusammenfassung von Generics in einem Satz. Tatsächlich sind Generics eben nicht zuletzt aufgrund ihrer besonderen Funktionsweise und der durchaus ungewohnten und etwas komplizierten Syntax alles andere als trivial. Daher erfahren Sie im Folgenden Schritt für Schritt, wie die Arbeit mit Generics funktioniert, welche Vorteile sich daraus für Sie ergeben und wann Generics an ihre Grenze stoßen.

Um die Funktionsweise und den Nutzen von Generics am besten vorzustellen, lohnt der Blick in ein praktisches Beispiel. Als Vorlage soll dabei die Methode `swap(_:_:)` aus der Swift Standard Library dienen. Diese Methode hat die Aufgabe, die Werte von zwei Objekten miteinander zu vertauschen. Listing 3.147 zeigt eine derartige, eigens von mir geschriebene Methode, die die Werte von zwei String-Objekten miteinander vertauscht.

Listing 3.147 Beispiel einer Methode zum Vertauschen zweier Strings

```
func changeStringValue(_ firstValue: inout String, withStringValue secondValue: inout
String) {
    let temporaryFirstValue = firstValue
    firstValue = secondValue
    secondValue = temporaryFirstValue
}
```

Die Funktionsweise der gezeigten Methode `changeStringValue(_:withStringValue:)` ist dabei sehr simpel: ihr werden zwei Parameter vom Typ String übergeben, die mittels `inout` gekennzeichnet sind; Letzteres hat zur Folge, dass die Werte direkt in den aufrufenden Objekten der Methode entsprechend vertauscht werden (und nicht nur innerhalb der Methode selbst). Ohne `inout` wäre eine Änderung der Parameter der Methode gar nicht möglich.

Die Methode speichert den Wert des ersten zu tauschenden Parameters in einer neu erstellten temporären Konstanten `temporaryFirstValue` zwischen, und weist dem ersten Parameter anschließend den Wert des zweiten Parameters zu. Anschließend wird dem zweiten Parameter der ursprüngliche Wert des ersten Parameters zugewiesen, der in eben jener temporären Konstanten `temporaryFirstValue` enthalten ist.

Das ist alles gut und richtig so. Allerdings besitzt diese Methode eine starke Einschränkung: Sie funktioniert nur mit Parametern vom Typ `String`. Möchte man nun auf genau dieselbe Art und Weise Integer, Double oder sonstige Typen miteinander vertauschen, müsste man nach dem jetzigen Stand für jeden einzelnen Typ eine eigene Methode erstellen. Listing 3.148 zeigt einmal dieses Prozedere für zwei entsprechende Methoden, über die einmal Integer und einmal Double miteinander vertauscht werden können.

Listing 3.148 Methoden zum Vertauschen von Integer und Double

```
func changeIntValue(_ firstValue: inout Int, withIntValue secondValue: inout Int) {
    let temporaryFirstValue = firstValue
    firstValue = secondValue
    secondValue = temporaryFirstValue
}
func changeDoubleValue(_ firstValue: inout Double, withDoubleValue secondValue: inout
Double) {
    let temporaryFirstValue = firstValue
    firstValue = secondValue
    secondValue = temporaryFirstValue
}
```

Betrachtet man die insgesamt drei Methoden aus den eben gezeigten beiden Listings, so fällt auf, dass alle Methoden über exakt dieselbe Implementierung verfügen. Der einzige Unterschied besteht im Typ der Parameter, die sie jeweils besitzen; einmal ist es `String`, einmal `Int` und einmal `Double`. Doch unabhängig davon wird – ganz gleich, um welchen Typ es sich handelt – immer derselbe Code ausgeführt.

Genau diese Problematik – Code, der unabhängig von einem ganz bestimmten Typen funktioniert – ist prädestiniert für Generics. Eingangs habe ich zur Kurzbeschreibung von Generics geschrieben: „Mit Generics ist es möglich, Funktionen und Typen zu definieren, die über einen oder mehrere dynamisch definierte Typen verfügen." Genau das machen wir uns jetzt zunutze. Ideal wäre eine Methode, die statt eines statischen Typs für die Parameter unserer Methode wie `String`, `Int` oder `Double` einen *generischen* Typ erwartet. Was dieser generische Typ genau ist – `String`, `Int`, `Double` oder etwas ganz anderes – wird dann dynamisch beim Aufruf der Methode entschieden.

3.14.1 Generic Function

Eine Funktion, die einen oder mehrere dynamische Typen für Parameter erwartet, legt für eben jene Parameter Platzhalter bei der Deklaration der Funktion fest. Diese Platzhalter werden zwischen einem Kleiner- und Größer-Zeichen kommasepariert voneinander angegeben, bevor die eigentlichen Funktionsparameter in runden Klammern folgen. Wie diese Platzhalter benannt werden, ist dabei dem Entwickler überlassen. In der Regel sollten bei mehreren Platzhaltern verständliche und beschreibende Namen gewählt werden, die genauer erklären, wofür ein Platzhalter-Typ steht. Bei einzelnen Platzhaltern haben sich hingegen simple Einbuchstaben-Bezeichungen wie `T`, `U` oder `V` etabliert.

Da die Beschreibung des Aufbaus einer Generic Function etwas kompliziert klingt, zeigt Listing 3.149 zunächst einmal lediglich die Deklaration einer solchen, die über einen einzigen dynamischen Typ verfügt, der als `T` definiert wird. Als Basis für die Deklaration nehme ich das vorherige Beispiel zum Austausch von zwei Werten.

Listing 3.149 Aufbau einer Generic Function

```
func changeValue<T>(...) {
    ...
}
```

Zunächst einmal besteht der einzige Unterschied der Generic Function im Vergleich zu den vorherigen Beispielen im `<T>`, welches nach dem Funktionsnamen und vor den Parametern innerhalb der runden Klammern gesetzt ist. Wie beschrieben werden innerhalb dieses Kleiner- und Größer-Zeichens die gewünschten dynamischen Typen für diese Funktion definiert, in diesem Beispiel also ein einziger dynamischer Typ `T`.

Ein so definierter dynamischer Typ steht innerhalb der Funktion, in der er deklariert wurde, zur Verfügung, ganz gleich ob für Parameter oder innerhalb der Implementierung der Funktion.

Um welchen konkreten Typ es sich bei T letztendlich handelt, ist bei einer Generic Function von deren Aufruf abhängig. Dazu muss eine Generic Function für jeden definierten dynamischen Typ mindestens einen Parameter erwarten, der genau diesem Typ entspricht. Wird nun die Generic Function aufgerufen, wird T in genau jenen Typ umgewandelt, der dem entsprechenden Typ des übergebenen Parameters der Methode entspricht.

Listing 3.150 zeigt dazu einmal die vollständige Deklaration und Implementierung einer Generic Function. Es handelt sich dabei um die Weiterentwicklung der Funktion aus den vorangegangenen Listings zum Vertauschen zweier Werte. Die Methode nimmt nun – wie aus den eingangs gezeigten Beispielen bekannt – zwei Parameter entgegen, denen beide der dynamische Typ T zugewiesen wird. Der Rest der Implementierung entspricht den bereits bekannten Beispielen.

Listing 3.150 Beispielhafte Implementierung einer Generic Function zum Vertauschen zweier Werte

```
func changeValue<T>(_ firstValue: inout T, withValue secondValue: inout T) {
    let temporaryFirstValue = firstValue
    firstValue = secondValue
    secondValue = temporaryFirstValue
}
```

Rein äußerlich hat sich bei dieser Funktion nicht viel verändert. Tatsächlich besteht auch der einzige Unterschied im Vergleich zu den vorherigen Beispielen darin, dass sie einen dynamischen Typ T definiert und diesen als Typ für die beiden Parameter `firstValue` und `secondValue` verwendet. Diese kleine Änderung hat aber enorme Auswirkungen auf die Funktionalität und Verwendungsmöglichkeit dieser Funktion. Denn nun können ihr zwei Parameter jedes beliebigen Typs übergeben werden, solange die beiden Parameter nur demselben Typ entsprechen. Ganz gleich ob die Funktion nun mit zwei Strings, zwei Integern oder zwei Double aufgerufen wird, sie wird immer funktionieren und die Werte der beiden Parameter vertauschen.

In gewisser Weise kann man sich die Funktionalität dieser Generic Function wie folgt vorstellen: Beim Aufruf der Funktion sieht Swift, dass der erste Parameter vom dynamischen Typ T ist. Was für ein konkreter Typ das ist, definiert Swift anhand des Typs des Parameters, der der Methode für `firstValue` übergeben wird. Handelt es sich dabei um einen Integer, wird für T der Typ `Int` verwendet, handelt es sich um einen String, wird für T stattdessen `String` eingesetzt. Das bedeutet aber auch, dass der zweite Parameter der Methode, der ebenfalls vom dynamischen Typ T ist, folgerichtig auch automatisch ein Integer oder String sein muss; eben je nachdem, was zuvor für den ersten Parameter als Typ definiert wurde. Sollen stattdessen zwei verschiedene dynamische Typen für beide Parameter zum Einsatz kommen, so hätte man entsprechend auch einen zweiten dynamischen Typ neben T für die Funktion definieren müssen; das ist aber nicht der Fall. Mehrere verschiedene dynamische Typen deklarieren Sie, indem Sie diese innerhalb des Kleiner- und Größer-Zeichens kommasepariert voneinander aufführen und dabei jeweils verschiedene Bezeichner für die verschiedenen dynamischen Typen verwenden.

Listing 3.151 zeigt zum Abschluss einmal verschiedene Möglichkeiten zum Aufrufen der zuvor erstellten Generic Function mitsamt dem Ergebnis, das der jeweilige Aufruf erzeugt.

Listing 3.151 Beispielhafte Aufrufe einer Generic Function

```
var firstName = "Thomas"
var lastName = "Sillmann"
changeValue(&firstName, withValue: &lastName)
print("firstName: \(firstName)")
print("lastName: \(lastName)")
// firstName: Sillmann
// lastName: Thomas

var firstInt = 19
var secondInt = 99
changeValue(&firstInt, withValue: &secondInt)
print("firstInt: \(firstInt)")
print("secondInt: \(secondInt)")
// firstInt: 99
// secondInt: 19
```

Dabei zeigt dieses Beispiel sehr schön, wie generisch unsere neue Funktion im Vergleich zu den ersten Beispielen nun ist. Wo anfangs noch für jeden benötigten Typ eine eigene Funktion erstellt wurde, reicht nun eine einzige aus, um alle Anwendungsszenarien erfüllen zu können.

3.14.2 Generic Type

Generics können aber nicht nur für Funktionen zum Einsatz kommen. Es ist auch möglich, eigene sogenannte *Generic Types* für Klassen, Structures und Enumerations zu definieren. Der Sinn und Zweck und die Funktionsweise von Generic Types ist dabei identisch mit der von Generic Functions, nur mit dem Unterschied, dass ein so definierter dynamischer Typ eben nicht nur innerhalb einer einzigen Funktion, sondern stattdessen innerhalb einer ganzen Klasse, Structure oder eben Enumeration verwendet werden kann.

Die Deklaration eines Generic Types ist dabei ganz ähnlich zu der einer Generic Function. Nach Deklaration der Klasse, Structure oder Enumeration, die über einen Generic Type verfügen soll, werden nach dem Namen innerhalb eines Kleiner- und Größer-Zeichens die gewünschten Namen für die zu verwendenden Generic Types definiert.

Ein solcher Generic Type kann dann innerhalb der Klasse, Structure oder Enumeration wie jeder andere Typ auch verwendet werden. Es können damit also unter anderem Properties oder Parameter für Methoden deklariert werden.

Apple selbst liefert dazu ein sehr schönes Beispiel zur Verdeutlichung von Generic Types, nämlich eine sogenannte Stack-Structure. Diese soll ganz ähnlich funktionieren wie ein Array: Sie hält mehrere verschiedene Objekte eines Typs. Der Unterschied zum Array besteht aber darin, dass neue Objekte immer auf den „Stapel" bestehender Objekte aufgesetzt werden und beim Entfernen eines Objekts immer das Objekt an „oberster" Stelle dieses Stapels entfernt wird (getreu dem Prinzip „last in, first out").

Um die Funktionsweise und den Vorteil von Generic Types an dieser Stelle zu verdeutlichen, zeigt Listing 3.152 zunächst einmal eine solche Stack-Structure ausschließlich für Strings.

Listing 3.152 Stack-Structure auf Basis von Strings

```
struct StringStack {
    var strings = [String]()
    mutating func pushString(_ string: String) {
        strings.append(string)
    }
    mutating func popString() -> String {
        return strings.removeLast()
    }
}
```

mutating in Structures

In Structures benötigen Sie das Schlüsselwort `mutating` für Methoden, wenn Sie über diese Properties der Structure verändern möchten. In Klassen geht das direkt, in Structures muss, wie gezeigt, `mutating` der jeweiligen Methodendeklaration vorangestellt werden.

Die Structure `StringStack` ist möglichst einfach gehalten. Sie besitzt ein String-Array, in dem alle String-Objekte des Stapels gespeichert werden, und zwei Methoden, um ein neues String-Objekt dem Stapel hinzuzufügen (`pushString(_:)`) und um das letzte Objekt des Stapels wieder zu entfernen (`popString()`). Bei letzterer Methode wird noch das dadurch entfernte String-Objekt des Arrays zurückgeliefert.

Hier ergibt sich nun aber eine ganz ähnliche Problematik wie bei unserer Methode zum Vertauschen der Werte von zwei Variablen. Das erstellte Structure `StringStack` funktioniert ausschließlich mit Strings; wollen wir eine gleiche Logik für Integer, Double oder andere Typen abbilden, müssten wir entsprechend weitere passende Structures wie `IntStack`, `DoubleStack` und so weiter schreiben.

Stattdessen wäre es natürlich viel sinnvoller, den gewünschten Typ innerhalb des Stacks wie String oder Integer dynamisch zu ermitteln, je nachdem, wie eine Instanz dieses Structures erstellt wird. Und genau das ist dank Generic Types auch möglich. Dazu wird – anstelle von String aus dem eben gezeigten Beispiel – ein eigener Typ (ich nenne ihn wieder `T`) definiert, der beim Erstellen einer Instanz der Structure dann durch den gewünschten Typ geändert wird, der im Zusammenhang mit dem Stack verwendet werden soll. Listing 3.153 zeigt die entsprechende Implementierung eines solchen Stack-Structures.

Listing 3.153 Beispiel einer Stack-Structure auf Basis eines Generic Type

```
struct Stack<T> {
    var elements = [T]()
    mutating func pushElement(_ element: T) {
        elements.append(element)
    }
    mutating func popElement() -> T {
        return elements.removeLast()
    }
}
```

Wieder fällt auf, dass die Implementierung quasi komplett identisch ist mit der aus dem vorangegangenen Listing, lediglich mit dem Unterschied, dass überall, wo im `StringStack` der statische Typ `String` zum Einsatz kam, nun der eigens definierte Generic Type `T` verwendet wird. Mit diesem neuen Structure `Stack` ist es nun möglich, einen Stack mit jedem beliebigen Typ zu erstellen. Bleibt nur die Frage: Wie teilt man Swift mit, welchen Typ man für den Generic Type eines neuen Stack-Objekts einsetzen und verwenden möchte? Schließlich kann das hier nicht indirekt über Parameter wie bei Funktionen umgesetzt werden.

Tatsächlich ist die Lösung dafür sehr simpel. Genau so, wie der Generic Type einer Klasse, Structure oder Enumeration deklariert wird, wird er auch beim Erstellen einer Instanz eines solchen Elements gesetzt, nämlich nach dem Namen der entsprechenden Klasse, Structure oder Enumeration (in unserem Beispiel `Stack`) innerhalb eines Kleiner- und Größer-Zeichens. Listing 3.154 zeigt ein paar entsprechende Beispiele zum Erstellen einer neuen Stack-Instanz.

Listing 3.154 Beispielhafte Erstellung von `Stack`-Instanzen

```
let stringStack = Stack<String>()
let integerStack = Stack<Int>()
let doubleStack = Stack<Double>()
```

Je nachdem, welcher Typ innerhalb des Kleiner- und Größer-Zeichens definiert ist, setzt der Stapel dann eben auf entsprechende Objekte jenes Typs.

3.15 Error Handling Model

Swift verfügt über ein sogenanntes *Error Handling Model*, das direkt in die Programmiersprache integriert ist. Dieses Error Handling Model erlaubt es, eigene Methoden um eine Fehlerbehandlung zu erweitern, um so dem Nutzer Informationen bei einem möglichen Scheitern der gewünschten Aktion zur Verfügung zu stellen und eine Möglichkeit zu schaffen, entsprechend auf den Fehler zu reagieren. Apple selbst wendet dieses Pattern beispielsweise bei seiner Klasse zum Zugriff auf Dateien und Verzeichnisse innerhalb einer App an, um so einen Fehler feuern zu können, falls beispielsweise das Löschen eines Verzeichnisses misslingt. Das Error Handling Model ist also für all jene Methoden gedacht, deren Aktionen möglicherweise fehlschlagen können und deren potenzielle Fehler so behandelt werden sollen.

Um eine Methode entsprechend so zu deklarieren, dass sie möglicherweise einen Fehler zurückgibt, muss das Schlüsselwort `throws` nach den runden Klammern, in denen die Parameter einer Methode definiert werden, hinzugefügt werden. Verfügt die Methode über einen optionalen Rückgabewert, wird dieser nach dem Schlüsselwort `throws` hinzugefügt (siehe Listing 3.155).

Listing 3.155 Deklaration einer Methode mittels `throws`

```
func myFirstMethod(parameter: Int) throws {
    <do something...>
}
func mySecondMethod() throws -> Bool {
    <do something...>
}
```

Innerhalb einer so definierten Methode kann nun jederzeit ein Fehler gefeuert werden, wodurch die Methode verlassen wird. Das Feuern eines solchen Fehlers erfolgt mithilfe des Schlüsselworts `throw`, gefolgt vom Fehler selbst. Doch auch Fehler müssen erst einmal definiert werden, um überhaupt festlegen zu können, was beziehungsweise warum etwas schiefgelaufen ist.

Aus diesem Grund steht in Swift das Protokoll `ErrorType` zur Verfügung. Wir können eigene Typen erstellen, die konform zu diesem Protokoll sind, und darin die Fehler definieren, die auftreten und die wir sodann über Methoden feuern können. Listing 3.156 zeigt ein Beispiel eines eigens erstellten `ErrorType` in Form einer neuen Enumeration.

Listing 3.156 Erstellen eines eigenen `ErrorType`

```
enum LoginError: ErrorType {
    case wrongUserNameOrPassword
    case loginTimeOut
    case serverNotReachable
}
```

Diese Beispiel-Enumeration `LoginError` bildet drei Fehler ab, die im Zuge eines Logins (beispielsweise auf einer Website) auftreten können. Da es konform zum `ErrorType`-Protokoll ist, können die Werte innerhalb dieser Enumeration dazu verwendet werden, als potenzielle Fehler einer Methode zurückgeliefert zu werden. Listing 3.157 zeigt eine Methode, die ein übergebenes Passwort mit einem fest vorgegebenen Wert vergleicht; stimmen die beiden nicht überein, wird ein entsprechender Fehler gefeuert.

Listing 3.157 Überprüfung auf einen Fehler

```
func checkPassword(_ password: String) throws {
    if password != "MasterPassword" {
        throw LoginError.wrongUserNameOrPassword
    }
    <do something...>
}
```

Die Methode `checkPassword(_:)` gibt somit einen Fehler zurück, sollte das Passwort nicht dem erwarteten Wert entsprechen.

Die Umsetzung des Error Handling Model in eigenen Methoden ist das eine, die nächste spannende Frage ist natürlich, wie man nun beim Verwenden und Aufrufen derartiger Methoden mit dem möglichen Feuern eines Fehlers umgeht. Schlägt in unserem Beispiel schließlich der Login fehl, möchte man dem Nutzer womöglich eine entsprechende Information anzeigen statt alternativ einfach nichts zu tun.

In Swift ist es nötig, alle Methoden, die einen Fehler feuern können und somit über das Schlüsselwort `throws` innerhalb ihrer Deklaration verfügen, in einen `do-try-catch`-Block zu packen. Dieser sieht typischerweise so aus wie beispielhaft in Listing 3.158 gezeigt.

Listing 3.158 `do-try-catch`-Block zur Fehlerbehandlung

```
do {
    try <Methode ausführen, die Fehler feuern kann>
} catch {
    <was tun, wenn Fehler gefeuert wird?>
}
```

Innerhalb eines ersten do-Blocks wird mithilfe des Schlüsselworts `try` eine Methode aufgerufen, die einen Fehler zurückgeben kann. Innerhalb eines zweiten darauffolgenden `catch`-Blocks wird dann der gewünschte Code implementiert, der eben in solch einem Fehlerfall ausgeführt werden soll. Wird kein Fehler von der zuvor aufgerufenen Methode zurückgegeben, so wird der Code innerhalb des `catch`-Blocks auch nicht ausgeführt.

Neben einem `catch`-Block wie in Listing 3.158 können auch – ähnlich wie bei `else if`-Blöcken einer `if`-Abfrage – mehrere `catch`-Blöcke nacheinander aufgeführt werden, jeweils gefolgt von einem spezifischen Fehler, den sie behandeln sollen. Listing 3.159 zeigt einmal den Aufruf der zuvor deklarierten Methode `checkPassword(_:)`, in der gegen alle möglichen Fehler des ebenfalls erstellten `LoginError`-Typs geprüft wird.

Listing 3.159 Prüfen gegen verschiedene Fehler

```
do {
    try checkPassword("MyPassword")
} catch LoginError.wrongUserNameOrPassword {
    <Falscher Benutzername oder falsches Passwort>
} catch LoginError.loginTimeOut {
    <Timeout beim Login>
} catch LoginError.serverNotReachable {
    <Server nicht erreichbar>
} catch {
    <Ein anderer Fehler ist aufgetreten>
}
```

Dieses Error Handling Model ist fester Bestandteil von Swift und findet sich so auch in allen System-Frameworks von Apple wieder. In Kapitel 9, „Das Model und die Datenhaltung“, werden wir einige Methoden aus diesen System-Frameworks kennenlernen, die dieses Error Handling Model ebenfalls implementieren und verwenden.

Verzicht auf Fehlerbehandlung

Das Error Handling Model hilft uns dabei, potenzielle Fehler in unserem Code zu verarbeiten, ohne einen Absturz unserer App als wohl denkbar schlechteste Alternative in Kauf zu nehmen. Generell sollten Sie zu jedem Augenblick, in dem Sie eine mittels `throws` deklarierte Methode aufrufen, die somit fehlschlagen kann, auch auf die hier gezeigte Art und Weise auf einen potenziellen Fehler reagieren, indem Sie einen passenden `do-try-catch`-Block umsetzen. Allerdings müssen Sie das auch nicht.

Alternativ können Sie derartige Methoden, die mittels `throws` deklariert sind, statt mit dem vorangestellten `try` auch mit `try?` aufrufen (achten Sie auf das Fragezeichen). Damit zeigen Sie an, dass Ihnen bewusst ist, dass der Aufruf dieser Methode auf die gewünschte Art und Weise fehlschlagen kann, nehmen aber keine weitere Fehlerbehandlung vor. In diesem Fall braucht es auch keinen zusätzlichen `do-try-catch`-Block, innerhalb dessen Sie die entsprechende Methode aufrufen; Sie stellen ihr beim jeweiligen Aufruf einfach `try?` voran.

3.16 Extensions

Extensions erlauben es uns, beliebige Typen in Swift um zusätzliche Funktionalität zu erweitern. Das ist insofern spannend, als dass das tatsächlich *alle* Typen in Swift betrifft; also auch die, die wir selbst gar nicht erstellt und implementiert haben wie beispielsweise die Klassen von Apple oder die Fundamental Types wie `String` und `Array`. *Zusätzliche Funktionalität* meint dabei das Erweitern dieser Typen um eigene Computed Properties, Methoden und Initializer.

Eine Extension in Swift wird mithilfe des Schlüsselworts `extension` deklariert, gefolgt vom Namen des Typs, der erweitert werden soll. Dahinter folgt innerhalb von geschweiften Klammern die gewünschte Implementierung zusätzlicher Computed Properties, Methoden und Initializer. Listing 3.160 zeigt ein Beispiel für eine Extension des Typs `String`, über die eine neue Computed Property zum Ermitteln der Anzahl des Buchstabens A eines Strings ergänzt wird.

Listing 3.160 Deklaration und Implementierung einer Extension

```
extension String {
    var countOfLetterA: Int {
        var countOfLetterA = 0
        for character in self {
            if character == "a" || character == "A" {
                countOfLetterA += 1
            }
        }
        return countOfLetterA
    }
}
```

Innerhalb der Implementierung der Extension werden Computed Properties, Methoden und Initializer genauso deklariert und umgesetzt, wie wir es bereits in den jeweils entsprechenden Abschnitten kennengelernt haben. Mithilfe des Schlüsselworts `self` greifen wir auf die zugrunde liegende Instanz des eigentlichen Typs zu, den wir mittels Extension erweitern; in diesem Beispiel nutzen wir das, um alle einzelnen Zeichen des zugrunde liegenden Strings auszulesen.

Haben wir solch eine Extension umgesetzt, können wir die ergänzten Funktionen auf alle zugehörigen Typen dieser Extension anwenden. Listing 3.161 zeigt die Erstellung eines neuen Strings und die anschließende Nutzung der neuen Computed Property `countOfLetterA`.

Listing 3.161 Zugriff auf Funktionen einer Extension

```
var myName = "Thomas Sillmann"
print("Anzahl des Buchstaben A: \(myName.countOfLetterA)")
// Anzahl des Buchstaben A: 2
```

Wir können somit Funktionen von Extensions nutzen, als wären sie direkt im entsprechenden Typ deklariert worden. Der größte Vorteil von Extensions liegt dabei, wie bereits beschrieben, darin, Typen um Funktionen zu erweitern, auf deren Implementierung wir selbst nicht zugreifen können (wie eben die Fundamental Types von Swift wie `String` oder `Array` oder die Klassen von Apple aus den System-Frameworks für die iOS-Entwicklung, siehe dazu auch Kapitel 4, „Grundlagen der iOS-Entwicklung").

3.17 Protocols

Mithilfe von Protokollen deklarieren Sie ein Set aus Properties, Methoden und Initializern, ohne eine passende Implementierung für diese Elemente anzugeben. Andere Typen können dieses Protokoll adaptieren und damit festlegen, dass sie dazu konform sind. Das bedeutet, dass diese Typen eine entsprechende Implementierung für eben die im Protokoll definierten Properties, Methoden und Initializer liefern müssen. Protokolle dienen damit in gewisser Weise als Blaupause, die Funktionen definieren, ohne selbst eine Implementierung dafür anzubieten.

Dabei spielen Protokolle eine essenzielle Rolle bei der Delegation in der objektorientierten Programmierung. Was Delegation ist und wie Sie sie praktisch anwenden, erfahren Sie in Kapitel 6, „MVC - Model-View-Controller".

Ein neues Protocol wird in Swift mithilfe des Schlüsselworts `protocol` deklariert, gefolgt vom Namen für das gewünschte Protokoll. Anschließend folgt innerhalb von geschweiften Klammern die Deklaration der für dieses Protokoll gewünschten Properties, Methoden und Initializer. Diesen grundlegenden Aufbau eines Protokolls zeigt Listing 3.162.

Listing 3.162 Aufbau eines Protokolls

```
protocol <Name des Protokolls> {
    <Deklaration der Properties, Methoden und Initializer>
}
```

Der Aufbau von Methoden und Initializern innerhalb eines Protokolls entspricht dabei genau der Deklaration, die wir für diese Elemente bereits in den vorherigen Abschnitten kennengelernt haben, es entfallen lediglich die geschweiften Klammern mitsamt Implementierung (logisch, denn um die kümmert sich das Protokoll, wie wir ja bereits wissen, nicht). Eine beispielhafte Deklaration von Methoden und Initializern zeigt Listing 3.163.

Listing 3.163 Deklaration von Methoden und Initializern in einem Protokoll

```
protocol AProtocol {
    func anInstanceMethod()
    class func aTypeMethod()
    init(parameter: String)
}
```

Bei Properties sieht die Deklaration ein wenig anders aus. Zunächst legen Sie – wie bereits bekannt – einen Namen und den zugehörigen Typ für eine Property fest. Anschließend folgt innerhalb von geschweiften Klammern die Angabe, ob diese Property nur einen festen Wert zurückgeben soll oder darüber hinaus auch geändert werden kann. Je nachdem, welche Konfiguration Sie wünschen, schreiben Sie innerhalb der geschweiften Klammern `get` oder `get set`. Das legt, wie eben beschrieben, entsprechend fest, wie die Property innerhalb der Implementierung genutzt werden kann (entweder nur lesender oder darüber hinaus auch schreibender Zugriff). In Listing 3.164 finden Sie einige Beispiele zur Deklaration von Properties in Protokollen.

Listing 3.164 Deklaration von Properties in einem Protokoll

```
protocol AProtocol {
    var aGetterProperty: String { get }
    var aGetterAndSetterProperty: String { get set }
    class var aTypeProperty: String { get set }
}
```

Nach der Deklaration einer Property mittels `var` folgt also wie gewohnt der gewünschte Name mitsamt Typ der Property. Auch Type Properties können mithilfe des vorangestellten Schlüsselworts `class` deklariert werden. In geschweiften Klammern müssen Sie dann noch die gewünschte Nutzung angeben (entweder nur lesend oder lesend und schreibend).

3.17.1 Protocol Type

Bei einem Protokoll in Swift handelt es sich letzten Endes wieder um die Deklaration eines eigenen Typs, man spricht hierbei auch vom sogenannten *Protocol Type*. Das bedeutet, Sie können Variablen, Parametern und Rückgabewerten von Methoden auch ein Protocol als entsprechenden Typ zuweisen. Damit legen Sie fest, dass Ihnen der eigentliche Typ eines Objekts egal ist, Hauptsache, es ist konform zum gewünschten Protokoll und implementiert entsprechend die jeweiligen Properties, Methoden und Initializer dieses Protokolls. Umgekehrt können Sie Klassen, Structures und Enumerations einem Protocol Type zuweisen, um festzulegen, dass diese Elemente konform zum jeweiligen Protokoll sind und die entsprechenden Eigenschaften implementieren.

Ein Protokoll weisen Sie einem Typ genauso zu wie eine Superklasse bei der Vererbung: Setzen Sie einen Doppelpunkt nach dem Namen des Typs gefolgt vom gewünschten Protokoll, zu dem dieser konform sein soll (siehe Listing 3.165).

Listing 3.165 Zuweisen eines Protokolls zu einem Typ

```
protocol StoryInformation {
    var author: String { get set }
    var title: String { get set }
}
class Book: StoryInformation {
    var author: String
    var title: String
    init(author: String, title: String) {
        self.author = author
        self.title = title
    }
}
```

Hier wird ein Protokoll `StoryInformation` deklariert, welches grundlegende Properties für Geschichten enthält. Die Klasse `Book` ist konform zu diesem Protokoll und muss deshalb eine entsprechende Implementierung für die Properties `author` und `title` des Protokolls zur Verfügung stellen.

Sollte eine Klasse, die zu einem bestimmten Protokoll konform sein soll, über eine Superklasse verfügen, haben wir aber natürlich ein Problem, denn dann steht bekanntermaßen eben jene Superklasse hinter dem Doppelpunkt bei der Deklaration der Klasse. Das stellt aber kein weiteres Problem dar, in diesem Fall wird das entsprechende Protokoll nämlich einfach nach einem Komma an die Superklasse angehängt. Auf diese Art und Weise können Sie darüber hinaus einem Typ auch mehrere Protokolle zuweisen, zu denen dieser konform sein soll, indem Sie diese kommasepariert voneinander aufführen (siehe Listing 3.166).

Listing 3.166 Zuweisen mehrerer Protokolle zu einem Typ

```
protocol StoryInformation {
    var author: String { get set }
    var title: String { get set }
}
protocol AudioInformation {
    var speaker: String { get set }
    var lengthInMinutes: Int { get set }
}
class Audiobook: StoryInformation, AudioInformation {
    var author: String
    var title: String
    var speaker: String
    var lengthInMinutes: Int
    init(author: String, title: String, speaker: String, lengthInMinutes: Int) {
        self.author = author
        self.title = title
        self.speaker = speaker
        self.lengthInMinutes = lengthInMinutes
    }
}
```

Dieses Beispiel definiert zwei Protokolle, zu denen die Klasse `Audiobook` konform ist und somit die Eigenschaften dieser beiden Protokolle implementieren muss.

3.18 Access Control

Ich darf Ihnen gratulieren: Bis hierhin haben Sie alle essenziellen Grundlagen und Sprachmerkmale von Apples neuer Programmiersprache kennengelernt. ☺ Zum Abschluss möchte ich noch auf das sogenannte Thema *Access Control* eingehen. Es hat zunächst nur indirekt etwas mit der Entwicklung in Swift zu tun. Wie der Name andeutet, legt die Access Control die Zugriffsmöglichkeiten auf einzelne Funktionen und Eigenschaften fest, die wir in unseren eigenen Typen in Swift definieren. Denn im Gegensatz zu Objective-C gibt es in Swift keine getrennte Header- und Implementation-Datei, wobei der Header alle Eigenschaften und Funktionen deklariert, die von außen auf diesen Typ angewendet werden können. Stattdessen werden alle Eigenschaften und Funktionen in eine Datei gepackt und sind so per se komplett zugänglich. Und genau da kommt Access Control ins Spiel, um den Zugriff auf bestimmte Eigenschaften und Funktionen der eigenen Typen einzuschränken.

Bevor wir uns Access Control in der Praxis ansehen, muss ich noch zwischen zwei Begriffen unterscheiden: den *Modules* und den *Source Files*.

Ein *Module* definiert in Swift ein komplettes Produkt bestehend aus verschiedenen Dateien und Code. Beispiele für Modules sind ganze Apps oder einzelne Frameworks, wie Sie Apple für die iOS-Entwicklung zur Verfügung stellt (siehe dazu auch Kapitel 4, „Grundlagen der iOS-Entwicklung"). Ein *Source File* hingegen bezeichnet eine einfache Swift-Quellcode-Datei.

Für alle Eigenschaften und Funktionen in Swift können wir nun drei verschiedene sogenannte *Access Level* festlegen: *Public Access*, *Internal Access* und *Private Access*. Diese Access Levels legen fest, von welchen Stellen aus die entsprechende Eigenschaft beziehungsweise Funktion erreichbar ist. *Public Access* bedeutet, dass die entsprechende Eigenschaft oder Funktion immer und überall verfügbar ist; nicht nur innerhalb des eigenen Modules, sondern auch für alle anderen Modules, die den entsprechenden Code importieren. *Internal Access* hingegen beschränkt den Zugriff auf diese Eigenschaften und Funktionen auf das Modul, in dem sie definiert wurden; sie lassen sich so nicht in anderen Modulen nutzen. *Private Access* letztlich reduziert den Zugriff auf das Source File, in dem die entsprechende Eigenschaft oder Funktion deklariert ist.

Standardmäßig kommt in Swift immer Internal Access zum Einsatz; Sie müssen also nichts weiter tun, wenn Sie diesen Access Level verwenden möchten. Public Access und Private Access müssen Sie hingegen explizit einer Eigenschaft oder Funktion zuweisen. Das erfolgt mithilfe der Schlüsselwörter `public` (für Public Access) und `private` (für Private Access). Darüber hinaus steht Ihnen auch das Schlüsselwort `internal` für Internal Access zur Verfügung, womit Sie eine Eigenschaft oder Funktion explizit dem Internal Access zuweisen können. Wie beschrieben ist das generell aber nicht nötig, da es sich bei diesem Access Level um den Standard handelt, sofern nichts anderes gesetzt wird.

Diese Schlüsselwörter können Sie der Deklaration eines Typs, einer Variablen und einer Funktion voranstellen, um den entsprechenden Access Level für dieses Element zu aktivieren. Listing 3.167 führt einige Beispiele einer entsprechenden Deklaration der Access Levels auf.

Listing 3.167 Setzen von Access Levels

```
// Access Levels bei Klassen
public class PublicClass()
internal class InternalClass()
private class PrivateClass()
// Access Levels bei Variablen
public var publicVariable = "Public Variable"
internal var internalVariable = "Internal Variable"
private var privateVariable = "Private Variable"
// Access Levels bei Funktionen
public func publicFunction()
internal func internalFunction()
private func privateFunction()
```

Das explizite Verwenden von Access Control ist in jedem Fall immer dann sinnvoll, wenn bestimmte Eigenschaften und Funktionen innerhalb Ihres Projekts durch Zugriffe geschützt oder für Zugriffe von außen freigegeben werden sollen.

4 Grundlagen der iOS-Entwicklung

Die Programmiersprachen Swift und Objective-C haben wir nun ausführlich kennengelernt. Wir wissen, wie Klassen und Methoden aufgebaut sind und wie wir damit arbeiten können. Dieses Basiswissen brauchen wir nun, wenn wir uns im Speziellen der Programmierung für iOS zuwenden.

Das Besondere an der Entwicklung für iOS besteht vor allen Dingen in den Frameworks, die uns Apple für die Entwicklung zur Verfügung stellt und die uns die grundlegenden Arbeiten abnehmen. So existiert bereits eine Fülle an verschiedenen Views, die wir so in unseren Apps einsetzen können oder Klassen, die es uns erlauben, einfach mit Zeichenketten, Datumsformaten und Zahlen zu arbeiten.

Die hier für uns wichtigsten Frameworks sind das Foundation- und das UIKit-Framework, welche ich im Folgenden ausgiebig vorstellen werde. Sie enthalten die Klassen, mit denen wir als Entwickler in der Regel tagtäglich zu tun haben. Auch behandelt dieses Kapitel wichtige Themen wie die grundlegende Struktur einer App und die Dokumentation Ihres Projekts mit passend formatierten Kommentaren.

Nach Beenden dieses Kapitels haben Sie dann ein vollumfängliches Verständnis dafür, wie Sie eigene Anwendungen in Swift und/oder Objective-C für iOS entwickeln. Alle folgenden Kapitel beschäftigen sich dann im Detail mit einzelnen Themen wie Views, Controllern, Best Practices und Design-Patterns.

4.1 Foundation-Framework

Das Foundation-Framework bietet grundlegende Klassen und Funktionen und ist unabdingbar für jede iOS-Anwendung. Kein Wunder also, dass bei jedem Projekt, das Sie mit Xcode erstellen, automatisch das Foundation-Framework eingebunden wird.

Mit den Klassen innerhalb des Foundation-Frameworks hat Apple die Grundlage zur Entwicklung von iOS-Anwendungen geschaffen. In den Klassen dieses Frameworks werden viele Design-Patterns und Best Practices festgelegt, die so nicht direkt in den Programmiersprachen Swift und Objective-C verankert sind und daher nur primär in der Entwicklung für iOS eine Rolle spielen.

Foundation-Framework unter macOS

Das Foundation-Framework existiert genauso wie unter iOS auch unter macOS, das heißt, unter beiden Systemen stehen die Klassen und Funktionen aus dem Foundation-Framework zur Verfügung. Das bedeutet nicht nur, dass Sie es leichter haben, wenn Sie zukünftig nicht nur für iOS, sondern auch für macOS entwickeln: Sie können auch sehr gut Code, den Sie in einem iOS-Projekt verwendet haben und der rein auf Klassen und Funktionen aus dem Foundation-Framework setzt, so auch unter macOS wieder nutzen.

Alle Klassen innerhalb des Foundation-Frameworks besitzen das Präfix `NS`. Das hat unter anderem historische Gründe, da das Foundation-Framework zu Zeiten entstanden ist, als Steve Jobs nicht für Apple tätig war und stattdessen in seiner neu gegründeten Firma NextStep arbeitete. Daraus leitete sich dieses Präfix für die Klassen ab, und das wurde so bis heute beibehalten.

Swift und das Foundation-Framework

Mit der Einführung von Version 3 von Swift hat Apple einige Anpassungen an manchen Klassen aus dem Foundation-Framework speziell für Swift vorgenommen (diese Anpassungen gelten somit also nicht, wenn Sie mit Objective-C entwickeln). Diese hängen vor allen Dingen mit den Namen einiger Klassen zusammen, die unter Swift auf das angesprochene Präfix `NS` verzichten, zum Beispiel die Klasse `NSUserDefaults`, die ab Swift 3 nur noch `UserDefaults` heißt. Auch einige Properties und Methoden werden in Swift anders angesprochen als in Objective-C. Letzteres Verhalten zieht sich inzwischen durch fast alle System-Frameworks von Apple.

Wo immer Klassen in Swift einen anderen Namen als in Objective-C haben, werde ich in diesem Buch auf diesen Umstand hinweisen. Im Fließtext werde ich in der Regel den Namen verwenden, der bei der Nutzung von Swift zum Einsatz kommt.

Funktional gibt es in der Regel keinen Unterschied und das Verhalten der entsprechenden Klassen ist sowohl in Swift als auch in Objective-C identisch.

4.1.1 Die wichtigsten Klassen aus dem Foundation-Framework und ihre Funktionen

Im Folgenden möchte ich Ihnen eine subjektive Auswahl der Klassen präsentieren, die meiner Meinung nach für Ihre tägliche Arbeit als iOS-Entwickler am wichtigsten, wenn nicht sogar unerlässlich sind. Auch für alle folgenden Beispiele im Buch sollten Sie dann ein grundlegendes Verständnis für diese Klassen besitzen.

NSObject

Na, klingelt's? `NSObject` haben Sie doch schon einmal gesehen, richtig? Genau, im Kapitel über die Programmiersprache Objective-C durfte die Klasse `NSObject` immer als die Superklasse aller Superklassen herhalten. Und genauso ist das auch in der iOS-Entwicklung mit Objective-C: Jede Klasse, die Sie schreiben werden, wird in jedem Fall von `NSObject` erben (entweder direkt oder durch eine andere Superklasse, die selbst von `NSObject` erbt).

Sonderfall Swift

Tatsächlich liegt die Betonung hier klar auf der Programmiersprache Objective-C, für die `NSObject` gänzlich unabdingbar ist; jede Klasse, die wir erstellen, muss von `NSObject` erben, ansonsten können wir in der iOS-Entwicklung nicht damit arbeiten. In Swift aber liegt der Fall ein wenig anders, dort können wir nämlich auch problemlos Klassen innerhalb unserer Projekte erstellen, die weder `NSObject` noch eine andere Klasse als Superklasse besitzen, also auch keinerlei Eigenschaften von einer anderen Klasse erben. Das Erstellen von Instanzen solcher Klassen in Swift ist kein Problem, da die Programmiersprache selbst eigene Logik und Funktionalität zum Erstellen von Instanzen mitbringt (wie wir in Kapitel 3, „Der Neue im Club – Swift“, bereits erfahren haben). Da das Erstellen von Objekten in Objective-C aber nur mithilfe von `NSObject` möglich ist, spielt diese Klasse bei der Arbeit mit Objective-C tatsächlich eine mehr als essenzielle Rolle. Möchten Sie die Eigenschaften von `NSObject` auch in Swift nutzen, ist das natürlich nichtsdestoweniger problemlos möglich. ■

Doch warum ist `NSObject` so wichtig für uns, hat es doch mit den Programmiersprachen Objective-C und Swift an sich erst einmal nichts Konkretes zu tun? Apple liefert mit `NSObject` alle Methoden, die wir brauchen, um Objekte zu erstellen und im Speicher zu halten. Auch bietet `NSObject` grundlegende Methoden zum Senden von Nachrichten an Objekte und zum Überprüfen von Klassen; also all jene Funktionalität, die bei der Verwendung von Objective-C so essenziell wichtig ist.

Am allerwichtigsten für uns ist meistens aber die einfache und dennoch so notwendige erstgenannte Funktion zum Initialisieren von Objekten einer Klasse. `NSObject` liefert alles, was wir dafür brauchen, und nachdem all unsere Klassen in Objective-C von `NSObject` erben, können wir auch problemlos Objekte von all unseren Klassen erstellen. In Swift braucht es dazu `NSObject` nicht, dort können Instanzen von Klassen auch ohne `NSObject` als Superklasse erzeugt werden.

Wie eine solche Initialisierung abläuft und was alles beim Erstellen von Objekten in Objective-C zu beachten ist, haben wir in Kapitel 2, „Die Programmiersprache – Objective-C“, bereits im Detail behandelt.

NSString

`NSString` ist eine wahnsinnig mächtige Klasse zur Arbeit mit Zeichenketten, denn im Gegensatz zum primitiven Datentyp `char` in Objective-C verfügt `NSString` über eine Vielzahl an Methoden, um die in einem `NSString`-Objekt abgelegte Zeichenkette zu bearbeiten und abzufragen. Ganz generell werden Sie in Objective-C an jeder Stelle, an der Sie eine

Zeichenkette benötigen, zu `NSString` greifen, denn diese Klasse ist die beste, einfachste und mächtigste Methode, mit Zeichenketten in Objective-C zu arbeiten. In Swift bietet sich alternativ auch ganz grundlegend der Fundamental Type `String` an, der ebenfalls eine Vielzahl an Funktionen zur Arbeit mit Zeichenketten mitbringt. Mächtiger und umfangreicher ist dennoch die Foundation-Framework-Klasse `NSString`.

NSNumber

Das Pendant für Zahlen aus dem Foundation-Framework heißt `NSNumber`. Auch diese Klasse bietet eine Vielzahl an Funktionen zur Arbeit mit Zahlen. Darüber hinaus ist `NSNumber` die einzige Möglichkeit, eine Zahl als Objekt zu nutzen (und so beispielsweise zu speichern). Für einfache Berechnungen oder Zuweisungen reichen aber die primitiven Datentypen wie `int` oder `float` in Objective-C durchaus aus. In Swift finden sich ebenfalls in den Fundamental Types Typen zum Speichern und Abbilden von Zahlen wie `Int`, `Float` oder `Double`.

NSArray

Arrays an sich haben wir bereits als Fundamental Type der Programmiersprache Swift kennengelernt. Ein Array hält mehrere Objekte und erlaubt den gezielten Zugriff darauf. In der Regel nutzen Sie Arrays, um darin mehrere gleichartige Objekte (also Objekte, die von derselben Klasse abgeleitet sind) zu halten und dann auf diesen bestimmte Aktionen durchzuführen (als alternativ jedes benötigte Objekt wie auch immer auszulesen und auf jedem ein und dieselbe Aktion auszuführen).

`NSArray` aus dem Foundation-Framework bietet all diese Funktionen (und noch einige mehr). Ein `NSArray` lässt sich nach Objekten durchsuchen, sortieren, zählen und vieles mehr. In Objective-C ist diese Klasse essenziell, wenn man mit Arrays arbeiten möchte, in Swift reicht meist der Fundamental Type `Array` für diese Form von Arbeiten aus.

Übrigens kann ein `NSArray` alle möglichen Objekte beinhalten. Weder spielt die Anzahl eine Rolle, noch ob die enthaltenen Objekte alle von derselben Klasse abgeleitet oder möglicherweise gänzlich verschieden sind; damit unterscheidet sich die Klasse `NSArray` stark vom Fundamental Type `Array` der Programmiersprache Swift. Wichtig ist nur, dass Sie das dann bei der Arbeit mit Ihrem Array berücksichtigen und entsprechend damit umgehen.

NSSet

`NSSet` erfüllt im Prinzip eine ähnliche Aufgabe wie `NSArray`: Es erhält verschiedene Objekte und erlaubt den Zugriff darauf. Der Unterschied ist, dass sich Sets nicht sortieren lassen (im Gegensatz zu `NSArray`), und auch die Abfrage, ob ein bestimmtes Objekt in einem Set existiert, kann länger dauern; hier arbeiten Arrays performanter, dafür sind Sets weniger komplex und erfüllen eben genau ihre eine Aufgabe: Objekte halten.

Wenn Sie sich nicht sicher sind, ob Sie zur Lösung Ihrer Aufgabe nun besser ein Array oder ein Set benötigen, empfehle ich Ihnen ganz klar das Array. Sollten später doch komplexere Aufgaben auf diesem Array durchgeführt werden müssen, kämen Sie mit einem Set nicht sehr weit und müssten möglicherweise einiges in Ihrem Code umschreiben. Wenn Sie umgekehrt aber wissen, dass beispielsweise die Sortierreihenfolge der Objekte innerhalb Ihres Arrays keine Rolle spielt, können Sie gerne auf die leichtgewichtigeren Sets zurückgreifen.

NSDictionary

`NSDictionary` ist zunächst vom Grundprinzip her ähnlich wie ein Array: Es hält mehrere Objekte, auf die man dann über das entsprechende `NSDictionary`-Objekt zugreifen kann. Im Unterschied zu `NSArray`, wo die Objekte ohne weitere Zuordnung hinzugefügt werden, verwaltet ein `NSDictionary` sogenannte Schlüssel-Wert-Paare (Key-Value-Pairs). Das bedeutet, dass ein Objekt innerhalb eines Dictionarys einem eindeutigen Schlüssel zugeordnet ist. Wenn Sie selbst ein `NSDictionary`-Objekt erstellen, steht es Ihnen vollkommen frei, wie Sie die Schlüssel benennen und was für ein Objekt Sie diesem Schlüssel zuordnen. Der Zugriff auf die Objekte erfolgt dann ebenso durch Auslesen des entsprechenden Schlüssels.

Dokumentation ist hier sehr wichtig, besonders wenn Sie im Team arbeiten. Schließlich soll jeder wissen, welche Schlüssel für das Dictionary wichtig sind und welche Art von Objekt ein Schlüssel hält. Umgekehrt sind diese Informationen auch ausführlich in Apples Frameworks dokumentiert, wo immer ein von Apple bereitgestelltes Dictionary genutzt wird. Damit wissen Sie genau, welche Schlüssel das Dictionary besitzt und welche Objekte ein Schlüssel zurückliefert.

Auch hier bietet Swift bereits alternativ einen eigenen Fundamental Type namens `Dictionary`. Bei der Arbeit mit Objective-C braucht es in jedem Fall Instanzen der Klasse `NSDictionary`, um mit Dictionaries arbeiten zu können.

NSData

Wie der Name bereits vermuten lässt, werden mit `NSData` alle möglichen Arten von Daten in Objekten abgebildet. Damit eignet sich `NSData` perfekt, um beispielsweise Bilder oder Dokumente zu speichern. Entsprechend verfügt `NSData` auch über passende Methoden, derartige Dateien im Dokumentenverzeichnis der App zu speichern.

NSDate

Eine zwar nicht so häufig benötigte, dafür aber extrem hilfreiche und mächtige Klasse, wenn man sie braucht: `NSDate`. Mit `NSDate` können Datumsinformationen abgerufen, abgefragt und lokalisiert werden. Das ist insbesondere dann wichtig, wenn Sie Ihre App in mehreren Sprachen veröffentlichen wollen, da in vielen Ländern Datumsangaben unterschiedlich ausfallen. Anstatt hier selbst einen passenden String zusammenzusetzen, den Sie dann ausgeben, können Sie diese Arbeit auch `NSDate` machen lassen, um eine passende lokalisierte Datumsangabe zu erhalten.

NSMutableString, NSMutableArray, NSMutableSet, NSMutableDictionary, NSMutableData

Zu vielen der hier vorgestellten Klassen aus dem Foundation-Framework gibt es noch eine zugehörige *Mutable*-Subklasse. Denn eines haben alle bisher vorgestellten Klassen gemein: Objekte dieser Klassen können nach ihrer Erstellung nicht verändert werden.

Nehmen wir zum Beispiel `NSArray`. Wenn Sie ein Array mit beispielsweise fünf Objekten darin erstellt haben, können Sie kein weiteres Objekt mehr hinzufügen oder ein vorhandenes löschen; das Array ist festgesetzt auf diese Objekte. Die einzige Möglichkeit, die Sie haben, ist, Ihrem Array-Objekt ein komplett neues Array zuzuweisen, das ist aber weder komfortabel zu programmieren noch sonderlich performant.

Dasselbe bei einem String: Haben Sie zum Beispiel einen String mit der Zeichenkette „Hallo“ erstellt, können Sie zwar mit den Möglichkeiten der `NSString`-Klasse Abfragen auf diesem String ausführen oder bestimmte Informationen auslesen, verändern können Sie ihn aber nicht (es sei denn, Sie weisen Ihrem `NSString`-Objekt eben einen gänzlich neuen String zu).

Aus diesem Grund gibt es verschiedene sogenannte Mutable-Klassen im Foundation-Framework. Dabei handelt es sich um Subklassen der eben vorgestellten Klassen, sie besitzen demnach also schon einmal alle Eigenschaften und Methoden wie Ihre Superklasse. Darüber hinaus bieten die Mutable-Klassen aber eben auch noch Operationen, um das entsprechende Objekt zu verändern.

So verfügt die Klasse `NSMutableArray` über Methoden, dem Array ein Objekt hinzuzufügen oder Objekte zu entfernen. Mit `NSMutableString` können bestimmte Bereiche innerhalb des Strings gelöscht oder ein weiterer String eingefügt werden.

Wenn Sie also mit diesen Klassen arbeiten, überlegen Sie, ob Sie die Optionen zur Veränderung des Objekts benötigen oder nicht. Sollten Sie nun denken: „Na, wenn die Mutable-Klassen sowieso alle Eigenschaften von der Superklasse erben, dann nehme ich doch immer die!“, dann muss ich Ihnen leider widersprechen. Nicht nur, dass es kein sehr schöner Stil ist, für Objekte, die eben nicht verändert werden sollen, eine Mutable-Klasse zu nutzen, nein, die Mutable-Klassen sind in ihrer Handhabung auch deutlich komplexer und belegen daher auch mehr Speicher. Verwenden Sie Mutable-Klassen also nur, wenn Sie sie tatsächlich brauchen.

Unterscheidung zwischen mutable und immutable in Swift

Neben den eben gezeigten Klassen des Foundation-Frameworks gibt es speziell in der Programmiersprache Swift auch eine generelle und einfache Unterscheidungsmöglichkeit zwischen veränderbaren (mutable) und unveränderbaren (immutable) Objekten, wenn man mit den Fundamental Types in Swift arbeitet. Allein die Deklaration als Variable oder Konstante bestimmt dabei, ob ein Wert veränderbar ist oder nicht. Ein Beispiel zeigt Listing 4.1.

Listing 4.1 Veränderbare und unveränderliche Werte in Swift

```
var mutableString = "Mutable"
let immutableString = "Immutable"
mutableString += " Geändert" // Erfolg, da veränderbare Variable
immutableString += "Geändert" // Fehler, da unveränderliche Konstante
```

Hier werden zwei Strings definiert, einmal als Variable (`mutableString`) und einmal als Konstante (`immutableString`). Der Wert der Variablen lässt sich jederzeit erfolgreich ändern; so lässt sich beispielsweise der zusätzliche String `" Geändert"` problemlos anhängen. Bei der Konstanten hingegen ist das nicht möglich, deren Wert steht fest; jegliche Veränderung zu einem späteren Zeitpunkt nach der Deklaration führt umgehend zu einem Compiler-Fehler.

Wenn Sie also mit den Fundamental Types in Swift arbeiten, unterscheiden Sie mittels der Deklaration als Variable oder Konstante darüber, ob ein Wert veränderbar ist oder nicht.

4.2 UIKit-Framework

Neben dem Foundation-Framework ist für uns als iOS-Entwickler das UIKit-Framework ebenso wichtig für unsere tägliche Arbeit. Genau wie das Foundation-Framework so wird auch das UIKit-Framework bereits automatisch in jedes neue iOS-Projekt eingefügt, das wir erstellen.

UIKit enthält eine Fülle an verschiedenen Klassen zur Erstellung von Bildschirmelementen wie Buttons, Tabellen, Auswahlfeldern, Aktivitätsanzeigen, Ladebalken und so weiter. Die Klassen in diesem Framework besitzen das Präfix `UI`, was höchstwahrscheinlich auf „User Interface" zurückzuführen sein dürfte. Wann immer Sie mit dem zu tun haben, was der User auf dem Bildschirm sieht, werden auch die Klassen aus dem UIKit-Framework eine essenzielle Rolle spielen.

Alle Klassen aufzuführen, über die dieses Framework verfügt, würde eine Vielzahl an Seiten in Anspruch nehmen. Für den Moment genügt es für Sie zu wissen, dass dieses Framework alles enthält, damit Sie die Oberflächen für Ihre App erstellen und entwickeln können. Welche Elemente Sie dabei verwenden können und wie Sie damit arbeiten, erfahren Sie dann ausführlich im Kapitel „Views erstellen und gestalten".

4.3 Speicherverwaltung

Objekte leben im Speicher des iOS-Geräts; das wissen wir nun, nachdem wir uns mit der Instanziierung, also dem Erstellen von Objekten, ausgiebig beschäftigt haben. Doch natürlich hat diese Tatsache auch eine große Konsequenz, denn schließlich ist der Speicher begrenzt und nicht endlich; wir können nicht ständig nur neue Objekte erstellen, sonst läuft der Speicher früher oder später voll und ... das war's dann. Ein Absturz unserer App wäre die Folge.

Wie aber können wir das verhindern? Nun, dafür gibt es eine ganz einfache Lösung: Objekte müssen im Speicher freigegeben werden, sobald sie nicht mehr benötigt werden, sodass immer nur die Objekte im Speicher existieren, die auch tatsächlich benötigt werden. Klingt vernünftig, nicht wahr?

Doch wie bewerkstelligen wir das? Die kurze Antwort: Wir brauchen uns darum überhaupt nicht zu kümmern, denn in allen aktuellen iOS-Projekten wird automatisch ARC genutzt – *Automatic Reference Counting*. ARC übernimmt die komplette Speicherverwaltung für uns und weiß, wann Objekte nicht mehr benötigt werden und somit freigegeben werden können. Wenn Sie also kein weiteres Interesse an der Speicherverwaltung haben und an Projekten arbeiten, die ARC verwenden, können Sie nun aufhören zu lesen. Alle, die sich etwas mehr für die Materie Speicherverwaltung interessieren, lesen noch weiter.

Projekte ohne ARC

ARC wurde 2011 vorgestellt und in Objective-C sowie Xcode implementiert. Von da an war es möglich, ARC zu nutzen. Zuvor musste die Speicherverwaltung manuell durchgeführt werden, sprich der Entwickler musste sich darum kümmern, seine Objekte zum richtigen Zeitpunkt wieder aus dem Speicher zu entfernen.

Da ARC inzwischen seit so langer Zeit in der iOS-Entwicklung Standard ist und darüber hinaus die Entwicklungsumgebung Xcode automatisierte Hilfe bei der Konvertierung von Nicht-ARC-Projekten in ARC-Projekte leistet, gehe ich in diesem Buch nicht näher auf die manuelle Speicherverwaltung ein. Wenn Sie mehr darüber wissen möchten, helfen Ihnen die Dokumentationen von Apple weiter. Ich möchte die Speicherverwaltung in diesem Buch auf das Nötigste beschränken und damit darauf, dass Sie sie in Grundzügen verstehen und wissen, worauf Sie in der Entwicklung achten müssen. Den Rest übernimmt ARC für uns. ■

Wie der Name Automatic Reference Counting schon andeutet, geht es hier um das automatische Zählen von Referenzen. Das System prüft also, wie viele Referenzen es innerhalb Ihrer Anwendung auf ein Objekt gibt. Sobald sich niemand mehr für ein Objekt interessiert – also die Anzahl der Referenzen darauf auf 0 sinkt –, wird das Objekt freigegeben und aus dem Speicher entfernt. Vor 2011, wo es nur das manuelle Referenzzählen gab, das der Entwickler selbst durchführen musste, funktionierte dieses System genauso; eben nur mit dem Unterschied, dass sich der Entwickler darum kümmern musste, den Referenzzähler auf Objekte selbst anzupassen, wenn diese an einer bestimmten Stelle benötigt oder eben nicht mehr benötigt wurden.

Wie läuft das nun ab? Nehmen wir einmal an, Sie haben eine Klasse `Haus`, die ein Objekt `Einwohner` erstellt und intern hält. Bei der Erstellung eines Objekts und dem Zuweisen zu einer Variablen haben Sie automatisch einen Referenzzähler von 1 für dieses Objekt. Haben wir nun noch eine Klasse `Verein`, der wir auch den in unserer `Haus`-Klasse erstellten `Einwohner` zuordnen, erhöht sich dessen Referenzzähler um 2. Das Objekt bleibt also im Speicher, solange diese beiden Klassen noch darauf zugreifen. Fliegt unser `Einwohner` nun beispielsweise aus dem `Verein`, sinkt der Referenzzähler wieder auf 1, und zieht er um und verlässt unser bisheriges `Haus`-Objekt, sinkt der Referenzzähler auf 0, womit das `Einwohner`-Objekt nicht mehr existiert und aus dem Speicher des iOS-Geräts entfernt wird.

Nun gut, ich gebe zu, dass das nun ein sehr einfaches und bildliches Beispiel zur Verdeutlichung der Speicherverwaltung war, doch damit wird das grundlegende Prinzip dahinter verständlicher.

Wie beschrieben nutzen heutige moderne iOS-Projekte ARC, womit wir uns um das bildlich aufgeführte Referenzzählen nicht kümmern müssen. Dennoch gibt es aber Dinge, die wir beachten müssen, und die hängen mit den Properties unserer Klassen zusammen. Erinnern Sie sich an die Optionen in Objective-C, die Sie Properties zuweisen können? Da gab es für Objective-C auch eine eigene Rubrik zur Speicherverwaltung, und die müssen wir auch heute, bei allem, was wir entwickeln, ausgiebig berücksichtigen. Diese zwei Optionen für die Speicherverwaltung in Properties sind für uns immens wichtig (und das auch in Swift):

- `strong`
- `weak`

strong und weak in Swift

Da ich diesen Abschnitt allgemein sowohl für Swift als auch Objective-C halte, sei an dieser Stelle ein Hinweis zu `strong` in Swift genannt: `strong` muss dort nicht explizit für eine Property deklariert werden, es ist der Standardwert. Nur wenn `strong` nicht verwendet werden soll, wird stattdessen explizit der Typ `weak` der Deklaration der Property vorangestellt (siehe Listing 4.2).

Listing 4.2 Deklaration einer weak-Property in Swift.

```
weak var weakProperty: Int
```

Eine von den beiden weisen wir jeder Property zu, die wir erstellen. `strong` bedeutet, dass der Referenzzähler dieses Objekts in der betreffenden Klasse um 1 erhöht wird. Nehmen wir also noch einmal unser Haus-und-Einwohner-Beispiel: Wenn `Einwohner` eine Property unserer Klasse `Haus` mit der Option `strong` ist, bedeutet das, dass `Haus` den Referenzzähler des `Einwohner`-Objekts um 1 erhöht und dieses Objekt somit hält. `strong` ist immer die Standardoption für Properties, deren Objekte innerhalb dieser Klasse erstellt werden.

`weak` hingegen sagt aus, dass das betreffende Objekt an anderer Stelle erstellt und gehalten wird; über die entsprechende Property mit der Option `weak` greifen wir nur auf genau diese Stelle zu, ohne sie selbst zu halten. Wird die betreffende Property nun beispielsweise von der Stelle, von der sie gehalten wird, auf `nil` gesetzt, so verweist auch unsere `weak`-Property auf `nil`.

Wann macht nun `weak` aber Sinn? Nehmen wir an, Sie haben ein Objekt `Werkstatt`, das ein `Auto`-Objekt hält, um an diesem eine Inspektion durchzuführen. Zu diesem Zweck gibt das `Werkstatt`-Objekt die entsprechende `Auto`-Property (welche das `Auto`-Objekt über `strong` hält) an andere Objekte weiter (zum Beispiel an ein Objekt der Klasse `TÜV`, um die TÜV-Plakette zu erneuern). `TÜV` kann nun das `Auto`-Objekt über die Option `weak` entgegennehmen, denn `TÜV` bezieht sich auf exakt das Objekt, das die `Werkstatt` hält; sollte die `Werkstatt` das `Auto`-Objekt vorzeitig freigeben (zum Beispiel weil bereits keinerlei Mängel festgestellt wurden und die TÜV-Plakette sowieso noch nicht erneuert werden muss), hält dann auch das `TÜV`-Objekt keine Referenz mehr darauf. Würde `TÜV` aber das `Auto`-Objekt über die Option `strong` entgegennehmen, so würde `TÜV` auch, nachdem die Werkstatt das `Auto`-Objekt freigegeben hat, noch immer eine Referenz darauf halten.

Die Moral von der Geschichte: Überlegen Sie bei den Properties, die Sie für eine Klasse erstellen, ob diese Klasse tatsächlich das Objekt der Property hält (es also besitzt und dafür verantwortlich ist) oder ob es nur von anderer Stelle eine Referenz darauf erhalten will, mit der es dann temporär arbeitet. Das ist die beste Faustregel, um die richtige Option – `strong` oder `weak` – für die Speicherverwaltung einer Property auszuwählen. Das wird insbesondere beim Thema Delegation noch einmal spannend, bei der man – wenn man nicht aufpasst – einfach und schnell sogenannte Retain-Cycles erzeugen kann (siehe Kasten weiter unten).

Dangling Pointer

Dangling Pointer bezeichnen Verweise auf ein Objekt, das gar nicht existiert (weil es zum Beispiel bereits freigegeben wurde). Rufen Sie dann dieses Objekt auf, führt dies unweigerlich zu einem Absturz, da der Zeiger an der entsprechenden Speicherstelle entweder nichts findet oder sich dort inzwischen etwas gänzlich anderes befindet (da zum Beispiel der betreffende Speicherbereich anderweitig genutzt wird). Vor ARC, wo anstatt `strong` und `weak` die Optionen `retain` und `assign` in Objective-C verwendet wurden, konnten derartige Dangling Pointer entstehen. Denn eine Property mit der Option `assign` verhält sich prinzipiell genauso wie eine mit der Option `weak`, aber mit einem entscheidenden Unterschied: Die Property wird nicht auf `nil` gesetzt, sobald das Objekt, auf das sie verweist, nicht mehr existiert. Damit verweist die `assign`-Property noch immer auf den Speicher, der inzwischen das Objekt gar nicht mehr hält. Wird nun die `assign`-Property aufgerufen, entsteht das Chaos.

Mit `weak` kann uns das aber zum Glück nicht passieren: Hier wird die Property, sobald es das betreffende Objekt nicht mehr gibt, automatisch auf `nil` gesetzt; und alles ist gut. Noch ein Grund mehr, unbedingt mit ARC als mit manuellem Referenzzählen zu arbeiten! ■

Retain-Cycles

In Projekten mit ARC müssen wir uns um die Speicherverwaltung kaum noch Gedanken machen; fast alles übernimmt das System für uns und wir können uns entspannt zurücklehnen. Doch es gibt eine Fehlerquelle, die wir nur selbst kontrollieren können, und zwar damit, indem wir unsere Properties korrekt mit der passenden Option `strong` oder `weak` versehen: die sogenannten *Retain-Cycles*.

Retain-Cycles entstehen dann, wenn Sie zwei Objekte besitzen, die sich gegenseitig halten (also besitzen), es aber sonst keine weitere Referenz mehr auf diese Objekte gibt. Diese Objekte bleiben dann ewig im Speicher, da sie nicht freigegeben werden können; die Objekte selbst verweisen gegenseitig auf sich und werden dadurch nicht freigegeben, solange eines der beiden Objekte noch existiert. Wenn aber in Ihrem Code zu einem bestimmten Zeitpunkt sonst niemand mehr auf diese beiden Objekte verweist, haben wir den Retain-Cycle; Objekte, die nie freigegeben werden und den Speicher belegen. Und wir wissen ja inzwischen: Läuft der Speicher voll, stürzt unsere App ab, und das war's dann! ■

dealloc

NSObject besitzt in Objective-C eine Methode namens dealloc. Diese wird (ausschließlich in Objective-C; wie beschrieben gibt es diese Methode in Swift nicht) aufgerufen, sobald ein Objekt einer Klasse aus dem Speicher entfernt wird; hier findet also das letzte große Aufräumen statt. Bevor es ARC gab, war es notwendig, alle Properties, die eine Klasse erstellt hatte, in dealloc freizugeben und anschließend in der dealloc-Methode die Elternklasse mittels [super dealloc] aufzurufen. Seit ARC brauchen Sie das nicht mehr zu tun, im Gegenteil, es ist sogar gänzlich falsch und verboten! Es gibt aber Fälle, in denen es noch Sinn macht, die Methode dealloc in einer Objective-C-Klasse zu überschreiben, beispielsweise dann, wenn Sie mit Observern oder Notifications arbeiten. Mehr dazu erfahren Sie im Kapitel „MVC – Model-View-Controller“.
Das Gegenstück zu dealloc aus Objective-C ist in Swift die Funktion deinit (sie ist gänzlich unabhängig von NSObject und steht immer und in jeder Klasse zur Verfügung).

4.4 Besonderheiten von Objective-C

Bei der Programmierung für iOS gibt es einige spezielle Besonderheiten, wenn Objective-C als Programmiersprache zum Einsatz kommt. Diese Besonderheiten hängen dabei primär mit den verschiedenen essenziellen Klassen aus dem Foundation-Framework zusammen, die wir am Anfang dieses Kapitels kennengelernt haben. Da sie exklusiv für Objective-C und nicht für Swift gelten, werden sie an dieser Stelle in diesem separaten Abschnitt aufgeführt und vorgestellt.

4.4.1 Kurzschreibweisen zum Erstellen von Objekten

Sie haben bereits im Abschnitt 4.1 „Foundation-Framework“ verschiedene Systemklassen von Apple kennengelernt, und mit diesen Klassen werden Sie in Ihrer täglichen Arbeit als iOS-Entwickler regelmäßig zu tun haben.

Und genau aus diesem Grund gibt es für einige der im Foundation Framework verankerten Klassen Kurzschreibweisen zum Erstellen neuer Objekte dieser Klassen. Diese machen nicht nur den Code einfacher lesbar, sie nehmen Ihnen auch viel Schreibarbeit ab. Es ist kein Muss, diese Kurzschreibweisen zu verwenden, aus persönlicher Erfahrung kann ich es Ihnen aber aus den eben genannten Gründen sehr ans Herz legen.

Kurzschreibweisen außerhalb der Instanziierung

Die hier vorgestellten Kurzschreibweisen funktionieren immer, wenn Sie ein Objekt der entsprechenden Klasse nutzen möchten. So können Sie beispielsweise diese Kurzschreibweisen auch als Übergabewerte für Parameter in Methoden verwenden (wenn diese eine der folgenden vorgestellten Klassen als Parameter erwartet). Da der häufigste Anwendungsfall dafür aber in der Regel die Instanziierung eines Objekts ist, werde ich dieses Szenario als Beispiel zur Erläuterung der verschiedenen Kurzschreibweisen verwenden.

Mutable-Klassen werden nicht unterstützt

Eine Einschränkung gibt es bei all den vorgestellten Kurzschreibweisen: Sie funktionieren wirklich nur für Objekte genau dieser Klasse, Subklassen sind also ausgenommen. Das bedeutet auch, dass Sie beispielsweise ein `NSMutableArray` oder ein `NSMutableDictionary` ebenfalls wie bisher über eine entsprechende `init`-Methode erstellen müssen.

4.4.1.1 NSString

Ein neues Objekt der Klasse `NSString` würden Sie – nach unseren bisherigen Erfahrungen – wie in Listing 4.3 gezeigt initialisieren:

Listing 4.3 Beispielhafte Initialisierung eines `NSString`

```
NSString *myString = [[NSString alloc] init];
```

Einmal abgesehen davon, dass das Schreiben dieses Codes für jeden String, den Sie brauchen, sehr aufwendig ist, haben Sie aber diesem Objekt selbst auch noch keine Zeichenkette zugewiesen; das müssten Sie in einem zweiten Schritt zusätzlich erledigen.

`NSString`-Objekte erstellen Sie einfacher, schneller und wesentlich besser lesbar so wie in Listing 4.4 zu sehen.

Listing 4.4 Kurzschreibweise zur Initialisierung eines `NSString`

```
NSString *myString = @"Content of myString...";
```

Über das `@`-Zeichen, gefolgt von Anführungszeichen, können Sie direkt innerhalb der Anführungszeichen Ihre Zeichenkette so schreiben, wie sie das `NSString`-Objekt erhalten soll; ohne jegliches `alloc`, `init` etc. Bitte erstellen Sie `NSString`-Objekte nur auf diese Weise (es sei denn, es geht aus sehr spezifischen technischen Gründen in einem bestimmten Anwendungsfall gar nicht anders). Sie erleichtern damit nicht nur sich, sondern auch jedem anderen, der an dem Projekt arbeitet, das Leben.

4.4.1.2 NSArray

Auch die Klasse `NSArray` verfügt über eine spezifische `init`-Methode, über die Sie ein Array erstellen und diesem direkt die passenden Objekte zuordnen (siehe Listing 4.5).

Listing 4.5 Beispielhafte Initialisierung eines NSArray

```
NSArray *myArray = [[NSArray alloc] initWithObjects:myFirstObject, mySecondObject, nil];
```

In dieser zusätzlichen init-Methode übergeben Sie kommasepariert all die Objekte, die Ihr Array enthalten soll. Wichtig ist dabei, dass diese Liste immer mit einem nil abgeschlossen wird, egal um wie viele Objekte es sich innerhalb Ihres Arrays handelt. Das ist nicht nur fehleranfällig (denn ein vergessenes nil führt an dieser Stelle zu einem Absturz Ihrer App), auch ist dieses Konstrukt mit init und alloc auf den ersten Blick nicht sonderlich gut lesbar und verständlich. Wie wäre es alternativ mit dem in Listing 4.6 gezeigten Vorgehen?

Listing 4.6 Kurzschreibweise zur Initialisierung eines NSArray

```
NSArray *myArray = @[myFirstObject, mySecondObject];
```

Na, wenn das nicht perfekt lesbar ist! Wie bei NSString wird auch hier zunächst ein einleitendes @ -Zeichen verwendet, gefolgt von einer geöffneten und einer geschlossenen eckigen Klammer. Innerhalb dieser Klammern werden dann – wieder kommasepariert – alle Objekte aufgeführt, die dieses Array enthalten soll. Ein Abschluss mittels nil ist hier nicht nötig.

4.4.1.3 NSDictionary

Die Kurzschreibweise sowie die Initialisierung mittels init ähnelt bei NSDictionary sehr stark der Klasse NSArray. Normalerweise verwenden Sie die in Listing 4.7 gezeigte init-Methode, um ein NSDictionary direkt mit seinen Objekt- und Schlüssel-Wert-Paaren zu erstellen.

Listing 4.7 Beispielhafte Initialisierung eines NSDictionary

```
NSDictionary *myDictionary = [[NSDictionary alloc] initWithObjectsAndKeys:myFirst
Object, @"firstKey", mySecondObject, @"mySecondKey", nil];
```

Schön lesbar ist etwas anderes, nicht wahr? Auch ich bräuchte erst einen Moment, um zu verstehen, wie genau dieses Dictionary nun aufgebaut ist. Diese init-Methode nimmt nach und nach immer ein Schlüssel-Wert-Paar entgegen. Zuerst kommt das Objekt, dann – nach einem Komma – der zugehörige Schlüssel, über den das Objekt abgerufen werden kann. Nach einem Komma nach dem Schlüssel folgt das nächste Objekt, nach einem weiteren Komma der Schlüssel für eben dieses Objekt und so weiter. Abgeschlossen werden muss auch hier das Ganze mit einem nil.

Alternativ können Sie auch diese Kurzschreibweise verwenden, die exakt dieselbe Funktion durchführt wie die eben gezeigte init-Methode (siehe Listing 4.8).

Listing 4.8 Kurzschreibweise zur Initialisierung eines NSDictionary

```
NSDictionary *myDictionary = @{@"firstKey": myFirstObject, @"secondKey": mySecondObject};
```

Nach einem @-Zeichen folgen eine geöffnete und eine geschlossene geschweifte Klammer, dazwischen werden die Schlüssel-Wert-Paare aufgeführt. Unterschied hierbei ist: Die Paare selbst werden zwar noch immer durch ein Komma voneinander getrennt, der Schlüssel und das zugehörige Objekt aber im Gegensatz dazu durch einen Doppelpunkt. Auch fällt hier das nil am Ende wieder weg. Sie werden mir sicherlich zustimmen, dass auch diese Kurzschreibweise deutlich verständlicher ist als das Erstellen eines NSDictionary-Objekts über die entsprechende init-Methode.

4.4.1.4 NSNumber

Auch NSNumber erlaubt uns eine angenehme Kurzschreibweise zum Erstellen eines entsprechenden Objekts. Eine typische Instanziierung eines NSNumber-Objekts würde beispielsweise wie in Listing 4.9 gezeigt aussehen.

Listing 4.9 Beispielhafte Initialisierung eines NSNumber

```
NSNumber *myNumber = [[NSNumber alloc] initWithInt:49];
```

Hier erstellen wir also ein neues Objekt der Klasse NSNumber und weisen ihm die Integer-Zahl 49 zu. Einfacher, übersichtlicher und schneller geht das Ganze so wie in Listing 4.10 zu sehen.

Listing 4.10 Kurzschreibweise zur Initialisierung eines NSNumber

```
NSNumber *myNumber = @49;
```

Das @-Zeichen ist weiterhin unser Freund. Für ein NSNumber-Objekt brauchen Sie nichts weiter zu tun, als nach dem @-Zeichen direkt die Zahl aufzuführen, die das entsprechende NSNumber-Objekt erhalten soll, und fertig!

4.4.2 Vergleichen der Werte von verschiedenen Objekten

Wir nutzen if-Abfragen typischerweise dazu, zwei Werte miteinander zu vergleichen und je nach Ergebnis unterschiedliche Aktionen auszuführen. Was sich bei primitiven Datentypen mithilfe der Vergleichsoperatoren == und != relativ einfach und unkompliziert gestaltet, ist so nicht ohne Weiteres bei Objekten in Objective-C möglich. Betrachten wir dazu einmal das Code-Beispiel in Listing 4.11.

Listing 4.11 Direkter Vergleich zweier Objekte

```
NSString *myFirstString = @"A String";
NSString *mySecondString = @"A String";
if (myFirstString == mySecondString) {
    // Beide Strings verweisen auf dasselbe Objekt
}
```

In dieser Abfrage wird nicht – wie man zunächst vermuten würde – der jeweilige Text der beiden NSString-Objekte miteinander verglichen. Da es sich bei den beiden nicht um primitive Datentypen, sondern um Objekte handelt, prüft ein solcher Vergleich in Objective-C, ob beide Variablen auf dasselbe Objekt im Speicher verweisen. Da für beide Variablen aber je ein eigenes Objekt angelegt wurde, zeigen sie auch auf unterschiedliche Speicherstellen, weshalb die gezeigte Bedingung der if-Abfrage in diesem Beispiel nicht erfüllt ist.

Wie aber vergleicht man nun Objekte vom Typ `NSString` oder auch `NSArray` oder `NSDictionary` miteinander, und zwar bezogen auf deren *Wert*?

Für diesen Zweck bringen die genannten Klassen eigene Vergleichsmethoden mit, die eben explizit dazu gedacht sind, die Werte solcher Objekte zu vergleichen. `NSString` beispielsweise verfügt über die Methode `isEqualToString:`. Diese Methode wird direkt auf einem bestehenden `NSString`-Objekt aufgerufen, als Parameter wird ein weiteres `NSString`-Objekt erwartet. Die Methode sorgt anschließend dafür, dass eben die *Werte* der beiden Objekte miteinander verglichen werden, nicht deren Position im Speicher. Als Ergebnis liefert sie einen Wahrheitswert zurück, der darüber informiert, ob die Werte der beiden Objekte identisch sind (`YES`) oder nicht (`NO`). Listing 4.12 zeigt das Beispiel von eben, prüft aber nun die Werte der beiden Strings mithilfe der Methode `isEqualToString:`.

Listing 4.12 Vergleich zweier `NSString`-Objekte mithilfe von `isEqualToString:`

```
NSString *myFirstString = @"A String";
NSString *mySecondString = @"A String";
if ([myFirstString isEqualToString:mySecondString]) {
    // Beide Strings besitzen den gleichen Wert
}
```

In diesem Fall ist die Bedingung nun – im Gegensatz zum vorherigen Beispiel – erfüllt, da die Werte der beiden unterschiedlichen `NSString`-Objekte identisch sind.

Die sonstigen Klassen aus dem Foundation-Framework wie `NSArray` oder `NSDictionary` bringen in der Regel äquivalente Methoden mit, um die Werte von Objekten dieses Typs miteinander zu vergleichen (beispielsweise `isEqualToArray:` oder `isEqualToDictionary:`).

4.4.3 Schlüsselwörter zum Zusammenspiel mit Optionals

Optionals sind ein Sprachmerkmal von Swift, durch welches festgelegt werden kann, ob eine Variable oder ein Parameter einer Methode `nil` sein darf oder nicht (sprich zwingend über einen passenden Wert verfügen muss). Ein derartiges Pattern gibt es in Objective-C nicht, nichtsdestoweniger kommt es aber vor, dass in Projekten Swift- und Objective-C-Code miteinander gemischt werden (siehe dazu auch den Abschnitt 4.2 „Objective-C und Swift vereint"). Um nun beim Zugriff auf Objective-C-Code von Swift aus nichtsdestoweniger das Optionals-Pattern abbilden zu können, hat Apple zusammen mit Swift 1.2 einige neue Schlüsselwörter für Objective-C eingeführt, um zu definieren, ob eine Variable oder ein Parameter optional sind. In Objective-C selbst haben diese Schlüsselwörter keine Auswirkungen und finden tatsächlich nur beim Zugriff aus Swift heraus Beachtung.

In Listing 4.13 sind einmal alle verfügbaren Schlüsselwörter sowie deren Bedeutung in Swift beispielhaft aufgeführt.

Listing 4.13 Schlüsselwörter zur Deklaration von Optionals in Objective-C

```
nonnull NSString *firstString;
nullable NSString *secondString;
null_unspecified *thirdString;
// firstString entspricht in Swift dem Typ String
// secondString entspricht in Swift dem Typ String?
// thirdString entspricht in Swift dem Typ String!
```

Wie Sie sehen, können Sie mithilfe der Deklarationen `nonnull`, `nullable` und `null_unspecified`, die vor dem Klassennamen des Objekts aufgeführt werden, in Swift festlegen, ob diese als Optional fungieren oder nicht. Wie bereits beschrieben, haben diese Schlüsselwörter für die Arbeit in Objective-C selbst ansonsten keinerlei Auswirkungen.

4.5 Besonderheiten von Swift

Bei der Programmierung für iOS gibt es auch im Zusammenhang mit der neuen Programmiersprache Swift einige Besonder- und Eigenheiten zu beachten, die im Speziellen nur für Swift Gültigkeit besitzen.

4.5.1 Zusammenspiel zwischen Fundamental Types und Foundation-Framework-Klassen

Während in Objective-C die Klassen des Foundation-Frameworks wie `NSString`, `NSArray` oder `NSDictionary` unabdingbar sind, stellt Swift mit seinen Fundamental Types bereits einige Typen zur Verfügung, um Objekte der entsprechenden Art selbst abzubilden. Da wir uns aber im Bereich der iOS-Entwicklung bewegen und es ständig mit Frameworks von Apple zu tun haben, stellt sich die Frage, inwieweit wir diese Fundamental Types von Swift überhaupt verwenden können, wenn bei vielen Funktionsaufrufen aber Objekte von Klassen wie eben `NSString`, `NSArray` oder `NSDictionary` benötigt werden.

Glücklicherweise macht es uns Apple an dieser Stelle relativ leicht. Prinzipiell können die Fundamental Types mit ihrem jeweiligen Pendant aus dem Foundation-Framework synonym verwendet werden. So können Sie also auch ein Objekt des Fundamental Types `String` als Parameter für einen `NSString` in Swift übergeben.

4.5.2 Playgrounds im Detail

Wir haben Playgrounds bereits grundlegend zu Beginn von Kapitel 3, „Der Neue im Club – Swift", kennengelernt. Sie stehen exklusiv in der Arbeit mit Apples neuer Programmiersprache Swift zur Verfügung und erlauben es, eigenen Code zu testen und einfach ein wenig zu experimentieren und verschiedene Dinge auszuprobieren. Doch das ist nur die Spitze des Eisbergs. Mit der steten Weiterentwicklung von Xcode fanden einige deutliche Verbesserungen ihren Weg in die Playgrounds, die ich Ihnen nun im Folgenden kurz vorstellen möchte.

4.5.2.1 Dateimanager

Zunächst einmal hat sich der allgemeine Aufbau von Playgrounds seit Xcode 7 stark verändert. Ein Playground kann sich seit Xcode 7 aus mehreren einzelnen Dateien zusammensetzen, zum Beispiel Grafiken oder sonstigen Informationen, und auch aus mehreren sogenannten *Pages* bestehen, also verschiedenen Seiten, die dann je unterschiedlichen Code enthalten (womit die Pages am ehesten mit einzelnen Klassendateien zu vergleichen sind).

Um eine Übersicht aller aktuellen Dateien und Pages eines Playgrounds anzuzeigen, muss die Schaltfläche zum Ein- und Ausblenden der Navigator-Ansicht oben rechts betätigt werden (siehe Bild 4.1).

Bild 4.1
Mithilfe dieser Schaltfläche können Sie die Übersicht zur Anzeige der Dateien und Pages eines Playgrounds ein- und ausblenden.

Wird diese Schaltfläche aktiviert, so erscheint im linken Fensterbereich die Übersicht der Dateien und Pages des Playgrounds (siehe Bild 4.2). Ein seit Xcode 7 neu erstellter Playground enthält an dieser Stelle eine einzelne Playground-Datei, innerhalb derer sich zwei Ordner befinden: *Sources* und *Resources*. Diesen beiden können Sie beliebige Dateien mittels Drag & Drop hinzufügen und dann darauf mithilfe Ihres Codes zugreifen.

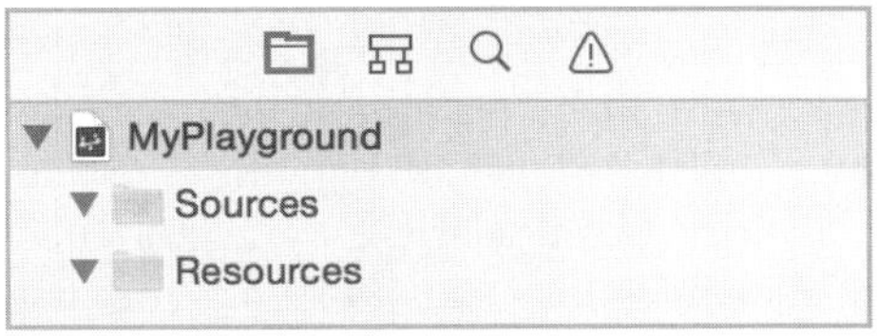

Bild 4.2
Der Navigator gibt eine Übersicht über die Dateien und Pages des aktuellen Playgrounds.

Über die Plus-Schaltfläche am unteren linken Rand innerhalb des Navigators haben Sie die Möglichkeit, neue Dateien und Pages Ihrem Playground hinzuzufügen (siehe Bild 4.3).

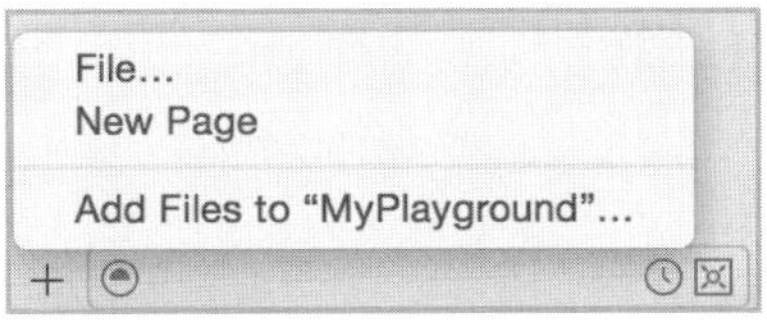

Bild 4.3
Mithilfe der Plus-Schaltfläche ergänzen Sie Ihren Playground um neue Dateien und Pages.

Fügen Sie eine neue Page hinzu, so erscheinen oberhalb des SOURCES- und RESOURCES-Ordners zwei neue Dateien, die je auf einen Playground verweisen. Der obere Playground mit dem Titel UNTITLED PAGE verweist dabei auf Ihren einzigen bisherigen Playground und enthält dessen gesamten Code. Darunter wurde die neue Page mit dem Standardtitel UNTITLED PAGE 2 hinzugefügt, die einen weiteren Playground darstellt, den Sie um eigenen Code ergänzen können.

Diese kleine Form des Dateimanagements erlaubt es Ihnen, deutlich umfangreichere und komplexere Playgrounds zu erstellen, da Sie nicht länger auf die eine vorhandene Playground-Datei angewiesen sind, sondern beliebige eigene Ressourcen wie Bilder oder Klassen einbinden und separate zusätzliche Playgrounds in Form von Pages ergänzen können.

4.5.2.2 Dokumentation

Zusammen mit Xcode 7 erhielten Playgrounds deutlich mächtigere Funktionen zur Dokumentation. Apple stellt dazu eine angepasste Syntax für Kommentare in Swift zur Verfügung, die Playgrounds entsprechend auswerten und in formatierter Weise anzeigen können. Diese Syntax ist sehr ähnlich der sogenannten *Markdown*-Syntax, die man von manchen Textverarbeitungs-Apps her kennt.

Um einen solch schön formatierten Kommentar in einem Playground zu schreiben, muss nach Beginn des Kommentars mittels // oder /* ein Doppelpunkt : gesetzt werden. Anschließend wird der Kommentar auf die gewohnte Art und Weise verfasst. Listing 4.14 zeigt dazu ein Beispiel eines solchen Kommentars als Verwendung in Playgrounds.

Listing 4.14 Angepasster Kommentar in einem Playground

```
//: Ein angepasster einzeiliger Kommentar.
/*:
Ein angepasster...
...mehrzeiliger...
...Kommentar.
*/
```

Soweit sind bis auf den neuen Doppelpunkt diese Art von Kommentaren bereits aus Kapitel 3, „Der Neue im Club – Swift", bekannt. Nun bietet Xcode aber die Möglichkeit, den Inhalt eines Playgrounds zu formatieren und grafisch aufzubereiten, wodurch auch ein so erstellter Kommentar in einen besonderen Fokus gerückt wird. Rufen Sie dazu über das Xcode-Menü den Punkt EDITOR → SHOW RENDERED MARKUP auf (siehe Bild 4.4). Daraufhin wird die Editor-Ansicht des Playgrounds neu geladen und wie bereits beschrieben grafisch aufbereitet. Die beiden Kommentare aus Listing 4.14 werden dann so wie in Bild 4.5 zu sehen angezeigt.

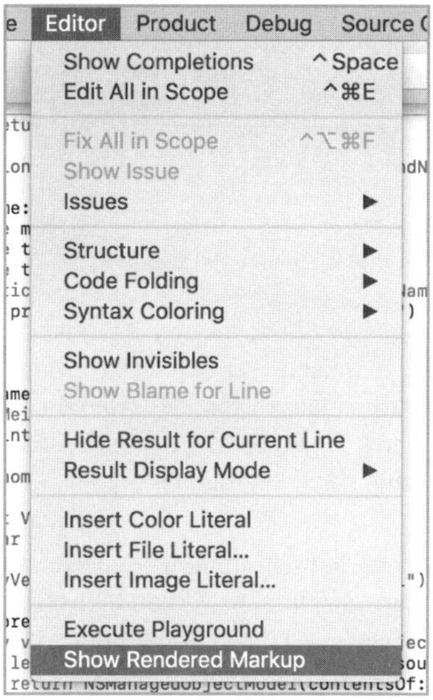

Bild 4.4
Über das Menü kann die Anzeige des Playgrounds grafisch aufbereitet werden.

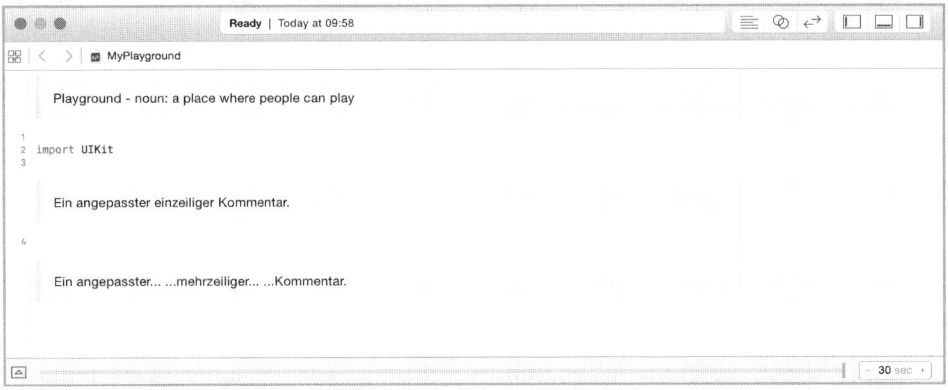

Bild 4.5 Mit Doppelpunkt versehene Kommentare werden besonders hervorgehoben angezeigt.

Über das Menü gelangen Sie auf dieselbe Art und Weise auch jederzeit wieder zu Ihrem Original-Quellcode zurück, indem Sie EDITOR → SHOW RAW MARKUP auswählen.

Diese Art der Formatierung ist aber nur die Spitze des Eisbergs. Sie haben darüber hinaus die Möglichkeit, innerhalb von mit einem Doppelpunkt versehenen Kommentaren in Playgrounds Überschriften zu definieren, Text kursiv zu markieren und Aufzählungen hinzuzufügen. Listing 4.15 zeigt die jeweilige Syntax für die drei genannten Formatierungsoptionen in Kommentaren.

Listing 4.15 Formatierungsoptionen in Kommentaren in Playgrounds

```
/*:
### Eine Überschrift
Der Text *zwischen den Sternchen* ist kursiv.
* Hier beginnt eine Aufzählung...
*...mit insgesamt...
* drei Punkten.
*/
```

Lässt man sich solch einen Kommentar in der formatierten Ansicht anzeigen, sieht dieser so aus wie in Bild 4.6 zu sehen.

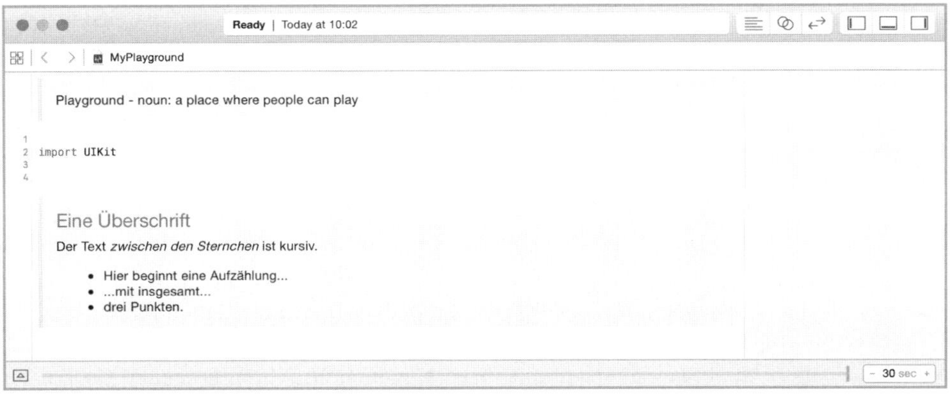

Bild 4.6 Kommentare können in Playgrounds mit verschiedenen Formatierungen versehen werden.

Mithilfe dieser Formatierungen ist es Ihnen möglich, Playgrounds auf schöne und übersichtliche Art und Weise zu kommentieren und zu untergliedern; theoretisch ließen sich ganze Bücher auf Basis dieser Optionen umsetzen, die dann beispielsweise Teilaspekte der iOS-Programmierung mit Swift erläutern.

4.5.2.3 Quick Look

Ein großer Vorteil der Playgrounds besteht darin, dass diese direkt Ausgaben zum eingegebenen Code zurückgeben und somit beispielsweise darüber informieren, welchen Wert eine Variable besitzt oder wie oft eine Schleife durchlaufen wurde. Als Krönung des Ganzen steht die als *Quick Look* bezeichnete Funktion zur Verfügung, die es erlaubt, Werte von Variablen und Konstanten in grafisch aufbereiteter Form zu betrachten.

Um Quick Look zu aktivieren, wählen Sie im rechten Bildschirmbereich eine Zeile aus, die eine von den eben beschriebenen Ausgaben aufweist (also Werte von Variablen oder Konstanten). Wenn Sie mit der Maus über diese Information fahren, erscheint am rechten Rand der Zeile ein Symbol mit einem Auge; dabei handelt es sich um die Quick Look-Schaltfläche in Xcode (siehe Bild 4.7).

Bild 4.7
Mithilfe von Quick Look lassen sich grafisch aufbereitete Details zu einem Wert anzeigen.

Wenn Sie auf diese Schaltfläche klicken, bereitet Xcode den gegebenen Wert der Variablen oder Konstanten in einer grafischen Ansicht auf und stellt diese in einem Popover dar. Bild 4.8 zeigt die Darstellung eines Arrays mit verschiedenen Namen, wobei in der Quick Look-Ansicht jedes Element mitsamt passendem Index aufgeführt wird.

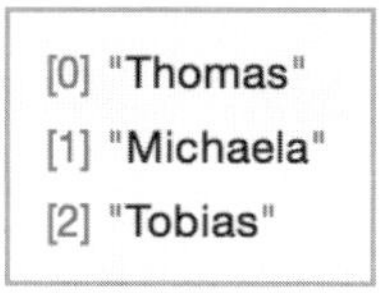

Bild 4.8
Je nach Art des Objekts stellt Quick Look die gegebene Information unterschiedlich dar.

Quick Look ist sehr mächtig und kann beispielsweise auch Bilder oder Kartenausschnitte anzeigen; abhängig vom Objekt und von dessen Wert, der mit Quick Look visualisiert werden soll.

4.6 Objective-C und Swift vereint

So schön und spannend die Einführung von Swift auch gewesen ist, so stellt sie doch manchen Entwickler vor ein grundsätzliches Problem: Die bis dato entwickelten Projekte waren nun einmal in Objective-C geschrieben, und nur die wenigsten Entwickler wollten und wollen auch heute noch einmal komplett von vorne beginnen und ihren gesamten Code nach

Swift übertragen. Nichtsdestoweniger will man aber in Swift einsteigen und zumindest erste Funktionen damit umsetzen und in eigenen Apps ergänzen.

Glücklicherweise ist das gar kein Problem. Das von Apple als *Mix & Match* bezeichnete Vorgehen erlaubt es, Objective-C- und Swift-Code parallel in einem Projekt zu verwenden. Dazu kommen sogenannte Bridging Header zum Einsatz, die Swift Objective-C-Code zugänglich machen und umgekehrt.

4.6.1 Objective-C-Code in Swift verwenden

Möchte man auf bestehende Objective-C-Klassen in Swift zugreifen, muss ein sogenannter *Objective-C Bridging Header* erstellt werden. Dabei handelt es sich um eine einfache Objective-C-Header-Datei, in der alle Klassen-Header von Objective-C-Klassen importiert werden, die man auch in Swift nutzen möchte. Erfreulicherweise fragt Xcode selbst nach, ob eine solche Datei automatisch erstellt werden soll, sobald das erste Mal in einem Projekt Swift- und Objective-C-Code gemischt werden (siehe Bild 4.9).

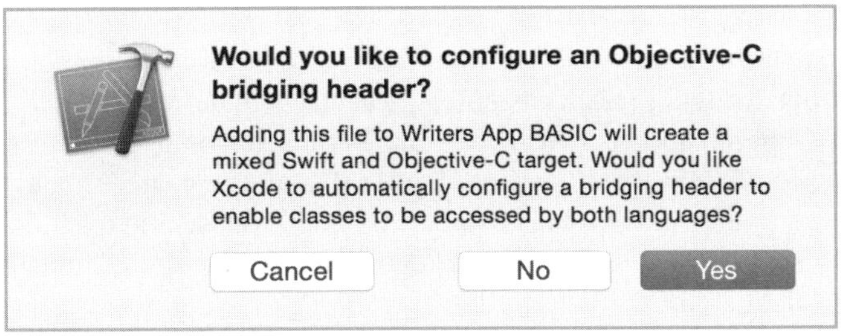

Bild 4.9 Xcode fragt automatisch nach, ob es einen Objective-C Bridging Header erstellen soll, sobald sich erstmals Swift- und Objective-C-Code in einem Projekt mischen.

Objective-C Bridging Header manuell erstellen

Sollte der Standarddialog zum Erstellen des Objective-C Bridging Header nicht erscheinen oder sollten Sie ihn zunächst ignorieren, können Sie natürlich dennoch auch jederzeit selbst einen entsprechenden Objective-C Bridging Header manuell erstellen und Ihrem Projekt hinzufügen. Erstellen Sie dazu einfach eine neue Objective-C-Header-Datei in Xcode und wechseln Sie anschließend in Ihre Projekteinstellungen. Wählen Sie dort Ihr App-Target aus und wechseln Sie in den Reiter Build Settings. Dort finden Sie im Bereich *Swift Compiler - Code Generation* einen Eintrag namens *Objective-C Bridging Header*. Dort müssen Sie dann noch den Pfad zu eben jenem manuell erstellten Objective-C Bridging Header hinzufügen, damit dieser auch von Xcode gefunden wird (siehe Bild 4.10).

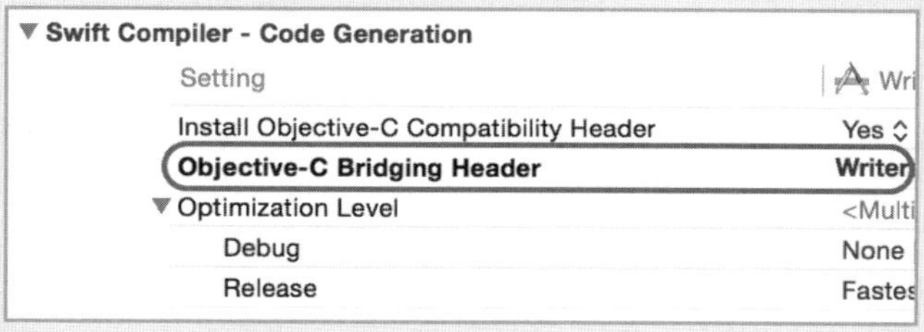

Bild 4.10 Der Pfad zum Objective-C Bridging Header muss in den Build Settings eingetragen werden.

Mehr über die Build Settings und die Target-Einstellungen erfahren Sie in Kapitel 5, „Die Entwicklungsumgebung – Xcode".

4.6.2 Swift-Code in Objective-C verwenden

Um im umgekehrten Fall aus Objective-C heraus auf Swift-Klassen zugreifen zu können, wird ebenfalls ein Bridging Header benötigt. Diesmal handelt es sich aber um den sogenannten Xcode-Generated Header. Wie der Name bereits andeutet, wird dieser Header automatisch von Xcode für Objective-C generiert, wir selbst müssen daher tatsächlich an dieser Stelle nicht Hand anlegen. Allerdings müssen wir jede Klasse, die auch über Objective-C zugänglich sein soll, in Swift entsprechend kennzeichnen. Dabei kommt das Schlüsselwort `@objc` zum Einsatz, das vor die Deklaration einer Swift-Klasse gesetzt werden muss, damit diese in Objective-C angesprochen werden kann (siehe Listing 4.16).

Listing 4.16 Kennzeichnen einer Swift-Klasse mit `@objc`

```
@objc class ClassToUseAlsoInObjectiveC {
    <Deklaration und Implementierung der Klasse>
}
```

Der Xcode-Generated Header generiert daraufhin angepasste Header, die in Objective-C-Code importiert werden können. Die Namen dieser automatisch generierten Header setzen sich dabei aus dem Namen der Swift-Klasse gefolgt von „-Swift.h" zusammen. Um die Klasse aus Listing 4.16 also in Objective-C zu importieren, muss der Header mit dem Namen `ClassToUseAlsoInObjectiveC-Swift.h` importiert werden. Im Anschluss steht die Klasse genauso zur Verfügung, als wäre sie in Objective-C geschrieben.

4.7 NSError

An dieser Stelle möchte ich noch eine besondere Klasse des Foundation-Frameworks vorstellen, die insbesondere für Objective-C wichtig ist und an vielen Stellen der System-Frameworks von Apple Verwendung findet: `NSError`. Diese Klasse dient der Fehlerbehandlung und wird als Parameter von Methoden verwendet, deren Aktionen unter Umständen fehlschlagen können (beispielsweise eine Methode, die eine Datei löschen soll, die nicht existiert). Apple selbst verwendet ein solches `NSError`-Objekt als Parameter in prinzipiell jeder Methode, die aus einem bestimmten Grund auch fehlschlagen kann.

Ein Objekt der Klasse `NSError` setzt sich aus drei Informationen zusammen, um den aufgetretenen Fehler zu definieren:

- `code`: Ein eindeutiger Fehlercode, der den Fehler exakt identifiziert. Wir Entwickler können für unsere Fehlermöglichkeiten eigene Fehlercodes definieren, die Fehlercodes von Apple sind an entsprechenden Stellen in der Dokumentation aufgeführt.
- `domain`: Definiert den Bereich eines Fehlers in Form eines Strings. Auch eigene Domains für unsere eigenen Fehler können wir als Entwickler festlegen (beispielsweise `Login`, `Download` et cetera). Von Apple verwendete Domains sind an entsprechender Stelle in der Dokumentation definiert.
- `userInfo`: Definiert ein Dictionary mit weiteren Informationen zum Fehler.

Um selbst ein passendes `NSError`-Objekt mit all diesen Informationen zu erstellen, stellt die Klasse einen passenden Initializer bereit (siehe Listing 4.17).

Listing 4.17 Initializer von `NSError` (Objective-C)

```
- (instancetype nonnull)initWithDomain:(NSString * nonnull)domain code:(NSInteger)
code userInfo:(NSDictionary * nullable)dict
```

Warum nur Objective-C?

Sie fragen sich möglicherweise, warum ich das Beispiel eben sowie auch die kommenden Beispiele in diesem Abschnitt ausschließlich in Objective-C und nicht auch in Swift aufführe. Das hängt damit zusammen, dass in Objective-C die Verwendung von `NSError` die einzige Möglichkeit darstellt, um mögliche Fehler abzufangen. Swift selbst bringt seit Version 2 der Programmiersprache ein eigenes Error Handling Model mit, welches in Swift inzwischen anstatt der Verwendung von `NSError` genutzt wird. Mehr zum Error Handling Model in Swift erfahren Sie im gleichnamigen Abschnitt in Kapitel 3, „Der Neue im Club – Swift".

Soweit zur Erstellung eines `NSError`-Objekts. Sehen wir uns nun einmal ein konkretes Beispiel einer solchen Methode mit `NSError`-Parameter in Objective-C an (siehe Listing 4.18).

Listing 4.18 Methode mit `error`-Parameter (Objective-C)

```
- (BOOL)removeItemAtPath:(NSString *)path error:(NSError **)error
```

Diese Methode erwartet den Pfad zu einer Datei oder einem Verzeichnis und löscht dieses. Als zweiten Parameter erwartet sie ein `NSError`-Objekt, um im Fehlerfall Informationen zurückliefern zu können, was schiefgegangen ist. Aber halt, dieser zweite Parameter erwartet kein Objekt, sondern einen *Verweis* auf ein Objekt. Diese Besonderheit wird durch die zwei Sternchen `**` festgelegt, die nach dem Typ `NSError` innerhalb der runden Klammern stehen: `(NSError **)`. Doch wie gehen wir damit um?

Hier wird also kein Objekt, sondern der *Verweis* auf ein *NSError*-Objekt als Parameter benötigt. Einen solchen Verweis können wir einfach erzeugen, indem wir eine neue Variable vom Typ `NSError` deklarieren, ohne einen weiteren Initializer aufzurufen (siehe Listing 4.19).

Listing 4.19 Erstellen eines `NSError`-Verweises (Objective-C)

```
NSError *myError;
```

Wenn wir nun eine solche Methode wie aus Listing 4.18 aufrufen, übergeben wir aufgrund der zwei Sternchen ** nun nicht das `myError`-Objekt, sondern die Speicheradresse dieses Verweises. Auf diese kann mittels vorangestelltem &-Operator zugegriffen werden. Einen beispielhaften Aufruf zeigt Listing 4.20.

Listing 4.20 Übergabe der Speicheradresse eines `NSError`-Objekts (Objective-C)

```
[myFileManager removeItemAtPath:@"MyPath" error:&myError];
```

Sollte es nun zu einem Fehler kommen, wird das `myError`-Objekt entsprechend gesetzt und wir können die Informationen daraus auswerten, um mehr über den Fehler zu erfahren.

4.7.1 Eigene Methode mit NSError-Parameter erstellen

Wir haben nun kennengelernt, wie wir bestehende Methoden mit einem `NSError`-Parameter aufrufen. Um vollends zu verstehen, wie `NSError` funktioniert und wie dem übergebenen Verweis mittels &-Operator letztlich ein „richtiges" Objekt zugewiesen wird, sehen wir uns einmal eine eigene Umsetzung einer Methode mit `NSError`-Parameter an (siehe Listing 4.21).

Listing 4.21 Implementierung einer eigenen Methode mit `NSError`-Parameter (Objective-C)

```
- (void)errorMethodWithError:(NSError **)error {
    *error = [[NSError alloc] initWithDomain:@"MyDomain" code:100 userInfo:nil];
}
```

Wie Sie sehen, greift diese Beispiel-Methode direkt auf den `error`-Parameter zu und erstellt für diesen ein passendes `NSError`-Objekt. Da es sich bei dem `error`-Parameter um einen Verweis auf ein Objekt handelt, muss das zugrunde liegende Objekt selbst über ein vorangestelltes Sternchen * vor dem Parameternamen referenziert werden, so wie in diesem Beispiel zu sehen. Damit wird auf das zugrunde liegende Original-Objekt zugegriffen, das zuvor dieser Methode übergeben wurde. Damit weisen wir den innerhalb der Methode erstellten `NSError` dem Objekt zu, das vor dem Aufruf dieser Methode erstellt wurde; die aufrufende Stelle kann damit die übergebene Information auswerten (siehe Listing 4.22).

Listing 4.22 Zugriff auf `NSError`-Objekt (Objective-C)

```
NSError *myError;
[self errorMethodWithError:&myError];
// myError.domain entspricht "MyDomain"
// myError.code entspricht 100
```

Sollten Sie selbst Methoden implementieren, die möglicherweise fehlschlagen und einen Fehler zurückliefern können, sollten Sie über eine entsprechende Implementierung eines `NSError`-Parameters unter Objective-C nachdenken. Wie eingangs beschrieben, steht in Swift seit Version 2 ein eigenes Error Handling Model zur Verfügung, welches Sie dort alternativ zu `NSError` verwenden sollten.

4.8 Dokumentation

Gute Dokumentation ist wichtig; das habe ich bereits mehrfach in diesem Buch angesprochen und dieser Grundsatz gilt noch immer. ☺ Auch wenn Sie jetzt noch denken mögen „Ich versteh doch, was ich da programmiere“, mag das für den Moment sicherlich stimmen. Aber wenn Sie nach einem Jahr erneut an Ihren Code herantreten, werden Sie möglicherweise die Stirn in Falten legen. Oder wenn plötzlich neue Teammitglieder an einem Projekt mitarbeiten und den bereits existierenden Quellcode verstehen sollen.

So oder so tun Sie sich selbst und anderen einen Gefallen, wenn Sie Ihren Quellcode ausreichend dokumentieren. Und mit „ausreichend“ meine ich, dass Sie wenigstens alle Klassen, deren Methoden und die Properties mit einem vernünftigen Kommentar versehen sollten. Als schönen Nebeneffekt hat das zur Folge, dass Ihnen bei der Dokumentation vielleicht auch klar wird, dass Sie manches anders oder besser lösen sollten und damit direkt Ihren Code noch optimieren können.

Als Mittel zur Dokumentation Ihres Quellcodes eignet sich Doxygen. Dieses Format wird auch von der Entwicklungsumgebung Xcode unterstützt und erleichtert Ihnen die Arbeit mit einer Dokumentation daher deutlich. Doxygen zeichnet aus, dass Sie neben „normalen“ Kommentaren auch Schlüsselwörter verwenden können, um bestimmte Teile des Codes separat zu dokumentieren. So können Sie beispielsweise bei der Dokumentation von Methoden einen Kommentar zu jedem Parameter der Methode schreiben sowie einen Kommentar zum Rückgabewert der Methode. An dieser Stelle möchte ich Ihnen den grundlegenden Aufbau eines solchen Kommentars vorstellen sowie die von mir am häufigsten verwendeten Schlüsselwörter präsentieren.

Zunächst ist ein Kommentar für Ihre Dokumentation nichts anderes als ein ganz normaler Kommentar, wie Sie ihn jederzeit in Ihrem Quellcode erstellen können. Der Kommentar muss sich dabei aber direkt vor der Klassen-, Methoden- oder Property-Deklaration befinden, die Sie dokumentieren möchten (siehe Listing 4.23).

Listing 4.23 Beispiel einer Dokumentation mittels Doxygen

```
// Swift
/*
Dokumentation für eine Klasse
*/
class MyClass {
    /*
    Dokumentation für eine Methode
    */
    func myMethod {
```

```
        <do something...>
    }
    /*
    Dokumentation für eine Property
    */
    var isProperty: BOOL!
}

// Objective-C
/**
Dokumentation für eine Klasse
*/
@interface MyClass: NSObject
/**
Dokumentation für eine Methode
*/
- (void)method;
/**
Dokumentation für eine Property
*/
@property (nonatomic) BOOL isProperty;
@end
```

Innerhalb der Auszeichnung für einen Kommentar – also zwischen /** und */ in Objective-C beziehungsweise /* und */ in Swift – wird dann Ihr Kommentar für die Dokumentation gepackt. Hier reicht zunächst ein ganz einfacher Text, der die jeweilige Klasse, Methode oder Property und ihre Funktionen und Aufgaben beschreibt. Wie Sie diesen Text strukturieren und wie lang er ist, spielt keine Rolle, Sie haben hier alle Freiheiten. Wichtig ist nur, dass der Text klar beschreibt, wofür das jeweilige Element da ist und wofür es genutzt wird (oder wie es der Nutzer nutzen soll), und ebenso sollten Sie darauf achten, Ihre Kommentare möglichst auf Englisch zu schreiben; das ist nun einmal die Sprache der Programmierung, und wenn Ihr Projekt irgendwann erfolgreicher wird als gedacht oder Sie öffentlich mit anderen Entwicklern daran arbeiten wollen, kommen Sie um Englisch sowieso nicht herum, setzen Sie es also lieber direkt zu Beginn ein.

4.8.1 Besonderheiten bei Methoden

Für Methoden gibt es einige Schlüsselwörter, die dabei helfen, Ihre Dokumentation zu verbessern und für andere Nutzer leichter verständlich zu machen. Nehmen wir dazu einmal die in Listing 4.24 gezeigte Methode als Grundlage.

Listing 4.24 Methode zur Addition zweier Zahlen

```
// Swift
func addUpNumber(firstNumber: Int withNumber secondNumber: Int) → Int {
    <do something...>
}

// Objective-C
- (int)addUpNumber:(int)firstNumber withNumber:(int)secondNumber;
```

Diese Methode besitzt zwei Parameter, und für jeden von ihnen können Sie einen eigenen, eindeutigen Kommentar schreiben. Dazu gibt es das Schlüsselwort `@param` (siehe Listing 4.25).

Listing 4.25 Verwendung von `@param` zur Dokumentation

```
// Swift
/*
Adds the two given numbers and returns the result.
@param firstNumber The first number to add with the second one.
@param secondNumber The second number to add with the first one.
*/
func addUpNumber(firstNumber: Int withNumber secondNumber: Int) → Int {
    <do something...>
}

// Objective-C
/**
Adds the two given numbers and returns the result.
@param firstNumber The first number to add with the second one.
@param secondNumber The second number to add with the first one.
*/
- (int)addUpNumber:(int)firstNumber withNumber:(int)secondNumber;
```

Ich gebe zu, besonders geistreich mag diese Dokumentation nicht sein, doch sie erfüllt ihren Zweck und ist wichtig. Ich habe an dieser Stelle nun zunächst einen allgemeinen Dokumentationstext hinzugefügt, der beschreibt, was diese Methode überhaupt tut und wofür sie da ist. Das ist der Standard, wie Sie jede Klasse, jede Methode und jede Property mindestens dokumentieren sollten.

Anschließend folgt in einer neuen Zeile innerhalb des Kommentarblocks das Schlüsselwort `@param`. Es leitet die Dokumentation eines Parameters der Methode ein. Nach `@param` folgt der Name des entsprechenden Parameters. Unsere Methode besitzt zwei, sie heißen `firstNumber` und `secondNumber`, und genau so werden sie auch nach `@param` aufgeführt. Direkt im Anschluss an den Namen des Parameters folgt dann eine Beschreibung. Auch hier spielt die Länge keine Rolle, aus der Dokumentation sollte aber klar hervorgehen, wofür der Parameter gut ist und was er tut (oder was mit ihm getan wird). In einer weiteren neuen Zeile folgt dann das nächste `@param`-Statement. Sie sollten bei Methoden für jeden Parameter einen solchen entsprechenden Kommentar einfügen. Nimmt die Methode keine Parameter, macht `@param` natürlich keinen Sinn und Sie können dann selbstverständlich darauf verzichten.

Sehen wir uns nun noch ein weiteres Schlüsselwort für unsere Methodendokumentation an, aufbauend auf unserer bisherigen Dokumentation (siehe Listing 4.26).

Listing 4.26 Verwendung von `@return` zur Dokumentation

```
// Swift
/*
Adds the two given numbers and returns the result.
@param firstNumber The first number to add with the second one.
@param secondNumber The second number to add with the first one.
@return Returns the result of the addition of the first and the second number.
*/
```

```
func addUpNumber(firstNumber: Int withNumber secondNumber: Int) → Int {
    <do something...>
}

// Objective-C
/**
Adds the two given numbers and returns the result.
@param firstNumber The first number to add with the second one.
@param secondNumber The second number to add with the first one.
@return Returns the result of the addition of the first and the second number.
*/
- (int)addUpNumber:(int)firstNumber withNumber:(int)secondNumber;
```

Der Parameter `@return` dokumentiert den Rückgabewert einer Methode und ist ebenfalls sehr wichtig. Nach dem Schlüsselwort `@return` folgt direkt der entsprechende Dokumentationstext. Auch hier gibt es keine Beschränkungen in der Länge.

Damit haben Sie die wichtigsten Doxygen-Parameter bei Kommentaren für Methoden gesehen. Allerdings bietet Doxygen noch viele weitere Parameter, die Ihnen die Dokumentation Ihres Quellcodes erleichtern können. Eine Übersicht aller verfügbaren Parameter finden Sie hier:

http://www.stack.nl/~dimitri/doxygen/manual/commands.html

Lassen Sie sich übrigens nicht davon irritieren, dass die Schlüsselwörter in der Doxygen-Dokumentation mit einem `\` und nicht mit `@` eingeleitet werden. Da Doxygen in mehreren Sprachen zur Verfügung steht, ist auf der offiziellen Seite auch die allgemeine Syntax aufgeführt. Alle dort aufgelisteten Parameter können Sie aber problemlos in Ihrem Objective-C- und Swift-Code mit der `@`-Sytnax verwenden.

4.8.2 Doxygen-Dokumentation in Xcode

Ich habe Ihnen nun viel über Dokumentation erzählt, und jetzt möchte ich Ihnen auch zeigen, wofür sich die ganze Mühe lohnt. Wenn Sie Ihre Klassen, Methoden und Properties nämlich wie in diesem Abschnitt beschrieben dokumentieren, können Sie die entsprechende Dokumentation auch jederzeit innerhalb Ihres Xcode-Projekts aufrufen. Das ist seit Xcode 5 möglich und war eine der großen Verbesserungen im Vergleich zu den Vorgängerversionen (im Kapitel „Die Entwicklungsumgebung – Xcode“ werde ich detaillierter auf die Funktionen von Xcode eingehen).

Xcode kann Ihnen innerhalb eines Tool-Tipps (das ist ein kleines Info-Bläschen) Informationen und die Dokumentation zu Klassen, Methoden und Properties anzeigen. Das bedeutet, wenn Sie beispielsweise irgendwo eine Methode aufrufen, können Sie einfach per Klick die zugehörige Dokumentation öffnen, ohne erst in die Klasse springen zu müssen und dort nachzulesen; das geht aber natürlich nur, wenn die entsprechende Methode auch dokumentiert wurde. Wie das Ganze im Vergleich aussieht, sehen Sie hier an unserer zuvor erstellten und dokumentierten Beispielmethode (siehe Bild 4.11 und Bild 4.12):

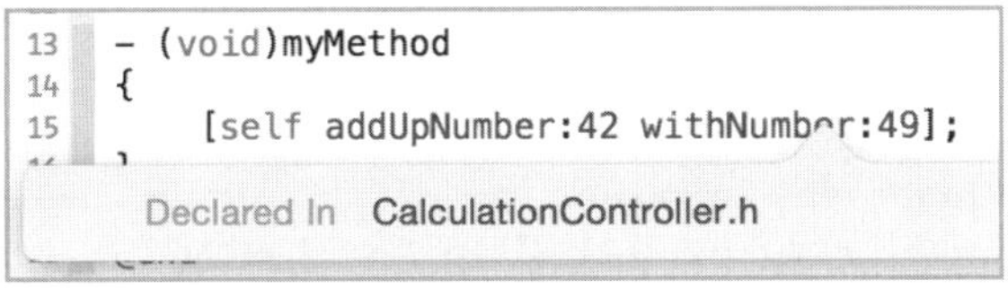

Bild 4.11 Eine Methode ohne Dokumentation; man erfährt nur, in welcher Klasse sie deklariert wurde.

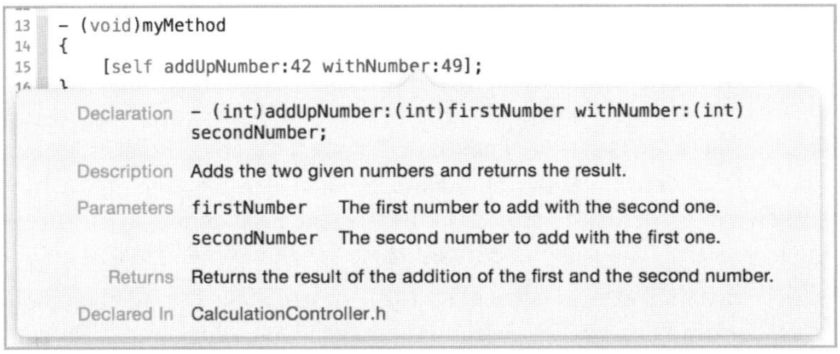

Bild 4.12 Dieselbe Methode ist nun dokumentiert. Wie man sieht, nutzt Xcode sehr effektiv die Schlüsselwörter von Doxygen, um die Dokumentation schön und übersichtlich darzustellen.

4.9 Nebenläufigkeit mit Grand Central Dispatch

Nebenläufigkeit ist ein spannendes und komplexes Thema in der App-Entwicklung (und überhaupt in der Entwicklung aller möglichen Anwendungen für alle möglichen Plattformen). Im Grunde bedeutet Nebenläufigkeit, dass Sie bestimmte Aufgaben Ihrer App in den Hintergrund delegieren und ausführen, ohne dass der Nutzer davon konkret etwas mitbekommt und ihm das weitere Arbeiten mit Ihrer App nicht verwehrt wird. Das macht gerade bei länger andauernden Operationen Sinn, die zwar durchgeführt werden müssen, aber kein Anlass dazu sind, die App während dieser Aktion komplett zu blockieren und keine weitere Bedienung zuzulassen. Man stelle sich zum Beispiel eine Nachrichten-App vor, die alle Nachrichten auf einmal aus dem Internet lädt und währenddessen den Nutzer warten lässt, bis der Vorgang komplett abgeschlossen ist, anstatt ihm bereits Zugang zu den geladenen Nachrichten zu bieten. Oder eine Anwendung, die beim Hochladen von Inhalten in eine Cloud währenddessen die weitere Nutzung der App verweigert. Genau hier kommt Nebenläufigkeit ins Spiel.

Bei der Nebenläufigkeit werden Aufgaben auf verschiedenen sogenannten Threads ausgeführt. Generell ist für uns iOS-Entwickler der Main Thread – also der Haupt-Thread unserer Anwendung – am wichtigsten. Dort führen wir standardmäßig alle Operationen unserer Apps aus und kümmern uns um die Aktualisierung und Anpassung der Ansichten. Aufgaben, die parallel im Hintergrund ausgeführt werden sollen, landen dann auf anderen Threads, die neben unserem Main Thread durchgeführt werden.

Wie Sie sich vielleicht denken können, ist dieses Thema Nebenläufigkeit beziehungsweise Parallelisierung ein durchaus sehr komplexes. Schließlich kann es passieren, dass sich ein und dieselbe Information auf unterschiedlichen Threads gleichzeitig ändert, was zu Fehlern beziehungsweise einem Fehlverhalten Ihrer App führen kann.

Um diese Komplexität zu mindern, hat Apple für iOS und macOS eine Technik namens *Grand Central Dispatch* eingeführt. Es ist tief in die Systeme verankert und kann daher auch zu jeder Zeit in Ihrer Anwendung genutzt werden. Im Groben funktioniert Grand Central Dispatch (oder kurz GCD) wie Blöcke in Objective-C oder Closures in Swift. Innerhalb dieser Blöcke befindet sich der Code, der parallel im Hintergrund zu Ihrer App ausgeführt werden soll, und GCD kümmert sich um den Rest und alles Weitere.

Dazu passend arbeitet GCD mit sogenannten Dispatch Queues. Einer solchen Dispatch Queue übergeben Sie den Block beziehungsweise eben den Job, der über Grand Central Dispatch ausgeführt werden soll, und GCD kümmert sich um den Rest. Zwei Typen dieser Dispatch Queues sind für Sie dabei in der täglichen Arbeit besonders wichtig:

- *Main Queue:* Die Main Queue entspricht im Groben dem Main Thread und damit dem Teil Ihres Codes, der direkt ausgeführt wird und dessen Auswirkungen der Nutzer unmittelbar zu sehen und zu spüren bekommt.
- *Global Queues:* Die Global Queues laufen parallel zu Ihrer App. Sie existieren in drei Prioritäten: Hoch, Mittel und Niedrig. GCD bietet einen separaten Befehl, um auf diese Queues zuzugreifen (wie wir gleich sehen werden).

Das war bisher nun alles sehr theoretisch, sehen wir uns daher einmal Grand Central Dispatch in der Praxis an.

GCD in Swift und Objective-C

Seit Version 3 von Swift kommt für die Verwendung von GCD in Swift eine eigene Klasse namens `DispatchQueue` zum Einsatz, die auch nur unter Swift zur Verfügung steht. In Objective-C hingegen kommen Funktionen des Dispatch-Frameworks zum Einsatz, die direkt in den Code geschrieben werden. Funktional sind beide Vorgehen identisch, allerdings unterscheiden sich die jeweiligen Aufrufe und verfügbaren Parameter stark. Ich werde im Verlauf dieses Abschnitts auf die jeweiligen Unterschiede eingehen, wundern Sie sich aber nicht, dass es so starke Unterschiede an dieser Stelle zwischen Swift- und Objective-C-Code gibt.

4.9.1 Parallel laufenden Code erstellen

Um Aktionen im Hintergrund und parallel zur restlichen Anwendung auszuführen, muss an der gewünschten Stelle im Code die Klasse `DispatchQueue` (Swift) beziehungsweise der Befehl `dispatch_async` (Objective-C) aufgerufen werden. In beiden Fällen übergeben Sie dabei zwei Parameter: einen Block, der den auszuführenden Code enthält, sowie die Queue, auf der eben dieser Code ausgeführt werden soll. Das sind beides Elemente, die wir bereits aus dem Grundlagen-Abschnitt mitgenommen haben, nicht wahr? Sehen wir uns das Ganze einmal in der Praxis an (siehe Listing 4.27).

Listing 4.27 GCD in der Praxis

```
// Swift
DispatchQueue.global(qos: .default).async {
    doSomethingReallyBig()
}

// Objective-C
dispatch_async(dispatch_get_global_queue(DISPATCH_QUEUE_PRIORITY_DEFAULT, 0), ^{
    [self doSomethingReallyBig];
});
```

Hier wird der Aufbau des jeweiligen Befehls zur Nebenläufigkeit deutlich: Zunächst holen wir uns eine der parallel in unserer App laufenden Global Queues über den in Listing 4.28 gezeigten Befehl.

Listing 4.28 Erstellen eines asynchronen Ausführungsblocks

```
// Swift
qos: .default

Objective-C
dispatch_get_global_queue(DISPATCH_QUEUE_PRIORITY_DEFAULT, 0)
```

In Swift existieren neben `default` noch zusätzliche Optionen wie `background`, `utility` oder `unspecified`. In Objective-C finden sich neben der Konstante `DISPATCH_QUEUE_PRIORITY_DEFAULT` auch noch die Konstanten `DISPATCH_QUEUE_PRIORITY_HIGH` und `DISPATCH_QUEUE_PRIORITY_LOW`, je nachdem, welche Priorität für die Ausführung eben gewünscht ist; `DISPATCH_QUEUE_PRIORITY_DEFAULT` kann hier als Standard gesehen werden.

Im Anschluss folgt der Block, der den parallel auszuführenden Code enthält (siehe Listing 4.29).

Listing 4.29 Block zur asynchronen Ausführung

```
// Swift
{
    doSomethingReallyBig()
}

// Objective-C
^{
    [self doSomethingReallyBig];
}
```

So weit, so gut, damit beherrschen Sie bereits die Grundlagen zur Nebenläufigkeit mit GCD in iOS. Allerdings ist es in den meisten Fällen gewünscht, nach der Durchführung des parallel laufenden Codes (der erwartungsgemäß einige Zeit braucht) noch ein passendes Update auf dem Main Thread durchzuführen, damit dieser weiß, dass diese Aufgabe erledigt ist und mögliche weitere Schritte (zum Beispiel das Updaten des User Interface durch das Setzen eines informierenden Textes) einleiten kann. Hierzu können Sie innerhalb des Blocks einen weiteren Block einbinden, der am Ende der parallel auszuführenden Aufgabe ausgeführt wird und wieder auf der Main Queue stattfindet (siehe Listing 4.30).

Listing 4.30 Aufruf zum Verlassen des asynchronen Blocks

```
// Swift
DispatchQueue.global(qos: .default).async {
    doSomethingReallyBig()
    DispatchQueue.main.async {
        textField.text = "Done doing something big."
    }
}

// Objective-C
dispatch_async(dispatch_get_global_queue(DISPATCH_QUEUE_PRIORITY_DEFAULT, 0), ^{
    [self doSomethingReallyBig];
    dispatch_async(dispatch_get_main_queue(), ^{
        [textField setText:@"Done doing something big."];
    });
});
```

In diesem Beispiel setzen wir also den Text eines Textfeldes, der darüber informiert, dass die länger andauernde Aufgabe erfüllt ist. Natürlich haben Sie an dieser Stelle alle Freiheiten, den für Sie passenden und angemessenen Code auszuführen.

In diesem Beispiel sehen Sie gleichzeitig auch, dass Sie mittels `DispatchQueue.main.async` (Swift) beziehungsweise `dispatch_get_main_queue()` (Objective-C) in GCD auf die Main Queue zugreifen können.

4.10 Grundlegende Struktur einer App

Eine iOS-App setzt sich immer aus einem Basisbestandteil an Dateien zusammen. An der Mehrheit von ihnen müssen Sie meistens gar nichts ändern oder nur in Sonderfällen Veränderungen und Anpassungen vornehmen, doch es ist wichtig, von ihnen zu wissen und ihre Funktionen zu verstehen, um auch zu begreifen, wie eine iOS-App funktioniert und wie sie grundlegend aufgebaut ist. Dieses Wissen ist wichtig und Sie sollten es als iOS-Entwickler zumindest grundlegend verinnerlicht haben.

4.10.1 main.m

Die Datei main.m kümmert sich in Objective-C um den initialen Start der App und wird beim App-Start aufgerufen. Standardmäßig enthält diese Datei bereits allen Code, den wir brauchen, und sie bedarf keinerlei Anpassungen. Es wird ein `UIApplication`-Objekt erstellt und initialisiert, dem die Klasse unseres App Delegate zugewiesen wird und das sodann Ihr eigentlicher Startpunkt für die Entwicklung ist. Mehr über den App Delegate erfahren Sie später in diesem Abschnitt.

4.10.2 Info.plist

Die Info.plist-Datei hält Informationen zu einigen grundlegenden Einstellungen Ihrer App und wird auch automatisch mit jedem neuen Projekt erstellt. Beispielsweise steht in dieser Datei der Name der App oder die Versionsnummer der App.

In der täglichen Arbeit ist es nur selten nötig, diese Datei direkt zu bearbeiten. Oftmals gibt es andere Stellen in der Entwicklungsumgebung Xcode, in der Sie die verschiedenen Einstellungen einfacher und schneller vornehmen können. Für grundlegende Informationen und Einstellungen Ihrer App ist diese Datei aber die richtige Anlaufstelle. Genauere Informationen zu den möglichen Optionen und Einstellungen finden Sie in der Apple-Dokumentation.

Auch der Name der Info.plist-Datei setzt sich aus dem Projektnamen zusammen: <Name des Projekts>-Info.plist

PLIST-Datei

Die Dateiendung PLIST findet sich in der Apple-Welt des Öfteren, und auch in der iOS-Entwicklung haben Sie regelmäßig mit solchen Dateien zu tun. Im Endeffekt ist eine PLIST-Datei nichts anderes als eine Datei, die sich aus verschiedenen Schlüssel-Wert-Paaren zusammensetzt; es gibt also immer einen eindeutigen Schlüssel, dem dann ein zugehöriges Objekt zugeordnet ist. Eine PLIST-Datei ist vom Aufbau her also einem Objekt der Klasse `NSDictionary` alles andere als unähnlich, im Endeffekt können Sie sich eine PLIST-Datei genau wie ein Dictionary vorstellen; nur eben nicht als Objekt, sondern als File in Ihrem Projekt. Xcode liefert auch einen passenden Editor, um eine PLIST-Datei komfortabel zu bearbeiten und anzuzeigen.

4.10.3 App Delegate

Der App Delegate ist der Dreh- und Angelpunkt Ihrer Applikation und Sie werden ihm in Ihrer täglichen Arbeit des Öfteren begegnen. Zunächst einmal ist der App Delegate nichts anderes als eine Klasse, die das Protokoll `UIApplicationDelegate` implementiert. Dieses Protokoll enthält Methoden, die sich mit den Zuständen einer App befassen, also zum Beispiel dem Start oder dem Beenden Ihrer Applikation. Darüber hinaus hält der App Delegate in der Regel ein Objekt der Klasse `UIWindow`, welches quasi das Bildschirmfenster des iOS-Geräts darstellt. Darüber haben Sie dann die Möglichkeit, erste eigene Ansichten und Controller-Klassen zu instanziieren und dem `UIWindow`-Objekt zuzuweisen.

Bei allen Projekten, die Sie über die verschiedenen iOS-Templates von Xcode erstellen, wird automatisch eine passende App Delegate-Klasse erstellt, sodass Sie sich in diesen Fällen nicht selbst um eine entsprechende Erstellung und Implementierung kümmern müssen. Ihr Job ist es dann „lediglich“, die verschiedenen Methoden des `UIApplicationDelegate`-Protokolls mit Leben zu füllen, eben so, wie es für Ihre Anwendung wichtig ist. Mehr dazu erfahren Sie im folgenden Abschnitt 4.7 „Lebenszyklus einer iOS-App“.

4.11 Lebenszyklus einer iOS-App

4.11.1 Start einer App

iOS-Anwendungen verhalten sich möglicherweise in manchen Bereichen ein wenig anders, wie Sie es von sonstigen Programmen für den PC gewohnt sind. Gerade das Multitasking ist hier zu nennen, denn unter iOS ist es nicht ohne Weiteres möglich, eine App im Hintergrund grenzenlos weiterlaufen und Aktionen durchführen zu lassen. Hier gibt es Restriktionen, mit denen wir als Entwickler leben und umgehen müssen. Daher ist es wichtig zu verstehen, wie der typische Lebenszyklus einer iOS-App aussieht und welche Möglichkeiten wir als Entwickler haben.

Multitasking

Auch unter iOS gibt es Möglichkeiten des Multitaskings, diese sind aber eingeschränkt und auch nicht in jedem Anwendungsfall nutzbar. In diesem Abschnitt geht es rein um den einfachen Lebenszyklus einer typischen iOS-App ohne jegliche Verwendung von Multitasking.

Wir haben im vorigen Abschnitt 4.6 „Grundlegende Struktur einer App" die Basisdateien eines jeden Projekts kennengelernt. Das Wissen über diese ist auch wichtig, um den Start einer App unter iOS zu verstehen.

Alles beginnt mit dem Tap des Users auf Ihre App über den Home-Bildschirm seines iOS-Geräts. In diesem Moment wird der Code der Datei main.m aufgerufen, die sich darum kümmert, ein Objekt der Klasse `UIApplication` zu erstellen und diesem unsere App Delegate-Klasse zuzuweisen.

`UIApplication` kümmert sich sodann um die Erstellung eines App-Objekts, das alle Funktionen unserer App enthält und nur ein einziges Mal existiert (ein Singleton eben). Dabei wird auch unsere App Delegate-Klasse initialisiert und erstellt. Und ab diesem Punkt haben wir quasi die Möglichkeit, direkt in das weitere Geschehen einzugreifen, indem wir die Methoden unserer App Delegate-Klasse entsprechend anpassen.

In diesem Schritt wird auch eine Instanz der Klasse `UIWindow` erstellt, auf die wir dann unsere eigenen Ansichten für unsere iOS-App platzieren können. Eine iOS-App besitzt nur ein einziges `UIWindow`-Objekt. Unter macOS sieht das Ganze ein wenig anders aus, da dort eine Anwendung durchaus mehrere Fenster besitzen kann und diese auch gleichzeitig angezeigt werden können. Für iOS ist aber nur wichtig: Es gibt lediglich ein `UIWindow`-Objekt pro App (und bitte erstellen Sie selbst keine eigenen, sondern arbeiten stattdessen rein mit Views).

Ist dieses `UIWindow`-Objekt erstellt, gibt es noch einen letzten Schritt: `UIWindow` besitzt eine Property `rootViewController`. Dabei handelt es sich um eine View-Controller-Klasse, die als Ausgangspunkt auf dem `UIWindow` platziert werden soll und somit auch den Einstiegspunkt der App darstellt. Diese Property muss gesetzt werden und einen Controller erhalten, der sich dann um die Darstellung einer entsprechenden View für das `UIWindow` kümmert.

Spätestens hier steigen Sie als App-Entwickler voll ein und kümmern sich um die Erstellung und Gestaltung des entsprechenden Controllers und der entsprechenden View. Mehr dazu erfahren Sie im Kapitel „Die Vielfalt der (View)Controller".

Ab diesem Zeitpunkt läuft sodann Ihre App und präsentiert dem Nutzer eine Ansicht, mit der er arbeiten kann. Von hier an übernehmen nun Ihre Klassen und die zugehörigen Objekte die Funktionsweise der App und dessen, was auf dem Bildschirm und dem iOS-Gerät des Nutzers passiert.

4.11.2 Lebenszyklus einer App

Eine iOS-App durchläuft einen Lebenszyklus. Nach dem Start wird die App ausgeführt und befindet sich in der sogenannten *Run Loop*, in der die Eingaben des Nutzers verarbeitet werden und dieser mit der App arbeitet. Wird die App verlassen – beispielsweise weil der Nutzer diese per Druck auf die Home-Taste verlässt oder ein Telefonanruf einhergeht –, ist sie inaktiv. Vom inaktiven Status wechselt die App dann nach einiger Zeit in den Hintergrund (an dieser Stelle beachten wir die verschiedenen Möglichkeiten des Multitaskings unter iOS nicht weiter und stellen stattdessen den „normalen" Lebenszyklus einer iOS-App dar), wo dann die sogenannte *Background Loop* startet – also all jene Prozesse und Aufgaben, die die App nun noch im Hintergrund durchführt. Nun gibt es zwei Möglichkeiten: Entweder wird die App – solange sie noch im Hintergrund aktiv ist – wieder aufgerufen; dann wird sie an der letzten Stelle fortgesetzt. Oder die App wird komplett beendet – entweder weil die Background Loop mit ihrer Arbeit fertig ist oder die App vom Nutzer komplett beendet wurde. In diesem Fall verhält sich die App beim nächsten Start genau so, als würde sie gerade eben das erste Mal frisch gestartet.

iOS hat die Macht

Auch wenn Sie gewisse Kontrolle über das haben, was die App im Hintergrund auf dem iOS-Gerät tun kann, und auch Multitasking betreiben können, so sollten Sie sich immer dessen bewusst sein, dass das Betriebssystem iOS immer die Oberhand über alle Anwendungen hat. So kann es durchaus passieren, dass eine App, die im Hintergrund noch läuft, vom System komplett beendet wird, weil sie für die aktuell aktive App einfach zu viel Speicher verbraucht.

Und gerade beim iPhone verfolgt Apple die Philosophie, dass das iPhone primär immer noch ein Gerät zum Telefonieren ist. Sollten also Apps zu viel Speicher verbrauchen oder sich wild im Hintergrund austoben, kann es auch hier passieren, dass diese Apps nach einiger Zeit von iOS selbst abgeschossen werden.

Um diese Dinge abzufangen und in Ihrer App entsprechend darauf zu reagieren, können Sie den App Delegate und die Methoden in dem von ihm genutzten Protokoll `UIApplicationDelegate` nutzen. Diese bilden die verschiedenen Status des Lebenszyklus einer App ab und erlauben Ihnen, entsprechende Funktionen auszuführen. ■

4.11.3 Die Methoden des App Delegate

Wie bereits beschrieben ist der App Delegate der Dreh- und Angelpunkt, wenn es darum geht, über Statusänderungen Ihrer App informiert zu werden (wie beispielsweise über den Start oder das Beenden Ihrer App). Folgende Infografik soll daher noch einmal den Lebenszyklus einer iOS-App abbilden und sie zeigt darüber hinaus genau die Methoden, die dabei bei einem entsprechenden Statuswechsel vom App Delegate aufgerufen werden (und wo Sie entsprechende Möglichkeiten haben, noch eigenen Code und eigene Funktionen auszuführen, siehe Bild 4.13 und Bild 4.14):

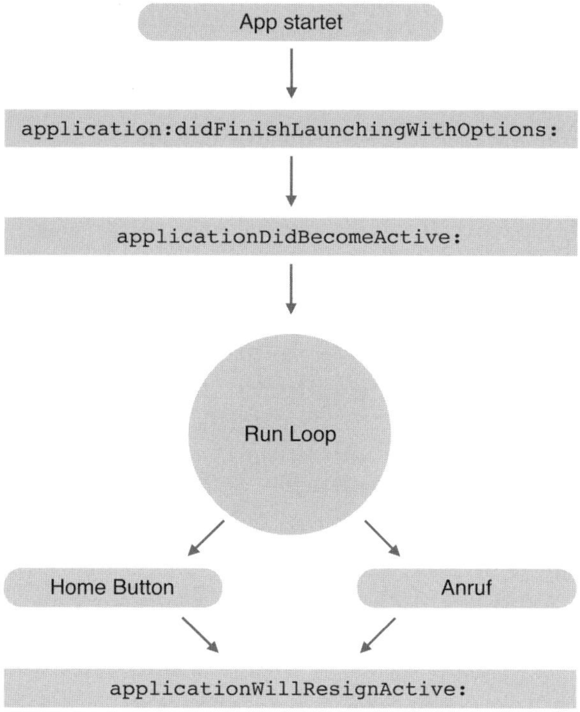

Bild 4.13 Wenn die App startet, werden entsprechende Methoden des App Delegate aufgerufen und die App wechselt in die Run Loop. Wird die App verlassen – beispielsweise durch Drücken des Home-Buttons oder aufgrund eines eingehenden Anrufs –, wird die App inaktiv.

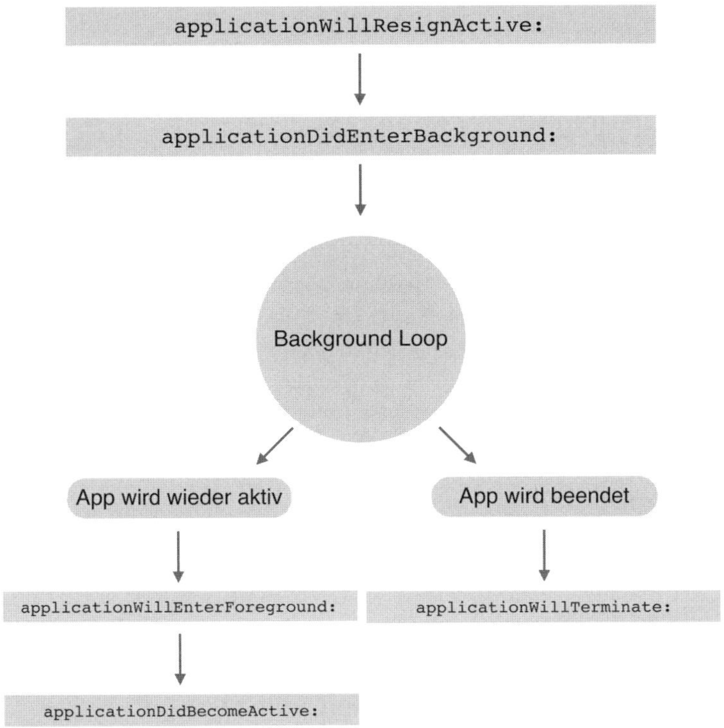

Bild 4.14 Nach der Inaktivität wechselt die App in den Hintergrund, wo die Background Loop aktiv ist. Wird die App nun wieder aktiv, wechselt sie wieder in den Vordergrund und die Run Loop beginnt von Neuem. Andernfalls wird die App nach dem Ende der Background Loop oder durch Eingreifen des Nutzers komplett beendet.

4.11.4 Start der App

An dieser Stelle ist es nicht nötig, bereits auf alle Methoden des App Delegate im Detail einzugehen, denn diese werden später an den entsprechend benötigten Stellen im Detail erläutert. Aber zumindest sehen Sie hier, welche verschiedenen Status Ihre App annehmen kann und durch welche Methoden diese Statusänderungen von Ihrer App Delegate-Klasse abgefangen werden. Ein einfaches Überschreiben und Erstellen von eigenem Code reicht aus, um diesen an der passenden Stelle und in der richtigen Situation auszuführen.

Dennoch möchte ich zum Abschluss dieses Kapitels noch ein paar grundlegende Worte darüber loswerden, wo Sie als App-Entwickler in der Regel ansetzen und mit Ihrem eigenen Code beginnen. Denn was Sie immer brauchen, ist ein Controller mit einer View (also ein View-Controller), der vom `window`-Objekt der App Delegate-Klasse geladen und anschließend auf dem Display des Geräts angezeigt wird. Vieles dieser teils kompliziert klingenden Schritte nimmt Xcode Ihnen nun ab, weshalb es konkret zwei Schritte gibt, einen ersten View-Controller zu erstellen und zu laden: Entweder Sie schreiben dazu den passenden Code in die Methode `application(_:didFinishLaunchingWithOptions:)` des App Delegate oder Sie nutzen ein Storyboard.

Storyboards

Storyboards sind ein mächtiges Werkzeug, um ganze View-Controller-Hierarchien abzubilden und zu erstellen und deren Verhalten untereinander zu definieren. Mehr zu Storyboards erfahren Sie im Kapitel „Die Vielfalt der (View)Controller".

Start über die Methode application(_:didFinishLaunchingWithOptions:)

Bevor es Storyboards gab, war die Methode `application(_:didFinishLaunchingWithOptions:)` des App Delegate immer die Anlaufstelle, um den ersten View-Controller zu erstellen, und auch heute wird dieses Vorgehen noch gerne genutzt; die einzige Alternative wäre nämlich ein Storyboard, und das ist nicht immer unbedingt das Mittel der Wahl, doch dazu später mehr. Folgender einfacher Beispielcode in Listing 4.31 soll zeigen, wie Sie typischerweise einen View-Controller im App Delegate erstellen und einblenden.

Listing 4.31 Programmatisches Laden und Anzeigen eines View-Controller

```
// Swift
func application(_ application: UIApplication, didFinishLaunchingWithOptions
launchOptions: [NSObject : AnyObject]? = [:]) -> Bool {
    let firstViewController = UIViewController()
    window.rootViewController = firstViewController
    window.makeKeyAndVisible()
    return true
}

// Objective-C
- (BOOL)application:(UIApplication *)application
didFinishLaunchingWithOptions:(NSDictionary *)launchOptions {
    UIViewController *firstViewController = [[UIViewController alloc] init];
    self.window.rootViewController = firstViewController;
    [self.window makeKeyAndVisible];
    return YES;
}
```

Zunächst benötigen wir eine Instanz einer Controller-Klasse, die auch eine entsprechende View zur Anzeige besitzt (aufgrund dieser Kopplung spricht man eben von einem View-Controller). In diesem Fall erstellen wir schlicht und einfach eine neue View-Controller-Instanz mithilfe der Klasse `UIViewController` aus Apples UIKit-Framework. Diese Instanz weisen wir dann dem `window`-Objekt des App Delegate als `rootViewController` zu, womit dieser an oberster Position unseres Bildschirmfensters steht. Angezeigt wird das Ganze dann mittels der Methode `makeKeyAndVisible()`, die wir über unser `window`-Objekt aufrufen. Zum Schluss geben wir noch einen positiven Wahrheitswert zurück, denn nach Abschluss dieser Aktionen war der Start der App erfolgreich und die Methode erwartet einen entsprechenden Rückgabewert.

Start über Storyboards

Besitzen Sie ein Storyboard-File in Ihrem Projekt, enthält dieses den `rootViewController`, der als Erstes auf dem Bildschirm angezeigt und geladen werden soll. Es besteht dann keinerlei Notwendigkeit mehr, das Erstellen einer Instanz der entsprechenden View-Controller-Klasse sowie das Zuweisen als `rootViewController` für das `window`-Objekt durchzuführen. Alles, was Sie dann noch tun müssen, ist, die entsprechende Storyboard-Datei in den Projekteinstellungen in Xcode zu setzen (siehe Bild 4.15):

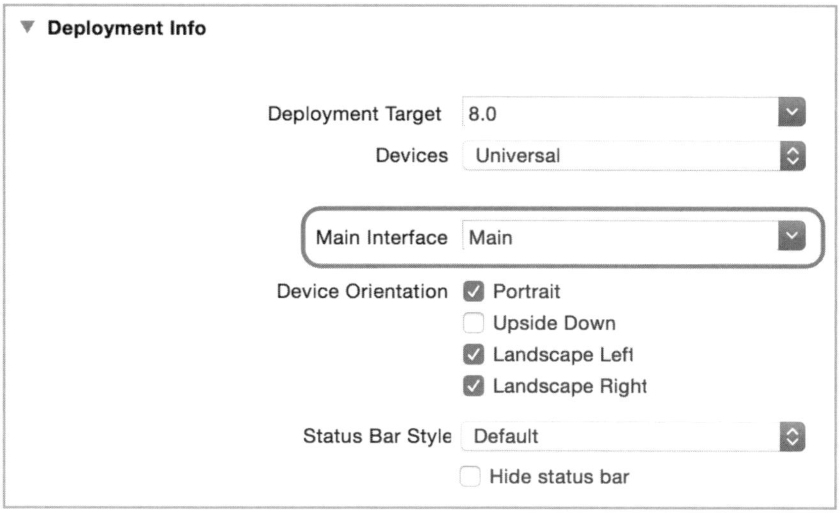

Bild 4.15 In den Projekteinstellungen kann unter *Main Interface* ein Storyboard hinterlegt werden, dessen View-Controller zu Beginn geladen und angezeigt werden soll.

Damit kümmert sich Xcode um alles Weitere und prüft beim Start das entsprechende Storyboard-File, erstellt automatisch den `rootViewController` und weist ihm das `window`-Objekt zu; ganz ohne Code zu schreiben! Die Methode `application(_:didFinishLaunchingWithOptions:)` des App Delegate können Sie dann aber natürlich immer noch dazu nutzen, erste Einstellungen und Konfigurationen vorzunehmen.

4.12 Tipps für die tägliche Arbeit

4.12.1 Die netten Kleinigkeiten …

Sie haben jetzt alles Wichtige und Grundlegende zur Programmierung mit Objective-C und für iOS erfahren. Natürlich gibt es auch hierbei immer noch tiefergehende Bereiche und Themen, die ich entweder nur angeschnitten habe oder bei denen ich aus Platzgründen gänzlich auf eine Erwähnung verzichtet habe; das Ziel des Buches soll schließlich sein, Ihnen das grundlegende Know-how zu vermitteln, wie Sie gute Apps für iOS entwickeln. Dennoch möchte ich es mir an dieser Stelle nicht nehmen lassen, den einen oder anderen Tipp für die tägliche Arbeit mit Objective-C vorzustellen und damit auch das ein oder andere in den Hintergrund geratene Thema anzuschneiden. Ich hoffe, für Sie sind viele nützliche und spannende Dinge mit dabei. ☺

4.12.2 Fast Enumeration in Objective-C

Sie werden sehr wahrscheinlich öfter in eine Situation kommen, in der Sie alle Objekte eines Arrays in einer for-Schleife durchlaufen, um mit ihnen dann bestimmte Aktionen durchzuführen oder sie auszuwerten. Normalerweise würden Sie dabei wie folgt vorgehen:

```
NSArray *myArray = @[@"FirstElement", @"SecondElement", @"ThirdElement"];
for (int i = 0; i < [myArray count]; i++) {
   NSString *currentString = myArray[i];
   <do something…>
}
```

In dieser Schleife werden die vorhandenen Elemente des Arrays gezählt und somit für jedes Element einmal durchlaufen. Das aktuelle Element pro Durchlauf wird dann aus dem Array ausgelesen und einer Variablen vom zum Inhalt des Arrays passenden Typ `NSString` zugewiesen.

Prinzipiell gibt es an diesem Vorgehen nichts auszusetzen. Allerdings werden Sie mir sehr wahrscheinlich zustimmen, dass der obige Code nicht sonderlich gut lesbar ist. Zumal ist es für eine solche Aufgabe, wie sie tatsächlich sehr oft in Ihrem Entwicklerleben anfallen kann, sehr viel Schreibarbeit. Und genau hier kommt die sogenannte Fast Enumeration ins Spiel.

Fast Enumeration erlaubt das komplette Durchgehen aller Elemente eines Arrays, spart uns aber viel Schreibarbeit. Der obige Code würde mit Fast Enumeration wie folgt aussehen:

```
NSArray *myArray = @[@"FirstElement", @"SecondElement", @"ThirdElement"];
for (NSString *element in myArray) {
   <do something…>
}
```

Hier schlagen wir mehrere Fliegen mit einer Klappe. Zunächst einmal wird diese for-Schleife für jedes Element in dem Array `myArray` durchlaufen; wir sparen uns also schon einmal eine separate Zählvariable. Darüber hinaus wird bei jedem Durchlauf das aktuelle Element des Arrays in einer eigenen Variablen gespeichert; in diesem Fall in der Variablen `element` vom Typ `NSString`. Hier können Sie nach Bedarf auch jeden anderen Typ beziehungsweise jede andere Klasse definieren, sie muss eben nur mit den Elementen innerhalb Ihres Arrays übereinstimmen. Und diese Variable können Sie dann innerhalb der for-Schleife genauso verwenden wie zuvor die eigens von uns in jedem Durchlauf angelegte `currentString`-Variable. Das bedeutet für Sie als Entwickler: weniger Schreibarbeit und bessere Lesbarkeit des Codes! Prägen Sie sich dieses Konzept in jedem Fall gut ein und verwenden Sie es in passenden Situationen!

4.12.3 Type Casting in Objective-C

Es kann in der App-Entwicklung vorkommen, dass Sie einer Variablen einen Wert zuweisen, mit dem sie eigentlich nicht umgehen kann, und Ihnen Xcode entsprechend eine Warnung ausgibt. In einer komplexen App kann das beispielsweise dann geschehen, wenn Sie mit mehreren Controller-Klassen arbeiten und an einer Stelle – situationsbedingt – immer eine Instanz eines anderen Controllers zurückgeben und diese entsprechend nutzen möchten. In diesem Fall müssen Sie ein sogenanntes Type Casting vornehmen und damit den Typ der Variablen verändern. Das macht beispielsweise bei der Arbeit mit Storyboards Sinn, wo Ihnen eine bestimmte Methode immer eine Instanz von `UIViewController` zurückliefert, die tatsächlich erwartete Klasse aber eine Kind-Klasse von `UIViewController` ist – je nachdem, wo und wann die entsprechende Funktion eben aufgerufen wird. Das können Sie wie folgt abfangen:

```
MySpecialViewController *mySpecialViewController = (MySpecialViewController *)
myDefaultViewController;
```

Hier erstellen wir eine neue Variable der Klasse `MySpecialViewController`. Als Parameter erhält sie den Wert der Variablen `myDefaultViewController`. Da ich aber an dieser Stelle weiß, dass es sich hier nicht um einen `MyDefaultViewController`, sondern um einen `MySpecialViewController` handelt, führe ich ein Type Casting durch, indem ich vor dem zu castenden Element in runden Klammern den tatsächlichen Typ (in diesem Fall also `MySpecialViewController`) schreibe. Damit weiß Xcode, dass diese Zuweisung in Ordnung ist, und ich übernehme die Verantwortung dafür, dass `myDefaultViewController` als Variable `mySpecialViewController` fungieren kann.

4.12.4 Xcode-Beispielprojekte

Apple stellt nicht nur eine umfangreiche Dokumentation für alle Entwickler zur Verfügung, sondern auch ein ebenso umfangreiches Arsenal an Beispielprojekten. Diese sind besonders dann hilfreich, wenn man sich in einen neuen Bereich einarbeitet oder sich einmal gezielt einen bestimmten Lösungsansatz ansehen möchte.

Es gibt die verschiedensten Beispielprojekte, von kleinen Utilities, die auf die verschiedenen Sensoren des iPhone zugreifen, bis hin zu ganzen Spielen. Wenn Sie also einmal gar nicht weiter wissen und Ihnen auch die Dokumentation von Apple nicht weiterhilft, schnappen Sie sich ein passendes Beispielprojekt; in so gut wie jedem Fall wird es eines geben! Und das Beste: In der Regel steht der Beispielcode sowohl in Objective-C als auch in Swift zur Verfügung! Mehr zur Dokumentation und zu der Arbeit mit ihr erfahren Sie im Abschnitt „Dokumentation" im Kapitel 5 „Die Entwicklungsumgebung – Xcode". Einige tolle Beispielprojekte möchte ich Ihnen an dieser Stelle noch kurz vorstellen:

- *UICatalog*: ein großartiges Projekt mit allen möglichen Views, die iOS bietet, und direkten Konfigurationsmöglichkeiten. Es gibt keinen besseren Start, um die Arbeit mit Views in iOS zu lernen und zu verstehen.
- *UIImagePicker Video Recorder:* Erläuterung des Zugriffs auf die Kamera, um Videos aufzuzeichnen.
- *UIKit Dynamics Catalog:* Beispielprojekt zur Vorstellung der Physik-Effekte von UIKit Dynamics.
- *Adventures:* Auch das muss mal sein: ein komplettes Action-Spiel auf Basis von Apples SpriteKit-Framework.

5 Die Entwicklungsumgebung – Xcode

5.1 Willkommen bei Xcode!

Wenn es um die Entwicklung um Apps für iOS (oder auch macOS, watchOS und tvOS) geht, führt an Xcode kein Weg vorbei. Xcode ist Apples IDE für die Softwareentwicklung von Apps für alle Apple-Plattformen. Es bietet alles, was Sie als Entwickler benötigen, um professionelle und innovative Anwendungen für die iOS-Familie, für den Mac, die Apple Watch oder das Apple TV zu entwickeln.

Xcode selbst ist ebenfalls eine App, die bisher nur für macOS erhältlich ist; wie bereits beschrieben, ist also ein Mac Grundvoraussetzung, wenn Sie für iOS Apps entwickeln möchten. Xcode können Sie dabei bequem über den Mac App Store Ihres Mac kostenlos herunterladen und installieren (siehe Bild 5.1).

Bild 5.1 Die aktuellste Version von Xcode können Sie sich bequem aus dem Mac App Store herunterladen und installieren.

Aufbau dieses Kapitels

Dieses Kapitel beschäftigt sich vollumfänglich mit Xcode, seinen Bestandteilen und seinen Funktionen, damit es auch zum späteren Nachschlagen geeignet ist und nicht einzelne Themen gesondert in anderen Kapiteln gesucht werden müssen. Aus diesem Grund kann es aber auch sein, dass gerade für Neulinge manche Themen noch recht komplex oder unverständlich wirken (gerade wenn es ums Debugging oder Details zum Interface Builder geht). Das ist gar kein Problem und muss Sie auch in keiner Weise entmutigen. Lesen Sie in diesem Kapitel einfach die Abschnitte, die Sie interessieren (wie eben die Grundlagen zu Xcode und seiner Bedienung), und lassen Sie alle, die – zumindest im Moment noch – zu komplex sind, einfach aus. Sie können dann jederzeit wieder in den passenden Abschnitt springen und finden dort dann zu gegebener Zeit alle Informationen, die Sie brauchen.

5.1.1 Was ist Xcode?

Beschäftigen wir uns zunächst einmal mit den Grundlagen zu Xcode. Wie eingangs bereits beschrieben, ist Xcode Apples IDE (Integrated Development Environment) zur Entwicklung von Apps für iOS, macOS, watchOS und tvOS. Es bringt all das mit, was Sie für Ihre tägliche Entwicklerarbeit benötigen und um die nächste großartige App zu entwickeln. Neben einer Oberfläche zum Schreiben Ihres Codes gehören dazu auch mächtige Werkzeuge zum Debugging Ihrer Anwendung, Simulatoren zur Ausführung Ihrer iOS-App unter verschiedenen Geräten und iOS-Versionen sowie eine ausführliche Dokumentation mit Tutorials und kompletter API-Übersicht der Systemklassen von Apple. Gerade Letzteres ist ein unerlässlicher Teil für Ihre Arbeit, denn die komplette Dokumentation von Xcode kann kaum ein Fachbuch abdecken, dafür behandelt es viel zu viele verschiedene Themen und Frameworks, liefert darüber hinaus noch jede Menge Beispielcode zu einzelnen Bereichen und ist nicht zuletzt immer up to date, da Updates der Dokumentation vonseiten Apple für Sie direkt ersichtlich sind. Doch dazu später mehr.

5.1.2 Interface Builder und Xcode – endlich vereint!

Der Interface Builder ist seit Xcode 4 fester Bestandteil der IDE. Zuvor handelte es sich dabei um ein separates Programm, das aus Xcode heraus aufgerufen wurde. Der Interface Builder erlaubt es Ihnen, die Ansichten Ihrer App über eine grafische Oberfläche zu erstellen und zu gestalten. Damit ist es in vielen Fällen nicht nötig, die Ansichten im Code zu erstellen, sondern direkt in einer Art WYSIWYG-Ansicht zu konfigurieren und die entsprechenden Elemente wie Schaltflächen dann mit Ihrem Code zu koppeln. Das und noch viel mehr erlaubt Ihnen der Interface Builder (siehe Bild 5.2).

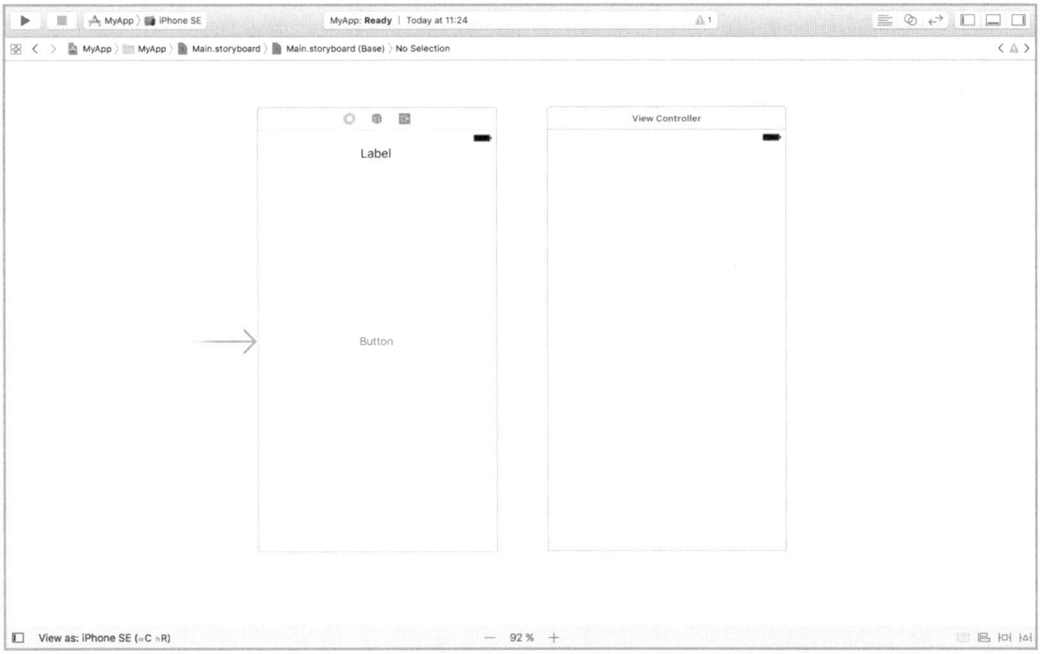

Bild 5.2 Der Interface Builder ist Bestandteil von Xcode und erlaubt das bequeme Erstellen und Bearbeiten von Ansichten Ihrer App.

Die Oberfläche des Interface Builders wird in der Editor Area von Xcode angezeigt, sobald eine entsprechende Datei, die mit dem Interface Builder bearbeitet werden kann, ausgewählt wurde. Dabei handelt es sich entweder um eine NIB- oder um eine Storyboard-Datei.

Da der Interface Builder von der Arbeit mit Views und View-Controllern lebt, erhalten Sie alle weiteren Informationen zur Arbeit und zur Verwendung des Interface Builders in den Kapiteln „Die Vielfalt der (View-)Controller“ und „Views erstellen und gestalten“.

5.2 Arbeiten mit Xcode

5.2.1 Dateien und Formate eines Xcode-Projekts

Beginnen wir zunächst einmal gar nicht – wie man es ansonsten vielleicht erwarten würde – mit der Oberfläche von Xcode, sondern mit all den Dateien und Formaten, die ein typisches Xcode-Projekt ausmachen und die Sie über Xcode verwalten und anpassen können. Das ist zwar zunächst recht trockene Theorie, da es hier aber um Konzepte geht, die Sie in jedem Ihrer Projekte wiederfinden, möchte ich sie gleich zu Beginn dieses Kapitels abhandeln, damit dieses grundlegende Wissen gesetzt ist. Wann immer Sie noch einmal Fragen zu einem bestimmten Format haben, können Sie dann natürlich auch einfach zu diesem Abschnitt zurückkehren.

Projekte

In einem Xcode-Projekt werden alle Informationen und Dateien zusammengefasst, die Sie zum Erstellen und Entwickeln Ihrer App benötigen. Ein Projekt ist sozusagen das große Ganze, in dem all Ihre App-Dateien verwaltet und zusammengefasst werden. So verwalten Sie in einem Projekt Ihre Quelltextdateien als auch jede weitere Art von Datei wie Bilder oder Videos, die Sie für Ihre App benötigen. Alle folgenden vorgestellten Dateien und Formate sind Teile eines Xcode-Projekts.

Workspaces

Neben Projekten erlaubt Xcode auch die Arbeit mit sogenannten Workspaces. Dabei werden in einem Workspace mehrere Xcode-Projekte zusammengefasst. Das macht zum Beispiel dann Sinn, wenn Sie neben Ihrem App-Projekt auch noch eine separate Library pflegen und entwickeln, die nichts direkt mit dem eigentlichen App-Projekt zu tun hat. ■

Ein neues Xcode-Projekt können Sie direkt nach dem Starten von Xcode erstellen; klicken Sie dazu im *Welcome to Xcode*-Fenster auf die Schaltfläche CREATE A NEW XCODE PROJECT. Alternativ können Sie auch über das Xcode-Menü gehen: FILE → NEW → PROJECT... (siehe Bild 5.3).

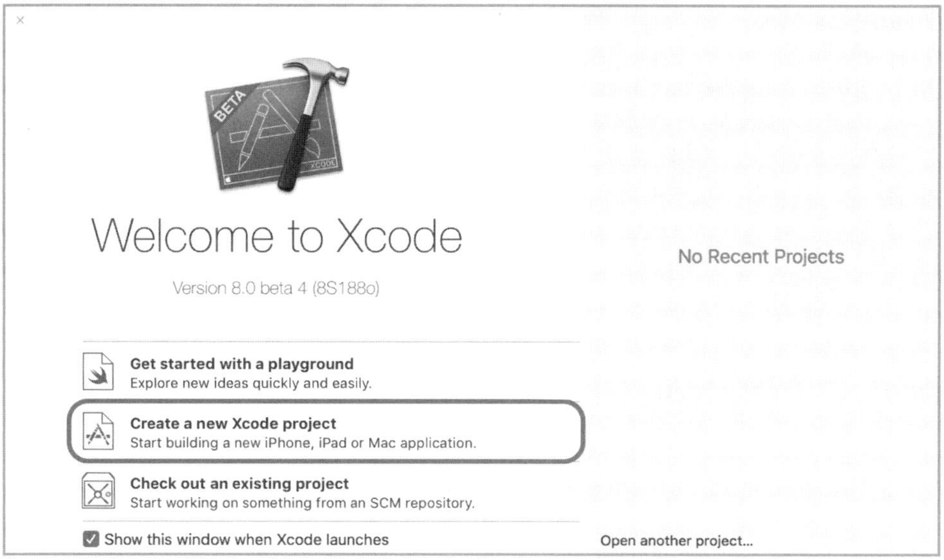

Bild 5.3 Über die Schaltfläche „Create a new Xcode project“ können Sie direkt vom Xcode-Startmenü aus loslegen.

Daraufhin öffnet sich die Template-Ansicht, in der Sie direkt aus einer vorhandenen Auswahl an Projektvorlagen eine wählen und damit starten können. Das erleichtert für bestimmte Aufgaben den Einstieg, da Xcode dann bereits erste benötigte Dateien und Klassen für Sie anlegt. So haben Sie mithilfe der Single View Application bereits einen ersten View-Controller, eine Tabbed erstellt eine Anwendung auf Basis einer Tab Bar und mit Game erhalten Sie direkt ein Xcode-Projekt mit allen Frameworks und Dateien, um mit der Entwicklung eines eigenen Spiels zu beginnen (siehe Bild 5.4).

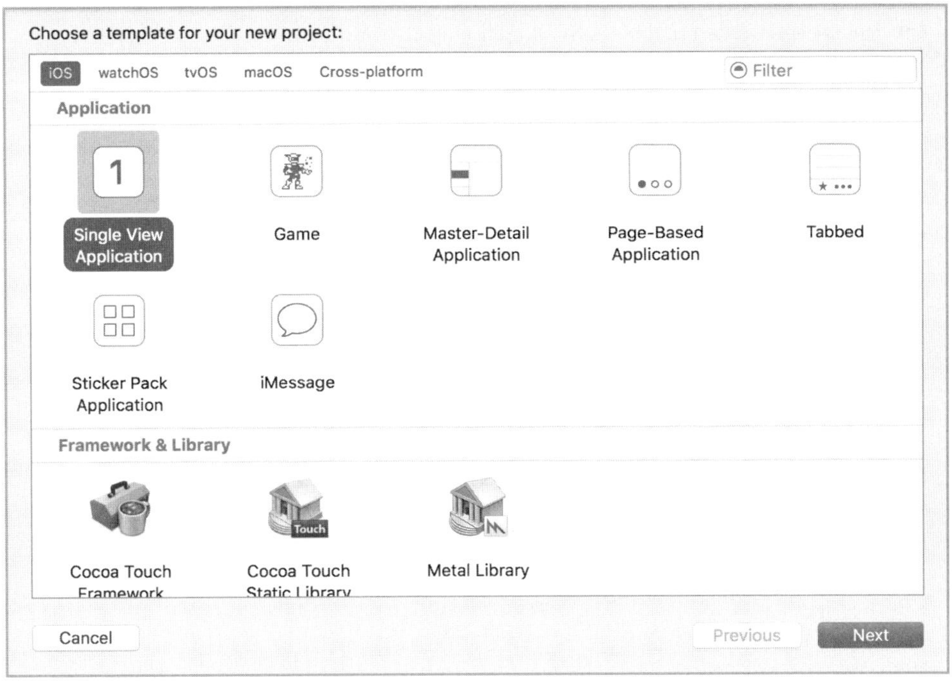

Bild 5.4 Mithilfe diverser Templates erleichtert Apple den Einstieg in die Entwicklung eines neuen App-Projekts.

Nach Auswahl eines Templates müssen Sie erste grundlegende Informationen über das Projekt angeben. Die hier verfügbaren Felder variieren mitunter je nach Auswahl des zuvor gewählten Templates, die folgenden Felder müssen Sie aber immer in jedem Fall ausfüllen (siehe Bild 5.5):

- *Product Name:* Dabei handelt es sich um den Namen der App, den Sie verwenden möchten.
- *Team:* Hier können Sie einen bei Apple registrierten Entwickler-Account auswählen, den Sie zur Entwicklung für Ihr neues Projekt verwenden möchten. Wie man Entwickler-Accounts in Xcode hinzufügt, erfahren Sie später in diesem Kapitel.
- *Organization Name:* Hier ist der Platz für den Namen Ihrer Firma oder Ihren eigenen Namen, sollten Sie als selbstständiger Entwickler tätig sein.
- *Organization Identifier:* Der Organization Identifier ist ein umgekehrter Domain-Name. Bei einer Firma könnte er beispielsweise *com.firmenname* lauten, bei einer Privatperson wie mir hingegen *de.thomassillmann*.

- *Bundle Identifier:* Der Bundle Identifier ist der eindeutige Identifier für Ihre App. Dieses Feld wird automatisch ausgefüllt anhand des von Ihnen festgelegten Organization Identifiers und des Product Names. Sie können den Bundle Identifier aber jederzeit später noch ändern und anpassen.
- *Language:* Hier können Sie wählen, welche Programmiersprache Sie standardmäßig für Ihr Projekt verwenden möchten; Swift oder Objective-C.
- *Devices:* Hier legen Sie fest, für welche Geräte Sie die App entwickeln möchten; iPhone, iPad oder für beide (Universal).

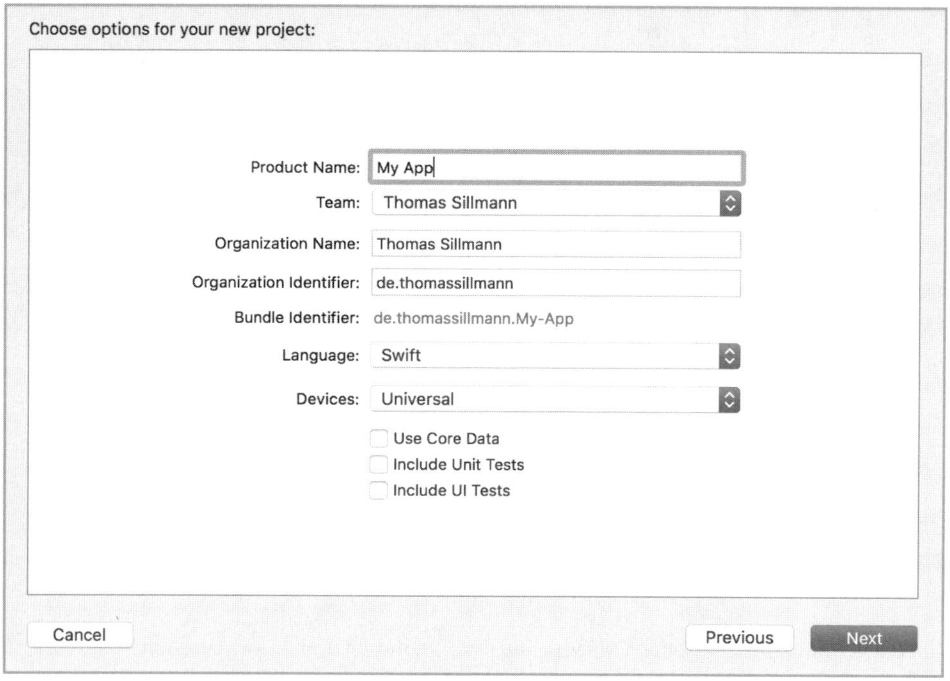

Bild 5.5 Nach Auswahl eines Templates geht es an die Angabe der grundlegenden Projektinformationen.

Nach Ausfüllen dieser Basisinformationen müssen Sie nur nach Klick auf NEXT einen Speicherort für Ihr neues Projekt wählen und Xcode legt sodann alle benötigten Dateien an und öffnet das neue Projekt (siehe Bild 5.6).

Ab hier befinden Sie sich in der typischen Arbeitsumgebung von Xcode, deren Aufbau und Funktionen im Abschnitt 5.3 „Der Aufbau von Xcode“ dann im Detail erläutert werden. Zum Anpassen eines Projekts erfahren Sie mehr im Abschnitt 5.5 „Projekteinstellungen“.

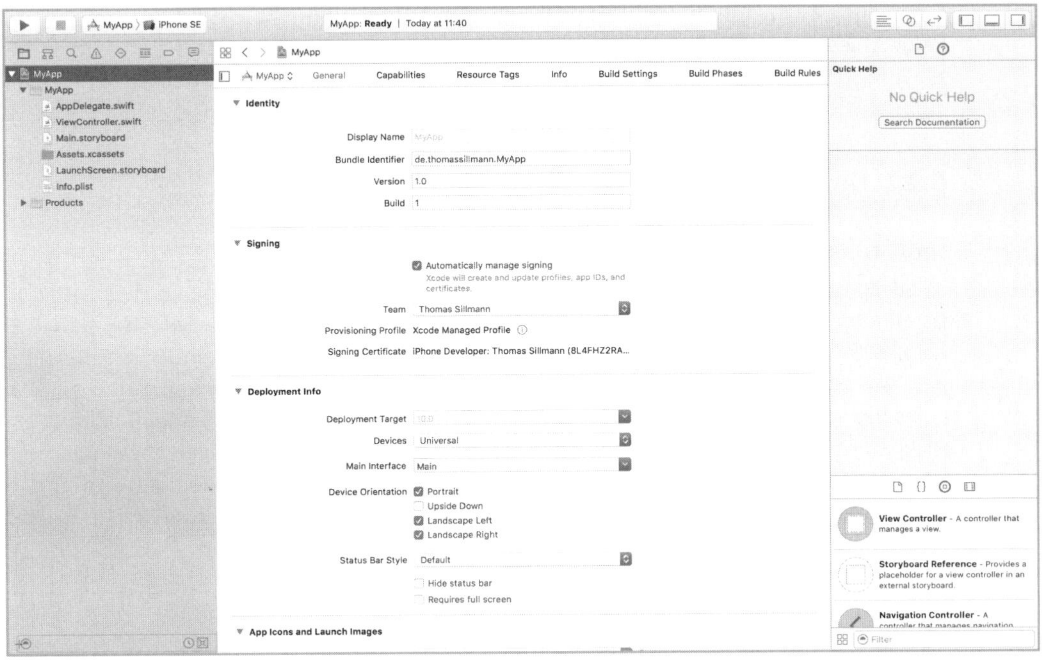

Bild 5.6 Unser neu erstelltes Projekt!

Target

Bei Target handelt es sich um ein Produkt, welches Sie innerhalb eines Xcode-Projekts anlegen und welches Sie dann erstellen können. Ein typisches Beispiel für ein Target in einem Projekt ist das eigentliche Target zum Erstellen Ihrer App. Dieses Target können Sie mit Xcode bauen lassen und erhalten am Ende Ihre App. Ein Xcode-Projekt kann dabei ein oder mehrere Targets enthalten und verwalten (siehe Bild 5.7). Das ist zum Beispiel in einem Projekt sinnvoll, aus dem heraus Sie sowohl eine iOS-App als auch eine App für macOS erstellen wollen und einige Klassen für beide Systeme identisch sind. Dann kann Ihr Projekt über zwei Targets – eines für jedes System – verfügen und Sie können somit die Apps für beide Plattformen über ein einziges Projekt verwalten. Auch bei Tests spielen separate Targets eine große Rolle, mehr dazu erfahren Sie im gleichnamigen Kapitel „Tests".

Bild 5.7
Die Targets eines Projekts werden in der Projektübersicht von Xcode aufgeführt, standardmäßig gibt es in jedem Fall ein Target für Ihre eigentliche iOS-App.

Schemes

Innerhalb eines Schemes werden Optionen und Einstellungen für Ihre Targets verwaltet. Diese Optionen und Einstellungen können Sie dann für spezifische Aktionen definieren, beispielsweise das Bauen Ihrer App, das Ausführen Ihrer App auf einem Endgerät oder im

Simulator, das Ausführen von Tests oder das Analysieren Ihrer Anwendung mittels Xcode. Beim Anlegen eines neuen Projekts erstellt Xcode direkt ein passendes Scheme, über das Sie Ihre Anwendung erstellen und ausführen sowie Tests durchführen können.

5.2.2 Umgang mit Dateien und Ordnern in Xcode

Dateien in Xcode hinzufügen

Auf der linken Seite im sogenannten Project Navigator von Xcode werden alle Ordner und Dateien angezeigt, die Sie für dieses Projekt in Xcode angelegt haben. Selbstverständlich können Sie auch hierüber neue Dateien und Ordner erstellen und Ihrem Projekt hinzufügen. Ausgangspunkt für neue Dateien ist dabei immer das Auswahlmenü zum Erstellen eines neuen Files. Sie erreichen dieses Fenster entweder über das Xcode-Menü über FILE → NEW → FILE... oder per Rechtsklick auf einen Ordner im Project Navigator und anschließende Auswahl von NEW FILE... (siehe Bild 5.8). Wichtig dabei: Die neue Datei wird innerhalb des Verzeichnisses angelegt, das markiert war, als Sie das Fenster zum Erstellen einer neuen Datei aufgerufen haben.

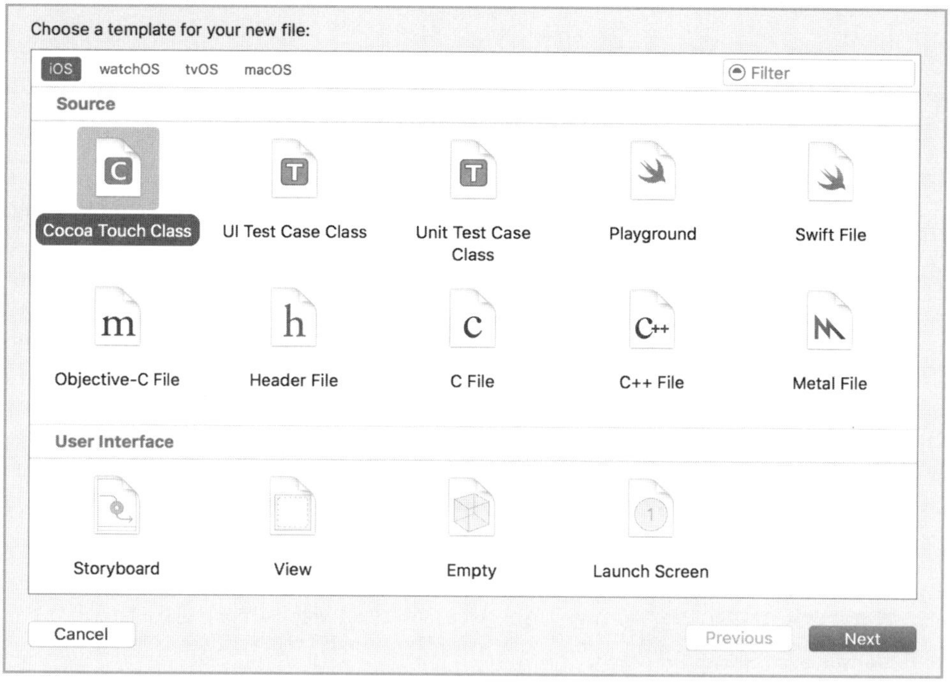

Bild 5.8 Xcode bietet mannigfaltige Ressourcen zum Hinzufügen neuer Dateien zu Ihrem Projekt.

Von diesem Fenster aus können Sie oben die gewünschte Plattform (iOS, macOS, watchOS oder tvOS) wählen und anschließend von oben nach unten durch verschiedene Kategorien scrollen und darin eine passende Vorlage für Ihre neue Datei auswählen. So können Sie neue Klassen, Storyboards und andere Ressourcen Ihrem Projekt hinzufügen.

Ordner in Xcode hinzufügen

Neben Dateien können Sie auch neue Ordner in Xcode hinzufügen. Dazu markieren Sie zunächst erneut den Ordner, in dem der neue Ordner eingefügt werden soll, und gehen anschließend über das Xcode-Menü über File → New → Group oder machen einen Rechtsklick auf den entsprechenden Ordner und wählen dort den Punkt New Group. Sie müssen dann nur noch einen passenden Namen für den Ordner eintippen und mittels Return bestätigen (siehe Bild 5.9).

Bild 5.9 Ein neuer Ordner lässt sich einfach durch Eingabe eines passenden Titels erstellen.

Vorhandene Dateien in Xcode hinzufügen

In Ihren Projekten möchten Sie aber natürlich auch Dateien nutzen, die nicht mit Xcode erzeugt wurden, beispielsweise Bilder oder Audiodateien. Auch diese können Sie problemlos in Ihrem Projekt einbinden. Machen Sie dazu einen Rechtsklick auf den Ordner, in dem Sie die neue Datei von Ihrer Festplatte aus einfügen möchten, und wählen anschließend den Punkt Add Files to „<Projektname>“.... Es öffnet sich ein Fenster, das den Inhalt Ihrer Festplatte zeigt. Suchen und markieren Sie dort die gewünschte Datei oder auch mehrere Dateien auf einmal. Per Klick auf Add werden diese dann dem Projekt hinzugefügt. Dabei sollten Sie aber noch die Optionen beachten, die unterhalb der Dateiauswahl zur Verfügung stehen (siehe Bild 5.10):

- *Destination:* Darüber legen Sie fest, ob die neuen Dateien auch in das Xcode-Projekt kopiert werden sollen (falls sie sich nicht bereits darin befinden). Andernfalls wird Xcode nur ein Verweis auf die Dateien hinzugefügt.
- *Added folders:* Mit der Auswahl Create groups werden die Dateien Xcode hinzugefügt, allerdings interessiert sich Xcode nicht dafür, ob und was sich an den entsprechenden Dateien auf der Festplatte verändert; es kümmert sich nur um die Dateien, die Xcode so hinzugefügt wurden. Bei Create folder references hingegen wird eine Referenz auf den Ordner gespeichert und Xcode nimmt auch Änderungen wahr. Es kann lediglich sein, dass zunächst ein Clean Build durchgeführt werden muss, nachdem sich die Dateien auf der Festplatte geändert haben; andernfalls lädt Xcode beim Ausführen der App möglicherweise noch die alten Informationen. Mehr zum Thema Clean Build erfahren Sie im Abschnitt 5.15 „Tipps für die tägliche Arbeit“.
- *Add to targets:* Über diesen Auswahlpunkt können Sie festlegen, zu welchem der in Ihrem Projekt vorhandenen Targets die neue Datei hinzugefügt werden soll. Haben Sie beispielsweise ein Projekt, in dem Sie sowohl ein Target für eine iOS- wie auch ein Target für eine macOS-App verwenden und eine Datei hinzufügen möchten, die für beide verfügbar sein soll, so setzen Sie entsprechend bei beiden Targets ein Häkchen.

Sollten die erweiterten Optionen, die in Bild 5.10 zu sehen sind, nicht angezeigt werden, klicken Sie auf die Schaltfläche Options in der unteren linken Ecke. Darüber lässt sich diese Ansicht ein- und ausblenden.

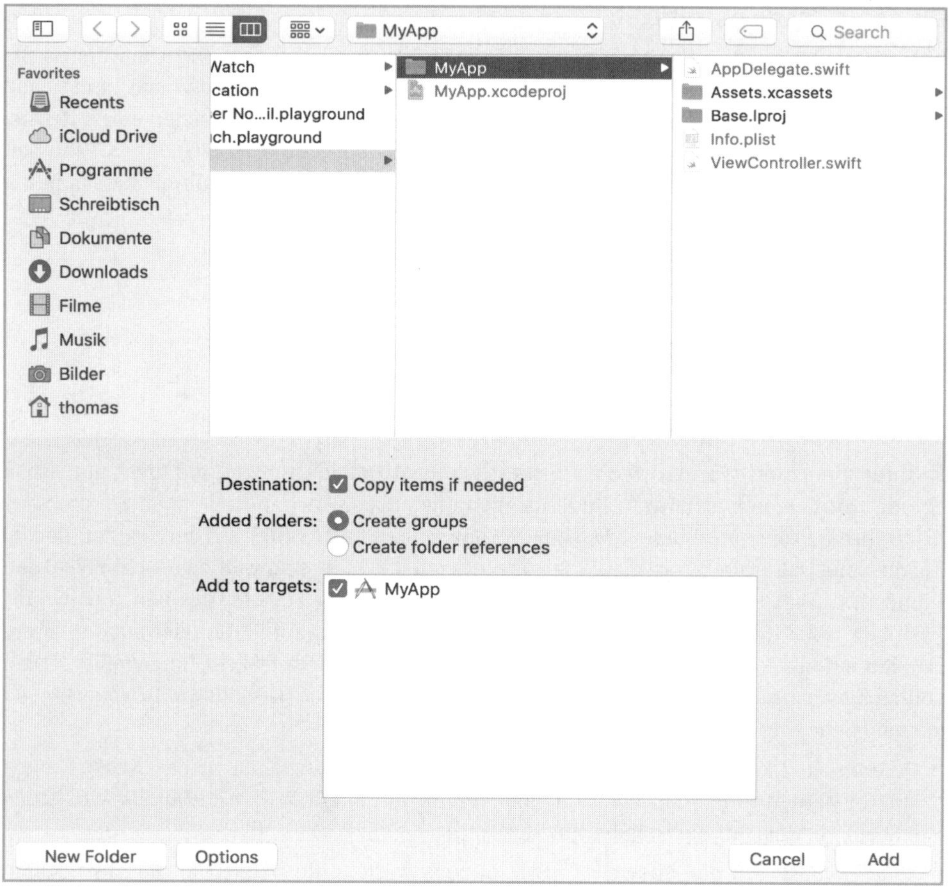

Bild 5.10 Es lassen sich beliebige Dateien einem Xcode-Projekt hinzufügen. Wichtig ist, auf die Optionen und die richtigen Targets beim Hinzufügen zu achten.

Dateien und Ordner löschen

So, wie wir eben Dateien und Ordner zu Xcode hinzugefügt haben, können wir sie natürlich auch wieder löschen. Dazu genügt ein Rechtsklick auf die entsprechende Datei beziehungsweise den Ordner und die anschließende Auswahl von DELETE. Xcode fragt dann noch einmal nach, ob die Dateien auch in den Papierkorb verschoben werden sollen oder lediglich die Referenz auf diese Dateien aus Xcode heraus entfernt werden soll (siehe Bild 5.11).

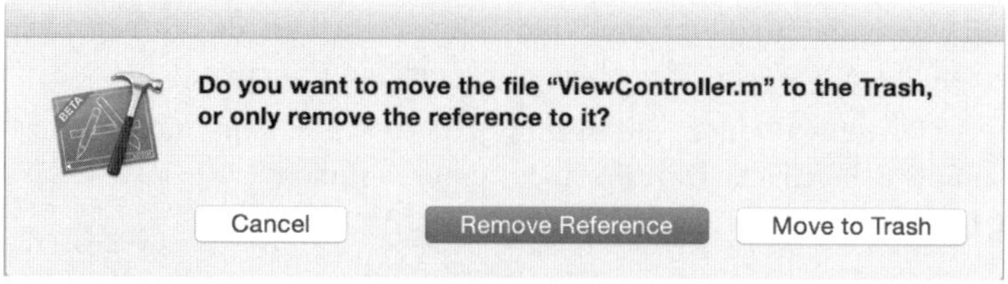

Bild 5.11 Xcode fragt beim Löschen von Ordnern und Dateien, ob nur die Referenz in Xcode oder auch die Dateien selbst entfernt und gelöscht werden sollen.

5.3 Der Aufbau von Xcode

Xcode bringt alles mit, was Sie als iOS-Entwickler für die tägliche Arbeit benötigen, und vereint all diese Funktionen unter einer gemeinsamen Oberfläche. Diese Oberfläche und den Aufbau von Xcode wollen wir uns nun einmal näher ansehen (siehe Bild 5.12).

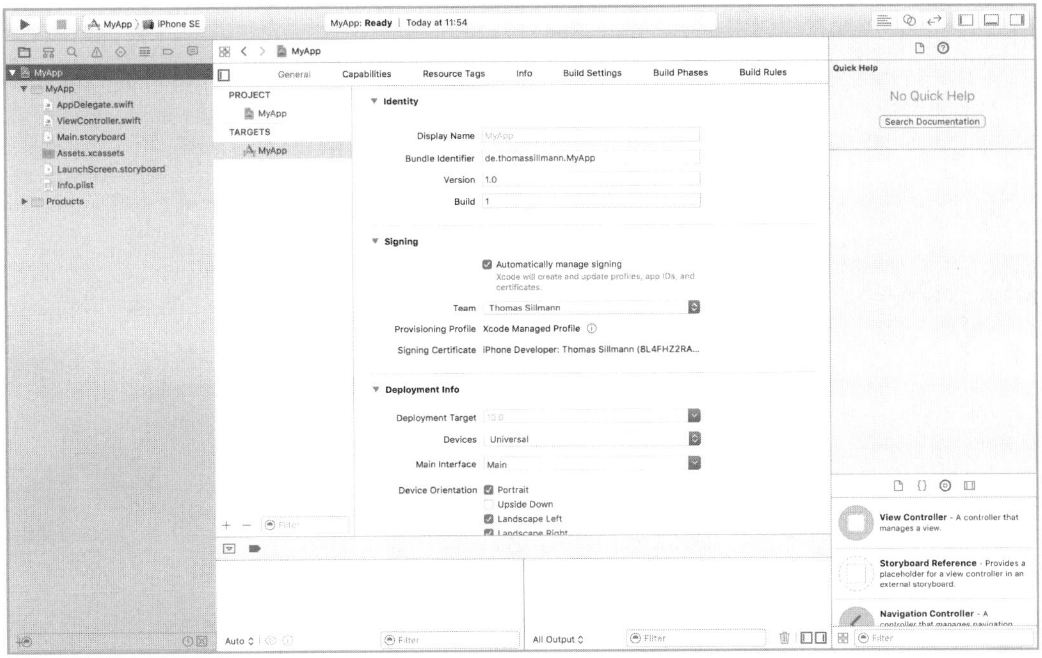

Bild 5.12 Die Xcode-IDE unterteilt sich in mehrere Bereiche, die alle für bestimmte Aufgaben und Funktionen zuständig sind und einzeln konfiguriert und angepasst werden können.

5.3.1 Die Toolbar

Am oberen Bildschirmrand von Xcode findet sich die Toolbar. Diese bietet grundlegende Optionen, um Ihre App zu bauen und die einzelnen Bereiche der IDE anzupassen (siehe Bild 5.13).

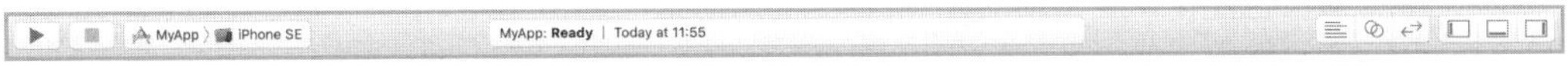

Bild 5.13 Die Toolbar von Xcode gibt Zugriff auf grundlegende Konfigurationen und Statusinformationen.

Zunächst finden Sie am linken äußeren Rand Schaltflächen zum Bauen Ihrer App. Über den Play-Button wird Ihre App gebaut und auf dem ausgewählten Gerät bzw. Simulator gestartet, der Stopp-Button beendet eine laufende Ausführung (siehe Bild 5.14).

Bild 5.14
Über den Play-Button starten Sie Ihre App im Simulator oder auf einem Endgerät.

Rechts neben diesen beiden Schaltflächen finden Sie die Schema- und iOS-Geräte- beziehungsweise -Simulator-Auswahl. Ein Klick auf das Schema öffnet die Schema-Übersicht, in der alle vorhandenen Schemas angezeigt werden. Ebenfalls können an dieser Stelle neue Schemas erstellt oder vorhandene bearbeitet werden. Je nach den Einstellungen innerhalb des ausgewählten Schemas kann dann auch die Simulator- bzw. Geräte-Auswahl variieren. An dieser Stelle werden immer alle Geräte angezeigt, die mit dem Mac verbunden sind und die Hard- und Softwarevoraussetzungen des Schemas erfüllen, sowie alle Simulatoren, auf denen das Produkt des Schemas ausgeführt werden kann (siehe Bild 5.15).

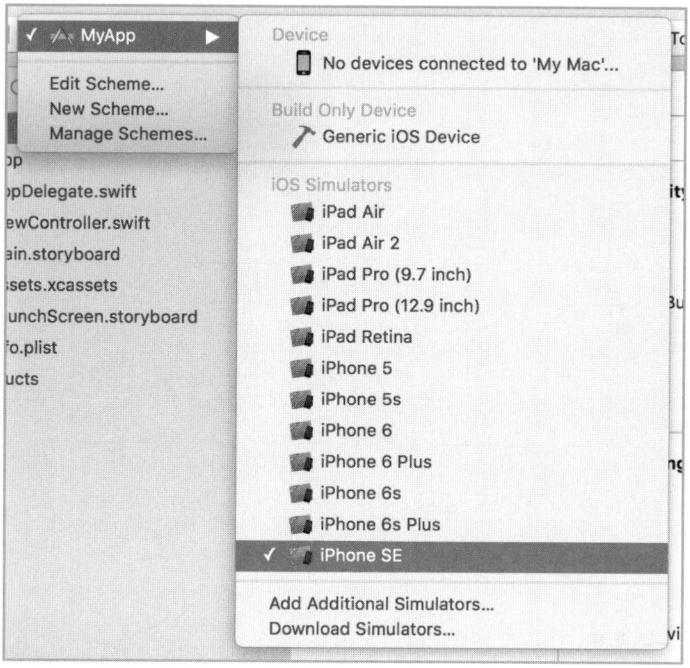

Bild 5.15 Über die Auswahl des Targets können Sie festlegen, in welchem Simulator oder auf welchem angeschlossenen Gerät Sie Ihre App ausführen möchten.

In der Mitte der Toolbar findet sich die Statusanzeige (siehe Bild 5.16). Diese zeigt Ihnen unterschiedliche Informationen an, beispielsweise Datum und Uhrzeit des letzten erfolgreichen Builds und eventuelle Warnungen oder Fehlerausgaben des Compilers. Auch wird an dieser Stelle ein Fortschrittsbalken angezeigt, wenn Sie Ihre App mit Xcode bauen, der über den entsprechenden Fortschritt informiert.

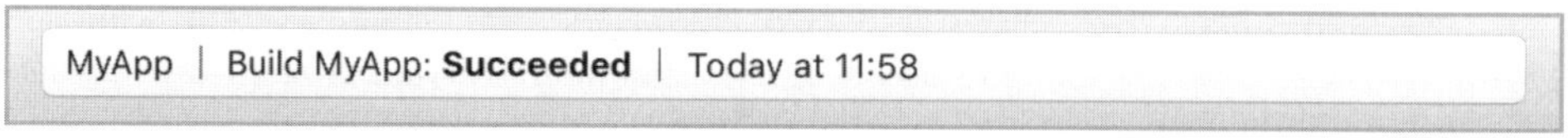

Bild 5.16 Die Statusanzeige gibt Informationen über das Erstellen und Ausführen Ihrer App.

Am rechten Rand der Toolbar befinden sich abschließend noch zwei weitere Blöcke mit Schaltflächen. Mithilfe des ersten Blocks lässt sich die Ansicht in der Editor Area konfigurieren. Dazu kann zwischen dem Standard Editor, dem Assistant Editor und dem Version Editor gewechselt werden (siehe Bild 5.17). Details zu diesen drei verschiedenen Editor-Ansichten erfahren Sie im Abschnitt 5.3.3 „Die Editor Area".

Bild 5.17
Über die Editor-Schaltflächen können Sie die Ansicht der Editor Area anpassen.

Am äußersten rechten Rand schließlich finden sich Schaltflächen zum Ein- und Ausblenden der Navigation Area, Utilities Area und Debug Area (siehe Bild 5.18). Ein einfaches Anklicken einer der Schaltflächen genügt, um den entsprechenden Bereich ein- oder auszublenden. Möchte man sich beispielsweise komplett auf den Editor konzentrieren, lassen sich alle drei aufgeführten Bereiche ausblenden, um sich voll und ganz auf die Arbeit in der Editor Area konzentrieren zu können.

Bild 5.18
Über die Area-Schaltflächen können Sie die Navigation, Debug und Utilities Area ein- und ausblenden.

5.3.2 Die Navigation Area

Die Navigation Area ist der Bereich in Xcode, der am linken Rand neben der Editor Area angezeigt wird. Die Navigation Area kann mittels der entsprechenden Area-Schaltfläche oben rechts in der Toolbar ein- und ausgeblendet werden (siehe Bild 5.19).

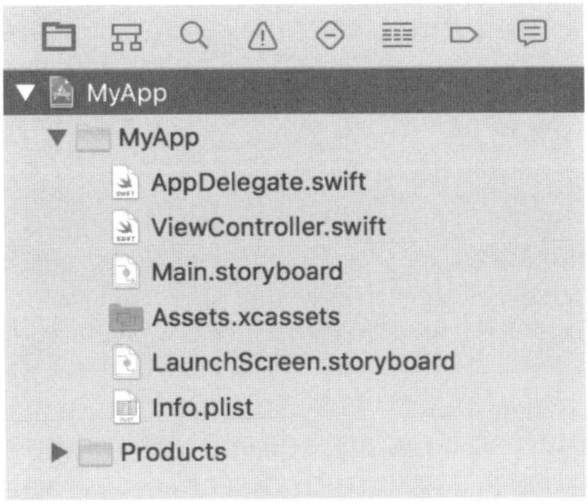

Bild 5.19
Die Navigation Area zeigt alle Dateien und Ordner Ihres Projekts.

Die Navigation Area verfügt am oberen Rand über acht verschiedene Schaltflächen, über die die Inhalte der Navigation Area angepasst werden können. Standardmäßig ist die erste Schaltfläche zur Anzeige des sogenannten „Project Navigators" aktiv. In diesem werden alle Projektdateien aufgeführt und angezeigt. Hier können Sie die Klassendateien, Projektdateien und sonstige Dateien (wie Bilder oder Audio-Files) Ihres Projekts verwalten und Ihren

Wünschen entsprechend anordnen. Dazu verfügt der Project Navigator über Drag & Drop-Möglichkeiten von Dateien und Ordnern.

Neben dem Button für den Project Navigator befindet sich eine Auswahlschaltfläche für den Symbol Navigator. Dieser listet alle Klassen und deren Methoden hierarchisch strukturiert auf und erlaubt so eine Übersicht eben über alle Klassen und Methoden eines Projekts (siehe Bild 5.20).

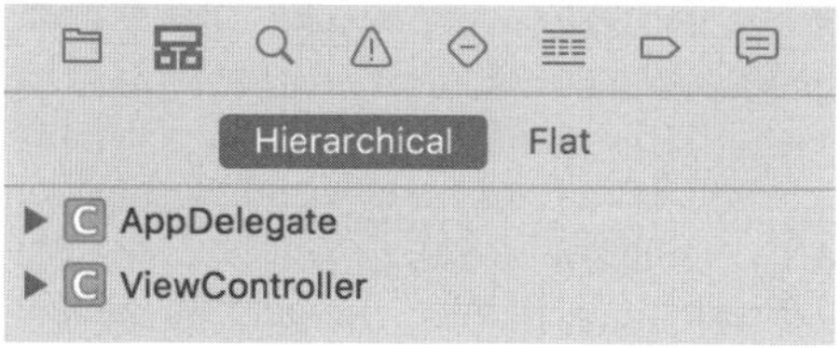

Bild 5.20
Der Symbol Navigator schlüsselt alle Klassen übersichtlich auf.

Über den Find Navigator können Sie Ihr Projekt nach beliebigen Textstücken durchsuchen. Der Find Navigator listet alle gefundenen und somit zur Suchanfrage passenden Dateien auf und zeigt ebenso, an welchen Stellen der entsprechende Text gefunden wurde (siehe Bild 5.21).

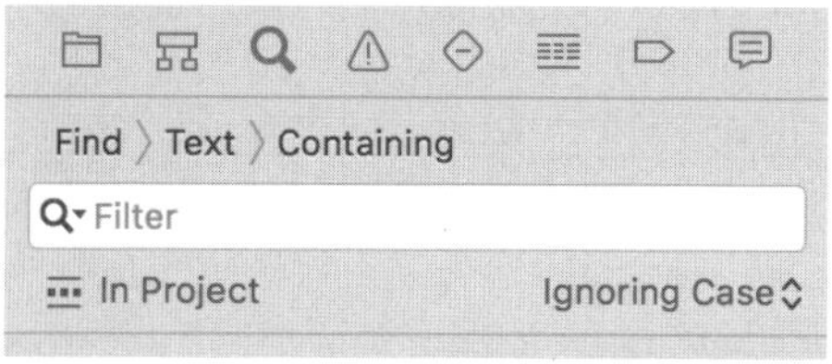

Bild 5.21
Über den Find Navigator können Sie Ihr Projekt durchsuchen.

Warnungen oder Fehler innerhalb Ihres Projekts listet der Issue Navigator auf (und ist dabei hoffentlich die meiste Zeit über leer ☺). Nach Klick auf eine Warnung oder einen Fehler werden Sie direkt in die entsprechende Datei weitergeleitet und können dort sodann das Problem beheben (siehe Bild 5.22).

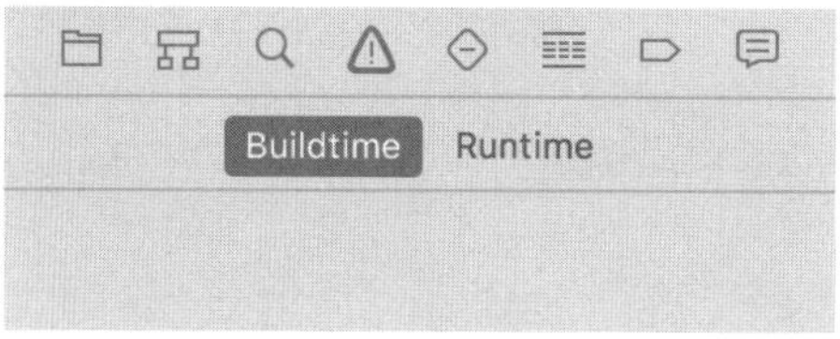

Bild 5.22
Warnungen und Fehler zu Ihrer App werden im Issue Navigator angezeigt und aufgeführt.

Der Test Navigator listet all Ihre im Projekt erstellten Unit-Tests auf (siehe dazu auch das Kapitel „Unit-Tests“). Doch nicht nur das: Wählen Sie einen Test aus, landen Sie umgehend an der entsprechenden Stelle in Ihrem Code und können sogar Tests direkt aus dem Test Navigator heraus starten, indem Sie auf den Play-Button neben einem Test drücken (siehe Bild 5.23). Mehr zu Tests erfahren Sie im gleichnamigen Kapitel in diesem Buch.

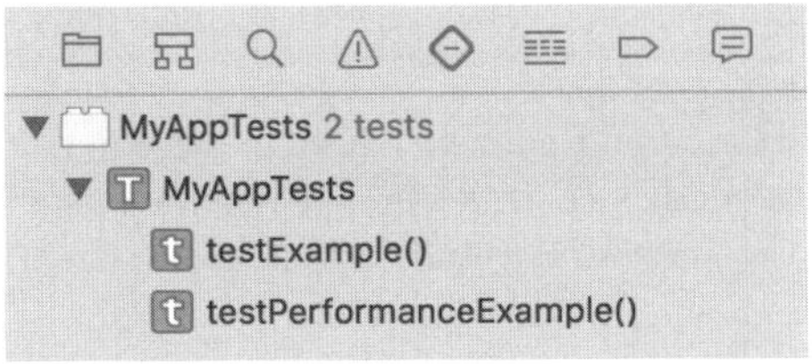

Bild 5.23
Im Test Navigator haben Sie Zugriff auf alle Tests eines Test-Targets und können sie komfortabel aus dem Navigator heraus starten.

Der Debug Navigator gibt Aufschluss über den Speicherverbrauch Ihrer App sowie die Netzwerkkommunikation und listet einen Stack Trace auf, der die zuletzt aufgerufenen Methoden darstellt (siehe Bild 5.24). Mehr zum Debug Navigator erfahren Sie im Abschnitt 5.12 „Debugging in Xcode“.

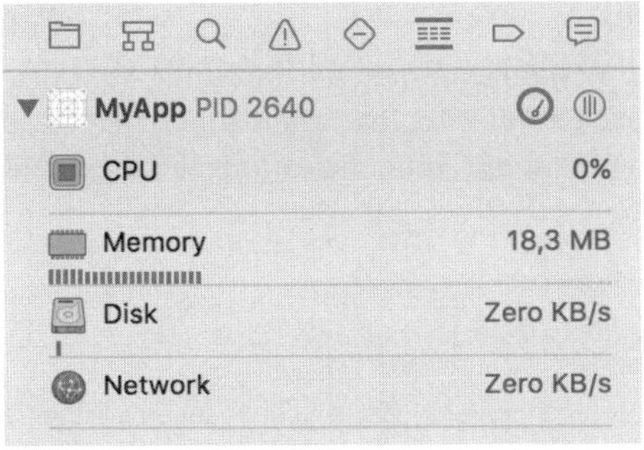

Bild 5.24
Der Debug Navigator gibt Aufschluss über die Aktivitäten Ihrer App während der Ausführung.

Eine Übersicht aller von Ihnen erstellten Breakpoints gibt der Breakpoint Navigator. Über ihn können Sie auch Ihre Breakpoints verwalten, anpassen und filtern (siehe Bild 5.25). Mehr zu Breakpoints erfahren Sie ebenfalls im Abschnitt 5.12 „Debugging in Xcode“.

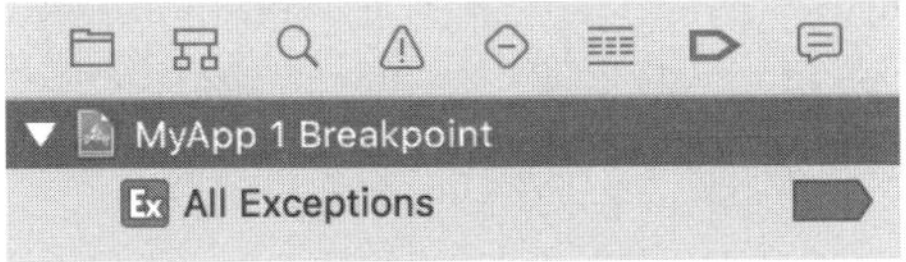

Bild 5.25
Die gesetzten Breakpoints zeigt der Breakpoint Navigator.

Zu guter Letzt findet sich in der Navigation Area noch eine Schaltfläche für den Report Navigator. Dieser gibt eine Übersicht über die letzten Builds und Tests Ihrer App und informiert im Detail über etwaige Fehler oder Probleme (siehe Bild 5.26).

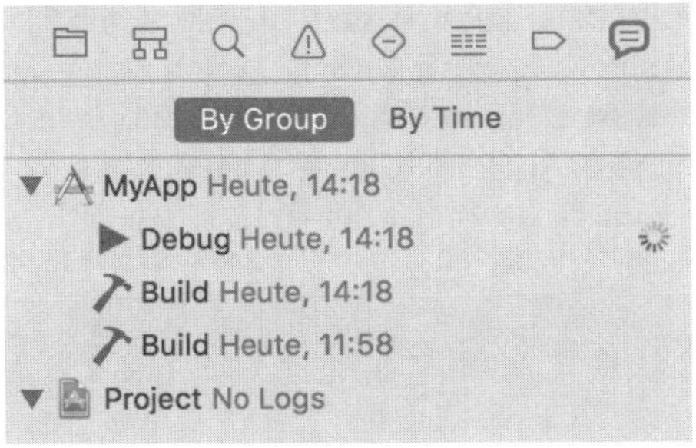

Bild 5.26
Informationen zu den letzten Builds und Tests Ihrer App gibt der Report Navigator.

5.3.3 Die Editor Area

Die Editor Area ist der mittlere Bereich, in dem Sie als App-Entwickler wohl die meiste Zeit Ihrer Arbeit verbringen werden. Die Editor Area passt sich dabei immer der im Project Navigator ausgewählten Datei an. Wählen Sie so beispielsweise eine Code-Datei, erscheint in der Editor Area ein Code-Editor, in dem Sie den Quelltext dieser Datei bearbeiten können. Wählen Sie hingegen eine Storyboard-Datei aus (dazu später mehr im Kapitel „Die Vielfalt der (View-)Controller"), so öffnet sich der Interface Builder in der Editor Area (mehr zum Interface Builder erfahren Sie im Abschnitt 5.1.2 „Interface Builder und Xcode – endlich vereint!" dieses Kapitels).

Kurzum ist die Editor Area aber genau der Bereich, in dem Sie Ihr Projekt und Ihre App bearbeiten und anpassen. Er stellt Ihnen die Oberfläche zur Verfügung, um Dateien verschiedenster Art zu betrachten und zu bearbeiten.

Wie bereits zuvor im Abschnitt 5.3.1 „Die Toolbar" erwähnt, können Sie die Editor Area aber noch weiter über drei entsprechende Schaltflächen in der Toolbar anpassen. Über diese Schaltflächen oben rechts können Sie bestimmen, wie die Editor Area aufgebaut ist und welche Informationen sie anzeigt (siehe Bild 5.27).

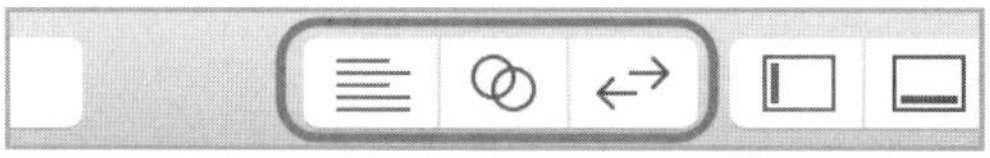

Bild 5.27 Das Aussehen und der Aufbau der Editor Area können über diese Schaltflächen gesteuert werden.

Standardmäßig ist die erste Schaltfläche links aktiv. Diese blendet den sogenannten Standard Editor in der Editor Area ein. Dabei handelt es sich um die einfache Ansicht der von Ihnen ausgewählten Datei in der kompletten Editor Area.

Die zweite Schaltfläche in der Mitte aktiviert den sogenannten Assistant Editor. In diesem Fall wird die Editor Area zweigeteilt und zeigt sodann zwei Editor-Fenster nebeneinander an. Das erlaubt Ihnen, zwei Dateien aus Ihrem Projekt nebeneinander zu betrachten oder zu bearbeiten. Das ist beispielsweise sinnvoll, wenn Sie an einer Klasse in Objective-C arbeiten und sowohl die Header- als auch die Implementation-Datei betrachten beziehungsweise bearbeiten möchten. Auch gibt es in Bezug auf den Interface Builder viele Vorteile des Assistant Editors, die wir später noch kennenlernen werden.

Standardmäßig wird im ersten linken Fenster des Assistant Editors die Datei angezeigt, die Sie in der Navigation Area auswählen. Xcode versucht sodann automatisch, für das zweite Fenster des Assistant Editors eine passende Datei auszuwählen und dort anzuzeigen (eben zum Beispiel die Implementation-Datei einer Objective-C-Klasse, wenn Sie deren Header-Datei ausgewählt haben). Aber nicht immer ist diese automatische Auswahl richtig oder gewollt. Daher können Sie über die Navigationsleiste oberhalb des zweiten Editor-Fensters die gewünschte Datei auswählen und darüber durch Ihr Projekt navigieren (siehe Bild 5.28).

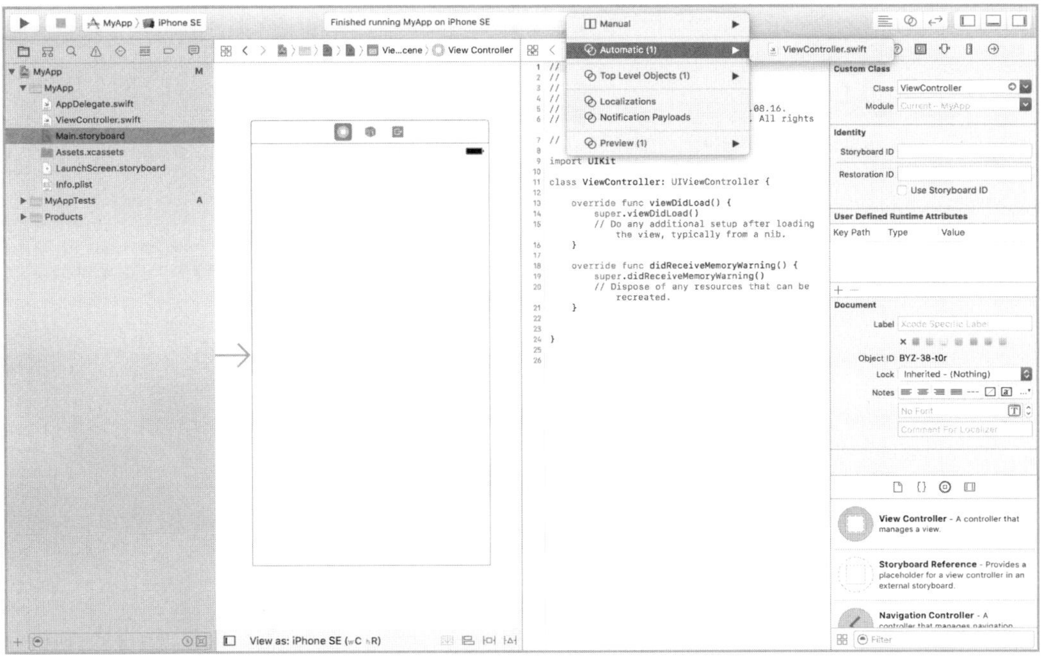

Bild 5.28 Über dieses Menü können Sie die zweite im Assistant Editor angezeigte Datei ändern.

Zu guter Letzt findet sich noch eine Schaltfläche für den sogenannten Version Editor in der Toolbar von Xcode. Dieser zeigt Ihnen die Änderungen an einer Datei im Laufe der Zeit an. Ähnlich wie beim Assistant Editor wird dazu die Editor Area aufgeteilt. Im linken Fenster wird sodann die von Ihnen gewählte Datei angezeigt, während Sie rechts dieselbe Datei zu verschiedenen Zeitpunkten und nach verschiedenen Änderungen betrachten können. Ein Zeitstrahl in der Mitte des Bildschirms erlaubt es Ihnen, zwischen den verschiedenen Zeitpunkten von Änderungen umzuschalten und zu wechseln. Tun Sie dies, wird immer der Inhalt des rechten Fensters angepasst, während der linke Bereich zu jeder Zeit immer die aktuelle Version der gewählten Datei aufführt. Somit können Sie direkt verschiedene Zustände Ihrer Datei vergleichen und so möglichen Fehlern oder ungewollten Anpassungen auf die Spur kommen. Xcode hebt dabei auch immer die Unterschiede und Änderungen zwischen den zwei Zuständen der Datei hervor (siehe Bild 5.29).

Mittels dieser Editor-Schaltflächen in der Toolbar können Sie jederzeit und ohne Unterbrechung zwischen den verschiedenen Darstellungsarten der Editor Area wechseln. Mehr zur Arbeit innerhalb der Editor Area werden zu gegebener Zeit im Detail vorgestellt.

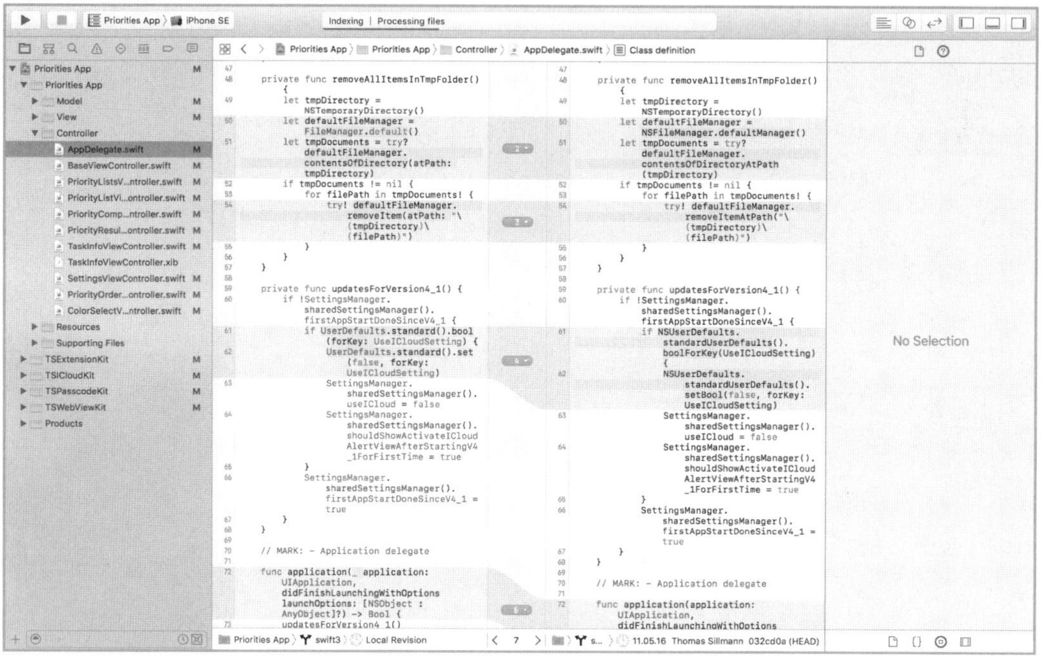

Bild 5.29 Über den Version Editor können unterschiedliche Zustände einer Datei miteinander verglichen werden.

5.3.4 Die Utilities Area

Die Utilities Area führt Informationen zu der von Ihnen ausgewählten Datei auf und verfügt über mehrere Reiter-Schaltflächen, die sich je nach ausgewählter Datei auch unterscheiden. Neben Informationen erlaubt Ihnen die Utilities Area an dieser Stelle auch, die Datei in einzelnen Teilen anzupassen und zu verändern. Welche Möglichkeiten Ihnen hier geboten werden, hängt immer vom ausgewählten Dateityp ab. Im Kapitel „Die Vielfalt der (View) Controller“ werden wir sehr viele Funktionen und Einstellmöglichkeiten der Utilities Area kennenlernen, die gerade im Zusammenspiel mit dem Interface Builder und dem Anpassen von Oberflächen sehr viele Möglichkeiten bietet, die Ihnen das Entwicklerleben deutlich erleichtern.

Darüber hinaus hält die Utilities Area am unteren Rand eine zweite Schaltflächen-Reiter-Reihe bereit. Über diese können Sie auf bestimmte Vorlagen wie zum Beispiel Views zugreifen, die Sie dann schnell und einfach an passender Stelle in Ihrem Projekt einbinden können (siehe Bild 5.30). Mehr zu diesem Teil der Utilities Area erfahren Sie in den dazugehörigen passenden Abschnitten und Kapiteln dieses Buches.

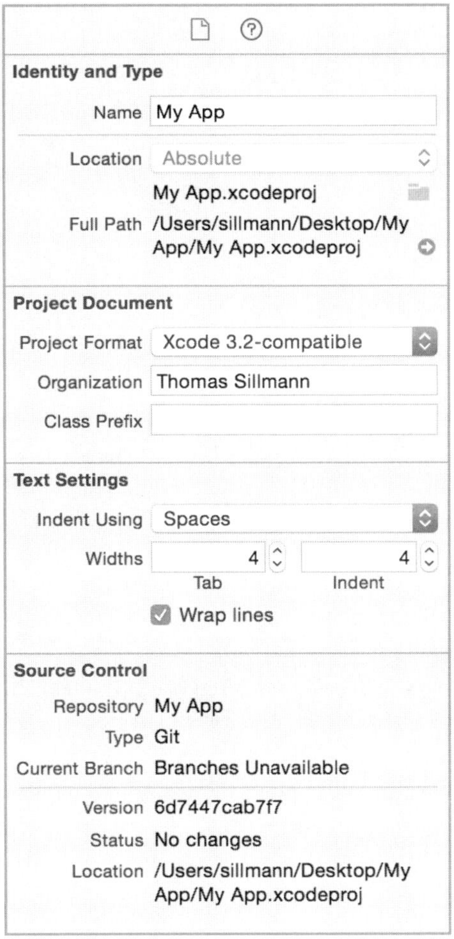

Bild 5.30
Die Utilities Area liefert verschiedene Einstellmöglichkeiten für die gewählte Datei.

5.3.5 Die Debug Area

Die Debug Area unterstützt Sie – wie es der Name bereits vermuten lässt – beim Debuggen Ihrer Anwendung. Zu diesem Zweck teilt sich der Debugger in zwei Bereiche: die *Variables View* und die *Konsole*. Beide Bereiche können Sie nach Belieben über die entsprechenden Schaltflächen unten rechts in der Debug Area ein- und ausblenden und so entweder beide oder nur je einen von beiden anzeigen (siehe Bild 5.31 und Bild 5.32).

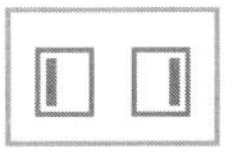

Bild 5.31
Variables View und Konsole der Debug Area lassen sich über diese Schaltflächen ein- und ausblenden.

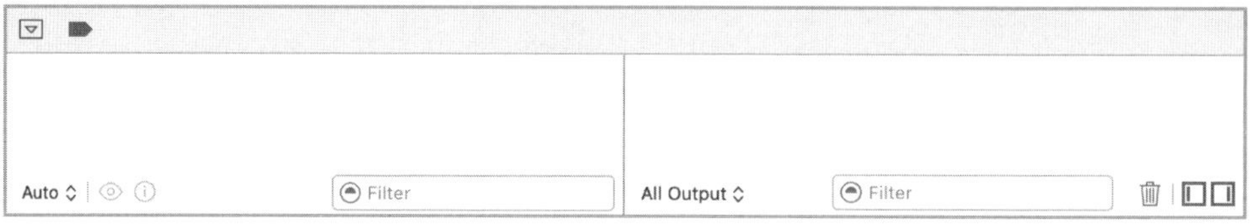

Bild 5.32 Die Debug Area wird am unteren Bildschirmbereich in Xcode eingeblendet.

Alles Weitere zum Debugger und wie Sie effektiv mit ihm arbeiten, erfahren Sie im Abschnitt 5.12 „Debugging in Xcode“ dieses Kapitels.

5.4 Einstellungen in Xcode

5.4.1 Anpassen von Xcode

Sie können Xcode in einigen Bereichen Ihren eigenen Bedürfnissen anpassen, um es so optimal auf Ihre Arbeitsweise zuzuschneiden. Auch können Sie über die Einstellungen die komplette Dokumentation von Apple herunterladen.

Die Einstellungen von Xcode erreichen Sie genauso wie bei jeder anderen macOS-App auch: Entweder gehen Sie über das Menü über XCODE → PREFERENCES... oder Sie nutzen das gebräuchliche Tastaturkürzel CMD +,.

Im Folgenden stelle ich Ihnen die einzelnen Reiter der Xcode-Einstellungen und die darin befindlichen Anpassungsmöglichkeiten vor.

5.4.2 General

Unter GENERAL können Sie einfache Basiseinstellungen setzen, beispielsweise das Einblenden von Warnungen und Fehlern direkt während des Schreibens von Code oder ob eine App im Falle von Fehlern trotzdem weitergebaut werden soll (siehe Bild 5.33).

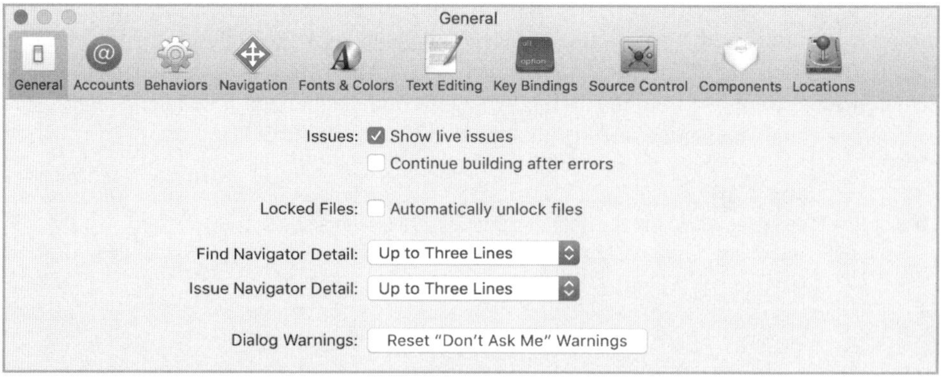

Bild 5.33 Die Basiseinstellungen können Sie im Reiter „General“ setzen.

5.4.3 Accounts

Mit Xcode 5 hat Apple die Account-Verwaltung für Entwickler in die Einstellungen von Xcode verlagert; zuvor wurden diese über den heute mehr und mehr abgesteckten Organizer verwaltet (siehe Bild 5.34).

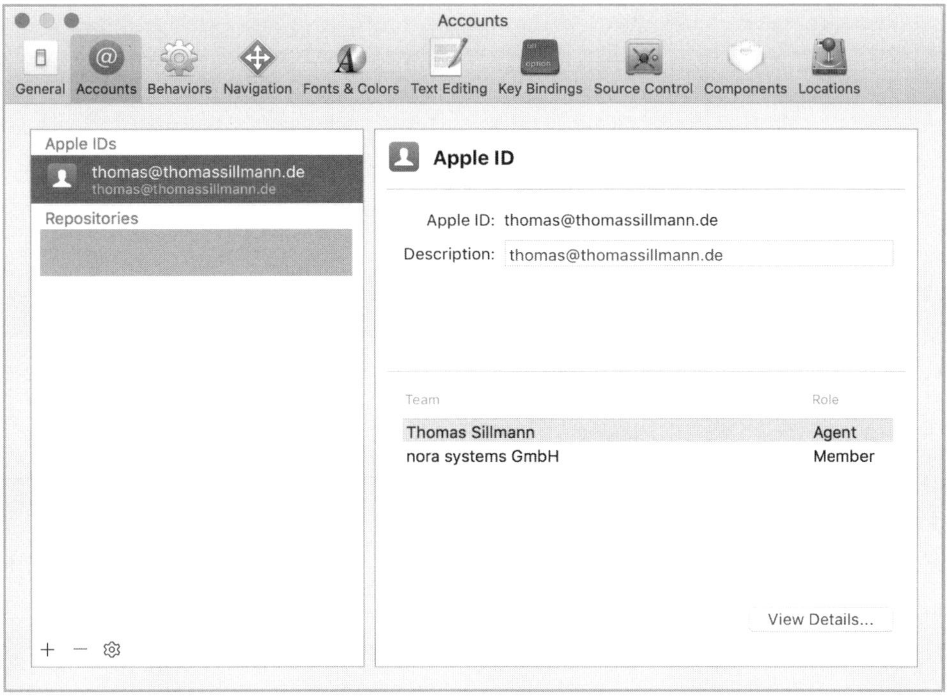

Bild 5.34 Ihre Entwickler-Accounts können Sie im Reiter „Accounts“ direkt über Xcode verwalten.

Die Accounts in Xcode sind Entwickler-Accounts, die Teil des Apple Developer Programs sind. Wenn Sie sich mit Ihrem Entwickler-Account in diesem Fenster anmelden, erhalten Sie automatisch Zugriff auf alle benötigten Dateien zum Erstellen und Bauen Ihrer App für das entsprechende Konto. In Xcode müssen Sie dann nur noch in den Target-Einstellungen das passende Team setzen, und anschließend verwendet Xcode automatisch die passenden Zertifikate beim Bauen Ihrer App; früher war an dieser Stelle ansonsten noch sehr viel (fehleranfällige) Handarbeit nötig.

Accounts können Sie über die Schaltflächen + und – am linken unteren Rand hinzufügen und entfernen. Neben Entwickler-Accounts können Sie darüber auch Repositories und Server verwalten, über die Sie auf Projekte für Ihre App-Entwicklung zugreifen möchten. Haben Sie einen Entwickler-Account hinzugefügt, können Sie anschließend dessen Details einsehen. Mehr Informationen zum Erstellen und Nutzen eines Entwickler-Accounts erfahren Sie im Kapitel „Veröffentlichung im App Store“.

5.4.4 Behaviors

Im Reiter BEHAVIORS finden Sie eine Fülle an Einstellungsmöglichkeiten, um das Verhalten von Xcode in bestimmten Ereignissen anzupassen. So können Sie beispielsweise beim Fehlschlagen eines Builds einer App einen Sound ausgeben oder Notifications von Xcode ein- und ausschalten (siehe Bild 5.35).

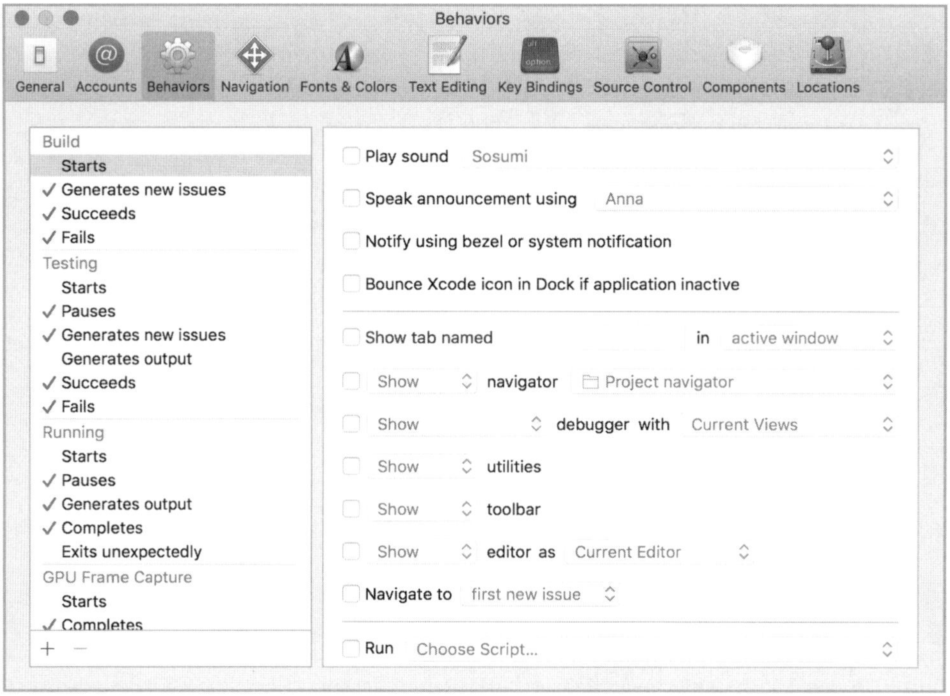

Bild 5.35 Egal ob Töne oder Nachrichten zu bestimmten Events: Mit Behaviors können Sie das Verhalten von Xcode individuell verändern und anpassen.

5.4.5 Navigation

Unter NAVIGATION können Sie das Verhalten von Xcode während der normalen Nutzung anpassen und dort beispielsweise festlegen, ob ein neues Fenster oder ein neuer Tab automatisch aktiv werden sollen, sobald sie geöffnet werden. Auch werden dort am unteren Rand des Fensters verschiedene Tastaturkürzel aufgeführt, die Ihnen zeigen, wie Sie Dateien in Xcode in verschiedenen Ansichten öffnen und anzeigen lassen können (siehe Bild 5.36).

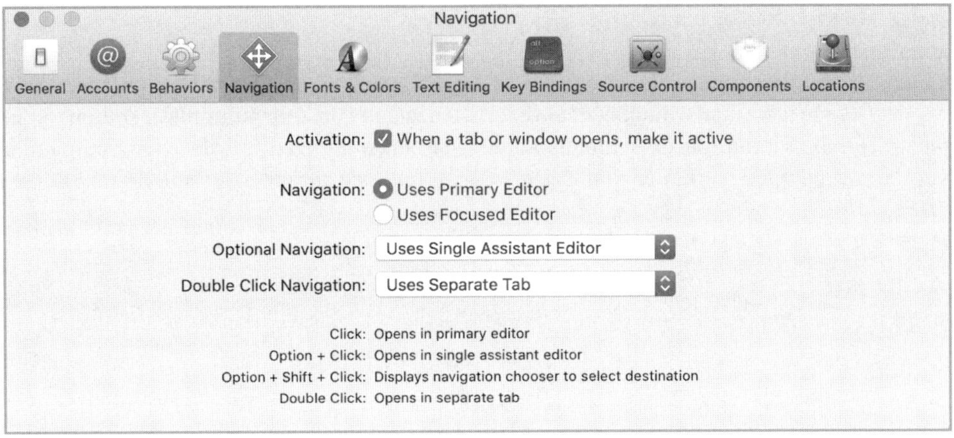

Bild 5.36 Den Umgang mit Fenstern und Tabs legen Sie im Reiter „Navigation“ fest.

5.4.6 Fonts & Colors

Ist Ihnen das Standarddesign von Xcode zu schlicht oder zu eintönig, so können Sie unter FONTS & COLORS zwischen verschiedenen Standarddesigns wählen oder gänzlich eigene Farbkompositionen kreieren und anwenden (siehe Bild 5.37).

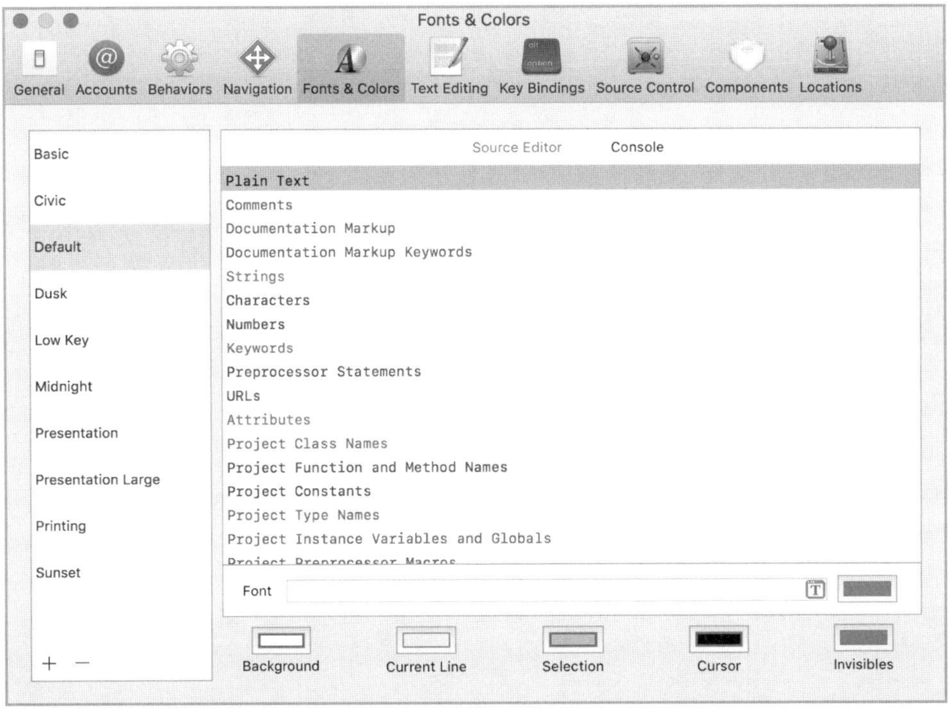

Bild 5.37 Xcode verfügt über einige Standard-Themes und bietet darüber hinaus die individuelle farbliche Anpassung verschiedenster Bereiche.

5.4.7 Text Editing

Unter Text Editing finden Sie eine Fülle an Einstellungsmöglichkeiten für den Editor von Xcode. Gerade das standardmäßig deaktivierte Anzeigen von Zeilennummern sollten Sie in jedem Fall aktivieren. Darüber hinaus können Sie Einstellungen für die Code Completion vornehmen oder das Verhalten von Einrückungen im Code verändern (siehe Bild 5.38).

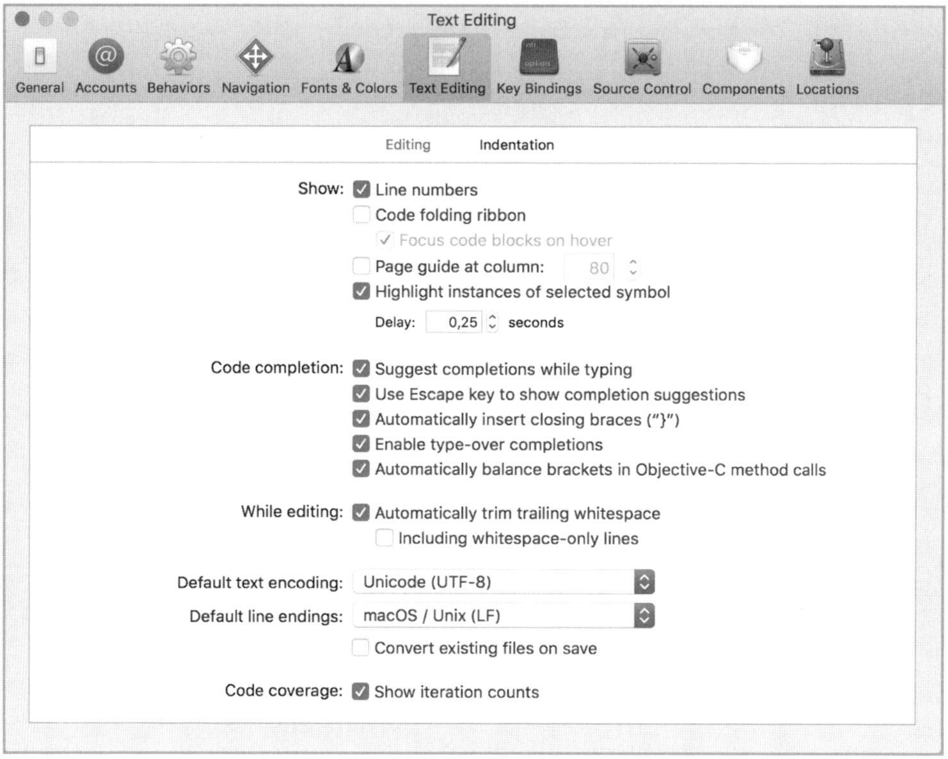

Bild 5.38 Das Verhalten des Editors wird im Reiter „Text Editing" festgelegt, besonders den Haken bei „Line numbers" sollten Sie in jedem Fall zusätzlich setzen.

5.4.8 Key Bindings

Key Bindings listet Ihnen alle Standard-Tastaturkürzel von Xcode auf und erlaubt Ihnen, diese den eigenen Bedürfnissen anzupassen oder fehlende Kürzel für bestimmte Funktionen zu ergänzen (siehe Bild 5.39).

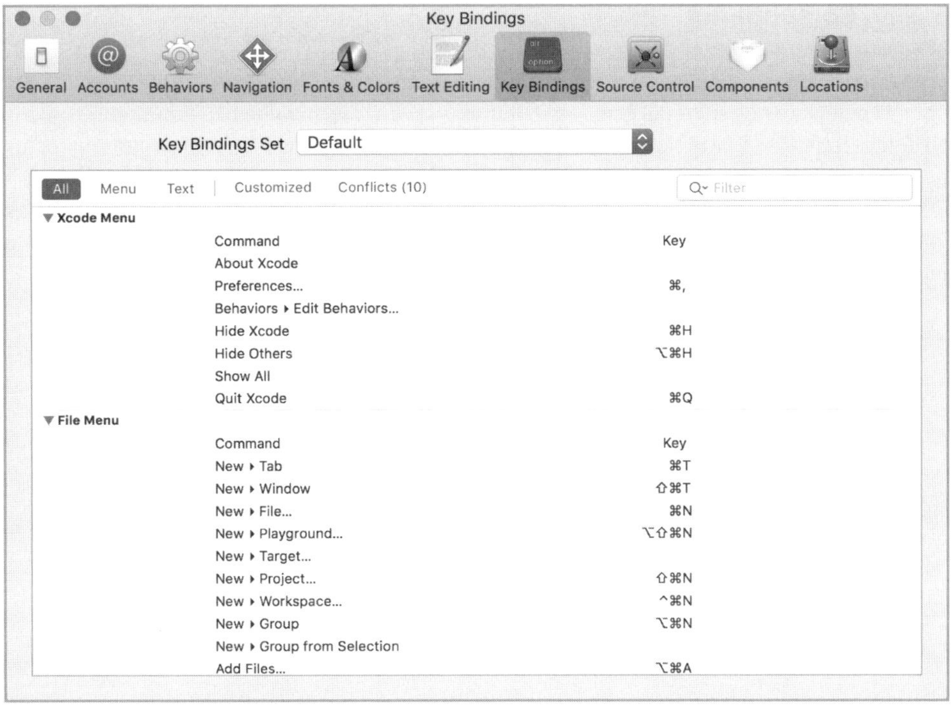

Bild 5.39 Alle Tastaturkürzel werden in „Key Bindings" aufgeführt und können dort auf Wunsch geändert werden.

5.4.9 Source Control

Die spartanischen Einstellungsmöglichkeiten im Bereich SOURCE CONTROL drehen sich primär darum, ob Sie die Source-Control-Funktionen in Xcode nutzen möchten (die für die Arbeit mit Git in Xcode relevant sind) und wie sich diese Funktionen verhalten sollen (siehe Bild 5.40). Mehr zum Thema Source Control und Git erfahren Sie im Kapitel „Source Control".

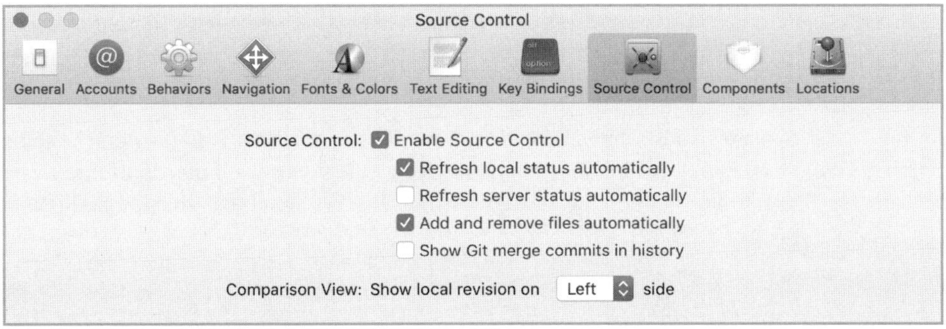

Bild 5.40 Grundlegende Einstellungen zur Versionsverwaltung setzen Sie im Reiter „Source Control".

5.4.10 Components

Im Bereich COMPONENTS werden alle zusätzlich verfügbaren Downloads aufgeführt, die Sie über Xcode beziehen können. Dabei handelt es sich um zusätzliche iOS-Simulatoren sowie einzelne Teile der Dokumentation von Apple. Per Klick auf den Download-Button rechts neben dem jeweiligen Element können Sie umgehend den entsprechenden Download starten. Über das Setzen des Häkchens bei *Check for and install simulator and documentation updates automatically* können Sie Xcode zudem automatisch nach neuen Downloads suchen und diese starten lassen, sobald sie verfügbar sind (siehe Bild 5.41).

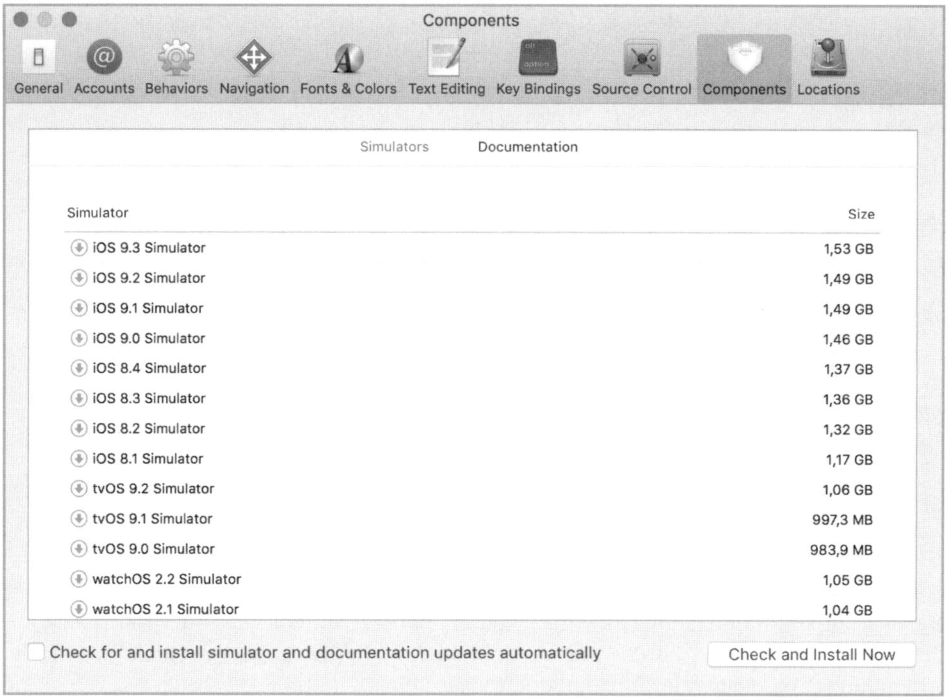

Bild 5.41 Alle zusätzlichen Komponenten wie Simulatoren sowie Teile der Dokumentation von Apple können Sie im Reiter „Components" auf Ihren Mac herunterladen.

5.4.11 Locations

In den LOCATIONS werden die Speicherorte auf der Festplatte Ihres Mac für verschiedene Dateien, die von Xcode verwaltet werden, festgelegt, beispielsweise Snapshots Ihres Projekts. Diese Speicherorte können Sie an dieser Stelle entsprechend den eigenen Bedürfnissen anpassen (siehe Bild 5.42).

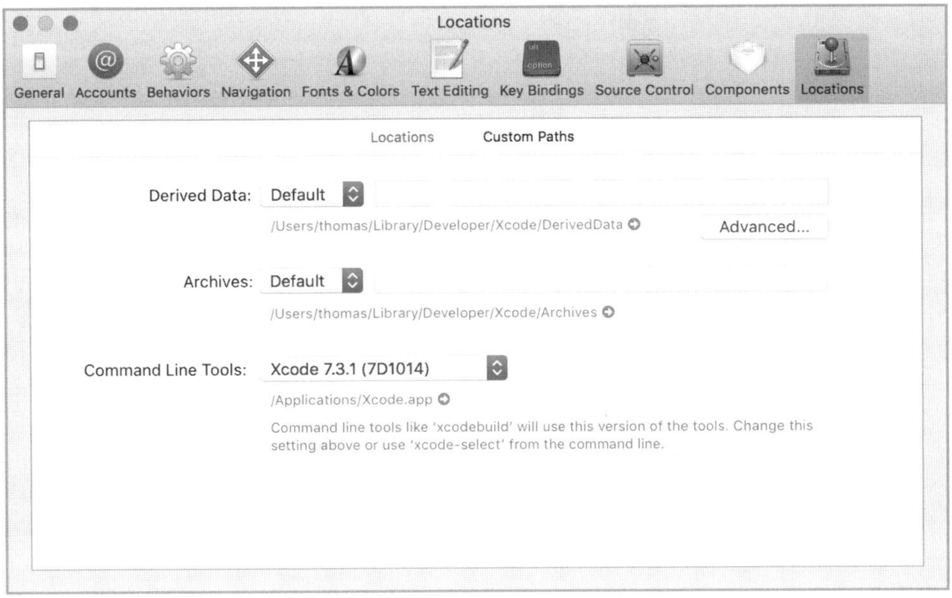

Bild 5.42 Den Standard-Ablageort verschiedener Xcode-Dateien können Sie im Reiter „Locations“ anpassen.

5.5 Projekteinstellungen

5.5.1 Grundlagen

Die grundlegenden Einstellungen für ein Projekt legen Sie bereits beim Anlegen fest (wie im Abschnitt 5.2 „Arbeiten mit Xcode“ gesehen). Innerhalb des Projekts können Sie aber diese Einstellungen noch ändern sowie weitere vornehmen. Ausgangspunkt zum Anpassen eines Projekts ist die Auswahl Ihres Projekts in der Navigation Area. Anschließend erscheint eine Übersicht aller Projekteinstellungen in der Editor Area (siehe Bild 5.43).

Die Editor Area teilt sich dabei in zwei Bereiche: Links wird das Projekt mitsamt Targets aufgeführt. Hier können Sie dasjenige Element auswählen, dessen Einstellungen Sie ändern möchten. Auch können Sie diese Ansicht mittels des darüber liegenden Buttons ein- und ausblenden (siehe Bild 5.44).

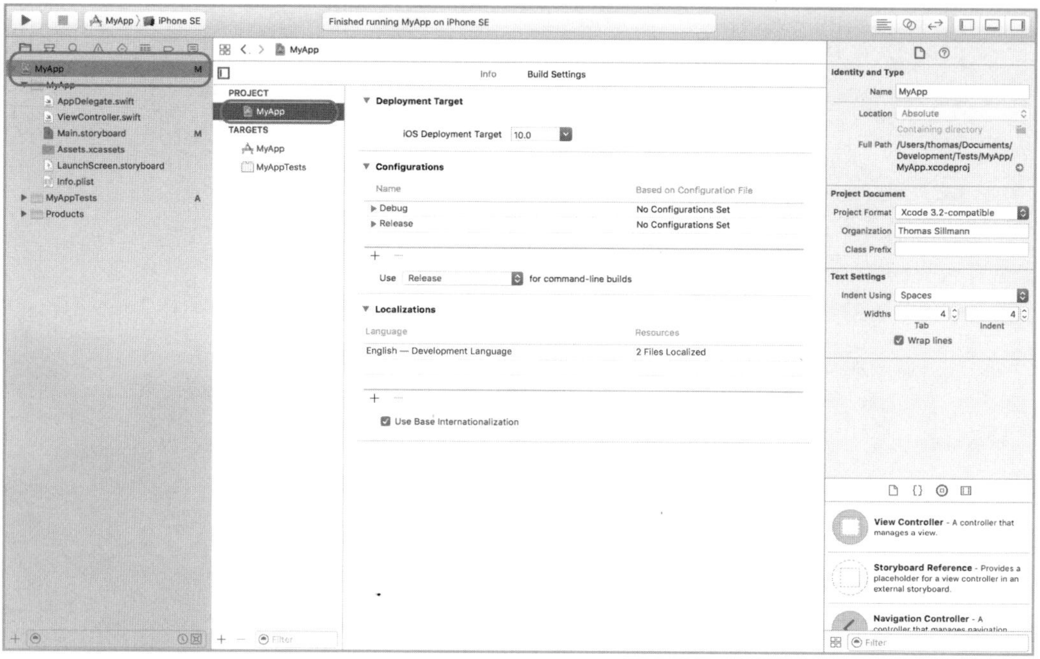

Bild 5.43 Nach Auswahl eines Projekts erhalten Sie Zugriff auf die zugrunde liegenden Projekteinstellungen.

Bild 5.44
Über die hier markierte Schaltfläche können Sie die linke Leiste der Editor Area ein- und ausblenden.

Rechts daneben werden sodann die zugehörigen Einstellungen für das zuvor gewählte Element angezeigt und können dort auch geändert und angepasst werden.

Unterschied zwischen Projekt- und Target-Einstellungen

Vielleicht wundern Sie sich über die Differenzierung von Projekt und Targets. Das liegt daran, dass Sie für das Projekt allgemeine Einstellungen festlegen, die für alle Targets (sprich eben für das gesamte Projekt) gelten. Bei Targets können Sie sodann noch einmal differenziertere und auf das jeweilige Target zugeschnittene Einstellungen vornehmen. Gerade in der iOS-Entwicklung werden Sie meist mehr Einstellungen an Ihrem App-Target als am eigentlichen Projekt vornehmen.

5.5.2 Einstellungen am Projekt

Haben Sie Ihr Projekt ausgewählt, können Sie Einstellungen in zwei verschiedenen Reitern anpassen: Info und Build Settings (siehe Bild 5.45).

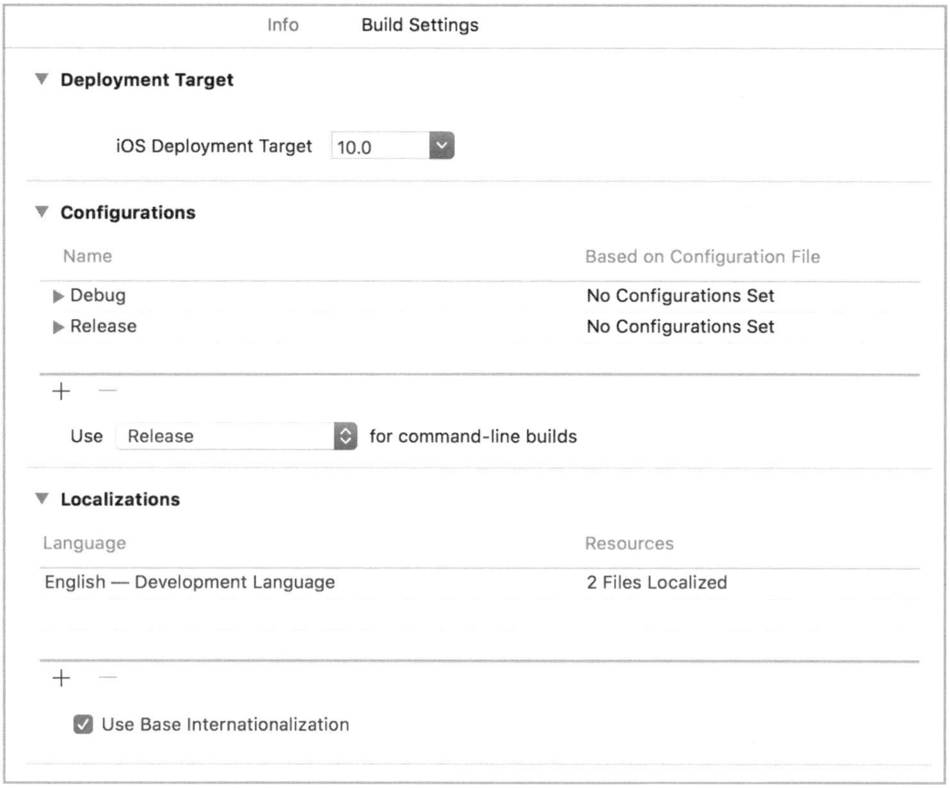

Bild 5.45 Die Projekteinstellungen unterteilen sich in die beiden Reiter „Info“ und „Build Settings“.

Unter Info können Sie im Abschnitt *Deployment Target* zunächst angeben, für welche iOS-Version das Projekt ausgelegt ist (siehe Bild 5.46).

Bild 5.46
Die minimal unterstützte iOS-Version Ihres Projekts wird im Abschnitt „Deployment Target“ festgelegt.

Unter *Configurations* finden Sie zwei standardmäßig von Xcode angelegte Konfigurationen: *Debug* und *Release*. Die Aufgabe dieser Konfigurationen besteht darin, einzelne Einstellungen, die Sie in bestimmten Situationen immer wieder ändern müssten, innerhalb dieser Konfiguration festzuhalten und dann je nach Aufgabe einfach nur noch die entsprechende Konfiguration auszuwählen. Typisches Beispiel dafür ist das Code Signing Ihrer App. Um Ihre App auf Ihren Endgeräten zu testen und um die App im App Store zu veröffentlichen, müssen Sie zwei verschiedene Code Signing Identities verwenden. Das würde nun bedeuten, dass Sie jedes Mal, wenn Sie zwischen dem Erstellen Ihrer App für eines Ihrer Testgeräte und dem Erstellen für den App Store wechseln, auch immer diese Einstellung umstellen müssen. Stattdessen können Sie aber auch einfach festlegen, dass in der Konfiguration *Debug* die Code Signing Identity für Sie zum Testen auf Endgeräten hinterlegt ist und für *Release* diejenige, mit der Sie Ihre App im App Store einreichen können. Dann reicht ein einfaches Umstellen der Konfiguration, um die korrekte Einstellung zu erhalten.

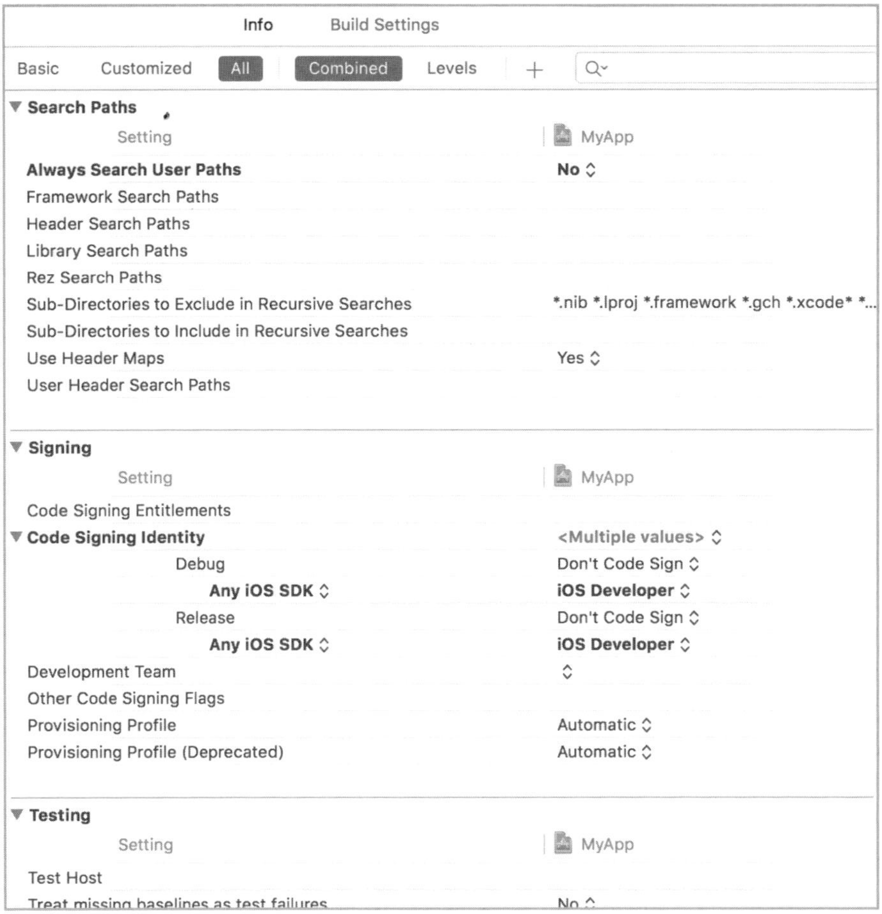

Bild 5.47 Die Build Settings eröffnen umfangreiche Einstellungen zum Bauen Ihrer App. Die Eingaben im Bereich „Code Signing" sind für die spätere Veröffentlichung Ihrer App sehr wichtig.

Die Einstellungen, die Sie mithilfe dieser Konfigurationen vornehmen, werden in den Build Settings verwaltet. Dort können Sie für jede verfügbare Einstellung (unter anderem die zum Code Signing) wählen, ob der eingetragene Wert für alle Konfigurationen gleich ist, oder für jede Konfiguration einen eigenen Wert festlegen. Die Build Settings erreichen Sie über den gleichnamigen Reiter am oberen Bildschirmrand der Projekteinstellungen (siehe Bild 5.47). Bei den Build Settings können Sie dabei die verschiedensten Informationen hinterlegen und anpassen. Wie der Name bereits andeutet, sind diese zum Bauen und Erstellen Ihrer App relevant. Wie eben angeschnitten, ist der Abschnitt *Code Signing* für jeden iOS-Entwickler mit am spannendsten, da hier für das Projekt das Entwickler- bzw. Distribution-Zertifikat für die Veröffentlichung Ihrer App angegeben wird. Doch seit Xcode 5 ist die händische Anpassung dieser Einstellung meist gar nicht mehr nötig; stattdessen können Sie bequem direkt über das Target einen passenden und in Xcode hinterlegten Entwickler-Account angeben, über den die App-Entwicklung laufen soll, und Xcode konfiguriert alles so, wie es sein soll. Wie Sie einen Entwickler-Account in Xcode hinzufügen, erfahren Sie im Abschnitt 5.4 „Einstellungen in Xcode“.

Die im Abschnitt *Configurations* im Reiter Info aufgeführten Konfigurationen können Sie nach Auswahl und Klick auf die Minus-Schaltfläche auch löschen. Ebenso können Sie eine neue Konfiguration per Klick auf den +-Button hinzufügen (siehe Bild 5.48).

Bild 5.48 Über „Configurations“ können Sie verschiedene Einstellungen zum Erstellen Ihrer App festlegen.

Zu guter Letzt können Sie noch im Reiter Info der Projekteinstellungen im Abschnitt *Localizations* die Sprachen angeben, die Ihre App unterstützen soll; standardmäßig ist immer Englisch gesetzt (siehe Bild 5.49).

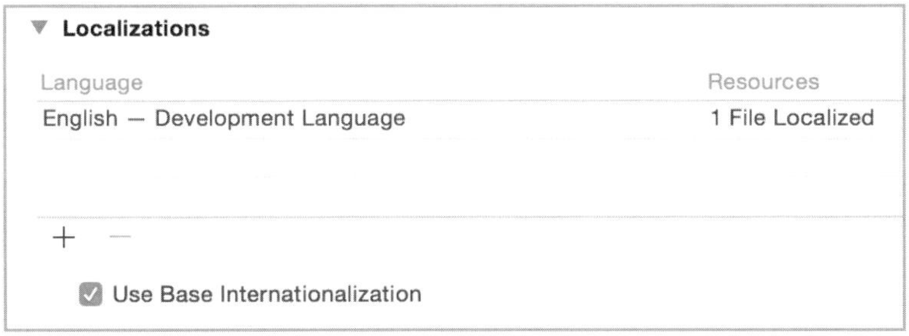

Bild 5.49 Die von Ihrer App unterstützten Sprachen legen Sie im Abschnitt „Localizations“ fest.

Sprachen lassen sich dabei einfach über die Schaltflächen + und - unterhalb des Abschnitts hinzufügen beziehungsweise entfernen. Xcode gibt eine Liste an unterstützten und verfügbaren Sprachen vor, aus denen Sie beim Hinzufügen einer neuen Sprache wählen können. Mehr zur Lokalisierung Ihrer App erfahren Sie im Abschnitt 5.7 „Lokalisierung mit Localizable.strings“.

5.5.3 Einstellungen am Target

Wählen Sie ein Target, werden automatisch die dafür passenden Einstellungen für Sie angezeigt. Hier beschäftigen wir uns primär mit iOS-App-Targets, da Sie an diesen am ehesten Änderungen und Anpassungen vornehmen müssen (siehe Bild 5.50).

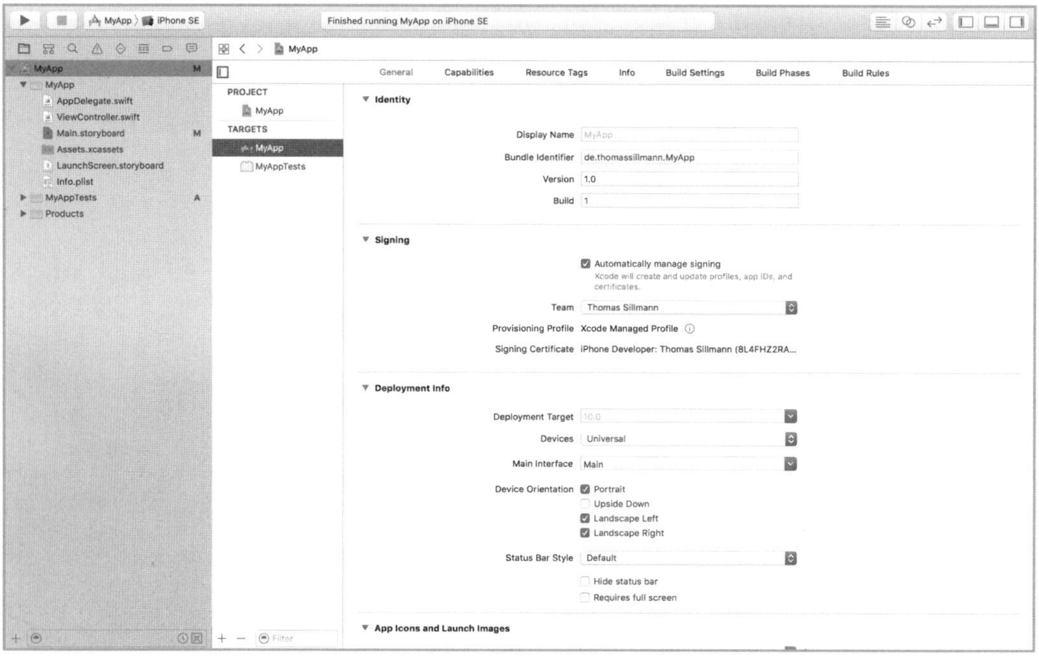

Bild 5.50 Die Target-Einstellungen unterscheiden sich je nach Art des gewählten Targets.

Die Einstellungen für ein solches Target unterteilen sich in die folgenden Reiter, deren Aufgaben ich Ihnen hier nun im Einzelnen vorstelle:

General

Hier werden grundlegende Einstellungen zur App vorgenommen. Hier können Sie den Bundle Identifier anpassen, eine Versionsnummer angeben und ein Entwicklungsteam auswählen (siehe Bild 5.51).

Der erste Abschnitt *Identity* enthält dabei die eben schon angesprochenen Informationen zu Bundle Identifier, Version und Build-Nummer der App sowie zum Namen Ihrer App. Darunter finden Sie im Bereich *Signing* eine Maske mit Informationen zu Ihrem Entwickler-Account, über den Sie Ihre App bereitstellen möchten. Wie Sie ein Entwicklerteam zu Xcode hinzufügen, erfahren Sie im Abschnitt 5.4 „Einstellungen in Xcode".

Darunter folgen im Abschnitt *Deployment Info* weitere Informationen zur App. Hier können Sie angeben, unter welcher iOS-Version die App mindestens läuft, welche iOS-Geräte und welche Ausrichtungen für Ihre App (Hochformat und/oder Querformat) unterstützt werden. Weitere Informationen zu diesen Einstellungen erhalten Sie im Kapitel „Die Vielfalt der (View-)Controller".

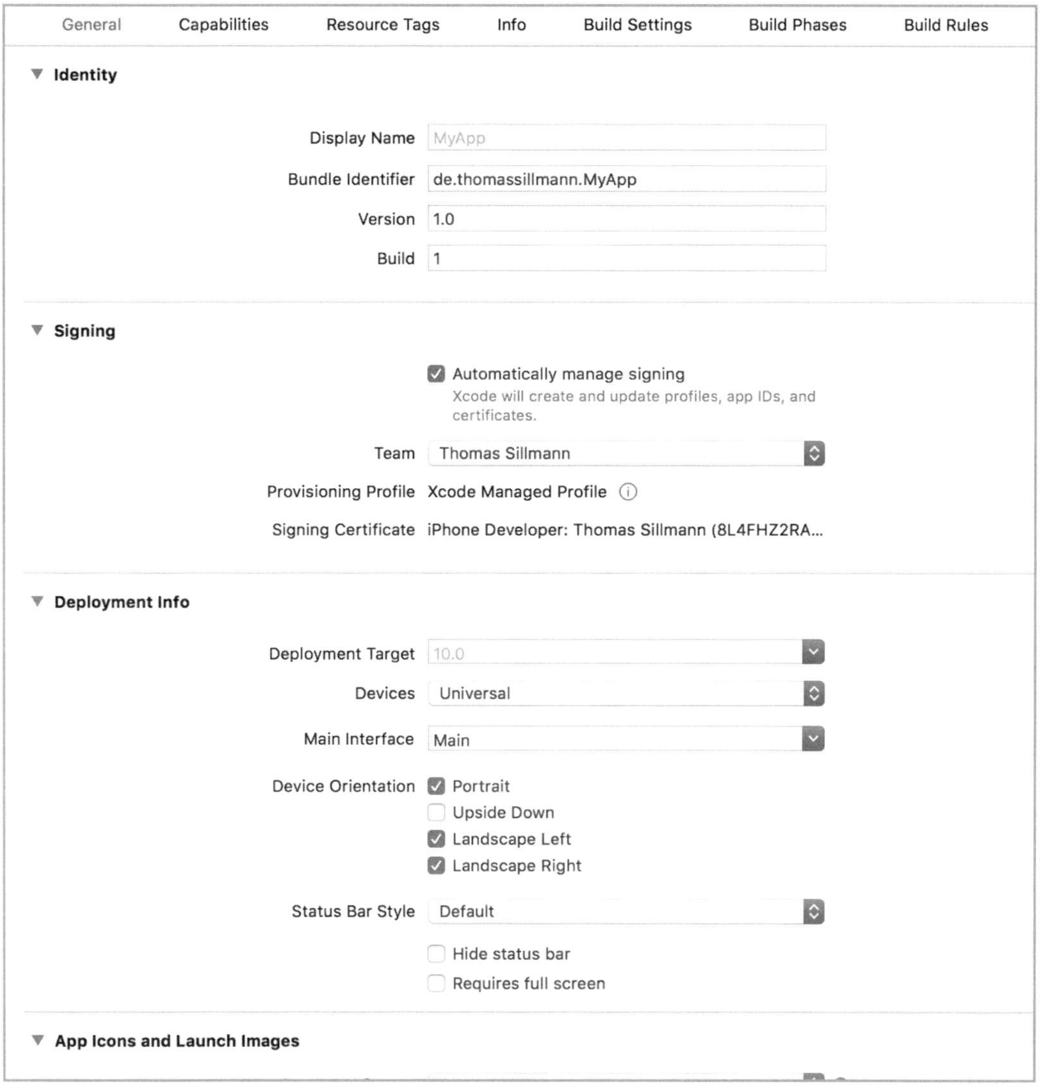

Bild 5.51 In den General-Einstellungen legen Sie Informationen wie die Versionsnummer und die unterstützten Ausrichtungen (Hoch- und/oder Querformat) Ihrer App fest.

Zur Verwaltung des App-Icons sowie des Launch Images werden in Xcode seit Version 5 standardmäßig sogenannte Asset-Bundles verwendet, die Bilder zentral an einer Stelle zusammenfassen und damit leichter zu verwalten sind. Im Abschnitt *App-Icons and Launch Images* können Sie festlegen, ob und wenn ja welcher Asset-Catalog für diese Dateien verwendet werden soll. Mehr zu App-Icons und Launch Images erfahren Sie im Abschnitt 5.6 „Grafiken und Asset-Bundles“.

Zu guter Letzt können Sie in den General-Einstellungen Ihrem Projekt noch zusätzliche *Embedded Binaries* und *Frameworks* hinzufügen. Diese müssen dazu aber bereits als Dateien in Ihr Projekt eingebunden sein, ansonsten werden sie von Xcode nicht gefunden. Über die entsprechenden Schaltflächen + und - können Sie dann die passenden Dateien hinzufügen oder entfernen. Gerade im Bereich Frameworks werden Sie ab und an Änderungen vornehmen müssen, um für einzelne Funktionen benötigte Libraries von Apple einzubinden. Möchten Sie beispielsweise Core Data in Ihrer App nutzen, muss auch entsprechend die Datei *CoreData.framework* im Bereich *Linked Framework and Libraries* Ihres Targets hinzugefügt werden (siehe Bild 5.52).

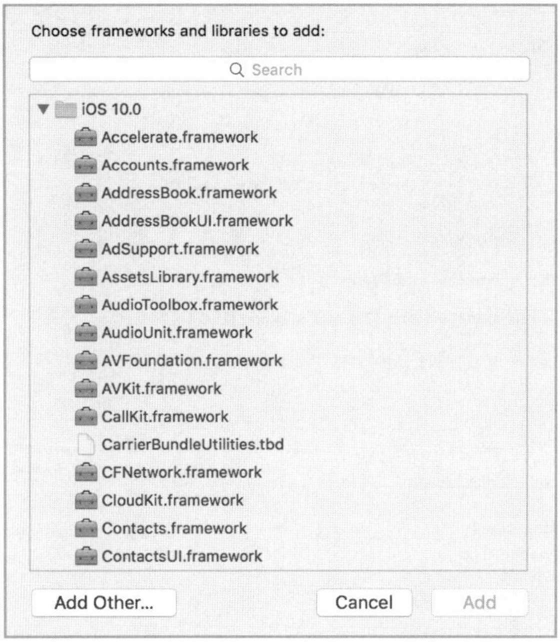

Bild 5.52
Benötigte System-Frameworks können Sie im General-Bereich des Targets schnell und komfortabel hinzufügen.

Frameworks

Einzelne Funktionsbereiche in der iOS-Entwicklung sind in separate Frameworks integriert, die Sie – möchten Sie eben diese Funktionen nutzen – in Ihr Projekt importieren müssen. Wie bereits beschrieben, ist Core Data eines der am häufigsten verwendeten Frameworks, das aber separat in das eigene Projekt eingebunden werden muss. Darüber hinaus gibt es noch weitere Frameworks zur Arbeit mit Audiodateien oder zum Exportieren von Inhalten.

In der Dokumentation einer jeden Klasse ist beschrieben, in welchem Framework diese Klasse existiert. Möchten Sie eine solche Klasse nutzen, müssen Sie auch eben dieses Framework in Ihr Projekt einfügen.

Capabilities

Möchte Ihre App auf bestimmte Sonderfunktionen wie iCloud, Game Center oder Passbook zugreifen, so können Sie Ihre App dafür über die Capabilities-Ansicht freischalten. Daraufhin werden alle Dateien und Einstellungen von Xcode hinzugefügt, damit Sie diese Techniken ohne weitere Konfiguration in Ihren Apps verwenden können (siehe Bild 5.53).

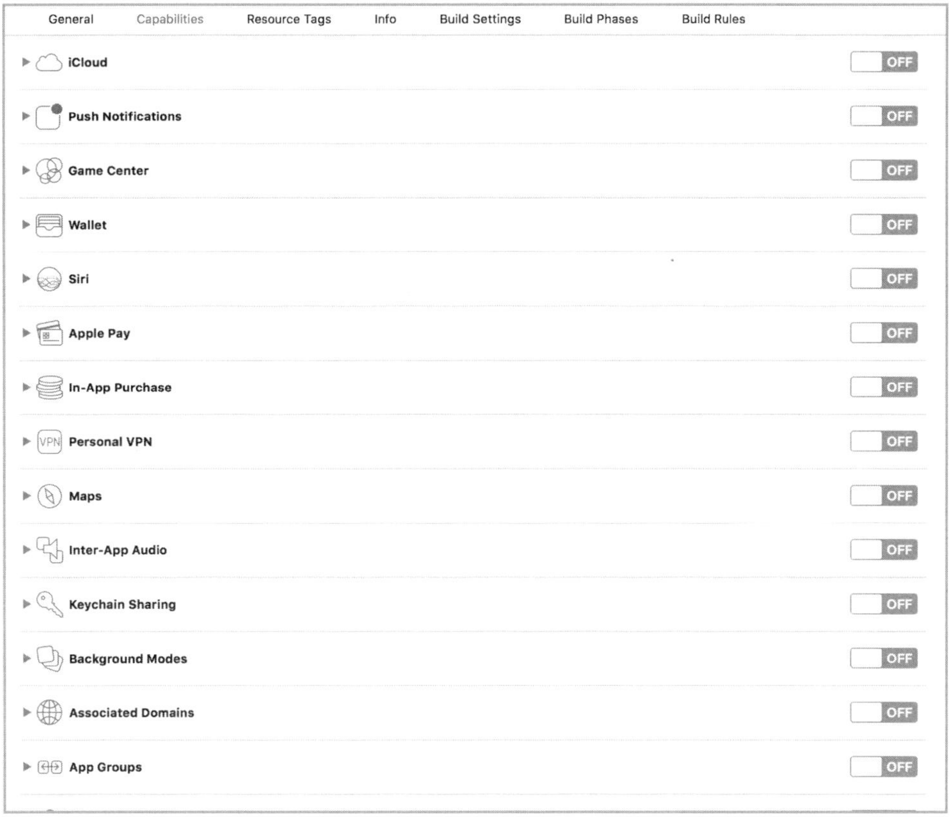

Bild 5.53 iCloud, Game Center oder In-App-Käufe gefällig? Über Capabilities können Sie genau festlegen, welche Services Sie mit Ihrer App nutzen möchten.

Resource Tags

Resource Tags sind dazu gedacht, zusammenhängende Dateien (egal ob nun Klassen, Bilder, Videos oder sonstige Dateien) mittels eines Resource Tag zusammenzufassen. Bei jeder Datei kann dazu innerhalb der Utilities Area ein entsprechendes Tag gesetzt werden. Alle existierenden Tags werden in diesem Reiter mitsamt ihren zugehörigen Dateien aufgeführt (siehe Bild 5.54).

Bild 5.54 Mittels Resource Tags können zusammenhängende Dateien jeder Art unter einem spezifischen Tag zusammengefasst werden.

Die Nutzung von Resource Tags ist komplett optional und Ihnen überlassen. Es bietet weitere Vorteile, beispielsweise das Laden aller Ressourcen eines bestimmten Tags, was beispielsweise bei aufwendigen Apps wie Spielen sinnvoll sein kann, um darüber schnell und einfach alle Grafiken und sonstigen Dateien zu einem bestimmten Level zu laden.

Info

Im Reiter INFO wird Ihnen der Inhalt der Info.plist-Datei angezeigt, diese Ansicht ist im Grunde also nichts anderes als eine Verlinkung auf diese entsprechende Datei (siehe Bild 5.55). Es macht keinen Unterschied, ob Sie Änderungen im Reiter INFO vornehmen oder in der Info.plist; sie werden beide Male entsprechend in der PLIST-Datei geändert. Mehr zur Info.plist erfahren Sie im Kapitel „Grundlagen der iOS-Entwicklung“.

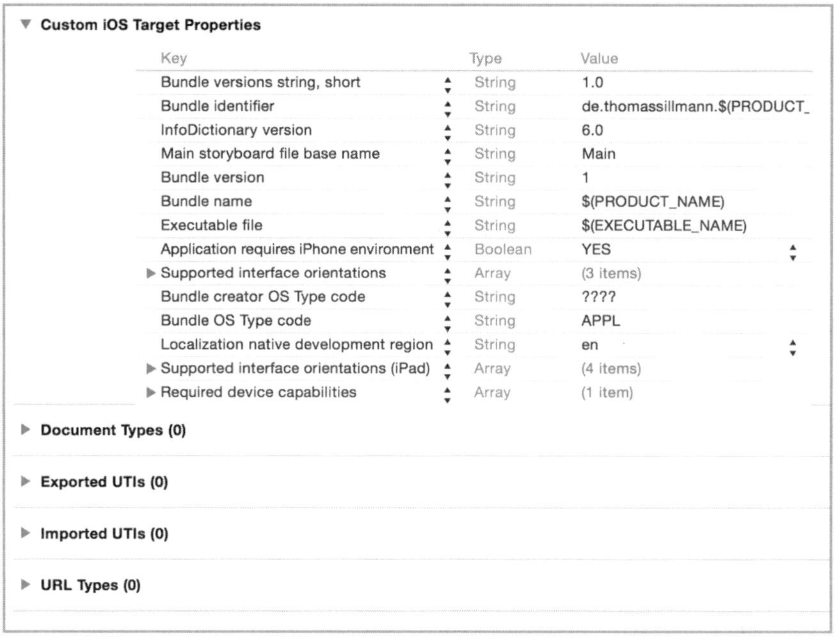

Bild 5.55 Der Info-Reiter erlaubt Zugriff auf die Info.plist-Datei Ihres Projekts.

Build Settings

Die Build Settings für das Target verhalten sich genauso wie die für ein Projekt, nur dass die Einstellungen an dieser Stelle eben speziell auf das gewählte Target angewendet werden (siehe Bild 5.56).

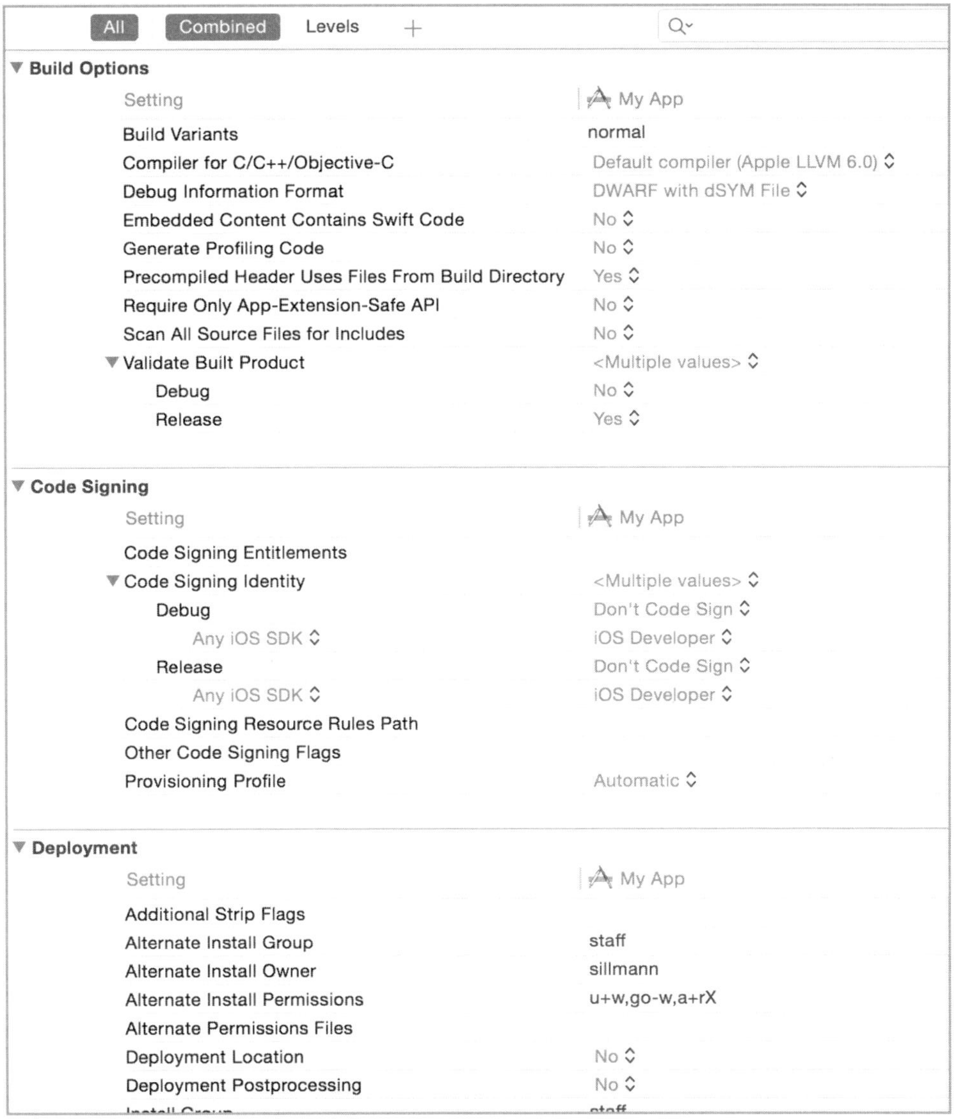

Bild 5.56 Die Build Settings des Targets erlauben weitere differenzierte Einstellungen zum Bauen Ihrer App.

Build Phases und Build Rules

Über die Reiter BUILD PHASES und BUILD RULES können Sie weitere, differenzierte Einstellungen zum Bau des entsprechenden Targets angeben. Dabei handelt es sich um Informationen wie die zu kompilierenden Klassendateien oder die mit der App verknüpften Libraries (siehe Bild 5.57).

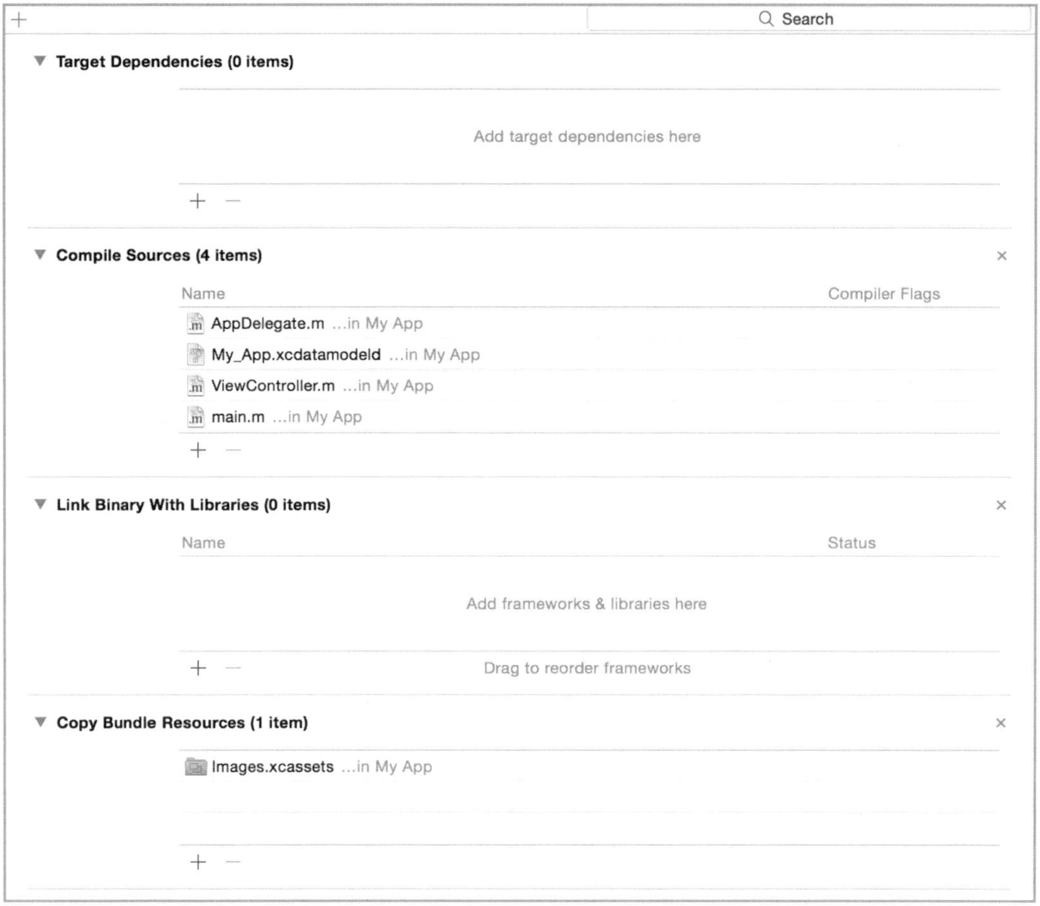

Bild 5.57 In den Build Phases sehen Sie genau, welche Klassen und sonstigen Dateien mit Ihrem Target erstellt werden.

5.5.4 Einstellungen am Scheme

Zu guter Letzt fehlen noch die Schemes. Xcode legt hiervon automatisch eines beim Erstellen eines neuen Projekts an. Das Scheme enthält auch die Information, welche der im Projekt festgelegten Konfigurationen zu welchen Situationen ausgeführt werden sollen.

Eine Übersicht der in einem Projekt vorhandenen Schemes können Sie per Klick auf das Target oben links in der Toolbar von Xcode und anschließender Auswahl von MANAGE SCHEMES ... aufrufen (siehe Bild 5.58 und Bild 5.59).

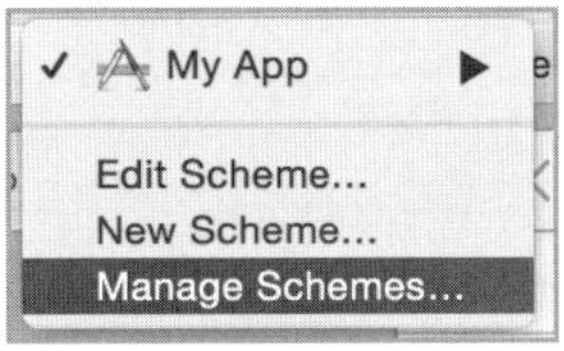

Bild 5.58
Per Klick auf die Schaltfläche „Manage Schemes …" …

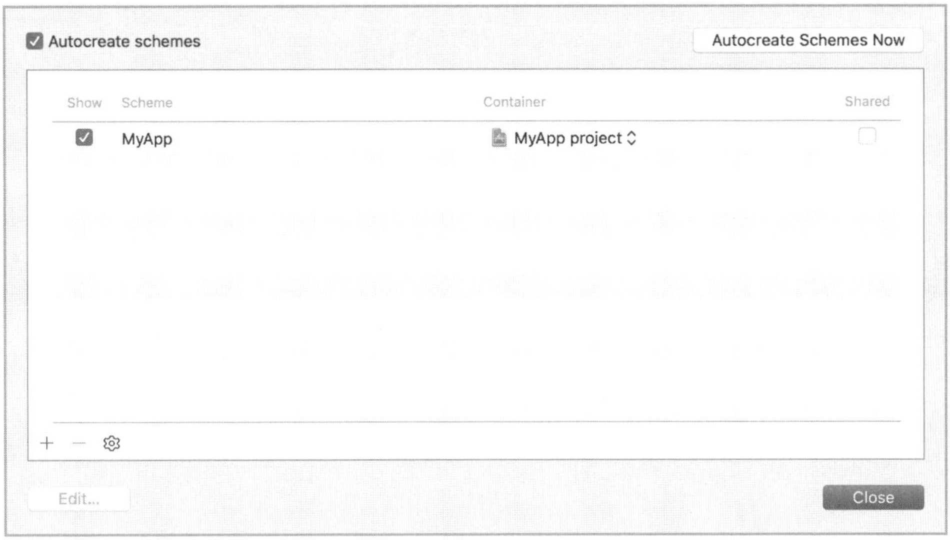

Bild 5.59 … landen Sie in der Scheme-Übersicht, in der alle Schemes Ihres Projekts aufgeführt werden.

In dem sich öffnenden Fenster werden alle eingerichteten Schemes aufgeführt. Über die Schaltflächen + und – am unteren Rand können Sie weitere Schemes hinzufügen oder vorhandene löschen. Mit der SHARED-Checkbox pro Scheme können Sie festlegen, ob dieses Scheme auch über Git verwaltet und somit mit allen anderen Entwicklern des Projekts geteilt werden soll; damit wird das Scheme sozusagen für alle anderen Entwickler öffentlich und zugänglich gemacht.

Zum Editieren eines Schemes wählen Sie dieses einfach aus der Liste aus und klicken anschließend unten links auf den Button EDIT …; daraufhin landen Sie in den Einstellungen des gewählten Schemes (siehe Bild 5.60).

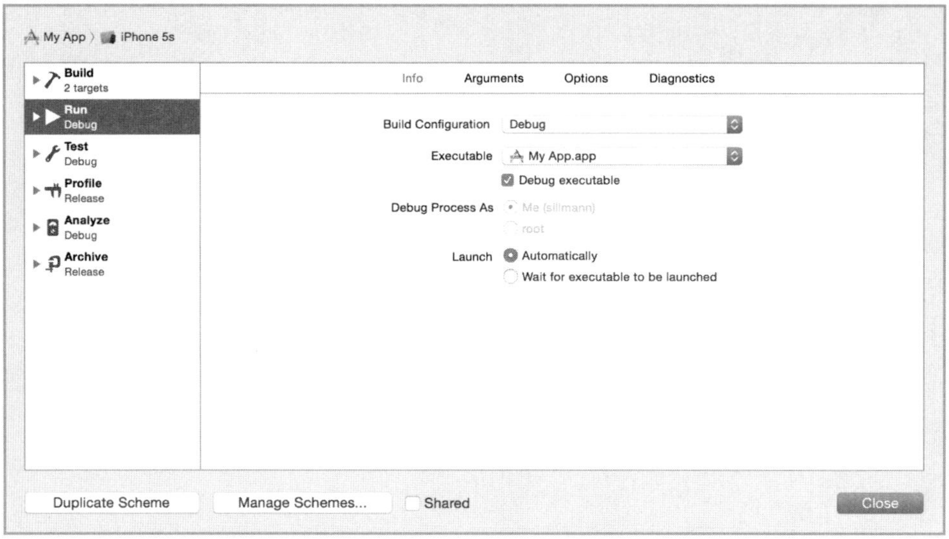

Bild 5.60 In den Scheme-Einstellungen können Sie weitere Optionen und Konfigurationen beim Bauen oder Archivieren Ihrer App festlegen.

Im linken Bereich sehen Sie die verfügbaren Konfigurationen für ein Scheme. Diese basieren auf den Operationen, mit denen Sie Ihr App-Projekt mit Xcode bauen und ausführen lassen können:

- *Build:* Die App wird gebaut, aber nicht ausgeführt.
- *Run:* Die App wird gebaut und im Simulator oder auf dem Endgerät gestartet.
- *Test:* Die Tests eines zugehörigen Test-Targets werden ausgeführt.
- *Profile:* Die App wird mit Instruments gestartet und analysiert.
- *Analyze:* Die App wird mit den Bordmitteln von Xcode auf eventuelle (Speicher-)Probleme hin geprüft.
- *Archive:* Die App wird gebaut und als Archiv zur weiteren Verbreitung (zum Beispiel zum Upload in den App Store) gespeichert.

Sie können jeden dieser Punkte auswählen und dabei unterschiedliche Einstellungen vornehmen. Bis auf die Build-Einstellung können Sie auch überall eine Konfiguration für den jeweiligen Prozess setzen. So wird standardmäßig die Debug-Konfiguration für Run, Test und Analyze verwendet, während bei Profile und Archive die Release-Konfiguration verwendet wird. Diese Einstellung können Sie hier entsprechend auch den eigenen Bedürfnissen anpassen. Für die meisten Software-Projekte sind die Standardeinstellungen aber ausreichend.

5.6 Grafiken und Asset-Bundles

Mit Xcode 5 führte Apple die sogenannten Asset-Bundles ein. Diese dienen dazu, Bilder in verschiedenen Größen und Auflösungen zentral an einer Stelle vorzuhalten und zu verwalten. Auch erlauben sie es, ein Bild aus dem Code heraus mit einem eindeutigen Namen anzusprechen und anschließend automatisch das Bild in der jeweils für das Gerät passenden Größe, auf dem die App ausgeführt wird, zu laden.

Standardmäßig erstellt Xcode beim Anlegen eines neuen Projekts ein solches Asset-Bundle automatisch mit dem Namen Assets.xcassets. Sie können selbst neue Asset-Bundles über Xcode hinzufügen. Gehen Sie dazu über das Menü über FILE → NEW → FILE...; im sich öffnenden Fenster wählen Sie im oberen Bereich iOS aus und scrollen dann nach unten in den Bereich *Resource*. Dort findet sich die entsprechende Vorlage ASSET CATALOG. Nach Auswahl dieser Vorlage und einem Klick auf NEXT brauchen Sie nur noch einen Namen und einen passenden Speicherort zu wählen, und das neue Asset-Bundle wird erstellt (siehe Bild 5.61).

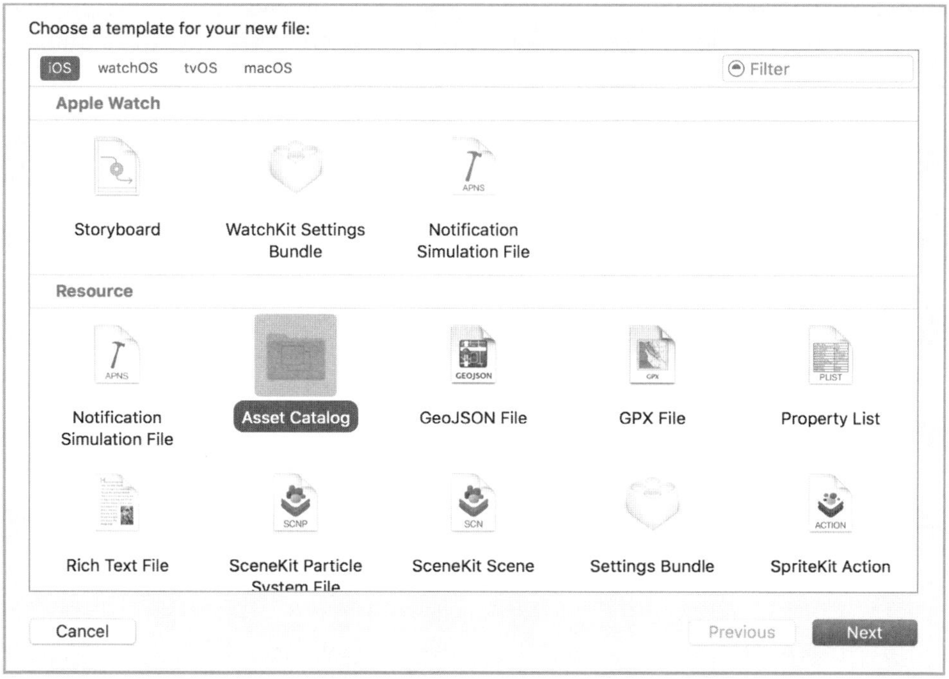

Bild 5.61 Ein neues Asset-Bundle kann schnell über die entsprechende Vorlage aus Xcode Ihrem Projekt hinzugefügt werden.

Nach der Auswahl eines Asset-Bundles zeigt die Editor Area von Xcode die aktuellen Inhalte und Bilder an. Im linken Bereich werden die Namen der Bildersets aufgeführt, unter denen ein Bild in verschiedenen Versionen hinterlegt ist, während rechts nach Auswahl eines dieser Sets die sich darin befindlichen Bilder angezeigt werden (siehe Bild 5.62).

Bild 5.62 Alle Grafiken lassen sich bequem über ein Asset-Bundle verwalten und einsehen.

Um nun Bilder einem Asset-Bundle hinzuzufügen, müssen Sie diese lediglich per Drag & Drop vom Finder aus an die entsprechende Stelle des gewählten Bildersets ziehen. Xcode kopiert sodann das Bild und hält es für die Verwendung in Ihrer App vor.

Ebenso einfach wie das Hinzufügen von Bildern zu einem Bilderset gestaltet sich auch das Abrufen der Bilder aus einem solchen: Alles, was Sie dazu brauchen, ist der Name des Bildersets, das auf der linken Seite des Asset-Bundles angezeigt wird. Wenn Sie diesen verwenden, um ein Bild zu laden, wird automatisch dasjenige verwendet, welches den Betriebssystem- und Plattformspezifikationen des Endgeräts entspricht, auf dem die App ausgeführt wird; Sie sparen sich also aufwendige Abfragen, um dann immer das korrekte Bild zu laden.

Neue Sets an Bildern lassen sich über die +-Schaltfläche unten links hinzufügen. NEW IMAGE SET fügt dabei ein Bilderset für alle möglichen Arten von Bildern hinzu, während die Punkte NEW iOS APP ICON und NEW iOS LAUNCH IMAGE (beide zu finden unterhalb des Punktes APP ICONS & LAUNCH IMAGES) gezielt für eben das App-Icon und das Launch Image Ihrer App gedacht sind und darüber auch entsprechende Vorlagen für die richtige Größe der Bilder liefern.

App-Icon und Launch Image

Bei dem App-Icon und dem Launch Image handelt es sich um spezielle Grafiken für eine jede App. Das App-Icon ist eben die Grafik, die für Ihre App im App Store sowie auf dem Home-Bildschirm des iOS-Geräts angezeigt wird. Das Launch Image erscheint beim Starten der App, bis die App geladen ist und damit auch die erste Ansicht der App angezeigt wird. Mithilfe der Asset-Bundles ist es spielend einfach, passende Grafiken in der korrekten Größe für alle unterstützten Betriebssystemversionen und iOS-Geräte einzubinden, da im Bundle die richtigen und erwarteten Größen aufgeführt sind (siehe Bild 5.63).

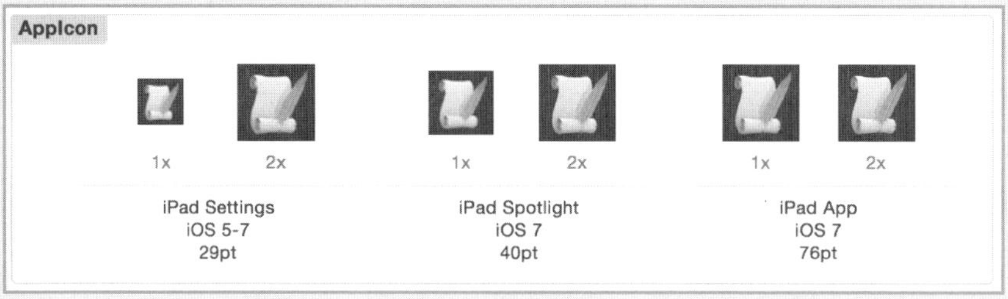

Bild 5.63 Für die App-Icons und Launch Images gibt es exakte Vorgaben, die Sie mithilfe eines Asset-Bundles direkt einsehen können.

5.7 Lokalisierung mit Localizable.strings

5.7.1 Grundlagen

Ein grundlegendes und zugleich mächtiges Mittel zur Lokalisierung Ihrer App in mehreren Sprachen ist die Localizable.strings-Datei. Einfach ausgedrückt handelt es sich dabei schlicht um eine Art einfacher Textdatei, in der Sie Ihre Übersetzungen einpflegen. Pro Sprache wird eine passende Version dieser Localizable.strings-Datei erstellt und dort werden alle Übersetzungen für Ihre App eingefügt. Dazu ist es aber notwendig, jeden Text und jeden String, den Sie in Ihrem Code auf dem Bildschirm ausgeben, entsprechend so zu setzen, dass er sich die korrekte und passende Übersetzung aus eben jenem Strings-File holt.

5.7.2 NSLocalizedString

Hier kommt die Funktion `NSLocalizedString` ins Spiel. Diese Funktion nimmt zwei String-Parameter entgegen; als ersten Wert einen Schlüssel, als zweiten einen beliebigen Kommentar. Ein Aufruf dieser Funktion könnte also beispielsweise wie in Listing 5.1 gezeigt aussehen.

Listing 5.1 Beispielhafter Aufruf von `NSLocalizedString`

```
// Swift
NSLocalizedString("KeyToLocalize", comment: "This is a key to localize")

// Objective-C
NSLocalizedString(@"KeyToLocalize ", @"This is a key to localize")
```

Ein Aufruf dieser Funktion liefert sodann einen übersetzten String passend zum übergebenen Key aus der genannten Localizable.strings-Datei zurück. Darum eignet sich diese Funktion prima, um alle Arten von String-Objekten in Ihrer Anwendung zu übersetzen. Dabei wird der an die Funktion übergebene Schlüssel in der Localizable.strings-Datei Ihres Projekts für die jeweils eingestellte Systemsprache des iOS-Geräts gesucht. Wird ein passender Wert für die Systemsprache gefunden, wird dieser sodann zurückgegeben und als String an der entsprechenden Stelle verwendet. Wird kein passender Wert gefunden, wird nach einem passenden Schlüssel in der Standardsprache der App gesucht und bei Erfolg sodann der zu diesem Schlüssel zugehörige Text dem Nutzer angezeigt. Sollte sich hingegen überhaupt kein passender Wert für den Schlüssel des `NSLocalizedString` finden lassen, wird schlicht und einfach der Schlüssel selbst als String zurückgegeben.

Doch nun war hier immer die Rede von Schlüssel und Wert. Wie genau weiß denn nun `NSLocalizedString`, welchen Text es für einen Schlüssel anzeigen soll? Genau hier kommt die Localizable.strings-Datei ins Spiel!

5.7.3 Erstellen der Localizable.strings-Datei

Die Localizable.strings-Datei müssen Sie in jedem Projekt selbst erstellen; sie wird nicht automatisch von Xcode generiert. Dazu erstellen Sie schlicht und einfach eine neue Strings-Datei, der Sie dann eben den Namen *Localizable.strings* geben. Zum Erstellen dieser Datei gehen Sie über das Xcode-Menü und wählen dort FILE → NEW → FILE... aus. Im sich öffnenden Fenster wählen Sie im oberen Bereich iOS aus, wechseln anschließend in den Bereich *Resource* und wählen dort den Punkt STRINGS FILE (siehe Bild 5.64). Nach Klick auf NEXT geben Sie der Datei den Namen *Localizable.strings* (siehe Bild 5.65).

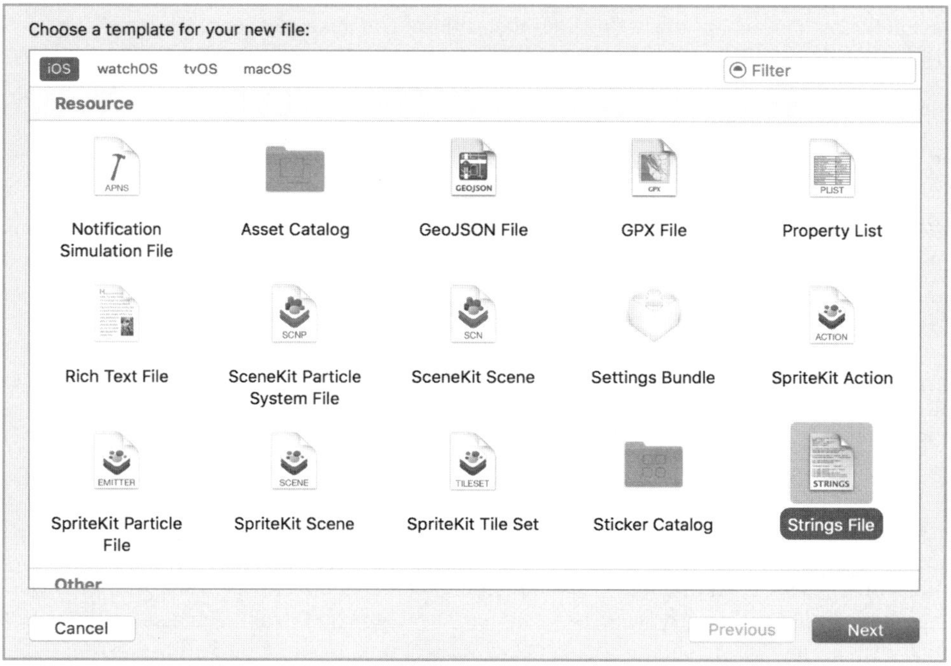

Bild 5.64 Xcode bietet eine passende Vorlage zum Erstellen neuer Strings-Files.

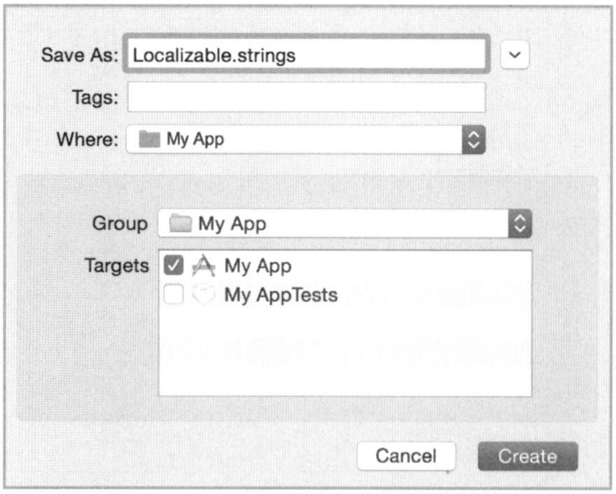

Bild 5.65
Wichtig ist, die neue Strings-Datei „Localizable.strings" zu nennen.

Wie eingangs erwähnt, handelt es sich bei diesen Strings-Files im Endeffekt um einfache Textdateien. Um nun unserer Localizable.strings-Datei eine Übersetzung hinzuzufügen, führen Sie alle zu übersetzenden Schlüssel (die Sie über die `NSLocalizedString`-Funktion in Ihrer App verwenden) in dieser Datei auf und setzen je eine passende Übersetzung dahinter. Ein einfaches Beispiel dazu zeigt Listing 5.2.

Listing 5.2 Schlüssel-Wert-Paar für Übersetzung in Localizable.strings

```
"KeyToLocalize" = "Übersetzter Schlüssel";
```

Mit dieser Zeile (Semikolon am Ende nicht vergessen!) haben Sie Ihre erste Übersetzung erstellt. Wenn Sie nun innerhalb Ihrer App den Schlüssel `KeyToLocalize` wie oben gezeigt über `NSLocalizedString` aufrufen, liefert diese den übersetzten String zurück. So können Sie nun für jeden zu übersetzenden String vorgehen, indem Sie für einen von Ihnen erdachten passenden Schlüssel, den Sie im Code via `NSLocalizedString` verwenden, einen zugehörigen Eintrag mitsamt Übersetzung in der Localizable.strings-Datei niederschreiben.

Doch wie lege ich die unterstützten Sprachen meiner App fest? Zunächst einmal müssen Sie alle Sprachen, die Ihre App unterstützen soll, in den Projekteinstellungen hinzufügen (wie im Abschnitt 5.5 „Projekteinstellungen“ gezeigt). Anschließend können Sie für jede Sprache, die Sie dort hinzugefügt haben, eine passende Version Ihrer Localizable.strings-Datei erstellen. Wählen Sie diese dazu aus und wechseln Sie rechts in der Utilities Area zum File Inspector. Dort finden Sie sodann einen Button LOCALIZE..., den Sie betätigen. Dabei werden Sie aufgefordert, eine erste Sprache für die Übersetzung auszuwählen (siehe Bild 5.66).

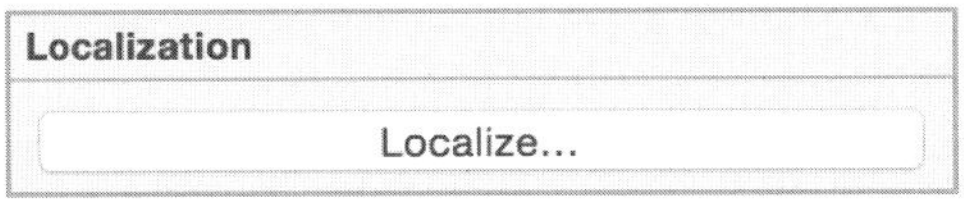

Bild 5.66 Ein Druck auf diesen Button und die entsprechende Datei wird in mehreren Versionen für mehrere Sprachen angeboten.

Haben Sie sich für eine erste Sprache entschieden, verschwindet der Localize-Button im File Inspector und zeigt stattdessen alle Sprachen an, die Sie in den Projekteinstellungen festgelegt haben. Neben der von Ihnen zuvor gewählten ersten Sprache für die Übersetzung ist darüber hinaus ein Häkchen zu sehen. Klicken Sie nun alle weiteren Sprachen an, die Sie übersetzen möchten. Dabei wird spätestens nach Auswahl einer zweiten Sprache ein Pfeil neben der Localizable.strings-Datei in der Navigation Area erscheinen (siehe Bild 5.67 und Bild 5.68).

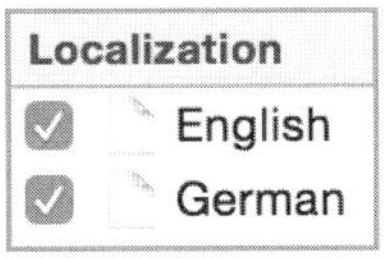

Bild 5.67 Welche Sprachen eine gewählte Datei unterstützt, können Sie explizit in dieser Auswahl festlegen.

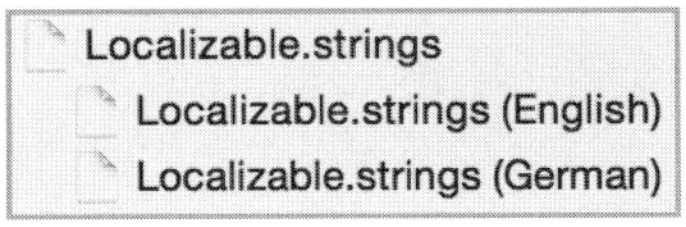

Bild 5.68 Für jede gewählte Sprache wird eine zusätzliche Version der Datei angelegt, die Sie dann entsprechend übersetzen können.

Wenn Sie die entsprechende Datei über diesen neuen Pfeil aufklappen, wird Ihnen pro Sprache eine eigene Version der Datei angezeigt. Somit können Sie nun in jeder dieser Dateien einer Localizable.strings-Datei all Ihre Schlüssel für die Lokalisierung in der jeweils passenden Sprache übersetzen. Die App prüft dann automatisch die eingestellte Systemsprache auf dem iOS-Gerät und lädt sodann entweder alle Strings aus der passenden Localizable.strings-Datei (wenn für diese Systemsprache eine Version vorliegt) oder alternativ alle Strings der Standardsprache der App aus der zugehörigen Localizable.strings-Datei.

Setzen Sie immer auf Localized Strings!

Die Mischung aus `NSLocalizedString`-Funktion und der Localizable.strings-Datei ist ein mächtiges Werkzeug zur Übersetzung Ihrer App. Im Code brauchen Sie nur den passenden Schlüssel über `NSLocalizedString` aufzurufen und das System lädt sodann den passenden String aus der korrekten Übersetzung der Localizable.strings-Datei. Und gerade da das so einfach und unkompliziert ist, empfehle ich Ihnen, in jedem Projekt mit `NSLocalizedString` zu arbeiten. Schreiben Sie keine Strings, die auf dem Bildschirm dem Nutzer angezeigt werden, als direkte Übersetzung in Ihren Code, sondern nutzen Sie stattdessen immer `NSLocalizedString` mit dem zugehörigen Localizable.strings-File. Denn das können Sie auch dann tun, wenn Ihre App nur eine einzige Sprache unterstützt. Sollten Sie dann nämlich langfristig doch mehrere Sprachen für Ihre App anbieten, wäre ein nachträgliches Durchforsten und Anpassen Ihres Codes ein extrem mühseliges Unterfangen. Haben Sie stattdessen von Beginn an auf das hier beschriebene Verfahren gesetzt, ist alles, was Sie tun müssen, eine neue Sprache in Ihrem Projekt hinzuzufügen, die Localizable.strings-Datei entsprechend zu übersetzen und alle Übersetzungen in der neuen Version der Localizable.strings-Datei einzupflegen. Ist das erledigt, unterstützt Ihre App umgehend eine neue Sprache.

5.7.4 Localized String mit Parameter

Einen Sonderfall bei der Übersetzung haben Sie, wenn Sie einen übersetzten Text mit einem dynamischen Parameter versehen möchten. Gerade bei langen Sätzen kann es dann sein, dass dieser Parameter pro Sprache an einer anderen Stelle im Satz auftaucht und nicht immer an derselben. Hier macht es daher Sinn, dem zu übersetzenden String diesen dynamischen Wert als Parameter zu übergeben und in der Übersetzung der Localizable.strings pro Sprache festzulegen, wo dieser Parameter ausgegeben werden soll. In der Localizable.strings-Datei kann der Eintrag dann beispielsweise so wie in Listing 5.3 gezeigt aussehen.

Listing 5.3 Schlüssel-Wert-Paar mit Parameter für Übersetzung in Localizable.strings

```
"Greeting" = "Hallo %@!";
```

Der Schlüssel `Greeting` nimmt in der Übersetzung einen Objektparameter entgegen, dessen Wert nach dem `Hallo` ausgegeben wird. Fehlt nur noch das Aufrufen dieser Übersetzung im Code mitsamt Parameter. Hierbei nutzen wir die Klassenmethode `stringWithFormat:` von `NSString` (siehe Listing 5.4).

Listing 5.4 Erstellen eines Localized Strings mit Parameter

```
// Swift
NSString(format: NSLocalizedString("Greeting", comment: "A greeting message"), "Thomas")

// Objective-C
[NSString stringWithFormat:NSLocalizedString(@"Greeting ", @"A greeting message"),
@"Thomas"];
```

Diese Methode erhält kommasepariert zwei Parameter: zunächst den `NSLocalizedString`, so wie wir es bereits kennengelernt haben, und anschließend eben genau den Wert für den Parameter dieses Localized Strings. Mit dieser Zeile Code wurde sodann ein `NSString` erstellt, der den Text `Hallo Thomas!` enthält.

5.7.5 Alle Localized Strings automatisch auslesen

Es ist bisweilen mühsam, alle Schlüssel aus `NSLocalizedString`-Aufrufen in die Localizable.strings-Dateien zu kopieren und entsprechend zu pflegen; es kann leicht passieren, dass einmal ein Eintrag vergessen wird. Und sollte genau dieser String dann nicht beim Testen auffallen, fehlt er in der Übersetzung.

Für dieses Problem gibt es auf dem Mac das Kommandozeilentool *genstrings*. Damit werden alle Quellcode-Dateien eines Projekts nach `NSLocalizedString`-Aufrufen durchsucht und mit all den gefundenen Schlüsseln eine neue Localizable.strings-Datei erstellt. In dieser Datei finden Sie dann alle Schlüssel, die Sie in Ihrem Projekt über `NSLocalizedString` aufgerufen haben, und müssen diese somit „nur" noch übersetzen.

Typischerweise setzen Sie *genstrings* wie folgt ein: Rufen Sie das Terminal auf und wechseln Sie in das Projektverzeichnis Ihrer App. Geben Sie dort dann den in Listing 5.5 gezeigten Befehl ein.

Listing 5.5 Nutzung von genstrings

```
genstrings -o en.lproj *.m
```

Damit wird im Ordner en.lproj (sprich für die englische Übersetzung) ein Localizable.strings-File mit allen gefundenen Schlüsseln aus allen Implementation-Dateien von Objective-C-Klassen erstellt. Diese können Sie dann nach Belieben weiterbearbeiten, anpassen und übersetzen. Für Swift-Klassen verwenden Sie alternativ statt dem abschließenden `.m` die Dateiendung `.swift`.

Für spezifische Fälle bietet *genstrings* auch noch weitere, differenzierte Einstellungen. Sollten solche für Sie von Interesse sein, werfen Sie am besten einmal einen Blick in die Xcode-Dokumentation von *genstrings*.

5.8 Der iOS-Simulator

5.8.1 Grundlagen

Um die von Ihnen entwickelten iOS-Apps testen zu können, liefert die Installation von Xcode passende iOS-Simulatoren mit, die Sie zur Ausführung Ihrer App verwenden können. Der Simulator ist ein eigenes Programm, welches auf Ihrem Mac gestartet wird und ein iOS-Gerät darstellt (siehe Bild 5.69).

Bild 5.69
Sie bedienen den iOS-Simulator mit den typischen Gesten. Durch Listen navigieren Sie also durch das Simulieren der Wischgeste mit der Maus; Scrollen mittels Scrollrad wird Sie im Simulator an dieser Stelle nicht weiterbringen.

5.8.2 Funktionen und Möglichkeiten des Simulators

Grundlagen

Natürlich hat der Simulator zunächst eine primäre Aufgabe: das Betriebssystem iOS auf Ihrem Mac zu simulieren und darauf Ihre App auszuführen, damit Sie sie ausgiebig testen können. Daneben verfügt der Simulator aber über noch manch andere sehr nützliche Funktion, die Ihnen auch gerade bei der Entwicklung Ihrer App von Nutzen sein kann. Das Menü des Simulators gibt Aufschluss darüber und macht diese Funktionen zugänglich. Spannend für uns als Entwickler sind all die Einstellungen, die sich hinter den Menüpunkten HARDWARE und DEBUG verbergen.

Hardware

Über das Menü HARDWARE lassen sich verschiedene Aktionen mit dem Simulator ausführen (siehe Bild 5.70). So können Sie den Simulator mittels ROTATE LEFT und ROTATE RIGHT drehen, um Ihre App in den verschiedenen Ausrichtungsformaten (Portrait und Landscape) zu testen, Sie können per Klick auf HOME auf den Home-Bildschirm des Simulators zugreifen oder per LOCK den Simulator sperren. Selbst eine Schüttelgeste kann mittels SHAKE GESTURE durchgeführt werden. Darüber hinaus stehen weitere Funktionen wie das Testen von Touch ID und Apple Pay ebenfalls über dieses Menü bereit.

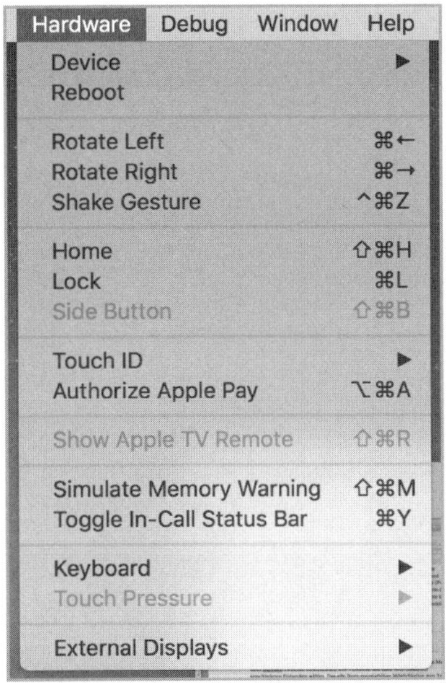

Bild 5.70
Das Hardware-Menü offenbart verschiedenste Befehle zum Beeinflussen des Simulators.

Mit am mächtigsten ist aber die Management-Funktion. Zunächst einmal können Sie im Menü unter DEVICE zwischen verschiedenen iOS-Versionen und dann noch zusätzlich verschiedenen Endgeräten wählen. Das gibt Ihnen mannigfaltige Möglichkeiten zum Testen und Simulieren Ihrer App auf verschiedenen Geräteklassen und Betriebssystemversionen. Doch damit nicht genug. Über den Punkt MANAGE DEVICES... werden alle Simulatoren aufgeführt, die Ihnen standardmäßig zur Verfügung stehen. Nach Klick auf diesen Menüpunkt öffnet sich ein Fenster mit der Liste aller installierten Simulatoren. All diese können Sie verwenden, um darüber Ihre App zu starten und zu testen. Ein Klick auf einen der eingerichteten Simulatoren zeigt die dazugehörige Hardware- und iOS-Version an (siehe Bild 5.71).

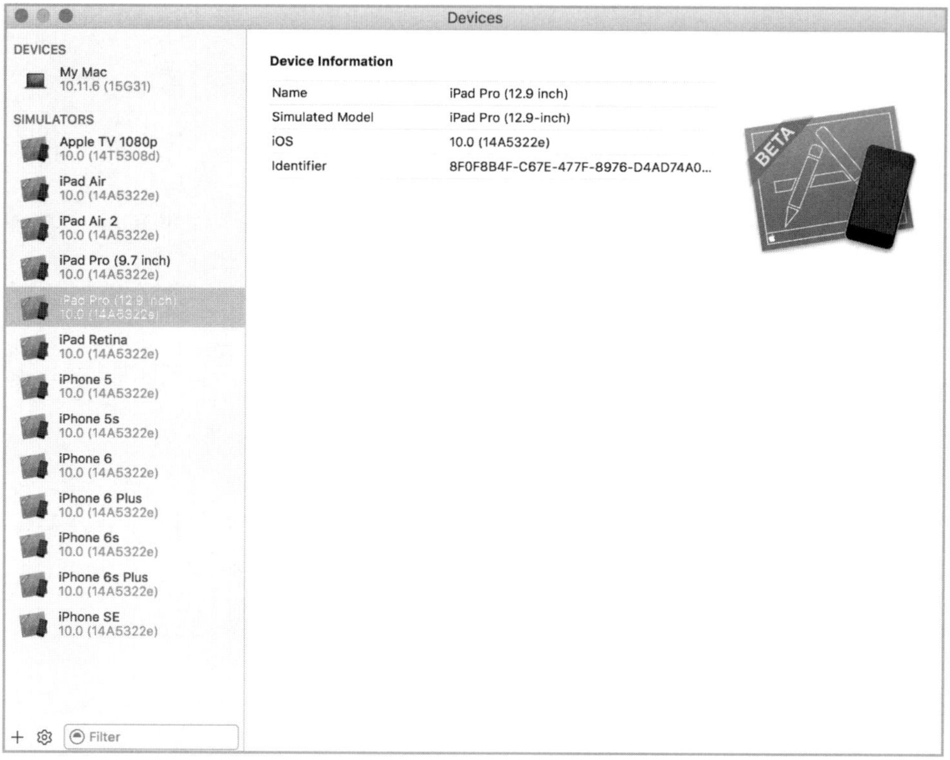

Bild 5.71 Über „Manage Devices…" werden neben den eigenen iOS-Geräten auch die verschiedenen Simulatoren verwaltet.

An dieser Stelle haben Sie auch selbst die Möglichkeit, zusätzliche eigene Simulatoren zu erstellen. Dazu genügt ein Klick auf den +-Button unten links, der ein neues Fenster öffnet (siehe Bild 5.72).

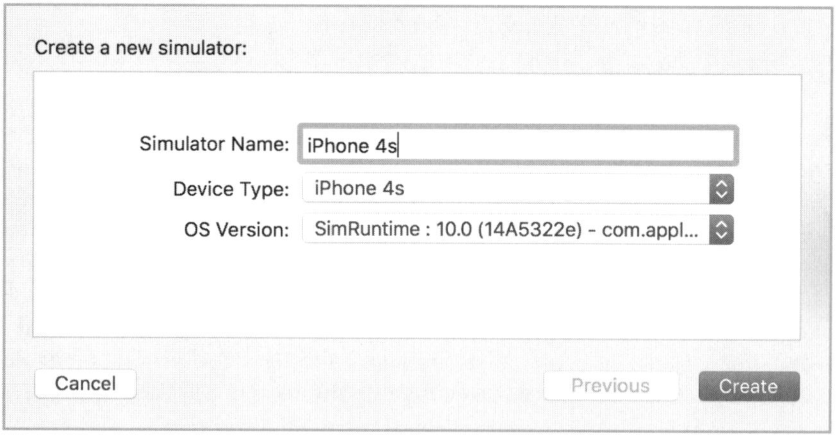

Bild 5.72 Ein neuer Simulator kann schnell und einfach nach Vergabe eines passenden Namens, Gerätetyps und der gewünschten iOS-Version erstellt werden.

Hier können Sie sodann einen beliebigen Namen für diesen Simulator vergeben und festlegen, auf welche iOS-Version und welche Geräteplattform sich der Simulator beziehen soll. Ein Klick auf die Schaltfläche CREATE erstellt den neuen Simulator und Sie können diesen von nun an zum Testen Ihrer App aus Xcode heraus nutzen.

Das Ändern des Namens oder das Löschen eines bestehenden Simulators können Sie über die Einstellungs-Schaltfläche neben dem +-Button durchführen.

Debug

Im Debug-Menü finden sich verschiedene Punkte, die Ihnen bei der Entwicklung Ihrer App unter die Arme greifen können (siehe Bild 5.73).

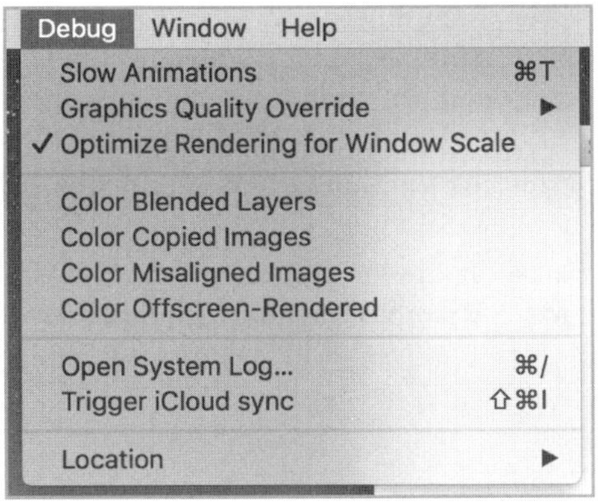

Bild 5.73
Sehr hilfreich, gerade beim Debuggen und Prüfen von Ansichten: das Debug-Menü des iOS-Simulators.

Um Animationen auszuwerten und festzustellen, wie eine Animation abläuft und was während des Übergangs auf dem Bildschirm angezeigt wird, kann der Menüpunkt SLOW ANIMATIONS genutzt werden. Wurde dieser ausgewählt, werden sodann alle Animationen und Übergänge Ihrer App extrem langsam durchgeführt und gewähren so einen genauen Blick auf deren Ablauf.

In dem darunterliegenden Abschnitt des Menüs können Sie verschiedene Elemente im Simulator hervorheben lassen, zum Beispiel über Core Animation kopierte Bilder oder sich überlagernde oder aus dem Bildschirm herausragende Elemente.

Des Weiteren können Sie sich ein System-Log während des Testens Ihrer App im Simulator anzeigen lassen. Wenn Sie iCloud in Ihrer App verwenden, haben Sie zudem auch die Möglichkeit, die Verbindung zur iCloud in Ihrer App im Simulator über TRIGGER ICLOUD SYNC anzustoßen.

Zu guter Letzt können Sie einen Standort für den Simulator festlegen. Das macht dann Sinn, wenn Ihre Anwendung mit Ortsdaten arbeitet und zum Beispiel den aktuellen Ort des Nutzers verwenden möchte. Über den Menüpunkt LOCATION können Sie so entweder einen vorhandenen Ort aus der Liste wählen oder einen eigenen mittels Längen- und Breitengrad setzen. Der Simulator geht dann davon aus, dass sich das Gerät an diesem Ort befindet.

5.8.3 Performance und Einschränkungen des Simulators

Der Simulator ist großartig, um Ihre Anwendung während der Entwicklung zu testen und auf verschiedenen Geräten und Betriebssystemversionen auszuführen. Allerdings entbindet Sie der Simulator nicht vom ausführlichen Testen Ihrer App auf – im Idealfall gleich mehreren – iOS-Endgeräten. Das liegt vor allen Dingen darin begründet, dass der Simulator die volle Hardware-Performance Ihres Mac nutzt; er ist eben ein Simulator und kein Emulator. Für Sie kann das konkret bedeuten, dass Ihre App im Simulator möglicherweise total flott läuft und korrekt dargestellt wird, auf einem Endgerät aber plötzlich die Geschwindigkeit in den Keller bricht und Darstellungsfehler auftreten; ich spreche hier auch aus eigener Erfahrung.

Ebenfalls verfügt der Simulator über kein Gyroskop und keinen Beschleunigungssensor, wie sie in moderner iPhone-Hardware zu finden sind. Wenn Sie also Funktionen entwickelt haben, die auf diese Hardware-Elemente zugreifen, kann Ihnen der iOS-Simulator nicht weiterhelfen. Gleiches gilt für den Zugriff auf die Kamera oder das Mikrofon; beides ist nicht mit dem iOS-Simulator möglich und muss daher zwingend auf „richtiger" Hardware getestet werden.

Behalten Sie dieses Wissen daher stets im Hinterkopf und testen Sie Ihre App auf passenden Endgeräten ausführlich, ehe Sie sie in den App Store einreichen oder auf den Endgeräten eines Kunden zur Verfügung stellen.

5.9 Dokumentation

5.9.1 Nichts geht über die Dokumentation!

Diesen wichtigen Grundsatz möchte ich Ihnen mit diesem Fachbuch unbedingt und in jedem Fall vermitteln; letztendlich hält die Apple-Dokumentation alle Antworten parat, die Sie zur Entwicklung Ihrer iOS-Apps benötigen. Auch in diesem Buch werde ich Sie an manchen Punkten auf die Dokumentation von Apple verweisen beziehungsweise Abschnitte aus ihr zur Erläuterung aufführen. Dies geschieht nicht aus Faulheit meinerseits, sondern rein aus dem Grund, dass ein solches Buch nicht in der Lage ist, die komplette Dokumentation von Apple vollumfänglich zu erfassen und aufzuführen; aufgrund der Vielzahl an Frameworks wäre das ein geradezu unendliches Unterfangen. Noch dazu wird die Dokumentation von Apple gepflegt und ist stets up to date.

Um die Dokumentation aufzurufen, gehen Sie über das Xcode-Menü und wählen dort WINDOW → DOCUMENTATION AND API REFERENCE (siehe Bild 5.74). Da Sie aber als iOS-Entwickler recht wahrscheinlich sehr viel Zeit mit der Dokumentation verbringen und diese regelmäßig öffnen werden, können Sie sich auch direkt das entsprechende Tastaturkürzel zum Aufruf der Dokumentation einprägen: CMD + Umschalt + 0. ☺

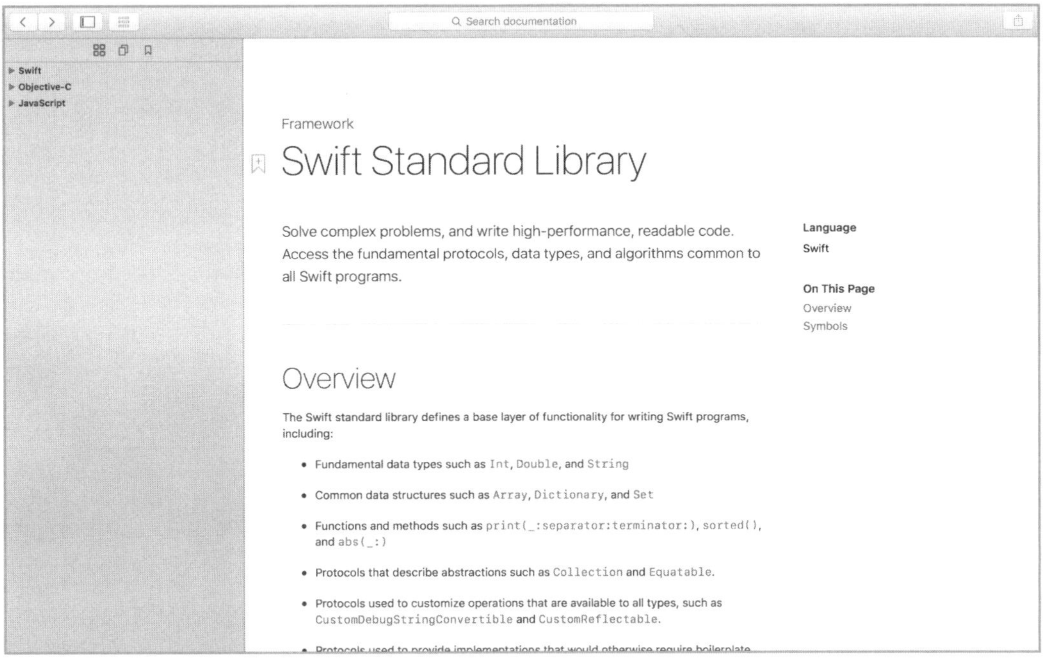

Bild 5.74 Unerlässlich für Ihre tägliche Arbeit als App-Entwickler: die Dokumentation von Apple.

Dokumentation herunterladen

Seit Xcode 8 wird die jeweils aktuelle Version der Dokumentation bei der Installation der IDE automatisch heruntergeladen und somit lokal auf Ihrem Mac bereitgestellt; Sie brauchen also keine Internetverbindung, um auf die umfangreichen Inhalte der Dokumentation zugreifen zu können.

Dennoch gibt es separate Inhalte, die Sie zusätzlich herunterladen können; dazu gehört beispielsweise Beispielcode von Apple. Möchten Sie auch diesen lokal auf Ihrem Mac vorhalten, müssen Sie in die Einstellungen von Xcode wechseln (entweder über das Menü Xcode → Preferences... oder über das Tastaturkürzel CMD +,) und dort den Reiter Components aufrufen. Dort stehen Ihnen im Abschnitt Documentation alle zusätzlichen Inhalte der Dokumentationen von Apple zum Download zur Verfügung (siehe Bild 5.75).

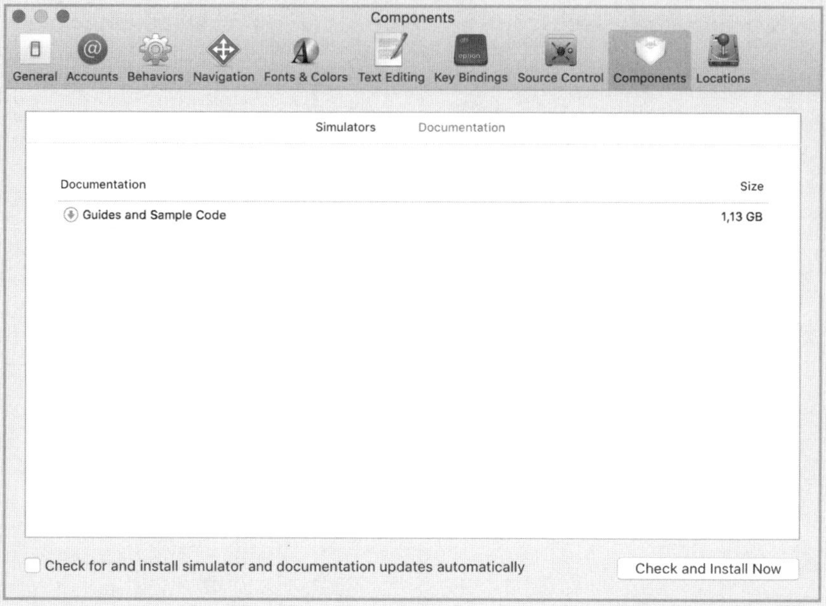

Bild 5.75 In den Einstellungen können Sie alle verfügbaren Zusatzinhalte der Dokumentation direkt herunterladen.

Ein Klick auf den Pfeil rechts neben dem Namen der Zusatzinhalte lädt diese direkt von den Apple-Servern herunter. Sie können dann über die Checkbox *Check for and install simulator und documentation updates automatically* festlegen, ob Xcode automatisch prüfen soll, ob neuere Versionen der Dokumentation bereitstehen, und ob Xcode diese direkt für Sie herunterladen soll. Diesen Schritt können Sie auch manuell per Klick auf den Button CHECK AND INSTALL Now durchführen (siehe Bild 5.76).

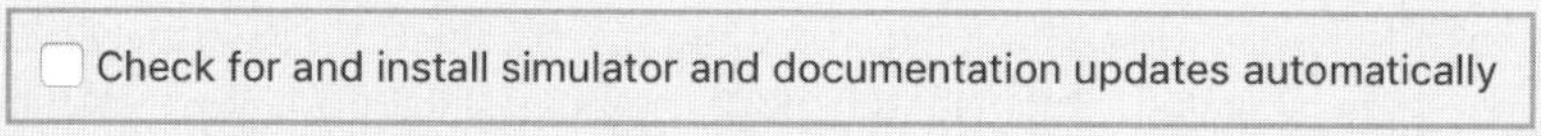

Bild 5.76 Mit Aktivieren dieser Checkbox werden zukünftige Updates der Dokumentation automatisch auf Ihren Mac heruntergeladen.

5.9.2 Das Documentation-Window

Das Documentation-Window unterteilt sich zunächst in zwei Bereiche: eine Such- und Navigationsleiste sowie das eigentliche Dokumentationsfenster, in dem die Inhalte angezeigt werden. Über zwei Schaltflächen in der Navigationsleiste können Sie das Dokumentationsfenster um zwei Bereiche erweitern bzw. verringern, indem Sie damit den sogenannten Navigator ein- oder ausblenden beziehungsweise eine Inhaltsübersicht zu der von Ihnen angezeigten Dokumentation anzeigen lassen oder eben nicht (siehe Bild 5.77).

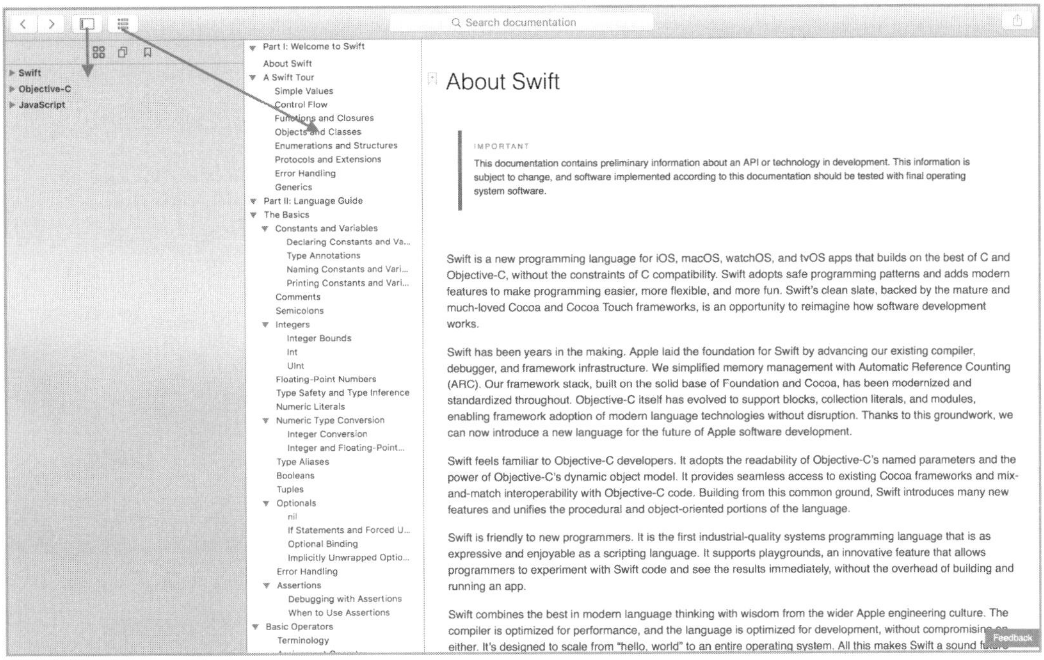

Bild 5.77 Über die Schaltflächen oben links können Sie Ihre Lesezeichen sowie die Kapitel eines Dokumentationsbeitrags ein- und ausblenden.

Damit ist bereits das Wichtigste zum Aufbau des Documentation-Windows gesagt. Über das Suchfeld können Sie direkt die Schlagwörter, Klassen oder Methoden eingeben, zu denen Sie die zugehörige Dokumentation aufrufen möchten oder zu denen Sie nach passenden Dokumentationen suchen. Denn Apple bietet mannigfaltige Informationen in seiner Dokumentation an. Neben der reinen Beschreibung von Frameworks finden sich dort auch Guides zu einzelnen Themen sowie Beispielprojekte mit Beispielcode, mit denen Sie direkt in ein bestimmtes Thema einsteigen können (siehe Bild 5.78).

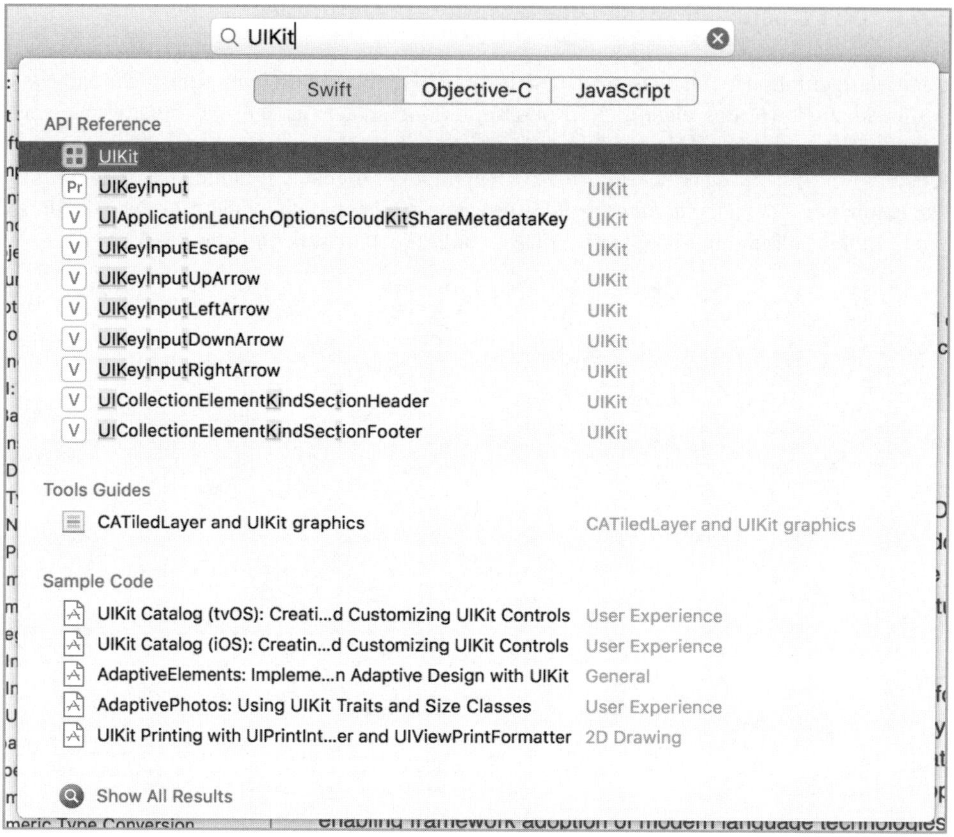

Bild 5.78 Die Suche nach Apples UIKit-Framework liefert neben der eigentlichen API-Referenz auch Guides und Beispielcode.

Aus einer solchen Suchanfrage heraus können Sie dann entweder eines der direkt vorgeschlagenen Themen auswählen oder per Auswahl des untersten Punktes SHOW ALL RESULTS alle gefundenen Dokumentationen zum Suchbegriff anzeigen lassen.

Insgesamt unterteilt sich die Dokumentation in drei verschiedene Bereiche (siehe Bild 5.79):

- *API Reference:* Hier werden typischerweise Klassen und Frameworks aufgeführt und deren Funktionen, Methoden und Properties erläutert und beschrieben.
- *Tools Guides:* Guides zur Arbeit mit Xcode und seinen Bestandteilen.
- *Sample Code:* Beispielprojekte von Apple.

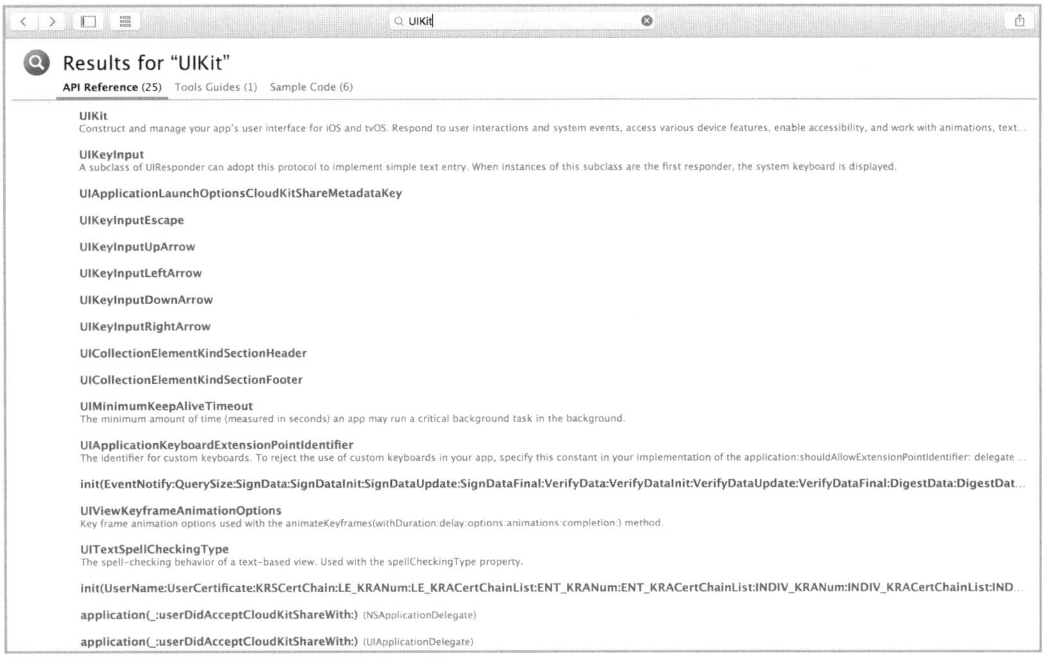

Bild 5.79 „Show All Results" zeigt alle gefundenen Themen zu einem Suchbegriff – hier „UIKit" – aufgeschlüsselt in die drei Bereiche „API Reference", „Tools Guides" und „Sample Code" an.

Finden Sie einen Eintrag in der Dokumentation besonders interessant, so können Sie diesen als Lesezeichen speichern und dann über die Navigationsansicht jederzeit direkt wieder aufrufen. Um ein Lesezeichen zu setzen, klicken Sie entweder auf das entsprechende Lesezeichen-Symbol in einem Beitrag oder Sie klicken rechts in den Text der Dokumentation und wählen dort den Punkt ADD BOOKMARK (siehe Bild 5.80 und Bild 5.81).

Bild 5.80 Ein Lesezeichen kann schnell und einfach per Klick auf das entsprechende Symbol neben der Überschrift eines Beitrags gesetzt werden ...

Bild 5.81 ... und steht sodann in der Übersicht zum Direktzugriff zur Verfügung.

5.9.3 Direktes Aufrufen der Dokumentation aus Xcode heraus

Sie werden während der Entwicklung Ihrer App ständig mit Klassen und Methoden aus Apples System-Frameworks arbeiten und es wird mehr als einmal passieren, dass Sie zu einer dieser Klassen oder Methoden gerne mehr erfahren und zur entsprechenden Dokumentation wechseln möchten. Hierfür müssen Sie nun aber nicht erst das Documentation-Window öffnen und den passenden Eintrag in der Dokumentation suchen.

Wenn Sie mit gedrückt gehaltener ALT-Taste über den Namen einer Methode oder einer Klasse fahren, wird dieses Element gestrichelt unterstrichen. Wenn Sie nun einen Linksklick ausführen, öffnet sich ein Popup, in dem die Dokumentation des Elements aufgeführt wird. So erfahren Sie zum Beispiel mehr über die Parameter oder den Rückgabewert einer Methode (siehe Bild 5.82).

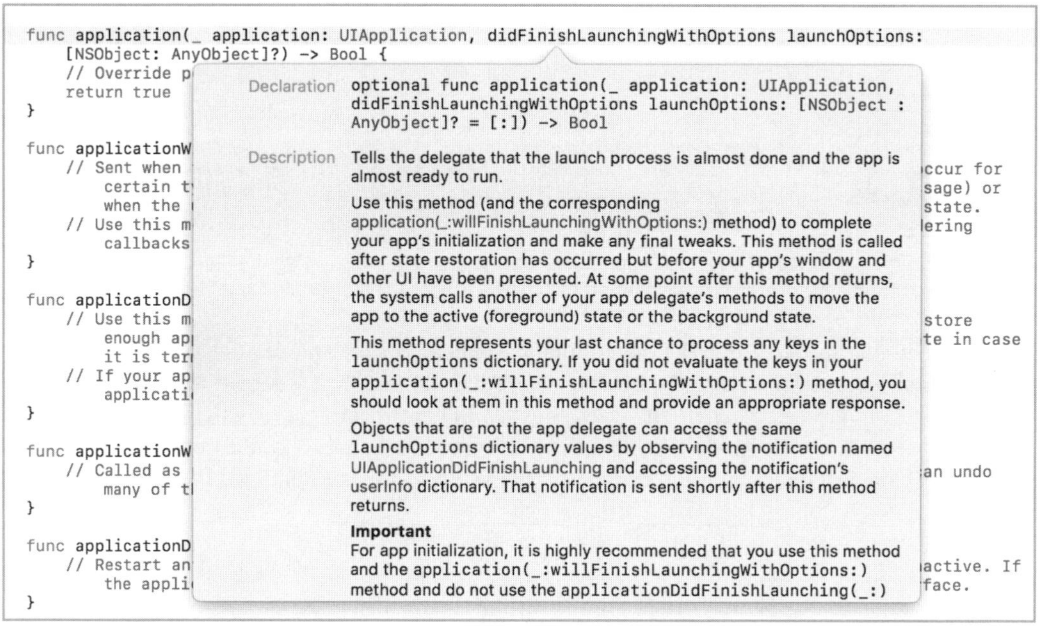

Bild 5.82 Über die Quick-Vorschau können Sie schnell die Dokumentation zu einer bestimmten Klasse oder Methode aufrufen.

Über diese Quick-Vorschau können Sie dann – sollten Sie noch weitere Informationen benötigen – direkt in das entsprechende Dokument der Dokumentation springen, indem Sie das letzte Element im Abschnitt *More* innerhalb der Quick-Vorschau anklicken. Daraufhin wird das Documentation-Window geöffnet und das passende Dokument dort geladen und angezeigt.

Quick-Vorschau für eigene Klassen und Methoden

Die Quick-Vorschau der Dokumentation in Xcode funktioniert im Übrigen auch mit Ihren eigenen Klassen und Methoden, wenn Sie diese nach Doxygen-Standard kommentieren, wie im Abschnitt „Dokumentation" von Kapitel 4 „Grundlagen der iOS-Entwicklung" beschrieben. ■

5.10 Devices

Das Fenster zur Verwaltung Ihrer iOS-Geräte und der Simulatoren wurde mit Xcode 6 neu eingeführt; zuvor war die Verwaltung der eigenen iOS-Devices in den Organizer integriert (siehe hierzu auch den Abschnitt 5.11 „Organizer“). Details zur Arbeit und Verwendung der Simulatoren wurden dabei bereits im Abschnitt 5.8 „Der iOS-Simulator“ vorgestellt und erläutert. Daneben finden Sie hier aber einige nützliche Funktionen zur Arbeit und zur Verwaltung mit den iOS-Geräten, die Sie für Ihre Entwicklung verwenden möchten. Das Fenster *Devices* können Sie aus dem Xcode-Menü über WINDOW → DEVICES oder über das Tastaturkürzel CMD + Umschalt + 2 aufrufen (siehe Bild 5.83).

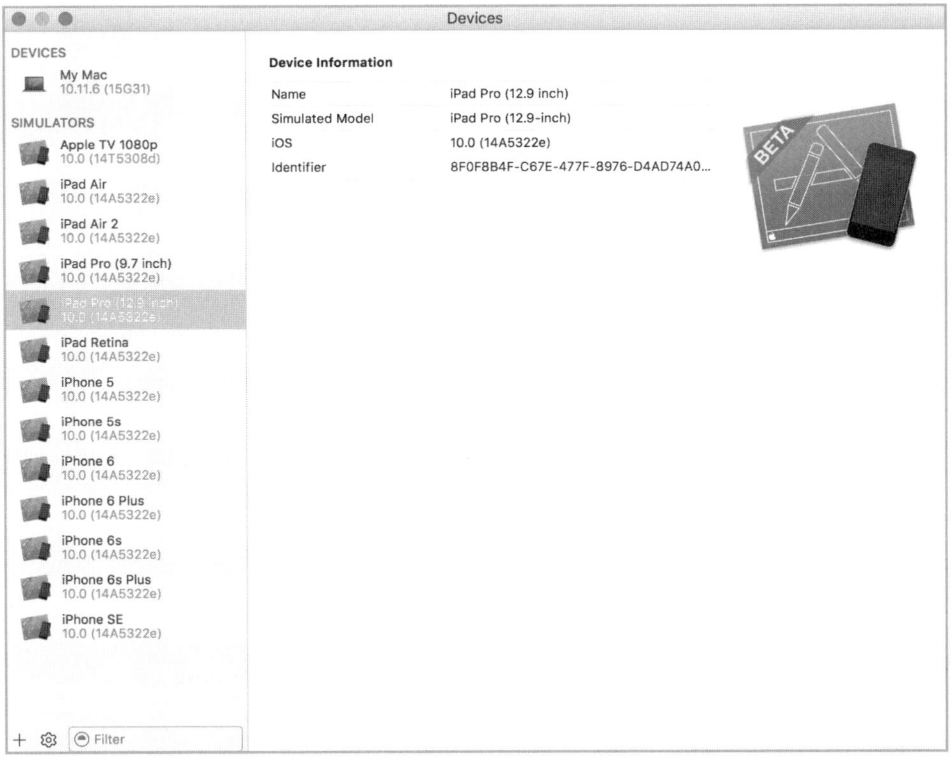

Bild 5.83 Das Devices-Fenster zeigt alle angeschlossenen iOS-Geräte sowie die installierten Simulatoren an.

Haben Sie ein iOS-Gerät an Ihren Mac angeschlossen, so wird dieses im oberen linken Abschnitt *Devices* neben Ihrem Mac aufgeführt. Ist dieses Gerät noch nicht als Entwickler-Device bei Apple registriert, können Sie dies schnell und einfach von Xcode über eine entsprechende Schaltfläche erledigen lassen (vorausgesetzt, Sie haben sich in den Einstellungen von Xcode bereits mit einem gültigen iOS-Entwickler-Account angemeldet, siehe hierzu auch den Abschnitt 5.4 „Einstellungen in Xcode“).

Ist das angeschlossene iOS-Gerät als Entwicklergerät registriert, können Sie über entsprechende Schaltflächen auf die Logs des Geräts zugreifen sowie direkt aus Xcode heraus

Screenshots erstellen; diese werden dann umgehend auf Ihrem Desktop gespeichert. Auch wenn es umständlich anmuten mag, Screenshots über Xcode heraus zu erstellen, so besteht der große Vorteil darin, dass Sie die Bilder direkt auf Ihrem Mac verfügbar haben und nicht erst von Ihrem iOS-Gerät übertragen müssen.

Weiterhin bietet Xcode eine vereinfachte Oberfläche, um archivierte und auf der Festplatte gespeicherte Apps auf einem iOS-Gerät zu installieren. Dazu kann die App einfach im Abschnitt *Installed Apps* über den +-Button aus dem Finder ausgewählt werden und – schwups – wird die App direkt auf dem entsprechenden Endgerät installiert (siehe Bild 5.84).

Bild 5.84 Über das Devices-Fenster können Screenshots aufgenommen sowie die eigens entwickelten Apps einem Gerät hinzugefügt beziehungsweise von diesem entfernt werden.

Ebenso hat man über dieses Fenster auch Zugriff auf die Konsole, die Ereignisse des iOS-Geräts mitprotokolliert. Diese versteckt sich allerdings ein wenig am unteren Bildschirmrand und kann über den Button SHOW THE DEVICE CONSOLE am unteren linken Fensterrand eingeblendet werden (siehe Bild 5.86).

```
Aug 19 20:21:02 iPhone-5s-von-Thomas-Sillmann wifid[35] <Notice>: WiFi:[430165262.024751]:
Starting automatic join sequence
Aug 19 20:21:02 iPhone-5s-von-Thomas-Sillmann wifid[35] <Notice>: WiFi:[430165262.025148]:
Performing auto-join broadcast scan with a modified dwell time of 110ms
Aug 19 20:21:02 iPhone-5s-von-Thomas-Sillmann wifid[35] <Notice>: WiFi:[430165262.025570]:
Enqueuing command type: "Scan" pending commands: 0
Aug 19 20:21:02 iPhone-5s-von-Thomas-Sillmann wifid[35] <Notice>: WiFi:[430165262.026025]:
Dequeuing command type: "Scan" pending commands: 0
Aug 19 20:21:02 iPhone-5s-von-Thomas-Sillmann wifid[35] <Notice>: WiFi:[430165262.026402]:
Attempting Apple80211ScanAsync on en0
Aug 19 20:21:02 iPhone-5s-von-Thomas-Sillmann wifid[35] <Notice>: WiFi:[430165262.725871]: WiFi
unquiescing requested by "locationd"
```

Bild 5.85 Über diesen unscheinbaren Button kann die Konsole für das angezeigte iOS-Gerät ein- und ausgeblendet werden.

5.11 Organizer

Der Organizer hat sich im Laufe der Zeit mehr und mehr gewandelt und wurde mit neueren Xcode-Versionen weiter abgespeckt. Während früher noch die Dokumentation und das Geräte-Management im Organizer Platz fanden, verschwand zunächst der Zugriff auf die Dokumentation in ein eigenes Fenster (was auch durchaus sinnvoll und begrüßenswert ist), gefolgt von der Geräteverwaltung (siehe Abschnitt 5.10 „Devices“). Damit ist der Organizer aber mit der Zeit auch sehr übersichtlich geworden und besitzt nun zwei Hauptaufgaben: die Verwaltung der App-Archive, die Sie erstellt haben, sowie das Herunterladen und Bereitstellen von Crash Logs Ihrer veröffentlichten Apps.

Der Organizer verfügt inzwischen über kein Tastaturkürzel mehr und kann stattdessen nur über das Xcode-Menü via WINDOW → ORGANIZER aufgerufen werden (siehe Bild 5.86).

Der Organizer unterteilt sich in die zwei Bereiche ARCHIVES und CRASHES, zwischen denen anhand der oberen Schaltflächen hin und her gewechselt werden kann.

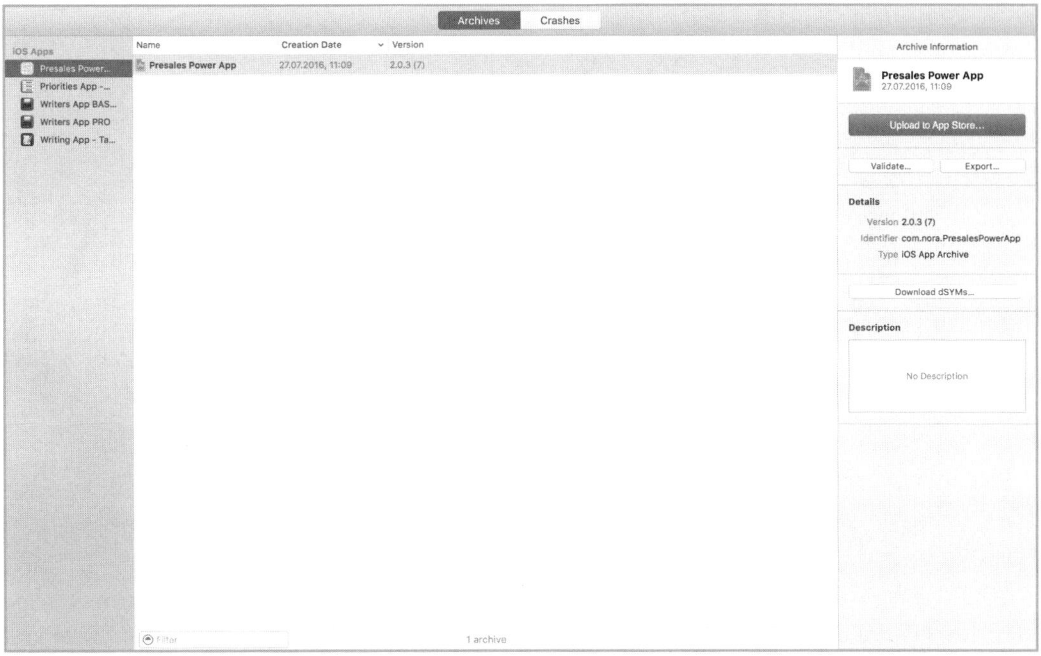

Bild 5.86 Der Organizer verwaltet Projekte und Archive.

Im Abschnitt ARCHIVES können Sie all Ihre App-Archive verwalten, die Sie über Xcode erstellt haben. Ein Archiv Ihrer App erstellen Sie, indem Sie innerhalb eines geöffneten Projekts über das Menü gehen und dort PRODUCT → ARCHIVE wählen. Aber Achtung: Dieser Menüpunkt ist nur aktiv, wenn Sie als Zielgerät für Ihr entsprechendes App-Target zum Bauen der App entweder ein angeschlossenes Gerät oder den Platzhalter GENERIC iOS DEVICE gewählt haben (siehe Bild 5.87).

Bild 5.87 Nur wenn ein angeschlossenes iOS-Gerät oder alternativ der Punkt „Generic iOS Device" ausgewählt ist, kann ein Archiv einer App gebaut werden.

Bei einem Archiv handelt es sich um eine fertig gebaute und verwendbare App. Die Archiv-Ansicht im Organizer können Sie nun primär dazu verwenden, ein solches Archiv zu verbreiten; in der Regel, indem Sie es von dort aus in den App Store hochladen oder die App als einzelne IPA-Datei exportieren.

IPA

.ipa ist die Dateiendung für iOS-Apps. Wenn Sie also eine App erstellen und verbreiten, verwenden Sie IPA-Dateien.

Mehr zu den Themen App Store-Upload und Export Ihrer App erfahren Sie im Detail im Kapitel „Veröffentlichung im App Store".

Im Abschnitt CRASHES stellt Xcode Ihnen sogenannte *Crash-Reports* bereit. Diese werden automatisch gesammelt, wenn ein Nutzer eine Ihrer Apps, die Sie über iTunes Connect verteilen, installiert und nutzt. Sollte es zu einem Crash kommen, wird ein entsprechender Crash-Report erstellt, auf den Sie über die CRASHES-Ansicht des Organizers zugreifen können (siehe Bild 5.88).

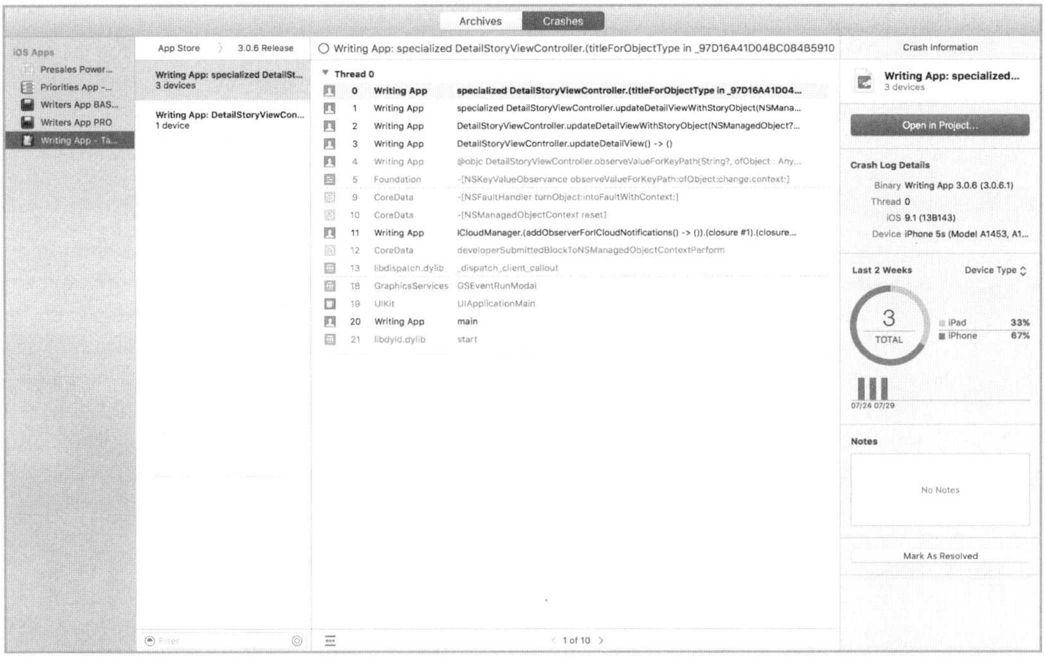

Bild 5.88 In der Crashes-Ansicht werden alle gesammelten Crash-Logs zu Ihren Apps aufgeführt und visualisiert.

Xcode listet alle Crash-Logs zu der im linken Bereich des Fensters gewählten App auf, geordnet nach Häufigkeit des Absturzes. Ganz oben erscheint also der Crash-Log zu dem Crash, der am häufigsten und bei den meisten Nutzern aufgetreten ist (und entsprechend höchste Priorität bei Ihnen genießen sollte). Über den Stack Trace in der Mitte können Sie sehen, an welcher Stelle im Code es zu dem Crash kam und welche Funktionen zuvor aufgerufen und verwendet wurden. Sie können sogar über die Schaltfläche Open in Project... am rechten Bildschirmrand das Crash-Log im entsprechenden Xcode-Projekt öffnen und sich die passende Stelle im Code sowie den Stack Trace anzeigen lassen, um so noch schneller herauszufinden, was das Problem ist und wie der Crash zustande kam. Ebenso sehen Sie an der rechten Seite, mit welchen Geräten und wie oft der entsprechende Absturz aufgetreten ist. Diese Information ist gerade bei Abstürzen, die nur auf bestimmten und nicht auf allen iOS-Geräten auftreten, immens hilfreich. Ebenso haben Sie abschließend über die Schaltfläche Mark As Resolved die Möglichkeit, einen Absturz als gefixt zu kennzeichnen. Dieses Feature können Sie als Art Dokumentation für Ihre Crashs verwenden, um einen Überblick darüber zu behalten, welche Sie bereits behoben haben und welche noch zu fixen sind.

5.12 Debugging in Xcode

5.12.1 Was ist Debugging?

Debugging ist wichtig und Sie werden als iOS-Entwickler nicht umhinkommen, sich früher oder später intensiv mit den Möglichkeiten des Debuggings in Xcode auseinanderzusetzen.

Ganz grundsätzlich geht es beim Debugging zunächst einmal darum, Ihre Anwendung zu überprüfen, Werte zu verschiedenen Zeiten abzufragen und zu loggen und sie an manchen Stellen anzuhalten und ihren aktuellen Stand zu prüfen. Gerade wenn es darum geht, zu sehen, ob der Wert einer Variablen zu einem bestimmten Zeitpunkt dem gewünschten Wert oder möglicherweise einem falschen entspricht, ist das Debugging da, um uns Entwickler zu unterstützen. Kurzum geht es um das Prüfen Ihrer Anwendung und das Finden beziehungsweise Beseitigen von Fehlern im Code. Und Xcode liefert Ihnen viele Werkzeuge und Techniken, um Ihnen beim Debugging unter die Arme zu greifen und Ihnen das Entwicklerleben zu erleichtern.

5.12.2 Die Debug Area

Grundlagen

Mit der wichtigste Teil von Xcode für Sie zum Debuggen Ihrer App ist die Debug Area, die Sie über die entsprechende Schaltfläche oben rechts ein- und ausblenden können (siehe Bild 5.89).

Bild 5.89
Über diesen Button in der Toolbar von Xcode können Sie die Debug Area ein- und ausblenden.

Die Debug Area unterteilt sich in zwei Bereiche: die Variables View links und die Konsole rechts. Beide Bereiche können Sie über die Schaltflächen unten rechts beliebig ein- und ausblenden und so die Debug Area anpassen, wie Sie sie situationsbedingt benötigen. Doch was sind überhaupt die Variables View und die Konsole?

Variables View

In der Variables View werden alle aktuell „aktiven“ Variablen und ihre jeweils aktuellen Werte aufgeführt. Das Verwenden der Variables View macht daher im Zusammenspiel mit den sogenannten Breakpoints Sinn, mithilfe derer Sie die Ausführung Ihrer App zu bestimmten Zeitpunkten anhalten können, um ihren dann aktuellen Stand zu analysieren; mehr zum Thema Breakpoints folgt später in diesem Abschnitt.

Mit „aktiven“ Variablen sind die Instanzvariablen sowie die Variablen innerhalb der aktuellen Methode gemeint, wenn Ihre Anwendung mittels Breakpoint angehalten wird. Über die Variables View können Sie sich dann die Werte und Inhalte der einzelnen Variablen ansehen (siehe Bild 5.90).

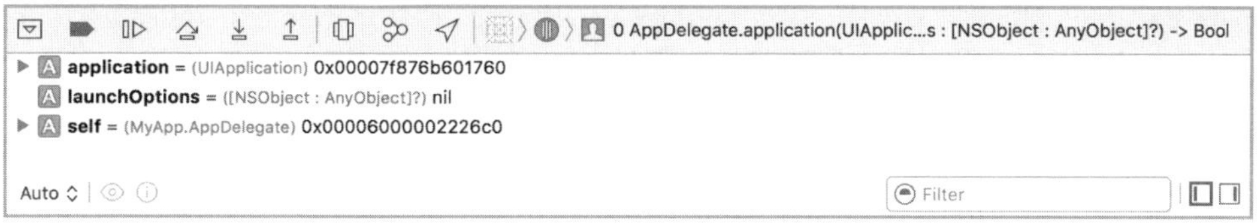

Bild 5.90 Die Variables View zeigt alle Variablen beim Erreichen eines Breakpoints an und gibt Informationen dazu aus.

Konsole

Die Konsole dient zwei Zwecken: Sie kann zum einen während der Ausführung Ihrer App Log-Ausgaben anzeigen und Sie so über verschiedene Zustände in Ihrer App informieren. Derartige Log-Ausgaben stammen entweder aus einem der Frameworks oder können auch von Ihnen selbst mittels des Befehls `NSLog` an jeder beliebigen Stelle in Ihrem Quellcode gesetzt werden. So können Sie beispielsweise innerhalb einer Schleife für jeden Durchlauf einen Log-Text in die Konsole schreiben, der den Wert einer aktuellen Variablen ausgibt.

Zum Zweiten kann die Konsole aber auch dazu genutzt werden, um Konsolenbefehle in ihr anzuwenden und so weitere Informationen über Variablen auszulesen oder sogar den Wert von Variablen zur Laufzeit Ihrer App zu verändern (siehe Bild 5.91).

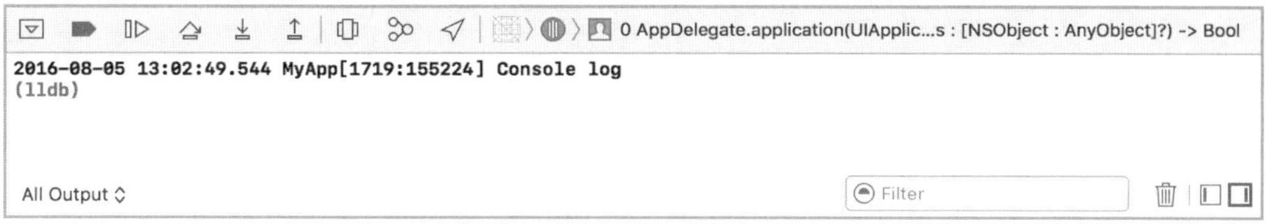

Bild 5.91 In der Konsole werden die Log-Ausgaben eingeblendet, darüber hinaus kann sie zur Ausführung eigener Befehle genutzt werden.

5.12.3 Die Arbeit mit dem Debugger – NSLog und Breakpoints

Grundlagen

Um Ihre Anwendung auf Fehler oder ein fehlerhaftes Verhalten zu untersuchen, liefert die Debug Area alle nötigen Ansichten, mit denen Sie Variablen abfragen und Konsolenausgaben einsehen können. Um diese Mittel der Debug Area aber selbst vollumfänglich nutzen zu können, müssen Sie die Mittel nutzen, mit denen Sie passende Informationen innerhalb der Debug Area erhalten beziehungsweise diese auslesen können. Essenziell sind dabei `NSLog` und Breakpoints.

NSLog

`NSLog` ist eine Methode aus dem Foundation Framework, die Sie üblicherweise selbst innerhalb der Methoden Ihrer Klassen aufrufen, um dort entweder einen statischen Text auszugeben (beispielsweise um zu wissen, ob und wann eine bestimmte Methode aufgerufen wird) oder den Wert einer oder mehrerer Variablen anzuzeigen. Im Unterschied zu Breakpoints werden NSLog-Ausgaben während der ganz normalen Programmausführung in die Konsole der Debug Area geschrieben; das bedeutet, Ihre Anwendung wird nicht zu einem bestimmten Zeitpunkt angehalten. Somit können Sie, während Sie die App verwenden, parallel einen Blick in die Konsole werfen und sehen, welche Informationen dort geloggt und angezeigt werden.

Um einen statischen Log-Text in die Konsole zu schreiben, reicht ein Aufruf wie in Listing 5.6 zu sehen.

Listing 5.6 Aufruf von NSLog

```
// Swift
NSLog("Log this...")

// Objective-C
NSLog(@"Log this...");
```

Wie Sie sehen, nimmt NSLog dabei ein NSString-Objekt entgegen, welches dann – sobald dieser Befehl erreicht und ausgeführt wird – in die Konsole der Debug Area geschrieben wird.

Neben statischem Text können Sie aber auch Variablen ausgeben. Dazu setzen Sie in den NSString einen Platzhalter für das Objekt und führen das Objekt selbst nach dem String getrennt von einem Komma innerhalb des NSLog-Aufrufs auf (siehe Listing 5.7).

Listing 5.7 NSLog mit Parameter

```
// Swift
let myString = "This is my string"
NSLog("Content of myString: %@", myString)

// Objective-C
NSString *myString = @"This is my string";
NSLog(@"Content of myString: %@", myString);
```

Für Objekte aller Art wird der Platzhalter %@ verwendet. Nach dem NSString folgen dann ein Komma und anschließend das Objekt, das wir im Log ausgeben möchten. In der Konsole erscheint dann beim Aufruf dieses Befehls der in Listing 5.8 gezeigte Text.

Listing 5.8 Ausgabe von NSLog

```
Content of myString: This is my string
```

Ausgabe von Objekten in der Konsole

Vielleicht fragen Sie sich jetzt, welche Informationen denn bei der Ausgabe verschiedener Objekte im Log aufgeführt werden und wie Sie beispielsweise selbst für Ihre eigenen Klassen einen passenden Eintrag für den Aufruf innerhalb von NSLog schreiben können? Die Antwort ist relativ simpel: Wenn Sie Objekte von Subklassen von NSObject über NSLog ausgeben, ruft NSLog die Klassenmethode description() von NSObject auf. Deren genaue Deklaration zeigt Listing 5.9.

Listing 5.9 Deklaration der Methode `description()`

```
// Swift
class func description() -> String

// Objective-C
+ (NSString *)description;
```

Da diese Methode eben bereits in `NSObject` – der Mutter aller Klassen – implementiert ist, kann auch jede andere Klasse, die wenigstens von `NSObject` erbt, diese Methode implementieren und entsprechend überschreiben. Das, was diese Methode zurückgibt, ist genau das, was Sie in der `NSLog`-Ausgabe sehen. Bei dem Rückgabewert handelt es sich um einen String.

Wenn Sie also für Ihre eigenen Klassen passende Informationen in einem `NSLog` ausgeben möchten, müssen Sie nichts weiter tun, als die `description()`-Methode zu überschreiben und einen passenden Wert für Ihre Klasse als String zurückzuliefern.

Neben dem Platzhalter `%@`, den Sie für alle Arten von Objekten nutzen können (sprich für alle Objekte, die über eine von `NSObject` abgeleitete Klasse erstellt wurden), gibt es auch noch verschiedene andere zur Ausgabe von Informationen von primitiven Datentypen wie `int` oder `float`. Im Folgenden gebe ich Ihnen eine kurze Übersicht über einige typische zur Verfügung stehende Platzhalter:

Primitiver Datentyp	Platzhalter	NSLog-Beispiel
`int`	`%i`	`NSLog(@"Int: %i", myInt);`
`unsigned int`	`%i`	`NSLog(@"Unsigned int: %i", myUnsignedInt);`
`float`	`%f`	`NSLog(@"Float: %f", myFloat);`
`bool`	`%hhd`	`NSLog(@"Bool: %hhd", myBool);`
`char`	`%c`	`NSLog(@"Char: %c", myChar);`

Alternative in Swift: print

Apples neue Programmiersprache Swift bringt eine eigene Funktion zum Generieren von Log-Ausgaben für die Konsole mit, die alternativ zu `NSLog` verwendet werden kann. Dabei handelt es sich um den Befehl `print`. Dieser erwartet einen String zur Ausgabe in der Konsole. Dabei können dieser Funktion – genau wie `NSLog` auch – Parameter in Form von Variablen übergeben werden, die dann mit ihrem jeweils dynamischen Wert zur Laufzeit der App ausgegeben werden. Statt verschiedener Platzhalter wie bei `NSLog` können aber Parameter direkt in `print` übergeben werden. Dazu werden diese Parameter innerhalb von runden Klammern nach einem Backslash aufgeführt. Listing 5.10 zeigt verschiedene Beispiele zur Verwendung von `print` in Swift.

Listing 5.10 Verwendung von print in Swift

```
print("Eine einfache Konsolenausgabe")
var myVariable = "Eine Variable"
print("myVariable hat den Wert \(myVariable)")
```

Die Arbeit mit `print` gestaltet sich deutlich einfacher und übersichtlicher als mit NSLog und ist bei der Arbeit mit Swift NSLog definitiv vorzuziehen. Einziger Unterschied: Bei print wird in der Konsole kein Timestamp zum Log ausgegeben, sondern lediglich die Log-Nachricht selbst. Möchten Sie auch den entsprechenden Timestamp in der Konsole erhalten, führt kein Weg an der Verwendung von NSLog vorbei.

Breakpoints

Breakpoints sind dazu gedacht, Ihre Anwendung zu einem bestimmten Zeitpunkt bzw. beim Aufruf einer bestimmten Methode oder Funktion anzuhalten, damit Sie sich in Ruhe den aktuellen Stand – zum Beispiel Werte von Variablen – ansehen und dadurch überprüfen können, ob Ihre App wie gewünscht funktioniert und das Richtige tut. Hier kommt auch die Variables View der Debug Area ins Spiel, in der alle Variablen mit ihren aktuellen Werten angezeigt werden, sobald ein Breakpoint erreicht und die App dadurch angehalten wird. In diesem Moment können Sie auch nicht weiter mit der App arbeiten, sie ist tatsächlich „eingefroren", bis Sie wieder das Signal zur weiteren Ausführung geben.

Einen Breakpoint können Sie an jeder beliebigen Stelle in Ihrem Projekt setzen. Klicken Sie dazu einfach mit der linken Maustaste auf den grauen Bereich ganz links in der Editor Area an genau der Stelle, an der die App und somit auch die Code-Ausführung angehalten werden sollen. Es erscheint ein blauer Pfeil, der sofort den entsprechenden Breakpoint markiert (siehe Bild 5.92). Die mit diesem Pfeil markierte Zeile wird nicht mehr ausgeführt, wenn der Breakpoint beim Erreichen derselbigen Ihre App einfriert.

Bild 5.92 Der Breakpoint ist gesetzt und wird die Ausführung der App von nun an an dieser Stelle anhalten. Die Zeile, auf die der Breakpoint zeigt, wird vor dem Einfrieren der App nicht mehr ausgeführt.

Um einen Breakpoint temporär zu deaktivieren, genügt ein Klick direkt auf ihn; er färbt sich von einem dunklen Blau zu einem hellen und halbtransparenten Blau und wird nun nicht mehr weiter aufgerufen, bis er erneut angeklickt und damit wieder aktiviert wird (siehe Bild 5.93). Um einen Breakpoint zu löschen, kann dieser einfach mit der Maus aus dem linken grauen Bereich der Editor Area gezogen werden; wird die linke Maustaste anschließend losgelassen, ist der Breakpoint verschwunden und wurde erfolgreich gelöscht.

Bild 5.93 Ein deaktivierter Breakpoint hält Ihre App während der Ausführung nicht an der betreffenden Stelle an.

Wird nun Ihre Anwendung an einem Breakpoint angehalten, offenbart Ihnen die Variables View den aktuellen Stand der zugehörigen und passenden Variablen. Die genaue Auflistung der angezeigten Variablen können Sie über die Schaltfläche unten links in der Variables View filtern. Wenn Sie darauf klicken, können Sie zwischen AUTO (Xcode zeigt die seiner Meinung nach sinnvollsten Variablen an), LOCAL VARIABLES (nur die lokalen Variablen der Methode, in der der Breakpoint die App angehalten hat, werden angezeigt) und ALL VARIABLES, REGISTERS, GLOBALS AND STATISTICS (kurzum: zeige alles an) wählen.

Über die Schaltflächen oberhalb der Variables View können Sie nun noch einige Einstellungen vornehmen (siehe Bild 5.94).

Bild 5.94 Die Toolbar der Variables View hilft Ihnen beim Debuggen Ihrer Anwendung.

Der erste Button – HIDE THE DEBUG AREA – blendet die Debug Area wieder aus (so wie Sie die Anzeige auch mittels des bereits bekannten entsprechenden Buttons in der Xcode-Toolbar ein- und ausblenden können).

Darauf folgt die Schaltfläche DEACTIVATE BREAKPOINTS beziehungsweise ACTIVATE BREAKPOINTS, die standardmäßig aktiv und dadurch auch blau hervorgehoben ist. Wenn Sie darauf klicken, färbt sie sich grau und sorgt dafür, dass kein Breakpoint mehr Ihre App zum Anhalten bringt. Dieses Verhalten ist besonders dann sinnvoll, wenn Sie mit vielen Breakpoints arbeiten, diese zu einem gewissen Zeitpunkt aber nicht alle auf einmal ausführen möchten; anstatt dann jeden einzelnen wie zuvor beschrieben zu deaktivieren, genügt ein Klick auf diese Schaltfläche, um alle gesetzten Breakpoints komplett zu deaktivieren. Ein weiterer Klick auf die Schaltfläche aktiviert die Breakpoints erneut.

Daneben findet sich die Schaltfläche zum Fortführen der Anwendung. Wenn Ihre App läuft, finden Sie an dieser Stelle stattdessen einen Button zum Anhalten Ihrer App; Sie können also auch diesen nutzen, um Ihre Anwendung einmal anzuhalten.

Die darauffolgenden drei Buttons dienen zum schrittweisen Fortführen Ihrer Anwendung, ohne das Anhalten zu beenden (siehe Bild 5.95). Sie können sich so Schritt für Schritt durch jede weitere Zeile und Funktion Ihres Codes hangeln und müssen nicht dafür an jeder Zeile einen weiteren Breakpoint setzen. Auch können Sie dadurch schön verfolgen, was von dieser Stelle aus Schritt für Schritt als Nächstes im Code ausgeführt wird.

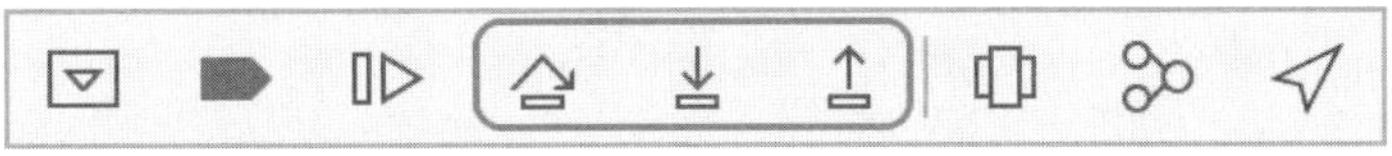

Bild 5.95 Über diese Schaltflächen kann die Ausführung Ihrer App nach dem Anhalten durch einen Breakpoint schrittweise fortgesetzt werden.

Mit Xcode 6 wurde die Variables View um eine weitere mächtige Funktion ergänzt, die sich hinter dem nächsten Button DEBUG VIEW HIERARCHY verbirgt. Wenn Sie sich innerhalb einer View oder eines View-Controllers befinden und Ihre Anwendung an dieser Stelle einfrieren, können Sie sich über diesen Button die entsprechende View anzeigen lassen. Und nicht nur das: Über mehrere Optionen und Schieberegler können Sie die View „auseinanderziehen" und ihre einzelnen Bestandteile in hierarchisch korrekter Reihenfolge einsehen (siehe Bild 5.96). Das kann extrem hilfreich sein, um Fehler in Ansichten zu analysieren oder Elemente zu finden, die aus irgendeinem Grund hinter einem anderen Element liegen und daher nicht angezeigt werden. Damit hat Apple ein mächtiges Werkzeug zum Debuggen von Views nachgeliefert, was uns Entwicklern das Leben in diesem Bereich deutlich erleichtert und ganz neue Möglichkeiten bietet.

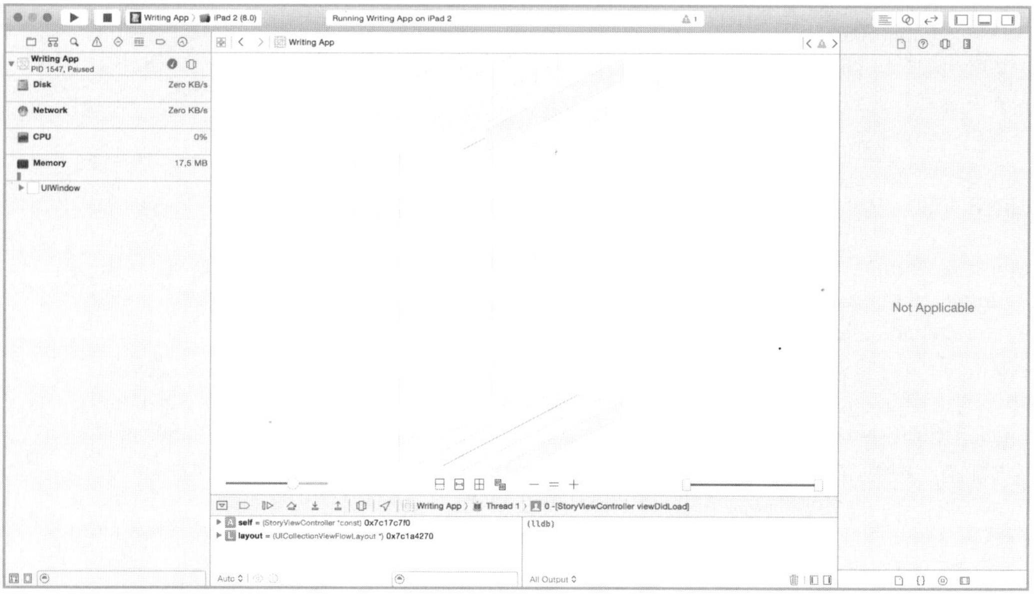

Bild 5.96 Die verschiedenen Bestandteile und Schichten Ihrer Ansicht werden sichtbar und in einer Art 3D-Ansicht dargestellt.

Neu mit Xcode 8 hat Apple die Funktion DEBUG MEMORY GRAPH eingeführt, die einen Überblick darüber gibt, welche Objekte aktuell aktiv sind und Speicherplatz belegen und wo es möglicherweise Probleme und Abhängigkeiten gibt, die zu Speicherlecks führen können (siehe dazu auch das vierte Kapitel , „Grundlagen der iOS-Entwicklung").

Über die letzte Schaltfläche der Variables View – SIMULATE LOCATION – können Sie einen Ort simulieren, den Sie an dieser Stelle zum Debuggen verwenden möchten. Das kann insbesondere dann sinnvoll sein, wenn Sie Ortsfunktionen in Ihrer App verwenden und einen anderen Ort für Testzwecke verwenden möchten (siehe Bild 5.97).

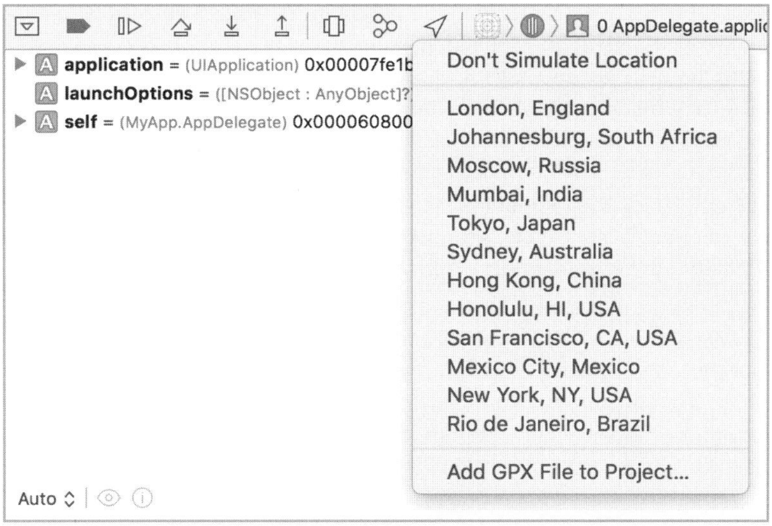

Bild 5.97 Darf's ein anderes Örtchen sein? Beim Debuggen können Sie auch einen anderen Ort simulieren.

Neben dieser Steuerung innerhalb der Variables View gibt es aber noch zwei weitere mächtige Funktionen, welche Ihnen das Debuggen Ihrer Anwendung erheblich erleichtern können. Die erste davon ist Quick Look. Quick Look erlaubt es Ihnen, sich die Werte von Variablen „anzusehen". Was für Zahlen oder Text unspektakulär klingt, ist bei Bildern oder Orten aber durchaus eine mächtige Funktion. Klicken Sie einfach eine Variable in der Variables View an und klicken Sie anschließend auf den Quick Look-Button unten links; sodann wird Ihnen in einem Popover das Objekt im wahrsten Sinne des Wortes „angezeigt" (siehe Bild 5.98).

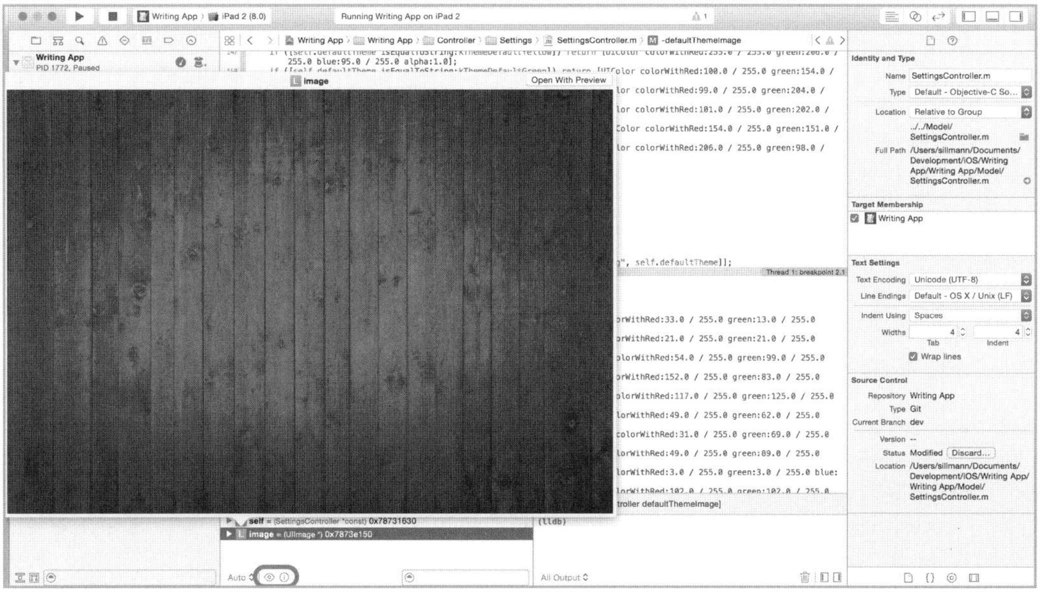

Bild 5.98 Hier zeigt uns Quick Look das Bild aus einer Image View direkt an.

Quick Look wird von den verschiedensten Klassen und Objekten aus Apples System-Frameworks unterstützt. Häufig lohnt sich das Herumspielen mit der Funktion, um zu sehen, wie es mit bestimmten Objekten umgeht. Klassen, die nicht unterstützt werden, werden in Quick Look auch einfach durch ein Symbol und einige grundlegende Informationen wie den Namen der Variablen oder den Typ angezeigt. Aber stellen Sie sich vor, Sie manipulieren Bilder in Ihrer App oder arbeiten mit geometrischen Funktionen und Formen; mithilfe von Breakpoints und Quick Look können Sie so extrem leicht nachvollziehen, wie ein bestimmtes Element zu einem bestimmten Zeitpunkt aussieht, und so herausfinden, ob in Ihrer App alles richtig läuft oder ob eine Funktion nicht die erhoffte Wirkung erzielt.

Neben dem Quick Look-Button findet sich noch eine weitere Schaltfläche: PRINT DESCRIPTION. Wie auch bei Quick Look wird diese Schaltfläche erst aktiv, wenn Sie ein Element aus der Variables View auswählen. Wenn Sie dann auf den PRINT DESCRIPTION-Button klicken, wird auf diesem ausgewählten Objekt die bereits im Abschnitt „NSLog“ vorgestellte `description()`-Methode der zugehörigen Klasse aufgerufen und das Ergebnis daraus in die Konsole geschrieben. Auf diese Weise können Sie auch ohne das Schreiben von einer oder mehreren `NSLog`-Anweisungen in Ihrem Code beim Erreichen eines Breakpoints die Beschreibung zu einem Objekt in der Konsole ausgeben lassen.

Breakpoint Navigator

Ergänzend zu Breakpoints im Allgemeinen soll an dieser Stelle auch kurz der Breakpoint Navigator vorgestellt werden, der über die entsprechende Schaltfläche in der Navigation Area oder das Tastaturkürzel CMD + 7 aufgerufen werden kann (siehe Bild 5.99).

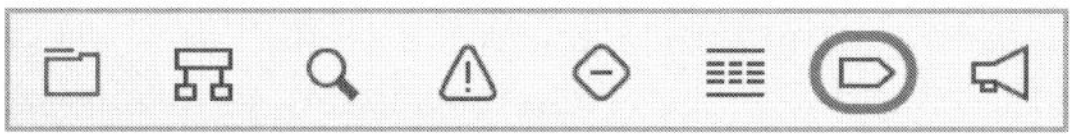

Bild 5.99 Der Breakpoint Navigator listet alle gesetzten Breakpoints auf.

Der Breakpoint Navigator listet alle Breakpoints innerhalb Ihres Projekts auf. Sie können die Breakpoints per Klick auf das entsprechende Breakpoint-Symbol deaktivieren beziehungsweise aktivieren und sie aus der Liste entfernen. Wenn Sie einen Breakpoint auswählen, wird der dazugehörige Code in der Editor Area eingeblendet.

Die Ansicht des Breakpoint Navigators können Sie darüber hinaus noch dahingehend filtern, dass nur die aktuell aktivierten Breakpoints dort aufgeführt werden. Klicken Sie dazu auf die SHOW ONLY ENABLED BREAKPOINTS-Schaltfläche am unteren rechten Rand des Breakpoint Navigators (siehe Bild 5.100).

Bild 5.100 Über diese Schaltfläche werden nur die aktuell aktiven Breakpoints im Breakpoint Navigator angezeigt.

Über die +-Schaltfläche unten links innerhalb des Breakpoint Navigators haben Sie die Möglichkeit, weitere Breakpoints zu Ihrem Projekt hinzuzufügen (siehe Bild 5.101). Bei diesen Breakpoints handelt es sich aber nicht um diejenigen, die Sie an einer bestimmten Stelle in Ihrem Code platzieren, um die Ausführung Ihrer App an der entsprechenden Stelle anzuhalten. Stattdessen können Sie hier Breakpoints für bestimmte Sonderfälle hinzufügen.

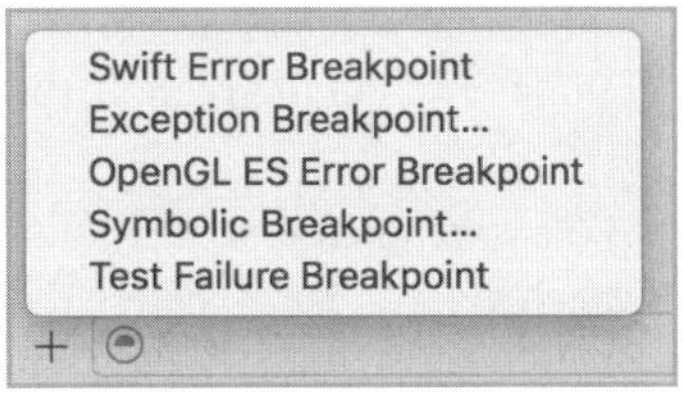

Bild 5.101
Ein neuer Breakpoint lässt sich über die „+“-Schaltfläche am unteren linken Rand des Breakpoint Navigators hinzufügen.

Diese Breakpoints werden nicht an einer bestimmten Stelle in Ihrem Code, sondern beim Eintreten einer bestimmten Situation in Ihrer App ausgeführt. Besonders hervorheben möchte ich dabei den *Exception Breakpoint*, der über die Schaltfläche EXCEPTION BREAKPOINT... einem Projekt hinzufügt werden kann (siehe Bild 5.102).

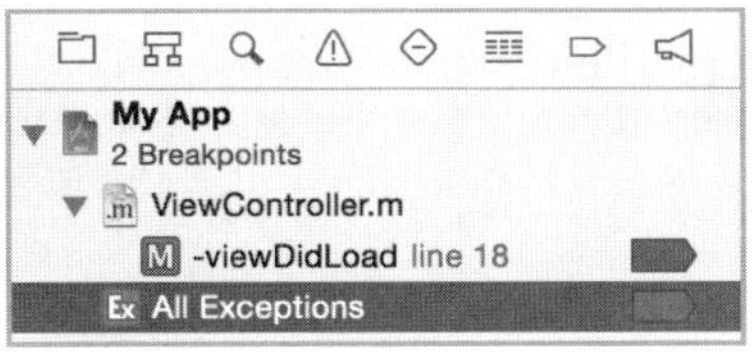

Bild 5.102
Der Exception Breakpoint wird neben allen anderen gesetzten Breakpoints im Breakpoint Navigator angezeigt.

Sobald dieser Breakpoint Ihrem Projekt hinzugefügt wurde, hält er Ihre App an, kurz bevor sie aufgrund eines Fehlers abstürzt und beendet wird. Das Hervorragende an diesem Exception Breakpoint ist, dass Sie nicht einfach nur mitbekommen, dass Ihre App aufgrund eines Fehlers abstürzt, sondern auch genau den entsprechenden Code angezeigt bekommen, der letztlich den Absturz Ihrer App verursacht. Das ist das Großartige an all den Breakpoints, die Sie über die +-Schaltfläche im Breakpoint Navigator hinzufügen können: Sie werden bei einem bestimmten Ereignis ausgelöst und nicht an einer bestimmten Stelle und sind daher beim Debuggen von Fehlern in Ihrer Anwendung eine immense Hilfe.

Anpassen von Breakpoints

Breakpoints sind eine wahre Hilfe beim Debuggen Ihrer Anwendung und können sogar noch weiter angepasst werden. Dazu können Sie eine Maske per Rechtsklick auf einen Breakpoint und mit anschließender Auswahl des Punktes EDIT BREAKPOINT... öffnen (siehe Bild 5.103).

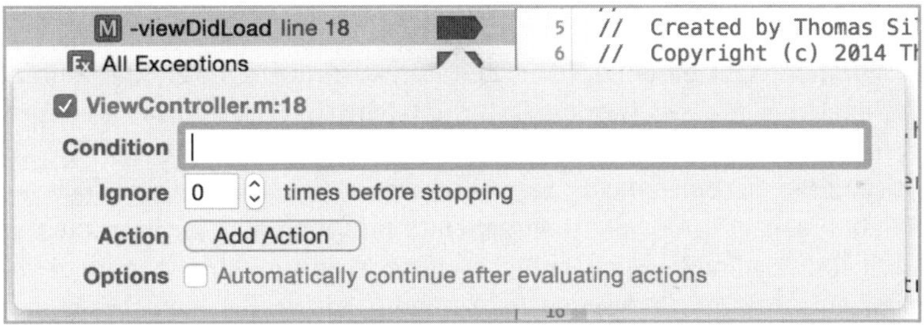

Bild 5.103 Über das Edit Breakpoint-Fenster können Sie Bedingungen und weitere Aktionen für das Ausführen des entsprechenden Breakpoints festlegen.

Über dieses Fenster können Sie definieren, unter welchen Bedingungen genau der Breakpoint überhaupt erst ausgelöst werden soll, und sogar eine optionale Action übergeben, die zusammen mit dem Breakpoint ausgeführt wird.

Die Bedingung für den Breakpoint legen Sie im ersten Textfeld *Condition* fest. Dabei können Sie mit den typischen Vergleichen, wie Sie sie auch in `if`-Abfragen verwenden, arbeiten. Ist die Bedingung wahr, wird der Breakpoint ausgeführt, andernfalls nicht. Das können Sie beispielsweise für umfangreiche Schleifen nutzen, in denen ein Breakpoint zum Beispiel erst nach dem zehnten Durchlauf die App anhalten soll. Über das Feld *Ignore* können Sie weiterhin angeben, wie oft die Ausführung des Breakpoints erst einmal verhindert werden soll.

Spannend wird es nach Klick auf die Schaltfläche ADD ACTION. Hier stellt Ihnen Xcode eine Auswahlliste an verschiedensten Funktionen zur Verfügung, die Sie zusammen mit diesem Breakpoint ausführen können (siehe Bild 5.104). Sie können eine Log-Message für die Konsole festlegen, einen Sound abspielen oder sogar AppleScript ausführen; für komplexe Anwendungsfälle liefert Ihnen diese Anpassbarkeit von Breakpoints mächtige Unterstützung beim Testen und Prüfen Ihrer Anwendung.

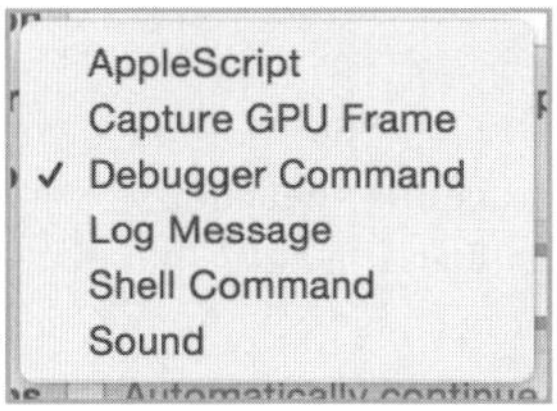

Bild 5.104
Xcode bietet verschiedene Actions an, die Sie zusammen mit einem Breakpoint ausführen können.

5.12.4 Debug Navigator

Der Debug Navigator lässt sich über die entsprechende Schaltfläche in der Navigation Area oder das Tastaturkürzel CMD + 6 aufrufen (siehe Bild 5.105).

Bild 5.105 Über diesen Button in der Navigation Area erreichen Sie den Debug Navigator.

Der Debug Navigator gibt Ihnen zu jeder Zeit der Ausführung Ihrer App Aufschluss über deren CPU-, Speicher- und Netzwerkauslastung (siehe Bild 5.106). Dabei können Sie sehr gut verfolgen, wie stark Ihre App die Hardware des iOS-Geräts oder das Netzwerk beansprucht. Klicken Sie auf eines dieser Elemente, öffnet sich innerhalb der Editor Area eine komplette Detailansicht, in der Sie tiefergehende Informationen zu eben diesem Element und der damit einhergehenden Auslastung erhalten. Xcode erlaubt Ihnen sogar von hier aus direkt den Sprung in das Analysetool Instruments, indem Sie einfach auf die jeweilige Schaltfläche PROFILE IN INSTRUMENTS oben rechts klicken.

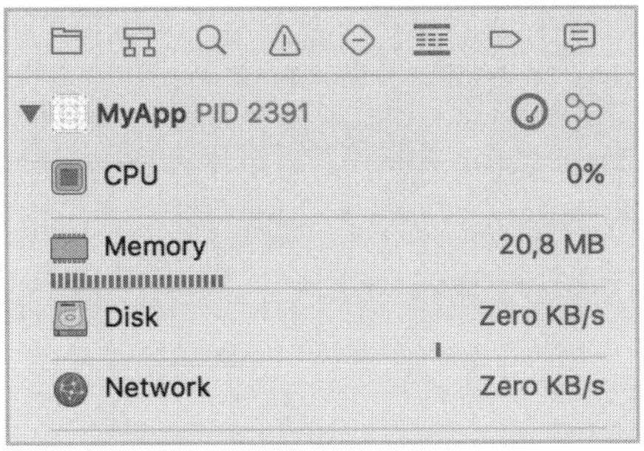

Bild 5.106
Der Debug Navigator informiert Sie über verschiedene Systemauslastungen durch Ihre App wie die CPU oder den Arbeitsspeicher.

Erreicht Ihre App einen Breakpoint, listet der Debug Navigator darüber hinaus noch den Stack der letzten Aktionen auf den unterschiedlichen Threads auf. Das erlaubt Ihnen zu analysieren, was Ihre App genau als Letztes getan hat. Neben Ihren eigenen Methoden werden dort auch die Aufrufe von Methoden aus Apples System-Frameworks aufgeführt (siehe Bild 5.107).

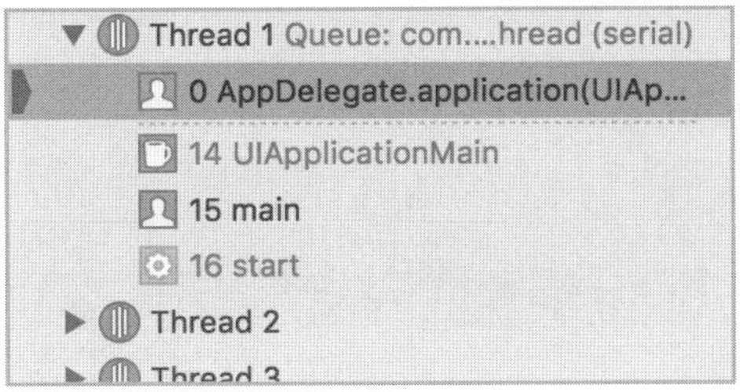

Bild 5.107
Im Stack Trace erscheinen alle zuletzt ausgeführten Methoden.

5.13 Refactoring

5.13.1 Grundlagen

Würden wir in einer perfekten Welt ohne Fehler und falsche Entscheidungen und in gänzlicher Weitsicht und Weisheit leben, dann wäre Refactoring unnötig und nicht weiter erwähnenswert. Doch wie jeder weiß, ist die Wirklichkeit nun einmal anders; wir machen Fehler, Software entwickelt sich weiter und wird größer und umfangreicher, neue Anforderungen von Kunden rücken einen anderen Aufbau unserer App in den Fokus; so sieht es in so vielen Fällen tatsächlich aus. Und das ist auch gar nicht weiter tragisch. Für mich ist Softwareentwicklung immer eine Art fließender Prozess und man muss damit rechnen, dass nicht alle Ideen, die zu Beginn super klangen, am Ende auch wie gewollt funktionieren oder dass sich Anforderungen so stark verändern, dass ein zuvor festgelegter Aufbau mitsamt passender Klassen plötzlich nicht mehr ohne Weiteres abbildbar ist.

Aus diesem Grund gibt es das Refactoring. Dabei geht es darum, den Code neu zu strukturieren beziehungsweise zu überarbeiten, um ihn so zu optimieren und besser lesbar und wartbar zu machen. Generell ist das Refactoring in der Softwareentwicklung ein ganz natürlicher Prozess. Ich selbst entwickle meist erst einmal eine Funktion, die genau das tut, was sie soll, und optimiere sie dann Schritt für Schritt. Das ist die wohl gängigste und häufigste Art des Refactorings, wie sie bei jedem Entwickler tagtäglich stattfindet. Wie eingangs beschrieben, kann es aber auch komplexere und aufwendigere Fälle des Refactorings geben. Und hier bietet uns Xcode ein wenig Unterstützung.

Hinweis:
Alle hier vorgestellten Refactoring-Funktionen von Xcode lassen sich nur für C- oder Objective-C-Code nutzen; Swift wird (zumindest noch) nicht unterstützt. ■

5.13.2 Refactoring-Funktionen in Xcode

Im Folgenden stelle ich alle Refactoring-Funktionen vor, die Xcode für Ihre Klassen und Methoden zur Verfügung stellt, und zeige auf, wo Sie diese Funktion innerhalb Ihres Codes einsetzen können. Diese Funktionen erreichen Sie entweder über das Xcode-Menü durch Auswahl von EDIT → REFACTOR oder über das Kontextmenü des entsprechenden Elements, das refactored werden soll, und zwar ebenfalls mit der Auswahl von REFACTOR innerhalb dieses Kontextmenüs (siehe Bild 5.108 und Bild 5.109).

Refactoring-Funktion	Beschreibung	Anwendbar auf
Rename	Umbenennen des gewählten Elements an allen Stellen in Ihrem Projekt.	Klassen, Methoden, Properties, Instanzvariablen
Extract	Der markierte Code wird in eine eigene separate Methode extrahiert.	Code innerhalb von Methoden und Funktionen
Create Superclass	Erstellt eine neue Superklasse für die gewählte Klasse.	Klassen
Move Up	Das gewählte Element wird in die Superklasse verschoben (funktioniert allerdings nur, wenn die Superklasse eine eigens erstellte Klasse und keine Klasse aus Apples System-Frameworks ist).	Methoden, Properties, Instanzvariablen
Move Down	Die gewählte Instanzvariable wird in die Subklasse verschoben (sofern eine entsprechende Subklasse existiert).	Instanzvariablen
Encapsulate	Erstellen der Setter und Getter für eine Instanzvariable.	Instanzvariablen

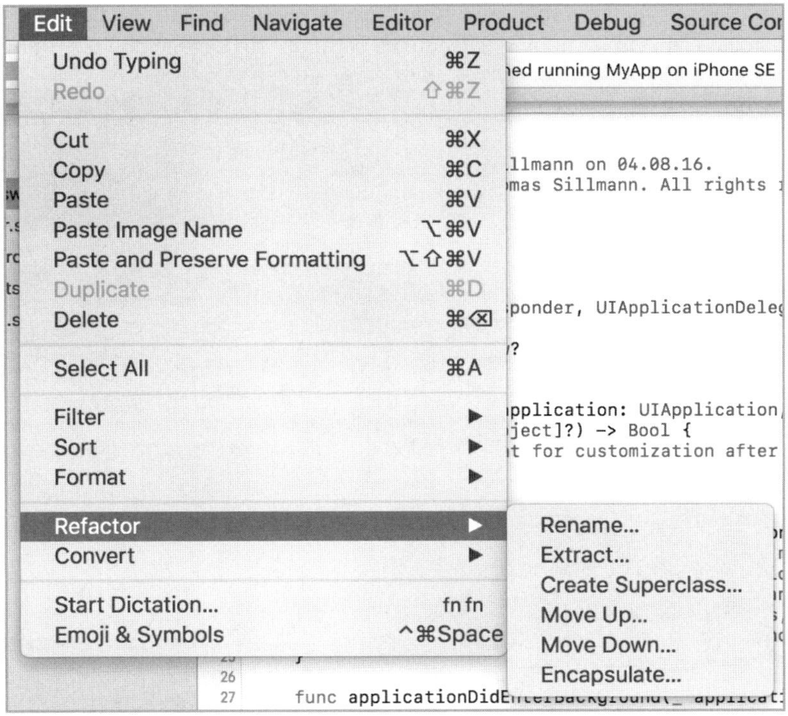

Bild 5.108 Das Refactor-Menü erreicht man entweder über die Xcode-Menüzeile ...

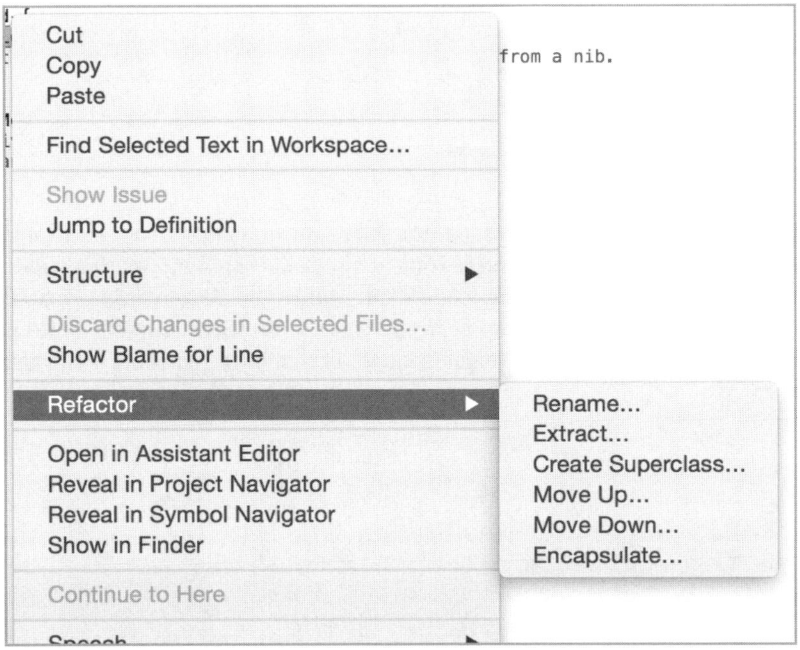

Bild 5.109 ... oder direkt per Rechtsklick im Kontextmenü des entsprechenden Elements.

Bei jeder hier vorgestellten Änderung können Sie mithilfe eines PREVIEW-Buttons einsehen, welche Dateien von dem jeweiligen Refactoring betroffen sind (siehe Bild 5.110).

Bild 5.110 Vor der Durchführung eines Refactorings blendet Xcode eine Vorschau ein, in der alle Änderungen und ihre Unterschiede einzeln aufgeführt werden.

5.14 Instruments

5.14.1 Über Instruments

Instruments ist ein mächtiges Werkzeug, um Ihre App zu analysieren und beispielsweise auf Speicherprobleme oder starke Auslastungen hin zu überprüfen. Zwar haben Sie bereits über den Debug Navigator in Xcode Zugriff auf einige grundlegende Informationen zur Performance Ihrer App, Instruments geht aber noch einen Schritt weiter und erlaubt es Ihnen, Ihre Anwendung auf Basis verschiedener vorhandener Templates zu prüfen (siehe Bild 5.111).

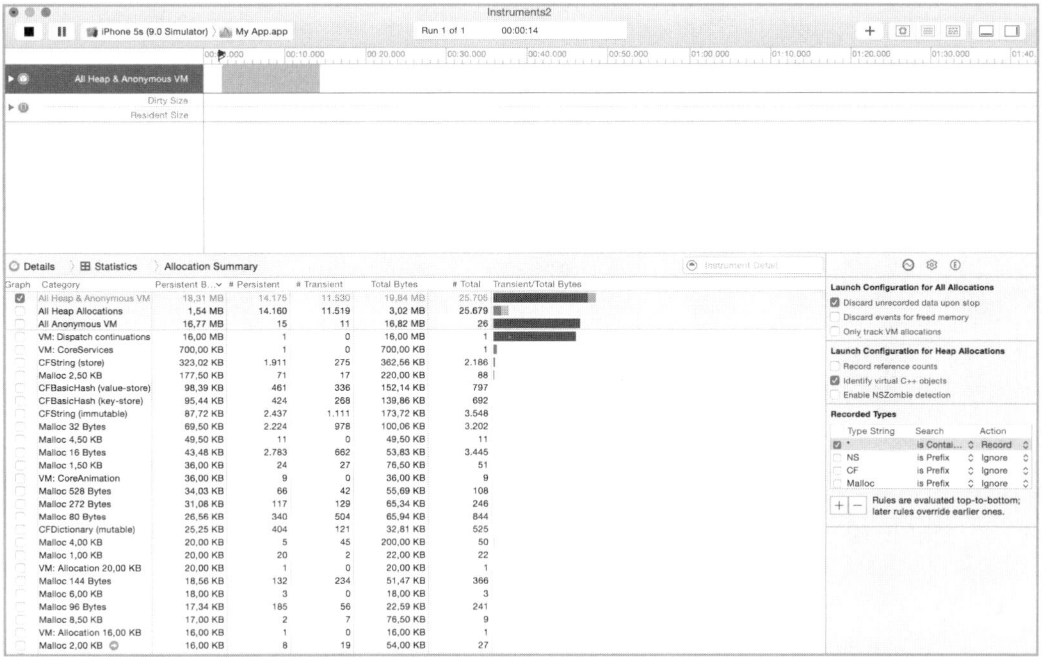

Bild 5.111 Instruments bringt alles mit, um die Performance Ihrer App zu testen und zu überwachen.

Instruments ist eine unabhängige Anwendung und wird parallel zu Xcode automatisch installiert. Nichtsdestotrotz starten Sie Instruments in der Regel aus einer Ihrer Apps heraus. Dazu gibt es zwei Möglichkeiten:

1. Halten Sie den Run-Button in Xcode mit der linken Maustaste länger gedrückt, sodass sich das Menü mit den verschiedenen Funktionen zum Ausführen Ihrer App öffnet. Dort befindet sich der Punkt PROFILE. Nach einem Klick darauf wird Ihre App zusammen mit Instruments gestartet. Alternativ können Sie dieselbe Funktion mit dem Tastaturkürzel CMD + I ausführen.
2. Wird Ihre App bereits ausgeführt, können Sie innerhalb des Debug Navigators auf verschiedene Basisinformationen zur Auslastung Ihrer App zugreifen. In jeder dieser Auslastungsansichten gibt es eine Schaltfläche PROFILE IN INSTRUMENTS, über die Instruments mit der passenden Oberfläche direkt zum aktuellen Ausführungsstand der App gestartet wird.

Wenn Sie die zweite Variante verwenden, wird Instruments automatisch dasjenige Diagnosetool starten, das zu den Details passt, die Sie zuvor in Xcode betrachtet und von wo aus Sie Instruments gestartet haben (also zum Beispiel die Netzwerkauslastung oder der Speicherverbrauch). Im ersteren Fall öffnet sich Instruments mit der Template-Auswahl (siehe Bild 5.112). Hieraus können Sie dann eben die Vorlage wählen, anhand derer Sie Ihre App überprüfen möchten. Die Auswahl ist hierbei sehr groß und nicht alle Templates machen für jede Art von App Sinn; eine Analyse der OpenGL-Auslastung ist beispielsweise für Standardanwendungen, die lediglich UI-Elemente aus dem UIKit-Framework verwenden, nicht unbedingt zielführend. ☺

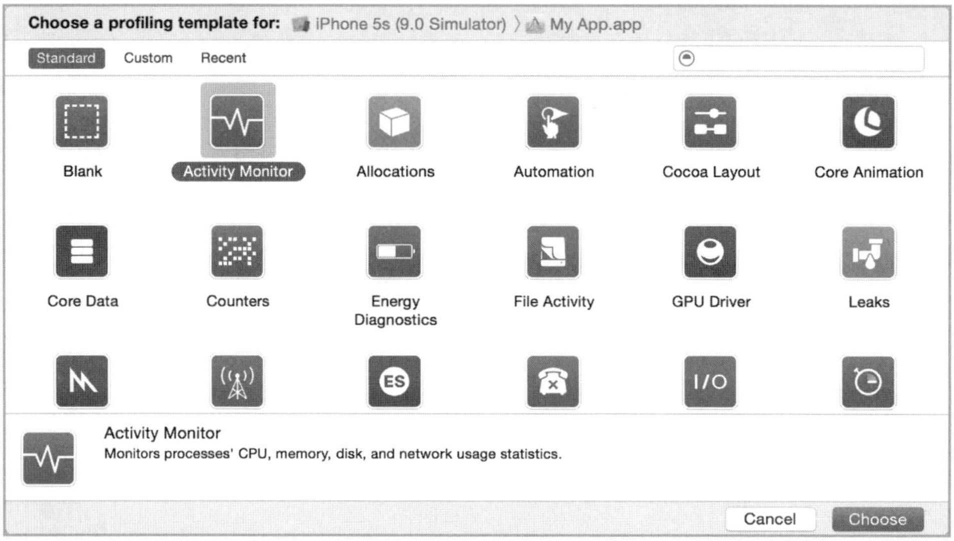

Bild 5.112 Instruments bietet eine Fülle von Templates zum Testen der verschiedensten Aspekte Ihrer App.

Typisch zur Analyse von iOS-Anwendungen sind Templates wie ACTIVITY MONITOR, ALLOCATIONS, ENERGY DIAGNOSTICS oder LEAKS. Diese können Ihnen dabei helfen, die Systemauslastung Ihrer App zu prüfen und Speicherfehler ausfindig zu machen. Auch SYSTEM USAGE und TIME PROFILER können Ihnen bei der Verbesserung und Optimierung Ihrer App unter die Arme greifen.

Um eine Analyse mit Instruments zu starten, nachdem Sie dieses aus Xcode heraus über die Profile-Funktion gestartet haben, reichen die Auswahl des gewünschten Templates und ein Klick auf CHOOSE. Im Anschluss öffnet sich das Instruments-Fenster, in dem – passend zum gewählten Template – alle passenden Informationen aufgeführt werden (siehe Bild 5.113).

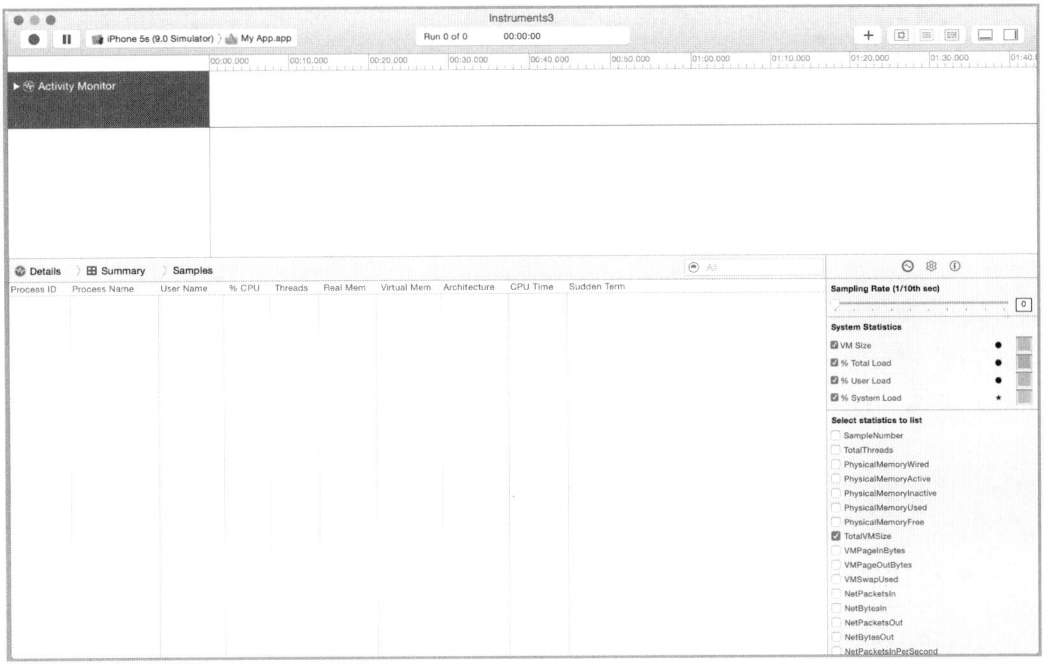

Bild 5.113 Noch unspektakulär: So sieht das Instruments-Fenster nach Wahl eines Templates aus. Die angezeigten Inhalte variieren je nach gewähltem Template.

In früheren Versionen von Instruments begannen mit der Auswahl des Templates auch direkt der Start und die Analyse Ihrer App. Seit Xcode 6 ist das nicht mehr so. Erst wenn Sie auf den roten Record-Button oben links drücken, beginnt Instruments mit der Arbeit und Ihre App wird ausgeführt (siehe Bild 5.114).

Bild 5.114 Auf Los geht's los: Ein Klick auf den Record-Button und Instruments beginnt mit dem Starten Ihrer App und dem Aufzeichnen aller wichtigen Ereignisse.

Anschließend beginnt die eigentliche Arbeit mit Instruments, und diese sieht typischerweise wie folgt aus: Sie nutzen Ihre App entweder ganz allgemein (wenn Sie zum Beispiel generell wissen möchten, wie sich Ihre App verhält) oder Sie rufen spezielle Funktionen Ihrer Anwendung auf (um eben zu erfahren, inwieweit diese das System belasten oder Fehler verursachen), und Instruments zeichnet während dieser Nutzung alle dem Template entsprechenden Informationen auf. Innerhalb einer Timeline können Sie dann ganz genau verfolgen, zu welchem Zeitpunkt welche Ereignisse eingetreten sind, ob ein Fehler vorlag oder wie hoch die Auslastung des Systems war. Über einen entsprechenden Stopp-Button oben links können Sie die Aufzeichnung jederzeit komplett anhalten oder pausieren.

5.14.2 Nächste Schritte

Mit diesem grundlegenden Basiswissen ist es sinnvoll, einmal verschiedene Templates auszuprobieren und mit deren unterschiedlichen Oberflächen und Informationen vertraut zu werden und in Ruhe zu analysieren, wie sich eigene Anwendungen verhalten und welche Informationen Instruments zu ihrem Verhalten liefert. Denn Instruments ist ein wahrlich mächtiges Analysewerkzeug und kann sehr hilfreich sein, wenn es beispielsweise enorme Performance-Probleme in einer App gibt.

Es sei hier aber auch direkt gesagt, dass die Nutzung von Instruments generell nur dann sinnvoll ist, wenn Sie tatsächlich Probleme mit Ihrer App haben, die Sie anhand der Warnungen oder Fehler in Xcode nicht beheben können (weil beispielsweise eine bestimmte Funktion zwar korrekt funktioniert, aber dafür das System enorm auslastet), oder wenn Sie nach Abschluss eines Projekts einfach einen grundlegenden Check Ihrer Anwendung durchführen möchten. Während der Entwicklung – gerade wenn alles einwandfrei funktioniert – mag die Nutzung von Instruments in den meisten Fällen vergeudete Liebesmüh sein. Und optimieren Sie Ihre App nicht einfach um des Optimierens willen, denn eine Zeitersparnis beim Ausführen einer Funktion von 0,001 Sekunden kann wahnsinnig viel Arbeit bedeuten und keinerlei Nutzen für den Anwender bringen.

5.15 Tipps für die tägliche Arbeit

5.15.1 Man lernt immer was dazu!

Xcode ist ein immens mächtiges Programm und selbst ich lerne regelmäßig Neues über Apples IDE (natürlich einmal ganz zu schweigen von den alljährlichen Neuerungen, die Apple Xcode und seinen Betriebssystemen spendiert). Im Laufe der Zeit hat sich dadurch ein kleiner Fundus an Tipps für die tägliche Arbeit angesammelt, die ich – wo immer es sinnvoll ist – in diesem Buch unterbringe und Ihnen direkt vorstelle. Es gibt aber ein paar einzelne Themen, die sich nicht so recht an einer passenden Stelle in einem Kapitel haben unterkriegen lassen und die ich Ihnen aber dennoch nicht vorenthalten möchte, weshalb sie in diesem Abschnitt zusammengefasst aufgeführt werden. Schauen Sie sie sich einfach einmal an; wenn Sie eine der aufgeführten Funktionen noch nicht kannten und von nun an effektiver mit Xcode arbeiten können, dann hat dieser Abschnitt hier voll und ganz seinen Zweck erfüllt. ☺

5.15.2 Code Snippets

Xcode verfügt über eine sogenannte Code Snippet Library. In dieser finden sich Code-Schnipsel, die Sie via Drag & Drop direkt in Ihr Projekt ziehen können und die Ihnen so die Schreibarbeit für verschiedene, immer wiederkehrende Funktionen abnehmen. Diese Library enthält bereits eine große Auswahl an Snippets, um so beispielsweise `switch`-Abfragen oder eine Initializer-Methode in Ihren Code einzufügen.

Sie erreichen die Code Snippet Library über die Utilities Area. Klicken Sie auf die Schaltfläche für die Library am unteren Rand, um diese zu öffnen (siehe Bild 5.115).

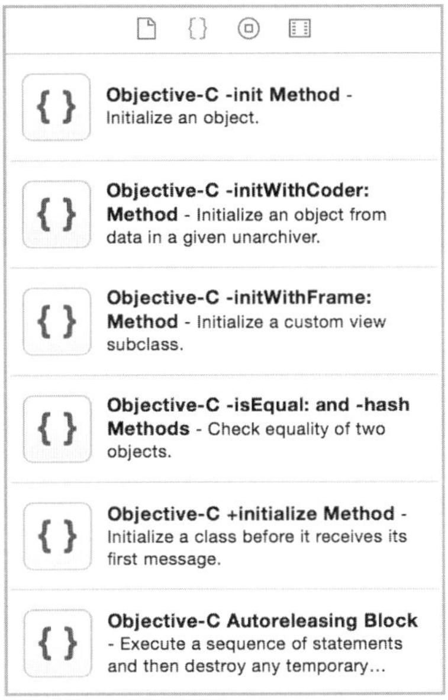

Bild 5.115
Die Code Snippet Library verfügt über jede Menge Code-Schnipsel, welche Sie direkt für Ihre Anwendungen verwenden können.

Um ein Code Snippet zu nutzen, muss nun nichts weiter getan werden, als das entsprechende Snippet via Drag & Drop auf die passende Stelle im Code in der Editor Area zu ziehen. Die abschließende Arbeit besteht darin, eventuelle Platzhalter mit Leben zu füllen (z. B. die Bedingungen von Abfragen festzulegen). Durchsuchen lässt sich die Library über das Suchfeld am unteren Bildschirmrand.

Doch Sie können nicht nur die bereits vorhandenen Code Snippets nutzen, sondern darüber hinaus auch eigene erstellen. Dazu markieren Sie in der Editor Area den Code, den Sie für ein eigenes Snippet verwenden möchten, und ziehen ihn anschließend mit gedrückt gehaltener linker Maustaste in die Code Snippet Library. Es wird daraufhin automatisch ein neues Code Snippet mit dem Namen *My Code Snippet* erstellt. Um es zu bearbeiten, wählen Sie es in der Code Snippet Library aus, woraufhin Ihnen der zugehörige Code in einem Vorschaufenster angezeigt wird (siehe Bild 5.116).

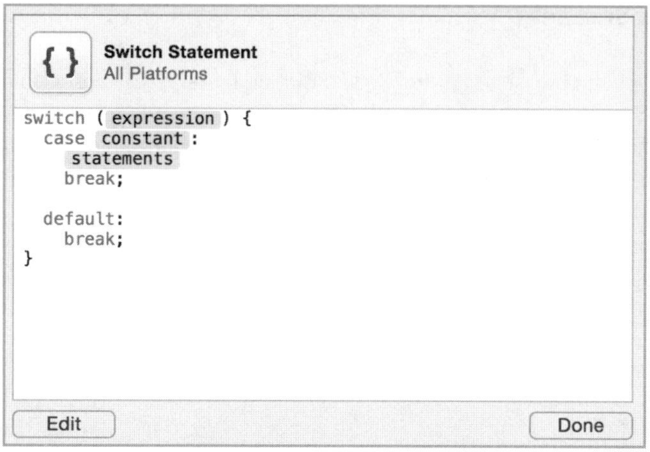

Bild 5.116 Nach Klick auf ein Code-Snippet wird dessen Code in einem Vorschaufenster angezeigt und kann von dort aus auch bearbeitet werden.

Dort können Sie nun Anpassungen vornehmen und zum Beispiel den Anzeigenamen ändern. Möchten Sie zudem Platzhalter in Ihrem Snippet verwenden, die immer vom Nutzer noch selbst gesetzt werden müssen, können Sie dies tun, indem Sie an den entsprechenden Stellen ein <#Code#> setzen; „Code" ist dabei der angezeigte Name für den Platzhalter.

5.15.3 Open Quickly

Mit Open Quickly können Sie schnell und einfach Dateien in Ihrem Projekt finden und öffnen. Drücken Sie dazu einfach das Tastaturkürzel CMD + Umschalt + O und es öffnet sich ein Textfeld, das sich mitten über Xcode legt (siehe Bild 5.117).

Bild 5.117 Wird Open Quickly angezeigt, können Sie sofort mit dem Lostippen Ihres Suchbegriffs beginnen.

Tippen Sie nun einfach den Namen der Datei ein, die Sie öffnen möchten, und Open Quickly zeigt Ihnen umgehend alle gefundenen und passenden Dateien an. Ein Klick auf Return öffnet die aktuell hervorgehobene Datei.

Haben Sie sich einmal an dieses Vorgehen gewöhnt, kann es mit Open Quickly wesentlich einfacher und schneller sein, eine Datei in Xcode zu öffnen, als über den Project Navigator zu gehen.

5.15.4 Caller einer Methode feststellen

In manchen Fällen ist es vonnöten zu wissen, an welchen Stellen eine bestimmte Methode aufgerufen wird (zum Beispiel bei der Suche nach einem Fehler). In diesem Fall den Find Inspector zu bemühen, ist eine langwierige und aufwendige Aufgabe und wird umso unerträglicher, je größer und komplexer das zugrunde liegende Projekt ist. Doch zum Glück liefert Xcode eine Funktion, die Ihnen direkt anzeigt, von welcher Stelle aus eine Methode aufgerufen wird. Markieren Sie dazu die Methode, von der Sie die zugehörigen Caller erfahren möchten, und klicken Sie dann auf die Schaltfläche RELATED FILES oben links innerhalb der Editor Area (siehe Bild 5.118).

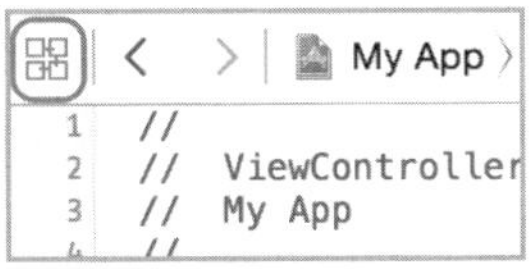

Bild 5.118
Über diese Schaltfläche am oberen linken Rand der Editor Area werden alle zur aktuellen Auswahl zugehörigen Dateien aufgeführt und angezeigt.

Abhängig vom markierten Code können Sie nun verschiedene Informationen zu in Bezug stehenden Dateien und Aufrufen einsehen. Hier finden Sie unter anderem auch einen Punkt CALLERS, der alle Stellen aufführt, die Ihre markierte Methode aufrufen (siehe Bild 5.119).

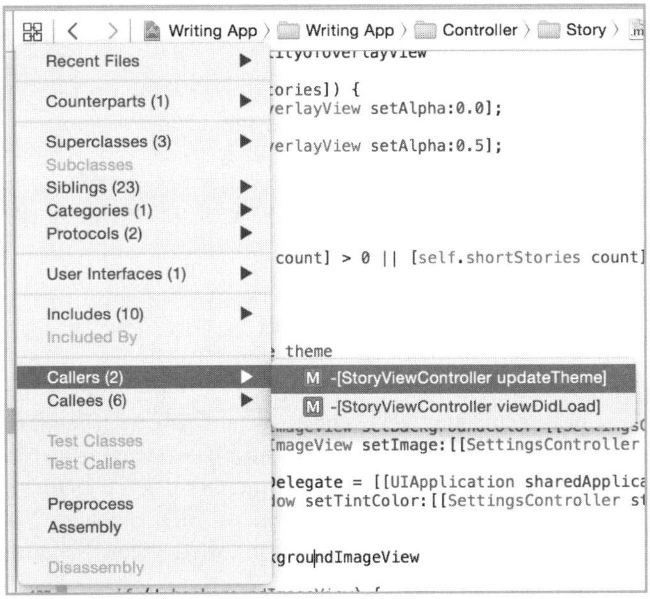

Bild 5.119 Der Caller einer Methode kann dabei helfen, den Ablauf einer Anwendung zu verstehen oder Fehlerquellen aufzuspüren.

5.15.5 Speicherorte für Ordner und Dateien ändern

Standardmäßig legt Xcode alle Dateien Ihres Projekts in einen einzigen Ordner im Finder ab. Auch wenn Sie über den Project Navigator Veränderungen an der Struktur vornehmen, so beziehen sich diese nur auf das Xcode-Projekt, im Finder werden alle Klassen und sonstigen Dateien weiterhin ungeordnet innerhalb eines einzigen Ordners aufgeführt.

Um hier ein wenig Ordnung hineinzubringen, können Sie für jeden Ordner und jede Datei in Ihrem Xcode-Projekt einen eigenen Platz innerhalb des Projektordners im Finder definieren. Wählen Sie dazu die entsprechende Datei aus und wechseln Sie in der Utilities Area in den File Inspector. Im Bereich Location findet sich ein kleines Ordner-Symbol, über das Sie durch Klick darauf einen neuen Ort für dieses Verzeichnis beziehungsweise diese Datei auswählen können (siehe Bild 5.120). Achten Sie nur darauf, die entsprechenden Ordner und Dateien auch an die entsprechende Stelle im Finder zu bewegen, damit sie von Xcode wieder gefunden werden; andernfalls werden die Ordner und Dateien in Xcode rot dargestellt, was bedeutet, dass diese zwar in Xcode angelegt, von Xcode aber am aktuell definierten Ort nicht gefunden werden.

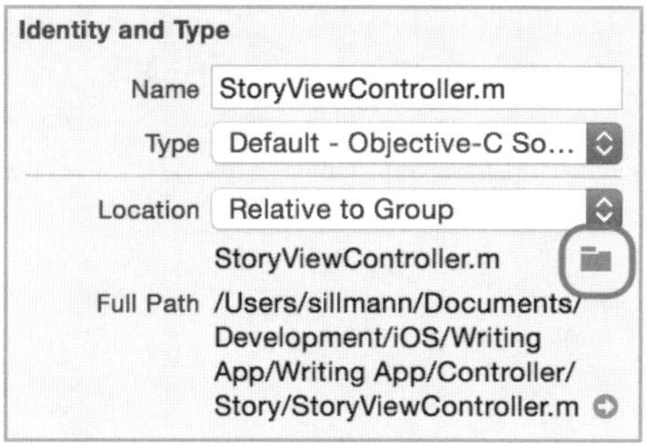

Bild 5.120
Über dieses kleine Symbol im File Inspector der Utilities Area können Sie den Speicherort von Dateien und Ordnern in Xcode ändern.

5.15.6 Shortcuts für die Navigation Area

Wie Sie bereits im Abschnitt 5.3 „Der Aufbau von Xcode“ erfahren haben, untergliedert sich die Navigation Area in verschiedene Navigator-Ansichten. Um zwischen diesen umzuschalten, müssen Sie aber nicht immer die Maus bemühen. Sie erreichen eine Navigator-Ansicht auch durch Drücken des Tastaturkürzels CMD + <Nummer des Navigators>. Für „Nummer des Navigators“ setzen Sie dann einfach die Position des entsprechenden Navigators ein. So rufen Sie über CMD + 7 den Breakpoint Navigator auf, wohingegen Sie mittels CMD + 3 in den Find Navigator wechseln.

5.15.7 Run Without Building

Hat man die eigene App bereits einmal im Simulator gestartet und testet diese, möchte man womöglich nicht jedes Mal den teils zeitaufwendigen Build durchführen, ehe die App nach Klick auf die Run-Schaltfläche von Xcode ausgeführt wird. Aus diesem Grund hielt in Xcode 7 eine neue Funktion namens *Run Without Building* Einzug, die die App direkt auf dem gewählten Simulator beziehungsweise Endgerät startet, ohne vorher das gesamte Projekt zu kompilieren und zu bauen. Sie erreichen diese Option über das Xcode-Menü durch Auswahl von PRODUCT → PERFORM ACTION → RUN WITHOUT BUILDING (siehe Bild 5.121).

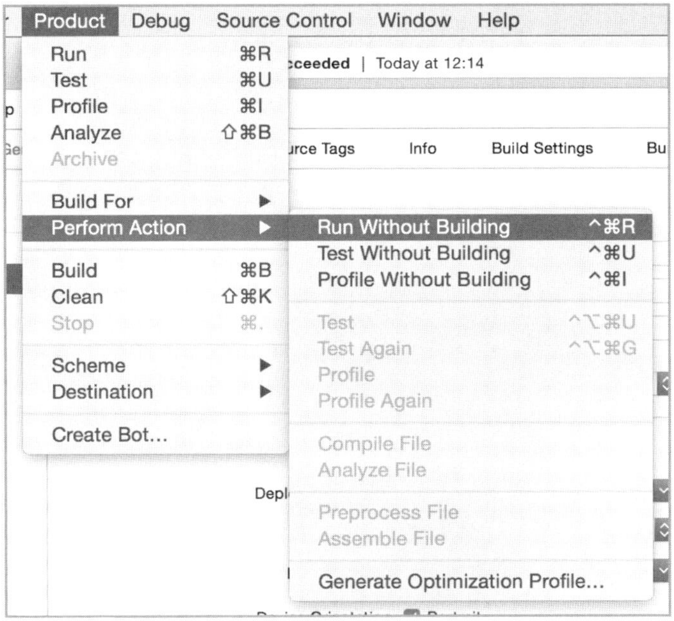

Bild 5.121 Run Without Building startet Ihre App direkt über Xcode, ohne vorher erneut alle Dateien zu kompilieren.

5.15.8 Clean Build

Wenn Sie in Ihrem Projekt Referenzen auf Dateien auf Ihrer Festplatte halten und sich diese verändern oder Sie viel mit Dateien in Ihrem Projekt arbeiten, kann es passieren, dass Xcode nach einer bestimmten Änderung einer solchen Datei und anschließendem Start Ihrer App noch immer eine alte Version lädt. Das liegt daran, dass Xcode diese intern noch in einer Art Cache vorhält und dieser erst bereinigt werden muss, damit auch tatsächlich alle Dateien in ihrer aktuellen Version beim Bauen der App verwendet werden. Einen solchen sogenannten Clean können Sie zu jeder Zeit ganz einfach über Xcode vornehmen, indem Sie entweder über das Menü über PRODUCT → CLEAN gehen oder das Tastaturkürzel CMD + UMSCHALT + K verwenden (siehe Bild 5.122).

Bild 5.122
Über das Xcode-Menü können Sie einen Clean für Ihr Projekt initiieren.

6 MVC – Model-View-Controller

6.1 MVC ... was?

MVC ist die Abkürzung für *Model-View-Controller* und bezeichnet das wohl wichtigste Design Pattern für die iOS-Entwicklung. MVC legt fest, dass jede Klasse, die Sie erstellen, einer der drei im Namen genannten Gruppen zuzuordnen ist; und zwar nur und ausschließlich dieser Gruppe! Das bedeutet, dass Ihre Code-Logik und Ihr Projektaufbau auf diesen drei Arten von Klassen basiert. Zu Beginn dieses Kapitels möchte ich einmal jede dieser drei Gruppen kurz vorstellen:

Das *Model* ist die Logik Ihrer App und kümmert sich um die Datenhaltung und verarbeitung. Es sind Klassen wie die bereits beispielhaft vorgestellte `Vehicle`-Klasse, die in diese Kategorie fallen. Model-Klassen interessieren sich nicht dafür, ob, wann und wie sie auf dem Display des Geräts dargestellt werden. Sie kümmern sich rein darum, Informationen zu halten und zu verarbeiten.

Die *View* ist genau die andere Seite der Medaille. View-Klassen sind dafür verantwortlich, Dinge auf dem Display darzustellen und Informationen anzuzeigen. Sie interessieren sich nicht für Logik, die innerhalb Ihrer App abläuft, sondern rein um die Darstellung von Informationen oder den Umgang mit Animationen.

Bleibt noch der *Controller*, der als letztes Element das Bindeglied zwischen Model und View darstellt. Der Controller kümmert sich darum, Daten aus dem Model auszulesen und an Views weiterzugeben (damit diese die Information zum Beispiel auf dem Bildschirm anzeigen können) oder Änderungen an einer View (zum Beispiel das Verändern eines Schiebereglers) an das entsprechende Model weiterzugeben (damit dieses die Änderung weiterverarbeiten und speichern kann).

Das sind die drei grundlegenden Arten von Klassen, die Sie mit Swift und Objective-C in der iOS-Entwicklung erstellen, und es ist sehr wichtig, sich an dieses Pattern zu halten. Nicht nur, dass die gesamte Programmiersprache und die Frameworks von Apple darauf ausgelegt sind, nein, MVC hat auch massive Vorteile für Sie als App-Entwickler:

- *Wiederverwendbarkeit:* Wenn Sie stets bemüht sind und darauf achten, Ihr Model von den Views zu trennen und umgekehrt, können Sie die entsprechenden Klassen meist ohne großen Aufwand auch in anderen Projekten wiederverwenden. Stellen Sie sich vor, alle Views, die Sie erstellen, kennen auch die Datenlogik Ihrer Anwendung und brauchen diese, um zu funktionieren; dann haben Sie keine Chance, Ihre Views ohne Weiteres wieder in einem anderen Projekt zu verwenden, und dabei sollen Views eigentlich nur Inhalte anzeigen. Umgekehrt gilt das natürlich auch: Wenn Sie Ihre Model-Logik in mehreren Projekten nutzen möchten, die Darstellung aber immer eine andere ist, wäre es mehr als nur hinderlich, würden Ihre Model-Klassen selbst direkt Views benötigen, nicht wahr?

- *Strukturierter und weniger fehleranfälliger Code:* Ich habe mir angewöhnt, zu Beginn eines jeden Projekts zunächst einmal drei Ordner in Xcode zu erstellen; sie heißen *Model*, *View* und *Controller*, und alle Klassen, die ich erstelle, landen in einem dieser drei Ordner. Nicht nur, dass ich damit sozusagen gezwungen bin, darauf zu achten, nur Klassen zu erstellen, die auch nur in eine dieser drei Kategorien passen. Nein, auch macht die generelle Aufteilung in diese drei Gruppen Ihren Code übersichtlicher und besser strukturiert, gerade auch für weitere Entwickler, die mit Ihnen zusammen an diesem Projekt arbeiten. Stellen Sie sich vor, Sie wollen die Programmlogik ändern, durchsuchen alle möglichen Klassen und finden die passende Stelle nicht, weil die zugehörige Model-Logik von einer View ausgeführt wird (oder umgekehrt). Das macht den Wartungsaufwand ungleich höher und ist zudem sehr viel fehleranfälliger.
- *Zukunftssicherheit:* Sie wissen meist nie, in welche Richtung sich ein Projekt langfristig entwickeln wird und welche Strukturen, die heute noch sinnvoll sind, womöglich in ein paar Jahren überarbeitet und angepasst werden müssen. Und glauben Sie mir: Code, der sich nicht an dieses essenzielle Pattern hält und eher wie Kraut und Rüben wächst, ist irgendwann kaum noch vernünftig wartbar und jede Änderung wird zur Qual. Tun Sie sich selbst (und erst recht allen anderen, die mit Ihnen an einem Projekt arbeiten, ob heute oder in Zukunft) daher den Gefallen, und halten Sie sich an MVC. Dann sind auch Updates nach mehreren Jahren für Ihre Anwendung gut und strukturiert umsetzbar, ohne dass Sie sich die Haare raufen und Nächte damit verbringen, in dem Wirrwarr aus Code neue Logik unterzubringen (und glauben Sie mir: Ich weiß, wovon ich schreibe!).

Es mag zu Beginn sehr abstrakt wirken, sich auf MVC einzulassen und genau darüber nachzudenken, welcher Code nun in welche Art von Klasse gehört. Vielmehr neigt man dazu, einfach draufloszutippen und die Lösung an der Stelle umzusetzen, an der man gerade sitzt. Ich rate Ihnen, aus eigener langjähriger Erfahrung: Nehmen Sie sich die Zeit und überlegen Sie bei jeder Problemlösung, in welchen Bereich oder in welche Bereiche diese fällt und wo Sie welchen Code am besten hinpacken. Stellen Sie sich dabei ruhig die Frage, ob der Code, den Sie schreiben, nun eher Model-Logik ist, zum Controller gehört oder eine reine Angelegenheit einer View ist. Und versuchen Sie es vielleicht einmal mit der von mir vorgestellten Ordnerstruktur in Ihrer App; das kann Ihnen bereits einiges erleichtern. Und spätestens wenn Sie in einer View-Klasse Model-Logik einbinden oder in Ihrem Model auf eine View zugreifen, wissen Sie nun, dass etwas schiefläuft. ☺

6.2 MVC in der Praxis

Wir kennen nun also die Vorteile und Bestandteile von MVC, widmen wir uns nun der Umsetzung in der Praxis. Denn damit, dass Sie Ihre Logik in die entsprechend richtigen Klassen packen, ist es nun einmal nicht getan. Irgendwie müssen diese drei Bestandteile ja auch miteinander kommunizieren und über Änderungen informiert werden (und ihrerseits informieren). Wie Sie ebenfalls bereits wissen, spielt hierbei der Controller eine zentrale Rolle, denn er ist das Bindeglied zwischen View und Model (und ich schreibe es an dieser Stelle noch einmal: Model und View haben nichts voneinander zu wissen, sonst läuft etwas falsch!). Daher gibt es bei MVC zwei Arten beziehungsweise Richtungen der Kommunikation: Entweder kommuniziert ein Controller mit dem Model oder erhält Informationen vom Model, oder ein Controller kommuniziert mit einer View oder erhält Informationen von dieser (siehe Bild 6.1).

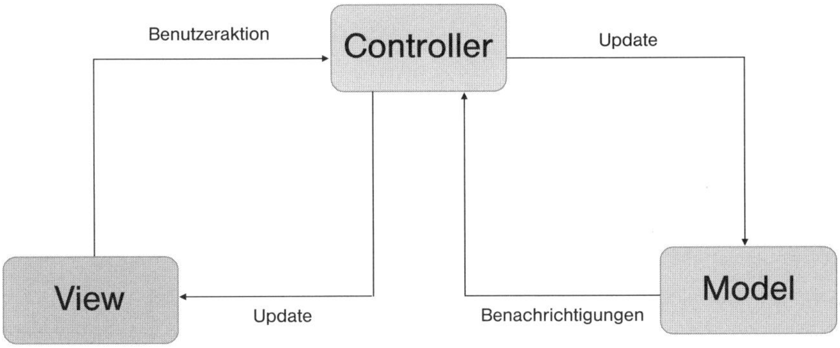

Bild 6.1 Das MVC-Pattern beschreibt die verschiedenen Arten von Klassen und deren Kommunikation unter- und miteinander.

In den folgenden Abschnitten werden diese verschiedenen Kommunikationswege im Detail vorgestellt und erläutert, welche Möglichkeiten es gibt, um zwischen Model und Controller sowie View und Controller zu kommunizieren.

6.3 Kommunikation zwischen Model und Controller

Das Model enthält unsere Programmlogik, während ein Controller die Informationen aus dem Model zum Beispiel an eine View zur Anzeige weitergeben kann. Möchte der Controller das Model verändern, hat er es dabei ziemlich einfach: Dazu greift er direkt auf das Model zu und führt die entsprechende Anpassung durch. Da der Controller schließlich der Vermittler zwischen Model und View ist, hält er entsprechende Objekte dieser Klassen und hat somit direkten Zugriff auf sie.

Doch wie sieht es umgekehrt aus? Denken Sie zum Beispiel an eine Model-Klasse von einem News-Portal, das immer die aktuellen News abruft und speichert. Das Model verrichtet hierbei die entsprechende Arbeit und der Controller bekommt davon nichts mit. Klar, der Controller könnte jetzt ständig beim Model anfragen, ob sich irgendwo irgendetwas geändert hat oder ein sonstiges wichtiges Ereignis eingetreten ist, doch das wäre nicht nur ressourcenfressend, es ist auch kein schöner Stil. Wäre es nicht viel besser, könnte das Model alle, die an seinen Informationen interessiert sind, von sich aus informieren? Bingo, willkommen bei der Kommunikation zwischen Model und Controller! ☺

Ein Model hat zwei Möglichkeiten, einen (oder auch mehrere, eben je nachdem, wer sich alles dafür interessiert) Controller über Änderungen jeder Art zu informieren:

- Key-Value-Observing
- Notifications

Beide Verfahren werden nun im Detail vorgestellt.

6.3.1 Key-Value-Observing

Key-Value-Observing ist ein mächtiges Werkzeug in der iOS-Entwicklung. Wie der Name bereits andeutet, können damit Objekte überwacht werden. Ein Controller kann so also beispielsweise eine Model-Klasse beziehungsweise die Attribute eines Models überwachen. Sobald sich nun bei dem überwachten Model-Objekt etwas ändert, wird der Controller darüber informiert und kann eine entsprechende Aktion ausführen.

Nehmen wir einmal folgendes Beispiel zur Hand: Nehmen wir an, Sie haben eine Model-Klasse `Vehicle`, die für dieses vereinfachte Beispiel nur eine Property `speed` besitzt (siehe Listing 6.1).

Listing 6.1 Beispielklasse `Vehicle`

```
// Swift
class Vehicle: NSObject {
    dynamic var speed: Int?
}

// Objective-C
@interface Vehicle: NSObject
@property (nonatomic) int speed;
@end
```

dynamic in Swift

Die zu überwachende Property speed wurde in Swift zusätzlich noch mit dem Schlüsselwort `dynamic` gekennzeichnet. Das ist zwingend notwendig, soll eine Property einer Klasse in Swift mittels Key-Value-Observing überwacht werden können. Fehlt diese Kennzeichnung in Swift, wird auch KVO niemals für die entsprechende Property funktionieren.

Daneben besitzen Sie einen Controller mit Namen SpeedController, der die Geschwindigkeit von Vehicle-Objekten überwachen und bei einer Änderung der Geschwindigkeit informiert werden soll. Hier bietet sich wunderbar Key-Value-Observing an, denn unser SpeedController möchte in diesem Beispiel die Property speed eines Vehicle-Objekts überwachen und über Änderungen dieser Eigenschaft informiert werden. Doch was muss der Controller dazu tun?

Es muss ein sogenannter *Observer* gesetzt werden. Dieser besteht primär aus zwei Teilen: einem Objekt und einer Property, die überwacht werden sollen, und einem Objekt, das eben informiert werden soll, sobald sich etwas ändert. Im Falle unseres SpeedController würde das bedeuten, dass der SpeedController selbst überwachen möchte und das Vehicle mit dem Wert speed das zu überwachende Objekt wäre. Die iOS-System-Frameworks bieten uns dazu eine passende Methode, um einen entsprechenden Observer zu setzen. Die genaue Deklaration zeigt Listing 6.2.

Listing 6.2 Methode zum Setzen eines Observers

```
// Swift
func addObserver(_ observer: NSObject, forKeyPath keyPath: String, options:
NSKeyValueObservingOptions = [], context: UnsafeMutablePointer<Void>?)

// Objective-C
- (void)addObserver:(NSObject *)observer forKeyPath:(NSString *)keyPath options:
(NSKeyValueObservingOptions)options context:(void *)context;
```

Diese Methode ist Teil von NSObject und kann somit von jeder Klasse, die von NSObject erbt, genutzt werden; NSObject ist also Grundvoraussetzung, möchten Sie Key-Value-Observing verwenden. Für das aufgeführte Beispiel muss nun an passender Stelle in unserem SpeedController ein Aufruf wie in Listing 6.3 zu sehen erfolgen.

Listing 6.3 Setzen eines Observers

```
// Swift
myVehicleObject.addObserver(self, forKeyPath: "speed", options: .new, context:
&vehicleContext)

// Objective-C
[myVehicleObject addObserver:self forKeyPath:@"speed " options:NSKeyValueObserving
OptionNew context:&vehicleContext];
```

Gehen wir diesen Aufruf einmal Schritt für Schritt durch: Der Aufrufer der Methode – in diesem Falle ein Beispielobjekt der Klasse Vehicle namens myVehicleObject innerhalb der SpeedController-Klasse – ist das Objekt, das überwacht werden soll.

Der erste Parameter der Methode – in diesem Beispiel self – ist das Objekt, das über Änderungen informiert werden möchte, also der eigentliche Überwacher des zu verfolgenden Werts. self verweist in diesem Beispiel auf eine Instanz unserer Beispielklasse SpeedController.

Der zweite Parameter speed ist die Property des Objekts, welche überwacht werden soll. Diese Property bezieht sich dabei auf das Objekt, über welches die Methode addObserver(_:forKeyPath:options:context:) aufgerufen wird, in unserem Beispiel also auf die myVehicleObject-Instanz.

Unter options können eine oder mehrere Konstanten gesetzt werden, die festlegen, welche Informationen bei Änderung der zu überwachenden Property übergeben werden. Darüber können Sie beispielsweise den neuen oder den alten Wert in Form eines Dictionary bei einer Änderung auswerten.

Die zur Verfügung stehenden Konstanten sind im Typ NSKeyValueObservingOptions definiert, neben dem in diesem Beispiel verwendeten new (das den neuen Wert der zu überwachenden Property übergibt) gibt es auch noch old, initial und prior; mehr Informationen dazu können Sie der Dokumentation von Apple entnehmen.

Der context dient zur Identifizierung einer spezifischen Property-Überwachung. Das liegt daran, das ein überwachendes Objekt (wie der SpeedController in unserem Fall) ja auch noch mehrere verschiedene andere Objekte und Properties überwachen kann. Wenn es nun zu einer Änderung kommt, müssen Sie irgendwie feststellen, welches der überwachten Objekte und Properties sich nun geändert hat, und dazu dient der context.

Wer sich die Deklaration des context-Parameters in der Methode addObserver(_:forKeyPath:options:context:) etwas genauer angesehen hat, ist womöglich vom Typ dieses Parameters etwas irritiert. Dabei handelt es sich nämlich um ein Objekt vom Typ UnsafeMutablePointer<Void> (Swift) beziehungsweise void * (Objective-C). Doch was ist das eigentlich für ein Typ?

Einfach gesagt, handelt es sich dabei um einen Verweis auf eine Speicherstelle, die zur eindeutigen Identifizierung des Observers dient. Laut der Dokumentation von Apple lässt sich ein solches context-Objekt aber sehr einfach erstellen. Es reicht dabei, eine einfache Variable zu erzeugen und dieser beispielsweise einen Integer zuzuweisen. Damit wird eine Speicherstelle für diese Variable reserviert, und genau diese wird dann als Parameter für context verwendet. Dabei ist zu beachten, für den context-Parameter die *Speicheradresse* und nicht das Objekt selbst zu übergeben. Das wird mithilfe des &Operators bewerkstelligt, der dem übergebenen Parameter vorangestellt wird, so wie es in Listing 6.3 zu sehen war.

keyPath

keyPath ist ein String-Objekt, welches auf den zu überwachenden *Schlüssel* verweist; in aller Regel ist das eine Property des entsprechenden Objekts. Der keyPath enthält daher einfach den Namen dieser Property in Form eines Strings. Darüber hinaus hat aber keyPath den Vorteil, dass es nicht nur direkt eine Property des Objekts überwachen, sondern auch verschachtelt sein kann. Nehmen wir an, die zu überwachende Property ist von der Klasse UIView (siehe Listing 6.4).

Listing 6.4 Zu überwachende UIView-Property

```
// Swift
var theView: UIView

// Objective-C
@property (strong, nonatomic) UIView *theView;
```

UIView ist eine Systemklasse von Apple aus dem UIKit-Framework und besitzt wiederum eine Property backgroundColor, die die Hintergrundfarbe der View hält. Nun möchten wir beispielhaft darüber informiert werden, wenn sich eben diese Hintergrundfarbe ändert, auch wenn unsere angepasste Vehicle-Klasse in diesem Moment nur die Property für UIView hält. Das macht aber nichts, da wir dank des keyPath auch auf Properties unserer Properties zugreifen können (siehe Listing 6.5).

Listing 6.5 Zugriff auf Properties mittels keyPath

```
// Swift
vehicleObject.addObserver(self, forKeyPath: "theView.backgroundColor",
options: .new, context: &vehicleContext)

// Objective-C
[vehicleObject addObserver:self forKeyPath:@"theView.backgroundColor"
options:NSKeyValueObservingOptionNew context:&vehicleContext];
```

Durch Punkt getrennt kann so die Klassenstruktur nach und nach durchgegangen werden. Der keyPath ist somit ein sehr mächtiges Werkzeug, um auf bestimmte Werte eines Objekts zuzugreifen, da nicht nur direkt die Properties der entsprechenden Klasse, sondern hierarchisch alle Properties der Objekte aufgerufen werden können. keyPath findet auch in anderen Systemklassen von Apple Verwendung, es ist daher gut und wichtig, seine Funktionen zu verstehen. ■

selector

Der Aufruf mittels selector erlaubt es in der iOS-Entwicklung, Methoden an andere Objekte zu übergeben. Die Syntax von selector ist dabei sehr simpel (siehe Listing 6.6).

Listing 6.6 Syntax von selector

```
// Swift
#selector(<Name der Methode>)

// Objective-C
@selector(<Name der Methode>)
```

Das macht immer dann Sinn, wenn Sie zum Beispiel einem anderen Objekt einen Methodennamen mittels selector übergeben, der irgendwann später von diesem Objekt aufgerufen werden soll (und eben nicht sofort, wie es beim normalen Methodenaufruf der Fall wäre). Wir werden dieses Verhalten auch direkt bei der Kommunikation zwischen View und Controller detaillierter kennenlernen, denn genau dort brauchen wir dieses Verhalten explizit. Und für Sie ist einfach wichtig zu wissen, dass selector es Ihnen erlaubt, Methoden an andere Methoden oder Objekte weiterzugeben. ■

Fassen wir also den Aufruf noch einmal kurz zusammen: `self` wird nun immer informiert, wenn für die Property `speed` des Objekts `vehicleObject` ein neuer Wert gesetzt wird. Doch was geschieht nun? Wo kann man festlegen, was geschehen soll, wenn sich der Wert nun explizit ändert? Aktuell haben wir nur festgelegt, dass unsere Klasse informiert werden soll, aber nicht, was sie dann in eben diesem Fall einer Änderung tun soll.

Hier kommt eine weitere Methode der Klasse `NSObject` ins Spiel, deren Deklaration Sie in Listing 6.7 sehen.

Listing 6.7 Deklaration der Observer-Methode

```
// Swift
func observeValue(forKeyPath keyPath: String?, of object: AnyObject?, change:
[NSKeyValueChangeKey : AnyObject]?, context: UnsafeMutablePointer<Void>?)

// Objective-C
- (void)observeValueForKeyPath:(NSString *)keyPath ofObject:(id)object
change:(NSDictionary<NSKeyValueChangeKey,id> *)change context:(void *)context;
```

Diese Methode wird immer dann aufgerufen, wenn in der entsprechenden Klasse ein überwachter Wert geändert wird; also genau das, was wir brauchen! Zu diesem Zweck müssen wir also in der Klasse, die ein Objekt überwacht (in unserem Fall der `SpeedController`), eben diese Methode überschreiben und selbst implementieren (siehe Listing 6.8).

Listing 6.8 Überschreiben der Observer-Methode

```
// Swift
override func observeValue(forKeyPath keyPath: String?, of object: AnyObject?,
change: [NSKeyValueChangeKey : AnyObject]?, context: UnsafeMutablePointer<Void>?) {
    super.observeValue(forKeyPath: keyPath, of: object, change: change, context:
context)
}

// Objective-C
- (void)observeValueForKeyPath:(NSString *)keyPath ofObject:(id)object
change:(NSDictionary *)change context:(void *)context {
    [super observeValueForKeyPath:keyPath ofObject:object change:change
context:context;
}
```

Zunächst ist es wichtig, in jedem Fall den Aufruf der Methode `observeValue(forKeyPath:of:change:context:)` mittels `super` in der eigenen Implementierung hinzuzufügen, denn auch die Systemklassen von Apple verwenden Key-Value-Observing an den verschiedensten Stellen (worauf wir auch keinen Einfluss haben). Würden wir nun bei unserer eigenen Implementierung jeden Aufruf dieser Methode selbst handhaben, könnten wir damit Systemfunktionen außer Kraft setzen und im schlimmsten Fall unsere App zum Absturz bringen.

Doch wo bringen wir nun unsere eigene Implementierung für die Überwachung der Property `speed` unter? Nun, die Methode liefert uns jede Menge Parameter wie den `keyPath`, das Objekt, das sich geändert hat, und auch den `context`. Sie können all diese Parameter nutzen, um mittels `if`-Abfrage festzustellen, ob nun genau das Objekt geändert wurde, für das Sie sich interessieren. Ich verwende auch hier gerne den `context` mit dem Selektor, den ich zuvor festgelegt habe (siehe Listing 6.9).

Listing 6.9 Eigene Implementierung für die Observer-Methode

```
// Swift
override func observeValue(forKeyPath keyPath: String?, of object: AnyObject?,
change: [NSKeyValueChangeKey : AnyObject]?, context: UnsafeMutablePointer<Void>?) {
    if context == &vehicleContext {
        changeSpeed()
        return
    }
    super.observeValue(forKeyPath, ofObject: object, change: change, context:
context)
}

// Objective-C
- (void)observeValueForKeyPath:(NSString *)keyPath ofObject:(id)object
change:(NSDictionary *)change context:(void *)context {
    if (context == &vehicleContext) {
        [self changeSpeed];
        return;
    }
    [super observeValueForKeyPath:keyPath ofObject:object change:change
context:context];
}
```

Entspricht der übergebene `context` dem von mir festgelegten Wert, führe ich die entsprechende Aktion aus (in diesem Fall rufe ich in meiner Klasse eine Methode mit Namen `changeSpeed()` auf). Besonders wichtig ist hierbei auch, die entsprechende `if`-Abfrage dann mittels `return` zu verlassen, denn sonst wird auch noch der `super`-Aufruf durchgeführt, und das wäre dann gänzlich falsch, denn wir haben uns ja bereits um die Überwachung gekümmert. Somit ist aber sichergestellt, dass – sollte ein anderes überwachtes Objekt mit einem anderen `context` diese Methode aufrufen – immer noch der `super`-Aufruf erfolgt.

Eine Sache fehlt nun aber noch: Genauso, wie wir den Observer zu Beginn gesetzt haben, müssen wir diesen auch wieder entfernen, wenn wir ihn nicht mehr brauchen. Zumeist bietet sich hier die Methode `deinit` (Swift) beziehungsweise `dealloc` (Objective-C) an, da diese immer dann aufgerufen wird, wenn ein Objekt der entsprechende Klasse aus dem Speicher entfernt wird; spätestens dann braucht diese Klasse auch keine Objekte mehr zu überwachen. Die Methode zum Entfernen eines Observers ist sehr ähnlich zu der für die Erstellung (siehe Deklaration in Listing 6.10).

Listing 6.10 Deklaration der Methode zum Entfernen eines Observers

```
// Swift
func removeObserver(_ observer: NSObject, forKeyPath keyPath: String, context:
UnsafeMutablePointer<Void>?)

// Objective-C
- (void)removeObserver:(NSObject *)observer forKeyPath:(NSString *)keyPath
context:(void *)context;
```

Wir müssen das überwachte Objekt, den angegebenen `keyPath` und den vergebenen `context` in dieser Methode wieder mit angeben. Aufgerufen wird die Methode von dem Objekt, das überwacht wurde. In unserem Fall sähe der entsprechende Aufruf zum Entfernen des Observers also wie in Listing 6.11 gezeigt aus.

Listing 6.11 Entfernen eines Observers

```
// Swift
deinit {
    vehicleObject.removeObserver(self, forKeyPath: "speed", context: &vehicleContext)
}

// Objective-C
- (void)dealloc {
    [vehicleObject removeObserver:self forKeyPath:@"speed " context:&vehicleContext];
}
```

deinit und dealloc

`deinit` und `dealloc` wurden bereits in Kapitel 4 „Grundlagen der iOS-Entwicklung" im Abschnitt „Speicherverwaltung" vorgestellt. Genau hier haben wir einen Fall, in dem `deinit` beziehungsweise `dealloc` wichtig ist und wo wir die entsprechende Methode in unserer Implementierung überschreiben.

Das war nun der ausführliche Rundumschlag zum Thema Key-Value-Observing. Zusammenfassend lässt sich sagen, dass Sie im Endeffekt drei Methoden benötigen: eine zum Erstellen des Observers, eine zur Durchführung der entsprechenden Aktion (sollte sich der Wert des überwachten Objekts ändern) und schließlich eine Methode zum Entfernen des Observers.

Vorteil von Key-Value-Observing: Das Model braucht rein gar nichts zu tun, um Controller über Änderungen zu informieren. Jeder Controller, der sich für einen bestimmten Wert des Models interessiert, observiert diesen einfach und führt dann selbsttätig die passenden Aktionen durch, wenn sich etwas ändert (zum Beispiel das Aktualisieren der Ansicht). Umgekehrt kann aber eine Klasse sehr schnell unübersichtlich werden, wenn sie sehr viele Objekte und Werte überwacht, gerade da alle Aufrufe bei einer Änderung innerhalb der Methode `observeValue(forKeyPath:of:change:context:)` stattfinden. Allein bei zehn überwachten Werten, bei denen immer eine andere Aktion ausgeführt werden soll, kann diese Methode schnell zu einem kleinen Ungetüm heranwachsen.

6.3.2 Notifications

Notifications gehen einen etwas anderen Weg als Key-Value-Observing, denn hier wird das Model selbst aktiv. Notifications sind im Endeffekt nichts anderes als Nachrichten, die zentral in einem Objekt verwaltet werden. Jedes Objekt kann beliebige Nachrichten schicken und jedes Objekt kann auf beliebige Nachrichten lauschen. Wird somit eine solche Notification gefeuert, werden alle Objekte, die auf diese Notification lauschen, darüber informiert und können eine entsprechende Aktion ausführen.

Zwei Klassen sind hierbei wichtig:

- `NSNotification`: Enthält die Informationen zu einer Notification (zum Beispiel ihren Namen). Ein Objekt dieser Klasse muss erstellt und gesendet werden, wenn man sich über einen bestimmten Zustand oder eine bestimmte Änderung informieren möchte.

- `NotificationCenter`: Diese Klasse ist ein Singleton und die zentrale Anlaufstelle für Notifications. Notifications werden über das `NotificationCenter` gefeuert und somit an alle Objekte, die sich dafür interessieren, geschickt. Objekte wiederum, die auf eine bestimmte Notification laufen, melden sich im `NotificationCenter` an und werden darüber dann über das Eintreffen einer entsprechenden Notification informiert.

NotificationCenter vs. NSNotificationCenter

Die Klasse `NotificationCenter` steht nur in Swift zur Verfügung, da diese Klasse Teil der Standard Library von Swift ist. Objective-C hingegen muss die äquivalente Klasse `NSNotificationCenter` aus Apples Foundation-Framework verwenden, welches aber über exakt dieselbe Funktionalität verfügt. Dies als kleiner Hinweis an dieser Stelle, auch damit Sie die nachfolgenden Code-Beispiele nachvollziehen können, in denen für Swift eben `NotificationCenter` und für Objective-C `NSNotificationCenter` verwendet wird. Im Fließtext werde ich der Einfachheit halber nun nur noch von `NotificationCenter` sprechen, womit für Objective-C `NSNotificationCenter` gemeint ist.

Jede Notification besteht aus mindestens einem Namen, über den sie identifiziert werden kann, sie kann darüber hinaus aber noch ein Objekt und ein Dictionary mit weiteren Informationen enthalten. Eine einfache Notification kann über die in Listing 6.12 gezeigte Methode erstellt werden.

Listing 6.12 Erstellen einer Notification

```
// Swift
let myNotification = NSNotification(name: "MyNotification", object: self)

// Objective-C
NSNotification *myNotification = [NSNotification notificationWithName:@"MyNotification"
object:self];
```

`MyNotification` ist der eindeutige Name der Notification und `self` das Objekt, das mit dieser Notification geschickt wird (den letzten Parameter kann man aber auch auf `nil` oder jedes andere eben benötigte Objekt setzen; es muss nicht `self` sein).

Um nun die Notification zu senden, müssen wir diese über das Singleton des `NotificationCenter` absetzen (siehe Listing 6.13).

Listing 6.13 Notification posten

```
// Swift
NotificationCenter.default.post(myNotification)

// Objective-C
[[NSNotificationCenter defaultCenter] postNotification:myNotification];
```

Wunderbar, das war der erste wichtige Teil von Notifications! Alle Notifications werden auf diese Art und Weise erstellt und in der eigenen App herumgeschickt. Sehen wir uns nun eine Gegenstelle an, die auf das Senden einer Notification horcht (siehe Listing 6.14).

Listing 6.14 Observer für eine Notification erstellen

```
// Swift
NotificationCenter.default.addObserver(self, selector: #selector(doSomething:),
name: "MyNotification", object: nil)

// Objective-C
[[NSNotificationCenter defaultCenter] addObserver:self selector:@
selector(doSomething:) name:@"MyNotification" object:nil];
```

Das sieht doch sehr nach Key-Value-Coding aus, nicht wahr? Es stimmt, es verhält sich auch ähnlich. Zunächst greifen wir wieder auf das Singleton des `NotificationCenter` zu und rufen dann darauf die Methode `addObserver(_:selector:name:object:)` auf. Sehen wir uns die verschiedenen Parameter einmal nach und nach an:

`self` ist in diesem Fall das Objekt, das darüber informiert werden möchte, wenn die entsprechende Notification gefeuert wird.

Der Selektor hält die Methode, die aufgerufen werden soll, wenn die Notification gefeuert wird, in diesem Beispiel also die Methode `doSomething(_:)`.

Der Parameter `name` erhält den Namen der entsprechenden Notification, die beachtet werden soll.

Für den Parameter `object` kann explizit ein Objekt festgelegt werden, wenn man nur dann über die entsprechende Notification informiert werden möchte, wenn sie von diesem Objekt gefeuert wird. Übergibt man `nil`, wird die entsprechende Notification immer beachtet, egal, von welchem Objekt sie gefeuert wird.

Ist eine solche Methode zum Beispiel in einer Ihrer Controller-Klassen implementiert, wird nun die entsprechende Methode (in unserem Fall `doSomething(_:)`) immer aufgerufen, sobald irgendwo an einer beliebigen Stelle in Ihrer App die Notification mit dem Namen `MyNotification` gesendet wird. Ein schönes Beispiel hierfür ist das Senden einer Notification, wenn sich der Nutzer in Ihrer App an- oder abmeldet, um entsprechend an allen benötigten Stellen das UI anzupassen.

Auch wenn Notifications – im Gegensatz zum Key-Value-Observing – immer an der entsprechenden Stelle von einer Klasse selbst gefeuert werden müssen, so ist es doch eine großartige Möglichkeit, die eigene App über eine bestimmte Änderung zu informieren. Jede Klasse, die sich für diese Änderung interessiert, braucht dann nur noch auf die passende Notification zu horchen und eine entsprechende Methode zu implementieren, deren Code dann ausgeführt wird. Schön ist hierbei auch, dass es nicht – wie bei Key-Value-Observing – eine einzige Methode pro Klasse gibt, in der alle Notifications verarbeitet werden, sondern für jede Notification eine eigene Methode via `selector` angegeben wird, die dann beim Senden der Notification entsprechend aufgerufen wird.

Einsatzgebiete von Key-Value-Observing und Notifications

Sie haben nun gesehen, wie Sie Key-Value-Observing und Notifications einsetzen und wie sie funktionieren. Das sind die typischen Mittel, um eine gute Kommunikation zwischen Model und Controller zu gewährleisten; so überwacht der Controller bei Key-Value-Observing die Werte aus dem Model und das Model kann Notifications bei bestimmten Aktionen feuern, auf die wiederum alle interessierten Controller horchen und entsprechend reagieren können (zum Beispiel durch ein Update ihrer View). Es sei aber gesagt, dass Sie Key-Value-Observing und Notifications nicht nur zu diesem Zweck verwenden können. Es ist auch durchaus üblich, in Controllern Notifications zu feuern oder auch Werte von Views mittels Key-Value-Observing zu beobachten, das schließt sich somit keinesfalls aus. Aber diese beiden Methoden sind immer das Mittel der Wahl, wenn Sie eine Kommunikation zwischen Ihrem Model und Ihrem Controller umsetzen möchten; eine andere Möglichkeit bleibt Ihnen nämlich sonst nicht (außer Sie halten sich nicht an das MVC-Pattern, und das wäre nun wirklich die schlechteste aller Lösungen).

6.4 Kommunikation zwischen View und Controller

Nun folgt noch die Kommunikation zwischen View und Controller. Auch hier gibt es eigene Mechanismen, um das Zusammenspiel zwischen diesen beiden Elementen umzusetzen. Generell gilt auch hier – wie bei der Kommunikation zwischen Model und Controller: Der Controller kann generell auf die Views, die er hält, zugreifen und diese direkt verändern. Die View allerdings – die ja meist mehrmals im Zusammenspiel mit den verschiedensten Controllern immer wieder verwendet werden – muss andere Wege nutzen, um dynamisch den jeweils richtigen „Ansprechpartner" über Updates zu informieren. Dabei gibt es folgende Techniken:

- Target-Action
- Delegation

Auch diese werden hier nun im Detail vorgestellt.

6.4.1 Target-Action

Target-Action ist eine typische Technik, um View-Objekten die Möglichkeit zu geben, ihren Controller über bestimmte Änderungen oder Aktionen zu informieren. Auch in den View-Klassen von Apple selbst findet sich dieses Verhalten allerorten.

Bei Target-Action erhält ein View-Objekt zwei Informationen: einen Verweis auf das Controller-Objekt, das es bei einer bestimmten Aktion oder Änderung informieren soll (das Target), und eine Methode mittels `selector`, die dann in genau diesem Fall eben auf dem Controller aufgerufen werden soll (die Action). Mit diesen Informationen muss die View dann nichts weiter tun, als an der passenden Stelle die übergebene Methode auf dem übergebenen Controller-Objekt aufzurufen, und – voilà – führt der Controller ganz ohne weitere Mithilfe die dazu passende Aktion durch.

Ein einfaches Beispiel hierfür ist ein Button, der ein Target und eine Action erhält, die dann ausgelöst werden, wenn der Button betätigt wird. Oder ein Schalter, der immer dann den Controller mit der entsprechenden Methode aufruft, wenn er ein- oder ausgeschaltet wird.

Klarer Vorteil von Target-Action: Der Controller muss nur die entsprechende Methode implementieren und die View muss darüber informiert werden, welches Objekt sie mit welcher Methode bei welchem Ereignis aufrufen soll. Das sorgt für eine hohe Wiederverwendbarkeit, da die View-Objekte damit alle Klassen mit allen Methoden bedienen können. So ist es schließlich auch bei all den View-Klassen, die uns Apple in seinem UIKit-Framework zur Verfügung stellt. Wir können Buttons und Slider an allen möglichen Stellen mit den verschiedensten Funktionen einbauen und verwenden dabei immer wieder Objekte derselben Klasse. Hier spielt MVC eben seine vollen Stärken aus.

Das Setzen einer solchen Target-Action soll hier nun beispielhaft in Listing 6.15 für ein Objekt der Klasse `UISwitch` präsentiert werden (ein `UISwitch` ist ein Schalter, der entweder an oder aus ist).

Listing 6.15 Target-Action bei `UISwitch`

```
// Swift
mySwitch.addTarget(self, action: #selector(switchChanged), forControlEvents:
.valueChanged)

// Objective-C
[mySwitch addTarget:self action:@selector(switchChanged) forControlEvents:
UIControlEventValueChanged];
```

In diesem Fall ist `mySwitch` das Objekt der Klasse `UISwitch`, dem wir eine Target-Action hinzufügen. Das Target ist in diesem Fall `self` (also zum Beispiel ein passender Controller) und die Action ist `switchChanged()` (also eben die Methode), die entsprechend in `self` implementiert ist. Zu guter Letzt gibt es noch eine Reihe von Konstanten für den letzten Parameter `controlEvents`. Dieser legt fest, wann die entsprechende Action auf dem Target ausgeführt werden soll. In diesem Fall ist es `valueChanged`, also immer dann, wenn sich der Zustand des Schalters verändert.

Alle View-Klassen, die von der Klasse `UIControl` aus dem UIKit-Framework erben, besitzen die gezeigte Methode und können entsprechend mit Target-Action umgehen. Neben `UISwitch` sind das beispielsweise noch `UIButton` (zur Arbeit mit Schaltflächen) oder `UISlider` (zur Darstellung und Verwendung eines Schiebereglers).

Target-Action schnell und leicht mit Xcode

Xcode bietet in Verbindung mit NIB-Dateien und Storyboards extrem einfache und komfortable Möglichkeiten, Target-Action-Verbindungen zwischen Views und Controllern zu setzen und zu erstellen, ohne dass auch nur eine einzige Zeile Code dafür geschrieben werden muss. Wie das geht, erfahren Sie im Kapitel „Die Vielfalt der (View-)Controller“.

6.4.2 Delegation

Delegation ist eines der mächtigsten Werkzeuge in der iOS-Entwicklung und Sie sollten sich in jedem Fall damit sehr vertraut machen. Darüber hinaus ist es die einzige Möglichkeit, auch komplexe Kommunikationen zwischen Views und Controllern umzusetzen. Denn nicht immer reicht eine einfache Target-Action aus. Manche Views – wie zum Beispiel Tabellen – reagieren ganz unterschiedlich auf eine Touch-Geste; je nachdem, welche Zelle ausgewählt wurde, passiert etwas anderes, somit kommt man hier mit einer einfachen Target-Action nicht sehr weit.

Die Delegation funktioniert wie folgt: Sie übergeben ein Objekt (in der Regel einen Controller) an eine entsprechende View, und die View ruft dann an den passenden Stellen die jeweils benötigten Methoden des übergebenen Controllers auf. Der Controller ist in diesem Fall der Delegate; er erhält „Befehle“ von der View zu bestimmten Ereignissen und der Controller implementiert die entsprechenden Methoden, die dann von der View aufgerufen werden. Das bedeutet, dass sich eine View vollkommen anders verhält, je nachdem, welchen Delegate sie zugewiesen bekommt und wie dieser die entsprechenden Methoden deklariert.

Doch Moment, zwei Dinge sind hier problematisch:

1. Woher weiß die View, dass der übergebene Delegate auch tatsächlich die Methoden, die die View wie selbstverständlich nutzen möchte, auch implementiert?
2. Woher kennt die View überhaupt die Methoden, wenn sie den entsprechenden Delegate gar nicht importiert? Schließlich soll eine View ja keine Controller-Klassen importieren!

Das Zauberwort für beide Probleme hierbei heißt: Protokolle. Die View-Klasse erwartet als Delegate ein Objekt einer beliebigen Klasse, es spielt gar keine Rolle, von welcher Klasse der Delegate ist. Aber die View erwartet dafür im Umkehrschluss, dass dieser Delegate ein bestimmtes Protokoll implementiert, das all jene Methoden besitzt, die die View nutzen möchte. Damit sind zwei Fliegen mit einer Klappe geschlagen: Die View braucht nichts über irgendwelche Controller und deren Methoden zu wissen und kann sich dennoch sicher sein, dass der übergebene Delegate – vollkommen gleich, von welcher Klasse er abgeleitet ist – in jedem Fall die im Protokoll implementierten Methoden zur Verfügung stellt. Und dann kann die View ohne Probleme diese Methoden auf dem Delegate-Objekt aufrufen. Was dann genau geschieht und passiert, ist Sache des jeweiligen Delegates. Somit sehen wir auch hier: Eine View-Klasse kann das unterschiedlichste Verhalten an den Tag legen, es kommt nur darauf an, wie der gesetzte Delegate damit umgeht und welche Funktionen er ausführt.

Im Detail vorstellen möchte ich dieses Prinzip anhand einer View und eines Delegates, die Sie womöglich sehr häufig in der iOS-Entwicklung benötigen: die Table-View und der Table-View-Delegate.

Die Table-View ist eine Ansicht zur Darstellung von tabellenartigen Listen mit verschiedenen Einträgen. Die View selbst kümmert sich um die korrekte Darstellung aller Zellen und das Scrollverhalten. Doch Informationen über die Anzahl der Zellen und die Aktion, die nach Auswahl einer bestimmten Zelle ausgeführt wird, führt die View nicht selbst durch; sie ruft dann die Methoden eines entsprechend zugewiesenen Delegates auf.

Die zugrunde liegende Klasse namens `UITableView` enthält nun eine entsprechende Property, über die ein Delegate für die Table-View gesetzt werden kann (siehe Listing 6.16).

Listing 6.16 Delegate einer `UITableView`

```
// Swift
weak var delegate: UITableViewDelegate? { get set }

// Objective-C
@property (nonatomic, weak) id <UITableViewDelegate> delegate;
```

Die Property trägt den Namen `delegate` und besitzt keinen fest zugewiesenen Typen. In Objective-C wird dafür der Platzhalter `id` verwendet. Interessant ist die Zuweisung des Protokolls `UITableViewDelegate`. Damit wird festgelegt, dass dieses `delegate`-Objekt – unabhängig davon, zu welcher Klasse es gehört – in jedem Fall konform zum Protokoll `UITableViewDelegate` sein muss. Damit kann nun die Table-View in ihrer Implementierung die `delegate`-Property ganz normal nutzen und alle Methoden des `UITableViewDelegate`-Protokolls auf ihr aufrufen. Umgekehrt muss dann das Objekt, das der Table-View als `delegate`-Property übergeben wird, diese Methoden auch entsprechend implementieren.

Auf diese Art und Weise können Sie selbstverständlich auch eigene View-Klassen erstellen, die dann auf ein Delegate-Objekt zugreifen, um bestimmte Aktionen auszuführen. Die View ist damit prima wiederverwendbar und nur das zugewiesene Delegate-Objekt braucht sich um die passende Implementierung zu kümmern. Alles, was Sie neben der View und dem Controller dazu brauchen, ist ein passendes Protokoll, das die in der View anzusprechenden Methoden deklariert, während der Controller sie entsprechend implementiert.

Data Source

Neben der vorgestellten `delegate`-Property werden Sie in den Systemklassen von Apple auch des Öfteren über eine Property namens `dataSource` stolpern und ebenso auf entsprechende Data-Source-Protokolle treffen (zum Beispiel das `UITableViewDataSource`-Protokoll). Bei diesen handelt es sich ebenfalls um nichts anderes als um Delegation. Um aber nicht riesige Protokolle zu schreiben, die extrem viele Methoden für die verschiedensten Aufgaben enthalten, wird die Delegation des Öfteren in mehrere Protokolle unterteilt. Bei einer `UITableView` kümmert sich somit die `delegate`-Property um alle Aktionen, die auf die Table-View ausgeführt werden (zum Beispiel Berühren einer Zelle), während die `dataSource`-Property sich um den Aufbau und den Inhalt der Table-View kümmert.

Dieses Verfahren können Sie selbstverständlich auch in Ihren eigenen Klassen nutzen; Sie sind nicht auf eine einzige `delegate`-Property beschränkt. Wenn es Sinn macht und sich anbietet, ist es durchaus lohnenswert, mehrere Protokolle mit geeigneten Methoden zu erstellen und diese dann für verschiedene Delegate-Aufgaben zu nutzen. ■

7 Die Vielfalt der (View-) Controller

7.1 Alles beginnt mit einem View-Controller ...

Wenn Sie das Buch bisher von Anfang an durchgelesen und durchgearbeitet haben, so haben Sie bereits viel über die iOS-Entwicklung gelernt. Sie beherrschen die Programmiersprachen Swift und Objective-C und wissen, wie ein typisches iOS-Projekt aufgebaut ist. Auch kennen Sie die Entwicklungsumgebung Xcode und das überaus wichtige und essenzielle MVC-Pattern.

So weit, so gut. Und jetzt wird es richtig spannend. Denn jetzt beschäftigen wir uns im Detail mit allen drei Aspekten des MVC-Patterns: dem Model, den Views und den Controllern. Und an dieser Stelle beginnen wir mit dem, was Sie von Anfang an benötigen und ohne deren Eingreifen keine App funktioniert und selbstständig arbeitet: den Controllern.

Einen der wichtigsten Controller eines jeden Projekts haben Sie bereits kennengelernt: den App Delegate (siehe dazu auch Kapitel 4, „Grundlagen der iOS-Entwicklung"). Ohne ihn geht es nicht, denn er reagiert auf die unterschiedlichen Status Ihrer App und kümmert sich um den Start und die Initialisierung Ihres ersten eigenen Controllers. Das ist auch der Grund, warum wir uns in diesem Buch zunächst mit den Controllern auseinandersetzen, auch wenn diese natürlich Bestandteile von Views und Models enthalten (schließlich stellen Controller ja das Bindeglied zwischen diesen beiden Elementen dar). Das soll uns an dieser Stelle aber nicht weiter stören und ist auch nicht weiter tragisch, um Controller und ihre Funktionsweise zu verstehen, Sie werden schon sehen.

Durch das MVC-Pattern wissen wir, dass Controller sich um das Zusammenspiel zwischen Model und View kümmern (oder auch nur um das Zusammenspiel von einem dieser beiden Elemente). In der iOS-Entwicklung gibt es aber auch eine „spezielle" Art von Controllern, mit denen Sie wahrscheinlich die meiste Zeit arbeiten werden und von denen uns die iOS-SDKs von Apple bereits jede Menge vorgefertigter Klassen liefern: die sogenannten View-Controller.

Der Name deutet bereits an, dass es sich dabei um einen Controller handelt, der mit einer View gekoppelt ist, und auch genau das ist der Zweck eines View-Controllers. Wann immer Sie eine View anzeigen und auf Interaktionen oder andere Events reagieren möchten, brauchen Sie einen dazu passenden Controller, der daraufhin die richtige Aktion ausführt. Eine

View kümmert sich letzten Endes immer nur um die Ansicht, um die Ausführungslogik muss sich ein Controller kümmern, der entweder mittels Target/Action an die View gekoppelt ist oder als Delegate für die View fungiert (Sie erinnern sich an diese Begrifflichkeiten? Falls nicht, werfen Sie am besten noch einmal einen Blick in das Kapitel „MVC – Model-View-Controller").

Da die meisten Controller, mit denen Sie arbeiten werden, ebensolche View-Controller sind (die darüber hinaus natürlich auch noch Model-Objekte enthalten können, um parallel mit diesen zu interagieren, das schließt sich in keiner Weise aus!), werden wir auch in diesem Controller-Kapitel uns schwerpunktmäßig mit View-Controllern auseinandersetzen. Denn für diese bietet uns Xcode großartige und mächtige Werkzeuge, die uns die tägliche Arbeit mit diesen Views und Controllern massiv erleichtern.

Unterscheidung Controller – View-Controller

Ich habe es im vorigen Abschnitt schon benannt, möchte aber auch an dieser Stelle noch einmal kurz darauf eingehen: Prinzipiell gibt es keine wirkliche Unterscheidung zwischen einem Controller und einem View-Controller; beides sind Controller auf exakt dieselbe Weise. Allerdings hat es sich eingebürgert, im Speziellen dann von View-Controllern zu sprechen, wenn ein Controller eben für eine bestimmte Ansicht verantwortlich ist und deren Events und Interaktionen steuert (und derartige Controller werden Sie zuhauf in iOS entwickeln). Im Prinzip benötigt jede Ansicht, die Sie für Ihre App erstellen, einen zugehörigen View-Controller, der sich um die entsprechenden Interaktionen kümmert; andernfalls wäre es bloß eine dumme leere Ansicht, auf der der Nutzer rein gar nichts tun kann; Sie verstehen die Problematik?

Lassen Sie sich also nicht zu sehr von dieser Unterscheidung ablenken; View-Controller sind nichts anderes als Controller, nur weist deren Bezeichnung eben darauf hin, dass sie an eine bestimmte View gekoppelt sind.

Warum aber reite ich so auf diesen View-Controllern herum? Nun ja, der Grund ist einfach: Neben dem App Delegate, den Sie als Controller in jedem Ihrer Projekte besitzen, werden Sie auch mindestens einen View-Controller benötigen, der zumindest eine Ansicht auf dem iPhone oder iPad darstellt und über dessen Ansicht der Nutzer die App bedienen kann. Und diesen View-Controller benötigen Sie nicht irgendwann, sondern direkt zum Start Ihrer App. Denn Ihr App Delegate, der ein zentrales `UIWindow`-Objekt zur Darstellung all Ihrer Ansichten bereithält, muss beim Starten der App die Property `rootViewController` des `UIWindow`-Objekts setzen. Der `rootViewController` ist dabei eben der View-Controller, der ganz zu Beginn beim Starten Ihrer App geladen und dessen Ansicht dem Nutzer angezeigt wird. Diese Property muss zwingend beim Starten gesetzt werden. Einen entsprechenden einfachen Beispielcode haben Sie bereits in Kapitel 4, „Grundlagen der iOS-Entwicklung", im Abschnitt „Lebenszyklus einer iOS-App" gesehen, der Vollständigkeit halber liste ich Ihnen diesen an dieser Stelle noch einmal auf (siehe Listing 7.1).

Listing 7.1 Beispielhafte Implementierung des App Delegate

```
// Swift
class AppDelegate: UIResponder, UIApplicationDelegate {
    var window: UIWindow?
    func application(_ application: UIApplication, didFinishLaunchingWithOptions
launchOptions: [NSObject: AnyObject]?) -> Bool {
        let firstViewController = UIViewController()
        window?.rootViewController = firstViewController
        window?.makeKeyAndVisible()
        return true
    }
}

// Objective-C
@implementation AppDelegate
- (BOOL)application:(UIApplication *)application
didFinishLaunchingWithOptions:(NSDictionary *)launchOptions {
    UIViewController *firstViewController = [[UIViewController alloc] init];
    self.window.rootViewController = firstViewController;
    [self.window makeKeyAndVisible];
    return YES;
}
@end
```

Die Methode `application(_:didFinishLaunchingWithOptions:)` wird nach dem erfolgreichen Start Ihrer App aufgerufen, und hier müssen Sie aktiv werden und entsprechend Ihren eigenen View-Controller instanziieren und als `rootViewController` des `UIWindow`-Objekts setzen (es sei denn, Sie verwenden ein Storyboard, wie es inzwischen typischerweise Standard ist; dann kann dieses Storyboard diesen ersten View-Controller selbst ganz automatisch für Sie erstellen und dem `window`-Objekt als `rootViewController` zuweisen, dazu später noch mehr).

Sehen wir uns im Folgenden einmal verschiedene View-Controller-Klassen an, die uns Apple mit dem UIKit-Framework bereits zur Verfügung stellt und mit denen sich viele typische Ansichten einfach und schnell erstellen und abbilden lassen. Dabei werden wir auch gleich eines der mächtigsten Instrumente der Entwicklungsumgebung Xcode im Detail ausführlich kennenlernen: den Interface Builder.

7.2 UIViewController – die Mutter aller View-Controller

Wann immer Sie einen Controller benötigen, der eine View darstellen soll und mit der Sie interagieren möchten, brauchen Sie eine Instanz beziehungsweise eine eigene Subklasse von `UIViewController`.

Doch warum `UIViewController`? Warum nicht einfach selbst einen komplett eigenen Controller aufsetzen, der lediglich von der Mutter aller iOS-Klassen – `NSObject` – erbt?

Nun, das liegt daran, dass uns `UIViewController` bereits eine immense Anzahl an Properties und Methoden liefert, mit denen wir die dem View-Controller zugeordnete View verwalten und steuern können. Auch enthält dieser Controller bereits passende Logik, um auf das Drehen des Geräts zu reagieren (wodurch beispielsweise die Ansicht angepasst werden muss). Ebenfalls nicht zu unterschätzen sind Methoden, die uns darüber informieren, ob die View gerade erscheint oder wieder verschwindet (zum Beispiel weil sich eine andere Ansicht darüberlegt). Und nicht zuletzt erlauben Ihnen nur `UIViewController` und seine Subklassen, Views direkt über den Interface Builder zu erstellen und zu laden.

Wirklich, kommen Sie nicht auf die Idee, selbst etwas derartig Komplexes und Aufwendiges basteln zu wollen wie einen komplett eigenen View-Controller, der nicht von der Klasse `UIViewController` erbt; es ist Unsinn und sehr wahrscheinlich könnten Sie selbst gar nicht all die Systemfunktionen nachbilden, die Ihnen Apple bereits gratis mit einem `UIViewController` mitgibt. Darüber hinaus erben auch alle anderen View-Controller, die Apple über das UIKit-Framework zur Verfügung stellt, von `UIViewController` (siehe Bild 7.1).

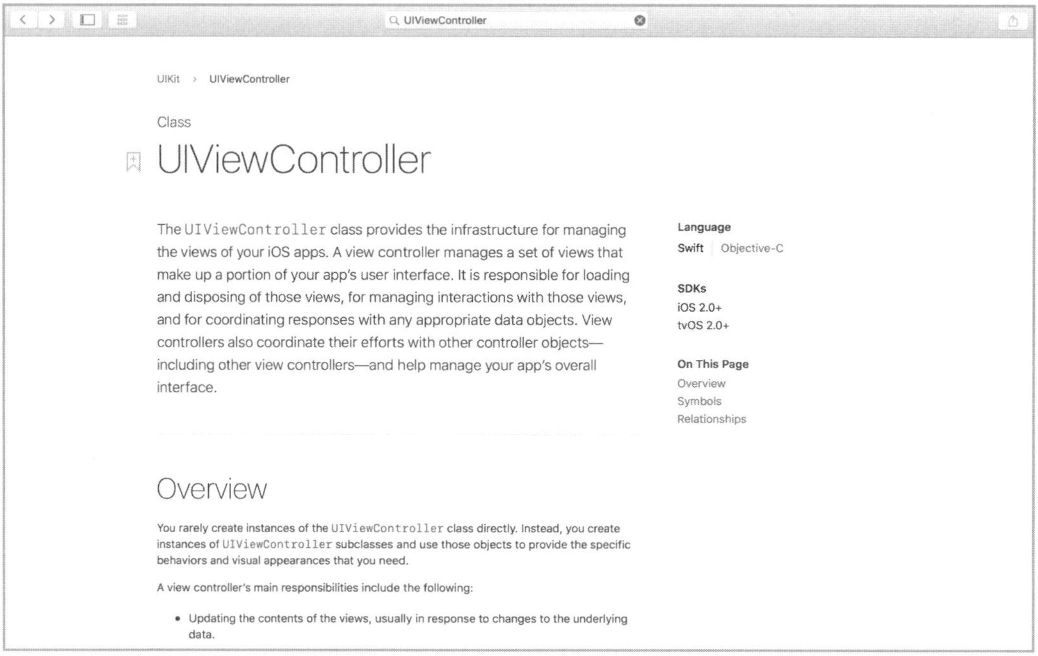

Bild 7.1 Die extrem umfangreiche Dokumentation von UIViewController lässt bereits erahnen, wie mächtig diese Klasse ist.

Im Folgenden möchte ich Ihnen nun zunächst einmal einige der wichtigsten Methoden von `UIViewController` vorstellen, die für die tägliche Arbeit unabdingbar sind und die Ihnen wertvolle Dienste erweisen werden.

7.2.1 Wichtige Methoden von UIViewController

View Lifecycle

Mit die wichtigsten Methoden von UIViewController und die, die am häufigsten in Ihren Subklassen von UIViewController überschrieben werden, sind diejenigen, die darüber informieren, ob die Ansicht des View-Controllers gerade geladen wurde, ob sie gerade auf dem Display erscheint oder ob sie wieder verschwindet und ausgeblendet wird (also sozusagen den Lebenszyklus einer View darstellen). Denn diese Methoden (siehe Listing 7.2) erlauben es Ihnen, entsprechende Konfigurationen in der Ansicht vorzunehmen (zum Beispiel um Texte zu setzen oder Bilder anzuzeigen).

Listing 7.2 Methoden des View Lifecycle

```
// Swift
func viewWillAppear(_ animated: Bool)
func viewDidAppear(_ animated: Bool)

// Objective-C
- (void)viewWillAppear:(BOOL)animated;
- (void)viewDidAppear:(BOOL)animated;
```

Diese beiden Methoden werden aufgerufen, während eine Ansicht erscheint. Zunächst wird dabei viewWillAppear(_:) aufgerufen. Wurde die entsprechende Ansicht komplett geladen und wird sie auf dem Bildschirm dargestellt, wird anschließend noch viewDidAppear(_:) aufgerufen. Der boolesche Parameter gibt an, ob die View animiert eingeblendet wurde oder nicht.

Wichtig beim Überschreiben dieser Methode: Sie müssen immer die gleichnamige Methode der Elternklasse aufrufen, damit die eigentliche Implementierung dieser Methode aus der Klasse UIViewController noch korrekt funktioniert und angewendet werden kann (siehe Listing 7.3).

Listing 7.3 Aufruf der Elternklasse im View Lifecycle

```
// Swift
override func viewWillAppear(animated: Bool) {
    super.viewWillAppear(animated)
}
override func viewDidAppear(animated: Bool) {
    super.viewDidAppear(animated)
}

// Objective-C
- (void)viewWillAppear:(BOOL)animated {
    [super viewWillAppear:animated];
}
- (void)viewDidAppear:(BOOL)animated {
    [super viewDidAppear:animated];
}
```

Äquivalent zu den Methoden, die das Erscheinen einer Ansicht abfangen, gibt es auch solche, die beim Verschwinden beziehungsweise Ausblenden einer Ansicht aufgerufen werden (siehe Listing 7.4).

Listing 7.4 Ausblenden eines View-Controllers

```
// Swift
func viewWillDisappear(_ animated: Bool)
func viewDidDisappear(_ animated: Bool)

// Objective-C
- (void)viewWillDisappear:(BOOL)animated;
- (void)viewDidDisappear:(BOOL)animated;
```

Auch hier gilt wieder: Beim Überschreiben dieser Methoden müssen Sie unbedingt dieselbe Methode der Elternklasse mittels `super` aufrufen!

Zu guter Letzt ist noch die in Listing 7.5 aufgeführte Methode für die tägliche Arbeit unerlässlich.

Listing 7.5 Deklaration der Methode `viewDidLoad()`

```
// Swift
func viewDidLoad()

// Objective-C
- (void)viewDidLoad;
```

Sie wird aufgerufen, sobald eine View komplett geladen wurde. Diese Methode muss nicht zwingend immer aufgerufen werden, wenn die Ansicht erscheint, da eine geladene View auch im Speicher verweilen kann und daher womöglich auch noch existiert, wenn die Ansicht gerade einmal nicht sichtbar ist. Diese Methode kann also perfekt dazu genutzt werden, initiale Konfigurationen nach dem Laden der Ansicht durchzuführen, die auch eben nur einmalig beim Laden einer View durchgeführt werden müssen.

Ansicht eines anderen View-Controllers ein- beziehungsweise ausblenden

Ihre App wird meist nicht nur eine Ansicht beinhalten, sondern mehrere, zu denen der Nutzer beispielsweise durch Auswahl eines Elements oder Betätigen eines Buttons gelangt. Auch diese Steuerung kann eine Instanz von `UIViewController` übernehmen. Diese Klasse enthält bereits eine passende Implementierung, um von einem View-Controller zu einem anderen zu wechseln und so dessen Ansicht anzuzeigen und auf dessen Ereignisse und Aktionen zu reagieren. Ebenso lässt sich ein eingeblendeter View-Controller auch wieder ausblenden, um zum ursprünglichen View-Controller zurückzukehren.

Mit den in Listing 7.6 aufgeführten zwei Methoden können Sie einen beliebigen anderen View-Controller von Ihrem aktuellen View-Controller aus anzeigen bzw. wieder entfernen.

Listing 7.6 View-Controller ein- und ausblenden

```
// Swift
func present(_ viewControllerToPresent: UIViewController, animated flag: Bool,
completion: (() -> Void)? = nil)
func dismiss(animated flag: Bool, completion: (() -> Void)? = nil)
```

```
// Objective-C
- (void)presentViewController:(UIViewController *)viewControllerToPresent
animated:(BOOL)flag completion:(void (^)(void))completion;
- (void)dismissViewControllerAnimated:(BOOL)flag completion:(void (^)(void))
completion;
```

Die Methode `present(_:animated:completion:)` nimmt drei Parameter entgegen: Als Erstes kommt die Instanz des View-Controllers, dessen View angezeigt werden soll. Für den Parameter `flag` wird `true` oder `false` gesetzt, je nachdem, ob der neue View-Controller animiert eingeblendet werden soll. `completion` letztlich ist ein Block, der ausgeführt wird, nachdem der neue View-Controller eingeblendet wurde. In meinen bisherigen Projekten ist dieser letzte Parameter meist auf `nil` gesetzt, da dieser Block in den allermeisten Fällen für mich nicht weiter von Belang ist; aber Sie haben die Möglichkeit, an dieser Stelle einzugreifen und noch einen eigenen Codeblock auszuführen.

Die Methode `dismiss(animated:completion:)` ist das Äquivalent zur Anzeige eines View-Controllers: Damit wird der aktuell sichtbare und aktive View-Controller wieder ausgeblendet. Der erste Parameter gibt auch hier an, ob das Ausblenden animiert erfolgen soll (`true`) oder nicht (`false`). Und ebenso kann wieder ein Block übergeben werden, um bestimmten Code auszuführen, nachdem der View-Controller erfolgreich ausgeblendet wurde.

UIViewControllers weitere Fähigkeiten ...

Natürlich war das nur ein kleiner Auszug dessen, was die Klasse `UIViewController` alles an Methoden und Funktionen mitbringt, doch nach meiner Erfahrung sind das auch genau jene Methoden und Funktionen, die Sie in Ihrer täglichen Arbeit immer und immer wieder benötigen und in den meisten Ihrer eigenen View-Controller-Klassen implementieren werden. In jedem Fall lohnt sich einmal ein genauerer Blick in die Dokumentation von Apple zu `UIViewController`, in der alle Teilbereiche und -aufgaben dieser Klasse wunderbar aufgeschlüsselt sind. Die Dokumentation ist sowieso immer Ihre erste Anlaufstelle, wenn es um das Prüfen von Klassen und deren Funktionen geht; da lässt sich des Öfteren noch das ein oder andere Nützliche herausfinden!

7.2.2 UIView – fester Bestandteil eines jeden UIViewControllers

Sie haben nun eine Übersicht erhalten, welche Aufgaben ein `UIViewController` erfüllt und welche Methoden er Ihnen von Haus aus zur Verfügung stellt. Mehr als erwähnenswert ist darüber hinaus aber noch eine der wohl wichtigsten Properties eines `UIViewController`, mit der Sie ebenfalls sehr viel arbeiten werden (siehe Listing 7.7).

Listing 7.7 `view`-Property eines `UIViewController`

```
// Swift
var view: UIView! { get set }

// Objective-C
@property(nonatomic, strong) UIView *view;
```

Die Property `view` von der Klasse `UIView` ist die Ansicht, die der `UIViewController` auf dem Bildschirm anzeigt. Das ist also Ihre Schnittstelle im View-Controller, um auf die Ansicht zuzugreifen und die View zu verändern (beispielsweise um eine Hintergrundfarbe zu setzen). Jede Instanz von `UIViewController` verfügt über diese Property und diese ist direkt mit der entsprechenden Ansicht des Controllers gekoppelt.

Wie Sie mit Ansichten arbeiten und eigene Views erstellen, erfahren Sie im Kapitel „Views erstellen und gestalten“.

7.3 View-Controller-Hierarchien

Ein View-Controller selbst kann neben einer Ansicht auch noch ein oder mehrere weitere View-Controller enthalten. Insbesondere auf dem iPad ist das ein durchaus gängiges Verhalten. So haben Sie beispielsweise einen View-Controller, der eine Ansicht auf die komplette Bildschirmgröße legt, und darauf dann zwei weitere View-Controller, die unterschiedliche Inhalte anzeigen und entsprechend eigene Controller besitzen, die darauf reagieren. Dadurch werden auch die einzelnen Funktionen der Controller sowie deren Views schön voneinander getrennt, andernfalls hätten Sie - gemäß diesem Beispiel - einen riesigen View-Controller, der Unmengen an Informationen und Aktionen verwaltet. Das kann nicht nur zu unübersichtlichem und schwer wartbarem Code führen, sondern auch die Erweiterbarkeit in der Zukunft deutlich einschränken. Das folgende Diagramm soll eine solch typische View-Controller-Hierarchie verdeutlichen (siehe Bild 7.2).

Bild 7.2
Hier werden beispielhaft drei Ebenen in der Hierarchie vorgestellt, wobei die Ebenen mit der Nummer drei auf der zweiten aufliegen und die zweite wiederum auf der ersten.

UISplitViewController als Paradebeispiel

Der `UISplitViewController` ist eine Subklasse von `UIViewController` und ebenfalls Bestandteil des UIKit-Frameworks. Er kümmert sich um die Darstellung zweier View-Controller-Instanzen, die dann nebeneinander auf dem Bildschirm dargestellt werden. Sie haben also einen View-Controller, der wiederum zwei weitere, separate View-Controller verwaltet und darstellt. Mehr zum `UISplitViewController` erfahren Sie im Abschnitt 7.7 „UIViewController und seine Subklassen“.

Man spricht hierbei - wie auch von Klassen und deren Vererbung bereits bekannt - von sogenannten Child- und Parent-View-Controllern. Der Parent-View-Controller ist die Klasse, die ein oder mehrere Child-View-Controller enthält. An dem Code, dem Aufbau und der Logik dieser View-Controller ändert das aber zunächst gar nichts; sie können genauso erstellt und gewartet werden wie jeder andere View-Controller auch. Sie müssen lediglich in Ihrem Parent-View-Controller die passenden Child-View-Controller hinzufügen. Zu diesem Zweck stellt Ihnen die Klasse `UIViewController` die in Listing 7.8 aufgeführten zwei wichtigen Methoden zur Verfügung.

Listing 7.8 Deklaration der Methoden zum Hinzufügen von Child-View-Controllern

```
// Swift
func addChildViewController(_ childController: UIViewController)
func didMove(toParentViewController parent: UIViewController?)

// Objective-C
- (void)addChildViewController:(UIViewController *)childController;
- (void)didMoveToParentViewController:(UIViewController *)parent;
```

Diese beiden Methoden benötigen Sie, um einen View-Controller als Child-View-Controller zu einem anderen View-Controller hinzuzufügen. Zunächst rufen Sie dazu auf dem Parent-View-Controller die Methode `addChildViewController(_:)` auf und übergeben die Instanz des gewünschten Child-View-Controllers (siehe Listing 7.9).

Listing 7.9 Aufruf der Methode `addChildViewController(_:)`

```
// Swift
parentViewController.addChildViewController(childViewController)

// Objective-C
[parentViewController addChildViewController:childViewController];
```

Damit wird nun der View-Controller `childViewController` dem View-Controller `parentViewController` als Child-View-Controller hinzugefügt. Im Endeffekt war's das auch schon, doch nachdem Sie diese Methode aufgerufen haben, müssen Sie umgekehrt auch noch der Instanz des Child-View-Controllers mitteilen, dass dieser nun dem entsprechenden Parent-View-Controller zugeordnet wurde; hier kommt die zweite der vorhin aufgeführten Methoden zum Einsatz (siehe Listing 7.10).

Listing 7.10 Aufruf der Methode `didMove(toParentViewController_:)`

```
// Swift
childViewController.didMove(toParentViewController: parentViewController)

// Objective-C
[childViewController didMoveToParentViewController:parentViewController];
```

Mit diesen beiden Methoden haben Sie nun Ihrem Parent-View-Controller einen entsprechenden Child-View-Controller hinzugefügt.

Natürlich gibt es an dieser Stelle auch den umgekehrten Weg, um einen Child-View-Controller wieder von seinem Parent-View-Controller zu entfernen. Hierzu wird die in Listing 7.11 gezeigte Methode der Klasse `UIViewController` benötigt.

Listing 7.11 Entfernen eines Child-View-Controllers

```
// Swift
func removeFromParentViewController()

// Objective-C
- (void)removeFromParentViewController;
```

Rufen Sie diese einfach auf die Instanz des Child-View-Controllers auf, und er wird vom entsprechenden Parent-View-Controller wieder entfernt (siehe Listing 7.12).

Listing 7.12 Aufruf der Methode `removeFromParentViewController()`

```
// Swift
childViewController.removeFromParentViewController()

// Objective-C
[childViewController removeFromParentViewController];
```

Position der Ansichten der Child-View-Controller in der Ansicht des Parent-View-Controllers

Bei dem Hinzufügen von Child-View-Controllern gibt es natürlich ein Detail zu beachten: Sie müssen die Größe und die Position der Ansicht der Child-View-Controller noch setzen, nachdem Sie diese dem Parent-View-Controller hinzugefügt haben. Denn ansonsten ist zwar der Child-View-Controller als Kind des Parent-View-Controllers erstellt, doch deren Ansicht taucht nirgends auf dem Display auf. Denken Sie also daran, den Frame der Ansicht der Child-View-Controller auf den richtigen Wert zu setzen, damit sie innerhalb des Parent-View-Controllers korrekt dargestellt werden.

Wie Sie mit Views arbeiten und deren Größe und Position beeinflussen, erfahren Sie im Kapitel „Views erstellen und gestalten".

7.4 View-Controller erstellen mit dem Interface Builder

Der Interface Builder ist ein wahnsinnig mächtiges Werkzeug und direkt in die Entwicklungsumgebung Xcode integriert. Und gerade zum Erstellen der Ansichten von View-Controllern spielt er seine volle Stärken aus und erleichtert Ihnen die tägliche Arbeit immens. Mit dem Interface Builder können Sie einfach die Ansichten eines View-Controllers in einer grafischen Oberfläche erstellen und alle benötigten Elemente mittels Drag & Drop platzieren und anschließend Verbindungen mit Ihrer Controller-Klasse herstellen, um die einzelnen Elemente auf Ihrer Ansicht zu beeinflussen oder auf Events (zum Beispiel das Betätigen eines Buttons) zu reagieren.

Der Interface Builder kann mit zwei Arten von Dateien umgehen: NIB-Files und Storyboards. Wir werden uns beide im Detail ansehen und ich werde auch auf die Vor- und Nachteile beider Dateitypen eingehen. Da sich die grundlegende Arbeit im Interface Builder aber bei beiden zur Erstellung einer Ansicht kaum bis gar nicht unterscheidet, sind so die typischen Arbeitsgrundlagen für beide Dateitypen gleich (wenn man so will, sind Storyboards einfach eine Erweiterung von NIB-Files, doch eines nach dem anderen). Zunächst werden wir uns das Erstellen eines View-Controllers mit zugehörigem NIB-File einmal im Detail ansehen.

7.4.1 View-Controller mit NIB-File

Prinzipiell erlauben alle Klassen, die von `UIViewController` abgeleitet sind, das gleichzeitige Erstellen eines NIB-Files mit dem Erstellen der eigentlichen Klasse. Spielen wir das einmal durch, indem wir eine neue, eigene Subklasse von `UIViewController` mitsamt NIB-File erstellen.

Der Anfang ist bereits bekannt: Nachdem Sie Xcode gestartet (und optional ein bestehendes Projekt geöffnet) haben, erstellen Sie wie gewohnt eine neue Klasse mittels File → New → File ... Im Auswahldialog wählen Sie dann im oberen Bereich iOS aus und wechseln in den Abschnitt *Source*. Dort wählen Sie dann die Vorlage Cocoa Touch Class aus. Per Klick auf Next geht's dann weiter.

Nun wird es spannend: Wie Ihnen vielleicht bereits aufgefallen ist, befindet sich unter den beiden Textfeldern für die Informationen zu Ihrer Klasse eine Checkbox mit dem Namen *Also create XIB file*; das ist genau der Punkt, den wir benötigen, um unseren View-Controller direkt mit einem passenden NIB-File zu erstellen.

XIB-File

Wundern Sie sich nicht über den Begriff XIB-File, der kann in diesem Fall mit dem Namen NIB-File gleichgesetzt werden. XIB ist die Dateiendung eines NIB-Files, weshalb man eben auch von einem XIB-File spricht bzw. schreibt. Ausgesprochen wird dieses Format nämlich immer „NIB“.

Ebenso fällt Ihnen aber möglicherweise auch auf, dass diese Checkbox nur bei bestimmten Klassen aktiv wird, die Sie im Textfeld *Subclass of* ausgewählt haben. Das macht natürlich auch Sinn, denn eine Model-Klasse brauchen Sie wohl kaum mit Ansichten zu gestalten, nicht wahr (falls doch, läuft etwas ordentlich schief und Sie sollten unbedingt noch einmal einen Blick in das Kapitel „MVC – Model-View-Controller“ werfen ☺)? Wie bereits beschrieben, kann diese Checkbox generell für `UIViewController` und seine zugehörigen Subklassen ausgewählt werden, also für die gängigen View-Controller-Klassen, die Apple mit dem UIKit-Framework mitliefert. Wie wir später im Kapitel „Views erstellen und gestalten“ sehen werden, steht diese Option auch für einige wenige View-Klassen zur Verfügung, aber dazu später mehr.

Probieren wir das Ganze nun einmal aus und erstellen eine neue Klasse `MyViewController` als Subklasse von `UIViewController`. Das Auswahlfeld für die Checkbox wird aktiv, sodass wir die Schaltfläche auswählen können. Ist der Haken gesetzt, schließen wir dann das Erstellen der Klasse wie gewohnt ab (siehe Bild 7.3).

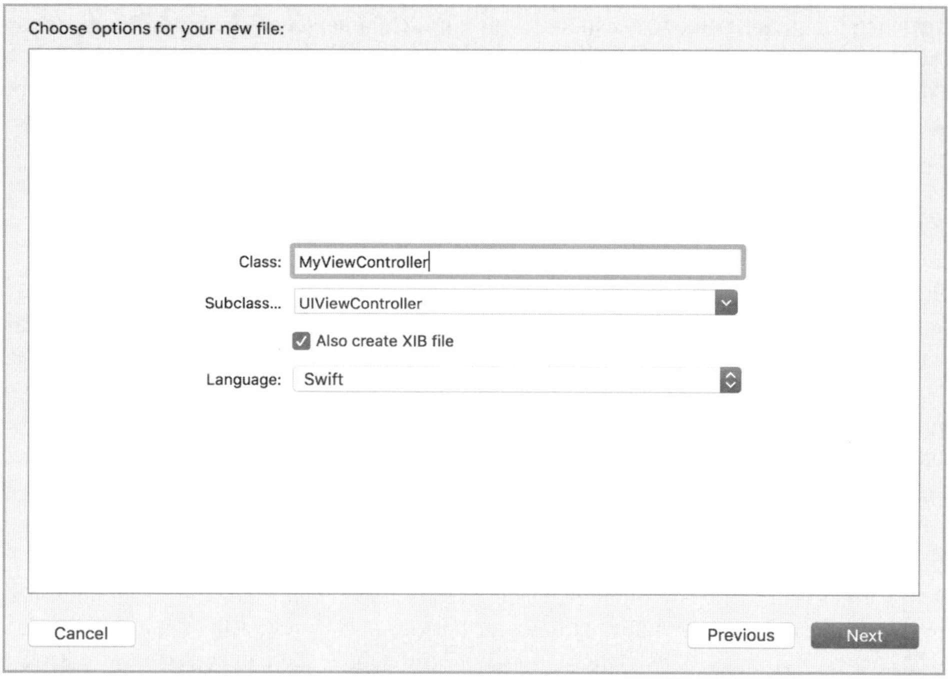

Bild 7.3 Über die Checkbox „Also create XIB file" lässt sich für Klassen, die NIB-Files unterstützen, ein passendes NIB-File direkt beim Erstellen der Klasse mit erzeugen.

Nachdem wir diese Klasse erstellt haben, fällt auch sofort auf, dass neben der neu erstellten `MyViewController`-Klasse auch eine zugehörige NIB-Datei erstellt wurde (siehe Bild 7.4).

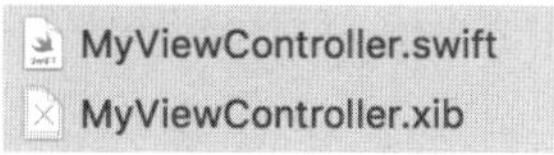

Bild 7.4
Da ist sie also, unsere neue Klasse inklusive NIB-File.

Mit den Klassendateien kennen wir uns ja bereits ganz gut aus, weshalb wir nun einmal direkt die NIB-Datei in Xcode auswählen. Anstatt vom bekannten Code-Editor wird nun im Editor-Bereich von Xcode die Oberfläche des Interface Builders angezeigt (siehe Bild 7.5).

Was auf den ersten Blick direkt auffällt, ist die große Ansichtsvorschau unserer View in der Mitte des Bildschirms. Auf dieser Art „Leinwand" können wir uns im Interface Builder austoben und unsere View genau so anpassen, wie wir möchten. Die View, die bisher nur aus einer weißen Fläche und einer Statusleiste besteht (zu erkennen am Akku-Symbol oben rechts), ist darüber hinaus exakt die View, die unser View-Controller später einmal anzeigen wird. Somit befinden wir uns an dieser Stelle quasi nicht mehr im Controller-, sondern im View-Bereich des MVC-Patterns, denn hier erstellen wir nun die View, die dann auf dem Bildschirm angezeigt werden wird. Allerdings ist diese View direkt mit unserem View-Controller gekoppelt und wir werden jetzt verschiedene Techniken kennenlernen, die Kommunikation zwischen View und Controller über den Interface Builder zu regeln. Fangen wir also an!

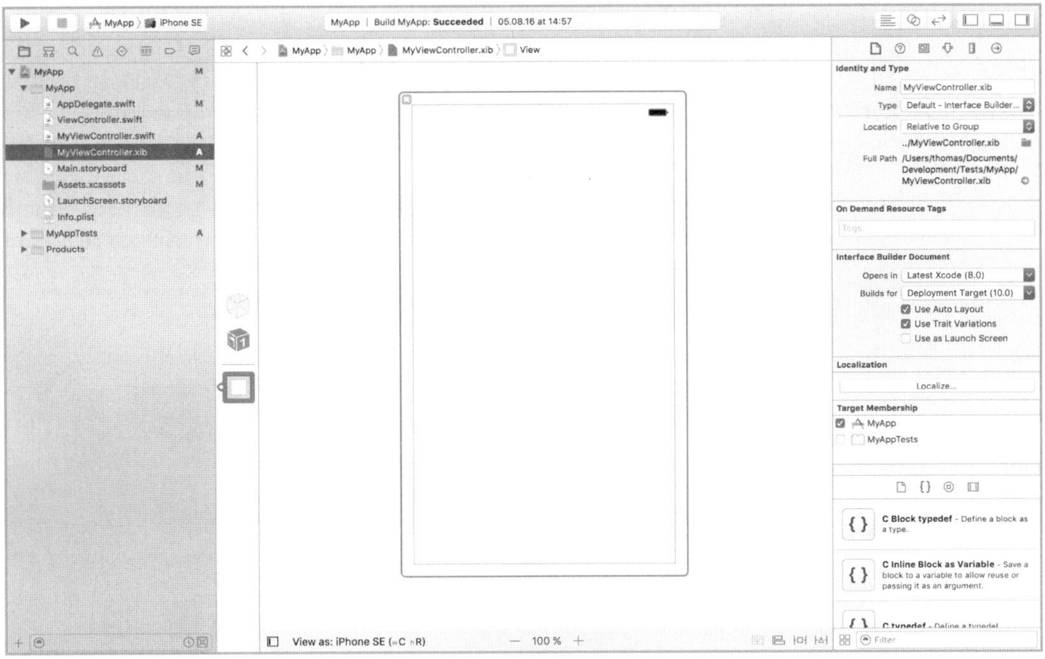

Bild 7.5 Nach Auswahl eines NIB-Files erstrahlt der Interface Builder in vollem Glanz innerhalb des Editor-Bereichs von Xcode.

Die Objekte des NIB-Files

Betrachten wir zunächst einmal die verschiedenen Bestandteile des Interface Builders, beginnend mit den drei Symbolen auf der linken Seite (siehe Bild 7.6):

Bild 7.6
Die Elemente des Interface Builders auf der linken Seite

Bei dem ersten Symbol handelt es sich um den sogenannten *File's Owner*. Das ist ein Verweis auf das Objekt, welches die im Interface Builder dargestellte View hält und auf sie verweist; in unserem Fall also eine Instanz der `MyViewController`-Klasse. Dieses Objekt ist somit auch Ihre Schnittstelle, um Verbindungen zwischen der im Interface Builder dargestellten View und dem View-Controller herzustellen; der File's Owner ist im Interface Builder das Bindeglied zwischen diesen beiden Elementen.

Welche Klasse dem File's Owner zugeordnet ist, können Sie selbst auch jederzeit überprüfen oder sogar ändern (falls Sie beispielsweise von Ihrer bisherigen View-Controller-Klasse eine Subklasse erstellt haben, die nun stattdessen im Speziellen die im Interface Builder konfigurierte View darstellen soll und nicht mehr die Eltern-Klasse). Dazu müssen Sie zunächst auf das File's Owner-Symbol klicken (damit dessen Eigenschaften ausgewählt und eingeblendet werden) und anschließend links in der Utilities Area den Identity Inspector auswählen (das dritte Symbol oben von links). Im obersten Feld *Class* ist sodann der Name der Klasse aufgeführt, die dem File's Owner zugewiesen ist und deren Instanzen somit auf die angezeigte View zugreifen (siehe Bild 7.7).

Bild 7.7 Der Identity Inspector verrät nach Auswahl des File's Owner, welche Klasse diesem zugeordnet ist.

Da wir dieses NIB-File direkt über Xcode mit dem Erstellen der zugehörigen View-Controller-Klasse erstellt haben, ist der File's Owner bereits – vollkommen korrekt – unserer eigenen neuen View-Controller-Klasse zugeordnet.

Selten gebraucht (ich gestehe, dass ich noch NIE einen Anwendungsfall in der iOS-Entwicklung dafür hatte) ist das *First Responder*-Objekt (das zweite Objekt auf der linken Seite des Interface Builders unterhalb des File's Owner). Dieses Objekt erlaubt es, View-Objekten, die auf Aktionen reagieren können (zum Beispiel ein Button, wenn er betätigt wird), eine entsprechende im First Responder-Objekt vorgegebene Aktion auszuführen. Das entspricht in weiten Teilen dem Target-Action-Mechanismus (siehe dazu den Abschnitt „Kommunikation zwischen View und Controller" im Kapitel 6 „MVC – Model-View-Controller"), nur mit dem Unterschied, dass hier zwar eine Action für eine View definiert wird, nicht aber ein Target. Das hat zur Folge, dass das System selbsttätig und abhängig vom aktuell angezeigten Inhalt und Status der App die entsprechende Aktion auf dem Target aufruft, dass als Erstes darauf reagiert. Dadurch lassen sich dynamischere Target-Action-Szenarien umsetzen, als wenn das Target statisch festgelegt ist. Allerdings gibt es in der iOS-Entwicklung kaum Situationen, in denen solch ein Verhalten benötigt würde (wie bereits beschrieben, habe ich es bis heute noch nie gebraucht). In der macOS-Entwicklung, wo parallel mehrere Fenster geöffnet sein können, mag es hingegen durchaus sinnvoll sein, das First Responder-Objekt für verschiedene Funktionen zu nutzen. Für uns ist es an dieser Stelle nicht weiter von Belang und es wird innerhalb dieses Buches auch nicht mehr näher betrachtet.

Unterhalb des File's Owner- und First Responder-Objekts findet sich eine Trennlinie, gefolgt von einem weiteren Objektsymbol. Hierbei handelt es sich um die Instanz unserer *View*, die innerhalb des Editor-Bereichs im Interface Builder dargestellt wird. Der Punkt daneben zeigt uns an, dass diese View mit dem File's Owner (also unserer `MyViewController`-Klasse) gekoppelt ist, doch dazu erfahren wir später noch mehr. Alle Ansichten, die Sie in diesem NIB-File erstellen, werden in diesem linken Bereich unterhalb der Trennlinie aufgeführt. Normalerweise taucht dort eben nur ein Objekt mit dem Verweis auf die eine Ansicht des View-Controllers auf, allerdings kann es auch durchaus sein, dass Sie mehrere Ansichten für diesen View-Controller erstellen möchten, zwischen denen zum Beispiel gewechselt werden kann. Das braucht uns für den Moment aber nicht näher zu beschäftigen.

Somit haben wir über diesen linken Bereich also Zugriff auf alle Objekte, die diesem NIB-File zugeordnet sind. Ein Klick auf das entsprechende Symbol reicht aus, um es auszuwählen und bearbeiten zu können. Der Inhalt der Utilities Area rechts passt sich immer dynamisch an das so ausgewählte Element an und zeigt die verfügbaren Optionen für die Konfiguration dieses Elements. So weit, so gut. Sehen wir uns nun einmal die verschiedenen „Inspektoren" an, die uns die Utility Area für unser View-Objekt zur Verfügung stellt. Klicken Sie dazu auf das entsprechende `UIView`-Objekt links (welches wir bereits kennengelernt haben) und lassen Sie uns nun einmal die verschiedenen Teile der Utility Area im Detail betrachten.

Utility Area

Insgesamt haben wir Zugriff auf sechs verschiedene Inspektoren, um unser NIB-File und insbesondere das ausgewählte Objekt zu konfigurieren. Das erste Symbol links ruft den sogenannten *File Inspector* auf, der uns im Allgemeinen Informationen zur NIB-Datei selbst gibt (und nicht im Speziellen zum im linken Bereich ausgewählten Element; der File Inspector zeigt immer dieselbe Information unabhängig vom gewählten Element an, siehe Bild 7.8).

Bild 7.8
Der File Inspector unseres MyViewController-NIB-Files

Der File Inspector gibt uns Informationen darüber, wie das NIB-File benannt und wo es auf der Festplatte gespeichert ist. Auch erhalten wir Informationen zur NIB-Datei im Bereich *Interface Builder Document*, in der wir in der Regel aber nichts ändern müssen. Interessant ist die Checkbox *Use Auto Layout*, mit der sich eben jene gleichnamige Technik zur Gestaltung von Ansichten ein- und ausschalten lässt. Mehr zum Thema Auto Layout folgt im gleichnamigen Abschnitt dieses Kapitels.

Als Nächstes folgt der *Quick Help Inspector*, der passende Informationen zum gewählten Objekt aus der Xcode-Dokumentation aufführt. Das funktioniert allerdings nur innerhalb eines Xcode-Projekts; haben Sie das entsprechende NIB-File einfach so über Xcode geöffnet, ohne auch ein dazugehöriges Projekt gestartet zu haben, liefert der Quick Help Inspector keinerlei Informationen (siehe Bild 7.9 und Bild 7.10).

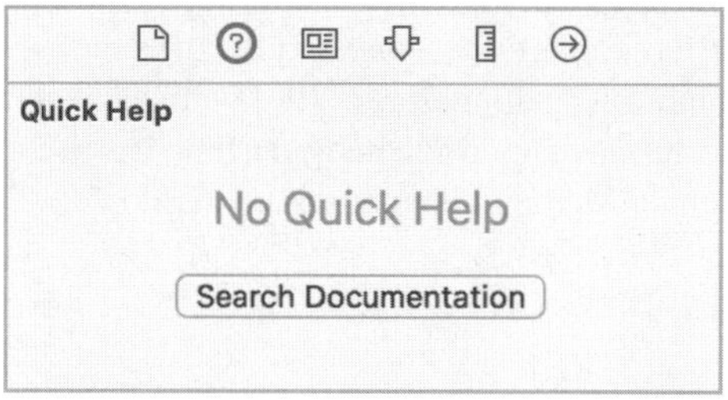

Bild 7.9
Gibt es zu einem ausgewählten Element keine Dokumentation von Apple oder wird der Quick Help Inspector nicht innerhalb eines Xcode-Projekts aufgerufen, erhalten wir keine weiteren Informationen von ihm.

Der Quick Help Inspector eignet sich daher wunderbar, einen schnellen Blick in die Dokumentation einer bestimmten Klasse zu werfen, und spart möglicherweise den Gang in das separate Dokumentationsfenster von Xcode.

Neben dem Quick Help Inspector findet sich der *Identity Inspector*. Dieser Inspektor geht – ebenfalls wie der Quick Help Inspector – speziell auf die Eigenschaften des ausgewählten Objekts ein. Für uns am wichtigsten und relevantesten an dieser Stelle ist das erste Textfeld *Class*, das die Klasse angibt, zu der das ausgewählte Element gehört (in unserem Fall ist das die Standard-View-Klasse `UIView` aus dem UIKit-Framework). Sollten Sie beispielsweise eine Subklasse einer View mit eigenen Eigenschaften und Attributen erstellen, die Sie an dieser Stelle verwenden möchten, so können Sie in dieses Feld einfach den Namen dieser Klasse eingeben und – schwups – haben Sie diesem Element alle Eigenschaften und Methoden Ihrer Klasse zugewiesen (siehe Bild 7.11). Zu diesem doch sehr View-lastigen Thema erfahren Sie mehr im Kapitel „Views erstellen und gestalten“.

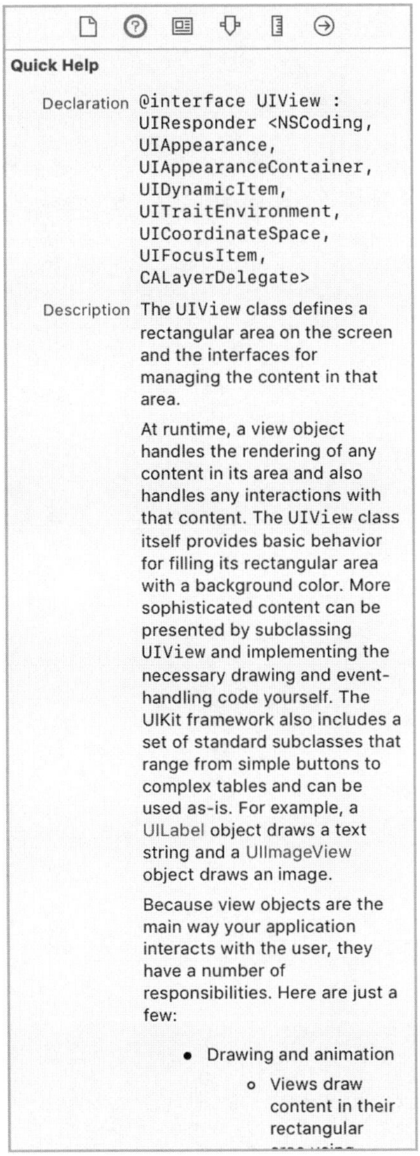

Bild 7.10
Wird andernfalls ein Element mit vorhandener Dokumentation aus einem Xcode-Projekt ausgewählt, führt der Quick Help Inspector die zugehörigen Informationen auf.

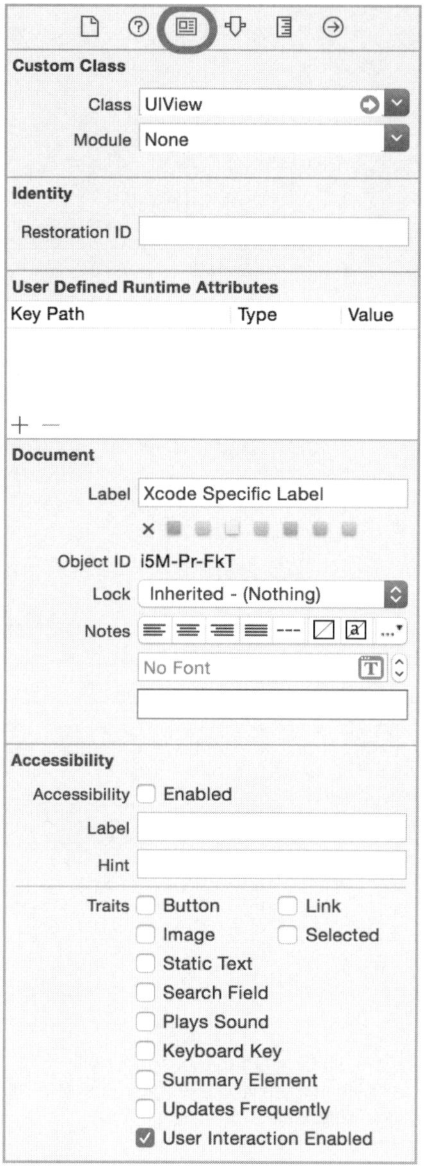

Bild 7.11
Der Identity Inspector liefert Informationen über unser ausgewähltes Objekt. Insbesondere die Information zur Klasse ist hier für uns wichtig.

Ich werde an passender Stelle noch weitere Funktionen des Identity Inspectors vorstellen, für den Moment reichen uns aber diese Informationen aus, um erfolgreich damit zu arbeiten.

Der nächste Inspektor im Bunde ist der *Attributes Inspector*. Dieser listet uns verschiedenste Konfigurationsmöglichkeiten für das ausgewählte Element auf und ist sehr, sehr mächtig. Der Attributes Inspector erlaubt es uns, einzelne Properties für die ausgewählte View direkt dort zu setzen und nicht komplett händisch über den Code zu regeln. So können wir beispielsweise bei unserer `UIView` die Hintergrundfarbe und den Alpha-Wert (für die Transparenz der Ansicht) festlegen. Jede im UIKit-Framework mitgelieferte View-Klasse bietet hier passende Möglichkeiten für die Konfiguration an, womit Views und Oberflächen zu großen Teilen schnell und einfach mit dem Interface Builder erstellt werden können. Experimentieren Sie ruhig einmal ein wenig mit den Werten und beobachten Sie, wie sich beispielsweise das Ändern des Wertes *Background* auf die Vorschau der View im Editor-Bereich von Xcode auswirkt (siehe Bild 7.12).

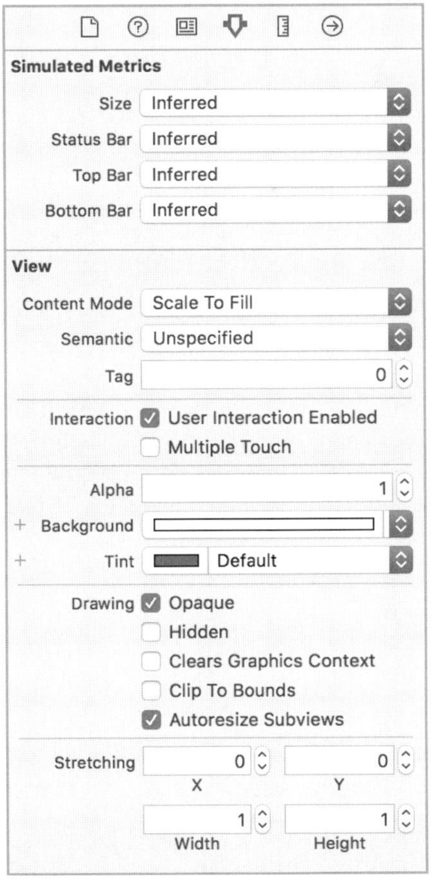

Bild 7.12
Der Attributes Inspector erlaubt das direkte Verändern und Beeinflussen von View-Klassen aus dem UIKit-Framework mit vordefinierten Schnittstellen und Optionen für die ausgewählte View-Klasse.

Auch damit werden wir uns im Detail im Kapitel „Views erstellen und gestalten" auseinandersetzen.

Ähnlich wie der Attributes Inspector lässt sich auch mit dem daneben befindlichen *Size Inspector* direkt Einfluss auf die ausgewählte View-Klasse nehmen. Dort können Sie entsprechende Größeneinstellungen und die Position des Elements (falls es sich um eine Child-View handelt) festlegen (siehe Bild 7.13). Mehr zu Child-Views und dem Verwenden des Size Inspectors erfahren Sie ebenfalls im Kapitel „Views erstellen und gestalten".

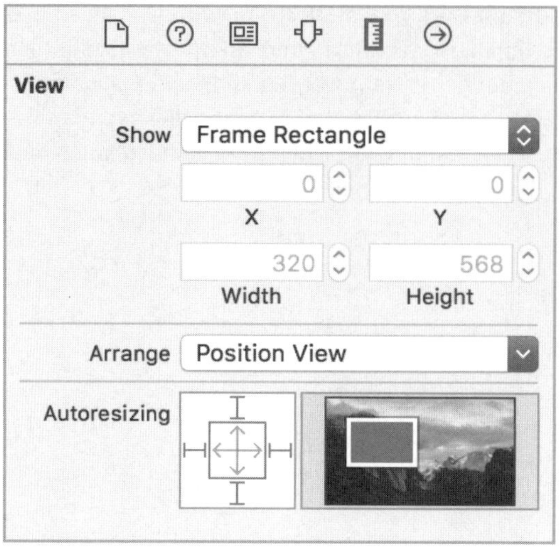

Bild 7.13
Der Size Inspector erlaubt das Verändern der Größe und der Position einer View-Klasse.

Bleibt noch ein Schweinderl zu guter Letzt übrig: der *Connections Inspector*. Er kümmert sich darum, Verbindungen zwischen der angezeigten View und dem im File's Owner definierten Controller herzustellen. Das ist auch der in diesem Abschnitt spannendste Teil für uns! ☺ Denn dank des Connections Inspectors ist es möglich, Target-Action-Verbindungen direkt über den Interface Builder herzustellen oder Views als Properties für unseren Controller anzulegen; alles, ohne selbst eine Zeile Code dafür schreiben zu müssen (siehe Bild 7.14).

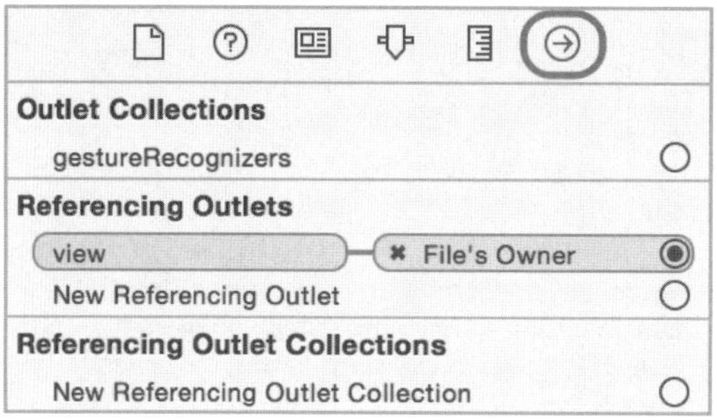

Bild 7.14
Mit dem Connections Inspector ist es spielend einfach, Methoden und Properties für unseren View-Controller zu erstellen und diese unserer View zuzuweisen.

Eine Verbindung sehen wir hier bereits, die uns Xcode direkt beim Erstellen der View-Controller-Klasse und des NIB-Files erstellt hat: Wir sehen, dass das angezeigte View-Objekt der Property `view` unseres File's Owners zugewiesen ist; und da unser File's Owner der Klasse `MyViewController` angehört, bedeutet das wiederum, dass die im Editor-Bereich angezeigte Ansicht also der Property `view` eben dieser Klasse zugewiesen ist und diese Property genau die angezeigte View hält.

Erstellen und Bearbeiten der View

Der Interface Builder wäre nicht der Interface Builder, würde er nicht eine komfortable und schnelle Möglichkeit bieten, um eigene Views zu erstellen und zu gestalten. Zu diesem Zweck hält der Interface Builder eine Bibliothek an View-Objekten vor, die sich bequem via Drag & Drop auf der Arbeitsfläche platzieren und konfigurieren lassen.

Innerhalb der Utilities Area finden Sie unten einen weiteren Bereich, der zusätzliche Ansichten enthält (siehe dazu auch das Kapitel „Die Entwicklungsumgebung – Xcode"). Der dritte Punkt dort offenbart die sogenannte *Object Library*. Diese enthält verschiedene View-Klassen, die Sie für die Gestaltung Ihrer View innerhalb des Interface Builders verwenden können, und unter iOS sind das eine ganze Menge; dort gibt es Schalter, Buttons, Textlisten, Tabellen, Bilder, Karten und vieles mehr (siehe Bild 7.15). Details zu den verschiedenen Views erhalten Sie im Kapitel „Views erstellen und gestalten".

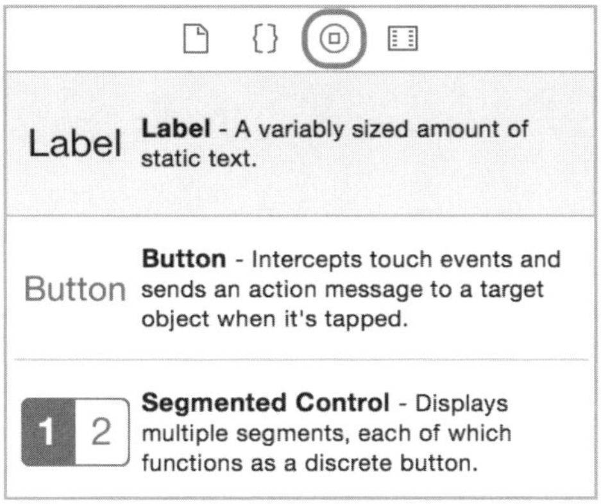

Bild 7.15
Die Object Library, die Sie über die unteren Symbole innerhalb der Utility Area erreichen, listet alle verfügbaren View-Klassen aus dem UIKit-Framework auf, die Sie zur grafischen Konfiguration mittels Interface Builder verwenden können.

Probieren Sie nun die grafische Konfiguration Ihrer View einmal aus, indem Sie beispielsweise ein Label-Objekt bei gedrückt gehaltener Maustaste aus der Object Library irgendwo auf Ihrer View platzieren, die im Editor-Bereich des Interface Builders angezeigt wird. Wie Sie sehen, können Sie so problemlos alle vorhandenen View-Objekte aus der Object Library auf Ihrer eigenen Ansicht platzieren (wir erinnern uns, eben diese Ansicht ist an unseren View-Controller gekoppelt und wird von diesem gehalten, wir können also so ganz einfach die Ansicht unseres View-Controllers mit allen möglichen Views und Objekten erstellen und anpassen). Auch können wir, nachdem wir das View-Objekt platziert haben, dieses einfach erneut mittels Drag & Drop an eine andere Stelle bewegen oder mithilfe der Rücktaste (nachdem wir es per Klick ausgewählt haben) auch von der Ansicht entfernen und löschen (siehe Bild 7.16).

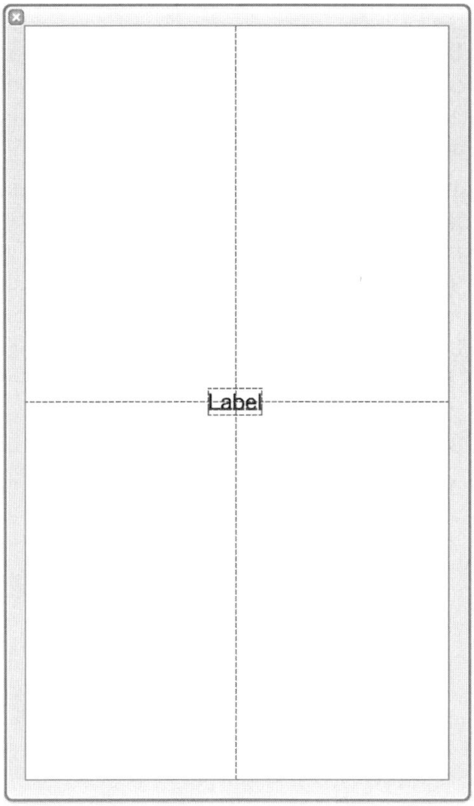

Bild 7.16
Die blauen Hilfslinien helfen bei der idealen Positionierung der Objekte auf der Ansicht.

Ihnen sind dabei sicherlich die teilweise auftauchenden blauen Linien aufgefallen, die erscheinen, wenn Sie ein View-Objekt auf Ihrer Ansicht platzieren oder dort verschieben. Das sind Hilfslinien, die dafür sorgen, dass Sie beim Platzieren von View-Objekten immer gewisse Mindestabstände einhalten, die Apple für gut befunden hat (und an die Sie sich durchaus halten sollten, denn die kommen nicht von ungefähr). Wenn Sie so beispielsweise das Label oben links platzieren möchten, sehen Sie, dass bei einem gewissen Abstand zum oberen und linken Rand entsprechende blaue Hilfslinien auftauchen, die Ihnen so signalisieren, dass Sie dieses View-Objekt nicht weiter außerhalb oder innerhalb der großen Ansicht platzieren sollten. Angemerkt sei hier aber auch, dass das – wie beschrieben – nur Hilfslinien sind; wo Sie letztlich die View-Objekte aus der Object Library auf Ihrer Ansicht platzieren, bleibt ganz und gar Ihnen überlassen, aber für eine gute Benutzbarkeit Ihrer App sollten Sie sich durchaus daran orientieren.

Mithilfe der Object Library und des Interface Builders haben Sie also die Möglichkeit, die Ansicht Ihres View-Controllers Ihren individuellen Wünschen anzupassen. Und nicht nur das: Die Utilities Area offenbart teilweise ganz neue Konfigurationsmöglichkeiten, wenn Sie beispielsweise Ihr Label-Objekt anklicken und anschließend den Attributes Inspector aufrufen (siehe Bild 7.17).

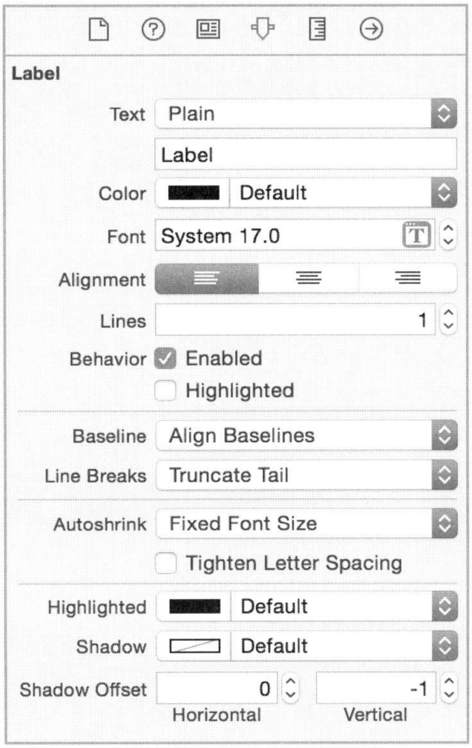

Bild 7.17 Der Attributes Inspector liefert eine Vielzahl an Einstellungsmöglichkeiten für das ausgewählte Element, hier von einem UILabel-Objekt.

Siehe da, plötzlich haben wir die Möglichkeit, spezielle Parameter für unser Label zu setzen, die uns bei einer „normalen" View nicht zur Verfügung stehen; so lässt sich beispielsweise ein passender Text für das Label setzen. Darüber hinaus versteht sich der Attributes Inspector sogar auf Vererbung, denn da das Label (welches zur Klasse `UILabel` gehört) von `UIView` abgeleitet ist, zeigt der Attributes Inspector auch alle Einstellungen an, die Sie für eine `UIView` vornehmen können (siehe Bild 7.18).

Wenn Sie bisher noch nicht mit dem Interface Builder gearbeitet haben, sollten Sie sich an dieser Stelle ruhig ein wenig mit ihm und seiner Funktionsweise vertraut machen. Spielen Sie ein wenig mit den View-Objekten aus der Object Library, platzieren Sie sie auf Ihrer Ansicht und verändern Sie die Attribute der Views in der Utilities Area von Xcode.

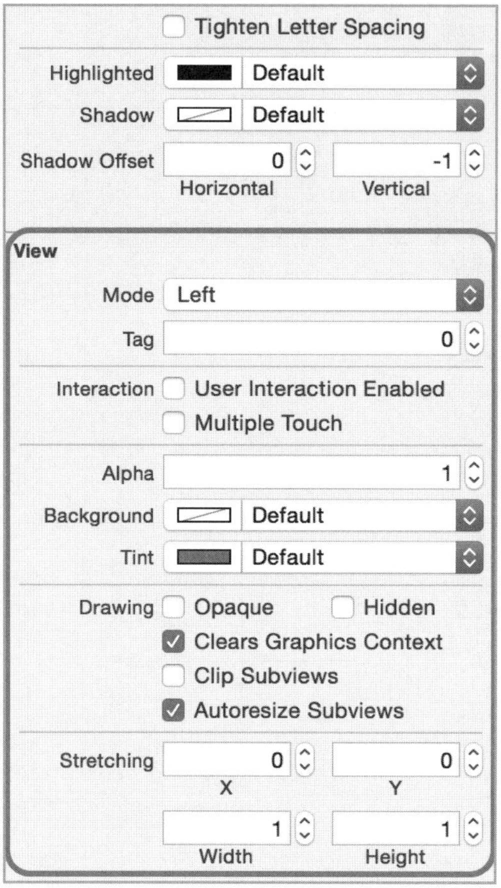

Bild 7.18
Auch die Einstellmöglichkeiten von Subklassen eines ausgewählten Objekts sind im Attributes Inspector verfügbar.

Verbindungen zwischen NIB und View-Controller herstellen

View-Objekte auf der Interface Builder-Leinwand zu erstellen und zu arrangieren ist das eine, aber eine entscheidende Sache gibt es noch, mit der uns der Interface Builder das Entwicklerleben massiv erleichtert. Mit ihm können wir ganz einfach Verbindungen zwischen den von uns erstellten Objekten auf der Ansicht und der zugehörigen View-Controller-Klasse erstellen. So lassen sich beispielsweise View-Objekte wie Buttons oder Switches als Properties in unserem View-Controller verknüpfen, um dann innerhalb unseres Controllers auf diese Elemente zuzugreifen, Informationen auszulesen oder sie zu verändern; eben ganz nach den Gesetzen und Vorstellungen des MVC-Patterns.

Eine dieser Verbindungen haben wir sogar bereits gesehen, und zwar im Connections Inspector in der Utilities Area nach Auswahl des `UIView`-Objekts im Interface Builder: Dort war die Verbindung zwischen der Property `view` des File's Owner (also unserer Klasse `MyViewController`) mit eben der ausgewählten `UIView` zu sehen. Somit kann eine Instanz der Klasse `MyViewController` über ihre Property `view` auf genau die im Interface Builder dargestellte View zugreifen, Informationen auslesen und sie verändern.

Und genau eine solche Verbindung stellen wir nun selbst her, indem wir beispielsweise ein `UILabel` und einen `UIButton` auf unserer View platzieren und diese mit unserem View-Controller verbinden (siehe Bild 7.19).

Bild 7.19
Unsere erste einfache View enthält ein Label oben links und einen Button oben rechts.

Bei jeder Verbindung, die wir mit dem Interface Builder herstellen, müssen wir uns überlegen, zwischen welchen Elementen diese Verbindung bestehen soll. Nehmen wir als erstes Beispiel das `UILabel`-Objekt in unserer Ansicht. Dieses soll mit unserem View-Controller verknüpft werden, sodass dieser auf das Objekt zugreifen kann. Das bedeutet, wir müssen unser Label irgendwie mit unserem View-Controller verbinden und so die beiden „bekannt machen". Und das funktioniert natürlich am besten über eine Property, die das entsprechende View-Objekt hält und im Controller hinterlegt ist, und genau solch eine Property erstellen wir jetzt; schnell und komfortabel über den Interface Builder.

Aus diesem Grund bringen wir an dieser Stelle den Assistant Editor von Xcode ins Spiel, der uns gleichzeitigen Zugriff auf unser NIB-File und unsere Klassendatei erlauben kann. Klicken Sie also – nachdem Sie zuvor das NIB-File in der Navigator Area links ausgewählt haben – auf die Schaltfläche des Assistant Editors oben rechts (siehe Bild 7.20).

Bild 7.20
Über diesen mittleren Button in Xcode oben rechts wechseln Sie in die Assistant Editor-Ansicht.

Im Normalfall wird Xcode nun neben dem NIB-File das Implementation-File der View-Controller-Klasse anzeigen (siehe Bild 7.21). Wie bereits beschrieben, werden wir nun für unser Label eine Property im Controller erstellen, über die dieser dann auf das Label-Objekt zugreifen kann.

> **Objective-C: Deklaration im Header oder in der Implementation?**
>
> Wenn Sie in Objective-C entwickeln, müssen an dieser Stelle immer Sie entscheiden, ob diese Property öffentlich zugänglich sein soll (denn dann gehört sie in das Header-File der Klasse und entsprechend müssen Sie im Assistant Editor die Header-Datei auswählen) oder ob Sie sie nur intern für die View-Controller-Klasse selbst nutzen, wo sie dann im privaten `@interface`-Bereich der Implementation-Datei besser aufgehoben ist. Für dieses Beispiel orientieren wir uns an letzterem Fall, da dies meist auch derjenige ist, der in der Regel benötigt wird und sinnvoll ist. In Swift gibt es sowieso nur eine Klassendatei, in der Sie die neue Property deklarieren können; hier müssen Sie die Zugänglichkeit so oder so mittels Access Control selbst regeln.

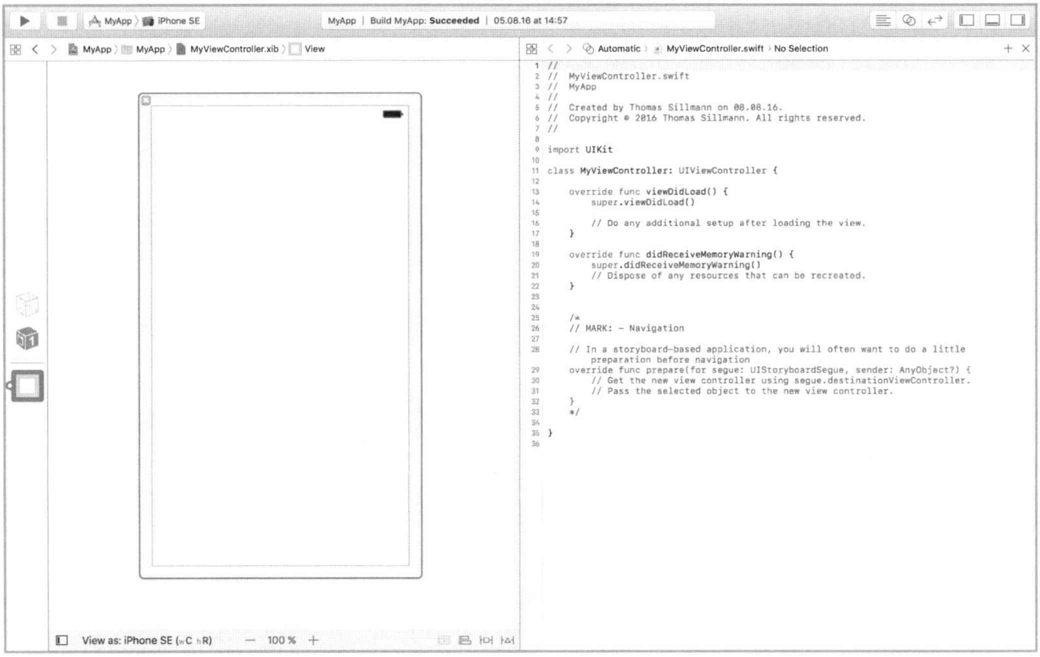

Bild 7.21 Mithilfe des Assistant Editors können die Ansicht eines View-Controllers sowie der Code des View-Controllers selbst parallel eingesehen und bearbeitet werden.

Um eine Verbindung zwischen unserem NIB-File und dem View-Controller herzustellen, müssen wir nun mit gedrückt gehaltener rechter Mauste auf das Label-Objekt drücken und anschließend (bei noch immer gehaltener rechter Maustaste) den Cursor in den Code unseres Controllers ziehen (im Falle von Objective-C muss das zwingend innerhalb eines `@interface`-Blocks erfolgen, siehe Bild 7.22).

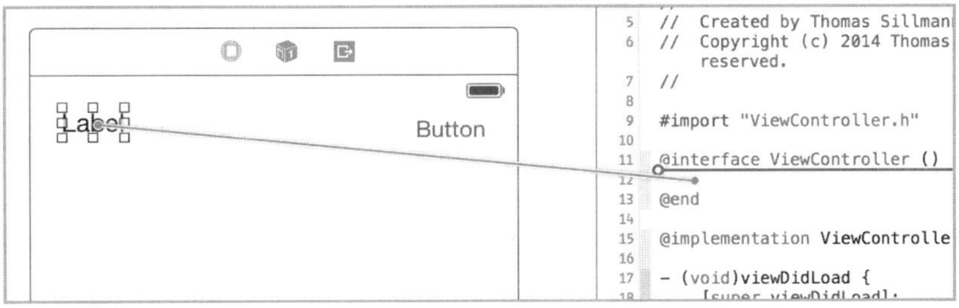

Bild 7.22 Mit gedrückt gehaltener rechter Maustaste können Sie eine Verbindung vom Label zur zugehörigen View-Controller-Klasse herstellen.

Es erscheinen Einfügelinien, die uns anzeigen, wo der Interface Builder uns nun – vollautomatisch – eine Property für das gewählte View-Objekt erstellt. Lassen wir an einer so passenden Stelle nun die rechte Maustaste wieder los, erscheint ein Popup-Fenster, in dem wir Informationen zu der Property hinterlegen müssen (siehe Bild 7.23).

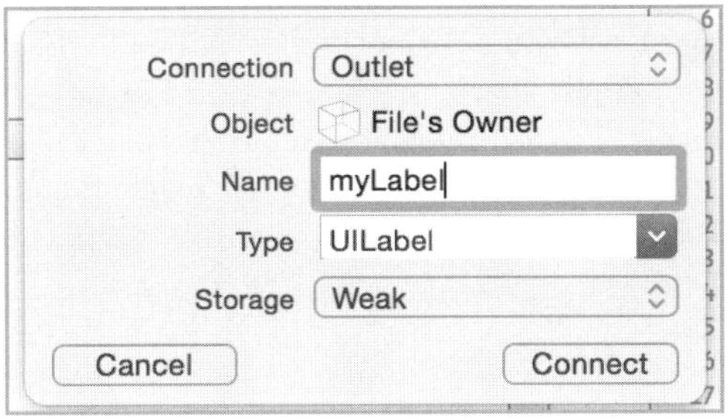

Bild 7.23
In dem sich öffnenden Popup-Fenster können Sie alle wichtigen Informationen zum Label-Objekt für den View-Controller festlegen.

Sehen wir uns die Punkte einmal im Detail an:

- *Connection:* Dabei handelt es sich um den Verbindungstyp (wie wir nämlich noch sehen werden, lassen sich nicht nur Properties mit dem Interface Builder erstellen). *Outlet* ist hier der aktuell richtige Wert und bedeutet, dass uns Xcode eine Verbindung zu diesem Objekt über eine Property erstellen wird.
- *Object:* Hier haben wir keine Auswahlmöglichkeit, sehen aber, dass als Zielobjekt korrekterweise der File's Owner aufgeführt wird (und dieser ist ja nichts anderes als ein Verweis auf unsere im Assistant Editor eingeblendete Klasse).
- *Name:* Hier wird unsere Kreativität gefragt, denn das ist der Name der Property für das Label, das wir als Property erstellen möchten. Für dieses Beispiel können wir die Property beispielsweise einfach `myLabel` nennen.
- *Type:* Type entspricht der Klasse des View-Objekts, von dem wir eine Property erstellen möchten. Normalerweise brauchen wir hier gar nichts zu ändern, denn Xcode erkennt automatisch, um welche View-Klasse es sich handelt, und bietet uns für unser `UILabel` auch gar keine andere Auswahlmöglichkeit als eben `UILabel` an.
- *Storage:* Storage bezieht sich auf die Speicherverwaltungsoptionen für dieses Objekt. Dabei gilt für View-Verbindungen, die Sie über den Interface Builder herstellen, immer die – bereits ausgewählte – Option `weak` (das NIB-File kümmert sich nämlich selbsttätig um die korrekte Freigabe seiner Objekte, weshalb der Controller nur eine Referenz zu diesen über `weak` benötigt und diese nicht selbst im Falle von `strong` halten muss).

Im Endeffekt müssen wir also nichts weiter tun, als einen passenden Namen zu vergeben. Nach einem Klick auf CONNECT wird anschließend ein neuer Eintrag in unserem Controller-Code eingefügt und unser Label-Objekt aus dem NIB-File ist tatsächlich mit unserem View-Controller verknüpft; nun können wir also im Code unseres View-Controllers auf diese Property zugreifen (wie auf jede andere auch) und diese damit verändern (indem wir zum Beispiel einen passenden übersetzten Text setzen) oder Informationen wie die Farbe abfragen; das Label-Objekt steht uns von diesem Moment an im Code zur Verfügung!

Sehen wir uns einmal den Eintrag, den Xcode für uns im Code erstellt hat, in Listing 7.13 genauer an.

Listing 7.13 Erstelltes IBOutlet

```
// Swift
@IBOutlet weak var myLabel: UILabel!

// Objective-C
@property (weak, nonatomic) IBOutlet UILabel *myLabel;
```

Prinzipiell ist hier alles ziemlich klar und bekannt; eine ganz normale Property-Deklaration in Swift beziehungsweise Objective-C eben. Auffällig ist aber das Schlüsselwort `@IBOutlet` (Swift) beziehungsweise `IBOutlet` innerhalb der Property-Deklaration. Und ebenso ist Ihnen vielleicht aufgefallen, dass links von dem entsprechenden Eintrag im Code ein ausgefüllter Punkt im Editor zu sehen ist (siehe Bild 7.24).

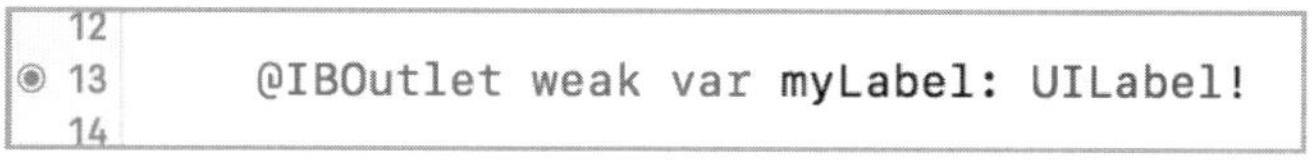

Bild 7.24 Links von der automatisch erzeugten Property findet sich ein ausgefüllter Punkt im Editor.

`@IBOutlet` (Swift) beziehungsweise `IBOutlet` (Objective-C) steht hier für *Interface Builder Outlet* und muss bei allen Properties angeführt werden, die mit einer NIB-Datei verbunden werden. Im Endeffekt sagt dieses Schlüsselwort nur aus, dass diese Property eben mit einer View aus einem NIB-File verbunden werden kann. Sie können es selbst bei jeder Property, die Sie erstellen, setzen, ohne dass dadurch ein Fehler entsteht oder Ihre App nicht mehr richtig funktioniert; zur Laufzeit hat das keinerlei weitere Auswirkungen. Das bedeutet, dass selbst wenn dieses Schlüsselwort gesetzt ist, auch keine Verbindung mit einem NIB-File aufgebaut werden muss; auch das ist kein Fehler und vollkommen OK. Allerdings ist es üblich (und auch sinnvoll), dieses Schlüsselwort nur dann bei einer Property zu setzen, wenn diese auch tatsächlich mit einer View aus einer NIB-Datei verknüpft ist.

Und hieran merken Sie vielleicht auch schon, dass es auch einen umgekehrten Weg gibt; Sie müssen eine View-Property nicht über den Interface Builder heraus in Ihrem Controller erstellen (auch wenn das der schnellere und komfortablere Weg ist), sondern können Ihre Property im Controller anlegen und diese dann mit einer View in Ihrem NIB verbinden. Probieren wir das Ganze einmal mit unserem Button aus. Dafür lassen wir den Assistant Editor noch geöffnet und fügen nach unserer Label-Property händisch einen Eintrag für den Button hinzu, so wie in Listing 7.14 zu sehen (und wir achten natürlich auch hierbei darauf, das Schlüsselwort `@IBOutlet` beziehungsweise `IBOutlet` zu setzen, denn schließlich soll die Property für den Button ja mit dem `UIButton` aus dem NIB-File verbunden werden).

Listing 7.14 Händisches Erzeugen eines `IBOutlet`

```
// Swift
@IBOutlet weak var myButton: UIButton!

// Objective-C
@property (weak, nonatomic) IBOutlet UIButton *myButton;
```

Hier gibt es keinen großen Unterschied zu unserem vorigen Eintrag oder generell zum Erstellen von Properties. Doch es fällt auf, dass der runde Punkt links dieser Property – im Gegensatz zu der des `UILabel` – nicht ausgefüllt ist (siehe Bild 7.25):

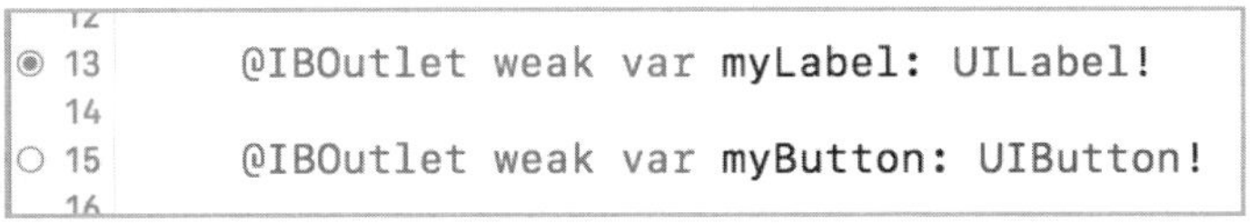

Bild 7.25 Die beiden Punkte werden für Properties und Methoden angezeigt, die mit dem Interface Builder verbunden werden können. Der nicht ausgefüllte Punkt des UIButton weist darauf hin, dass diese Property bisher nicht mit einem Objekt aus dem Interface Builder verbunden ist.

Das weist uns darauf hin, dass Xcode hier prinzipiell eine Verbindung zwischen Controller und View erwartet (schließlich verwenden wir ja auch das Schlüsselwort `@IBOutlet` beziehungsweise `IBOutlet`), diese aber nicht gesetzt ist. Kein Problem, kümmern wir uns also darum! Und an dieser Stelle reicht es aus, einfach mit gedrückt gehaltener Maustaste in diesen nicht ausgefüllten Kreis zu drücken und dann die Maus (bei weiterhin gedrückt gehaltener linker Maustaste) auf unseren Button zu bewegen. Sobald dieser blau hervorgehoben wird, können wir die linke Maustaste loslassen und – voilà – die Verbindung steht! Der Kreis neben dem Property-Namen im View-Controller erscheint nun auch ausgefüllt.

Vielleicht ist Ihnen auch beim Ziehen der Verbindung aufgefallen, dass Sie diese Verbindung nur bei dem Button-Objekt setzen konnten und nicht auf dem Label oder der zugrunde liegenden View. Das ist ein weiterer großer Vorteil des Interface Builders, denn er erkennt, dass es sich bei dem zu verbindenden Objekt um einen `UIButton` gehandelt hat (so wie wir es im Code im Controller angegeben haben), und erlaubt daher auch nur Verbindungen mit View-Objekten, die zu dieser Klasse oder einer entsprechenden Subklasse gehören.

Mithilfe des Assistant Editors lassen sich also ganz einfach und schnell Properties zu View-Objekten aus dem NIB-File mit dem View-Controller verbinden. Wenn Sie nun einmal wieder den File's Owner auswählen und anschließend in den Connections Inspector in der Utilities Area wechseln, werden Sie auch sehen, dass dieser – neben der `view`-Property – auch die von uns erzeugten Properties aufführt und deren Verbindung anzeigt. Hierüber könnten Sie nun beispielsweise eine Verbindung trennen, indem Sie auf das X neben der Art des Objekts klicken oder genau so auch eine Verbindung durch Ziehen mit der linken Maustaste – beginnend bei dem äußeren Punkt – herstellen. Umgekehrt sehen Sie auch die Verbindung zum File's Owner, wenn Sie beispielsweise das Label oder den Button auswählen und dann in den Connections Inspector wechseln (siehe Bild 7.26).

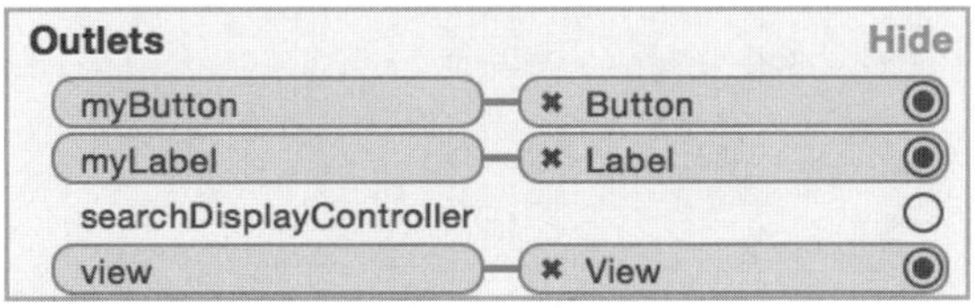

Bild 7.26 Der Connections Inspector zeigt die möglichen Verbindungstypen des ausgewählten Objekts und hebt diejenigen hervor, die bereits gesetzt wurden.

Aber mit dem Interface Builder können nicht nur Properties im View-Controller erstellt werden; auch Methoden lassen sich damit direkt von bestimmten Views aus im View-Controller-Code erstellen. Doch wie funktioniert das?

Erinnern Sie sich an Target/Action? Das war – neben der Delegation – einer der Wege, um eine Verbindung zwischen View und Controller herzustellen (siehe hierzu den Abschnitt „Kommunikation zwischen View und Controller“ im Kapitel 6 „MVC – Model-View-Controller“). Genau dieses Mechanismus bedient sich hierbei auch der Interface Builder, um direkt aus einer NIB-Datei eine Methode für den Controller zu erstellen. Selbstredend geht das natürlich aber nur bei View-Objekten, die auch über einen solchen Target-Action-Mechanismus verfügen; `UILabel` beispielsweise tut dies nicht, unser `UIButton`-Objekt hingegen schon. Schließlich soll in der Regel irgendeine Aktion passieren, sobald der Button betätigt wird. Die Aktion – also die Action – wird hierbei als Methode in unserem View-Controller umgesetzt, und das Target selbst ist dann ebenfalls unser View-Controller.

Woher weiß ich, dass Target/Action in einer UIView-Subklasse unterstützt wird?

Hier hilft Ihnen die Dokumentation von Apple ganz klar weiter. Wie Sie im Kapitel „Views erstellen und gestalten“ noch erfahren werden, ist `UIView` die Superklasse aller Views, das bedeutet, jede View erbt von ihr. Eine der verfügbaren Subklassen von `UIView` aus dem UIKit-Framework von Apple wiederum heißt `UIControl`, und `UIControl` enthält all die Logik, um Target/Action in Views umzusetzen. Das bedeutet, dass alle Klassen, die von `UIControl` erben (wie zum Beispiel `UIButton`), mittels Target/Action Aktionen ausführen können (siehe Bild 7.27).

Bild 7.27
Die Dokumentation von Apple gibt Aufschluss darüber, von welchen Klassen eine bestimmte Klasse erbt. UIButton ist von UIControl abgeleitet und unterstützt somit Target/Action.

Wie Sie sehen, kann somit nicht jede View per se diese Funktion nutzen. `UIView` selbst beispielsweise ist nicht darauf ausgelegt, irgendwelche Aktionen mittels Target/Action auszuführen.

Haben wir also eine passende `UIView`-Subklasse, die Target/Action unterstützt, können wir – ähnlich wie beim Erstellen einer Property – auch eine passende Methode in unserem Controller hinzufügen und diese an eine passende Aktion unserer View koppeln. Auch hier ist der Assistant Editor wieder essenziell und es gelten dieselben Regeln wie bei den Properties.

Zunächst ziehen wir – genau wie beim `UILabel`-Objekt – bei gedrückt gehaltener rechter Maustaste eine Verbindung von unserem `UIButton` in den Code unserer View-Controller-Klasse und lassen anschließend die rechte Maustaste los. Zunächst poppt ein nur allzu vertrautes Menü auf, welches uns anbietet, eine Outlet-Property für diesen Button zu erstellen. Das ist aber gar nicht, was wir wollen, schließlich wollen wir eine Methode für die Action dieses Buttons hinzufügen. Also werfen wir einmal einen Blick in das Drop-down-Menü unter *Connection*. Und siehe da: bei `UIButton` können wir nicht nur OUTLET, sondern auch ACTION auswählen, also genau das, was wir benötigen. Haben wir das getan, verändert sich das Fenster minimal. Sehen wir uns die einzelnen Optionen einmal im Detail an:

- *Object:* Entspricht weiterhin dem Objekt, dem wir in diesem Fall eine Action-Methode hinzufügen möchten; File's Owner ist da genau richtig.
- *Name:* Statt des Namens einer Property erwartet Xcode hier den Namen der Methode, den die Action erhalten soll, beispielsweise `buttonPushed`.
- *Type:* Auch hier erwartet Xcode wieder eine Klasse und bietet uns standardmäßig `AnyObject` und die Klasse der View an, in diesem Fall also `UIButton`, welches sich über das entsprechende Drop-down-Menü auswählen lässt. Standardmäßig können wir diesen Wert getrost auf `AnyObject` stehen lassen; was es genau damit auf sich hat, sehen wir gleich, wenn die Methode erstellt wurde.
- *Event:* Manche `UIView`-Subklassen feuern verschiedene Events, genau wie `UIButton`. Diese Klasse meldet nicht nur, ob und wenn eine Schaltfläche betätigt wird, sondern zum Beispiel auch, ob der Nutzer den Finger wieder vom Button wegbewegt und somit die Auswahl abbricht. Damit lassen sich mehrere Methoden für verschiedene Events der View implementieren, um passend darauf zu reagieren. Die Standardaktion bei einem Button, um einen ganz normalen Touch darauf abzufangen, ist die bereits festgelegte Vorauswahl TOUCH UP INSIDE. Je nach `UIView`-Subklasse kann es aber sein, dass hier gar keine Auswahlmöglichkeit besteht, weil die entsprechende View sowieso nur auf ein einziges Event reagieren kann.
- *Arguments:* Wie bereits bekannt, erstellt uns Xcode hier eine Methode, und unter Arguments können die Parameter festgelegt werden, die diese Methode entgegennimmt. Standard ist SENDER, was bedeutet, dass das Objekt, welches die Aktion auslöst (in unserem Fall also unser `UIButton`-Objekt), der Methode als entsprechender Parameter übergeben wird. Das lässt sich umstellen auf NONE (wenn keine Parameter für die Methode gewünscht sind) oder SENDER AND EVENT, wo eben auch das zuvor festgelegte Event mitgeliefert wird. Das ist insbesondere dann sinnvoll, wenn Sie beispielsweise mehrere Buttons besitzen, die alle dieselbe Methode ausführen, aber gleichzeitig – je nach Event – anschließend etwas anderes in der Methode tun sollen. Dann haben Sie so die Möglichkeit, den Wert des Event-Parameters abzufragen und entsprechend zu reagieren. Für unser Beispiel belassen wir aber den Wert auf den Standard SENDER.

Sind die Einstellungen entsprechend gesetzt, genügt ein Klick auf CONNECT, um unsere neue Methode zu erstellen (siehe Listing 7.15).

Listing 7.15 Neu erstellte Action-Methode

```
// Swift
@IBAction func buttonPushed(_ sender: AnyObject) {
    <do something...>
}

// Objective-C
- (IBAction)buttonPushed:(id)sender;
```

Besonders interessant ist hier das Schlüsselwort `@IBAction` (Swift) beziehungsweise `IBAction` (Objective-C). Wie bei den Properties ist `IBAction` auch hier ein Schlüsselwort und dient dazu, Xcode darauf hinzuweisen, dass diese Methode mit einer Action einer View verbunden ist beziehungsweise verbunden werden kann (denn auch hier gilt, dass Sie dieses Schlüsselwort prinzipiell bei jeder Methode setzen können; das ist kein Fehler, nur ist das eben nur für die Methoden gedacht, die auch entsprechend mit einer View im Interface Builder gekoppelt werden).

Ebenfalls sehen wir, dass diese Methode einen Parameter mit Namen `sender` vom Typ `AnyObject` (Swift) beziehungsweise `id` (Objective-C) besitzt. Das kommt daher, da wir zum einen zuvor unter *Arguments* festgelegt haben, dass das aufrufende Objekt dieser Methode beim Ausführen der Action als Parameter übergeben werden soll, und zum anderen, da der gewählte Typ dieses Parameters `AnyObject` war, den wir zuvor unter *Type* festgelegt haben. `AnyObject` sagt aus, dass es sich bei dem übergebenen Objekt um ein Objekt einer beliebigen Klasse handeln kann, was vor allen Dingen dann Sinn macht, wenn möglicherweise verschiedene View-Klassen dieselbe Methode aufrufen. Wenn Sie sich sicher sind, dass nur ein einziger Typ diese Methode aufruft, können Sie stattdessen auch diese entsprechend beim Erstellen der Methode im Abschnitt *Type* auswählen.

Neben der Methodendeklaration finden Sie auch – genau wie bei den Properties – den ausgefüllten Punkt, der darauf hinweist, dass diese Methode mit einem View-Objekt gekoppelt ist. Spannend bei den Methoden ist darüber hinaus aber noch, dass Sie mit Actions mehrere View-Objekte mit ein und derselben Methode verknüpfen können. So könnten Sie beispielsweise ein weiteres `UIButton`-Objekt in Ihrer Ansicht erstellen und dieses auf die bekannte Art und Weise mit ein und derselben Methode verbinden; somit würden beide Buttons beim Betätigen dieselbe Methode aufrufen. Bei den Properties ist solch ein Verhalten verständlicherweise nicht möglich, weil eine Property sich ganz klar auf ein bestimmtes Objekt beziehen muss, Methoden hingegen können von verschiedenen Objekten zu verschiedenen Zeiten aufgerufen werden.

Objective-C: Methoden direkt im @implementation-Block erstellen

Xcode hat beim Erstellen unserer Methode in Objective-C nicht nur die Methodendeklaration im `@interface`-Bereich automatisch erstellt, sondern auch direkt am Ende unseres `@implementation`-Blocks eine Implementierung der Methode vorbereitet, in der wir direkt den passenden Ausführungscode schreiben können (siehe Bild 7.28).

```
- (IBAction)buttonPushed:(id)sender {
}
```

Bild 7.28 Xcode hat automatisch im @implementation-Bereich einen passenden Methodenrumpf für unsere Button-Action erstellt.

Sie können auf diese Weise auch bei Methoden komplett darauf verzichten, diese in den `@interface`-Bereich der Controller-Klasse zu ziehen, und diese stattdessen direkt in den `@implementation`-Block erstellen lassen; ziehen Sie dazu einfach die Verbindung von der View nicht in den `@interface`-Bereich, sondern in den `@implementation`-Block. Sie haben dann auch gar nicht mehr die Wahl, ob Sie für dieses Element ein Outlet oder eine Action erstellen möchten, sondern können nur eine Action erstellen (schließlich befinden wir uns in der Implementierung, wo keine Properties erzeugt werden). Wenn Sie so vorgehen, wird direkt der Methodenrumpf in der Implementierung erstellt und kein Verweis im `@interface`-Bereich erzeugt. Der Hauptgrund, warum ich auch trotzdem Methoden im `@interface`-Bereich einer Controller-Klasse deklariere, ist der, um die Methode genau dort entsprechend zu dokumentieren. ■

Automatisches Laden und Erstellen eines View-Controllers mit NIB-File

Nun haben wir bereits viel geschafft: Wir haben unsere eigene View-Controller-Klasse mitsamt NIB-File erstellt und diesem NIB-File verschiedene View-Objekte aus der Object Library zugewiesen. Doch wie erstelle ich nun eine Instanz unseres View-Controllers, die auch die entsprechende View aus unserem NIB-File enthält? Denken wir beispielsweise daran zurück, unsere eigene `MyViewController`-Klasse im App Delegate zu initialisieren und als `rootViewController` festzulegen (sodass dessen View beim Start der App angezeigt wird wie in Listing 7.16 gezeigt, siehe dazu auch den Abschnitt „Lebenszyklus einer iOS-App" in Kapitel 4, „Grundlagen der iOS-Entwicklung").

Listing 7.16 Erzeugen eines initialen View-Controllers im App Delegate

```
// Swift
class AppDelegate: UIResponder, UIApplicationDelegate {
    var window: UIWindow?
    func application(_ application: UIApplication, didFinishLaunchingWithOptions
launchOptions: [NSObject: AnyObject]?) -> Bool {
        let firstViewController = UIViewController()
        window?.rootViewController = firstViewController
        window?.makeKeyAndVisible()
        return true
```

```
    }
}

// Objective-C
@implementation AppDelegate
- (BOOL)application:(UIApplication *)application
didFinishLaunchingWithOptions:(NSDictionary *)launchOptions {
    MyViewController *myViewController = [[MyViewController alloc] init];
    self.window.rootViewController = myViewController;
    [self.window makeKeyAndVisible];
    return YES;
}
@end
```

Das ist eine vereinfachte Darstellung unseres App Delegate, in dem wir innerhalb der Methode `application(_:didFinishLaunchingWithOptions:)` eine entsprechende Instanz unserer `MyViewController`-Klasse erstellen und unserem `window`-Objekt zuweisen.

Wenn Sie diesen Code so ausführen und Ihre App so mit Xcode kompilieren und im Simulator starten, werden Sie erfreut feststellen, dass Ihre View – ohne dass Sie sonst noch irgendetwas eingeben oder konfigurieren müssen – bereits wie gewünscht dargestellt wird (siehe Bild 7.29).

Bild 7.29
Das war ja einfach! Unsere eigens kreierte View wird ohne weiteres Zutun direkt korrekt geladen und dargestellt.

Dass das aber so einwandfrei klappt, haben wir der Klasse `UIViewController` zu verdanken. Wird nämlich eine neue Instanz einer Klasse von `UIViewController` erstellt (Subklassen sind also auch mit einbezogen), sucht diese automatisch nach einem passenden NIB-File für diese Klasse und geht dabei nach dem Namen des NIB-Files. Es gibt zwei Möglichkeiten, durch die die Klasse `UIViewController` automatisch das passende NIB-File findet:

1. `UIViewController` findet ein NIB-File, wenn es exakt den gleichen Namen wie die entsprechende `UIViewController`-Subklasse besitzt. Beispiel: `UIViewController`-Subklasse und NIB-File tragen beide den Namen `MyViewController`.
2. `UIViewController` findet ein NIB-File, wenn der Name der `UIViewController`-Subklasse auf das Suffix „Controller" endet und ein NIB-File den gleichen Namen der `UIViewController`-Subklasse ohne dieses Suffix trägt. Beispiel: `UIViewController`-Subklasse trägt den Namen `MyViewController`, das NIB-File wiederum heißt `MyView`.

In unserem Beispiel trifft Fall 1 voll und ganz zu; unsere View-Controller-Klasse trägt den Namen `MyViewController`, genau wie das NIB-File, und somit wird auch das NIB-File automatisch mit unserer Klasse verknüpft, sobald wir eine Instanz dieser Klasse erstellen (ohne dass wir auch nur irgendeine sonstige Einstellung vornehmen müssen).

Manuelles Laden und Erstellen eines View-Controllers mit NIB-File

Das eben vorgestellte automatische Laden von NIB-Files zu einem View-Controller ist möglicherweise nicht immer erwünscht, sodass stattdessen manuell das NIB-File mit dem entsprechenden Namen geladen werden muss. Hierfür liefert uns `UIViewController` die in Listing 7.17 aufgeführte Methode.

Listing 7.17 Deklaration der Methode zum Laden eines View-Controllers mit NIB-File

```
// Swift
init(nibName nibNameOrNil: String?, bundle nibBundleOrNil: Bundle?)

// Objective-C
- (instancetype)initWithNibName:(NSString *)nibNameOrNil bundle:(NSBundle *)
nibBundleOrNil;
```

Mit dieser Methode lässt sich eine Instanz einer `UIViewController`-Klasse erstellen. Sie nimmt zwei Parameter entgegen: `nibNameOrNil` ist ein String und erhält einfach den Namen des NIB-Files, welches mit dem entsprechenden View-Controller geladen werden soll. `nibBundleOrNil` ist ein `Bundle`- (Swift) beziehungsweise `NSBundle`-Objekt, welches Informationen darüber liefert, wo im Projekt das entsprechende NIB-File zu finden ist. Hierüber lässt sich ein exakter Pfad zum NIB-File angeben; das ist in der Regel aber gar nicht nötig, da `UIViewController` selbsttätig im gesamten Projekt nach dem passenden NIB-File sucht, wodurch Sie diesen Parameter in den meisten Fällen einfach auf `nil` setzen können.

Nehmen wir beispielsweise einmal an, dass wir ein NIB-File mit Namen `MyGreatSuperViewController` besitzen und dieses mit unserer `MyViewController`-Klasse verwenden möchten. Das automatische Laden (wie im vorigen Abschnitt vorgestellt) schlägt hierbei fehl, denn die Namensprüfungen von `UIViewController` finden zwischen diesen beiden Namen keinerlei Übereinstimmung. Also muss in diesem Fall die eben vorgestellte Methode her, um eine entsprechende Instanz unserer `MyViewController`-Klasse zu erstellen (siehe Listing 7.18).

Listing 7.18 Nutzen der Methode `init(nibName:bundle:)`

```
// Swift
let myViewController = MyViewController(nibName: "MyGreatSuperViewController",
bundle: nil)

// Objective-C
MyViewController *myViewController = [[MyViewController alloc]
initWithNibName:@"MyGreatSuperViewController " bundle:nil];
```

Im Übrigen handelt es sich bei dieser Methode um den Designated Initializer von `UIViewController`, sprich, diese Methode wird bei jeder Instanziierung eines `UIViewController`-Objekts aufgerufen. Wann immer wir also ein `UIViewController`-Objekt ohne expliziten Aufruf dieses Initializers erstellen, ruft `UIViewController` in jedem Fall die Methode `init(nibName:bundle:)` selbst auf und übergibt die passenden Parameter.

Listing 7.19 zeigt den kompletten Code für das Erstellen unseres View-Controllers im App Delegate mit diesem NIB-File.

Listing 7.19 Erstellen eines initialen View-Controllers mit NIB-File im App Delegate

```
// Swift
class AppDelegate: UIResponder, UIApplicationDelegate {
    var window: UIWindow?
    func application(_ application: UIApplication, didFinishLaunchingWithOptions
launchOptions: [NSObject: AnyObject]?) -> Bool {
        let firstViewController = UIViewController(nibName:
"MyGreatSuperViewController", bundle: nil)
        window?.rootViewController = firstViewController
        window?.makeKeyAndVisible()
        return true
    }
}

// Objective-C
@implementation AppDelegate
- (BOOL)application:(UIApplication *)application didFinishLaunchingWithOptions:
(NSDictionary *)launchOptions {
    MyViewController *myViewController = [[MyViewController alloc] initWithNibName:@"
MyGreatSuperViewController " bundle:nil];
    self.window.rootViewController = myViewController;
    [self.window makeKeyAndVisible];
    return YES;
}
@end
```

NIB-Files nachträglich erstellen

Natürlich können Sie ein NIB-File für einen View-Controller auch jederzeit noch nachträglich erstellen (wenn Sie zum Beispiel beim Erstellen der Klasse noch nicht davon ausgegangen sind, dass Sie ein NIB-File benötigen). Einzige zusätzliche Hürde hierbei ist, dass Sie all die Einstellungen, die Xcode beim Erstellen einer Klasse inklusive NIB-File bereits im NIB-File setzt, selbst händisch nachtragen müssen, aber Gott sei's gedankt, haben Sie selbst damit nicht allzu viel zu tun.

Als Erstes gilt es aber einmal, überhaupt ein einzelnes neues NIB-File in Ihrem Projekt zu erstellen. Wie bereits gewohnt rufen wir dazu zunächst den Dialog zum Erstellen einer neuen Datei mittels FILE → NEW → FILE... in Xcode auf. Dieses Mal interessieren wir uns für den Abschnitt *User Interface* im Bereich iOS. Dort werden verschiedene Templates für NIB-Dateien sowie für Storyboards aufgeführt. Entscheiden Sie sich an dieser Stelle für das Template VIEW, erhalten Sie ein neues NIB-File `UIView`-Objekt, welches direkt auf der Leinwand des Interface Builder platziert wird (siehe Bild 7.30).

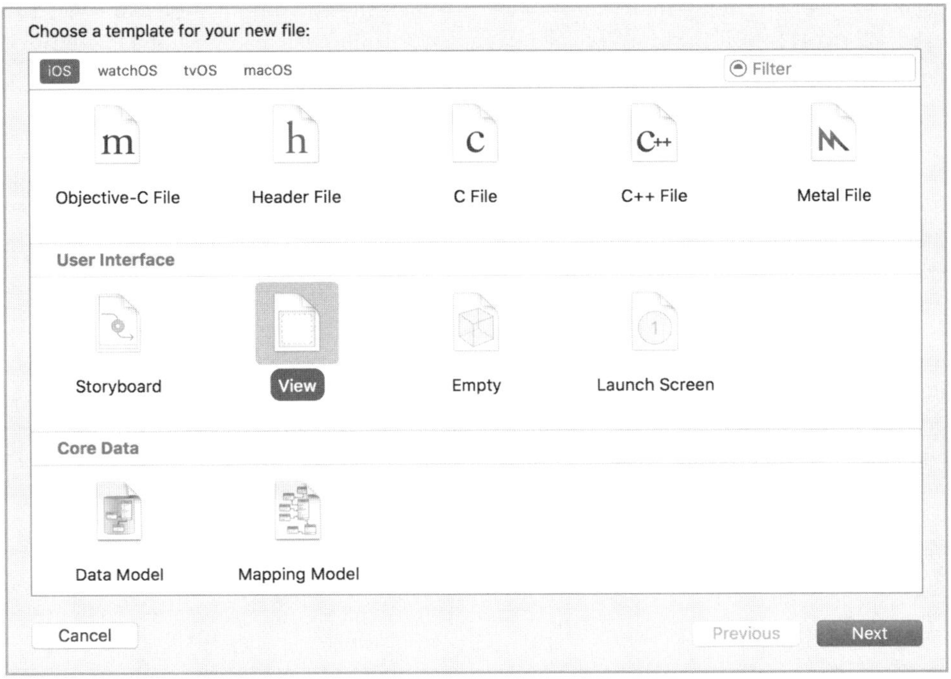

Bild 7.30 In der Template-Auswahl finden Sie verschiedene Vorlagen zum Erstellen von User Interfaces für iOS.

„Empty" NIB-File

Sie können auch das Template EMPTY verwenden, um ein komplett leeres NIB-File zu erstellen, sodass kein einziges Objekt erstellt wird. Das macht insbesondere dann Sinn, wenn Sie zum Beispiel auf oberster Ebene kein `UIView`-Objekt, sondern eine `UITableView` verwenden möchten. Würden Sie in diesem Fall das VIEW-Template auswählen, müssten Sie die automatisch erzeugte `UIView` sowieso erst entfernen, nur um dann über die Object Library ein `UITableView`-Objekt auf die Leinwand im Editor-Bereich zu ziehen. ■

Nach einem Klick auf NEXT wählen Sie noch einen Speicherort aus und haben dann auch schon Ihr neues NIB-File erstellt. Nun müssen wir dieses NIB-File noch entsprechend konfigurieren, dass es mit unserem zuvor erstellten View-Controller gekoppelt ist. Zwei Dinge müssen wir hierbei tun:

- Der File's Owner muss der entsprechenden View-Controller-Klasse zugewiesen werden.
- Das `UIView`-Objekt auf der Leinwand im Editor-Bereich des Interface Builders muss mit der `view`-Property des im File's Owner festgelegten `UIViewController` verbunden werden; besteht diese Verbindung nicht, ist die Property `view` des `UIViewController` bei der Initialisierung `nil` und zeigt somit nichts an.

Die Klasse im File's Owner zu setzen, ist kein großes Problem; klicken Sie einfach auf das File's Owner-Symbol, wechseln Sie rechts in der Utilities Area in den Identity Inspector und geben Sie bei *Class* den Namen Ihrer View-Controller-Klasse ein (in unserem Beispiel also `MyViewController`). Die Autovervollständigung wird Sie auch hierbei unterstützen und passende Ergebnisse einblenden (siehe Bild 7.31).

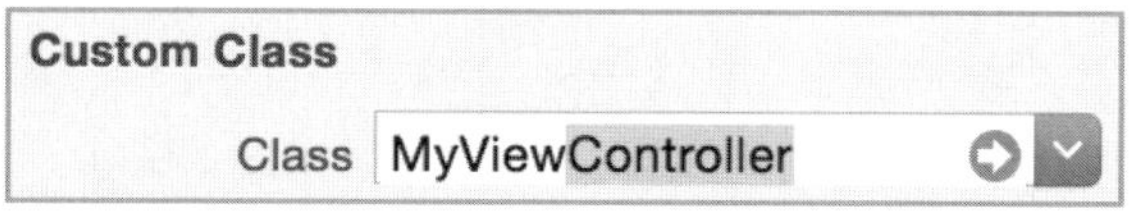

Bild 7.31 Beim Setzen der Klasse des File's Owner hilft Ihnen die Autovervollständigung, die bereits während des Tippens des Klassennamens passende Vorschläge aus Ihrem Projekt aufführt.

Nun müssen wir noch der Property `view` unseres View-Controllers das `UIView`-Objekt des Interface Builders zuweisen, damit er eben diese View anzeigen kann. Wie bereits gesehen, machen Sie dazu zunächst einen Rechtsklick auf das File's Owner-Symbol. Im sich öffnenden Kontextmenü sehen Sie alle Verbindungen, die Sie von diesem Objekt aus herstellen können, unter anderem die gesuchte `view`-Property. Ziehen Sie nun einfach von dem Punkt neben der Property bei gedrückt gehaltener linker Maustaste eine Linie zum `UIView`-Objekt in der Mitte des Bildschirms und lassen Sie die linke Maustaste los, sobald die View blau aufleuchtet. Voilà, die Verbindung steht und alle Konfigurationen sind gesetzt, wie sie auch Xcode selbst beim Erstellen einer View-Controller-Klasse inklusive NIB-File anlegt (siehe Bild 7.32).

Komplexere Konfigurationen für andere UIViewController-Klassen

Es gibt andere View-Controller-Klassen aus dem UIKit-Framework, bei denen – baut man sie händisch komplett nach wie gerade gesehen – noch weitere Konfigurationen vorgenommen werden müssen. Der `UITableViewController` ist so ein Beispiel, bei dem auch direkt der View-Controller als Delegate für die Table View für den Interface Builder konfiguriert wird. Denken Sie daran, wenn Sie ein NIB-File nachträglich für einen `UIViewController` erstellen. Mehr zu anderen wichtigen `UIViewController`-Subklassen folgt im Abschnitt 7.7 „UIViewController und seine Subklassen“.

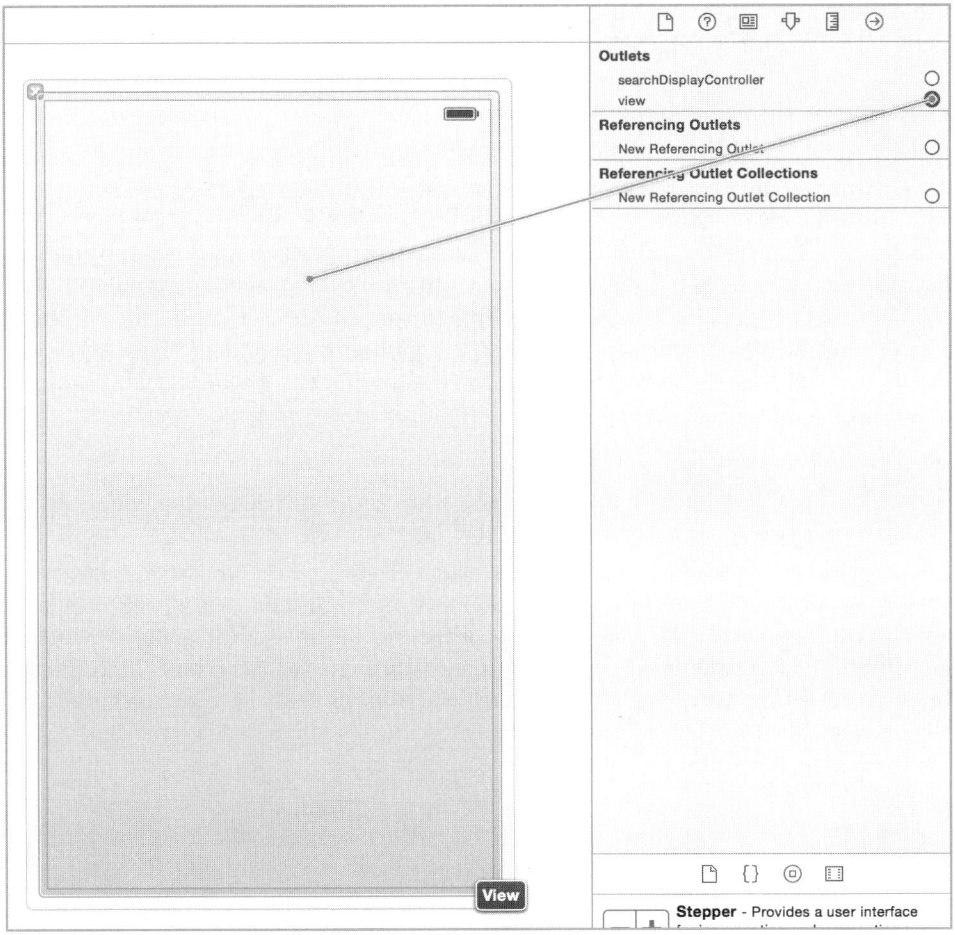

Bild 7.32 Vom Connections Inspector des File's Owner aus können Sie eine Verbindung zwischen der view-Property der View-Controller-Klasse und der Ansicht im Interface Builder herstellen.

Unterschiedliche NIB-Files für iPhone und iPad

Sicherlich sind Sie auch schon auf die Idee gekommen, dass Sie für eine App, die sowohl auf iPhone als auch iPad lauffähig sein soll, verschiedene NIB-Files für beide Plattformen für ein und denselben View-Controller verwenden möchten. Das macht auch durchaus Sinn, lassen sich auf einem iPad doch wesentlich größere Elemente und so beispielsweise auch größere Textausschnitte unterbringen. Eine Möglichkeit zur Lösung dieses Problems ist Auto Layout (mehr zum Thema Auto Layout erfahren Sie im gleichnamigen Abschnitt). Sollte das für Ihre Zwecke nicht ausreichen oder angebracht sein, weil sich die gewünschten NIB-Files für iPhone und iPad zu sehr voneinander unterscheiden, können Sie auch problemlos für beide Plattformen je ein eigenes NIB-File erstellen. Ein erstes NIB-File für eine der beiden Plattformen besitzen Sie ja in der Regel schon, wenn Sie es direkt bei der Erstellung der View-Controller-Klasse mit erzeugt haben. In diesem Fall erstellen Sie einfach ein zweites NIB-File für die jeweils andere Plattform (wie wir im vorigen Abschnitt gesehen haben) oder natürlich auch je ein NIB-File für beide Plattformen, falls für Ihren View-Controller bisher noch gar kein NIB-File existiert hat. Diese NIB-Files können Sie dann wie gewohnt konfigurieren und anpassen.

Doch wie wird nun das jeweils richtige NIB-File abhängig von der Zielplattform geladen? Im Endeffekt gibt es auch hier wieder zwei Möglichkeiten: automatisch oder manuell.

Am einfachsten funktioniert das Ganze, wenn Sie sich an die Namenskonventionen aus dem Abschnitt „Automatisches Laden und Erstellen eines View-Controllers mit NIB-File" halten und dem Dateinamen des NIB-Files anschließend einfach noch ein Suffix zur entsprechenden Plattform hinzufügen; in diesem Fall findet `UIViewController` das passende NIB-File für die richtige Plattform automatisch und lädt es wie gewohnt. Für das iPhone benötigen Sie das Suffix „~iphone", für das iPad „~ipad". Aus unserem ursprünglichen NIB-File mit dem Namen „MyViewController" werden so zwei, je eine für das iPhone und das iPad:

- MyViewController~iphone
- MyViewController~ipad

Achten Sie hierbei besonders auf die komplette Kleinschreibung der beiden Gerätenamen, denn nur so wird `UIViewController` das jeweils korrekte NIB-File finden.

Alternativ gibt es auch hier wieder einen manuellen Weg, falls Sie diese Namenskonventionen nicht einhalten wollen oder können. Dazu kommt wieder die Methode `init(nibName:bundle:)` der Klasse `UIViewController` ins Spiel. Mithilfe dieser Methode erstellen Sie je eine Instanz Ihres View-Controllers abhängig von der Zielplattform, auf der Ihre App ausgeführt wird. Um herauszufinden, auf welcher Plattform Ihre App ausgeführt wird, können Sie die in Listing 7.20 aufgeführte Abfrage in Ihrem Code verwenden.

Listing 7.20 Geräteabfrage

```
// Swift
if UI_USER_INTERFACE_IDIOM() == .pad {
   <Zielgerät ist ein iPad>
}
if UI_USER_INTERFACE_IDIOM() == .phone {
   <Zielgerät ist ein iPhone/iPod touch>
}

// Objective-C
if (UI_USER_INTERFACE_IDIOM() == UIUserInterfaceIdiomPad) {
    <Zielgerät ist ein iPad>
}
if (UI_USER_INTERFACE_IDIOM() == UIUserInterfaceIdiomPhone) {
    <Zielgerät ist ein iPhone/iPod touch>
}
```

Mittels `UI_USER_INTERFACE_IDIOM()` können Sie an jeder Stelle im Code und in jeder Klasse die aktuelle Geräte-Hardware abfragen. Liefert die Funktion phone zurück, handelt es sich beim Gerät um ein iPhone oder einen iPod touch (was für uns als Entwickler aber an dieser Stelle keinen Unterschied macht). Ist das Ergebnis hingegen pad, handelt es sich bei dem Zielgerät um ein iPad.

Unser komplettes Codebeispiel würde wie in Listing 7.21 gezeigt aussehen, davon ausgehend, dass das NIB-File für das iPhone schlicht „iPhoneNib" und das für das iPad „iPadNib" heißt.

Listing 7.21 Praktische Umsetzung der Geräteabfrage

```
// Swift
class AppDelegate: UIResponder, UIApplicationDelegate {
    func application(_ application: UIApplication, didFinishLaunchingWithOptions
launchOptions: [NSObject: AnyObject]?) -> Bool {
        let myViewController: MyViewController!
        if UI_USER_INTERFACE_IDIOM() ==.Phone {
            myViewController = MyViewController(nibName: "iPhoneNib", bundle: nil)
        } else {
            myViewController = MyViewController(nibName: "iPadNib", bundle: nil)
        }
        window.rootViewController = myViewController
        window.makeKeyAndVisible()
        return true
    }
}

// Objective-C
@implementation AppDelegate
- (BOOL)application:(UIApplication *)application didFinishLaunchingWithOptions:
(NSDictionary *)launchOptions {
    MyViewController *myViewController;
    if (UI_USER_INTERFACE_IDIOM() == UIUserInterfaceIdiomPhone) {
        myViewController = [[MyViewController alloc] initWithNibName:@"iPhoneNib "
bundle:nil];
    } else {
        myViewController = [[MyViewController alloc] initWithNibName:@"iPadNib "
bundle:nil];
    }
    self.window.rootViewController = myViewController;
    [self.window makeKeyAndVisible];
    return YES;
}
@end
```

Wir erstellen also zunächst einen einfachen Verweis auf ein Objekt der Klasse `MyViewController` und prüfen anschließend die Hardware. Handelt es sich um ein iPhone oder einen iPod touch, wird das NIB-File „iPhoneNib“ geladen, andernfalls „iPadNib“. Der Rest verläuft wie gewohnt.

7.5 Storyboards

7.5.1 Über Storyboards

Im Zuge der Vorstellung von iOS 5 hielten die sogenannten Storyboards Einzug in die Entwicklungsumgebung Xcode. Ein Storyboard ist zunächst nichts anderes als eine Datei, die – wie auch eine NIB-Datei – im integrierten Interface Builder von Xcode geöffnet wird. Storyboards erlauben Ihnen dabei auch all die Dinge, die Sie bereits bei den NIB-Files kennengelernt haben, sprich das Erstellen und Bearbeiten von View-Controller-Ansichten. Aber im Gegensatz zu NIB-Files können Storyboards darüber hinaus noch wesentlich mehr. Sie können nämlich nicht nur einen View-Controller mit seiner entsprechenden View verwalten, sondern beliebig viele View-Controller. Und nicht nur das: Mit Storyboards können Sie Verbindungen zwischen Ihren View-Controllern setzen und damit – ohne dafür auch nur eine Zeile Code zu schreiben – die Navigation in Ihrer App komplett über das Storyboard regeln.

So weit die Theorie. Am besten verinnerlicht man Storyboards, ihren Nutzen und ihr Verhalten, wenn man selbst mal eines in Xcode erstellt.

7.5.2 Das Storyboard-Projekt

Starten Sie also Xcode und lassen Sie uns ein neues Projekt inklusive Storyboard erstellen. Klicken Sie dazu entweder im Startfenster auf CREATE A NEW XCODE PROJECT oder wählen Sie in der Xcode-Menüleiste FILE → NEW → PROJECT... (siehe Bild 7.33).

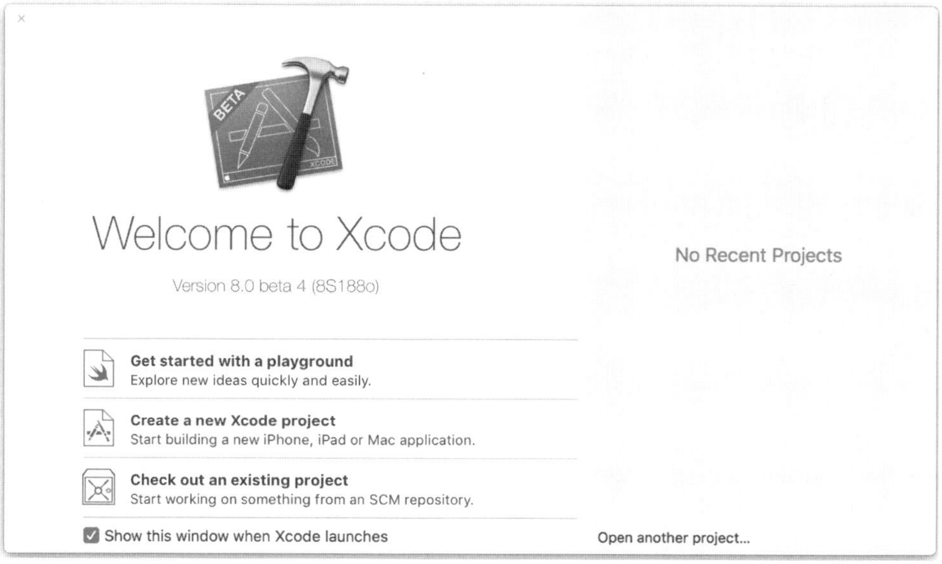

Bild 7.33 Aus dem Xcode-Startfenster heraus können Sie ein neues Projekt erstellen.

Es öffnet sich eine Template-Auswahl für Projekte, in denen Xcode Ihnen bereits vorkonfigurierte Projekte zur Verfügung stellt, mit denen Sie direkt starten können (mehr dazu erfahren Sie im Kapitel „Die Entwicklungsumgebung – Xcode"). An dieser Stelle entscheiden wir uns der Einfachheit halber für das Template SINGLE VIEW APPLICATION (siehe Bild 7.34).

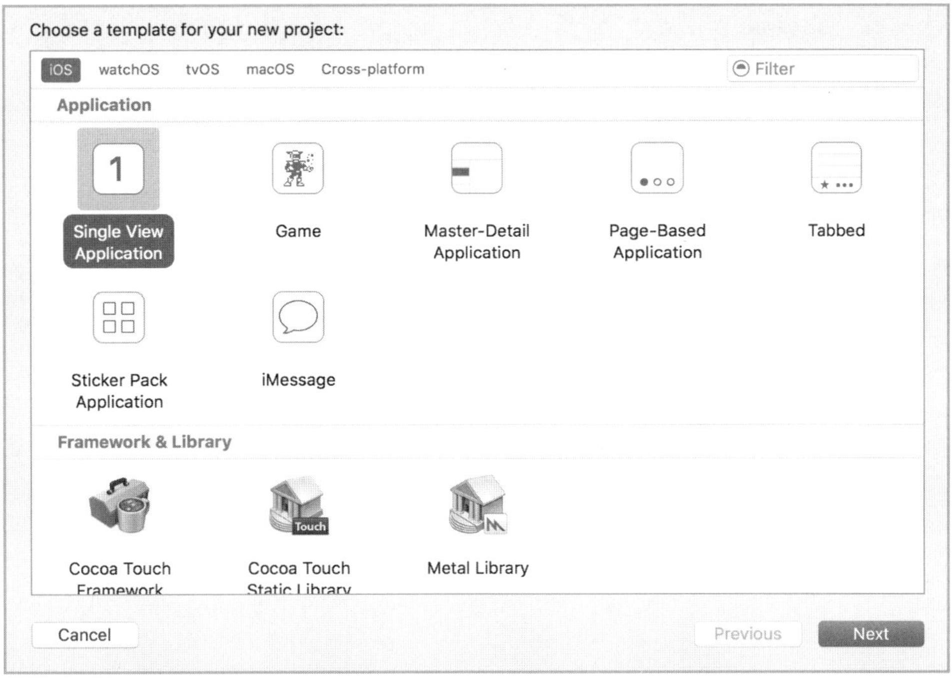

Bild 7.34 Das Template „Single View Application“ bietet einen guten Einstieg für diverseste App-Projekte.

Im nächsten Fenster geben wir erste Informationen zu unserem neuen Projekt ein; auch zu den dort aufgeführten einzelnen Punkten erfahren Sie mehr im Detail im Kapitel „Die Entwicklungsumgebung – Xcode“. Der *Product Name* ist der Name unseres Projekts, also beispielsweise „Storyboard Test“. Als *Organization Name* wird üblicherweise entweder der Name der Firma, in der Sie arbeiten, oder Ihr eigener Name angegeben. Der *Organization Identifier* ist ein umgedrehter Domain-Name, bestehend aus der Top-Level-Domain für das Land und dem Namen Ihrer Firma (oder Ihrem eigenen Namen, falls Sie als selbstständiger Entwickler tätig sind). In meinem Beispiel ist dieser „de.thomassillmann“. Aus dem Organization Identifier und dem Product Name wird dann automatisch der sogenannte *Bundle Identifier* zusammengesetzt (siehe Bild 7.35).

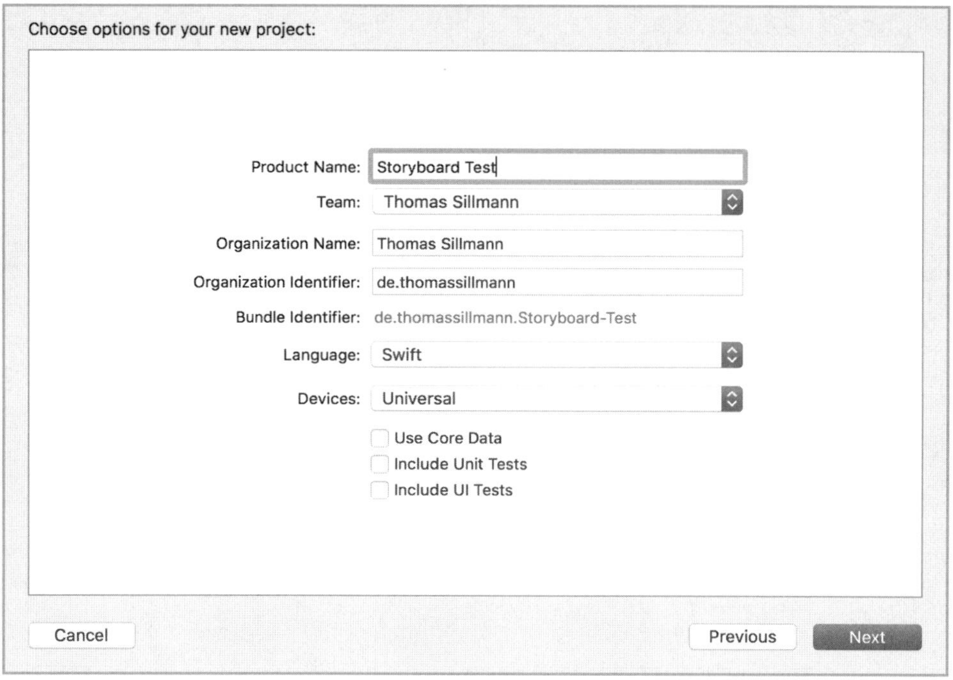

Bild 7.35 Die grundlegenden Informationen zu einer App werden direkt bei der App-Erstellung abgefragt, können aber jederzeit noch später im Projekt geändert werden.

Übrigens:

All diese Einstellungen sind nicht in Stein gemeißelt! Sie haben auch nach Erstellung des Projekts jederzeit die Möglichkeit, jede der hier aufgeführten Angaben noch zu ändern und zu bearbeiten.

Mit einem weiteren Klick auf NEXT und der anschließenden Auswahl eines Speicherorts ist sodann unser neues Projekt erstellt und sofort einsatzbereit (siehe Bild 7.36).

Xcode hat uns nun ein vorgefertigtes Projekt zur Verfügung gestellt, das direkt – neben der App Delegate-Klasse – auch eine eigene View-Controller-Klasse enthält. Diese kümmert sich um die Darstellung und Handhabung der ersten Ansicht, die nach dem Starten der App aufgerufen wird. Auch ist zu erkennen, dass bereits eine Datei mit dem Namen „Main.storyboard“ angelegt wurde (siehe Bild 7.37).

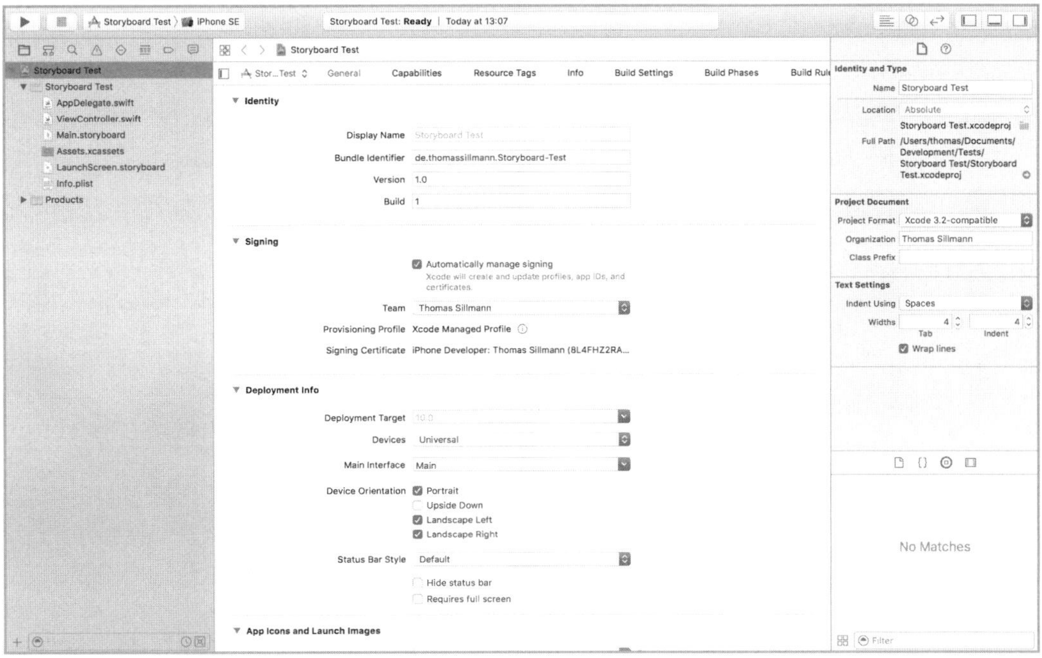

Bild 7.36 Unser neu erstelltes Xcode-Projekt!

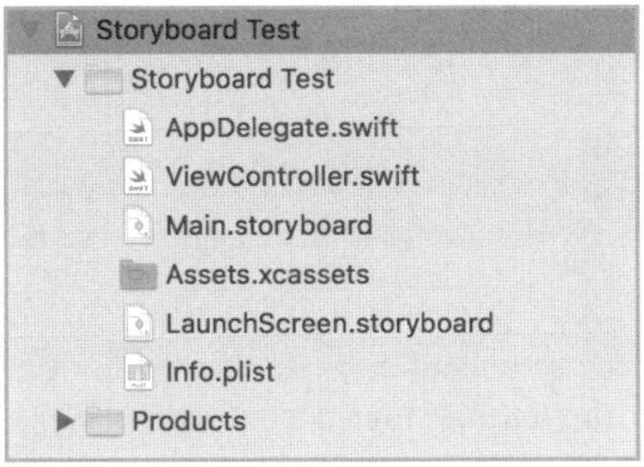

Bild 7.37
Dank des „Single View Application"-Templates hat Xcode bereits einige grundlegende Projektdateien für uns erstellt.

Bisher haben wir gelernt, dass sich der App Delegate darum kümmert, den sogenannten Root-View-Controller für seine `window`-Property zu setzen und damit genau den View-Controller festzulegen, der zu Beginn geladen und dessen Ansicht dann auch angezeigt wird. Wenn wir nun aber mal einen Blick in die von Xcode erstellte App Delegate-Klasse werfen, werden wir feststellen, dass kein derartiger Code existiert; nirgends ist festgelegt, was überhaupt beim Starten der App passieren soll (siehe Bild 7.38).

```
import UIKit

@UIApplicationMain
class AppDelegate: UIResponder, UIApplicationDelegate {

    var window: UIWindow?


    func application(_ application: UIApplication, didFinishLaunchingWithOptions launchOptions:
        [NSObject: AnyObject]?) -> Bool {
        // Override point for customization after application launch.
        return true
    }

    func applicationWillResignActive(_ application: UIApplication) {
        // Sent when the application is about to move from active to inactive state. This can occur for
            certain types of temporary interruptions (such as an incoming phone call or SMS message) or
            when the user quits the application and it begins the transition to the background state.
        // Use this method to pause ongoing tasks, disable timers, and invalidate graphics rendering
            callbacks. Games should use this method to pause the game.
    }

    func applicationDidEnterBackground(_ application: UIApplication) {
        // Use this method to release shared resources, save user data, invalidate timers, and store
            enough application state information to restore your application to its current state in case
            it is terminated later.
        // If your application supports background execution, this method is called instead of
            applicationWillTerminate: when the user quits.
    }

    func applicationWillEnterForeground(_ application: UIApplication) {
        // Called as part of the transition from the background to the active state; here you can undo
            many of the changes made on entering the background.
    }

    func applicationDidBecomeActive(_ application: UIApplication) {
        // Restart any tasks that were paused (or not yet started) while the application was inactive. If
            the application was previously in the background, optionally refresh the user interface.
    }

    func applicationWillTerminate(_ application: UIApplication) {
        // Called when the application is about to terminate. Save data if appropriate. See also
            applicationDidEnterBackground:.
    }


}
```

Bild 7.38 Viele Kommentare, sonst eher mau; der Inhalt des frisch erstellten App Delegate ist relativ überschaubar.

Seltsam, nicht wahr? Denn nicht nur, dass offenbar essenzieller Code zum Starten der App im App Delegate einfach fehlt, so funktioniert die App darüber hinaus einwandfrei, wenn wir sie über Xcode starten; die Ansicht des View-Controllers wird geladen und angezeigt (auch wenn sie zum jetzigen Zeitpunkt natürlich noch sehr spartanisch ausschaut, siehe Bild 7.39).

Also was genau geschieht hier? Nun, bereits an dieser Stelle machen sich Storyboards das erste Mal bemerkbar. Gehen wir also den nächsten Schritt und sehen uns den Inhalt der von Xcode erzeugten „Main.storyboard“-Datei einmal näher an (siehe Bild 7.40).

Bild 7.39
Die App läuft, auch wenn sie noch wahrlich unspektakulär daherkommt.

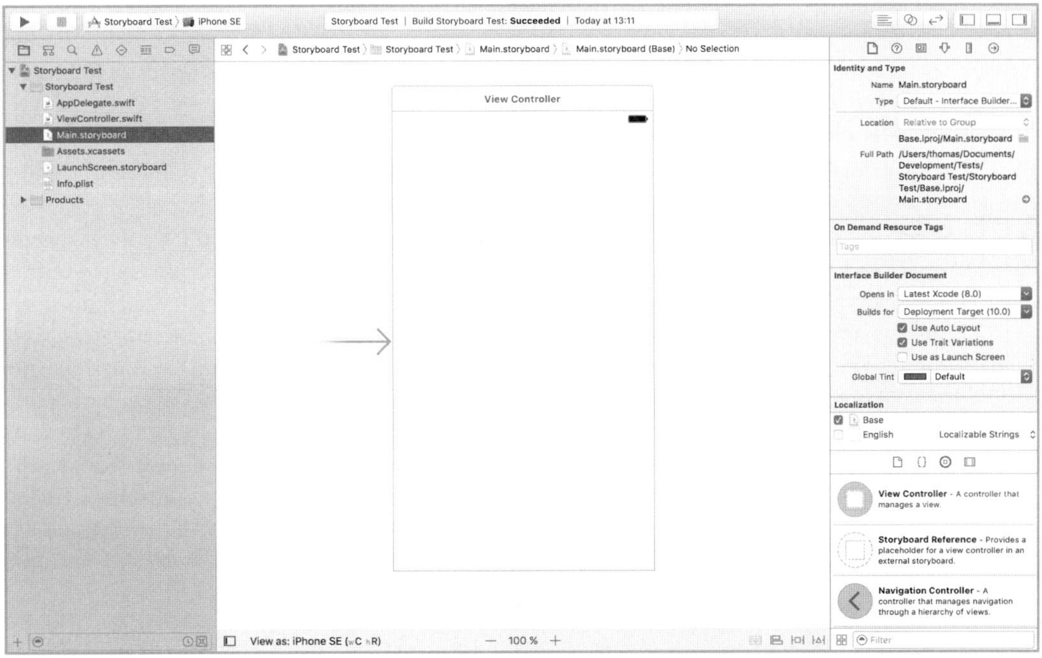

Bild 7.40 Der Interface Builder gibt uns eine grafische Vorschau unserer Storyboard-Datei.

Auf den ersten Blick wirkt die Ansicht sehr vertraut. Wir sehen eine View und können an dieser Stelle vermuten, dass diese wohl dem ebenfalls von Xcode erzeugten View-Controller zugeordnet ist. Doch das ist so nicht ganz richtig. Wir sehen nicht nur eine View, die im Editor-Bereich von Xcode angezeigt wird, sondern einen kompletten View-Controller! Das ist schon einmal ein essenzieller Unterschied zu den NIB-Files, denn in Storyboards werden nicht nur die Ansichten eines View-Controllers, sondern auch die Instanzen der View-Controller selbst erstellt und angelegt. Das, was wir bisher im Editor-Bereich sehen, ist ein `UIViewController`-Objekt, welches der von Xcode erzeugten Klasse `ViewController` zugewiesen ist, und wir sehen die View, die dieser View-Controller verwaltet (und die quasi „auf ihm" liegt).

Das Ganze können Sie sehr schön anhand der Symbole erkennen, die sich in dem weißen Kasten oberhalb der View-Controller-Ansicht befinden. Standardmäßig wird hier der Name der Klasse angezeigt, von der die Instanz dieses View-Controllers abgeleitet ist. Sobald Sie aber einmal den View-Controller per Klick auswählen, ändert sich dieser Kasten und zeigt Ihnen in jedem Fall drei Symbole an (siehe Bild 7.41):

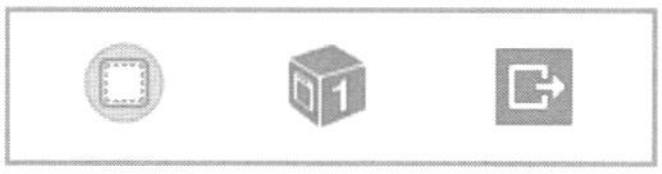

Bild 7.41
Nach Auswahl eines View-Controllers im Storyboard werden Symbole für die Konfiguration eingeblendet.

Das erste Symbol repräsentiert die Instanz des jeweiligen View-Controllers. Wie wir im folgenden Abschnitt – „UIViewController und seine Subklassen" – sehen werden, liefert uns Apple mit dem UIKit-Framework mehrere vorgefertigte View-Controller, die wir für unsere Arbeit verwenden können. Die Klasse `UIViewController` selbst gehört natürlich auch dazu, und genau eine solche Instanz von `UIViewController` hat uns Xcode mit diesem Template bereits selbst erstellt. Wenn Sie einmal auf das orangefarbene linke Symbol klicken, können Sie alle weiteren Informationen dazu in der Utilities Area abrufen (so wie bereits bei den View-Klassen aus den NIB-Files bekannt). Der File Inspector gibt uns erneut allgemeine Informationen zur Storyboard-Datei selbst, während uns der Quick Help Inspector keine konkreten Informationen anzeigt. Das liegt daran, dass diesem Objekt die neu erstellte `ViewController`-Klasse zugewiesen ist, zu der Apple – verständlicherweise – keine Dokumentation besitzt; schließlich ist das eine komplett neue Klasse innerhalb unseres Projekts und keine Klasse von Apple selbst aus deren Frameworks.

Warum dieses Objekt auf die Klasse `ViewController` verweist, wird im Identity Inspector ersichtlich. Dort ist im Bereich *Class* eben die Klasse hinterlegt, von der diese View-Controller-Instanz abgeleitet ist. Und hier sehen wir auch, dass Xcode bereits den Namen der automatisch erzeugten View-Controller-Klasse an dieser Stelle eingefügt hat. Das bedeutet, dass die im Storyboard dargestellte Ansicht mit unserer eigenen View-Controller-Klasse gekoppelt ist und wir somit Verbindungen zwischen der Ansicht und dem View-Controller herstellen können. Eine View-Controller-Instanz in einem Storyboard ist also dem File's Owner aus den NIB-Files nicht ganz unähnlich. Daher können wir an dieser Stelle auch, wie bereits bekannt, Objekte aus der Object Library auf die Ansicht unseres View-Controllers ziehen und dort so platzieren, wie wir sie brauchen. Und mittels des Assistant Editors können wir ebenso in gewohnter Weise dann Outlets und Actions für die View-Objekte zu unserem View-Controller erstellen; alles wie gehabt.

Storyboards können aber noch deutlich mehr. Insbesondere können sie nicht nur *einen* View-Controller verwalten, sondern *beliebig viele*. Probieren Sie es direkt einmal aus, indem Sie aus der Object Library eine Instanz von `UIViewController` im Interface Builder rechts neben dem bereits existierenden View-Controller hinzufügen (siehe Bild 7.42).

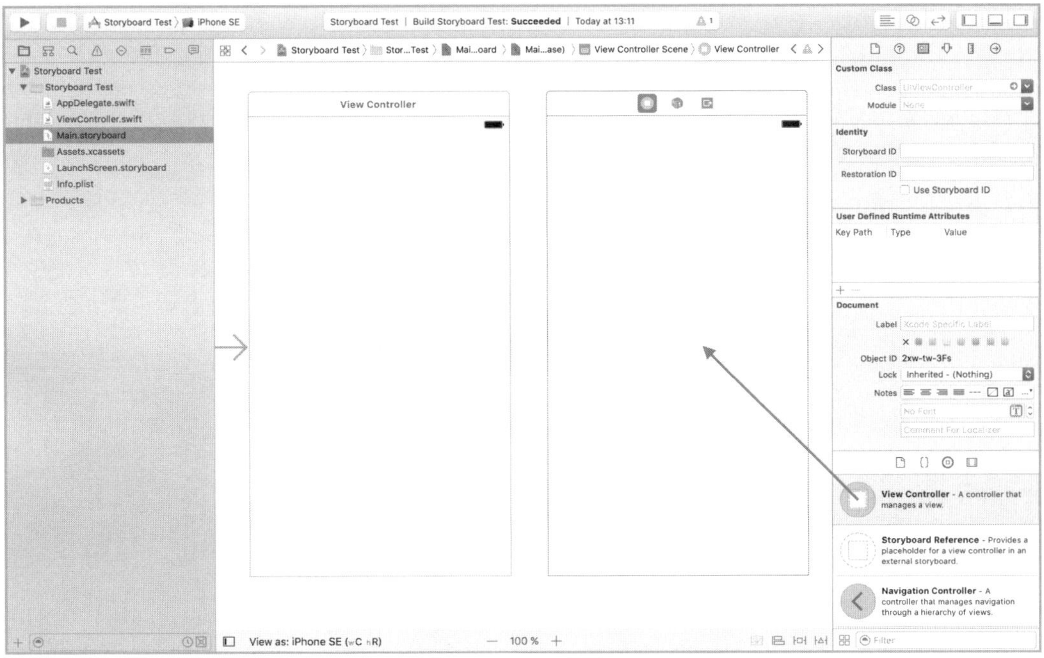

Bild 7.42 Weitere View-Controller können schnell und einfach mittels Drag & Drop aus der Object Library einem Storyboard hinzugefügt werden.

Genau hier kommen wir nämlich zum eigentlichen Highlight von Storyboards: Ein Storyboard verwaltet nicht nur einfach einen View-Controller (auch wenn das prinzipiell möglich ist), sondern kann beliebig viele View-Controller aufnehmen und Verbindungen zwischen diesen herstellen. So können Sie beispielsweise direkt in einem Storyboard festlegen, dass beim Betätigen eines Buttons ein anderer View-Controller aufgerufen werden soll; ganz ohne eine Zeile Code zu schreiben. Glauben Sie nicht? Dann probieren wir es doch einfach mal aus! Ziehen Sie dazu auf den ersten View-Controller einen Button an eine beliebige Stelle. Anschließend stellen wir die Verbindung her (ähnlich wie wir es bereits vom Assistant Editor her kennen). Anstatt aber unseren Button mit View-Controller-Code zu verbinden, ziehen wir nun eine Linie direkt zu unserem eben hinzugefügten View-Controller innerhalb des Interface Builders. Heißt also: Mit der rechten Maustaste auf den Button klicken, Maustaste gedrückt halten und nun die Verbindung zum anderen View-Controller ziehen. Sie sehen dann schon, dass dieser blau hervorgehoben wird, sobald Sie ihn erreichen (siehe Bild 7.43).

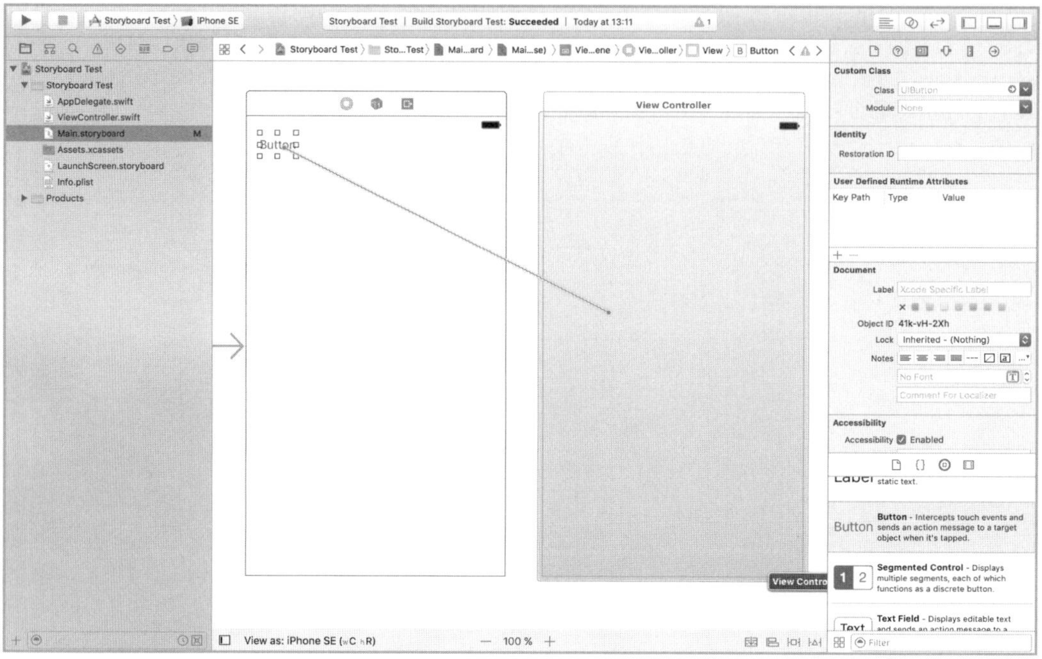

Bild 7.43 Beim Ziehen einer Verbindung unterstützt uns Xcode durch die blaue farbliche Hervorhebung der zu verbindenden Elemente.

Wenn Sie nun die rechte Maustaste wieder loslassen, erscheint ein Popup-Fenster, in dem Sie die Art des Übergangs festlegen. Denn durch die eben erzeugte Verbindung haben Sie festgelegt, dass bei Betätigung des Buttons Ihr zweiter View-Controller eingeblendet und dem Nutzer angezeigt werden soll. In dem erscheinenden Popup-Fenster legen Sie nun noch fest, wie der entsprechende Übergang zwischen diesen beiden View-Controllern erfolgen soll (siehe Bild 7.44).

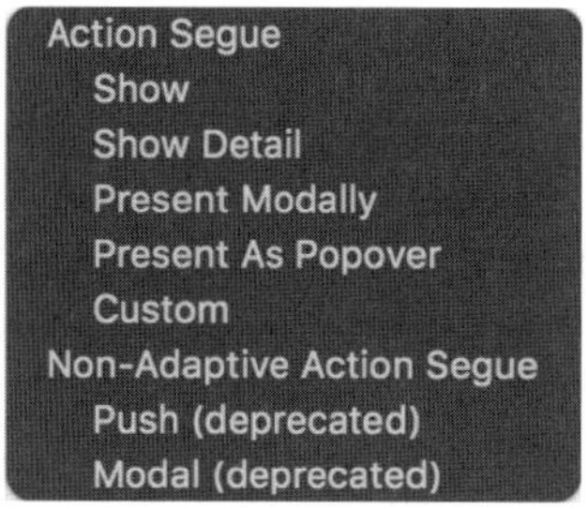

Bild 7.44
Die Qual der Wahl; welchen Verbindungstyp hätten Sie denn gerne?

Die Option Show ist an dieser Stelle nicht relevant für uns, da diese nur für View-Controller eingesetzt werden kann, die sich innerhalb eines `UINavigationController` befinden (mehr dazu erfahren Sie im Abschnitt 7.7 „UIViewController und seine Subklassen“). Wählen Sie darum an dieser Stelle einmal Present Modally aus. Present Modally bedeutet, dass der Ziel-View-Controller über den aufrufenden View-Controller gelegt wird. Nach entsprechender Auswahl wird die Verbindung zwischen den Controllern hergestellt, wie Sie auch an einem entsprechenden Verbindungssymbol erkennen können (siehe Bild 7.45).

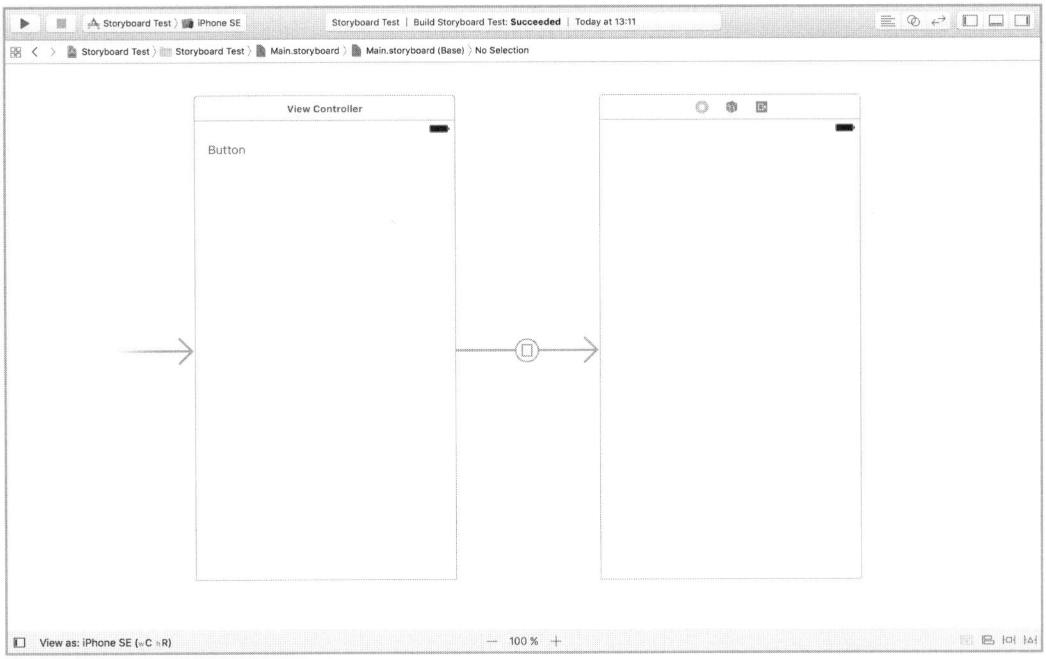

Bild 7.45 Die Verbindung zwischen unseren beiden View-Controllern wurde erfolgreich hergestellt.

Deprecated Segues

Wie Sie im Auswahlfenster des Action Segues gesehen haben, bietet dieser im Abschnitt *Non-Adaptive Action Segues* zwei als „deprecated" gekennzeichnete Actions an. Diese wurden vor Xcode 6 genutzt, um Verbindungen zwischen den View-Controllern herzustellen. PUSH war dabei immer das Äquivalent zu SHOW, während MODAL für das jetzige PRESENT MODALLY eingesetzt wurde. Auch wenn diese Actions für Segues noch verfügbar sind, sollten Sie dennoch davon absehen, sie heute noch einzusetzen, gerade da sie so explizit und auffällig von Apple als „deprecated" gekennzeichnet wurden. Über kurz oder lang wird es diese Actions nicht mehr geben und spätestens dann werden Sie die neuen Segue Actions einsetzen müssen, doch so weit muss es ja nicht kommen.

Geben Sie nun noch zur besseren Unterscheidung der Ansicht des zweiten View-Controllers eine andere Hintergrundfarbe über den Interface Builder, indem Sie die View anklicken und dann die entsprechende Einstellung im Attributes Inspector vornehmen, und starten Sie anschließend Ihre App erneut. Wie Sie sehen, erscheint nun die zweite View – ganz ohne Schreiben einer Codezeile –, sobald Sie den Button auf der ersten View betätigen.

Damit haben Sie die Grundlagen zur Arbeit mit Storyboards bereits kennengelernt, doch eine sehr wichtige Frage ist noch offen: Woher weiß unsere App nun eigentlich, dass sie genau diesen ersten View-Controller aus der „Main.storyboard"-Datei beim Starten der App laden soll? Das hängt mit zwei Einstellungen zusammen, die wir uns nun im Detail ansehen.

Vielleicht ist Ihnen das Pfeilsymbol links unserer ersten View-Controller-Instanz im Interface Builder aufgefallen? Dieser Pfeil weist in einem Storyboard darauf hin, dass dieser View-Controller der *initiale* View-Controller ist, von ihm also alle weiteren möglichen Verbindungen zu anderen View-Controllern ausgehen (wie wir ja anhand unseres beispielhaften zweiten View-Controllers gesehen haben). Diese Information kann nun dazu verwendet werden, diesen initialen View-Controller ganz einfach über einen Methodenaufruf zu erstellen und auf diesen View-Controller zuzugreifen. Wie das geht, sehen wir gleich, doch um schlicht und einfach beim App-Start einen initialen View-Controller aus einem Storyboard heraus zu laden, müssen Sie nur eines tun (und das hat erneut rein gar nichts mit Code schreiben zu tun).

Rufen Sie dazu die Projekteigenschaften auf und wechseln auf die Registerkarte GENERAL. Dort gibt es im Bereich *Deployment Info* ein Feld *Main Interface*. Wenn Sie hier den Namen einer Storyboard-Datei eintragen, wird Xcode beim Erstellen der App automatisch dafür sorgen, dass der in der entsprechenden Storyboard-Datei hinterlegte initiale View-Controller erstellt und angezeigt wird; ganz automatisch und ohne weiteres Zutun Ihrerseits. Code zum Erstellen und Laden des View-Controllers im App Delegate ist damit nicht mehr nötig. Und wie wir sehen, hat Xcode auch an dieser Stelle bereits für uns vorgearbeitet und beim Erstellen des Projekts über das gewählte Template automatisch den Namen des „Main.storyboard"-File gesetzt (siehe Bild 7.46).

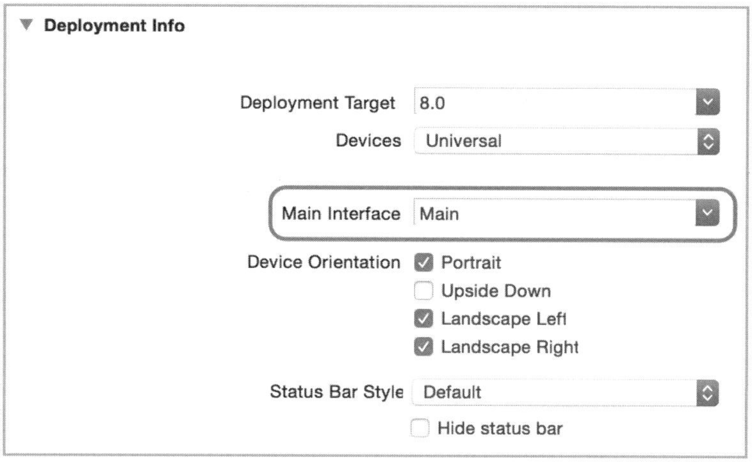

Bild 7.46 So einfach geht's: Storyboard in den Deployment-Infos des Projekts setzen und Xcode übernimmt die komplette Initialisierung für uns!

7.5.3 Die Klasse UIStoryboard

Über die Grundlagen von Storyboards wissen wir nun also Bescheid und wir wissen auch, dass sie deutlich mehr Aufgaben übernehmen als „nur" das Gestalten von Views. Mit ihnen lassen sich ganze App-Abläufe anhand von View-Controller-Aneinanderreihungen aufbauen und dann vollautomatisch durchführen. Und nicht nur das: Bei allen View-Controllern, die Sie mittels Storyboard nutzen, kümmert sich iOS selbsttätig um die Instanziierung und Freigabe der entsprechenden Objekte.

Dennoch kann es in einigen Fällen sinnvoll sein, eine eigene Instanz eines View-Controllers aus einem Storyboard heraus im Code zu erstellen (um ihn beispielsweise auch an einer anderen Stelle im Code zu verwenden). Für diese Zwecke steht die Klasse `UIStoryboard` zur Verfügung. Diese mutet recht spartanisch an und besitzt sage und schreibe drei eigene Methoden (siehe Listing 7.22).

Listing 7.22 Methoden der Klasse `UIStoryboard`

```
// Swift
init(name name: String, bundle storyboardBundleOrNil: Bundle?)
func instantiateInitialViewController() -> UIViewController?
func instantiateViewController(withIdentifier identifier: String) -> UIViewController

// Objective-C
+ (UIStoryboard *)storyboardWithName:(NSString *)name bundle:(NSBundle *)
storyboardBundleOrNil;
- (__kindof UIViewController *)instantiateInitialViewController;
- (__kindof UIViewController *)instantiateViewControllerWithIdentifier:(NSString *)
identifier;
```

Mittels des Initializers `init(name:bundle:)` erstellen Sie eine neue Instanz eines `UIStoryboard`-Objekts, indem Sie den Namen der Datei (in unserem vorherigen Beispiel also „Main“) sowie den Ort, an dem das File gefunden werden kann, übergeben. Mit diesem erstellten Objekt haben Sie dann zwei Möglichkeiten: Sie können entweder eine neue Instanz des initialen View-Controllers über die Methode `instantiateInitialViewController()` erstellen, oder Sie nutzen die Methode `instantiateViewController(withIdentifier:)`, um einen spezifischen View-Controller aus dem entsprechenden Storyboard zu instanziieren. Hierfür benötigen Sie allerdings einen passenden Identifier, über den der View-Controller eindeutig innerhalb der Storyboard-Datei identifiziert und somit gefunden werden kann. Diesen Identifier legen Sie in der Storyboard-Datei an. Dazu wählen Sie den gewünschten View-Controller aus und wechseln dann in der Utilities Area in den Identity Inspector (dort, wo Sie auch bereits die Klasse für den View-Controller festlegen). Unter der Angabe der Klasse gibt es ein Feld *Storyboard ID*. Der String, den Sie in dieses Feld eintragen, ist der, über den dieser View-Controller über die Methode `instantiateViewController(withIdentifier:)` gefunden und instanziiert werden kann (siehe Bild 7.47).

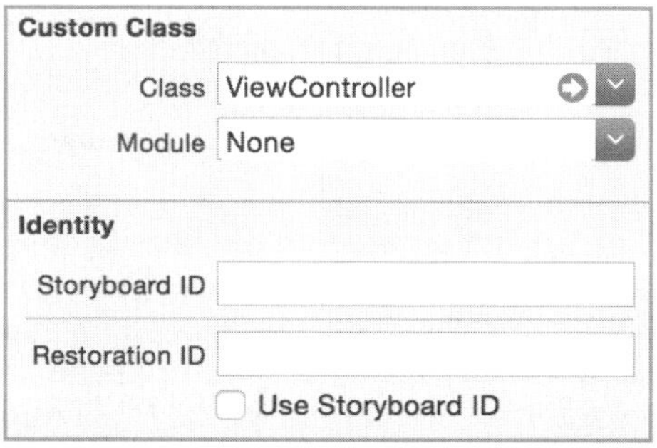

Bild 7.47
Die Storyboard ID kann im Identity Inspector gesetzt werden und muss eindeutig sein.

Damit erlaubt es Ihnen die Klasse `UIStoryboard`, von überall in Ihrem Code Instanzen der View-Controller eines Storyboards zu erstellen.

Warum UIStoryboard?

Falls Sie sich fragen, warum Sie zum Instanziieren von View-Controllern an dieser Stelle die Klasse `UIStoryboard` verwenden sollen und nicht wie gewohnt einfach selbst Instanzen der zugehörigen View-Controller-Klassen erstellen, ist die Antwort eigentlich ganz einfach: wegen der Ansichten! Die View, die Sie für Ihren View-Controller erstellen, sowie die Outlets und Actions, die Sie im Storyboard setzen, sind eben auch nur im Storyboard verfügbar und nur das Storyboard weiß über sie Bescheid. Darum ist es essenziell, die Klasse `UIStoryboard` zu verwenden, wenn Sie eine eigene Instanz eines View-Controllers erstellen möchten, den Sie komplett in einem Storyboard entworfen und erstellt haben. ■

Mehrere Storyboards in einem Projekt

Es ist problemlos möglich, mehrere Storyboard-Dateien in einem Projekt zu verwenden und mit ihnen verschiedene oder auch einzelne View-Controller abzubilden. Über die Klasse `UIStoryboard` können Sie in Ihrem Code jederzeit auf jede beliebige Storyboard-Datei zugreifen und die in ihr enthaltenen View-Controller nutzen und initialisieren. ■

7.5.4 Segues

Ein weiterer wichtiger Funktionsbestandteil eines Storyboards sind Segues. Ein Segue bezeichnet eine Verbindung zwischen zwei View-Controllern, also beispielsweise so eine, wie wir sie in unserem vorigen Beispiel zwischen dem Button und der zweiten View erstellt haben.

Das Gute an Segues ist, dass wir sie abfangen können. So können wir beispielsweise beim Wechsel von einem zum anderen View-Controller ein Objekt oder einen anderen Parameter übergeben, der dynamisch ist und nicht statisch festgelegt werden kann. Hätten wir hier keine Eingriffsmöglichkeit, hätten wir auch nicht die geringste Chance, auf die View-Controller-Instanz aus dem Storyboard zuzugreifen.

Aus diesem Grund bringt die Klasse `UIViewController` (von der ja bekanntlich auch alle anderen View-Controller erben) einige Methoden mit, die automatisch aufgerufen werden, sobald ein Übergang von einem zum anderen View-Controller stattfindet. Zu diesen kommen wir gleich (siehe Bild 7.48).

Darüber hinaus gibt es auch einige Ähnlichkeiten zwischen Segues und den View-Controllern eines Storyboards selbst. So können Sie auch eine eindeutige ID für einen Segue festlegen, um diesen später eindeutig in Ihrem Code zu identifizieren (wie bei View-Controllern in Storyboards auch), und es gibt auch für Segues eine eigene Klasse aus dem UIKit-Framework: `UIStoryboardSegue`.

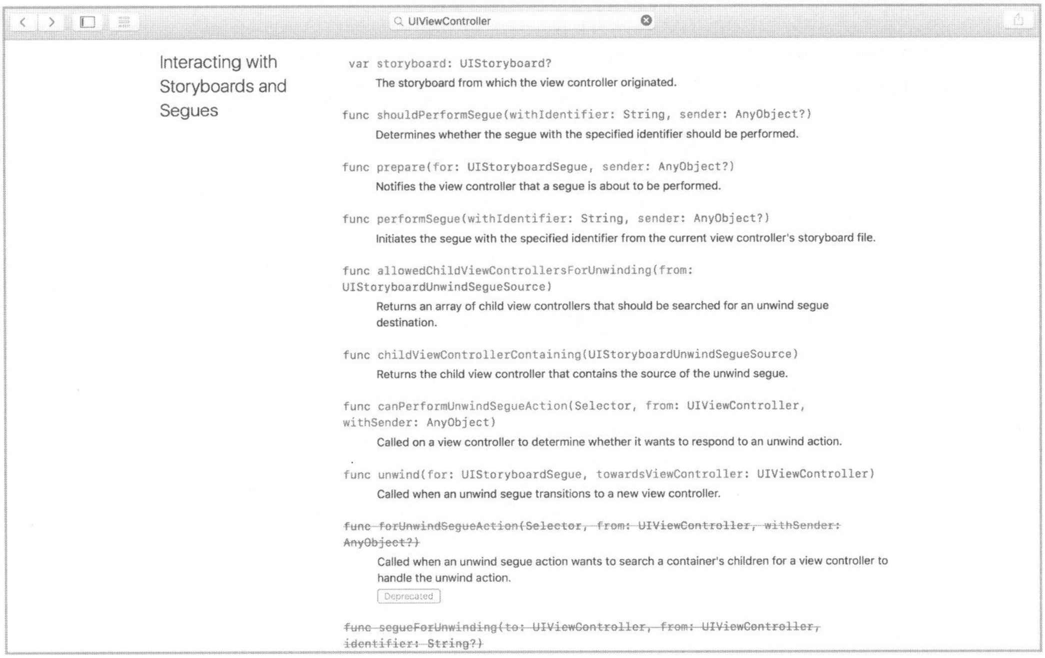

Bild 7.48 In der Dokumentation von UIViewController finden sich alle Funktionen im Umgang mit Storyboards in einem eigenen Abschnitt.

Auch diese Klasse ist relativ spartanisch aufgebaut. Segues können anhand der eben genannten Identifier eindeutig identifiziert und somit passende Objekte dazu im Code erstellt werden. Darüber hinaus verfügt die Klasse aber auch noch über die Properties `source` und `destination`, die jeweils eine Instanz zum Ziel-View-Controller (der `destination`) und dem eigentlichen Quell-View-Controller (`source`), von welchem der Segue ausgeht, halten.

Damit wir aber vernünftig mit dieser Klasse arbeiten können, ist es unumgänglich, für jeden Segue, auf den Sie auch im Code zugreifen möchten, einen passenden Identifier im Storyboard zu setzen. Dazu klicken Sie den entsprechenden Segue an und wechseln dann in der Utility Area in den Attributes Inspector. Dort können Sie dann im Feld *Identifier* die eindeutige ID für diesen Segue angeben. Diese ID benötigen Sie, um ein Segue-Objekt zu identifizieren oder darauf zuzugreifen (siehe Bild 7.49).

Bild 7.49
Auch für Segues lassen sich zur Verwendung im Code eindeutige Identifier setzen, hier allerdings im Attributes Inspector.

Um nun bei der Durchführung eines Segues einzugreifen und beispielsweise Objekte oder Parameter im Ziel-View-Controller zu setzen, stellt uns – wie bereits erwähnt – die Klasse `UIViewController` einige Methoden zu diesem Zweck zur Verfügung. Am spannendsten für uns sind in der Regel drei Methoden, die ich Ihnen nun im Detail vorstellen möchte. Sie können jede davon problemlos in jeder Klasse, die von `UIViewController` erbt, überschreiben und um eigene Programmlogik erweitern. Ein Aufruf der Elternklasse mittels `super` ist dabei nicht notwendig.

shouldPerformSegue(withIdentifier:sender:)

Mit dieser Methode legen Sie fest, ob ein Segue überhaupt durchgeführt werden soll. Dazu erhalten Sie unter anderem den Identifier des Segues aus dem Storyboard als Parameter und können somit auch gezielt einen ganz spezifischen Segue abfragen, den Sie möglicherweise nur unter gewissen Umständen erlauben möchten. Entsprechend geben Sie in dieser Methode entweder `true` oder `false` zurück.

Diese Methode zu implementieren, macht aber auch tatsächlich nur Sinn, wenn Sie nicht jeden Segue erlauben möchten oder bestimmte Umstände für die Durchführung voraussetzen. Das Implementieren der Methode mit einer einfachen `return true`-Zeile ist nicht notwendig und verbraucht nur unnötigen Platz in Ihrer Klasse.

prepare(for:sender:)

Diese Methode wird aufgerufen, kurz bevor ein Segue ausgeführt wird. Hier wird uns nicht der Identifier für den Segue, sondern direkt das Segue-Objekt selbst als Parameter übergeben.

performSegue(withIdentifier:sender:)

Wenn der Segue durchgeführt wird, wird diese Methode aufgerufen. Hier erhalten wir wieder den Identifier des Segues als Parameter.

Möchten wir nun beispielsweise in der vorgestellten Methode `prepare(for:sender:)` beim Ziel-View-Controller noch eine Property setzen, müssen wir dazu mithilfe des übergebenen `segue`-Objekts auf die Instanz des Ziel-View-Controllers zugreifen. Dann können wir wie gewohnt mit diesem Objekt des Ziel-View-Controllers arbeiten, auf Properties zugreifen oder Methoden ausführen. Der Code aus Listing 7.23 bringt uns hierbei ans Ziel.

Listing 7.23 Konfiguration eines View-Controllers mittels `prepare(for:sender:)`

```
// Swift
override func prepare(for segue: UIStoryboardSegue, sender: AnyObject?) {
    if segue.identifier == "MySegue" {
        let myDestinationViewController = segue.destination
        myDestinationViewController.view.backgroundColor = UIColor.blueColor()
    }
}

// Objective-C
- (void)prepareForSegue:(UIStoryboardSegue *)segue sender:(id)sender {
    if ([segue.identifier isEqualToString:@"MySegue "]) {
        DestinationViewController *myDestinationViewController = segue.
destinationViewController;
        myDestinationViewController.view.backgroundColor = [UIColor blueColor];
    }
}
```

Folgendes geschieht hier: Zunächst fragen wir den Identifier des Segues ab, um sicherzugehen, dass wir auch wirklich den Segue abfangen, den wir erwarten. Anschließend können wir unsere eigene Variable für den Ziel-View-Controller erstellen und die so erzeugte Instanz daraufhin beliebig beeinflussen und mit ihr arbeiten. In diesem einfachen Beispiel setzen wir vor dem Erscheinen der Ansicht des Ziel-View-Controllers dessen Hintergrundfarbe auf Blau.

7.5.5 Zugriff über den App Delegate

Die Storyboards haben unseren App Delegate augenscheinlich für den App-Start ziemlich überflüssig gemacht, ist die Methode `application(_:didFinishLaunchingWithOptions:)` doch standardmäßig nur noch mit einer einzigen Codezeile vertreten (siehe Listing 7.24).

Listing 7.24 Angepasster App Delegate

```
// Swift
func application(_ application: UIApplication, didFinishLaunchingWithOptions
launchOptions: [NSObject: AnyObject]?) -> Bool {
    return true
}

// Objective-C
- (BOOL)application:(UIApplication *)application didFinishLaunchingWithOptions:
(NSDictionary *)launchOptions {
    return YES;
}
```

Nicht sonderlich spektakulär, nicht wahr? Wie bereits gesehen, liegt das aber schlicht daran, dass Xcode uns hier mithilfe des Storyboards die komplette Arbeit der Initialisierung des View-Controller-Objekts abnimmt und dies selbst vollautomatisch erledigt. Nicht nur das, auch wird dieser View-Controller automatisch als Root-View-Controller für das im App Delegate enthaltene `window`-Objekt gesetzt, womit alle Schritte zum manuellen Erstellen und Laden eines View-Controllers im App Delegate nicht mehr notwendig sind.

Was aber, wenn wir nun trotzdem beim Starten der App den ersten View-Controller beeinflussen wollen, zum Beispiel auch hier den Wert einer Property setzen möchten?

In diesem Fall kommt uns direkt der Root-View-Controller des `window`-Objekts zu Hilfe. Wie gerade beschrieben, wird der initiale View-Controller aus dem Storyboard heraus erstellt und dem `window`-Objekt des App Delegate als Root-View-Controller zugewiesen. Somit hält eben die Property `rootViewController` unseren initialen View-Controller, und entsprechend können wir auch direkt über diese Property auf ihn zugreifen und ihn nutzen (siehe Listing 7.25).

Listing 7.25 Zugriff auf initialen View-Controller des Main-Storyboards im App Delegate

```
// Swift
func application(_ application: UIApplication, didFinishLaunchingWithOptions
launchOptions: [NSObject: AnyObject]?) -> Bool {
    let firstViewController = window.rootViewController
    firstViewController.view.backgroundColor = UIColor.greenColor()
    return true
}

// Objective-C
- (BOOL)application:(UIApplication *)application
didFinishLaunchingWithOptions:(NSDictionary *)launchOptions {
    UIViewController *firstViewController = self.window.rootViewController;
    firstViewController.view.backgroundColor = [UIColor greenColor];
    return YES;
}
```

7.5.6 Quo vadis – Storyboard oder NIB-File?

Sie haben nun sowohl NIB-Files als auch Storyboards in ihren Grundzügen kennengelernt und wissen, wie man mit ihnen arbeitet und wie sie funktionieren. Bleibt noch eine Frage: Was ist besser in der täglichen Entwicklerarbeit, Storyboards oder NIB-Files? Die Antwort ist schnell gesagt: beide.

Storyboards sind extrem mächtig und erlauben es Ihnen, mehrere View-Controller in einer großen Datei über eine grafische Oberfläche zu verwalten und sogar die zugehörigen Ansichten dieser View-Controller zu erstellen. Das erspart Ihnen nicht nur viel Code-Arbeit, sondern kann auch die Funktionsweise Ihrer App deutlich plastischer und verständlicher darstellen und so auch anderen Entwicklern, die an einem Projekt mitarbeiten, das Verständnis über den Ablauf der App deutlicher vor Augen führen. Storyboards haben dafür aber zwei gravierende Nachteile:

1. Alles steckt in einer Datei. Wenn Sie tatsächlich all Ihre View-Controller in ein Storyboard packen, ist auch die Datei entsprechend groß. Das bedeutet gerade bei der Arbeit im Team, dass bei jeder noch so kleinen Änderung an einer beliebigen View irgendwo im Storyboard die gesamte Datei geändert wird. Und gerade wenn mehrere Entwickler parallel an verschiedenen Stellen innerhalb eines Storyboards arbeiten, kann das ganz schön hässlich werden, denn solche Änderungen zusammenzuführen ist alles andere als einfach bis unmöglich. Weniger tragisch ist dieser Fakt allerdings, wenn Sie tatsächlich nur alleine zum Beispiel als selbstständiger Entwickler an einem Projekt arbeiten (aber Sie wissen ja: Auch das kann sich möglicherweise auf Dauer ändern).
2. Die Wiederverwendbarkeit von Ansichten in einem Storyboard ist nicht optimal. Gerade wenn Sie eigene Views erstellen und entsprechende View-Klassen besitzen, ist es oft nicht sinnvoll, die entsprechenden Views auch innerhalb eines Storyboards zu erstellen und zu bearbeiten. Denn ein Storyboard lebt primär von den View-Controllern, nicht von den Views. Wenn Sie also eine eigene Ansicht in einem Storyboard erstellen, müssen Sie diese an allen Stellen, in denen sie im Storyboard vorkommt, wieder und wieder genauso erstellen und anpassen. Und wenn Sie etwas ändern müssen, bleibt Ihnen nichts anderes übrig, als jede Stelle im Storyboard aufzusuchen und die Änderung durchzuführen (und so etwas kann selbstredend sehr fehleranfällig sein).

Genau hier kommen auch die Vorteile von NIB-Dateien zum Tragen: Sie sind genau an einen View-Controller oder eine View gebunden und damit wesentlich besser wiederverwendbar. Auch sind die Dateien selbst schlanker, denn sie enthalten nur die Information über dieses eine Element. Dafür können Sie mit NIB-Files keine Verbindungen zwischen View-Controllern herstellen und sich dadurch keine zusätzliche Code-Arbeit abnehmen lassen.

Oft ist ein guter Mix aus Storyboards und NIB-Files der ideale Weg. Ein oder mehrere Storyboards decken (Teil-)Bereiche Ihrer App ab und strukturieren ihren entsprechenden Aufbau und Ablauf, während NIB-Files vorrangig das Aussehen bestimmter eigener View-Klassen übernehmen (mehr dazu erfahren Sie im Kapitel „Views erstellen und gestalten“).

7.6 Auto Layout

Auto Layout ist eine mächtige Technik des Interface Builders, die mit iOS 6 eingeführt wurde. Sie dient dazu, all die Elemente und Ansichten, die Sie in Ihren Views verwalten, passend zu positionieren und anzuordnen. Mittels von Ihnen festgelegter Regeln - den sogenannten *Constraints* - bestimmen Sie, wie sich all die einzelnen Views untereinander verhalten und inwieweit sie voneinander abhängig sind. Damit lässt sich beispielsweise festlegen, dass zwei Schaltflächen in Ihrer View immer gleich groß sein sollen; ändert sich somit die Größe des einen Buttons, wird auch automatisch der andere entsprechend angepasst und umgekehrt.

Autoresizing Masks

Auto Layout löst das zuvor verwendete System der sogenannten *Autoresizing Masks* ab. Das Prinzip der Autoresizing Masks besteht darin, bei einem einzelnen ausgewählten View-Element (zum Beispiel einem Button) festzulegen, wie dieser sich an den anderen ihn umgebenden Views orientiert; soll er immer in dem festgelegten Abstand zur linken Seite angezeigt werden? Soll er zentriert werden? Kann sich die Größe dynamisch anhand des verfügbaren Platzes ändern?

Sie können auch heute noch Autoresizing Masks verwenden und damit arbeiten. Dazu reicht es aus, bei einer NIB- oder Storyboard-Datei in der Utilities Area im File Inspector den Haken bei Use Auto Layout zu entfernen. Da wie eingangs erwähnt aber Auto Layout in iOS 6 eingeführt wurde und auch als Standard im Interface Builder verwendet wird, gehe ich in diesem Buch auch nur auf Auto Layout ein. Nicht zuletzt ist Auto Layout deutlich mächtiger als sein Vorgänger der Autoresizing Masks.

7.6.1 Setzen und Konfigurieren von Constraints

Wie eingangs erwähnt, setzen Sie in Auto Layout Constraints für Ihre Views, die festlegen, wie sich diese verhalten und positionieren. Der Interface Builder gibt dazu eine grafische Oberfläche vor, über die Sie die Grundkonfiguration der Constraints für Ihre View vornehmen können. Wählen Sie dazu die entsprechende View im Interface Builder per Linksklick aus und klicken Sie sodann auf die Schaltfläche Pin am unteren rechten Bildschirmrand (siehe Bild 7.50).

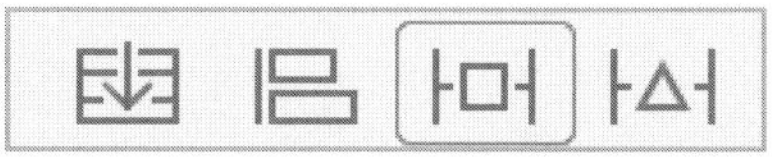

Bild 7.50
Über diese unscheinbar wirkende Schaltfläche können Sie einen neuen Constraint für Ihre View erstellen.

Daraufhin öffnet sich das Fenster *Add New Constraints*, in dem Sie die Einstellungen und Bedingungen für die Constraints Ihrer View setzen können. Das Fenster unterteilt sich in verschiedene Bereiche, in denen jeweils unterschiedliche Einstellungen zur Konfiguration eines Constraints vorgenommen werden können (siehe Bild 7.51).

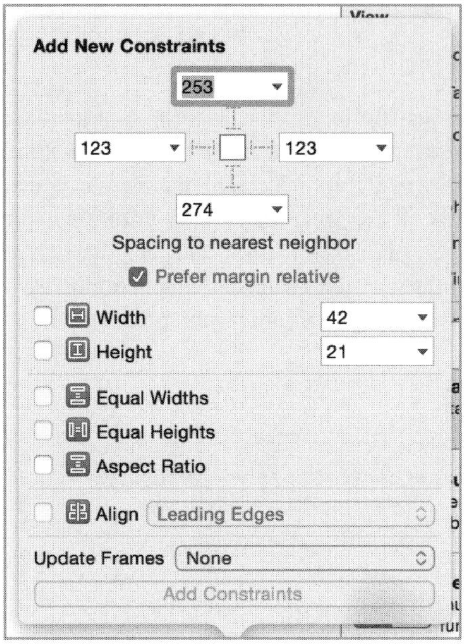

Bild 7.51
Hier werden neue Constraints erstellt und hinzugefügt.

Zuoberst können Sie festlegen, ob Ihre View feste Abstände zum oberen, linken, rechten und unteren Rand besitzen soll und, falls ja, wie groß diese sind. Standardmäßig werden hier bereits die Zahlen für die aktuellen Abstände eingefügt. Wollen Sie also beispielsweise, dass Ihre View von der aktuellen Position aus immer oben links angezeigt wird, brauchen Sie nur die gestrichelte rote Linie für den oberen und linken Abstand anzuklicken; damit werden diese aktiv und für diesen Constraint gesetzt. Im weiteren Teil des Fensters können Sie dann noch feste Höhen und Breiten für die View festlegen und mit passenden Werten versehen. Die Auswahl einer der entsprechenden Checkboxen fügt einen passenden Constraint zu Ihrer View hinzu (siehe Bild 7.52).

Um am Ende alle von Ihnen gesetzten Constraints zu erstellen, reicht ein Klick auf die untere Schaltfläche ADD CONSTRAINTS. Diese zeigt Ihnen in Ihrem Text auch noch einmal an, wie viele Constraints nach Klick auf diese Schaltfläche tatsächlich erstellt werden, also zum Beispiel ADD 4 CONSTRAINTS.

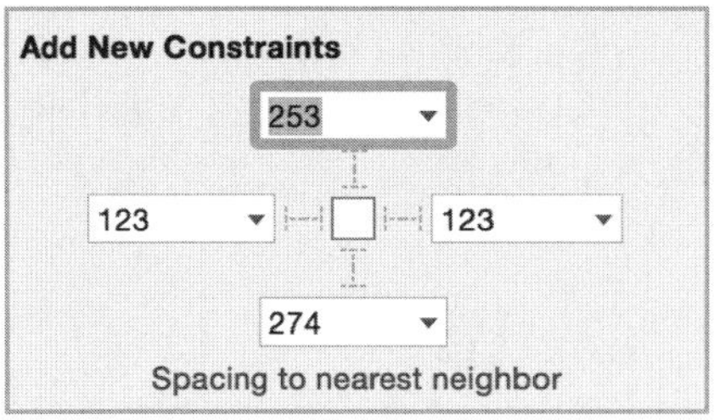

Bild 7.52
Klicken Sie auf die gestrichelten roten Linien, um einen entsprechenden Constraint zu setzen.

7.6.2 Constraints bearbeiten und weiter anpassen

Haben Sie Constraints erstellt, werden diese nach Auswahl der entsprechenden View im Interface Builder mit Linien dargestellt und zeigen Ihnen an, wie diese View nun konfiguriert ist (siehe Bild 7.53).

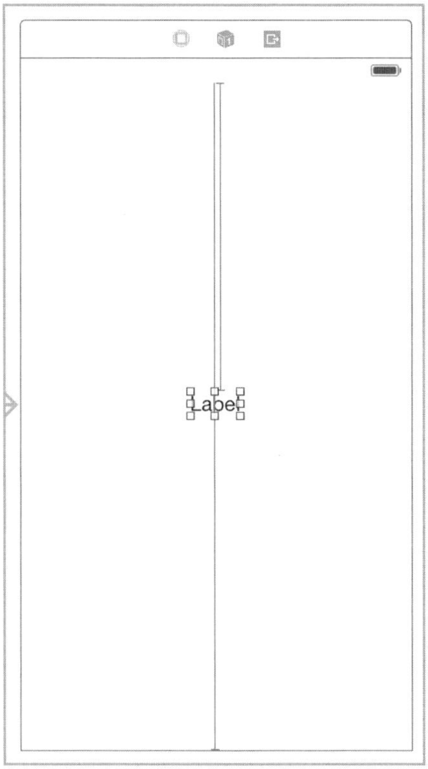

Bild 7.53
Die gesetzten Constraints werden nach Auswahl eines Elements angezeigt.

Eine genaue Übersicht aller Constraints dieser View finden Sie darüber hinaus im Size Inspector, den Sie über die Utilities Area erreichen. Dort werden alle Constraints mit ihrer Konfiguration im unteren Bereich des Size Inspectors angezeigt. Diese lassen sich dort zudem über einen Klick auf den entsprechenden Constraint noch bearbeiten (siehe Bild 7.54).

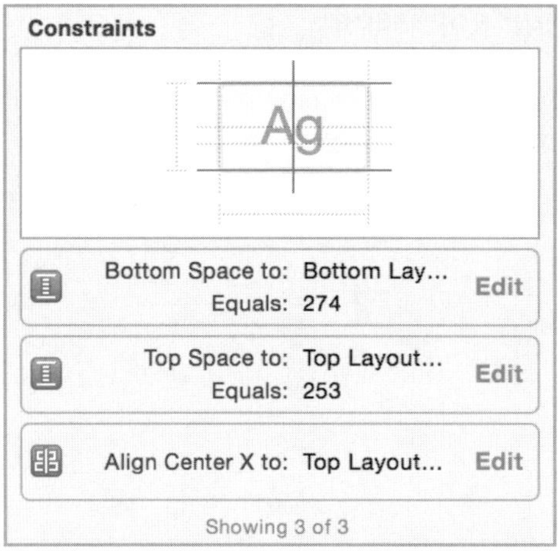

Bild 7.54
Vom Size Inspector aus ist eine weitere Konfiguration der Constraints möglich.

Allerdings lassen sich Constraints noch weiter konfigurieren als nur über die beim Erstellen verfügbaren Optionen. Dazu muss ein Constraint entweder auf der Leinwand im Interface Builder angeklickt oder im Size Inspector per Doppelklick aufgerufen werden. Alle Einstellungen dieses Constraints sind dann in der Utilities Area im Attributes Inspector für die weitere Konfiguration verfügbar (siehe Bild 7.55).

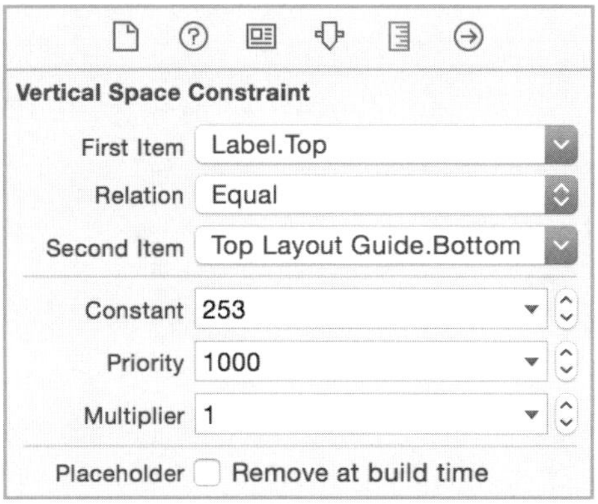

Bild 7.55
Über den Attributes Inspector tauchen weitere Einstellungsmöglichkeiten für Constraints auf.

Neben den bereits bekannten Einstellungen für diesen Constraint finden Sie dort auch weitere Optionen und eine genaue Aufstellung des Constraints. Das *First* und *Second Item* sind dabei die beiden View-Elemente, die über den Constraint miteinander verbunden sind, und *Relation* gibt die Art der Verbindung an. Im zweiten Abschnitt gibt der Wert unter *Constant* den bereits beim Erstellen gesetzten Wert an. Mithilfe des *Multiplier* kann – ergänzend zur gesetzten Constant – ein weiterer Wert beziehungsweise eine Rechenformel gesetzt werden, die dann als Multiplikator auf die Constant angewendet wird. Dabei handelt es sich um ein mächtiges Werkzeug, mit dem Sie Ihren Constraint weiter optimieren und Ihren Bedürfnissen anpassen können.

Spannend ist darüber hinaus noch der Wert im Feld *Priority*. Dieser legt fest, mit welcher Priorität die Regel eines Constraints durchgeführt werden soll. Schließlich kann es passieren, dass – gerade bei komplexen und großen Views – Constraints sich in die Quere kommen und nicht erfüllbar sind. Nehmen wir zum Beispiel an, Sie haben eine Ansicht im Querformat, auf der drei Buttons nebeneinander platziert sind, und Sie setzen einen Mindestabstand zwischen all den Buttons als Constraint. Gleichzeitig legen Sie eine Mindestbreite für jeden Button fest. Nun kann es möglicherweise passieren, dass die Buttons im Hochformat aber nicht mehr in der festgelegten Mindestbreite nebeneinander passen und damit die Mindestabstände nicht mehr eingehalten werden.

Solchen und anderen Fällen können Sie mit der Priority entgegentreten, indem Sie anhand eines Integer-Wertes festlegen, wie wichtig die Priorität des ausgewählten Constraint ist. Dabei gilt: Je höher der Wert der Priorität, desto wichtiger der Constraint. Apple gibt dabei bereits folgende empfohlene Richtwerte für die Priorisierung vor:

- 1000: Dieser Constraint muss immer erfüllt werden.
- 750: Dieser Constraint ist wichtig.
- 250: Dieser Constraint ist vernachlässigbar.

7.6.3 „Optimale“ Constraints automatisch setzen lassen

Das Setzen all der Constraints – besonders wenn Sie viele Views zu konfigurieren haben – kann eine langwierige Aufgabe sein. Aus diesem Grund liefert Xcode aber eine Funktion, die automatisch nach eigenem Ermessen optimale Constraints setzt. Natürlich ist diese Funktion kein Allheilmittel und gerade dann, wenn Sie komplexere Views bauen, müssen Sie möglicherweise an der einen oder anderen Stelle nachbessern. Allerdings erlaubt Ihnen diese Funktion, zumindest einmal alle grundlegenden Constraints zu setzen und diese – sofern das überhaupt noch nötig ist – dann separat und einzeln anzupassen.

Um für eine View oder einen View-Controller die Constraints automatisch setzen zu lassen, wählen Sie das entsprechende Element aus und klicken anschließend unten rechts im Interface Builder auf den Button Resolve Auto Layout Issues. Je nach Auswahl und je nachdem, ob bereits Constraints gesetzt wurden, stehen hier unterschiedliche Optionen zur Verfügung. Das Fenster unterteilt sich dabei in zwei Bereiche, die beide dieselben Optionen bieten; im oberen Bereich nur für die ausgewählte View, im unteren Bereich zusätzlich bezogen auf alle Views innerhalb des ausgewählten View-Controllers (siehe Bild 7.56).

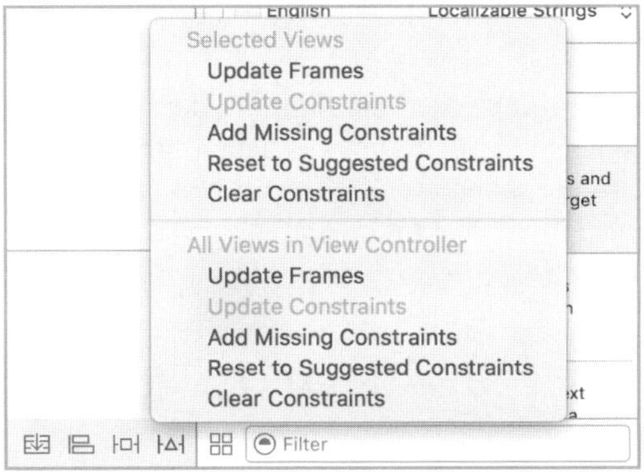

Bild 7.56
Über den letzten der vier Auto Layout-Schaltflächen können Sie eine automatische Empfehlung von Xcode selbst durchführen lassen.

Um nun beispielsweise alle Constraints eines View-Controllers so zu setzen, wie Xcode es sich im Idealfall vorstellt, wählen Sie einen View-Controller aus, klicken auf die RESOLVE AUTO LAYOUT ISSUES-Schaltfläche und klicken auf RESET TO SUGGESTED CONSTRAINTS im Abschnitt *All Views in View Controller*. Damit setzt Xcode für alle Views innerhalb dieses View-Controllers die Constraints so, wie das Programm glaubt, dass es richtig ist. Und wenn Sie tatsächlich keine komplexe View mit größeren Abhängigkeiten zwischen den einzelnen Views untereinander bauen, ist diese Funktion in vielen Fällen ausreichend, um passende Constraints zu setzen.

Constraints programmatisch erzeugen

Constraints werden typischerweise direkt im Interface Builder gesetzt und bearbeitet. Es gibt aber auch die Möglichkeit, diese programmatisch zu erzeugen. Dazu steht die Klasse `NSLayoutConstraint` zur Verfügung. Diese besitzt Properties für all die Werte, die Sie auch – wie gesehen – im Attributes Inspector setzen können. Gerade bei komplexen Projekten, wo Constraints möglicherweise auch situationsbedingt im Code angepasst werden müssen, ist diese Klasse aber hilfreich und kann möglicherweise sinnvoll eingesetzt werden.

7.7 UIViewController und seine Subklassen

Neben der Klasse `UIViewController` liefert Apple in seinem UIKit-Framework noch einige weitere View-Controller-Klassen, die Ihnen die tägliche Arbeit mit verschiedenen Ansichten deutlich erleichtern. Ihnen allen ist gemein, dass sie von `UIViewController` – der Mutter aller View-Controller-Klassen, wie wir ja bereits wissen – erben und somit auch alle Methoden und Funktionen dieser Klasse besitzen.

Diese weiteren View-Controller-Klassen haben alle eine bestimmte Aufgabe. Ein `UITableViewController` dient der Darstellung von Listen, während sich ein `UITabBarController` darum kümmert, eine Leiste (eben die Tab-Bar) am unteren Bildschirmrand darzustellen und darüber auf verschiedene andere View-Controller zu verlinken.

In diesem Abschnitt möchte ich einige der View-Controller, die Ihnen in der Regel öfter begegnen (sei es in der eigenen Arbeit oder in den diversen Apps aus dem App Store), vorstellen und Ihnen einen kurzen Rundblick darüber geben, wofür diese Klassen da sind und wie man sie typischerweise nutzt.

Fangen wir also an! ☺

7.7.1 UINavigationController

Grundlagen

Der `UINavigationController` ist sicherlich einer der am häufigsten verwendeten View-Controller und findet sich in unzähligen Apps. Allein die in iOS vorinstallierten Apps wie die Einstellungen, der Kalender, die Kontakte, der App Store und der iTunes Store bauen – zumindest in Teilen – auf einem `UINavigationController` auf.

Dabei kümmert sich ein `UINavigationController` weniger um eine bestimmte Darstellung (zum Beispiel eine Liste) als vielmehr darum, eine Navigationsstruktur für diverse View-Controller im eigenen Projekt zu schaffen. So kann man von einem View-Controller zum nächsten springen und hat dann die Möglichkeit, über einen automatisch erzeugten Zurück-Button oben links wieder zur vorherigen Ansicht zurückzukehren. Ein solcher sogenannter *Navigation Stack* lässt sich dabei beliebig groß aufbauen und so kann sich der Nutzer von Ansicht zu Ansicht hangeln.

Ein `UINavigationController` setzt dabei immer auf die Navigation-Bar. Das ist eine View, die Apple in seinem UIKit-Framework zur Verfügung stellt. Diese Navigation-Bar kümmert sich um das korrekte Setzen des Zurück-Buttons, damit beim Tap auf diesen Button auch tatsächlich die korrekte vorige Ansicht wieder eingeblendet wird. Darüber hinaus übernimmt der `UINavigationController` vollkommen automatisch die Animationsübergänge von einem View-Controller zum nächsten (und natürlich auch wieder zurück). Somit erspart Ihnen ein `UINavigationController` massive Arbeit, wenn Sie eine solche Navigationsstruktur für Ihre App erstellen möchten.

Damit ein `UINavigationController` funktioniert, benötigt er – ähnlich wie ein `UIWindow` – einen Root-View-Controller, also eben eine Instanz des View-Controllers, der auf oberster Ebene der Navigation steht und zu Beginn angezeigt wird (und von dem aus sich also die App von einem View-Controller zum nächsten hangelt). Dazu liefert die Klasse `UINavigationController` direkt eine passende Methode, um bei Initialisierung eines eigenen `UINavigationController` einen Root-View-Controller zu übergeben (siehe Listing 7.26).

Listing 7.26 Initializer eines `UINavigationController`

```
// Swift
init(rootViewController: UIViewController)

// Objective-C
- (instancetype)initWithRootViewController:(UIViewController *)rootViewController;
```

Das Erstellen eines eigenen `UINavigationController`, den wir hier beispielhaft als Root-View-Controller für ein `UIWindow`-Objekt setzen, könnte wie folgt in Listing 7.27 gezeigt aussehen.

Listing 7.27 Erstellen eines `UINavigationController`

```
// Swift
let myViewController = UIViewController()
let myNavigationController = UINavigationController(rootViewController:
myViewController)
window.rootViewController = myNavigationController

// Objective-C
UIViewController *myViewController = [[UIViewController alloc] init];
UINavigationController *myNavigationController = [[UINavigationController alloc]
initWithRootViewController:myViewController];
self.window.rootViewController = myNavigationController;
```

In diesem Fall wird also unser `myViewController`-Objekt mit seiner Ansicht angezeigt. Wechseln wir von dort zu einem anderen View-Controller, erscheint bei diesem automatisch der Zurück-Button oben links, der uns wieder zu unserem vorigen View-Controller zurückführt.

Titel des Zurück-Buttons

Standardmäßig trägt der Zurück-Button in einem `UINavigationController` den Titel des View-Controllers, der nach Tap auf diesen Zurück-Button wieder angezeigt wird. Diesen Titel holt sich das System automatisch aus der `title`-Property, die Bestandteil von `UIViewController` ist und von jedem View-Controller überschrieben werden kann. Auch wird dieser Titel des View-Controllers automatisch in der Navigation Bar angezeigt, wenn dieser View-Controller aktiv ist.

Sie können allerdings auch einen eigenen Titel für den Zurück-Button setzen, müssen sich dafür aber ein wenig durch die Properties des `UINavigationController` hangeln. `UINavigationController` besitzt eine Property `navigationBar`, dieses Objekt wiederum eine Property `backItem` und dieses nun die gewünschte Property `title`, die Sie beliebig setzen können.

Um nun von einem View-Controller zum nächsten zu springen, stellt uns `UINavigationController` die in Listing 7.28 deklarierte Methode zur Verfügung.

Listing 7.28 Deklaration der Methode zum Pushen eines neuen View-Controller innerhalb eines `UINavigationController`

```
// Swift
func pushViewController(_ viewController: UIViewController, animated: Bool)

// Objective-C
- (void)pushViewController:(UIViewController *)viewController animated:(BOOL)animated
```

Damit wird der im Parameter `viewController` übergebene View-Controller geladen und auf dem Bildschirm angezeigt. Der Parameter animated bestimmt, ob eine Animation beim Übergang erfolgen soll (`true`) oder nicht (`false`).

Um von einem View-Controller wieder auf einen vorherigen zurückzuspringen, stellt `UINavigationController` gleich mehrere mächtige Methoden bereit (siehe entsprechende Deklarationen in Listing 7.29).

Listing 7.29 Deklaration der Methoden zum Zurückspringen in einem `UINavigationController`

```
// Swift
func popViewController(animated: Bool) -> UIViewController?
func popToRootViewController(animated: Bool) -> [UIViewController]?
func popToViewController(_ viewController: UIViewController, animated animated: Bool)
-> [UIViewController]?

// Objective-C
- (UIViewController *)popViewControllerAnimated:(BOOL)animated;
- (NSArray *)popToRootViewControllerAnimated:(BOOL)animated;
- (NSArray *)popToViewController:(UIViewController *)viewController animated:(BOOL)
animated;
```

Allen drei Methoden ist gemein, dass sie in der Navigationsstruktur zurückspringen. `popViewController(animated:)` springt dabei genau zum vorherigen View-Controller, während `popToRootViewController(animated:)` zurück zum allerersten View-Controller im Navigation Stack springt (eben dem Root-View-Controller des `UINavigationController`). Mit `popToViewController(_:animated:)` haben Sie dann noch die Möglichkeit, zu dem als `viewController` übergebenen View-Controller zu springen – unabhängig davon, an welcher Stelle im Navigation Stack sich dieser View-Controller befindet.

Zurück-Button funktioniert selbsttätig

Sie müssen für den Zurück-Button, den Ihnen der `UINavigationController` automatisch zur Verfügung stellt, keinerlei Code implementieren, damit dieser bei einem Tap zurück zum vorherigen View-Controller wechselt. Die entsprechende Logik enthält bereits die Klasse `UINavigationController` und Sie als Entwickler müssen nichts weiter tun, damit der Zurück-Button in dieser Form funktioniert. Die vorgestellten Methoden sind vielmehr dann sinnvoll, wenn Sie auch an anderer Stelle in Ihrem Code einen Sprung zu einem vorherigen View-Controller steuern und auslösen möchten.

Bleibt nur noch eine spannende Frage: Wie greift man von View-Controllern, die beispielsweise nur von `UIViewController` und nicht von `UINavigationController` erben, auf diese Methoden zu? Schließlich sind sie eben Bestandteil von `UINavigationController`, nicht aber von `UIViewController`.

Aus diesem Grund bietet die Klasse `UIViewController` eine Reihe an Properties, die eben genau den Zugriff auf diese Objekte erlauben. Für die verschiedensten `UIViewController`-Subklassen hält `UIViewController` eine Property, so auch für den `UINavigationController` (siehe Listing 7.30).

Listing 7.30 Property von `UIViewController` zum Zugriff auf einen zugrunde liegenden `UINavigationController`

```
// Swift
var navigationController: UINavigationController? { get }

// Objective-C
@property(nonatomic, readonly, strong) UINavigationController *navigationController;
```

Greifen Sie nun von Ihrem View-Controller auf diese Property zu, liefert sie Ihnen genau das `UINavigationController`-Objekt, in dem sich Ihr View-Controller befindet. Hier ist allerdings auch Vorsicht geboten, denn wenn sich Ihr View-Controller in keinem `UINavigationController` befindet, liefert die Property `nil` zurück, und entsprechend würde ein Aufruf einer Methode von `UINavigationController` zum Absturz Ihrer App führen (denn auf `nil` lassen sich diese Methoden nun einmal nicht ausführen). Rufen Sie diese Methoden auf diese Property nur auf, wenn Sie sicher sind, dass Ihr View-Controller immer Teil eines `UINavigationController` ist, oder prüfen Sie vorher durch eine einfache `if`-Abfrage, dass die Property auch tatsächlich gesetzt ist (siehe Listing 7.31).

Listing 7.31 Prüfung, ob ein `UINavigationController` dem aktuellen View-Controller zugrunde liegt

```
// Swift
if myViewController.navigationController != nil {
    <Do UINavigationController magic...>
}

// Objective-C
if (myViewController.navigationController) {
    <Do UINavigationController magic...>
}
```

Auch für andere View-Controller-Subklassen, die in diesem Abschnitt noch vorgestellt werden, stellt `UIViewController` derartige Properties zur Verfügung. Und über diese Properties haben Sie dann die Möglichkeit, in jedem Ihrer View-Controller – auch wenn er nicht von `UINavigationController` erbt – die entsprechenden Methoden aufzurufen, um den Navigation Stack auf- und abzubauen.

UINavigationController in Storyboards

Noch viel einfacher und komfortabler können Sie einen `UINavigationController` inklusive der kompletten Navigationsstruktur über Storyboards erstellen. Das geht sogar bereits, wenn Sie View-Controller in einem Storyboard erstellt haben und diese nun nachträglich in einen `UINavigationController` packen möchten. Klicken Sie dazu einfach den gewünschten Root-View-Controller für Ihren neuen Navigation-Controller an und gehen Sie dann über das Xcode-Menü auf EDITOR → EMBED IN → NAVIGATION CONTROLLER (siehe Bild 7.57).

Bild 7.57 Über das Editor-Menü kann ein View-Controller innerhalb eines Storyboards direkt in einen Navigation-Controller gesetzt werden.

Nun wird dem Storyboard automatisch ein neuer `UINavigationController` in Ihrem ausgewählten View-Controller vorangestellt und eine Verbindung zwischen diesen beiden gesetzt. Natürlich können Sie diesen von Xcode hier übernommenen Schritt auch selbst manuell durchführen, indem Sie aus der Object Library einen `UINavigationController` auf die Leinwand im Editor-Bereich ziehen und anschließend eine Verbindung zwischen diesem und Ihrem View-Controller bei gedrückt gehaltener rechter Maustaste herstellen (wie bereits von allen anderen Verbindungen wie zum Beispiel zwischen View und Controller gewohnt). Im erscheinenden Popup-Fenster wählen Sie sodann ROOT VIEW CONTROLLER als Verbindungstyp, um Ihren View-Controller dem `UINavigationController` als Root-View-Controller zuzuweisen. Zu beachten ist lediglich, dass beim Ziehen eines `UINavigationController`-Objekts aus der Object Library dieses automatisch auch einen `UIViewController` miterstellt und als Root-View-Controller verwendet. Das ist eben immer dann sinnvoll, wenn Sie mit einem komplett neuen Navigation Stack beginnen und nicht einen bereits bestehenden View-Controller in einen Navigation Stack packen wollen. In unserem Fall müssten Sie hier also den ebenfalls erstellten View-Controller löschen und anschließend wie beschrieben die Verbindung zwischen View-Controller und `UINavigationController` herstellen (siehe Bild 7.58).

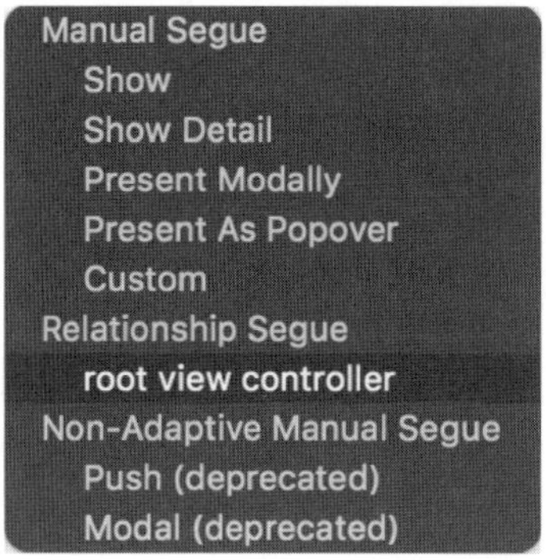

Bild 7.58
Der Verbindungstyp „root view controller“ entspricht dem Root-View-Controller eines UINavigationControllers.

Zu beachten ist bei diesem Vorgehen aber noch, dass - sollte Ihr gewählter View-Controller zuvor der initiale View-Controller gewesen sein - Sie stattdessen den neuen `UINavigationController` als initialen View-Controller festlegen müssen. Denn tun Sie das nicht, wird zwar weiterhin initial eine Instanz Ihres View-Controllers erstellt, allerdings befindet sich dieser dann nicht innerhalb des `UINavigationController`; diese Verbindung kommt damit nicht zustande.

Daher gilt in der Regel: Wenn Sie in Ihrem Storyboard einen komplett neuen Navigation Stack mit neuen View-Controllern aufbauen möchten, ziehen Sie einfach ein `UINavigationController`-Objekt aus der Object Library in den Editor-Bereich und arbeiten dann mit dem automatisch erstellten `UIViewController`-Objekt weiter. Möchten Sie stattdessen einen bestehenden View-Controller in einen Navigation Stack packen, nutzen Sie das Xcode-Menü, das Ihnen dann alle nötigen Arbeitsschritte abnimmt.

Um nun noch abschließend Verbindungen von View-Controller zu View-Controller aufzubauen, stellen Sie wieder mit gedrückt gehaltener Maustaste eine Verbindung zwischen den entsprechenden View-Controllern her. Möchten Sie beispielsweise, dass bei Betätigen eines Buttons zu einem anderen View-Controller navigiert wird, ziehen Sie eine Verbindung von dem Button zu dem entsprechenden View-Controller. In dem sich öffnenden Popup-Fenster für die Verbindungsart wählen Sie sodann SHOW, womit automatisch bei Betätigen des Buttons die entsprechende Methode von `UINavigationController` zum Anzeigen des View-Controllers gefeuert wird; ganz ohne eine Zeile Code zu schreiben (siehe Bild 7.59).

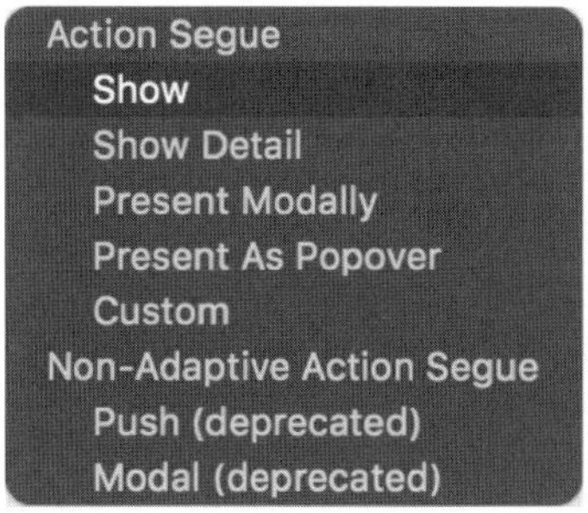

Bild 7.59
Der Verbindungstyp „Show“ steht zwar immer zur Verfügung, funktioniert aber nur innerhalb einer Navigationsstruktur mit einem UINavigationController.

Der Verbindungstyp SHOW funktioniert auch nur, wenn sich Ihre View-Controller innerhalb eines `UINavigationController` befinden, und das ist wichtig zu wissen, denn Xcode bietet diesen Verbindungstyp immer an (auch wenn Sie keinen `UINavigationController` verwenden). Wird SHOW außerhalb eines `UINavigationController` verwendet, führt dies beim Aufruf der entsprechenden Aktion zum Absturz Ihrer App.

7.7.2 UITabBarController

Grundlagen

Ein `UITabBarController` funktioniert prinzipiell ähnlich wie ein `UINavigationController`, allerdings kümmert er sich nicht um den Aufbau einer Navigationsstruktur, sondern hält stattdessen mehrere View-Controller und macht diese über Buttons am unteren Bildschirmrand in der sogenannten *Tab-Bar* zugänglich. Auch das kennen Sie bereits aus vorinstallierten Apps von iOS wie dem App Store, der Musik- oder der Telefon-App. Pro View-Controller existiert ein Item in der Tab-Bar; tippt der Nutzer darauf, wird der entsprechende View-Controller angezeigt. Die View-Controller, die eine Tab-Bar halten, können dabei alles Mögliche sein, selbst `UINavigationController` mit einer Navigationshierarchie sind möglich. Mit einem `UITabBarController` haben Sie also die Möglichkeit, Ihre App in verschiedene Bereiche zu trennen, zwischen denen der Nutzer fließend wechseln kann.

Einen `UITabBarController` zu erstellen, ist relativ simpel: Sie erstellen eine Instanz dieser Klasse auf die bekannte Art und Weise und setzen anschließend die Property `viewControllers` dieses neu erzeugten Objekts. Diese Property nimmt ein Array entgegen, in dem alle View-Controller aufgeführt werden, die innerhalb der Tab-Bar des `UITabBarController` erscheinen sollen. Listing 7.32 zeigt, wie das Erstellen eines `UITabBarController` mit zwei View-Controllern und das Setzen als Root-View-Controller eines `UIWindow`-Objekts aussehen könnte.

Listing 7.32 Erstellen eines `UITabBarController`

```
// Swift
let myTabBarController = UITabBarController()
myTabBarController.viewControllers = [myFirstViewController, mySecondViewController]
window.rootViewController = myTabBarController

// Objective-C
UITabBarController *myTabBarController = [[UITabBarController alloc] init];
myTabBarController.viewControllers = @[myFirstViewController,
mySecondViewController];
self.window.rootViewController = myTabBarController;
```

Den Titel und das Bild, das in der Tab-Bar zu jedem View-Controller angezeigt wird, setzen Sie im jeweiligen View-Controller selbst. Als Titel dient der Inhalt der Property `title` Ihres View-Controllers, für das Bild müssen Sie sich über die Property `tabBarItem` zu `selectedImage` hangeln.

Um von den View-Controllern, die sich innerhalb Ihres UITabBarController befinden, auf eben dieses UITabBarController-Objekt zuzugreifen, bietet die Klasse UIViewController – ähnlich wie für den UINavigationController – eine entsprechende Property an, die die Instanz des UITabBarController zurückliefert (sofern sich der entsprechende View-Controller tatsächlich innerhalb eines UITabBarController befindet; ist dem nicht so, liefert die Property nil zurück). Listing 7.33 zeigt die Deklaration dieser Property.

Listing 7.33 Deklaration der tabBarController-Property

```
// Swift
var tabBarController: UITabBarController? { get }

// Objective-C
@property(nonatomic, readonly, strong) UITabBarController *tabBarController;
```

UITabBarController in Storyboards

Auch UITabBarController lassen sich mithilfe eines Storyboards sehr einfach erstellen. Die erste Möglichkeit ist, innerhalb eines Storyboards ein neues UITabBarController-Objekt aus der Object Library auf der Leinwand im Editor-Bereich von Xcode zu platzieren. Neben dem UITabBarController werden automatisch auch zwei separate UIViewController-Objekte erstellt, die bereits dem UITabBarController zugeordnet sind (siehe Bild 7.60).

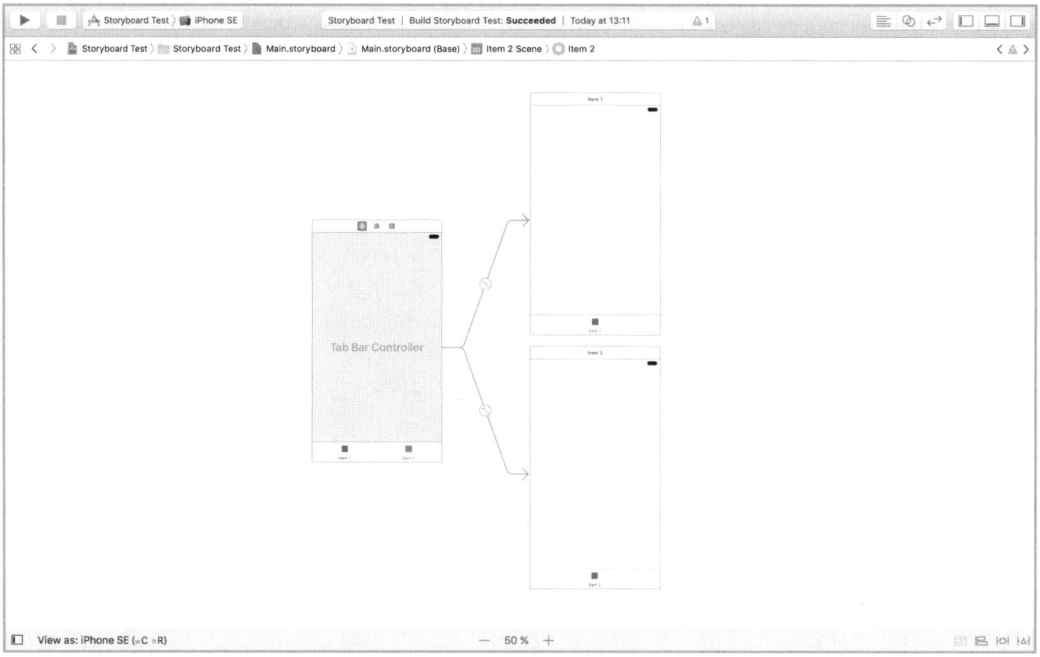

Bild 7.60 Der UITabBarController legt im Storyboard direkt zwei View-Controller-Instanzen mit an.

Von hier aus können Sie nun beginnen, die ersten beiden View-Controller zu erstellen (denn in der Regel verwendet man einen Tab-Bar-Controller auch mit mindestens zwei View-Controllern, andernfalls werden Sie mir sicherlich zustimmen, dass der Tab-Bar-Controller nicht sonderlich sinnvoll ist ☺).

Natürlich können Sie auch weitere View-Controller zur Tab-Bar hinzufügen. Ziehen Sie dazu den gewünschten View-Controller aus der Object Library auf die Leinwand und ziehen dann vom `UITabBarController`-Objekt aus eine Verbindung zum eben hinzugefügten View-Controller. Im Verbindungsfenster-Popup wählen Sie sodann als Verbindungstyp VIEW CONTROLLERS, womit Ihr neuer View-Controller als weiteres Element dem `UITabBarController` hinzugefügt wird (siehe Bild 7.61).

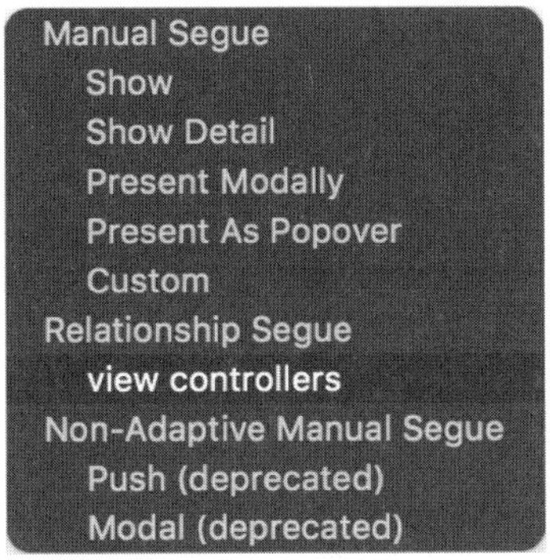

Bild 7.61
Der Verbindungstyp „view controllers" entspricht den View-Controllern, die innerhalb einer Tab-Bar eines UITabBarControllers angezeigt und aufgeführt werden.

Auf diese Art und Weise können Sie beliebig viele View-Controller zu einem Tab-Bar-Controller hinzufügen. Auch lassen sich direkt über das Storyboard der Titel und das Bild für das Tab-Bar-Item setzen. Dazu muss bei dem entsprechenden View-Controller-Objekt das zugehörige Tab-Bar-Item im Interface ausgewählt werden, anschließend lassen sich in der Utilities Area im Attributes Inspector der Titel sowie das Bild dafür setzen (siehe Bild 7.62).

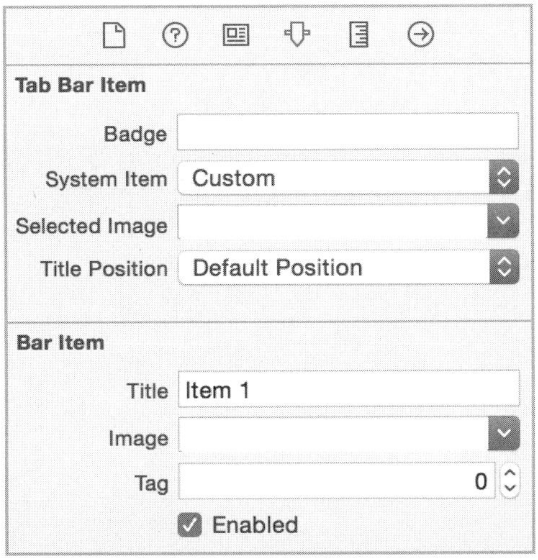

Bild 7.62
Über den Attributes Inspector lassen sich Einstellungen wie Name und Bild eines Tab-Bar-Items schnell und übersichtlich anpassen, ohne dafür den Code anfassen zu müssen.

Möchten Sie stattdessen einen `UITabBarController` für bereits bestehende View-Controller in Ihrem Storyboard erstellen, so können Sie – genau wie beim `UINavigationController` – diesen auch nachträglich hinzufügen. Wählen Sie dazu einen View-Controller aus, der Teil des Tab-Bar-Controllers sein soll, und gehen Sie dann über das Xcode-Menü zu EDITOR → EMBED IN → TAB BAR CONTROLLER. Sodann wird automatisch ein neuer `UITabBarController` erstellt und der gewählte View-Controller diesem hinzugefügt (siehe Bild 7.63).

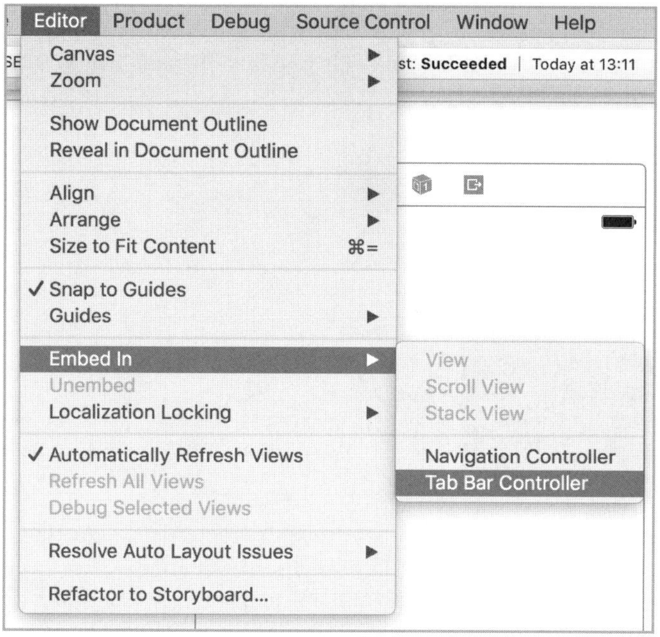

Bild 7.63 Auch ein Tab-Bar-Controller kann auf Grundlage eines vorhandenen View-Controllers in einem Storyboard erstellt werden.

Maximale Anzahl an Tab-Bar-Items

Die Tab-Bar eines `UITabBarController` kann beliebige viele View-Controller aufnehmen, doch natürlich geht irgendwann der Platz in der Tab-Bar zur Neige. Doch für diesen Fall müssen Sie sich keine Sorgen machen: Der `UITabBarController` ersetzt in einem solchen Fall das letzte Tab-Bar-Item an der rechten Seite durch einen *More*-Button. Tippt der Nutzer darauf, öffnet sich eine Liste mit allen weiteren View-Controllern, und der Nutzer kann darüber auf eben diese zugreifen.

Auf dem iPhone finden fünf Tab-Bar-Items in der Tab-Bar Platz, auf dem iPad ist bei sieben Schluss. Sobald diese Grenzen überschritten werden, wird automatisch der genannte *More*-Button eingefügt.

7.7.3 UITableViewController

Grundlagen

Ein `UITableViewController` hilft Ihnen dabei, eine Listenansicht mit einzelnen Zellen zu erstellen, also quasi eine Tabelle mit einer Spalte. Dazu verwendet der `UITableViewController` die View-Klasse `UITableView`, die sich um die Darstellung eben dieser Tabelle kümmert. Der Controller fungiert als Delegate, der den Aufbau und die Funktion der `UITableView` bestimmt.

Daher ist ein `UITableViewController` im Großen und Ganzen identisch mit einem „normalen" `UIViewController`, nur die folgenden Unterschiede stechen heraus:

1. Anstatt einer Instanz der Klasse `UIView` ist dem `UITableViewController` eine Instanz der Klasse `UITableView` für die Ansicht zugeordnet.
2. Dem `UITableViewController` werden automatisch die Properties `dataSource` und `delegate` des `UITableView`-Objekts zugewiesen.

Letzteres bedeutet, dass die `UITableViewController`-Klasse somit als Data Source und Delegate für die `UITableView` dient. Die beiden Properties von `UITableView` sind wie in Listing 7.34 zu sehen dokumentiert.

Listing 7.34 Data Source und Delegate einer `UITableView`

```
// Swift
weak var dataSource: UITableViewDataSource? { get set }
weak var delegate: UITableViewDelegate? { get set }

// Objective-C
@property(nonatomic, weak) id<UITableViewDataSource> dataSource;
@property(nonatomic, weak) id<UITableViewDelegate> delegate;
```

Wie Sie sehen, haben wir es hier mit dem Delegations-Pattern aus MVC zu tun (siehe dazu auch den Abschnitt „Kommunikation zwischen View und Controller" im Kapitel 6 „MVC – Model-View-Controller"). Welches Objekt als `dataSource` oder `delegate` für die `UITableView` fungiert, spielt keine Rolle, Hauptsache, dieses Objekt hat für `dataSource` das Protokoll `UITableViewDataSource` und für den `delegate` das Protokoll `UITableViewDelegate` implementiert; und genau diese Voraussetzungen erfüllt der `UITableViewController` von Beginn an. Damit können Sie mit einem `UITableViewController` umgehend damit beginnen, die entsprechenden Methoden der beiden Protokolle in Ihrer Controller-Klasse zu implementieren, und müssen nicht erst noch die `UITableView` erstellen und den passenden `dataSource` und `delegate` setzen.

Bevor wir uns diese beiden Protokolle aber einmal im Detail ansehen, ist es wichtig, etwas über den Aufbau und die Funktionsweise einer `UITableView` (also der entsprechenden View-Klasse) zu wissen.

Die UITableView

Eine `UITableView` unterteilt sich in *Sections* und *Rows*. Eine Table-View besitzt in jedem Fall mindestens eine Section. Sections unterteilen eine Table-View in mehrere Bereiche (das sehen Sie zum Beispiel bei der Einstellungen-App von iOS sehr gut, dabei handelt es sich nämlich um eine Table-View, und die verschiedenen Unterbrechungen zwischen den einzelnen Zellen zeigen den Beginn einer neuen Section). Mithilfe von Sections können Sie somit Ihre Liste strukturieren und in logische Gruppen aufteilen.

Innerhalb der Sections befinden sich die einzelnen Rows, also die Zellen, die in der Liste angezeigt werden. Eine solche Zelle basiert immer auf der Klasse `UITableViewCell` oder einer eigens erstellten Subklasse davon. Es gibt vier Standarddesigns, die Sie für eine Table-View-Cell setzen können, alternativ können Sie – eben mittels Subklasse – eine eigene `UITableViewCell`-Klasse mit individuellem Aussehen erstellen (mehr zum Erstellen eigener Views erfahren Sie im Kapitel „Views erstellen und gestalten").

So viel zum Aufbau einer Table-View. Spannend ist nun noch, wie die Table-View ihre Zellen verwaltet. Anstatt nämlich für jede Zelle immer ein komplett neues Objekt zu initialisieren und zu erstellen, verfügt die Klasse `UITableView` über eine Art Caching-Mechanismus, der deutlich ressourcenfreundlicher ist und es erlaubt, bereits genutzte Zellen einfach wieder zu verwenden.

Aus diesem Grund werden die `UITableViewCell`-Objekte mit einem eindeutigen Identifier versehen. Dieser Identifier weist somit auf eine Zelle hin, die immer denselben Aufbau und dasselbe Aussehen hat (was Sie natürlich immer noch anpassen können, aber zunächst einmal ist der Grundaufbau einer Zelle mit diesem Identifier immer gleich). Nun muss die Table-View nur einmal ein Objekt mit diesem Identifier erstellen, für alle weiteren Zellen mit demselben Identifier sorgen dann die Caching-Mechanismen dafür, dass diese Zelle genutzt werden kann, ohne jedes Mal ein komplett neues Objekt dafür zu erstellen. Gerade bei Table-Views mit mehreren Hundert Zellen ist ein derartiges Verhalten mehr als sinnvoll, selbst ein flüssiges Scrollen durch lange Listen ist dann kein Problem mehr. Und auch hier ist das Schöne: Die Klasse `UITableView` liefert alles mit, was Sie für die Implementierung benötigen, und Sie müssen sich daher nicht selbst um eine entsprechende Caching-Technik kümmern. Wie das im Detail funktioniert und was Sie letztlich noch dafür tun müssen, sehen Sie im folgenden Abschnitt zum `UITableViewDataSource`-Protokoll.

Das ist der grundlegende und immerwährende Aufbau einer `UITableView`. Werfen wir daher nun einmal einen Blick auf die wichtigsten Methoden dieser beiden Protokolle, die Sie entweder implementieren müssen (weil es das Protokoll so vorschreibt) oder in vielen Standardfällen benötigen werden. Beginnen wir dazu mit dem `UITableViewDataSource`-Protokoll.

UITableViewDataSource

Das `UITableViewDataSource`-Protokoll listet in der Dokumentation von Apple zwei Methoden auf, die Sie zwingend implementieren müssen (siehe Listing 7.35).

Listing 7.35 Notwendige Methoden von `UITableViewDataSource`

```
// Swift
func tableView(_ tableView: UITableView, numberOfRowsInSection section: Int) -> Int
func tableView(_ tableView: UITableView, cellForRowAt indexPath: IndexPath) ->
UITableViewCell

// Objective-C
- (NSInteger)tableView:(UITableView *)tableView numberOfRowsInSection:(NSInteger)
section;
- (UITableViewCell *)tableView:(UITableView *)tableView cellForRowAtIndexPath:
(NSIndexPath *)indexPath;
```

Die erste Methode `tableView(_:numberOfRowsInSection:)` liefert zurück, über wie viele Zellen Ihre Table-View in der übergebenen Section verfügt. Hier geben Sie also schlicht eine Ganzzahl zurück. Verfügt Ihre Table-View über mehrere Sections, so können Sie die entsprechende Section mittels des Parameters `section` der Methode abfragen und die jeweils passende Anzahl an Zellen pro Section zurückliefern.

Die zweite Methode liefert das `UITableViewCell`-Objekt für den übergebenen `indexPath`. Wie Sie sehen, ist `indexPath` ein Objekt vom Typ `IndexPath` (Swift) beziehungsweise `NSIndexPath` (Objective-C). In Verbindung mit einer `UITableView` kann dieses Objekt dazu genutzt werden, die genaue Position einer Zelle zu ermitteln und abzufragen, denn dieses Objekt hält die Information darüber, in welcher Section sich die entsprechende Zelle befindet und in welcher Zeile sie angezeigt wird. Dazu besitzt `IndexPath` beziehungsweise `NSIndexPath` die in Listing 7.36 aufgeführten beiden Properties.

Listing 7.36 Properties von `IndexPath` beziehungsweise `NSIndexPath` zum Zugriff auf eine Tabellenzelle

```
// Swift
var section: Int { get set }
var row: Int { get set }

// Objective-C
@property(nonatomic, readonly) NSInteger section;
@property(nonatomic, readonly) NSInteger row;
```

Damit wissen Sie also innerhalb der Methode `tableView(_:cellForRowAt:)` aufgrund des `indexPath`-Parameter, welche Zelle zurückgegeben werden soll und wo sie sich befindet, und können sie somit entsprechend konfigurieren (indem Sie beispielsweise einen passenden Titel setzen). Eine beispielhafte Implementierung beider eben vorgestellter Methoden könnte wie in Listing 7.37 gezeigt aussehen.

Listing 7.37 Beispielhafte Implementierung des Data Source einer Table-View

```
// Swift
enum TableViewIndex: Int {
    case firstRow
    case secondRow
    case thirdRow
    case numberOfRowsInTableView
}
func tableView(_ tableView: UITableView, numberOfRowsInSection section: Int) -> Int {
    return TableViewIndex.numberOfRowsInTableView.rawValue
}
func tableView(_ tableView: UITableView, cellForRowAt indexPath: IndexPath) ->
UITableViewCell
    let CellIdentifier = "MyCell"
    var myCell = tableView.dequeueReusableCell(withIdentifier: CellIdentifier)
    if myCell == nil {
        myCell = UITableViewCell(style: .default, reuseIdentifier: CellIdentifier)
    }
    if indexPath.row == TableViewIndex.firstRow.rawValue {
        myCell.title = "First Cell"
    } else if indexPath.row == TableViewIndex.secondRow.rawValue {
        myCell.title = "Second Cell"
```

```
    } else if indexPath.row == TableViewIndex.thirdRow.rawValue {
        myCell.title = "Third Cell"
    }
    return myCell
}

// Objective-C
enum {
    FirstRow,
    SecondRow,
    ThirdRow,
    NumberOfRowsInTableView
}
- (NSInteger)tableView:(UITableView *)tableView numberOfRowsInSection:(NSInteger)
section {
    return NumberOfRowsInTableView
}
- (UITableViewCell *)tableView:(UITableView *)tableView cellForRowAtIndexPath:
(NSIndexPath *)indexPath {
    static NSString *CellIdentifier = @"MyCell";
    UITableViewCell *myCell = [tableView dequeueReusableCellWithIdentifier:
CellIdentifier];
    if (!myCell) {
        myCell = [[UITableViewCell alloc] initWithStyle: UITableViewCellStyleDefault
identifier:CellIdentifier];
    }
    switch (indexPath.row) {
        case FirstRow:
            myCell.title = @"First Cell";
            break;
        case SecondRow:
            myCell.title = @"Second Cell";
            break;
        case ThirdRow:
            myCell.title = @"Third Cell";
            break;
    }
    return myCell;
}
```

An diesem recht aufwendigen Beispiel sieht man gut, wie man typischerweise mit einer Table-View arbeitet. Besonders der Code in der Methode `tableView(_:cellForRowAt:)` ist spannend (siehe Listing 7.38).

Listing 7.38 Erstellen einer `UITableViewCell`

```
// Swift
let CellIdentifier = "MyCell"
var myCell = tableView.dequeueReusableCell(withIdentifier: CellIdentifier)
if myCell == nil {
    myCell = UITableViewCell(style: .default, reuseIdentifier: CellIdentifier)
}

// Objective-C
static NSString *CellIdentifier = @"MyCell";
UITableViewCell *myCell = [tableView dequeueReusableCellWithIdentifier:CellIdentifi
er];
```

```
if (!myCell) {
    myCell = [[UITableViewCell alloc] initWithStyle: UITableViewCellStyleDefault
identifier:CellIdentifier];
}
```

Wir definieren zunächst den eindeutigen Identifier für die Table-View-Cell und nutzen anschließend die Methode `dequeueReusableCell(withIdentifier:)`, um die Table-View nach einer passenden Zelle für diesen Identifier zu fragen. Wurde eine solche Zelle bisher noch nicht erstellt, können wir das ganz einfach durch Abfragen unserer Variablen `myCell` herausfinden und – wenn sie keinen Inhalt besitzt – selbst eine entsprechende `UITableViewCell`-Instanz erstellen.

Anschließend gehen wir in der verschachtelten `if`-Abfrage (Swift) beziehungsweise der `switch`-Anweisung (Objective-C) alle Zellen durch. Je nachdem, welche gerade konfiguriert wird und diese Methode aufruft, setzen wir einen passenden Text für die Zelle. Auf diese Weise können wir jede Zelle korrekt konfigurieren. Würden wir mehrere Sections verwenden, könnten wir auch diese zusätzlich in einer separaten `if`-Abfrage beziehungsweise `switch`-Anweisung durchlaufen.

Ich nutze für derartige Table-Views gerne Enumerations, um auf die verschiedenen Zellen zuzugreifen. So kann ich dies einfach – wenn einmal eine Zelle wegfallen oder eine weitere hinzukommen sollte – in der Enumeration zu Beginn des Code-Beispiels entsprechend anpassen.

Im Folgenden möchte ich nun noch ein paar weitere Methoden des `UITableViewDataSource`-Protokolls vorstellen, die auch Sie möglicherweise des Öfteren benötigen werden.

numberOfSections(in:)

Mit dieser Methode können Sie die Anzahl der Sections als Integer für Ihre Table-View zurückgeben. Wie Sie sehen, verhält sich diese Methode damit stilistisch sehr ähnlich wie die Methode `tableView(_:numberOfRowsInSection:)` zur Rückgabe der Anzahl der Zellen innerhalb einer Section.

tableView(_:titleForHeaderInSection:)

Mit dieser Methode können Sie für die übergebene Section einen optionalen Titel in Form eines Strings setzen. Dieser Titel wird dann oberhalb der ersten Zelle dieser Section angezeigt.

tableView(_:titleForFooterInSection:)

Äquivalent zu einem Section-Titel können Sie mithilfe dieser Methode auch einen Footer für die übergebene Section setzen, der sodann unterhalb der letzten Zelle der entsprechenden Section ausgegeben wird.

UITableViewDelegate

Das `UITableViewDelegate`-Protokoll dient primär zum Abfangen von Ereignissen vonseiten der `UITableView` oder einer ihrer Zellen. Daher gibt es insbesondere eine Methode, die Sie sehr wahrscheinlich für fast jede Ihrer `UITableViewController`-Klassen nutzen werden (siehe Listing 7.39).

Listing 7.39 Deklaration der Methode zur Auswahl einer Zelle in einer `UITableView`

```
// Swift
optional func tableView(_ tableView: UITableView, didSelectRowAt indexPath:
IndexPath)

// Objective-C
- (void)tableView:(UITableView *)tableView didSelectRowAtIndexPath:(NSIndexPath *)
indexPath;
```

Diese Methode wird aufgerufen, sobald der Nutzer eine Zelle Ihrer Table-View auswählt. Hierbei wird auch entsprechend der `indexPath` für diese Zelle übergeben, die die Section (in der Property `section`) sowie die Zeile (in der Property `row`) für die ausgewählte Zelle enthält. Somit können Sie innerhalb dieser Methode abfragen, welche `UITableViewCell` vom Nutzer ausgewählt wurde, und entsprechend reagieren.

Im Gegensatz zum `UITableViewDataSource`-Protokoll ist keine der im `UITableViewDelegate` aufgeführten Methoden Pflicht; sie sind alle optional. Neben dem Reagieren auf bestimmte Ereignisse in Ihrer Table-View erlaubt Ihnen das `UITableViewDelegate`-Protokoll auch das Erstellen eigener Views, die Sie dann als Header und Footer für Ihre Table-View verwenden können (falls Ihnen das einfache Ändern des Titels mithilfe des `UITableViewDataSource`-Protokolls nicht ausreicht). Auch die Höhe von Zellen und Header und Footer können Sie mithilfe des `UITableViewDelegate` steuern. Die Dokumentation gibt ausführlich Aufschluss darüber, was mithilfe dieses Protokolls alles im Detail möglich ist und wie Sie es in Ihrer eigenen Implementierung nutzen können (siehe Bild 7.64).

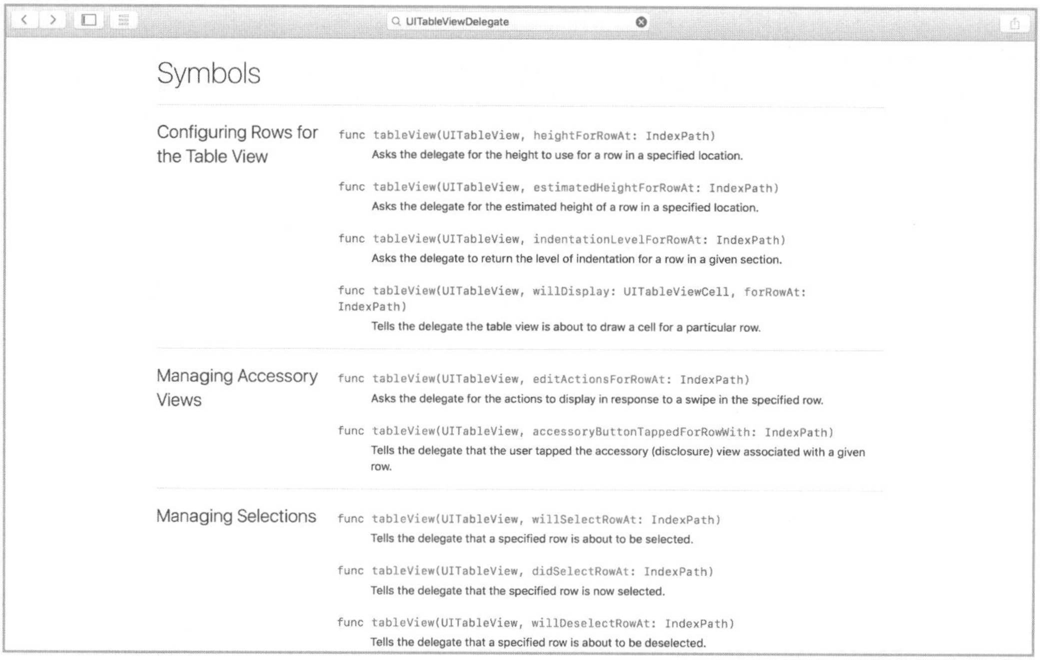

Bild 7.64 Die ausführliche Dokumentation des UITableViewDelegate listet alle Funktionen und Möglichkeiten auf, die Ihnen dieses Protokoll bietet.

UITableView in einem Storyboard

`UITableView`-Instanzen sind eine tolle Sache, erfordern aber sehr viel Code-Schreibarbeit, gerade wenn man mit mehreren Sections und unterschiedlichen Zellen arbeitet. Sollen die Inhalte dynamisch dargestellt werden (zum Beispiel aufgrund des Ergebnisses einer Datenbankabfrage), so führt daran kein Weg vorbei. Möchte man aber stattdessen eine komplett statische Table-View erstellen, die immer dieselben Zellen mit denselben Funktionen anzeigt (zum Beispiel für Einstellungen in Ihrer App), lässt sich das mit Storyboards wesentlich komfortabler lösen.

In einem Storyboard können Sie für eine `UITableView` angeben, wie viele Sections und Rows sie besitzt. Auch können Sie die Rows gleich grafisch erstellen (zum Beispiel einen Titel setzen) und den eigenen Bedürfnissen anpassen.

Selbst die Methode `tableView(_:didSelectRowAt:)` des `UITableViewDelegate`-Protokolls kann damit überflüssig werden, wenn Sie zum Beispiel von einer Zelle aus einen anderen View-Controller aufrufen möchten (zum Beispiel mithilfe eines `UINavigationController`, in dem Ihr `UITableViewController` als Root-View-Controller gesetzt ist). Dann können Sie nämlich über das Storyboard wie gewohnt eine Verbindung zwischen der statischen Zelle in Ihrer Table-View und dem Ziel-View-Controller ziehen und anschließend den Verbindungstyp festlegen. Nutzen Sie dieses wahrlich praktische Verfahren wirklich dann, wenn Sie „nur" eine statische Table-View mit immer gleichen Zellen ausgeben möchten; es erleichtert Ihnen nicht nur die Arbeit beim Erstellen dieser Table-View, sondern ist gleichzeitig besser verständlich, da die komplette Table-View dann visuell über das Storyboard im Interface Builder einsehbar ist; jeder kann also sehen, welche Inhalte sie darstellt.

Um statische, feste Zellen für eine Table-View in einem Storyboard zu erstellen, wählen Sie die Table-View im Storyboard aus und wechseln anschließend in der Utilities Area in den Attributes Inspector. Wählen Sie dort zunächst unter *Content* STATIC CELLS aus. Anschließend können Sie im darunterliegenden Feld *Sections* die Anzahl der Sections eingeben. Die Zellen selbst können Sie dann einfach mithilfe von `UITableViewCell`-Objekten aus der Object-Library einer Section hinzufügen und dann ebenfalls frei im Storyboard konfigurieren (siehe Bild 7.65).

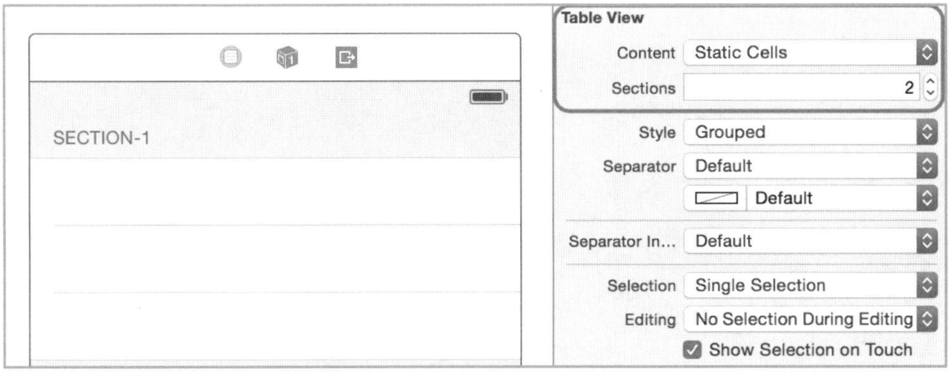

Bild 7.65 Mithilfe eines Storyboards können Sie statische Tabellen leicht direkt im Interface Builder erstellen und verwalten.

7.7.4 UICollectionViewController

Der `UICollectionViewController` hat sehr viel mit dem `UITableViewController` gemein. Auch der `UICollectionViewController` ist im Endeffekt ein einfacher View-Controller, dem bereits eine View – in diesem Fall eine `UICollectionView` – zugewiesen ist und der als Data-Source und Delegate für eben diese Collection-View dient. Auch die Arbeit mit Storyboards ist bei einem `UICollectionViewController` ähnlich wie bei einem `UITableViewController`, weshalb ich darauf an dieser Stelle gar nicht näher eingehen werde. Wichtiger sind die Besonderheiten beziehungsweise Unterschiede einer `UICollectionView` im Vergleich zu einer `UITableView`.

Während eine `UITableView` nur eine Liste darstellt (sprich eine einspaltige Tabelle), ist eine `UICollectionView` hier wesentlich flexibler. Mit ihr können mehrere Elemente automatisch in korrekter Größe und Form neben- und untereinander aufgelistet werden. Ein solches Verhalten kennen Sie beispielsweise von der Fotos-App oder aus Ihrer virtuellen Bibliothek in iBooks (siehe Bild 7.66).

Bild 7.66
iBooks listet die vorhandene Bücherbibliothek in ähnlicher Form auf, wie Sie es mithilfe des UICollectionViewController selbst relativ einfach umsetzen können.

Um ein derartiges Verhalten umzusetzen, setzt eine `UICollectionView` auf ein eigenes Layout, welches ihr bereits in ihrem Initializer übergeben wird (siehe Listing 7.40).

Listing 7.40 Initializer der Klasse `UICollectionView`

```
// Swift
init(frame: CGRect, collectionViewLayout layout: UICollectionViewLayout)

// Objective-C
- (instancetype)initWithFrame:(CGRect)frame collectionViewLayout:
(UICollectionViewLayout *)layout;
```

Das Layout ist von der Klasse `UICollectionViewLayout` abgeleitet. Diese Klasse ist sehr mächtig und bietet verschiedenste Funktionen, um zu bestimmen, wie und in welcher Form Ihre Elemente in der Collection-View platziert und angeordnet werden sollen. Für Standardfälle (wie zum Beispiel das iBooks-Layout) können Sie die Klasse `UICollectionViewFlowLayout` verwenden.

Darüber hinaus verhält sich die `UICollectionView` relativ ähnlich zur Table-View. Auch sie verfügt über zwei Properties, um Delegate-Objekte entgegenzunehmen (welche bei einem `UICollectionViewController` automatisch auf diesen Controller gesetzt werden, siehe Listing 7.41).

Listing 7.41 Data Source- und Delegate-Properties einer `UICollectionView`

```
// Swift
weak var dataSource: UICollectionViewDataSource? { get set }
weak var delegate: UICollectionViewDelegate? { get set }

// Objective-C
@property(nonatomic, weak) id<UICollectionViewDataSource> dataSource;
@property(nonatomic, weak) id<UICollectionViewDelegate> delegate;
```

Auch hier muss nicht näher auf die Details dieser Protokolle eingegangen werden, denn wie beschrieben verhalten sie sich großteils äquivalent zu denen der Protokolle für die `UITableView`. So verfügt das `UICollectionViewDataSoure`-Protokoll beispielsweise über eine Methode `collectionView(_:numberOfItemsInSection:)`, um die Anzahl der Elemente in der übergebenen Section anzugeben, während das `UICollectionViewDelegate` mit der Methode `collectionView(_:didSelectItemAt:)` darüber informiert, ob und welches Objekt in der Collection-View beim Aufrufen dieser Methode ausgewählt wurde.

Und wie ebenfalls schon erwähnt, ist es auch mit `UICollectionView` möglich, diese komfortabel über Storyboards zu konfigurieren.

7.7.5 UISplitViewController

Grundlagen

Ein `UISplitViewController` nimmt zwei View-Controller entgegen und stellt diese nebeneinander dar. Typische Apps mit einem `UISplitViewController` auf dem iPad sind beispielsweise die Einstellungen oder die Mail-App. Oftmals wird ein `UISplitViewController` mit einer Mischung aus einem UITableViewController, aus dem der Nutzer einen Eintrag auswählen kann, und einem „normalen" UIViewController, der die zur vorigen Auswahl passenden Inhalte anzeigt, verwendet.

Zu diesem Zweck verfügt ein UISplitViewController über die in Listing 7.42 deklarierte viewControllers-Property.

Listing 7.42 viewControllers-Property des UISplitViewController

```
// Swift
var viewControllers: [UIViewController] { get set }

// Objective-C
@property(nonatomic, copy) NSArray<__kindof UIViewController *> *viewControllers;
```

Über diese Property können dem Controller in einem Array zwei View-Controller übergeben werden, die er dann darstellt. Der erste View-Controller wird auf der linken Seite des Bildschirms dargestellt, während der zweite auf der rechten Seite erscheint. Darüber hinaus verfügt der UISplitViewController noch über ein Delegate-Objekt (siehe Listing 7.43).

Listing 7.43 Delegate-Property des UISplitViewController

```
// Swift
weak var delegate: UISplitViewControllerDelegate? { get set }

// Objective-C
@property(nonatomic, weak) id<UISplitViewControllerDelegate> delegate;
```

Dieser Delegate steuert das Verhalten der beiden View-Controller. Er enthält diverse Methoden, um zusätzliche Einstellungen zu setzen, beispielsweise um immer beide View-Controller nebeneinander anzuzeigen. Eine genaue Übersicht aller zur Verfügung stehenden Funktionen können Sie direkt der Dokumentation des UISplitViewControllerDelegate-Protokolls in Xcode entnehmen.

UISplitViewController in einem Storyboard

Wer hätte es gedacht, auch ein UISplitViewController lässt sich schön komfortabel über ein Storyboard erstellen. Wenn Sie einfach ein UISplitViewController-Objekt aus der Object Library auf die Leinwand Ihres Storyboard-Files im Interface Builder ziehen, erstellt dieser automatisch eine UISplitViewController-Instanz inklusive eines UITableViewController innerhalb eines UINavigationController als linken View-Controller sowie einem UIViewController für die rechte Seite. Hier können Sie sodann entsprechend eingreifen und die einzelnen View-Controller des UISplitViewController anpassen und konfigurieren (siehe Bild 7.67).

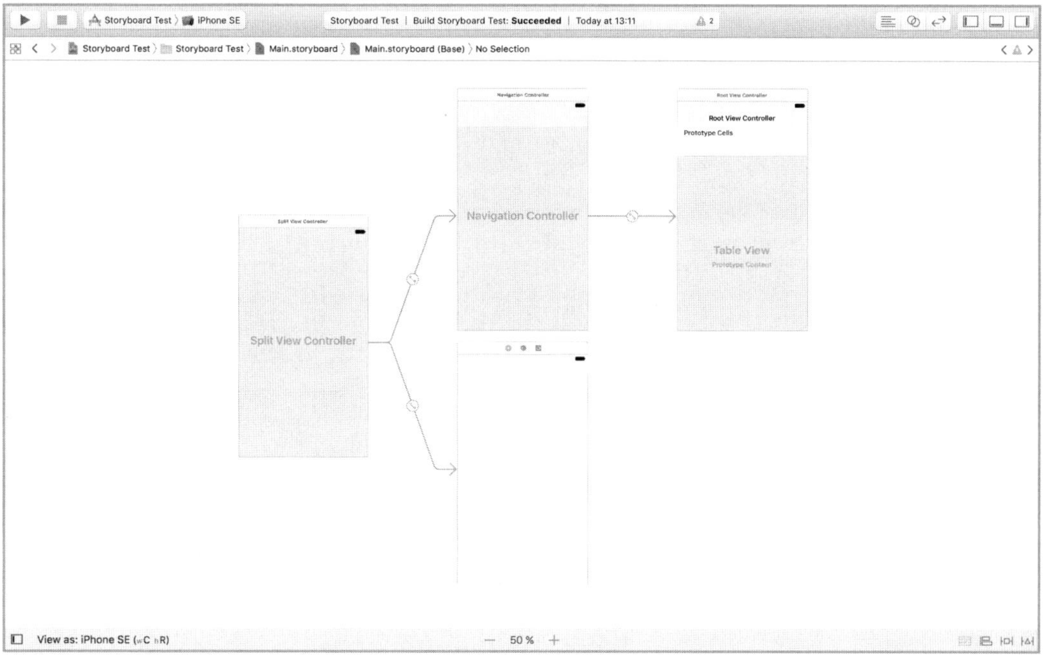

Bild 7.67 Ein in einem Storyboard erstellter UISplitViewController legt direkt passende View-Controller für die Split-View an.

8 Views erstellen und gestalten

8.1 Über Views in iOS

Views sind Klassen, die sich um die Darstellung und Präsentation von Elementen auf dem Bildschirm kümmern. Sie zeichnen sich meist durch hohe Flexibilität und Wiederverwendbarkeit aus, indem sie Befehle und Informationen entweder über Delegation oder Target/Action verarbeiten (siehe dazu auch das Kapitel „MVC – Model-View-Controller“). Gerade die Systemklassen von Apple, die wir hier im Detail kennenlernen werden, sind ein großartiges Beispiel dafür, wie sich verschiedene Arten von Ansichten immer wieder für eigene Zwecke verwenden und anpassen lassen. Umgekehrt kann es aber auch genauso vorkommen, dass Sie in einem bestimmten Projekt ganz bestimmte und eigene View-Klassen erstellen, die Sie auch nur speziell für dieses eine Projekt benötigen (und die damit weniger wiederverwendbar sind).

So weit, so gut. Sehen wir uns nun zunächst einmal die Grundlagen zu allen Views für die iOS-Entwicklung an.

8.2 UIView – die Mutter aller Views

Im vierten Kapitel, „Grundlagen der iOS-Entwicklung“, wurde es bereits vorgestellt, das UIKit-Framework von Apple. Im Gegensatz zum Foundation-Framework, das auch für die Entwicklung für macOS zur Verfügung steht, ist UIKit ausschließlich unter iOS verfügbar. Das ist auch gut und sinnvoll so, denn dieses Framework enthält eben all die Ansichten und Funktionen, die auch speziell für Touchscreens optimiert sind und so eben auch auf iPhone und iPad Verwendung finden. Daher ist es auch nicht verwunderlich, dass das UIKit-Framework automatisch in Xcode in jedem iOS-Projekt eingefügt wird und damit ohne Umschweife genutzt werden kann.

Im UIKit-Framework gibt es eine View-Klasse, die man getrost als die Mutter aller Views in iOS bezeichnen kann. Diese Klasse trägt den passenden Namen `UIView`. Sie besitzt alle wichtigen Properties und Methoden, die Sie brauchen, um eine Fläche auf dem Touch-Display zu zeichnen und mit Informationen zu füllen. Wenn Sie also eigene View-Klassen erstellen, werden diese in der Regel in jedem Fall von `UIView` oder einer seiner vielen Subklassen erben. Denn auch von diesen Subklassen hat Apple in UIKit jede Menge im Gepäck. So gibt es zum Beispiel die Klasse `UIButton` zur Darstellung von Schaltflächen oder `UISwitch` für Ein-/Aus-Schalter. Doch alle haben sie gemein, dass sie `UIView` als Superklasse besitzen.

Doch was zeichnet nun `UIView` aus und welche Informationen und Methoden stellt es uns zur Verfügung?

`UIView` besitzt zunächst einmal Informationen über die Größe und die Position der Ansicht auf dem Bildschirm. Methoden für Animationen sorgen dafür, die Position der View zu verändern oder sie erscheinen oder verschwinden zu lassen. Und `UIView` verfügt über Methoden, Subviews hinzuzufügen, zu entfernen und zu bearbeiten und zu managen (siehe Bild 8.1).

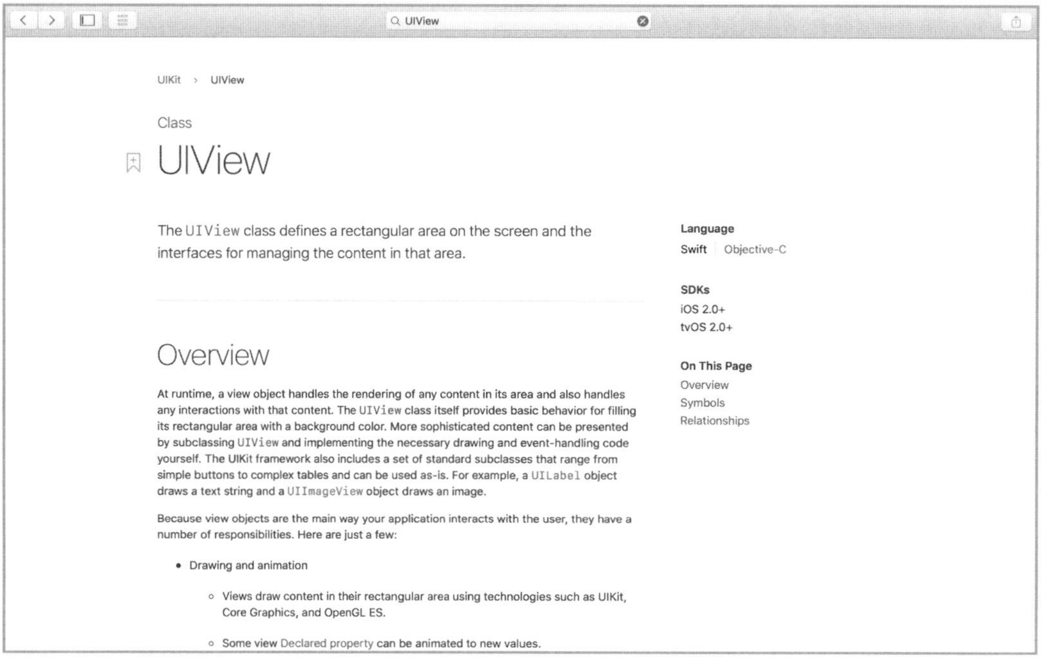

Bild 8.1 Die Dokumentation von UIView ist nicht umsonst sehr, sehr umfangreich.

8.3 Arbeiten mit UIView

8.3.1 Programmatisches Erstellen einer UIView

Um eine neue Instanz von `UIView` zu erstellen, können Sie die entsprechende Initializer-Methode der Klasse `UIView` nutzen (siehe Listing 8.1).

Listing 8.1 Initialisierung eines neuen `UIView`-Objekts

```
// Swift
let frame = CGRect(x: 0, y: 0, width: 320, height: 300)
let myView = UIView(frame: frame)

// Objective-C
CGRect frame = CGRectMake(0, 0, 320, 100);
UIView *myView = [[UIView alloc] initWithFrame:frame];
```

Im Initializer wird dabei ein Wert vom Typ `CGRect` übergeben. `CGRect` gibt die Position und Größe eines Objekts wieder. In diesem Fall wird unsere View an der X-Koordinate 0 und der Y-Koordinate 0 positioniert, besitzt eine Breite von 320 Punkten und ist 100 Punkte hoch.

Das Koordinatensystem in iOS

Wie Sie eben gesehen haben, spiegelt der Wert der Y-Koordinate 0 nicht den unteren, sondern den oberen Bildschirmrand wider. Koordinaten in iOS beginnen also oben links und verteilen sich von dort nach rechts (für die X-Koordinate) und nach unten (für die Y-Koordinate). Das ist wichtig zu wissen, um korrekt mit Koordinaten in iOS zu rechnen und zu verstehen, wo die entsprechende Ansicht angezeigt wird.

Das ist der schlichte, programmatische Weg, eine neue Instanz von `UIView` zu erstellen. Subklassen von `UIView`, von denen später in diesem Kapitel noch einige vorgestellt werden, besitzen häufig andere, nochmals eigens spezialisierte Initializer.

UIView und die Controller

Um eine `UIView` auf dem Bildschirm darstellen und mit ihr interagieren zu können, benötigen Sie immer einen entsprechenden Controller, der die Instanz dieses `UIView`-Objekts hält. Ohne Controller sind View-Klassen somit reine Baupläne für Ansichten, die Sie in Ihrer App verwenden können.

Um eine View schlicht und einfach in Ihrem Projekt zu verwenden und dem Nutzer anzuzeigen, gibt es den sogenannten `UIViewController`. Dabei handelt es sich um eine Controller-Klasse, die ebenfalls Bestandteil des UIKit-Frameworks ist und eine Property namens `view` für eine `UIView` besitzt. Darüber können Sie somit Ihre View direkt einer Instanz dieses Controllers zuweisen und besitzen damit einen Controller, der sich um die Darstellung und Verarbeitung Ihrer `UIView`-Instanz kümmert. Mehr zu Controllern in iOS allgemein sowie dem `UIViewController` (und anderen View-Controllern) im Speziellen erfahren Sie im Kapitel „Die Vielfalt der (View-)Controller“.

8.3.2 View-Hierarchien

Das programmatische Erstellen von Views ist relativ eingängig. Wichtig sind klare Angaben zu Position (also den Koordinaten) und der Größe der View. Damit besitzen Sie dann eine Instanz, mit der Sie weiterarbeiten können (beispielsweise um eine Hintergrundfarbe zu setzen). Doch in der Regel werden Sie nicht einfach nur eine View auf dem Display darstellen, sondern mehrere, die übereinandergelegt sind. Sehen Sie sich beispielsweise einmal die Ansicht in Bild 8.2 an.

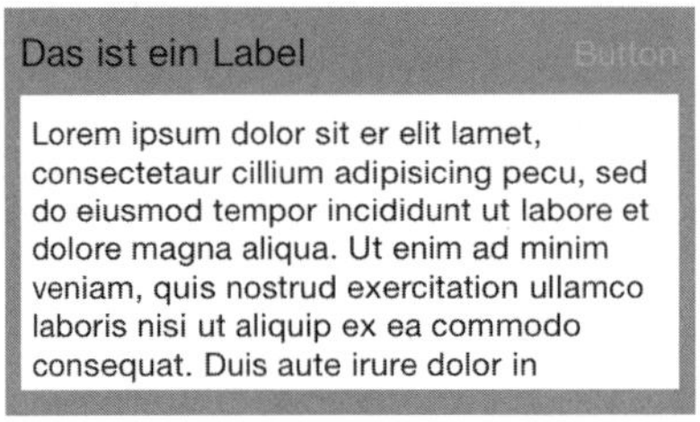

Bild 8.2
Gewinnt zwar keinen Schönheitswettbewerb, erfüllt zur Erklärung aber seinen Zweck: unser einfaches View-Beispiel.

Auf diesem Bild sehen Sie mehrere Instanzen von `UIView` und seinen Subklassen: Auf der obersten Ebene sitzt eine einfache `UIView` mit einer hellblauen Hintergrundfarbe. Darauf befindet sich dann eine Instanz von `UILabel`, die den Text „Das ist ein Label" darstellt, und direkt daneben befindet sich eine Schaltfläche als Instanz von `UIButton`. Zu guter Letzt findet sich darunter noch eine `UITextView`, die einen längeren „Lorem Ipsum"-Standardtext enthält.

Das sind alles Views, doch sie sind hier in einer bestimmten Hierarchie angeordnet: Die große View im Hintergrund mit der hellblauen Farbe „enthält" all die anderen Views wie den Button oder den Text. Würden Sie die Größe dieser View verändern (sie beispielsweise verkleinern), würden irgendwann auch die auf ihr liegenden Elemente verschwinden.

Dieses Verhalten ist absolut korrekt und auch so gewollt, denn das erlaubt es Ihnen, View-Hierarchien zu erstellen. Und das eben gezeigte View-Beispiel wird Ihnen ständig in Ihrer täglichen Arbeit begegnen: Eine View dient als eine Art „Container" für weitere kleinere Views und Ansichten, die auf dem Bildschirm dargestellt werden. Aber natürlich können Sie auch noch verschachteltere Hierarchien erstellen. So kann eine View ihrerseits auch wieder weitere Views enthalten und diese können auch wieder verschachtelt sein.

Dieses Verfahren ist immer dann sinnvoll, wenn Sie eine logische Gruppe von Ansichten gruppieren wollen. Das zuvor gezeigte Beispiel ist dabei das typischste und am häufigsten verwendete: Eine Ansicht, die den kompletten Bildschirm ausfüllt, enthält weitere Unteransichten, die auf ihr platziert werden und eben zu dieser einen großen Ansicht gehören. Man spricht hierbei von *Superviews* und *Subviews*. Na, kommt Ihnen dieser Wortlaut bekannt vor? Auch bei den Klassen selbst wird das so gehandhabt, denn dort gibt es bekannterweise die Superklassen (also die Elternklassen, die einen bestimmten Funktionsumfang enthalten) und die Subklassen, die von ihren Elternklassen erben und diese um weitere Funktionen erweitern.

Superviews und Subviews

Superviews und Subviews erlauben es Ihnen, beliebige View-Hierarchien aufzubauen und damit als logische Gruppen zu verwalten. Eine View hat dabei maximal eine Superview, kann aber über beliebig viele Subviews verfügen. In der zuvor gezeigten Beispiel-View sind all die Elemente innerhalb der hellblauen View (also der Button und die Texte) Subviews dieser View und all die Views wie der Button und die Texte besitzen die hellblaue View als Superview.

Die Klasse `UIView` besitzt zu diesem Zweck eine Handvoll Methoden, um derartige View-Hierarchien zu verwalten. Die zwei wichtigsten sehen wir uns hier im Detail an. Dabei wollen wir den zuvor gezeigten Bildschirminhalt nachbauen und eine entsprechende Instanz von `UIView` erstellen, die all diese Elemente enthält. Gehen wir dabei einmal Schritt für Schritt vor und beginnen wir mit der großen View, die sozusagen im Hintergrund dargestellt wird (siehe Listing 8.2).

Listing 8.2 Erstellen einer `UIView` mit blauer Hintergrundfarbe

```
// Swift
var contentView = UIView(frame: CGRect(x: 0, y: 0, width: 320, height: 300))
contentView.backgroundColor = UIColor.blueColor()

// Objective-C
UIView *contentView = [[UIView alloc] initWithFrame:CGRectMake(0.0, 0.0, 320.0,
300.0)];
contentView.backgroundColor = [UIColor blueColor];
```

Damit haben wir nun eine neue Instanz der Klasse `UIView` erstellt, die oben links am Bildschirm positioniert wird, 320 Punkte breit und 300 Punkte hoch ist (dieses Mal haben wir dazu auch keine Hilfsvariable für diesen Frame erstellt, sondern den entsprechenden Aufruf direkt in den Initializer von `UIView` gepackt). Anschließend haben wir noch der Property `backgroundColor`, über die die Klasse `UIView` verfügt, einen Wert zugewiesen.

Als Nächstes erstellen wir unser Label-Objekt, das den Text „Das ist ein Label" enthält (siehe Listing 8.3). Hierfür stellt uns Apple eine Subklasse von `UIView` zur Verfügung, mit der wir einfach derartige Textelemente erstellen können: `UILabel`.

Listing 8.3 Erstellen eines `UILabel`

```
// Swift
let myTextLabel = UILabel(frame: CGRect(x: 20, y: 20, width: 150, height: 44))
myTextLabel.text = "Das ist ein Label"

// Objective-C
UILabel *myTextLabel = [[UILabel alloc] initWithFrame:CGRectMake(20.0, 20.0, 150.0,
44.0)];
myTextLabel.text = @"Das ist ein Label";
```

Wie Sie sehen, verwenden wir an dieser Stelle für unser neues `UILabel`-Objekt denselben Initializer, den diese Klasse von `UIView` geerbt hat, um dem Label direkt eine passende Position mittels Koordinaten und eine Größe zuzuweisen. In unserem Fall sind die X- und

Y-Koordinaten jeweils auf den Wert 20 gesetzt, das Label ist 150 Punkte breit und 44 Punkte hoch.

Nun haben wir zwar dieses Label-Objekt erstellt und ihm über seine Property `text` den String übergeben, den es anzeigen soll („Das ist ein Label"), doch nun soll dieses Label ja noch unserer zuvor erstellten `contentView` als Subview zugewiesen werden (damit `contentView` eben das neu erstellte Label `myTextLabel` enthält). Um einer View eine neue Subview hinzuzufügen, stellt die Klasse `UIView` die in Listing 8.4 deklarierte Methode zur Verfügung.

Listing 8.4 Deklaration der Methode zum Erstellen einer Subview

```
// Swift
func addSubview(_ view: UIView)

// Objective-C
- (void)addSubview:(UIView *)view;
```

Der Name und der Parameter dieser Methode sind bereits sehr aussagekräftig. Die Methode `addSubview(_:)` erhält als Parameter eine View, die eben als Subview hinzugefügt werden soll. Die `UIView`-Instanz, die diese Methode aufruft, erhält die übergebene View als Subview (und wird somit im Umkehrschluss auch zur Superview der hinzugefügten View). Wir möchten unserem `contentView`-Objekt nun das Label-Objekt `myTextLabel` als Subview zuweisen, also müssen wir diese Methode entsprechend über das `contentView`-Objekt aufrufen (siehe Listing 8.5).

Listing 8.5 Hinzufügen einer Subview

```
// Swift
contentView.addSubview(myTextLabel)

// Objective-C
[contentView addSubview:myTextLabel];
```

Voilà! Das ist die Magie, die wir brauchen, um einer View eine Subview hinzuzufügen.

Position einer Subview innerhalb der Superview

Beim Setzen der Position einer Subview müssen Sie eines unbedingt beachten: Die X- und Y-Koordinaten beziehen sich bei einer Subview nicht auf den Bildschirm, sondern auf die Superview. Die Superview stellt somit ein eigenes Koordinatensystem dar, welches alle Subviews zur Positionierung nutzen. Die X- und Y-Koordinaten 0 beziehen sich also immer auf die obere linke Ecke der Superview. Besitzt eine View keine Superview (eben weil sie sich auf oberster Ebene befindet), so bezieht sich diese View mit ihren Koordinaten auf den Bildschirm des Geräts.

Um das Beispiel komplett zu machen, fügen wir nun auch noch die anderen beiden `UIView`-Elemente unserem `contentView`-Objekt hinzu (siehe Listing 8.6).

Listing 8.6 Hinzufügen eines Buttons und einer Text-View zu einer `UIView`

```
// Swift
let myButton = UIButton(type: .system)
myButton.frame = CGRect(x: 200, y: 20, width: 100, height: 44)
myButton.setTitle("Button", forState: .normal)
contentView.addSubview(myButton)
let myTextView = UITextView(frame: CGRect(x: 20, y: 72, width: 280, height: 128))
myTextView.text = "Lorem Ipsum..."
contentView.addSubview(myTextView)

// Objective-C
UIButton *myButton = [UIButton buttonWithType:UIButtonTypeSystem];
myButton.frame = CGRectMake(200.0, 20.0, 100.0, 44.0);
[myButton setTitle:@"Button" forState:UIControlStateNormal];
[contentView addSubview:myButton];
UITextView *myTextView = [[UITextView alloc] initWithFrame:CGRectMake(20.0, 72.0,
280.0, 128.0)];
myTextView.text = @"Lorem Ipsum...";
[contentView addSubview:myTextView];
```

Lassen Sie sich von den teils noch unbekannten Methodenaufrufen nicht irritieren, es handelt sich dabei teilweise um spezielle „Eigenheiten" der entsprechenden Klassen. Wichtig ist, dass Sie grundlegend verstanden haben, wie Sie View-Objekte programmatisch erzeugen und eine View-Hierarchie mittels der Methode `addSubview(_:)` der Klasse `UIView` aufbauen. Das komplette Code-Beispiel zusammengefasst sehen Sie in Listing 8.7.

Listing 8.7 Arbeiten mit Subviews

```
// Swift
var contentView = UIView(frame: CGRect(x: 0, y: 0, width: 320, height: 300))
contentView.backgroundColor = UIColor.blueColor()

let myTextLabel = UILabel(frame: CGRect(x: 20, y: 20, width: 150, height: 44))
myTextLabel.text = "Das ist ein Label"
contentView.addSubview(myTextLabel)

let myButton = UIButton(type: .system)
myButton.frame = CGRect(x: 200, y: 20, width: 100, height: 44)
myButton.setTitle("Button", forState: .normal)
contentView.addSubview(myButton)

let myTextView = UITextView(frame: CGRect(x: 20, y: 72, width: 280, height: 128))
myTextView.text = "Lorem Ipsum..."
contentView.addSubview(myTextView)

// Objective-C
UIView *contentView = [[UIView alloc] initWithFrame:CGRectMake(0.0, 0.0, 320.0,
300.0)];
contentView.backgroundColor = [UIColor blueColor];

UILabel *myTextLabel = [[UILabel alloc] initWithFrame:CGRectMake(20.0, 20.0, 150.0,
44.0)];
myTextLabel.text = @"Das ist ein Label";
[contentView addSubview:myTextLabel];
```

```
UIButton *myButton = [UIButton buttonWithType:UIButtonTypeSystem];
myButton.frame = CGRectMake(200.0, 20.0, 100.0, 44.0);
[myButton setTitle:@"Button" forState:UIControlStateNormal];
[contentView addSubview:myButton];

UITextView *myTextView = [[UITextView alloc] initWithFrame:CGRectMake(20.0, 72.0,
280.0, 128.0)];
myTextView.text = @"Lorem Ipsum...";
[contentView addSubview:myTextView];
```

removeFromSuperview()

Natürlich können Sie aber nicht nur Views mittels `addSubview(_:)` als Subview hinzufügen, sondern ebenso eine View auch wieder von Ihrer Superview entfernen. Dazu verfügt die Klasse `UIView` über eine passende Methode (siehe Listing 8.8).

Listing 8.8 Deklaration der Methode zum Entfernen von Subviews

```
// Swift
func removeFromSuperview()

// Objective-C
- (void)removeFromSuperview;
```

Diese wird direkt auf das Objekt angewendet, das von seiner Superview entfernt werden soll. Möchten Sie in unserem Fall also beispielsweise den Button und die `UITextView` entfernen, schreiben Sie einfach den in Listing 8.9 aufgeführten Code.

Listing 8.9 Entfernen von Subviews

```
// Swift
myButton.removeFromSuperview()
myTextView.removeFromSuperview()

// Objective-C
[myButton removeFromSuperview];
[myTextView removeFromSuperview];
```

■

8.3.3 Weiterführendes zu UIView

Damit wissen Sie nun, wie Sie Views programmatisch in Ihrem Quellcode erstellen und View-Hierarchien mittels Subviews aufbauen. Im folgenden Abschnitt zeige ich Ihnen nun, welch weitere extrem mächtige und komfortable Möglichkeit Ihnen Xcode zur Verfügung stellt, um Views zu erstellen, ohne auch nur eine einzige Zeile Code zu schreiben. Wenn Sie an dieser Stelle noch mehr über `UIView` und seine Properties und Methoden erfahren möchten, kann ich Ihnen nur die Dokumentation zu `UIView` von Apple ans Herz legen, die Sie über Xcode aufrufen können (wie das geht, lesen Sie im Kapitel „Die Entwicklungsumgebung – Xcode“). Denn auf jedes Detail dieser und anderer Systemklassen einzugehen, würde ganz klar den Rahmen dieses Buches sprengen und ist auch nicht zielführend, schließlich enthält die Dokumentation ja alle Informationen, die Sie in Ihrer täglichen Arbeit benötigen. Nach Lesen dieses Abschnitts besitzen Sie aber das grundlegende Wissen, das Sie benötigen, um korrekt mit Views in iOS zu arbeiten.

8.4 Views erstellen mit dem Interface Builder

8.4.1 Grundlagen

Im Kapitel zur IDE Xcode („Die Entwicklungsumgebung – Xcode“) wurde er bereits ausführlich vorgestellt: der Interface Builder. Der Interface Builder ist seit Version 4 von Xcode fester Bestandteil der Entwicklungsumgebung und in die IDE integriert. Vor Version 4 war der Interface Builder ein separates Programm, das aus Xcode heraus gestartet werden konnte, um Views zu erstellen.

Der Interface Builder erleichtert uns die tägliche Arbeit mit Views massiv. Anstatt wie im vorigen Abschnitt gesehen alle Views im Code zu erstellen und eine passende View-Hierarchie aufzubauen, erlaubt es uns der Interface Builder, alle Views, die uns im UIKit-Framework zur Verfügung stehen, mittels Drag & Drop auf eine Ansicht zu ziehen und dort nach Belieben anzuordnen. Doch das ist noch längst nicht alles. Dank Hilfslinien können wir unsere verschiedenen View-Objekte optimal platzieren (sodass beispielsweise gewisse Mindestabstände zwischen den einzelnen Views eingehalten werden) und bereits grundlegende Werte für manche Properties dieser View-Objekte setzen. Eine Hintergrundfarbe oder der Text eines Labels können damit direkt im Interface Builder erstellt und müssen nicht allesamt im Code umgesetzt werden. Das erspart immens viel Schreibarbeit und ist dank der gelungenen GUI des Interface Builders auch übersichtlicher. Gerade bei Größenangaben und Koordinaten ist die Arbeit mit dem Interface Builder eine Wonne, denn hier müssen Sie nicht Pixel zählen, sondern sehen direkt, wie die Elemente in der Ansicht aussehen und wie groß sie sind. Und auch wenn Sie einmal eine Ansicht verändern (was sicherlich mehr als einmal vorkommen wird), ist es mit dem Interface Builder wesentlich einfacher und intuitiver, diese Anpassungen vorzunehmen.

Storyboards und NIB-Files

Der integrierte Interface Builder in Xcode kann mit zwei Arten von Dateien umgehen: Storyboards und NIB-Files. Gemeinsam ist beiden Arten von Dateien, dass sich damit Ansichten erstellen und verwalten lassen, doch da hören die Gemeinsamkeiten auch schon auf. Storyboards erlauben das komplette Abbilden ganzer Abläufe innerhalb Ihrer App und verwalten mehrere Views auf einmal, während ein NIB-File nur für eine einzige Ansicht gedacht ist. Weitere Details zu Storyboards und NIB-Files erhalten Sie im Kapitel „Die Vielfalt der (View-)Controller“.

8.4.2 View-Klasse mit NIB-File erstellen

Ein NIB-File ist eine Datei, mit der der Interface Builder die erstellten Informationen zur Ansicht abspeichert. Um also eine View-Klasse mit dem Interface Builder zu bearbeiten, brauchen Sie neben der „normalen“ Klassendatei Ihrer View auch ein zugehöriges NIB-File, das dann dieser View zugeordnet wird und das Sie im Interface Builder bearbeiten und pflegen. Um eine solche View-Klassen-NIB-File-Kombination zu erstellen, gehen Sie wie folgt vor:

Starten Sie Xcode (und öffnen Sie optional ein Projekt) und erstellen Sie eine neue Datei über FILE → NEW → FILE... Wie bereits bekannt, erstellen Sie dann eine neue Klasse, indem Sie nach Auswahl des oberen Bereichs iOS im Abschnitt *Source* die Vorlage für eine COCOA TOUCH CLASS auswählen. Weiter geht's anschließend per Klick auf NEXT.

Die folgende Maske zum Erstellen einer neuen Klasse kennen Sie bereits. Dieses Mal wollen wir aber unser Augenmerk auf die Checkbox *Also create XIB file* richten (siehe Bild 8.3). In den meisten Fällen ist diese Checkbox ausgegraut und es gibt nur wenige Klassen, bei denen sich diese Checkbox setzen lässt. Selbst bei vielen typischen View-Klassen wie `UIView` selbst steht sie nicht zur Verfügung. Das Erstellen einer NIB-Datei zusammen mit einer Klasse geht meistens mit Controllern einher, sodass das zugehörige NIB-File direkt die komplette Ansicht für den Controller darstellt (mehr dazu erfahren Sie im Kapitel „Die Vielfalt der (View-)Controller“).

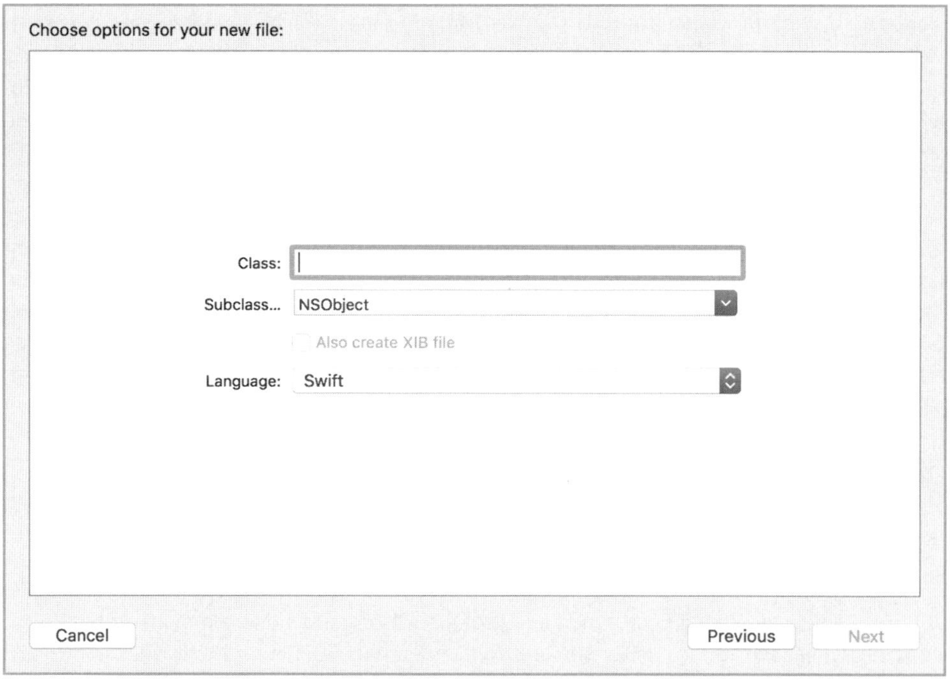

Bild 8.3 Standardmäßig ist das Setzen der Checkbox „Also create XIB file“ nicht möglich; nur bei einzelnen View-Klassen und einigen View-Controller-Klassen steht die Checkbox zur Verfügung.

XIB-File

Wundern Sie sich nicht über den Begriff XIB-File, der kann in diesem Fall mit dem Namen NIB-File gleichgesetzt werden. XIB ist die Dateiendung eines NIB-Files, weshalb man eben auch von einem XIB-File spricht beziehungsweise schreibt. Ausgesprochen wird dieses Format nämlich immer als „Nib“. ■

Welche Klassen nun das direkte Erstellen eines zugehörigen NIB-Files unterstützen, finden Sie im einfachsten Fall durch Ausprobieren heraus. Um unser Beispiel abzuschließen, wählen wir als Superklasse die View-Klasse `UITableViewCell`. Dabei handelt es sich um eine View-Klasse zur Darstellung von Zellen innerhalb einer Tabelle. Diese erlaubt uns das direkte zugehörige Erstellen eines NIB-Files für diese View (siehe Bild 8.4).

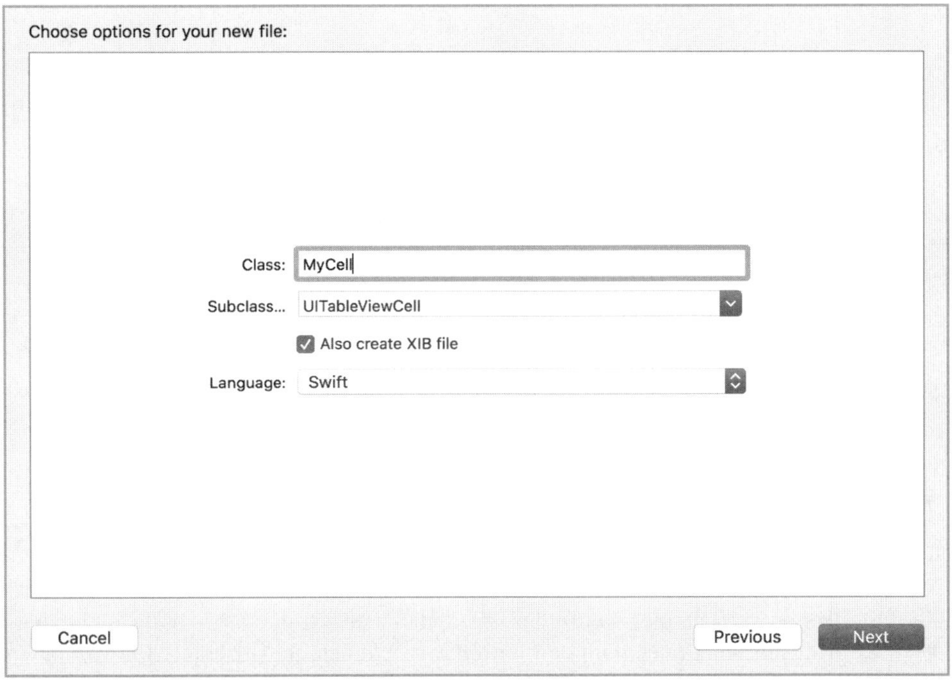

Bild 8.4 Beim Erstellen einer Subklasse für UITableViewCell können wir das Häkchen bei „Also create XIB file“ setzen.

Das Erstellen unserer neuen View-Klasse inklusive NIB-File können wir nun per Klick auf NEXT und anschließender Auswahl eines Speicherorts wie gewohnt abschließen. Großer Unterschied nun im Vergleich zum einfachen Erstellen einer Klasse: Neben der eigentlichen Klasse selbst hat Xcode nun noch eine weitere Datei für uns erstellt: die NIB-Datei unserer View zur Bearbeitung mit dem Interface Builder (siehe Bild 8.5).

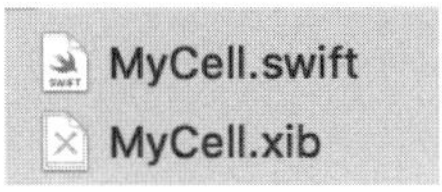

Bild 8.5
Unsere Klassendatei inklusive NIB-File

Wenn Sie nun die Datei MyCell.xib auswählen, werden Sie sehen, dass sich im Editor-Bereich von Xcode eine gänzlich neue Ansicht auftut. An dieser Stelle wird der Interface Builder geladen und bietet uns eine umfangreiche grafische Oberfläche zum Erstellen und Anpassen unserer View. Dabei hat Xcode bereits eine erste Ansicht unserer `UITableViewCell` auf der Leinwand platziert, die wir von hier aus weiterbearbeiten und anpassen können (siehe Bild 8.6).

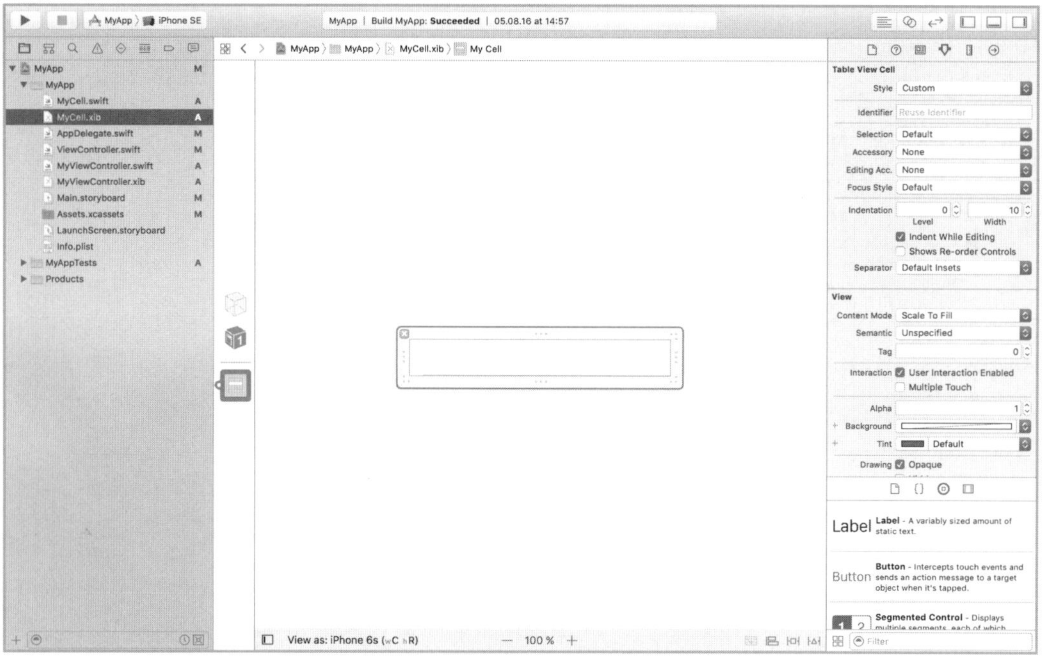

Bild 8.6 So sieht er aus, der Interface Builder von Xcode mit einer Standardkonfiguration für unsere neu erstellte UITableViewCell-Klasse.

Einen derartigen Aufbau für bildschirmfüllende Ansichten kennen wir bereits für die View-Controller aus dem Kapitel 7 „Die Vielfalt der (View-)Controller". Dort war die angezeigte View mit dem entsprechenden Controller verbunden. Hier ist die dargestellte Table-View-Cell aber nicht mit einem bestimmten Controller verbunden, im Gegenteil. Die von Ihnen erstellte View-Klasse ist stattdessen einfach und vollkommen korrekt der angezeigten Table-View-Cell zugeordnet, was Sie auch über den Identity Inspector überprüfen können, nachdem Sie die Table-View-Cell ausgewählt haben; dort wird entsprechend Ihre Klasse angezeigt (siehe Bild 8.7).

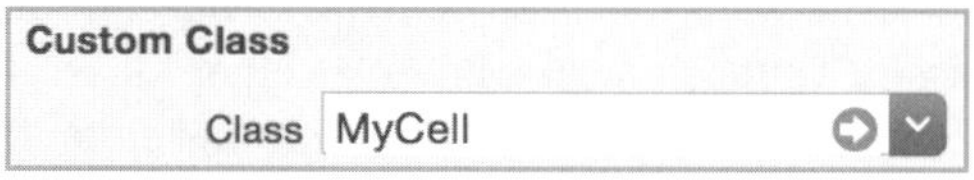

Bild 8.7 Unsere neue Klasse wird direkt im Identity Inspector für die View gesetzt.

Von hier aus funktioniert also alles, wie von den View-Controllern bekannt. Es können Subviews auf unserer Table-View-Cell platziert und diese mit unserer `MyCell`-Klasse gekoppelt werden. Auch Outlets und Actions zwischen der Table-View-Cell im Interface Builder und unserer `MyCell`-Klasse können wie gewohnt gesetzt werden.

Interface Builder

Die Grundlagen zur Arbeit mit dem Interface Builder erfahren Sie im Kapitel 7 „Die Vielfalt der (View-)Controller“.

Bleibt nur noch die Frage: Wie wird unsere Klasse zusammen mit dem NIB-File geladen? Automatisch funktioniert das nämlich leider nicht. Hier erfahren wir nun auch, warum nur so wenige Klassen das direkte Erstellen eines NIB-Files beim Erstellen der eigentlichen View-Klasse unterstützen.

Nehmen wir zum Beispiel unsere `UITableViewCell`. Derartige Objekte werden in der Regel innerhalb einer `UITableView` angezeigt (siehe dazu auch Abschnitt 8.5 „Die wichtigsten Views und ihre Funktionen“). Und `UITableView` verfügt über eine ganz bestimmte und wichtige Methode, mit der Sie eine `UITableViewCell`-Instanz laden und erstellen können (siehe Deklaration in Listing 8.10).

Listing 8.10 Methode zum Registrieren einer Zelle mittels NIB-File der Klasse `UITableView`

```
// Swift
func register(_ nib: UINib?, forCellReuseIdentifier identifier: String)

// Objective-C
- (void)registerNib:(UINib *)nib forCellReuseIdentifier:(NSString *)identifier;
```

Über diese Methode kann ein NIB-File, das zu einer `UITableViewCell` gehört, mit einem eindeutigen Identifier in der Table-View registriert werden. Ruft die Table-View nun eine Zelle mit diesem Identifier ab, lädt sie das entsprechende NIB-File und somit auch die korrekte Klasse; schließlich enthält das NIB-File im File's Owner auch diese Information.

Das ist der reguläre Weg, um reine Views (keine Controller-Ansichten), die mittels NIB-File im Interface Builder erstellt wurden, zu laden und anzuzeigen. Und eine derartige Technik besitzen nun einmal bei Weitem nicht alle `UIView`-Klassen. Hier gibt nur die Dokumentation Aufschluss darüber, was machbar ist und was nicht.

Generell gilt hier als erster Ansatzpunkt immer Xcode beim Erstellen einer neuen Klasse selbst: Solange die Schaltfläche ALSO CREATE XIB FILE nicht aktiv ist, wird sich kein wie hier beschriebener Weg zur Verfügung stellen, um dieses NIB einfach und direkt über eine passende Methode zu laden und zu verwenden.

UINib

UINib ist – ähnlich wie UIStoryboard – eine Klasse, um auf NIB-Dateien zuzugreifen und mit diesen im Code zu arbeiten. Ein UINib-Objekt verweist dabei auf ein entsprechendes NIB-File in Ihrem Projekt. Um in unserem Beispiel auf das NIB MYCELL.XIB zu verweisen, wäre der in Listing 8.11 aufgeführte Code vonnöten.

Listing 8.11 Erstellen eines UINib-Objekts

```
// Swift
let myCellNib = UINib(nibName: "MyCell", bundle: nil)

// Objective-C
UINib *myCellNib = [UINib nibWithNibName:@"MyCell" bundle:nil];
```

Hier reicht der Name der NIB-Datei vollkommen aus, im Speziellen können Sie auch noch einen konkreten Pfad über den letzten bundle-Parameter mitgeben. ■

8.4.3 Beliebiges NIB-File laden und verwenden

Möglicherweise war der vorige Abschnitt ein wenig unbefriedigend für Sie, haben wir doch erfahren, dass das beliebige Laden einer View aus einem NIB-File heraus nur in Verbindung mit einer entsprechend unterstützten Methode funktioniert. Das ist allerdings nur die halbe Wahrheit.

Standardmäßig gibt es tatsächlich kein anderes Vorgehen und ich behaupte einmal, dass Ihnen in 99 % aller Fälle die gegebenen Möglichkeiten vollkommen ausreichen werden. Dabei sind die gegebenen Möglichkeiten in der iOS-Entwicklung eben die folgenden:

- Das Erstellen einer View zu einem zugehörigen View-Controller und die Konfiguration der View im entsprechenden NIB-File des View-Controllers.
- Das Erstellen einer View-Klasse, die das direkte Laden von NIB-Files unterstützt und die entsprechende Konfiguration des NIB-Files dieser View (dies ist zum Beispiel bei der View-Klasse UITableViewCell möglich).

Prinzipiell sollten Sie sich daran halten und in jedem Fall diese Methoden auch verinnerlichen.

Darüber hinaus gibt es aber tatsächlich auch noch eine andere Möglichkeit, Views aus wirklich jedem beliebigen NIB-File zu laden, das Sie erstellen. Und genau dieses Verfahren wollen wir uns nun einmal im Detail ansehen.

Mithilfe der Klasse Bundle (Swift) beziehungsweise NSBundle (Objective-C) ist es möglich, die Dateien einer NIB-Datei zu laden und zu extrahieren. Dazu verfügt diese Klasse über eine entsprechende Instanzmethode (siehe Listing 8.12).

Listing 8.12 Deklaration der Methode zum Laden einer NIB-Datei

```
// Swift
func loadNibNamed(_ name: String, owner: AnyObject?, options: [NSObject : AnyObject]?
= [:]) -> [AnyObject]?

// Objective-C
- (NSArray *)loadNibNamed:(NSString *)name owner:(id)owner options:(NSDictionary *)
options;
```

Diese Methode liefert ein Array mit allen View-Objekten zurück, die das übergebene NIB-File enthält. Wenn Sie NIB-Files für Views erstellen, handelt es sich dabei in der Regel um ein View-Objekt, auf welchem Sie entsprechend Subviews platziert haben. Auf dieses Objekt können Sie dann wie gewohnt über das von der Funktion zurückgelieferte Array zugreifen. In Listing 8.13 sehen Sie ein komplettes Beispiel zur Verwendung dieser Methode mit einem NIB-File namens MYVIEW.XIB, das eine Instanz einer View der Klasse `MyView` enthält.

Listing 8.13 Laden der View eines NIB Files

```
// Swift
let myViewNibArray = Bundle.main.loadNibNamed("MyView", owner: self, options: nil)
let myView = myViewNibArray![0] as! MyView

// Objective-C
NSArray *myViewNibArray = [[NSBundle mainBundle] loadNibNamed:@"MyView" owner:self
options:nil];
MyView *myView = myViewNibArray[0];
```

Ein Hinweis noch zum Parameter `owner` der Methode `loadNibNamed(_:owner:options:)`: Das hier übergebene Objekt wird als File's Owner des NIB-Files gesetzt. Wenn Sie diesen an dieser Stelle daher nicht benötigen, können Sie für diesen Parameter auch schlicht und einfach `nil` übergeben; das passende View-Objekt aus dem entsprechenden NIB-File erhalten Sie trotzdem.

8.4.4 NIB-File nachträglich erstellen

Natürlich können Sie ein NIB-File auch später für eine View erstellen, deren Klasse Sie bereits in Xcode eingefügt haben (weil Sie zum Beispiel bei der Erstellung der Klasse noch kein separates NIB-File benötigten). Auch erlaubt uns das nachträgliche Erstellen von NIB-Files, auch solche NIB-Files für View-Klassen zu erstellen, bei denen es uns Xcode bei der Erstellung der entsprechenden Klasse gar nicht anbietet (weil die zugehörige Checkbox ALSO CREATE XIB FILE eben ausgegraut und inaktiv ist). Dazu fügen Sie einfach direkt ein neues NIB-File in Ihrem Projekt hinzu und koppeln dieses anschließend mit Ihrer entsprechenden View-Klasse. Das Ganze funktioniert wie folgt:

Erstellen Sie eine neue Datei über Xcode, indem Sie über das Menü FILE → NEW → FILE... auswählen. Im oberen Bereich wählen Sie iOS und wechseln anschließend in den Bereich *User Interface*. Dort werden Ihnen verschiedene Vorlagen zum Erstellen einer User-Interface-Datei angezeigt. Neben den bereits bekannten Storyboards stehen hier auch mehrere weitere Vorlagen für NIB-Dateien zur Verfügung. Welche Sie wählen, hängt im Endeffekt davon ab, welche Art von View Sie mit einem NIB-File erstellen und bearbeiten möchten. Handelt es sich um eine `UIView`, dann können Sie das Template View auswählen, welches Ihnen direkt ein passendes `UIView`-Objekt im Interface Builder platziert. In jedem Fall können Sie sich aber immer für die leere Vorlage Empty entscheiden, die Ihnen ein leeres NIB-File zur Verfügung stellt, welches Sie dann mit beliebigen Views und Ansichten füttern können (siehe Bild 8.8).

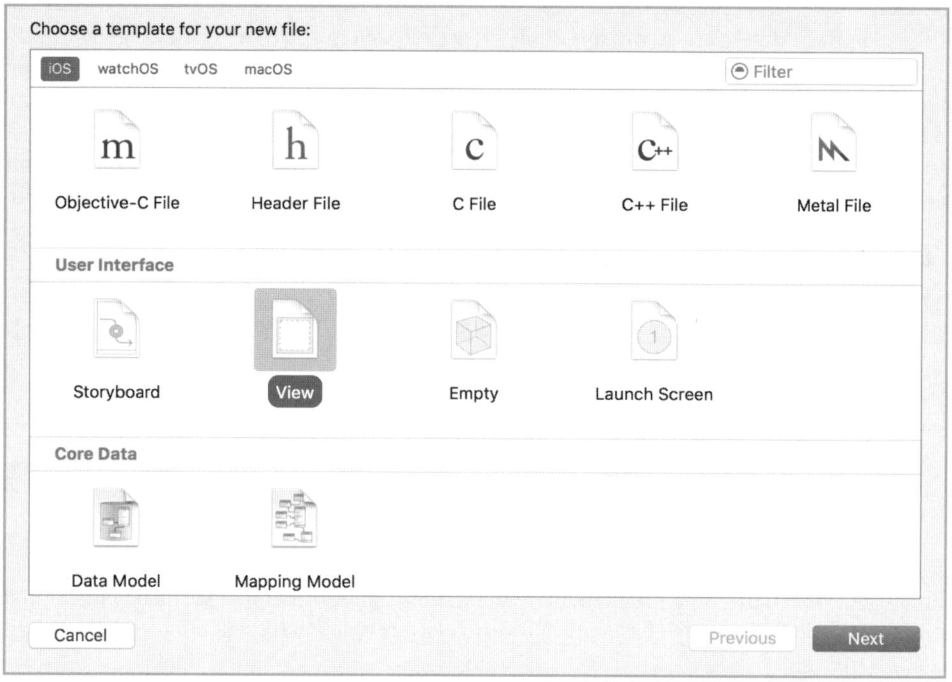

Bild 8.8 Xcode bietet diverse Templates für Dateien zur Arbeit mit dem Interface Builder.

Haben Sie sich für eine passende Vorlage entschieden, klicken Sie auf Next, vergeben noch einen passenden Namen und wählen anschließend einen Speicherort für die Datei aus.

Name eines manuell erstellten NIB-Files

Erstellen Sie ein NIB-File nachträglich manuell – wie eben beschrieben –, müssen Sie sich auch um einen passenden Namen für das NIB-File kümmern. Ich empfehle Ihnen, an dieser Stelle denselben Namen wie den der zugrunde liegenden Klasse zu verwenden, deren Ansicht Sie mit der NIB-Datei bearbeiten möchten. Damit ist für jedermann ersichtlich und eindeutig, dass Ihre Klasse und die NIB-Datei zusammengehören, und es erspart möglicherweise langwieriges und nerviges Suchen im Projekt.

Nun haben wir erfolgreich eine NIB-Datei manuell erstellt, allerdings ist diese noch mit keinerlei Klasse verbunden (und enthält möglicherweise noch gar keine View, falls Sie sich beim Erstellen der Datei für das *Empty*-Template entschieden haben). Zwei Dinge müssen wir daher tun, um der NIB-Datei entsprechendes Leben einzuhauchen:

1. Erstellen einer View (falls noch nicht mittels Template geschehen): Ziehen Sie aus der Object Library ein passendes View-Objekt auf die Leinwand des Interface Builders, das als Grundlage für Ihre Ansicht dient.
2. Wählen Sie die soeben platzierte (oder durch das Template bereits eingefügte) View aus und wechseln Sie rechts in der Utilities Area in den Identity Inspector. Setzen Sie dort im Feld *Class* den Namen der Klasse, die dieser View zugeordnet ist.

Haben Sie diese Schritte durchgeführt, ist Ihr NIB-File genauso konfiguriert, wie es auch Xcode tut, wenn Sie direkt beim Erstellen einer View-Klasse ein passendes NIB-File mit erstellen lassen. Durch die Zuordnung der View zu einer Klasse haben Sie dann auch die Möglichkeit – wie bereits bei Verbindungen zwischen NIB/Storyboard und View-Controller bekannt –, Outlets und Actions von Ihrer View zu der entsprechenden Klasse mithilfe des Assistant Editors zu setzen. Laden Sie dann Ihre View mit diesem NIB-File, stehen Ihnen die von Ihnen erstellte Ansicht aus der NIB-Datei inklusive aller gesetzten Outlets und Actions zur Verfügung.

8.4.5 Unterschiedliche NIB-Files für iPhone und iPad erstellen

Da es sich bei den Inhalten der NIB-Files nun bekannterweise um Views handelt, liegt es nahe, mitunter verschiedene NIB-Files für iPhone und iPad zu erstellen. Zunächst gilt dabei ganz grundlegend: Unterschiedliche NIB-Files für iPhone und iPad sind nur dann sinnvoll, wenn sich die Views für die beiden Plattformen auch tatsächlich essenziell voneinander unterscheiden. Ist das nicht der Fall, sollten Sie stattdessen lieber mithilfe von Auto Layout versuchen, eine gemeinsame Ansicht im Interface Builder zu konfigurieren, denn das erspart Ihnen die Pflege und die damit verbundene doppelte Arbeit beim Verändern und Anpassen von zwei statt einem NIB-File.

Möchten Sie aber tatsächlich für beide Plattformen verschiedene NIB-Dateien erstellen, so benötigen Sie zunächst je Plattform eine entsprechende NIB-Datei (welche Namen Sie diesen NIB-Dateien geben, liegt zunächst ganz bei Ihnen). Wie Sie eine solche erstellen, haben Sie im Abschnitt 8.4.4 „NIB-File nachträglich erstellen“ erfahren. Beide NIB-Dateien werden dann wie gewohnt konfiguriert, sprich, Sie setzen alle Klassen und Informationen, damit Sie die NIB-Datei wie gewohnt im Zusammenspiel mit einer View-Klasse verwenden können.

Nun geht es nur noch darum, je Plattform auch die richtige NIB-Datei zu laden. Hierbei gibt es zwei Möglichkeiten.

Die erste kennen Sie bereits: Nutzen Sie eine `if`-Abfrage, um die Hardware-Plattform zu ermitteln und das entsprechend richtige NIB-File zu laden (siehe Listing 8.14).

Listing 8.14 Ermitteln des Geräts und Laden des passenden NIB-Files

```
// Swift
let myViewNibArray: Array<AnyObject>!
if UI_USER_INTERFACE_IDIOM() == .phone {
    myViewNibArray = Bundle.main.loadNibNamed("MyViewSmall", owner: self, options:
nil)
} else {
    myViewNibArray = Bundle.main.loadNibNamed("MyViewLarge", owner: self, options:
nil)
}
let myView = myViewNibArray[0] as! MyView

// Objective-C
NSArray *myViewNibArray;
if (UI_USER_INTERFACE_IDIOM() == UIUserInterfaceIdiomPhone) {
    myViewNibArray = [[NSBundle mainBundle] loadNibNamed:@"MyViewSmall" owner:self
options:nil];
} else {
    myViewNibArray = [[NSBundle mainBundle] loadNibNamed:@"MyViewLarge" owner:self
options:nil];
}
MyView *myView = myViewNibArray[0];
```

Das funktioniert, bedeutet aber viel Code-Schreibarbeit. Einfacher geht es, wenn Sie sich bei den Namen der NIB-Dateien an eine Namenskonvention halten und dann das System – ohne `if`-Abfrage Ihrerseits – automatisch das richtige NIB-File laden lassen. Dabei müssen beide NIB-Dateien für iPhone und iPad denselben Namen tragen und dann über ein passendes Suffix verfügen. Beim iPhone ist dieses Suffix „~iphone“, beim iPad „~ipad“. Unsere NIB-Dateien für die Klasse `MyView` würden also folgende Dateinamen erhalten:

- „MyView~iphone.xib“ für das iPhone-NIB
- „MyView~ipad.xib“ für das iPad-NIB

Nun können Sie die View direkt über den Namen `MyView` laden, das System holt sich dann die jeweils richtige NIB-Datei aufgrund der Hardware-Plattform, auf der die App ausgeführt wird (siehe Listing 8.15).

Listing 8.15 Erstellen einer `UIView` aus einem NIB-File

```
// Swift
let myViewNibArray = Bundle.main.loadNibNamed("MyView", owner: self, options: nil)
let myView: MyView = myViewNibArray![0] as! MyView

// Objective-C
NSArray *myViewNibArray = [[NSBundle mainBundle] loadNibNamed:@"MyView" owner:self
options:nil];
MyView *myView = myViewNibArray[0];
```

Das sieht doch schon wieder deutlich schöner und besser lesbar aus, nicht wahr? ☺

Noch ein Hinweis an dieser Stelle:

Genau dieses Verfahren mit den Namenskonventionen können Sie nicht nur bei NIB-Dateien für Views, sondern auch bei denen für View-Controller verwenden! ■

8.5 Die wichtigsten Views und ihre Funktionen

8.5.1 Grundlagen

`UIView` kennen wir ja nun schon sehr ausführlich und wissen auch, dass alle View-Klassen – sowohl unsere eigenen als auch die von Apple aus dem UIKit-Framework – auf dieser Klasse aufbauen. `UIView` bietet uns damit alles Essenzielle, was wir brauchen, um Ansichten für unsere App zu erstellen.

Damit iOS-Entwickler aber nicht an jeder Stelle das Rad neu erfinden müssen, finden sich im UIKit-Framework bereits viele Subklassen von `UIView`, mit der viele der am häufigsten benötigten Ansichten bereits abgebildet sind. Diese Klassen können wir dazu nutzen, selbst einfach und schnell entsprechende Objekte auf unseren Ansichten zu platzieren und mit ihnen zu arbeiten (oder wiederum eigene Subklassen davon zu erstellen und damit die entsprechenden Ansichten weiter anzupassen). In diesem Kapitel möchte ich einen groben Überblick über die meiner Meinung nach interessantesten und nützlichsten `UIView`-Subklassen geben und einige Informationen zu ihrer Anwendung liefern.

8.5.2 UILabel

`UILabel` ist eine einfache View-Klasse, um kurze Texte darzustellen (siehe Bild 8.9). Sie können eine Schriftart und -farbe sowie die Ausrichtung des Texts (linksbündig, zentriert, rechtsbündig) festlegen. Aufgrund der Einfachheit dieser Klasse ist es mit einem Label leicht möglich, dem Nutzer eine bestimmte Textinformation anzuzeigen.

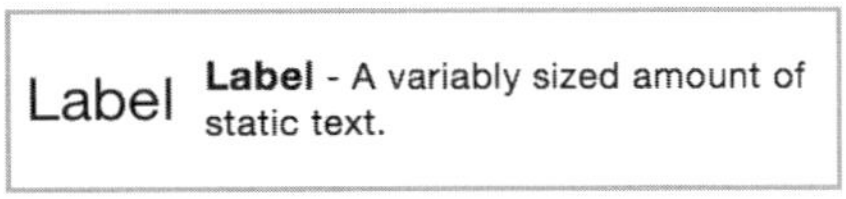

Bild 8.9
Einfache Texte können Sie mit einem UILabel umsetzen.

8.5.3 UIButton

Wenn Sie Schaltflächen auf Ihren Ansichten zur Interaktion platzieren und nutzen möchten, dann sind Sie mit der Klasse `UIButton` bestens gerüstet (siehe Bild 8.10).

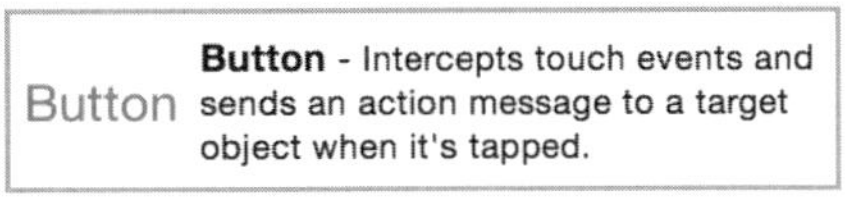

Bild 8.10
Für Schaltflächen aller Art ist UIButton die Klasse der Wahl.

Denn `UIButton` erbt von der Klasse `UIControl`, womit sie über alle nötigen Funktionen des Target-Action-Mechanismus des MVC-Patterns verfügt. So kann ein Controller ganz einfach zum Abfangen von Betätigungen des Buttons genutzt werden, um eine entsprechende Aktion durchzuführen.

Darüber hinaus besitzt diese Klasse verschiedene Methoden, um einen Titel oder ein Bild für den Button zu setzen. Dabei können Sie auch differenzieren, welcher Text beziehungsweise welches Bild für welchen Status angezeigt wird. `UIButton` unterscheidet hierbei zwischen verschiedenen Status wie aktiv, inaktiv oder ausgewählt.

8.5.4 UISwitch

Ein `UISwitch` stellt einen einfachen Ein-/Aus-Schalter dar, der eben nur diese beiden Zustände besitzt; entweder ist der Schalter umgelegt oder nicht (siehe Bild 8.11). Ein `UISwitch` macht also besonders bei Optionen Sinn, bei denen der Nutzer sich nur zwischen einer positiven oder negativen Auswahl entscheiden kann.

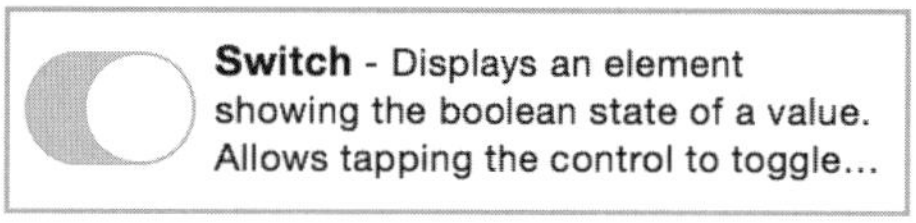

Bild 8.11
Mit Switches können Sie einfache Ein-/Aus-Schalter umsetzen.

Auch `UISwitch` erbt von `UIControl` und kann damit prima mittels Target/Action genutzt werden. Dabei wird immer die angegebene Action-Methode gefeuert, sobald der Status des Schalters geändert wird. Welcher Status gerade ausgewählt ist, können Sie dann ganz einfach über die Property `isOn` des `UISwitch` erfragen und entsprechende Operationen durchführen.

8.5.5 UISegmentedControl

Ein `UISegmentedControl` besteht aus mehreren Segmenten, deren Anzahl Sie selbst definieren (siehe Bild 8.12). Ähnlich wie bei einem Switch ist immer nur eines der Segmente aktiv, und der Nutzer kann einfach per Tip auf ein entsprechendes Segment dieses als aktiv kennzeichnen.

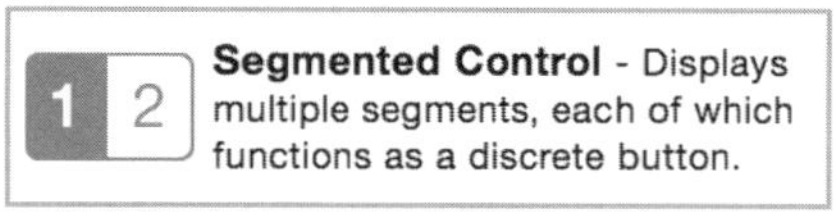

Bild 8.12
Mit einem UISegmentedControl können Sie ein oder mehrere Elemente an einer Stelle verwalten und zwischen diesen Segmenten wechseln.

Auch hier kommt der Target-Action-Mechanismus in Spiel, der Sie darüber informiert, wenn der Nutzer ein Segment des Segmented-Controls auswählt.

8.5.6 UITextField

Ein `UITextField` stellt ein einzeiliges Eingabefeld für den Nutzer dar, wie man es beispielsweise zur Eingabe eines Nutzernamens oder eines Passworts verwendet (siehe Bild 8.13). Auch diese View können Sie durch Setzen eines Standardtextes sowie Verändern der Schriftart und -farbe an Ihre eigenen Bedürfnisse anpassen.

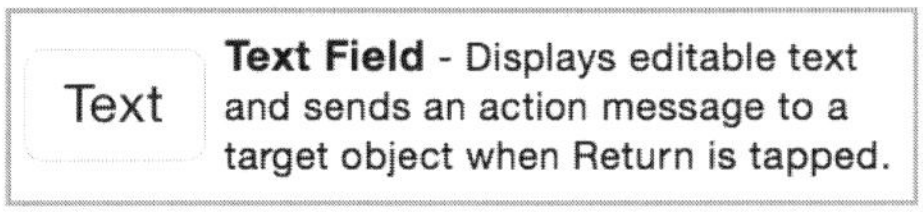

Bild 8.13
Mit einem UITextField werden einfache Textfelder für die Texteingabe erstellt.

Eine Besonderheit im Zusammenhang mit `UITextField` ist das `UITextFieldDelegate`-Protokoll. Sie können einem `UITextField` über seine Property `delegate` ein entsprechendes Objekt zuweisen, welches dieses Protokoll implementiert, und werden dann darüber informiert, wenn der Nutzer Text in das Textfeld eingibt oder dieses wieder verlässt.

8.5.7 UIImageView

Um Bilder anzuzeigen, ist die Klasse `UIImageView` ideal und gleichzeitig einfach zu nutzen. Über einen eigenen Initializer können Sie direkt eine `UIImageView` mitsamt Bild erstellen (siehe Listing 8.16).

Listing 8.16 Deklaration des Initializers einer `UIImageView`

```
// Swift
init?(named name: String)

// Objective-C
- (instancetype)initWithImage:(UIImage *)image
```

Die Bilder, mit denen `UIImageView` dabei umgeht, müssen von der Klasse `UIImage` abgeleitet sein. Ein `UIImage` mit einer PNG-Grafik, die in Ihrem Projekt hinterlegt ist, können Sie dabei ganz einfach mittels dem in Listing 8.17 aufgeführten Befehl erstellen.

Listing 8.17 Erstellen eines `UIImage`

```
// Swift
let myImage = UIImage(named: "MyImageFile")

// Objective-C
UIImage *myImage = [UIImage imageNamed:@"MyImageFile"];
```

Es reicht lediglich, den Namen der Datei an diese Klassenmethode von `UIImage` zu übergeben, um dann ein `UIImage`-Objekt mit eben diesem Bild zu erhalten, das Sie dann in einer `UIImageView` verwenden können, um es auf dem Bildschirm anzuzeigen.

8.5.8 UIPickerView

Eine Picker-View ist eine Auswahlansicht, aus der der Nutzer zwischen verschiedenen Elementen wählen kann (siehe Bild 8.14). Inhaltlich aufgebaut werden diese Objekte über ihre `delegate`- und `dataSource`-Property, die jeweils ein Objekt mit dem entsprechend implementierten Protokoll entgegennehmen; der Delegate muss das Protokoll `UIPickerViewDelegate` implementieren, Data Source das Protokoll `UIPickerViewDataSource`.

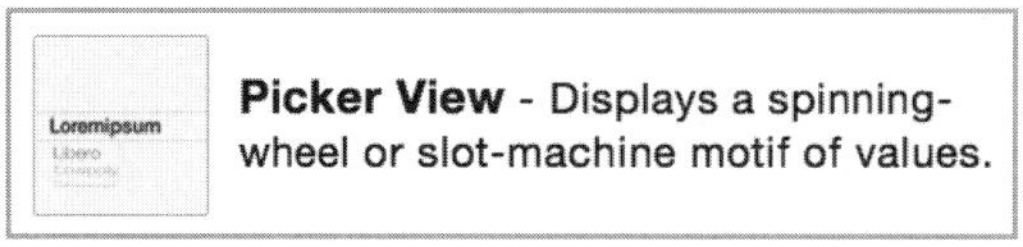

Bild 8.14
Mithilfe einer Picker-View können Sie verschiedene Elemente in einer Art Rollansicht dem Nutzer anzeigen und ihn zwischen diesen Elementen eines auswählen lassen.

8.5.9 UIDatePicker

Für manch einen überraschend, ist der `UIDatePicker` keine Subklasse von `UIPickerView`, sondern eine komplett eigenständige Klasse, welche von `UIControl` abgeleitet ist (und damit Target/Action unterstützt). Optisch entspricht der `UIDatePicker` dennoch einer `UIPickerView`, und auch die Funktionalität ist dieselbe. Allerdings ist der `UIDatePicker` lediglich für die Auswahl von Datums- und Zeitangaben vorgesehen und kann entsprechend auch nur für diese Werte konfiguriert werden; somit ist er deutlich weniger flexibel als eine `UIPickerView`, möchte man aber rein eine Datums- oder Zeitauswahl erlauben, so ist er deutlich leichter und schneller einzusetzen (siehe Bild 8.15).

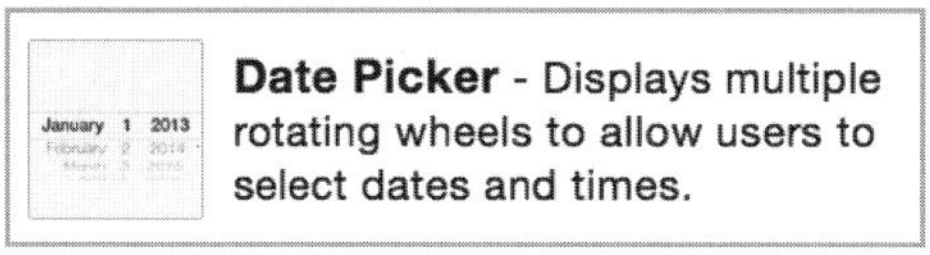

Bild 8.15
Der UIDatePicker entspricht im Großen und Ganzen der UIPickerView, zeigt aber nur Datums- und Zeitangaben an.

Wie kurz beschrieben funktioniert der `UIDatePicker` im Gegensatz zur `UIPickerView` nicht mittels Delegation, sondern über Target/Action.

8.5.10 UIWebView

Wenn Sie den Inhalt einer Website oder eine HTML-Datei, die Sie in Ihrem Projekt eingebunden haben, in Ihrer App anzeigen möchten, können Sie hierfür eine `UIWebView` verwenden. Sie kann Inhalte aus dem Internet laden und anzeigen oder reines HTML als String entgegennehmen, der dann entsprechend gerendert und angezeigt wird. Eine `UIWebView` können Sie daher auch beispielsweise zur Ausgabe eines statischen formatierten Textes nutzen, wie eine Anleitung, die in Ihrer App angezeigt werden soll. Denn eine schön formatierte HTML-Datei mit CSS zu schreiben, kann deutlich einfacher sein, als eine aufwendige View selbst mit allen möglichen `UIView`-Subklassen zu gestalten.

Über ein Delegate-Objekt können Sie sich über den Fortschritt des Ladens Ihrer Website informieren, dieses Delegate-Objekt muss dazu das Protokoll `UIWebViewDelegate` implementiert haben.

8.5.11 UIMapView

`UIMapView` ermöglicht Ihnen den Zugriff auf die integrierte Karten-App von Apple. Mit Längen- und Breitengraden können Sie mithilfe einer `UIMapView` zum Beispiel eine Anfahrtsbeschreibung in Ihrer App einbauen. Auch Informationen in Form von Stecknadeln können Sie auf einer Instanz von `UIMapView` platzieren, um darüber dem Nutzer verschiedene Informationen zu liefern.

`UIMapView` verwendet immer den Inhalt der im System vorhandenen Karten-App, seit iOS 7 also der Apple-eigenen Maps. Unter iOS 6 und früher können Sie auch `UIMapView` in der gleichen Art und Weise verwenden, allerdings werden auf diesen Systemen dann die damals noch verwendeten Google Maps als Grundlage genutzt.

8.5.12 UIScrollView

Die Klasse `UIScrollView` entspricht in ihren Grundfesten der Klasse `UIView`. Sie dient zur Darstellung einer Ansicht, auf der dann nach Belieben weitere `UIView`-Elemente wie Schaltflächen oder Schieberegler platziert werden können. Ihr großer Unterschied besteht darin – wie der Name es bereits andeutet –, dass der Nutzer diese Ansicht scrollen kann, sie also mit dem Finger bewegen kann. In iOS sieht man dieses Verhalten häufig in Listenansichten wie der E-Mail-Übersicht oder in den Einstellungen, in denen der Nutzer von oben nach unten und wieder zurück scrollen kann. Für Ansichten, die entweder vertikal und/oder horizontal scrollbar sein sollen, ist die Klasse `UIScrollView` die perfekte Grundlage.

Neben der Größe der Ansicht, die die Scroll-View selbst darstellt, bietet `UIScrollView` noch eine weitere Größe, nämlich die Inhaltsgröße. Diese wird in der Property `contentSize` von `UIScrollView` gespeichert und kann dort auch jederzeit geändert werden. Die `contentSize` legt die eigentliche Größe des Inhalts fest, den die Scroll-View darstellt, und genau diesen Bereich kann der Nutzer dann in der Scroll-View betrachten.

Doch die Klasse `UIScrollView` bietet noch weitaus mehr. Über die Property `isScrollEnabled` können Sie festlegen, ob ein Scrollen überhaupt möglich ist oder nicht (und es darüber beispielsweise temporär deaktivieren). Auch können Sie über die Methode `scrollRectToVisible(_:animated:)` (siehe genaue Deklaration in Listing 8.20) direkt zur übergebenen Fläche `rect` innerhalb Ihrer Scroll-View springen und damit auch von anderer Stelle den dargestellten Inhalt der Scroll-View beeinflussen.

Listing 8.20 Direktes Scrollen an bestimmte Position in einer Scroll-View

```
// Swift
func scrollRectToVisible(_ rect: CGRect, animated: Bool)

// Objective-C
- (void)scrollRectToVisible:(CGRect)rect animated:(BOOL)animated;
```

Und selbst das Zoomen einer Scroll-View ist bereits in der Klasse `UIScrollView` implementiert. Hierfür bietet die Klasse mehrere Properties und Methoden, um das Zoom-Level und den vergrößerten Bereich festzulegen und anzuzeigen (siehe Bild 8.16).

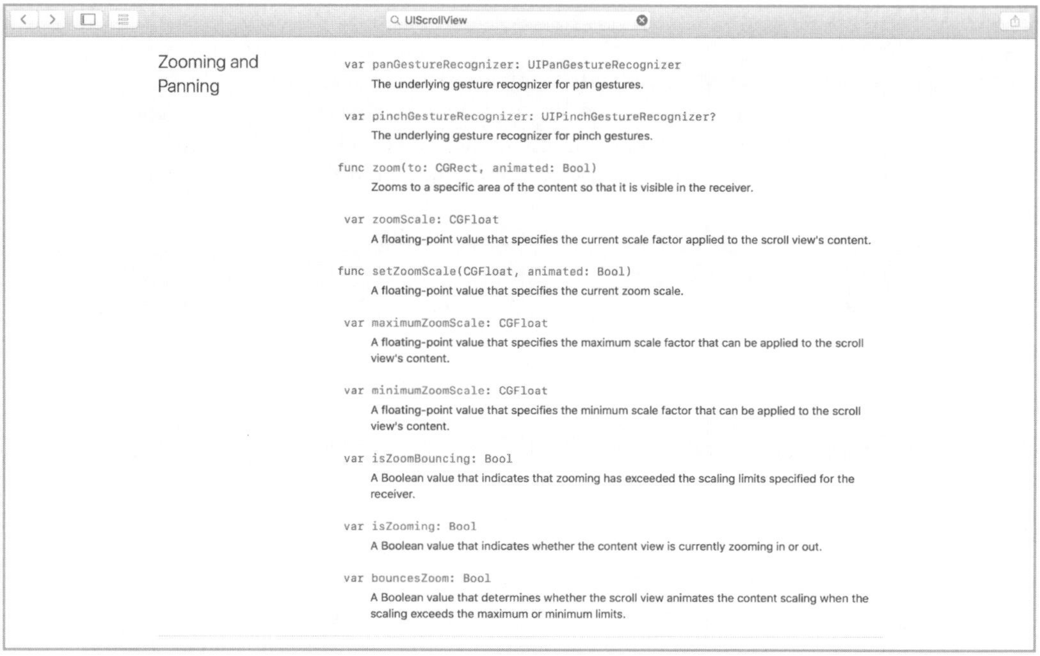

Bild 8.16 Die Dokumentation von Xcode verfügt über einen eigenen Abschnitt, der sich ausschließlich mit den Zoom-Funktionen befasst.

Als letzte große Besonderheit verfügt die Klasse `UIScrollView` über eine Property `delegate`, die ein Objekt erwartet, welches das Protokoll `UIScrollViewDelegate` implementiert. Wenn Sie einen solchen optionalen Delegate für Ihre Scroll-View festlegen, können Sie mit den Methoden dieses Protokolls verschiedene Ereignisse abfangen und beeinflussen. So erfahren Sie hierüber, wenn der Nutzer beginnt, die Ansicht zu scrollen oder zu zoomen.

8.5.13 UITextView

`UITextView` ist eine Klasse zur Darstellung und Bearbeitung längerer und größerer Texte, die sich über einen größeren Bereich oder sogar den kompletten Bildschirm verteilen (siehe Bild 8.17). Ein typisches Beispiel für eine `UITextView` ist die Notizen-App in iOS; eine einzelne Notiz wird dort in einer Text-View angezeigt und bearbeitet.

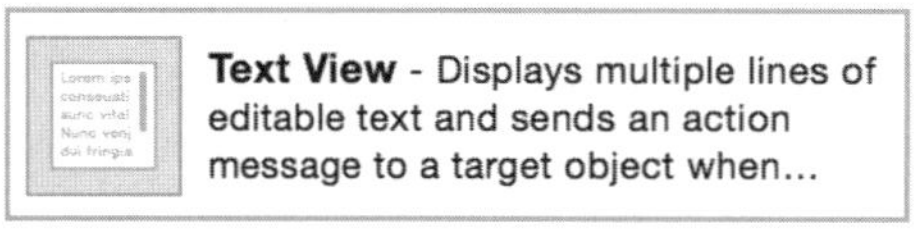

Bild 8.17
Zur Darstellung und Bearbeitung längerer Texte bietet sich die Klasse UITextView an.

`UITextView` erbt von der Klasse `UIScrollView` und verfügt somit von Haus aus über alle wichtigen Scrolling-Mechanismen. Darüber hinaus verfügt auch diese Klasse über eine eigene Delegate-Property, die ein Objekt erwartet, welches das Protokoll `UITextViewDelegate` implementiert. Ähnlich wie bei einem `UITextField` erhalten Sie darüber dann Informationen über den Bearbeitungszustand.

Möchten Sie also mit längeren Texten arbeiten, so sind Sie bei `UITextView` genau richtig.

8.5.14 UITableView

Die `UITableView` haben wir bereits im Zuge des `UITableViewController` im Kapitel 7 „Die Vielfalt der (View-)Controller" im Abschnitt „UIViewController und seine Subklassen" näher kennengelernt. Die `UITableView` dient zur Darstellung von Listen in iOS und verwendet dazu Sections und Rows. Die Rows wiederum stammen von der `UIView`-Subklasse `UITableViewCell` ab. Um mehr über diese View-Klasse zu erfahren, empfehle ich Ihnen, sich den entsprechenden Abschnitt im genannten Kapitel anzusehen, da dort auch die `UITableView`-Klasse vorgestellt und beschrieben wird.

Ein interessantes Detail zur `UITableView` sei an dieser Stelle aber noch genannt: Die `UITableView` stammt von der Klasse `UIScrollView` ab und ist daher von Beginn an in der Lage, die dargestellten Listen korrekt zu scrollen. Das bedeutet aber auch für Sie, dass Sie alle Methoden, die die Klasse `UIScrollView` zur Verfügung stellt, auch in `UITableView` nutzen können.

8.5.15 UICollectionView

Auch die `UICollectionView` wurde im Kapitel 7 „Die Vielfalt der (View-)Controller" im Abschnitt „UIViewController und seine Subklassen" vorgestellt; dort erfahren Sie also alles grundlegend Wichtige zu dieser View-Klasse. Auch hier sei der Vollständigkeit halber noch angemerkt, dass auch `UICollectionView` – wie sollte es auch anders sein – von der Klasse `UIScrollView` erbt und darüber über alle Funktionen des Scrollens von Haus aus verfügt.

8.5.16 Wichtig und unerlässlich: die Dokumentation!

Sie wundern sich vielleicht darüber, wie „knapp" die Vorstellung der einzelnen verschiedenen `UIView`-Subklassen ausgefallen ist (einmal ganz davon abgesehen, dass es noch weitere gibt, die ich aber aufgrund ihrer eher seltenen Verwendung hier nicht näher vorstellen wollte). Die Begründung dafür ist einfach: Die Xcode-Dokumentation liefert alle nur erdenklichen und wichtigen Informationen, die Sie zur Arbeit mit jeder der hier vorgestellten Klassen benötigen. Und für Sie als iOS-Entwickler ist es unabdingbar, regelmäßig einen Blick in die Dokumentation zu werfen, die Methoden und Properties einer Klasse zu prüfen und daraufhin entsprechend Ihren eigenen Code aufzubauen.

Ich möchte es einfach vermeiden, Ihnen alle möglichen Workflows und Beispielcodes zu diesen Klassen vorzukauen, da Sie doch all das auch in der Xcode-Dokumentation finden, und zwar topaktuell zur jeweils aktuellsten Version.

Viel wichtiger ist mir, dass Sie verstehen, wie Views in iOS aufgebaut sind, wie View-Hierarchien aussehen und wie Sie sie erstellen und wie Sie eigene View-Klassen umsetzen und damit arbeiten. Denn wenn Sie das wissen, können Sie mit allen Views in iOS arbeiten. Und wenn Sie dann noch das MVC-Pattern mit Delegation und Target/Action verinnerlicht haben, ist alles, was Sie tun müssen, um mit einer Ihnen noch fremden `UIView`-Subklasse zu arbeiten, einen Blick in das entsprechende Dokument in der Xcode-Dokumentation zu werfen. Denn wenn Sie dieses Grundverständnis besitzen, können Sie sich leicht alle nötigen Informationen schnell und komfortabel aus der Xcode-Dokumentation heraussuchen und umgehend mit der Arbeit an der entsprechenden Klasse beginnen. Und diese Fähigkeit macht einen guten iOS-Entwickler aus.

Ich habe Ihnen also an dieser Stelle wichtige `UIView`-Klassen und ihre Aufgaben vorgestellt; nun sind Sie an der Reihe. Picken Sie sich die Elemente, die Sie brauchen, heraus, springen Sie in die Xcode-Dokumentation und arbeiten Sie mit der entsprechenden Klasse. Und Sie werden sehen, dass Sie selbst ohne detaillierte Schritt-für-Schritt-Anleitungen in diesem Buch an Ihr Ziel kommen werden.

8.5.17 Views und der Interface Builder

Was Views betrifft, so ist der Interface Builder Ihr Freund und kann Ihnen sehr viel Arbeit abnehmen. Für fast alle der hier vorgestellten View-Klassen können Sie zumindest die grundlegenden Konfigurationen direkt über den Interface Builder vornehmen und müssen so nicht alles händisch im Code konfigurieren. Nutzen Sie die Möglichkeiten, die Ihnen der Interface Builder bietet, denn er erspart Ihnen viel Schreibarbeit und darüber hinaus ist klar ersichtlich, wie eine Ansicht auszusehen hat, sobald Sie sie erneut im Interface Builder öffnen.

8.6 Die Grundlage gut gestalteter Views

Als Abschluss zu diesem Kapitel möchte ich in diesem Abschnitt noch einmal kurz auf die wichtigsten Aspekte eingehen, die eine gute View unter iOS ausmachen (auch wenn sie teilweise schon in anderen Bereichen dieses Buches erläutert wurden).

Wenn Sie Ansichten mit dem Interface Builder erstellen, haben Sie bereits gesehen, wie dieser Sie beim Erstellen der verschiedenen Elemente auf Ihrer View unterstützt und mit den blau gestrichelten Linien auf optimale Größen und Positionen aufmerksam macht. Halten Sie sich daran! Es kommt nicht von ungefähr, dass diese Hilfslinien Sie beim Erstellen einer optimalen Ansicht unterstützen sollen. Sie sind eine großartige Grundlage, um wirklich saubere und schöne Ansichten zu erstellen, und sollten Sie sich einmal nicht an die Vorgabe dieser Hilfslinien halten, sollten Sie sich fragen, ob das, was Sie da tun, tatsächlich eine gute View mit einer guten Usability ist.

Auch gibt es eine kleine Faustregel zu Elementen, mit denen der Nutzer interagieren kann, wie ein Button, der betätigt werden kann. All diese Objekte, mit denen der Nutzer auf dem

Bildschirm etwas anstellen kann, sollten eine Mindestgröße von 44 × 44 Punkte besitzen. Was sich zunächst nach verdammt viel Platz anhört, relativiert sich schnell wieder, wenn man daran denkt, dass iOS-Geräte komplett mit dem Finger bedient und eben nicht pixelgenau gesteuert werden. Sind derartige Elemente zu klein und dann am besten noch direkt neben anderen Elementen platziert, mit denen der Nutzer ebenfalls interagieren kann, wird es für den Nutzer sehr schwierig, Ihre App zu bedienen; auf kurz oder lang hat das sehr wahrscheinlich eine Deinstallation Ihrer App und eine schlechte Wertung im App Store zur Folge.

Wenn sich diese Dinge für Sie selbstverständlich und vollkommen klar anhören: Glückwunsch, genau so soll es sein! Falls nicht, achten Sie bitte wirklich in Ihrer täglichen Entwicklung darauf, diese Punkte einzuhalten, denn sie sind das Mindeste, was eine gute von einer schlechten App unterscheidet.

9 Das Model und die Datenhaltung

9.1 Die Logik Ihrer App

Wenn Sie dieses Buch von vorne nach hinten durcharbeiten, kennen Sie bereits die Views und Controller aus dem MVC-Pattern sowie deren Aufgaben und die Arbeit mit den entsprechenden Klassen aus Apples System-Frameworks. So fehlt uns also noch ein letztes Glied in dieser Kette: das Model.

Das Model repräsentiert die Daten und die Logik Ihrer Anwendung. Während Views für die Anzeige verantwortlich sind und Controller zwischen View und Model kommunizieren, stecken all die Anwendungslogik, alle Berechnungen und alle sonstigen Funktionen, die Ihre App auszeichnen, in Model-Klassen.

Dabei ist es nicht ausschlaggebend, über wie viele Model-Klassen Ihre Anwendung verfügt; das sagt zunächst nicht wirklich etwas über den Umfang oder die Komplexität Ihrer App aus. In vielen Projekten hatte ich es mit nur wenigen Model-Klassen zu tun, die dafür aber all die Logik enthielten, die für den Rest der Anwendung benötigt wurde; und somit haben diese Klassen voll und ganz ihren Zweck erfüllt.

Im Gegensatz zu den Views und Controllern in iOS gibt es bei den Model-Klassen zunächst keine Superklassen aus Apples System-Frameworks, von denen Ihre eigenen Model-Klassen erben und Funktionen übernehmen. Hier ist `NSObject` oftmals eben die Klasse, von der auch Ihre Model-Klassen abgeleitet sind und damit eben die grundlegenden Funktionen zur Initialisierung besitzen. Beim Erstellen des Models ist also voll und ganz Ihr eigener Code gefragt, ohne dass Sie sich im Detail mit verschiedenen Superklassen auseinandersetzen müssen. Nichtsdestoweniger werden wir aber auch in diesem Kapitel einige Klassen und Frameworks kennenlernen, die bereits eine gute Grundlage für verschiedene Model-Objekte liefern.

Ganz grundlegend gibt es verschiedenste Arten von Model-Klassen, eben je nachdem, welche Art von Logik, Daten und Berechnungen Ihre App verwendet. In fast jeder App anzutreffen sind Model-Klassen zum Speichern und Verwalten von Informationen, die in Ihrer App verarbeitet werden. In der Kontakte-App von iOS sind das eben beispielsweise die Kontakte, und so macht es Sinn, für diese Art von Information eine passende Model-Klasse zu erstellen, deren Objekte für jeden Kontakt Informationen zu Name, Adresse, Telefonnummer, Geburtstag und so weiter enthalten. Das ist nichts, was in irgendeiner View oder einem Controller gespeichert, sondern stattdessen über eine Model-Klasse gepflegt werden sollte.

Oder nehmen wir eine Taschenrechner-App: Hier machen Model-Klassen Sinn, die verschiedene Arten der Berechnungen durchführen. Ein Controller kann so von einer View erfahren, welche Zahlen und welche Rechenart vom Nutzer ausgewählt wurden, und diese Information an eine passende Model-Methode weiterreichen, die dann die Berechnung durchführt und das korrekte Ergebnis zurückliefert, das der Controller wiederum dann der View zur Anzeige übergeben kann; die schöne, perfekte Welt von MVC! ☺

9.2 Benutzereinstellungen sichern und nutzen

Eine der häufigsten Aufgaben, mit denen Sie in den verschiedensten Arten von Apps konfrontiert werden, ist das Speichern und Abrufen von Einstellungen, die der Nutzer in Ihrer App vorgenommen hat. Sei es die Auswahl eines bestimmten Themes, um das Aussehen Ihrer App anzupassen, oder das Hinterlegen einer Standard-E-Mail-Adresse, über die der Nutzer Inhalte aus der App exportieren kann; es gibt verschiedenste Einstellungen, die Sie speichern und abrufen können. Und damit Sie für derartige Aufgaben nicht immer selbst eine Datenbank oder Ähnliches in Ihrer App einrichten müssen, liefert Apple eine eigene Klasse mit, die Sie genau für diese Zwecke zum Speichern von Einstellungen nutzen können: `UserDefaults` (in Swift) beziehungsweise `NSUserDefaults` (in Objective-C).

Unterscheidung UserDefaults und NSUserDefaults

Mit der Einführung von Swift 3 hat Apple einige Systemklassen aus seinem Foundation-Framework für die Nutzung mit Swift „vereinfacht“. Dabei wurden einige Bezeichner von Properties und Methoden geändert sowie das Präfix aus den Klassennamen entfernt (wie im Beispiel von `UserDefaults` statt `NSUserDefaults`). Funktional handelt es sich dabei um dieselben Klassen und Eigenschaften, nur werden sie eben in Swift anders aufgerufen als in Objective-C. Der Einfachheit halber werde ich im Fließtext immer die für Swift passende Variante verwenden, in den Listings wird natürlich zusätzlich noch die korrekte Objective-C-Variante mit aufgeführt.

9.2.1 Über UserDefaults

`UserDefaults` ist eine Klasse aus dem Foundation-Framework, die als Singleton konzipiert ist, sprich, Sie greifen immer auf ein und dieselbe Instanz von `UserDefaults` zu, um mit diesem Objekt zu arbeiten. Zugriff auf dieses Objekt erhalten Sie wie in Listing 9.1 zu sehen.

Listing 9.1 Zugriff auf `UserDefaults`

```
// Swift
let standardUserDefaults = UserDefaults.standard

// Objective-C
NSUserDefaults *standardUserDefaults = [NSUserDefaults standardUserDefaults];
```

Hier weisen wir das Singleton-Objekt von `UserDefaults` der Variablen `standardUserDefaults` zu. Dieses Objekt enthält alle bisher gesicherten Einstellungen und kann ebenso dazu genutzt werden, diese Einstellungen zu ändern oder neue Einstellungen hinzuzufügen und zu speichern.

Um Einstellungen zu sichern und abzurufen, verfügt die Klasse `UserDefaults` über verschiedene Methoden. Diese haben dabei immer denselben Aufbau, wie wir im Folgenden gleich sehen werden. Grundlegend wichtig ist die Verwendung eines eindeutigen Schlüssels in Form eines Strings, den Sie verwenden, um eine bestimmte Einstellung abzufragen oder zu sichern. Denn `UserDefaults` sichert alle Einstellungen in Form von Key-Value-Paaren, wie Sie es von Dictionaries her kennen. Der Key ist dabei der String für eine bestimmte Einstellung (zum Beispiel für ein Theme oder eine E-Mail-Adresse), während das Value dann die eigentliche zu speichernde Einstellung ist, die der Nutzer festgelegt hat.

Sehen wir uns das einmal anhand eines Beispiels an, in dem wir einen Integer-Wert als Einstellung sichern wollen. Dieser Integer enthält die Nummer des Standard-Themes, welches der Nutzer für unsere App festlegen kann, weshalb wir dem zugehörigen Schlüssel den Namen `Theme` geben. Möchten wir nun einen Wert für diese Einstellung setzen, nutzen wir die Instanzmethode `set(_:forKey:)` von `UserDefaults` (siehe Listing 9.2).

Listing 9.2 Setzen einer Einstellung

```
// Swift
UserDefaults.standard.set(3, forKey: "Theme")

// Objective-C
[[NSUserDefaults standardUserDefaults] setInteger:3 forKey:@"Theme"];
```

Wir haben hier die beiden Aufrufe der Klassen- und der Instanzmethode in einen einzigen zusammenfassenden Aufruf gepackt, und damit haben wir den Integer 3 für den Schlüssel `Theme` in unseren `UserDefaults` gesetzt. Abschließend müssen wir den neu gesetzten Wert noch speichern, da er andernfalls spätestens beim nächsten Neustart der App wieder verworfen würde. Dazu reicht der Aufruf der Instanzmethode `synchronize()`, mit der alle bis dahin gesetzten Einstellungen fest in `UserDefaults` gespeichert werden (siehe Listing 9.3).

Listing 9.3 Speichern der Einstellungen

```
// Swift
UserDefaults.standard.synchronize()

// Objective-C
[[NSUserDefaults standardUserDefaults] synchronize];
```

In der Regel folgt damit auf das Setzen von Einstellungen immer der abschließende Aufruf der Instanzmethode `synchronize()`, um alle gesetzten Einstellungen zu speichern.

Um nun den aktuellen Wert für den Schlüssel `Theme` aus den `UserDefaults` wieder abzufragen, können wir die entsprechende Instanzmethode `integer(forKey:)` verwenden (siehe Listing 9.4).

Listing 9.4 Auslesen einer Einstellung

```
// Swift
let themeInteger = UserDefaults.standard.integer(forKey: "Theme")

// Objective-C
NSInteger themeInteger = [[NSUserDefaults standardUserDefaults]
integerForKey:@"Theme "];
```

Damit haben wir den aktuellen Wert für den Schlüssel `Theme` unserer Variablen `themeInteger` zugewiesen.

Genau nach diesem Schema stellt `UserDefaults` eine Menge an verschiedenen Setter- und Getter-Methoden zur Verfügung, mit denen Sie bestimmte Einstellungen speichern und auslesen können. So gibt es noch passende Methoden für Arrays, Strings, URLs und andere. Die Dokumentation gibt genauen Aufschluss darüber, was hier alles möglich ist (siehe Bild 9.1).

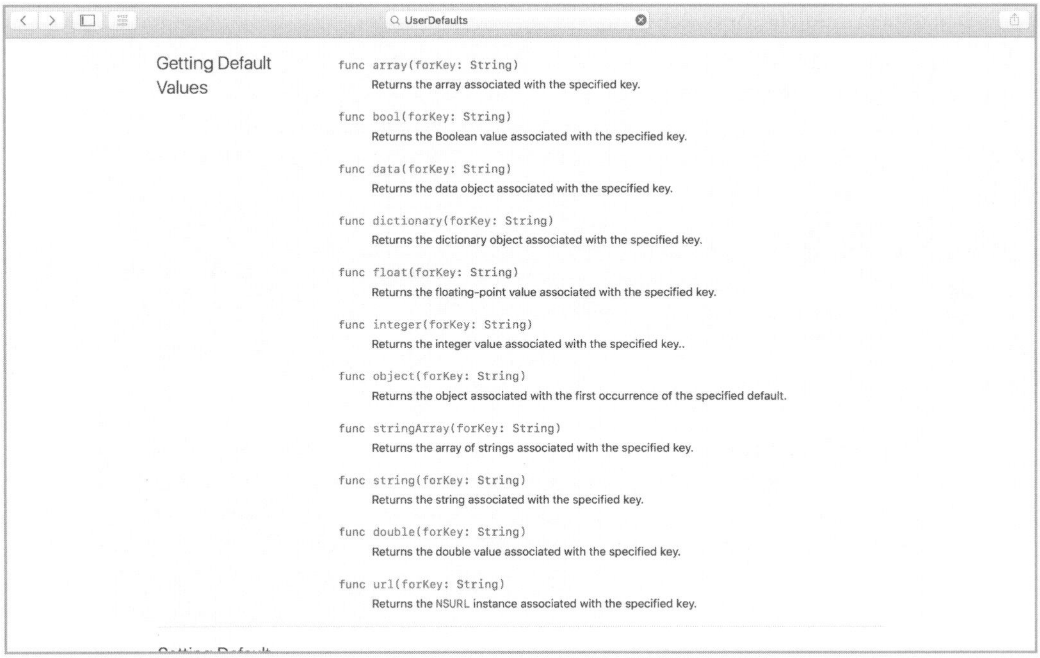

Bild 9.1 Der Abschnitt „Getting Default Values" in der UserDefaults-Dokumentation gibt Aufschluss über alle verfügbaren Methoden zum Beziehen von Werten.

9.2.2 Standardeinstellungen festlegen

Oftmals möchte man als Entwickler bereits Standardeinstellungen festlegen, die dann so lange gültig sind, bis der Nutzer eventuelle Änderungen vornimmt. Zu diesem Zweck stellt `UserDefaults` die Instanzmethode `register(defaults:)` zur Verfügung. Diese Methode nimmt ein Dictionary entgegen, in dem Sie alle Standardeinstellungen als Key-Value-Paar übergeben können. Im Beispiel in Listing 9.5 setzen wir so einen Standardwert für eine Template-Nummer und eine E-Mail-Adresse für jeweils passende Schlüssel.

Listing 9.5 Festlegen von Standardwerten in `UserDefaults`

```
// Swift
UserDefaults.standard.register(defaults: ["Template": 1, "Email": " thomas@
thomassillmann.de"])

// Objective-C
[[NSUserDefaults standardUserDefaults] registerDefaults:@{@"Template ": @1, @"Email":
@"thomas@thomassillmann.de"];
```

Sie können diese Methode beispielsweise direkt nach dem Starten der App im App Delegate aufrufen, um so Default-Einstellungen festzulegen. Diese Einstellungen sind so lange gültig, bis Sie mittels der im vorigen Abschnitt vorgestellten Methoden eigene Werte für die jeweils passenden Einstellungen setzen. Dabei gilt es darüber hinaus noch zu beachten, dass diese registrierten Standardwerte beim Beenden der App verloren gehen, Sie müssten also die Methode `register(defaults:)` bei jedem App-Start erneut aufrufen, wenn Sie die darin definierten Standardeinstellungen für Ihre App verwenden möchten.

9.3 Zugriff auf das Dateisystem

9.3.1 Das Dateisystem von iOS

iOS-Anwendungen leben in einer sogenannten Sandbox, was bedeutet, dass sie ausschließlich auf ihre eigenen Daten und Dateien zugreifen können; die Inhalte anderer Apps bleiben unzugänglich und können nur über entsprechend vorherrschende Schnittstellen abgefragt werden.

Mitunter aus diesem Grund verfügt eine jede iOS-App über eine Ordnerstruktur, die es Ihnen erlaubt, Dateien an passender Stelle abzulegen und wieder aufzurufen. Sie können diese Ordner beispielsweise dazu nutzen, Bilder oder Audiodateien sowie Text-Files des Nutzers vorzuhalten und abzurufen.

Es gibt insgesamt drei Ordner, über die jede iOS-App verfügt und die Sie als App-Entwickler zur Ablage von Dateien nutzen können:

Ordner	Beschreibung
Documents	Das Documents-Verzeichnis ist dazu gedacht, alle Arten von Dateien, die dem Nutzer zugänglich sein sollen oder die er selbst verwalten und verändern kann, dort abzulegen. Stellen Sie es sich wie ein öffentliches Verzeichnis Ihrer App vor, auf das der Nutzer wie auf seine eigenen Dateien auf seinem Computer freien und unbeschränkten Zugriff hat. Aus diesem Grund kann das Documents-Verzeichnis auch als einziges über iTunes freigegeben werden. Wenn Sie diese Option für Ihre App in Xcode aktivieren (wie das geht, sehen wir noch), kann der Nutzer alle Dateien und Ordner aus dem Documents-Verzeichnis exportieren und eigene Dateien dort über iTunes hinzufügen. Zu guter Letzt wird das Documents-Verzeichnis bei iTunes-Backups mit gesichert.
Library	Das Library-Verzeichnis ist für alle jene Dateien gedacht, auf die der Nutzer – eben im Gegensatz zum Documents-Verzeichnis – nicht zugreifen soll und die somit nur für die Arbeit und Funktionsweise innerhalb der eigenen App gedacht sind. Die in diesem Verzeichnis abgelegten Dateien werden auch über das iTunes-Backup mit gesichert.
tmp	Wie der Name es bereits vermuten lässt, ist das tmp-Verzeichnis zur Ablage temporärer Dateien gedacht, die nur kurzzeitig benötigt werden und nicht dazu gedacht sind, auch nach einem Neustart der App noch zur Verfügung zu stehen. Apple empfiehlt, die Dateien in diesem Verzeichnis selbsttätig dann zu leeren, wenn sie nicht mehr benötigt werden. Sollte das Betriebssystem iOS zudem Ressourcen benötigen, hat es die Möglichkeit, Dateien in diesem tmp-Verzeichnis aller Apps zu löschen und somit Speicherplatz selbsttätig freizuräumen. Entsprechend verwundert es auch nicht, dass die Inhalte dieses Verzeichnisses nicht in das iTunes-Backup mit einfließen. tmp dürfen Sie also keinesfalls für wichtige Dateien verwenden, diese sind im Documents- oder Library-Verzeichnis (je nach Anwendungszweck) besser aufgehoben.

Für jeden der hier vorgestellten Ordner gilt: Sie können darin beliebige weitere eigene Unterordner erstellen, um all Ihre Dateien zu verwalten und diese Dateien zu strukturieren. Um auf die Verzeichnisse zuzugreifen, Dateien abzulegen und Ordner zu erstellen, stellt Apple die Klasse `FileManager` (Swift) beziehungsweise `NSFileManager` (Objective-C) aus dem Foundation-Framework zur Verfügung.

FileManager vs. NSFileManager

Genau wie bei `UserDefaults` und `NSUserDefaults` hat Apple mit der Einführung von Swift 3 auch den Namen der Klasse zur Verwaltung von Dateien für Swift angepasst. Lautete dieser bis Swift 3 `NSFileManager` (dieser Name ist für Objective-C auch weiterhin gültig), greifen Sie ab Swift 3 stattdessen auf die Klasse `FileManager` zu.

Funktional gibt es zwischen diesen beiden Klassen für Sie als Entwickler ansonsten keinen Unterschied. Im Fließtext werde ich – wie im vorherigen Abschnitt zu `UserDefaults` auch – der Einfachheit halber immer von `FileManager` statt von `NSFileManager` sprechen, in den Code-Beispielen werden natürlich wie gewohnt der korrekte Code sowohl für Swift als auch für Objective-C angezeigt.

9.3.2 FileManager

Die Klasse FileManager erlaubt es Ihnen, auf Dateien und Ordner Ihrer iOS-App zuzugreifen, neue zu erstellen oder zu löschen. Ähnlich wie UserDefaults zum Sichern und Abrufen von Benutzereinstellungen (siehe dazu den vorherigen Abschnitt 9.2 „Benutzereinstellungen sichern und nutzen“) ist auch FileManager als Singleton ausgelegt. Die Standardinstanz dieser Klasse kann so ganz einfach über die in Listing 9.6 aufgeführte Property aufgerufen werden.

Listing 9.6 Aufrufen des FileManager

```
// Swift
FileManager.default

// Objective-C
[NSFileManager defaultManager];
```

Der Aufruf der Eigenschaft default liefert die gemeinsam genutzte Instanz von FileManager zurück, die Sie sodann für Zugriffe auf das Dateisystem verwenden können.

Zugriff auf Ordner Ihrer App

Wie wir zu Beginn dieses Abschnitts gesehen haben, gibt es drei verschiedene Ordner, die jede App besitzt und auf die jede App zugreifen kann. Und die Klasse FileManager erlaubt uns den Zugriff auf eben diese Ordner. Dabei kann die in Listing 9.7 gezeigte Instanzmethode genutzt werden, um die URL zu einem der vorgestellten Systemordner zu erhalten.

Listing 9.7 Methode zum Zugriff auf Ordner des Dateisystems

```
// Swift
func url(for directory: FileManager.SearchPathDirectory, in domain:
FileManager.SearchPathDomainMask, appropriateFor url: URL?, create shouldCreate:
Bool) throws -> URL

// Objective-C
- (NSURL *)URLForDirectory:(NSSearchPathDirectory)directory
inDomain:(NSSearchPathDomainMask)domain appropriateForURL:(NSURL *)url
create:(BOOL)shouldCreate error:(NSError * _Nullable *)error;
```

Spannend ist hier der erste Parameter directory, der vom Typ SearchPathDirectory (Swift) beziehungsweise NSSearchPathDirectory (Objective-C) ist. Dieser Typ stellt verschiedene Konstanten für Systemordner für iOS als auch für macOS bereit. Für iOS sind zwei dieser Konstanten von besonderem Interesse:

- documentDirectory
- libraryDirectory

Wie Sie möglicherweise bereits vermuten, liefert die Konstante documentDirectory den Pfad zum Documents-Verzeichnis der App, während Sie mittels libraryDirectory Zugriff auf den Library-Ordner erhalten.

Der Parameter domain bestimmt die Suchdomäne, in der die App nach dem zuvor genannten Verzeichnis suchen soll. Auch hier kommen wieder mehrere Parameter aus der iOS- und macOS-Welt zusammen, die uns im Detail aber gar nicht näher zu interessieren brauchen. Für Sie als iOS-Entwickler ist hier die Konstante `userDomainMask` wichtig; damit erhalten Sie Zugriff auf die Ordner in Ihrer App.

Über den Parameter `url` können Sie einen zusätzlichen Pfad zur temporären Speicherung von Daten übergeben, das ist in den meisten Fällen aber uninteressant. Zum Zugriff auf einen Ordner wird dieser Parameter zudem nicht benötigt.

Mit dem booleschen Parameter `shouldCreate` geben Sie an, ob das Verzeichnis, nach dem Sie suchen, angelegt werden soll, falls es noch nicht existieren sollte.

Zu guter Letzt findet sich dann unter Objective-C noch ein `error`-Parameter, dem Sie ein eigenes `NSError`-Objekt übergeben können. Dieses erhält weiterführende Informationen, sollte beim Auslesen des Verzeichnisses ein Fehler auftreten. In Swift wird das Ganze über das Error-Handling der Programmiersprache selbst gelöst, weshalb der Aufruf innerhalb eines `do-try-catch`-Blocks ausgeführt werden sollte.

In Listing 9.8 sehen Sie nun ein einfaches Code-Beispiel, mit dem Sie den Pfad zum Documents-Verzeichnis in einem eigenen URL-Objekt setzen.

Listing 9.8 Zugriff auf das Documents-Verzeichnis

```
// Swift
var documentsDirectory: URL!
do {
    documentsDirectory = try FileManager.default).url(for: .documentDirectory, in:
.userDomainMask, appropriateFor: nil, create: true)
} catch {
    <Fehlerbehandlung>
}

// Objective-C
NSURL *documentsDirectory = [[NSFileManager defaultManager]
URLForDirectory:NSDocumentDirectory inDomain:NSUserDomainMask appropriateForURL:nil
create:YES error:nil];
```

Um auf den Library-Ordner zuzugreifen, muss lediglich der Parameter `directory` ausgetauscht werden (siehe Listing 9.9).

Listing 9.9 Zugriff auf das Library-Verzeichnis

```
// Swift
var librariesDirectory: URL!
do {
    librariesDirectory = try FileManager.default.url(for: .libraryDirectory, in:
.userDomainMask, appropriateFor: nil, create: true)
} catch {
    <Fehlerbehandlung>
}

// Objective-C
NSURL *librariesDirectory = [[NSFileManager defaultManager]
URLForDirectory:NSLibraryDirectory inDomain:NSUserDomainMask appropriateForURL:nil
create:YES error:nil];
```

Und was ist mit dem tmp-Verzeichnis?

Für das tmp-Verzeichnis liefert die Dokumentation von Apple keine Konstante vom Typ `SearchPathDirectory`. Um auf das tmp-Verzeichnis zuzugreifen und dieses in einem URL-Objekt zu sichern, müssen Sie die Funktion `NSTemporaryDirectory()` nutzen; diese liefert den Pfad zum tmp-Verzeichnis als String zurück. Um daraus also wie zuvor ein passendes URL-Objekt mit dem Pfad zum tmp-Verzeichnis zu erstellen, kann der in Listing 9.10 aufgeführte Befehl genutzt werden.

Listing 9.10 Zugriff auf das tmp-Verzeichnis

```
// Swift
NSURL.fileURL(withPath: NSTemporaryDirectory(), isDirectory: true)

// Objective-C
NSURL *tmpDirectory = [NSURL fileURLWithPath:NSTemporaryDirectory()
isDirectory:YES];
```

Ordner erstellen

`FileManager` stellt zwei Instanzmethoden zur Verfügung, um Verzeichnisse innerhalb Ihrer App zu erstellen (siehe Listing 9.11).

Listing 9.11 Deklaration der Methoden zum Erstellen neuer Ordner

```
// Swift
func createDirectory(at url: URL, withIntermediateDirectories createIntermediates:
Bool, attributes: [String : AnyObject]? = [:]) throws
func createDirectory(atPath path: String, withIntermediateDirectories
createIntermediates: Bool, attributes: [String : AnyObject]? = [:]) throws

// Objective-C
- (BOOL)createDirectoryAtURL:(NSURL *)url withIntermediateDirectories:(BOOL)
createIntermediates attributes:(NSDictionary<NSString *,id> *)attributes
error:(NSError * _Nullable *)error;
- (BOOL)createDirectoryAtPath:(NSString *)path withIntermediateDirectories:(BOOL)
createIntermediates attributes:(NSDictionary<NSString *,id> *)attributes
error:(NSError * _Nullable *)error;
```

Diese Methoden erfüllen beide ein und dieselbe Aufgabe – nämlich das Erstellen eines neuen Ordners. Ihr einziger Unterschied besteht darin, dass die erstgenannte Methode den neuen Ordnerpfad als URL-Objekt, die zweite den Ordnerpfad als String entgegennimmt.

Der Parameter `createIntermediates` bestimmt, ob die komplette Ordnerstruktur erstellt werden soll, falls es diese noch nicht gibt. Das kann vor allen Dingen dann sinnvoll sein, wenn Sie auf einmal eine größere Ordnerstruktur erstellen möchten. Wird dieser Parameter hingegen auf `false` gesetzt, wird das Verzeichnis nur dann erstellt, wenn der Pfad bis zum finalen neuen Ordner bereits existiert.

Über den Parameter `attributes` können noch differenziertere Einstellungen für die Ordnererstellung festgelegt werden, die für die iOS-Entwicklung in den meisten Fällen aber nicht weiter von Belang sind. Im Standardfall können Sie hier schlicht und einfach `nil` übergeben.

Zu guter Letzt erwartet die Methode in Objective-C noch ein Error-Objekt. Das erweist sich dann als sinnvoll, wenn das Erstellen eines Ordners fehlschlägt; das Error-Objekt kann dann Aufschluss darüber geben, warum das Erstellen fehlgeschlagen ist. Aus diesem Grund liefert die Methode am Ende auch das Ergebnis der Operation als booleschen Parameter zurück. `YES` bedeutet, dass das Verzeichnis erfolgreich angelegt wurde, `NO` weist auf ein Fehlschlagen des Erstellens hin. Hier kann das übergebene Error-Objekt Aufschluss darüber geben, warum das Erstellen des Ordners fehlgeschlagen ist. In Swift wird dieses Verhalten durch das Error-Handling der Programmiersprache selbst abgefangen, ein separates Error-Objekt ist hier nicht nötig.

Im Folgenden zeige ich Ihnen in Listing 9.12 ein Code-Beispiel, in dem ein Ordner mit Namen „My Directory" innerhalb des Standard-Dokumentenverzeichnisses erstellt wird.

Listing 9.12 Erstellen eines Verzeichnisses

```
// Swift
var documentsDirectory: NSURL!
do {
    documentsDirectory = try FileManager.default.url(for: .documentDirectory, in:
.userDomainMask, appropriateFor: nil, create: true) as! NSURL
} catch {
    <Fehlerbehandlung>
}
let myDirectory = documentsDirectory.appendingPathComponent("My Directory")
do {
    try FileManager.default.createDirectory(at: myDirectory,
withIntermediateDirectories: true, attributes: nil)
} catch {
    <Fehlerbehandlung>
}

// Objective-C
NSURL *documentsDirectory = [[NSFileManager defaultManager]
URLForDirectory:NSDocumentDirectory inDomain:NSUserDomainMask appropriateForURL:nil
create:YES error:nil];
NSURL *myDirectory = [documentsDirectory URLByAppendingPathComponent:@"My
Directory"];
NSError *error;
if ([[NSFileManager defaultManager] createDirectoryAtURL:myDirectory
withIntermediateDirectories:YES attributes:nil error:&error]) {
    NSLog(@"Directory successfully created!");
} else {
    NSLog(@"Directory creation failed!");
}
```

Zunächst sichern wir den Pfad zum Dokumentenverzeichnis in der Variablen `documentsDirectory` und erweitern dieses URL-Objekt anschließend noch um den Pfad zu unserem neuen Verzeichnis „My Directory", das innerhalb des Documents-Verzeichnisses erstellt werden soll.

Im zweiten Schritt wird in Objective-C ein leeres `NSError`-Objekt erstellt und anschließend die zu Beginn dieses Abschnitts vorgestellte Methode zum Erstellen eines neuen Verzeichnisses innerhalb einer `if`-Abfrage ausgeführt. Das Ganze verschachtele ich an dieser Stelle aus diesem Grund in einer `if`-Abfrage, da das Ergebnis der Methode ein boolescher Wahrheitswert ist. Liefert die Methode YES zurück, wurde das Verzeichnis erfolgreich erstellt und es wird der Log-Text „Directory successfully created!" ausgegeben. Schlägt das Erstellen des Verzeichnisses hingegen fehl, wird stattdessen „Directory creation failed!" angezeigt. In Swift wird das gleiche Fehlerverhalten durch das in der Sprache integrierte Error-Handling umgesetzt.

Dateien speichern

Dateien werden in iOS in der Regel als Objekte der Klasse NSData repräsentiert; dabei kann es sich um Bilder, Audiodateien und alle sonstigen Arten von Daten handeln. Um nun Dateien, die in einem NSData-Objekt gehalten werden, innerhalb der App zu sichern, können Sie die in Listing 9.13 aufgeführte Instanzmethode von NSData nutzen.

Listing 9.13 Deklaration der Methode von NSData zum Speichern einer Datei

```
// Swift
func write(to url: URL, atomically: Bool) -> Bool

// Objective-C
- (BOOL)writeToURL:(NSURL *)url atomically:(BOOL)atomically;
```

Damit sichern Sie das NSData-Objekt, das diese Methode aufruft, in dem als url-Parameter übergebenen Verzeichnis. Wichtig dabei ist, dass das URL-Objekt bereits auf die finale Datei verweist und nicht nur auf einen Ordner. Um so ein Bild mit dem Namen „MyImage.png" im Documents-Verzeichnis abzulegen, kann der in Listing 9.14 aufgeführte Code geschrieben werden.

Listing 9.14 Speichern einer Datei

```
// Swift
var documentsDirectory: NSURL!
do {
    documentsDirectory = try FileManager.default.url(for: .documentDirectory, in:
.userDomainMask, appropriateFor: nil, create: true) as! NSURL
} catch {
    <Fehlerbehandlung>
}
let myImageFile = documentsDirectory.appendingPathComponent("MyImage.png")
myImageData.write(to: myImageFile, atomically: true)

// Objective-C
NSURL *documentsDirectory = [[NSFileManager defaultManager]
URLForDirectory:NSDocumentDirectory inDomain:NSUserDomainMask appropriateForURL:nil
create:YES error:nil];
NSURL *myImageFile = [documentsDirectory URLByAppendingPathComponent:@"MyImage.png"];
[myImageData writeToURL:myImageFile atomically:YES];
```

Damit wird das NSData-Objekt myImageData als Bilddatei mit dem Namen „MyImage.png" im Documents-Verzeichnis der App gespeichert. Über den Parameter atomically können Sie steuern, ob die entsprechende Datei erst in ein Backup-Verzeichnis geschrieben und anschließend nur nach erfolgreichem Speichervorgang in das Zielverzeichnis kopiert werden soll. Bei true wird ein solches Backup-Verzeichnis genutzt, bei false werden die Daten direkt in den übergebenen Pfad geschrieben.

Dateien und Verzeichnisse löschen

Um bestehende Dateien oder Verzeichnisse wieder zu entfernen, bringt die Klasse `FileManager` die in Listing 9.15 aufgeführte Instanzmethode mit.

Listing 9.15 Deklaration der Methode von `FileManager` zum Löschen einer Datei oder eines Verzeichnisses

```
// Swift
func removeItem(at URL: URL) throws

// Objective-C
- (BOOL)removeItemAtURL:(NSURL *)URL error:(NSError * _Nullable *)error;
```

Diese Methode verhält sich ähnlich wie die zum Erstellen eines neuen Ordners. Sie gibt in Objective-C einen Wahrheitswert zurück, der darüber informiert, ob das Entfernen des Objekts erfolgreich war. Der erste Parameter `URL` nimmt dabei den Pfad zu dem zu löschenden Verzeichnis beziehungsweise der zu löschenden Datei entgegen. Auch lässt sich in Objective-C optional ein Error-Objekt über den zugehörigen `error`-Parameter übergeben, das explizite Informationen enthält (sollte das Löschen fehlschlagen). Wie auch bei den anderen vorgestellten Methoden ist der `error`-Parameter aber optional und kann auch mittels `nil` leer gelassen werden. In Swift muss der Fehler mittels der eigenen Fehlerbehandlung geprüft und abgefangen werden.

Das beispielhafte Löschen einer Datei namens „MyImage.png", die sich im Documents-Verzeichnis befindet, sieht mithilfe des `FileManager` nun wie in Listing 9.16 gezeigt aus.

Listing 9.16 Löschen einer Datei

```
// Swift
var documentsDirectory: NSURL!
do {
    documentsDirectory = try FileManager.default.url(for: .documentDirectory, in:
.userDomainMask, appropriateFor: nil, create: true) as! NSURL
} catch {
    <Fehlerbehandlung>
}
let myImageFile = documentsDirectory.appendingPathComponent("MyImage.png")
do {
    try FileManager.default.removeItem(at: myImageFile)
} catch {
    <Fehlerbehandlung>
}

// Objective-C
NSURL *documentsDirectory = [[NSFileManager defaultManager]
URLForDirectory:NSDocumentDirectory inDomain:NSUserDomainMask appropriateForURL:nil
create:YES error:nil];
NSURL *myImageFile = [documentsDirectory URLByAppendingPathComponent:@"MyImage.png"];
[[NSFileManager defaultManager] removeItemAtURL:myImageFile error:nil];
```

Wollen wir hingegen ein ganzes Verzeichnis – zum Beispiel den Ordner „Images" innerhalb von Documents – löschen, funktioniert das ganz äquivalent dazu wie in Listing 9.17 zu sehen.

Listing 9.17 Löschen eines Verzeichnisses

```
// Swift
var documentsDirectory: NSURL!
do {
    documentsDirectory = try FileManager.default.url(for: .documentDirectory, in:
.userDomainMask, appropriateFor: nil, create: true) as! NSURL
} catch {
    <Fehlerbehandlung>
}
let imageDirectory = documentsDirectory.appendingPathComponent("Images")
do {
    try FileManager.default.removeItem(at: imageDirectory)
} catch {
    <Fehlerbehandlung>
}

// Objective-C
NSURL *documentsDirectory = [[NSFileManager defaultManager]
URLForDirectory:NSDocumentDirectory inDomain:NSUserDomainMask appropriateForURL:nil
create:YES error:nil];
NSURL *imageDirectory = [documentsDirectory URLByAppendingPathComponent:@"Images"];
[[NSFileManager defaultManager] removeItemAtURL:imageDirectory error:nil];
```

Weitere Funktionen und Methoden von FileManager

Das war nun ein kleiner Auszug dessen, welche Funktionen `FileManager` zur Verfügung stellt. Haben Sie aber diese Methoden verinnerlicht, kommen Sie auch wunderbar mit den anderen in der Dokumentation hinterlegten Funktionen von `FileManager` zurecht (siehe Bild 9.2).

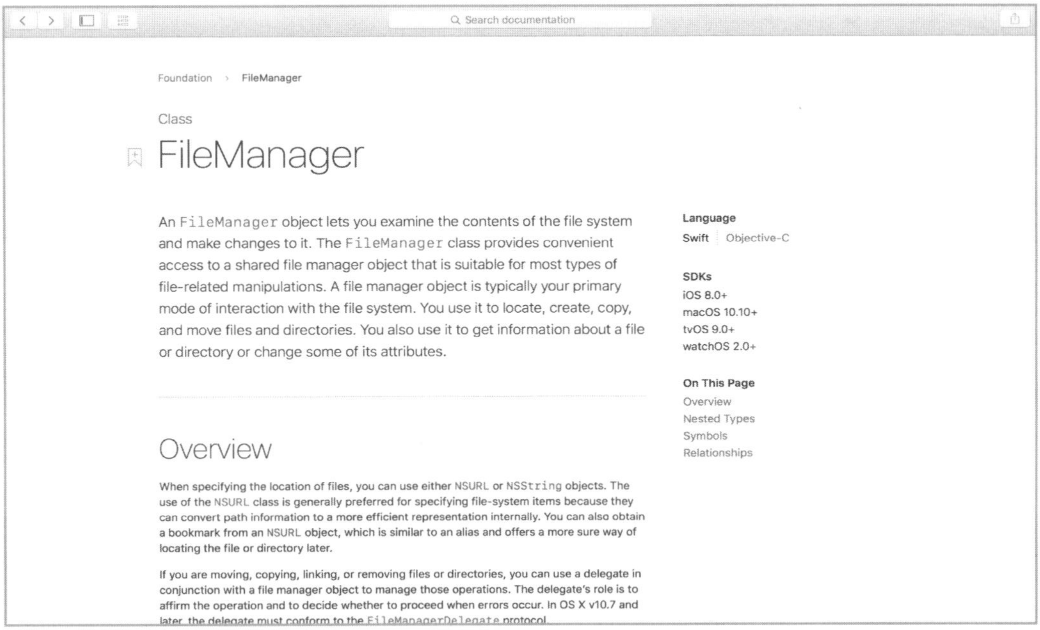

Bild 9.2 Der komplette Funktionsumfang von FileManager erschließt sich aus der Dokumentation.

So finden Sie dort beispielsweise noch Methoden zum Verschieben oder Kopieren von Dateien oder Abfragen, die Sie darüber informieren, ob eine übergebene Datei überhaupt existiert.

Das Wichtigste für Sie ist einfach:
Wenn Sie mit Verzeichnissen und Dateien innerhalb Ihrer App arbeiten möchten, ist `FileManager` die Klasse, mit der Sie arbeiten sollten!

9.3.3 File-Sharing-Funktion nutzen

Sie haben die Möglichkeit, eine Standard-File-Sharing-Funktion für Ihre App zu aktivieren. Diese sorgt dafür, dass der Documents-Ordner Ihrer App freigegeben wird und über iTunes zugänglich ist. So können Sie dem Nutzer dadurch erlauben, die Dateien aus dem Documents-Ordner Ihrer App mittels iTunes zu exportieren oder neue Dateien im Documents-Ordner über iTunes abzulegen. Ist die File-Sharing-Funktion aktiviert, taucht Ihre App dann einfach im App-Reiter des iOS-Geräts in iTunes auf und zeigt nach einem Klick alle Dateien und Ordner an, die sich eben im Documents-Ordner dieser App befinden (siehe Bild 9.3).

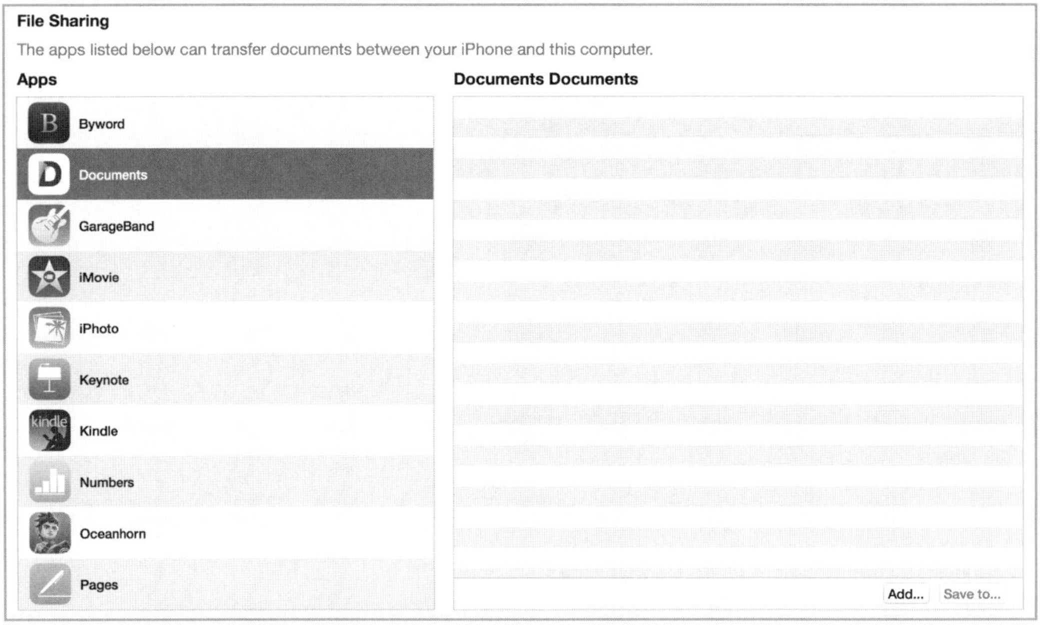

Bild 9.3 Hier könnte Ihre App stehen: Sobald Sie die File-Sharing-Funktion aktivieren, taucht auch Ihre App in iTunes auf und erlaubt den Austausch mit dem Dokumentenverzeichnis Ihrer App.

Wenn Sie diese Funktion nutzen möchten, müssen Sie lediglich ein Update der Info.plist-Datei Ihres Projekts vornehmen. Dazu muss ein neuer Schlüssel mit dem Namen *Application supports iTunes file sharing* der Info.plist hinzugefügt und der zugehörige boolesche Parameter auf *YES* gesetzt werden; fertig! Wenn Sie nun eine neue Version Ihrer App bauen, unterstützt diese automatisch die File-Sharing-Funktion über iTunes. Probieren Sie es ruhig einmal aus und werfen Sie nach dem Bauen der App auf Ihrem iOS-Gerät einen Blick in den App-Reiter des iOS-Geräts in iTunes. Ihre App sollte hier nun angezeigt werden und nach einem Klick darauf die Inhalte des Documents-Verzeichnisses anzeigen.

9.4 Core Data

9.4.1 Datenbankverwaltung mit Core Data

Eines der mächtigsten und auch am häufigsten eingesetzten Frameworks in der iOS-Entwicklung ist Core Data. Und einen der wichtigsten Grundsätze von Core Data möchte ich Ihnen direkt zu Beginn mitteilen (in Unterhaltungen mit anderen iOS-Entwicklern ist das auch immer das Erste, was gesagt wird, wenn es um die Frage geht, was Core Data eigentlich genau ist).

> Core Data ist keine Datenbank.

Toll, nicht wahr? Jetzt wissen Sie schon einmal, was Core Data nicht ist! ☺

Mit Core Data liefert Ihnen Apple ein Framework, über das Sie auf objektorientierte Art und Weise mit SQLite-Datenbanken in Ihrer App arbeiten können. Es ist auch das Standard-Framework, wenn es um die Arbeit von Datenbanken in iOS-Apps geht. Sogar die meisten der Templates zum Erstellen neuer Projekte in Xcode enthalten eine Checkbox, um das neue Projekt direkt mit einer Standard-Core-Data-Konfiguration zu erstellen (siehe Bild 9.4).

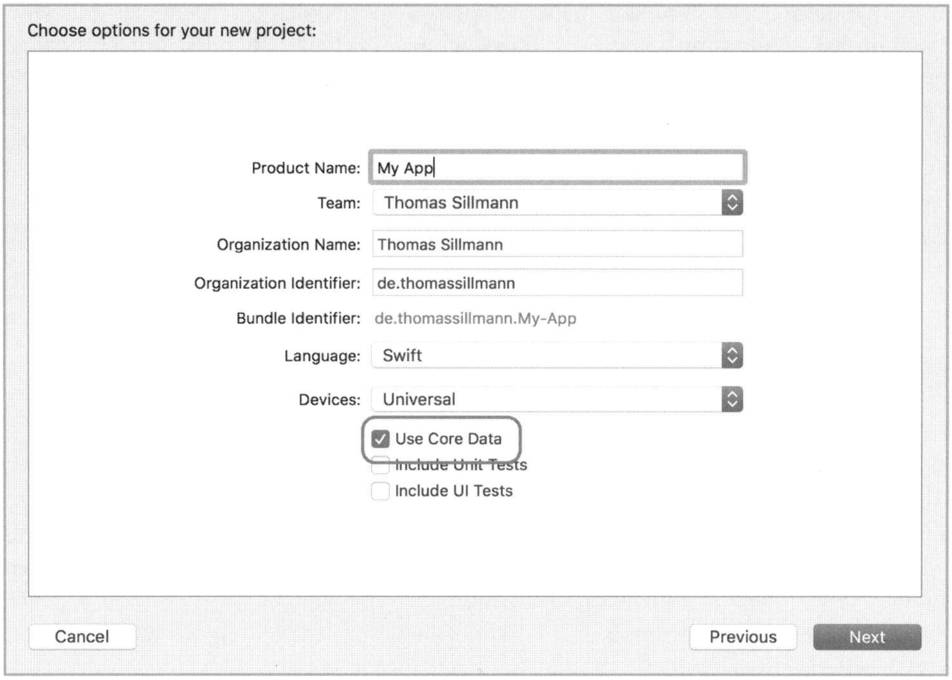

Bild 9.4 Über diese kleine Checkbox können Sie bereits bei der Projekterstellung dafür sorgen, dass alle benötigten Frameworks und Klassen zur Arbeit mit Core Data in Ihr Projekt eingebunden werden.

9.4.2 Wie funktioniert Core Data?

Wie bereits eingangs erwähnt (ja, wir erinnern uns), ist Core Data kein Datenbanksystem im herkömmlichen Sinne. Es ist ein Framework, das passende objektorientierte Klassen liefert, um darüber mit SQLite-Datenbanken zu arbeiten und Inhalte darin zu speichern und auszulesen. Eine Entity dieser Datenbank wird in der Regel von einer eigenen Subklasse in Ihrem Projekt repräsentiert, welches dann die passenden Informationen zu eben jener Entity hält. Das erlaubt Ihnen, eben mit Objekten dieser eigenen Klasse zu arbeiten und darüber Informationen aus der Datenbank auszulesen und zu manipulieren; Sie selbst bekommen also gar nicht viel von dem Datenbank-Backend mit, sondern beschäftigen sich einzig und allein mit Ihren eigens erstellten Model-Klassen.

Neben den Klassen aus dem Core Data-Framework liefert die Entwicklungsumgebung Xcode auch einen Editor mit, um die grundlegende Datenbankstruktur zu erstellen und direkt Model-Klassen aus den Entities des Datenbankmodells zu erzeugen.

Somit erlaubt Ihnen Core Data, die grundlegenden Datenbankstrukturen zur Speicherung von Informationen innerhalb Ihrer App über entsprechende Klassen und Objekte zu verwalten und darüber auf die Informationen dieser Elemente zuzugreifen.

9.4.3 Die Klassen und Bestandteile von Core Data

Um Core Data nutzen zu können, werden in Ihrem Projekt einige Objekte benötigt, um die entsprechenden Funktionsweisen umsetzen zu können. An dieser Stelle stelle ich Ihnen die zugehörigen Klassen aus dem Core Data Framework und die Aufgabe der jeweiligen Objekte im Detail vor.

NSManagedObject

Ein `NSManagedObject`-Objekt repräsentiert eine Entity aus dem zugehörigen Managed-Object-Model. In der Regel bedeutet das für Ihre Apps, dass sie mit Subklassen von `NSManagedObject` arbeiten; je eine für jede Entity, die Sie in Ihrem Managed-Object-Model definiert haben. Um mit derartigen Model-Objekten in Core Data zu arbeiten, muss eine entsprechende Model-Klasse von `NSManagedObject` abgeleitet sein; andernfalls lässt sie sich nicht mit einem Managed-Object-Model verwenden.

Wenn Sie ein Objekt von `NSManagedObject` initialisieren, ist es darüber hinaus wichtig, immer die zugehörige Designated-Initializer-Methode zu verwenden (siehe Listing 9.18).

Listing 9.18 Initializer der Klasse `NSManagedObject`

```
// Swift
init(entity: NSEntityDescription, insertInto context: NSManagedObjectContext?)

// Objective-C
- (__kindof NSManagedObject *)initWithEntity:(NSEntityDescription *)entity
insertIntoManagedObjectContext:(NSManagedObjectContext *)context;
```

Dadurch erhalten Sie ein `NSManagedObject`, welches direkt aus der übergebenen Entity in dem zugehörigen übergebenen Managed-Object-Context erstellt wird.

NSManagedObjectContext

Der `NSManagedObjectContext` ist für Änderungen an den `NSManagedObject`-Objekten sowie das Speichern oder Verwerfen dieser Änderungen verantwortlich. Ändern Sie beispielsweise ein Attribut eines `NSManagedObject`-Objekts, so ist diese Änderung zu diesem Zeitpunkt noch nicht fest in der Datenbank gespeichert. Erst wenn das `NSManagedObjectContext`-Objekt seine `save()`-Methode aufruft, werden die Änderungen fest in der Datenbank gesichert und sind auch nach einem erneuten Start der App noch vorhanden. Genauso gut können über das `NSManagedObjectContext`-Objekt aber auch Änderungen an den Model-Objekten verworfen werfen.

Um die Änderungen in der Datenbank durchführen zu können, wird dem `NSManagedObjectContext` ein passendes Objekt der Klasse `NSPersistentStoreCoordinator` zugewiesen.

NSManagedObjectModel

Das `NSManagedObject` bildet die Struktur und den Aufbau Ihrer Datenbank ab. Es kennt die zugrunde liegenden Entities sowie deren Verbindungen zueinander. Das `NSManagedObjectModel` wird benötigt, um darüber auf die eigentliche darauf basierende

Datenbank zuzugreifen. Zu diesem Zweck wird das NSManagedObjectModel einer Instanz von NSPersistentStoreCoordinator zugewiesen.

Die genannte Struktur und der Aufbau, den das NSManagedObjectModel abbildet, werden in der Regel über Dateien mit der Endung „xcdatamodeld" erstellt. Für diese Dateien liefert Xcode eine grafische Oberfläche, die es erlaubt, Entities und Relations Ihrer Datenbank zu erstellen. Die eigentliche Instanz von NSManagedObjectModel in Ihrem Code muss dann nur noch diese passende Datei laden und hält sodann alle benötigten Informationen über Ihre Datenbankstruktur.

NSPersistentStore

Die Klasse NSPersistentStore ist eine abstrakte Basisklasse zur Abbildung des Datenbanktyps. Denn neben SQL unterstützt Core Data auch noch andere Formate, um die Daten Ihrer App persistent zu speichern (zum Beispiel XML). Da SQL aber das am häufigsten genutzte und für iOS-Anwendungen eines der mächtigsten Datenbanksysteme ist, beschäftigen wir uns auch ausschließlich damit.

NSPersistentStoreCoordinator

Der NSPersistentStoreCoordinator verknüpft einen NSPersistentStore mit einem NSManagedObjectModel. Diese Verknüpfung erlaubt es dem NSManagedObjectContext (dem eben diese Instanz des NSPersistentStoreCoordinator zugewiesen wird), seine Änderungen in der Datenbank zu speichern oder zu verwerfen und überhaupt auf diese Informationen zuzugreifen.

9.4.4 Aufbau eines Standard-Core Data Stacks

Sie kennen nun die wesentlichen Bestandteile und Klassen von Core Data und wissen, wie diese miteinander verbunden sind. Im Folgenden will ich Ihnen nun zeigen, wie der typische Getter-Code ausschaut, um diese einzelnen Elemente zu erstellen. Sie benötigen nämlich Objekte der entsprechenden eben vorgestellten Klassen, um mit Core Data arbeiten zu können.

Wenn Sie sich um das Erstellen solch passender Objekte kümmern, können Sie sich entscheiden, ob Sie diese direkt in den App Delegate Ihrer App oder in eine eigene Controller-Klasse packen. Der App Delegate ist aus diesem Grund verlockend, da er von jeder anderen Klasse problemlos genutzt werden kann, indem Sie die Instanz des App Delegate über folgende Methode aufrufen (siehe Listing 9.19).

Listing 9.19 Zugriff auf den App Delegate

```
// Swift
UIApplication.shared.delegate

// Objective-C
[[UIApplication sharedApplication] delegate];
```

Dieser Aufruf liefert Ihnen Ihren App Delegate für Ihr Projekt zurück. Hält dieser nun Objekte wie den Managed-Object-Context, so kann jede Klasse in Ihrem Projekt ohne Probleme über den entsprechenden App Delegate auf diesen Managed-Object-Context zugreifen, lediglich der App Delegate Ihrer App muss importiert werden (siehe Listing 9.20).

Listing 9.20 Zugriff auf den Managed-Object-Context eines App Delegate

```
// Swift
let appDelegate: AppDelegate = UIApplication.shared.delegate as! AppDelegate
appDelegate.managedObjectContext

// Objective-C
AppDelegate *appDelegate = [[UIApplication sharedApplication] delegate];
appDelegate.managedObjectContext;
```

Sehen wir uns nun einmal die typischen und passenden Getter-Methoden für die wichtigsten Klassen von Core Data der Reihe nach an.

Managed-Object-Model

Listing 9.21 Pattern zum Zugriff auf ein Managed-Object-Model

```
// Swift
lazy var managedObjectModel: NSManagedObjectModel = {
    let modelURL = Bundle.main.url(forResource: "MyApp", withExtension: "momd")!
    return NSManagedObjectModel(contentsOf: modelURL)!
}()

// Objective-C
- (NSManagedObjectModel *)managedObjectModel {
    if (_managedObjectModel != nil) {
        return _managedObjectModel;
    }
    NSURL *modelURL = [[NSBundle mainBundle] URLForResource:@"MyApp"
withExtension:@"momd"];
    _managedObjectModel = [[NSManagedObjectModel alloc]
initWithContentsOfURL:modelURL];
    return _managedObjectModel;
}
```

Das Managed-Object-Model wird in der Regel über eine passende XCDATAMODELD-Datei aus dem Projekt-Bundle erstellt, die Sie dann auch direkt über die grafische Oberfläche von Xcode bearbeiten und anpassen können. Der Name dieser Datei ist derjenige, der in dem `modelURL`-Objekt als Parameter für `url(forResource:withExtension:)` angegeben wird. Aufgrund dieser URL wird dann das passende Managed-Object-Model erstellt; fertig.

Persistent-Store-Coordinator

Listing 9.22 Pattern zum Zugriff auf einen Persistent-Store-Coordinator

```
// Swift
lazy var persistentStoreCoordinator: NSPersistentStoreCoordinator? = {
    let persistentStoreCoordinator: NSPersistentStoreCoordinator? = NSPersistentStore
Coordinator(managedObjectModel: self.managedObjectModel)
```

```
    let storeURL =
self.applicationDocumentsDirectory.appendingPathComponent("MyApp.sqlite")
    do {
        try persistentStoreCoordinator!.addPersistentStore(ofType:
NSSQLiteStoreType, configurationName: nil, at: storeURL, options: nil)
    } catch {

    }
    return persistentStoreCoordinator
}()

// Objective-C
- (NSPersistentStoreCoordinator *)persistentStoreCoordinator {
    if (_persistentStoreCoordinator != nil) {
        return _persistentStoreCoordinator;
    }
    _persistentStoreCoordinator = [[NSPersistentStoreCoordinator alloc]
initWithManagedObjectModel:self.managedObjectModel];
    NSURL *storeURL = [[self applicationDocumentsDirectory]
URLByAppendingPathComponent:@"MyApp.sqlite"];
    NSError *error = nil;
    [_persistentStoreCoordinator addPersistentStoreWithType:NSSQLiteStoreType
configuration:nil URL:storeURL options:nil error:&error]);
    return _persistentStoreCoordinator;
}
```

Dem Persistent-Store-Coordinator wird das Managed-Object-Model zugewiesen sowie ein Persistent Store erstellt. Die URL zu diesem Store, also der Datenbank, sowie deren Namen werden im obigen Code-Beispiel in der Variablen `storeURL` festgehalten. Über die Methode `addPersistentStore(ofType:configurationName:at:options:)` wird dann dem Persistent-Store-Coordinator dieser Store zugewiesen. Anschließend kann der Persistent-Store-Coordinator genutzt werden.

Die Eigenschaft `applicationDocumentDirectory` soll auf das Dokumentenverzeichnis der App verweisen; aus Gründen der Übersichtlichkeit habe ich den Zugriff auf dieses Verzeichnis an dieser Stelle ausgespart. Wie Sie auf Verzeichnisse zugreifen, erfahren Sie im Abschnitt 9.3 „Zugriff auf das Dateisystem".

Managed-Object-Context

Listing 9.23 Pattern zum Zugriff auf einen Managed-Object-Context

```
// Swift
lazy var managedObjectContext: NSManagedObjectContext? = {
    let coordinator = self.persistentStoreCoordinator
    if coordinator != nil {
        var managedObjectContext = NSManagedObjectContext(concurrencyType:
.mainQueueConcurrencyType)
        managedObjectContext.persistentStoreCoordinator = coordinator
        return managedObjectContext
    }
    return nil
}()

// Objective-C
```

```
- (NSManagedObjectContext *)managedObjectContext {
    if (_managedObjectContext != nil) {
        return _managedObjectContext;
    }
    NSPersistentStoreCoordinator *coordinator = self.persistentStoreCoordinator;
    if (coordinator != nil) {
        _managedObjectContext = [[NSManagedObjectContext alloc]
initWithConcurrencyType: NSMainQueueConcurrencyType];
        _managedObjectContext.persistentStoreCoordinator = coordinator;
        return _managedObjectContext;
    }
    return nil;
}
```

Beim Managed-Object-Context ist wichtig, diesem einen passenden Persistent-Store-Coordinator zuzuweisen. Hierzu wird in dieser Methode abgefragt, ob es eine Instanz eines Persistent-Store-Coordinators gibt, um diese dem Managed-Object-Context zuzuweisen. Zudem wird nur dann ein vollständig initialisierter und verwendbarer Managed-Object-Context zurückgegeben, wenn ein solcher Persistent-Store-Coordinator überhaupt existiert.

9.4.5 Der Core Data-Editor

Grundlagen

Xcode verfügt über einen integrierten Core Data-Editor, mit dem sich Dateien mit der Endung „xcdatamodeld" über eine grafische Oberfläche bearbeiten lassen (siehe Bild 9.5). Diese Dateien können dazu genutzt werden, schnell und einfach ein passendes `NSManagedObjectModel`-Objekt zu erstellen, das eben das Datenbankmodell abbildet und für Ihre App verfügbar macht. Außerdem nutzen Sie diesen Editor, um Ihre gewünschte Datenbank mit all ihren Entitäten und Beziehungen abzubilden.

Bild 9.5
Eine typische XCDATAMODELD-Datei in einem Projekt, in diesem Fall automatisch von Xcode beim Anlegen des Projekts erzeugt.

Haben Sie beim Erstellen Ihres Xcode-Projekts die Checkbox zur Nutzung von Core Data ausgewählt, so wird eine passende XCDATAMODELD-Datei mit dem Namen Ihrer App bereits automatisch erstellt, die Sie direkt bearbeiten können. Sie können aber auch problemlos eine eigene Datei manuell erstellen. Gehen Sie dazu über das Xcode-Menü FILE → NEW → FILE..., wählen Sie anschließend im oberen Bereich iOS aus und scrollen Sie zum *Core Data*-Bereich. Dort finden Sie den Datei-Typ DATA MODEL, mit dem Sie genau eine solche XCDATAMODELD-Datei erstellen können (siehe Bild 9.6).

Nach einem Klick auf NEXT müssen Sie nur noch einen passenden Namen vergeben und einen Speicherort auswählen. Wichtig dabei: Wenn Sie diese Datei für Ihr `NSManagedObjectModel`-Objekt nutzen möchten, müssen Sie in Ihrem Code diesem Objekt auch die passende Datei mit dem korrekten Namen zuweisen.

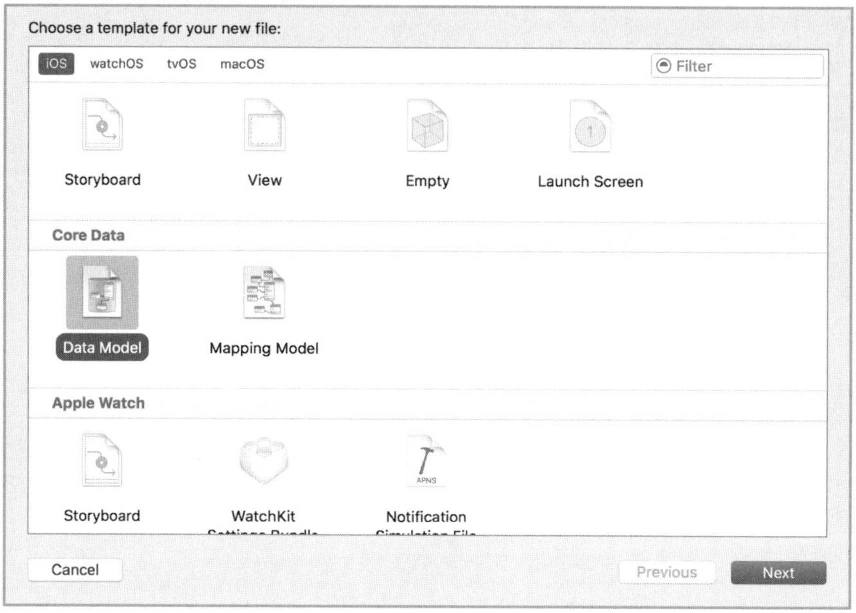

Bild 9.6 Mittels der Dateivorlagen können Sie ganz einfach selbst eine eigene Data Model-Datei zu jeder Zeit für Ihr Projekt erstellen.

Wenn Sie nun die XCDATAMODELD-Datei im Project Navigator anklicken, öffnet sich der Core Data-Editor im Editor-Bereich von Xcode (siehe Bild 9.7).

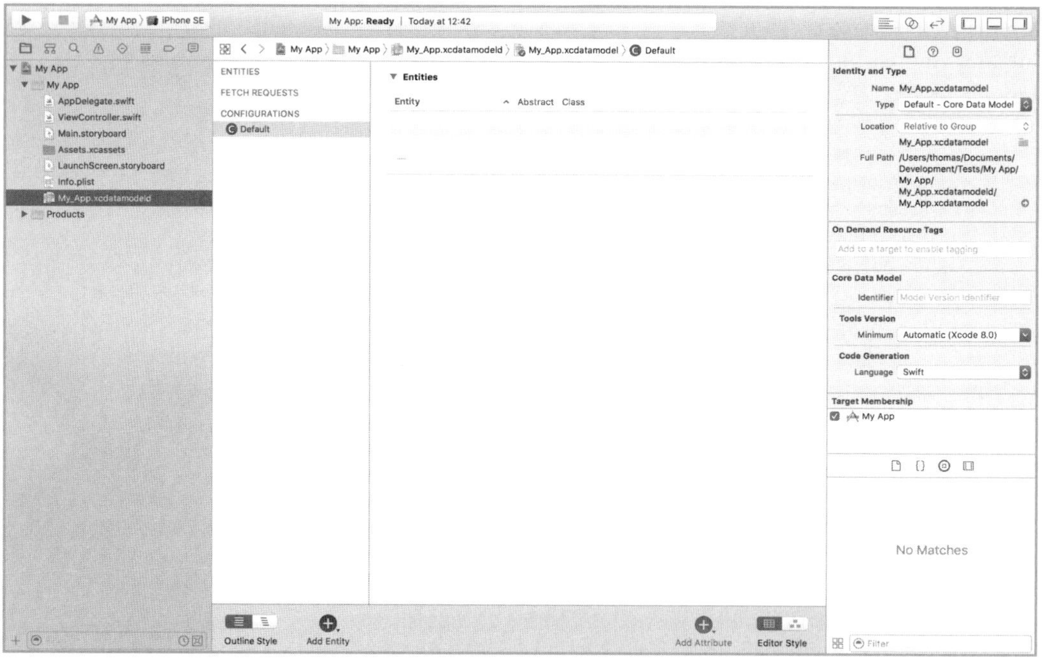

Bild 9.7 Der Core Data-Editor erlaubt das einfache Bearbeiten und Anpassen unseres Models.

Dieser Core Data-Editor verfügt über zwei Ansichten. Die erste hebt die Entities und ihre Eigenschaften hervor, während die zweite die klare Datenbankstruktur übersichtlich abbildet. Über die zwei Schaltflächen am unteren rechten Rand können Sie zwischen diesen beiden Ansichten wechseln (das funktioniert allerdings nur, wenn Sie zuvor in der Standardansicht auch mindestens eine erste Entity erstellt haben, andernfalls wird der Button zum Ändern der Editor-Ansicht ausgegraut und deaktiviert) (siehe Bild 9.8).

Bild 9.8
Über die Schaltflächen unten rechts kann die Oberfläche des Core Data-Editors angepasst werden.

Erstellen von Entities

Beschäftigen wir uns zunächst mit der Standardansicht. Ihr erster Schritt bei der Arbeit mit dem Managed-Object-Model (und nichts anderes bearbeiten wir hier, schließlich verweist unser Objekt im Code später auf genau diese Datei) besteht darin, die benötigten Entities und ihre Eigenschaften zu erstellen. Die Entities sind sogleich Ihre Managed-Objects. Aus diesen Entities werden später die passenden `NSManagedObject`-Subklassen erstellt, die alle die in diesem Managed-Object-Model vergebenen Eigenschaften besitzen.

Um eine neue Entity zu erstellen, klicken Sie auf den Button ADD ENTITY im unteren linken Bereich des Editors (siehe Bild 9.9).

Bild 9.9
Über diese Schaltfläche erstellen Sie eine neue Entity für Ihr Model.

Direkt nach Klick auf den Button erscheint in der oberen linken Ansicht im Abschnitt *Entities* eine erste Entity mit dem Dummy-Namen „Entity". Diesen können Sie einfach per Klick auf den Namen ändern (siehe Bild 9.10).

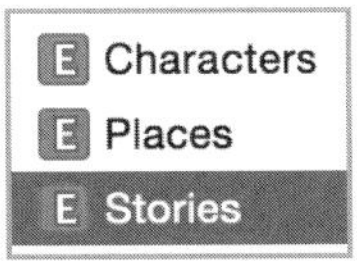

Bild 9.10
Im linken Bereich des Core Data-Editors werden alle erstellten Entities aufgeführt.

Haben Sie Ihre erste Entity ausgewählt, sehen Sie in der Mitte des Editor-Bereichs drei Abschnitte, über die Sie Ihre Entity anpassen können: *Attributes*, *Relationships* und *Fetched Properties* (siehe Bild 9.11). Betrachten wir zunächst einmal die *Attributes*.

Bei den Attributes handelt es sich letztendlich um die Properties, über die Ihre Entity und damit Ihr eigentliches Model-Objekt verfügt. Um ein solches neues Attribut zu erstellen, klicken Sie auf den +-Button unterhalb des Attributes-Bereichs. Es wird automatisch ein neues Attribute hinzugefügt, welches Sie nun bearbeiten und anpassen können.

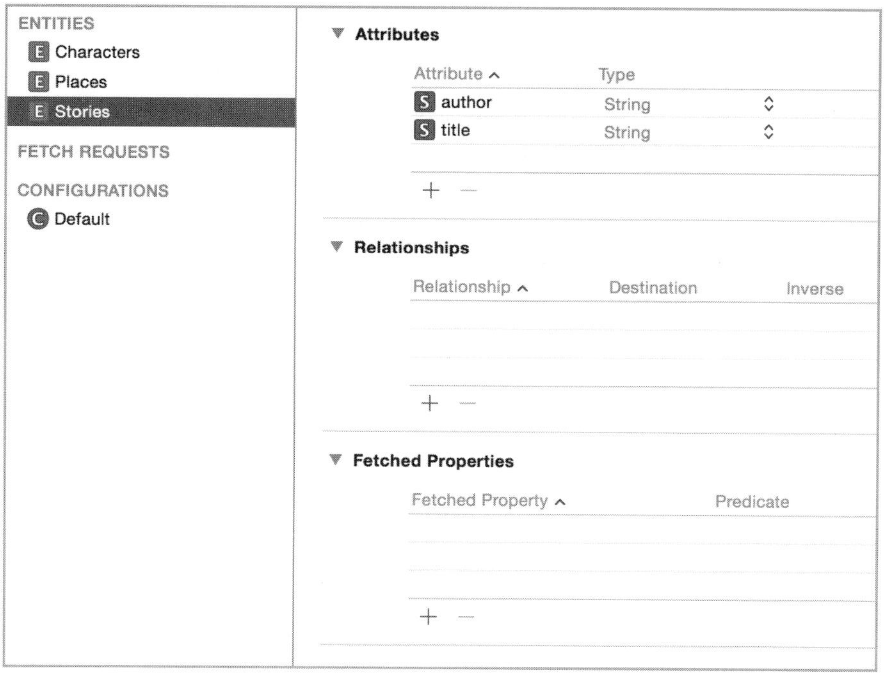

Bild 9.11 Nach Auswahl einer Entity kann diese im Hauptbereich der Editor Area bearbeitet werden.

Der Name des Attributes wird letztlich der Name der Property in der Model-Klasse der entsprechenden Entity sein, halten Sie sich also hier möglichst an die bekannten Namenskonventionen für Properties. Bei *Type* wählen Sie aus der vorgegebenen Auswahl den passenden aus. Sie können hier definieren, ob es sich bei dem Attribute zum Beispiel um einen einfachen Integer, einen String, ein Datum, ein Array, ein Dictionary oder auch um binäre Daten handelt; Letzteres ist für alle Arten von Daten gedacht, die nicht mit den ansonsten aufgeführten Typen abgebildet werden können, und eignet sich beispielsweise für Bild- oder Audiodateien (siehe Bild 9.12).

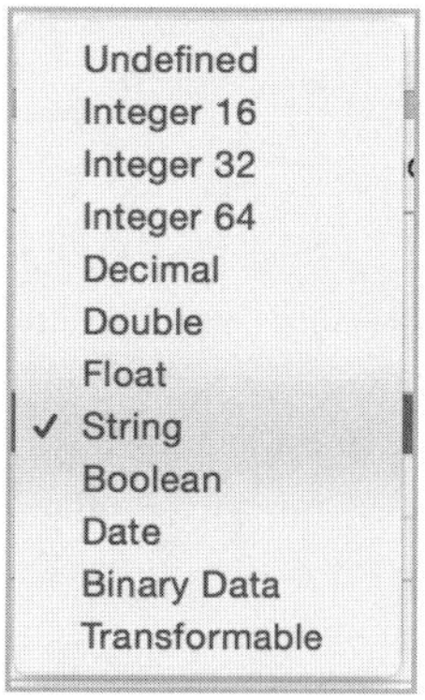

Bild 9.12
Sie können aus verschiedenen Typen für ein Attribut wählen.

Auf diese Art und Weise können Sie nun alle benötigten Entities – sprich Model-Objekte – mitsamt deren Attributes – sprich Properties – erstellen.

Erstellen von Relationships

Eine weitere wichtige und häufig benötigte Eigenschaft sind Beziehungen zwischen den von Ihnen erstellten Entities untereinander. Nehmen wir an, Sie wollen eine App für Schriftsteller entwickeln, in der diese Geschichten erstellen und diesen Geschichten dann passende Charaktere und Orte hinzufügen können. Dann würden Sie zunächst in Ihrem Managed-Object-Model passende Entities für diese Elemente mitsamt passenden Eigenschaften erstellen.

Nun wollen Sie festlegen, dass jede Geschichte mehrere Charaktere besitzen kann und jeder Charakter umgekehrt immer genau einer Geschichte zugeordnet ist. Wenn Sie bereits mit Datenbanken gearbeitet haben, erinnert Sie das sicherlich an das sogenannte *Entity Relationship Model* (kurz *ERM*), und im Prinzip machen Sie an dieser Stelle in Core Data nichts anderes; Sie legen eine Beziehung zwischen Ihren Entitäten fest. Dazu wählen Sie zunächst die Entity aus, von der Sie eine Beziehung setzen möchten, und klicken dann auf den +-Button unterhalb des Abschnitts *Relationships* im Editor-Bereich. Daraufhin wird für diesen Abschnitt ein neues Element erstellt, das Sie sodann direkt bearbeiten können (siehe Bild 9.13).

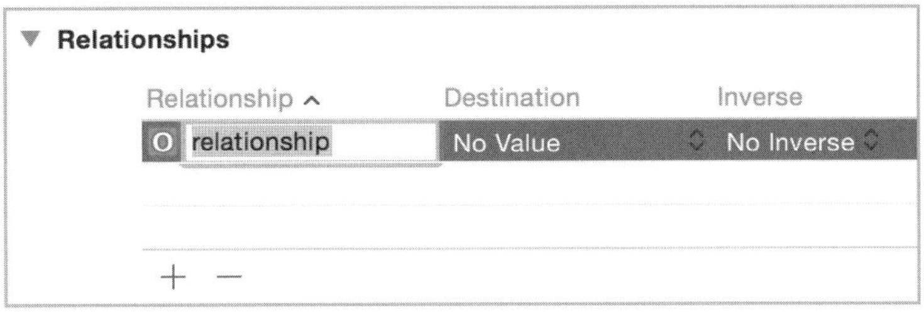

Bild 9.13 Per Klick auf die „+"-Schaltfläche im Bereich „Relationships" fügen Sie eine neue Relation für Ihre Entity hinzu.

Zunächst vergeben Sie einen Namen für die Relationship. In unserem Fall – in dem wir unserer Story-Entity Charaktere zuweisen möchten – nennen wir die Beziehung passenderweise *characters*. Unter *Destination* können Sie sodann aus Ihrem Managed-Object-Model die Entität auswählen, zu der diese Beziehung gesetzt werden soll (siehe Bild 9.14).

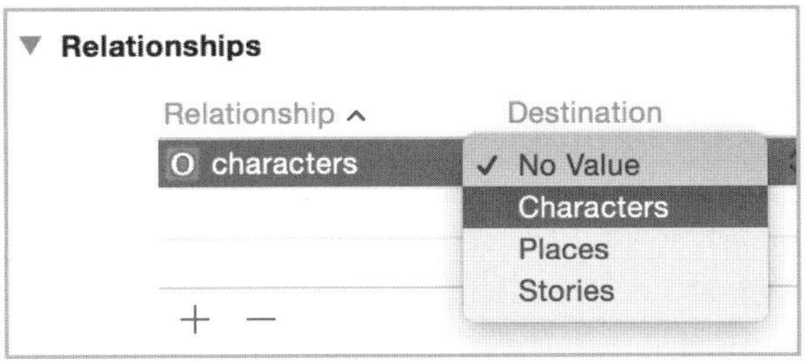

Bild 9.14 Unter „Destination" können Sie aus den vorhandenen Entities wählen.

Damit ist der erste Schritt getan. Nun können Sie die Eigenschaften dieser Beziehung aber noch weiter verfeinern. Klicken Sie dazu – nachdem die eben erstellte Relationship ausgewählt ist – in der Utilities Area auf den Button für den Data Model Inspector (siehe Bild 9.15).

Bild 9.15
Über diese Schaltfläche rufen Sie den Data Model Inspector auf.

Dieser ist nur im Core Data-Editor verfügbar und listet die Eigenschaften des ausgewählten Elements auf, ähnlich wie Sie es vom Identity Inspector im Interface Builder für Ihre Klassen her kennen.

An dieser Stelle können Sie nun zum einen dieselben Eigenschaften setzen wie beim Erstellen der Relationship, darüber hinaus tun sich Ihnen aber noch weitere Optionen auf (siehe Bild 9.16).

Bild 9.16
Über den Data Model Inspector können Sie verschiedene Eigenschaften Ihres Models anpassen.

Zunächst sehen Sie das Textfeld für den Namen, an zweiter Stelle können Sie Eigenschaften für die Property festlegen. Im nächsten Abschnitt folgen die bereits bekannte Ziel-Entity sowie ein Feld zum Setzen einer *Delete Rule*. Diese Delete Rule bestimmt, was beim Löschen eines Objekts der ausgewählten Entity (in unserem Fall zum Beispiel beim Löschen eines Objekts der Entity *Story*) mit allen zugeordneten Objekten aus der Relationship (in unserem Fall also allen `characters`-Objekten, die unserer Geschichte zugeordnet sind) geschieht. Folgende Optionen stehen Ihnen hier zur Verfügung:

- NO ACTION: Wird ein Objekt der ausgewählten Entity gelöscht, nimmt die Relationship-Entity keinerlei Anpassungen vor. Sie sind also selbst dafür verantwortlich, dafür zu sorgen, dass die Relationship-Entity nicht weiter auf das nicht mehr existierende und eben gelöschte Objekt verweist.
- NULLIFY: Wird ein Objekt der ausgewählten Entity gelöscht, werden in der Relationship-Entity die Verweise auf die gelöschte Entity auf `nil` gesetzt.
- CASCADE: Wird ein Objekt der ausgewählten Entity gelöscht, so werden auch alle Objekte der Relationship gelöscht. In unserem Beispiel würde das bedeuten, dass beim Löschen einer Geschichte auch alle mit ihr verbundenen Charaktere mitgelöscht werden.
- DENY: Das Löschen wird verhindert und ist nicht möglich, an dieser Stelle wird ein Validation-Error zurückgegeben.

Im nächsten Abschnitt folgt der *Type* der Relationship. Wer wie bereits angesprochen Erfahrungen mit ERM gesammelt hat, dem werden diese Optionen vertraut vorkommen. Darüber wird festgelegt, wie viele Objekte Teil dieser Beziehung sein können. So können Sie in unserem Beispiel festlegen, ob eine Geschichte genau einen Charakter oder mehrere Charaktere besitzen kann. Folgende Optionen stehen zur Wahl:

- To Many: Die ausgewählte Entity kann mehrere Objekte der in der Relationship festgelegten Entity besitzen.
- To One: Die ausgewählte Entity kann nur exakt ein Objekt der in der Relationship festgelegten Entity besitzen.

Das sind die grundlegenden Optionen zum Anpassen und Erstellen einer Relationship zwischen Ihren Entities. Was hier nun noch fehlt, ist das Setzen der Relationship in umgekehrter Richtung. Sprich, wir müssen noch von unserer Charakter-Entität festlegen, dass diese einer Geschichte zugeordnet ist. Da es sich dabei um dieselbe Beziehung in umgekehrter Richtung handelt, spricht man hier von einem *Inverse Relationship*. Um diese anzulegen, wählen Sie die Relationship-Entity, die Sie zuvor festgelegt haben (in unserem Fall also die *Charakter*-Entity), und fügen auch hier eine passende Relationship im Abschnitt *Relationships* hinzu. Wie zuvor vergeben Sie zunächst einen Namen (in unserem Fall zum Beispiel *story*) und setzen das Ziel der Beziehung; in unserem Fall also die Entität *Story*. Wenn Sie nun auf die Auswahlliste unter dem Punkt Inverse klicken, wird Ihnen automatisch unsere zuvor gesetzte Story-Relationship angezeigt. Denn der Core Data-Editor erkennt automatisch, dass zwischen den Entitäten *Story* und *Character* nun beiderseits Verbindungen zueinander gesetzt wurden. Wählen Sie die passende Inverse-Relationship aus, und die Beziehung zwischen den beiden Entitäten ist gesetzt und fertiggestellt. Das sehen Sie sodann auch sehr schön, wenn Sie über die Ansichts-Buttons unten rechts in den Tables-Editor-Style wechseln, indem Sie auf die rechte der beiden Schaltflächen tippen. Hier wird Ihnen nun auch die Verbindung zwischen Ihren beiden Entitäten angezeigt (siehe Bild 9.17).

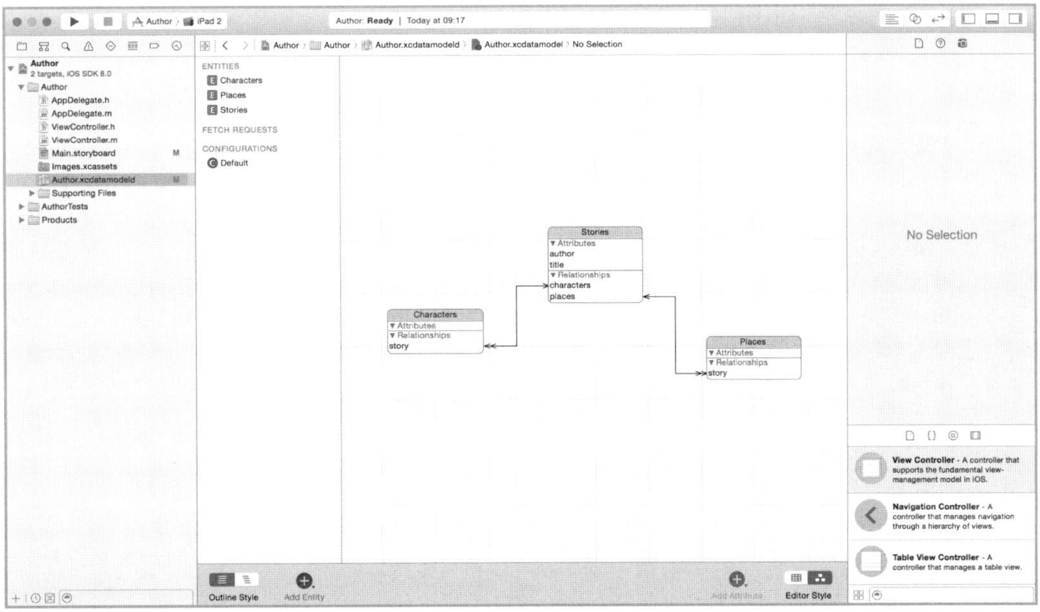

Bild 9.17 Über die grafische Oberfläche werden die Verbindungen und Beziehungen zwischen den Entities deutlich.

Erstellen der passenden NSManagedObject-Subklassen

Sie kennen nun also die grundlegende Arbeit mit dem Core Data-Editor und wissen, wie Sie Ihre Entities – also Ihre Managed-Objects – erstellen und mit Attributen – den Properties – versehen und Beziehungen zwischen diesen herstellen. Nun fehlt noch ein letzter Schritt: Passende Klassen aus allen Entities zu erstellen, um mit diesen Objekten in Ihrem Code arbeiten zu können.

Das Schöne daran: Xcode übernimmt die Arbeit zum Erstellen der Klassen aus Ihrem Managed-Object-Model für Sie! Dazu müssen Sie lediglich Folgendes tun:

Zunächst wählen Sie alle Entitäten aus, von denen Sie die passenden `NSManagedObject`-Subklassen für Ihr Projekt erstellen möchten. Anschließend gehen Sie über das Xcode-Menü und wählen Editor → Create NSManagedObject Subclass... (siehe Bild 9.18).

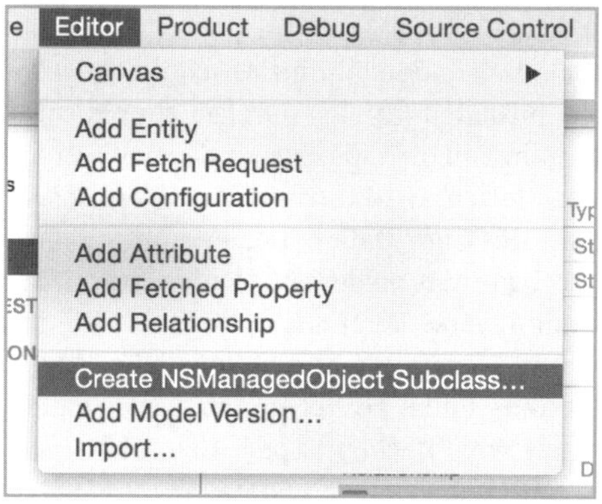

Bild 9.18
Über das Xcode-Menü erreichen Sie eine Schaltfläche zum Erstellen von NSManagedObject-Subklassen aus Ihren Entities.

Daraufhin öffnet sich ein Assistent, der Sie durch das Erstellen der passenden Klassen navigiert. Zunächst werden Ihnen alle Data Models angezeigt, die in Ihrem Projekt angelegt sind. Standardmäßig ist bereits dasjenige ausgewählt, von dem aus Sie diesen Assistenten aufgerufen haben. Sie können also hier die Auswahl noch anpassen und anschließend per Klick auf Next zum nächsten Schritt des Assistenten wechseln. Dort werden Ihnen alle Entitäten des zuvor gewählten Data Models angezeigt. Diejenigen, die Sie zuvor bereits selektiert haben, sind auch in diesem Schritt ausgewählt, sodass Sie hier ebenfalls die Möglichkeit haben, Ihre Auswahl nochmals anzupassen.

Sind alle benötigten Entitäten, von denen Xcode eine passende `NSManagedObject`-Subklasse erstellen soll, ausgewählt, klicken Sie erneut auf Next. Xcode fragt Sie nun noch nach dem Ort, an dem all die Klassen erstellt und abgelegt werden sollen. Per Klick auf Create werden sodann alle passenden Klassen erstellt und Ihrem Projekt hinzugefügt (siehe Bild 9.19).

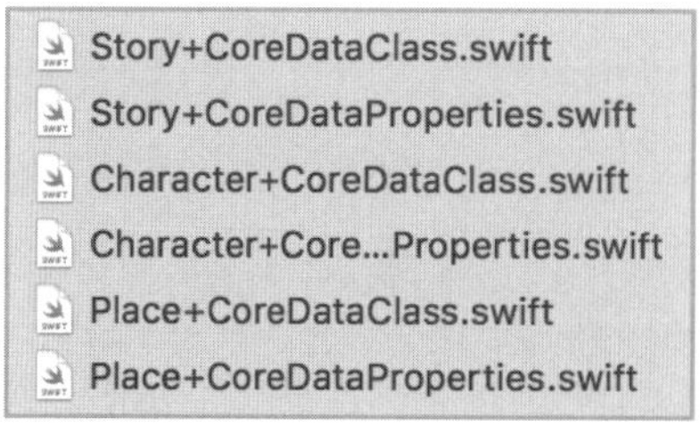

Bild 9.19
Schnell und einfach sind unsere eigenen Klassen aus dem Model heraus erstellt.

Xcode erzeugt dabei pro Entity zwei Dateien: einmal die zugehörige `NSManagedObject`-Subklasse zu jeder Entity, die auch dazu dient, um darin eigenen Code Ihrerseits zu ergänzen, sowie eine Extension für jede Entitiy, in der die Eigenschaften und Relationships festgehalten werden. Sollten sich nun im Laufe der Zeit die Eigenschaften von Entitäten ändern, brauchen Sie nur die Extension der zugehörigen Entität ebenfalls entsprechend anzupassen, während die Logik Ihrer App unberührt bleiben kann.

9.4.6 Erstellen eines neuen Managed-Objects

Sie kennen nun alle Bestandteile von Core Data und wissen, wie Sie Ihr Datenbankmodell und daraus die passenden `NSManagedObject`-Subklassen erstellen. Um nun aus Ihren `NSManagedObject`-Subklassen neue Managed-Objects in Ihrem Code zu erstellen, die Ihrer Datenbank hinzugefügt werden, können Sie den in Listing 9.24 aufgeführten Aufruf nutzen.

Listing 9.24 Erstellen eines neuen Managed-Objects

```
// Swift
NSEntityDescription.insertNewObject(forEntityName: "Story", into:
managedObjectContext)

// Objective-C
[NSEntityDescription insertNewObjectForEntityForName:@"Story"
inManagedObjectContext:self.managedObjectContext];
```

Mit dieser Klassenmethode der Klasse `NSEntityDescription` fügen Sie dem übergebenen `NSManagedObjectContext` ein neues Objekt für die übergebene Entity (in diesem Beispiel der Entity `Story`) hinzu; die gewünschte Entity wird dabei als einfacher String übergeben. Der Rückgabewert dieser Methode ist dann ein entsprechendes neues Objekt eben dieser Klasse, wie es sodann auch in der internen Datenbank erstellt wurde. Mithilfe des Type-Castings können Sie so auch direkt das neu erstellte Managed-Object einer passenden Variablen zuweisen (siehe Listing 9.25).

Listing 9.25 Zuweisen eines neuen Managed-Objects zu einer Variablen

```
// Swift
let newStory = NSEntityDescription.insertNewObject(forEntityName: "Story", into:
managedObjectContext) as! Story

// Objective-C
Story *newStory = (Story *)[NSEntityDescription
insertNewObjectForEntityForName:@"Story"
inManagedObjectContext:self.managedObjectContext];
```

So haben Sie in diesem Fall ein `Story`-Objekt erstellt, über das Sie nun auf alle im Managed-Object-Model festgelegten Attribute zugreifen und diese ändern können.

Abschließend fehlt nur noch das Speichern des übergebenen Managed-Object-Contexts, damit die Änderungen auch tatsächlich in die eigentliche Datenbank geschrieben werden (siehe Listing 9.26).

Listing 9.26 Speichern des Managed-Object-Contexts

```
// Swift
do {
    try managedObjectContext.save()
} catch {
    <Fehlerbehandlung>
}

// Objective-C
[self.managedObjectContext save:nil];
```

9.4.7 Löschen eines Managed-Objects

Um ein Managed-Object wieder aus Ihrer App zu entfernen, nutzen Sie ebenfalls den Managed-Object-Context. Dieser verfügt über eine Methode `delete(_:)`, mit der das übergebene Managed-Object aus der Datenbank entfernt wird (siehe Listing 9.27).

Listing 9.27 Löschen eines Managed-Objects

```
// Swift
managedObjectContext.delete(objectToDelete)

// Objective-C
[self.managedObjectContext deleteObject:objectToDelete];
```

9.4.8 Laden von Managed-Objects

Bleibt noch eine Frage: Wie laden Sie die passenden Manged-Object-Objekte aus der Datenbank, um deren Informationen beispielsweise in einer Liste anzuzeigen?

Hier kommt die Klasse `NSFetchRequest` ins Spiel. Diese Klasse nimmt Informationen und Anforderungen zu einer Datenbankabfrage entgegen und wird anschließend auf dem Managed-Object-Context angewendet; dieser liefert dann ein Array mit allen Objekten zurück, die den Anforderungen des `NSFetchRequest` entsprechen. Ein einfacher `NSFetchRequest` kann wie in Listing 9.28 gezeigt aussehen.

Listing 9.28 Erstellen und Verwenden eines `NSFetchRequest`

```
// Swift
let storiesFetchRequest = NSFetchRequest()
storiesFetchRequest.entity = "Story"
var results: Array<Story>!
do {
    results = try managedObjectContext.execute(storiesFetchRequest)
} catch {
    <Fehlerbehandlung>
}

// Objective-C
NSFetchRequest *storiesFetchRequest = [[NSFetchRequest alloc] init];
```

```
storiesFetchRequest.entity = @"Story";
NSArray *results = [self.managedObjectContext executeFetchRequest:
storiesFetchRequest error:nil];
```

Wie Sie sehen, wird dazu einfach eine Instanz von `NSFetchRequest` erstellt und mittels der Property `entity` die Entität aus dem Managed-Object-Model gesetzt, von dem wir alle vorhandenen Objekte erhalten möchten. Anschließend führen wir diesen Fetch-Request über die Methode `execute(_:)` auf unserem Managed-Object-Context aus und erhalten als Ergebnis alle Objekte zu unserer `Story`-Entity. Unter Swift entfällt der zweite Parameter `error`, dafür muss die Fehlerbehandlung entsprechend direkt über die integrierten Funktionen von Swift selbst umgesetzt werden.

Das Ganze lässt sich auch noch ein wenig abkürzen, indem man an dieser Stelle direkt die Instanzmethode `init(entityName:)` der Klasse `NSFetchRequest` nutzt (siehe Listing 9.29).

Listing 9.29 Nutzen der `init(entityName:)`-Methode von `NSFetchRequest`

```
// Swift
let storiesFetchRequest = NSFetchRequest(entityName: "Story")
var results: Array<Story>!
do {
    results = try managedObjectContext.execute(storiesFetchRequest)
} catch {
    <Fehlerbehandlung>
}

// Objective-C
NSFetchRequest *storiesFetchRequest = [[NSFetchRequest alloc]
initWithEntityName:@"Story "];
NSArray *results = [self.managedObjectContext executeFetchRequest:
storiesFetchRequest error:nil];
```

Doch `NSFetchRequest` kann noch mehr. Sie können sogenannte Sort-Descriptor über die Objekte der Klasse `NSSortDescriptor` setzen, die eine Sortierreihenfolge der Ergebnisse vorgeben (zum Beispiel nach Namen oder Datum). Oder Sie können die Ergebnisse filtern, indem Sie Abfragen und Bedingungen an diese stellen. Dazu können Sie sogenannte Predicates über Objekte der Klasse `NSPredicate` setzen.

Und ebenfalls erwähnenswert ist, dass es eine eigene Controller-Klasse für Fetch-Requests gibt, die insbesondere im Zusammenspiel mit Table-Views sehr häufig verwendet wird: der `NSFetchedResultsController`. Dieser Controller erhält einen Managed-Object-Context und einen Fetch-Request und ruft sodann immer einen gesetzten Delegate auf, sobald es zum Beispiel neue Objekte gibt oder vorhandene gelöscht oder Objekte bearbeitet werden. Das erlaubt Ihnen, flexibel über den Delegate Ihre Views zu aktualisieren und die Änderungen an den Objekten aus dem Fetch-Request direkt dem Nutzer anzuzeigen und ihn darauf hinzuweisen.

9.4.9 Was kommt als Nächstes?

Core Data ist ein extrem mächtiges und umfangreiches Framework und ich habe bewusst nur an der Oberfläche gekratzt, um Ihnen grundlegend zu zeigen, wie Core Data aufgebaut ist und wie es funktioniert. Nicht umsonst gibt es Fachbücher, die sich einzig und allein nur mit dem Core Data-Framework beschäftigen. Mir hingegen war an dieser Stelle wichtig, dass die Grundlagen und die grundlegende Arbeit mit Core Data verstanden wird, denn ohne diese Basics ist man mit komplexeren Aufgaben und Abfragen hilflos überfordert.

Möchten Sie in Ihrer App eine Datenbank nutzen und diese mit Core Data umsetzen (wozu ich Ihnen in 99% aller Fälle auch immer raten würde), so trauen Sie sich einfach daran und gehen Sie Ihre ersten Schritte so, wie in diesem Abschnitt beschrieben. Wenn Sie das verinnerlicht haben, gibt Ihnen bei allen Detailfragen, mit denen Sie sich dann in Ihrem speziellen Fall konfrontiert sehen, die Apple-Dokumentation ausführlich Aufschluss über das, was noch möglich ist und wie es umzusetzen ist.

10 Local und Push Notifications

Ich darf Ihnen gratulieren! Wenn Sie das Buch strikt Kapitel für Kapitel durcharbeiten, so haben Sie mit dem MVC-Pattern und seinen Besonderheiten nun die wichtigsten und grundlegendsten Aspekte in der iOS-Entwicklung kennengelernt. ☺ Was ich Ihnen als Nächstes vorstellen möchte, ist ein Mechanismus, um Ihre Nutzer über Änderungen oder Ereignisse, die von Ihrer App ausgehen, zu informieren. Dabei kommt eine Technik zum Einsatz, die bereits seit iOS 3 Bestandteil des Mobile-Betriebssystems von Apple ist: die sogenannten *Local Notifications* und *Remote* beziehungsweise *Push Notifications*.

10.1 Was sind Notifications?

Dabei möchte ich mit der grundlegendsten aller Fragen zu diesem Thema beginnen: Was sind Notifications überhaupt, und was hat es mit der Unterteilung in Local und Push Notifications auf sich?

Wie der Name zunächst einmal andeutet, handelt es sich bei Notifications um kleine Nachrichten, die Apps verschicken können und die dem Nutzer an zentraler Stelle auf iPhone, iPad und iPod touch angezeigt werden. Wenn Sie bereits selbst einige Zeit mit einem oder mehrerer dieser Geräte gearbeitet haben, werden Sie mit an Sicherheit grenzender Wahrscheinlichkeit auch schon die ein oder andere Notification erhalten haben. Eine Übersicht der zuletzt versandten Notifications findet sich in der *Mitteilungen*-Ansicht der Mitteilungszentrale von iOS, die Sie per Wischen von oben nach unten vom oberen Bildschirmrand aus aufrufen können (siehe Bild 10.1).

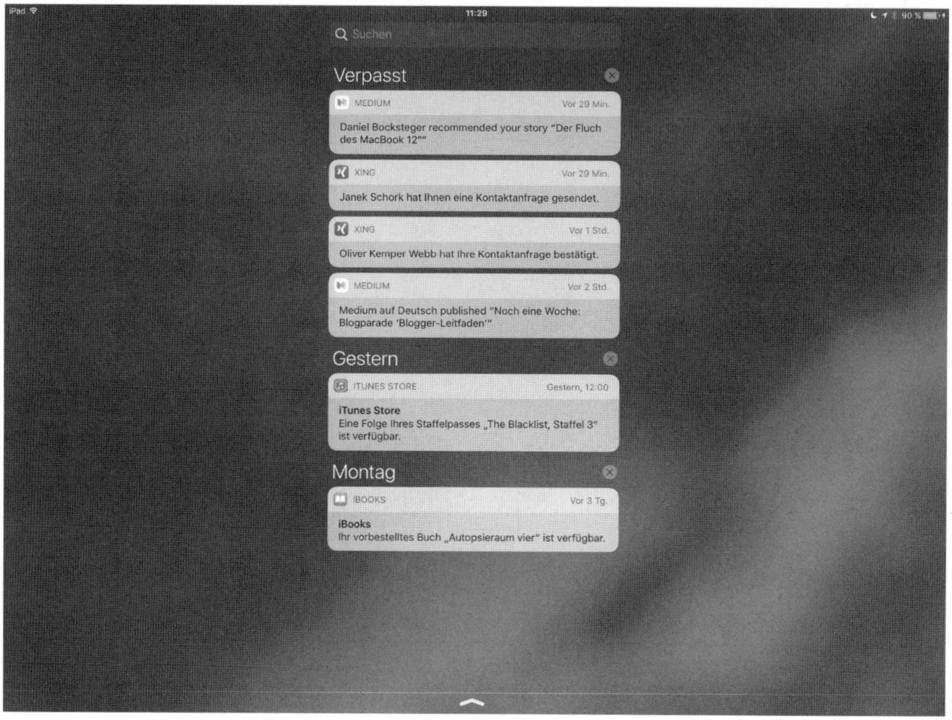

Bild 10.1 Die eingegangenen Notifications aller installierten Apps werden innerhalb der Mitteilungszentrale von iOS aufgeführt.

Derartige Notifications, die mit einer Textnachricht aufwarten, sind die am häufigsten anzutreffenden Notifications. iOS blendet diese – je nach Konfiguration innerhalb der Systemeinstellungen des Betriebssystems – auch kurz am oberen Bildschirmrand ein, sobald diese eintreffen und das iOS-Gerät gerade benutzt wird. Doch das ist nur die eine Seite von Notifications. Bei dieser Art von Benachrichtigung handelt es sich um einen sogenannten Alert, also eine Notification, die zusätzliche Informationen via Text mitliefert. Daneben können Notifications auch einen Sound abspielen und/oder den Wert des Badge Values einer App beeinflussen.

Badge Value

Beim Badge Value handelt es sich um die kleine, in einem roten Kreis eingeschlossene Zahl, die in der oberen rechten Ecke eines App-Icons auf dem iOS-Homebildschirm angezeigt werden kann (siehe Bild 10.2). Der Wert dieser Zahl wird über die Property `applicationIconBadgeNumber` der Klasse `UIApplication` gesteuert. Der dieser Property zugewiesene Wert wird eben als entsprechende Zahl im roten Kreis an das App-Icon angehängt; wird der Wert auf 0 gesetzt, verschwindet es wieder.

Bild 10.2
Sie können das sogenannte Badge Value bei Ihrer App setzen, um den Nutzer über Updates in Ihrer App zu informieren.

Den Wert für das Badge Value können Sie aber nicht nur über die eben gezeigte Property, sondern auch mithilfe von Notifications setzen und verändern. ■

Eine Notification ist also Teil einer oder mehrerer der folgenden Kategorien (man spricht dabei auch von den sogenannten *Notification Types*):

- *Alert:* Anzeige einer Textnachricht
- *Badge:* Ändern des Badge Values der App
- *Sound:* Abspielen eines Sounds
- *CarPlay:* Anzeige einer Notification in einem CarPlay-System.

Somit ist es durchaus möglich, auch Notifications zu erstellen, die nur einen Sound abspielen oder nur das Badge Value ändern. Es bleibt Ihnen überlassen, welche der vier genannten Kategorien Sie für Ihre Notifications nutzen möchten (natürlich können sie auch mehrere davon oder sogar alle verwenden). Wichtig ist aber, dass Sie eben die Bereiche, die Ihre Notifications unterstützen sollen, innerhalb Ihrer iOS-App registrieren; andernfalls werden von Ihnen so gesendete Notifications beim Nutzer schlicht und ergreifend nicht ankommen, das System wird diese „nicht zustellen".

Seit iOS 10 ist das neu eingeführte UserNotifications-Framework für die Arbeit mit Notifications verantwortlich. Zuvor wurden Notifications über entsprechende Klassen aus dem UIKit-Framework erstellt und versendet, was bisweilen aber sehr uneinheitlich war. Das neue UserNotifications-Framework hat das geändert. Wer bisher nur das „alte" Verfahren kennt, sollte sich die folgenden Abschnitte auch einmal in Ruhe ansehen, da das bisherige Vorgehen von Apple mit iOS 10 als deprecated gekennzeichnet wurde.

10.2 Registrieren von Notification Types

Bevor es an das Erstellen und Versenden von Notifications geht, muss eine App sich zunächst für die gewünschten Typen von Notifications, die sie nutzen möchte, registrieren. Tun wir das nicht, wird der Nutzer niemals von uns versendete Notifications zu Gesicht bekommen; das System blockt diese einfach ab. Umgekehrt wird durch dieses Vorgehen dem Nutzer ein vom System erstellter Alert angezeigt, in dem ihm erklärt wird, dass unsere App gerne Notifications nutzen möchte. Der Nutzer kann dem entweder zustimmen (dann können wir zukünftig auch erfolgreich Notifications unserer App an ihn senden) oder es ablehnen; in letzterem Fall würden gesendete Notifications ebenfalls nie beim Nutzer landen. Der Nutzer kann die gewählte Einstellung jederzeit in den Einstellungen von iOS ändern.

Grundlage zur Registrierung von Notification Types ist die Klasse `UNUserNotificationCenter`. Es handelt sich dabei um eine als Singleton konzipierte Klasse, deren Instanz über die Klassenmethode `current()` referenziert werden kann. Listing 10.1 zeigt die Deklaration dieser Klasse.

Listing 10.1 Deklaration der `current()`-Methode der `UNUserNotificationCenter`-Klasse

```
// Swift
class func current() -> UNUserNotificationCenter

// Objective-C
+ (UNUserNotificationCenter *)currentNotificationCenter;
```

Auf diese Singleton-Instanz der Klasse `UNUserNotificationCenter` muss die Methode `requestAuthorization(_:completionHandler:)` aufgerufen und ihr die gewünschten Notification Types als Parameter übergeben werden. Listing 10.2 zeigt die Deklaration der genannten Methode.

Listing 10.2 Deklaration der Methode zum Registrieren von Notification Types

```
// Swift
func requestAuthorization(_ options: UNAuthorizationOptions = [], completionHandler:
(Bool, NSError?) -> Void)

// Objective-C
- (void)requestAuthorizationWithOptions:(UNAuthorizationOptions)options
completionHandler:(void (^)(BOOL granted, NSError *error))completionHandler;
```

Diese Methode erwartet zwei Parameter: Der erste Parameter `options` erwartet die Notification Types in Form von `UNAuthorizationOptions`-Werten, die Sie für Ihre Notifications verwenden möchten (dazu gleich mehr). Beim zweiten handelt es sich um einen Closure beziehungsweise Block, der von iOS aufgerufen wird, sobald der Nutzer dem System-Dialog zum Anzeigen von Notifications Ihrer App entweder zugestimmt hat oder nicht. Der erste Parameter dieses Blocks (`granted`) entspricht `true`, wenn der Nutzer Notifications erlaubt hat, andernfalls `false`. Dieses Closure können Sie also dazu nutzen, die vom User gefällte Entscheidung bezüglich des Zulassens von Notifications Ihrer App auszuwerten und womöglich entsprechend weitere Aktionen auszuführen.

Nun noch einmal zum ersten Parameter vom Typ `UNAuthorizationOptions`. Es handelt sich dabei um eine Enumeration, die je einen Wert für jeden verfügbaren Notification Type besitzt. Dem `options`-Parameter der Methode `requestAuthorization(_:completionHandler:)` können Sie einen oder mehrere Werte dieser Enumeration übergeben. In Swift erstellen Sie dazu ein Array, in dem Sie dann die gewünschten Werte aufführen, während Sie in Objective-C diese einfach mittels + innerhalb von runden Klammern angeben können. Die dabei zur Verfügung stehenden Werte von `UNAuthorizationOptions` zeigt Listing 10.3.

Listing 10.3 Verfügbare Werte von `UNAuthorizationOptions`

```
// Swift
static var badge: UNAuthorizationOptions
static var sound: UNAuthorizationOptions
static var alert: UNAuthorizationOptions
static var carPlay: UNAuthorizationOptions

// Objective-C
UNAuthorizationOptionBadge
UNAuthorizationOptionSound
UNAuthorizationOptionAlert
UNAuthorizationOptionCarPlay
```

Mit diesen Informationen ist es uns nun möglich, die gewünschten Notification Types mittels der `requestAuthorization(_:completionHandler:)`-Methode zu registrieren. Listing 10.4 zeigt einmal eine solche beispielhafte Registrierung von Notification Types für Alert und Sound.

Listing 10.4 Registrierung von Notification Types

```
// Swift
let notificationCenter = UNUserNotificationCenter.current()
notificationCenter.requestAuthorization([.alert, .sound]) { (granted: Bool, error:
NSError?) in
    if granted {
        print("Notifications can be used.")
    } else {
        print("User didn't allow notifications.")
    }
}

// Objective-C
UNUserNotificationCenter *notificationCenter = [UNUserNotificationCenter
currentNotificationCenter];
[notificationCenter requestAuthorizationWithOptions:(UNAuthorizationOptionAlert +
UNAuthorizationOptionSound) completionHandler:^(BOOL granted, NSError * _Nullable
error) {
    if (granted) {
        NSLog(@"Notifications can be used.");
    } else {
        NSLog(@"User didn't allow notifications.");
    }
}];
```

Der gezeigte Code referenziert zunächst das Singleton für die `UNUserNotificationCenter`-Klasse und ruft anschließend die Methode zur Registrierung der gewünschten Notification Types auf. Das Ergebnis der Registrierung wird innerhalb des übergebenen Closures noch mit einer einfachen if-Abfrage ausgewertet.

Sobald die Methode `requestAuthorization(_:completionHandler:)` das erste Mal in Ihrer App aufgerufen wird, erscheint der Standarddialog auf dem Bildschirm, in dem der Nutzer gefragt wird, ob er Notifications von Ihrer App zulassen möchte. Anschließend hat der Aufruf dieser Methode keinen Effekt mehr. Sie können sie also beispielsweise problemlos bei jedem App-Start aufrufen, der Notifications-Dialog wird dem Nutzer dann trotzdem nur einmalig angezeigt.

Wenn Sie innerhalb Ihrer App wissen möchten, ob ein Nutzer die Verwendung von Notifications erlaubt hat, können Sie dazu die Methode `getNotificationSettings(completionHandler:)` der Klasse `UNUserNotificationCenter` verwenden (siehe Deklaration in Listing 10.5).

Listing 10.5 Deklaration der Methode `getNotificationSettings(completionHandler:)`

```
// Swift
func getNotificationSettings(completionHandler: (UNNotificationSettings) -> Void)

// Objective-C
- (void)getNotificationSettingsWithCompletionHandler:(void
(^)(UNNotificationSettings *settings))completionHandler;
```

In dem Closure-Parameter `completionHandler` haben Sie Zugriff auf eine Instanz der Klasse `UNNotificationSettings`, die verschiedene Informationen zu Notifications enthält. Darin findet sich unter anderem auch eine Property namens `authorizationStatus` vom Typ `UNAuthorizationStatus` (siehe Deklaration in Listing 10.6).

Listing 10.6 Deklaration der `authorizationStatus`-Property

```
// Swift
var authorizationStatus: UNAuthorizationStatus { get }

// Objective-C
@property(readonly, assign, nonatomic) UNAuthorizationStatus authorizationStatus;
```

Diese kann einen von drei möglichen Werten zurückgeben:

- `notDetermined`: Der Nutzer hat noch keine Wahl in Bezug auf den Umgang mit Notifications Ihrer App getroffen.
- `denied`: Der Nutzer hat den Umgang mit Notifiations aus Ihrer App heraus abgelehnt.
- `authorized`: Der Nutzer hat den Umgang mit Notifications aus Ihrer App heraus erlaubt.

Listing 10.7 zeigt die Deklaration der genannten drei möglichen Werte der `authorizationStatus`-Property.

Listing 10.7 Mögliche Werte der `authorizationStatus`-Property

```
// Swift
case notDetermined
case denied
case authorized

// Objective-C
UNAuthorizationStatusNotDetermined
UNAuthorizationStatusDenied
UNAuthorizationStatusAuthorized
```

10.3 Registrieren von Notification Categories und Actions

Die eben vorgestellten Notification Types sind das eine, was Notifications ausmachen; sie bestimmen die Art, wie Notifications präsentiert werden. Auf der anderen Seite stehen zusätzliche Aktionen, die im Zusammenhang mit Ihrer Notification durch den Nutzer ausgeführt werden können. Insbesondere seit iOS 8 hat sich in dieser Beziehung einiges getan. Wo es zuvor nur möglich war, maximal eine Standardaktion durch eine Notification auszuführen, können seit iOS 8 bis zu vier unterschiedliche Aktionen angeboten werden. Diese Aktionen werden in Form von Schaltflächen für die entsprechende Notification präsentiert, die der Nutzer betätigen kann.

Wie viele dieser Aktionen allerdings zur Verfügung stehen, hängt einerseits von der Notification selbst und andererseits von den Einstellungen bezüglich der Notifications des Nutzers ab. So werden vier Schaltflächen für maximal vier Aktionen nur angezeigt, wenn der Nutzer die Notification als Alert View mitten auf dem Display anzeigen lässt. Lässt er sie hingegen nur als Banner am oberen Bildschirmrand erscheinen beziehungsweise ruft sie über den Sperrbildschirm des iOS-Geräts oder die Mitteilungszentrale auf, so stehen nur maximal zwei Aktionen zur Verfügung.

Prinzipiell unterteilt sich das Erstellen von Actions für Notifications in zwei Schritte: Einerseits müssen die entsprechenden Actions selbst erstellt werden, andererseits müssen diese dann einer eigens definierten Kategorie zugewiesen werden. Kategorien fassen somit verschiedene Actions für Notifications zusammen. Eine Kategorie selbst kann dann einer Notification zugewiesen werden, womit die entsprechende Notification alle Actions dieser Kategorie erhält. Im Folgenden betrachten wir einmal die zwei genannten Schritte im Detail.

10.3.1 Erstellen einer Action

Actions werden als Objekte der Klasse `UNNotificationAction` erstellt. Objekte dieser Klasse sind an sich relativ simpel aufgebaut und setzen sich lediglich aus einigen Properties zusammen, die das Verhalten und das Aussehen einer einzelnen Action für eine Notification bestimmen.

Mit am wichtigsten dabei ist die Property `identifier`. Dabei handelt es sich um einen String, der dazu dient, die gewünschte Action auszuführen. Betätigt der Nutzer also eine Action-Schaltfläche in einer Notification, so können Sie anhand der Property `identifier` feststellen, welche Action der Nutzer gewählt hat, und entsprechende Aktionen ausführen. Den Wert für diese Property können Sie frei wählen.

Dann gibt es noch die Property `title`, welche den Text festlegt, der für die entsprechende Aktion für die Schaltfläche der Notification angezeigt wird. Und zu guter Letzt haben Sie über die Property `options` die Möglichkeit, verschiedene Einstellungen für eine Notification vorzunehmen. Es handelt sich dabei um eine Property vom Typ `UNNotificationActionOptions`, der drei mögliche Werte zur Konfiguration einer Notification zur Verfügung stellt:

- `authenticationRequired`: Diese Option sorgt dafür, dass sich der Nutzer zur Durchführung der entsprechenden Action erst an seinem iOS-Gerät anmelden und somit auch authentifizieren muss. Erst wenn das Gerät entsperrt ist, wird die zugehörige Aktion der Notification ausgeführt.
- `destructive`: Mit dieser Option wird die Schaltfläche der zugehörigen Action besonders hervorgehoben. Das ist dazu gedacht, den Nutzer darauf hinzuweisen, sollte eine Aktion beispielsweise Daten löschen.
- `foreground`: Standardmäßig werden die Actions einer Notification im Hintergrund ausgeführt, sprich: Ihre App wird dabei nicht gestartet und in den Vordergrund gehoben. Wenn Sie allerdings wollen, dass bei Ausführen einer bestimmten Action auch die zugrunde liegende App gestartet wird, dann setzen Sie diese Option.

Welche Optionen Sie wählen, ist voll und ganz Ihnen überlassen; von keine bis alle ist alles möglich. In Swift setzen Sie alle gewünschten Optionen wieder in Form eines Arrays, während Sie in Objective-C alle Optionen mittels + innerhalb von runden Klammern miteinander verbinden. Listing 10.8 zeigt die Deklaration der genannten Optionen in Swift und Objective-C. Der in Objective-C zusätzlich verfügbare Wert `UNNotificationActionOptionNone` kommt dann zum Einsatz, wenn Sie keine Optionen für eine Action setzen möchten. In Swift übergeben Sie dazu für den `options`-Parameter ein leeres Array.

Listing 10.8 Deklaration der verfügbaren Werte von `UINotificationActionOptions`

```
// Swift
static var authenticationRequired: UNNotificationActionOptions
static var destructive: UNNotificationActionOptions
static var foreground: UNNotificationActionOptions

// Objective-C
UNNotificationActionOptionNone
UNNotificationActionOptionAuthenticationRequired
UNNotificationActionOptionDestructive
UNNotificationActionOptionForeground
```

All die vorgestellten Properties definieren zwar eine Notification-Action, sind aber readonly, können also nicht gesetzt werden. Daher bringt die Klasse `UNNotificationAction` einen passenden Initializer mit, um neue Objekte dieser Klasse zu erstellen und alle benötigten Informationen für die genannten drei Properties zu übergeben. Listing 10.9 zeigt die Deklaration dieses Initializers.

Listing 10.9 Initializer zum Erstellen einer neuen `UNNotificationAction`-Instanz

```
// Swift
convenience init(identifier: String, title: String, options:
UNNotificationActionOptions = [])

// Objective-C
+ (instancetype)actionWithIdentifier:(NSString *)identifier title:(NSString *)title
options:(UNNotificationActionOptions)options;
```

Listing 10.10 zeigt abschließend beispielhaft, wie mit den gezeigten Informationen eine neue Instanz der Klasse `UNNotificationAction` erstellt werden kann, die über die Optionen `authenticationRequired` und `destructive` verfügt.

Listing 10.10 Beispielhaftes Erstellen einer neuen UNNotificationAction-Instanz

```
// Swift
UNNotificationAction(identifier: "MyAction", title: "Tue etwas!", options:
[.authenticationRequired, .destructive])

// Objective-C
[UNNotificationAction actionWithIdentifier:@"MyAction" title:@"Tue etwas!"
options:(UNNotificationActionOptionAuthenticationRequired +
UNNotificationActionOptionDestructive)];
```

Auf diese Art und Weise können nun beliebige Actions für die eigenen Notifications erstellt werden; Schritt eins zum Hinzufügen von Actions zu Notifications ist damit erledigt. Betrachten wir als Nächstes den zweiten Schritt, das Erstellen von Kategorien zum Zusammenfassen von Actions.

10.3.2 Erstellen einer Kategorie

Kategorien dienen zum Zusammenfassen verschiedener Actions für Notifications. Eine solche Kategorie ist es auch letzten Endes, die wir einer Notification zuweisen und die somit darüber die entsprechenden Actions zur Verfügung stellen und ausführen kann.

Eine solche Kategorie erstellen wir mithilfe von Instanzen der Klasse `UNNotificationCategory`. Diese ist – ähnlich wie die zuvor vorgestellte Klasse `UNNotificationAction` – relativ einfach und übersichtlich aufgebaut und verfügt nur über wenige Properties. Diese sehen wir uns zunächst einmal im Detail an.

Zunächst gibt es da wieder einen `identifier` in Form eines Strings. Dieser wird später dazu verwendet, einer Notification zugewiesen zu werden, damit diese die mit der Kategorie verknüpften Actions erhält. Sie können für diese Property jeden beliebigen Bezeichner einsetzen.

Die nächste wichtige Property ist `actions`. Wie der Name bereits andeutet, handelt es sich dabei um ein Array von `UNNotificationAction`-Objekten. Das sind jene Actions, die Sie mit der jeweiligen Notification-Kategorie verknüpften möchten.

Beachten müssen Sie dabei, dass maximal vier Actions pro Notification-Kategorie möglich sind. Zwar können Sie mehr als vier solcher Actions für die `actions`-Property setzen, iOS wird dann aber schlicht und einfach nur die ersten vier Actions des Arrays für diese Kategorie verwenden.

Ähnlich verhält es sich mit der Property `minimalActions`. Sie erfüllt einen ähnlichen Zweck wie `actions` und erwartet ein Array von `UNNotificationAction`-Objekten. Allerdings werden die dieser Property übergebenen Actions nur dann zum Einsatz gebracht, wenn nicht genügend Platz vorhanden ist, um alle vier Actions der `actions`-Property anzuzeigen. Das ist beispielsweise dann der Fall, wenn der Nutzer aus der Mitteilungszentrale heraus eine Swipe-Geste von rechts nach links über eine Notification ausführt.

Wenn Sie keine Actions für die `minimalActions`-Property deklarieren, ist das auch kein Problem; iOS verwendet dann einfach in den Fällen, in denen nicht genügend Platz für alle vier Actions zur Verfügung steht, die ersten zwei Actions aus dem `actions`-Array.

Die Property `intentIdentifiers` ist dann interessant, wenn Sie Siri im Zusammenhang mit Ihren Notifications verwenden möchten. In diesem Fall legen Sie in diesem String-Array die Intents fest. Mehr zur Verwendung von Siri in eigenen Apps erfahren Sie in Kapitel 11, „Extensions"; an dieser Stelle soll uns die Verwendung von Siri nicht weiter interessieren.

Zu guter Letzt gibt es noch `options`. Ähnlich wie bei den Actions können Sie damit zusätzliche Einstellungen für eine Notification-Kategorie festlegen. Aktuell gibt es davon zwei:

- `customDismissAction`: Damit legen Sie fest, dass Sie – im Falle, dass der Nutzer Ihre Notification einfach ausblendet, ohne eine der verfügbaren Actions zu verwenden – über ein entsprechendes Delegate-Objekt über diese Aktion informiert werden. Wie das im Detail funktioniert, sehen Sie im folgenden Abschnitt 10.3.4 „Reagieren auf eine Action".
- `allowInCarPlay`: Möchten Sie, dass Notifications dieser Kategorie auch unter CarPlay angezeigt und verwendet werden können, müssen Sie explizit diese Option setzen.

Diese beiden Optionen sind vom Typ `UNNotificationCategoryOptions`. Die Deklaration dieser zur Verfügung stehenden Werte zeigt Listing 10.11. Der in Objective-C zusätzlich verfügbare Wert `UNNotificationCategoryOptionNone` kommt dann zum Einsatz, wenn Sie für eine Kategorie keine Optionen setzen möchten. In Swift übergeben Sie dazu – genau wie bei den Actions – einfach ein leeres Array für den `options`-Parameter.

Listing 10.11 Deklaration der zur Verfügung stehenden Werte des Typs `UNNotificationCategoryOptions`

```
// Swift
static var customDismissAction: UNNotificationCategoryOptions
static var allowInCarPlay: UNNotificationCategoryOptions

// Objective-C
UNNotificationCategoryOptionNone
UNNotificationCategoryOptionCustomDismissAction
UNNotificationCategoryOptionAllowInCarPlay
```

Und damit kennen Sie nun alle Eigenschaften der Klasse `UNNotificationCategory`. Wie bei `UNNotificationAction` auch sind all diese Properties aber read-only, können also bei Instanzen der Klasse nicht geändert werden. Aus diesem Grund liefert auch `UNNotificationCategory` einen eigenen Initializer mit, über den Sie neue Objekte der Klasse erstellen und über den alle genannten Eigenschaften gesetzt werden. Listing 10.12 zeigt die Deklaration dieses Initializers.

Listing 10.12 Deklaration des Initializers zum Erstellen neuer `UNNotificationCategory`-Instanzen

```
// Swift
convenience init(identifier: String, actions: [UNNotificationAction],
minimalActions: [UNNotificationAction], intentIdentifiers: [String], options:
UNNotificationCategoryOptions = [])

// Objective-C
+ (instancetype)categoryWithIdentifier:(NSString *)identifier
actions:(NSArray<UNNotificationAction *> *)actions
minimalActions:(NSArray<UNNotificationAction *> *)minimalActions
intentIdentifiers:(NSArray<NSString *> *)intentIdentifiers options:
(UNNotificationCategoryOptions)options;
```

Über diesen Initializer haben Sie nun die Möglichkeit, neue Instanzen der Klasse UNNotificationCategory zu erstellen. Ein konkretes Beispiel dazu zeigt Listing 10.13. Dabei werden zunächst drei Actions erstellt, die dann als Grundlage für die Kategorie verwendet werden.

Listing 10.13 Erstellen und Konfigurieren einer Instanz der Klasse UNNotificationCategory

```
// Swift
let acceptAction = UNNotificationAction(identifier: "Accept", title: "Annehmen",
options: [])
let undecidedAction = UNNotificationAction(identifier: "Undecided", title:
"Unentschlossen", options: [])
let declineAction = UNNotificationAction(identifier: "Decline", title: "Ablehnen",
options: [.destructive])
let decisionCategory = UNNotificationCategory(identifier: "Decision", actions:
[acceptAction, undecidedAction, declineAction], minimalActions: [acceptAction,
declineAction], intentIdentifiers: [], options: [.customDismissAction])

// Objective-C
UNNotificationAction *acceptAction = [UNNotificationAction
actionWithIdentifier:@"Accept" title:@"Annehmen"
options:UNNotificationActionOptionNone];
UNNotificationAction *undecidedAction = [UNNotificationAction actionWithIdentifier:@"
Undecided" title:@"Unentschlossen" options:UNNotificationActionOptionNone];
UNNotificationAction *declineAction = [UNNotificationAction
actionWithIdentifier:@"Decline" title:@"Ablehnen"
options:UNNotificationActionOptionDestructive];
UNNotificationCategory *decisionCategory =
[UNNotificationCategory categoryWithIdentifier:@"Decision" actions:@[acceptAction,
undecidedAction, declineAction] minimalActions:@[acceptAction, declineAction]
intentIdentifiers:@[] options:UNNotificationCategoryOptionCustomDismissAction];
```

10.3.3 Registrieren von Kategorien

Nach dem Erstellen der gewünschten Kategorien gibt es noch einen letzten Schritt durchzuführen. Bisher sind die Kategorien schließlich einfach nur erstellte Objekte. Um deren Funktionalität und Actions in späteren Notifications nutzen zu können, müssen die gewünschten Kategorien noch im System registriert werden. Dazu kommt die Methode setNotificationCategories(_:) der Klasse UNUserNotificationCenter zum Einsatz (siehe Deklaration in Listing 10.14).

Listing 10.14 Deklaration der Methode setNotificationCategories(_:) zum Registrieren von Notification Categories

```
// Swift
func setNotificationCategories(_ categories: Set<UNNotificationCategory>)

// Objective-C
- (void)setNotificationCategories:(NSSet<UNNotificationCategory *> *)categories;
```

Dieser Methode übergeben Sie alle Kategorien, die Sie für Ihre Notifications verwenden möchten. Idealerweise wird diese Methode dabei einmalig beim Start der App aufgerufen.

Anschließend sind alle gewünschten Kategorien registriert und können ihre Arbeit verrichten.

Listing 10.15 zeigt die beispielhafte Registrierung der in Listing 10.13 erstellten Kategorie `decisionCategory`. Wichtig dabei ist, die Singleton-Instanz der Klasse `UNUserNotificationCenter` für den Aufruf der Methode `setNotificationCategories(_:)` zu verwenden.

Listing 10.15 Registrieren einer Notification-Category im System

```
// Swift
UNUserNotificationCenter.current().setNotificationCategories([decisionCategory])

// Objective-C
[[UNUserNotificationCenter currentNotificationCenter]
setNotificationCategories:[NSSet setWithArray:@[decisionCategory]]];
```

Damit haben Sie nun alles Wissenswerte zur grundlegenden Konfiguration und Einrichtung von Notifications in Ihrer iOS-App kennengelernt. Bevor wir uns nun mit der Erstellung von Notifications auseinandersetzen, möchte ich zum Abschluss dieses Abschnitts noch die Frage klären, wie Sie auf eigens deklarierte Actions einer Notification in Ihrer App reagieren können.

10.3.4 Reagieren auf eine Action

Damit eine App informiert wird, sobald ein Nutzer eine von uns erstellte Action einer Notification auswählt (und wir in unserer App entsprechend auf die jeweilige Action reagieren können), braucht es einen Delegate. Dieser Delegate kann ein beliebiges Objekt in einem App-Projekt sein, wichtig ist nur, dass die zugrunde liegende Klasse dieses Objekts konform zum `UNUserNotificationCenterDelegate`-Protokoll ist. Dieses Protokoll definiert alle Methoden, die im Zusammenhang mit der Verwendung von Notifications stehen.

Die Methode des `UNUserNotificationCenterDelegate`-Protokolls, um auf eine ausgeführte Action einer Notification zu reagieren, lautet `userNotificationCenter(_:didReceive:withCompletionHandler:)` und ist in Listing 10.16 deklariert.

Listing 10.16 Deklaration der Methode `userNotificationCenter(_:didReceive:withCompletionHandler:)` des `UNUserNotificationCenterDelegate`-Protokolls

```
// Swift
optional func userNotificationCenter(_ center: UNUserNotificationCenter, didReceive
response: UNNotificationResponse, withCompletionHandler completionHandler: () ->
Void)

// Objective-C
- (void)userNotificationCenter:(UNUserNotificationCenter *)center
didReceiveNotificationResponse:(UNNotificationResponse *)response
withCompletionHandler:(void (^)(void))completionHandler;
```

Diese Methode übergibt uns alle notwendigen Informationen, um die ausgelöste Action weiterzuverarbeiten. Am wichtigsten dabei ist sicherlich der zweite Parameter `response` vom

Typ UNNotificationResponse. Dieses Objekt enthält sowohl den Identifier der Action, die vom Nutzer ausgewählt wurde (dieser kann über die Property actionIdentifier ausgelesen werden), als auch die Notification selbst, von der die gewählte Action ausging (Zugriff erfolgt über die notification-Property). Bei letzterer handelt es sich um ein Objekt der Klasse UNNotification. Diese wiederum verfügt ebenfalls über zwei Properties: date enthält den Zeitpunkt, zu dem die Notification übermittelt wurde, während request den eigentlichen Inhalt der Notification enthält (dazu erfahren Sie gleich mehr im folgenden Abschnitt „Local Notifications“). Diese Informationen können Sie somit dazu nutzen, die ausgeführte Action sowie die zugrunde liegende Notification auszuwerten und anschließend die gewünschte Logik auszuführen.

Wichtig ist dabei noch der Parameter completionHandler. Diesen Block gilt es immer aufzurufen, sobald die Bearbeitung der entsprechenden Action fertiggestellt ist. Darüber teilen wir genau diesen Umstand iOS mit, was insbesondere für Actions wichtig ist, die im Hintergrund ausgeführt werden; iOS kann somit nach Abschluss aller notwendigen Aktionen die nicht länger benötigten Ressourcen wieder freigeben.

Eine beispielhafte Implementierung der Methode userNotificationCenter(_:didReceive:withCompletionHandler:) sehen Sie in Listing 10.17.

Listing 10.17 Beispielhafte Implementierung der Methode userNotificationCenter(_:didReceive:withCompletionHandler:)

```
// Swift
func userNotificationCenter(_ center: UNUserNotificationCenter, didReceive response:
UNNotificationResponse, withCompletionHandler completionHandler: () -> Void) {
    if response.actionIdentifier == "MyAction" {
        // Führe Aktionen für die Action "MyAction" aus
    }
    completionHandler()
}

// Objective-C
- (void)userNotificationCenter:(UNUserNotificationCenter *)center
didReceiveNotificationResponse:(UNNotificationResponse *)response
withCompletionHandler:(void (^)())completionHandler {
    if ([response.actionIdentifier isEqualToString:@"MyAction"]) {
        // Führe Aktionen für die Action "MyAction" aus
    }
    completionHandler();
}
```

Damit diese Delegate-Methode auch tatsächlich aufgerufen wird, müssen Sie das Objekt, das sie implementiert, dem Singleton der UNUserNotificationCenter-Klasse als Delegate zuweisen. Verwenden Sie dazu die delegate-Property.

Mit diesem Wissen über die grundlegende Arbeit mit Notifications gewappnet, widmen wir uns nun dem eigentlich spannendsten Thema: Der Erstellung und Konfiguration von Notifications in iOS.

10.4 Local Notifications

Der Inhalt von Local Notifications wird in iOS mithilfe der Klasse `UNNotificationContent` abgebildet, erstellt und konfiguriert. Anschließend wird ein Objekt dieser Klasse in einer `UNNotificationRequest`-Instanz verpackt, welche dann im System registriert wird. Dieses sendet dann die Notification zu den festgelegten Bedingungen (dazu gleich mehr).

Local Notifications werden – im Gegensatz zu Push Notifications – von der zugrunde liegenden App erstellt und im System für einen bestimmten Zeitpunkt oder ein bestimmtes Ereignis registriert, zu dem dann die Notification auf dem iOS-Gerät erscheint und angezeigt wird. Sie werden daher typischerweise für Events verwendet, die fest innerhalb der zugrunde liegenden App gespeichert und festgelegt sind. Beispielsweise können Sie für eine App zur Aufgabenverwaltung Local Notifications für alle hinterlegten Aufgaben registrieren, die einen Tag vor Deadline dem Nutzer angezeigt werden.

Während der Zeitpunkt beziehungsweise das Ereignis zum Senden einer Notification für jede Local Notification essenziell ist, hängt die weitere Konfiguration einer Local Notification davon ab, welche Notification Types unterstützt werden. Die meisten Eigenschaften stehen Local Notifications zur Verfügung, die als Alert dem Nutzer angezeigt werden. Typischerweise verfügen diese über einen Titel sowie eine Nachricht, die innerhalb der Notification angezeigt werden. Für Notifications, die mittels Sound oder Änderung des Badge Values auf sich aufmerksam machen, stehen ausschließlich zwei passende Properties der Klasse `UNNotificationContent` zur Verfügung, um eben passende Werte für diese Eigenschaften zu setzen. Im Folgenden betrachten wir alle Einstellungs- und Konfigurationsmöglichkeiten von Local Notifications einmal im Detail.

10.4.1 Konfiguration des Alerts

Die im Folgenden vorgestellten Einstellungen und Konfigurationen richten sich nur an Notifications, die als Alert angezeigt werden. Wird der Alert-Notification-Type nicht unterstützt, so macht es auch keinen Sinn, die entsprechenden Eigenschaften für Alerts zu setzen.

Bevor wir uns diese Eigenschaften für Alerts im Detail ansehen, muss ich noch auf eine Besonderheit der Anzeige von Alerts hinweisen. Diese können nämlich je nach Einstellung des Nutzers in iOS unterschiedlich angezeigt werden. Das beginnt mit der Einstellung, ob eine Notification als eigenständige Alert View mitten auf dem Display angezeigt werden soll (sodass der Nutzer in jedem Fall mit ihr interagieren muss) oder lediglich als Banner am oberen Bildschirmrand auftaucht. In ersterem Fall können für die Notification bis zu vier Actions angezeigt werden, in letzterem Fall maximal zwei (siehe dazu auch Abschnitt 10.4.8 „Registrieren von Notification Categories und Actions"). Auch werden je nachdem, wie eine Notification angezeigt wird beziehungsweise an welcher Stelle im System der Nutzer diese aufruft, nicht immer alle konfigurierten Eigenschaften angezeigt. Dies vorab als Info, bei der Vorstellung der Konfiguration von Notification-Alerts werde ich genauer auf die Sichtbarkeit der verschiedenen Eigenschaften eingehen.

Betrachten wir zunächst einmal die Property `body` der Klasse `UNNotificationContent`. Diese ist Grundlage einer jeden Notification, die mittels Alert angezeigt werden soll und deren Inhalt immer – unabhängig von der Konfiguration der Notifications durch den Nutzer und von der Stelle, an der die Notifications angezeigt werden – angezeigt wird. body ist dabei dazu gedacht, kurz die eigentliche Nachricht der Local Notification darzustellen. Es handelt sich dabei um einen String, der eine einfache Textnachricht darstellt. Die Mail-App verwendet diesen String beispielsweise, um eine Vorschau auf den Text einer neu eingegangenen Nachricht zu geben.

Daneben gibt es auch noch die Property title. Wie der Name bereits andeutet, dient sie als kurzer prägnanter Titel, der als Überschrift einer Notification fungiert. Wer es etwas ausführlicher braucht, hat zusätzlich noch die Chance, einen Subtitel über die ebenfalls verfügbare Property subtitle für eine Local Notification festzulegen.

Die nächste wichtige Property der Klasse UNNotificationContent ist categoryIdentifier. Diese dient dazu, der entsprechenden Local Notification den Identifier einer zuvor erstellten Instanz der Klasse UNNotificationCategory zuzuweisen, damit die Notification über die entsprechenden Actions dieser Kategorie verfügt.

Welche Actions aus der Kategorie genau über die Notification aufrufbar sind, hängt wieder davon ab, wie die Notification angezeigt wird. Die Actions, die als minimalActions der Kategorie definiert sind, können über die Mitteilungszentrale per Wischen von rechts nach links über die Notification angezeigt und anschließend aufgerufen werden. Die Actions der actions-Property stehen hingegen nur in der Alert-Ansicht einer Notification zur Verfügung und werden dort als einzelne Schaltflächen aufgeführt.

Soweit die wichtigsten Eigenschaften für Alerts der Klasse UNNotificationContent. Möchten wir nun ein solches Objekt erstellen, gibt es aber ein kleines Detail zu beachten: Alle genannten Properties sind read-only, können also nicht nach Erstellen einer Instanz der Klasse gesetzt werden. Auch bringt UNNotificationContent keinen zusätzlichen Initializer mit, um darüber bei Erstellung eines solchen Objekts alle benötigten Werte zu setzen. Stattdessen muss in diesem Fall die Klasse UNMutableNotificationContent verwendet werden. Diese verfügt über dieselben Eigenschaften wie UNNotificationContent, aber mit dem Unterschied, dass die Properties dieser Klasse auch gesetzt werden können. Listing 10.18 zeigt ein kleines Beispiel zur möglichen Konfiguration eines UNMutableNotificationContent-Objekts zur Erstellung einer Local Notification.

Listing 10.18 Beispielhafte Erstellung einer UNMutableNotificationContent-Instanz

```
// Swift
let notificationContent = UNMutableNotificationContent()
notificationContent.title = "Notification title"
notificationContent.subtitle = "Notification subtitle"
notificationContent.body = "Notification body"
notificationContent.categoryIdentifier = "MyCategory"

// Objective-C
UNMutableNotificationContent *notificationContent = [[UNMutableNotificationContent
alloc] init];
notificationContent.title = @"Notification title";
notificationContent.subtitle = @"Notification subtitle";
notificationContent.body = @"Notification body";
notificationContent.categoryIdentifier = @"MyCategory";
```

Damit kennen Sie nun alle essenziellen Eigenschaften, um den Alert einer Notification den eigenen Anforderungen entsprechend zu konfigurieren. Weiter geht's mit der Wiedergabe von Sound für eine Notification.

10.4.2 Konfiguration des Sounds

Wird der Notification Type Sound unterstützt, so kann eine Notification auch einen solchen Sound wiedergeben, sobald diese gefeuert wird.

Dazu müssen Sie ein Objekt der Klasse `UNNotificationSound` erstellen und dieses der Property `sound` des zugehörigen `UNNotificationContent`-Objekts zuweisen. Die Klasse bringt dazu einen passenden Initializer mit, dessen Deklaration in Listing 10.19 aufgeführt ist. Dieser erwartet einen String, der auf das abzuspielende Sound-File verweist.

Listing 10.19 Deklaration des Initializers zum Erzeugen einer neuen `UNNotificationSound`-Instanz

```
// Swift
convenience init(named name: String)

// Objective-C
+ (instancetype)soundNamed:(NSString *)name;
```

Zu beachten ist, dass nur Sound-Dateien unterstützt werden, die nicht länger als 30 Sekunden sind und die einem der folgenden Formate entsprechen:

- Linear PCM
- MA4
- μLaw
- aLaw

Sollten Sie der Property `sound` der Klasse `UNNotificationContent` eine Datei zuweisen, die länger als 30 Sekunden ist, so wird automatisch der Standardsound für Nachrichten von iOS abgespielt. Diesen können Sie auch direkt verwenden, indem Sie die Klassenmethode `default()` der Klasse `UNNotificationSound` aufrufen; diese liefert dann den entsprechenden Verweis auf diesen Sound als `UNNotificationSound`-Objekt zurück.

Listing 10.20 zeigt einmal beispielhaft die Zuweisung einer Sound-Datei zu einer Notification, die in diesem Beispiel den einfachen Namen „MySound.aiff" trägt. Wichtig bei der Angabe des Dateinamens: Auch die Dateiendung (wie „.aiff") muss mit angegeben werden.

Listing 10.20 Zuweisen von Sound zu einer Local Notification

```
// Swift
notificationContent.sound = UNNotificationSound(named: "MySound.aiff")

// Objective-C
notificationContent.sound = [UNNotificationSound soundNamed:@"MySound.aiff"];
```

Sobald die Notification nun gefeuert wird, wird auch der zugewiesene Sound abgespielt.

10.4.3 Konfiguration des Badge Values

Unterstützt eine Notification den Notification Type Badge, so kann sie den Wert des Badge Values der zugrunde liegenden App verändern. Dazu muss der Property `badge` der Klasse `UNNotificationContent` lediglich der gewünschte Zahlenwert als `NSNumber`-Objekt zugewiesen werden, der beim Feuern der Notification am App-Icon angezeigt werden soll. Dazu greift man in der Regel auf den bestehenden Wert des Badge Values zu und ändert diesen; schließlich kann man bei der Erstellung der Notification nicht immer wissen, welchen Wert das Badge Value beim Feuern der Notification tatsächlich besitzen soll. Nehmen wir dazu als Beispiel wieder eine Aufgaben-App, die für alle Aufgaben, die kurz vor ihrer Deadline stehen, eine Notification feuert und dabei das Badge Value um eins erhöht. Damit ist es unmöglich, der Property `badge` einen festen Wert wie 1 zuzuweisen, da ja zum Zeitpunkt des Feuerns der Notification auch andere Aufgaben als diese eine kurz vor ihrer Deadline stehen könnten. Da macht es mehr Sinn, den bestehenden Wert zu nehmen und diesen um eins zu erhöhen. Den aktuellen Wert des Badge Values können wir mithilfe der gleichnamigen Property `applicationIconBadgeNumber` der Klasse `UIApplication` auslesen. Listing 10.21 zeigt eine beispielhafte Implementierung, die den Wert des Badge Values für diese Notification wie beschrieben um eins erhöht.

Listing 10.21 Ändern des Badge Values durch eine Local Notification

```
// Swift
notificationContent.badge = UIApplication.shared().applicationIconBadgeNumber + 1

// Objective-C
notificationContent.badge = [NSNumber numberWithInteger:[UIApplication
sharedApplication].applicationIconBadgeNumber + 1];
```

Beim Senden der Notification wird damit automatisch auch das Badge Value auf die in der Property `applicationIconBadgeNumber` angegebene Art und Weise verändert. Wird der Wert der Property auf 0 gesetzt, verschwindet der rote Kreis mit dem Badge Value wieder vom App Icon.

10.4.4 Konfiguration von Audio, Bildern und Videos

Seit iOS 10 können Notifications neben Text auch Audio, Bilder oder Videos enthalten. Die gewünschten Elemente werden dabei in Form von `UNNotificationAttachment`-Objekten erstellt und anschließend als Array der Property `attachments` der Klasse `UNNotificationContent` zugewiesen.

Zunächst ist dabei aber wichtig, einige Grundregeln im Umgang mit derartigen Anhängen vorzustellen. So sind die unterstützten Dateigrößen limitiert. Audiodateien dürfen demnach nicht größer als 5 MB sein, Bilder nicht größer als 10 MB und Videos nicht größer als 50 MB. Sollte ein solcher Anhang zu einer Notification diese Größe überschreiten oder die Datei aus anderen Gründen nicht lesbar sein (beispielsweise weil sie beschädigt ist oder einem nicht unterstützten Dateiformat entspricht), so wird die gesamte Notification nicht zugestellt.

Um ein neues `UNNotificationAttachment`-Objekt zu erstellen, stellt die Klasse einen passenden Initializer bereit; dessen Deklaration zeigt Listing 10.22.

Listing 10.22 Deklaration des Initializers zum Erzeugen neuer `UNNotificationAttachment`-Objekte

```
// Swift
convenience init(identifier: String, url URL: URL, options: [NSObject : AnyObject]?
= [:]) throws

// Objective-C
+ (instancetype)attachmentWithIdentifier:(NSString *)identifier URL:(NSURL *)URL
options:(NSDictionary *)options error:(NSError * _Nullable *)error;
```

Der erste Parameter des Initializers – `identifier` – ist ein eindeutiger Bezeichner, um den entsprechenden Anhang später eindeutig wiedererkennen zu können. `URL` verweist auf den Pfad zur Datei, die als Anhang verwendet werden soll. Und über `options` können Sie bestimmte Optionen zu Ihrem Anhang festlegen. Dazu gehören beispielsweise konkrete Informationen über den Dateityp des Anhangs oder ob ein Bild oder Video mit einem Vorschau-Thumbnail angezeigt werden soll. Was damit möglich ist und was nicht, ist in den *Attachment Attributes* definiert, die Teil der `UNNotificationAttachment`-Klasse sind. Diese können Sie über die Dokumentation von Xcode einsehen (siehe Bild 10.3).

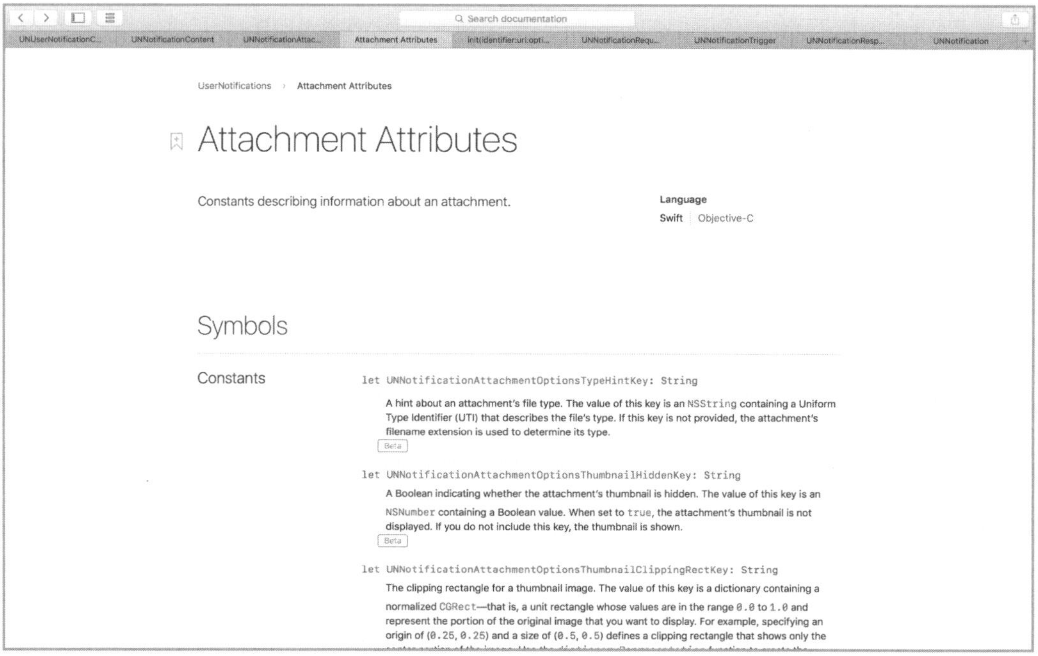

Bild 10.3 In der Xcode-Dokumentation zu „UNNotificationAttachment" finden Sie alle verfügbaren „Attachment Attributes" zur Anpassung der Optionen.

Listing 10.23 zeigt das beispielhafte Erstellen eines `UNNotificationAttachment` und die anschließende Übergabe an ein `UNNotificationContent`-Objekt. Den Fehler, den die Methode möglicherweise werfen kann, ignoriere ich der Einfachheit halber an dieser Stelle.

Listing 10.23 Erstellen und Verwenden eines Attachments für eine Local Notification

```
//Swift
let notificationAttachment = try! UNNotificationAttachment(identifier:
"MyAttachment", url: URL(string: "www.mywebsite.com/myImage.jpg")!, options: nil)
notificationContent.attachments = [notificationAttachment]

// Objective-C
UNNotificationAttachment *notificationAttachment = [UNNotificationAttachment
attachmentWithIdentifier:@"MyAttachment"
URL:[NSURL URLWithString:@"www.mywebsite.com/myImage.jpg"] options:nil error:nil];
notificationContent.attachments = @[notificationAttachment];
```

10.4.5 Speichern zusätzlicher Informationen in einer Local Notification

Bis zu diesem Punkt haben wir alle typischen Merkmale und Eigenschaften zur Konfiguration einer Local Notification mithilfe der Klasse `UNNotificationContent` kennengelernt. Diese Klasse verfügt darüber hinaus aber über eine weitere sehr nützliche und zugleich mächtige Property, mit der wir einer Notification beliebige sonstige Informationen mitgeben können. Dabei handelt es sich um die Property `userInfo`. Diese erwartet ein Dictionary, das wir selbst auf beliebige Art und Weise erstellen können. Um bei unserem bisherigen Beispiel einer Aufgaben-App zu bleiben, könnten wir einem solchen Dictionary die Aufgabe als Objekt übergeben, deren Deadline kurz bevorsteht. Wählt der Nutzer dann diese Notification aus, können wir diese Information nutzen, um die entsprechende Ansicht für eben diese mitgelieferte Aufgabe zu laden und anzuzeigen. Listing 10.24 zeigt eine solche beispielhafte Implementierung, wobei die zugrunde liegende Aufgabe der Einfachheit halber an dieser Stelle bereits als `task`-Objekt definiert ist und im Dictionary dem Schlüssel `Task` zugeordnet wird.

Listing 10.24 Hinzufügen zusätzlicher Informationen zu einer Local Notification

```
// Swift
notificationContent.userInfo = ["Task": task]

// Objective-C
notificationContent.userInfo = @{@"Task": task};
```

Auf diese Art und Weise können Sie jeder Local Notification noch beliebige zusätzliche Informationen mit auf den Weg geben. Fügen Sie aber nur die Objekte hinzu, die tatsächlich für die Auswertung wichtig sind, wenn ein Nutzer die entsprechende Notification auswählt.

10.4.6 Festlegen des Ausführungsereignisses

Local Notifications können auf drei verschiedene Arten und Weisen zur Ausführung gebracht werden, sodass ein Nutzer sie erhält:

1. Festlegen eines Datums und einer Uhrzeit: Der Notification wird hier ein festes Datum mitsamt fester Uhrzeit übergeben, zu der sie dem Nutzer auf seinem iOS-Gerät angezeigt wird.
2. Festlegen eines Zeitintervalls ab jetzt: Die Notification erscheint nach Ablauf eines festgelegten Zeitintervalls. Fitness-Apps könnten das beispielsweise nutzen, um 10 Minuten nach Beginn eines Workouts eine kurze Pause anzuordnen.
3. Festlegen eines Orts: Die Notification wird dann angezeigt, sobald der Nutzer einen bestimmten Ort betritt oder verlässt.

Zu welchem dieser möglichen Ereignisse eine Local Notification gefeuert wird, ist von einem sogenannten Trigger abhängig. Der definiert die eben vorgestellten Ausführungsereignisse, und je nachdem, welchen Trigger wir verwenden, erzeugen wir damit auch verschiedene Voraussetzungen, zu denen eine Local Notification erscheint.

Alle Trigger werden über die abstrakte Klasse `UNNotificationTrigger` definiert. Für alle genannten drei Anwendungsfälle gibt es eine passende Subklasse von `UNNotificationTrigger`. Je nachdem, zu welchem Ereignis Sie also eine Local Notification senden möchten, wählen Sie eine der folgenden `UNNotificationTrigger`-Subklassen als Basis:

1. Festlegen eines Datums und einer Uhrzeit: `UNCalendarNotificationTrigger`
2. Festlegen eines Zeitintervalls ab jetzt: `UNTimeIntervalNotificationTrigger`
3. Festlegen eines Orts: `UNLocationNotificationTrigger`

Im Folgenden stelle ich diese drei Trigger und deren Anwendung im Detail vor.

10.4.6.1 Festlegen von Datum und Uhrzeit

Mithilfe der Klasse `UNCalendarNotificationTrigger` können Sie einen festen Zeitpunkt festlegen, zu dem eine Local Notification gefeuert werden soll. Dieser Zeitpunkt kann auch so konfiguriert werden, dass er wiederholt wird (um beispielsweise jeden Morgen um 08:30 Uhr eine Notification zu senden).

Zur Definition dieses genauen Termins benötigt die Klasse ein Objekt vom Typ `DateComponents` (beziehungsweise in Objective-C von `NSDateComponents`). Darüber können Sie einen exakten Termin festlegen und für den Trigger verwenden. Der Trigger bringt einen passenden Initializer mit, um sowohl das gesetzte Datum entgegenzunehmen als auch festzulegen, ob das Ereignis wiederholt werden soll oder nicht.

Listing 10.25 zeigt das einfache Erstellen eines simplen `DateComponents`-Objekts sowie das anschließende Initialisieren einer neuen `UNCalendarNotificationTrigger`-Instanz.

Listing 10.25 Erstellen eines `UNCalendarNotificationTrigger`

```
// Swift
let date = NSDateComponents()
date.hour = 8
date.minute = 30
```

```
let trigger = UNCalendarNotificationTrigger.init(dateMatchingComponents: date,
repeats: true)

// Objective-C
NSDateComponents* date = [[NSDateComponents alloc] init];
date.hour = 8;
date.minute = 30;
UNCalendarNotificationTrigger* trigger = [UNCalendarNotificationTrigger
triggerWithDateMatchingComponents:date repeats:YES];
```

10.4.6.2 Festlegen eines Zeitintervalls

Zum Festlegen eines Zeitintervalls ab dem Zeitpunkt, zu dem die Local Notification im System registriert wird, bis zum Erscheinen der entsprechenden Notification steht die Klasse `UNTimeIntervalNotificationTrigger` zur Verfügung. Instanzen dieser Klasse erstellen Sie idealerweise immer über einen zugehörigen Initializer, dessen Deklaration Listing 10.26 zeigt.

Listing 10.26 Deklaration des Initializers zum Erstellen einer neuen `UNTimeIntervalNotficationTrigger`-Instanz

```
// Swift
convenience init(timeInterval: TimeInterval, repeats: Bool)

// Objective-C
+ (instancetype)triggerWithTimeInterval:(NSTimeInterval)timeInterval repeats:(BOOL)
repeats;
```

Der entscheidende Parameter dabei ist `timeInterval` vom Typ `TimeInterval` (beziehungsweise `NSTimeInterval` in Objective-C). Dabei handelt es sich aber schlicht um ein einfaches Alias für einen `Double`; Sie können also die entsprechende Zeit in Sekunden angeben, die es dauert, bis die Notification gesendet wird. Mit dem zweiten Parameter `repeats` definieren Sie, ob die Notification anschließend nach erneutem Verstreichen des festgelegten Zeitintervalls wieder gesendet wird oder nicht.

Listing 10.27 zeigt ein einfaches Beispiel zur Erstellung einer solchen `UNTimeIntervalNotificationTrigger`-Instanz. Die Notification soll dabei im Abstand von zehn Minuten immer wieder gesendet werden.

Listing 10.27 Erstellen einer `UNTimeIntervalNotificationTrigger`-Instanz

```
// Swift
let trigger = UNTimeIntervalNotificationTrigger.init(timeInterval: 600, repeats: true)

// Objective-C
UNTimeIntervalNotificationTrigger* trigger = [UNTimeIntervalNotificationTrigger
triggerWithTimeInterval:600 repeats: YES];
```

10.4.6.3 Festlegen eines Orts

Die letzte Möglichkeit für das Auslösen einer Notification ist, diese ortsbezogen zu senden. Dabei definieren Sie eine Location mithilfe von Längen- und Breitengrad, legen fest, ob diese beim Betreten und/oder Verlassen der Location gefeuert werden und ob sie wiederholt werden soll. Diese Informationen werden dann in einer Instanz der Klasse `UNLocationNotificationTrigger` festgehalten.

Nutzer muss Ortung erlauben

Eine Sache ist dabei ganz wichtig: Sie nutzen damit ortsbezogene Dienste, und das darf Ihre App nur, wenn der Nutzer das auch erlaubt. Das bedeutet, dass Sie sich im System zunächst einmal für die Nutzung dieser Lokalisierungsdienste registrieren müssen (vergleichbar mit der Registrierung für die verschiedenen Notification Types). Der Nutzer bekommt daraufhin einen Alert angezeigt, der ihn darüber informiert, dass Ihre App seinen Standort wissen möchte. Nur wenn der Nutzer das erlaubt, kann Ihre App auch tatsächlich die Position des Nutzers auslesen.

Um diese Registrierung durchzuführen, müssen Sie die Instanzmethode `requestWhenInUseAuthorization()` der Klasse `CLLocationManager` aus dem Core Location-Framework aufrufen (siehe Listing 10.28). Wichtig ist dabei, dass die Instanz von `CLLocationManager`, über die Sie die Methode aufrufen, als Property stark in Ihrem Code referenziert wird. Ebenso müssen Sie den `NSLocationWhenInUseUsageDescription`-Key Ihrer Info.plist-Datei hinzufügen. Dieser erhält als Value einen String, der dem Nutzer angezeigt wird, wenn er danach gefragt wird, ob er seinen Standort mit der App teilen will. Sie können diesen Eintrag also dazu nutzen, dem Nutzer zu erklären, wozu Sie seinen Standort benötigen und welche Vorteile sich daraus für ihn ergeben.

Listing 10.28 Registrierung für ortsbezogene Dienste

```
// Swift
class LocationManagement {
    private let locationManager = CLLocationManager()
    func requestUserLocation() {
        locationManager.requestWhenInUseAuthorization()
    }
}

// Objective-C
@interface LocationManagement : NSObject
@property (strong, nonatomic) CLLocationManager *locationManager;
- (void)requestUserLocation;
@end

@implementation LocationManagement
- (CLLocationManager *)locationManager {
    if (!_locationManager) {
        _locationManager = [[CLLocationManager alloc] init];
    }
    return _locationManager;
}
- (void)requestUserLocation {
    [self.locationManager requestWhenInUseAuthorization];
}
@end
```

Durch den Aufruf der Methode `requestWhenInUseAuthorization()` auf die gezeigte Art und Weise erscheint ein Alert, den der Nutzer bestätigen muss. Tut er das, können Sie seinen Standort in der App abfragen und verwenden.

Um zu erfahren, wie der Nutzer die Einstellungen zur Verwendung des Standorts für Ihre App gesetzt hat, können Sie jederzeit die Klassenmethode `authorizationStatus()` auf `CLLocationManager` aufrufen. Diese liefert ein Objekt vom Typ `CLAuthorizationStatus` zurück, welches einen der folgenden Werte besitzen kann, je nachdem, ob der Nutzer bereits nach der Erlaubnis zum Verwenden des Standorts gefragt wurde und seiner getätigten Wahl:

- `notDetermined`
- `restricted`
- `denied`
- `authorized`
- `authorizedAlways`
- `authorizedWhenInUse`

Mehr zur Verwendung des Standorts erfahren Sie in Apples offizieller Dokumentation zum Core Location-Framework.

Wie die anderen Trigger so bringt auch die Klasse `UNLocalNotificationTrigger` einen passenden Initializer mit, über den neue Instanzen dieser Klasse erstellt werden (dessen Deklaration sehen Sie in Listing 10.29).

Listing 10.29 Deklaration des Initializers zum Erstellen einer neuen `UNLocalNotificationTrigger`-Instanz

```
// Swift
convenience init(region: CLRegion, repeats: Bool)

// Objective-C
+ (instancetype)triggerWithRegion:(CLRegion *)region repeats:(BOOL)repeats;
```

Dabei handelt es sich bei `CLRegion` um eine Klasse aus dem Core Location-Framework. Es ist eine abstrakte Klasse, die über mehrere Subklassen verfügt, um eine Position beziehungsweise einen Bereich zu definieren. Listing 10.30 zeigt einmal ein Beispiel zur Verwendung von `CLRegion`. Dabei wird zunächst mithilfe der Funktion `CLLocationCoordinate2DMake(_:_:)` ein Standort mittels Längen- und Breitengrad erstellt. Anschließend wird die `CLRegion`-Subklasse `CLCirculaRegion` verwendet, um einen Bereich mitsamt Radius rund um diese Koordinaten festzulegen. Anschließend wird noch definiert, dass die Notification nur bei Ankunft an der entsprechenden Position und nicht beim Verlassen gesendet werden soll. Anschließend wird der zugehörige Trigger erstellt.

Listing 10.30 Beispielhaftes Erstellen eines `UNLocalNotificationTrigger`

```
// Swift
let center = CLLocationCoordinate2DMake(49.9677857, 9.173793299999943)
let region = CLCircularRegion.init(center: center, radius: 2000.0, identifier:
"Zuhause Thomas Sillmann")
```

```
region.notifyOnEntry = true;
region.notifyOnExit = false;
let trigger = UNLocationNotificationTrigger.init(region: region, repeats: false)

// Objective-C
CLLocationCoordinate2D center = CLLocationCoordinate2DMake(49.9677857,
9.173793299999943);
CLCircularRegion* region = [[CLCircularRegion alloc] initWithCenter:center
radius:2000.0 identifier:@"Zuhause Thomas Sillmann"];
region.notifyOnEntry = YES;
region.notifyOnExit = NO;
UNLocationNotificationTrigger* trigger = [UNLocationNotificationTrigger
triggerWithRegion:region repeats:NO];
```

10.4.7 Erstellen von Notification Requests

Wir haben nun alle wichtigen Bestandteile kennengelernt, die eine Local Notification ausmachen. Nun fehlt noch ein letztes Puzzleteil, um die Erstellung einer Notification abzuschließen: der sogenannte *Notification Request*.

Der Notification Request verbindet den Inhalt der Notification (`UNNotificationContent`) mit dem Trigger, der das Ereignis für das Senden der Notification auslöst (`UNNotificationTrigger`). Diese beiden Bestandteile kennen wir bereits und bringen wir nun zusammen, und zwar mit der Klasse `UNNotificationRequest`.

Die Klasse besitzt drei Properties, die alle über einen angepassten Initializer gesetzt werden und ansonsten read-only sind. Es handelt sich dabei um `identifier` (ein eindeutiger Bezeichner für den Request), `content` (ein `UNNotificationContent`-Objekt mit dem Inhalt der Local Notification) und `trigger` (ein `UNNotificationTrigger` zum Auslösen der Notification). Über den in Listing 10.31 gezeigten Initializer der Klasse `UNNotificationRequest` erstellen Sie ein neues Objekt dieser Klasse mit all diesen Informationen.

Listing 10.31 Deklaration des Initializers zum Erstellen einer neuen `UNNotificationRequest`-Instanz

```
// Swift
convenience init(identifier: String, content: UNNotificationContent, trigger:
UNNotificationTrigger?)

// Objective-C
+ (instancetype)requestWithIdentifier:(NSString *)identifier
content:(UNNotificationContent *)content trigger:(UNNotificationTrigger *)trigger;
```

Listing 10.32 schließlich zeigt ein simples Beispiel, wie sich eine solche Instanz der Klasse `UNNotificationRequest` mit einem bereits konfigurierten `UNNotificationContent`- und `UNNotificationTrigger`-Objekt erstellen lässt.

Listing 10.32 Beispielhaftes Erstellen einer `UNNotificationRequest`-Instanz

```
// Swift
let notificationRequest = UNNotificationRequest(identifier: "MyRequest", content:
notificationContent, trigger: trigger)

// Objective-C
UNNotificationRequest *notificationRequest = [UNNotificationRequest
requestWithIdentifier:@"MyRequest" content:notificationContent trigger:trigger];
```

10.4.8 Registrieren von Local Notifications im System

Wir wissen nun darüber Bescheid, wie wir Local Notifications konfigurieren und welche Optionen und Eigenschaften uns dafür zur Verfügung stehen. Wir haben alle grundlegenden Klassen und Komponenten kennengelernt, die für das Erstellen und Verwenden von Local Notifications wichtig sind; von `UNNotificationContent` für den Inhalt einer Notification über `UNNotificationTrigger` zur Definition des Auslösungsereignisses einer Local Notification bis hin zum `UNNotificationRequest`, der die erstgenannten beiden Elemente zusammenführt.

Eine zentrale Aufgabe fehlt da aber noch, nämlich die Registrierung einer Local Notification im System von iOS. Denn das einfache Erstellen von Objekten der genannten Klassen bedeutet nicht, dass die entsprechende Notification nun zu den angegebenen Bedingungen auch gefeuert wird; ganz im Gegenteil. Es bedeutet nur, dass wir entsprechende Objekte besitzen, aber damit haben wir noch an keiner Stelle dem System mitgeteilt, dass wir unsere Notification in dieser Form auch senden möchten.

Für diese Aufgabe kommt wieder unser Singleton der Klasse `UNUserNotificationCenter` ins Spiel. Über die Methode `add(_:withCompletionHandler:)` können wir dem Notification Center so eine neue Local Notification in Form einer `UNNotificationRequest`-Instanz übergeben. Damit wird dann die entsprechende Notification im System registriert und gefeuert, sobald die Bedingungen des gesetzten Triggers erfüllt sind. Listing 10.33 zeigt, wie sich auf diese Art und Weise eine Notification mittels `UNNotificationRequest`-Instanz im System registrieren lässt.

Listing 10.33 Registrieren von Notifications im System

```
// Swift
UNUserNotificationCenter.current().add(notificationRequest, withCompletionHandler:
nil)

// Objective-C
[[UNUserNotificationCenter currentNotificationCenter]
addNotificationRequest:notificationRequest withCompletionHandler:nil];
```

Und das war's! Damit haben Sie alle Schritte durchgearbeitet, vom Erstellen einer Notification bis hin zur Registrierung im System. Das war der letzte Schritt, um erfolgreich Notifications zu den im Trigger definierten Bedingungen zu versenden. Sobald eine Notification über die Methode `add(_:withCompletionHandler:)` dem Notification Center hinzugefügt wurde, wird sie zu gegebener Zeit versendet.

10.4.9 Abbrechen bereits registrierter Local Notifications

Es gibt Situationen, in denen man eine bereits mithilfe der im vorigen Abschnitt vorgestellten Methode `add(_:withCompletionHandler:)` registrierte Local Notification doch nicht mehr senden möchte. Beispielsweise könnte in einer Aufgaben-App eine Notification für eine Aufgabe registriert werden, deren Deadline kurz bevorsteht, aber die noch vor Versenden der Notification vom Nutzer als erledigt markiert wird; in diesem Fall bedarf es natürlich keiner weiteren Notification mehr über diese Aufgabe. Aus diesem Grund bringt die Klasse `UNUserNotificationCenter` auch die Methoden `removeDeliveredNotifications(withIdentifiers:)` und `removeAllDeliveredNotifications()` mit, deren Deklarationen Sie in Listing 10.34 finden.

Listing 10.34 Deklaration der Methoden zum Abbrechen bereits registrierter Local Notifications

```
// Swift
func removeDeliveredNotifications(withIdentifiers identifiers: [String])
func removeAllDeliveredNotifications()

// Objective-C
- (void)removeDeliveredNotificationsWithIdentifiers:(NSArray<NSString *> *)
identifiers;
- (void)removeAllDeliveredNotifications;
```

Die Methode `removeDeliveredNotifications(withIdentifiers:)` erwartet ein Array von Strings, die den Identifiern der `UNNotificationRequest`-Objekte entsprechen, deren Notifications abgebrochen und nicht gesendet werden sollen. Diese Identifier entsprechen dem Wert der Property `identifier` der jeweiligen `UNNotificationRequest`-Objekte. `removeAllDeliveredNotifications()` hingegen bricht **alle** aktuell registrierten Local Notifications der eigenen App ab.

10.4.10 Reagieren auf den Erhalt einer Notification bei aktiver App

Zum Abschluss des Themas Local Notifications bleibt noch eine wichtige Frage zu klären: Wie kann eine App auf eine eingehende Notification reagieren, wenn die entsprechende App selbst sich gerade im Vordergrund befindet und somit vom Nutzer ausgeführt wird? Denn typischerweise geschieht schlicht und ergreifend nichts, wenn eine Notification an Ihre App gesendet wird, während Ihre App sich gerade im Vordergrund befindet.

Mithilfe einer zweiten Delegate-Methode des `UNUserNotificationCenterDelegate`-Protkolls sind Sie in der Lage, das Verhalten einer eingehenden Notification selbst zu definieren und auf die entsprechende Notification zu reagieren, während Ihre App im Vordergrund aktiv ist. Listing 10.35 zeigt die Deklaration dieser Delegate-Methode.

Listing 10.35 Deklaration der Methode zum Abfangen von Notifications, während die App aktiv ist

```
// Swift
optional func userNotificationCenter(_ center: UNUserNotificationCenter, willPresent
notification: UNNotification, withCompletionHandler completionHandler:
(UNNotificationPresentationOptions) -> Void)
```

```
// Objective-C
- (void)userNotificationCenter:(UNUserNotificationCenter *)center
willPresentNotification:(UNNotification *)notification withCompletionHandler:(void (^)
(UNNotificationPresentationOptions options))completionHandler;
```

Diese übergibt die Notification als `notification`-Parameter in Form eines `UNNotification`-Objekts. Über dessen Property `request` erlangen Sie Zugriff auf den zugrunde liegenden `UNNotificationRequest` der Notification, um darüber alle weiteren wichtigen Informationen der Notification auszulesen.

Sie können sodann mit diesen Informationen die Implementierung dieser Methode dazu verwenden, eigenen gewünschten Code auszuführen. Wird eine Notification dann in dem Augenblick gesendet, in dem Ihre App aktiv ist, wird genau diese Methode aufgerufen und ausgeführt.

Eine wichtige Rolle spielt noch der letzte Closure- beziehungsweise Block-Parameter `completionHandler`. Diesen müssen Sie in jedem Fall an einer Stelle innerhalb Ihrer Implementierung dieser Methode aufrufen. Er erwartet einen Parameter vom Typ `UNNotificationPresentationOptions`. Darüber können Sie festlegen, ob und, falls ja, in welcher Form die Notification dem Nutzer angezeigt wird. Denn standardmäßig wird für Notifications, die während einer aktiven App an diese gesendet werden, weder ein zugehöriger Alert angezeigt, noch ein Sound abgespielt oder das Badge Value verändert. Wenn Sie eine oder mehrere dieser Aktionen dennoch wünschen, müssen Sie diese als zugehörige Parameter dem Closure übergeben. Die Deklaration der zur Verfügung stehenden Optionen zeigt Listing 10.36.

Listing 10.36 Deklaration der verfügbaren Werte von `UNNotificationPresentationOptions`

```
// Swift
static var badge: UNNotificationPresentationOptions
static var sound: UNNotificationPresentationOptions
static var alert: UNNotificationPresentationOptions

// Objective-C
UNNotificationPresentationOptionNone
UNNotificationPresentationOptionBadge
UNNotificationPresentationOptionSound
UNNotificationPresentationOptionAlert
```

Die zusätzliche Option `UNNotificationPresentationOptionNone` in Objective-C verwenden Sie, wenn Sie keinerlei Anzeige Ihrer Notification durchführen möchten. In Swift übergeben Sie dazu dem `completionHandler` ein leeres Array als Parameter. Listing 10.37 zeigt eine beispielhafte Implementierung der Methode `userNotificationCenter(_:willPresent:withCompletionHandler:)`, in der der `completionHandler`-Parameter mit den Werten für Alert und Sound aufgerufen wird. Damit würde bei Eingang einer Notification während Benutzung der zugehörigen App dennoch der Notification-Alert angezeigt sowie der Notification-Sound abgespielt werden.

Listing 10.37 Beispielhafte Implementierung der Methode `userNotificationCenter(_:willPresent:withCompletionHandler:)`

```
// Swift
func userNotificationCenter(_ center: UNUserNotificationCenter, willPresent
notification: UNNotification, withCompletionHandler completionHandler:
(UNNotificationPresentationOptions) -> Void) {
    completionHandler([.alert, .sound])
}

// Objective-C
- (void)userNotificationCenter:(UNUserNotificationCenter *)center
willPresentNotification:(UNNotification *)notification withCompletionHandler:(void (^)
(UNNotificationPresentationOptions))completionHandler {
    completionHandler(UNNotificationPresentationOptionAlert +
UNNotificationPresentationOptionSound);
}
```

Damit die Delegate-Methode `userNotificationCenter(_:willPresent:withCompletionHandler:)` auch aufgerufen wird, müssen Sie dem Singleton des `UNUserNotificationCenter` das zugehörige Delegate-Objekt über die Property `delegate` zuweisen.

10.5 Push Notifications

Push Notifications – auch als Remote Notifications bezeichnet – stellen die zweite Art von Notifications neben den Local Notifications dar. Im Unterschied zu Local Notifications werden sie nicht über die zugrunde liegende App erstellt und im System registriert, sondern dynamisch über das Internet verschickt. Sie sind vergleichbar einer E-Mail, die Sie zu einem beliebigen Zeitpunkt verschicken und die alle oder ausgewählte Nutzer Ihrer App empfangen. Push Notifications eignen sich also weniger für spezifische Informationen zu den Status innerhalb der Objekte Ihrer App, sondern vielmehr zum Vermitteln allgemeiner Informationen zu einer App oder von Informationen, die serverseitig gesteuert werden. Nehmen wir beispielsweise Apps zu sozialen Netzwerken wie Facebook oder Twitter. Diese können schlecht Local Notifications für eventuelle Freundschaftsanfragen oder neue Follower im System registrieren, schließlich sind diese in keiner Weise vorhersehbar. Vielmehr können die Server in solch einem Fall eine passende Push Notification schicken.

Sie sehen also, dass Local und Push Notifications sich keinesfalls gegenseitig ausschließen, sondern beide spezifische Anwendungsfälle und Einsatzgebiete abdecken. Die Erstellung von Push Notifications verläuft dabei naturgemäß gänzlich anders als die von Local Notifications. Da Push Notifications nicht von der App selbst abgesetzt werden, müssen sie dennoch in einem auch für die App lesbaren Format erstellt und abgesetzt werden. Hierbei spielt JSON eine tragende Rolle, in diesem Format werden nämlich Push Notifications erstellt. Mehr dazu erfahren Sie im Abschnitt 10.5.2 „Erstellen einer Push Notification“. Zuvor möchte ich Ihnen aber zeigen, wie das Versenden von Push Notifications technisch gelöst ist und was Sie brauchen, um eigene Push Notifications erstellen und versenden zu können.

10.5.1 Versand von Push Notifications

Um Push Notifications versenden zu können, müssen im Gegensatz zu den Local Notifications einige Vorbereitungen getroffen werden und auch zusätzliche Systeme zur Verfügung stehen. Bei diesen Systemen handelt es sich um einen eigenen Server, der als Provider fungiert und die Push Notifications verschickt. Dieser Provider versendet die Push Notifications dabei an einen sogenannten *Apple Push Notification Service* (kurz APN). Dabei handelt es sich sozusagen um eine Zwischeninstanz von Apple, die die versendete Push Notification auf Korrektheit prüft und anschließend an die angesprochenen Geräte und Apps weiterverteilt. Unsere Hauptarbeit bei Push Notifications liegt somit einerseits auf App-Seite, um unsere Apps für den Empfang und die Nutzung von Push Notifications zu konfigurieren, sowie auf Provider-Seite, um Push Notifications entsprechend versenden zu können. Den erstgenannten Punkt haben wir bereits bei den Local Notifications kennengelernt, darin spielen die Methoden des `UNUserNotificationCenterDelegate`-Protokolls eine zentrale Rolle, um auf den Eingang einer Notification zu reagieren. Den letztgenannten der beiden Aspekte, der spezifisch für Push Notifications ist, betrachten wir hingegen nun einmal im Detail.

10.5.1.1 Vorbereitung der App

Um Push Notifications empfangen zu können, müssen ähnliche Vorbereitungen durchgeführt werden wie beim Empfang von Local Notifications; es müssen die gewünschten Notification Types definiert und daraus passende Notification Settings erzeugt sowie diese im System registriert werden (siehe dazu auch Abschnitt 10.2 „Registrieren von Notification Types“). Dieses Vorgehen ist soweit bekannt und muss für Push Notifications ebenso durchgeführt werden.

Während bei den Local Notifications damit die Vorbereitung beendet ist, müssen wir bei den Push Notifications noch ein wenig mehr tun. Das hat vorrangig einen wichtigen Grund: Mit jeder Push Notification, die wir später versenden möchten, müssen wir ein sogenanntes Token mitsenden. Damit können die APNs die Push Notification zuweisen und an alle passenden Geräte senden. Und genau ein solches Token muss auch von den APNs erzeugt und unserer App mitgeteilt werden. Aus diesem Grund teilen wir in unserer App den APNs mit, dass wir auch Push Notifications für diese App versenden möchten. Das geschieht über die Methode `registerForRemoteNotifications()` der Klasse `UIApplication`. Listing 10.38 zeigt den beispielhaften Aufruf dieser Methode, der idealerweise nach der erfolgreichen Registrierung der Notification Settings mittels der Methode `requestAuthorization(_:completionHandler:)` aufgerufen wird (siehe auch Abschnitt 10.2 „Registrieren von Notification Types“).

Listing 10.38 Registrierung für Push Notifications

```
// Swift
UIApplication.sharedApplication().registerForRemoteNotifications()

// Objective-C
[[UIApplication sharedApplication] registerForRemoteNotifications];
```

Mit diesem Aufruf erfolgt eine Anfrage bei einem APN zur Registrierung von Push Notifications für diese App. Das `UIApplicationDelegate`-Protokoll stellt zwei Methoden zur Verfügung, um über den Erfolg beziehungsweise Misserfolg dieser Registrierung innerhalb unserer App informiert zu werden. Deren Deklaration finden Sie in Listing 10.39.

Listing 10.39 Deklaration der Delegate-Methoden über Erfolg oder Misserfolg der Registrierung von Push Notifications

```
// Swift
optional func application(_ application: UIApplication,
didRegisterForRemoteNotificationsWithDeviceToken deviceToken: Data)
optional func application(_ application: UIApplication,
didFailToRegisterForRemoteNotificationsWithError error: NSError)

// Objective-C
- (void)application:(UIApplication *)application
didRegisterForRemoteNotificationsWithDeviceToken:(NSData *)deviceToken;
- (void)application:(UIApplication *)application
didFailToRegisterForRemoteNotificationsWithError:(NSError *)error;
```

Die Methode `application(_:didRegisterForRemoteNotificationsWithDeviceToken:)` wird aufgerufen, wenn die Registrierung zum Versenden und Empfangen von Push Notifications erfolgreich durch einen APN bearbeitet wurde. Entsprechend liefert diese Methode auch den benötigten Token in Form des `Data`- beziehungsweise `NSData`-Parameters `deviceToken` zurück. Da Sie diesen auf Provider-Seite zum Versenden der Push Notifications benötigen, ist es wichtig, diesen entsprechend Ihrem Server zur Verfügung zu stellen. Zu diesem Zweck müssen Sie eine eigene passende Logik sowohl auf App- wie auch auf Server-Seite implementieren, um den Token an den Provider schicken und dort speichern zu können. Listing 10.40 zeigt beispielhaft ein entsprechendes Vorgehen, wobei eine eigene Methode namens `sendToken(_:)` verwendet wird, die sich um die eben genannte Implementierung kümmert.

Listing 10.40 Beispielhafte Verarbeitung des Tokens

```
// Swift
func application(application: UIApplication,
didRegisterForRemoteNotificationsWithDeviceToken deviceToken: Data) {
    let deviceTokenData = deviceToken as NSData
    sendToken(deviceTokenData.bytes)
}

// Objective-C
- (void)application:(UIApplication *)app
didRegisterForRemoteNotificationsWithDeviceToken:(NSData *)devToken {
    [self sendToken:deviceToken.bytes];
}
```

Über die Property `bytes` von `NSData` kann auf den eigentlichen Inhalt des Objekts zurückgegriffen werden, und genau der ist es, den wir auf Provider-Seite benötigen.

Sollte es bei der Registrierung für Push Notifications zu einem Fehler kommen, so wird stattdessen die Delegate-Methode `application(_:didFailToRegisterForRemoteNotificationsWithError:)` gefeuert, deren übergebenes `error`-Objekt zur genauen Fehleranalyse herangezogen werden kann.

10.5.1.2 Vorbereitung des Providers

Um Push Notifications an Ihre Apps versenden zu können, benötigen Sie einen Server, der als sogenannter Provider für die APNs dient. Dieser baut die Verbindung zu den APNs auf und sendet die Daten der Push Notification in binärer Form an die APNs. Die Kommunikation erfolgt dabei sicher über TLS. Zur Authentifizierung Ihres Providers müssen Sie dabei beim Verbindungsaufbau mittels Peer-to-Peer Authentication ein passendes SSL-Zertifikat übergeben, das Sie im Member Center des Apple Developer Portal erstellen können (mehr zum Member Center und dem Apple Developer Portal erfahren Sie in Kapitel 15, „Veröffentlichung im App Store"). Ohne eine Mitgliedschaft im Apple Developer Program können Sie diese Funktion also nicht nutzen.

Installation, Einrichtung und Konfiguration des Servers

Da es sich bei diesem Buch um ein Buch über iOS-Entwicklung handelt, werde ich beim Thema Push Notifications auch nur auf die Punkte eingehen, die tatsächlich für uns als iOS-Entwickler relevant sind. Was die Installation, Einrichtung und Konfiguration eines Servers betrifft, um diesen wie hier beschrieben als Provider nutzen zu können, müssen Sie andere Quellen heranziehen.

Die APNs sind über zwei Adressen erreichbar, je nachdem, ob man das Produktiv- oder das Testsystem ansprechen möchte. Das Produktivsystem dient zum Senden von Push Notifications an aktive Nutzer Ihrer App, während Sie das Testsystem dazu verwenden können, um Push Notifications an Ihre eigenen, im Apple Developer Portal registrierten Geräte zu senden (mehr zum Apple Developer Portal erfahren Sie in Kapitel 15, „Veröffentlichung im App Store"). Die Adressen der APNs für die beiden Systeme lauten wie folgt:

- *Produktiv:* gateway.push.apple.com (Port 2195)
- *Test:* gateway.sandbox.push.apple.com (Port 2195)

Um aber überhaupt eine sichere Verbindung zu den APNs aufzubauen, benötigen Sie ein Entrust Secure CA Root-Zertifikat, das auf Ihrem Provider-Server installiert sein muss. Mehr zu diesen Zertifikaten erfahren Sie auf der Website von Entrust unter *www.entrust.net.*

Mit dieser Grundkonfiguration ist ein Provider imstande, Push Notifications als sogenannten *Notification Payload* an APNs zu senden. Wie bereits beschrieben, werden Push Notifications dabei im Binärformat an die APNs geschickt. Der Aufbau dieser Binärnachricht setzt sich dabei aus drei großen Teilen zusammen, die in Tabelle 10.1 aufgeführt sind.

Tabelle 10.1 Aufbau einer Binärnachricht

Feld	Länge	Beschreibung und Verwendung
Command	1 Byte	Wird fest der Wert 2 zugewiesen.
Frame Length	4 Bytes	Enthält die Größe des Frame-Data-Felds.
Frame Data	Variabel	Setzt sich aus mehreren sogenannten Items zusammen.

Das Herzstück stellt dabei das Feld *Frame Data* dar, welches sich aus mehreren verschiedenen sogenannten *Items* zusammensetzt, die den eigentlichen Inhalt der Push Notification darstellen. Frame Data setzt sich aus den in Tabelle 10.2 aufgeführten Feldern zusammen.

Tabelle 10.2 Zusammensetzung der Inhalte des Frame-Data-Felds

Feld	Länge	Beschreibung und Verwendung
Item ID	1 Byte	Dient als eindeutiger Identifier des Items.
Item Data Length	2 Bytes	Enthält die Größe des Item-Data-Felds.
Item Data	Variabel	Enthält die eigentlichen Daten des Items.

Es stehen mehrere verschiedene Items zur Verfügung, die sich jeweils aus den genannten Feldern zusammensetzen. Diese nutzen Sie, um Ihre Push Notification in der gewünschten Form zu erstellen. Tabelle 10.3 führt alle verfügbaren Arten von Items auf, die Sie für Ihre Push Notification verwenden können.

Tabelle 10.3 Verfügbare Items zur Konfiguration einer Push Notification

Item ID	Item Name	Länge	Beschreibung und Verwendung
1	Device Token	32 Bytes	Das Token des Geräts, das die Push Notification erhalten soll. Dabei handelt es sich um das Token, das wir zuvor anhand der Registrierung von Push Notifications über unsere App erhalten haben.
2	Notification Payload	Variabel, nicht größer als 2 Kilobytes	Die eigentliche Push Notification mit allen benötigten Inhalten. Diese wird im JSON-Format erstellt (siehe dazu auch den Abschnitt „Erstellen einer Push Notification“).
3	Notification Identifier	4 Bytes	Ein von Ihnen eindeutig festgelegter Identifier für die Notification. Er wird im Fehlerfall von den APNs an Ihren Provider-Server geschickt, um diesen auswerten zu können.
4	Expiration Date	4 Bytes	Ein im UNIX-Timestamp festgelegter Zeitpunkt, an dem die Notification nicht mehr gültig ist und entsprechend auch nicht mehr versendet wird.
5	Priority	1 Byte	Entspricht der Priorität zum Senden der Notification und kann zwei Werte enthalten: 10 führt zum sofortigen Senden der Push Notification, wobei diese in jedem Fall entweder einen Alert anzeigen, das Badge Value verändern oder einen Sound abspielen muss. Wird eine Notification mit der Priorität 10 nur verwendet, um Inhalte zu senden, führt dies zu einem Fehler. Alternativ gibt es noch den Wert 5, der die Notification dann sendet, wenn es aufgrund der verfügbaren Ressourcen des Zielgeräts auch sinnvoll ist.

Mithilfe dieser Felder können und müssen Sie jede Push Notification von Ihrem Provider an die APNs senden. Wenn alles erfolgreich klappt, erhalten Sie keine Rückmeldung vonseiten der APNs, lediglich in einem Fehlerfall wird Ihnen auch ein entsprechendes binäres Fehler-Objekt zurückgeliefert, das Sie auf Provider-Seite auswerten können. Dieser Fehler besitzt den Wert 8 für das Command-Feld, gefolgt von einem Statuscode, der den Fehler spezifiziert. Die wichtigsten Fehlercodes mitsamt kurzer Beschreibung habe ich in Tabelle 10.4 aufgeführt.

Tabelle 10.4 Mögliche Fehler beim Senden einer Push Notification

Fehlercode	Beschreibung
2	Device Token fehlt.
4	Notification Payload fehlt.
8	Token ist ungültig.
10	APN wird heruntergefahren (zum Beispiel aufgrund von Wartungsarbeiten).

Nachdem wir damit nun über den „Weg" der Push Notifications Bescheid wissen, widmen wir uns einmal der zentralen Frage: Wie erstelle ich denn nun Push Notifications mithilfe des Notification Payloads?

10.5.2 Erstellen einer Push Notification

Die eigentliche Nachricht einer Push Notification wird im sogenannten *Notification Payload* festgehalten. Dieser setzt sich aus einem Dictionary im JSON-Format zusammen, in dem die gewünschten Inhalte der Notification mithilfe von Schlüssel-Wert-Paaren umgesetzt werden. Dieses JSON muss dabei zwingend über einen Schlüssel namens `aps` verfügen, in dem wiederum das eigentliche Dictionary mit dem Inhalt der Notification umgesetzt wird (am Ende dieses Abschnitts sehen wir auch einige Beispiel dazu). Welche Schlüssel dabei zur Verfügung stehen, gibt Apple klar an. Zunächst einmal gibt es vier ganz grundlegende und essenzielle Schlüssel, die die Notification Types widerspiegeln und dazu gedacht sind, entsprechende Aktionen für eben jenen Notification Type mit einer Notification durchzuführen. Tabelle 10.5 führt diese Schlüssel mitsamt deren Bedeutung und Verwendung auf.

Tabelle 10.5 Schlüssel zum Definieren der Eigenschaften der Notification Types von Push Notifications

Schlüssel	Typ	Beschreibung und Verwendung
alert	String oder Dictionary	Der Alert entspricht der Nachricht, die eine Push Notification dem Nutzer anzeigt. Es gibt zwei Möglichkeiten, diesen Schlüssel zu verwenden: Wenn Sie einen einfachen String übergeben, so wird dieser als Nachricht der Notification angezeigt (vergleichbar mit der Property `body` der Klasse `UNNotificationContent`). Alternativ können Sie auch ein Dictionary übergeben, in dem Sie spezifische Eigenschaften wie den Titel und den Inhalt anhand weiterer Schlüssel-Wert-Paare konfigurieren können. Mehr dazu erfahren Sie im weiteren Verlauf dieses Abschnitts.

(Fortsetzung nächste Seite)

Tabelle 10.5 Schlüssel zum Definieren der Eigenschaften der Notification Types von Push Notifications *(Fortsetzung)*

Schlüssel	Typ	Beschreibung und Verwendung
badge	Integer	Die übergebene Zahl wird als Badge Value für das App-Icon gesetzt. Wenn Sie 0 übergeben, wird das Badge entfernt.
sound	String	Hierbei handelt es sich um den Namen einer Sound-Datei innerhalb des App-Bundles, die mit Erscheinen der Notification abgespielt werden soll (siehe dazu auch den Abschnitt „Konfiguration des Sounds"). Alternativ können Sie auch den Wert `default` übergeben, der den Standard-Notification-Sound von iOS für diese Notification abspielt.
content-available	Integer	Mit diesem Schlüssel können Sie definieren, ob für die App Inhalte zum Nachladen bereitstehen. Übergeben Sie den Wert 1, wenn das der Fall sein sollte. Das sorgt dafür, dass bei Aufruf der Notification die Methode `application(_:didReceiveRemoteNotification:fetchCompletionHandler:)` des App Delegates aufgerufen wird. Diese erlaubt es Ihnen sodann, Ihre App entsprechend zu aktualisieren.

Eine Besonderheit stellt der Schlüssel `alert` dar, da dieser neben einem einfachen String auch ein Dictionary enthalten kann. Apple hat mehrere Schlüssel definiert, die Sie in diesem Fall nutzen können, um den Alert der Notification passend zu konfigurieren. Eine Übersicht dieser Schlüssel finden Sie in Tabelle 10.6.

Tabelle 10.6 Schlüssel zur Konfiguration des Alerts einer Push Notification

Schlüssel	Typ	Beschreibung und Verwendung
title	String	Der Titel der Notification.
body	String	Der Nachrichtentext der Notification.
title-loc-key	String oder null	Der Schlüssel zu einem Localizable String innerhalb des App-Bundles für den Titel der Notification. Damit können Strings von App-Seite übersetzt werden.
title-loc-args	Array oder null	Ein Array mit Strings für etwaige Platzhalter, die Sie im Localizable String des title-loc-key-Schlüssels verwendet haben.
action-loc-key	String oder null	Der Schlüssel zu einem Localizable String, der als Action-Button für die Notification angezeigt wird.
loc-key	String	Der Schlüssel zu einem Localizable String innerhalb des App-Bundles für die Nachricht der Notification.
loc-args	Array	Ein Array mit Strings für etwaige Platzhalter, die Sie im Localizable String des loc-key-Schlüssels verwendet haben.
launch-image	String	Der Name eines Images innerhalb des App-Bundles. Dieses wird angezeigt, wenn der Nutzer die App über die Push Notification aufruft und startet.

Mithilfe all dieser Schlüssel können Sie nun passende Push Notifications im JSON-Format erstellen. Listing 10.41 zeigt ein einfaches Beispiel für solch einen möglichen Notification Payload.

Listing 10.41 Einfaches Beispiel eines Notification Payloads

```
{
    "aps": {
        "alert": "Das ist eine Push Notification."
        "badge": 1
    }
}
```

Hier sehen wir zunächst den wichtigen Schlüssel `aps`, innerhalb dessen dann die Deklaration unserer eigentlichen Push Notification erfolgt. In diesem Beispiel wird eine einfache Nachricht als Alert erstellt und der Wert des Badge Values auf 1 gesetzt. Listing 10.42 zeigt ergänzend ein etwas komplexeres Beispiel.

Listing 10.42 Komplexeres Beispiel eines Notification Payloads

```
{
    "aps": {
            "alert": {
            "title": "Titel der Notification."
            "body": "Nachricht der Notification."
            "action-loc-key": "VIEW"
        }
        "badge": 5
        "sound": "NotificationSound.aiff"
    }
}
```

In diesem Beispiel wird der Alert selbst mithilfe der verfügbaren Schlüssel aufwendiger konfiguriert. Er erhält einen Titel und einen passenden Benachrichtigungstext, darüber hinaus wird ihm der Schlüssel `VIEW` für einen Localizable String übergeben, der als Action der Notification angezeigt wird. Des Weiteren wird das Badge Value auf 5 gesetzt und die Sound-Datei mit dem Namen „NotificationSound.aiff“ bei Erhalt der Notification abgespielt.

Weitere verfügbare Schlüssel und deren Konfigurationsmöglichkeit für Push Notifications können der Apple-Dokumentation entnommen werden, suchen Sie dabei nach dem Dokument „The Remote Notification Payload“ (siehe Bild 10.4).

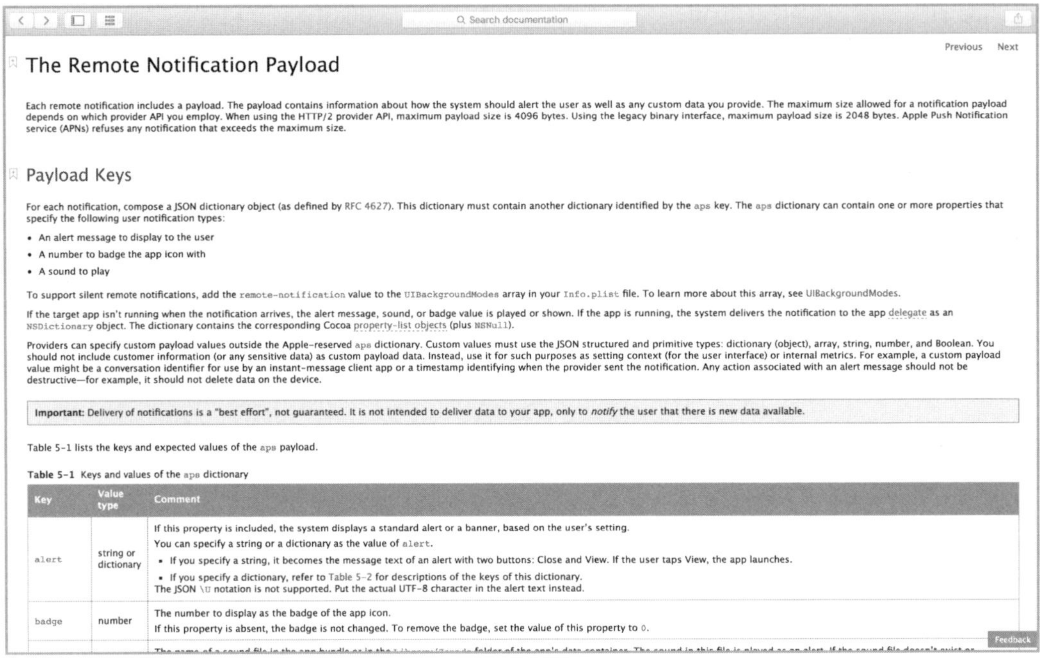

Bild 10.4 Die Dokumentation von Apple gibt Aufschluss über alle verfügbaren Optionen zur Konfiguration einer Push Notification.

10.5.3 Quality of Service

Apple hat im Zusammenhang mit seinem Push Notification Service einige Techniken umgesetzt, um die Qualität dieses Service auch für den Endnutzer zu optimieren. Für uns Entwickler ist es wichtig, diese Techniken ebenfalls zu kennen, um so das Verhalten der Push Notifications in bestimmten Situationen nachvollziehen zu können.

So gilt zunächst einmal generell, dass eine Push Notification gespeichert wird, sollte der aktuelle Empfänger gerade mit seinem Gerät offline sein (und so verständlicherweise keine Push Notifications empfangen können). Ist das entsprechende Gerät später wieder online, wird die Push Notification weitergeleitet.

Dabei gilt: Es wird pro App maximal eine Push Notification vorgehalten! Ist also ein Empfänger offline und eine App sendet beispielsweise in dieser Zeit drei Push Notifications, so erhält der Nutzer nur die letzte dieser Notifications, sobald er wieder online ist; die restlichen werden einfach verworfen. Ebenso werden generell alle Push Notifications verworfen, wenn der Nutzer längere Zeit offline war.

11 Extensions

Extensions wurden erstmals zusammen mit iOS 8 eingeführt. Sie erlauben es, Teile unserer Anwendung in einer separaten Form anzubieten, um diese an anderer Stelle zu nutzen. Die Möglichkeiten sind dabei von Apple strikt vorgegeben und es gibt einzelne Extensions für unterschiedliche Szenarios und Anwendungsgebiete.

Technisch gesehen sind Extensions keine eigenständigen Applikationen, sie brauchen immer eine zugrunde liegende App, über die sie auch im App Store verteilt werden. Wohl bisher bekanntestes Beispiel von Extensions sind Apps für die Apple Watch, die mitsamt einer iPhone-App ausgeliefert werden können (mehr dazu erfahren Sie in Kapitel 12, „App-Entwicklung für die Apple Watch").

11.1 Verfügbare Typen von Extensions

Bevor wir uns im Detail mit der Umsetzung von Extensions für unsere iOS-Projekte auseinandersetzen, möchte ich Ihnen zu Beginn dieses Kapitels zunächst einmal die Typen vorstellen, die uns zur Umsetzung solcher Extensions zur Verfügung stehen, und Ihnen zeigen, wie diese eingesetzt werden. Tabelle 11.1 stellt diese Typen einmal kurz vor.

Tabelle 11.1 Verfügbare Typen von Extensions

Typ	Beschreibung
Action Extension	Die Action-Extension erlaubt es anderen Apps, für spezielle Dateiformate Ihre Action-Extension aufzurufen und darüber entweder Inhalte zu betrachten oder auch zu manipulieren. Welche Dateiformate dabei unterstützt werden, wird innerhalb der Action-Extension festgelegt.
Audio Unit Extension	Eine Audio Unit Extension erlaubt das Bearbeiten von Audiodateien aus anderen Apps heraus, indem es ein eigenes angepasstes User Interface für die Bearbeitung anbietet.
Broadcast UI Extension	Basiert auf ReplayKit und erlaubt die Live-Übertragung von Inhalten aus einer App heraus.

(Fortsetzung nächste Seite)

Tabelle 11.1 Verfügbare Typen von Extensions *(Fortsetzung)*

Typ	Beschreibung
Broadcast Upload	Erlaubt den Umgang mit Filmclips während einer ReplayKit-Live-Übertragung.
Call Directory Extension	Dient zum Einbinden einer Telefonie- oder Chat-App in die Kontakte-App des Nutzers.
Content Blocker Extension	Dabei handelt es sich um eine Extension für den iOS-Browser Safari, um spezifische Inhalte zu blocken, die somit nicht länger geladen und angezeigt werden.
Custom Keyboard	Mithilfe von Custom Keyboard können Sie eigene Bildschirmtastaturen für iOS erstellen, die zusammen mit Ihrer App ausgeliefert werden. Das Besondere daran: Diese Bildschirmtastaturen können nicht nur innerhalb Ihrer eigenen App, sondern auch von allen anderen Apps in iOS genutzt werden. Die Custom Keyboard-Extension ist somit eine Möglichkeit, die in iOS verfügbaren Bildschirmtastaturen um eigene neue zu ergänzen.
Document Provider	Mithilfe einer Document Provider-Extension können Sie Dokumente innerhalb Ihrer App anderen Apps zur Ansicht und zur Bearbeitung zur Verfügung stellen. Ihre App fungiert dabei als eine Art Repository, über das andere Apps zugreifen und die zugrunde liegenden Dokumente betrachten und bearbeiten können.
iMessage Extension	Eine iMessage Extension klinkt sich in die zentrale Nachrichten-App von iOS ein. Sie können so eigene Apps zur Verfügung stellen, die Nutzer direkt aus der Nachrichten-App heraus verwenden können, um angepasste Nachrichten zu verschicken.
Intents Extension	Mithilfe von Intents Extension können Sie Siri für Anfragen an Ihre eigene App verwenden.
Intents UI Extension	Eine Intents UI Extension baut auf einer Intents Extension auf, erlaubt aber zusätzlich noch das Anzeigen eines eigens angepassten User Interface mit einer Siri-Anfrage.
Notification Content	Mithilfe einer Notification Content Extension können Sie ein eigenes User Interface für als Alert eingehende Notifications erstellen und dem Nutzer anzeigen.
Notification Service	Wenn Sie den Inhalt von Remote beziehungsweise Push Notifications vor der Anzeige der jeweiligen Notification anzeigen möchten, können Sie für diesen Zweck eine Notification Service Extension nutzen. Darüber erhalten Sie Zugriff auf den Payload einer Push Notification und können den Inhalt der dem Nutzer anzuzeigenden Notification damit noch ein wenig modifizieren.
Photo Editing Extension	Photo Editing erlaubt das Bearbeiten und Verändern von Bildern direkt aus der nativen Fotos-App von iOS heraus. Sie können darüber eine eigene Oberfläche zur Bildbearbeitung zur Verfügung stellen, die der Nutzer aus der Fotos-App heraus direkt nutzen kann, ohne erst Bilder innerhalb Ihrer App aus der Fotos-App kopieren und dann direkt dort bearbeiten zu müssen. Für alle Apps, die in irgendeiner Form Bilder und Fotos bearbeiten, ist das definitiv eine spannende und in vielen Fällen auch sinnvolle Ergänzung zu Ihrer App.

Tabelle 11.1 Verfügbare Typen von Extensions *(Fortsetzung)*

Typ	Beschreibung
Share Extension	Die Share-Extension ist dazu gedacht, Inhalte über soziale Netzwerke oder andere Websites zu teilen. Apps, die eine Share-Extension unterstützen, können von iOS aus anderen Apps heraus über eine entsprechende Ansicht zum Teilen von Inhalten angezeigt werden. Apple betont aber in der Dokumentation, dass diese Extension ausschließlich für das eingangs genannte Teilen von Inhalten über soziale Netzwerke und Websites gedacht ist.
Shared Links Extension	Shared Links werden in einer eigenen Ansicht innerhalb des nativen Safari-Browsers von iOS angezeigt. Typischerweise generiert ein Nutzer die Inhalte dieser Ansicht selbst, indem er festlegt, welche RSS-Feeds er dort im Blick behalten möchte. Darüber hinaus werden dort beispielsweise aktuelle Tweets von Twitter angezeigt. Shared Links-Extensions können nun dazu genutzt werden, eigene Inhalte in dieser Ansicht in Safari anzuzeigen und auf eigene beziehungsweise andere Websites zu verweisen.
Spotlight Index Extension	Mithilfe einer Spotlight Index Extension können Sie die Inhalte Ihrer App verschlagworten, damit sie auch über die zentrale Spotlight-Suche von iOS gefunden werden können.
Sticker Pack Extension	Eine Sticker Pack Extension entspricht funktional einer iMessage Extension, verfügt aber über einen deutlich eingeschränkten Funktionsumfang. Lediglich Sticker (eigene von Ihnen definierte Grafiken) können darüber als Nachrichten versendet werden.
Today Extension	Today bezeichnet eine Art Widget, das in der „Heute"-Übersicht der Mitteilungszentrale angezeigt werden kann. System-Apps wie Wetter, Kalender oder Aktien nutzen solche Widgets, um aktuelle Informationen auf einen Blick abrufbar zu machen. Today Extensions eignen sich wunderbar, um Ihren Nutzern Schnellzugriff auf Informationen Ihrer App zu geben, ohne dass diese die App starten müssen.
Watch App	Die Watch App-Extension dient zum Erstellen einer App für die Apple Watch, die zusammen mit der zugrunde liegenden iPhone-App ausgeliefert wird. Mehr dazu erfahren Sie in Kapitel 12, „App-Entwicklung für die Apple Watch".

Wir können diese eben vorgestellten Typen nutzen, um unsere Apps um zusätzliche Funktionalitäten zu erweitern, die dann auch an anderen Stellen genutzt werden können; sei es von anderen Apps oder als Erweiterung in der Mitteilungszentrale oder der Apple Watch. Mit Extensions können wir – so sie denn sinnvoll umgesetzt sind – unseren Nutzern einen deutlichen Mehrwert gegenüber „normalen" Apps bieten und den Spielraum der eigenen App auf das iOS-System noch weiter ausbauen. In den folgenden Abschnitten werde ich Ihnen einen Teil all dieser verfügbaren Extension-Typen im Detail vorstellen und deren jeweilige Funktionsweise erläutern.

11.2 Erstellen von Extensions in Xcode

Alle Extensions werden in Xcode als neues Target erstellt und mit Ihrer gewünschten iOS-App gekoppelt, womit diese eine Einheit darstellen. Ihre fertige iOS-App enthält in diesem Fall auch alle verknüpften Extensions.

Um Ihrem bestehenden iOS-Projekt eine Extension hinzuzufügen, gibt es zwei Möglichkeiten: Entweder gehen Sie – immer nach Öffnen des entsprechenden Projekts – über das Menü FILE → NEW → TARGET... oder Sie wählen das eigentliche Projekt in Xcode aus. Innerhalb der dortigen Projekt- und Target-Übersicht können Sie mithilfe der Plus-Schaltfläche beziehungsweise der Schaltfläche ADD TARGET... ein neues Target für Ihr Projekt erstellen (siehe Bild 11.1).

Bild 11.1
Sie können innerhalb der Projekt- und Target-Übersicht Ihres Projekts ein neues Target zu Ihrer App hinzufügen.

Anschließend öffnet sich ein Assistent, der beim Erstellen und Einrichten von Projekten und Targets behilflich ist. Wählen Sie dort im oberen Bereich iOS aus und scrollen Sie anschließend in den Abschnitt *Application Extension*. Dort erhalten Sie eine Übersicht aller verfügbaren Extensions, die Sie in iOS erstellen können (siehe Bild 11.2 als auch den vorherigen Abschnitt 11.1 „Verfügbare Typen von Extensions").

Im nächsten Schritt brauchen Sie nun nichts weiter zu tun, als eben den Extension-Typ auszuwählen, den Sie Ihrem iOS-Projekt hinzufügen möchten. Per anschließendem Klick auf NEXT geht es weiter mit der grundlegenden Konfiguration dieser Extension.

Konfiguration spezifischer Eigenschaften

Alle Extensions bringen einen Grundsatz an Eigenschaften mit, die wir bereits bei der Erstellung der Extension in Xcode konfigurieren. Von Extension zu Extension kann es aber auch im Erstellungsassistenten von Xcode zusätzliche Einstellungsmöglichkeiten geben, die spezifisch nur für eben diese Extension zur Verfügung stehen. Auf diese spezifischen Eigenschaften gehe ich in der Vorstellung der verschiedenen Extension-Typen noch im Detail ein, an dieser Stelle möchte ich nur die allgemeinen Einstellungen vorstellen und erläutern, die für alle Extensions gleichermaßen gelten.

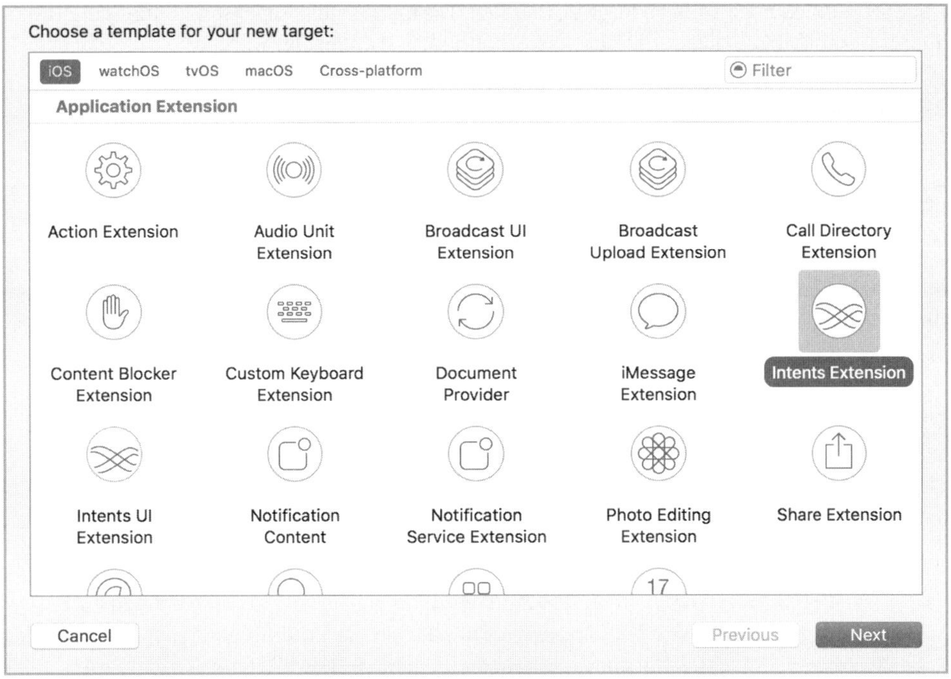

Bild 11.2 Xcode bietet passende Vorlagen zum schnellen und einfachen Erstellen von neuen Extensions für Ihre App.

Allen Extensions sind einige grundlegende Eigenschaften gemein. Die folgenden Eigenschaften können und müssen Sie für jede Extension festlegen, die Sie erstellen:

- *Product Name:* Der Name des Extension-Targets, das Ihrem Projekt durch Erstellen der Extension hinzugefügt wird. Der Name sollte grob beschreiben, wozu die Extension gut ist und was sie tut.
- *Organization Name:* Der Name der Firma oder der Person, für die Sie die Extension entwickeln (bei eigenen Projekten also typischerweise Ihr eigener Name oder der Name Ihrer Firma).
- *Language:* Seit der Einführung von Swift können Sie entscheiden, ob Sie mit Objective-C oder eben mit Swift entwickeln möchten. Diesem Umstand trägt die Auswahlbox LANGUAGE Rechnung, in der Sie die von Ihnen gewünschte Programmiersprache für die Extension auswählen.
- *Project:* Das Projekt, dem die Extension hinzugefügt werden soll. Bei Standard-Xcode-Projekten steht hier nur ein einziges zur Verfügung – nämlich das, was aktuell geöffnet ist. Verwalten Sie mehrere Projekte in einem Workspace, müssen Sie an dieser Stelle das passende auswählen.
- *Embed In Application:* Ein Projekt kann über mehrere Targets verfügen, auch über mehrere verschiedene iOS-Targets. Über das Auswahlfeld EMBED IN APPLICATION werden Ihnen alle iOS-Targets des zuvor gewählten Projekts angezeigt, und Sie müssen dasjenige auswählen, dem die neue Extension hinzugefügt werden soll.

Daneben gibt es noch weitere Punkte, die Sie zwar nicht selbst anpassen können, die Ihnen aber innerhalb des Assistenten bereits vorkonfiguriert angezeigt werden:

- *Organization Identifier:* Dabei handelt es sich um den Bundle Identifier des Projekts, dem die Extension hinzugefügt wird. Dieser dient als Grundlage für den Bundle Identifier der Extension selbst.
- *Bundle Identifier:* Jede Extension besitzt für sich selbst noch mal einen eigenen Bundle Identifier. Dieser setzt sich zusammen aus dem zuvor genannten Organization Identifier, gefolgt vom gewählten Product Name.

Ist die Konfiguration Ihrer Extension abgeschlossen, können Sie diese per Klick auf FINISH Ihrem Projekt hinzufügen. Dabei legt Xcode alle essenziellen Dateien und erste Code-Vorlagen an, die je nach gewähltem Extension-Typ unterschiedlich ausfallen können.

Apple Watch-Extension

Womöglich ist Ihnen aufgefallen, dass in der Übersicht der verfügbaren Extensions in Xcode keine Vorlage zur Erstellung einer Apple Watch-Extension existiert. Das liegt daran, dass Apple die Erstellung einer solchen Extension in einen eigenen Bereich innerhalb der Target-Vorlagen gepackt hat. Klicken Sie oben auf den Punkt WATCHOS, um im Abschnitt *Application* zur Vorlage WATCHKIT APP zu gelangen, mit der Sie eine Apple Watch-Extension für Ihre App erstellen können (siehe Bild 11.3). Mehr zur Erstellung einer eigenen Apple Watch-App erfahren Sie in Kapitel 12, „App-Entwicklung für die Apple Watch“.

Bild 11.3 Zum Erstellen einer Apple Watch-Extension bietet Xcode eine separate Vorlage an.

Die fertige Extension taucht dann innerhalb der Projekt- und Target-Übersicht auf. Von dort können Sie auch die bereits getätigten Konfigurationen einsehen und auf Wunsch auch anpassen und ändern (siehe Bild 11.4).

Bild 11.4
Eine erstellte Extension findet sich in der Projekt- und Target-Übersicht wieder.

11.3 Funktionsweise einer Extension

Bevor wir die einzelnen Extension-Typen im Detail betrachten, möchte ich auf die allgemeine Funktionsweise aller Extensions eingehen, denn diese ist grundlegend immer identisch.

Jede Extension ist Teil einer bestehenden iOS-App und kann somit auch nur zusammen mit einer solchen App ausgeliefert werden. Eine App, die über eine Extension verfügt, wird in Bezug auf diese Extension auch als *Containing App* bezeichnet. Diese bietet den Zugriff auf die Extension aus anderen Apps heraus.

An zweiter Stelle gibt es dann noch die sogenannte *Host App*. Eine App, aus der heraus eine Extension einer anderen App aufgerufen wird, bezeichnet man als solche Host App. Containing App und Host App bilden damit schon einmal die zwei typischen Bestandteile bei der Funktionsweise und Kommunikation von Extensions.

Wird nun eine Extension aus einer App heraus aufgerufen, so kann diese Extension ihren Code und ihre Logik ausführen. Dabei wird die Containing App selbst überhaupt nicht gestartet; sie stellt zwar die Extension zur Verfügung, wird aber zur Ausführung der Extension selbst nicht weiter benötigt. Das bedeutet, dass eine Extension selbst in gewisser Weise autark funktioniert und arbeitet. So schickt eine Host App also eine Anfrage an eine Extension einer Containing App, und die Extension liefert direkt ein Ergebnis an diese Host App zurück.

Diese typische Funktionsweise hat auch Auswirkungen auf den Lebenszyklus von App Extensions. So werden diese nur über die Laufzeit hinweg ausgeführt, in der sie auch tatsächlich benötigt werden (also die Host App die Kommunikation zur Extension aufrecht hält). Sobald die Extension ihren Zweck erfüllt hat, wird sie umgehend wieder beendet.

Einschränkungen von Extensions

Aufgrund ihrer technischen Beschaffenheit haben Extensions auch mit zusätzlichen Einschränkungen im Vergleich zu „vollwertigen“ iOS-Apps zu kämpfen. So können diese keine umfangreichen Aufgaben im Hintergrund ausführen oder auf die Kamera oder das Mikrofon des iOS-Geräts zugreifen, auch Funktionen wie AirDrop bleiben Extensions verwehrt. Ebenso können sich in der Dokumentation von Apple Funktionen finden, die als `NS_EXTENSION_UNAVAILABLE` gekennzeichnet sind. Diese Funktionen stehen ebenfalls nicht zur Nutzung in Extensions zur Verfügung.

Damit eine Extension aber überhaupt weiß, was sie eigentlich tun soll (zum Beispiel welches Bild eine Photo Editing Extension bearbeiten soll), arbeiten Extensions mit einem sogenannten *Context*. Dieser wird von der Host App an die Extension übergeben und enthält alle wichtigen und relevanten Informationen, die die Extension braucht, um ihre eigenen Aktionen durchzuführen und ein passendes Ergebnis an die Host App zurückzuliefern. Verständlicherweise unterscheiden sich diese Context-Objekte stark von Extension zu Extension und sind abhängig von der Aufgabe, die eine Extension zu erfüllen hat.

11.4 Wichtige Klassen und Objekte

Bei der Arbeit mit Extensions - egal, welchem Typ sie letztlich entsprechen - haben wir es grundlegend mit zwei Klassen zu tun, die wir in vielen Fällen benötigen und die Grundlage der Funktionalität unserer eigenen Extension sind.

Zunächst ist da die essenzielle Klasse `NSExtensionContext`. Wann immer eine Extension aufgerufen wird, erhält sie von der aufrufenden Host App einen sogenannten Extension-Context. Dieser enthält die Objekte, die die Host App zur Bearbeitung an die Extension übergibt. Die Extension kann die Informationen innerhalb dieses `NSExtensionContext`-Objekts nutzen, um die übergebenen Objekte und Informationen auszulesen und für die eigene Bearbeitung zu nutzen.

Der Zugriff auf diesen `NSExtensionContext` gestaltet sich dabei sehr unkompliziert, denn die Klasse `UIViewController` bringt eine entsprechende Property `extensionContext` mit, über die der Extension-Context ausgelesen werden kann (so denn einer existiert, worauf wir uns innerhalb unserer Extensions aber eigentlich immer verlassen können). Über die Property `inputItems` der Klasse `NSExtensionContext` erhalten wir sodann Zugriff auf die übergebenen Objekte. `inputItems` stellt dabei ein Array dar, dass sich aus Instanzen der Klasse `NSExtensionItem` zusammensetzt, der zweiten wichtigen Klasse im Zusammenspiel mit Extensions.

`NSExtensionItem` setzt sich aus verschiedenen Properties zusammen, um die Informationen der übergebenen Objekte der Host App abzubilden. Da wäre beispielsweise die Property `attachements`, ein Array, das sich aus beliebigen Objekten zusammensetzen kann. Über diese Property kann eine Host App einer Extension beliebige Informationen und Objekte übergeben, die die Extension dann zur Weiterbearbeitung nutzen kann. Oder die Property `userInfo`, welche ein Dictionary darstellt und zusätzliche Informationen enthalten kann.

Umgekehrt wird die Klasse `NSExtensionContext` auch nicht nur dazu genutzt, eigene Informationen für unsere Extension entgegenzunehmen, sondern auch ein entsprechendes Ergebnis an die aufrufende Host App zurückzuliefern. Dazu bringt `NSExtensionContext` die Methode `completeRequest(returningItems:completionHandler:)` mit, über die die eigene Extension beispielsweise bearbeitete Objekte an die Host App zurückgeben kann.

Sie haben damit die wichtigsten Objekte und deren Aufgaben kennengelernt, die bei fast jeder Art von Extension eine wichtige Rolle spielen. Entsprechend werden uns diese Elemente in den kommenden Abschnitten noch des Öfteren begegnen.

11.5 Unterstützte Dateitypen für Share- und Action-Extensions festlegen

Share- und Action-Extensions besitzen eine Gemeinsamkeit: Beide müssen angeben, welche Dateitypen sie jeweils unterstützen. So ist zum Beispiel klar, dass eine Action-Extension, die Text verarbeitet, nicht mit Bildern umgehen kann. Die Festlegung, welche Dateitypen von einer Extension unterstützt werden, muss der Entwickler selbst festlegen.

Diese Festlegung findet innerhalb der Info.plist-Datei der Extension statt. Diese benötigt den Schlüssel `NSExtensionActivationRule`, der wiederum ein Dictionary als Wert erwartet. In diesem Dictionary können Sie nun die zu unterstützenden Dateitypen aufführen. Entsprechende Schlüssel für einzelne Dateitypen stellen dabei die Frameworks von Apple zur Verfügung. Für die meisten Schlüssel müssen Sie zudem als Wert einen Integer übergeben, der angibt, wie viele Dateien des entsprechenden Typs Ihre Extension entweder mindestens benötigt oder maximal bearbeiten kann.

Die verfügbaren Schlüssel zur Festlegung der gewünschten Dateitypen für Share- und Action-Extensions sind in Tabelle 11.2 aufgelistet.

Tabelle 11.2 Unterstützte Dateitypen für Share- und Action-Extensions

Schlüssel	Erläuterung
`NSExtensionActivationSupportsAttachmentsWithMaxCount`	Soll die Extension allgemein mit verschiedenen Anhängen umgehen können, gibt dieser Schlüssel die maximale Anzahl der gleichzeitig unterstützten Anhänge an.
`NSExtensionActivationSupportsAttachmentsWithMinCount`	Soll die Extension allgemein mit verschiedenen Anhängen umgehen können, gibt dieser Schlüssel die minimale Anzahl an Anhängen an, die ihr mindestens übergeben werden muss.
`NSExtensionActivationSupportsFileWithMaxCount`	Soll die Extension allgemein mit Dateien umgehen können, gibt dieser Schlüssel die maximale Anzahl der gleichzeitig unterstützten Dateien an.
`NSExtensionActivationSupportsImageWithMaxCount`	Soll die Extension mit Bildern umgehen können, gibt dieser Schlüssel die maximale Anzahl der gleichzeitig unterstützten Bilder an.
`NSExtensionActivationSupportsMovieWithMaxCount`	Soll die Extension mit Filmen und Videos umgehen können, gibt dieser Schlüssel die maximale Anzahl der gleichzeitig unterstützten Filme und Videos an.
`NSExtensionActivationSupportsText`	Soll die Extension mit Text umgehen können, muss dieser Schlüssel entsprechend auf `true` gesetzt werden.
`NSExtensionActivationSupportsWebURLWithMaxCount`	Soll die Extension mit Web-URLs umgehen können, gibt dieser Schlüssel die maximale Anzahl der gleichzeitig unterstützten Web-URLs an.
`NSExtensionActivationSupportsWebPageWithMaxCount`	Soll die Extension mit Websites umgehen können, gibt dieser Schlüssel die maximale Anzahl der gleichzeitig unterstützten Websites an.

Alle Dateitypen, die Sie in der Info.plist-Datei Ihrer Extension angeben und somit unterstützen, können von anderen Apps dazu genutzt werden, entsprechend passende Dateien an diese Extension zu übergeben. Relevant sind diese genannten Dateitypen aber tatsächlich nur für Share- und Action-Extensions, da bei diesen per se nicht klar ist, welche Dateien sie unterstützen und welche nicht. Dass beispielsweise eine Today Extension nur in der Mitteilungszentrale existiert oder eine Photo Editing Extension nur mit Bildern umgehen kann, steht außer Frage.

Nach all diesen allgemeinen und grundlegenden Informationen zu Extensions wird es nun aber Zeit, einmal einen konkreten Blick auf die einzelnen Extension-Typen zu werfen. Also, los geht's! ☺

11.6 Action Extension

Eine Action Extension erlaubt es Ihnen, übergebene Dateien zu bearbeiten oder in abgeänderter Art und Weise darzustellen. Sie sind mit die flexibelste Art von Extension, die uns in iOS zur Verfügung steht.

Bei der Erstellung einer Action Extension können wir – neben den bereits im Abschnitt 11.2 „Erstellen von Extensions in Xcode" vorgestellten allgemeinen Einstellungen – auch eine Spezialität allein von Action Extensions festlegen. Mithilfe des Drop-down-Menüs ACTION TYPE können Sie definieren, ob die Extension einfach eine bestimmte Aktion mit den übergebenen Dateien durchführt, ohne dass der Nutzer in einer separaten Ansicht selbst Änderungen oder Einstellungen vornehmen kann (Einstellung NO USER INTERFACE), oder ob die Extension über eine eigene Ansicht verfügt, die der Nutzer dann entsprechend bedienen kann (Einstellung PRESENTS USER INTERFACE).

Je nach Auswahl erstellt Xcode ein unterschiedliches Set an Dateien für unsere Extension. Wählen wir die Option PRESENTS USER INTERFACE, erhalten wir einen View-Controller, ein zugehöriges Storyboard sowie eine Info.plist-Datei. Anders liegt der Fall, wenn wir uns für die Option NO USER INTERFACE entscheiden; dann erhalten wir zwar auch die zwingend benötigte Info.plist-Datei, statt eines Storyboards und einer View-Controller-Klasse gibt es dann aber ein JavaScript-File und eine Klasse, die zum `NSExtensionRequestHandling`-Protokoll konform ist. Beide Varianten sehen wir uns nun einmal im Detail an.

11.6.1 Action mit User Interface

Beginnen wir dabei mit einer Action Extension **mit** User Interface (und damit der Einstellung PRESENTS USER INTERFACE). Xcode erstellt dabei direkt Beispielcode für diese Extension, indem es das Storyboard um eine Navigation Bar und eine Image-View ergänzt sowie den Code beispielhaft auf die Bearbeitung eines Bildes vorbereitet. Bei der Entwicklung einer komplett eigenen Action Extension kann man da erst einmal anfangen und Apples gut gemeinte Vorarbeiten löschen und über Bord werfen. ☺

Generell haben wir bei einer Action Extension komplette Freiheit bei der Gestaltung der Ansicht über das Storyboard sowie dem zugrunde liegenden Code des View-Controllers. Mithilfe der Property extensionContext von UIViewController können wir die übergebenen Objekte auswerten und so unsere Extension für die angedachten Aufgaben vorbereiten; der Rest liegt gänzlich in unserer Hand.

Ein Punkt ist dabei natürlich entscheidend: Was auch immer wir in unserer Action-Extension tun und welche Aufgaben wir an den übergebenen Objekten durchführen, am Ende soll das entsprechende Ergebnis natürlich an die aufrufende Host App zurückgegeben werden. Hierzu ist es wichtig, eine entsprechende Methode zu implementieren, über die der Nutzer unsere Action-Extension wieder verlassen kann und die die notwendige Logik enthält, um der Host App das Ergebnis der Action-Extension zu übergeben.

Dazu erstellen wir eine neue Instanz der Klasse NSExtensionItem, bei der wir die entsprechenden Inhalte setzen. Anschließend wird dieses Objekt durch Aufruf der Methode completeRequest(returningItems:completionHandler:) des Extension Contexts an die Host App übergeben. Die Methode erwartet dabei ein Array, was bedeutet, dass wir unser NSExtensionItem innerhalb eines Arrays an diese Methode übergeben müssen. Auch könnten wir darüber natürlich mehrere verschiedene NSExtensionItem-Objekte an die Host App zurückliefern.

11.6.2 Action ohne User Interface

Action Extensions **ohne** ein eigenes User Interface werden von iOS anders ausgeführt als solche mit. Wählt der Nutzer eine Action Extension mit User Interface aus, so wird dieses angezeigt und der Nutzer kann darin die zur Verfügung stehenden Aktionen ausführen. Bei einer Action Extension ohne User Interface ist das verständlicherweise nicht möglich. Diese sind dazu gedacht, eine feststehende Aktion auf die übergebenen Objekte beziehungsweise das übergebene Objekt anzuwenden, ohne dass der Nutzer in irgendeiner Art und Weise weiteren Einfluss darauf nehmen kann. So könnte eine Extension für einen Cloud-Speicherdienst die übergebene Datei direkt in das eigene Nutzerkonto der Cloud hochladen; hier ist es nicht zwingend notwendig, dem Nutzer zuvor eine entsprechende Ansicht anzuzeigen, die Aktion könnte stattdessen sofort und ohne Unterbrechung durchgeführt werden. Und genau für solche Fälle sind Action Extensions ohne User Interface gedacht.

Tatsächlich spielt in diesem Fall nur die auch standardmäßig generierte Klasse ActionRequestHandler eine Rolle. Da diese vom Protokoll NSExtensionRequestHandling abgeleitet ist, muss in ihr auch die einzige Methode dieses Protokolls – beginRequest(with:) – implementiert werden. Die genaue Deklaration dieser Methode zeigt Listing 11.1.

Listing 11.1 Deklaration der Methode zum Abfangen des Extension-Context

```
// Swift
func beginRequest(with context: NSExtensionContext)

// Objective-C
- (void)beginRequestWithExtensionContext:(NSExtensionContext *)context;
```

Wie wir sehen, erhalten wir über diese Methode direkten Zugriff auf den übergeben Extension-Context in Form des Parameters `context`. Normalerweise können wir diesen ja direkt über den zugrunde liegenden `UIViewController` unserer Extension abfragen, einen solchen gibt es aber in diesem Fall ja nicht; unsere Action Extension zeigt schließlich gar keine Ansicht an. Darum müssen wir den Extension-Context auf diesem Weg erhalten. In den von Xcode erzeugten Dateien einer neuen Action Extension ist eine solche Klasse, die konform zum Protokoll `NSExtensionRequestHandling` ist und die diese Methode implementiert, bereits umgesetzt. Diese Methode beschreibt unseren Einstiegspunkt und hier können wir die entsprechenden Aktionen unserer Extension durchführen.

Irritieren lassen sollte man sich nicht von der ebenfalls automatisch erzeugten JavaScript-Datei. Tatsächlich wird diese nur für das von Xcode automatisch erzeugte kleine Action-Extension-Beispiel genutzt und ist keine Voraussetzung für eine funktionierende Action Extension. Darum heißt es auch hier, dass Sie möglicherweise erst einmal den automatisch erzeugten Beispielcode ausmisten wollen, ehe Sie mit der eigentlichen Arbeit an Ihrer eigenen Action Extension beginnen.

Wie immer gilt auch bei einer Action Extension ohne User Interface, am Ende der Arbeit der Extension die Methode `completeRequest(returningItems:completionHandler:)` auf dem zu Beginn erhaltenen `NSExtensionContext`-Objekt aufzurufen, um iOS mitzuteilen, dass die Arbeit der Extension beendet ist.

11.7 Content Blocker Extension

Zusammen mit iOS 9 hat Apple eine neue Form von iOS-Extension eingeführt, die sogenannte Content Blocker Extension. Diese Art von Extension unterscheidet sich in mehrerlei Hinsicht von den meisten anderen Extensions. Das fängt mit den Dateien, aus denen sich eine Content Blocker Extension zusammensetzt, an, und hört bei der Nutzung der Extension auf. Doch eins nach dem anderen.

Haben Sie eine neue Content Blocker Extension mithilfe von Xcode erstellt, werden Ihrem Projekt drei neue Dateien hinzugefügt. Neben der bereits bekannten Info.plist-Datei finden sich darunter eine Klasse namens `ContentBlockerRequestHandler` sowie eine JSON-Datei namens *blockerList*. Tatsächlich ist letztere für Content Blocker Extensions das A und O, dort findet die eigentliche Arbeit statt.

Doch bevor wir uns nun im Detail mit der Erstellung von Content Blocker Extensions befassen, möchte ich zunächst einmal darauf eingehen, *was* Content Blocker Extensions überhaupt sind und was sie tun.

Eine Content Blocker Extension kann zentral über die Systemeinstellungen von iOS aktiviert beziehungsweise deaktiviert werden. Dazu findet sich in iOS 9 in den Einstellungen ein entsprechender Punkt unter SAFARI → INHALTS-BLOCKER (siehe Bild 11.5). Dort werden alle Content Blocker Extensions aufgeführt, die die auf dem Gerät installierten Apps mitliefern. Standardmäßig sind diese immer deaktiviert, der Nutzer muss also die Extension immer erst händisch an dieser Stelle in den Systemeinstellungen aktivieren, um sie verwenden zu können.

Bild 11.5 In iOS können Nutzer zentral in den Systemeinstellungen von Safari auf alle verfügbaren Content Blocker Extensions zugreifen und diese nach Gusto aktivieren beziehungsweise deaktivieren.

> Der Menüpunkt INHALTS-BLOCKER in den Einstellungen von Safari taucht dort erst auf, wenn mindestens eine Content Blocker Extension auf Ihrem iOS-Gerät installiert ist.

Doch was tut solch eine Content Blocker Extension, sobald sie aktiviert ist? Eine Content Blocker Extension definiert feste Regeln, wie der native iOS-Browser Safari mit bestimmten Websites und Webelementen umgehen soll. Content Blocker Extensions stellen dabei zwei zentrale Funktionen zur Verfügung: Sie können entweder bestimmte Elemente innerhalb des CSS-Baums einer Website ausblenden oder sogar gänzlich das Laden bestimmter Elemente und Inhalte verhindern. All diese Regeln werden dabei innerhalb der JSON-Datei der Content Blocker Extension definiert und festgelegt.

11.7.1 Konfiguration eines Content Blockers

Die JSON-Datei einer Content Blocker Extension ist also, wie beschrieben, der Dreh- und Angelpunkt. Die Datei unterteilt sich dabei in zwei Bereiche:

- `action`: Innerhalb des Action-Bereichs wird festgelegt, was die Content Blocker Extension tun soll (Inhalte ausblenden oder gar nicht erst laden?).
- `trigger`: Der Trigger-Bereich definiert die Regeln zur zuvor festgelegten Action. Hier kann ein spezifischer URL hinterlegt werden, für den die Regel ausschließlich gültig ist, oder es können spezifische Ressourcen festgelegt werden, die beispielsweise nicht geladen werden sollen.

Listing 11.2 zeigt einmal diesen grundlegenden Aufbau, den jede JSON-Datei einer Content Blocker Extension somit schon einmal besitzen muss.

Listing 11.2 Grundaufbau der JSON-Datei einer Content Blocker Extension

```
[
    {
        "action": {
            <Konfiguration der Action>
        },
```

```
        "trigger": {
            <Konfiguration des Triggers>
        }
    }
]
```

Soweit die Theorie. Apple definiert mehrere feste Schlüsselwörter, die zur Konfiguration des JSON-Files in der eben dargestellten Form verwendet werden müssen. Werfen wir zunächst einen Blick auf den Action-Bereich.

11.7.1.1 Konfiguration der Action

Für den Action-Bereich einer Content Blocker Extension stehen insgesamt zwei Schlüsselwörter für die Konfiguration zur Verfügung:

- `type`
- `selector`

`type` wird in jedem Fall immer benötigt und legt fest, ob ein Element eines CSS-Baums lediglich ausgeblendet werden soll oder gar spezifische Inhalte überhaupt nicht erst geladen werden sollen. Aus diesem Grund kann `type` einer dieser beiden Werte hinzugefügt werden:

- `block`
- `css-display-none`

Wählt man `block`, ist eine weitere Konfiguration der Action nicht nötig; das Schlüsselwort `selector` ist nur im Falle des Typs `css-display-none` relevant. In diesem Fall übergibt man `selector` die ID innerhalb des CSS, die ausgeblendet werden soll. In Listing 11.3 und Listing 11.4 sehen Sie eine jeweils passende Konfiguration des Action-Bereichs mit je einmal dem Typ `block` und dem Typ `css-display-none`.

Listing 11.3 Konfiguration des Action-Bereichs zum Blocken von Inhalten

```
"action": {
    "type": "block"
}
```

Listing 11.4 Konfiguration des Action-Bereichs zum Ausblenden von Inhalten

```
"action": {
    "type": "css-display-none",
    "selector": "#cssClass"
}
```

Damit ist die Konfiguration des Action-Bereichs einer Content Blocker Extension abgeschlossen. Betrachten wir nun noch die Detailkonfiguration innerhalb des Trigger-Bereichs.

11.7.1.2 Konfiguration des Triggers

Im Trigger-Bereich stehen – äquivalent zum Action-Bereich – mehrere fest definierte Schlüsselwörter zur Verfügung, um die genaue Konfiguration für die Content Blocker Extension festzulegen. Die verfügbaren Schlüsselwörter sind mitsamt einer kurzen Beschreibung im Folgenden einmal aufgeführt:

- `url-filter`: Enthält einen String, der den Ziel-URL genauer definiert. Mithilfe der Syntax `.*` kann festgelegt werden, dass alle URLs der Zielseite berücksichtigt werden sollen.
- `resource-type`: Legt anhand eines Arrays fest, welche Art von Dateien und Medien für die Content Blocker Extension betroffen sind. Verfügbare Werte sind beispielsweise `style-sheet`, `image` oder `script`.
- `load-type`: Legt anhand eines Arrays fest, welche Inhalte der Website berücksichtigt werden sollen. Der Wert `first-party` bezieht sich auf alle Inhalte, die von dem Ziel-URL direkt geladen werden, während sich der Wert `third-party` auf alle Inhalte bezieht, die über Drittseiten nachgeladen werden.
- `if-domain`: Legt anhand eines Arrays fest, auf welche Domains ausschließlich die Action der Content Blocker Extension sowie die festgelegten Einstellungen des `url-filter` angewendet werden sollen. Dabei werden die entsprechenden Domains direkt innerhalb des Arrays angegeben.
- `unless-domain`: Kann als Gegenstück zu `if-domain` gesehen werden und sorgt dafür, dass die hier festgelegten Domains explizit nicht von der Content Blocker Extension berücksichtigt werden.

Im Folgenden zeigen Listing 11.5 und Listing 11.6 zwei Beispiele zur Konfiguration einer kompletten Content Blocker Extension mit Action- und Trigger-Bereich.

Listing 11.5 Laden einer Datei blockieren

```
"action": {
    "type": "block
},
"trigger": {
    "url-filter": "myScript",
    "resource-type": ["script"]
    "load-type": ["third-party"]
}
```

Listing 11.6 CSS ausblenden

```
"action": {
    "type": "css-display-none",
    "selector": "#ads"
},
"trigger": {
    "url-filter": ".*",
    "if-domain": "myDomain.com"
}
```

In Listing 11.5 wird das Laden einer beispielhaften Skript-Datei auf einer Website verhindert, die von einer anderen Quelle nachgeladen wird, während in Listing 11.6 beispielhaft Werbung in Form eines `ads`-Selektors auf einer Website ausgeblendet wird.

11.7.2 Aktualisieren eines Content Blockers

Wir haben nun gesehen, wie wir eigene Content Blocker Extensions schreiben und welche Optionen uns dabei zur Verfügung stehen. Mehr brauchen wir auch gar nicht tun, um unsere Content Blocker Extension in den Systemeinstellungen von iOS zur Verfügung zu stellen; sie wird zusammen mit unserer App ausgeliefert und steht dann zur Aktivierung durch den Nutzer bereit.

Was aber tun, wenn sich unsere Content Blocker Extension beispielsweise nach einem App-Update ändert? Denn eine automatische Aktualisierung des installierten Content Blockers in den Systemeinstellungen erfolgt nicht. Stattdessen müssen wir in einem solchen Fall aktiv werden und iOS explizit mitteilen, dass unsere Content Blocker Extension aktualisiert werden soll. Dazu müssen wir die Klassenmethode `reloadContentBlocker(withIdentifier:completionHandler:)` der Klasse `SFContentBlockerMananger` aufrufen, die Teil des SafariServices-Frameworks ist. Der zu übergebende Identifier muss dabei dem Bundle Identifier der Content Blocker Extension entsprechen.

Nach diesem Aufruf wird die Content Blocker Extension mit allen aktuellen Einstellungen innerhalb des JSON-Files neu geladen.

11.7.3 Die Klasse ContentBlockerRequestHandler

Wir haben uns bis zu diesem Punkt ausschließlich mit der Erstellung einer Content Blocker Extension innerhalb der JSON-Datei beschäftigt, und wie wir gesehen haben, ist das tatsächlich auch die Stelle, wo die eigentliche Arbeit zur Erstellung der Extension stattfindet. Nichtsdestoweniger möchte ich auch noch einmal an dieser Stelle die ebenfalls mit der Extension erzeugte Klasse `ContentBlockerRequestHandler` vorstellen und deren Bedeutung erläutern, denn diese wird bei der automatischen Installation sowie bei der Aktualisierung der Extension mittels `reloadContentBlocker(withIdentifier:completionHandler:)` aufgerufen.

Standardmäßig tut diese Klasse nur eine einzige Sache: Sie lädt das JSON-File aus dem App-Bundle und liefert es an das System zurück. Den Standardcode für dieses Vorgehen zeigt Listing 11.7.

Listing 11.7 Standardinhalt der Klasse `ContentBlockerRequestHandler`

```
//Swift
class ContentBlockerRequestHandler: NSObject, NSExtensionRequestHandling {
    func beginRequest(with context: NSExtensionContext) {
        let attachment = NSItemProvider(contentsOf: Bundle.main.
urlForResource("blockerList", withExtension: "json"))!
        let item = NSExtensionItem()
        item.attachments = [attachment]
        context.completeRequest(returningItems: [item], completionHandler: nil);
    }
}
```

```
// Objective-C
@implementation ContentBlockerRequestHandler
- (void)beginRequestWithExtensionContext:(NSExtensionContext *)context {
    NSItemProvider *attachment = [[NSItemProvider alloc]
initWithContentsOfURL:[[NSBundle mainBundle] URLForResource:@"blockerList"
withExtension:@"json"]];
    NSExtensionItem *item = [[NSExtensionItem alloc] init];
    item.attachments = @[attachment];
    [context completeRequestReturningItems:@[item] completionHandler:nil];
}
@end
```

Die Aufgabe der Klasse `ContentBlockerRequestHandler` liegt also schlicht und ergreifend darin, dem System mitzuteilen, welche JSON-Datei es verwenden soll; fertig! Sie können daher diesen Code zum Beispiel bei der Verwendung mehrerer verschiedener JSON-Dateien aktualisieren, um die Bedingung zu prüfen, welche JSON-Datei denn nun verwendet werden soll.

Standardmäßig bedarf es aber keinerlei Anpassung an den Inhalten dieser Klasse, da Xcode diese automatisch beim Erstellen der Extension mit den in Listing 11.7 gezeigten passenden Inhalten füllt.

11.8 Custom Keyboard

Mithilfe von *Custom Keyboards* ist es möglich, eigene Tastaturen systemweit unter iOS anzubieten. Dabei unterscheidet sich diese Extension zunächst nicht von allen anderen; sie ist Bestandteil Ihrer App und wird ausschließlich zusammen mit dieser ausgeliefert. Allerdings lässt sich Ihr Custom Keyboard dann nicht nur innerhalb Ihrer eigenen App nutzen (wo Sie es idealerweise bereits selbst praktisch einsetzen), sondern kann von den Nutzern auch an jeder anderen Stelle in iOS und in jeder anderen App verwendet werden. Ob das sinnvoll ist, hängt vom jeweiligen Custom Keyboard selbst ab und davon, inwieweit es auf spezifische Anforderungen Ihrer eigenen App ausgelegt ist oder sich stattdessen auch problemlos in andere Apps integrieren lässt. Diesen Gedanken sollten Sie bereits bei der Planung eines Custom Keyboards beachten: Soll die neue Tastatur ausschließlich die Bedienung Ihrer eigenen App vereinfachen, oder möchten Sie vielmehr eine alternative Tastatur auch für alle anderen Apps unter iOS anbieten? In letzterem Fall würde sich die Umsetzung als Custom Keyboard durchaus lohnen, im ersteren Fall wäre zu überlegen, ob es nicht bei einer rein internen Umsetzung für die eigene App bleibt.

11.8.1 Erstellen eines Custom Keyboards

Eine Custom Keyboard-Extension wird auf die gleiche Art und Weise erstellt wie alle anderen Extensions auch. Xcode bietet dazu ein entsprechendes Template namens CUSTOM KEYBOARD bei der Erstellung eines neuen Targets an.

Nach der entsprechenden Erstellung einer Custom Keyboard-Extension fällt allerdings auf, dass Xcode zwar eine Klasse zur Konfiguration unserer eigenen Tastatur sowie die ebenfalls benötigte Info.plist-Datei für unsere Extension erstellt hat, aber kein Storyboard existiert. Das hängt damit zusammen, dass Custom Keyboard-Extensions generell im Code innerhalb einer Subklasse von `UIInputViewController` erstellt werden. Genau eine solche Subklasse erstellt Xcode automatisch für uns und betitelt diese standardmäßig mit `KeyboardViewController`. `UIInputViewController` selbst ist dabei eine Subklasse von `UIViewController` und bringt damit alle bereits bekannten Eigenschaften und Funktionen dieser Klasse mit. Wir nutzen die Property `view` dieser Klasse, um alle benötigten Schaltflächen im Code unserem Custom Keyboard hinzuzufügen und mit den gewünschten Funktionen zu versehen, die wir dann über unsere Instanz der Klasse `UIInputViewController` aufrufen und verarbeiten können.

11.8.2 Arbeiten mit der Klasse UIInputViewController

Jede View-Controller-Klasse einer Custom Keyboard-Extension erbt von der Klasse `UIInputViewController`. Diese bringt die grundlegenden Funktionen und Eigenschaften mit, die wir zur Arbeit mit unserer eigenen Tastatur benötigen.

Dabei möchte ich zu Beginn direkt auf die wohl wichtigste Methode eingehen, die wir in jedem Custom Keyboard zwingend implementieren müssen. Es handelt sich um die Methode `advanceToNextInputMode()`. Rufen wir diese Methode auf, wird die nächste der vom Nutzer installierten Tastaturen aufgerufen. Sie entspricht damit dem Weltkugel-Symbol der Standardtastatur von iOS (siehe Bild 11.6).

Bild 11.6 Auch wir müssen innerhalb unseres Custom Keyboards eine Möglichkeit zum Wechseln der Tastatur anbieten, so wie es die Weltkugel-Schaltfläche unten links in der Standardtastatur von iOS auch tut.

Innerhalb unseres eigenen Custom Keyboards muss es in jedem Fall eine Schaltfläche geben, die beim Aufrufen diese Methode auslöst, damit der Nutzer darüber zwischen seinen verfügbaren Tastaturen wechseln kann. Stellen wir eine derartige Funktion innerhalb unserer eigenen Tastatur nicht zur Verfügung, ist eine Ablehnung von Apple beim Einreichen der entsprechenden App in den App Store geradezu sicher. Denken Sie daran, denn weder Xcode noch der Compiler werden Sie auf das Fehlen einer solchen Schaltfläche innerhalb

Ihres Custom Keyboards aufmerksam machen; dennoch ist sie Pflicht und zwingend notwendig.

Wie Sie darüber hinaus Ihr Custom Keyboard gestalten, ist voll und ganz Ihnen überlassen. Fügen Sie dazu alle Schaltflächen und sonstigen Elemente der Property `view` der Klasse `UIInputViewController` hinzu. Dabei handelt es sich um das „Standard"-`UIView`-Objekt, das jeder `UIViewController` besitzt und das im Falle des Custom Keyboards dem Nutzer letztlich als die von uns entwickelte Tastatur angezeigt wird.

Listing 11.8 zeigt die beispielhafte Umsetzung eines einfachen Custom Keyboards mit zwei Schaltflächen. Das Custom Keyboard selbst wird dabei innerhalb der überschriebenen Methode `viewDidLoad` der Klasse `UIViewController` erstellt und „zusammengebaut".

Listing 11.8 Beispielhafte Erstellung eines einfachen Custom Keyboards

```
// Swift
override func viewDidLoad() {
    super.viewDidLoad()
    let smileButton = UIButton(type: .system)
    smileButton.frame = CGRect(x: 0, y: 30, width: 200, height: 44)
    smileButton.setTitle("Smile", for: .normal)
    smileButton.addTarget(self, action: #selector(smile), for: .touchUpInside)
    let nextKeyboardButton = UIButton(type: .system)
    nextKeyboardButton.frame = CGRect(x: 0, y: 130, width: 200, height: 44)
    nextKeyboardButton.setTitle("Next Keyboard", for: .normal)
    nextKeyboardButton.addTarget(self, action: #selector(advanceToNextInputMode),
for: .touchUpInside)
    view.addSubview(smileButton)
    view.addSubview(nextKeyboardButton)
}

// Objective-C
- (void)viewDidLoad {
    [super viewDidLoad];
    UIButton *smileButton = [UIButton buttonWithType: UIButtonTypeSystem];
    smileButton.frame = CGRectMake(0, 30, 200, 44);
    [smileButton setTitle:"Smile" forState: UIControlStateNormal];
    [smileButton addTarget:self action:@selector(smile)
forControlEvents:UIControlEventTouchUpInside];
    UIButton *nextKeyboardButton = [UIButton buttonWithType: UIButtonTypeSystem];
    nextKeyboardButton.frame = CGRectMake(0, 130, 200, 44);
    [nextKeyboardButton setTitle:"Next Keyboard" forState:UIControlStateNormal];
    [nextKeyboardButton addTarget:self action:@selector(advanceToNextInputMode)
forControlEvents:UIControlEventTouchUpInside];
    [self.view addSubview:smileButton];
    [self.view addSubview:nextKeyboardButton];
}
```

Wie Sie sehen, wurde in diesem Beispiel auch eine zwingend benötigte Schaltfläche implementiert, die die Methode `advanceToNextInputMode()` aufruft. Wird diese Schaltfläche betätigt, wechselt iOS zwischen den verschiedenen installierten Tastaturen hin und her. Die komplette weitere Konfiguration und Gestaltung unserer Tastatur ist gänzlich uns selbst überlassen. Beispielsweise können wir auch eine Schaltfläche implementieren, die die Methode `dismissKeyboard` der Klasse `UIInputViewController` aufruft und dafür sorgt, dass die Tastatur wieder verschwindet.

11.8.3 Bearbeiten und Setzen von Text

Typischerweise besteht die Hauptaufgabe einer Tastatur darin, Text in dafür vorgesehenen Feldern oder Ansichten zu setzen, und natürlich verhält es sich da auch bei unseren eigenen Custom Keyboards nicht anders. Wie also können wir beim Tippen in unserer Tastatur die eigentliche Quelle, die der Nutzer bearbeitet, entsprechend ändern und beeinflussen? Diese Frage ist gerade deshalb wichtig, da das Custom Keyboard ja nicht nur innerhalb unserer eigenen App, sondern auch in jeder anderen zum Einsatz kommen kann. Die Tastatur selbst muss also über eine Info verfügen, welche Quelle da bearbeitet wird, um die gewünschten Eingaben zu tätigen.

Die zentrale Rolle hierbei spielt die Property `textDocumentProxy` der Klasse `UIInputViewController`. Bei dieser Read-Only-Property handelt es sich um ein beliebiges Objekt, das konform zum Protokoll `UITextDocumentProxy` ist. Genau über dieses Protokoll haben wir die Möglichkeit, den zugrunde liegenden Text über unsere Tastatur zu manipulieren, ohne dass es für uns eine Rolle spielt, woher dieser Text eigentlich kommt. Alle Aktionen führen wir dabei direkt auf der Property `textDocumentProxy` aus. Die Deklaration der beiden wichtigsten Methoden, die wir auf diese Property aufrufen können, sind in Listing 11.9 aufgeführt.

Listing 11.9 Methoden zum Bearbeiten und Setzen von Text

```
// Swift
func insertText(_ text: String)
func deleteBackward()
func hasText() -> Bool

// Objective-C
- (void)insertText:(NSString *)text
- (void)deleteBackward
- (BOOL)hasText
```

Mithilfe der vorgestellten Methoden können Sie die grundlegenden Aktionen zur Verwendung Ihres Custom Keyboards umsetzen. `insertText(_:)` erwartet einen String, der sodann an der entsprechenden Quelle eingefügt wird, an der der Nutzer gerade arbeitet (egal in welcher Ansicht oder in welcher App). `deleteBackward()` löscht das aktuelle Zeichen links vom Cursor, und mithilfe von `hasText()` können Sie prüfen, ob die aktuelle Quelle überhaupt bereits oder noch über Text verfügt.

Darüber hinaus stellt Ihnen die Property `textDocumentProxy` noch zwei zusätzliche Properties zur Verfügung, die Sie beim Bearbeiten von Text mitunter beachten sollten: `documentContextAfterInput` und `documentContextBeforeInput`. Diese liefern einen String über den aktuell vom Nutzer ausgewählten Bereich, beispielsweise wenn dieser einen gesamten Absatz markiert hat. In so einem Fall soll der Aufruf von `deleteBackward` typischerweise den gesamten ausgewählten Bereich entfernen.

11.8.4 Mehrsprachige Keyboards

Apple offeriert zwei Möglichkeiten, um die eigenen Custom Keyboards – sofern man das möchte und es angebracht ist – mehrsprachig umzusetzen. Beide haben Ihre Vor- und Nachteile.

Zunächst wäre da das Erstellen einer eigenen Custom Keyboard-Extension pro unterstützter Sprache. Dabei können Sie sich innerhalb des jeweiligen Codes voll auf die eigentlichen Funktionen Ihrer Tastatur konzentrieren, ohne sich Gedanken um Mehrsprachigkeit machen zu müssen. Allerdings kann dies bei vielen unterstützten Sprachen auch eine sehr unübersichtliche und überladene Angelegenheit werden; ob man beispielsweise mehr als zehn Custom Keyboards mit einer App ausliefern möchte, muss jeder für sich selbst entscheiden.

Alternativ dazu bleibt nur, die Sprache dynamisch innerhalb einer einzigen Custom Keyboard-Extension mithilfe der Property `primaryLanguage` der Klasse `UIInputViewController` zu prüfen und das UI sowie möglicherweise Teile der Logik daran entsprechend anzupassen. Je nach Komplexität und Unterscheidungen der Tastatur zwischen verschiedenen Sprachen könnte dieses Vorgehen mitunter zu sehr unübersichtlichen und umfangreichen Code-Blöcken führen, die möglicherweise besser mit einzelnen Custom Keyboard-Extensions pro Sprache abgefangen werden. Hält sich diese Komplexität aber in Grenzen, ist es meist die schönere und leichter zu wartende Lösung zum Umsetzen von mehrsprachigen Custom Keyboards.

11.9 Document Provider

Mithilfe eines Document Provider ist es Ihnen möglich, anderen Apps Zugriff auf die Dateien und Dokumente innerhalb Ihrer eigenen App zu geben. Ihre App fungiert dabei in gewisser Weise als eine Art Repository, auf das andere Apps zugreifen und darin Dateien öffnen, exportieren oder bewegen können. Ein Document Provider ist dafür für folgende Aufgaben ausgelegt (externe Dateien bezeichnet dabei Dateien innerhalb des Document Providers, während lokale Dateien sich auf die Dateien innerhalb der Host App beziehen):

- Importieren einer externen Datei in die Host App
- Exportieren einer lokalen Datei der Host App in den Document Provider der Containing App
- Öffnen einer externen Datei innerhalb der Document Provider-Extension
- Verschieben einer lokalen Datei der Host App in den Document Provider der Containing App

Die Document Provider-Extension unterteilt sich in zwei Bereiche: Für das Importieren und Exportieren von Dateien genügt eine „einfache“ Document Provider-Extension; diese bringt alle Funktionen mit, um diese Aktionen erfolgreich durchführen zu können. Für das Öffnen und Verschieben von Dateien allerdings wird zusätzlich noch eine sogenannte File Provider-Extension benötigt. Beim Erstellen einer Document Provider-Extension können Sie anhand der Checkbox INCLUDE A FILE PROVIDER EXTENSION festlegen, ob Sie eine solche File Provider-Extension für Ihren Document Provider mit erstellen möchten (siehe Bild 11.7).

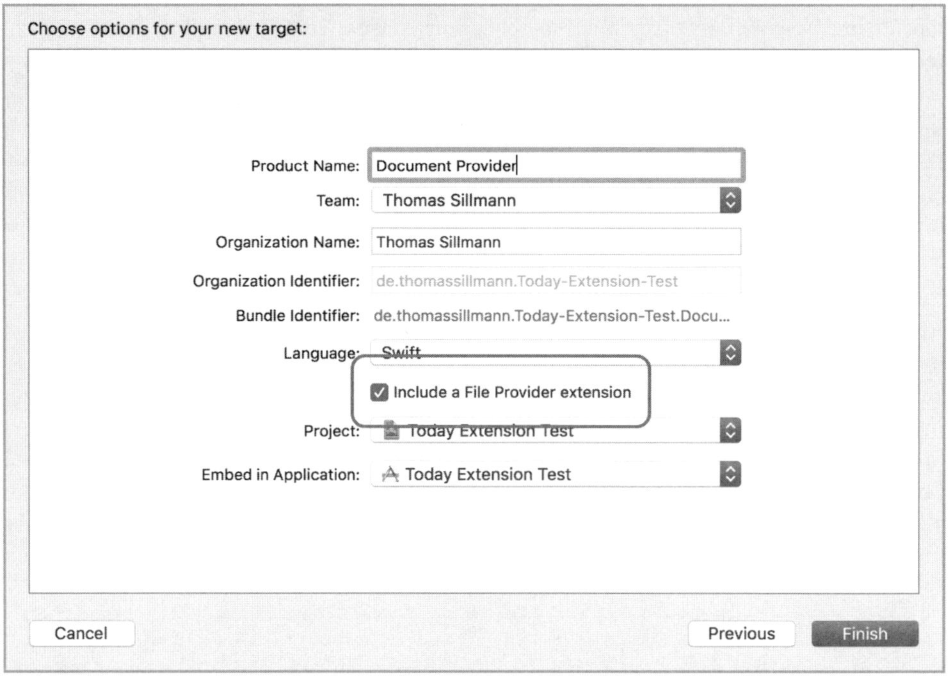

Bild 11.7 Beim Erstellen einer neuen Document Provider-Extension können Sie direkt eine optionale File Provider-Extension mit erzeugen.

Betrachten wir zunächst einmal die Document Provider-Extension im Detail.

11.9.1 Document Provider-Extension

Eine Document Provider-Extension setzt sich aus einer Subklasse von `UIDocumentPickerExtensionViewController` sowie einem Storyboard und einer Info.plist-Datei zusammen. `UIDocumentPickerExtensionViewController` fungiert dabei als View-Controller-Klasse und liefert die grundlegenden Funktionen zum Import und Export von Dateien mit. Dieser View-Controller wird geladen und angezeigt, wenn eine Host App Ihre Document Provider-Extension aufruft.

Eine Besonderheit stellt dabei der grundlegende Aufbau von Instanzen der Klasse `UIDocumentPickerExtensionViewController` dar. So verfügt dieser View-Controller immer über eine Navigation Bar am oberen Rand mitsamt einer LOCATIONS- und einer DONE-Schaltfläche (je am linken und rechten Rand der Navigation Bar, siehe Bild 11.8).

Bild 11.8
Der View-Controller einer Document Provider-Extension bringt immer eine vorkonfigurierte Navigation Bar mitsamt Schaltflächen mit.

Die LOCATION-Schaltfläche (im Deutschen automatisch mit SPEICHERORTE übersetzt) ist vom System vorgegeben und kann nicht geändert werden. Sie dient dem Nutzer dazu, schnell zwischen anderen Document Provider-Extensions hin und her zu springen, ohne den View-Controller erst ausblenden und dann erneut aufrufen zu müssen. Ebenso kann der DONE-Button nicht geändert oder beeinflusst werden, er dient dem Nutzer immer zum Verlassen der Document Provider-Extension.

Nachdem die eigene Instanz der Klasse `UIDocumentPickerExtensionViewController` geladen und initialisiert wurde, wird automatisch die Methode `prepareForPresentation(in:)` aufgerufen (siehe Deklaration in Listing 11.10).

Listing 11.10 Deklaration der Methode zum Abfangen des `UIDocumentPickerMode`

```
// Swift
func prepareForPresentation(in mode: UIDocumentPickerMode)

// Objective-C
- (void)prepareForPresentationInMode:(UIDocumentPickerMode)mode;
```

Diese Methode übergibt einen Parameter `mode` vom Typ `UIDocumentPickerMode`. Bei diesem Typ handelt es sich um eine Enumeration, die einen der folgenden Werte annehmen kann:

- `'import'`
- `open`
- `exportToService`
- `moveToService`

Die genaue Deklaration dieser Werte in Swift und Objective-C sehen Sie in Listing 11.11.

Listing 11.11 Verfügbare Werte von `UIDocumentPickerMode`.

```
// Swift
case 'import'
case open
case exportToService
case moveToService

// Objective-C
UIDocumentPickerModeImport
UIDocumentPickerModeOpen
UIDocumentPickerModeExportToService
UIDocumentPickerModeMoveToService
```

Die verfügbaren Werte entsprechen den eingangs vorgestellten Aktionen, die ein Document Provider durchführen kann (Importieren, Exportieren, Öffnen und Verschieben von Dateien). Beim Aufruf einer Document Provider-Extension legt die Host App fest, welche der Optionen sie benötigt, und diese entsprechende Info wird Ihnen innerhalb dieser Methode nach der Initialisierung Ihres `UIDocumentPickerExtensionViewController`-Objekts übergeben. Typischerweise nutzen Sie diese Information, um das User Interface Ihrer Extension dem gewünschten `UIDocumentPickerMode` anzupassen und mögliche Schaltflächen je nach übergebenem Parameter ein- beziehungsweise auszublenden. Je nach gegebenem `UIDocumentPickerMode` stehen Ihnen auch verschiedene Eigenschaften und Funktionen zur Verfügung beziehungsweise gibt es Besonderheiten, auf die Sie achten sollten.

11.9.1.1 'import' und open

Im Falle von `'import'` und open möchte der Nutzer auf Dateien zugreifen, die innerhalb Ihrer App liegen und mithilfe der Document Provider-Extension bereitgestellt werden. Bevor Sie aber beginnen, alle Ihre Dateien aufzuführen und so der Host App zugänglich zu machen, sollten Sie in diesem Fall vorher die Property `validTypes` der Klasse `UIDocumentPickerExtensionViewController` prüfen. Diese liefert von der Host App festgelegte *UTIs* zurück, die angeben, für welche Dateitypen die Host App sich überhaupt interessiert und welche sie verwenden möchte. Idealerweise sollten Sie dann auch nur die Dateien anzeigen, die den übergebenen UTIs entsprechen, und alle anderen innerhalb Ihrer Ansicht ausblenden.

Uniform Type Identifiers

Uniform Type Identifiers (kurz: UTIs) werden in der iOS-Entwicklung zur Abbildung und Erkennung von Dateitypen verwendet. Apple pflegt dazu eine umfangreiche Liste innerhalb seiner Dokumentation und führt dort alle verfügbaren und unterstützten UTIs auf. UTIs setzen sich dabei aus Strings zusammen, die Apple fest definiert hat. Im Folgenden führe ich einmal die Strings für die häufigsten Typen wie Text und Bild auf:

- `public.text`
- `public.plain-text`
- `public.jpeg`
- `public.image`
- `public.html`

Genau solche Werte werden in Form von Strings innerhalb der eben vorgestellten Property `validTypes` gespeichert, und zwar mit all den Typen, die die Host App eben unterstützt. Sie können diese Werte daher wie beschrieben nutzen, um möglicherweise einzelne Dateien auszublenden, die die Host App nicht als gewünschten Typ übergeben hat. Fragen Sie dazu am einfachsten die Werte innerhalb des Arrays `validTypes` ab und blenden Sie dann nur die gewünschten und passenden Dateien ein.

Sie erleichtern dem Nutzer Ihrer Document Provider-Extension die Arbeit enorm, wenn Sie die übergebenen gewünschten Dateitypen wie beschrieben berücksichtigen.

11.9.1.2 exportToService

Ist dieser Typ in Ihrer Document Provier-Extension gesetzt, so möchte der Nutzer offensichtlich aus der Host App heraus eine Datei in Ihre App exportieren. Den URL zu eben jener Datei können Sie mithilfe der Property `originalURL` der Klasse `UIDocumentPickerExtensionViewController` auslesen. Diese enthält nur bei `exportToService` einen Wert, in jedem anderen Fall liefert diese Read-Only-Property nur `nil` zurück.

11.9.1.3 Dateien auswählen

Sie haben nun alle wichtigen Klassen, Eigenschaften und Funktionen kennengelernt, die Sie rund um die Erstellung und Arbeit mit einer Document Provider-Extension benötigen. Die Ansicht, in der die entsprechenden Dateien aufgeführt sind, können Sie so gestalten, wie Sie es möchten. Nutzen Sie dazu die Storyboard-Datei und schreiben Sie den gewünschten Code innerhalb Ihrer `UIDocumentPickerExtensionViewController`-Klasse. Da es sich dabei um eine reine UI-Geschichte handelt, bei der es ansonsten keine zusätzlichen Besonderheiten zu beachten gibt, gehe ich an dieser Stelle nicht näher auf mögliche Umsetzungen und Beispiele ein. Stattdessen möchte ich mich zum Abschluss der Erläuterungen zur Document Provider-Extension noch einem essenziell wichtigen Punkt widmen: der finalen Auswahl von Dateien und der entsprechenden Informierung der Host App.

Zu diesem Zweck bringt die Klasse `UIDocumentPickerExtensionViewController` die Methode `dismissGrantingAccess(to:)` mit (siehe auch die entsprechende Deklaration in Listing 11.12).

Listing 11.12 Rückgabe der Information über gewählte Datei

```
// Swift
func dismissGrantingAccess(to url: URL?)

// Objective-C
- (void)dismissGrantingAccessToURL:(NSURL *)url;
```

Dieser Methode übergeben Sie den URL zu der vom Nutzer gewählten Datei, damit die Host App diese entsprechend verwenden kann. Dabei gibt es beim Aufruf dieser Methode und dem zu übergebenden URL je nach festgelegtem `UIDocumentPickerMode` verschiedene Eigenschaften zu beachten. So muss sich der Pfad des URL im Falle der Option `'import'` auf den genauen Pfad zur Datei innerhalb der Document Provider-Extension beziehen, während der Pfad im Falle von `open` hingegen im Verhältnis zur Property `documentStorageURL` der Klasse `UIDocumentPickerExtensionViewController` gesetzt sein muss (mehr zur Property `documentStorageURL` erfahren Sie im folgenden Abschnitt 11.9.2 „File Provider", da erst dort diese Property eine Rolle spielt).

Gleiches gilt für die Optionen `exportToService` und `moveToService`; bei Ersterem muss sich der URL auf den Pfad zur gewünschten Datei innerhalb der Document Provider-Extension beziehen, während im letzteren Fall der Pfad abhängig von der Property `documentStorageURL` gesetzt werden muss. Bei diesen beiden ist aber zusätzlich darauf zu achten, vor der Rückgabe des entsprechenden URL die jeweilige Datei, die uns die Host App an dieser Stelle übergibt, erfolgreich zu speichern. Erst nach der erfolgreichen Speicherung darf dann die Methode `dismissGrantincAccess(to:)` mit dem entsprechenden URL-Parameter aufgerufen werden.

11.9.2 File Provider

Eine File Provider-Extension stellt eine optionale Ergänzung zur Document Provider-Extension dar. Eine solche wird immer dann gebraucht, wenn ein Document Provider die Funktionen zum Export beziehungsweise zum Verschieben von Dateien aus der Host App heraus unterstützen soll. Für diese Zwecke liefert die File Provider-Extension sodann alle benötigten Funktionen und Eigenschaften.

Die File Provider-Extension selbst besteht aus einer einzigen Klasse, bei der es sich um eine Subklasse von NSFileProviderExtension handeln muss. Damit erbt sie alle notwendigen Eigenschaften und Funktionen zur Verarbeitung der von der Host App bereitgestellten Dateien. Dabei arbeitet die Klasse mit sogenannten *Placeholders*, die in Form von NSURL-Objekten auf verschiedene Dateien innerhalb des Document Providers verweisen. Die Klasse NSFileProviderExtension besitzt dazu passende Methoden, um so jegliche Änderungen an Dateien zu erkennen und die App darüber zu informieren. Fragt somit beispielsweise die Host App eine Datei auf einem Server an, die nicht lokal vorliegt, feuert NSFileProviderExtension eine entsprechende Methode und erlaubt es uns, auf dieses Event zu reagieren und einen passenden Download vorzunehmen. Die wichtigsten Methoden dieser Klasse möchte ich einmal kurz vorstellen (siehe Listing 11.13).

Listing 11.13 Wichtige Methoden der Klasse NSFileProviderExtension

```
// Swift
func providePlaceholder(at url: URL, completionHandler: (NSError?) -> Void)
func startProvidingItem(at url: URL, completionHandler: (NSError?) -> Void)
func itemChanged(at url: URL)
func stopProvidingItem(at url: URL)

// Objective-C
- (void)providePlaceholderAtURL:(NSURL *)url completionHandler:(void (^)(NSError
*error))completionHandler;
- (void)startProvidingItemAtURL:(NSURL *)url completionHandler:(void (^)(NSError
*error))completionHandler;
- (void)itemChangedAtURL:(NSURL *)url;
- (void)stopProvidingItemAtURL:(NSURL *)url;
```

Los geht's mit der Methode providePlaceholder(at:completionHandler:). Wann immer eine Datei auf einem Server angefragt wird, die nicht lokal vorliegt, wird diese Methode aufgerufen. Das erlaubt es Ihnen, die Datei temporär lokal zu speichern. Am Ende gilt es dann immer, den übergebenen Block in Form des Parameters completionHandler aufzurufen. Sollte beim Download ein Fehler auftreten, kann dieser in Form eines NSError-Objekts dem Block übergeben werden.

Die Methode startProvidingItem(at:completionHandler:) verhält sich ähnlich wie die eben vorgestellte Methode providePlaceholder(at:completionHandler:), in der Regel werden auch beide kurz nacheinander aufgerufen. Wenn diese Methode aus ihrer Extension heraus aufgerufen wird, sollten Sie die angeforderte Datei entsprechend zur Verfügung stellen (beispielsweise durch einen gestarteten Download). Auch hier gilt, nach der erfolgreichen Bereitstellung der angeforderten Datei den übergebenen completionHandler aufzurufen. Sollte es zu einem Fehler gekommen sein, sollte ein entsprechendes NSError-Objekt an den completionHandler übergeben werden.

Die Methode itemChanged(at:) weist uns darauf hin, dass die übergebene Datei geändert wurde. Typischerweise überschreiben wir die Implementierung dieser Methode dann, um beispielsweise einen entsprechenden Upload der geänderten Datei auf den zugrunde liegenden Server anzustoßen.

Zu guter Letzt weist uns ein Aufruf der Methode `stopProvidingItem(at:)` darauf hin, dass die übergebene Datei nicht länger verwendet wird beziehungsweise in Bearbeitung ist. Haben wir diese also als temporäre Datei nach einem Download im Dateisystem abgelegt, können wir den Aufruf dieser Methode nutzen, um das Dateisystem wieder aufzuräumen und passende temporäre Dateien zu löschen.

Allen eben vorgestellten Methoden ist Folgendes gemein: Sie *müssen* zwingend innerhalb Ihrer eigenen `NSFileProviderExtension`-Klasse überschrieben werden, selbst wenn Sie keine eigene Logik für diese Methoden implementieren möchten; dann bleibt die entsprechende Implementierung eben schlicht und einfach leer. Ebenso ist es nicht erlaubt, in diesen Methoden die entsprechende Methode der Elternklasse mittels `super` aufzurufen. Denken Sie an diese Punkte, wenn Sie an der Implementierung Ihrer eigenen `NSFileProviderExtension`-Klasse arbeiten.

11.9.3 Document Provider aufrufen

Möchten Sie eine Document Provider-Extension testen beziehungsweise umgekehrt in Ihrer App die Möglichkeit integrieren, auf andere Document Provider-Extensions anderer Apps zuzugreifen, so stehen Ihnen zwei Klassen aus dem UIKit-Framework zur Verfügung, die Sie für diese Zwecke nutzen können: `UIDocumentMenuViewController` und `UIDocumentPickerViewController`.

Die Klasse `UIDocumentMenuViewController` dient dabei als Auswahlansicht zur Verfügung stehender Document Provider-Extensions. Die Klasse stellt zwei Initializer zur Verfügung, um eine neue Instanz dieser Klasse zu erstellen (siehe Listing 11.14).

Listing 11.14 Initializer der Klasse `UIDocumentMenuViewController`

```
// Swift
init(documentTypes allowedUTIs: [String], in mode: UIDocumentPickerMode)
init(url: URL, in mode: UIDocumentPickerMode)

// Objective-C
- (instancetype)initWithDocumentTypes:(NSArray<NSString *> *)allowedUTIs
inMode:(UIDocumentPickerMode)mode;
- (instancetype)initWithURL:(NSURL *)url inMode:(UIDocumentPickerMode)mode;
```

Beiden ist der zweite Parameter `mode` vom Typ `UIDocumentPickerMode` gemein, mit dem Sie festlegen, wie Sie mit der Document Provider-Extension interagieren möchten (siehe dazu auch Abschnitt 11.9.1 „Document Provider-Extension"). Der Initializer `init(documentTypes:in:)` erwartet dann noch ein Array an UTIs, die Ihre App unterstützt und die Sie ausschließlich über die verfügbaren Document Provider-Extensions abfragen möchten (siehe auch den Abschnitt 11.9.1.1 „'import' und open"). Umgekehrt übergeben Sie mithilfe des Initializers `init(url:in:)` den URL zu einer lokalen Datei innerhalb Ihrer Host App, die Sie in einen Document Provider exportieren (siehe auch den Abschnitt 11.9.1.2 „exportToService").

Einen so initialisierten `UIDocumentMenuViewController` können Sie dann auf gewohnte Art und Weise anzeigen lassen. Um über Events und Aktionen des Nutzers innerhalb dieses View-Controllers informiert zu werden, müssen Sie der entsprechenden `delegate`-Property dieser Klasse ein passendes Objekt zuweisen, das dann entsprechend informiert wird. Dieser Delegate muss konform zum Protokoll UIDocumentMenuDelegate sein. Dieses Protokoll bringt zwei Methoden mit, deren Deklaration Sie in Listing 11.15 finden.

Listing 11.15 Methoden des UIDocumentMenuDelegate-Protokolls

```
// Swift
func documentMenu(_ documentMenu: UIDocumentMenuViewController,
didPickDocumentPicker documentPicker: UIDocumentPickerViewController)
optional func documentMenuWasCancelled(_ documentMenu: UIDocumentMenuViewController)

// Objective-C
- (void)documentMenu:(UIDocumentMenuViewController *)documentMenu
didPickDocumentPicker:(UIDocumentPickerViewController *)documentPicker;
- (void)documentMenuWasCancelled:(UIDocumentMenuViewController *)documentMenu
```

Die erste Methode documentMenu(_:didPickDocumentPicker:) informiert Sie über die Auswahl eines Nutzers innerhalb des UIDocumentMenuViewController, während die Methode documentMenuWasCancelled(_:) einen Abbruch der Aktion durch den Nutzer darstellt.

Alternativ zum UIDocumentMenuViewController, der Ihnen eine Auswahl der verfügbaren Document Provider-Extensions aufführt, von denen Sie eine passende wählen können, steht noch die Klasse UIDocumentPickerViewController zur Verfügung. Diese stellt direkt einen View-Controller zum Zugriff auf Dateien über Document Provider-Extensions dar, ohne zuvor einen spezifischen Document Provider auswählen zu müssen. Standardmäßig greift eine Instanz dieser Klasse dabei auf die in der iCloud gespeicherten Dateien und Dokumente zu, weshalb Sie bei Verwendung dieser Klasse auch zwingend die Nutzung von iCloud in Ihrer App aktivieren müssen. Ansonsten unterscheidet sich die Initialisierung und Nutzung nur unwesentlich von der eines UIDocumentMenuViewController. Die zur Verfügung stehenden Initializer für diese Klasse sind äquivalent (siehe Listing 11.16).

Listing 11.16 Initializer der Klasse UIDocumentPickerViewController

```
// Swift
init(documentTypes allowedUTIs: [String], in mode: UIDocumentPickerMode)
init(url: URL, in mode: UIDocumentPickerMode)

// Objective-C
- (instancetype)initWithDocumentTypes:(NSArray<NSString *> *)allowedUTIs
inMode:(UIDocumentPickerMode)mode;
- (instancetype)initWithURL:(NSURL *)url inMode:(UIDocumentPickerMode)mode;
```

Die Klasse UIDocumentPickerViewController nutzt ebenso eine delegate-Property, um über Änderungen und Aktionen am View-Controller zu informieren. Diese Property ist konform zum UIDocumentPickerDelegate-Protokoll, das ebenso wie das UIDocumentMenuDelegate-Protokoll über zwei bekannte Methoden verfügt (siehe Listing 11.17).

Listing 11.17 Methoden des UIDocumentPickerDelegate-Protokolls

```
// Swift
func documentPicker(_ controller: UIDocumentPickerViewController,
didPickDocumentAt url: URL)
```

```
optional func documentPickerWasCancelled(_ controller: UIDocumentPickerViewController)

// Objective-C
- (void)documentPicker:(UIDocumentPickerViewController *)controller
didPickDocumentAtURL:(NSURL *)url
- (void)documentPickerWasCancelled:(UIDocumentPickerViewController *)controller
```

Auch hier ist die erste Methode `documentPicker(didPickDocumentAt:)` für die Auswahl einer Datei durch den Nutzer verantwortlich, während `documentPickerWasCancelled(_:)` über einen Abbruch der Aktion informiert.

11.10 iMessage Extension

Mit iOS 10 führte Apple die sogenannte iMessage Extension ein. Damit öffnete Apple seine Nachrichten-App mitsamt iMessage-Dienst erstmals für Drittentwickler und erlaubt so die Entwicklung von Applikationen, die direkt aus der Nachrichten-App heraus zur Kommunikation mit anderen verwendet werden können.

Dabei ist zwischen zwei Arten der Extensions für die Nachrichten-App zu unterscheiden:

- Sticker Packs
- iMessage Apps

Um letztere geht es in diesem Abschnitt zum Thema iMessage Extension. Dabei handelt es sich um „vollwertige" Extensions für die Nachrichten-App, die das volle Potential des Messages-Frameworks von Apple ausnutzen können. Sticker Packs sind wesentlich einfacher gestrickt und weniger komplex als iMessage Apps, erlauben aber andererseits das schnelle Umsetzen einer eigenen Extension für die Nachrichten-App.

Die Sticker Packs sind im Abschnitt 11.18 „Sticker Pack Extension" im Detail beschrieben.

11.10.1 Aufbau und Funktionsweise der iMessage Extension

iMessage Extensions basieren auf dem Messages-Framework, das Apple zusammen mit iOS 10 erstmals vorgestellt hat. Diese erlauben es uns, eigene Anwendungen zu schreiben, die sich in die Nachrichten-App von iOS einklinken. Über eine App-Schaltfläche neben dem Textfeld zur Eingabe von Nachrichten ist es so möglich, verschiedene auf dem Gerät installierte iMessage Extensions auszuwählen und zur Eingabe von Nachrichten zu verwenden. Darüber lassen sich sogar direkt neue iMessage Extensions installieren, ohne darüber den Weg über den App Store gehen zu müssen; die Nachrichten-App besitzt für entsprechende iMessage Extensions selbst einen eigenen kleinen App Store. Dort tauchen all jene iOS-Apps auf, die eine iMessage Extension anbieten. Dabei gilt es zu beachten, dass eine Message Extension auch ein eigens formatiertes App-Icon mitbringen muss, welches dann sowohl im App Store innerhalb der Nachrichten-App als auch bei der Verwendung einer iMessage Extension angezeigt wird.

iMessage Extensions sind auch vollständig autark möglich

Tatsächlich lassen sich iMessage Extensions nicht nur direkt über die Nachrichten-App und somit auch außerhalb des App Store auf einem iOS-Gerät installieren. Im Gegensatz zu allen anderen verfügbaren Extensions können iMessage Extensions auch vollkommen autark arbeiten und benötigen nicht zwingend eine zugrunde liegende iOS-App; ein Novum in der iOS-Entwicklung. Selbiges gilt auch für die Sticker Pack Extensions, auf die ich im gleichnamigen Abschnitt noch näher eingehen werde (und die im Grunde auch auf dem Messages-Framework basieren).

Um eine reine iMessage Extension ohne zugehörige iOS-App zu erstellen, nutzen Sie die Vorlage iMESSAGE APPLICATION beim Erstellen eines neuen Xcode-Projekts (siehe Bild 11.9). Das Projekt wird dabei erstellt wie über jede andere Vorlage auch.

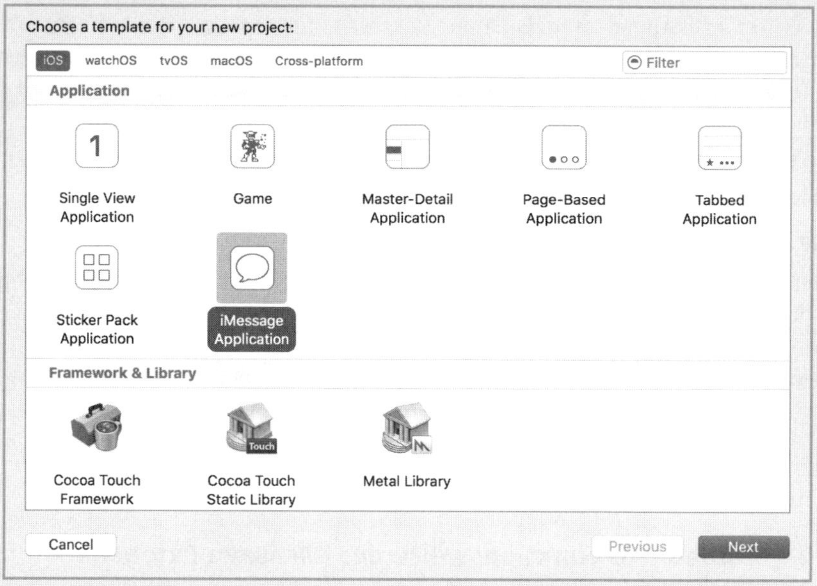

Bild 11.9 Über die Vorlage iMessage Application erstellen Sie eine reine iMessage Extension ohne zugehörige iOS-App.

Am Ende erhalten Sie ein neues Xcode-Projekt mit zwei Targets: eines für eine iOS-App und eines für die iMessage Extension. Womöglich wundern Sie sich darüber, habe ich doch gerade geschrieben, dass Sie damit reine iMessage Extensions *ohne* iOS-App erstellen können. Das ist auch tatsächlich so. Das iOS-Target dient ausschließlich dazu, ein App-Icon bereitzustellen, das Apple dann an verschiedenen Stellen wie der Spotlight-Suche in iOS verwenden kann. Das sehen Sie auch an den extrem eingeschränkten und reduzierten Konfigurationsmöglichkeiten dieses Targets. Darüber hinaus hat Xcode für dieses Target nur eine Assets- sowie eine Info.plist-Datei erstellt; Code fehlt gänzlich (siehe Bild 11.10).

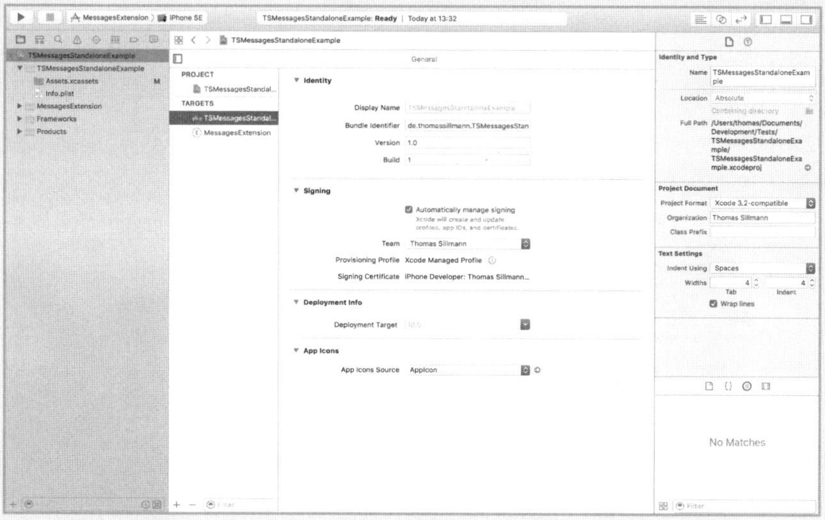

Bild 11.10 Das iOS-Target enthält kaum Konfigurationsmöglichkeiten, auch die erstellten Dateien sind auf ein Asset und eine Info.plist-Datei beschränkt.

Sie können sich also in solch einem Xcode-Projekt ausschließlich auf die iMessage Extension konzentrieren und diese entwickeln. Am Ende reichen Sie dann das gesamte Projekt wie alle anderen Projekte auch in Apples App Store ein (siehe dazu auch Kapitel 15, „Veröffentlichung im App Store"). ■

11.10.1.1 Ansichten einer iMessage Extension

Generell wird die Ansicht einer iMessage Extension anstelle der Bildschirmtastatur im unteren Bereich der Nachrichten-App eingeblendet (sprich unterhalb des Texteingabefeldes). Apple bezeichnet diese Form von Ansicht als „kompakt". Darüber hinaus können iMessage Extensions aber auch noch über den gesamten Bildschirm angezeigt werden; man spricht dann auch von der „erweiterten" Ansicht (im Gegensatz zur „kompakten").

Tatsächlich haben diese beiden Ansichten weit mehr Unterschiede als nur der zur Verfügung stehende Platz auf dem Display. Beispielsweise kann in der kompakten Ansicht keine Bildschirmtastatur eingeblendet werden. Ebenso ist das Nutzen von Swipe-Gesten in horizontaler Richtung nicht möglich; diese Geste wird nämlich an dieser Stelle dazu verwendet, den Nutzer schnell zwischen seinen installierten iMessage Extensions wechseln zu lassen. Diese Punkte müssen Sie bei der Entwicklung Ihrer Extension immer berücksichtigen.

Generell sollte eine Extension immer für beide Arten von Ansichten – sowohl „kompakt" als auch „erweitert" – gerüstet sein, da der Nutzer jederzeit anhand eines automatisch bei jeder iMessage Extension zur Verfügung stehenden Buttons zwischen diesen beiden Modi wechseln kann. Wie man diesen Wechsel abfängt, um darauf reagieren zu können, erfahren Sie später. In Bild 11.11 sehen Sie schon einmal, inwiefern sich die kompakte und die erweiterte Ansicht einer iMessage Extension optisch voneinander unterscheiden.

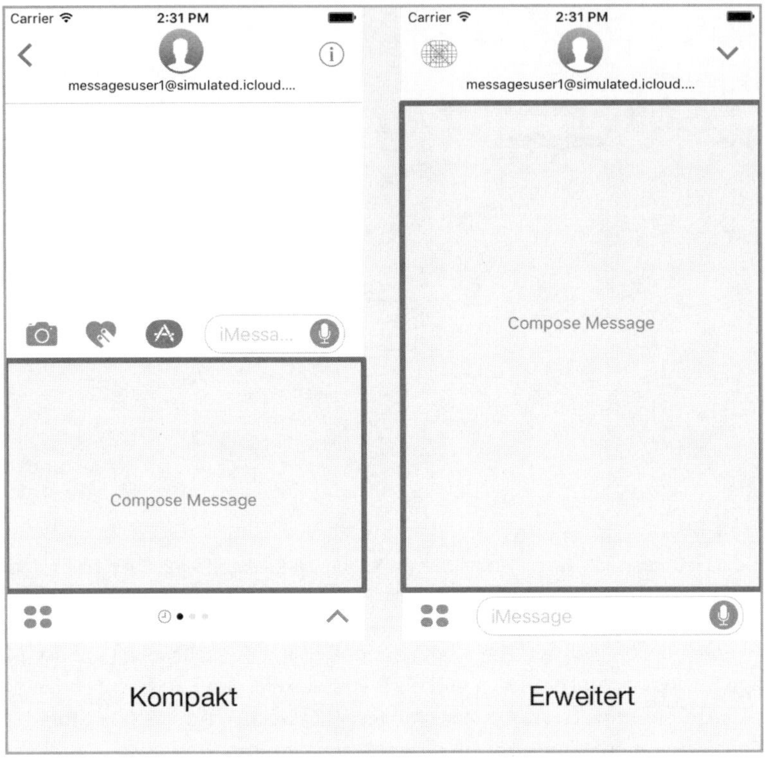

Bild 11.11 Links ist die schmale Kompakt-Variante einer iMessage Extension zu sehen, rechts davon die erweiterte Ansicht.

11.10.1.2 Dateien einer iMessage Extension

Eine neue erstellte iMessage Extension setzt sich aus insgesamt vier Dateien zusammen. Diese sind:

- eine View-Controller-Klasse zur Darstellung des User Interface und zur Durchführung kontextrelevanter Aktionen (Erstellen von Nachrichten, Empfangen von Nachrichten et cetera),
- ein Storyboard zur grafischen Gestaltung des User Interface der iMessage Extension,
- eine Assets-Datei für benötigte Ressourcen sowie das App-Icon,
- eine Info.plist-Datei zur Konfiguration des Extension Target.

App-Icon für iMessage Extension

Das App-Icon für eine iMessage Extension muss in einem anderen Format ausgeliefert werden als das von iOS-Apps. Die höchste benötigte Auflösung wird für den iMessage Extension-App Store der Nachrichten-App benötigt und beträgt 1024 x 768 Punkte. Alle anderen benötigten Auflösungen orientierten sich an diesem Format. Welche sonstigen Auflösungen Sie darüber hinaus benötigen, können Sie am einfachsten direkt dem Asset-Bundle einer iMessage Extension entnehmen; dort steht bereits ein Eintrag namens *iMessage App Icon* bereit, in dem alle benötigten Auflösungen aufgeführt sind (siehe Bild 11.12).

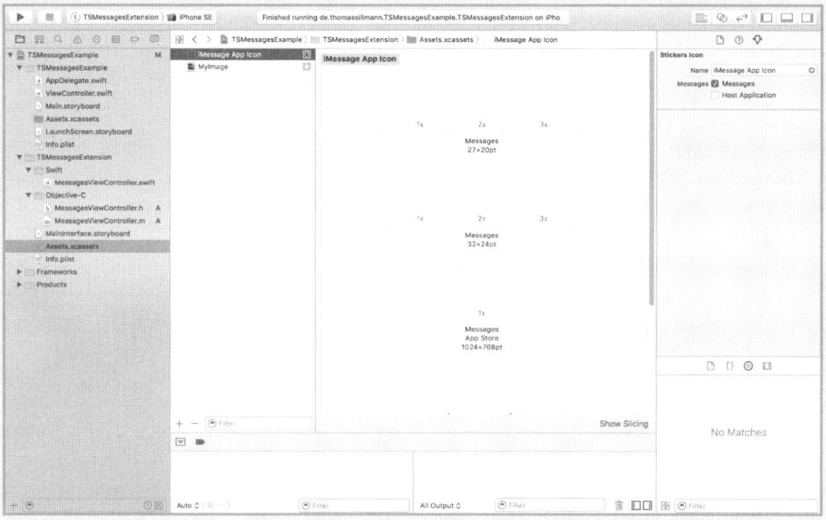

Bild 11.12 Das Asset-Bundle einer iMessage Extension enthält eine Vorlage für die benötigten Größen des App-Icons.

11.10.2 Entwicklung einer iMessage Extension

11.10.2.1 Das Herzstück: MSMessagesAppViewController

Herzstück des Messages-Frameworks und einer iMessage Extension selbst ist die Klasse `MSMessagesAppViewController`. Es handelt sich dabei um eine Subklasse von `UIViewController`; sie kümmert sich um die Darstellung dessen, was der Nutzer von einer iMessage Extension in der Nachrichten-App sieht. Dieser View-Controller beherbergt also jene View, die dem Nutzer angezeigt wird und in der Sie Ihre eigene Oberfläche für Ihre iMessage Extension entwerfen.

Apropos Entwerfen: Im Storyboard einer neu erstellten iMessage Extension haben Sie bereits eine View-Controller-Instanz zur Verfügung, die mit der ebenfalls standardmäßig erstellten Klasse `MessagesViewController` gekoppelt ist. Bei `MessagesViewController` handelt es sich bereits um eine Subklasse von `MSMessagesAppViewController`, die Sie so direkt dazu verwenden können, dort Ihre eigene Logik für den View-Controller umzusetzen.

Das Erstellen des User Interface läuft dabei genauso ab wie auch bei allen anderen View-Controllern in iOS-Projekten. Bedenken Sie lediglich, dass Ihre iMessage Extension zwischen einer kompakten und einer erweiterten Ansicht hin und her schalten kann und Sie in der kompakten Ansicht beispielsweise keine Texteingaben tätigen können (siehe dazu auch den vorherigen Abschnitt 11.10.1.1 „Ansichten einer iMessage Extension" für weitere Informationen).

Um zu erfahren, in welchem dieser beiden Ansichtsmodi Ihr View-Controller sich gerade befindet, stellt die Klasse `MSMessagesAppViewController` eine Read-Only-Property namens `presentationStyle` vom Typ `MSMessagesAppPresentationStyle` zur Verfügung. Diese kann einen von zwei Werten annehmen:

- `compact`: Die iMessage Extension wird in der „kompakten" Ansicht angezeigt.
- `expanded`: Die iMessage Extension wird in der „erweiterten" Ansicht angezeigt.

Listing 11.18 zeigt die Deklaration dieser beiden möglichen Werte.

Listing 11.18 Deklaration der möglichen Werte des Typs `MSMessagesAppPresentationStyle`

```
// Swift
case compact
case expanded

// Objective-C
MSMessagesAppPresentationStyleCompact
MSMessagesAppPresentationStyleExpanded
```

Sie selbst können die Methode `requestPresentationStyle(_:)` der Klasse `MSMessagesAppViewController` nutzen, um den Ansichtstyp Ihrer iMessage Extension im Code zu ändern (siehe Listing 11.19). Übergeben Sie dabei einfach den gewünschten Wert von `MSMessagesAppPresentationStyle`.

Listing 11.19 Deklaration der Methode `requestPresentationStyle(_:)` zum Ändern des Ansichtstyps einer iMessage Extension.

```
// Swift
func requestPresentationStyle(_ presentationStyle: MSMessagesAppPresentationStyle)

// Objective-C
- (void)requestPresentationStyle:(MSMessagesAppPresentationStyle)presentationStyle;
```

Ändern Sie den Ansichtstyp nur dann, wenn es auch wirklich sinnvoll ist

Apple weist in seiner Dokumentation zur Methode `requestPresentationStyle(:_)` ausdrücklich darauf hin, dass letzten Endes immer der Nutzer die volle Kontrolle darüber haben sollte, welcher Ansichtstyp für eine iMessage Extension zum Einsatz kommt (entsprechend kann der Nutzer diesen Wechsel ja in jedem Fall immer anhand vorhandener Schaltflächen selbst ändern). Nutzen Sie die genannte Methode also wirklich nur dann, wenn es im individuellen Anwendungsfall sinnvoll ist und den Nutzer andernfalls verwirren oder einschränken würde. ■

Wenn sich der Ansichtstyp Ihrer iMessage Extension ändert (beispielsweise weil der Nutzer diesen wechselt), können Sie mithilfe der beiden Methoden `willTransition(to:)` und `didTransition(to:)` der Klasse `MSMessagesAppViewController` diese Änderung abfangen. Dabei wird `willTransition(to:)` aufgerufen, wenn der Wechsel in den neuen Ansichtstyp startet, und `didTransition(to:)`, sobald der Wechsel abgeschlossen ist. Als Parameter erhalten sie jeweils den neuen Ansichtstyp als Wert vom Typ `MSMessagesAppPresentationStyle`. Überschreiben Sie einfach eine oder beide dieser Methoden innerhalb Ihrer eigenen `MSMessagesAppViewController`-Subklasse, um eigene Logik bei einem Ansichtswechsel zu implementieren und auszuführen. In Listing 11.20 sehen Sie noch einmal die exakte Deklaration der beiden Methoden.

Listing 11.20 Deklaration der Methoden bei einem Wechsel des Ansichtstyps Ihrer iMessage Extension

```
// Swift
func willTransition(to presentationStyle: MSMessagesAppPresentationStyle)
func didTransition(to presentationStyle: MSMessagesAppPresentationStyle)

// Objective-C
- (void)willTransitionToPresentationStyle:(MSMessagesAppPresentationStyle)
presentationStyle;
- (void)didTransitionToPresentationStyle:(MSMessagesAppPresentationStyle)
presentationStyle;
```

11.10.2.2 Erstellen von Nachrichten mittels MSConversation und MSMessage

Während der `MSMessagesAppViewController` für die sichtbare Oberfläche einer iMessage Extension sowie die Reaktion auf verschiedene Ereignisse verantwortlich ist (dazu später noch ein wenig mehr), gibt es im Messages-Framework zwei Klassen, die grundlegend für das Erstellen und Versenden von eigens kreierten Nachrichten über die Nachrichten-App notwendig sind: `MSConversation` und `MSMessage`. Betrachten wir zunächst die Klasse `MSConversation`.

Ein Objekt der Klasse `MSConversation` verweist auf ein Gespräch innerhalb der Nachrichten-App. Das kann eine Kommunikation mit einem einzigen Partner oder auch ein Gruppen-Chat sein. Über diese Klasse fügen Sie Texte, Bilder und sonstige Nachrichten dem Textfeld zum Versenden von Nachrichten der Nachrichten-App hinzu (dazu gleich mehr). So können Sie beispielsweise im User Interface Ihres `MSMessagesAppViewController` eine Schaltfläche zum Senden eines Bildes einbinden und dieses anschließend einem `MSConversation`-Objekt übergeben, um es für den Nachrichtenversand vorzubereiten.

Kein direktes Versenden von Nachrichten möglich

Sie wundern sich vielleicht, dass ich davon schreibe, eine Nachricht dem Textfeld der Nachrichten-App hinzuzufügen und nicht davon spreche, eine Nachricht zu senden. Das hängt damit zusammen, das ein explizites Senden einer Nachricht aus einer iMessage Extension heraus nicht möglich ist. Der Sendevorgang selbst kann immer nur vom Nutzer durchgeführt werden. Apple begründet dieses Vorgehen damit, dass der Nutzer immer die letzte und abschließende Wahl haben soll, ob er eine Nachricht sendet oder nicht. Aus diesem Grund kann eine iMessage Extension auch nicht mehr tun, als eine Nachricht aufzubereiten und dem Textfeld zum Versenden hinzuzufügen. Ob die Nachricht dann gesendet wird, ist immer die Entscheidung des Nutzers und niemals die der Extension.

Nichtsdestotrotz stellt uns die Klasse `MSMessagesAppViewController` drei Methoden zur Verfügung, die wir innerhalb unserer eigenen Subklasse dieser Klasse überschreiben können, um das Senden und Empfangen von Nachrichten zu verfolgen:

- `didStartSending(_:conversation:)`: wird aufgerufen, sobald der Nutzer den Button zum Versenden einer Nachricht betätigt (das heißt also noch nicht, dass diese Nachricht erfolgreich beim Empfänger angekommen ist).
- `didCancelSending(_:conversation:)`: wird aufgerufen, wenn der Nutzer eine von der iMessage Extension in das Nachrichtentextfeld eingefügte Nachricht wieder entfernt.
- `didReceive(_:conversation:)`: wird aufgerufen, wenn eine Nachricht aus der aktuellen Konversation eingeht (wir also eine Nachricht von einem der Teilnehmer der aktiven Konversation empfangen).

Alle drei Methoden liefern jeweils die zugehörige `MSConversation`-Instanz, zu der die Nachricht gehört, sowie die jeweilige Nachricht selbst in Form eines `MSMessage`-Objekts (weitere Informationen zu `MSMessage` folgen gleich). In Listing 11.21 ist noch einmal die konkrete Deklaration dieser drei Methoden aufgeführt.

Listing 11.21 Deklaration der Methoden für den Versand und Empfang von Nachrichten der `MSMessagesAppViewController`-Klasse.

```
// Swift
func didStartSending(_ message: MSMessage, conversation: MSConversation)
func didCancelSending(_ message: MSMessage, conversation: MSConversation)
func didReceive(_ message: MSMessage, conversation: MSConversation)

// Objective-C
- (void)didStartSendingMessage:(MSMessage *)message
conversation:(MSConversation *)conversation;
- (void)didCancelSendingMessage:(MSMessage *)message
conversation:(MSConversation *)conversation;
- (void)didReceiveMessage:(MSMessage *)message
conversation:(MSConversation *)conversation;
```

Um die aktuell vom Nutzer ausgewählte Konversation mithilfe eines `MSConversation`-Objekts zu referenzieren, können Sie schlicht und einfach auf die Property `activeConversation` Ihres `MSMessagesAppViewController` zugreifen; diese liefert Ihnen sodann die passende Instanz zurück. Die Deklaration dieser Property sehen Sie in Listing 11.22.

Listing 11.22 Deklaration der `activeConversation`-Property der Klasse `MSMessagesAppViewController`

```
// Swift
var activeConversation: MSConversation? { get }
```

```
// Objective-C
@property(nonatomic, strong, readonly) MSConversation *activeConversation;
```

MSConversation bringt verschiedene Methoden mit, mit denen Sie auf das Textfeld zum Versenden von Nachrichten in der Nachrichten-App zugreifen und dort dann Ihre eigenen Nachrichten hinzufügen können. Insgesamt gibt es vier solcher Methoden in MSConversation. Diese unterscheiden sich in der Form des Inhalts, der dem Textfeld hinzugefügt werden soll. Im Folgenden sind einmal alle vier dieser Methoden mit deren Deklaration aufgeführt (siehe Listing 11.23).

Listing 11.23 Deklaration der Methoden zum Versenden von Nachrichten mittels MSConversation

```
// Swift
func insertAttachment(_ URL: URL, withAlternateFilename filename: String?,
completionHandler: ((NSError?) -> Void)? = nil)
func insert(_ message: MSMessage, localizedChangeDescription changeDescription:
String?, completionHandler: ((NSError?) -> Void)? = nil)
func insert(_ sticker: MSSticker, completionHandler: ((NSError?) -> Void)? = nil)
func insertText(_ text: String, completionHandler: ((NSError?) -> Void)? = nil)

// Objective-C
- (void)insertAttachment:(NSURL *)URL withAlternateFilename:(NSString *)filename
completionHandler:(void (^)(NSError *))completionHandler;
- (void)insertMessage:(MSMessage *)message localizedChangeDescription:(NSString *)
changeDescription completionHandler:(void (^)(NSError *))completionHandler;
- (void)insertSticker:(MSSticker *)sticker completionHandler:(void (^)(NSError *))
completionHandler;
- (void)insertText:(NSString *)text completionHandler:(void (^)(NSError *))
completionHandler;
```

Am „einfachsten" verhält es sich mit den Methoden insertAttachment(_:withAlternateFilename:completionHandler:) und insertText(_:completionHandler:). Diese nehmen entweder eine Web-URL oder einen einfachen String als Parameter entgegen, der dann in passender Form dem Textfeld der Nachrichten-App hinzugefügt wird.

Über die Methode insert(_:completionHandler:) können Sie einen sogenannten Sticker versenden. Bei einem Sticker handelt es sich schlicht und einfach um eine Bilddatei, wie Sie vorrangig in Sticker Pack Extensions zum Einsatz kommen und verwendet werden (siehe auch den entsprechenden Abschnitt 11.18 „Sticker Pack Extension"). Die Methode erwartet dabei einen Parameter vom Typ MSSticker. Dieser verfügt über zwei Properties: imageFileURL und localizedDescription (letztere wird für Accessibility verwendet). Beide sind read-only und werden über den zugehörigen Initializer der Klasse MSSticker gesetzt (siehe entsprechende Deklaration in Listing 11.24).

Listing 11.24 Deklaration des Initializers der Klasse MSSticker

```
// Swift
init(contentsOfFileURL fileURL: URL, localizedDescription: String) throws

// Objective-C
- (instancetype)initWithContentsOfFileURL:(NSURL *)fileURL
localizedDescription:(NSString *)localizedDescription error:(NSError * _Nullable *)
error;
```

`fileURL` verweist dabei auf die URL des Bildes, das als Sticker angezeigt werden soll, während `localizedDescription` eine Beschreibung des Bildes enthält.

Neben diesen drei Möglichkeiten zum Erstellen einer Nachricht, die über die Nachrichten-App versendet werden kann, gibt es noch eine vierte Variante, und das ist auch diejenige mit dem größten Spielraum für uns Entwickler. Dabei arbeiten wir mit Objekten der Klasse `MSMessage`. Mit `MSMessage` haben wir alle verfügbaren Möglichkeiten des Messages-Frameworks an der Hand, um eigens angepasste Nachrichten über die Nachrichten-App zu versenden.

Ein `MSMessage`-Objekt besteht zunächst einmal aus zwei wichtigen Bestandteilen: einer `url`-Property, über die wir zusätzliche Informationen zu einer Message in Form einer URL übertragen können, sowie einer Property namens `layout`. Diese ist vom Typ `MSMessageLayout` und definiert, wie die zu versendende Nachricht aussieht. `MSMessageLayout` ist eine abstrakte Klasse und es werden keine Instanzen davon für das Erstellen von Layouts verwendet. Dazu dienen separate konkrete Subklassen, die von `MSMessageLayout` abgeleitet sind. Derer gibt es bisher genau eine: `MSMessageTemplateLayout`. Über ein Objekt dieser Klasse erstellen wir das Aussehen einer zu versendenden `MSMessage`-Instanz. Das grundsätzliche Aussehen dieses Layouts sehen Sie in Bild 11.13.

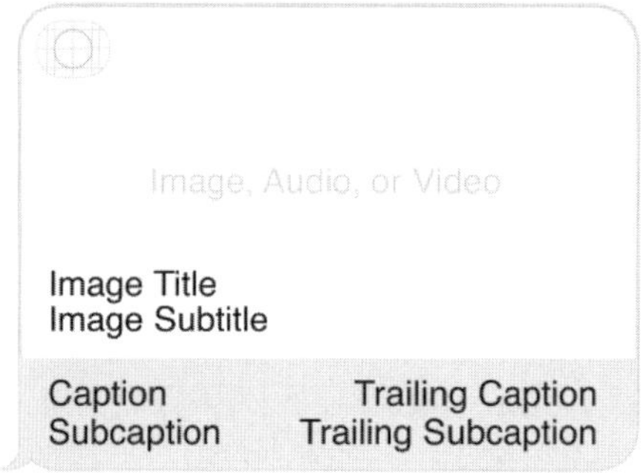

Bild 11.13
Eine MSMessage mit dem MSMessageTemplate Layout besitzt immer den abgebildeten Aufbau.

Für all die in Bild 11.13 aufgeführten Elemente existieren zugehörige Properties in der Klasse `MSMessageTemplateLayout`. Durch Setzen der gewünschten Werte für eben jene Properties kann das Aussehen und der Inhalt einer Nachricht angepasst werden. Weitreichendere oder alternative Layouts stehen nicht zur Verfügung, alle Nachrichten besitzen diesen Grundaufbau. Allerdings kann sich das Layout dynamisch anhand der gesetzten Properties anpassen. Fehlen beispielsweise Werte für die vier Elemente in der unteren grauen Hälfte (Caption, Trailing Caption, Subcaption und Trailing Subcaption), so wird diese graue Box auch nicht angezeigt. Selbiges gilt für den oberen weißen Bereich zur Darstellung von Multimediadateien wie Videos oder Bildern: Wird in den zugehörigen Properties kein passender Wert für diese Elemente übergeben, dann werden sie auch nicht angezeigt.

Betrachten wir einmal die genannten Properties näher, die dazu verwendet werden können, dem Layout Leben einzuhauchen. Betrachten wir dabei zunächst die Inhalte im oberen weißen Bereich. Um ein Bild, Video oder eine Audiodatei mit Ihrer Nachricht zu übertragen, müssen Sie entweder die Property `image` (für Bilder) oder die Property `mediaFileURL` (für Videos und Audiodateien) setzen (siehe Listing 11.25 für die Deklaration der genannten Properties).

Listing 11.25 Properties zum Hinzufügen von Multimediadateien zu einer Nachricht eines MSMessageTemplateLayout-Objekts

```
// Swift
var image: UIImage? { get set }
var mediaFileURL: URL? { get set }

// Objective-C
@property(nonatomic, strong) UIImage *image;
@property(nonatomic, copy) NSURL *mediaFileURL;
```

Infos zu Multimediadateien in Messages

Wenn Sie eine der genannten Properties verwenden, um Multimediadateien über die Nachrichten-App zu übertragen, so sollten Sie dabei noch die folgenden Dinge beachten:

Die ideale Auflösung für Bilder und Videos beträgt 300 × 300 Punkte. Damit passen sie ideal in das von MSMessageTemplateLayout vorgesehene Multimediafeld, womit die Dateien bestmöglich und ohne Verzerrungen dargestellt werden. Bei Bildern gilt es weiterhin zu beachten, dass ausschließlich die Dateiformate PNG, JPEG und GIF unterstützt werden.

Um einen Titel beziehungsweise Subtitel für angehängte Multimediadateien zu setzen, stehen Ihnen die Properties imageTitle und imageSubtitle zur Verfügung. Dabei handelt es sich um einfache Strings. Ebenso ist es mit den Properties für die Caption-Texte in der unteren grauen Box. Diese setzen Sie über die vier verfügbaren Properties caption und trailingCaption sowie subcaption und trailingSubcaption. Die Deklaration all dieser Properties sehen Sie in Listing 11.26.

Listing 11.26 Properties zum Setzen verschiedener Texte einer Nachricht über ein MSMessageTemplateLayout-Objekt

```
// Swift
var imageTitle: String? { get set }
var imageSubtitle: String? { get set }
var caption: String? { get set }
var subcaption: String? { get set }
var trailingCaption: String? { get set }
var trailingSubcaption: String? { get set }

// Objective-C
@property(nonatomic, copy) NSString *imageTitle;
@property(nonatomic, copy) NSString *imageSubtitle;
@property(nonatomic, copy) NSString *caption;
@property(nonatomic, copy) NSString *subcaption;
@property(nonatomic, copy) NSString *trailingCaption;
@property(nonatomic, copy) NSString *trailingSubcaption;
```

Je nachdem, welche Werte für welche Properties gesetzt werden, wird entsprechend das Layout der Nachricht zusammengebaut. Dieses Layout muss dann einer MSMessage-Instanz über deren layout-Property zugewiesen werden, um diese schlussendlich über die Methode insert(_:localizedChangeDescription:completionHandler:) der Klasse MSConversation als Nachricht in das Eingabefeld der Nachrichten-App einzufügen. Listing 11.27 zeigt einmal beispielhaft den kompletten Aufbau einer MSMessagesAppViewController-Klasse mit einer einzigen Action-Methode, die von einem Button aus dem Interface des View-Controllers aus aufgerufen wird. Diese Action-Methode greift dann auf die aktuelle Konversation zu, erstellt ein Layout, packt das in ein MSMessage-Objekt und fügt das anschließend dem Textfeld zum Versenden der Nachricht hinzu.

Listing 11.27 Beispiel zum Erstellen und Einfügen einer MSMessage-Instanz

```
// Swift
import UIKit
import Messages
class MessagesViewController: MSMessagesAppViewController {
    @IBAction func composeMessage() {
        // Get the current conversation
        if let conversation = activeConversation {
            // Create message layout
            let messageLayout = MSMessageTemplateLayout()
            messageLayout.image = UIImage(named: "MyImage")
            messageLayout.imageTitle = "Image title"
            messageLayout.imageSubtitle = "Image subtitle"
            messageLayout.caption = "Caption"
            messageLayout.trailingCaption = "Trailing caption"
            // Create message
            let message = MSMessage()
            message.layout = messageLayout
            // Insert message into text field for sending
            conversation.insert(message, localizedChangeDescription: nil,
completionHandler: nil)
        }
    }
}

// Objective-C
// Header
#import <Messages/Messages.h>
@interface MessagesViewController : MSMessagesAppViewController
@end
// Implementation
#import "MessagesViewController.h"
@implementation MessagesViewController
- (IBAction)composeMessage {
    // Get the current conversation
    MSConversation *conversation = self.activeConversation;
    // Create message layout
    MSMessageTemplateLayout *messageLayout = [[MSMessageTemplateLayout alloc] init];
    messageLayout.image = [UIImage imageNamed:@"MyImage"];
    messageLayout.imageTitle = @"Image title";
    messageLayout.imageSubtitle = @"Image subtitle";
    messageLayout.caption = @"Caption";
    messageLayout.trailingCaption = @"Trailing caption";
    // Create message
```

```
    MSMessage *message = [[MSMessage alloc] init];
    message.layout = messageLayout;
    // Insert message into text field for sending
    [conversation insertMessage:message localizedChangeDescription:nil
completionHandler:nil];
}
@end
```

Die so erzeugte Nachricht sieht in meinem Beispiel und mit dem von mir verwendeten Image so aus wie in Bild 11.14 gezeigt.

Bild 11.14
So kann ein neu erstelltes MSMessage-Objekt beispielhaft aussehen.

Um noch einmal zum Abschluss dieses Abschnitts auf die Dynamik des Layouts einzugehen, zeigt Bild 11.15 das gleiche Beispiel von eben, lediglich mit dem Unterschied, dass den Properties `caption` und `trailingCaption` der `MSMessageTemplateLayout`-Instanz dieses Mal kein Wert zugewiesen wurde. Entsprechend wird der Platz für den unteren grauen Bereich auf ein Minimum reduziert; ganz automatisch und ohne, dass wir sonst dafür noch etwas tun müssten.

Bild 11.15
Die Größe und die sichtbaren Bereiche werden abhängig von den gesetzten Properties des Layouts angepasst.

App-Icon in MSMessage-Nachrichten

Ihnen ist womöglich auf den letzten beiden Bildern das kleine runde Icon in der oberen linken Ecke aufgefallen. Dabei handelt es sich um das App-Icon Ihrer iMessage Extension. Dieses wird *immer* an dieser Stelle angezeigt und kann weder angepasst noch ausgeblendet oder verschoben werden.

11.10.2.3 Auswählen von Nachrichten

Wurde eine `MSMessage` über eine iMessage Extension an jemand anderen gesendet, so kann derjenige die Nachricht per Tap darauf auswählen. Hat diese Person auch die zugehörige iMessage Extension auf seinem Gerät installiert, so öffnet sich diese in der erweiterten Ansicht. Der Nutzer kann also direkt auf eingehende `MSMessage`-Objekte reagieren und eine iMessage Extension starten, indem er einfach die Nachricht auswählt.

Sie können dieses Verhalten dazu nutzen, um auf so ausgewählte Nachrichten innerhalb Ihrer iMessage Extension zu reagieren. Apple hat für diesen Zweck ein schönes Beispiel aufgeführt: Über eine Beispiel-App sollen Nutzer mittels Nachrichten ein Eis erstellen. Dabei wählt der erste Nutzer die „Verpackung" aus (Waffel, Becher et cetera) und verschickt diese Auswahl dann als Bild eines `MSMessage`-Objekts an jemand anderen. Wählt dieser nun die Nachricht aus, startet wie beschrieben die zugehörige iMessage Extension, doch es würde keinen Sinn machen, wenn diese wieder mit der Auswahl der Verpackung startet; die wurde schließlich bereits ausgewählt. Stattdessen soll die Extension in diesem Fall einen Schritt weitergehen und die Auswahl der Eissorte erlauben. Das Ergebnis wird dann an den ersten Nutzer zurückgeschickt. Wählt dieser nun wiederum die erhaltene Nachricht aus, soll die Extension die Auswahl eines Toppings (beispielsweise Sahne) erlauben.

In Anwendungsfällen, in denen Nachrichten einer iMessage Extension aufeinander aufbauen sollen, ist es wichtig zu wissen, ob eine Extension nun „ganz normal" bei null starten oder ob Sie bereits Informationen aus einem ausgewählten `MSMessage`-Objekt berücksichtigen und verarbeiten soll. In diesen Fällen nutzen Sie die Methode `didReceive(_:conversation:)` der Klasse `MSMessagesAppViewController` (siehe Deklaration in Listing 11.21 im Abschnitt 11.10.2.2 „Erstellen von Nachrichten mittels MSConversation und MSMessage"). Diese wird aufgerufen, sobald ein Nutzer eine erhaltene `MSMessage` Ihrer Extension aufruft und so darüber Ihre iMessage Extension startet. Als Parameter erhalten Sie neben der zugehörigen Konversation in Form eines `MSConversation`-Objekts auch die aufgerufene `MSMesssage`-Nachricht. Diese können Sie auswerten, um so das korrekte und gewünschte Verhalten in Ihrer Extension zu laden und umzusetzen.

Möchten Sie also ein Verhalten wie eben demonstriert in einer iMessage Extension umsetzen, müssen Sie innerhalb ihrer `MSMessagesViewController`-Klasse die genannte Methode `didReceive(_:conversation:)` überschreiben und dort die gewünschte Logik implementieren.

11.10.2.4 Aktualisierung von Nachrichten

Zum Abschluss der iMessage Extension möchte ich noch eine weitere wichtige Komponente des Messages-Frameworks vorstellen: die `MSSession`-Klasse. Diese kann dazu verwendet werden, Nachrichten zusammenzufassen und zu aktualisieren. Betrachten wir dazu zum besseren Verständnis einmal ein Beispiel.

Sie wollen eine iMessage Extension erstellen, in der sich Nutzer gegenseitig ein Bild hin und her schicken und jeder Nutzer dabei abwechselnd kleine Änderungen an diesem Bild vornehmen soll. Diese Änderungen sind beispielsweise das Hinzufügen von lustigen Emojis oder Sprüchen zu einem Bild.

Würden wir das auf die bisher gezeigte Art und Weise umsetzen, so würde immer eine neue Version des Bildes verschickt werden und die alten Varianten im Verlauf zurückbleiben. Das kann dann aber schnell sehr umfangreich und unübersichtlich werden. Schöner wäre es, die vorherigen Nachrichten auszublenden und nur noch das aktuellste Bild anzuzeigen.

Um das zu ermöglichen, müssen Sie die zusammenhängenden Nachrichten (in diesem Fall die einzelnen Nachrichten zum Senden des überarbeiteten Bildes) einer identischen Session zuweisen. Aufgrund dieser Session erkennt das System, dass diese Nachrichten zusammengehören und zeigt jeweils nur die aktuellste Nachricht im Verlauf an.

Wie bereits beschrieben steht für solch eine Session die Klasse `MSSession` zur Verfügung. Die Klasse selbst ist extrem einfach gehalten, es handelt sich dabei schlicht um eine Subklasse von `NSObject` ohne sonstige Properties oder Methoden. Sie erstellen zu Beginn der Konversation ein Objekt dieser Klasse und weisen dieses der ersten Nachricht zu, die Teil dieser Session ist (in unserem Beispiel also die erste Nachricht, in der das zu bearbeitende Bild verschickt wird). Zu diesem Zweck bringt die Klasse `MSMessage` einen passenden Initializer mit, deren Deklaration Listing 11.28 zeigt.

Listing 11.28 Initializer zum Erstellen einer neuen `MSMessage`-Instanz mit zugeordneter Session

```
// Swift
init(session: MSSession)

// Objective
- (instancetype)initWithSession:(MSSession *)session;-C
```

Die erzeugte `MSSession`-Instanz wird dadurch in der Read-Only-Property `session` der Klasse `MSMessage` festgehalten. Ruft nun der Empfänger dieser ersten `MSMessage` diese auf und startet darüber die zugehörige iMessage Extension, um seinerseits eine Antwort in Form einer `MSMessage` zu erstellen, so muss dieser das `MSSession`-Objekt der erhaltenen Message auch wieder dazu verwenden, eine Instanz der eigenen `MSMessage` zu erstellen. Damit verwenden beide Nachrichten dieselbe Session und das System weiß, dass es die vorherige aus dem Nachrichtenverlauf entfernen kann. Doch wie prüfe ich idealerweise, ob es bereits eine Session gibt, die ich verwenden kann? Bei der ersten Nachricht gibt es schließlich in jedem Fall noch keine und es muss also zwingend eine erstellt werden, wie also sieht das ideale Vorgehen aus?

Hier kommt wieder die Referenz auf die aktuelle Konversation in Form eines `MSConversation`-Objekts ins Spiel. Die Klasse verfügt über eine Property `selectedMessage`, die dann einen Wert besitzt, wenn ein Nutzer eine Nachricht der eigenen iMessage Extension ausgewählt hat, und diese wiederum kann über die genannte Property `session` nach einer bereits vorhandenen Session abgefragt werden. Liefert diese Property ein `MSSession`-Objekt zurück, so wird dieses typischerweise dazu verwendet, es einer neuen `MSMessage` zuzuweisen, um so die vorherige Nachricht aus dem Verlauf zu entwerfen. Andernfalls wird einfach ein neues `MSSession`-Objekt erstellt. Listing 11.29 zeigt einmal, wie diese Schritte zum Abfragen einer möglichen vorhandenen Session und daraus das Erstellen einer neuen `MSMessage` aussehen können.

Listing 11.29 Prüfen auf eine vorhandene Session und Erstellen einer neuen `MSMessage`

```
// Swift
let session = conversation.selectedMessage?.session ?? MSSession()
let message = MSMessage(session: session)

// Objective-C
MSSession *session = conversation.selectedMessage.session ? conversation.
selectedMessage.session : [[MSSession alloc] init];
MSMessage *message = [[MSMessage alloc] initWithSession:session];
```

Ändern der Rückmeldung zu ausgeblendeten Nachrichten

Wie beschrieben werden alte Nachrichten ein und derselben Session gelöscht, sodass immer nur die aktuellste zu sehen ist. Sie können aber einen kleinen Infotext für jede vorherige Nachricht zurücklassen, die dann anstelle der ursprünglichen Version angezeigt wird. Damit ist so immer noch ein Verlauf im Gespräch zu erkennen, ohne viel Platz mit jeder Menge vollständig angezeigter `MSMessage`-Objekte zu verschwenden.

Diesen Text legen Sie für den Parameter `changeDescription` der Methode `insert(_:localizedChangeDescription:completionHandler:)` fest, wenn Sie diese über `MSConversation` aufrufen, um Ihre `MSMessage` für den Versand vorzubereiten. Der Wert von `changeDescription` wird dann für genau diese hinzugefügte Nachricht verwendet, sobald diese selbst aufgrund der Session nicht mehr im Nachrichtenverlauf angezeigt wird.

11.11 Intents Extension

Eine Intents Extension erlaubt es, Apples Sprachassistentin Siri im Zusammenspiel mit der eigenen App zu verwenden. Basis dieser Funktionalität ist das Intents-Framework, das alle dafür notwendigen Klassen und Funktionen mitbringt und ab iOS 10 zur Verfügung steht. Darüber lassen sich Anfragen an Siri stellen, die von der eigenen App verarbeitet und ausgewertet werden können.

Es gibt zwei Arten von Extensions, die Sie in diesem Zuge einsetzen können:

- *Intents Extension*: Die in diesem Abschnitt beschriebene Intents Extension ist das eigentliche Herzstück, wenn Sie über Siri auf Ihre eigene App zugreifen möchten und wird **immer** benötigt.
- *Intents UI Extension*: Diese optional einbindbare Extension erlaubt ergänzend das Bereitstellen eines eigenen User Interface, das dem Nutzer bei der Verwendung Ihrer App über Siri angezeigt werden kann (dazu erfahren Sie mehr im Abschnitt 11.12 „Intents UI Extension“).

Bevor wir uns aber konkret mit der Intents Extension auseinandersetzen, möchte ich Ihnen zunächst einige essenzielle und grundlegende Informationen zur Verwendung von Siri für eigene Apps vorstellen und mit auf den Weg geben.

11.11.1 Domains und Intents

Siri kann nicht für jede beliebige Art von Apps und für jedes beliebige Anwendungsszenario eingesetzt werden. Vielmehr ist die Nutzung von Siri auf einige wenige, von Apple definierte Bereiche beschränkt. Diese sind:

- Audio- oder Videotelefonie
- Messaging
- Zahlungen
- Durchsuchen von Fotos
- Workouts
- Buchungen von Fahrten (Taxi et cetera)
- CarPlay

Jede dieser genannten Kategorien stellt eine sogenannte *Domain* dar. Eine Domain fasst einen Bereich zusammen, in dem verschiedene Interaktionen im Zusammenspiel mit Siri zur Verfügung stehen. Diese Interaktionsmöglichkeiten sind als sogenannte *Intents* festgelegt. Ein Intent kann beispielsweise das Starten eines Workouts, das Senden einer Nachricht oder das Übertragen von Geld sein.

Für die genannten Domains hat Apple verschiedene solcher Intents definiert, und genau diese können Sie zusammen mit Siri nutzen, um darüber auf Ihre App und deren Funktionen zuzugreifen. Sollte Ihre App oder auch nur ein Teil davon keiner der genannten Domains entsprechen, ist eine Verwendung Ihrer App mittels Siri auch nicht möglich beziehungsweise sinnvoll.

Wenn Ihre App in mindestens einer der genannten Domains agiert und Sie diese auch mittels Siri steuern möchten, können Sie eine oder mehrere der zugehörigen Intents dieser Domain in Ihrer Extension nutzen; welche Intents das letzten Endes dann konkret sind, bleibt voll und ganz Ihnen überlassen. Apple allerdings empfiehlt, bei Nutzung einer Domain auch **alle** ihre zugehörigen Intents zu implementieren. Das hängt sehr wahrscheinlich damit zusammen, den Nutzer schnell an die Verwendung von Siri in Dritt-Apps zu gewöhnen, damit ihm bei derselben Aufgabenstellung (also eben Workout, Messaging et cetera) immer auch dieselben Funktionsmöglichkeiten zur Verfügung stehen. Wie gesagt, liegt die Entscheidung darüber, welche Intents einer Domain Sie in Ihrer Intents Extension implementieren, aber letzten Endes einzig und allein bei Ihnen.

Welche Intents es in den verschiedenen Domains gibt, habe ich im Abschnitt 11.11.4 „Übersicht über verfügbare Intents“ zusammengefasst.

11.11.2 Bestandteile einer Intents Extension

Eine neu erstellte Intents Extension besitzt zwei Dateien, die beide essenziell für die korrekte Funktionsweise der Extension sind:

- eine `IntentHandler`-Klasse
- eine Info.plist-Datei

Die `IntentHandler`-Klasse ist abgeleitet vom Typ `INExtension`. Wird Ihre App mittels Siri verwendet, ist das der Einstiegspunkt, um auf die eingehenden Anfragen zu reagieren. Dieser Typ ist dabei auch gleichzeitig konform zum Protokoll `INIntentHandlerProviding`, das die Methode `handler(for:)` definiert (siehe Deklaration in Listing 11.30).

Listing 11.30 Deklaration der Methode `handler(for:)` des Protokolls `INIntentHandlerProviding`

```
// Swift
func handler(for intent: INIntent) -> AnyObject?

// Objective-C
- (id)handlerForIntent:(INIntent *)intent;
```

Diese Methode ist essenziell und muss in jedem Fall innerhalb der `IntentHandler`-Klasse überschrieben werden. Das Objekt, das Sie dabei als Handler in der Implementierung dieser Methode zurückgeben, kann von jedem beliebigen Typ sein, muss sich aber um die Bearbeitung des im Parameter `intent` übergebenen Intents kümmern. Jenes Objekt, dass Sie also in dieser Methode zurückgeben, ist für die Verarbeitung der jeweiligen Anfrage durch Siri verantwortlich. Im einfachsten Fall geben Sie dabei `self` zurück, womit die `IntentHandler`-Klasse selbst auch die Verarbeitung der Siri-Anfragen übernimmt. Wenn Sie allerdings sehr viele und unterschiedliche Intents in Ihrer Intents Extension unterstützen, kann es womöglich unübersichtlich werden, wenn die gesamte Ausführungslogik für alle Intents in einer einzigen Klasse implementiert ist. In diesem Fall können Sie auch prüfen, um welche konkrete Subklasse es sich bei dem übergebenen `intent`-Objekt handelt und einen jeweils dazu passenden Handler zurückgeben.

Listing 11.31 zeigt einmal ein einfaches Beispiel, wie eine solche Abfrage und Differenzierung der zu verwendenden Handler-Objekte für verschiedene Intents aussehen kann. Dabei kümmert sich im Falle eines Intents, der ein Workout startet beziehungsweise eines beendet, ein jeweils anderes Handler-Objekt um die Verarbeitung. In allen anderen Fällen kümmert sich die zugrunde liegende Klasse selbst um die Verarbeitung der übrigen Intents.

Listing 11.31 Beispiel der Rückgabe eines Handlers auf Basis des zugrunde liegenden Intents

```
// Swift
override func handler(for intent: INIntent) -> AnyObject {
    if intent is INStartWorkoutIntent {
        return startWorkoutIntentHandler
    } else if intent is INEndWorkoutIntent {
        return endWorkoutIntentHandler
    }
    return self
}
```

```
// Objective-C
- (id)handlerForIntent:(INIntent *)intent {
    if ([intent isKindOfClass:[INStartWorkoutIntent class]]) {
        return startWorkoutIntentHandler;
    } else if ([intent isKindOfClass:[INEndWorkoutIntent class]]) {
        return endWorkoutIntentHandler;
    }
    return self;
}
```

Bei `INStartWorkoutIntent` und `INEndWorkoutIntent` handelt es sich um zwei Subklassen von `INIntent` aus der Domain der Workouts. Sie werden dazu verwendet, ein Workout zu starten beziehungsweise eines zu beenden. Eine Übersicht aller verfügbaren Intents in den verschiedenen Domains folgt im Abschnitt 11.11.4 „Übersicht über verfügbare Intents“.

11.11.3 Funktionsweise einer Intents Extension

Bei der Arbeit mit Intents Extensions haben Sie es immer mit vier verschiedenen Arten von Objekten zu tun, die für die Implementierung wichtig sind. Im Folgenden möchte ich diese vier Objekt-Typen einmal kurz vorstellen:

- *Intent Object:* Dabei handelt es sich um einen Intent, den der Nutzer mittels Siri absetzt. Wenn er also Siri dazu benutzt, Ihre App anzusprechen und zu verwenden, wird vom System ein passendes solches Objekt erstellt. Die zugrunde liegende Klasse für diese Objekte ist `INIntent`. Für jeden verfügbaren Intent existiert eine eigene Subklasse dieser Klasse. Mehr dazu erfahren Sie im Abschnitt 11.11.4 „Übersicht über verfügbare Intents“.
- *Handler Object:* Dabei handelt es sich um ein von Ihnen definiertes Objekt, das für die Verarbeitung eines Intents verantwortlich ist. Dieses Handler-Objekt kann von jedem beliebigen Typ sein, muss allerdings das zu einem Intent passende Protokoll adaptieren, um auf mögliche Ereignisse des entsprechenden Intents reagieren zu können. Aus diesem Grund bringt jede Intent-Klasse auch ein passendes Handler-Protokoll mit, in dem die Methoden definiert sind, die für die Verarbeitung eines Intents wichtig sind. Wird Siri so beispielsweise für eine Messaging-App verwendet, stellt der zugehörige Handler Methoden bereit, um den Nutzer nach dem Text der Nachricht oder den gewünschten Empfänger zu fragen. Bei einer Workout-App stehen Handler-Methoden bereit, um den Namen eines Workouts zu erfragen. Und für Zahlungen kann nach dem gewünschten Empfänger oder dem zu überweisenden Betrag gefragt werden.
- *Result Object:* Wenn der Nutzer Siri einen Befehl diktiert, kann es sein, dass er dabei nicht auf Anhieb alle Informationen für den gewünschten Intent nennt. Beispielsweise könnte er eine zu versendende Nachricht diktieren, dabei aber keinen Empfänger nennen. In diesem Fall muss eine Intents Extension diesen Umstand dem System mitteilen, damit Siri wiederum jene noch fehlenden Informationen vom Nutzer erfragen kann. Diese Mitteilung an das System, ob ein Intent alle benötigten Informationen enthält oder

nicht – erfolgt in Form von Result Objects. Diese sind immer abgeleitet von der Klasse `INIntentResolutionResult` und verfügen über verschiedene Methoden, um dem System mitzuteilen, ob noch Informationen fehlen oder fehlerhaft sind oder auch ob alles in Ordnung ist und der Intent ausgeführt werden kann. Je nach Intent und zu lösendem Problem gibt es noch weitere verschiedene Subklassen von `INIntentResolutionResult` die weitere Intent-spezifische Funktionen beinhalten (beispielsweise bei der Frage nach den Empfängern einer Nachricht).

- *Response Object:* Ein Response Object ist das Ergebnis eines vollständigen Intents und ist immer abgeleitet von der Klasse `INIntentResponse` beziehungsweise einer ihrer Subklassen. Auch hierfür stehen für die einzelnen verfügbaren Intent-Klassen passende Response-Klassen bereit, um entsprechend auf das Ergebnis eines Intents reagieren zu können. Es signalisiert dem Nutzer noch einmal, welche Aktionen jetzt aufgrund seines Siri-Befehls durchgeführt werden.

Diese Objekte werden Sie dabei über drei Phasen begleiten, die typischerweise mit jeder Siri-Anfrage an Ihre App durchlaufen werden:

- *Resolve:* Hier fängt alles an. Bevor Sie irgendeine Aktion in Ihrer App durchführen können, müssen Sie sich sicher sein, dass Sie genau verstanden haben, was der Nutzer von Ihnen will (im wahrsten Sinne des Wortes). Auch wenn Sie sich nicht darum kümmern müssen, die gesprochenen Worte in Text umzuwandeln (das nämlich übernimmt das System für Sie), so sind Sie dafür verantwortlich, alle benötigten Informationen vom Nutzer so lange zu erfragen, bis Sie alles beisammenhaben, um reagieren zu können. Das beinhaltet auch ein Nachhaken bei möglicherweise nicht verstandenen Befehlen oder gar unmöglichen Aktionen (beispielsweise, wenn der Nutzer einer Messaging-App eine Nachricht an jemanden senden möchte, der innerhalb der App gar nicht existiert).
- *Confirm:* Haben Sie mittels *Resolve* alle benötigten Informationen erhalten, um eine Aktion durchzuführen, so stellen Sie die Ihrerseits geplante Aktion in der *Confirm*-Phase Ihrem Nutzer vor. Er sieht noch einmal genau, welche Aktion Ihre App durchzuführen plant und lässt ihm die Entscheidung, ob er das nun tatsächlich tun möchte oder nicht. Auch können Sie an dieser Stelle die Aktion noch immer abbrechen, sollten Ihnen beispielsweise trotz *Resolve*-Phase noch wichtige Informationen fehlen oder Sie aufgrund anderer Ursachen den gewünschten Intent nicht ausführen können.
- *Handle:* Hat der Nutzer der von Ihnen angedachten Aktion aus der *Confirm*-Phase zugestimmt, dann geht es darum, nun die eigentliche Durchführung dieser Aktionen in Angriff zu nehmen; dabei befinden wir uns in der abschließenden *Handle*-Phase. Hier tun wir, was der Nutzer mittels Siri unserer App mitgeteilt hat: eine Nachricht senden, Geld überweisen, ein Taxi rufen et cetera. Erst dieser abschließende Schritt verarbeitet die zuvor definierte Nutzereingabe und setzt sie konkret in eine Durchführung um. Abschließend geben wir ein letztes Ergebnis über den Status der Durchführung eben jener Aktion an Siri zurück.

Die ersten beiden Phasen – *Resolve* und *Confirm* – sind optional und müssen nicht von Ihnen implementiert werden. *Confirm* und *Handle* werden dabei immer über exakt eine Methode abgedeckt, die Sie für einen Intent implementieren, während sich *Resolve* aus einer oder mehreren Methoden zusammensetzen kann.

Welche Methoden in diesen Phasen Ihnen zur Verfügung stehen, ist abhängig vom jeweiligen Intent und dem dazugehörigen Handler-Protokoll. Jedes verfügbare Handler-Protokoll für die verfügbaren Intents bietet Methoden für diese drei Phasen (siehe Bild 11.16), und diese gilt es Ihrerseits in Ihrem Handler-Objekt zu implementieren.

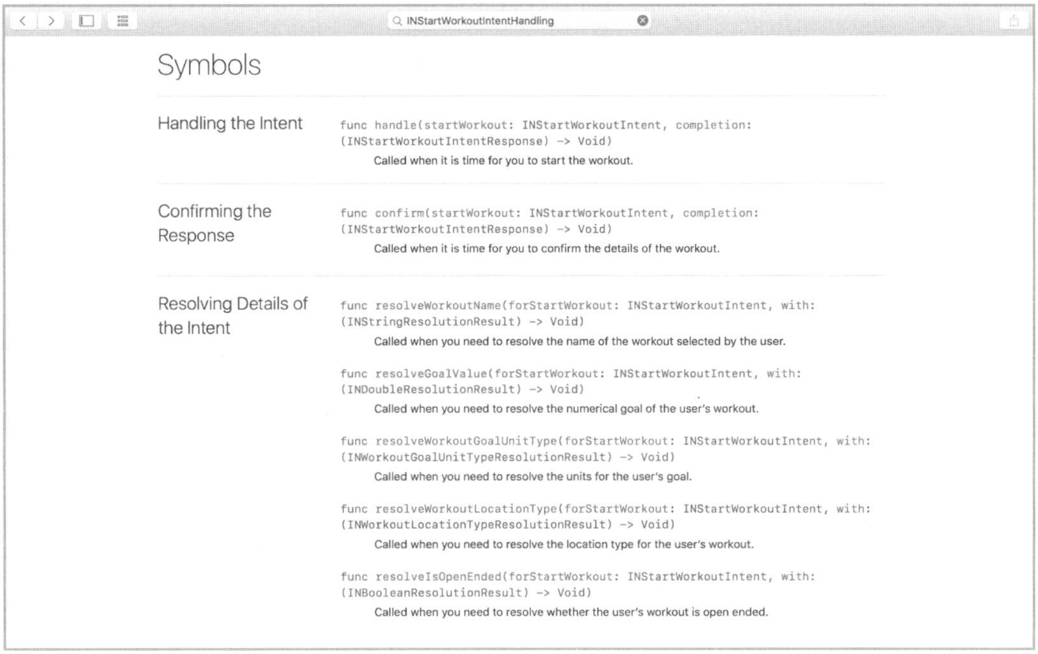

Bild 11.16 Die Dokumentation eines Handler-Protokolls zu einem eindeutigen Intent führt alle verfügbaren Methoden aus der Resolve-, Confirm- und Handle-Phase auf; in diesem Beispiel handelt es sich um den Handler zum Starten eines Workouts.

Im Folgenden stelle ich Ihnen den typischen Aufbau der implementierbaren Methoden für Intents dieser drei Phasen vor und erläutere, was in jener entsprechenden Phase genau passiert, worin Ihre Aufgabe dabei besteht und wie Sie sie handhaben können.

11.11.3.1 Resolve

Los geht's mit der ersten Phase *Resolve*. Ob Sie Methoden Ihres Handlers dieser Phase implementieren, ist voll und ganz Ihnen überlassen; die Phase selbst ist gänzlich optional.

Diese Phase dient dazu, einen vom Nutzer gesprochenen Befehl im Zusammenspiel mit einem unterstützten Intent Ihrer App auszuwerten und zu überprüfen, ob dieser Befehl alle Informationen enthält, die Sie benötigen, um die entsprechende Aktion durchzuführen. Dazu ein Beispiel: Sagt ein Nutzer „Sende eine Nachricht über WhatsApp", dann würde eine mögliche Intents Extension zum Senden einer Nachricht von WhatsApp aufgerufen. Jedoch ist die vom Nutzer übermittelte Information noch unvollständig. An wen soll denn die Nachricht gesendet werden? Und wie lautet sie überhaupt? All diese Dinge gilt es in der Resolve-Phase zu klären. Die Resolve-Phase sollte erst dann abgeschlossen sein, wenn Sie vom Nutzer alle Informationen erhalten haben, die Sie brauchen, um seine Anfrage auszuführen.

Das zugehörige Handler-Protokoll zu einem Intent bringt eine stets unterschiedliche Anzahl an Methoden für die Resolve-Phase mit (immer abhängig vom zugrunde liegenden Intent). Ob und welche Sie dabei in Ihrem Handler implementieren, ist Ihnen überlassen. Diejenigen, die Sie implementieren, werden dann vom System aufgerufen und es wird ihnen ein generiertes Intent-Objekt übergeben. Von welchem Typ dieses Objekt ist, hängt wiederum vom zugrunde liegenden Intent selbst ab.

Innerhalb der Resolve-Methoden können Sie dann das übergebene Intent-Objekt auswerten und prüfen, ob Sie die gewünschten Informationen, die Sie im Zuge dieser Resolve-Methode benötigen, im Objekt vorfinden. Anschließend geben Sie dem System eine entsprechende Rückmeldung. Diese Rückmeldung kann positiv sein und somit aussagen, dass alle benötigten Informationen vorhanden sind, oder auch negativ, um darauf hinzuweisen, dass beispielsweise für eine zu versendende Nachricht noch der zugehörige Text fehlt. Siri wird daraufhin das Gespräch mit dem Nutzer eigenständig passend weiterführen und entweder die Resolve-Phase verlassen oder nachhaken, um die benötigten Informationen zu erhalten und anschließend erneut die Resolve-Methoden für eine Prüfung aufzurufen.

Ein Beispiel soll die Funktionsweise und eine mögliche Implementierung der Resolve-Phase erläutern. Ich habe bereits mehrmals das Beispiel mit dem Senden einer Nachricht angeführt. Beim Senden von Nachrichten handelt es sich um einen Intent vom Typ `INSendMessageIntent` (eine Übersicht aller verfügbaren Intents und deren zugehöriger Klassen finden Sie im Abschnitt 11.11.4 „Übersicht über verfügbare Intents"). Das Handler-Protokoll zu dieser Klasse lautet `INSendMessageIntentHandling`. Ihr Handler-Objekt muss also konform zu diesem Protokoll sein, um Intents zum Versenden von Nachrichten verarbeiten zu können.

Das `INSendMessageIntentHandling`-Protokoll bringt insgesamt fünf Methoden mit, um innerhalb der Resolve-Phase alle relevanten Informationen zum Versenden einer Nachricht zu sammeln. Dazu gehören Methoden zum Festlegen des Empfängers und des Absenders sowie des eigentlichen Textes der Nachricht. Letztere wollen wir uns dabei beispielhaft einmal im Detail ansehen. Sie lautet auf den Namen `resolveContent(forSendMessage:with:)` und ist in Listing 11.32 deklariert.

Listing 11.32 Deklaration der Handler-Methode `resolveContent(forSendMessage:with:)`

```
// Swift
optional func resolveContent(forSendMessage intent: INSendMessageIntent, with
completion: (INStringResolutionResult) -> Void)

// Objective-C
- (void)resolveContentForSendMessage:(INSendMessageIntent *)intent
withCompletion:(void (^)(INStringResolutionResult *resolutionResult))completion;
```

Die Methode übergibt das Intent-Objekt vom Typ `INSendMessageIntent`, das Siri anhand der Spracheingabe des Nutzers automatisch für uns generiert, und ruft diese Methode auf, wenn sie innerhalb unserer Intents Extension deklariert ist und unsere Intents Extension für das Senden von Nachrichten konfiguriert ist (mehr dazu erfahren Sie im Abschnitt 11.11.5 „Voraussetzungen zur Verwendung von Siri in einer Intents Extension"). Das ist also unsere Chance, um zu überprüfen, ob der vom Nutzer gesprochene und uns als Intent-Objekt übergebene Befehl einen Text enthält, den unsere App versenden kann. Allgemein kann man prüfen, ob überhaupt eine Nachricht übermittelt wurde, während Apps wie Twitter zusätzlich prüfen könnten, ob eine Nachricht nicht zu umfangreich ausfällt. Dazu werden die Informationen aus dem übergebenen Intent-Objekt ausgewertet. Welche Eigenschaften dieses Intent-Objekt besitzt, ist immer davon abhängig, um welchen Typ von Intent es sich handelt. Im Falle von `INSendMessageIntent` können Sie beispielsweise die Properties `content` (der Inhalt der zu versendenden Nachricht) oder `recipients` (ein Array bestehend aus den gewünschten Empfängern der Nachricht) auslesen und verwerten.

Zum Abschluss einer jeden Resolve-Methode gilt es, den übergebenen `completion`-Parameter aufzurufen und dem System mittels eines Result-Objekts mitzuteilen, ob alle gewünschten Informationen der jeweiligen Resolve-Methode vorliegen oder ob diese fehlen oder an sich fehlerhaft sind. Im Falle der beispielhaft gezeigten Methode `resolveContent(forMessage:with:)` handelt es sich dabei um ein Result-Objekt vom Typ `INStringResolutionResult`. Darüber können wir dem System mitteilen, ob die über das Intent-Objekt gelieferte Nachricht in Ordnung ist oder ob es ein Problem damit gibt.

Listing 11.33 zeigt nun einmal eine komplette Implementierung einer `IntentHandler`-Klasse vom Basistyp `INExtension`, die konform zum Handler-Protokoll `INSendMessageIntentHandling` ist und die gezeigte Resolve-Methode implementiert. Enthält das übergebene Intent-Objekt keinen Inhalt für eine Nachricht, dann wird als Ergebnis die Methode `needsValue()` auf `INStringResolutionResult` aufgerufen, wodurch Siri den Nutzer noch einmal nach einem Text für die zu versendende Nachricht fragen wird. Ist ein Inhalt vorhanden, wird stattdessen `success(with:)` aufgerufen und dabei der zu sendende Text als Parameter übergeben.

Listing 11.33 Beispielhafte Implementierung der Resolve-Methode `resolveContent(forMessage:with:)`

```
// Swift
class IntentHandler: INExtension, INSendMessageIntentHandling {
    override func handler(for intent: INIntent) -> AnyObject? {
        return self
    }
    func resolveContent(forSendMessage intent: INSendMessageIntent, with completion:
(INStringResolutionResult) -> Swift.Void) {
        if let text = intent.content where !text.isEmpty {
            completion(INStringResolutionResult.success(with: text))
        }
        else {
            completion(INStringResolutionResult.needsValue())
        }
    }
}

// Objective-C
@interface IntentHandler : INExtension <INSendMessageIntentHandling>
@end

@implementation IntentHandler
- (id)handlerForIntent:(INIntent *)intent {
    return self;
}
```

```
- (void)resolveContentForSendMessage:(INSendMessageIntent *)intent
withCompletion:(void (^)(INStringResolutionResult * _Nonnull))completion {
    if (intent.content != nil) {
        completion([INStringResolutionResult successWithResolvedString:intent.
content]);
    } else {
        completion([INStringResolutionResult needsValue]);
    }
}
@end
```

Vollständige Übersicht aller APIs und Funktionen

Es würde ein wenig den Rahmen sprengen, an dieser Stelle alle verschiedenen verfügbaren Klassen an Result-Objekten wie `INStringResolutionResult` mitsamt all ihren Methoden aufzuführen. Selbiges gilt für alle Properties und Methoden der verschiedenen Intent- und Response-Klassen wie auch den Handler-Protokollen. Dazu verweise ich Sie auf die umfangreiche und stets aktuelle Dokumentation von Apple selbst, die jederzeit direkt aus Xcode heraus zugänglich ist.

Viel wichtiger ist es zu verstehen, welche Arten von Objekten grundsätzlich bei der Arbeit mit Intents Extensions beteiligt sind (Intent-, Handler-, Result- und Response-Objekte) und welche Phasen bei der Arbeit mit Siri nacheinander durchlaufen werden und wobei darauf jeweils zu achten ist. Mit diesen Grundlagen können Sie sich dann aus der Liste der verfügbaren Intents (siehe den Abschnitt „Übersicht über verfügbare Intents") jene heraussuchen, die Sie für Ihr Projekt benötigen und anschließend selbst die benötigten Resolve-, Confirm- und Handle-Methoden ermitteln sowie die Eigenschaften der damit einhergehenden Klassen und Protokolle direkt aus der Dokumentation auslesen.

11.11.3.2 Confirm

Liefern alle implementierten Resolve-Methoden ein positives Results-Objekt zurück, so startet die zweite Phase *Confirm*. Jedes Intent-spezifische Handler-Protokoll bringt dabei genau eine Confirm-Methode mit, die optional implementiert werden kann. Doch was bedeutet das eigentlich?

In der Confirm-Phase wird dem Nutzer noch einmal die Aktion angezeigt, die in der dritten Phase – Handle – aktiv durchgeführt wird. Es ist also die Chance für den Nutzer, noch einmal zu überprüfen, ob sein Befehl korrekt verstanden wurde und ob er ihn so absetzen oder doch lieber abbrechen möchte. Diese Phase ist nicht zwingend und kann auch übersprungen werden, was direkt zur Ausführung des Befehls führt. Lediglich bei bestimmten Intents wird von Systemseite selbst in jedem Fall noch ein Confirm durchgeführt, selbst wenn in der eigenen Implementierung die entsprechende Confirm-Methode fehlt. Das ist beispielsweise bei Zahlungen mittels Apple Pay der Fall.

Neben der Sicherheit des Nutzers, auch tatsächlich den korrekten Befehl auszuführen und diesen abzusegnen, hat die Confirm-Phase aber auch noch andere Vorteile. So lässt sie sich dazu nutzen, zusätzlichen Code mit dem Befehl des Nutzers auszuführen. Bei einer Messaging-App könnte beispielsweise in der Confirm-Phase überprüft werden, ob der Nutzer überhaupt noch in der App angemeldet ist; falls nicht, kann er schließlich auch keine Nachricht verschicken und muss zunächst aktiv werden. Während in der Resolve-Phase also zunächst einmal sichergestellt wird, einen korrekten und validen Befehl zu generieren, kümmert sich die Confirm-Phase nun darum, zu prüfen, ob der Vorgang auch tatsächlich so durchgeführt werden kann.

Diese Entscheidung – Befehl ausführen oder von App-Seite aus abbrechen – wird mittels eines Response-Objekts dem System mitgeteilt. Die Confirm-Methode eines jeden Handlers übergibt als Parameter einen Closure beziehungsweise einen Block, der am Ende der Methode ausgeführt werden muss und ein solches Response-Objekt erwartet. Das Response-Objekt fungiert dabei als Ergebnis für den vom Benutzer abgesetzten Befehl und gibt Statusinformationen dazu zurück. Wie diese genau aussehen, hängt wieder vom zugrunde liegenden Response-Objekt ab, das dem jeweiligen Intent zugeordnet ist; hier ist wieder Apples Dokumentation die einzig richtige Anlaufstelle.

Um bei unserem Messaging-Beispiel aus dem vorherigen Abschnitt zu bleiben, stelle ich Ihnen im Folgenden eine mögliche Implementierung der Confirm-Methode `confirm(sendMessage:completion:)` des `INSendMessageIntentHandling`-Protokolls vor. Listing 11.34 zeigt die Deklaration dieser Methode des Handler-Protokolls, während in Listing 11.35 eine mögliche Implementierung aufgeführt ist. Dabei wird die bereits definierte Variable `isLoggedIn` an dieser Stelle dazu verwendet, um zu überprüfen, ob ein Nutzer angemeldet ist oder nicht.

Listing 11.34 Deklaration der Methode `confirm(sendMessage:completion:)` des `INSendMessageIntentHandling`-Protokolls

```
// Swift
optional func confirm(sendMessage intent: INSendMessageIntent, completion:
(INSendMessageIntentResponse) -> Void)

// Objective-C
- (void)confirmSendMessage:(INSendMessageIntent *)intent completion:(void (^)
(INSendMessageIntentResponse *response))completion;
```

Listing 11.35 Beispielhafte Implementierung der Methode `confirm(sendMessage:completion:)`

```
// Swift
if isLoggedIn {
    completion(INSendMessageIntentResponse(code: .success, userActivity: nil))
}
else {
    let userActivity = NSUserActivity(activityType: String(INSendMessageIntent.self))
    userActivity.userInfo = [NSString(string: "error"):NSString(string:
"UserLoggedOut")]
    completion(INSendMessageIntentResponse(code: .failureRequiringAppLaunch,
userActivity: userActivity))
}

// Objective-C
- (void)confirmSendMessage:(INSendMessageIntent *)intent completion:(void (^)
(INSendMessageIntentResponse * _Nonnull))completion {
    if (self.isLoggedIn) {
```

```
        completion([[INSendMessageIntentResponse alloc]
initWithCode:INSendMessageIntentResponseCodeSuccess userActivity:nil]);
    } else {
        NSUserActivity *userActivity = [[NSUserActivity alloc]
initWithActivityType:NSStringFromClass([INSendMessageIntent class])];
        userActivity.userInfo = @{@"Error": @"UserLoggedOut"};
        completion([[INSendMessageIntentResponse alloc]
initWithCode:INSendMessageIntentResponseCodeFailureRequiringAppLaunch
userActivity:userActivity]);
    }
}
```

Im Falle eines Fehlers wird ein `NSUserActivity`-Objekt erzeugt, welches dann dem Response-Objekt übergeben wird. Startet der Nutzer das nächste Mal die eigentliche App, kann er mittels der Methode `application(_:continue:restorationHandler:)` des `UIApplicationDelegate` eben jenes `NSUserActivity`-Objekt als `userActivity`-Parameter auslesen und entsprechend reagieren. In diesem Fall erhält er so die Info, dass der Nutzer abgemeldet war.

NSUserActivity und Siri

Neben Siri findet die Klasse `NSUserActivity` auch noch bei Techniken wie HandOff oder der Spotlight-Suche Verwendung. Sie dient dazu, den Zustand einer App festzuhalten und zu einem späteren Zeitpunkt wieder auszulesen, um darauf aufbauend passende Aktionen durchzuführen. Im gezeigten Beispiel des nicht angemeldeten Benutzers, der aufgrund dessen keine Nachricht über Siri verschicken konnte, könnte die Nachricht nach einem erneuten Login des Nutzers innerhalb der App direkt verschickt werden.

Alle Response-Objekte des Intents-Frameworks nehmen als optionalen Parameter ein `NSUserActivity`-Objekt entgegen. Auch wenn Apple empfiehlt, in jedem Fall immer für jede Response ein solches Objekt bereitzustellen, ist es letzten Endes immer Ihnen überlassen, ob Sie eine zusätzliche `NSUserActivity` mit weiteren Informationen einer Response übergeben oder nicht. ■

11.11.3.3 Handle

Die letzte Phase bei der Bearbeitung einer Siri-Anfrage ist *Handle*. Pro Intent und zugehörigem Handler-Protokoll gibt es auch hier wieder eine eindeutige Handle-Methode, die Sie auch in jedem Fall implementieren **müssen**; im Gegensatz zu den Methoden der beiden vorangegangenen Phasen Resolve und Confirm ist Handle niemals optional und muss für jeden von Ihnen unterstützten Intent implementiert werden.

Wenn die zugehörige Handler-Methode der Handle-Phase aufgerufen wird, ist das Ihre Chance, den vom Nutzer mittels Intent geäußerten Befehl nun endlich auszuführen; an dieser Stelle versenden Sie also eine Nachricht, überweisen Geld oder rufen ein Taxi. Hier endet die Kommunikation mit Siri und Sie tun, was nötig ist, um die gewünschte Aktion des Nutzers auszuführen.

Auch in dieser letzten Phase erhalten Sie mittels Parameter Zugriff auf den zugrunde liegenden Intent sowie auf ein `completion`-Closure beziehungsweise einen `completion`-Block.

Genau wie in der Confirm-Phase müssen Sie dieses Closure beziehungsweise diesen Block innerhalb Ihrer Handle-Methode ausführen und dabei erneut eine passende Response zurückgeben. Funktioniert alles wie erwartet und konnten Sie den Befehl des Nutzers erfolgreich durchführen, geben Sie eine entsprechende Erfolgsmeldung mittels Response zurück. Kommt es bei der Durchführung zu einem Problem, so können Sie auch das mittels entsprechender Response mitteilen. Der Response fällt hier dieselbe Aufgabe zu wie auch bereits schon in der Confirm-Phase.

Um diesen Abschnitt ebenfalls mit einem Beispiel abzuschließen, zeigt Listing 11.36 die Deklaration der Handle-Methode `handle(sendMessage:completion:)` des `INSendMessageIntentHandling`-Protokolls, während sich in Listing 11.37 eine beispielhafte Implementierung zu dieser Methode findet. Diese prüft noch einmal, ob der übergebene Intent tatsächlich über einen Empfänger und eine Nachricht verfügt; ist das nicht der Fall, wird ein Fehler ausgegeben, andernfalls wird die Nachricht über die hier beispielhaft definierte Methode `sendMessage(_:to:)` gesendet.

Listing 11.36 Deklaration der Methode `handle(sendMessage:completion:)` des `INSendMessageIntentHandling`-Protokolls

```
// Swift
func handle(sendMessage intent: INSendMessageIntent, completion:
(INSendMessageIntentResponse) -> Void)

// Objective-C
- (void)handleSendMessage:(INSendMessageIntent *)intent completion:(void (^)
(INSendMessageIntentResponse *response))completion;
```

Listing 11.37 Beispielhafte Implementierung der Methode `handle(sendMessage:completion:)`

```
// Swift
func handle(sendMessage intent: INSendMessageIntent, completion:
(INSendMessageIntentResponse) -> Swift.Void) {
    if intent.recipients != nil && intent.content != nil {
        sendMessage(intent.content, to: intent.recipients)
        completion(INSendMessageIntentResponse(code: .success, userActivity: nil))
    }
    else {
        completion(INSendMessageIntentResponse(code: .failure, userActivity: nil))
    }
}

// Objective-C
- (void)handleSendMessage:(INSendMessageIntent *)intent completion:(void (^)
(INSendMessageIntentResponse * _Nonnull))completion {
    if (intent.recipients != nil && intent.content != nil) {
        [self sendMessage:intentContent to:intent.recipients];
        completion([[INSendMessageIntentResponse alloc]
initWithCode:INSendMessageIntentResponseCodeSuccess userActivity:nil]);
    } else {
        completion([[INSendMessageIntentResponse alloc]
initWithCode:INSendMessageIntentResponseCodeFailure userActivity:nil]);
    }
}
```

11.11.4 Übersicht über verfügbare Intents

Um einen Eindruck darüber zu bekommen, was im Zusammenspiel mit Ihrer App bei der Nutzung von Siri möglich ist, führe ich im Folgenden einmal alle verfügbaren Intents der genannten Domains auf, die Sie über eine Intents Extension nutzen können. Dabei gebe ich auch die zugehörige `INIntent`-Subklasse sowie das Handler-Protokoll und die Response-Klasse mit an.

Audio- und Videotelefonie

Intent	Zugehörige Klasse
Audioanruf starten	Intent: `INStartAudioCallIntent` Handler: `INStartAudioCallIntentHandling` Response: `INStartAudioCallIntentResponse`
Videoanruf starten	Intent: `INStartVideoCallIntent` Handler: `INStartVideoCallIntentHandling` Response: `INStartVideoCallIntentResponse`
Telefonieverlauf durchsuchen	Intent: `INSearchCallHistoryIntent` Handler: `INSearchCallHistoryIntentHandling` Response: `INSearchCallHistoryIntentResponse`

Messaging

Intent	Zugehörige Klasse
Nachricht senden	Intent: `INSendMessageIntent` Handler: `INSendMessageIntentHandling` Response: `INSendMessageIntentResponse`
Nachrichten durchsuchen	Intent: `INSearchForMessagesIntent` Handler: `INSearchForMessagesIntentHandling` Response: `INSearchForMessagesIntentResponse`

Zahlungen

Intent	Zugehörige Klasse
Zahlung senden	Intent: `INSendPaymentIntent` Handler: `INSendPaymentIntentHandling` Response: `INSendPaymentIntentResponse`
Zahlung anfragen	Intent: `INRequestPaymentIntent` Handler: `INRequestPaymentIntentHandling` Response: `INRequestPaymentIntentResponse`

Durchsuchen von Fotos

Intent	Zugehörige Klasse
Fotos durchsuchen	Intent: `INSearchForPhotosIntent` Handler: `INSearchForPhotosIntentHandling` Response: `INSearchForPhotosIntentResponse`
Slideshow abspielen	Intent: `INStartPhotoPlaybackIntent` Handler: `INStartPhotoPlaybackIntentHandling` Response: `INStartPhotoPlaybackIntentResponse`

Workouts

Intent	Zugehörige Klasse
Workout starten	Intent: `INStartWorkoutIntent` Handler: `INStartWorkoutIntentHandling` Response: `INStartWorkoutIntentResponse`
Workout pausieren	Intent: `INPauseWorkoutIntent` Handler: `INPauseWorkoutIntentHandling` Response: `INPauseWorkoutIntentResponse`
Workout fortsetzen	Intent: `INResumeWorkoutIntent` Handler: `INResumeWorkoutIntentHandling` Response: `INResumeWorkoutIntentResponse`
Wortkout beenden	Intent: `INEndWorkoutIntent` Handler: `INEndWorkoutIntentHandling` Response: `INEndWorkoutIntentResponse`
Workout abbrechen	Intent: `INCancelWorkoutIntent` Handler: `INCancelWorkoutIntentHandling` Response: `INCancelWorkoutIntentResponse`

Buchung von Fahrten

Intent	Zugehörige Klasse
Liste verfügbarer Fahrten abrufen	Intent: `INListRideOptionsIntent` Handler: `INListRideOptionsIntentHandling` Response: `INListRideOptionsIntentResponse`
Fahrt buchen	Intent: `INRequestRideIntent` Handler: `INRequestRideIntentHandling` Response: `INRequestRideIntentResponse`
Status einer gebuchten Fahrt abfragen	Intent: `INGetRideStatusIntent` Handler: `INGetRideStatusIntentHandling` Response: `INGetRideStatusIntentResponse`

CarPlay

Intent	Zugehörige Klasse
Audioquelle ändern	Intent: `INSetAudioSourceInCarIntent` Handler: `INSetAudioSourceInCarIntentHandling` Response: `INSetAudioSourceInCarIntentResponse`
Einstellungen der Klimaanlage ändern	Intent: `INSetClimateSettingsInCarIntent` Handler: `INSetClimateSettingsInCarIntentHandling` Response: `INSetClimateSettingsInCarIntentResponse`
Einstellungen des Defrosters ändern	Intent: `INSetDefrosterSettingsInCarIntent` Handler: `INSetDefrosterSettingsInCarIntentHandling` Response: `INSetDefrosterSettingsInCarIntentResponse`
Temperatur der Sitzheizung ändern	Intent: `INSetSeatTemperatureInCarIntent` Handler: `INSetSeatTemperatureInCarIntentHandling` Response: `INSetSeatTemperatureInCarIntentResponse`
Radiokanal ändern	Intent: `INSetRadioStationIntent` Handler: `INSetRadioStationIntentHandling` Response: `INSetRadioStationIntentResponse`

11.11.5 Voraussetzungen zur Verwendung von Siri in einer Intents Extension

Sie haben in den vorherigen Abschnitten gesehen, wie Intents Extensions funktionieren und mithilfe welcher Klasse Sie erfolgreich Ihre eigene Siri-Implementierung damit umsetzen. Um aber die gewünschten Intents tatsächlich auch mit Siri verwenden zu können, sind weitere Voraussetzungen notwendig, die in den folgenden beiden Abschnitten im Detail beschrieben werden.

11.11.5.1 Gewünschte Intents in Info.plist eintragen

Alle Intents, die Sie mittels Siri im Zusammenspiel mit Ihrer App verwenden möchten, müssen in der Info.plist-Datei der Intents Extension hinterlegt werden. Die automatisch mit einer Intents Extension erstellte Info.plist-Datei enthält dafür bereits einen passenden Schlüssel, der nur noch mit den gewünschten Inhalten gefüllt werden muss.

Unter dem Schlüssel `NSExtension` und dem darunterliegenden Schlüssel `NSExtensionAttributes` finden sich zwei Einträge, die exklusiv für Intents Extensions existieren: `IntentsRestrictedWhileLocked` und `IntentsSupported`, beide vom Typ Array (siehe Bild 11.17).

Bundle version	String	1
▼ NSExtension	Dictionary	(3 items)
▼ NSExtensionAttributes	Dictionary	(2 items)
▼ IntentsRestrictedWhileLocked	Array	(1 item)
Item 0	String	INSendMessageIntent
▼ IntentsSupported	Array	(1 item)
Item 0	String	INSendMessageIntent
NSExtensionPointIdentifier	String	com.apple.intents-service
NSExtensionPrincipalClass	String	$(PRODUCT_MODULE_NAME).UCIntentsHandler

Bild 11.17 Die beiden Schlüssel IntentsRestrictedWhileLocked und IntentsSupported verwenden Sie, um die von Ihrer App unterstützten Intents anzugeben.

Unter dem Schlüssel `IntentsSupported` tragen Sie all jene Intents ein, die Ihre App unterstützt. Die Intents werden dabei als Strings abgebildet und müssen dem Klassennamen der zugehörigen Intent-Klasse entsprechen. Soll Ihre App also beispielsweise Nachrichten versenden können, müssen Sie innerhalb des `IntentsSupported`-Keys den Wert `INSendMessageIntent` hinzufügen. Sie müssen unter `IntentsSupported` zwingend alle Intents in Form der jeweils zugehörigen Klasse eintragen, die Ihre App nutzen kann, andernfalls stehen sie nicht zur Verfügung.

Intents, die Sie zusätzlich innerhalb des Schlüssels `IntentsRestrictedWhileLocked` eintragen, können nur dann von Siri ausgeführt werden, wenn das iOS-Gerät entsperrt ist. Werte, die Sie diesem Schlüssel hinzufügen, müssen auch Teil des `IntentsSupported`-Arrays sein, andernfalls können die entsprechenden Intents überhaupt nicht genutzt werden.

Eine Übersicht über die verfügbaren Intents und deren zugehörige Klassen erhalten Sie im Abschnitt 11.11.4 „Übersicht über verfügbare Intents“.

11.11.5.2 Erlaubnis der Siri-Nutzung erfragen

Es reicht nicht aus, einfach nur eine Intents Extension zu erstellen, um anschließend die eigene App mittels Siri steuern und verwenden zu können. Vielmehr muss der Nutzer Ihrer App explizit zustimmen, Ihre App auch über Siri zu nutzen. Diese Abfrage ist vergleichbar mit der, ob ein Nutzer Zugriff auf die Kamera oder den aktuellen Standort gewährt.

Um den Nutzer nach seiner Erlaubnis über die Verwendung von Siri zu fragen, müssen Sie an einer beliebigen Stelle innerhalb Ihrer App (nicht der Intents Extension!) die Klassenmethode `requestSiriAuthorization(_:)` der Klasse `INPreferences` aufrufen (siehe Deklaration in Listing 11.38). Diese sorgt dafür, dass dem Nutzer ein Alert angezeigt wird, der ihn darüber informiert, dass die App Siri verwenden möchte. Der Nutzer kann diese Verwendung dann entweder erlauben oder ablehnen. Die Entscheidung kann er darüber hinaus jederzeit in den Einstellungen von iOS wieder ändern.

Listing 11.38 Deklaration der Methode `requestSiriAuthorization(_:)` der Klasse `INPreferences`

```
// Swift
class func requestSiriAuthorization(_ handler: (INSiriAuthorizationStatus) -> Void)

// Objective-C
+ (void)requestSiriAuthorization:(void (^)(INSiriAuthorizationStatus status))handler;
```

Der Parameter der Methode requestSiriAuthorization(_:) erwartet ein Closure beziehungsweise einen Block, der als Parameter das Ergebnis der Nutzerentscheidung in Form eines INSiriAuthorizationStatus-Objekts enthält. Dieser Typ kann vier verschiedene Werte annehmen, die in Listing 11.39 deklariert sind.

Listing 11.39 Mögliche Werte von INSiriAuthorizationStatus

```
// Swift
case notDetermined
case restricted
case denied
case authorized

// Objective-C
INSiriAuthorizationStatusNotDetermined
INSiriAuthorizationStatusRestricted
INSiriAuthorizationStatusDenied
INSiriAuthorizationStatusAuthorized
```

Listing 11.40 zeigt einmal eine beispielhafte Verwendung der gezeigten Methode, um die Nutzung von Siri zu erfragen und das Ergebnis der Nutzerentscheidung auszuwerten.

Listing 11.40 Beispielhafte Verwendung der Methode requestSiriAuthorization(_:)

```
// Swift
INPreferences.requestSiriAuthorization { (siriAuthorizationStatus:
INSiriAuthorizationStatus) in
    switch siriAuthorizationStatus {
    case .authorized:
        print("Nutzung von Siri ist erlaubt.")
    case .notDetermined, .restricted, .denied:
        print("Nutzung von Siri ist NICHT erlaubt.")
    }
}

// Objective-C
[INPreferences requestSiriAuthorization:^(INSiriAuthorizationStatus
siriAuthorizationStatus) {
    switch (siriAuthorizationStatus) {
        case INSiriAuthorizationStatusAuthorized:
            NSLog(@"Nutzung von Siri ist erlaubt.");
        default:
            NSLog(@"Nutzung von Siri ist NICHT erlaubt.");
    }
}];
```

Ein guter Zeitpunkt, diese Methode aufzurufen, ist beispielsweise in der App Delegate-Methode application(_:didFinishLaunchingWithOptions:). Dabei ist es auch kein Problem, wenn diese Methode mehrmals aufgerufen wird; iOS zeigt den zugehörigen Alert in jedem Fall nur einmalig an, anschließend kann der Nutzer die gewählte Einstellung nur noch direkt über die Einstellungen von iOS ändern.

Es gibt hierbei aber abschließend noch ein sehr wichtiges Detail zu beachten! Damit tatsächlich durch Aufruf der Methode requestSiriAuthorization(_:) dem Nutzer auch ein Alert angezeigt wird, in dem er der Nutzung von Siri zustimmt oder diese ablehnt, müssen Sie einen zusätzlichen Eintrag in der Info.plist-Datei der App (nicht der Intents Extension) hinzufügen. Dieser Schlüssel lautet `NSSiriUsageDescription` und erwartet als Parameter einen String. Dieser String wird zusammen mit der vom System generierten Meldung über die Nutzung von Siri angezeigt und soll dazu dienen, dem Nutzer zu erklären, wozu genau Sie Siri für Ihre App verwenden möchten. Fehlt dieser Schlüssel mitsamt zugehöriger Beschreibung in der Info.plist-Datei Ihrer App, zeigt iOS auch bei Aufruf der Methode `requestSiriAuthorization(_:)` keinen passenden Alert an. Denken Sie also immer daran, diesen Schlüssel mitsamt Wert zu Ihrer Info.plist-Datei hinzuzufügen (siehe Bild 11.18).

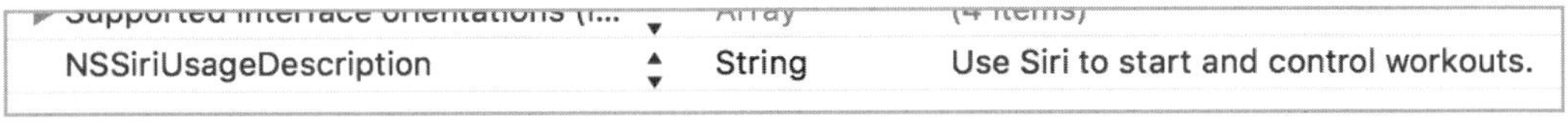

Bild 11.18 Ohne den Key NSSiriUsageDescription mitsamt erläuterndem String können Sie vom Nutzer keine Erlaubnis zur Nutzung von Siri für Ihre App erfragen.

Prüfen des Authorization Status

Das gezeigte Vorgehen liefert Ihnen nur einmalig die Entscheidung darüber zurück, ob Ihre App Siri nutzen kann oder nicht. Möchten Sie innerhalb Ihres Codes einmal den aktuellen Authorization Status abfragen, den Ihre App in Bezug auf die Siri-Nutzung innehat, können Sie dazu die Klassenmethode `siriAuthorizationStatus()` der Klasse `INPreferences` verwenden. Diese liefert Ihnen den aktuellen Wert der Autorisierung vom Typ `INSiriAuthorizationStatus` zurück, so, wie wir ihn auch beispielhaft in Listing 11.40 gesehen haben. Diese Info können Sie beispielsweise dazu nutzen, in den Einstellungen Ihrer App auf die Vorteile einer Siri-Unterstützung hinzuweisen, sollte der Nutzer Siri bisher für Ihre App deaktiviert haben. Ein erneutes Auffordern des Nutzers, die Siri-Einstellung in Bezug auf Ihre App zu ändern, ist aber nicht möglich; das ist nach der initialen Frage durch das System nur noch über die Einstellungen von iOS möglich. ■

Sollte ein Nutzer Ihre App mittels Siri verwenden, ohne dass dieser vorher der Nutzung Ihrer App durch Siri zugestimmt hat, weist Siri intelligenterweise auf diesen Umstand hin und bietet dem Nutzer an, in die Einstellungen zu wechseln, um dort Ihrer App die Verwendung von Siri zu erlauben.

11.11.6 Erweitern von Siris Vokabular

In manchen Fällen nutzt eine App möglicherweise bestimmte Begriffe, die zwar in Anfragen verwendet werden sollen, Siri selbst aber an und für sich unbekannt sind. Das können beispielsweise Bezeichnungen spezifischer Workouts in einer Workout-App oder bestimmte Fahrzeugmodelle für eine Abholung sein.

Ebenfalls könnte es nutzerspezifisches Vokabular geben, das sich von Anwender zu Anwender unterscheidet. Das können beispielsweise Spitznamen in einer Messaging-App sein, die jeder Nutzer individuell für seine Kontakte einrichten kann. Möchte der Nutzer nun eine Nachricht an eben jenen Kontakt senden, wäre es ideal, wenn Siri dann auch den nutzerspezifischen Spitznamen versteht und diesen entsprechend als Empfänger verarbeiten kann.

Tatsächlich ist es möglich, Siri Begriffe der eigenen App „beizubringen", sodass diese vom Nutzer bei der Verwendung von Siri erfolgreich verwendet werden können. Wie in den eben gezeigten Beispielen unterscheidet auch Apple dabei zwischen zwei Arten von zusätzlichem Vokabular:

- nutzerspezifisches Vokabular, welches ausschließlich für einen einzelnen Nutzer einer App relevant ist
- globales Vokabular, das für alle Nutzer einer App gleichermaßen interessant und relevant ist

Im Folgenden stelle ich Ihnen beide Möglichkeiten einmal im Detail vor.

11.11.6.1 Erweitern von Siri um nutzerspezifisches Vokabular

Nutzerspezifisches Vokabular sind Begriffe, die einzig und allein für einen spezifischen Nutzer einer App relevant sind, beispielsweise Spitznamen von Kontakten, denen er eine Nachricht senden möchte. Nutzerspezifisches Vokabular kann ausschließlich für die folgenden Bereiche definiert werden:

- Kontaktnamen
- Foto-Tags
- Namen von Fotoalben
- Workout-Bezeichnungen

Bietet Ihre App in diesen Bereichen womöglich nutzerspezifisches Vokabular an, dann können Sie die Klasse `INVocabulary` des Intents-Frameworks dazu verwenden, die entsprechenden Begriffe zu registrieren, damit Siri sie versteht und mit ihnen umgehen kann.

> **Die Registrierung des nutzerspezifischen Vokabulars erfolgt in der iOS-App, nicht in der Intents Extension**
>
> Auch wenn eine Intents Extension für die Verwendung von Siri im Zusammenspiel mit der eigenen App essenziell ist, so findet die Registrierung von nutzerspezifischem Vokabular nicht in der Extension, sondern in der zugrunde liegenden iOS-App statt. Das hängt damit zusammen, dass die Intents Extension nur genutzt wird, wenn der Nutzer Anfragen an Ihre App mittels Siri sendet. Damit Siri aber im Vorhinein bereits das nutzerspezifische Vokabular kennt, müssen Sie es entsprechend aus der eigentlichen iOS-App heraus mittels `INVocabulary` im System registrieren.

Die Klasse `INVocabulary` ist als globales Singleton konzipiert und so über die Klassenmethode `shared()` zugänglich. Sie bringt zwei Methoden mit, um das nutzerspezifische Vokabular zu bearbeiten: eine Methode zum Setzen des Vokabulars und eine zum Löschen aller gesetzten Begriffe. Listing 11.41 zeigt die Deklaration dieser beiden Methoden.

Listing 11.41 Deklaration der Methoden der Klasse `INVocabulary` zum Bearbeiten des nutzerspezifischen Vokabulars

```
// Swift
func setVocabularyStrings(_ vocabulary: OrderedSet, of type: INVocabularyStringType)
func removeAllVocabularyStrings()

// Objective-C
- (void)setVocabularyStrings:(NSOrderedSet<NSString *> *)vocabulary
ofType:(INVocabularyStringType)type;
- (void)removeAllVocabularyStrings;
```

Um nutzerspezifisches Vokabular im System zu registrieren, kommt die Methode `setVocabularyStrings(_:of:)` zum Einsatz. Diese besteht aus zwei Teilen: einem Set, das alle Begriffe des Vokabulars in einer von Ihnen festgelegten priorisierten Reihenfolge enthält, sowie dem zugehörigen Typ. Bei letzterem muss es sich um einen der eingangs genannten Typen handeln, die im Code mittels `INVocabularyStringType` abgebildet werden. Dieser Typ verfügt so über die passenden, in Listing 11.42 gezeigten Werte.

Listing 11.42 Verfügbare Werte von `INVocabularyStringType`

```
// Swift
case contactName
case contactGroupName
case photoTag
case photoAlbumName
case workoutActivityName

// Objective-C
INVocabularyStringTypeContactName
INVocabularyStringTypeContactGroupName
INVocabularyStringTypePhotoTag
INVocabularyStringTypePhotoAlbumName
INVocabularyStringTypeWorkoutActivityName
```

Alles, was Sie nun zu tun brauchen, um nutzerspezifisches Vokabular im System zu registrieren, ist, die Methode `setVocabularyStrings(_:of:)` auf das Singleton der Klasse `INVocabulary` mit den gewünschten Bezeichnungen zu einem passenden Typ aufzurufen. Listing 11.43 zeigt dazu ein einfaches Beispiel, in dem eine Liste nutzerspezifischer Workouts für Siri registriert wird.

Listing 11.43 Registrieren von nutzerspezifischem Vokabular zur Nutzung mit Siri

```
// Swift
let workoutNames = OrderedSet(array: ["Hardcore", "Soft", "Entspannend"])
let vocabulary = INVocabulary.shared()
vocabulary.setVocabularyStrings(workoutNames, of: .workoutActivityName)

// Objective-C
NSOrderedSet* workoutNames = [NSOrderedSet orderedSetWithArray:@[@"Hardcore",
@"Soft", @"Entspannend"]];
INVocabulary* vocabulary = [INVocabulary sharedVocabulary];
[vocabulary setVocabularyStrings:workoutNames
ofType:INVocabularyStringTypeWorkoutActivityName];
```

Wie bereits im Infokasten beschrieben, sollten Sie diese Funktionalität der Klasse `INVocabulary` ausschließlich zum passenden Zeitpunkt in Ihrer iOS-App und nicht in der Intents Extension ausführen. Selbiges gilt für die Methode `removeAllVocabularyStrings()` zum Löschen des nutzerspezifischen Vokabulars.

11.11.6.2 Erweitern von Siri um globales Vokabular

Wenn Ihre Apps über spezifische globale Begriffe verfügt, die bei der Nutzung von Siri für alle Nutzer sinnvoll sind, dann können Sie Siri diese Begriffe durch ein globales Vokabular verständlich machen. Wie beim nutzerspezifischen Vokabular können globale Begriffe nur für spezielle Bereiche gesetzt werden. Diese sind:

- Buchungsoptionen für Fahrten
- Workout-Bezeichnungen

Um ein solches globales Vokabular für Ihre Intents Extension umzusetzen, müssen Sie innerhalb Ihres iOS-Projekts eine neue PLIST-Datei mit dem Namen `AppIntentVocabulary` erstellen. Dieser müssen Sie auf der obersten Ebene zwei neue Schlüssel hinzufügen: `ParameterVocabularies` und `IntentPhrases`. Bei beiden handelt es sich um Arrays, die ein oder mehrere Dictionary-Objekte zur Abbildung des globalen Vokabulars enthalten. Beide Elemente stelle ich Ihnen nun im Detail vor.

11.11.6.2.1 ParameterVocabularies

Innerhalb des `ParameterVocabularies`-Keys werden alle Begriffe für das globale Vokabular einer App definiert. Dabei erwartet dieser Schlüssel ein Array von Dictionary-Objekten. Ein solches Dictionary fasst ein oder mehrere Begriffe für das globale Vokabular für spezifische Intents zusammen. Sie definieren also einerseits, für welche Intents die Begriffe gelten sollten, sowie alle Begriffe selbst, die Sie diesen Intents zuordnen möchten.

Jedes Dictionary-Objekt innerhalb dieses `ParameterVocabularies`-Keys muss die folgenden zwei Elemente enthalten:

- `ParameterNames` (Array von Strings)
- `ParameterVocabulary` (Array von Dictionaries)

ParameterNames

Unter `ParameterNames` werden alle Intents mit deren zugehörigen Eigenschaften innerhalb eines Array von Strings aufgeführt, für die die folgenden Begriffe für das globale Vokabular von Bedeutung sind. Dabei geben Sie immer den Namen der Klasse des zugehörigen Intents gefolgt von einem Punkt `.` sowie dem Namen der Property dieses Intents, für die die aufgeführten Begriffe für das globale Vokabular verwendet werden können. Damit sind beispielsweise folgende Einträge möglich:

- `INStartWorkoutIntent.workoutName`
- `INEndWorkoutIntent.workoutName`
- `INRequestRideIntent.rideOptionName`

Alle `ParameterNames`, die Sie so in diesem Array eintragen, können die dazugehörigen folgenden Begriffe des `ParameterVocabulary` verwenden. Möchten Sie so beispielsweise den Namen eines eigenen Workouts einer Workout-App für das globale Vokabular nutzen, dann fügen Sie unter `ParameterNamens` alle Workout-Intents mit der zugehörigen Property auf, zu denen dieser Begriff gehört, und definieren den eigentlichen Begriff dann innerhalb des `ParameterVocabulary`-Keys.

ParameterVocabulary

Bei `ParameterVocabulary` handelt es sich wieder um ein Array von Dictionary-Objekten. Diese Dictionaries müssen alle über die folgenden zwei Schlüssel verfügen:

- `VocabularyItemIdentifier` (String)
- `VocabularyItemSynonyms` (Array von Dictionaries)

VocabularyItemIdentifier

Der `VocabularyItemIdentifier` ist ein von Ihnen definierter eindeutiger String, mit dem Sie innerhalb Ihrer Intents Extension den zugeordneten Begriff des globalen Vokabulars im Code auswerten können. Diesen String weist Siri dem erzeugten Intent-Objekt zu, das Ihrer Intents Extension übergeben wird, und Sie können ihn dazu nutzen, zu ermitteln, welchen Begriff der Nutzer für seine Anfrage verwendet hat.

Dieser String wird typischerweise nie übersetzt, auch wenn Sie mehrere Sprachversionen des globalen Vokabulars verwenden (dazu später mehr im Abschnitt 11.11.6.2.4 „Übersetzung des globalen Vokabulars“). Er dient als eindeutiger Identifier für einen bestimmten Begriff, egal, in wie vielen Sprachen und mit wie vielen Synonymen Sie diesen verknüpfen. Sie können nämlich pro Begriff des globalen Vokabulars auch beliebig viele Synonyme angeben, die dieselbe Bedeutung haben. Durch den `VocabularyItemIdentifier` erhalten Sie trotzdem im Code immer diesen einen passenden String, der zu dem gewünschten Begriff in jeder unterstützten Sprache und für alle unterstützten Synonyme passt.

VocabularyItemSynonyms

Bei `VocabularyItemSynonyms` handelt es sich wieder um ein Array von Dictionaries. Jedes Dictionary bildet dabei einen spezifischen Begriff ab, den Sie für die bereits zuvor definierten Intents (Schlüssel `ParameterNames`) sowie den von Ihnen festgelegten eindeutigen Identifier (Schlüssel `VocabularyItemIdentifier`) verwenden möchten. Jedes Dictionary setzt sich dabei aus den folgenden Schlüsseln zusammen:

- `VocabularyItemPhrase` (String)
- `VocabularyItemPronounciation` (String, optional)
- `VocabularyItemExamples` (Array von Strings, optional)

VocabularyItemPhrase

Innerhalb dieses Schlüssels tragen Sie den eigentlichen Begriff ein, den Sie für das globale Vokabular verwenden möchten.

VocabularyItemPronounciation

Dieser Schlüssel ist optional und muss von Ihnen nicht implementiert werden. Darüber ist es möglich, einen String anzugeben, der die Aussprache des zuvor definierten `VocabularyItemPhrase` ausgibt. Das macht es für Siri leichter, die Aussprache des Begriffs durch den Nutzer besser zu verstehen und mit einer höheren Wahrscheinlichkeit dem korrekten Begriff zuzuordnen. Sie können Siri hier also ein wenig anlernen, damit sie die von Ihnen definierten Begriffe des globalen Vokabulars möglicherweise besser versteht.

Ein Beispiel dazu wäre der Name der App „iTunes". Hierfür könnten Sie im Deutschen als `VocabularyItemPronounciation` den String „ei tjuns" eintragen.

VocabularyItemExamples

Zu guter Letzt können Sie noch einige Beispielsätze zur Verwendung des definierten `VocabularyItemPhrase` in Form eines String-Arrays hinzufügen, müssen das aber nicht (auch dieser Schlüssel ist wie `VocabularyItemPronounciation` optional). Beispielsätze sollten dabei so kurz wie möglich gehalten werden und ausschließlich die logische Verwendung des definierten Begriffs enthalten.

11.11.6.2.2 IntentPhrases

Der zweite Schlüssel neben `ParameterVocabularies` zum Definieren des globalen Vokabulars ist der optionale Schlüssel `IntentPhrases` (Sie müssen diesen also nicht zwingend in Ihrer AppIntentVocabulary.plist-Datei implementieren). Dieser dient dazu, komplexere und aufwendigere Beispiele zur Verwendung Ihres globalen Vokabulars für Ihre Intents zu definieren. Damit können Sie Siri den Umgang mit und die Verwendung Ihres globalen Vokabulars erleichtern.

Bei `IntentPhrases` handelt es sich um ein Array von Dictionaries. Jedes Dictionary muss über die folgenden zwei Schlüssel verfügen:

- `IntentName` (String)
- `IntentExamples` (Array von Strings)

IntentName

`IntentName` entspricht dem Namen der Intent-Klasse, für die Sie Beispielsätze im Zusammenspiel mit Ihrem globalen Vokabular hinterlegen möchten, also beispielsweise `INStartWorkoutIntent` für Beispielsätze zum Starten eines Workouts.

IntentExamples

Bei `IntentExamples` handelt es sich um ein String-Array, in das Sie ein oder mehrere Beispielsätze einfügen, die im Zusammenhang mit dem unter `IntentName` definierten Intent stehen und Begriffe Ihres globalen Vokabulars enthalten.

11.11.6.2.3 Vollständige Beispiel-Datei

Bild 11.19 zeigt einmal ein vollständiges Beispiel einer AppIntentVocabulary.plist-Datei, um den grundlegenden Aufbau und die jeweils benötigten Inhalte noch einmal ein wenig zu verdeutlichen.

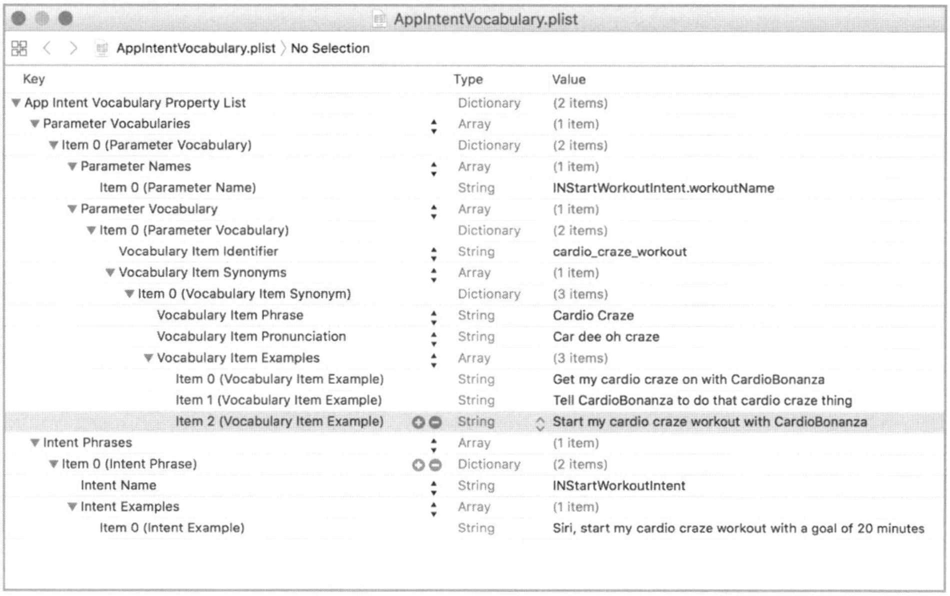

Bild 11.19 Beispiel einer AppIntentVocabulary.plist-Datei

11.11.6.2.4 Übersetzung des globalen Vokabulars

Die AppIntentVocabulary.plist-Datei können Sie auch – äquivalent zur Localizable.strings-Datei – mit Xcode übersetzen, um so passend übersetztes globales Vokabular für verschiedene Sprachen anzubieten. Verwenden Sie dabei für die gleichen Begriffe in verschiedenen Sprachen nichtsdestoweniger denselben `VocabularyItemIdentifier` und tauschen Sie lediglich die Übersetzungen in der `VocabularyItemPhrase` sowie in den Beispielsätzen passend aus.

11.11.7 Testen einer Intents Extension

Um eine Intents Extension und den entsprechenden Umgang Ihrer App mit Siri testen zu können, benötigen Sie in jedem Fall ein iOS-Gerät (im Simulator ist es nicht möglich, Intents Extensions zu testen). Starten Sie darüber dann Ihre Extension mittels des zugehörigen Schemes, das bei der Erstellung der Extension von Xcode mit angelegt wurde (sollten Sie das Erstellen eines solchen Schemes durch Xcode abgebrochen haben, können Sie auch selbst ein entsprechendes Scheme erstellen, das bei der Build-Phase auch das Extension-Target baut). Sie werden gefragt, wie Sie die Extension ausführen möchten, und entscheiden sich dabei für Siri (siehe Bild 11.20). Anschließend wird Ihre App gebaut und Siri auf Ihrem Endgerät gestartet; die Tests können beginnen! ☺

Bild 11.20
Wählen Sie Siri, um Ihre Intents Extension auf einem Endgerät testen zu können.

11.12 Intents UI Extension

Die Intents UI Extension ist eine Erweiterung der im vorherigen Abschnitt vorgestellten Intents Extension. Sie dient dazu, ein eigenes User-Interface für eine Aktion anzuzeigen, die ein Nutzer mittels Siri durchführen möchte. Dabei klinkt sich dieses User-Interface in die Confirm-Phase ein (mehr dazu erfahren Sie im Abschnitt 11.11.3.2 „Confirm"), also nachdem der Nutzer seinen Intent klar geäußert hat, der Befehl aber noch nicht ausgeführt wurde. Mit einem eigenen User-Interface können Sie also so dem Nutzer das Ergebnis seiner Aktion noch einmal zusammenfassen und dabei beispielsweise App-spezifische Farben und Logos verwenden, um einen besseren Wiedererkennungswert herzustellen.

Erstellen einer Intents UI Extension

Sie können eine Intents UI Extension auf zwei verschiedenen Wegen erstellen: Entweder erstellen Sie direkt eine Intents UI Extension auf dem üblichen Weg über das Hinzufügen eines neuen Targets zu einem Projekt, oder Sie aktivieren die Checkbox INCLUDE UI EXTENSION bei der Erstellung einer neuen Intents Extension (nicht Intents **UI**, siehe Bild 11.21). Darüber werden sowohl eine Intents als auch eine Intents UI Extension auf einmal erstellt. Letzteres Vorgehen ist immer dann sinnvoll, wenn Sie bereits zu Beginn der Entwicklung einer Intents Extension wissen, dass Sie auch ein eigenes User Interface anbieten möchten. Andernfalls können Sie das Erstellen einer Intents UI Extension auf dem gewohnten Wege zu einem späteren Zeitpunkt nachholen. Ohne existierende Intents Extension macht eine Intents UI Extension aber keinen Sinn, schließlich ist die Intents Extension die Basis zur Verwendung von Siri.

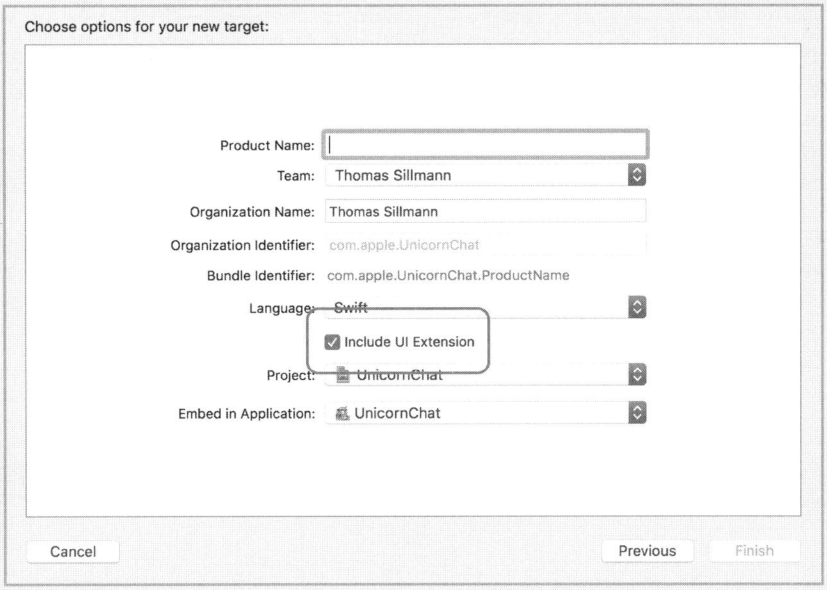

Bild 11.21 Bei der Erstellung einer Intents Extension kann direkt auch eine zugehörige Intents UI Extension erzeugt werden.

In diesem Abschnitt werden viele Begriffe und Techniken angesprochen, die Grundlage einer Intents Extension sind. Sollten Sie sich noch nicht mit den Intents Extensions auseinandergesetzt haben, macht es keinen Sinn, bereits diesen Abschnitt zu Intents UI Extensions durchzuarbeiten. Da die Intents Extension überhaupt die Grundlage für die Möglichkeit zur Nutzung einer Intents UI Extension ist, sollten Sie daher in diesem Fall lieber zurückblättern und erst den Abschnitt 11.11 „Intents Extension" durcharbeiten, um anschließend hierher zurückzukehren.

11.12.1 Vorbereitung der Intents UI Extension

Eine Intents UI Extension setzt sich typischerweise aus drei Elementen zusammen:

- einer View-Controller-Klasse, die die Logik für das eigene anzuzeigende User Interface enthält
- ein Storyboard-File, welches die Erstellung des UI der eben genannten View-Controller-Klasse erlaubt
- eine Info.plist-Datei für die grundlegende Konfiguration der Extension

Letztere ist bei einer Intents UI Extension von zentraler Bedeutung. Dort müssen Sie nämlich angeben, welche Intents Ihr User Interface unterstützt, damit das System weiß, bei welchen Anfragen es Ihre UI anzeigen soll. Das funktioniert äquivalent zur Angabe der unterstützten Intents bei einer Intents Extension.

Zu diesem Zweck verfügt die Info.plist-Datei der Intents UI Extension über einen Schlüssel namens `NSExtension`. Der wiederum enthält einen Unterpunkt `NSExtensionAttributes` und dieser schließlich enthält den benötigten Schlüssel IntentsSupported. Es handelt sich dabei um ein Array von Strings, die den Namen der Intent-Klassen entsprechen, die Ihre Intents UI Extension unterstützen soll (beispielsweise `INSendMessageIntent` für das Versenden von Nachrichten, siehe Bild 11.22). Welche und wie viele Intents Sie dabei angeben, ist Ihnen überlassen, bedenken Sie nur, dass Ihr User Interface diese auch entsprechend unterstützen muss.

▼ NSExtension	Dictionary	(3 items)
▼ NSExtensionAttributes	Dictionary	(1 item)
▼ IntentsSupported	Array	(1 item)
Item 0	String	INSendMessageIntent
NSExtensionMainStoryboard	String	MainInterface
NSExtensionPointIdentifier	String	com.apple.intents-ui-service

Bild 11.22 Innerhalb des IntentsSupported-Keys der Info.plist-Datei führen Sie die zugehörigen Klassennamen aller unterstützten Intents auf.

Ebenfalls wichtig sind die beiden Keys `NSExtensionMainStoryboard` (welcher den Namen des Storyboards enthalten muss, von dem aus Ihr initialer View-Controller erstellt und geladen wird) sowie `NSExtensionPointIdentifier`. Bei Intents UI Extensions lautet der Wert dieses letzten Keys immer `com.apple.intents-ui-service`.

11.12.2 Konfiguration des View-Controllers

Den View-Controller der Intents UI Extension können Sie nach Belieben so anpassen, wie es für die benötigten Zwecke dienlich ist. Um den Intent auswerten zu können, der das Laden Ihres eigenen User Interface auslöst (und um daraus womöglich wichtige Informationen wie den Text einer Nachricht auszulesen), muss die View-Controller-Klasse konform zum `INUIHostedViewControlling`-Protokoll sein (was bei neu erstellten Intents UI Extensions standardmäßig auch der Fall ist). Dieses Protokoll deklariert eine Methode namens `configure(with:context:completion:)` (siehe Listing 11.44), mit deren Hilfe Sie Informationen über den zugrunde liegenden Aufruf Ihrer Extension mittels Siri erhalten und auswerten können.

Listing 11.44 Deklaration der Methode `configure(with:context:completion:)` des `INUIHostedViewControlling`-Protokolls

```
// Swift
func configure(with interaction: INInteraction!, context: INUIHostedViewContext,
completion: ((CGSize) -> Void)!)

// Objective-C
- (void)configureWithInteraction:(INInteraction *)interaction
context:(INUIHostedViewContext)context completion:(void (^)(CGSize desiredSize))
completion;
```

Dabei spielt der `interaction`-Parameter eine zentrale Rolle. Dieses Objekt vom Typ `INInteraction` bringt diverse Properties und Methoden mit, um Informationen über den zugrunde liegenden Intent auszulesen. Dazu gehört insbesondere die Property `intent`, die den eigentlichen Intent in Form eines `INIntent`-Objekts zurückgibt.

Ebenso liefert Ihnen der `context`-Parameter Informationen darüber, an welcher Stelle Ihr User Interface erscheinen wird. Das kann entweder in der bekannten Siri-Ansicht oder aus der Karten-App heraus sein. Wenn Sie auf diesen Umstand reagieren und Ihr User Interface entsprechend anpassen wollen, können Sie diesen Parameter für diese Zwecke auswerten. Listing 11.45 zeigt die möglichen Werte, die das `context`-Objekt vom Typ `INUIHostedViewContext` annehmen kann.

Listing 11.45 Mögliche Werte des `INUIHostedViewContext`-Typs

```
// Swift
case siriSnippet
case mapsCard

// Objective-C
INUIHostedViewContextSiriSnippet
INUIHostedViewContextMapsCard
```

Die Methode `configure(with:context:completion:)` nutzen Sie nun dazu, dort alle Anpassungen an Ihrem User Interface vorzunehmen. Am Ende gilt es dann noch, den als `completion`-Parameter übergebenen Block aufzurufen. Darüber übergeben Sie Ihre gewünschte Größe für das User Interface, was das System dazu verwenden wird, diese UI nach Möglichkeit optimal anzuzeigen. Möchten Sie unter bestimmten Umständen Ihr eigenes User Interface nicht anzeigen, dann rufen Sie diesen Block mit einer Größe von `0` auf; nutzen Sie dazu den Wert `zero` von `CGSize`, beispielsweise so wie in Listing 11.46 gezeigt.

Listing 11.46 Verhindern der Anzeige des eigenen User Interface der Intents UI Extension

```
// Swift
func configure(with interaction: INInteraction!, context: INUIHostedViewContext,
completion: ((CGSize) -> Void)!) {
    completion(CGSize.zero)
}

// Objective-C
- (void)configureWithInteraction:(INInteraction *)interaction
context:(INUIHostedViewContext)context completion:(void (^)(CGSize))completion {
    completion(CGSizeZero);
}
```

Ist diese Methode durchlaufen, werden die bereits aus dem Lebenszyklus eines View-Controllers bekannten Methoden `viewWillAppear(_:)` und `viewDidAppear(_:)` aufgerufen.

Keine Unterstützung für Touch-Gesten und Controls

Sie können keinerlei Touch-Gesten in der View einer Intents UI Extension vereinbaren, die angezeigten Inhalte können also in keiner Weise vom Nutzer manipuliert werden. Verzichten Sie daher auch idealerweise auf Elemente wie Buttons oder Switches in Ihrer Ansicht für eine Intents UI Extension.

11.12.3 Default-Layout bei Maps und Messaging deaktivieren

Generell werden bei der Nutzung von Siri Standard-Interfaces von iOS für verschiedene Situationen verwendet, beispielsweise beim Versenden einer Nachricht oder bei Verwendung von Karten. Daran ändert sich auch dann nichts, wenn Sie Ihr eigenes User Interface mittels Intents UI Extension bereitstellen. Das wiederum kann aber zu unschönen Doppeleffekten führen, beispielsweise dann, wenn Sie ein eigenes Interface zum Versenden einer Nachricht über Siri bereitstellen, das System aber trotzdem auch noch zusätzlich das normale Standard-Interface zum Versenden von Nachrichten präsentiert.

Möchten Sie in solchen Fällen nur Ihr eigenes User Interface und nicht auch noch die Standardvariante von iOS anzeigen, so muss Ihr View-Controller zusätzlich das `INUIHostedViewSiriProviding`-Protokoll adaptieren. Dieses definiert zwei Properties namens `displaysMap` und `displaysMessage`, die ausschließlich als Getter in Ihrem View-Controller überschrieben werden können. Liefern Sie für einen der beiden Werte `true` zurück, so signalisiert das Siri, dass es entweder die Standardansicht für Karten (`displaysMap`) oder die Standardansicht für Nachrichten (`displaysMessage`) nicht anzuzeigen braucht und diese auch entsprechend ausblendet. Im genannten Beispiel eines eigenen Message-User-Interface können Sie also in Ihrem View-Controller die Property `displaysMessage` überschreiben und `true` zurückgeben, dann wird das Standard-Interface von iOS nicht länger neben Ihrem eigenen User Interface angezeigt.

11.13 Notification Content Extension

Eine Notification Content Extension erlaubt es Ihnen, ein eigenes User Interface für eine Notification zu generieren und dem Nutzer anzuzeigen. Eine solche Extension verfügt für diesen Zweck daher auch passenderweise über eine `UIViewController`-Subklasse sowie ein Storyboard. Die `UIViewController`-Subklasse ist konform zum Protokoll `UNNotificationContentExtension` und kümmert sich um die passende Konfiguration des eigenen User Interface, indem es die Notification erhält und deren Informationen auswerten kann. Das Storyboard verfügt über eine Verknüpfung mit diesem View-Controller und erlaubt Ihnen darüber das einfache und komfortable Gestalten der Oberfläche Ihres Custom User Interface für eine Notification.

11.13.1 UNNotificationContentExtension

Das `UNNotificationContentExtension`-Protokoll ist das Herzstück einer Notification Content Extension und verfügt über alle wichtigen Methoden, um eine eingehende Notification abzufangen und deren Informationen zur Anpassung des eigenen User Interface auszuwerten. Wenn Sie eine neue Notification Content Extension mithilfe von Xcode erstellen, erhalten Sie automatisch eine `UIViewController`-Subklasse namens `NotificationViewController`, die bereits konform zu diesem `UNNotificationContentExtension`-Protokoll ist.

Die wichtigste Methode dieses Protokolls lautet `didReceive(_:)` (siehe Deklaration in Listing 11.47) und sie muss in jedem Fall überschrieben werden. Diese Methode wird aufgerufen, sobald eine Notification eingeht und sie sollte typischerweise dazu genutzt werden, Ihr User Interface entsprechend der Informationen des übergebenen `UNNotification`-Objekts zu aktualisieren. Dabei ist auch zu berücksichtigen, dass diese Methode mehrmals aufgerufen werden kann, beispielsweise dann, wenn eine weitere Notification eingeht, während Ihr View-Controller aktiv ist.

Listing 11.47 Deklaration der Methode `didReceive(_:)` des `UNNotificationContentExtension`-Protokolls

```
// Swift
func didReceive(_ notification: UNNotification)

// Objective-C
- (void)didReceiveNotification:(UNNotification *)notification;
```

Daneben steht Ihnen auch noch die optionale Methode `didReceive(_:completionHandler:)` zur Verfügung (siehe Deklaration in Listing 11.48). Diese wird aufgerufen, sobald der Nutzer eine mit der Notification verknüpfte Action auslöst. Sollten Sie diese Methode nicht implementieren, wird sich Ihre App wie gewohnt um die Verarbeitung der Action kümmern, mithilfe dieser Methode können Sie aber eine eigene Implementierung an dieser Stelle anbieten.

Listing 11.48 Deklaration der Methode `didReceive(_:completionHandler:)` des `UNNotificationContentExtension`-Protokolls

```
// Swift
optional func didReceive(_ response: UNNotificationResponse, completionHandler
completion: (UNNotificationContentExtensionResponseOption) -> Void)

// Objective-C
- (void)didReceiveNotificationResponse:(UNNotificationResponse *)response
completionHandler:(void (^)(UNNotificationContentExtensionResponseOption option))
completion;
```

Wichtig ist dabei der `completion`-Parameter, den Sie am Ende innerhalb dieser Methode auf jeden Fall noch aufrufen müssen.

Default-Notification-View ausblenden

Auch wenn Sie für Ihre Notifications mittels Notification Content Extension eine eigene View anbieten, so wird iOS dennoch standardmäßig zusätzlich das Standard-System-User-Interface für Ihre Notification mit anzeigen. Wenn Sie das unterbinden möchten, müssen Sie innerhalb der Info.plist-Datei Ihrer Notification Content Extension innerhalb des Schlüssels `NSExtension` und dort wiederum innerhalb von `NSExtensionAttributes` den Schlüssel `UNNotificationExtensionDefaultContentHidden` einfügen und auf true setzen.

Wie Sie Ihre eigene Notification-View gestalten, ist voll und ganz Ihnen überlassen. Sie sollten allerdings davon absehen, jegliche Controls wie Button oder Switches darauf zu verwenden. iOS unterbindet jegliche Touch-Gesten auf Views aus einer Notification Content Extension, wodurch auch die Nutzung von Controls unmöglich ist; zeigen Sie diese daher idealerweise gar nicht erst Ihrem Nutzer an.

11.13.2 Konfiguration der Info.plist-Datei

Damit Ihre Custom-View für Ihre Notification einwandfrei funktioniert, bedarf es noch einer grundlegenden Konfiguration der Info.plist-Datei einer Notification Content Extension. Diese Konfiguration spielt sich dabei vollständig innerhalb des `NSExtension`-Schlüssels ab.

So muss der Schlüssel `NSExtensionMainStoryboard` den Namen der Storyboard-Datei enthalten, in dem der initial zu ladende View-Controller angelegt ist, während Sie `NSExtensionPointIdentifier` den festen String `com.apple.usernotifications.content-extension` zuweisen. Beides ist immer korrekt angelegt, wenn Sie eine neue Notification Content Extension über Xcode erstellen.

Ebenfalls wichtig sind zwei Schlüssel, die Sie unterhalb von `NSExtensionAttributes` hinzufügen. Der erste ist `UNNotificationExtensionCategory`. Dabei kann es sich entweder um einen String oder um ein Array handeln. Diesem Schlüssel weisen Sie alle Category-Identifier der Notifications zu, die Ihre Notification Content Extension unterstützt. Bei einer Kategorie tragen Sie diese direkt als String ein, bei mehr als einer weisen Sie dem Schlüssel ein Array von Strings zu und fügen jeden benötigten Category-Identifier diesem Array als Objekt hinzu.

> **Verwendung mehrere Notification Content Extensions in einem Projekt**
>
> Es ist problemlos möglich, innerhalb eines iOS-Projekts mehr als nur eine Notification Content Extension hinzuzufügen. Mehrere Extensions machen dann Sinn, wenn Sie für verschiedene Notification-Categories auch verschiedene eigene User Interfaces verwenden möchten; dann können Sie pro Extension die unterstützten Category-Identifier in der Info.plist-Datei deklarieren und das zugehörige UI entsprechend anpassen.

Ein weiterer Key innerhalb von `NSExtensionAttributes` ist `UNNotificationExtensionInitialContentSizeRatio`. Dabei handelt es sich um einen Float, der festlegt, wie groß die anzuzeigende View Ihres User Interface für die Notification beim initialen Laden sein wird (Sie können die Größe anschließend über Ihren zugehörigen View-Controller selbst noch verändern). Dabei sagt der Wert aus, wie hoch Ihre View im Verhältnis zu ihrer Breite ist. Übergeben Sie hier also den Wert `1`, ist die View genauso hoch wie sie breit ist, übergeben Sie hingegen den Wert `0.5`, dann ist die View halb so hoch wie sie breit ist und so weiter.

Alle genannten Schlüssel werden beim Erstellen einer neuen Notification Content Extension von Xcode mit Werten vorbelegt. In der Regel können Sie diese so belassen, lediglich an den Schlüssel `UNNotificationExtensionCategory` werden Sie zur Definition Ihrer eigenen zu unterstützenden Category-Identifier in jedem Fall Hand anlegen müssen.

Weitere Informationen zu Notifications

Dieser Abschnitt befasst sich nur mit der Funktionsweise und den Möglichkeiten einer Notification Content Extension. Wenn Sie mehr über Notifications im Allgemeinen wissen möchten, schauen Sie einmal im Kapitel „Local und Push Notifications" vorbei.

11.14 Notification Service Extension

Mit einer Notification Service Extension ist es möglich, den Notification Payload einer Remote beziehungsweise Push Notification „abzufangen", zu verändern und den geänderten Payload wieder als überarbeitete Notification zurückzugeben. Ein eigenes Interface für diese Notifications ist damit nicht möglich, dazu braucht es eine separate Notification Content Extension (siehe dazu auch den gleichnamigen Abschnitt).

Eine neu erstellte Notification Service Extension verfügt über eine Klasse namens `NotificationService`, die von der Klasse `UNNotificationServiceExtension` abgeleitet ist. Ein Objekt dieser Klasse wird erstellt und aufgerufen, sobald eine Push Notification für die zugehörige App eingeht und das Payload Dictionary dieser Notification einen Schlüssel namens `mutable-content` mit dem Wert 1 enthält. Besitzt eine Push Notification diesen Schlüssel mit dem zugehörigen Wert nicht beziehungsweise handelt es sich bei der eingehenden Notification um eine Local Notification, dann wird auch die Notification Service Extension auf keinen Fall zum Einsatz kommen.

Die wichtigste Methode, die Sie in Ihrer `NotificationService`-Klasse implementieren müssen, um eine eingehende Push Notification zu überarbeiten, lautet `didReceive(_:withContentHandler:)` (siehe Deklaration in Listing 11.49). Diese ist abgeleitet von der `UNNotificationServiceExtension`-Klasse und wird aufgerufen, sobald eine Push Notification für Ihre App eingeht, die die eben genannten Anforderungen erfüllt. Dabei erhalten Sie ein `UNNotificationRequest`-Objekt als Parameter, über das Sie alle Informationen zur eingehenden Push Notification auslesen können. Auf Basis dessen nehmen Sie dann Ihre gewünschten Anpassungen vor und rufen abschließend den als `contentHandler`-Parameter übergebenen Block auf. Dieser erwartet ein Objekt vom Typ `UNNotificationContent`. Dieses erstellen Sie auf Basis der geänderten Informationen zur eingegangenen Notification. Dieses Objekt wird iOS dann dazu verwenden, die eingehende Push Notification entsprechend anzupassen.

Listing 11.49 Deklaration der Methode `didReceive(_:withContentHandler:)` der Klasse `NotificationService`

```
// Swift
func didReceive(_ request: UNNotificationRequest, withContentHandler contentHandler:
(UNNotificationContent) -> Void)
```

```
// Objective-C
- (void)didReceiveNotificationRequest:(UNNotificationRequest *)request
withContentHandler:(void (^)(UNNotificationContent *contentToDeliver))contentHandler;
```

Anwendungsgebiete für Notification Service Extensions

Womöglich fragen Sie sich, wann es sinnvoll ist, den Content einer Push Notification mittels Notification Service Extension zu verändern und anschließend an das System zurückzugeben. Apple nennt dazu zwei schöne Beispiele, die ich sehr passend finde. So können Sie eine Notification Service Extension nutzen, wenn Sie Ihre Notification um Multimedia-Dateien wie Bilder oder Videos ergänzen möchten, diese aber für das Senden mittels Notification Payload zu groß sind. Oder wenn Sie verschlüsselte Informationen über Ihre Notification übertragen und dann eine Notification Service Extension dazu verwenden, die eingehenden Inhalte wieder zu entschlüsseln.

11.15 Photo Editing Extension

Mit Photo Editing Extensions ist es möglich, Bilder aus der nativen Fotos-App von iOS mit entsprechenden Extensions anderer Apps zu bearbeiten, ohne die zugrunde liegenden Apps erst öffnen und die gewünschten Bilder hineinkopieren zu müssen. Die Photo Editing Extension kann daher eine sinnvolle Ergänzung für fast jede Art von Bildbearbeitungs-App sein, um Nutzern die grundlegendsten Funktionen direkt über die Extension heraus anzubieten.

Erstellt man eine neue Photo Editing Extension für eine App, werden die bereits bekannten Dateien (View-Controller-Klasse, Storyboard, Info.plist) erstellt und der Extension hinzugefügt. Das Storyboard können Sie nutzen, um das User Interface für Ihre Extension zu erstellen und zu gestalten. Die View-Controller-Klasse ist bereits mit dem initialen View-Controller des Storyboards gekoppelt, es handelt sich dabei typischerweise um eine Subklasse von `UIViewController`. Darüber hinaus ist die View-Controller-Klasse einer Photo Editing Extension auch konform zum Protokoll `PHContentEditingController`. Dieses Protokoll liefert einige grundlegende Methoden, um Informationen über das zu bearbeitende Bild auszulesen oder auf einen Abbruch der Bearbeitung zu reagieren. Xcode erstellt bereits einige Vorlagen für diese Methoden innerhalb der View-Controller-Klasse und erläutert darüber ihre jeweilige Funktion und Funktionsweise (siehe Bild 11.23).

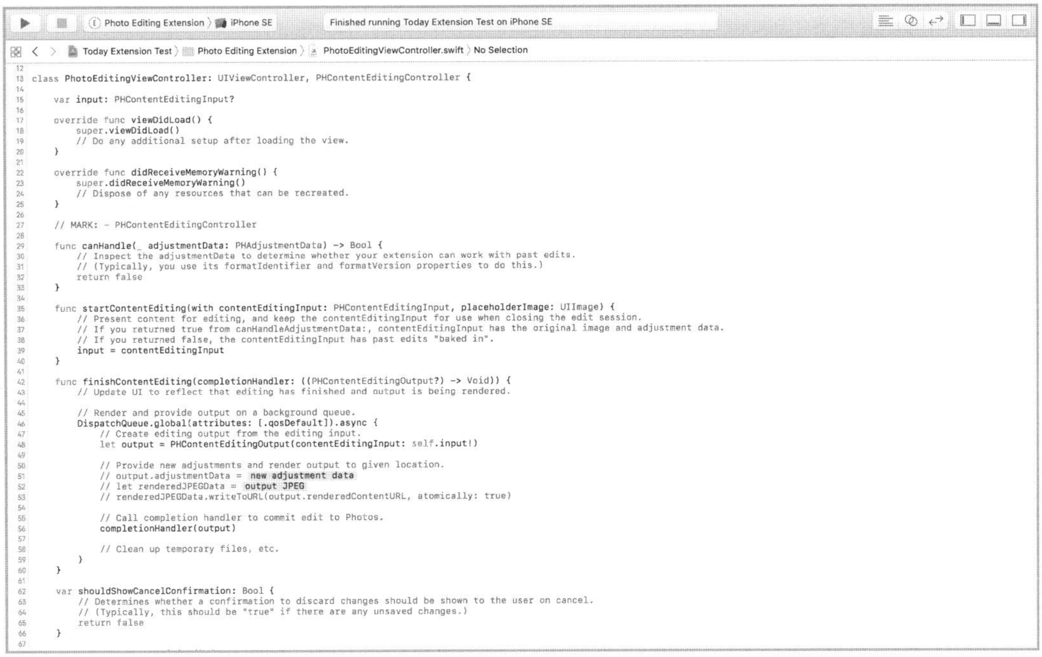

Bild 11.23 Die View-Controller-Klasse einer Photo Editing Extension wird bereits mit Methoden des PHContentEditingController-Protokolls gefüllt.

Erste wichtige Methode dabei ist `canHandle(_:)` (siehe Deklaration in Listing 11.50).

Listing 11.50 Deklaration der Methode zum Prüfen der bisherigen Bildbearbeitungen

```
// Swift
func canHandle(_ adjustmentData: PHAdjustmentData) -> Bool

// Objective-C
- (BOOL)canHandleAdjustmentData:(PHAdjustmentData *)adjustmentData;
```

Diese Methode wird von iOS aufgerufen und übergibt Informationen zu bisherigen Bearbeitungen und Veränderungen an einem Bild. Diese können ausgewertet werden, um festzustellen, ob die eigene App mit diesen Bearbeitungen und Veränderungen umgehen kann. Ist das der Fall, können Sie entsprechend `true` (Swift) beziehungsweise `YES` (Objective-C) als Ergebnis der Methode zurückliefern. In diesem Fall werden Ihnen die ursprünglichen Bildinformationen *ohne* die bereits durchgeführten Bearbeitungen und Veränderungen übergeben und Sie können entscheiden, ob Sie diese dann selbst noch einmal auf das Bild anwenden oder es stattdessen dem Nutzer ermöglichen, das Originalbild entsprechend zu bearbeiten.

Im zweiten Schritt ist dann die Methode `startContentEditing(with:placeholderImage:)` relevant, deren Deklaration Sie in Listing 11.51 sehen.

Listing 11.51 Deklaration der Methode zum Starten der Bildbearbeitung

```
// Swift
func startContentEditing(with contentEditingInput: PHContentEditingInput,
placeholderImage: UIImage)

// Objective-C
- (void)startContentEditingWithInput:(PHContentEditingInput *)contentEditingInput
placeholderImage:(UIImage *)placeholderImage;
```

Diese Methode übergibt einerseits als Parameter `contentEditingInput` genauere Informationen zum zu bearbeitenden Bild sowie ein Vorschaubild als `UIImage` in Form des Parameters `placeholderImage`. Letzteres können Sie beispielsweise für eine erste Anzeige nutzen. Wichtig ist dabei, dass Sie das übergebene `contentEditingInput`-Objekt in einer eigenen Property der View-Controller-Klasse speichern, um es am Ende – wenn die Bearbeitung des Bildes abgeschlossen wird – im Zugriff zu haben und alle Änderungen anzuwenden und zurückzugeben. In der Vorlage des View-Controllers, die automatisch von Xcode erzeugt wird, ist genau das auch bereits der Fall; die View-Controller-Klasse verfügt dabei über eine entsprechende Property namens `input`, der in der Implementierung der Methode `startContentEditing(with:placeholderImage:)` der Parameter `contentEditingInput` übergeben wird.

Die Informationen aus dieser Methode nutzen Sie üblicherweise dazu, Ihre View anzupassen und die gewünschten Bildinformationen zu laden und anzuzeigen. Ab diesem Punkt ist dann primär Ihre eigene Implementierung für die Photo Editing Extension relevant, die sich um eine passende Konfiguration des Bilds kümmert.

Beendet der Nutzer die Bearbeitung eines Bildes mittels Photo Editing Extension, so wird in diesem Zuge eine weitere Methode des `PHContentEditingController`-Protokolls aufgerufen (siehe entsprechende Deklaration in Listing 11.52).

Listing 11.52 Deklaration der Methode zum Beenden der Bildbearbeitung

```
// Swift
func finishContentEditing(completionHandler: (PHContentEditingOutput) -> Void)

// Objective-C
- (void)finishContentEditingWithCompletionHandler:(void (^)(PHContentEditingOutput
*))completionHandler;
```

Der Aufruf dieser Methode signalisiert Ihnen, dass der Nutzer das Bearbeiten des Bildes beendet. An diesem Punkt sind Sie also dafür verantwortlich, die von Ihnen am Bild durchgeführten Änderungen zu speichern und zurückzugeben (oder alternativ keinerlei Änderungen am Bild durchzuführen).

Um die Bearbeitung eines Bildes abzuschließen, erstellen Sie ein Objekt der Klasse `PHContentEditingOutput`. Diesem übergeben Sie bei der Deklaration das ursprüngliche Input-Objekt, das Sie innerhalb der Methode `startContentEditing(with:placeholderImage:)` in einer Property gespeichert haben sollten. Anschließend weisen Sie diesem neuen Output-Objekt die überarbeiteten Bildinformationen in Form eines entsprechenden `PHAdjustmentData`-Objekts der Property `adjustmentData` zu und speichern das eigentliche Bild in Form eines NSData-Objekts an der im Output-Objekt definierten URL, die Sie mittels der Property renderedContentURL abfragen und verwenden können.

Abschließend ist der übergebene completionHandler-Block dieser Methode sehr wichtig. Wenn Sie das Output-Objekt erstellt und das überarbeitete Bild gespeichert haben, rufen Sie eben diesen Block auf und übergeben das Output-Objekt. Das teilt iOS mit, dass die Bearbeitung des Bildes erfolgreich abgeschlossen wurde.

Möchten Sie – aus welchen Gründen auch immer – keine Änderungen am Bild beim Aufruf der Methode finishContentEditing(completionHandler:) speichern, so generieren Sie dennoch ein PHContentEditingOutput-Objekt, weisen diesem aber über die Property adjustmentData einfach nil zu.

Der komplette Speicherprozess des Bildes (begonnen beim Generieren des PHContentEditingOutput-Objekts) sollte idealerweise asynchron im Hintergrund ausgeführt werden. Nutzen Sie zu diesem Zweck Grand Central Dispatch.

Listing 11.53 zeigt den typischen Aufbau der Implementierung der Methode finishContentEditing(completionHandler:), wie sie auch von Xcode selbst in ähnlicher Form als eine Art Vorlage innerhalb des View-Controllers standardmäßig implementiert wird. Diesen Aufbau können Sie immer wiederverwenden, wenn Sie mit einer Photo Editing Extension arbeiten.

Listing 11.53 Typische Implementierung der Methode zum Beenden der Bildbearbeitung

```
// Swift
func finishContentEditing(completionHandler: ((PHContentEditingOutput?) -> Void)) {
    DispatchQueue.global(attributes: [.qosDefault]).async {
        let output = PHContentEditingOutput(contentEditingInput: self.input)
        output.adjustmentData = <Neue PHAdjustmentData zuweisen>
        let renderedJPEGData = <Bild als NSData zuweisen>
        renderedJPEGData.writeToURL(output.renderedContentURL, atomically: true)
        completionHandler?(output)
    }
}

// Objective-C
- (void)finishContentEditingWithCompletionHandler:(void (^)(PHContentEditingOutput
*))completionHandler {
    dispatch_async(dispatch_get_global_queue(CLong(DISPATCH_QUEUE_PRIORITY_DEFAULT),
0)) {
        PHContentEditingOutput *output = [[PHContentEditingOutput alloc]
initWithContentEditingInput:self.input];
        output.adjustmentData = <Neue PHAdjustmentData zuweisen>;
        NSData *renderedJPEGData = <Bild als NSData zuweisen>;
        [renderedJPEGData writeToURL:output.renderedContentURL atomically:YES];
        completionHandler(output);
    }
}
```

Damit haben wir die wichtigsten Eigenschaften und Methoden einer jeden Photo Editing Extension für den grundlegenden Ablauf kennengelernt. Das PHContentEditingController-Protokoll bringt aber noch zwei weitere wichtige Eigenschaften mit, die Sie auch in jedem Fall in Ihrem View-Controller implementieren müssen. Beide hängen mit dem Abbruch der Bildbearbeitung des Nutzers zusammen.

Zunächst wäre da die boolesche Property `shouldShowCancelConfirmation`. Die Read-Only-Property gibt an, ob ein zusätzlicher Alert angezeigt werden soll, wenn der Nutzer die Bearbeitung des Bildes über eine Photo Editing Extension abbricht. Ist das nicht der Fall, wird bei entsprechendem Abbruch die Extension umgehend beendet, was insbesondere dann ärgerlich ist, falls der Nutzer aus Versehen die Bearbeitung abgebrochen hat.

Darüber hinaus steht uns noch die Methode `cancelContentEditing()` zur Verfügung, die wir auch in jedem Fall implementieren müssen. Die Methode wird eben immer dann aufgerufen, wenn der Nutzer die Bearbeitung eines Bildes über die Extension abbricht. Diese Methode sollten wir typischerweise dazu nutzen, etwaige temporäre Dateien, die wir während der Bildbearbeitung angelegt haben, aufzuräumen und zu entfernen.

11.15.1 Festlegen der unterstützten Typen zur Bearbeitung

Mit einer Photo Editing Extension können Sie Bilder und Videos aus der Fotos-App heraus bearbeiten. Wir selbst legen dabei fest, welche dieser Typen unsere Extension unterstützen soll (schließlich macht es keinen Sinn, einer reinen Extension zur Bearbeitung eines Bildes ein Video zu übergeben). Zu diesem Zweck müssen wir innerhalb der Info.plist-Datei im Schlüssel `NSExtensionAttributes` festlegen, welche dieser Typen unsere Extension unterstützt. Dazu fügen wir den Schlüssel `PHSupportedMediaTypes` innerhalb von `NSExtensionAttributes` ein, der als Array fungiert und je einen String pro unterstütztem Typ erwartet (dieser Schlüssel ist bereits standardmäßig vorhanden, wenn Sie eine neue Photo Editing Extension über Xcode erstellen). Fügen wir den String `Image` hinzu, kann unsere Extension für die Bearbeitung von Bildern genutzt werden (das ist im Übrigen auch die Standardeinstellung für jede neu erstellte Photo Editing Extension). Der String `Video` hingegen weist auf die Möglichkeit zur Bearbeitung von Videos hin. Wir können entweder einen dieser Typen oder beide zusammen innerhalb der Info.plist-Datei deklarieren, je nachdem, welche Typen unsere Extension bearbeiten kann (siehe auch Bild 11.24).

▼ NSExtension	Dictionary	(3 items)
▼ NSExtensionAttributes	Dictionary	(1 item)
▼ PHSupportedMediaTypes	Array	(1 item)
Item 0	String	Image
NSExtensionMainStoryboard	String	MainInterface
NSExtensionPointIdentifier	String	com.apple.photo-editing

Bild 11.24 In der Info.plist-Datei einer Photo Editing Extension legen wir die unterstützten Typen für die Bearbeitung fest.

Ihre eigene Photo Editing Extension können Sie dann bequem nach Installation Ihrer App aus der nativen Fotos-App heraus aufrufen und testen.

11.16 Share Extension

Die Share Extension ist typischerweise dazu gedacht, Inhalte über soziale Netzwerke zu teilen oder auf anderen Websites zu veröffentlichen. Der grundlegende Gedanke dabei ist aber immer das Posten von Inhalten an einer anderen Stelle.

Share Extensions werden in einer entsprechenden Systemansicht von iOS aufgeführt, die auch in eigenen Apps implementiert werden kann. Ruft eine App diese Ansicht auf, ermittelt iOS alle Share Extensions, die für den zu veröffentlichenden Inhalt infrage kommen, und listet diese automatisch auf. Wählt der Nutzer hiervon nun eine aus, beginnt der eigentliche Aufruf der entsprechenden Share Extension.

Um die Arbeit mit Share Extensions möglichst einfach zu halten, stellt Apple die Klasse `SLComposeServiceViewController` aus dem `Social`-Framework zur Verfügung. Diese bringt bereits wichtige Methoden und Eigenschaften mit, die typischerweise für die Vorbereitung und das Veröffentlichen von Inhalten benötigt werden. Auch liefert sie eine Standardansicht zum einfachen Erfassen von Text und Bildern.

So können Sie beispielsweise über die Properties `contentText`, `placeholder` und `textView` auf den aktuellen Inhalt zugreifen, den der Nutzer in die vorgegebene Ansicht eingibt. Mithilfe des Überschreibens der Methode `loadPreviewView()` können Sie zudem eine eigene Vorschauansicht umsetzen, die dem Nutzer angezeigt wird; das wird typischerweise für mögliche Anhänge zum Post wie Bilder genutzt. Und mit `charactersRemaining` können Sie dem Nutzer die noch zur Verfügung stehende Anzahl von Zeichen ausgeben (wie man es beispielsweise von Twitter her kennt). All diese Funktionen und Eigenschaften (und noch einiges mehr) liefert `SLComposeServiceViewController` bereits frei Haus.

Eine wichtige Rolle spielt darüber hinaus die Methode `didSelectPost()` der Klasse `SLComposeServiceViewController`. Diese Methode wird beim Senden eines Posts aufgerufen und muss von uns dazu genutzt werden, den gewünschten Post abzusenden. Typischerweise werden dabei die Inhalte des Posts mithilfe der Klasse `NSURLSession` im Hintergrund an den gewünschten Service geschickt. Wichtig ist dabei zudem der Aufruf der Methode `completeRequest(returningItems:completionHandler:)` des zugrunde liegenden `NSExtensionContext`-Objekts. Der Aufruf der Methode teilt dem System mit, dass der Upload des Posts abgeschlossen ist.

Bricht der Nutzer die Bearbeitung eines Posts ab, wird statt `didSelectPost()` die Methode `didSelectCancel()` der Klasse `SLComposeServiceViewController` aufgerufen.

Nur eine Share-Extension pro App möglich

Jede iOS-App kann maximal über eine einzige Share Extension verfügen. Das hat vonseiten Apple vor allen Dingen den Grund, den Nutzer nicht unnötig zu verwirren, wenn dieser Inhalte oder Dateien teilen möchte; würden einzelne Apps dort mehr als einmal auftauchen (beispielsweise für verschiedene Share-Aktionen), könnte das sowohl viel Platz in der entsprechenden Ansicht veranschlagen als eben auch verwirrend sein. Daher ist nur maximal eine Share Extension pro iOS-App erlaubt.

11.17 Shared Links Extension

Bei Shared Links Extensions handelt es sich zunächst um eine Ansicht innerhalb des nativen iOS-Browsers Safari, die aktuelle Links zu abonnierten Websites oder auch aus Twitter und anderen Anwendungen anzeigt (siehe Bild 11.25).

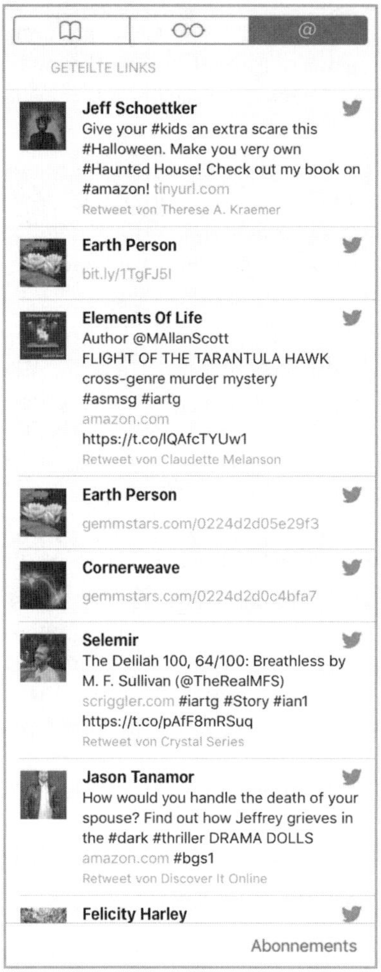

Bild 11.25
Mit Shared Links können aktuelle Tweets aus Twitter sowie eigens eingebundene RSS-Feeds im Blick behalten werden.

Eine Shared Links Extension klinkt sich entsprechend in diese Ansicht mit ein und erlaubt es, dort Inhalte aus der eigenen App heraus darzustellen und anzuzeigen. Damit unterscheidet sich auch diese Extension, die seit iOS 9 verfügbar ist, stark von den sonstigen Extensions, die uns zur Verfügung stehen. Der Nutzer braucht sie weder zu aktivieren noch zu deaktivieren, er bestimmt allein über die Shared Links-Ansicht von Safari, welche Informationen er beziehen möchte und welche nicht (siehe Bild 11.26).

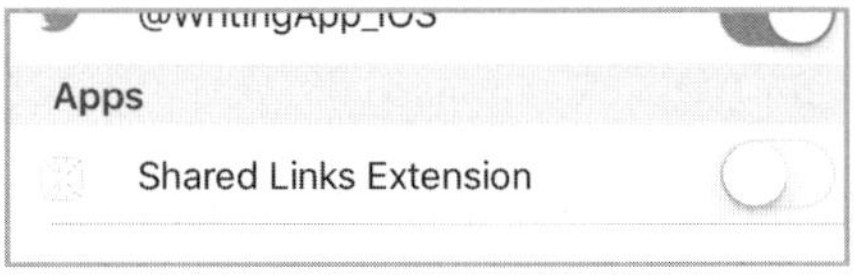

Bild 11.26
Der Nutzer legt direkt über eine passende Einstellung in Safari fest, welche Inhalte er in Shared Links sehen möchte und welche nicht.

Erstellt man eine neue Shared Links Extension, so setzt diese sich aus zwei Dateien zusammen: einerseits - wie sollte es auch anders sein? - einer Info.plist-Datei sowie einer `RequestHandler`-Klasse. Diese Klasse ist konform zum Protokoll `NSExtensionRequestHandling` und kümmert sich darum, die in den Shared Links von Safari anzuzeigenden Inhalte der eigenen App aufzubereiten und zurückzugeben. Essenziell ist dabei die Methode `beginRequest(with:)`, in der am Ende alle gewünschten Objekte für die Shared Links-Ansicht zurückgegeben werden. Doch das sehen wir gleich. Zunächst einmal möchte ich mit Ihnen die Erstellung eines Objekts betrachten, das innerhalb der Shared Links-Ansicht von Safari angezeigt werden kann.

11.17.1 Erstellen eines NSExtensionItem

Die Grundlage zur Erstellung eines Objekts für die Shared Links-Ansicht von Safari ist die Klasse `NSExtensionItem`. Für jedes anzuzeigende Objekt muss eine entsprechende Instanz dieser Klasse erstellt und anschließend konfiguriert werden. Für die Konfiguration stehen verschiedene Properties der Klasse zur Verfügung, die wir im Folgenden im Detail betrachten.

Los geht es dabei mit der Property `userInfo`. Diese erwartet ein Dictionary mit von Apple fest definierten Schlüsseln, denen wir noch passende Werte zuweisen müssen. Die folgenden Schlüssel stehen dabei zur Verfügung:

- `uniqueIdentifier`: Stellt einen eindeutigen Bezeichner in Form eines Strings dar. Für jedes erstellte Objekt, das innerhalb der Shared Links-Ansicht angezeigt werden soll, muss es einen einzigartigen und eindeutigen solchen Identifier geben.
- `urlString`: Der URL, der bei Auswahl des Objekts in der Shared Links-Ansicht aufgerufen und geladen wird. Der URL wird dabei in Form eines Strings angegeben.
- `date`: Das Datum, zu dem das Objekt in der Shared Links-Ansicht angezeigt und platziert werden soll. Diese Information wird mithilfe eines Objekts der Klasse `NSDate` definiert.
- `displayName` (optional): Wird als Titel oberhalb des Objekts in der Shared Links-Ansicht angezeigt. Dieses Attribut ist optional; wird es innerhalb des `userInfo`-Dictionary weggelassen, wird stattdessen der Titel der Shared Links Extension angezeigt.

Neben der `userInfo`-Property stehen dann noch die beiden Properties `attributedTitle` und `attributedContentText` zur Verfügung. Beide erwarten ein Objekt vom Typ `AttributedString` (Swift) beziehungsweise `NSAttributedString` (Objective-C). Dabei handelt es sich um einen Subtyp von `String` beziehungsweise `NSString`, der zusätzliche Formatierungen erlaubt. Der Inhalt von `attributedTitle` wird unterhalb des Titels des Shared Links angezeigt, während die Property `attributedContentText` die eigentliche Nachricht darstellt, die innerhalb des Shared Links angezeigt wird.

Zu guter Letzt gibt es noch die (optionale) Möglichkeit, eine zusätzliche Grafik innerhalb des Shared Links anzeigen zu lassen. Dazu muss ein Objekt der Klasse NSItemProvider erstellt werden, welches auf die gewünschte Grafik verweist. Dieses Objekt wird dann der Property attachments der Klasse NSExtensionItem in Form eines Arrays übergeben, woraufhin die so definierte Grafik neben der Nachricht in der Shared Links-Ansicht dargestellt wird.

Mit diesem Wissen ist es sodann möglich, ein eigenes NSExtensionItem-Objekt zu erstellen und diesem die gewünschten Informationen zu übergeben. Listing 11.54 stellt die Erstellung einer solchen Instanz beispielhaft dar.

Listing 11.54 Erstellung eines NSExtensionItem zur Darstellung als Shared Link

```
// Swift
let extensionItem = NSExtensionItem()
extensionItem.userInfo = ["uniqueIdentifier": "myUniqueIdentifier", "urlString":
"http://www.thomassillmann.de", "date": NSDate(), "displayName": "My Shared Link"]
extensionItem.attributedTitle = AttributedString(string: "My Title")
extensionItem.attributedContentText = AttributedString(string: "The message of my
shared link.")
let imageURL = Bundle.main.urlForResource("MyImage", withExtension: "png")
let imageItemProvider = NSItemProvider(contentsOf: imageURL)!
extensionItem.attachments = [imageItemProvider]

// Objective-C
NSExtensionItem *extensionItem = [[NSExtensionItem alloc] init];
extensionItem.userInfo = @{@"uniqueIdentifier": @"myUniqueIdentifier", @"urlString":
@"http://www.thomassillmann.de", @"date": [NSDate date], @"displayName": @"My Shared
Link"};
extensionItem.attributedTitle = [[NSAttributedString alloc] initWithString:@"My
title"];
extensionItem.attributedContentText = [[NSAttributedString alloc]
initWithString:@"The message of my shared link."];
NSURL *imageURL = [[NSBundle mainBundle] URLForResource:@"MyImage"
withExtension:@"png"];
NSItemProvider *imageItemProvider = [[NSItemProvider alloc]
initWithContentsOfURL:imageURL];
extensionItem.attachments = @[imageItemProvider];
```

11.17.2 NSExtensionItem als Shared Link bereitstellen

Nach der Erstellung eines NSExtensionItem zur Darstellung eines Shared Links bleibt nun nur noch die Frage, wie man dieses innerhalb der Shared Links-Ansicht von Safari platzieren kann. Dazu nutzen wir die eingangs genannte Methode beginRequest(with:), die uns als Parameter ein Objekt der Klasse NSExtensionContext übergibt. Auf dieses Objekt rufen wir die Methode completeRequest(returningItems:completionHandler:) auf, um innerhalb des ersten Parameters alle gewünschten NSExtensionItem-Objekte in Form eines Arrays zu übergeben, die innerhalb der Shared Links in Safari angezeigt werden sollen. Listing 11.55 zeigt ein komplettes Beispiel einer so implementierten beginRequest(with:)-Methode innerhalb der RequestHandler-Klasse.

Listing 11.55 Beispielimplementierung der Methode `beginRequest(with:)` der `RequestHandler`-Klasse

```
// Swift
func beginRequest(with context: NSExtensionContext) {
    let extensionItem = NSExtensionItem()
    extensionItem.userInfo = ["uniqueIdentifier": "myUniqueIdentifier", "urlString":
"http://www.thomassillmann.de", "date": NSDate(), "displayName": "My Shared Link"]
    extensionItem.attributedTitle = AttributedString(string: "My Title")
    extensionItem.attributedContentText = AttributedString(string: "The message of my
shared link.")
    context.completeRequest(returningItems: [extensionItem], completionHandler: nil)
}

// Objective-C
- (void)beginRequestWithExtensionContext:(NSExtensionContext *)context {
    NSExtensionItem *extensionItem = [[NSExtensionItem alloc] init];
    extensionItem.userInfo = @{@"uniqueIdentifier": @"myUniqueIdentifier",
@"urlString": @"http://www.thomassillmann.de", @"date": [NSDate date]};
    extensionItem.attributedTitle = [[NSAttributedString alloc] initWithString:@"My
title"];
    extensionItem.attributedContentText = [[NSAttributedString alloc]
initWithString:@"The message of my shared link."];
    [context completeRequestReturningItems:@[extensionItem] completionHandler:nil];
}
```

Die mittels der Methode `completeRequest(returningItems:completionHandler:)` übergebenen `NSExtensionItem`-Objekte werden dann innerhalb der Shared Links-Ansicht von Safari angezeigt.

11.18 Sticker Pack Extension

Eine Sticker Pack Extension basiert – wie die im vorherigen Abschnitt vorgestellte iMessage Extensions – auf dem Messages-Framework von Apple. Sie integrieren sich ebenso in die Nachrichten-App von iOS, haben im Gegensatz zu iMessage Extensions aber eine ganz konkrete Aufgabe: Sie offerieren Stickers zum Versenden über die Nachrichten-App. Damit sind sie in ihrer Funktionsweise deutlich eingeschränkter als iMessage Extensions, auf der anderen Seite dadurch aber auch in der Regel weniger komplex und einfacher umzusetzen. Es können sogar Sticker Pack Extensions erstellt werden, ohne auch nur eine einzige Zeile Code zu schreiben, doch dazu später mehr.

Zunächst möchte ich die Frage klären, was „Sticker" eigentlich sind. Letzten Endes handelt es sich dabei schlicht und ergreifend um Grafiken, die der Nutzer auswählen und über die Nachrichten-App versenden kann. Diese Sticker werden dabei im einfachsten Fall automatisch von iOS in einer Auswahlansicht aufbereitet, durch die der Nutzer dann nur noch zu scrollen und den gewünschten Sticker auszuwählen braucht.

Unterstützte Bildformate und Maximalgröße

Bei der Arbeit mit Stickern gilt es zu beachten, dass Apple ausschließlich die folgenden Dateiformate für Sticker-Grafiken unterstützt:

- PNG
- APNG
- JPEG
- GIF

Sollen Sticker animiert werden, so sind entsprechend APNG oder GIF das Dateiformat der Wahl. Darüber hinaus sind Sticker auf eine maximale Dateigröße von 500 KB beschränkt.

Im Allgemeinen empfiehlt Apple, ausschließlich mit den Dateiformaten PNG und APNG zu arbeiten. Das hängt vor allen Dingen mit dem sehr guten Umgang von Transparenzen in PNGs zusammen (gerade im Vergleich zu GIF). Und da Sticker beispielsweise auch Bildern in Nachrichten hinzugefügt werden können, spielen Transparenzen bei Stickern durchaus eine große Rolle.

11.18.1 Erstellen einer Sticker Pack Extension

Über das Extension-Template STICKER PACK EXTENSION können Sie eine entsprechende neue Erweiterung für Ihre App erstellen (siehe Bild 11.27). Xcode erstellt anschließend ein neues Target in Ihrem Projekt, welches über ein Assets-File sowie eine Info.plist-Datei verfügt (siehe Bild 11.28).

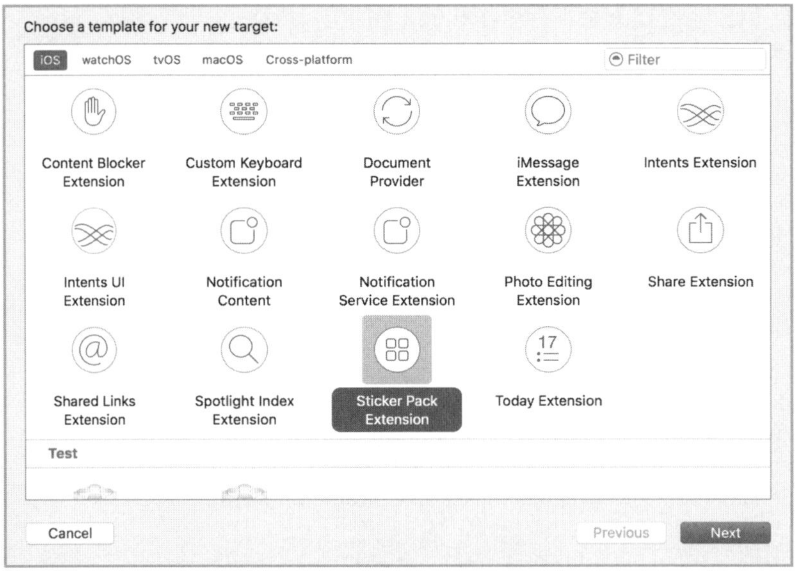

Bild 11.27 Über die Vorlage „Sticker Pack Extension" können Sie eine neue Sticker-Erweiterung für Ihre App erstellen.

Bild 11.28
Neu erstellte Sticker Pack Extensions setzen sich lediglich aus einem Asset-Bundle sowie einer Info.plist-Datei zusammen.

Womöglich wundern Sie sich, dass Xcode keine einzige Code-Datei zusammen mit der Extension erstellt hat. Das liegt daran, dass Sie in der Regel für eine typische Sticker Pack Extension auch keine einzige Zeile Code schreiben müssen (kein Witz!). Entscheidend sind ausschließlich die Bilder, die Sie verwenden möchten, und die gilt es, in das von Xcode erstellte Asset-Bundle einzubinden.

Dazu verfügt dieses Asset-Bundle standardmäßig über zwei Einträge; einen für das App-Icon der Extension und ein weiterer zur Ablage all der Grafiken, die Sie als Sticker für die Sticker Pack Extension verwenden möchten (siehe Bild 11.29).

Bild 11.29 Das Asset-Bundle einer Sticker Pack Extension verfügt über passende Vorlagen, um alle benötigten Grafiken darin zu verwalten.

Innerhalb des Ordners *Sticker Pack* fügen Sie all die Grafiken ein, die Teil Ihrer Extension sein sollen. Wie der Hinweistext in Xcode bereits verrät, reicht es, die gewünschten Bilder einfach mittels Drag & Drop hinzuzufügen. Und das war's auch schon! Wenn Sie anschließend Ihre Extension über Xcode bauen lassen und ausführen, werden Ihre Sticker automatisch in einer Art Collection View zur Verfügung gestellt und können darüber Nachrichten hinzugefügt werden (siehe Bild 11.30).

So einfach und schnell lässt sich eine Sticker Pack Extension umsetzen, dafür gibt es nicht allzu viel Konfigurationsspielraum. Sie können lediglich festlegen, ob Ihre Sticker klein, mittel oder groß dargestellt werden sollen. Dafür stellt das Asset-Bundle im Attributes Inspector der Utility Area ein entsprechendes Auswahlmenü namens *Sticker Size* zur Verfügung (siehe Bild 11.31).

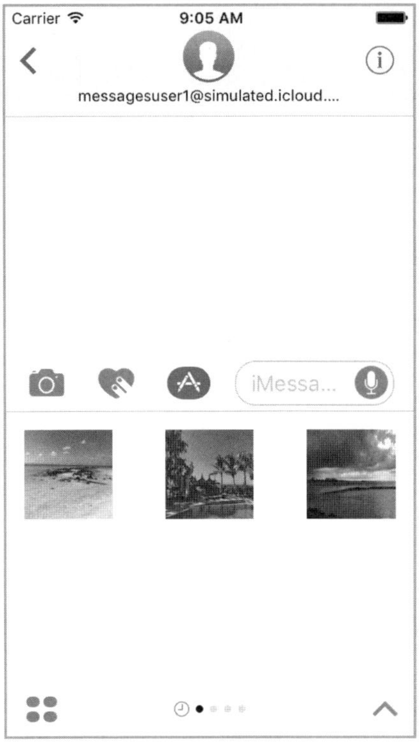

Bild 11.30
Die der Sticker Pack Extension hinzugefügten Grafiken werden automatisch in einer Art Collection View aufbereitet und können darüber ausgewählt und versendet werden, ohne auch nur eine einzige Zeile Code zu schreiben.

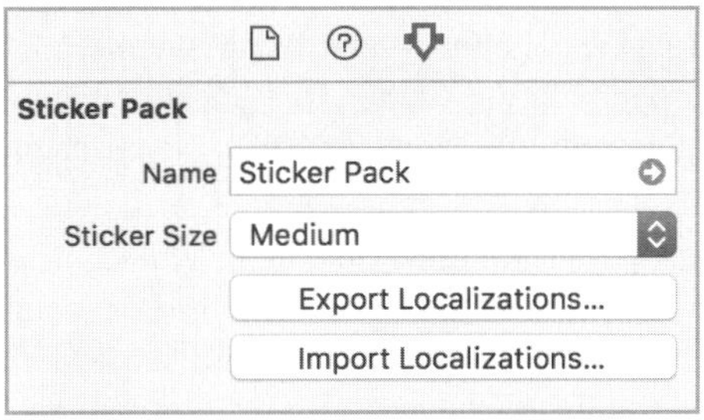

Bild 11.31
Über das Auswahlmenü „Sticker Size" können Sie zwischen drei Größen für Ihre Sticker auswählen.

Größe der Sticker-Grafiken

Wie groß die Grafiken für Ihre Sticker mindestens ausfallen sollten, ist davon abhängig, welche Größe Sie im Asset-Bundle festlegen. Apple gibt generell die folgenden Größen vor:

- *Small:* 100 × 100 @3x
- *Regular:* 136 × 136 @3x
- *Large:* 206 × 206 @3x

Das @3x gibt an, dass das die optimale Auflösung für hochauflösende Geräte wie zum Beispiel das iPhone 6s Plus ist. Idealerweise stellen Sie auch direkt angepasste Auflösungen für andere Geräte bereit. Bei Small wären das beispielsweise 33 × 33 (niedrigste Auflösung) und 66 × 66 (@2x-Auflösung). Idealerweise benennen Sie dabei ein und dieselbe Grafik in verschiedenen Auflösungen immer gleich, und fügen lediglich am Ende des Dateinamens ein @3x, @2x oder nichts ein, je nachdem, um welche Auflösung es sich handelt. Hier ein Beispiel:

- SmallImage.png (33 × 33)
- SmallImage@2x.png (66 × 66)
- SmallImage@3x.png (100 × 100)

Damit erkennt Xcode, dass diese drei Dateien eine einzige Grafik abbilden und entsprechend kann das jeweils passende Bild für die Hardware ausgewählt werden, auf der die App ausgeführt wird.

Autarke Sticker Pack Extension erstellen

Wie bei den iMessage Extensions, so können auch Sticker Pack Extensions autark und ohne zugehörige iOS-App ausgeliefert werden. Dazu erstellen Sie ein neues Projekt in Xcode und wählen als Vorlage die Sticker Pack Application aus (siehe Bild 11.32). Ist das Projekt anschließend erstellt, ist alles, was Ihnen an Dateien zur Verfügung gestellt wird, ein Asset-Bundle, in das Sie auf die bereits gezeigte Art und Weise Ihre Sticker einfügen können; fertig. Mehr braucht es nicht, um eine unabhängige Sticker-App für den App Store zu erstellen (siehe Bild 11.33).

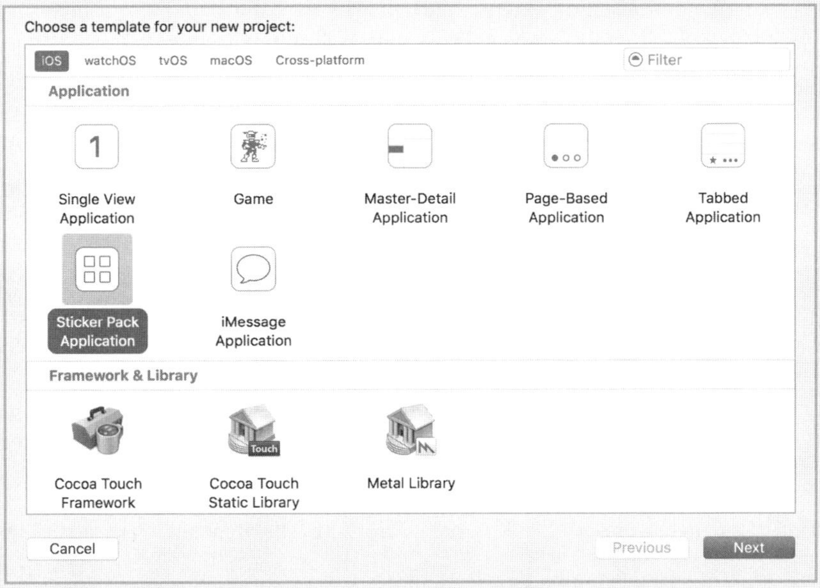

Bild 11.32 Eine autarke Sticker Pack Application erstellen Sie mithilfe der gleichnamigen Vorlage in Xcode.

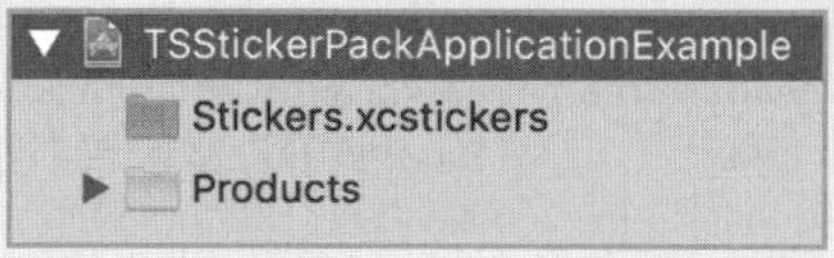

Bild 11.33
Eine Sticker Pack Application setzt sich lediglich aus einem Asset-Bundle für die Sticker-Grafiken zusammen.

11.18.2 Komplexere Sticker Pack Extensions erstellen

Das einfache und schnelle Erstellen von Sticker Pack Extensions und autarken Sticker Pack Applications ist gut und schön, allerdings hat man bei diesen auch alles andere als viel Konfigurationsspielraum. Nicht einmal eigene Logik kann implementiert werden, steht doch überhaupt kein Code zur Bearbeitung zur Verfügung.

Möchte man somit Sticker Pack Extensions erstellen, die zwar auch auf der Grundlage von Stickern aufbauen, aber aufgrund eigener Code-Logik flexibler, dynamischer und funktionaler sind, so stellt Apple in seinem Messages-Framework für diesen Fall ebenfalls passende Klassen bereit. Allerdings gibt es dann einen kleinen Unterschied: Auch wenn Sie noch immer eine Sticker Pack Extension erstellen möchten, müssen Sie stattdessen eine iMessage Extension erstellen; anders geht es nicht. Nur über eine iMessage Extension haben Sie die Möglichkeit, auch eigenen Code auszuführen und die Klassen und Eigenschaften des Messages-Frameworks zu nutzen. Grundlage ist also immer eine iMessage Extension und keine Sticker Pack Extension, wenn Sie eigene Logik in einer Sticker Pack Extension implementieren möchten (siehe für weitere Informationen zu iMessage Extensions auch den gleichnamigen Abschnitt in diesem Kapitel).

Um in einer iMessage Extension die grundlegende Logik zur Verwendung von Stickern zu implementieren, steht die Klasse `MSStickerBrowserViewController` bereit. Die `UIViewController`-Subklasse können Sie `MSMessagesAppViewController`, der der Start-View-Controller einer jeden iMessage Extension ist, als Child-View-Controller hinzufügen. Damit steht Ihnen sowohl die komplette Logik des `MSMessagesAppViewController` zur Verfügung und Sie können dennoch die Funktionalität und Ansicht eines `MSStickerBrowserViewController` für Ihre Sticker verwenden.

Ein `MSStickerBrowserViewController` kümmert sich zunächst einmal um die Collection-View-artige Darstellung der verfügbaren Sticker. Er stellt darüber hinaus die Logik bereit, Sticker als Nachrichten zu verwenden. All das erhalten Sie somit out of the box. Um eine neue Instanz dieser Klasse zu erstellen, verwenden Sie den zugehörigen Initializer `init(stickerSize:)` (siehe Deklaration in Listing 11.56), dem Sie als Parameter die gewünschte Größe für Ihre Sticker übergeben.

Listing 11.56 Initializer zum Erstellen einer neuen `MSStickerBrowserViewController`-Instanz

```
// Swift
init(stickerSize: MSStickerSize)

// Objective-C
- (instancetype)initWithStickerSize:(MSStickerSize)stickerSize;
```

Die verfügbaren Größen entsprechen dabei jenen, die Sie auch im Asset-Bundle einer Sticker Pack Extension setzen können: small, regular und large. Listing 11.57 zeigt die Deklaration dieser verfügbaren Werte, wie sie in Form des Typs `MSStickerSize` definiert sind.

Listing 11.57 Deklaration der verfügbaren Werte von `MSStickerSize`

```
// Swift
case small
case regular
case large

// Objective-C
MSStickerSizeSmall
MSStickerSizeRegular
MSStickerSizeLarge
```

Ein essenzieller Bestandteil der Klasse `MSStickerBrowserViewController` ist die Property `stickerBrowserView` vom Typ `MSStickerBrowserView`. Diese ist für die Darstellung der Sticker verantwortlich und verfügt selbst über eine wichtige Property namens `dataSource`. Diese ist konform zum `MSStickerBrowserViewDataSource`-Protokoll, über das definiert wird, welche Sticker innerhalb der Sticker-Browser-View angezeigt werden sollen. Wenn nicht von Ihnen anders definiert, ist standardmäßig immer der `MSStickerBrowserViewController` als `dataSource` für die `stickerBrowserView` definiert; Ihre Subklasse von `MSStickerBrowserViewController` kann und muss also direkt die entsprechenden Methoden dieses Protokolls implementieren. Derer gibt es zwei, die in Listing 11.58 definiert sind.

Listing 11.58 Deklaration der Methoden des `MSStickerBrowserViewDataSource`-Protokolls

```
// Swift
func numberOfStickers(in stickerBrowserView: MSStickerBrowserView) -> Int
func stickerBrowserView(_ stickerBrowserView: MSStickerBrowserView, stickerAt index:
Int) -> MSSticker

// Objective-C
- (NSInteger)numberOfStickersInStickerBrowserView:(MSStickerBrowserView *)
stickerBrowserView;
- (MSSticker *)stickerBrowserView:(MSStickerBrowserView *)stickerBrowserView
stickerAtIndex:(NSInteger)index;
```

Mithilfe der Methode `numberOfStickers(in:)` definieren Sie, wie viele Sticker angezeigt werden sollen. `stickerBrowserView(_:stickerAt:)` gibt dann den gewünschten Sticker für den als Parameter übergebenen Index zurück. Dabei müssen Sie ein Objekt vom Typ `MSSticker` verwenden, über das ein Sticker im Messages-Framework abgebildet wird. Objekte dieses Typs erstellen Sie mithilfe des Initializers `init(contentsOfFileURL:localizedDescription:)`, dessen genaue Deklaration in Listing 11.59 aufgeführt ist.

Listing 11.59 Initializer zum Erstellen einer neuen `MSSticker`-Instanz

```
// Swift
init(contentsOfFileURL fileURL: URL, localizedDescription: String) throws

// Objective-C
- (instancetype)initWithContentsOfFileURL:(NSURL *)fileURL
localizedDescription:(NSString *)localizedDescription error:(NSError * _Nullable *)
error;
```

Der Parameter `fileURL` verweist dabei auf das Bild des Stickers, das dieser anzeigen soll, während `localizedDescription` vor allen Dingen in Bezug auf Accessibility eine Rolle spielt.

Mit den genannten Komponenten und ihren Eigenschaften ist es somit möglich, angepasste Sticker Pack Extensions zu erstellen. Sie können die Views und Funktionen Ihren eigenen Bedürfnissen anpassen und zusätzlich eigene Ausführungslogik implementieren, was in reinen Sticker Pack Extensions nicht möglich ist.

11.19 Today Extension

Die Today Extension gehört bis heute zu den wahrscheinlich mit am meisten genutzten iOS-Extensions überhaupt. Sie wurde von Beginn an mit den aus Android bekannten Widgets verglichen und ist diesen funktional tatsächlich sehr ähnlich. Einfach ausgedrückt erlaubt eine Today Extension es, eine angepasste Ansicht innerhalb der Mitteilungszentrale für die eigene App einzublenden (sofern der Nutzer diese Extension auch in der Mitteilungszentrale hinzufügt). Wie diese Ansicht aussieht oder was sie tut, ist uns Entwicklern überlassen. Eine App wie WordPress nutzt sie beispielsweise, um die aktuellen Besucherzahlen und Aufrufe der eigenen Website anzuzeigen, während die Kalender-App anstehende Termine darstellt.

Sinn von Today Extension im Vorhinein prüfen

Bevor Sie sich auf die Entwicklung einer eigenen Today Extension stürzen, sollten Sie sich überlegen und sicher sein, dass Sie damit auch ein sinnvolles Anwendungsgebiet für Ihre App umsetzen; einfach nur um des „Auch-Haben-Wollens" sollten Sie Ihre App keinesfalls um eine Today Extension ergänzen.

Haben Sie eine neue Today Extension in Xcode erstellt, finden Sie alle benötigten Dateien für die Bearbeitung der Extension in einem neuen Ordner innerhalb Ihres Projekts. Dieser Ordner trägt den Namen der Extension, den Sie bei der Konfiguration als Product Name festgelegt haben (siehe Bild 11.34).

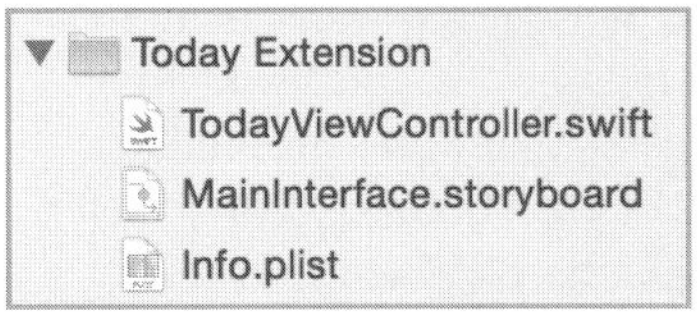

Bild 11.34
Dateien einer neu angelegten Today Extension

Was die Storyboard-Datei betrifft, so können Sie diese auf die gewohnte Art und Weise nutzen, um die Ansicht Ihrer Today Extension auf die gewünschte Art und Weise einzurichten und zu konfigurieren. Auch alle benötigten UI-Elemente können Sie direkt mittels Drag & Drop auf dem Storyboard platzieren (siehe Bild 11.35).

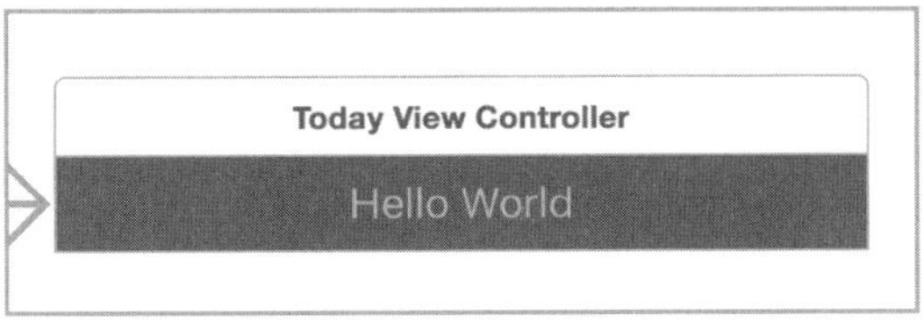

Bild 11.35
Das Storyboard einer Today Extension wird genauso bearbeitet wie jedes andere Storyboard auch.

Der View-Controller des Storyboards ist bereits mit der ebenfalls standardmäßig erstellten View-Controller-Klasse verknüpft. Somit können Sie auch direkt Outlets und Actions auf die gewohnte Art und Weise setzen (siehe Bild 11.36).

Bild 11.36 Der View-Controller des Storyboards ist bereits mit der entsprechenden Klasse der Extension verknüpft.

Was diese View-Controller-Klasse selbst betrifft, so ist an ihr zunächst nichts Besonderes. Sie ist abgeleitet von `UIViewController` und bringt damit schon einmal alle Funktionen und Eigenschaften dieser essenziellen View-Controller-Klasse mit. Allerdings ist da noch mehr. So ist dieser View-Controller konform zum Protokoll `NCWidgetProviding` (siehe Bild 11.37).

```
class TodayViewController: UIViewController, NCWidgetProviding {
```

Bild 11.37 Die View-Controller-Klasse der Today Extension ist konform zum Protokoll NCWidget-Providing.

Dieses Protokoll enthält insbesondere eine sehr wichtige Methode, die wir in Bezug auf die Today Extension benötigen: `widgetPerformUpdate(completionHandler:)`. Die genaue Deklaration dieser Methode finden Sie in Listing 11.60.

Listing 11.60 Methode für Updates der Today Extension

```
// Swift
optional func widgetPerformUpdate(completionHandler: (NCUpdateResult) -> Void)

// Objective-C
- (void)widgetPerformUpdateWithCompletionHandler:(void (^)(NCUpdateResult result))
completionHandler;
```

Neben `viewDidLoad()` handelt es sich dabei um eine der wichtigsten Methoden innerhalb des View-Controllers Ihrer Today Extension. Während Sie `viewDidLoad()` einmalig und initial nutzen, um alle notwendigen Einstellungen vorzunehmen und beispielsweise übersetzte Texte für die Labels Ihrer Today Extension zu setzen, wird `widgetPerformUpdate(completionHandler:)` in unregelmäßigen Abständen nach `viewDidLoad()` immer wieder aufgerufen (beispielsweise dann, wenn der Nutzer mehrmals die Mitteilungszentrale mit seinen Widgets aufruft, nachdem diese bereits einmal vollständig geladen wurde). Diese Methode gibt Ihnen somit die Chance, Ihre Today Extension zu aktualisieren und mit aktuellen Werten zu versehen. Nutzen Sie sie also, um zu prüfen, ob die Inhalte Ihres Widgets aktualisiert werden müssen und – falls dem so ist – führen Sie eine entsprechende Aktualisierung durch.

Was auch immer Sie konkret in der Methode an Aktionen vornehmen, so ist der übergebene Parameter `completionHandler` in jedem Fall wichtig und zu beachten. Wann immer Ihre Arbeit in der Methode `widgetPerformUpdate(completionHandler:)` erledigt ist, sollten Sie diesen übergebenen Block ausführen und ihm dabei einen Parameter vom Typ `NCUpdateResult` übergeben. Dieser Parameter kann drei unterschiedliche Werte annehmen:

- `newData`
- `noData`
- `failed`

Die genaue Deklaration dieser drei Werte zeigt Listing 11.61.

Listing 11.61 Deklaration der möglichen Werte von `NCUpdateResult`

```
// Swift
case newData
case noData
case failed

// Objective-C
NCUpdateResultNewData
NCUpdateResultNoData
NCUpdateResultFailed
```

Damit teilen Sie iOS mit, wie es mit der Aktualisierung Ihres Widgets verfahren soll. Übergeben Sie so beispielsweise `noData` (weil Sie eben nichts an Ihrem Widget aktualisieren müssen), so wird auch iOS kein Neuladen Ihres Widgets veranlassen. Anders sähe es natürlich aus, wenn Sie stattdessen dem Block `newData` übergeben würden.

11.19.1 Today Extension testen

Möchten Sie Ihre Today Extension testen, starten Sie zunächst einfach die zugrunde liegende iOS-App, die die Extension enthält (egal ob im Simulator oder auf einem echten Endgerät). Wechseln Sie anschließend in die Mitteilungszentrale, indem Sie diese per Wischgeste vom oberen Bildschirmrand aus nach unten aufrufen. Scrollen Sie im Reiter HEUTE beziehungsweise TODAY ganz nach unten, bis die BEARBEITEN- beziehungsweise EDIT-Schaltfläche sichtbar wird. Wenn Sie diese auswählen, erhalten Sie eine Übersicht aller insgesamt Ihnen aufgrund der installierten Apps zur Verfügung stehenden Today Extensions sowie die Reihenfolge, in der diese in der Mitteilungszentrale aufgeführt werden. Dort können Sie auch einzelne Widgets hinzufügen oder entfernen.

Ihre eigene Today Extension Ihrer App müssen Sie dabei auch zunächst einmal per Klick auf die Plus-Schaltfläche zur Liste der aktiven Widgets hinzufügen (siehe Bild 11.38).

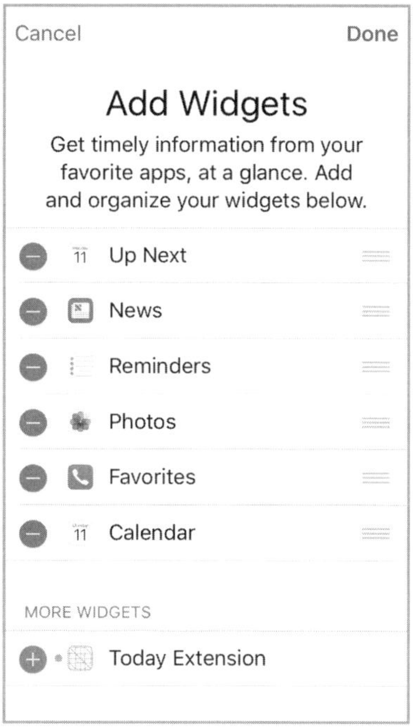

Bild 11.38
Egal ob auf einem Endgerät oder im Simulator: Zunächst müssen Sie Ihr Widget in der Mitteilungszentrale hinzufügen.

Anschließend können Sie die Ansicht wieder verlassen. In der Mitteilungszentrale wird dann auch Ihre Today Extension sichtbar sein und kann darüber genutzt und getestet werden.

11.20 Watch App

Die Watch App-Extension erlaubt Ihnen das Erstellen einer zusätzlichen Apple Watch-Variante für Ihre bestehende iOS-App. Da Sie es hier aber mit einer komplett neuen Plattform sowie einem vollständigen zusätzlichen SDK zu tun haben, erfahren Sie alles Wichtige zu dieser Extension sowie zur Apple Watch-Entwicklung allgemein im folgenden Kapitel 12, „App-Entwicklung für die Apple Watch“.

11.21 App Groups

Zum Abschluss dieses Kapitels möchte ich noch auf ein weiteres Element eingehen, das im Zusammenhang mit Extensions (insbesondere der im folgenden Kapitel vorgestellten Extension zur Entwicklung von Apps für die Apple Watch) eine wichtige Rolle spielt: die sogenannten *App Groups*.

Eine App Group stellt eine Art Container dar, in dem eine App Dateien und Dokumente ablegen und darauf zugreifen kann, sie ist also am ehesten mit dem Dateisystem der eigenen App vergleichbar (siehe dazu auch Kapitel 9, „Das Model und die Datenhaltung"). Der Vorteil einer App Group besteht aber darin, dass der Zugriff darauf nicht auf eine einzige App beschränkt ist. Stattdessen können alle Apps, die sich für die gleiche App Group registrieren, diese verwenden und haben somit Zugriff auf einen einheitlichen und synchronen Datenbestand.

Bevor auf eine App Group im Code zugegriffen werden kann, muss diese sowohl im Apple Developer Portal als auch im entsprechenden App-Target selbst hinzugefügt werden.

11.21.1 Registrieren einer App Group im Apple Developer Portal

Zunächst führt der Weg über das eigene Member Center des Apple Developer Portal (mehr zum Member Center erfahren Sie in Kapitel 15, „Veröffentlichung im App Store"). Von dort wechseln Sie in den Bereich CERTIFICATES, IDENTIFIERS & PROFILES und wählen anschließend im linken Bereich *Identifiers* den Punkt APP GROUPS aus (siehe Bild 11.39). Anschließend erscheinen alle von Ihnen bis dato registrierten App Groups.

Die bestehenden App Groups können Sie einsehen und bearbeiten, eine neue erstellen Sie mithilfe der Plus-Schaltfläche oben rechts. Wie bereits beschrieben, ist eine solche App Group innerhalb des Member Centers Voraussetzung, um sie auch in der eigenen App verwenden zu können.

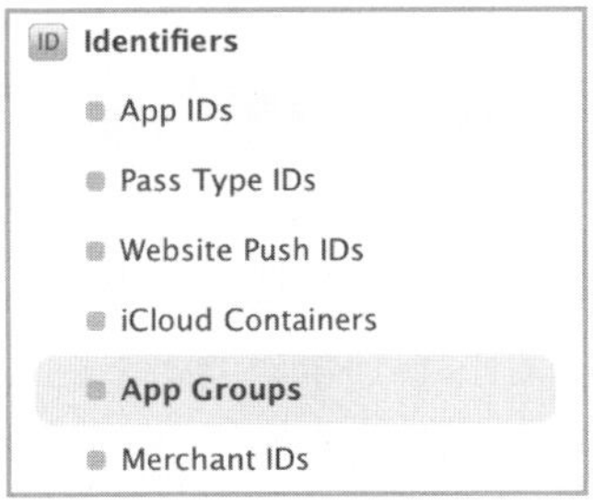

Bild 11.39
Über das Member Center haben Sie Zugriff auf alle von Ihnen registrierten App Groups.

Wenn Sie eine neue App Group per Klick auf die Plus-Schaltfläche im oberen rechten Bereich hinzufügen, müssen Sie zwei Informationen für diese App Group hinterlegen (siehe Bild 11.40). Zunächst wäre da ein Beschreibungstext, der von Ihnen frei definiert werden kann und nur innerhalb des Member Centers angezeigt wird; er wird weder in Apps noch an sonst einer anderen Stelle verwendet. Vergeben Sie hier also am besten einen Titel, mit dem Sie klar die zugrunde liegende App Group jederzeit wieder identifizieren können. Als Zweites folgt dann noch ein eindeutiger Identifier. Dieser setzt sich – so wie der Bundle Identifier einer App – aus einem umgekehrten Domain-Namen zusammen. Typischerweise vergeben Sie an erster Stelle einen Wert, der Ihre App Group eindeutig identifiziert, gefolgt vom Bundle Identifier Ihrer App (beispielsweise `myAppGroup.de.thomassillmann.myApp`). Diesen Identifier benötigen Sie dann auch, um die entsprechende App Group Ihren Apps zuzuweisen.

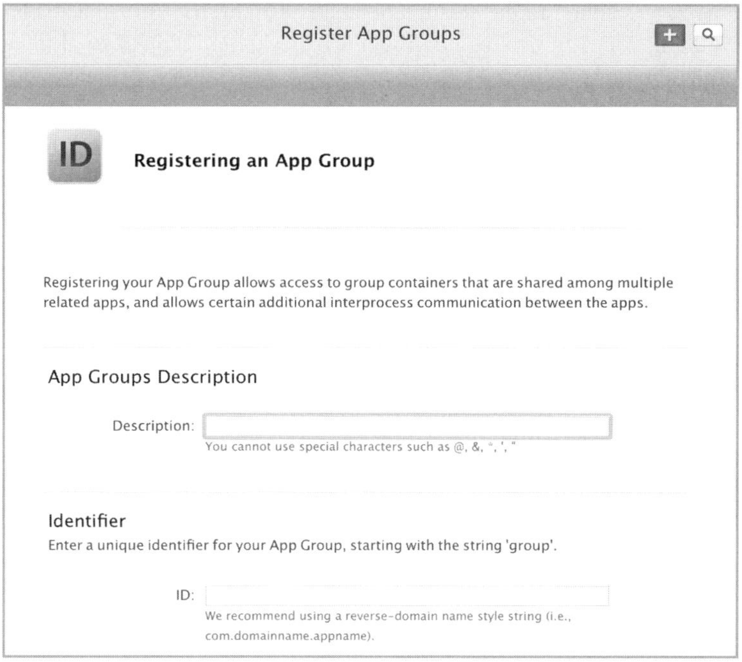

Bild 11.40 Zur Erstellung einer neuen App Group müssen Sie eine Beschreibung und einen Identifier angeben.

Haben Sie alle Informationen eingetragen, wird anschließend die Erstellung Ihrer neuen App Group per Klick auf die Schaltfläche CONTINUE fortgesetzt. Ihnen werden noch einmal in einer Übersicht die von Ihnen vergebene Beschreibung sowie der Identifier angezeigt. Sobald Sie diese Informationen erneut bestätigt haben, ist Ihre App Group erstellt und taucht auch entsprechend in der Übersicht Ihrer App Groups im Member Center auf.

11.21.2 Registrieren einer App Group innerhalb einer App

Mit dem Registrieren einer App Group innerhalb des Member Centers ist der erste Schritt getan. Nun kann die App Group allen Apps zugeordnet werden, die sie verwenden sollen.

Dazu muss innerhalb eines Xcode-Projekts das entsprechende Target ausgewählt und in den Reiter CAPABILITIES gewechselt werden. Dort findet sich ein eigener kleiner Abschnitt mit dem Titel *App Groups*. (siehe Bild 11.41).

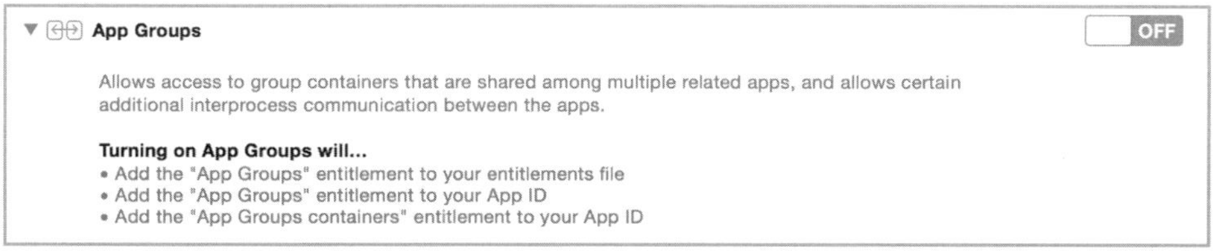

Bild 11.41 In der Capabilities-Ansicht können App Groups für eine App aktiviert werden.

Aktivieren Sie den Schalter an der rechten Seite des Abschnitts, um zunächst einmal überhaupt die Nutzung von App Groups innerhalb des gewählten Targets zu aktivieren. Xcode führt daraufhin alle notwendigen Aktionen aus, um App Groups verwenden zu können.

Ist dieser Vorgang abgeschlossen, tauchen innerhalb einer Tabelle alle App Groups auf, die Sie innerhalb Ihres Member Centers eingerichtet haben. Wichtig: Dazu muss dem entsprechend ausgewählten Target auch das zugehörige Team zugewiesen sein, das Zugriff auf die entsprechenden Informationen des Member Centers besitzt. Nun müssen Sie nur noch den Haken vor denjenigen App Groups setzen, auf die Sie innerhalb des gewählten Targets zugreifen möchten.

Damit sind alle Vorbereitungen getroffen, um die neue App Group im Code anzusprechen und auf die dort gelagerten Informationen und Dateien zuzugreifen.

11.21.3 Zugriff auf eine App Group

Eine App Group kann auf zweierlei Arten verwendet werden. Einerseits können Sie darin beliebige Dateien und Dokumente speichern, auslesen und löschen, so wie Sie es auch innerhalb des Dateisystems Ihrer eigenen App können. Darüber hinaus erlauben App Groups den Zugriff auf separate Nutzereinstellungen, so wie wir sie in Kapitel 9, „Das Model und die Datenhaltung", bereits anhand der Klasse `UserDefaults` (Swift) beziehungsweise `NSUserDefaults` (Objective-C) kennengelernt haben. Diese Nutzereinstellungen (genauso wie etwaige Dateien und Dokumente) leben einzig und allein innerhalb der App Group und sind unabhängig vom lokalen Dateisystem Ihrer App. Wenn Sie also lokale Nutzereinstellungen ändern, werden diese nicht in der App Group gespeichert und umgekehrt. Und Dokumente, die Sie innerhalb des Dateisystems Ihrer App ablegen und verwalten, landen nicht in der App Group und auch nicht umgekehrt.

Um nun auf die jeweiligen Informationen der App Group zuzugreifen, nutzen wir die bereits aus Kapitel 9, „Das Model und die Datenhaltung", bekannten Klassen `FileManager` (Swift) beziehungsweise `NSFileManager` (Objective-C) und `UserDefaults` (Swift) beziehungsweise `NSUserDefaults` (Objective-C). Diese bringen passende Methoden mit, um statt der lokalen Informationen diejenigen innerhalb einer App Group abzurufen.

11.21.3.1 Zugriff mittels FileManager

Die Klasse `FileManager` verfügt über eine Instanzmethode namens `containerURLForSecurityApplicationGroupIdentifier(_:)` (siehe Deklaration in Listing 11.62). Diese erwartet als Parameter einen String, der dem der App Group zugewiesenen eindeutigen Identifier entspricht. Die Methode liefert sodann ein `URL`- (Swift) beziehungsweise ein `NSURL`-Objekt (Objective-C) zurück, welches eben auf jenes Verzeichnis verweist, in dem die App Group all Ihre Dateien und Dokumente ablegt. Dieser URL kann nun für weitere Operationen mithilfe der `FileManager`-Klasse genutzt werden, um die entsprechenden Dateien – genauso wie beim lokalen Dateisystem einer App auch – zu verwalten und zu bearbeiten.

Listing 11.62 Methode zum Zugriff auf eine App Group mittels `FileManager`

```
// Swift
func containerURLForSecurityApplicationGroupIdentifier(_ groupIdentifier: String) ->
URL?

// Objective-C
- (NSURL *)containerURLForSecurityApplicationGroupIdentifier:(NSString *)
groupIdentifier;
```

Zugriff mittels UserDefaults

Die Klasse `UserDefaults` bringt einen eigenen separaten Initializer mit, der es ermöglicht, statt auf die lokalen Benutzereinstellungen auf diejenigen innerhalb einer App Group zuzugreifen (siehe Deklaration in Listing 11.63).

Listing 11.63 Initializer zum Zugriff auf eine App Group mittels `UserDefaults`

```
// Swift
init?(suiteName suitename: String?)

// Objective-C
- (instancetype)initWithSuiteName:(NSString *)suitename
```

Dieser Initializer erwartet als Parameter einen String, der dem eindeutigen Identifier der App Group entspricht, der zuvor im Member Center festgelegt und dem Target innerhalb der Capabilities zugewiesen wurde. Anschließend wird das so erzeugte Objekt auf die gleiche Art und Weise verwendet wie bereits aus Kapitel 9, „Das Model und die Datenhaltung“, bekannt. Statt der lokalen Einstellungen des Targets werden aber eben nun die Einstellungen innerhalb der App Group ausgelesen beziehungsweise verändert.

12 App-Entwicklung für die Apple Watch

12.1 Apples neues großes Ding: Die Apple Watch

Über lange Zeit hinweg war sie ein stetes Gerücht auf allen möglichen IT- und Fachplattformen, inzwischen ist sie Realität: Die im Oktober 2014 vorgestellte Apple Watch ist seit April 2015 erhältlich und erfreut sich durchaus großer Beliebtheit. Wieder einmal hat es die Firma aus Cupertino verstanden, aktuelle Technik mit intuitiver und einfach zugänglicher Bedienung in einem neuen Produkt zu verpacken, welches zudem – erstmals in der Geschichte von Apple – tatsächlich nicht nur als reines Technik-Gadget, sondern sogar als Mode-Accessoire präsentiert wird. Bisher sieht es ganz danach aus, als ob Apple damit erneut den richtigen Riecher bewiesen und erfolgreich ihr „nächstes großes Ding" auf den Markt gebracht hätte.

Einmal abgesehen von der Faszination der Presse und der Endnutzer für Apples Computeruhr, stellt diese auch für uns iOS-Entwickler eine spannende neue Plattform dar. Denn bereits von der ersten Präsentation im Oktober 2014 an stellte Apple klar, dass es auch möglich sein wird, für die Apple Watch eigene Apps zu entwickeln und zu veröffentlichen. Im November 2014 wurde diese Aussage dann konkretisiert und mit der Veröffentlichung des sogenannten WatchKit SDK ein Gesicht gegeben. Von diesem Zeitpunkt an war es möglich, im Zusammenspiel mit einer neuen Beta von Xcode erste eigene Anwendungen für die Apple Watch zu schreiben und in einem neuen Apple Watch-Simulator auszuführen und zu testen; ein Novum in der Geschichte von Apple, wurden doch derartige Ressourcen generell erst nach Erscheinen eines entsprechenden neuen Geräts freigegeben. Dieses Vorgehen gereichte aber Apple letztlich zu einem mächtigen Vorteil, bot die Apple Watch zu ihrem offiziellen Start am 24. April 2015 doch bereits über 3000 (!) Apps von Drittanbietern.

Das Betriebssystem der Apple Watch – watchOS

Auf der Apple Watch läuft – im Gegensatz zu iPhone, iPad und iPod touch – nicht das Betriebssystem iOS, sondern ein komplett eigenständiges System namens watchOS. Es bringt viele eigene Klassen für verschiedenste Controller und Views mit, die Teil des sogenannten WatchKit SDK sind. Mit der Vorstellung der

Versionen 2 und 3 von watchOS auf der WWDC 2015 und 2016 wurden die bestehenden Klassen des WatchKit SDK immens erweitert und ausgebaut und uns Entwicklern umfangreiche Werkzeuge an die Hand gegeben, um innovative und intuitive Apps für Apples neues großes Ding zu entwickeln. Wie die Entwicklung für watchOS im Detail aussieht und das Zusammenspiel zwischen einer iPhone- und Apple Watch-App umgesetzt wird, erfahren Sie im Detail in diesem Kapitel.

12.2 Möglichkeiten, Einschränkungen, Unterschiede

Um zum jetzigen Zeitpunkt eigene Apps für die Apple Watch entwickeln und veröffentlichen zu können, muss ein kleiner Umweg gegangen werden. Denn direkte, komplett autark arbeitende Apps können Drittanbieter wie wir zum jetzigen Zeitpunkt nicht für die Apple Watch zur Verfügung stellen. Stattdessen ist eine existierende iPhone-App Pflicht. Nur über eine bestehende iPhone-App ist es bisher möglich, darüber eine ergänzende und zusätzliche Variante eben dieser App für die Apple Watch zu entwickeln und zur Verfügung zu stellen.

Bis zur Version 2 des Betriebssystems watchOS lag der Grund für diese Voraussetzung einer iPhone-App schlicht in der Funktionsweise von Apple Watch-Apps begründet: Diese stellten letzten Endes nur eine Oberfläche dar, die mithilfe einer separaten Storyboard-Datei erstellt wird (wie wir gleich noch ausführlich sehen werden), während die gesamte Logik der App dann aber auf einem mit der Apple Watch gekoppelten iPhone ausgeführt wird. Die Apple Watch selbst führte bis Version 2 von watchOS also gar keinen Code für eine App aus, sondern gab lediglich Ereignisse wie das Betätigen einer Schaltfläche oder das Auswählen einer Zelle an das iPhone weiter. Dieses kümmerte sich um die Ausführung des zugrunde liegenden Codes und der entsprechenden Logik und sendete dann ein Ergebnis an die Apple Watch zurück (um so beispielsweise eine neue Ansicht anzuzeigen). Die Apple Watch-App selbst bestand also nur aus einer „dummen“ Oberfläche, während die gesamte Logik der Anwendung auf dem iPhone ausgeführt wurde.

Mit der Vorstellung von watchOS 2 auf der WWDC 2015 hat sich dieses grundsätzliche Verhalten bis heute ein wenig geändert. Zwar ist eine iPhone-App noch immer Voraussetzung, um eine eigene Apple Watch-App zu erstellen und über den App Store zu veröffentlichen. Jedoch werden ab watchOS 2 auch die eigentliche Logik und der Code der Apple Watch-App auch direkt auf der Apple Watch selbst ausgeführt. Das erlaubt deutlich schnellere und flüssigere Apps auf der Apple Watch, da diese alle Anfragen direkt selbst bearbeiten kann, ohne erst das gekoppelte iPhone zu kontaktieren und anschließend die passende Antwort zur Ausführung zurückzuschicken.

Von diesen technischen Grundvoraussetzungen einmal abgesehen, verhält sich darüber hinaus auch die Bedienung der Apple Watch im Allgemeinen und von Apple Watch-Apps im Speziellen im Vergleich zu ihren iPhone-Pendants ein wenig anders. So verfügt die Apple

Watch hardwareseitig über die sogenannte „Digitale Krone" (im Englischen als „Digital Crown" bezeichnet), mit der es möglich ist, durch längere Listen und Ansichten zu scrollen; eben so, wie man es vom iPhone her von entsprechenden Wischgesten nach unten und oben kennt. Das Touch-Display der Apple Watch wird primär für einfache Taps oder längeres Drücken auf den Bildschirm verwendet; aufwendigere Gesten wie auf dem iPhone stehen nicht zur Verfügung, was aber letzten Endes auch der entsprechend deutlich geringeren Display-Größe der Apple Watch geschuldet ist.

Von diesen Eigen- und Besonderheiten dieser neuen Plattform einmal abgesehen, gestaltet sich die Entwicklung von Apps für die Apple Watch sehr ähnlich zu der von iOS-Apps. Lediglich die Möglichkeiten in Bezug auf eigene Anpassungen von Ansichten oder das Entwerfen komplett eigener User Interfaces ist (noch) extrem eingeschränkt bis unmöglich. Generell sieht Apple vor, dass Sie genau die UI-Elemente verwenden, die das WatchKit SDK zur Verfügung stellt. Und genau das sehen wir uns nun einmal im Detail an.

Upgrade einer bestehenden watchOS 1-App auf watchOS 2 und watchOS 3

Wer bereits vor der Veröffentlichung von watchOS 2 beziehungsweise watchOS 3 eine eigene App für die Apple Watch auf Basis von watchOS 1 entwickelt hat, muss sich keine Sorgen machen, mit dem Release von neueren watchOS-Versionen sein gesamtes Projekt umstellen oder gar neu schreiben zu müssen; die Grundlagen – gerade was die Klassen des WatchKit SDK betrifft – sind gleich geblieben. Vielmehr öffnet sich beim Start eines Projekts mit einer bestehenden App-Erweiterung für watchOS 1 ein Assistent, der anbietet, alle notwendigen Dateien und Targets auf die aktuelle watchOS-Version umzustellen (siehe Bild 12.1).

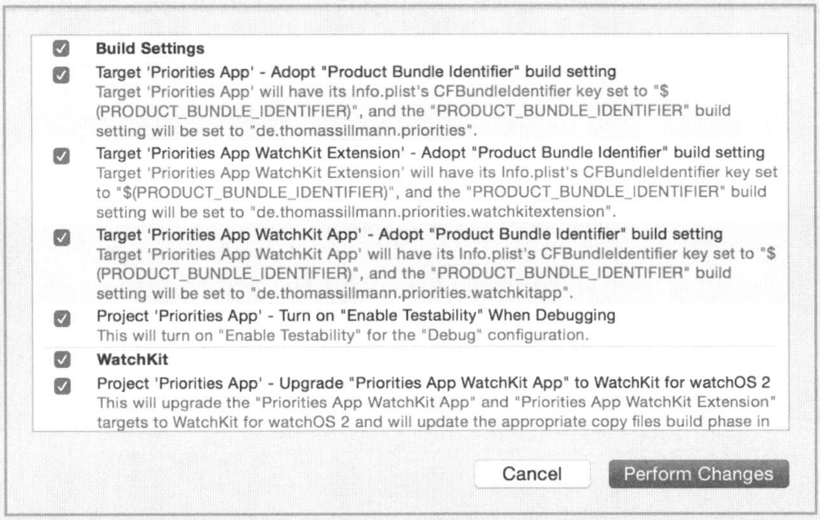

Bild 12.1 Mithilfe eines Assistenten können bestehende watchOS 1-Projekte auf neuere watchOS-Versionen migriert werden.

Damit sind bereits alle Voraussetzungen getroffen, um die eigene App unter watchOS 2 lauffähig zu machen. Im nächsten Schritt gilt es dann noch zu prüfen, ob einzelne Funktionen, die bisher genutzt wurden, noch zur Verfügung stehen oder durch neuere beziehungsweise geänderte APIs ersetzt wurden. In diesem Fall weist aber der Compiler mittels entsprechender Fehlermeldungen auf derartige Probleme innerhalb des Projekts hin. ■

12.3 Das WatchKit SDK

Das WatchKit SDK wurde zusammen mit einer entsprechenden Beta von Xcode erstmals im November 2014 vorgestellt. Von diesem Zeitpunkt an war es Entwicklern möglich, eigene Erweiterungen ihrer bestehenden iPhone-Apps für die Apple Watch zu entwickeln und zu testen.

So, wie das UIKit-Framework mit all seinen Klassen wie `UIView` und `UIViewController` unabdingbar für die Entwicklung von iOS-Apps ist, so stellt das WatchKit SDK mit all seinen Klassen die Grundlage einer jeden Apple Watch-App dar.

Aus Sicht des uns bekannten MVC-Patterns betrachtet, stellt das WatchKit SDK zum jetzigen Zeitpunkt lediglich Controller- und View-Klassen zur Verfügung. Das ist auch sinnvoll, sind schließlich die Oberfläche und die Bedienung aktuell das Einzige, was Apps für die Apple Watch von denen für das iPhone unterscheidet. Um also Daten zu speichern oder auf Nutzereinstellungen zuzugreifen, können auch bei der Entwicklung von Apple Watch-Apps bekannte Klassen wie `UserDefaults` in Swift beziehungsweise `NSUserDefaults` in Objective-C oder Frameworks wie Core Data verwendet werden (siehe dazu auch Kapitel 9, „Das Model und die Datenhaltung“).

NSObject, die Mutter aller Klassen; auch im WatchKit SDK

Die Wichtigkeit von `NSObject` in der iOS-Entwicklung haben wir bereits ausführlich in Kapitel 4, „Grundlagen der iOS-Entwicklung“, kennengelernt. So verwundert es nicht, dass auch alle Klassen des WatchKit SDK von `NSObject` erben und somit Subklassen von `NSObject` sind. Die uns bekannten Methoden zur Initialisierung neuer Objekte einer Klasse gelten somit also auch auf exakt die gleiche Art und Weise für alle Klassen des WatchKit SDK. ■

12.3.1 WKInterfaceController

Die wohl zunächst einmal wichtigste Klasse des WatchKit SDK ist `WKInterfaceController` (Sie sehen schon anhand des vorangestellten Präfix „WK“, dass es sich hier um eine Klasse aus dem WatchKit SDK handelt). Der `WKInterfaceController` kann als das Pendant zum `UIViewController` in der iPhone- und iPad-Entwicklung gesehen werden. Er kümmert sich um die Anzeige von Oberflächenelementen, blendet weitere Instanzen von `WKInterfaceController` ein und aus und feuert passende Methoden, wenn ein entsprechender Controller erscheint oder verschwindet. Direkt beim Starten einer Apple Watch-App wird ein initialer Interface-Controller geladen und angezeigt, von dem aus der Nutzer die App bedient und mit ihr interagiert.

12.3.2 WKInterfaceObject

Eine weitere essenzielle Klasse des WatchKit SDK ist `WKInterfaceObject`. Sie kann gut und gerne mit `UIView` aus dem UIKit-Framework gleichgesetzt werden, ist sie doch die Elternklasse aller verfügbaren UI-Elemente, die wir in unseren Apple Watch-Apps verwenden können. Dabei verfügt `WKInterfaceObject` über grundlegende Eigenschaften und Funktionen wie den Alpha-Wert eines UI-Elements, seine Sichtbarkeit, Höhe und Breite.

Von dieser Klasse wiederum leiten sich alle vorhandenen Klassen für die verschiedenen verfügbaren UI-Elemente ab, die uns für die App-Entwicklung für die Apple Watch zur Verfügung stehen. Im Folgenden finden Sie eine Auswahl der verfügbaren Subklassen mit Beschreibung ihrer Funktionen (siehe Tabelle 12.1).

Tabelle 12.1 Übersicht verfügbarer `WKInterfaceObject`-Subklassen

Subklasse	Funktion
`WKInterfaceButton`	Klasse zur Darstellung einer Schaltfläche, die der Nutzer auf dem Touch-Screen der Apple Watch antippen kann (vergleichbar mit `UIButton` aus dem UIKit-Framework).
`WKInterfaceDate`	Ein Label, welches das aktuelle Datum beziehungsweise die aktuelle Uhrzeit anzeigt.
`WKInterfaceGroup`	Diese Klasse fasst ein oder mehrere andere Objekte von `WKInterfaceObject` zusammen. Wie der Name bereits andeutet, wird `WKInterfaceGroup` zur Gruppierung von eben einem oder mehrerer anderer Interface-Objekte verwendet.
`WKInterfaceImage`	Dient zur Anzeige beziehungsweise zur Manipulation von Bildern (vergleichbar mit `UIImage` aus dem UIKit-Framework).
`WKInterfaceLabel`	Stellt ein Label dar, über das beliebiger Text angezeigt und ausgegeben werden kann (vergleichbar mit `UILabel` aus dem UIKit-Framework).
`WKInterfaceMap`	Dient zur Anzeige einer Kartenansicht. Im Gegensatz zu den Karten in der iOS-Entwicklung sind Objekte der Klasse `WKInterfaceMap` nicht interaktiv, sie zeigen also nur das an, was im Code festgelegt ist, ohne dass der Nutzer Änderungen oder Aktionen daran durchführen kann.

(Fortsetzung nächste Seite)

Tabelle 12.1 Übersicht verfügbarer `WKInterfaceObject`-Subklassen *(Fortsetzung)*

Subklasse	Funktion
`WKInterfaceSeparator`	Stellt eine einfache Trennlinie dar, die zur Gliederung von Ansichten auf der Apple Watch dient. Nur die Farbe kann bei Objekten dieser Klasse angepasst werden.
`WKInterfaceSlider`	Stellt einen Schieberegler dar, mit dem der Nutzer interagieren kann (vergleichbar mit `UISlider` aus dem UIKit-Framework).
`WKInterfaceSwitch`	Stellt einen Schalter dar, den der Nutzer ein- beziehungsweise ausschalten kann (vergleichbar mit `UISwitch` aus dem UIKit-Framework).
`WKInterfaceTable`	Mit dieser Klasse lassen sich einspaltige Tabellen abbilden. Sie ist vergleichbar mit `UITableView` aus dem UIKit-Framework, verfügt aber über keine Properties zur Delegation. Stattdessen enthält der `WKInterfaceController` alle Methoden, die zur Arbeit mit einer `WKInterfaceTable` benötigt werden; diese müssen dann „einfach" überschrieben und an die eigenen Bedürfnisse angepasst werden.
`WKInterfaceTimer`	Stellt ein Label dar, das als Timer fungiert und alles mitbringt, um einen entsprechenden Timer zu konfigurieren und zu starten beziehungsweise zu stoppen.
`WKInterfacePicker`	Dient zur Darstellung einer Auswahlliste, die mithilfe der Digital Crown der Apple Watch gescrollt werden kann.
`WKInterfaceMovie`	Dient zur Darstellung und zum Abspielen von Videos auf der Apple Watch.

Sie sehen also, dass bereits viele der verfügbaren View-Klassen sehr ähnliche Pendants in der iPhone- und iPad-Entwicklung besitzen, was natürlich auch den Einstieg in die Entwicklung für die Apple Watch deutlich erleichtert.

12.3.3 WKExtensionDelegate

Das `WKExtensionDelegate`-Protokoll fungiert als Äquivalent zu `UIApplicationDelegate` in der iOS-Entwicklung und informiert über verschiedene Zustände wie das Starten und Beenden der Apple Watch-App. Mehr zu diesem Protokoll erfahren Sie im Laufe dieses Kapitels.

12.3.4 Weitere Klassen

Das WatchKit SDK bietet noch ein paar weitere Klassen, die ich an gegebener Stelle in diesem Kapitel noch ausführlich vorstellen werde, darunter beispielsweise `WKUserNotificationInterfaceController` zum Umgang mit Notifications auf der Apple Watch.

12.4 Aufbau und Funktionsweise von Apple Watch-Apps

Wie eingangs beschrieben, setzen Apps für die Apple Watch eine bereits bestehende iPhone-App voraus. Technisch gesehen sind Apple Watch-Apps zum jetzigen Zeitpunkt nämlich nichts weiter als Extensions bestehender iPhone-Anwendungen, so wie es auch Extensions zur Bildbearbeitung oder für zusätzliche Tastaturen für iOS gibt. Diese Extensions werden zusammen mit der eigentlichen iPhone-App gebaut und landen so letzten Endes auch im App Store. Ist eine Apple Watch mit einem iPhone gekoppelt, erkennt diese, ob und welche Apps eine Erweiterung für die Apple Watch anbieten, und eben jene Apps können dann auch auf der Computeruhr aus Cupertino verwendet werden.

Um dieses Zusammenspiel erfolgreich zu realisieren, setzt sich eine Apple Watch-App immer aus den folgenden drei Bestandteilen zusammen:

- iPhone-App
- WatchKit Extension
- WatchKit App

Betrachten wir diese Bestandteile und ihre jeweilige Aufgabe nun einmal im Detail.

12.4.1 iPhone-App

Bei der iPhone-App handelt es sich um eine „ganz normale“ App für das iPhone, so wie wir sie aus dem App Store kennen und deren Entwicklung wir in den letzten Kapiteln kennengelernt haben. Dieser App werden eine WatchKit Extension und eine WatchKit App hinzugefügt, die dann für das Aussehen, den Aufbau und die Logik der Apple Watch-App verantwortlich sind. Die iPhone-App selbst muss darüber hinaus nicht weiter angepasst werden.

12.4.2 WatchKit Extension

Die WatchKit Extension enthält den Code und somit die eigentliche Programmlogik einer Apple Watch-App. Auch verfügt die WatchKit Extension – genau wie die eigentliche iPhone-App – über eine Info.plist-Datei. Diese enthält grundlegende Informationen zur Extension wie die Versions- oder die Build-Nummer. Darüber hinaus enthält jede neu erstellte WatchKit Extension standardmäßig ein Asset-Bundle namens Images.xcassets, das zur Ablage und Speicherung von Bildern verwendet werden kann, um auf diese über den Code der WatchKit Extension zuzugreifen.

Die WatchKit Extension wurde bis zur Version 2 von watchOS auf dem iPhone ausgeführt. Das war insofern spannend, als dass das bedeutete, dass die App auf der Apple Watch selbst sich nur um die Darstellung und Interaktion mit der Oberfläche kümmerte; die gesamte Logik sowie alle Operationen wurden über die WatchKit Extension auf dem iPhone ausgeführt. Damit führte das iPhone die eigentliche Arbeit einer Apple Watch-App durch, umgekehrt wurden die Hardware-Ressourcen der Apple Watch deutlich weniger beansprucht. Mit watchOS 2 hat sich dieses Prinzip geändert, ab dieser Version des Apple Watch-Betriebssystems wandert die WatchKit Extension – genauso wie die eigentliche WatchKit App – direkt auf die Apple Watch und wird von dieser ausgeführt.

12.4.3 WatchKit App

Die WatchKit App ist die eigentliche App, die auf der Apple Watch ausgeführt wird; dieser Teil wird also auch auf Apples Smartwatch installiert. Herzstück der WatchKit-App ist die Storyboard-Datei Interface.storyboard. Dabei handelt es sich um den Einstiegspunkt der App, sobald diese auf der Apple Watch gestartet wird. Das Storyboard muss über einen initialen Interface-Controller verfügen, der dann beim Start automatisch geladen und angezeigt wird. Weiterhin kann das Storyboard dann dazu verwendet werden, eine Navigationsstruktur abzubilden und andere Interface-Controller hinzuzufügen und zu konfigurieren, eben genau so, wie man es auch bereits aus der iPhone- und iPad-Entwicklung kennt.

12.4.4 Verbindung von WatchKit Extension und WatchKit App

Wir sehen also, dass die WatchKit Extension sowie die WatchKit App zusammen das Herzstück unserer Apple Watch-App darstellen; die WatchKit Extension kümmert sich um den Code und die Logik, während die WatchKit App die Darstellung übernimmt. Doch wie bringt man diese beiden Komponenten nun zusammen?

Ausgangspunkt dazu ist das Interface-Storyboard aus der WatchKit App. Wie beschrieben, muss dieses über einen initialen Interface-Controller verfügen, der beim Start geladen und angezeigt wird. Eben diesem Interface-Controller wird sodann eine passende `WKInterfaceController`-Klasse aus der WatchKit Extension zugeordnet. Das Vorgehen ist dabei mit dem aus der iPhone- und iPad-Entwicklung identisch. Dadurch werden der Interface-Controller aus dem Storyboard der WatchKit App mit einer Klasse und somit passendem Code aus der WatchKit Extension miteinander verbunden. Auch die bekannten Outlets und Actions lassen sich auf diese Art und Weise wie gewohnt setzen.

12.4.5 Notification Scene

Neben der „normalen" Oberfläche, über die eine Apple Watch-App so wie eine iPhone- und iPad-App verwendet und genutzt werden kann, stellt Apple für die Apple Watch auch noch eine weitere Ansicht zur Verfügung. Diese wird als Notification Scene bezeichnet und ist eine Exklusivität in der Apple Watch-Entwicklung.

Eine Notification Scene dient dabei zur Darstellung von Notifications (egal ob Local oder Push) auf der Apple Watch. Einfach ausgedrückt, können für verschiedene Arten von Notification, die bereits Ihre iPhone-App verwendet und unterstützt, passende eigene Ansichten – eben die Notification Scenes – zur Anzeige genau dieser Notifications auf der Apple

Watch umgesetzt werden. Das erlaubt es uns, bestehende Notifications auch an die Apple Watch weiterzuleiten und von dort aus mit ihnen zu interagieren.

Technisch werden Notificiation Scenes - genau wie die eigentliche Apple Watch-App - über das Storyboard der WatchKit App erstellt und von dort aus mit Klassen aus der WatchKit Extension verbunden. Auch hier findet somit die Unterteilung in die Gestaltung der Oberflächen (WatchKit App) und die Erstellung der Logik (WatchKit Extension) statt (siehe dazu auch den vorherigen Abschnitt 12.4.4 „Verbindung von WatchKit Extension und WatchKit App“).

12.4.6 Complications

Als Complications (zu Deutsch: Komplikationen) werden bei „normalen“ Uhren Zusatzfunktionen bezeichnet, die auf dem Ziffernblatt angezeigt werden, beispielsweise ein Timer. Apple hat diese Benennung auch bei der Apple Watch adaptiert, weshalb all die Zusatzinformationen wie die verbleibende Akkukapazität oder die aktuelle Temperatur auf den verschiedenen zur Verfügung stehenden Ziffernblättern ebenfalls als Komplikationen bezeichnet werden.

Mit der Einführung von watchOS 2 und Xcode 7 stellte Apple Entwicklern auch das sogenannte ClockKit-Framework zur Verfügung, mit dem eigene Komplikationen für eine Apple Watch-App entwickelt werden können. Diese sind vor allen Dingen dazu gedacht, dem Nutzer per schnellem Blick auf seine Apple Watch eine aktuelle Information anzuzeigen; auch der Sinn und Unsinn von Komplikationen ist je nach Einsatzszenario zu prüfen.

Apple bietet verschiedene Vorlagen sowie Größen für eigene Komplikationen an. Wir als Entwickler müssen festlegen, welche Größen wir unterstützen. Ziffernblätter, die einen Bereich zur Anzeige einer Complication in der von uns unterstützten Größe anzeigen, kann der Nutzer dann so konfigurieren, dass auch die Complication der eigenen Apple Watch-App auf dem Ziffernblatt mit angezeigt wird.

Mehr zu den Complications und ihrer Erstellung erfahren Sie in Abschnitt 12.13, „Complications“.

12.5 Erstellen einer WatchKit App mitsamt WatchKit Extension

Nachdem wir nun die verschiedenen Bestandteile einer App für die Apple Watch kennengelernt haben, sehen wir uns einmal die praktische Erstellung dieser Komponenten im Detail an. Xcode bietet uns dafür direkt eine passende Vorlage, um eine bestehende iPhone-App sowohl um eine WatchKit Extension als auch eine WatchKit App zu erweitern. Dazu müssen wir ein neues Target für unser Projekt erstellen. Den entsprechenden Assistenten zum Hinzufügen eines neuen Targets können wir entweder über das Xcode-Menü über FILE → NEW → TARGET... oder innerhalb der Projektansicht in der Target-Übersicht aufrufen.

Der sich öffnende Assistent gibt eine Übersicht aller verfügbaren Targets, die wir einem Xcode-Projekt hinzufügen können. Oben im Bereich WATCHOS findet sich der für uns interessante Abschnitt *Application*. Dieser enthält unter anderem eine Target-Vorlage namens WATCHKIT APP. Nach Auswahl dieser Vorlage und anschließendem Klick auf die Schaltfläche NEXT gelangen wir zur Konfiguration des neuen WatchKit App-Targets.

Dort finden Sie mitunter wieder die bereits bekannten Einstellungen, wie Sie sie auch bereits von der Konfiguration eines iOS-Projekts oder anderer Extensions her kennen. Neben einem *Product Name*, dem *Team*, dem *Organization Name* und der gewünschten Programmiersprache (*Language*) finden sich dort noch Apple Watch-exklusive Konfigurationen, nämlich die beiden Checkboxen INCLUDE NOTIFICATION SCENE und INCLUDE COMPLICATION (siehe Bild 12.2). Ist der Haken bei einem dieser Elemente gesetzt, werden der zu erstellenden WatchKit Extension und WatchKit App direkt passende Vorlagen für diese zusätzlichen Ansichten und Funktionen, die die Apple Watch zur Verfügung stellt, hinzugefügt (siehe dazu auch die zugehörigen Abschnitte 12.12, „Notification Scene", und 12.13, „Complications"). Es ist aber auch problemlos möglich, Notification Scenes sowie Complications im Nachhinein händisch einer Apple Watch-App hinzuzufügen, das ist also keine Entscheidung auf ewig.

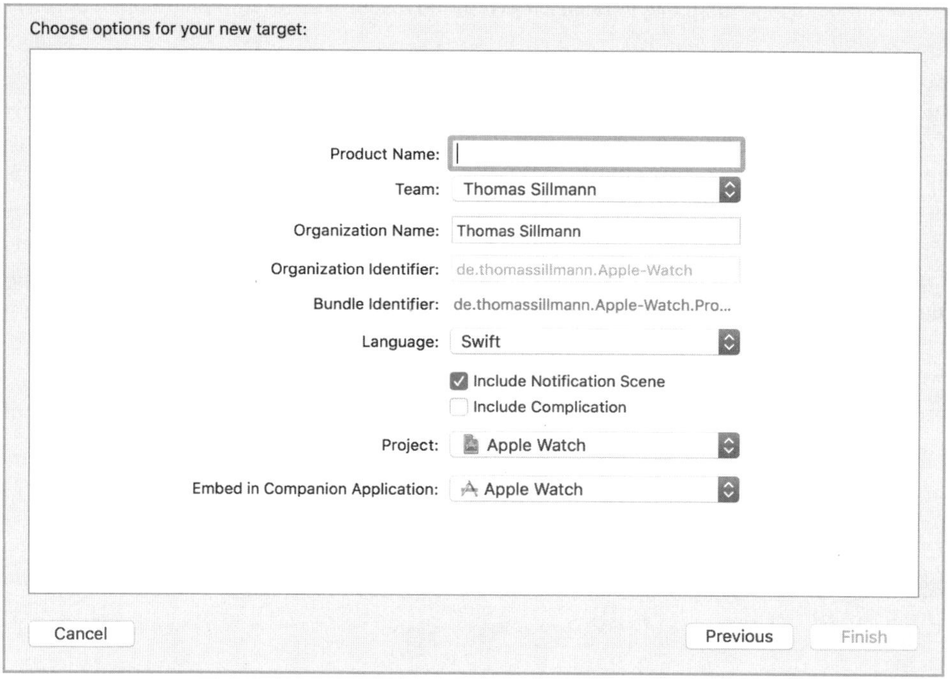

Bild 12.2 Die Konfiguration eines neuen watchOS-Targets ist ähnlich zu der einer iOS-App oder einer anderen Extension.

Zu guter Letzt müssen noch das Xcode-Projekt und das iOS-Target ausgewählt werden, dem die WatchKit Extension und die WatchKit App hinzugefügt werden sollen. Meist ist die standardmäßige Vorauswahl auch passend, lediglich bei mehreren Projekten in einem Xcode-Workspace beziehungsweise mehreren zur Verfügung stehenden iOS-Targets muss möglicherweise eine Anpassung vorgenommen werden.

Sind alle Einstellungen gesetzt, kann die Erstellung von WatchKit Extension und WatchKit App per Klick auf die Schaltfläche FINISH abgeschlossen werden. Daraufhin fügt Xcode dem Projekt entsprechend zwei neue Targets hinzu – eben einmal die WatchKit Extension und einmal die WatchKit App – und erstellt die ersten grundlegenden Dateien und Ordner, um mit der Entwicklung der eigenen Apple Watch-App beginnen zu können (siehe Bild 12.3).

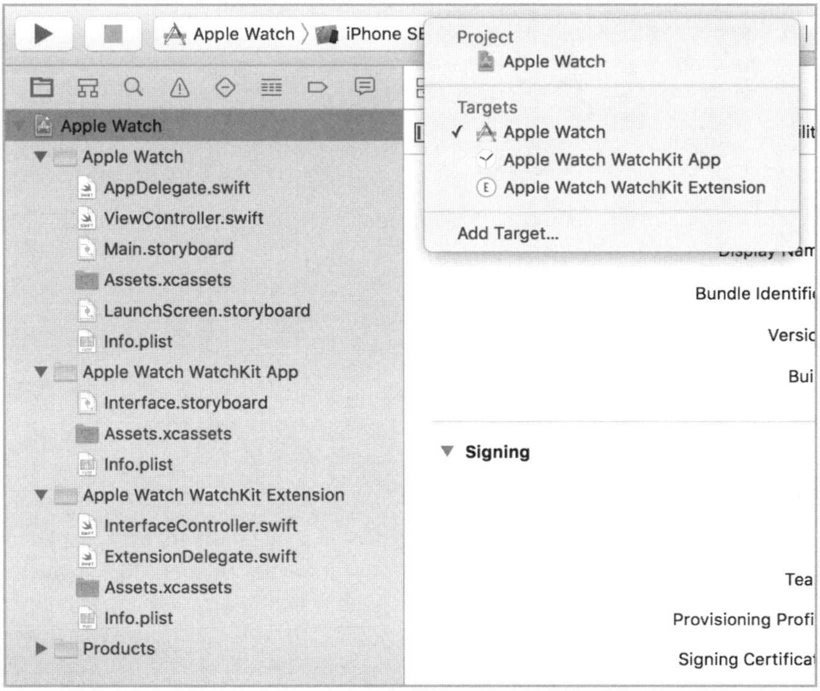

Bild 12.3 Haben Sie Ihr Projekt um eine watchOS-App ergänzt, erstellt Xcode für Sie die zugehörige WatchKit Extension mitsamt WatchKit App.

Erstellen eines neuen iOS-Projekts mitsamt WatchKit Extension und WatchKit App

Alternativ zum nachträglichen Hinzufügen einer WatchKit Extension und einer WatchKit App zu einem bestehenden Projekt haben Sie auch die Möglichkeit, direkt ein neues iOS-Projekt inklusive WatchKit Extension und WatchKit App zu erstellen. Öffnen Sie dazu die Vorlagen zum Erstellen eines neuen Projekts in Xcode und wählen Sie im oberen Bereich den Punkt WATCHOS aus. Wählen Sie anschließend im Bereich *Application* den Punkt IOS APP WITH WATCHKIT APP aus (siehe Bild 12.4) und klicken Sie auf NEXT, um Ihr Projekt zu konfigurieren. In der Projektkonfiguration können Sie alle benötigten Informationen auf die gewohnte und eben beschriebene Art und Weise eingeben, zusätzlich werden Ihnen am unteren Rand die ergänzenden Checkboxen für Apple Watch-Apps angezeigt, die wir ebenfalls eben kurz besprochen haben.

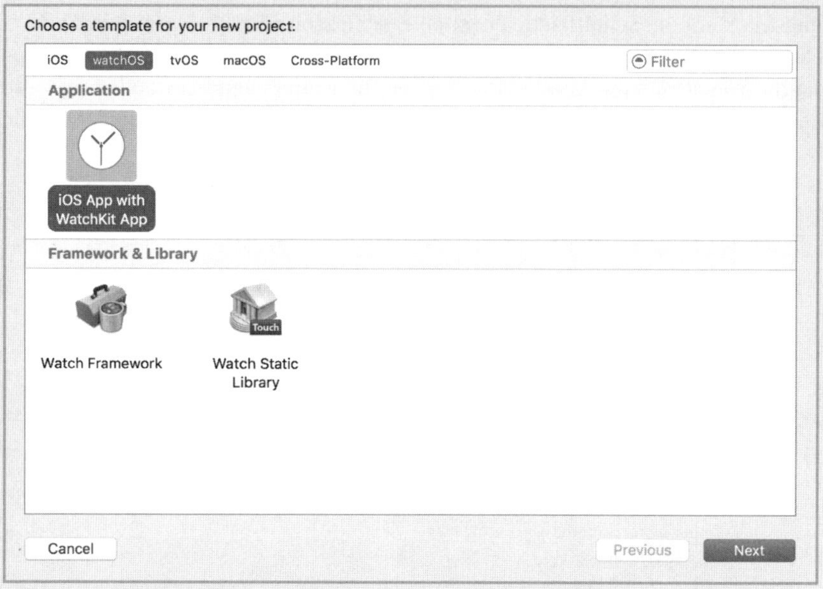

Bild 12.4 Xcode bringt eine zusätzliche Vorlage zum direkten Erstellen einer iOS-App inklusive WatchKit Extension und WatchKit App mit.

Wenn Sie das neue Projekt anschließend per Klick auf FINISH erstellen, hat Xcode bereits alle nötigen Dateien eingerichtet, damit Sie neben Ihrer iOS-App auch direkt sowohl an WatchKit Extension als auch WatchKit App arbeiten können. ■

12.5.1 Dateien der WatchKit Extension

Eine neu erstellte WatchKit Extension besteht immer aus vier Dateien:

- `InterfaceController`-Klasse
- `ExtensionDelegate`-Klasse
- Images-Asset-Bundle
- Info.plist-Datei

Die `InterfaceController`-Klasse ist entweder als Swift- oder Objective-C-Klasse erstellt, je nachdem, was Sie zuvor beim Erstellen des neuen watchOS-Targets als *Language* ausgewählt haben. Dabei handelt es sich um eine Subklasse von `WKInterfaceController`, die bereits mit einem passenden Controller im Storyboard der WatchKit App gekoppelt ist (wie wir gleich noch im Detail sehen werden). Diese Controller-Klasse ist somit auch der Einstiegspunkt der Apple Watch-App, er wird beim Starten der App geladen und von ihm gehen alle weiteren Aktionen und Funktionen aus.

Die `ExtensionDelegate`-Klasse ist konform zum Protokoll `WKExtensionDelegate` und kann als Äquivalent zum `UIApplicationDelegate` einer iOS-App gesehen werden. Sie implementiert verschiedene Methoden, um auf den Start und das Beenden der Apple Watch-App zu reagieren. Sie werden so beispielsweise mittels der Methode `applicationDidFinishLaunching()` darüber informiert, dass die App gerade erfolgreich gestartet wurde und Sie somit an dieser Stelle idealerweise erste Konfigurationen und Initialisierungen vornehmen können. Umgekehrt erfahren Sie beispielsweise durch die Methode `applicationWillResignActive()`, wenn ein Nutzer Ihre App gerade verlässt und somit beendet.

Das Images-Asset-Bundle dient zur Speicherung und Verwaltung von Bildern, auf die man über den Code der Apple Watch-App zugreifen möchte. Es gibt keinerlei Besonderheiten im Vergleich zu den Asset-Bundles für iPhone- und iPad-Apps zu beachten, sie funktionieren auf exakt dieselbe Art und Weise.

Die Info.plist-Datei enthält Informationen zur WatchKit Extension selbst. Genau wie die Info.plist-Datei von iOS-Projekten enthält auch die der WatchKit Extension grundlegende Informationen wie die Versions- oder die Build-Nummer, auch findet sich darin die Verknüpfung zur WatchKit App, mit der die Extension ja direkt gekoppelt ist. In der Regel besteht keine Notwendigkeit, sonstige Änderungen und Anpassungen an der Datei vorzunehmen. Darüber hinaus lassen sich die Informationen zur Versions- und Build-Nummer auch bequem über die Projekteinstellungen ändern, indem man zunächst das eigentliche Xcode-Projekt und anschließend die WatchKit Extension auswählt; im Reiter GENERAL werden dann diese essenziellen und grundlegenden Informationen aufgeführt und lassen sich direkt ändern, ohne über die entsprechende Info.plist-Datei gehen zu müssen (siehe Bild 12.5).

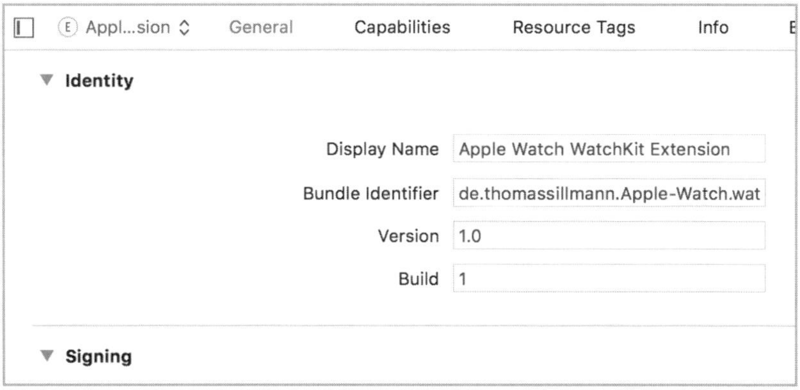

Bild 12.5 Im Reiter General des WatchKit Extension-Targets können Sie bequem Informationen wie die Build- oder Versionsnummer der Extension ändern.

12.5.2 Dateien der WatchKit App

Eine neu erstellte WatchKit App setzt sich immer aus insgesamt drei Dateien zusammen:

- Interface.storyboard-Datei
- Images-Asset-Bundle
- Info.plist-Datei

Bei der Interface.storyboard-Datei handelt es sich um den eigentlichen Einstiegspunkt der App. Er verfügt über eine erste Instanz der Klasse `WKInterfaceController`, der bereits als initialer View-Controller des Storyboards konfiguriert und auch mit der `InterfaceController`-Klasse aus der WatchKit Extension gekoppelt ist.

Das Images-Asset-Bundle ist für alle Grafiken gedacht, die zusammen mit der Apple Watch-App ausgeliefert werden sollen und zum Beispiel direkt als feste Bilder und Grafiken im Storyboard verwendet werden. Auch wird hier ein passendes App-Icon für die App festgelegt, welches auf der Apple Watch angezeigt wird. Ein entsprechendes Image-Set für das App-Icon wird dabei auch standardmäßig sofort angelegt.

Die Info.plist-Datei enthält auch bei der WatchKit App grundlegende Informationen wie die Versions- und Build-Nummer, auch ist dort der Bundle Identifier der gekoppelten iPhone-App hinterlegt. Auch hier gilt, dass sich die wichtigsten Informationen direkt über die grafische Oberfläche von Xcode ändern lassen, indem man das zugrunde liegende Projekt und anschließend das WatchKit App-Target auswählt und in den Reiter `General` wechselt.

12.5.3 Ausführen und Testen der Apple Watch-App

Zusammen mit den neuen Targets wurde von Xcode automatisch auch ein neues Scheme angelegt, welches den bei der Erstellung angezeigten *Product Name* enthält. Dieses Scheme kann zur Ausführung und zum Testen der Apple Watch-App in einem separaten Simulator oder auf einem Endgerät verwendet werden. Dabei wählen Sie aus der Liste der auszuführenden Geräte entweder einen iOS-Simulator mitsamt gekoppeltem Apple Watch-Simulator oder ein an den Mac angeschlossenes iPhone mitsamt gekoppelter Apple Watch aus (siehe Bild 12.6). Anschließend wird Ihre Apple Watch-App entsprechend in dem gewählten Simulator beziehungsweise Endgerät installiert und ausgeführt (siehe Bild 12.7).

Bild 12.6 Apple Watch-Apps können entweder direkt über ein gekoppeltes Endgerät oder über einen passenden Simulator ausgeführt werden.

Bild 12.7
Für die Apple Watch-Entwicklung gibt es eigene neue Simulatoren.

12.6 Lebenszyklus einer WatchKit App

Wir haben inzwischen den grundlegenden Aufbau und die Funktionsweise einer jeden Apple Watch-App kennengelernt. Bevor wir uns aber genauer mit der Entwicklung und den verschiedenen Klassen des WatchKit SDK beschäftigen, möchte ich vorher noch eine zentrale Frage klären, die für die Entwicklung für die Apple Watch essenziell ist: Wie sieht eigentlich der typische Lebenszyklus einer WatchKit App aus?

In Kapitel 4, „Grundlagen der iOS-Entwicklung“, haben wir bereits im Abschnitt „Lebenszyklus einer iOS-App“ den Start und die Funktionsweise einer iOS-App während ihrer Benutzung im Detail kennengelernt. Genau so, wie eine iOS-App über Events wie das Starten oder Beenden der App informiert, so werden auch bei Apps für die Apple Watch entsprechende Ereignisse gefeuert, um auf Änderungen des Lebenszyklus unserer WatchKit App reagieren zu können. Bei diesem Lebenszyklus ist erneut das Zusammenspiel zwischen WatchKit Extension und WatchKit App das A und O. Bild 12.8 veranschaulicht die Aktionen und Ereignisse, die bei jedem Start einer Apple Watch-App durchlaufen werden.

Mit Tap auf das App-Symbol auf der Apple Watch wird die WatchKit App ausgeführt. Das ist eben jener Teil der App, der tatsächlich auf der Apple Watch installiert und direkt von der Smartwatch ausgeführt wird. Die WatchKit App lädt daraufhin den initialen Interface-Controller, der in der Datei Interface.storyboard festgelegt ist. Bei diesem Vorgang wird – genau wie beim Laden eines View-Controllers aus einem Storyboard in der iOS-Entwicklung – auch der Code der mit dem Interface-Controller gekoppelten Klasse geladen. Diese gekoppelte Klasse befindet sich in der WatchKit Extension. Es werden nun nacheinander die Methoden `init()` und `awake(withContext:)` (zur Initialisierung der Interface-Controller-Klasse) sowie `willActivate()` (kurz vor der direkten Anzeige der Ansicht des Interface-Controllers) ausgeführt. Diese Methoden sind Bestandteil der Klasse `WKInterfaceController` und stehen damit auch allen eigenen Subklassen dieser Klasse zur Verfügung. Anschließend wird die entsprechende Ansicht des Interface-Controllers auf der Apple Watch des Nutzers präsentiert und er kann mit ihr interagieren. Bei allen weiteren Instanzen von `WKInterfaceController`, die innerhalb der Apple Watch-App noch geladen und angezeigt werden, werden ebenfalls immer nacheinander die Methoden `init()`, `awake(withContext:)`

und `willActivate()` aufgerufen. Mehr zur Klasse `WKInterfaceController` im Allgemeinen sowie zu diesen Methoden im Speziellen erfahren Sie im folgenden Abschnitt 12.7 „Der WKInterfaceController im Detail“.

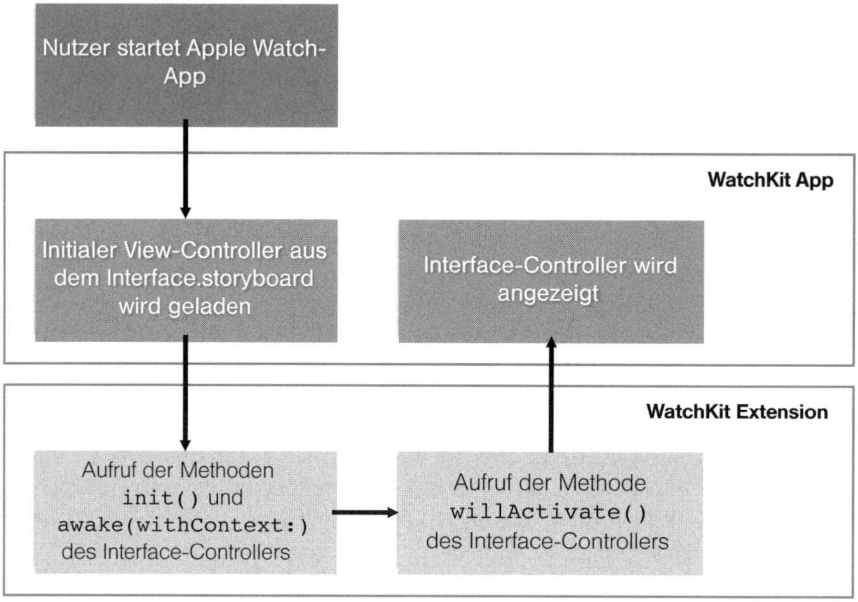

Bild 12.8 Der Lebenszyklus einer WatchKit App

Neben dem Aufruf und dem Ablauf der verschiedenen Funktionen des initialen `WKInterfaceController` spielt auch der `WKExtensionDelegate` beim Lebenszyklus einer Apple Watch-App eine Rolle, da dieser mit seinen verschiedenen Methoden über den aktuellen Zustand der App informiert. So wird beispielsweise die Methode `applicationDidFinishLaunching()` nach einem erfolgreichen Start der App gefeuert, `applicationDidBecomeActive()` wird aufgerufen, sobald die App im Vordergrund ist und benutzt werden kann. `applicationWillResignActive()` teilt uns mit, dass der Nutzer die App beendet und sie nun in den Hintergrund wechselt. Wir können all diese Events zusätzlich nutzen, um unsere App entsprechend zu konfigurieren und passende Aktionen auszuführen.

Damit gestaltet sich der Start einer Apple Watch-App sehr ähnlich wie der von Apps unter iOS, im Endeffekt wird schlicht der initiale Interface-Controller aus der Storyboard-Datei der WatchKit App geladen und angezeigt. Beim Verlassen einer Apple Watch-App werden dann noch die Methode `didDeactivate()` der aktuell aktiven Instanz der Klasse `WKInterfaceController` aufgerufen (siehe Bild 12.9) und anschließend die passenden Methoden des `WKExtensionDelegate` durchlaufen.

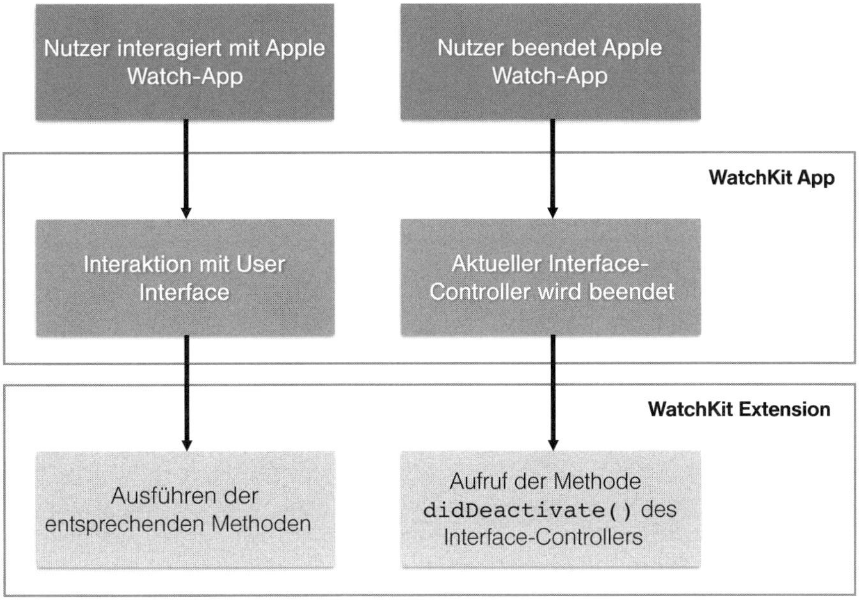

Bild 12.9 Das Beenden einer WatchKit App aus Sicht des aktuell aktiven WKInterfaceController

12.7 Der WKInterfaceController im Detail

Der Dreh- und Angelpunkt unserer Apple Watch-Apps sind die verschiedenen Instanzen der Klasse `WKInterfaceController`, um damit dem Nutzer alle verschiedenen verfügbaren Ansichten unserer App auf der Apple Watch zu präsentieren und darüber Nutzereingaben entgegenzunehmen und Aktionen durchzuführen. Wie wir inzwischen auch gesehen haben, startet eine Apple Watch-App umgehend mit dem Laden und Anzeigen einer solchen Instanz, womit `WKInterfaceController` uns auch immer als Einstiegspunkt unserer Apple Watch-Apps dient.

Im vorherigen Abschnitt 12.6 „Lebenszyklus einer WatchKit App" haben wir bereits vier Methoden kennengelernt, die uns `WKInterfaceController` zur Verfügung stellt: `init()`, `awake(withContext:)`, `willActivate()` und `didDeactivate()`. Betrachten wir diese und weitere Funktionen des `WKInterfaceController` nun einmal im Detail.

12.7.1 Initialisierung

Am Anfang aller Dinge steht die Initialisierung einer Instanz einer Klasse; so ist es in der gesamten iOS-Entwicklung, wie wir inzwischen bereits ausführlich gelernt haben. Die Klasse `WKInterfaceController` liefert für die Initialisierung einer neuen Instanz zwei Methoden (siehe Listing 12.1):

Listing 12.1 Deklaration der Methoden zur Initialisierung eines `WKInterfaceController`

```
// Swift
init()
func awake(withContext context: AnyObject?)

// Objective-C
- (instancetype)init;
- (void)awakeWithContext:(id)context;
```

Bei `init()` handelt es sich – wenig überraschend – um den Designated Initializer, der bei der Initialisierung einer jeden Instanz von `WKInterfaceController` aufgerufen wird. Aus diesem Grund dient diese Methode auch dazu, alle für diese Klasse wichtigen und notwendigen Schritte zur Initialisierung vorzunehmen. Wenn wir somit Subklassen von `WKInterfaceController` erstellen, ist die Methode `init()` die Anlaufstelle, um erste essenzielle Properties zu setzen oder sonstige wichtige Konfigurationen für jede Instanz dieser Klasse vorzunehmen. Beim Überschreiben dieser Methode in eigenen Subklassen muss natürlich immer daran gedacht werden, auch die `init()`-Methode der Superklasse mittels `super.init()` (in Swift) beziehungsweise `[super init]` (in Objective-C) aufzurufen.

Bei `awake(withContext:)` handelt es sich ebenfalls um eine Methode aus dem Bereich der Initialisierung, auch wenn ihr Name das so direkt nicht vermuten lassen mag. Sie wird immer nach `init()` aufgerufen und nimmt ein beliebiges Objekt als Parameter entgegen.

Das grundlegende Konzept hinter `awake(withContext:)` sieht vor, dass einer Instanz von `WKInterfaceController` beim Aufruf ein beliebiges Objekt übergeben werden kann, das dieser aufgerufene `WKInterfaceController` sodann für die weitere spezifische Konfiguration der eigenen Instanz verwenden kann. Eben jenes beliebige Objekt wird der Methode `awake(withContext:)` übergeben und kann dann in der Implementierung dieser Methode vom aufgerufenen `WKInterfaceController` verwendet werden. So kann beispielsweise einer neuen Instanz von `WKInterfaceController` direkt bei der Initialisierung ein Array übergeben werden, dessen Elemente dieser dann innerhalb einer Tabelle anzeigt. Je nachdem, welche Inhalte in diesem Array übergeben werden, stellt auch die initialisierte Instanz damit automatisch unterschiedliche und passende Inhalte dar. Oder man übergibt ein Bild als `context`-Parameter, welches dann entsprechend im aufgerufenen `WKInterfaceController` angezeigt wird.

Aufgrund dessen, dass es sich bei dem Parameter `context` um ein beliebiges Objekt handelt, sind auch dem Einsatzzweck und den Verwendungsmöglichkeiten der Methode `awake(withContext:)` keine Grenzen gesetzt; jede Subklasse von `WKInterfaceController` legt selbst fest, ob und wie sie mit einem möglicherweise übergebenen `context`-Objekt umgeht. Und da die Methode `awake(withContext:)` aufgerufen wird, noch ehe der anzuzeigende `WKInterfaceController` auf dem Display erscheint, können Sie eben diese Methode dazu nutzen, noch passende Konfigurationen an diesem `WKInterfaceController` vorzunehmen, ehe der Nutzer ihn zu sehen bekommt und damit interagieren kann.

Wann diese Methode genau aufgerufen wird und wie wir passende `context`-Objekte übergeben, werden wir in den folgenden Abschnitten noch ausführlich kennenlernen.

12.7.2 Activation Events

Der `WKInterfaceController` bringt zwei Methoden mit, um über das Ein- beziehungsweise Ausblenden des Controllers zu informieren. Dabei handelt es sich also um Methoden, die wir nicht selbst aufrufen, sondern die vom System aufgerufen werden, wenn eben ein Interface-Controller ein- oder ausgeblendet wird. Listing 12.2 zeigt die Deklaration dieser beiden Methoden.

Listing 12.2 Deklaration der Methoden zur Reaktion auf Activation Events eines `WKInterfaceController`

```
// Swift
func willActivate()
func didDeactivate()

// Objective-C
- (void)willActivate;
- (void)didDeactivate;
```

Diese beiden Methoden haben wir bereits kurz im Abschnitt 12.6 „Lebenszyklus einer WatchKit App“, kennengelernt. `willActivate()` wird kurz vor dem Erscheinen des entsprechenden `WKInterfaceController` aufgerufen. Die Methode dient dazu, letzte schnelle Änderungen am User Interface vorzunehmen, ehe der Interface-Controller eingeblendet wird (beispielsweise das Setzen von Texten für Labels). Größere Konfigurationen sollten stattdessen direkt bei der Initialisierung (also entweder in der Methode `init()` oder `awake(withContext:)`, wie im vorherigen Abschnitt 12.7.1 „Initialisierung“ gesehen) vorgenommen werden.

`didDeactivate()` hingegen wird aufgerufen, wenn der aktuell aktive Interface-Controller ausgeblendet wird (entweder weil ein anderer Interface-Controller eingeblendet wird oder weil der Nutzer die App auf seiner Apple Watch verlässt). Die Methode dient dazu, einen Interface-Controller „aufzuräumen“, also beispielsweise Animationen oder Timer zu beenden, die dieser ausführt.

In unseren eigenen Subklassen von `WKInterfaceController` können wir diese Methoden natürlich überschreiben und mit passenden Befehlen füllen, wichtig ist dabei aber immer, natürlich auch die jeweilige Methode der Superklasse mittels `super.willActivate()` / `super.didDeactivate()` (in Swift) beziehungsweise `[super willActivate]` / `[super didDeactivate]` (in Objective-C) aufzurufen.

12.7.3 Setzen des Titels

So wie der `UIViewController` verfügt auch die Klasse `WKInterfaceController` über einen möglichen Titel, der in der Statusbar am oberen Bildschirmrand des Apple Watch-Displays angezeigt wird. Dieser Titel kann direkt über das Interface-Storyboard der WatchKit App gesetzt werden, allerdings ist es damit nicht möglich, dynamische oder übersetzte Titel zu verwenden. Aus diesem Grund liefert `WKInterfaceController` eine passende Methode, um den Titel auch jederzeit im Code selbst setzen zu können (siehe Listing 12.3).

Listing 12.3 Deklaration der Methode zum Setzen eines Titels des `WKInterfaceController`

```
// Swift
func setTitle(_ title: String?)

// Objective-C
- (void)setTitle:(NSString *)title;
```

Die Methode `setTitle(_:)` erwartet als Parameter einen String, der dann als Titel für den entsprechenden `WKInterfaceController` verwendet wird. Eine Property `title`, wie sie beispielsweise `UIViewController` zur Verfügung stellt, ist bei `WKInterfaceController` nicht vorhanden, somit ist auch ein Auslesen des aktuellen Titels eines `WKInterfaceController` nicht möglich; es bleibt einzig und allein die Option zum Setzen eines Titels über die Methode `setTitle(_:)`.

12.7.4 Ein- und Ausblenden von Interface-Controllern

Der erste initiale Interface-Controller wird beim Starten unserer WatchKit App automatisch aus dem Interface-Storyboard heraus geladen; das wissen wir bereits. Aber genau wie in der iOS-Entwicklung ist für viele Anwendungsfälle ein einziger Interface-Controller nicht ausreichend. Um einen neuen Interface-Controller einzublenden, der sich über die aktuelle Ansicht legt, liefert `WKInterfaceController` zwei Methoden, die sich um das entsprechende Einblenden kümmern (siehe Listing 12.4).

Listing 12.4 Deklaration der Methoden zum Einblenden neuer Interface-Controller von `WKInterfaceController`

```
// Swift
func presentController(withName name: String, context: AnyObject?)
func presentController(withNames names: [String], contexts: [AnyObject]?)

// Objective-C
- (void)presentControllerWithName:(NSString *)name context:(id)context;
- (void)presentControllerWithNames:(NSArray<NSString *> *)names contexts:(NSArray *)
contexts;
```

Hierbei kommt auch erstmals der im Abschnitt 12.7.1 „Initialisierung“, vorgestellte `context`-Parameter zum Einsatz. Mit der Methode `presentController(withName:context:)` wird ein neuer Interface-Controller über die aktuelle Ansicht gelegt. Diese Methode erwartet laut Deklaration zwei Parameter. Bei `name` handelt es sich um den eindeutigen Titel eines Interface-Controllers. Dieser muss für den gewünschten Interface-Controller in der Interface-Storyboard-Datei der WatchKit App gesetzt sein. Das bedeutet, dass der Interface-Controller zwingend innerhalb der Storyboard-Datei der WatchKit App angelegt sein muss, andernfalls ist kein Zugriff auf den Controller mittels `presentController(withName: context:)` möglich. Mehr über die Konfiguration eines `WKInterfaceController` im Storyboard und die verfügbaren Attribute erfahren Sie in Abschnitt 12.8, „Arbeiten mit dem Interface-Storyboard einer WatchKit App“.

`context` ist das bereits vorgestellte optionale Objekt, das einem Interface-Controller übergeben werden kann und das dieser dann innerhalb seiner `awake(withContext:)`-Implementierung erhält. Damit können wir also einen Interface-Controller aufrufen und ihm mithilfe des `context`-Objekts weitere Informationen mitgeben, die dieser Controller dann in seiner Implementierung der Methode `awake(withContext:)` zur weiteren Konfiguration verwenden kann. Praktische Beispiele hierfür werden wir noch kennenlernen.

Die zweite Methode `presentController(withNames:contexts:)` ist eine besondere Erweiterung zur Anzeige von Interface-Controllern auf der Apple Watch. Hier wird für die Parameter `names` und `contexts` je ein Array übergeben. Anhand dieser Arrays wird ein neues, sogenanntes „page-based" Interface erstellt. Das bedeutet, dass mit diesem Aufruf mehrere Interface-Controller erstellt werden, zwischen denen der Nutzer per Wischgeste nach links und rechts seitenweise wechseln kann. Davon abgesehen funktioniert die Methode auf die gleiche Art und Weise wie die zuvor vorgestellte Methode `presentController(withName:context:)`, nur mit dem Unterschied, dass ihr mehrere Titel von zu ladenden Interface-Controllern sowie dazu passende `context`-Objekte übergeben werden. Ein möglicher Aufruf aus einem `WKInterfaceController` heraus könnte beispielsweise wie in Listing 12.5 gezeigt erfolgen.

Listing 12.5 Beispielhafter Aufruf der Methode `presentController(withNames:contexts:)`

```
// Swift
presentController(withNames: ["First", "Second", "Third"], contexts: [first, second,
third])

// Objective-C
[self presentControllerWithNames:@[@"First", @"Second", @"Third"] contexts: @[first,
second, third]]
```

Hierbei werden die Titel dreier Interface-Controller (beispielhaft `First`, `Second` und `Third` genannt) in Form eines Arrays dem Parameter `names` übergeben. Damit werden genau diese drei Interface-Controller aus dem Interface-Storyboard der WatchKit App geladen und in der beschriebenen „page-based" Ansicht angezeigt. Der Nutzer kann also durch eine Wischgeste nach links und rechts zwischen diesen drei Interface-Controllern hin und her springen.

Interessant sind auch die übergebenen `context`-Objekte in einem Array als Parameter für `contexts`. Jedes dieser `context`-Objekte wird dem Interface-Controller zugeordnet, der denselben Array-Index aus dem `names`-Parameter besitzt wie das `context`-Objekt. In diesem Beispiel wird also das `context`-Objekt `first` dem Interface-Controller mit dem Titel `First` übergeben, `second` dem Controller mit dem Titel `Second` und `third` schließlich dem Controller `Third`.

Damit erlaubt die Methode `presentController(withNames:contexts:)` eine alternative Anzeige und Darstellung mehrerer Interface-Controller auf einmal, ohne eine derartige Ansicht selbst aufwendig umsetzen zu müssen.

Neben diesen beiden Möglichkeiten zur Anzeige neuer Interface-Controller liefert die Klasse `WKInterfaceController` aber passenderweise auch eine Methode, um den aktuell aktiven Interface-Controller wieder auszublenden, wie Listing 12.6 zeigt.

Listing 12.6 Deklaration der Methode zum Ausblenden des aktuellen Interface-Controllers

```
// Swift
func dismiss()

// Objective-C
- (void)dismissController;
```

Ein Aufruf dieser Methode auf eine Instanz von `WKInterfaceController` sorgt dafür, dass diese ausgeblendet wird. Dabei funktioniert die Methode nur, wenn sie auf einen Interface-Controller angewendet wird, der zuvor über `presentController(withName:context:)` beziehungsweise `presentController(withNames:contexts:)` eingeblendet wurde. Andernfalls geschieht beim Aufruf der Methode `dismiss()` schlicht gar nichts.

12.7.5 Umsetzen eines Navigation Stacks

Apple Watch-Apps können einen sogenannten Navigation Stack aufbauen, über den man von einem Interface-Controller zum nächsten springt und über eine Zurück-Schaltfläche am oberen linken Rand zum vorherigen Interface-Controller zurückgelangt. Dieses Verhalten ist quasi identisch zu dem, das wir in der iOS-Entwicklung mithilfe eines `UINavigationController` umsetzen können.

So etwas wie ein eigener Navigation-Controller steht uns in der Entwicklung mit dem WatchKit SDK aber nicht zur Verfügung. Stattdessen übernimmt auch diese Aufgabe direkt der `WKInterfaceController`. Zu diesem Zweck bringt die Klasse die in Listing 12.7 gezeigten Methoden mit.

Listing 12.7 Deklaration der Methoden zur Navigation innerhalb eines Navigation Stacks eines WKInterfaceController

```
// Swift
func pushController(withName name: String, context: AnyObject?)
func pop()
func popToRootController()

// Objective-C
- (void)pushControllerWithName:(NSString *)name context:(id)context;
- (void)popController;
- (void)popToRootController;
```

Dreh- und Angelpunkt ist dabei die Methode `pushController(withName:context:)`. Ähnlich wie die im Abschnitt 12.7.4 „Ein- und Ausblenden von Interface-Controllern" vorgestellte Methode `presentController(withName:context:)` erwartet diese zwei Parameter. Der erste Parameter `name` bezieht sich auf den Namen des anzuzeigenden Interface-Controllers aus der Interface-Storyboard-Datei der WatchKit App (mehr zur Konfiguration eines `WKInterfaceController` im Storyboard der WatchKit App erfahren Sie in Abschnitt 12.8, „Arbeiten mit dem Interface-Storyboard einer WatchKit App". Der zweite Parameter `context` entspricht wieder einem beliebigen Objekt, das dem aufzurufenden Interface-Controller übergeben wird und das dieser in seiner `awake(withContext:)`-Methode zur weiteren Konfiguration verwenden kann.

Im Unterschied zur Methode presentController(withName:context:) wird bei pushController(withName:context:) der gewünschte Interface-Controller nicht über die aktuelle Ansicht gelegt, sondern stattdessen in Form einer aufeinander aufbauenden Navigationsstruktur auf das Display „geschoben“. Man verwendet dieses Vorgehen typischerweise bei der Anzeige von Interface-Controllern, die logisch aufeinander aufbauen. So könnte man beispielsweise die folgende Navigation abbilden: Ein erster Interface-Controller zeigt verschiedene Aufgaben an, ein Tap auf eine Aufgabe öffnet die Detailansicht und ein Tap auf ein Element in dieser Detailansicht öffnet eine Bearbeitungsmaske.

Dabei kann jeder Interface-Controller, der mittels pushController(withName:context:) aufgerufen wird, über einen Tap auf den oberen linken Bildschirmrand wieder verlassen werden; dabei wird der vorige Interface-Controller wieder angezeigt. Dieses Verhalten kann man auch selbst programmatisch umsetzen, indem man an einer passenden Stelle im Code die Methode pop() aufruft; damit wird der aktuelle Interface-Controller in der Navigationshierarchie ausgeblendet und wieder der vorherige angezeigt. Die Methode popToRootController() geht noch einen Schritt weiter und springt zum allerersten Interface-Controller zurück, von dem aus das erste Mal eine Ansicht mithilfe von pushController(withName:context:) aufgerufen wurde, ganz gleich, an welcher Stelle der Navigationshierarchie man sich gerade befindet.

12.7.6 Reaktion auf Storyboard-Events

Wie wir bereits erfahren haben, spielt die Arbeit mit Storyboards bei der Entwicklung von Apple Watch-Apps eine zentrale Rolle; ohne geht einfach nichts. Entsprechend ist es wichtig, auf mögliche Events zu reagieren, die über Storyboards umgesetzt worden sind (beispielsweise das Einblenden eines neuen Interface-Controllers bei Tap auf eine Schaltfläche, um diesen noch ein passendes context-Objekt zu übergeben). Entsprechend verfügt WKInterfaceController über passende Methoden, die bei durch Storyboards verursachten Ereignissen gefeuert werden (siehe Listing 12.8).

Listing 12.8 Deklaration der Methoden zur Reaktion auf Storyboard-Events eines WKInterfaceController

```
// Swift
func contextForSegue(withIdentifier segueIdentifier: String) -> AnyObject?
func contextsForSegue(withIdentifier segueIdentifier: String) -> [AnyObject]?

// Objective-C
- (id)contextForSegueWithIdentifier:(NSString *)segueIdentifier;
- (NSArray *)contextsForSegueWithIdentifier:(NSString *)segueIdentifier;
```

Die erste Methode contextForSegue(withIdentifier:) wird im aktuellen Interface-Controller gefeuert, wenn von diesem aus ein Storyboard-Segue aufgerufen wird (beispielsweise durch Betätigen einer Schaltfläche, die dann einen neuen Interface-Controller lädt und anzeigt). Der Parameter segueIdentifier der Methode liefert den passenden Identifier des ausgelösten Segues. Als Rückgabewert erwartet die Methode ein beliebiges Objekt, das dann dem neu zu ladenden Interface-Controller als context für die Methode awake(withContext:) übergeben wird.

Die zweite Methode `contextsForSegue(withIdentifier:)` bezieht sich auf einen Segue des Interface-Storyboards, das mehrere Interface-Controller auf einmal in einem pagebased Interface lädt und anzeigt (so, wie wir es auch von der Methode `presentController(withNames:contexts:)` im Abschnitt 12.7.4 „Ein- und Ausblenden von Interface-Controllern" kennengelernt haben). Da hier statt einem Interface-Controller auf einen Schlag mehrere geladen werden, sollen möglicherweise auch mehrere verschiedene `context`-Objekte passend zu den einzelnen Interface-Controllern übergeben werden. Entsprechend erwartet die Methode an dieser Stelle ein Array mit beliebigen Objekten als Rückgabewert. Diese werden dann der Reihenfolge der Interface-Controller entsprechend den einzelnen Controllern zugeordnet und in den jeweils passenden `awake(withContext:)`-Methoden übergeben. Als Parameter liefert die Methode wieder den Identifier des Segues, der gefeuert wurde.

12.7.7 Weitere Attribute

Die Klasse `WKInterfaceController` bringt noch einige weitere Eigenschaften mit, die ich in Tabelle 12.2 zusammengefasst habe. Die Werte für diese Attribute können nicht nur im Code, sondern auch direkt im Storyboard gesetzt und konfiguriert werden.

Tabelle 12.2 Weitere Attribute der Klasse `WKInterfaceController`

Attribut	Beschreibung
Identifier	Der eindeutige Bezeichner für einen Interface-Controller. Dieser kann von Ihnen frei festgelegt werden und wird im Code dazu verwendet, den passenden Interface-Controller aus dem Storyboard zu ermitteln und zu laden (beispielsweise für Methoden wie `presentController(withName:context:)` oder `pushController(withName:context:)`, wobei der Parameter `name` in beiden Fällen für den festgelegten Identifier steht.
Title	Der Titel des Interface-Controllers. Dieser wird automatisch für jeden Interface-Controller oben links auf der Apple Watch angezeigt. Im Code kann dieser Wert nur über die Methode `setTitle(_:)` der Klasse `WKInterfaceController` geändert werden.
Is Initial Controller	Ein boolescher Wert, der bestimmt, ob es sich bei dem gewählten Interface-Controller um den initialen Controller handelt. Der initiale Controller ist derjenige, der beim Start der WatchKit App auf der Apple Watch als Erstes geladen und angezeigt wird. Dabei kann eine WatchKit App – logischerweise – nur über einen einzigen initialen Interface-Controller verfügen und muss auch in jedem Fall einen besitzen.
Hides When Loading	Ein boolescher Wert, der bestimmt, ob der Interface-Controller so lange ausgeblendet werden soll, bis die Methode `willActivate()` abgeschlossen ist (`false`) oder nicht (`true`). Diese Einstellung wird meist dann deaktiviert, wenn der entsprechende Interface-Controller rein statische Informationen anzeigt, ohne diese während des Ladens noch anpassen zu müssen.
Background	Ein Hintergrundbild, das hinter den Inhalt des Interface-Controllers gelegt und dort angezeigt wird.

Attribut	Beschreibung
Mode	Die Anzeigeart eines zuvor definierten Hintergrundbilds. Hier kann festgelegt werden, ob das Hintergrundbild beispielsweise seine Originalgröße beibehalten oder passend zur Displaygröße gestreckt werden soll.
Animate	Ein boolescher Wert, der bestimmt, ob ein animiertes Hintergrundbild direkt beim Erscheinen des Interface-Controllers die Animation starten soll oder nicht. Eine solche Animation kann auch später über den Code gestartet werden.
Color	Die Hintergrundfarbe für den Interface-Controller.
Insets	Legt den Abstand der Inhalte und Ansichten des Interface-Controllers zum Bildschirmrand in Punkten fest. Entsprechend kann ein oberer, unterer, linker und rechter Abstand definiert werden.
Spacing	Legt den Abstand der Inhalte und Ansichten des Interface-Controllers untereinander in Punkten fest.

12.7.8 Weitere Funktionen von WKInterfaceController

Neben den in diesem Abschnitt vorgestellten Methoden und Attributen verfügt die Klasse `WKInterfaceController` noch über weitere Funktionen und Möglichkeiten. So können Sie von einem `WKInterfaceController` aus eine Spracheingabe mittels Siri initiieren, die Auswahl einer Zelle einer Tabelle abfangen oder eigene Menüs erstellen. Diese Punkte stelle ich aber in eigenen separaten Abschnitten innerhalb dieses Kapitels ausführlich und im Detail vor.

12.8 Arbeiten mit dem Interface-Storyboard einer WatchKit App

Wie wir bisher erfahren haben, spielt das Interface-Storyboard der WatchKit App eine zentrale Rolle für alle Apple Watch-Apps. Jeder Interface-Controller, über den eine Apple Watch-App verfügt, muss auch innerhalb des Interface-Storyboards angelegt werden. Darüber hinaus haben wir auch einige Attribute kennengelernt, die für einen `WKInterfaceController` gesetzt und angepasst werden können. Betrachten wir daher nun einmal die Arbeit mit einem Interface-Storyboard einer WatchKit App im Detail.

Grundsätzlich ist die Arbeit mit dem Interface-Storyboard identisch zu dem mit allen anderen Storyboards aus der iOS-Entwicklung; man platziert Interface-Controller, fügt diesen passende Views hinzu, konfiguriert deren Positionierung und setzt Outlets und Actions.

Der größte Unterschied zu Storyboards in iOS besteht nun zunächst einmal darin, dass wir mit Objekten aus dem WatchKit SDK arbeiten; `UIViewController` und `UIView` gibt es darin nicht. Stattdessen platzieren wir `WKInterfaceController`-Objekte im Storyboard und fügen diesen dann passende Views aus dem WatchKit SDK hinzu.

Unterschied zwei betrifft die Positionierung von Elementen auf den Ansichten. Auto Layout – welches wir für die Platzierung von Views in der iOS-Entwicklung verwenden – spielt in der Entwicklung von WatchKit Apps keine Rolle. Hier hat Apple ein eigenes System zur passenden Positionierung der verschiedenen Ansichten implementiert, das deutlich einfacher und simpler zu handhaben ist und damit auch dem kleineren Bildschirm der Apple Watch gerecht wird.

12.8.1 Erstellen und Konfigurieren eines WKInterfaceController

Standardmäßig beinhaltet das Interface-Storyboard einer WatchKit App bereits einen ersten `WKInterfaceController`, weitere können wir aus der bereits bekannten Object Library innerhalb der Utility Area per Drag & Drop hinzufügen. Ziehen Sie dazu einfach ein Objekt vom Typ INTERFACE CONTROLLER auf das Storyboard (siehe Bild 12.10).

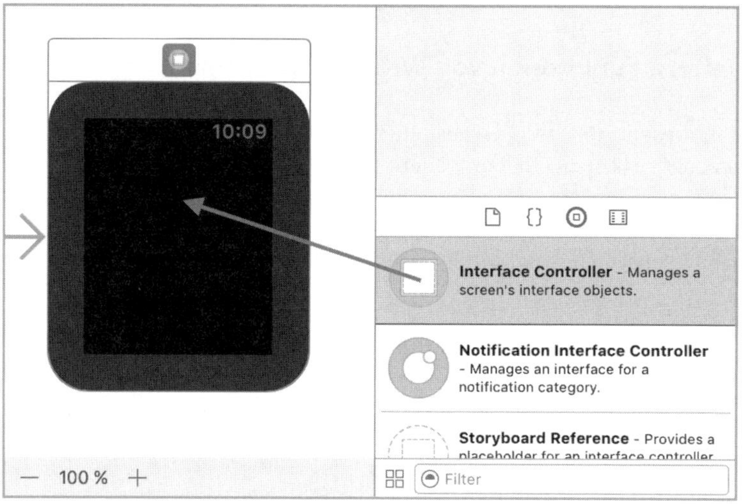

Bild 12.10 Interface-Elemente werden, wie aus der iOS-Entwicklung bekannt, direkt auf das Storyboard gezogen.

Wie Sie sehen, ist ein `WKInterfaceController` optisch deutlich kleiner und kompakter aufgebaut als ein `UIViewController` (siehe Bild 12.11); kein Wunder, sind diese Ansichten ja auch für Apples kompakte Apple Watch gedacht.

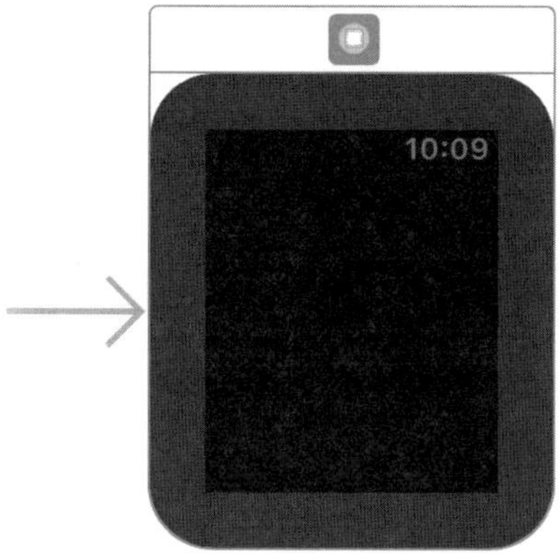

Bild 12.11
Ein WKInterfaceController wird innerhalb des Storyboards entsprechend seiner Größe sehr klein dargestellt.

Wenn Sie einen solchen Interface-Controller nun im Storyboard auswählen, haben Sie über den Attributes Inspector innerhalb der Utility Area Zugriff auf verschiedene Attribute und Einstellungen des entsprechenden Interface-Controllers (siehe Bild 12.12).

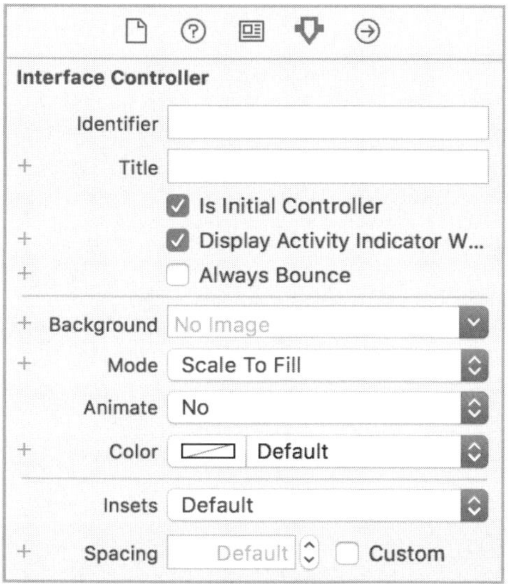

Bild 12.12
Der Attributes Inspector offenbart verschiedene Einstellungen, die Sie direkt im Interface Builder setzen können.

Bei all den verfügbaren Attributen handelt es sich unter anderem um diejenigen, die bereits im Abschnitt 12.7.7 „Weitere Attribute“, vorgestellt und erläutert wurden. Hier setzen Sie so unter anderem einen eindeutigen Identifier (den Sie auch zum Laden des entsprechenden Interface-Controllers im Code verwenden), vergeben einen Titel, ändern die Hintergrundfarbe et cetera. Besonders hervorzuheben ist hierbei die Checkbox Is Initial Controller, die den initialen Interface-Controller kennzeichnet, der auch beim Start der WatchKit App als Erstes geladen und angezeigt wird. Das Interface-Storyboard muss genau einen Interface-Controller besitzen, bei dem diese Checkbox gesetzt ist; nicht mehr und nicht weniger.

12.8.2 Hinzufügen und Konfigurieren von Interface-Elementen

Eine Auswahl der verschiedenen Interface-Elemente, die das WatchKit SDK uns zur Verfügung stellt und mit denen wir arbeiten können, wurde bereit in Abschnitt 12.3.2 „WKInterfaceObject" aufgeführt. Auch diese Elemente stehen uns – zusammen mit einigen anderen – in der Object Library in der Utility Area in unserem Interface-Storyboard zur Verfügung. Um diese nun einem `WKInterfaceController` hinzuzufügen, müssen wir das gewünschte Interface-Elemente lediglich per Drag & Drop auf den gewünschten Interface-Controller ziehen; auch dieses Verfahren ist uns bereits von Storyboards aus der iOS-Entwicklung bekannt.

Hinzugefügte Interface-Elemente können dann im Storyboard ausgewählt und innerhalb des Attributes Inspectors in der Utility Area weiterbearbeitet und konfiguriert werden. Dazu werden passende Einstellungsmöglichkeiten je Interface-Element angezeigt. So lässt sich für ein `WKInterfaceLabel` etwa der Text oder die Textfarbe festlegen, während für ein `WKInterfaceImage` ein passendes Bild ausgewählt werden kann (siehe Bild 12.13).

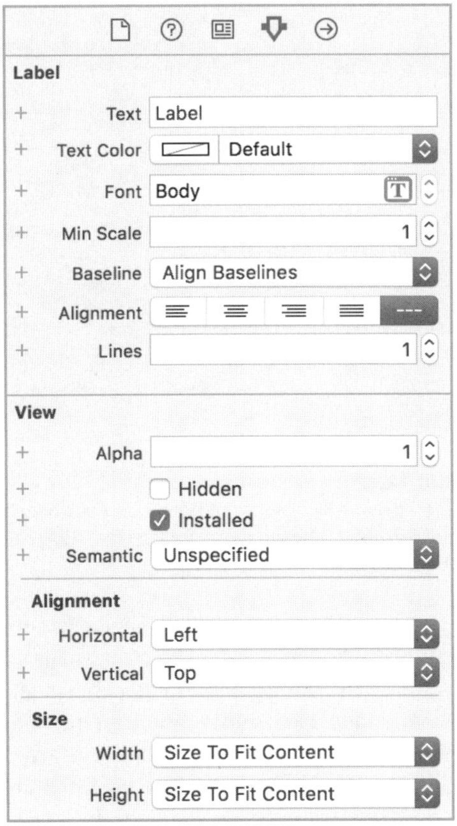

Bild 12.13
Interface-Elemente können mithilfe zur Verfügung stehender Attribute direkt im Storyboard angepasst und konfiguriert werden.

Bis zu diesem Punkt besteht der einzige Unterschied zu den „normalen" Storyboards aus der iOS-Entwicklung tatsächlich nur darin, dass wir an dieser Stelle eben mit Objekten und Klassen aus dem WatchKit SDK anstelle des UIKit-Frameworks arbeiten. Betrachten wir daher nun einmal die Positionierung und Anordnung von Interface-Elementen für die Apple Watch.

12.8.3 Positionierung und Anordnung von Interface-Elementen

Die Positionierung und Anordnung von Interface-Elementen bei der Arbeit mit WatchKit Apps ist tatsächlich relativ simpel, sie basiert einzig und allein auf der Definition einer horizontalen und vertikalen Position des gewählten Interface-Elements. Diese Einstellung können Sie nach Klick auf ein Interface-Element im Storyboard im Attributes Inspector in der Utility Area im Abschnitt *Alignment* vornehmen (siehe Bild 12.14).

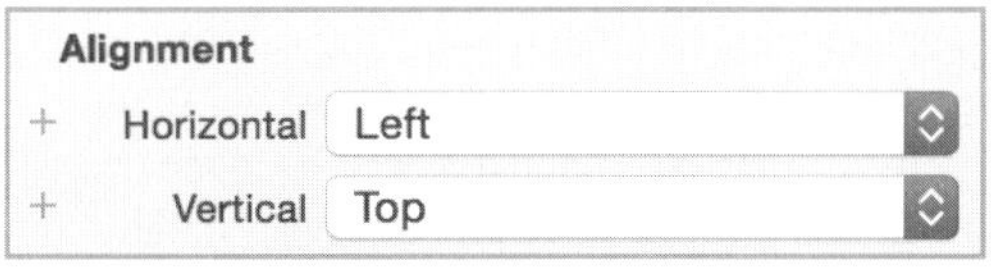

Bild 12.14
Die Positionierung von Interface-Elementen steuern Sie über entsprechende Optionen im Interface Builder.

Für die horizontale Ausrichtung eines Interface-Elements stehen die Optionen Left, Center und Right zur Verfügung, eine entsprechende Auswahl setzt das Element an die passende Stelle. Bei der vertikalen Ausrichtung verhält es sich ähnlich, hier stehen die Optionen Top, Center und Bottom zur Wahl.

Von diesen konkreten Einstellungsmöglichkeiten abgesehen, werden Interface-Elemente in WatchKit-Apps immer direkt neben- beziehungsweise untereinander angeordnet. Diese Anordnung nimmt Xcode selbsttätig vor, letztlich auch abhängig davon, wie viel Platz zur Verfügung steht.

12.8.4 Ändern der Größe von Interface-Elementen

Neben der eben vorgestellten Positionierung unterscheidet sich auch das Setzen der Größe von Interface-Elementen von dem bisher bekannten Verhalten aus der iOS-Entwicklung. So gibt es beispielsweise im Interface-Storyboard der WatchKit App keinen Size Inspector für Interface-Elemente. Dieser wird in der iOS-Entwicklung – wie wir ja bereits erfahren haben – eben zum Setzen der Größe eines Elements und zur Verwaltung der Auto Layout Constraints verwendet.

Im Interface-Storyboard werden dazwischen lediglich feste oder relative Werte für die Höhe und Breite eines Interface-Elements festgelegt. Die entsprechenden Einstellungen finden sich im Abschnitt *Size* nach Auswahl eines entsprechenden Interface-Elements innerhalb des Attributes Inspectors in der Utility Area (siehe Bild 12.15).

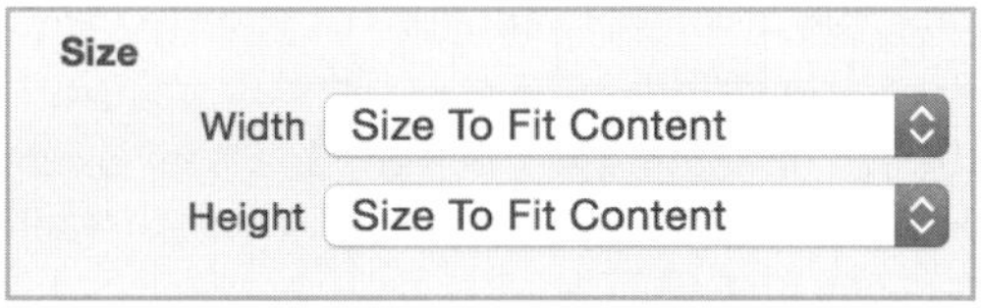

Bild 12.15
Der Interface Builder bringt passende Einstellungen und Optionen zur Konfiguration der Größe eines Interface-Elements mit.

Für Höhe und Breite stehen dabei die folgenden Optionen zur Verfügung:

- Size To Fit Content
- Relative to Container
- Fixed

Der Standard für beide ist immer die Option Size To Fit Content. Dabei werden Höhe und Breite – ausgehend von Positionierung und Anordnung des entsprechenden Interface-Elements – auf einen Wert gesetzt, um den Inhalt dieses Elements perfekt passend anzuzeigen. Das Interface-Element wird also weder abgeschnitten noch steht ihm zusätzlicher Platz zur Verfügung.

Mit der Einstellung Relative to Container kann ein Interface-Element innerhalb des Bereichs ausgerichtet werden, in dem es sich befindet. Standardmäßig ist dieser Bereich durch den Interface-Controller selbst vorgegeben, darüber hinaus stehen aber auch noch Objekte der Klasse `WKInterfaceGroup` zur Verfügung, die es erlauben, mehrere Interface-Elemente zu gruppieren und in einem eigenen abgeschotteten Container – eben der `WKInterfaceGroup` – zu halten. Befindet sich ein Interface-Element in solch einer Gruppierung, so bezieht sich die Option Relative to Container auf die Größe der umgebenden `WKInterfaceGroup`. Dieses Objekt werden wir noch im Detail im Abschnitt 12.8.6, „Gruppierung von Interface-Elementen mittels WKInterfaceGroup" kennenlernen.

Nach Auswahl der Option Relative to Container erscheinen zwei neue Textfelder im Attributes Inspector (siehe Bild 12.16).

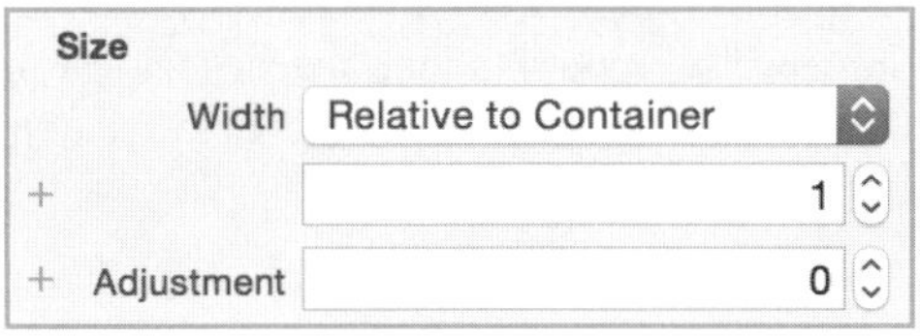

Bild 12.16
Mit der Option „Relative to Container" erweitert sich die Konfigurationsmöglichkeit in Bezug auf die Größe eines Interface-Elements.

Das erste Textfeld gibt dabei die relative Größe des gewählten Interface-Elements im Verhältnis zum umgebenden Container an; erlaubt sind Zahlenwerte von 0 bis 1. Am einfachsten kann man sich die zugrunde liegende Logik vorstellen, wenn man selbst mit Prozentzahlen arbeitet. Möchte man beispielsweise, dass die Breite eines Interface-Elements 50 % der Breite des umgebenden Containers entspricht, so wäre der korrekte Zahlenwert an dieser Stelle 0,5; 0 würde 0 % entsprechen, 1 hingegen 100 %. Auf diese Art und Weise können Sie genau festlegen, welchen Raum ein Interface-Element im Verhältnis zum umgebenden Container einnimmt.

Darunter befindet sich noch ein weiteres Textfeld mit dem Titel *Adjustment*. Dieses erlaubt es, die Größe noch ein wenig nach unten oder oben zu korrigieren. Dazu geben Sie einfach die zusätzliche gewünschte Größenänderung in Punkten an. Ein negativer Wert (zum Beispiel –50) verkleinert das Interface-Element um zusätzliche 50 Punkte, nachdem seine Größe relativ zum umgebenden Container angepasst wurde, während ein positiver Wert (zum Beispiel 50) das Interface-Element um zusätzliche 50 Punkte vergrößert.

Die letzte mögliche Option – Fixed – erlaubt das direkte Setzen der gewünschten Breite beziehungsweise Höhe in Punkten. Dazu wird der gewünschte Wert in das nach Auswahl von Fixed erscheinende Textfeld eingetragen (siehe Bild 12.17).

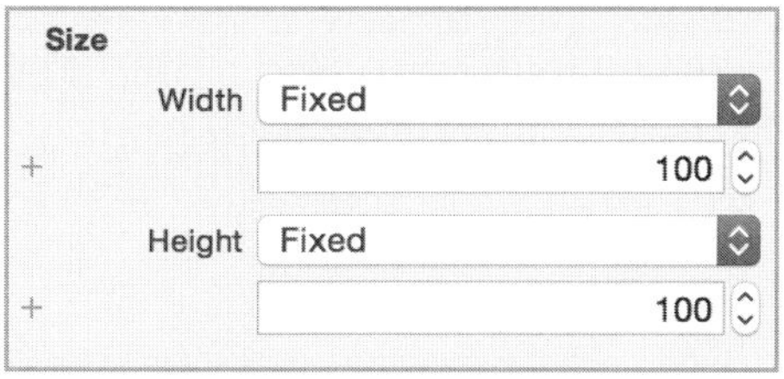

Bild 12.17
Eine feste Größe kann direkt im Interface Builder für jedes Interface-Element gesetzt werden.

Alternativ kann eine fixe Größe auch direkt über die Oberfläche des Interface Builders für ein Interface-Element gesetzt werden. Klicken Sie dazu auf das Interface-Element, dessen Größe geändert werden soll, und nutzen Sie die erscheinenden weißen Vierecke an den Rändern, um das Element entsprechend dynamisch in der Größe zu verändern (siehe Bild 12.18).

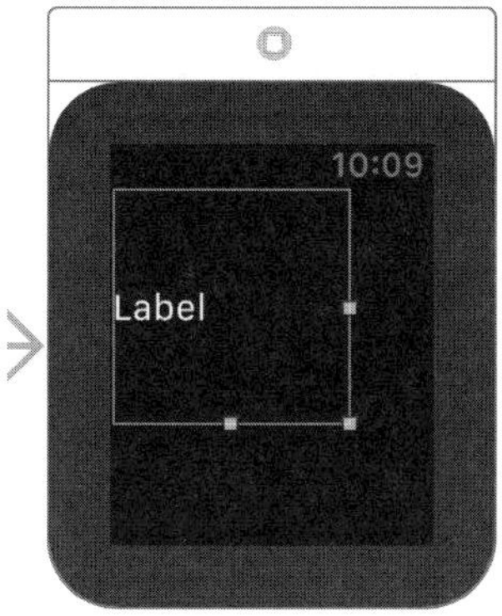

Bild 12.18
Mithilfe der weißen Anfasser kann die Größe eines Interface-Elements auch direkt über die Oberfläche geändert werden.

Auf diese Art und Weise wird dem Element automatisch die Option FIXED für die Größe zugewiesen und mit dem passenden Wert versehen.

12.8.5 Unterschiedliche Konfigurationen für verschiedene Apple Watch-Größen

Die Apple Watch gibt es aktuell in zwei verschiedenen Größen: einer 38 mm- und einer 42 mm-Version. Bei der Arbeit im Interface-Storyboard wird Ihnen standardmäßig eine Vorschau für die 38 mm-Variante präsentiert (wie Sie diese ändern, zeige ich Ihnen gleich). Womöglich wünschen Sie sich aber, für die 38 mm- beziehungsweise 42 mm-Variante der Apple Watch je zusätzliche oder alternative Anpassungen vorzunehmen, beispielsweise die Größe von Texten oder Bildern je nach Gerätegröße anzupassen. Tatsächlich ist solch eine Unterscheidung und Differenzierung im Interface-Storyboard möglich.

Dazu haben wir innerhalb des Interface-Storyboards der WatchKit App die Möglichkeit, bei der Gestaltung der Interfaces zwischen diesen beiden Größen zu unterscheiden und unterschiedliche Konfigurationen pro Größe vorzunehmen. Möchten wir also beispielsweise ein Label auf einer 42 mm-Apple Watch größer darstellen, so können wir die Größe exklusiv für diese Geräte entsprechend anpassen, ohne die 38 mm-Version zu beeinflussen.

Die Grundlage zum Hinzufügen unterschiedlicher Konfigurationen für verschiedene Apple Watch-Größen sind die verschiedenen Plus-Schaltflächen, die neben jedem Attribut im Attributes Inspector auftauchen, sobald Sie ein Interface-Element ausgewählt haben (siehe Bild 12.19).

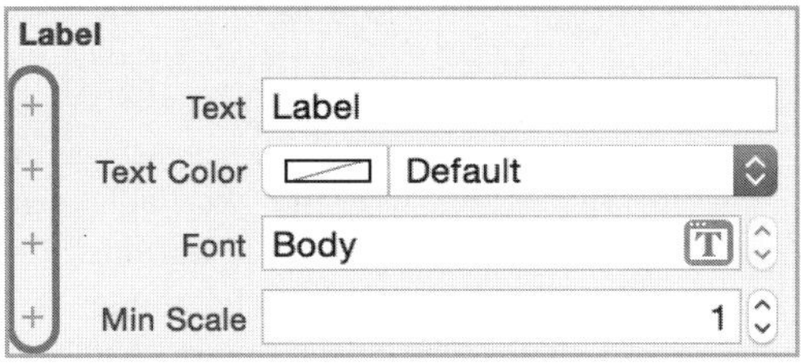

Bild 12.19 Die Plus-Schaltflächen an der Seite der verschiedenen Attribute erlauben die Differenzierung zwischen verschiedenen Apple Watch-Konfigurationen.

Ein Klick auf eine der Plus-Schaltflächen öffnet ein kleines Menü, in dem wir das entsprechende Attribut um eine Einstellung für die 38 mm- beziehungsweise 42 mm-Variante der Apple Watch ergänzen können (siehe Bild 12.20).

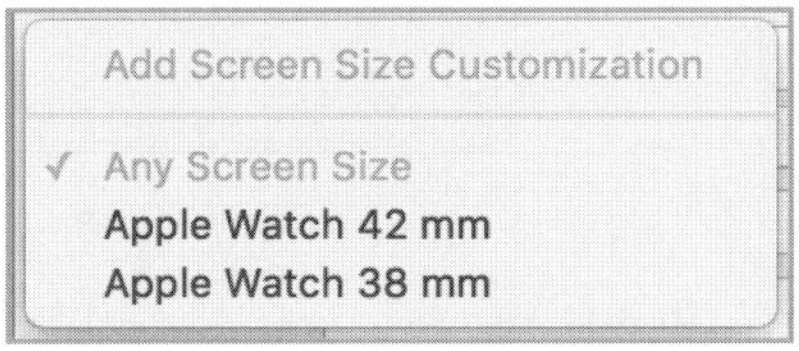

Bild 12.20 Sie können zwischen den verfügbaren Apple Watch-Modellen bei verschiedenen Einstellungen für Interface-Elemente wählen.

Ein Klick auf eine der beiden Größen erweitert das bestehende Attribut um eine zusätzliche Zeile, die direkt unterhalb des entsprechenden Attributs eingefügt wird. Ihr vorangestellt ist die zuvor gewählte Größe, also entweder *38 mm* oder *42 mm* (siehe Bild 12.21).

Bild 12.21 Pro Apple Watch-Konfiguration können Sie differenzierte Werte für ein Attribut vergeben.

Damit können wir das entsprechende Attribut exklusiv für die gewählte Größe der Apple Watch verändern. Eine Änderung einer hinzufügten 38 mm-Einstellung hat somit nur Auswirkungen, wenn die App auf einer 38 mm-Apple Watch ausgeführt wird, während eine Änderung einer 42 mm-Einstellung nur Auswirkungen auf die 42 mm-Variante der Apple Watch-App hat.

Eine Möglichkeit zum Testen stellt uns der Interface Builder auch direkt bereit. Dazu können Sie für alle Interface-Controller des Interface-Storyboards die gewünschte Größe angeben.

Standardmäßig wird die Größe der 38 mm-Variante der Apple Watch verwendet, diese können Sie aber über die linke Schaltfläche am unteren Bildschirmrand mit dem Titel VIEW AS anpassen. Diese gibt an, in welcher Größe Sie gerade die Interfaces im Storyboard betrachten und bearbeiten, wie beschrieben findet sich dort standardmäßig der Eintrag APPLE WATCH 38MM.

Ein Klick auf die genannte Schaltfläche öffnet ein kleines Menü, in dem Sie zwischen APPLE WATCH 42MM und APPLE WATCH 38MM wählen können (siehe Bild 12.22). Ein Klick auf eines der beiden Elemente passt umgehend alle Interface-Controller im Storyboard an und setzt sie auf die entsprechenden Größen einer 38 mm- beziehungsweise 42 mm-Apple Watch.

Bild 12.22 Sie können die Ansichten im Storyboard jederzeit umschalten, um zu sehen, wie die Oberflächen für eine bestimmte Apple Watch-Konfiguration aussehen.

Haben Sie nun beispielsweise einem Attribut einen anderen Wert in der 42 mm-Variante zugewiesen, so werden Sie beim Wechseln zwischen APPLE WATCH 42MM und APPLE WATCH 38MM den entsprechenden Unterschied bemerken. Auf diese Art und Weise können Sie schnell und komfortabel gewünschte Unterschiede zwischen den beiden Apple Watch-Größen testen und überprüfen.

Diese angepassten Einstellungen können für alle verfügbaren Attribute pro Interface-Element vorgenommen werden, egal ob es nun der Titel, die Größe oder die Farbe ist. Klicken Sie dazu einfach auf die Plus-Schaltfläche vor dem gewünschten Element, wählen Sie die Größe aus, die eine separate Konfiguration erhalten soll, und setzen Sie den entsprechenden Wert.

12.8.6 Gruppierung von Interface-Elementen mittels WKInterfaceGroup

Bisher haben wir das direkte Positionieren von Interface-Elementen innerhalb eines `WKInterfaceController` im Interface-Storyboard kennengelernt. Mit der Klasse `WKInterfaceGroup` liefert Apple innerhalb des WatchKit SDK eine weitere Klasse mit, die das Zusammenfassen und Gruppieren mehrerer verschiedener Interface-Elemente erlaubt. Solch eine Gruppe kann dann beispielsweise problemlos innerhalb eines Interface-Controllers verschoben oder neu positioniert werden, ohne dass die Interface-Elemente innerhalb der Gruppe ihre Position und Ausrichtung verändern. Man verwendet `WKInterfaceGroup` daher generell zum Zusammenfassen von Interface-Elementen, die eine logische Einheit bilden, beispielsweise ein Label und ein Button, wo das Label die Funktion des Buttons beschreibt.

Bei `WKInterfaceGroup` handelt es sich aber auch selbst um ein Interface-Element, weshalb Sie dieses ganz einfach aus der Object Library auf einen Interface-Controller ziehen können (siehe Bild 12.23).

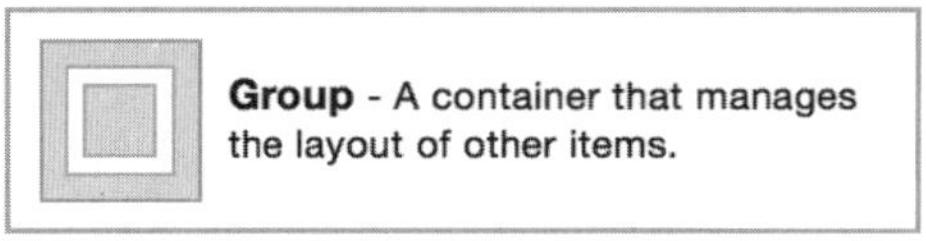

Bild 12.23 WKInterfaceGroup findet sich in der Object Library.

Der Unterschied zu anderen Interface-Elementen besteht nun darin, dass eine `WKInterfaceGroup` selbst wiederum Interface-Elemente aufnehmen kann; ziehen Sie dazu einfach ein passendes Element *in* eine `WKInterfaceGroup`, um es dieser Gruppierung hinzuzufügen (siehe Bild 12.24).

Bild 12.24 Innerhalb einer WKInterfaceGroup werden mehrere Interface-Elemente zusammengefasst und angeordnet.

Verschachtelte Gruppierungen sind möglich

Tatsächlich kann eine `WKInterfaceGroup` selbst auch weitere `WKInterfaceGroup`-Objekte beinhalten; Sie können somit Gruppierungen innerhalb von Gruppierungen vornehmen. Dieses Vorgehen mag für besonders komplexe und aufwendige Ansichten sinnvoll und angemessen sein, erhöht aber gleichzeitig auch die Komplexität der Konfiguration der verschiedenen Ansichten.

Wenn Sie nun für Interface-Elemente innerhalb einer `WKInterfaceGroup` die Größenoption Relative to Container verwenden, so beziehen sich die Einstellungen nicht mehr auf den zugrunde liegenden `WKInterfaceController`, sondern auf die Größe und die Position der `WKInterfaceGroup`, in der sich das Interface-Element befindet (siehe dazu auch den Abschnitt 12.8.4, „Ändern der Größe von Interface-Elementen").

Konfiguration der Anordnung von Elementen innerhalb einer WKInterfaceGroup

Die Interface-Elemente innerhalb einer `WKInterfaceGroup` werden entweder vertikal nebeneinander oder horizontal untereinander angezeigt. Die gewünschte Option legen Sie im Attributes Inspector nach Auswahl einer `WKInterfaceGroup` über den Punkt *Layout* fest (siehe Bild 12.25). Darüber finden Sie die entsprechenden Einstellungen und können so den Aufbau einer `WKInterfaceGroup` verändern. Darüber hinaus können Sie auch *Insets* setzen und ein *Spacing* zwischen den verschiedenen Interface-Elementen innerhalb einer `WKInterfaceGroup` festlegen.

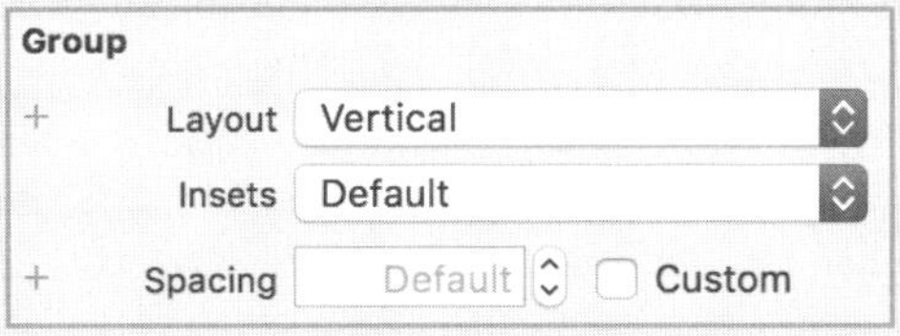

Bild 12.25 Sie können die Anordnung der Interface-Elemente innerhalb einer WKInterfaceGroup über den Attributes Inspector verändern.

12.8.7 Verbindung von Storyboard und Code

Um den Interface-Elementen und -Controllern Logik hinzuzufügen, muss auch beim Interface-Storyboard eine entsprechende Verknüpfung zu unserem Code erfolgen (genauso wie wir es bereits bei der Arbeit mit dem Interface Builder in der iOS-Entwicklung kennengelernt haben). Als Schlüsselwörter fungieren hierbei auch wieder *IBOutlet* und *IBAction*, um Properties und Methoden vom Interface-Storyboard mit passender Code-Logik zu verbinden.

Damit eine solche Verbindung zwischen Storyboard und Code hergestellt werden kann, muss aber zunächst den Interface-Controllern des Storyboards eine passende `WKInterfaceController`-Klasse zugewiesen werden, mit der dann Outlets und Actions verbunden werden können. Um eine solche Klasse einem Interface-Controller im Storyboard zuzuweisen, gehen wir genauso vor wie auch in der iOS-Entwicklung. Wählen Sie den Interface-Controller aus, dem Sie eine Klasse zuweisen möchten, und wechseln Sie anschließend in den Identity Inspector der Utility Area. In das obere Feld *Class* tragen Sie sodann den Namen der Klasse ein, der diesem Interface-Controller im Code entspricht (siehe Bild 12.26).

Bild 12.26 Im Feld „Class" wird der Name der Klasse eingetragen, der dem Interface-Controller im Code entspricht.

Hierbei kommt eine Besonderheit in der Entwicklung von Apple Watch-Apps zum Tragen, die wir bereits kennengelernt haben: Unsere WatchKit App, in der das Interface-Storyboard existiert, enthält selbst keine Code-Logik und somit auch keine Klassen, die wir mit dem Storyboard verbinden könnten. All unser Code und somit auch die Klassen unserer Apple Watch-App leben in der WatchKit Extension und werden auch darin angelegt und verwaltet – und sind somit nicht Teil der WatchKit App.

Das ist an dieser Stelle aber gar kein Problem, denn beim Setzen einer Klasse für einen Interface-Controller im Storyboard (so wie eben beschrieben) prüft Xcode automatisch alle verfügbaren Klassen innerhalb der WatchKit Extension. An dieser Stelle werden also unsere Interface-Elemente im Storyboard der WatchKit App mit Klassen und Code der WatchKit Extension verbunden. Wir müssen dazu gar nichts weiter beachten oder tun, die gewünschte Klasse muss lediglich in der WatchKit Extension als solche existieren, damit wir sie entsprechend im Interface-Storyboard der WatchKit App setzen können.

Einzige Voraussetzung, um eine Klasse im Storyboard einem Interface-Controller wie eben gezeigt zuzuordnen, ist, dass die entsprechende Klasse eine Subklasse von `WKInterfaceController` ist. Schließlich können Sie Klassen nur mit den Objekten im Storyboard verwenden, die von derselben Klasse beziehungsweise einer Subklasse wie das Objekt im Storyboard selbst sind, im Falle des Interface-Controllers also Objekte der Klasse `WKInterfaceController`.

Sobald eine passende Klasse für einen Interface-Controller im Storyboard gesetzt ist, können Sie die Interface-Elemente des Controllers via Outlets und Actions mit dem Code der entsprechenden Klasse verbinden. Am einfachsten funktioniert das auch bei der Entwicklung für die Apple Watch mithilfe des Assistant Editors, um Storyboard und Klasse nebeneinander anzuzeigen. Wählen Sie dazu zunächst den Interface-Controller im Storyboard aus, dem Sie eine passende Klasse zugewiesen haben und von dem aus Sie Outlets und/oder Actions mit dem entsprechenden Code verbinden möchten, und klicken Sie anschließend auf die Assistant Editor-Schaltfläche. Sollte im Assistant Editor nicht direkt die passende Klasse zum Interface-Controller angezeigt werden, so müssen Sie diesen noch über die Menüleiste am oberen Rand des Assistant Editors auswählen; dieser findet sich in der Regel im Abschnitt AUTOMATIC (siehe Bild 12.27).

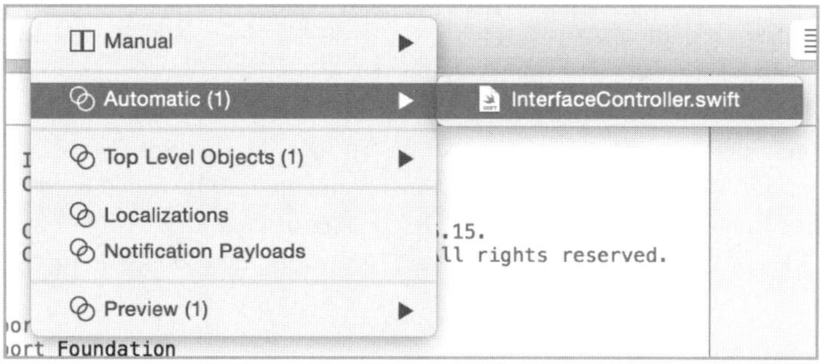

Bild 12.27 Über die obere Leiste des Assistant Editors gelangen Sie zum Code des gewünschten Interface-Controllers.

Nun können Sie wie gewohnt mittels gedrückt gehaltener rechter Maustaste Verbindungen von den Interface-Elementen des Controllers in den Code ziehen, um so passende Outlets und Actions zu setzen (siehe Bild 12.28).

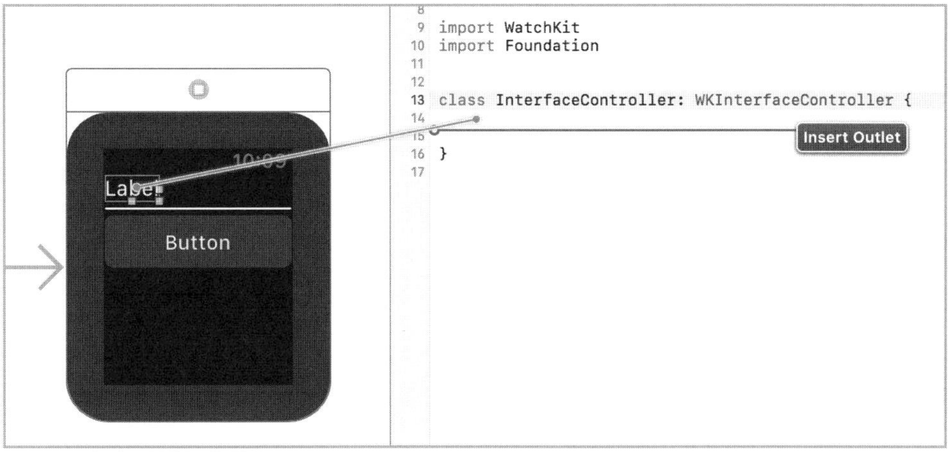

Bild 12.28 Verbindungen von Outlets und Actions werden wie gewohnt bei gedrückt gehaltener rechter Maustaste in den Code gezogen.

Welche Interface-Elemente unterstützen eigentlich Actions?

Tatsächlich ist es rein anhand der Klasse oder eines bestimmten Attributs nicht ersichtlich, welche der verfügbaren Interface-Elemente Actions unterstützen. Während Sie Outlets für jedes der verfügbaren Interface-Elemente setzen können (sprich für alle Subklassen von `WKInterfaceObject`), bleibt bei der Verfügbarkeit von Actions nur der Weg über die Dokumentation von Apple. Dort ist für jedes verfügbare Interface-Element direkt zu Beginn aufgeführt, ob dieses Actions unterstützt oder nicht (siehe Bild 12.29). Generell können Sie aber davon ausgehen, dass alle Elemente, die eine gewisse Interaktion erwarten (wie beispielsweise Schaltflächen oder Slider), auch logischerweise über die Möglichkeit verfügen, eine passende Action im Code zu setzen.

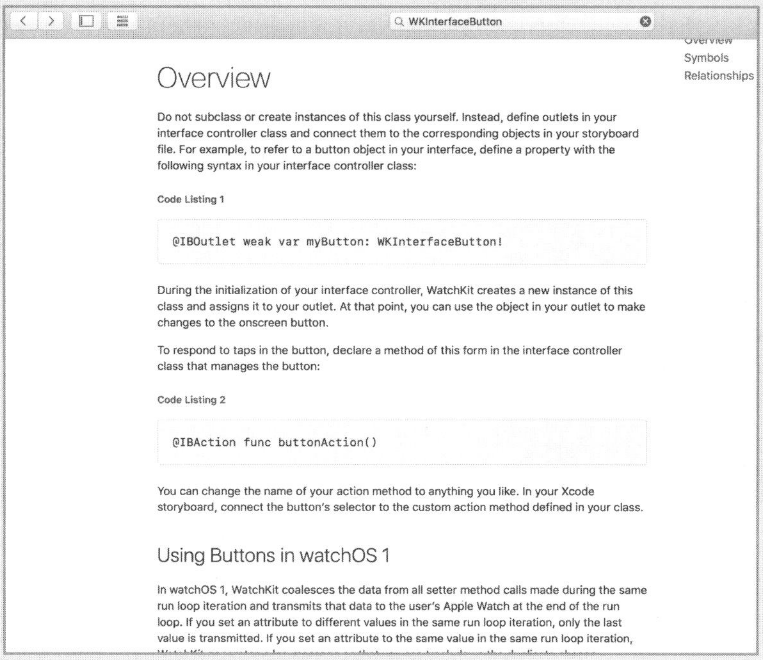

Overview

Do not subclass or create instances of this class yourself. Instead, define outlets in your interface controller class and connect them to the corresponding objects in your storyboard file. For example, to refer to a button object in your interface, define a property with the following syntax in your interface controller class:

Code Listing 1

```
@IBOutlet weak var myButton: WKInterfaceButton!
```

During the initialization of your interface controller, WatchKit creates a new instance of this class and assigns it to your outlet. At that point, you can use the object in your outlet to make changes to the onscreen button.

To respond to taps in the button, declare a method of this form in the interface controller class that manages the button:

Code Listing 2

```
@IBAction func buttonAction()
```

You can change the name of your action method to anything you like. In your Xcode storyboard, connect the button's selector to the custom action method defined in your class.

Using Buttons in watchOS 1

In watchOS 1, WatchKit coalesces the data from all setter method calls made during the same run loop iteration and transmits that data to the user's Apple Watch at the end of the run loop. If you set an attribute to different values in the same run loop iteration, only the last value is transmitted. If you set an attribute to the same value in the same run loop iteration,

Bild 12.29 Die Dokumentation gibt Aufschluss darüber, ob ein Interface-Element Actions unterstützt oder nicht.

Im Folgenden finden Sie eine kurze Auflistung der wohl bekanntesten Interface-Klassen, die Actions unterstützen:

- `WKInterfaceButton`
- `WKInterfaceSlider`
- `WKInterfaceSwitch`

Auf via Outlets verbundene Interface-Elemente können Sie dann wie gewohnt in Ihrem Code zugreifen und so beispielsweise einem `WKInterfaceLabel` einen Text zuweisen oder ein Bild für ein `WKInterfaceImage` im Code setzen. Alle Actions werden standardmäßig immer bei Änderung beziehungsweise einer Aktion des betroffenen Interface-Elements ausgeführt; eine Unterscheidung bezüglich eines spezifischen Events, bei dem eine Action ausgelöst werden soll, gibt es in der Entwicklung für die Apple Watch nicht. Die Actions von `WKInterfaceButton` und `WKInterfaceSwitch` werden also beispielsweise immer bei Tap auf das entsprechende Element ausgelöst, während die Action eines `WKInterfaceSlider` immer bei Änderung des Sliders ausgeführt wird.

Actions können nur mittels Storyboard definiert werden

Alle Actions, die Sie Interface-Elementen zuweisen, können ausschließlich über die gezeigte Verbindung aus dem Storyboard heraus erstellt werden. Es gibt im WatchKit SDK keine Methode, um Schaltflächen oder Schaltern im Code eine passende Action-Methode zuzuweisen. Auch hier zeigt sich wieder, wie essenziell und unabdingbar das Interface-Storyboard für die Entwicklung von Apple Watch-Apps ist.

12.8.8 Zusammenfassen mehrerer Interface-Controller zu einem page-based Interface

Mithilfe der Methode `presentController(withNames:contexts:)` (siehe Abschnitt 12.7.4, „Ein- und Ausblenden von Interface-Controllern") ist es uns möglich, mehrere Interface-Controller in einer sogenannten *page-based*-Ansicht zusammenzufassen und gemeinsam anzuzeigen; der Nutzer kann dann mittels Wischgeste nach links und rechts zwischen diesen verschiedenen Interface-Controllern wechseln.

Diese Logik können wir auch direkt innerhalb unseres Interface-Storyboards abbilden und darüber Interface-Controller in einer *page-based*-Ansicht zusammenfassen. Dabei ziehen wir mit gedrückt gehaltener rechter Maustaste eine Verbindung vom ersten anzuzeigenden Interface-Controller zum zweiten Interface-Controller innerhalb der gewünschten *page-based*-Ansicht. Lassen wir dann die rechte Maustaste los, öffnet sich ein Menü, welches uns die Option NEXT PAGE anbietet (siehe Bild 12.30).

Bild 12.30
Ein page-based Interface kann einfach und direkt über das Storyboard erstellt werden.

Wählen wir diese Option, sind diese beiden Interface-Controller nun fest als eine Einheit in Form einer *page-based*-Ansicht zusammengefasst. Auf diese Art und Weise können wir auch nach und nach weitere Interface-Controller zu dieser *page-based*-Ansicht hinzufügen.

12.8.9 Erstellen und Konfigurieren von Segues

Neben Outlets und Actions werden auch die bekannten Segues im Interface-Storyboard einer WatchKit App unterstützt, um so direkte Verbindungen zwischen Interface-Controllern herzustellen. Bei den Interface-Elementen in der watchOS-Entwicklung unterstützt ausschließlich `WKInterfaceButton` diese Funktion. So können Sie aber von einem Button in einem Interface-Controller direkt mit gedrückt gehaltener rechter Maustaste eine Verbindung zu einem anderen Interface-Controller ziehen (siehe Bild 12.31).

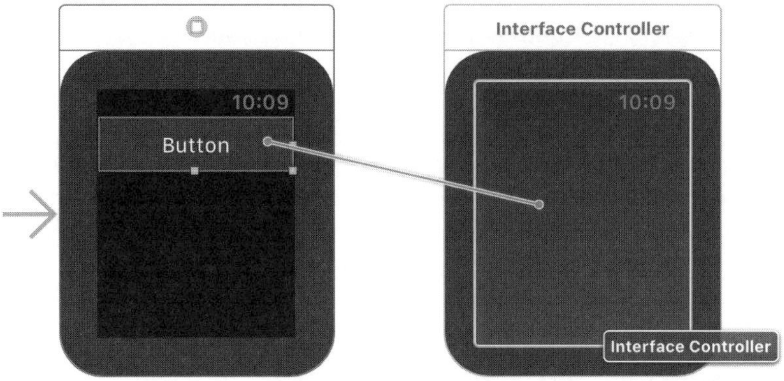

Bild 12.31 Sie können direkt eine Verbindung von einem Button zu einem anderen Interface-Controller herstellen.

Wenn Sie über dem gewünschten Ziel-Interface-Controller die rechte Maustaste loslassen, öffnet sich ein kleines Menü, in dem Sie zwischen PUSH und MODAL wählen können. PUSH bedeutet, dass der Ziel-Interface-Controller in Form eines Navigation Stacks eingeblendet wird. Dieses Verhalten ist äquivalent zu den im Abschnitt 12.7.5 „Umsetzen eines Navigation Stacks“ vorgestellten Methoden. Bei MODAL hingegen wird der Ziel-Interface-Controller über den aktuellen Interface-Controller gelegt (äquivalent zu den im Abschnitt 12.7.4 „Ein- und Ausblenden von Interface-Controllern“ vorgestellten Methoden). Wählen Sie aus diesem Menü einfach die Verbindungsart, die Sie verwenden möchten, und der Segue wird entsprechend eingefügt (siehe Bild 12.32).

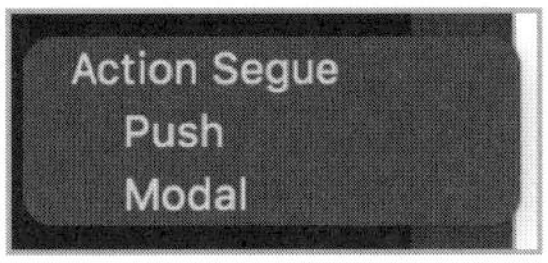

Bild 12.32
Wählen Sie die Art von Verbindung, die hergestellt werden soll.

Sie können gesetzte Segues jederzeit noch anpassen und konfigurieren. In der Regel sollten Sie das auch in jedem Fall tun, um noch einen passenden eindeutigen Identifier für einen Segue zu setzen, über den Sie diesen dann in Ihrem Code identifizieren können. Um einen gesetzten Segue zu konfigurieren, klicken Sie einfach auf den entsprechenden Verbindungspfeil zwischen den beiden Interface-Controllern, der den Segue darstellt. Im Attributes Inspector in der Utility Area können Sie dann einen Identifier setzen oder die zuvor gewählte Art des Segues (PUSH oder MODAL) ändern (siehe Bild 12.33).

Bild 12.33
Sie können einen bereits gesetzten Segue jederzeit noch bearbeiten und anpassen.

Wenn Sie nun eine Schaltfläche betätigen, die einen Segue aufruft, wird im Code des entsprechenden Interface-Controllers die Methode `contextForSegue(withIdentifier:)` gefeuert (siehe dazu auch den Abschnitt 12.7.6, „Reaktion auf Storyboard-Events“). Der dabei übergebene Parameter segueIdentifier enthält eben den Identifier, den Sie nach Erstellen eines Segues im Attributes Inspector des Interface-Storyboards setzen können. Das erlaubt es Ihnen, zwischen mehreren verschiedenen Segues zu unterscheiden (sollte der entsprechende Interface-Controller beispielsweise über mehrere Schaltflächen verfügen, die alle einen anderen Segue auslösen). Entsprechend können Sie dann für den jeweiligen Segue ein passendes context-Objekt für den entsprechenden Ziel-Interface-Controller innerhalb dieser Methode zurückliefern. Listing 12.9 zeigt eine beispielhafte Implementierung dieser Methode mit einem Interface-Controller, von dem drei verschiedene Segues ausgehen (und bei dem für jeden Segue ein anderes context-Objekt zurückgegeben werden soll).

Listing 12.9 Beispielhafte Implementierung der Methode `contextForSegue(withIdentifier:)`

```
// Swift
override func contextForSegue(withIdentifier segueIdentifier: String) -> AnyObject?
{
    if segueIdentifier == "firstSegueIdentifier" {
        return firstObject
    } else if segueIdentifier == "secondSegueIdentifier" {
        return secondObject
    } else if segueIdentifier == "thirdSegueIdentifier" {
        return thirdObject
    }
    return nil
}

// Objective-C
- (id)contextForSegueWithIdentifier:(NSString *)segueIdentifier {
    if ([segueIdentifier isEqualToString:@"firstSegueIdentifier "]) {
        return self.firstObject;
    } else if ([segueIdentifier isEqualToString:@"secondSegueIdentifier "]) {
        return self.secondObject;
    } else if ([segueIdentifier isEqualToString:@"thirdSegueIdentifier "]) {
        return self.thirdObject;
    }
    return nil;
}
```

Wenn wir einen Segue erstellen, der auf einen Interface-Controller verweist, der Teil eines page-based Interface ist (siehe dazu auch den vorherigen Abschnitt 12.8.8 „Zusammenfassen mehrerer Interface-Controller zu einem page-based Interface"), wird statt der eben gezeigten Methode contextForSegue(withIdentifier:) stattdessen beim Auslösen des Segues die Methode contextsForSegue(withIdentifier:) gefeuert. Da in diesem Fall ja nämlich nicht nur ein Interface-Controller geladen und angezeigt wird, sollen möglicherweise auch pro Interface-Controller innerhalb der *page-based*-Ansicht verschiedene context-Objekte übergeben werden. Genau diesen Fall deckt diese Methode ab, da sie statt eines einzigen Objekts ein Array an Objekten als Rückgabewert erwartet (siehe dazu auch den Abschnitt 12.7.4, „Ein- und Ausblenden von Interface-Controllern").

Dabei ist es wichtig, dass das zurückgelieferte Array für jeden Interface-Controller innerhalb der *page-based*-Ansicht ein passendes Objekt mitbringt. Beim Laden all dieser Interface-Controller wird dann automatisch reihum das passende context-Objekt zugewiesen (das erste Objekt des Arrays für den ersten Interface-Controller, das zweite Objekt des Arrays für den zweiten Interface-Controller und so weiter). Eine beispielhafte Implementierung dieser Methode für einen Segue, der ein page-based Interface mit drei Interface-Controllern lädt, zeigt Listing 12.10.

Listing 12.10 Beispielhafte Implementierung der Methode `contextsForSegue(withIdentifier:)`

```
// Swift
override func contextsForSegue(withIdentifier segueIdentifier: String) ->
[AnyObject]? {
    if segueIdentifier == "pageBasedSegueIdentifier" {
        return [firstInterfaceObject, secondInterfaceObject, thirdInterfaceObject]
    }
    return nil
}

// Objective-C
- (NSArray *)contextsForSegueWithIdentifier:(NSString *)segueIdentifier
{
    if ([segueIdentifier isEqualToString:@"segueIdentifier "]) {
        return @[self.firstInterfaceObject, self.secondInterfaceObject, self.
thirdInterfaceObject];
    }
    return nil;
}
```

12.9 Erstellen von Tabellen

Eine Besonderheit bei der Arbeit mit dem WatchKit SDK und der Entwicklung für die Apple Watch ist das Erstellen von Tabellen. Interface-Controller können dabei – sehr ähnlich zur Klasse `UITableViewController` aus dem UIKit-Framework – einspaltige Listen darstellen, die sich aus mehreren verschiedenen Zellen zusammensetzen. Während die Darstellung solcher Listen in Apple Watch-Apps tatsächlich stark an eine `UITableView` in iOS erinnert, so sind die interne Konfiguration und die Entwicklung einer solchen Tabelle für eine Apple Watch-App eine gänzlich andere; Delegation gibt es hier nicht, stattdessen werden Tabellen direkt über eine Instanz der Klasse `WKInterfaceTable` konfiguriert und verwaltet, die Auswahl einer Zelle der Tabelle fängt dann der zugrunde liegende Interface-Controller selbst ab. Doch eins nach dem anderen.

12.9.1 Hinzufügen einer Tabelle im Storyboard

Bei der Arbeit mit Tabellen in der watchOS-Entwicklung spielt eine Klasse die zentrale Rolle: `WKInterfaceTable`. Sie kümmert sich um die Anzeige einer Tabelle mit allen benötigten Zellen.

Um eine Instanz dieser Klasse in unseren Projekten nutzen zu können, müssen wir ein entsprechendes Objekt – so wie alle Interface-Objekte in der watchOS-Entwicklung – einem Interface-Controller in unserem Interface-Storyboard der WatchKit App hinzufügen. Dazu ziehen wir auf gewohnte Art und Weise ein Objekt vom Typ TABLE aus der Object Library auf den Interface-Controller, dem wir eine Tabelle hinzufügen möchten (siehe Bild 12.34).

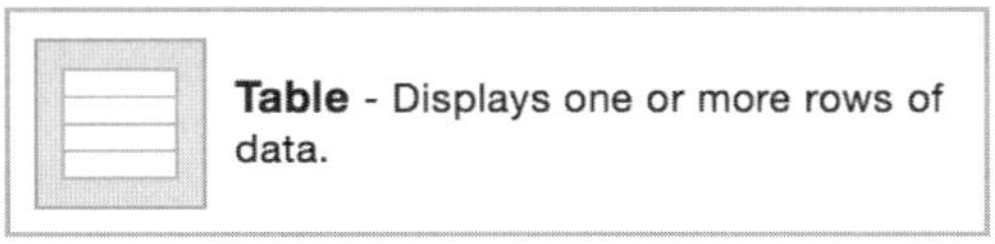

Bild 12.34
Ein WKInterfaceTable kann zur Konfiguration einer Tabelle verwendet werden.

Bevor es an die weitere Konfiguration der Tabelle und ihrer Zellen geht, ist es in einem zweiten Schritt sinnvoll, direkt ein Outlet der neu erstellten Tabelle im Code des zugrunde liegenden Interface-Controllers zu erstellen, damit wir darüber dann auf die Tabelle zugreifen und diese im Code passend konfigurieren können. Dieses Outlet erstellen wir wie immer am einfachsten dadurch, dass wir den Assistant Editor öffnen und uns darin den Code der Interface-Controller-Klasse anzeigen lassen, der wir die Tabelle hinzugefügt haben. Dann können wir bei gedrückt gehaltener rechter Maustaste eine Verbindung von der Tabelle im Storyboard in den Code ziehen, um so ein entsprechendes Outlet unserer Tabelle unserem Interface-Controller hinzuzufügen (siehe Bild 12.35).

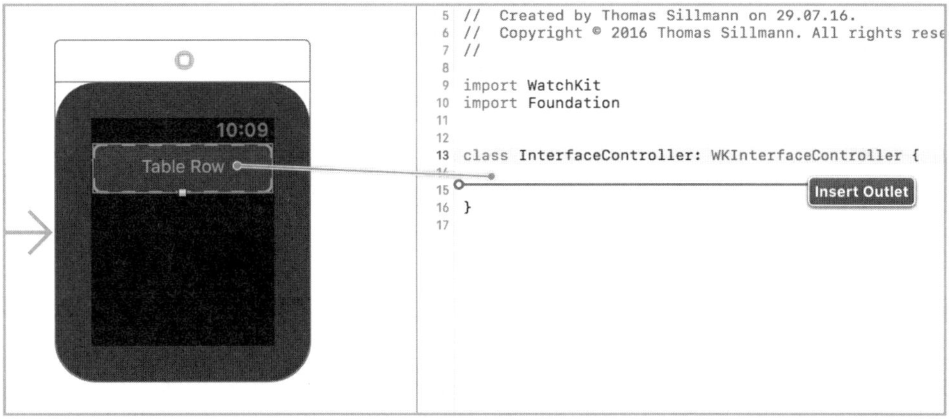

Bild 12.35 Ein Outlet für unsere Tabelle wird auf die gewohnte Art und Weise erstellt.

12.9.2 Konfiguration einer Zelle

Bevor wir uns nun mit der eigentlichen Konfiguration und dem Aufbau der Tabelle beschäftigen, werfen wir erst einmal einen detaillierten Blick auf die Arbeit mit den Zellen innerhalb der Tabelle, dem eigentlichen Herzstück sozusagen.

Zellen in der watchOS-Entwicklung setzen sich aus einem Interface zusammen, welches über das Interface-Storyboard der WatchKit App erstellt und gestaltet wird. Dieses Interface enthält alle Oberflächenelemente, die die Zelle anzeigt, also beispielsweise Labels oder Bilder. Diese optische Gestaltung erfolgt ausschließlich im Storyboard.

Der zweite Teil einer jeden Zelle ist eine eigene, als *Table Row Controller* bezeichnete Klasse. Es gibt keine spezifischen Anforderungen an diese Klasse, sie ist schlicht und einfach dazu gedacht, Outlets für die zuvor im Storyboard der Zelle hinzugefügten Interface-Elemente bereitzustellen. Diese Outlets können dann im Code genutzt werden, um das Interface der Zelle entsprechend anzupassen (also eben Labels einen passenden dynamischen Text zuzuweisen oder Bilder zu setzen). Diese Table Row Controller werden typischerweise als einfache Subklasse von `NSObject` erstellt und enthalten tatsächlich nichts anderes als die gewünschten Outlets für eine Zelle.

Mit diesem Wissen im Gepäck, können wir nun noch einmal einen Blick auf den `WKInterfaceTable` werfen, den wir einem Interface-Controller zuvor hinzugefügt haben. Ein Wechsel in die Document Outline-Area der Storyboard-Datei offenbart den bisherigen Aufbau der Tabelle (siehe Bild 12.37). Sollte die Document Outline-Area aktuell nicht eingeblendet sein, können Sie diese schnell und einfach mithilfe der entsprechenden Schaltfläche am unteren linken Bildschirmrand des Storyboards ein- und ausblenden (siehe Bild 12.36).

Bild 12.36
Mithilfe der Schaltfläche am unteren linken Rand des Storyboards kann die Outline-Area ein- und ausgeblendet werden.

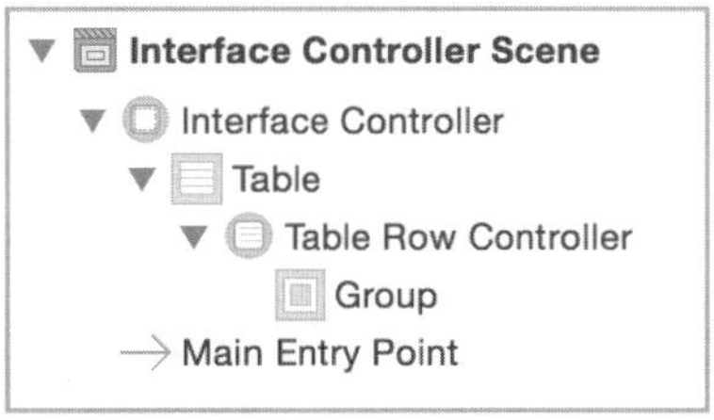

Bild 12.37
Innerhalb der Document Outline-Area ist der genaue Aufbau von Controllern und Interfaces sichtbar.

Die Document Outline-Area offenbart dabei die Struktur eines `WKInterfaceTable`. Dieses enthält ein Objekt, das als TABLE ROW CONTROLLER ausgewiesen ist. Dieses wiederum enthält ein Objekt der Klasse `WKInterfaceGroup`.

Bei dieser Struktur handelt es sich um den Standardaufbau einer jeden Zelle innerhalb einer `WKInterfaceTable`. Der dargestellte Table Row Controller ist der Verweis auf die zuvor erwähnte Klasse, die die Interface-Outlets der Zelle im Code zur Verfügung stellen soll. Bei der `WKInterfaceGroup` handelt es sich schlicht und einfach um den Interface-Bereich der Zelle, in der alle gewünschten Elemente wie eben Labels, Bilder et cetera platziert werden.

Betrachten wir nach diesem Blick auf den Aufbau einer typischen Zelle einmal die konkrete Konfiguration. Beginnen wir dabei mit der eigentlichen Oberfläche, dem Aussehen und den verwendeten Interface-Elementen einer Zelle.

Sie können die verschiedenen Interface-Elemente wie Labels, Dates oder Image-Views per Drag & Drop aus der Object Library auf die `WKInterfaceGroup` ziehen, die zusammen mit der Tabelle erstellt wurde (wir erinnern uns, diese `WKInterfaceGroup` ist hierarchisch einem ebenfalls erstellten Table Row Controller untergeordnet). Das Erstellen der Oberfläche der Zelle funktioniert dabei genauso wie die Konfiguration aller anderen Oberflächen von Interface-Controllern oder `WKInterfaceGroup`-Objekten. Auch alle Einstellungen und

Optionen zur Positionierung, Ausrichtung und Größe behalten ihre Wirksamkeit. Der einzige Unterschied besteht darin, dass Sie nun eben nicht einen ganzen Interface-Controller, sondern lediglich eine Zelle mit allen Elementen bestücken, die Sie dafür verwenden möchten (siehe Bild 12.38).

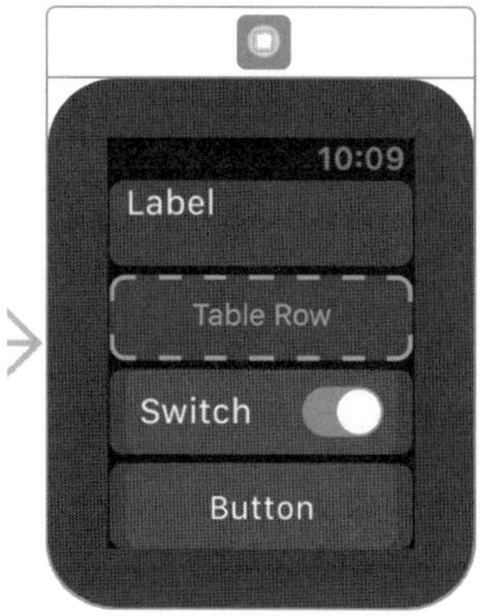

Bild 12.38
Alle zu konfigurierenden Zellen landen direkt in der WKInterface-Table-Ansicht.

Der zweite Schritt besteht dann darin, den passenden Table Row Controller zu erstellen und dieser Zelle zuzuweisen, um die passenden Outlets zu setzen. Wie gesagt reicht es dazu aus, eine Subklasse von `NSObject` als Table Row Controller zu erstellen (siehe Bild 12.39), es gibt ansonsten keine spezifischen Anforderungen an diese Klasse.

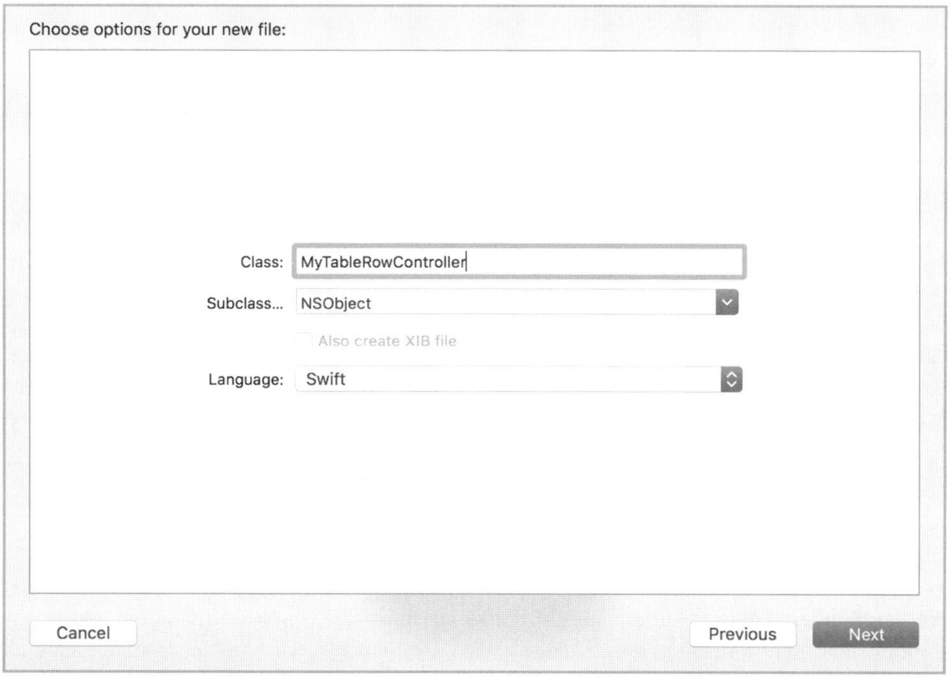

Bild 12.39 Ein Table Row Controller muss zunächst als einzige Anforderung erfüllen, eine Subklasse von NSObject zu sein.

Was den Namen der Klasse betrifft, so schließt man diesen typischerweise mit dem Suffix *RowController* ab. So könnte man beispielsweise für eine Zelle, die einfach nur ein einzelnes Label enthält, eine Table Row Controller-Klasse mit dem Namen `LabelRowController` erstellen. Damit sind der Zweck und Inhalt der Zelle passend beschrieben. Letzten Endes steht es Ihnen aber gänzlich frei, welchen Namen Sie für diese Klasse vergeben, es gibt keine festen Vorgaben oder Bedingungen.

Nun muss die erstellte Table Row Controller-Klasse noch der Zelle im Storyboard zugewiesen werden. Das geht am einfachsten, indem der entsprechende Punkt TABLE ROW CONTROLLER aus der Document Outline-Area der Zelle ausgewählt und anschließend in den Identity Inspector der Utility Area gewechselt wird. Dort tragen wir in das Feld *Class* den Namen der Klasse ein, die als Table Row Controller fungieren soll (siehe Bild 12.40).

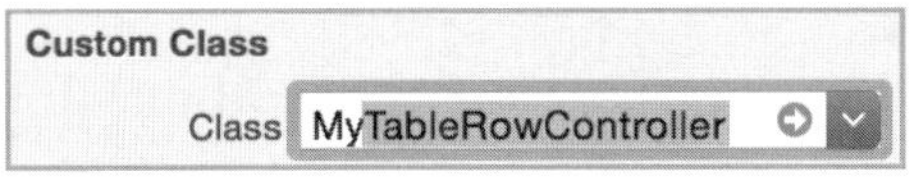

Bild 12.40
Im Identity Inspector wird dem Table Row Controller eine passende Klasse zugewiesen.

Abgeschlossen wird diese Konfiguration dann mit einem Wechsel in den Attributes Inspector des Table Row Controllers, wo im Textfeld *Identifier* ein eindeutiger Bezeichner für diese Zelle hinterlegt werden muss. Dieser Identifier wird später im Code dazu verwendet, passende Zellen-Objekte des gewünschten Typs auszulesen und zu erstellen. Welchen Identifier Sie dabei vergeben, ist wieder voll und ganz Ihnen überlassen. Ähnlich wie beim Table Row Controller hat sich auch an dieser Stelle eingebürgert, den Namen des Identifiers mit dem Suffix *RowType* abzuschließen (also beispielsweise `LabelRowType` für eine Zelle mit einem einzigen Label, siehe Bild 12.41).

Bild 12.41
Der Identifier ist die eindeutige Kennzeichnung eines Zelltyps.

Dann folgt der letzte Teil: das Erstellen und Setzen der Outlets von der Storyboard-Datei zum Code der entsprechend der Zelle zugewiesenen Table Row Controller-Klasse. Wie immer können Sie diese Outlets am einfachsten erstellen, indem Sie in den Assistant Editor wechseln und dort die passende Table Row Controller-Klasse auswählen und anzeigen (falls diese nicht automatisch direkt angezeigt wird). Ziehen Sie dann mithilfe der Maus beziehungsweise des Trackpads eine Verbindung von den Interface-Elementen der Zelle, die Sie später dynamisch im Code konfigurieren und anpassen möchten, vom Storyboard in den Code und generieren anschließend ein entsprechendes Outlet innerhalb der Table Row Controller-Klasse (siehe Bild 12.42).

Mit diesen Schritten ist das Erstellen der Oberfläche der Zelle abgeschlossen. Die Zelle verfügt über einen passenden Table Row Controller, dem die gewünschten Outlets zugewiesen wurden und die dann für jede angezeigte Zelle innerhalb der Tabelle dynamisch angepasst werden können. Und genau mit diesem Punkt beschäftigen wir uns nun als Nächstes: Wie konfiguriert man denn jetzt eine Tabelle? Wie sagt man ihr, wie viele Zellen sie anzeigen soll, und wie setzt man den gewünschten Inhalt pro Zelle?

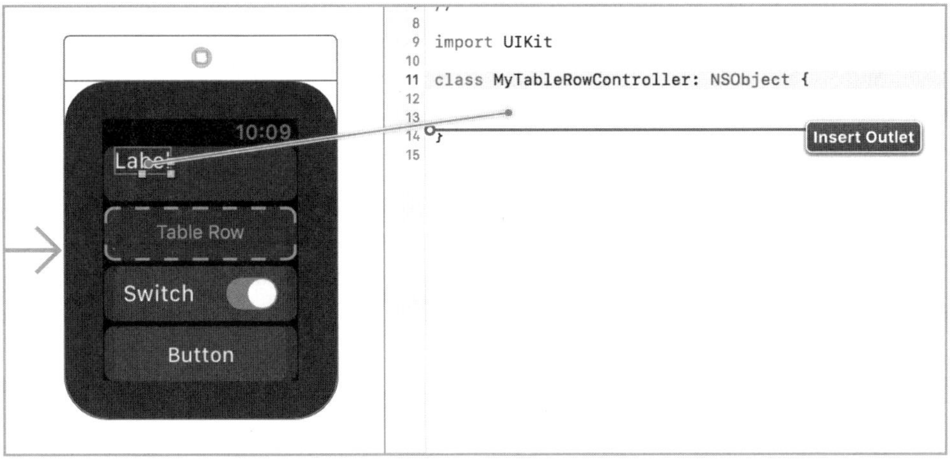

Bild 12.42 Die Interface-Elemente der Zelle werden innerhalb des Table Row Controllers zur Verfügung gestellt.

12.9.3 Konfiguration einer Tabelle

Zur Konfiguration der eigentlichen Tabelle – sprich Festlegung der Anzahl der Zellen und dynamische Konfiguration eben dieser Zellen – liefert die Klasse `WKInterfaceTable` alle benötigten Funktionen und Eigenschaften, die wir nun einmal im Detail betrachten. Listing 12.11 zeigt die Deklaration der dafür notwendigen wichtigsten Methoden.

Listing 12.11 Methoden zur Konfiguration einer Tabelle

```
// Swift
func setNumberOfRows(_ numberOfRows: Int, withRowType rowType: String)
func rowController(at index: Int) -> AnyObject?

// Objective-C
- (void)setNumberOfRows:(NSInteger)numberOfRows withRowType:(NSString *)rowType;
- (id)rowControllerAtIndex:(NSInteger)index;
```

Die erste der beiden Methoden – `setNumberOfRows(_:withRowType:)` – legt dabei die Anzahl und die Art der anzuzeigenden Zellen fest. Dazu nimmt sie als ersten Parameter (`numberOfRows`) die gewünschte Anzahl der Zellen innerhalb der Tabelle als Integer entgegen. Der zweite Parameter `rowType` definiert die Art von Zelle, die entsprechend der festgelegten Anzahl für die Tabelle erstellt und generiert werden soll. Dabei handelt es sich um den eindeutigen Identifier, den wir für jede Zelle festlegen. Wir erinnern uns: Zuvor haben wir im Interface-Storyboard dem Table Row Controller der Zelle im Attributes Inspector einen entsprechenden eindeutigen Identifier zugewiesen, und genau dieser Identifier wird als Parameter für `rowType` erwartet (im Beispiel aus dem vorherigen Abschnitt 12.9.2 „Konfiguration einer Zelle“ wurde der Identifier auf *LabelRowType* gesetzt).

Durch Aufruf der Methode `setNumberOfRows(_:withRowType:)` legen wir also die Anzahl und die Art der Zellen innerhalb einer `WKInterfaceTable` fest. Was nun fehlt, ist die dynamische Konfiguration jeder Zelle, um so die definierten Interface-Elemente wie Labels, Bilder et cetera passend zu setzen. Da kommt die zweite Methode der in Listing 12.11 aufgeführten Methoden ins Spiel.

`rowController(at:)` liefert uns ein Table Row Controller-Objekt einer Zelle. Dazu erwartet die Methode den entsprechenden Index der Zelle, dessen Table Row Controller wir auslesen möchten. Der Index 0 steht dabei für die erste Zelle innerhalb der Tabelle, 1 für die zweite, 2 für die dritte und so weiter. Der durch diese Methode zurückgelieferte Table Row Controller entspricht der Klasse, die wir zuvor im Interface-Storyboard der Zelle zugewiesen haben, die dem gewünschten Identifier entspricht (den wir über die Methode `setNumberOfRows(_:withRowType:)` im zweiten Parameter `rowType` definiert haben). In unserem Beispiel aus dem vorherigen Abschnitt 12.9.2 „Konfiguration einer Zelle" handelte es sich dabei um die Klasse `LabelRowController`.

Genau diesen Table Row Controller können wir dazu nutzen, auf all die zuvor von uns definierten Outlets der Zelle zuzugreifen und somit das Interface für jede Zelle einzeln anzupassen (indem wir beispielsweise passende Texte für ein Label setzen). Dazu verwendet man typischerweise eine `for-in`-Schleife, mit deren Hilfe man alle vorhandenen Zellen der Tabelle durchläuft, den jeweils passenden Table Row Controller abfragt und über diesen anschließend die Zelle so wie gewünscht konfiguriert. Listing 12.12 stellt dieses typische Vorgehen einmal exemplarisch mit Platzhaltern dar (`myTable` ist dabei das Outlet zur entsprechenden `WKInterfaceTable`-Instanz und `MyRowController` eine beispielhafte Table Row Controller-Klasse für den Identifier `MyRowType`, der über ein einziges Outlet `label` verfügt, das auf ein `WKInterfaceLabel` der Zelle verweist).

Listing 12.12 Beispielhafte Konfiguration einer `WKInterfaceTable`

```
// Swift
let numberOfCells = 3
myTable.setNumberOfRows(numberOfCells, withRowType: "MyRowType")
for row in 0..<numberOfCells {
    let myRowController = myTable.rowController(at: row) as! MyRowController
    myRowController.label.setText("Zelle \(row)")
}

// Objective-C
int numberOfCells = 3
[myTable setNumberOfRows:numberOfCells withRowType:@"MyRowType "];
for (int i = 0; i < numberOfCells; i++) {
    MyRowController *myRowController = (MyRowController *)[myTable
rowControllerAtIndex:i];
    [myRowController.label.setText:[NSString stringWithFormat:@"Zelle %i", i]];
}
```

Dieses Pattern kommt typischerweise bei der Konfiguration einer `WKInterfaceTable` zum Einsatz. Idealerweise packen Sie diesen Code in eine eigene Methode (beispielsweise mit dem Namen `loadTable()`) und rufen diese aus der Methode `willActivate()` des Interface-Controllers heraus auf. Das erlaubt es Ihnen, im Falle eines Updates der Tabelle diese einfach über den erneuten Aufruf der Methode `loadTable()` zu erstellen und passend anzuzeigen. Bild 12.43 zeigt, wie der eben vorgestellte Code nach Ausführung im Simulator aussehen könnte.

Bild 12.43
Eine einfache Tabelle innerhalb des watchOS-Simulators

Zellen werden wiederverwendet

Wie Sie sehen, werden Tabellen nicht statisch mit allen Zellen und passenden Inhalten im Interface-Storyboard erzeugt. Stattdessen erstellen wir im Storyboard eine Art Vorlage für die Art von Zelle, die wir innerhalb der Tabelle verwenden möchten. Wie oft dieses Zellenlayout dann in der Tabelle verwendet wird und welche Werte wir für die verschiedenen Interface-Elemente der Zelle setzen, wird dann einzig und allein im Code des Interface-Controllers festgelegt. Die beiden eben vorgestellten Methoden kümmern sich dann darum, die im Storyboard designte Zelle so oft zu erstellen, wie sie in der Tabelle benötigt wird, und per Zugriff auf den Table Row Controller der Zelle konfigurieren wir diese dann entsprechend.

Betrachten Sie daher das Aussehen und das Design einer Zelle im Storyboard auch wirklich nur als solches: als Vorlage zur (mehrmaligen) Verwendung im Code.

12.9.4 Verwenden verschiedener Zellen in einer Tabelle

Das bisher gezeigte Verfahren zur Konfiguration von Zellen und Tabellen hat einen entscheidenden Nachteil: Es wird immer dieselbe Art von Zelle geladen und in der Tabelle verwendet. In manchen Fällen möchte man aber verschiedene Zellen mit unterschiedlichem Layout und unterschiedlichen Interface-Elementen in einer Tabelle verwenden und mischen. Da kommt man mit dem bisher Gezeigten nicht weiter, schließlich erstellt die im vorigen Abschnitt 12.9.3 „Konfiguration einer Tabelle" vorgestellte Methode `setNumberOfRows(_:withRowType:)` nur Zellen eines einzigen Typs anhand eines einzigen Identifiers.

Doch auch für dieses Problem gibt es eine Lösung. Tatsächlich erlaubt die Klasse `WKInterfaceTable` die Verwendung unterschiedlicher Zellen in einer Tabelle. Voraussetzung dafür ist aber zunächst einmal, dass wir verschiedene Zellen zur Verfügung stellen, die wir innerhalb unserer Tabelle laden und verwenden können. Da alle Zellen einer Tabelle innerhalb des Interface-Storyboards der WatchKit App erstellt werden, wechseln wir auch direkt dorthin und springen in eine bereits erstellte `WKInterfaceTable` mit der standardmäßig einen Zelle.

Wählen wir nun eine Instanz von `WKInterfaceTable` im Storyboard aus und wechseln in den Attributes Inspector in der Utility Area, finden wir dort direkt zu Beginn ein Textfeld *Prototypes*. Ein Prototype steht dabei für ein einzigartiges Zellenlayout, wie wir es innerhalb des Codes mehrmals wiederverwenden und anpassen können (so, wie wir es bereits für diesen ersten einen Prototype gesehen haben, der standardmäßig Teil einer jeden `WKInterfaceTable` ist; ganz ohne Zelle macht diese Klasse schließlich auch keinen Sinn, nicht wahr?). Standardmäßig steht der Wert in diesem Textfeld auf 1, also für eine wiederverwendbare Zelle innerhalb dieser Tabelle. Möchten wir nun weitere, unterschiedliche Zellen dieser Tabelle hinzufügen, so muss die Anzahl im Feld *Prototypes* entsprechend erhöht werden (je um eins für jedes weitere Zellenlayout, das wir verwenden möchten). Wollen wir so beispielsweise drei unterschiedliche Designs von Zellen in einer Tabelle verwenden, würden wir den Wert im Textfeld *Prototypes* entsprechend auf 3 setzen. Daraufhin wird im Storyboard dieser Tabelle eine entsprechende Anzahl an Zellen hinzugefügt (siehe Bild 12.44).

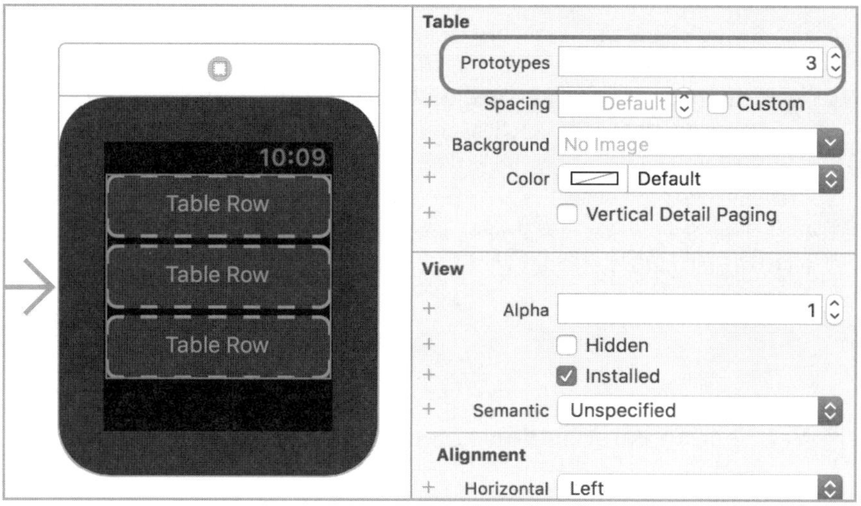

Bild 12.44 Sie können mittels des Textfelds „Prototypes" festlegen, über wie viele Arten unterschiedlicher Zellen Ihre Tabelle verfügen soll, und diese dann entsprechend im Interface konfigurieren.

Jede einzelne der so erstellten Zellen der `WKInterfaceTable` ist genauso aufgebaut und konfiguriert wie die erste, mit der wir bereits gearbeitet haben. Jede dieser Zellen basiert auf einem Table Row Controller und enthält ein Objekt der Klasse `WKInterfaceGroup`, in dem alle benötigten Interface-Elemente für diese Zelle positioniert und arrangiert werden. Ein Blick in die Document Outline-Area offenbart diese Struktur sehr gut (siehe Bild 12.45).

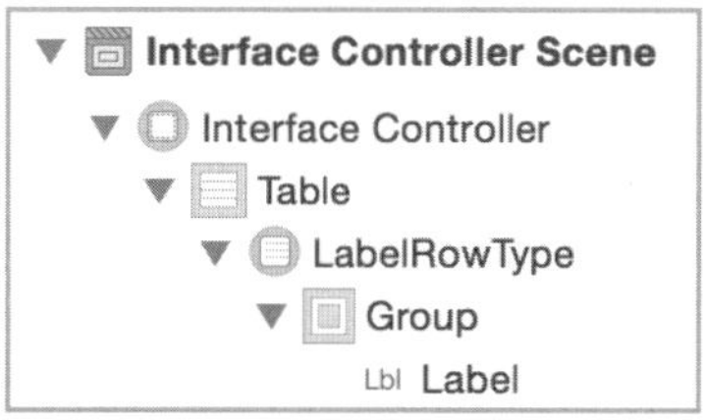

Bild 12.45
Die Document Outline-Area zeigt den Aufbau unserer Zellen.

Das weitere Vorgehen besteht nun darin, für jede Zelle die gewünschten Interface-Elemente per Drag & Drop aus der Object Library hinzuzufügen, eine separate passende Table Row Controller-Klasse zu erstellen, diese der Zelle im Identity Inspector zuzuweisen und einen eindeutigen Identifier im Attributes Inspector zu setzen. Das Vorgehen pro Zelle ist dabei identisch zu dem, welches wir im Abschnitt 12.9.2 „Konfiguration einer Zelle" im Detail kennengelernt haben.

Damit wäre der erste Schritt getan und verschiedene unterschiedliche Zellen im Interface-Storyboard wären angelegt. Doch wie greifen wir nun auf diese im Code zu? Schließlich nimmt die Methode `setNumberOfRows(_:withRowType:)` der Klasse `WKInterfaceTable`, die wir im Abschnitt 12.9.3 „Konfiguration einer Tabelle" kennengelernt haben, nur einen einzigen Identifier entgegen, nicht mehrere verschiedene. Wie also können wir eine Tabelle mit unterschiedlichen Zellen konfigurieren?

Genau an dieser Stelle kommt eine weitere Methode der Klasse `WKInterfaceTable` ins Spiel. Sie erlaubt das Verwenden mehrerer verschiedener Zellen aus dem Interface-Storyboard in einer Tabelle (siehe Listing 12.13).

Listing 12.13 Deklaration der Methode zur Konfiguration einer Tabelle mit unterschiedlichen Zellen.

```
// Swift
func setRowTypes(_ rowTypes: [String])

// Objective-C
- (void)setRowTypes:(NSArray<NSString *> *)rowTypes;
```

Dieser Methode werden in einem Array mehrere unterschiedliche Identifier von Zellen für den Parameter `rowTypes` übergeben. Für jedes Objekt innerhalb dieses Arrays wird dann genau eine Zelle des übergebenen Typs erstellt. Daher fällt auch ein Parameter zur Anzahl der Zellen in der Tabelle bei dieser Methode weg, da diese der Anzahl der Elemente im übergebenen Array gleichgesetzt wird. Sie dient damit als alternativer Aufruf zur Methode `setNumberOfRows(_:withRowType:)` und sollte tatsächlich auch nur dann verwendet werden, wenn unterschiedliche Zellen mit verschiedenen Identifiern in der Tabelle angezeigt werden.

Listing 12.14 zeigt einen beispielhaften Aufruf dieser Methode. Dabei werden drei verschiedene Zellen mit den Identifiern `LabelRowType`, `DateRowType` und `TimerRowType` verwendet.

Listing 12.14 Beispielhafte Konfiguration einer Tabelle mit unterschiedlichen Zellen

```
// Swift
myTable.setRowTypes(["LabelRowType", "DateRowType", "TimerRowType"])

// Objective-C
[myTable setRowTypes:@[@"LabelRowType ", @"DateRowType", @"TimerRowType"]];
```

Damit wird die Tabelle mit insgesamt drei Zellen konfiguriert (das übergebene Array enthält schließlich drei Elemente). Die erste Zelle entspricht dabei derjenigen, die im Interface-Storyboard den Identifier `LabelRowType` besitzt, die zweite entspricht der Zelle mit dem Identifier `DateRowType` und die dritte schließlich der Zelle mit dem Identifier `TimerRowType`.

Bei diesem Vorgehen ist ein wichtiger Punkt aber zu beachten: Möchten Sie beispielsweise von einem bestimmten Zellentypen mehr als nur eine Zelle in der Tabelle anzeigen, so müssen Sie diesen bei diesem Vorgehen mehrfach übergeben (genauer gesagt eben so oft, wie Sie die Zelle in der Tabelle einfügen möchten). Listing 12.15 zeigt eine abgewandelte Variante des Beispiels aus dem vorherigen Listing 12.14, in dem zwei Zellen vom Typ `LabelRowType` und eine vom Typ `DateRowType` in der Tabelle angezeigt werden.

Listing 12.15 Anzeige mehrerer Zellen vom selben Typ

```
// Swift
myTable.setRowTypes(["LabelRowType", "LabelRowType", "DateRowType"])

// Objective-C
[myTable setRowTypes:@[@"LabelRowType ", @"LabelRowType", @"DateRowType"]];
```

Wieder zeigt diese Tabelle drei Zellen an (entsprechend der Anzahl der Elemente im übergebenen Array), dieses Mal sind die ersten zwei aber beide Zellen mit dem Identifier `LabelRowType`, anschließend folgt noch die Anzeige einer Zelle vom Typ `DateRowType`.

12.9.5 Zellen hinzufügen und entfernen

Die Klasse `WKInterfaceTable` bringt zwei Methoden mit, um einer bestehenden Tabelle neue Zellen hinzuzufügen beziehungsweise bestehende zu entfernen. Die Deklaration dieser Methoden finden Sie in Listing 12.16.

Listing 12.16 Deklaration der Methoden zum Hinzufügen und Entfernen von Zellen aus einer Tabelle

```
// Swift
func insertRows(at rows: IndexSet, withRowType rowType: String)
func removeRows(at rows: IndexSet)

// Objective-C
- (void)insertRowsAtIndexes:(NSIndexSet *)rows withRowType:(NSString *)rowType;
- (void)removeRowsAtIndexes:(NSIndexSet *)rows;
```

Die Methode `insertRows(at:withRowType:)` kann einer bestehenden und bereits konfigurierten Tabelle neue Zellen hinzufügen. Der erste Parameter `rows` ist dabei ein Objekt vom Typ `IndexSet` (Swift) beziehungsweise `NSIndexSet` (Objective-C). Dieses Objekt legt fest, wie viele Zellen an welcher Stelle der Tabelle hinzugefügt werden sollen. Der zweite Parameter `rowType` erwartet den Identifier der gewünschten Prototyp-Zelle aus dem Storyboard, die an den entsprechenden Stellen als Zelle in der Tabelle hinzugefügt werden sollen.

Um so beispielsweise an den Anfang einer Tabelle drei Zellen vom Typ `MyRowType` hinzuzufügen, könnte man den in Listing 12.17 gezeigten Befehl durchführen.

Listing 12.17 Hinzufügen von Zellen zu einer Tabelle

```
// Swift
myTable.insertRows(at: IndexSet(integersIn: 0...2), withRowType: "MyRowType")

// Objective-C
[myTable insertRowsAtIndexes:[NSIndexSet alloc]
initWithIndexesInRange:NSMakeRange(0, 2)] withRowType:@"MyRowType"];
```

Der umgekehrte Weg – nämlich das Löschen vorhandener Zellen aus einer Tabelle – ist ebenfalls möglich. Dazu dient die Methode `removeRows(at:)`, die ebenfalls ein Objekt der Klasse `IndexSet` (Swift) beziehungsweise `NSIndexSet` (Objective-C) als Parameter entgegennimmt. Um beispielsweise die eben im vorigen Beispiel hinzugefügten Zellen wieder zu entfernen, kann der in Listing 12.18 gezeigte Befehl ausgeführt werden.

Listing 12.18 Löschen von Zellen aus einer Tabelle

```
// Swift
myTable.removeRows(at: IndexSet(integersIn: 0...2))

// Objective-C
[myTable removeRowsAtIndexes:[[NSIndexSet alloc]
initWithIndexesInRange:NSMakeRange(0, 2)]];
```

Nutzen Sie diese beiden Methoden, um bereits geladene Tabellen „im laufenden Betrieb" zu aktualisieren und damit neue Zellen hinzuzufügen oder nicht länger benötigte Zellen wieder zu entfernen.

12.9.6 Direkt zu einer bestimmten Zelle scrollen

Mithilfe der Methode `scrollToRow(at:)` der Klasse `WKInterfaceTable` haben Sie die Möglichkeit, vom Code aus gezielt zu einer bestimmten Zelle in Ihrer Tabelle zu scrollen. Die Methode erwartet als Parameter den Index der gewünschten Zelle, zu der gescrollt werden soll, als Integer. Ein Index von 0 würde sich auf die erste Zelle beziehen, einer von 1 auf die zweite, von 2 auf die dritte und so weiter. Einen beispielhaften Aufruf der Methode, die zur sechsten Zelle einer Tabelle scrollen würde, sehen Sie in Listing 12.19.

Listing 12.19 Scrollen zu einer Zelle

```
// Swift
myTable.scrollToRow(at: 5)

// Objective-C
[myTable scrollToRowAtIndex:5];
```

12.9.7 Aktuelle Anzahl an Zellen auslesen

Die Klasse `WKInterfaceTable` verfügt über die Read-Only-Property `numberOfRows`, die Ihnen die aktuelle Anzahl der Zellen innerhalb der Tabelle zurückgibt. Das kann insbesondere dann sinnvoll sein, wenn sich diese Anzahl dynamisch ändert, beispielsweise durch die im Abschnitt 12.9.5 „Zellen hinzufügen und entfernen" vorgestellten Methoden. In diesem Fall liefert Ihnen die Property `numberOfRows` immer die aktuelle Zahl an Zellen.

12.9.8 Auf die Auswahl einer Zelle reagieren

Wir haben nun die Erstellung und Konfiguration einer Tabelle im Detail und verschiedene Methoden kennengelernt, sie zu verwenden. Die Antwort auf eine Frage bin ich dabei bisher noch schuldig geblieben: Wie reagieren wir nun eigentlich auf die Auswahl einer bestimmten Zelle, wenn der Nutzer diese auf der Apple Watch antippt?

Zunächst einmal ist es wichtig, dass die entsprechende Zelle *Selectable* sein muss; andernfalls ignoriert die Apple Watch jegliche Taps auf eine Zelle. Ob eine Zelle auswählbar ist, definieren Sie im Storyboard über den entsprechenden Table Row Controller der Zelle; dort steht eine entsprechende Checkbox SELECTABLE im Attributes Inspector zur Verfügung, die gesetzt sein muss, möchte man auf den Tap einer Zelle mit einer Aktion reagieren (siehe Bild 12.46).

Bild 12.46
Die Checkbox „Selectable“ legt fest, ob eine Zelle ausgewählt werden kann oder nicht.

Ist die Option *Selectable* einer Zelle aktiv, übernimmt die restliche Arbeit der zugrunde liegende `WKInterfaceController`, der die Tabelle enthält. Wird nämlich nun eine Zelle innerhalb der Tabelle angetippt, feuert dieser die Methode `table(_:didSelectRowAt:)`. Die genaue Definition dieser Methode finden Sie in Listing 12.20.

Listing 12.20 Deklaration der Methode `table(_:didSelectRowAt:)`

```
// Swift
func table(_ table: WKInterfaceTable, didSelectRowAt rowIndex: Int)

// Objective-C
- (void)table:(WKInterfaceTable *)table didSelectRowAtIndex:(NSInteger)rowIndex
```

Diese Methode liefert uns zwei Parameter. Der erste Parameter `table` verweist auf das `WKInterfaceTable`-Objekt, in dem eine Zelle ausgewählt wurde. Dieser Parameter ist deshalb so wichtig, da ein Interface-Controller theoretisch beliebig viele unterschiedliche `WKInterfaceTable`-Objekte enthalten könnte und wir somit bei Auswahl einer Zelle unterscheiden müssen, von welcher Tabelle aus nun der entsprechende Tap durchgeführt wurde.

Der zweite Parameter `rowIndex` liefert uns den Index der ausgewählten Zelle als Integer. Wie immer entspricht dabei der Index 0 der ersten Zelle, 1 der zweiten und so weiter. Damit haben wir alle relevanten Informationen darüber, welche Zelle der Nutzer in unserem Interface ausgewählt hat, und können innerhalb der Implementierung dieser Methode entsprechend reagieren. Wenn wir also mit Tabellen in unseren Interfaces arbeiten und auf die Auswahl von Zellen reagieren möchten, müssen wir die Methode `table(_:didSelectRowAt:)` im entsprechenden Interface-Controller überschreiben und darin alle weiteren Schritte und Aktionen ausführen, die durch Auswahl der entsprechenden Zelle ausgelöst werden sollen.

12.9.9 Segues von Zellen einer Tabelle über das Storyboard konfigurieren

Alternativ zur eben im Abschnitt 12.9.8 „Auf Auswahl einer Zelle reagieren" gezeigten Methode gibt es noch eine zweite Möglichkeit, auf die Auswahl einer Zelle zu reagieren, und zwar über einen Segue im Interface-Storyboard.

So, wie Sie Segues von Schaltflächen zu Interface-Controllern im Interface-Storyboard erstellen können, können Sie auch Verbindungen zwischen einer Zelle und einem Interface-Controller in Form eines Segues umsetzen (siehe Bild 12.47). Wann immer dann eine Zelle des entsprechenden Typs ausgewählt wird, wird der entsprechende Segue gefeuert und der dazugehörige Ziel-Interface-Controller geladen und angezeigt.

Aber natürlich gibt es bei diesem Vorgehen zunächst ein grundlegendes Problem: Wie ermitteln Sie, *welche* Zelle der Nutzer in der Tabelle ausgewählt hat, um so beispielsweise weitere Informationen in Form eines passenden `context`-Objekts an den Ziel-Interface-Controller weiterzureichen? Nehmen wir dazu beispielsweise einmal eine Tabelle, die sich aus mehreren To-do-Einträgen zusammensetzt. Nun soll per Tap auf eine Zelle eine Detailansicht geladen werden, entsprechend haben Sie von der To-do-Zelle im Storyboard einen Segue zu diesem Detail-Interface-Controller erstellt. Doch natürlich muss dieser Detail-Interface-Controller wissen, *welches* To-do denn nun auch ausgewählt wurde, um entsprechend die korrekten Details dazu anzuzeigen.

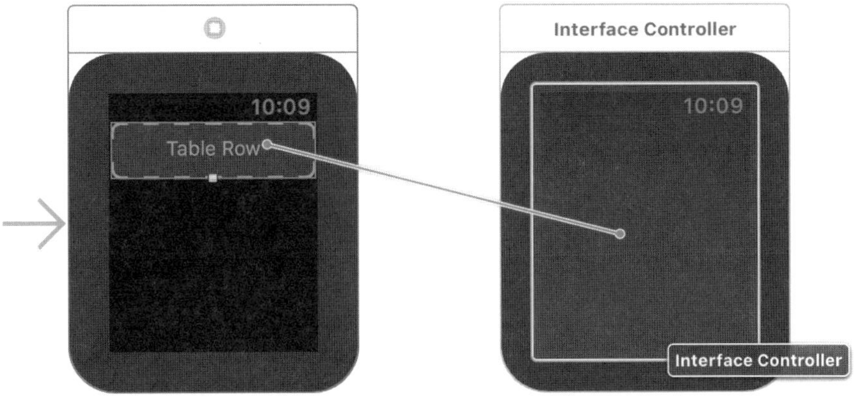

Bild 12.47 Von einer Zelle aus kann direkt eine Verbindung zu einem anderen Interface-Controller gezogen werden.

Hier kommen zwei weitere Methoden der Klasse `WKInterfaceController` ins Spiel, die den bereits vorgestellten aus dem Abschnitt 12.7.6, „Reaktion auf Storyboard-Events", nicht gerade unähnlich sind. Deren Deklaration finden Sie in Listing 12.21.

Listing 12.21 Deklaration der Methoden zur Reaktion auf Storyboard-Events aus einer Tabelle

```
// Swift
func contextForSegue(withIdentifier segueIdentifier: String, in table:
WKInterfaceTable, rowIndex: Int) -> AnyObject?
func contextsForSegue(withIdentifier segueIdentifier: String, in table:
WKInterfaceTable, rowIndex: Int) -> [AnyObject]?
```

```
// Objective-C
- (id)contextForSegueWithIdentifier:(NSString *)segueIdentifier
inTable:(WKInterfaceTable *)table rowIndex:(NSInteger)rowIndex;
- (NSArray *)contextsForSegueWithIdentifier:(NSString *)segueIdentifier
inTable:(WKInterfaceTable *)table rowIndex:(NSInteger)rowIndex;
```

Bei diesen Methoden handelt es sich um das Äquivalent zu den im Abschnitt 12.7.6, „Reaktion auf Storyboard-Events", vorgestellten Methoden. Diese werden automatisch gefeuert, wenn ein Segue statt von einer Schaltfläche von einer Zelle einer Tabelle ausgeht. Dabei wird die zweite Methode `contextsForSegue(withIdentifier:in:rowIndex:)` dann ausgelöst, wenn die Ziel-Interface-Controller in einer *page-based*-Ansicht zusammengefasst sind (siehe dazu auch den Abschnitt 12.8.8 „Zusammenfassen mehrerer Interface-Controller zu einem page-based Interface"), während `contextForSegue(withIdentifier:in:rowIndex:)` bei Verweis auf einen einzelnen Interface-Controller gefeuert wird. Entsprechend erwartet die Methode `contextForSegue(withIdentifier:in:rowIndex:)` nur ein einzelnes `context`-Objekt als Rückgabewert, während bei `contextsForSegue(withIdentifier:in:rowIndex:)` ein Array mit den jeweiligen `context`-Objekten für alle Interface-Controller der *page-based*-Ansicht als Rückgabewert erwartet wird.

Ähnlich wie die im vorigen Abschnitt 12.9.8 „Auf Auswahl einer Zelle reagieren" vorgestellte Methode `table(_:didSelectRowAt:)` liefern auch diese beiden Methoden die Tabelle (Parameter `table`) und den Index der Zelle (Parameter `rowIndex`), die ausgewählt wurde. Der Parameter `segueIdentifier` liefert darüber hinaus noch den eindeutigen Identifier des Segues, um zwischen verschiedenen Segues unterscheiden zu können.

12.10 Erstellen von Menüs

Bekanntermaßen bietet eine Apple Watch deutlich weniger Platz auf dem Display als ein iPhone oder gar ein iPad. Während unter iOS Ansichten mit Navigationsleisten und Toolbars gang und gäbe sind, würden derartige UI-Elemente auf der Apple Watch die Bedienbarkeit einer App extrem einschränken. Ansichten auf der Apple Watch sollten dem Nutzer einen schnellen und eindeutigen Überblick über eine bestimmte Information geben, alles andere sollte entweder weggelassen oder ausgelagert werden. Doch *wohin* denn bitte schön etwas auslagern?

Aufgrund dessen, dass eine Apple Watch hardwarebedingt keine so umfangreichen Interfaces abbilden kann wie ein iPhone oder iPad, hat Apple den sogenannten Force Touch eingeführt. Bei dieser Technik kann das Touch-Display zwischen einem einfachen Tap auf dem Bildschirm (so wie wir es auch bereits aus der iOS-Entwicklung her kennen) und einem festeren Drücken unterscheiden. Letzteres kann bei der Apple Watch dazu genutzt werden, pro Interface-Controller ein zusätzliches Menü einzublenden. Dieses Menü zeigt verschiedene von uns festgelegte Schaltflächen an, über die der Nutzer weitere Aktionen durchführen kann (siehe Bild 12.48). Bereits die Hauptapplikation der Apple Watch – nämlich die zum Anzeigen der Uhrzeit – unterstützt diese Force-Touch-Technik, um den Nutzer zwischen den verschiedenen vorhandenen Ziffernblättern wechseln zu lassen; damit ist die Geste also durchaus auch den Anwendern geläufig.

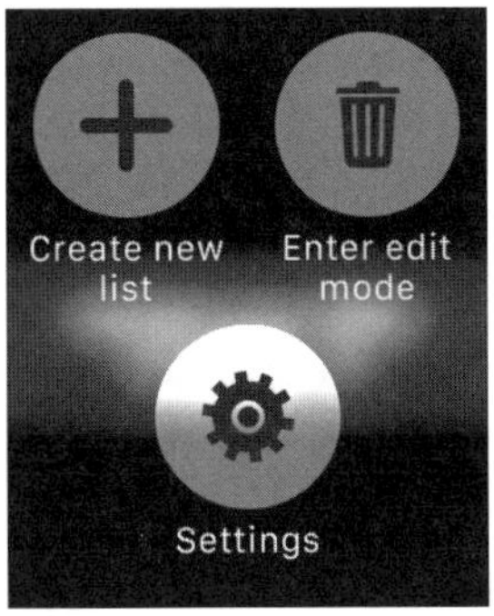

Bild 12.48
Menüs werden in Apple Watch-Apps mithilfe des sogenannten Force Touch aufgerufen.

Force Touch im Simulator testen

Sie können den Force Touch auch im Apple Watch-Simulator ausführen und somit testen, ob ein Menü korrekt funktioniert. Sie können dazu im Menü des Apple Watch-Simulators über HARDWARE → SIMULATE TOUCH PRESSURE → SHALLOW PRESS („normaler" Touch) beziehungsweise HARDWARE → SIMULATE TOUCH PRESSURE → DEEP PRESS (für Force Touch) zwischen den beiden Verfahren wechseln. Je nach Auswahl führt ein Linksklick dann entweder einen „normalen" Touch oder einen Force Touch durch.

Zwar ist es uns als Drittentwickler nicht möglich, etwas anderes als ein Menü durch einen Force Touch anzuzeigen, aber immerhin können wir darüber Funktionen in eben ein solches Menü auslagern und müssen sie nicht noch auf dem entsprechenden Interface unterbringen. Dabei gibt es grundsätzlich zwei Wege, um ein Menü für einen Interface-Controller zu erstellen: das Interface-Storyboard der WatchKit App oder den Code des entsprechenden Interface-Controllers in der WatchKit Extension.

12.10.1 Erstellen eines Menüs im Storyboard

Sie können ein Menü für einen Interface-Controller direkt über das Interface-Storyboard der WatchKit App erstellen. Alles, was Sie zunächst dazu tun müssen, ist, ein MENU-Objekt aus der Object-Library auf den Interface-Controller zu ziehen, dem Sie ein Menü hinzufügen möchten (siehe Bild 12.49).

Bild 12.49
Ein Menü kann direkt über das Storyboard einem Interface-Controller hinzugefügt werden.

Optisch ergibt sich daraus keine Änderung am Interface-Controller; es ist nicht offensichtlich, ob er über ein Menü verfügt oder nicht. Das offenbaren erst der Aufbau und die Struktur des Interface-Controllers in der Document Outline-Area (siehe Bild 12.50). Die Document Outline-Area brauchen Sie damit auch, um auf das Menü zuzugreifen und Änderungen beziehungsweise Anpassungen daran über das Storyboard vorzunehmen.

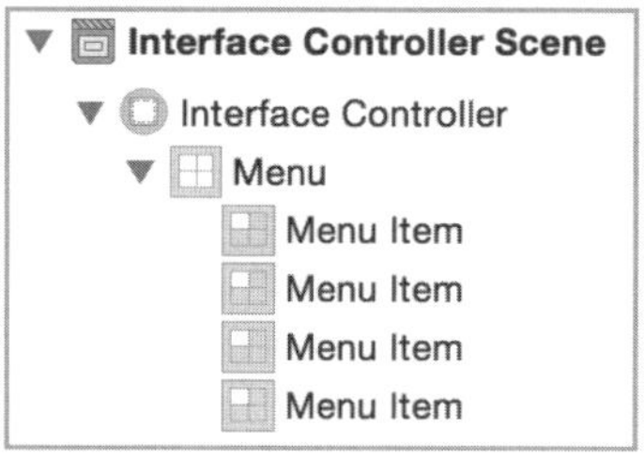

Bild 12.50
Mithilfe der Document Outline-Area erhalten Sie eine Übersicht über die existierenden Menüpunkte und den Aufbau eines Menüs.

Klasse unbekannt

Wenn Sie sich das MENU-Objekt in der Object Library per einfachem Klick darauf einmal genauer ansehen, werden Sie feststellen, dass dieses im Gegensatz zu allen anderen keinen Verweis auf eine passende Klasse besitzt (siehe Bild 12.51).

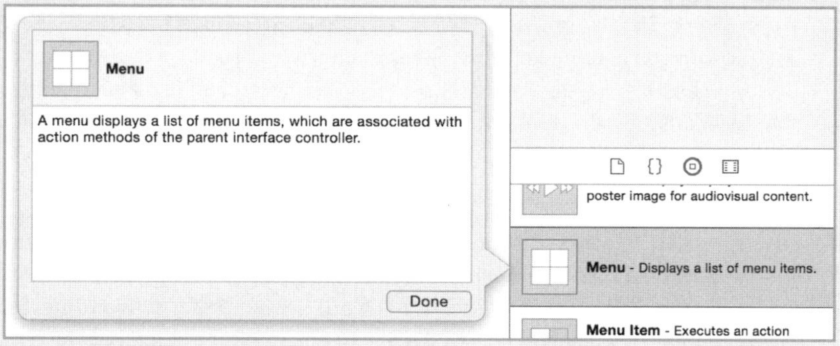

Bild 12.51 Die Klasse fehlt: Für das „Menu"-Objekt gibt es keinen Verweis auf eine existierende Klasse.

Das ist ein interessantes Detail, da das für uns Entwickler bedeutet, dass wir auch keinerlei Outlets von einem Menü erstellen oder generell über den Code unserer App auf ein Menü zugreifen können. Apple erlaubt allein die bisher vorgesehene Konfiguration eines Menüs, es gibt keinerlei Möglichkeiten, dort selbst in irgendeiner Art und Weise einzugreifen. Das aber nur als kleine Info und Anmerkung am Rande.

Wählen wir entsprechend das Menü in der Outline-Area unseres Interface-Controllers aus, steht uns im Attributes Inspector ein Textfeld mit dem Titel *Items* zur Verfügung (siehe Bild 12.53). Die Anzahl in diesem Textfeld gibt an, über wie viele Menüpunkte das Menü verfügen soll. Standardmäßig steht dieser Wert bei neu hinzugefügten Menüs auf 1. Entsprechend sehen wir in der Outline-Area auch bereits ein erstes MENU-Objekt unterhalb des eigentlichen Menüs (siehe Bild 12.52).

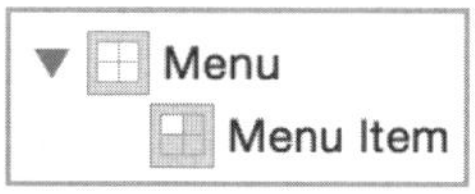

Bild 12.52
Der erste Menüpunkt wird standardmäßig zusammen mit einem neuen Menü erstellt.

Bild 12.53
Die Anzahl der Menüpunkte kann über das Feld „Items“ festgelegt werden.

Passen wir den Wert im Feld *Items* an, werden entsprechend neue Menüpunkte hinzugefügt oder bestehende entfernt. Neue Menüpunkte werden dabei immer ans Ende angehängt, beim Löschen werden die „untersten“ zuerst entfernt.

Die eigentlichen Menüpunkte werden dann über die jeweils angelegten MENU ITEM-Objekte konfiguriert. Nach Auswahl eines solchen in der Outline-Area können wir innerhalb des Attributes Inspectors einen Titel vergeben (der unterhalb des Menüpunkts angezeigt wird) sowie ein Bild beziehungsweise Icon auswählen (siehe Bild 12.55). Bei den Bildern steht uns dabei ein Set vorgefertigter Icons aus dem WatchKit SDK zur Verfügung, die bereits einen Großteil passender Optionen abdecken. Das gewünschte Icon können Sie einfach über das Drop-down-Menü *Image* im Attributes Inspector auswählen (siehe Bild 12.54).

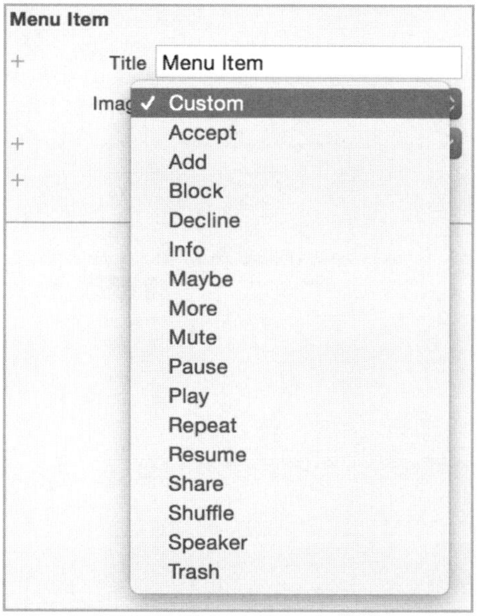

Bild 12.54
Die zur Verfügung stehenden Bilder für Menüpunkte können Sie einfach und direkt auswählen.

Bild 12.55
Sie können jeden Menüpunkt grundlegend mit Bild und Titel konfigurieren.

Alternativ können Sie auch ein beliebiges Image auswählen, das Teil Ihres Xcode-Projekts ist. Nutzen Sie dazu das Textfeld unterhalb des Drop-down-Menüs *Image*, um den gewünschten Namen dieses Bildes einzugeben. Xcode unterstützt Sie dabei mittels Auto Completion und macht Vorschläge für passende Treffer (siehe Bild 12.56).

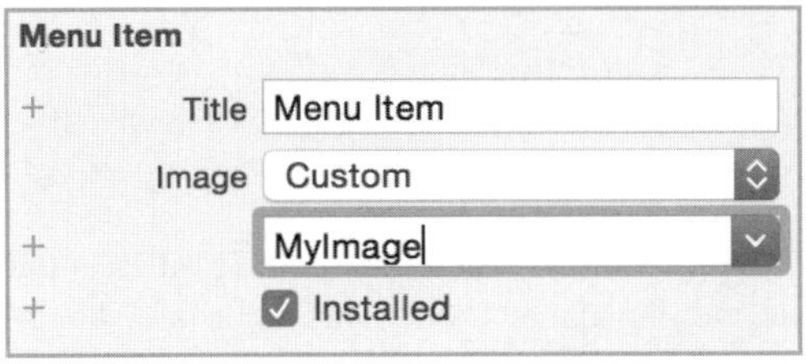

Bild 12.56
Sie können auch ein beliebiges eigenes Bild auswählen und für einen Menüpunkt nutzen.

Um die Konfiguration eines Menüpunktes abzuschließen, muss dieser noch mit einer passenden Funktion im Code Ihres Interface-Controllers verbunden werden. Eben diese Aktion wird dann bei Tap auf den Menüpunkt aufgerufen und ausgeführt. Diese Verbindung können Sie auf die gewohnte Art und Weise erstellen, am einfachsten also, indem Sie den Assistant Editor aufrufen und dann von Ihrem Menüpunkt im Storyboard bei gedrückt gehaltener rechter Maustaste eine Verbindung in den Code Ihres Interface-Controllers ziehen und somit eine neue Methode erstellen, die bei Tap auf den Menüpunkt aufgerufen wird (siehe Bild 12.57).

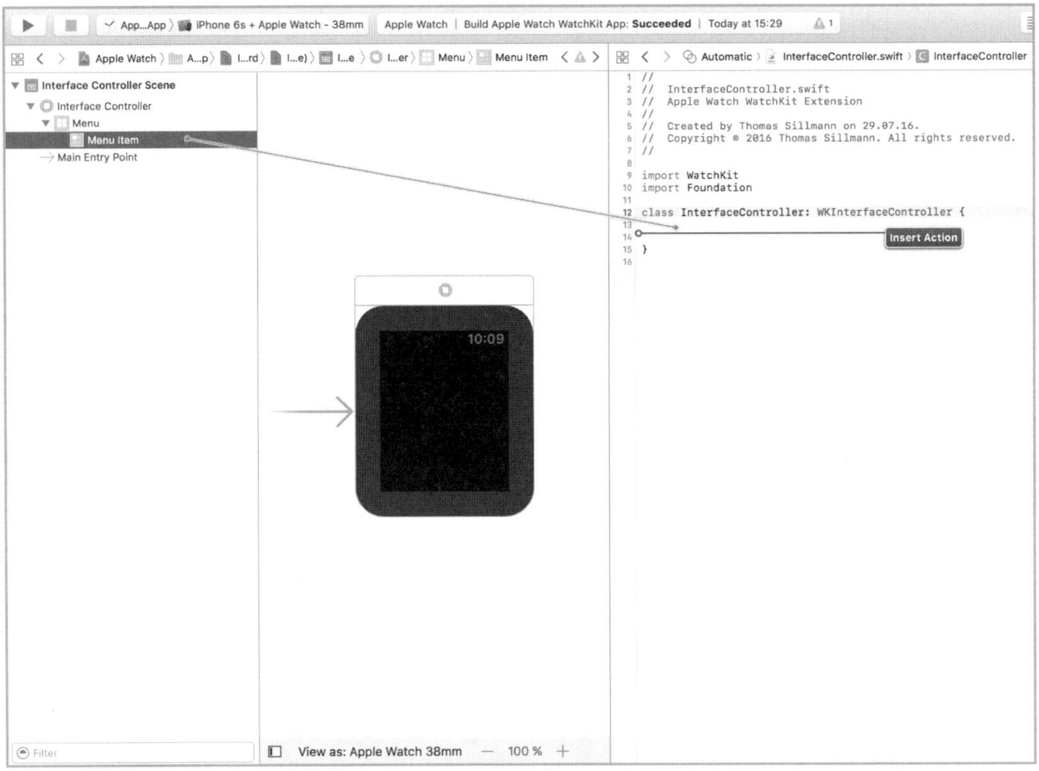

Bild 12.57 Sie müssen für einen Menüpunkt eine passende Methode erstellen, die bei Auswahl des Punkts gefeuert wird.

Damit kennen Sie alle Schritte zur Erstellung eines Menüs über das Storyboard. Haben Sie ein solches für einen Interface-Controller erstellt, können Sie das Menü per Force Touch aufrufen, wenn der entsprechende Interface-Controller Ihrer App angezeigt wird.

12.10.2 Erstellen eines Menüs im Code

Die zweite Möglichkeit zur Erstellung eines Menüs für einen Interface-Controller geht über den Code. Die Klasse `WKInterfaceController` bringt dazu drei spezifische Methoden mit, deren Deklarationen in Listing 12.22 aufgeführt sind.

Listing 12.22 Deklaration der Methoden eines `WKInterfaceController` zum Erstellen von Menüpunkten

```
// Swift
func addMenuItem(with itemIcon: WKMenuItemIcon, title: String, action: Selector)
func addMenuItem(withImageNamed imageName: String, title: String, action: Selector)
func addMenuItem(with image: UIImage, title: String, action: Selector)

// Objective-C
- (void)addMenuItemWithItemIcon:(WKMenuItemIcon)itemIcon title:(NSString *)title
action:(SEL)action;
- (void)addMenuItemWithImageNamed:(NSString *)imageName title:(NSString *)title
action:(SEL)action;
- (void)addMenuItemWithImage:(UIImage *)image title:(NSString *)title
action:(SEL)action;
```

Was allen drei Methoden gemein ist, sind ihre jeweiligen letzten beiden Parameter `title` und `action`. Bei `title` handelt es sich um den Titel des Menüpunkts, der unter dem Icon angezeigt wird, und `action` ist der Selektor, der auf die Methode verweist, die bei Tap auf den entsprechenden Menüpunkt ausgeführt werden soll.

Unterschiede gibt es nun bei der Konfiguration des Bildes des Menüpunkts; jede der drei Methoden erwartet hier einen anderen Parameter. Betrachten wir zunächst die erste Methode `addMenuItem(with:title:action:)`. Diese erwartet ein Objekt vom Typ `WKMenuItemIcon`. Wie der Name bereits andeutet, stammt dieser Typ aus dem WatchKit SDK. Es handelt sich dabei um einen Verweis auf die verfügbaren Standardgrafiken, die uns Apple für die Menüpunkte zur Verfügung stellt; diese wurden bereits im vorherigen Abschnitt 12.10.1 „Erstellen eines Menüs im Storyboard“ vorgestellt. `WKMenuItemIcon` ist dabei als einfache Enumeration umgesetzt, wir müssen also keine Instanz einer Klasse erstellen und für diesen Parameter übergeben (siehe Bild 12.58).

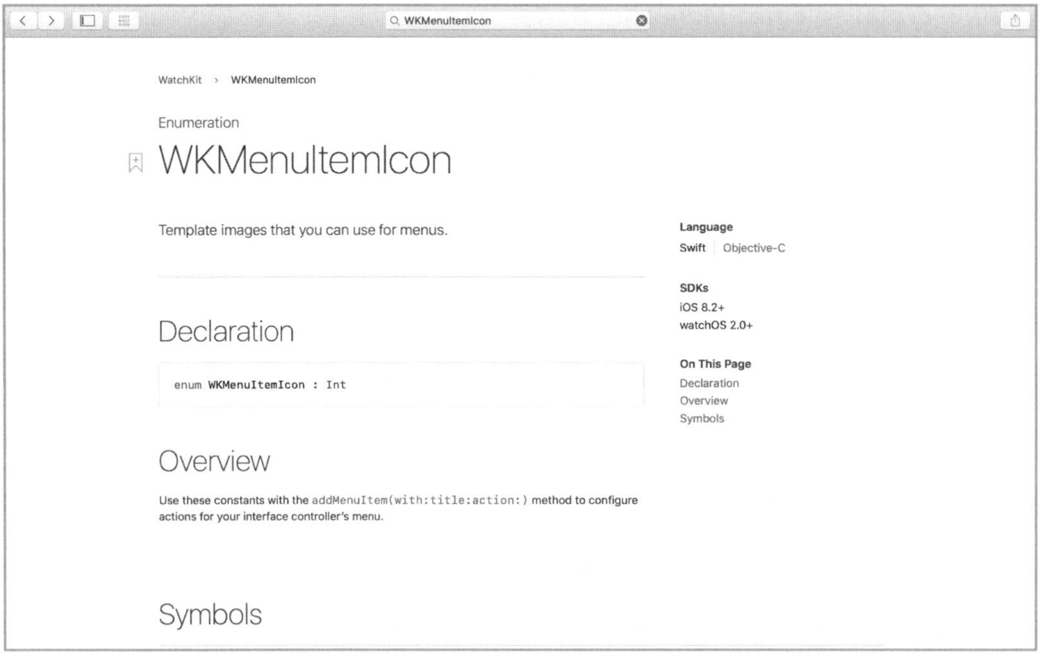

Bild 12.58 Die Dokumentation von Apple offenbart, wie WKMenuItemIcon intern umgesetzt ist.

Listing 12.23 zeigt ein paar beispielhafte Aufrufe der Methode `addMenuItem(with:title:action:)`.

Listing 12.23 Beispielhafte Aufrufe der Methode `addMenuItem(with:title:action:)`

```
// Swift
addMenuItem(with: .add, title: "Hinzufügen", action: #selector(addItem))
addMenuItem(with: .trash, title: "Löschen", action: #selector(deleteItem))
addMenuItem(with: .info, title: "Info", action: #selector(displayInfo))

// Objective-C
[self addMenuItemWithItemIcon:WKMenuItemIconAdd title:@"Hinzufügen"
action:@selector(addItem)];
[self addMenuItemWithItemIcon:WKMenuItemIconTrash title:@"Löschen"
action:@selector(deleteItem)];
[self addMenuItemWithItemIcon:WKMenuItemIconInfo title:@"Info"
action:@selector(displayInfo)];
```

Möchten Sie statt der in der Enumeration `WKMenuItemIcon` existierenden Standard-Icons eine eigene Grafik für einen Menüpunkt verwenden, so sind die beiden Methoden `addMenuItem(withImageNamed:title:action:)` und `addMenuItem(with:title:action:)` für Sie von Interesse. Erstere erwartet den Namen eines entsprechenden Images als String. Dabei ist ein Detail immens wichtig: Das entsprechende Bild muss Teil Ihrer WatchKit App sein! Liegt es in Ihrer WatchKit Extension oder Ihrer iPhone-App, so wird es über diese Methode nicht gefunden (was die unschöne Konsequenz zur Folge hat, dass der entsprechende Menüpunkt überhaupt nicht angezeigt wird). Denken Sie daran, wenn Sie diese Methode verwenden.

Die zweite Methode `addMenuItem(with:title:action:)` erwartet ein bereits konfiguriertes Bild-Objekt der Klasse `UIImage`, das für den entsprechenden Menüpunkt verwendet werden soll. Der Rest der Konfiguration entspricht den bereits vorgestellten Methoden.

Darüber hinaus verfügt die Klasse `WKInterfaceController` aber noch über eine weitere Methode zur Arbeit mit Menüs (siehe Listing 12.24).

Listing 12.24 Deklaration der Methode zum Zurücksetzen eines Menüs

```
// Swift
func clearAllMenuItems()

// Objective-C
- (void)clearAllMenuItems;
```

Diese Methode, die weder einen Parameter entgegennimmt noch einen Rückgabewert besitzt, entfernt alle aktuell programmatisch hinzugefügten Menüpunkte. Sie können diese Methode immer dann nutzen, wenn sich Ihre Menüs dynamisch ändern können. In diesem Fall müssen Sie das Menü erst mittels `clearAllMenuItems()` zurücksetzen und anschließend das Menü anhand der drei zuvor vorgestellten Methoden wieder in der gewünschten Form herstellen.

Wie aber bereits erwähnt, funktioniert diese Methode nur bei den *programmatisch* erstellten Menüpunkten, also denjenigen, die Sie über die eben vorgestellten drei Methoden im Code hinzugefügt haben. Über das Storyboard hinzugefügte Menüpunkte lassen sich damit nicht zurücksetzen.

12.10.3 Fazit: Menüerstellung im Storyboard oder im Code?

Sie haben nun die beiden Möglichkeiten zur Erstellung eines Menüs in der watchOS-Entwicklung kennengelernt. Stellt sich die Frage: Welche sollte man bevorzugen? Welche Vor- und Nachteile haben beide Verfahren?

Für Menüs in Storyboards spricht, dass diese schnell und einfach ohne viel Code über die grafische Oberfläche erstellt werden können. Der einzig notwendige Code, der noch geschrieben werden muss, ist der für die auszuführende Action-Methode. Aufgrund dessen, dass Menüs aus dem Storyboard zur Laufzeit nicht geändert werden können und komplett statisch sind, eignen sie sich insbesondere für unveränderliche Menüs, die unabhängig vom Kontext und der Situation des Users immer die gleichen Menüpunkte anzeigen und immer die gleiche Aktion ausführen.

Sobald ein Menü aber dynamisch sein soll, müssen diese zwangsläufig immer über den Code erstellt werden, denn nur dann ist man in der Lage, ein Menü mithilfe der Methode `clearAllMenuItems()` zurückzusetzen und anschließend neu aufzubauen. Menüpunkte, die im Storyboard erstellt worden sind, lassen sich zu keiner Zeit zurücksetzen oder verändern.

Letzten Endes ist genau dieser Punkt ausschlaggebend: Ist ein Menü komplett statisch und verändert sich nicht, bieten sich Storyboards der Einfachheit wegen an. Kommt Dynamik bei den Menüs ins Spiel, geht nur der Weg über den Code. Da im Code angelegte Menüs flexibler sind, sollte man sich im Zweifelsfall immer für die Erstellung der Menüs im Code entscheiden.

12.10.4 Mischen von Menüpunkten aus Storyboard und Code

Zum Abschluss dieses Abschnitts möchte ich noch auf die Möglichkeit eingehen, Menüpunkte aus Storyboards und Code zu mischen; das funktioniert nämlich! Haben Sie somit Menüpunkte für einen Interface-Controller sowohl im Storyboard als auch im Code erstellt, so wird das Menü dieses Interface-Controllers beide Arten von Menüpunkten anzeigen. Dabei tauchen zuerst die Menüpunkte aus dem Storyboard auf, gefolgt von denen, die Sie im Code erstellt haben. Wenn Sie dann die Methode `clearAllMenuItems()` aufrufen, werden aber weiterhin nur die Menüpunkte entfernt, die Sie im Code hinzugefügt haben; die Menüpunkte aus dem Storyboard werden dabei nicht entfernt und werden weiterhin angezeigt.

12.11 Eingabe von Text

Die Apple Watch kommt bisher ohne jegliche virtuelle Bildschirmtastatur aus (wenn man einmal von dem Zahlenfeld zur Eingabe des Entsperr-Codes absieht). Das macht auch durchaus Sinn, ist das kleine Touch-Display wohl eher weniger zum Tippen geeignet. Nichtsdestoweniger gibt es die Möglichkeit, über die Apple Watch Text einzugeben und zu verarbeiten, und das auch in eigenen Apps. Das Zauberwort hierbei heißt Siri.

Apples Sprachassistentin ist auch Teil der Apple Watch, und auf diesem Gerät wird ihr sogar eine tragende Rolle zuteil. Jegliche Eingaben von Text erfolgen direkt über Siri, auch in den vorinstallierten Apps von Apple. Damit auch Entwickler wie wir eine Möglichkeit besitzen, Text in eigenen Apps eingeben zu können, hat Apple die Schnittstelle zu Siri frei zugänglich gemacht. Über einen `WKInterfaceController` können wir Siri aufrufen und anschließend das Ergebnis der Sprachaufnahme abfragen und weiter verwerten. All das erlaubt die Methode `presentTextInputController(withSuggestions:allowedInputMode:completion:)`, deren exakte Deklaration in Listing 12.25 aufgeführt ist.

Listing 12.25 Deklaration der Methode zur Spracheingabe von Text

```
// Swift
func presentTextInputController(withSuggestions suggestions: [String]?,
allowedInputMode inputMode: WKTextInputMode, completion: ([AnyObject]?) -> Void)

// Objective-C
- (void)presentTextInputControllerWithSuggestions:(NSArray<NSString> *)suggestions
allowedInputMode:(WKTextInputMode)inputMode completion:(void (^)(NSArray
*results))completion;
```

Wie Sie sehen, erwartet die Methode drei Parameter, die ich Ihnen nun nacheinander im Detail vorstellen möchte.

Der erste Parameter `suggestions` ist ein Array aus `String`- (Swift) beziehungsweise `NSString`-Objekten (Objective-C). Jeder String innerhalb dieses übergebenen Arrays wird dem Nutzer als potenzielle Texteingabe zur Verfügung gestellt, bevor er direkt einen eigenen Text mithilfe von Siri diktiert. Er kann also bereits im Vorhinein einen dieser Strings wählen, die dann entsprechend als Texteingabe des Nutzers zurückgeliefert werden (wo wir die Texteingabe des Nutzers abfangen und verarbeiten können, sehen wir gleich). Dieser

Parameter ist allerdings optional und macht auch nicht in allen Anwendungsfällen Sinn. Er wird von Apple selbst beispielsweise für die Nachrichten-App verwendet, um mögliche Antworten wie „Danke" oder „Ich bin auf dem Weg" bereits als Vorauswahl zur Verfügung zu stellen, ehe der Nutzer einen eigenen Text mittels Siri eingibt. Da davon auszugehen ist, dass manche dieser Texte häufiger genutzt und verwendet werden, ist diese Vorauswahl sinnvoll. Ob es auch für Ihr Projekt passt, müssen Sie selbst prüfen, alternativ übergeben Sie für diesen Parameter einfach `nil`. Damit werden dem Nutzer keine Empfehlungen angezeigt und er wird direkt zur Texteingabe mittels Siri weitergeleitet.

Der zweite Parameter `inputMode` erwartet einen Wert vom Typ `WKTextInputMode`. Hierbei handelt es sich um eine Enumeration, die über drei mögliche Werte verfügt:

- `plain`
- `allowEmoji`
- `allowAnimatedEmoji`

`plain` bedeutet, dass der Nutzer mittels Siri ausschließlich Text eingeben kann, mit `allowEmoji` können dagegen auch Smileys umgesetzt werden, mit `allowAnimatedEmoji` sogar animierte Varianten davon.

Zu guter Letzt folgt ein `completion`-Block. Dieser Block wird aufgerufen, wenn der Nutzer die Texteingabe mittels Siri erfolgreich abgeschlossen (und somit auch nicht selbst vorher abgebrochen) hat. Dabei wird ein `results`-Array übergeben, das Informationen über die Texteingaben des Nutzers mittels Siri enthält. Eingegebener Text wird dabei als `String`- beziehungsweise `NSString`-Objekt im `results`-Array übergeben, während Emojis als `NSData`-Objekte zurückgeliefert werden. Daher ist es an uns, die Objekte des `results`-Arrays passend zu durchlaufen und zu prüfen, um welchen Typ es sich handelt, um entsprechend zu reagieren und die Daten in der gewünschten Form zu verarbeiten. Am einfachsten gestaltet sich das natürlich, wenn als `inputMode` der Wert `plain` übergeben wurde, da dann sowieso nur reiner Text erlaubt ist und uns somit das `results`-Array ausschließlich ein `String`- beziehungsweise `NSString`-Objekt mit dem entsprechenden Text zurückliefert. Wie ein solcher Aufruf der Methode `presentTextInputController(withSuggestions:inputMode:completion:)` aussehen könnte, zeigt Listing 12.26.

Listing 12.26 Beispielhafter Aufruf der Methode `presentTextInputController(withSuggestions:inputMode:completion:)`

```
// Swift
presentTextInputController(withSuggestions: ["Vorschlag", "Idee"],
allowedInputMode: .plain) { (results: [AnyObject]?) -> Void in
    if results != nil {
        let resultString: String = results!.first as! String
        // Führe gewünschte Aktion mit dem Ergebnis durch
    }
}

// Objective-C
[self presentTextInputControllerWithSuggestions:@[@"Vorschlag ", @"Idee"]
allowedInputMode:WKTextInputModePlain completion:^(NSArray *results) {
    if (results.count > 0) {
        NSString *resultString = results.firstObject;
        // Führe gewünschte Aktion mit dem Ergebnis durch
    }
}];
```

Mehr ist von unserer Seite nicht zu tun (und darüber hinaus auch gar nicht möglich), die passenden Ansichten zur Texteingabe mittels Siri zeigt das SDK automatisch an. Hat der Nutzer die Texteingabe erfolgreich beendet, werden wir durch Aufruf des `completion`-Blocks darüber informiert und können dann passend reagieren.

Suggestions übersetzen

Sollten die vorgefertigten Vorschläge, die Sie Ihrem Nutzer bei der Texteingabe mittels Siri zur Verfügung stellen möchten, übersetzt werden, so können Sie für diesen Zweck eine weitere Methode des `WKInterfaceController` nutzen und darüber die Texteingabe mittels Siri auf der Apple Watch starten. Die Deklaration dieser Methode zeigt Listing 12.27.

Listing 12.27 Deklaration der Methode für Textvorschläge in verschiedenen Sprachen

```
// Swift
func presentTextInputControllerWithSuggestions(forLanguage
suggestionsHandler: ((String) -> [AnyObject]?)?, allowedInputMode
inputMode: WKTextInputMode, completion: ([AnyObject]?) -> Void)

// Objective-C
- (void)presentTextInputControllerWithSuggestionsForLanguage:(NSArray *
_Nullable (^)(NSString *inputLanguage))suggestionsHandler
allowedInputMode:(WKTextInputMode)inputMode completion:(void (^)
(NSArray *results))completion;
```

Die Funktionsweise ist dabei identisch mit der in diesem Abschnitt bereits vorgestellten Methode, lediglich der erste Parameter für die festgelegten Textvorschläge unterscheidet sich. Hier erhalten Sie einen Block, der Ihnen als String die Sprache übergibt, die auf dem Gerät des Nutzers eingestellt ist und der als Rückgabewert ein Array mit den passenden Textvorschlägen erwartet. Sie können somit diesen String auswerten, um die zugrunde liegende Sprache zu erhalten, und darauf aufbauend passende und übersetzte Textvorschläge zurückliefern.

12.12 Notification Scene

Eine Notification Scene ist eine eigene angepasste Ansicht zur Darstellung von Notifications (egal ob Local oder Push) auf der Apple Watch. Dabei muss zunächst einmal gar nichts weiter getan werden, möchte man bereits bestehende Notifications der eigenen iPhone-App auch auf der Apple Watch nutzen, denn diese werden bereits in einem Standarddesign an die Smartwatch weitergereicht und können dort betrachtet werden; ganz ohne eine einzige zusätzliche Zeile Code.

Diese Standardansichten sind in ihrer Funktionsweise aber eingeschränkt; mehr als die Anzeige der eigentlichen Nachricht ist dabei nicht drin. Wer stattdessen ein eigenes Interface für eine Notification auf der Apple Watch verwenden oder zusätzliche Schaltflächen zum Durchführen von Aktionen mit anbieten möchte, kommt um eine eigene passende Implementierung nicht herum. Und genau da kommen die sogenannten Notification Scenes ins Spiel. Vereinfacht ausgedrückt geben diese uns die Möglichkeit, eigene und angepasste Interfaces für die Notifications unserer iPhone-App für die Apple Watch zu erstellen.

12.12.1 Short-Look und Long-Look Interface

Zunächst müssen wir dabei zwischen zwei grundlegenden Ansichten einer Notification auf der Apple Watch unterscheiden: dem Short-Look und dem Long-Look Interface. Während wir letzteres optional selbst anpassen und konfigurieren können, ist das Short-Look Interface eine Standardansicht für jede Notification auf der Apple Watch, die wir selbst nicht anpassen können. Das Short-Look Interface einer Notification wird auf der Apple Watch immer dann angezeigt, wenn eine Notification eingeht und der Nutzer sie auf der Smartwatch betrachtet. Dabei bleibt das Short-Look Interface nur wenige Sekunden sichtbar und geht anschließend automatisch in das Long-Look Interface über. Dadurch soll das Short-Look Interface dazu dienen, dem Nutzer einen schnellen Blick auf die Notification zu geben, damit dieser entscheiden kann, ob diese nun interessant für ihn ist oder nicht. Ist sie interessant, sieht er einfach weiter aufs Display, bis das Long-Look Interface erscheint, andernfalls wendet er sich ebenso einfach wieder von der Apple Watch ab.

Ein Beispiel aus der Xcode-Dokumentation für ein Short-Look Interface zeigt Bild 12.59. Es setzt sich zusammen aus dem App-Icon der App, gefolgt vom Titel der Notification. Darunter erscheint der Name der App, die die Notification gefeuert hat. Wie bereits beschrieben ist dieses Interface nicht anpassbar, es wird immer und bei jeder Notification auf der Apple Watch angezeigt, ohne dass wir irgendeinen Einfluss darauf nehmen können.

Bild 12.59
Das Short-Look Interface zeigt neben einem bildschirmfüllenden App-Icon nur den Titel der Notification an
(Bild: Xcode-Dokumentation).

Das Long-Look Interface dagegen ist eine Detailansicht der entsprechenden Notification. Solch eine können wir selbst für jede Art von Notification unserer App für die Apple Watch implementieren und entsprechend anpassen, indem wir die gewünschten Interface-Elemente auf der Ansicht platzieren, Farben setzen und so weiter. Darüber hinaus werden dem Long-Look Interface auch die Action-Buttons hinzugefügt, die wir für die entsprechende Art von Notification registriert haben (siehe dazu auch das Kapitel „Local und Push Notifications“), und das ganz automatisch. Unser Einflussbereich betrifft also ausschließlich den Inhaltsbereich der Notification, um die entsprechenden Informationen in aufbereiteter sowie passend formierter Form anzuzeigen.

12.12.2 Long-Look Interface im Detail

Während das Short-Look Interface also eine Standardvorschau einer jeden Notification auf der Apple Watch darstellt, die wir selbst nicht weiter anpassen können, erlaubt uns das Long-Look Interface die Anpassung unserer Notifications speziell für die Apple Watch. Grundlage einer jeden speziell für die Apple Watch angepassten Notification ist die Controller-Klasse `WKUserNotificationInterfaceController`. Dabei handelt es sich um eine Subklasse von `WKInterfaceController`, die zusätzliche Methoden und Informationen speziell für den Umgang mit Notifications enthält. Wie Sie es womöglich bereits vermuten, müssen wir für jede Art von Notification, für die wir ein angepasstes Interface für die Apple Watch anzeigen möchten, ein entsprechendes Element in unserem Interface-Storyboard der WatchKit App hinzufügen; und genau so ist es auch. Tatsächlich gibt es aber noch eine wichtige Besonderheit bei Notification Scenes für Long-Look Interfaces zu beachten: Es wird zwischen sogenannten Static und Dynamic Notification Interfaces unterschieden.

12.12.2.1 Static Notification Interface

Das Static Notification Interface ist der Standard für jedes Long-Look Interface und muss in jedem Fall implementiert werden. Wie der Name bereits andeutet, ist ein solches Interface statisch, was bedeutet, dass es keinerlei Möglichkeiten gibt, dynamische Informationen zur Laufzeit zu setzen; weder können wir dynamisch einem Label Text zuweisen, Farben ändern oder sonst irgendetwas an der Notification Scene ändern; alles wird genauso angezeigt, wie wir es auch im Interface-Storyboard für diese Ansicht konfigurieren. Einzige Ausnahme bildet das sogenannte Alert Label, das Teil jedes Static Notification Interface ist. Dieses Label ist mit dem Outlet `notificationAlertLabel` von `WKUserNotificationInterfaceController` gekoppelt und erhält zur Laufzeit den Text, den die entsprechende Notification enthält. Das ist die einzige Dynamik, die ein Static Notification Interface zulässt, alle anderen Interface-Elemente, die der Notification-Ansicht hinzugefügt werden, sind unveränderlich.

12.12.2.2 Dynamic Notification Interface

Reicht die statische Ansicht einer Notification in Form eines Static Notification Interface für die eigenen Zwecke nicht aus, so gibt es die optionale Möglichkeit, ein Static Notification Interface um ein sogenanntes Dynamic Notification Interface zu erweitern. Dieses Dynamic Notification Interface ist an das Static Notification Interface gebunden; die beiden bilden sozusagen eine Einheit für den gewünschten Typ von Notification. Allerdings besitzt das Dynamic Notification Interface den Vorteil, dass es mit einer entsprechenden `WKUserNotificationInterfaceController`-Subklasse aus der WatchKit Extension gekoppelt werden kann, um so einerseits Outlets für Labels und andere Interface-Elemente innerhalb der Notification Scene zu setzen und andererseits diese dann dynamisch im Code anzupassen und zu konfigurieren (eben genau so, wie wir es auch von allen anderen Interface-Controllern aus der watchOS-Entwicklung her bereits kennengelernt haben).

Welches Notification Interface wird denn aber nun verwendet?

Static und Dynamic Notification Interface werden beide zusammen für eine bestimmte Art von Notification erstellt und angelegt (wobei das Dynamic Notification Interface immer optional ist). Wird nun eine Notification des entsprechenden Typs gefeuert, stellt sich die Frage, ob nun das Static oder das Dynamic Notification Interface angezeigt wird (sofern beide vorliegen). Einfache Antwort: Ist ein Dynamic Notification Interface vorhanden, so wird dieses in der Regel auch immer angezeigt. Es gibt allerdings eine Ausnahme von dieser Regel, die trotz vorhandenem Dynamic Notification Interface lediglich zur Anzeige des Static Notification Interface führt:

Die Apple Watch verfügt nicht über genügend Power beziehungsweise Ressourcen, um das Dynamic Notification Interface zu laden und anzuzeigen.

Das zumindest ist die Aussage von Apple, und was das letztlich konkret bedeutet, können wir nur grob erahnen. Fakt ist aber, dass Sie sich nicht darauf verlassen können, dass das Dynamic Notification Interface angezeigt wird und nicht zur Not stattdessen auf das Static Notification Interface zurückgegriffen wird. ■

Wie das Erstellen von Notification Scenes inklusive der Unterscheidung zwischen Static und Dynamic Notification Interface funktioniert, erfahren Sie in den folgenden Abschnitten.

12.12.3 Erstellen eigener Notification Scenes

Nachdem wir nun die beiden Arten von Long-Look Interfaces – namentlich bekannt als Static und Dynamic Notification Interfaces – kennengelernt haben, betrachten wir nun einmal die Erstellung einer solchen Notification Scene. Dabei beginnt die Arbeit – wie bei allen anderen Interface-Controllern auch – wieder im Interface-Storyboard der WatchKit App.

Um unserem Interface-Storyboard eine neue Notification Scene für ein Long-Look Interface hinzuzufügen, müssen wir ein entsprechendes Element vom Typ NOTIFICATION INTERFACE CONTROLLER auf das Storyboard ziehen (siehe Bild 12.61). Dies erstellt einen neuen `WKUserNotificationInterfaceController` (siehe Bild 12.60).

Bild 12.60
Ein neu erstellter Notification Interface Controller im Storyboard

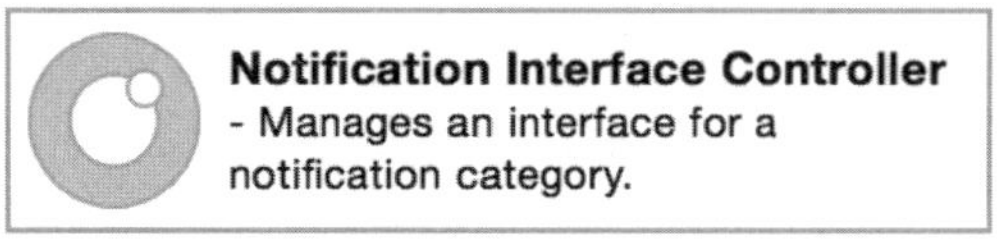

Bild 12.61
Der Notification Interface Controller ist die Grundlage eigener Notification Scenes für unsere Apple Watch-App.

Notification Scene direkt beim Erstellen der WatchKit App hinzufügen

Sie haben bei einer Notification Scene die Möglichkeit, eine solche bereits automatisch beim Hinzufügen der WatchKit App zu Ihrem Projekt mitzuerstellen. Setzen Sie dazu bei der entsprechenden Konfiguration der WatchKit App einfach den Haken bei der Checkbox INCLUDE NOTIFICATION SCENE, damit Xcode bereits einen ersten Notification-Interface-Controller erstellt und automatisch Ihrem Projekt hinzufügt (siehe Bild 12.62).

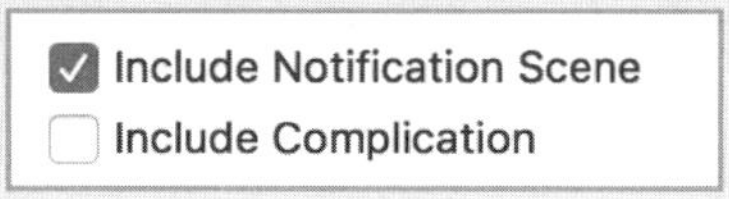

Bild 12.62
Auch eine Notification Scene kann bereits direkt beim Erstellen einer WatchKit App hinzugefügt werden.

Bei dem so platzierten Interface-Controller handelt es sich um ein Static Notification Interface. Das bedeutet, dass wir zwar eigene Interface-Elemente wie Labels der Notification Scene hinzufügen, diese aber nicht dynamisch über eine gekoppelte Klasse setzen und konfigurieren können. Sie werden also genau so geladen und angezeigt, wie wir sie im Storyboard konfigurieren.

Das lässt sich auch schön nachvollziehen, wenn man einmal nach Auswahl dieses Notification-Interface-Controllers in den Identity Inspector in der Utility Area wechselt (siehe Bild 12.63). Dort ist es unmöglich, diesem Controller eine eigene Klasse zuzuweisen (und das wäre schließlich die Grundlage, um Outlets zu erstellen und diese dann im Code dynamisch anzupassen und zu konfigurieren). Dadurch wird auch deutlich, dass eine Konfiguration dieses Controllers außerhalb der Storyboard-Datei unmöglich ist.

Bild 12.63
Static Notification Interfaces kann keine eigene Klasse zugewiesen werden.

Wie wir dieses Static Notification Interface um ein Dynamic Notification Interface ergänzen, sehen wir gleich, zunächst aber wollen wir einmal einen Blick auf den hinzugefügten Notification-Interface-Controller im Storyboard werfen. Dieser verfügt nämlich bereits über einige Interface-Elemente, die wir teilweise auch nicht verändern oder löschen können. So werden das App-Icon und der Name der App immer in einer Notification Scene angezeigt; wir können lediglich die Hintergrund- und die Textfarbe für den App-Namen im Attributes Inspector in der Utility Area definieren (Textfelder SASH COLOR und TITLE COLOR), nachdem wir auf den Pfeil links vom Interface-Controller oder den Eintrag NOTIFICATION CATEGORY in der Document Outline-Area des Interface-Controllers geklickt haben (siehe Bild 12.64).

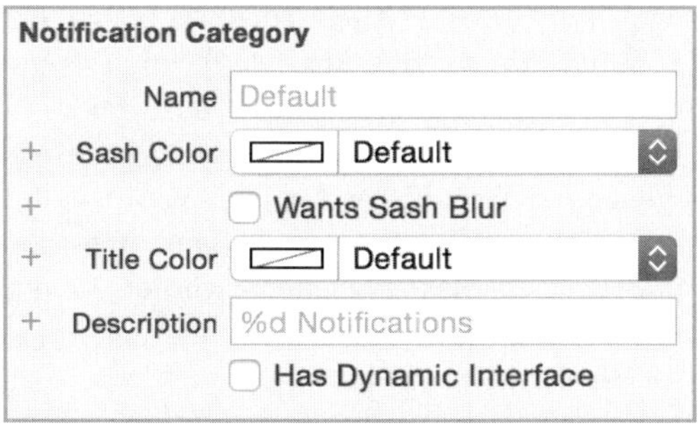

Bild 12.64
Nach Auswahl der Notification Category können grundlegende Einstellungen zur Notification vorgenommen werden.

Am Ende einer Notification findet sich darüber hinaus eine Abbrechen-Schaltfläche, die wir ebenfalls weder konfigurieren noch löschen können. Sie ist Teil einer jeden Notification und wird immer am Ende angezeigt, um diese schließen zu können.

Zwischen diesen beiden Teilen – dem App-Icon mitsamt Titel und dem Abbrechen-Button – können wir die Notification nach unseren Vorstellungen und Wünschen konfigurieren. Dabei fällt auf, dass ein erstes Interface-Element in Form eines Labels bereits existiert. Dieses als „Alert Label" gekennzeichnete Element ist dabei bereits mit dem Outlet `notificationAlertLabel` verbunden, was bedeutet, dass dieses bereits eingefügte Label standardmäßig die eigentliche Nachricht der jeweiligen Notification anzeigt. Diese Verbindung können Sie selbst leicht nachvollziehen, indem Sie nach Auswahl des Labels in den Connections Inspector der Utility Area wechseln. Dort sehen Sie dann, dass dieses Label bereits mit dem Outlet `notificationAlertLabel` verbunden ist (siehe Bild 12.65).

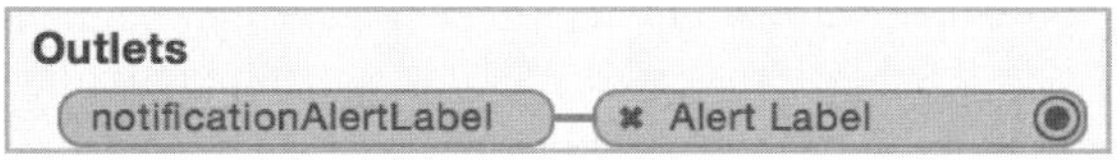

Bild 12.65 Das „notificationAlertLabel" muss mit einem Label innerhalb der Notification Scene verbunden sein, um dort den Notification-Text anzuzeigen.

Die grundlegende Konfiguration einer jeden Notification Scene ist also bereits beim Einfügen durch Xcode abgeschlossen. Was wir in jedem Fall tun müssen, ist, den gewünschten Typ der Notification zu konfigurieren, damit die Apple Watch überhaupt weiß, wann und zu welcher Notification sie unser frisch angelegtes Interface anzeigen soll. Dazu müssen wir auf den Pfeil links von unserem Notification-Interface-Controller oder auf den Punkt NOTIFICATION CATEGORY des Interface-Controllers in der Document Outline-Area klicken und anschließend den Attributes Inspector in der Utility Area aufrufen. Dort finden wir alle Konfigurationsmöglichkeiten für unsere Notification Scene (siehe Bild 12.66).

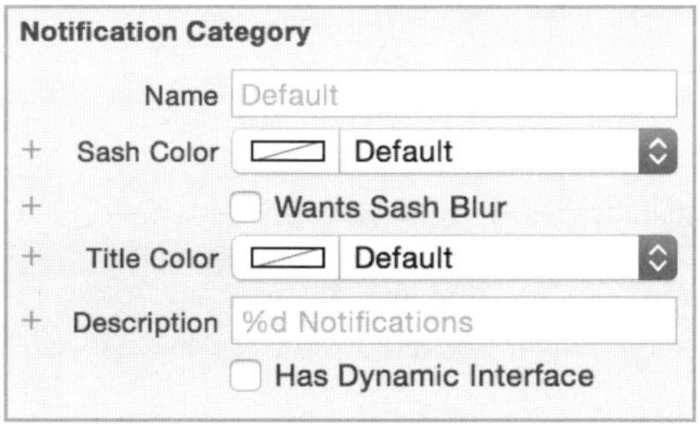

Bild 12.66
Über den Pfeil oder die „Notification Category"-Schaltfläche in der Document Outline-Area gelangen wir zur Konfiguration der Notification Scene.

Der wichtigste Punkt für die Konfiguration ist dabei das Textfeld *Name*. Hier müssen wir die eindeutige Kategorie der Art von Notification eingeben, für die diese Notification Scene geladen und angezeigt werden soll. Local und Push Notifications verfügen dazu über ein Attribut `category`, um diese eben solchen Kategorien zuzuordnen (siehe dazu auch das Kapitel „Local und Push Notifications"), und genau der Wert dieses Attributs wird von der Apple Watch zur Verwendung der korrekten Notification Scene herangezogen. Wenn Sie also beispielsweise eine Notification mit der Kategorie `NewMessage` feuern, würden Sie der Notification Scene, die genau solch eine Notification in aufbereiteter Form auf der Apple Watch anzeigen soll, im Textfeld *Name* den Wert `NewMessage` zuweisen.

Notifications ohne Kategorie

Sie können auch Local und Push Notifications ohne einen Wert für das Attribut `category` erstellen und feuern. Um in solchen Fällen ebenfalls eine angepasste Notification Scene auf der Apple Watch anzuzeigen, lassen Sie das Feld *Name* einfach leer. In diesem Fall handelt es sich bei der entsprechenden Notification Scene um eine Art Standardansicht für Notifications Ihrer App auf der Apple Watch, die für alle Notifications verwendet wird, die über keine passende spezifische Kategorie verfügen.

Sobald Sie einen entsprechenden Typ in das Textfeld *Name* eingetragen haben, sehen Sie auch, dass sich der Pfeil vor dem Notification-Interface-Controller ändert und nun in einem leichten Blau hervorgehoben wird (siehe Bild 12.67). Das erlaubt es Ihnen, bei der Arbeit mit mehreren verschiedenen Notification Scenes den Überblick zu behalten und direkt zu sehen, welche Notification Scenes für spezifische Kategorien konfiguriert sind und welche nicht.

Bild 12.67
Die Farbe des Pfeils ändert sich zu einem Blau, sobald eine Kategorie für die Notification Scene gesetzt wurde.

Einschränkungen bei Static Notification Interfaces

Für ein Static Notification Interface gelten einige Einschränkungen (und damit meine ich nicht nur die Tatsache, dass Labels und andere Interface-Elemente innerhalb der Ansicht zur Laufzeit unveränderlich sind). So sind alle Interface-Elemente verboten, die in irgendeiner Weise interaktiv sind, also beispielsweise

Tabellen, Karten, Schaltflächen, Schalter und so weiter. Dieser Hinweis ist deshalb so wichtig, da derartige Elemente im Storyboard selbst problemlos hinzugefügt werden können, die Dokumentation von Apple schließt die Nutzung solcher Elemente in Static Notification Interfaces aber vehement aus; spätestens bei Einreichung einer App mit interaktiven Elementen in einem Static Notification Interface darf man mit einer Ablehnung durch Apple rechnen.

Darüber hinaus gilt es zu beachten, dass eventuell verwendete Bilder Bestandteil der WatchKit App sein und somit zusammen mit ihr ausgeliefert werden müssen. Zu guter Letzt muss auch das Outlet `notificationAlertLabel` in jedem Fall einem Label des Static Notification Interfaces zugewiesen sein (so wie es bei der Standardkonfiguration nach Hinzufügen einer Notification Scene ja generell sowieso der Fall ist). ■

12.12.3.1 Dynamic Notification Interface ergänzen

Auf die eben vorgestellte Art und Weise erstellen und konfigurieren wir also ein Static Notification Interface. Wenn das für unsere Zwecke ausreichend ist, ist die Arbeit damit auch erledigt. Möchte man aber stattdessen mehr Dynamik für seine Notification und beispielsweise Labels dynamisch zur Laufzeit und abhängig von der Notification passende Werte zuweisen, kommt man um ein zusätzliches Dynamic Notification Interface nicht herum.

Wie bereits beschrieben, ist ein Dynamic Notification Interface eine *Ergänzung* zu einem Static Notification Interface; ein Dynamic Notification Interface kann also niemals alleine existieren. Um nun ein Static Notification Interface um eine dynamische Version entsprechend zu *ergänzen*, wählen Sie den gewünschten Notification-Interface-Controller im Storyboard aus und wechseln in den Attributes Inspector in der Utility Area. Dort finden Sie eine Checkbox mit dem Titel HAS DYNAMIC INTERFACE. Ein Klick darauf erstellt ein neues Dynamic Notification Interface und fügt dieses dem bestehenden Static Notification Interface hinzu; die zwei sind also entsprechend miteinander verbunden (siehe Bild 12.68).

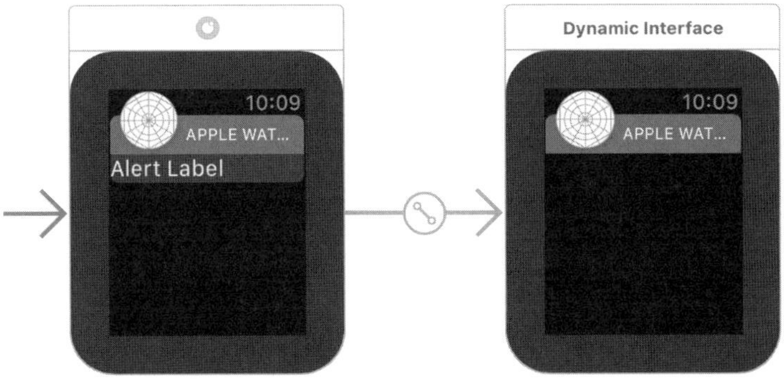

Bild 12.68 Das bestehende Static Notification Interface wird um ein Dynamic Notification Interface ergänzt.

Bei dem so neu erstellten Interface-Controller handelt es sich um das Dynamic Notification Interface dieser Notification Scene. Das erkennen Sie beispielsweise direkt daran, dass Sie nach Klick auf dieses Objekt und Wechsel in den Identity Inspector in der Utility Area diesem eine eigene Subklasse von `WKUserNotificationInterfaceController` zuweisen können. Das erlaubt es uns, Outlets zu setzen und eigene Logik in der entsprechenden Klasse zu ergänzen, um die Interface-Elemente entsprechend dynamisch zu konfigurieren.

Beide nun zur Verfügung stehenden Notification-Interface-Controller sind – was das Interface betrifft – vollkommen unabhängig voneinander und sie können beide je auf ihre eigene Art und Weise erstellt und gestaltet werden. Was beiden gemein ist, sind der Typ und die grundlegende Konfiguration in Bezug auf die Notifications, bei denen sie angezeigt werden sollen. Aber so können wir nun also – wie bereits beim Static Notification Interface – eigene Interface-Elemente ergänzen, diese aber darüber hinaus als Outlets für eine eigene `WKUserNotificationInterfaceController`-Subklasse setzen und diese dann im Code weiter konfigurieren.

Einschränkungen bei Dynamic Notification Interfaces

Trotz der deutlich höheren Flexibilität von Dynamic Notification Interfaces im Vergleich zu Static Notification Interfaces gibt es ein paar Dinge zu beachten. So sind alle Interface-Elemente, die Actions auslösen, auch in Dynamic Notification Interfaces laut Apple-Dokumentation verboten. Das heißt im Klartext: Buttons, Switches und Slider haben darin nichts verloren. Generell sollte man den Großteil eines Dynamic Notification Interface mit Labels, Bildern, Gruppen und Trennlinien umsetzen, interaktive Elemente wie Tabellen oder Karten sollten nur wenn tatsächlich benötigt zum Einsatz kommen.

Letzten Endes ist es zu unserem eigenen Vorteil, wenn wir auch bei Dynamic Notification Interfaces so sparsam wie möglich mit den vorhandenen Ressourcen umgehen. Denn wie bereits erwähnt, kann fehlende Power der Apple Watch dazu führen, dass statt des Dynamic nur das Static Notification Interface angezeigt wird; selbst wenn ein Dynamic Notification Interface für die entsprechende Notification existiert. Bedenken Sie das, wenn Sie Ihre Dynamic Notification Interfaces erstellen und gestalten. ■

12.12.3.2 Erstellung und Konfiguration eines eigenen WKUserNotificationInterfaceController

Wenn Sie ein Dynamic Notification Interface für eine Notification Scene verwenden, ist logischerweise auch die Erstellung einer eigenen `WKUserNotificationInterfaceController`-Klasse sinnvoll, um darüber das entsprechende Dynamic Notification Interface mit der passenden Logik zu versehen. Die Erstellung einer solchen Klasse ist schnell erledigt; fügen Sie Ihrer WatchKit Extension einfach eine entsprechende neue Klasse als Subklasse von `WKUserNotificationInterfaceController` hinzu (siehe Bild 12.69).

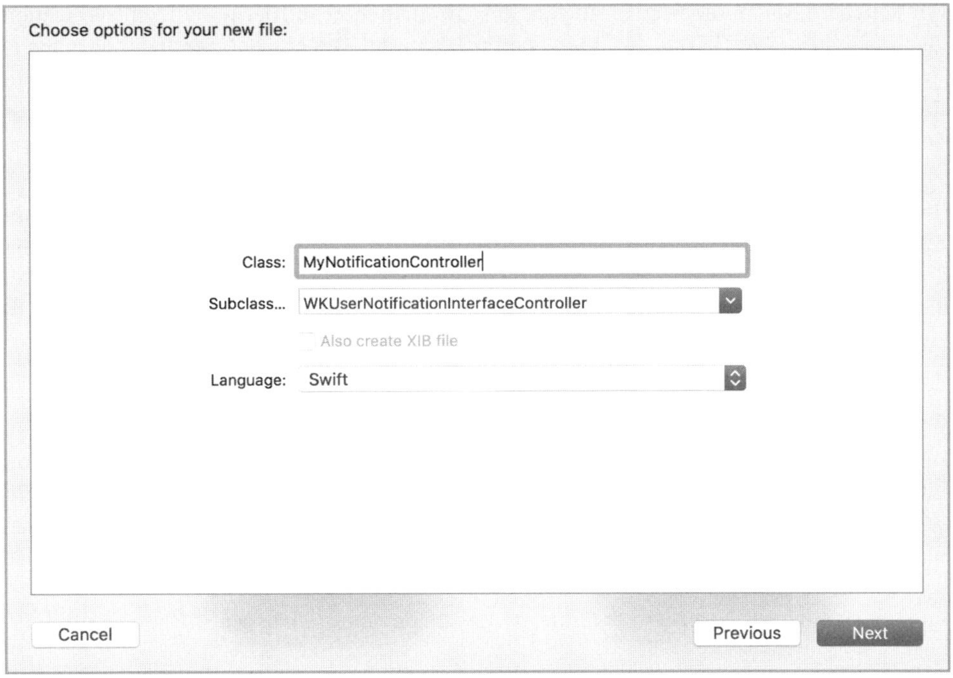

Bild 12.69 Mithilfe einer eigenen WKUserNotificationInterfaceController-Subklasse können wir unsere Dynamic Notification Scene konfigurieren.

Diese setzen Sie dann im zweiten Schritt als entsprechende Klasse für Ihr Dynamic Notification Interface im Interface-Storyboard der WatchKit App, anschließend können Sie auch Outlets für die gewünschten Interface-Elemente wie Labels oder Bilder zu dieser Klasse im Code setzen (wie immer am einfachsten durch die Verwendung des Assistant Editors).

Wie von Instanzen der Klasse `WKInterfaceController` bereits bekannt, durchläuft diese Klasse drei Methoden, ehe ihr Interface angezeigt wird: `init()`, `awake(withContext:)` und `willActivate()`. Das ist bei einem `WKUserNotificationInterfaceController` generell nicht anders, und diese Methoden werden auf dieselbe Art und Weise bei der Anzeige eines solchen Interface-Controllers durchlaufen, wenn der Nutzer eine Notification empfängt und diese auf der Apple Watch betrachtet. Allerdings bietet die Klasse `WKUserNotificationInterfaceController` noch eine „Zwischenmethode", die immer zwischen `awake(withContext:)` und `willActivate()` aufgerufen wird. Die Deklaration dieser Methode sehen Sie in Listing 12.28.

Listing 12.28 Deklaration der Methode zum Abfangen von Notifications

```
// Swift
func didReceive(_ notification: UNNotification, withCompletion completionHandler:
(WKUserNotificationInterfaceType) -> Void)

// Objective-C
- (void)didReceiveNotification:(UNNotification *)notification withCompletion:(void
(^)(WKUserNotificationInterfaceType interface))completionHandler;
```

Wir können diese Methode dazu nutzen, die Informationen aus der jeweiligen Notification (die im Parameter `notification` übergeben wird) auszulesen und entsprechend Aktualisierungen am Interface des Controllers vorzunehmen (eben das, was wir in einem Static Notification Interface nicht tun können). Wie genau diese zur Verfügung stehenden Informationen aussehen, hängt von der jeweiligen Implementierung der entsprechenden Notification ab.

Beim zweiten Parameter `completionHandler` handelt es sich um einen Block, den Sie – laut Apple-Dokumentation – „so schnell wie möglich" ausführen sollen. Typischerweise erfolgt der Aufruf dieses Blocks am Ende der Methodenimplementierung, darüber hinaus erwartet der Block einen Parameter vom Typ `WKUserNotificationInterfaceType`. Dieser Typ stellt zwei mögliche Werte zur Verfügung:

- `'default'`
- `custom`

Der Typ gibt an, ob das Static Notification Interface (`'default'`) oder Dynamic Notification Interface (`custom`) für diese Notification angezeigt werden soll. Wird der Block gar nicht oder zu spät ausgeführt (was „zu spät" für Apple auch immer bedeutet, eine konkrete Aussage dazu findet sich nicht), dann wird ebenfalls lediglich das Static Notification Interface geladen und angezeigt. Dieses Verhalten zeigt einmal mehr, warum ein Dynamic Notification Interface nichtsdestoweniger immer zwingend ein alternatives Static Notification Interface voraussetzt.

Listing 12.29 zeigt eine beispielhafte Implementierung der Methode `didReceive(_:withCompletion:)`, um die typische Arbeit mit dieser Methode zu demonstrieren und zu verdeutlichen. Dabei gehe ich von zwei existierenden Outlets – `titleLabel` und `bodyLabel` – aus, die in der entsprechenden Controller-Klasse existieren und zur dynamischen Konfiguration der Ansicht dienen.

Listing 12.29 Beispielhafte Implementierung der Methode `didReceive(_:withCompletion:)`

```
// Swift
override func didReceive(_ notification: UNNotification, withCompletion
completionHandler: (WKUserNotificationInterfaceType) -> Void) {
    titleLabel = notification.request.content.title
    bodyLabel = notification.request.content.body
    completionHandler(.custom)
}

// Objective-C
- (void)didReceiveNotification:(UNNotification *)notification withCompletion:(void
(^)(WKUserNotificationInterfaceType interface))completionHandler {
    self.titleLabel = notification.request.content.title
    self.bodyLabel = notification.request.content.body
    completionHandler(WKUserNotificationInterfaceTypeCustom)
}
```

Die sonstige Konfiguration von `WKUserNotificationInterfaceController`-Klassen läuft auf dieselbe Art und Weise ab, wie wir sie bereits für `WKInterfaceController` kennengelernt haben.

12.12.4 Testen einer Notification Scene

Zum Testen einer Notification Scene über den Simulator müssen Sie das Scheme editieren, über das Sie Ihre Apple Watch-App starten und ausführen. Wechseln Sie dazu nach Auswahl des entsprechenden Schemes in den Abschnitt RUN und dort in den Reiter INFO. Dort können Sie im Auswahlmenü WATCH INTERFACE neben MAIN und COMPLICATION auch zwischen STATIC NOTIFICATION und DYNAMIC NOTIFICATION wählen (siehe Bild 12.70).

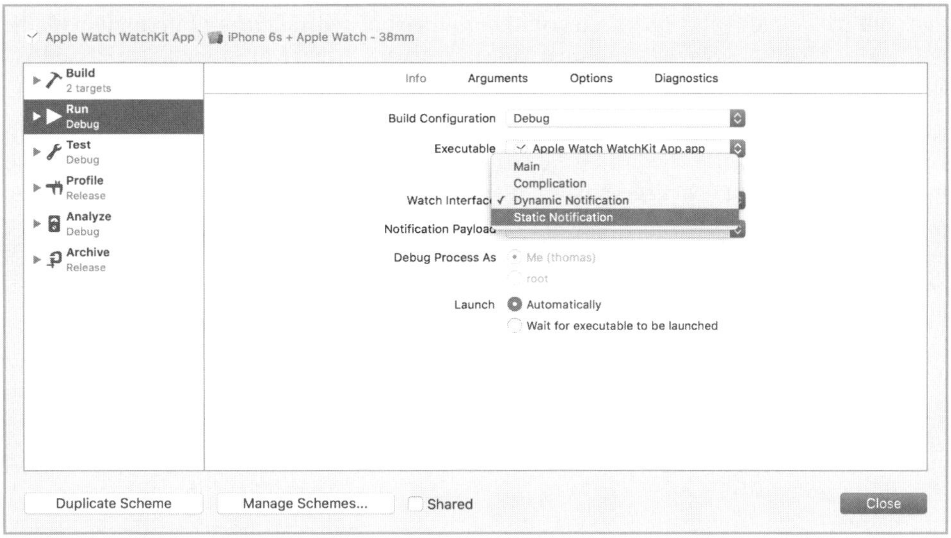

Bild 12.70 Sie können das Watch Interface in der Scheme-Konfiguration ändern, um Notifications direkt testen zu können.

Um Notifications optimal testen zu können, haben Sie darüber hinaus die Möglichkeit, eine JSON-Datei (die Sie zuvor Ihrem Projekt hinzugefügt haben müssen) im Auswahlmenü NOTIFICATION PAYLOAD zu übergeben. Dadurch können Sie beispielsweise eine Push Notification mit den gewünschten Informationen simulieren und die Verarbeitung dieser Informationen durch Ihren Notification-Interface-Controller testen.

12.13 Complications

Die grundlegende Aufgabe und die Verwendung von Complications wurde bereits kurz in Abschnitt 12.4.6, „Complications“, vorgestellt. In diesem Abschnitt geht es nun um die Entwicklung eigener Complications, die zusammen mit einer watchOS-App ausgeliefert werden und die der Nutzer nach Installation der App auf dem Ziffernblatt auswählen kann.

12.13.1 Was sind Complications?

Doch bevor wir uns direkt mit der Entwicklung eigener Complications auseinandersetzen, möchte ich zunächst einmal eine grundlegende Frage klären, die vielleicht dem ein oder anderen auf der Zunge liegt: Was sind denn bitte schön überhaupt Complications? Generell wird der Begriff (zu Deutsch als „Komplikation" übersetzt) bei „normalen" Uhren für Zusatzfunktionen neben dem Anzeigen der eigentlichen Uhrzeit verwendet, also beispielsweise Funktionen für eine Stoppuhr oder zur Anzeige des Datums. Apple hat diesen Begriff auch auf die Apple Watch übertragen und bezeichnet alle zusätzlichen Informationen, die nebst der Uhrzeit auf einem Ziffernblatt angezeigt werden, eben als sogenannte Komplikation.

In watchOS stehen bereits verschiedene native und von Apple vorinstallierte Complications zur Verfügung, über die beispielsweise die aktuelle Akkukapazität oder die nächsten Termine im Kalender auf dem Ziffernblatt mit angezeigt werden. Seit watchOS 2 hat Apple nun zusätzlich für Entwickler die Möglichkeit geschaffen, eigene Complications ergänzend zu einer Apple Watch-App zu entwickeln, die der Nutzer dann auf seinem Ziffernblatt entsprechend hinzufügen kann. Grundlage zur Entwicklung solcher Complications ist das ClockKit Framework.

12.13.2 Das ClockKit Framework

Mithilfe des ClockKit Frameworks ist es uns App-Entwicklern möglich, unsere bestehenden Apple Watch-Apps um Complications zur Anzeige auf dem Ziffernblatt zu ergänzen. Das Framework steht seit Version 7 von Xcode zur Verfügung und kann ausschließlich für Apps ab Version 2 von watchOS verwendet werden. Das Framework bringt alle Klassen und Funktionen mit, die es braucht, um eine eigene Complication zu entwickeln.

Im Folgenden betrachten wir nun nach und nach den Aufbau von Complications, wie sie funktionieren und wie wir unsere eigenen Complications entwickeln und anbieten können.

12.13.3 Aufbau und Bestandteile von Complications

12.13.3.1 Templates

Complications für watchOS gliedern sich in sieben verschiedene Templates. Eine Complication legt dabei fest, welche dieser Templates der Apple Watch sie unterstützt (sinnigerweise muss mindestens ein solches Template gesetzt werden, damit die entsprechende Complication überhaupt zur Verfügung steht). Innerhalb des ClockKit SDK sind für jedes der verfügbaren Templates innerhalb der Enumeration `CLKComplicationFamily` Werte definiert, die darüber Aufschluss geben, an welcher Stelle und in welchem Umfang die Complication auf dem Ziffernblatt dargestellt wird. Im Folgenden sind all diese Werte aufgeführt, darüber hinaus zeigt jeweils ein beispielhafter Screenshot, an welcher Stelle die Complication anhand des entsprechenden Templates auf der Apple Watch angezeigt wird.

modularSmall

Stellt eine Complication in einem kleinen Fenster auf einer Digitalanzeige dar (siehe Bild 12.71).

Bild 12.71

modularLarge

Stellt eine Complication in einem großen rechteckigen Bereich auf einer Digitalanzeige dar (siehe Bild 12.72).

Bild 12.72

utilitarianSmall

Stellt eine Complication in einem kleinen Bereich in einer analogen Anzeige dar (siehe Bild 12.73).

Bild 12.73

utilitarianSmallFlat

Stellt eine Complication in einem kleinen flachen Bereich in einer analogen Anzeige dar (siehe Bild 12.74).

Bild 12.74

utilitarianLarge

Stellt eine Complication in einem großen rechteckigen Bereich in einer analogen Anzeige dar (siehe Bild 12.75).

Bild 12.75

circularSmall

Stellt eine Complication in einem kleinen Bereich in einer analogen Anzeige dar (siehe Bild 12.76).

Bild 12.76

extraLarge

Stellt eine Complication in einem großen Bereich des X-Large-Ziffernblatts dar.

Diese Übersicht macht auch bereits ein wenig deutlich, dass nicht alle Templates auf allen Ziffernblättern gleichermaßen zur Verfügung stehen. So können die Templates `modularSmall` und `modularLarge` aktuell nur auf dem Ziffernblatt „Modular" der Apple Watch angezeigt werden; entweder am oberen oder unteren Rand für `modularSmall` oder im großen Feld in der Mitte via `modularLarge`.

Wie Sie sehen, ist die Wahl der Templates, die man selbst in der eigenen Complication unterstützen möchte, sehr wichtig, da ein Template definiert, auf welchen Ziffernblättern und an welchen Positionen auf dem Ziffernblatt die Complication letzten Endes angezeigt werden kann. Möchten Sie also eine Complication zur Verfügung stellen, die an möglichst jeder Stelle und auf jedem Ziffernblatt konfiguriert werden kann, müssen Sie idealerweise alle genannten Templates unterstützen und pro Template eine passende Konfiguration Ihrer Complication zur Verfügung stellen.

12.13.3.2 CLKComplicationDataSource

Um eigene Complications überhaupt erstellen und konfigurieren zu können, bietet das ClockKit SDK ein Protokoll namens `CLKComplicationDataSource`. Dieses Protokoll enthält alle Methoden, um eigene Complications zu erstellen und an das System zurückzuliefern. Wir brauchen also eine eigene Controller-Klasse, die konform zu diesem Protokoll ist, um unsere eigenen Complications für unsere Apple Watch-App erstellen zu können. Genau diese Klasse wird dann in Xcode als Quelle für die Informationen zu unserer Complication eingetragen, womit das System genau weiß, woher es seine Informationen zu den Complications beziehen kann. Außer dieser Controller-Klasse braucht es innerhalb unserer Apple Watch-Apps also nichts, um eigene Complications zu erstellen und auf den verschiedenen Ziffernblättern der Apple Watch verfügbar zu machen.

12.13.3.3 Timeline

Eine erstellte und konfigurierte Complication wird direkt auf dem Ziffernblatt der Apple Watch angezeigt; so weit, so klar. Spannend ist aber die Frage, wie die Complications sich im Laufe der Zeit aktualisieren, schließlich enthalten sie in den seltensten Fällen statische Informationen. So muss eine Wetter-App beispielsweise im Stundentakt neue Informationen über die aktuelle Temperatur anzeigen. Ebenso ist auch das Time Travel-Feature in watchOS zu beachten, das es erlaubt, auf dem Ziffernblatt die Zeit dynamisch vor- und zurückzudrehen, was auch eine entsprechende Aktualisierung der Complications zur Folge hat.

Würde eine Complication beim Blick des Nutzers auf das Ziffernblatt jedes Mal erst die App nach den aktuellen Daten fragen, würde das meist viel zu viel Zeit in Anspruch nehmen, bis diese Aktualisierung sichtbar ist; und diese Aktualisierung müsste schließlich für *alle* angezeigten Complications durchgeführt werden. Ein Nutzer, der regelmäßig auf seine Apple Watch blickt, kann da ganz schnell jede Menge Ressourcen für Anfragen an die Apps der Complications verbrauchen.

Aus diesem Grund arbeitet Apple bei Complications mit einer sogenannten Timeline. Wir als Entwickler übergeben dabei bereits mehrere konfigurierte Complications an das System und geben an, zu welchem Zeitpunkt die jeweilige Complication gültig ist. Eine Wetter-App würde also bereits im Voraus für die kommenden Stunden passende Complications mit Wetterinformationen erstellen und an das System übergeben (inklusive Info, ab welchem Moment die jeweilige Complication angezeigt werden soll). Die Apple Watch selbst braucht dann nur noch ab dem entsprechenden Zeitpunkt die neue Complication mit den aktuellen Informationen anzuzeigen, ohne erst mit der zugrunde liegenden App kommunizieren zu müssen. Und auch bei dem genannten Time Travel-Feature von watchOS funktioniert diese Umsetzung prima, da das System nur noch die jeweilige Complication passend zum Zeitpunkt holen und anzeigen muss.

12.13.4 Vorbereiten des eigenen Projekts

In den vorigen Abschnitten haben wir nun die grundlegende Theorie zu Complications kennengelernt, nun geht es an die Praxis. ☺ Der erste Schritt besteht dabei darin, eine watchOS-App für Complications zu konfigurieren. Am einfachsten geschieht dies, indem man bereits bei der Erstellung eines neuen iOS-Projekts inklusive watchOS-Target beziehungsweise einer reinen watchOS-App die Checkbox INCLUDE COMPLICATION aktiviert (siehe Bild 12.77).

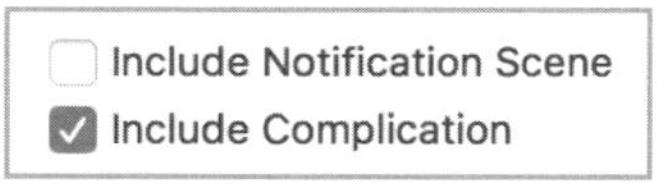

Bild 12.77 Ist die Option „Include Complication" aktiviert, wird das neu zu erstellende watchOS-Target bereits für die Unterstützung von Complications entsprechend vorkonfiguriert.

In diesem Fall erstellt Xcode bereits alle notwendigen Dateien und setzt die nötigen Einstellungen, um direkt mit der Entwicklung eigener Complications beginnen zu können. Einerseits wird zusammen mit der WatchKit Extension eine neue Klasse namens `ComplicationController` erstellt, die konform zu dem im Abschnitt 12.13.3.2, „CLKComplicationDataSource", vorgestellten Protokoll `CLKComplicationDataSource` ist und als Grundlage zur Erstellung der eigenen Complications dient (siehe Bild 12.78). Darüber hinaus ist in den allgemeinen Target-Einstellungen der WatchKit Extension bereits der Bereich COMPLICATION CONFIGURATION vorkonfiguriert, in dem ein Haken bei den unterstützten Templates gesetzt ist (standardmäßig ist dies für alle Templates der Fall) und die Klasse angegeben ist, die eben konform zu `CLKComplicationDataSource` ist und somit alle Informationen zu den Complications zurückliefert (siehe Bild 12.79).

```
import ClockKit

class ComplicationController: NSObject, CLKComplicationDataSource {

    // MARK: - Timeline Configuration

    func getSupportedTimeTravelDirections(for complication: CLKComplication, withHandler handler:
        (CLKComplicationTimeTravelDirections) -> Void) {
        handler([.forward, .backward])
    }

    func getTimelineStartDate(for complication: CLKComplication, withHandler handler: (Date?) -> Void) {
        handler(nil)
    }

    func getTimelineEndDate(for complication: CLKComplication, withHandler handler: (Date?) -> Void) {
        handler(nil)
    }

    func getPrivacyBehavior(for complication: CLKComplication, withHandler handler:
        (CLKComplicationPrivacyBehavior) -> Void) {
        handler(.showOnLockScreen)
    }

    // MARK: - Timeline Population

    func getCurrentTimelineEntry(for complication: CLKComplication, withHandler handler:
        ((CLKComplicationTimelineEntry?) -> Void)) {
        // Call the handler with the current timeline entry
        handler(nil)
    }

    func getTimelineEntries(for complication: CLKComplication, before date: Date, limit: Int, withHandler
        handler: (([CLKComplicationTimelineEntry]?) -> Void)) {
        // Call the handler with the timeline entries prior to the given date
        handler(nil)
    }

    func getTimelineEntries(for complication: CLKComplication, after date: Date, limit: Int, withHandler
        handler: (([CLKComplicationTimelineEntry]?) -> Void)) {
        // Call the handler with the timeline entries after to the given date
        handler(nil)
    }

    // MARK: - Placeholder Templates

    func getLocalizableSampleTemplate(for complication: CLKComplication, withHandler handler:
        (CLKComplicationTemplate?) -> Void) {
        // This method will be called once per supported complication, and the results will be cached
        handler(nil)
    }

}
```

Bild 12.78 Die Klasse ComplicationController dient zur Erstellung und Konfiguration der eigenen Complications.

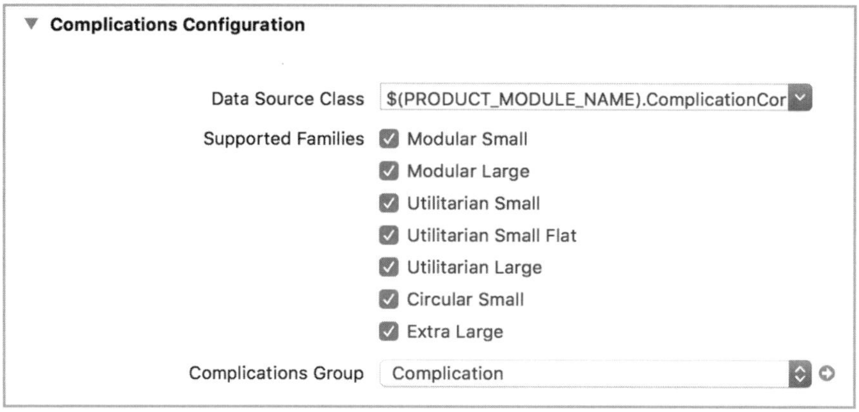

Bild 12.79 In den allgemeinen Target-Einstellungen der WatchKit Extension finden sich Informationen zu den unterstützten Templates der Complication sowie der Klasse, über die die Complication konfiguriert wird.

Selbstverständlich ist es aber auch kein Problem, eine Apple Watch-App nachträglich für eine Erweiterung durch Complications vorzubereiten. Wichtig sind dabei die eben vorgestellten Komponenten: Einerseits muss eine Klasse erstellt werden, die konform zum `CLKComplicationDataSource`-Protokoll ist, andererseits müssen in den allgemeinen Target-Einstellungen der WatchKit Extension eben jene Klasse angegeben und die zu unterstützenden Templates ausgewählt werden.

Mit dieser Vorbereitung des Projekts kann es nun direkt losgehen mit der Entwicklung eigener Complications!

12.13.5 Entwicklung einer Complication

12.13.5.1 Das Template

Die Grundlage einer jeden Complication, die auf der Apple Watch angezeigt wird, ist die Klasse `CLKComplicationTemplate`. Über Objekte dieser Klasse (oder besser gesagt ihrer Subklassen, doch dazu gleich mehr) werden die Ansichten der Complications erstellt, die dann letzten Endes auf dem Ziffernblatt dargestellt werden.

Diese Klasse verfügt über verschiedenste Subklassen für die unterschiedlichen Templates. Diese Subklassen definieren bereits grob den Aufbau der Complication; enthält sie Text und/oder Bilder? Werden die Inhalte in Spalten nebeneinander angeordnet? Wird ein Text auf die maximal mögliche Größe gezogen oder durch eine Unterzeile abgeschnitten? Diese grundlegenden Einstellungen decken die verschiedenen zur Verfügung stehenden Subklassen von `CLKComplicationTemplate` ab. Wir erstellen also nicht einfach eine Instanz von `CLKComplicationTemplate`, sondern verwenden stattdessen eben genau jene Subklasse, die wir für unsere Complication benötigen.

Die Anzahl der zur Verfügung stehenden Subklassen ist dabei sehr groß und hängt eben einerseits vom zu unterstützenden Template und andererseits von Art und Aufbau des Inhalts ab, den man mit der Complication anzeigen möchte. Im Folgenden führe ich einmal verschiedene zur Verfügung stehende CLKComplicationTemplate-Subklassen auf, die zur Initialisierung eines entsprechenden Template-Objekts genutzt werden können.

Subklassen zur Erstellung von Templates für modularSmall

- CLKComplicationTemplateModularSmallColumnsText: Dient zur Darstellung von Text, der in zwei Zeilen und zwei Spalten aufgeteilt ist.
- CLKComplicationTemplateModularSmallRingImage: Dient zur Darstellung einer Grafik, die von einem Fortschrittsbalken in Form eines Rings umgeben ist.
- CLKComplicationTemplateModularSmallRingText: Dient zur Darstellung eines Texts, der von einem Fortschrittsbalken in Form eines Rings umgeben ist.
- CLKComplicationTemplateModularSmallSimpleImage: Dient zur Darstellung einer einfachen Grafik.
- CLKComplicationTemplateModularSmallSimpleText: Dient zur Darstellung eines einfachen Texts.
- CLKComplicationTemplateModularSmallStackImage: Dient zur Darstellung einer Grafik mit darunterliegendem Text.
- CLKComplicationTemplateModularSmallStackText: Dient zur Darstellung von zwei Zeilen Text untereinander.

Subklassen zur Erstellung von Templates für modularLarge

- CLKComplicationTemplateModularLargeColumns: Dient zur Darstellung von Text, der in drei Reihen und zwei Spalten aufgeteilt ist. Alternativ kann auch eine zusätzliche Spalte zu Beginn ganz links mit einer Grafik mit angezeigt werden.
- CLKComplicationTemplateModularLargeStandardBody: Dient zur Darstellung von Text über drei Zeilen verteilt, wobei die erste Zeile als Header passend formatiert wird. Alternativ kann dem Header eine zusätzliche Grafik vorangestellt werden.
- CLKComplicationTemplateModularLargeTable: Dient zur Darstellung von Text, der in zwei Zeilen und zwei Spalten aufgeteilt ist. Darüber wird ein passend formatierter Header angezeigt, dem alternativ eine zusätzliche Grafik vorangestellt werden kann.
- CLKComplicationTemplateModularLargeTallBody: Dient zur Darstellung eines groß formatierten Texts und eines darüberliegenden Headers.

Subklassen zur Erstellung von Templates für utilitarianSmall

- CLKComplicationTemplateUtilitarianSmallFlat: Dient zur Darstellung einer Grafik und eines Texts nebeneinander.
- CLKComplicationTemplateUtilitarianSmallRingImage: Dient zur Darstellung einer Grafik, die von einem Fortschrittsbalken in Form eines Rings umgeben ist.
- CLKComplicationTemplateUtilitarianSmallRingText: Dient zur Darstellung eines Texts, der von einem Fortschrittsbalken in Form eines Rings umgeben ist.
- CLKComplicationTemplateUtilitarianSmallSquare: Dient zur Darstellung einer einfachen Grafik.

Subklassen zur Erstellung von Templates für utilitarianLarge

- `CLKComplicationTemplateUtilitarianLargeFlat`: Dient zur Darstellung einer Grafik und eines Texts nebeneinander.

Subklassen zur Erstellung von Templates für circularSmall

- `CLKComplicationTemplateCirculaSmallRingImage`: Dient zur Darstellung einer Grafik, die von einem Fortschrittsbalken in Form eines Rings umgeben ist.
- `CLKComplicationTemplateCirculaSmallRingText`: Dient zur Darstellung eines Texts, der von einem Fortschrittsbalken in Form eines Rings umgeben ist.
- `CLKComplicationTemplateCirculaSmallSimpleImage`: Dient zur Darstellung einer einfachen Grafik.
- `CLKComplicationTemplateCirculaSmallSimpleText`: Dient zur Darstellung eines einfachen Texts.
- `CLKComplicationTemplateCirculaSmallStackImage`: Dient zur Darstellung einer Grafik mit darunterliegendem Text.
- `CLKComplicationTemplateCirculaSmallStackText`: Dient zur Darstellung von zwei Zeilen Text untereinander.

Sie sehen also, dass Ihnen je nach Template unterschiedliche Klassen zur Verfügung stehen, um eine neue Complication zu erstellen (mal sind es mehr, mal sind es weniger). Je nachdem, für welche der zur Verfügung stehenden Klassen zur Erstellung einer Complication Sie sich entscheiden, können Sie verschiedene Properties setzen, um die Complication entsprechend zu konfigurieren. Nehmen wir beispielsweise die zuletzt vorgestellte Klasse `CLKComplicationTemplateCirculaSmallStackText`, mit der zwei Zeilen Text untereinander dargestellt werden: Diese Klasse verfügt über zwei Properties, nämlich `line1TextProvider` und `line2TextProvider`, mit der Sie eben pro Zeile den gewünschten Text setzen können.

Ermitteln der zur Verfügung stehenden Properties einer CLKComplicationTemplate-Subklasse

Ich habe mich dagegen entschieden, in diesem Buch neben der Aufführung aller Subklassen von `CLKComplicationTemplate` auch noch deren jeweilige Properties im Detail aufzuführen. Das hat zwei Gründe: Einerseits möchte ich den Rahmen zum Thema Complications nicht unnötig mit der Nennung jeder einzelnen zur Verfügung stehenden Property sprengen, andererseits wissen Sie inzwischen ja auch, dass Sie derartige Informationen problemlos und schnell aus der Dokumentation von Xcode herauslesen können. Suchen Sie einfach nach der Klasse, über die Sie eine Complication erstellen möchten, und Sie finden in der Dokumentation alle zur Verfügung stehenden Properties. Bild 12.80 zeigt beispielhaft den entsprechenden Ausschnitt aus der Dokumentation zur Klasse `CLKComplicationTemplateCirculaSmallStackText`.

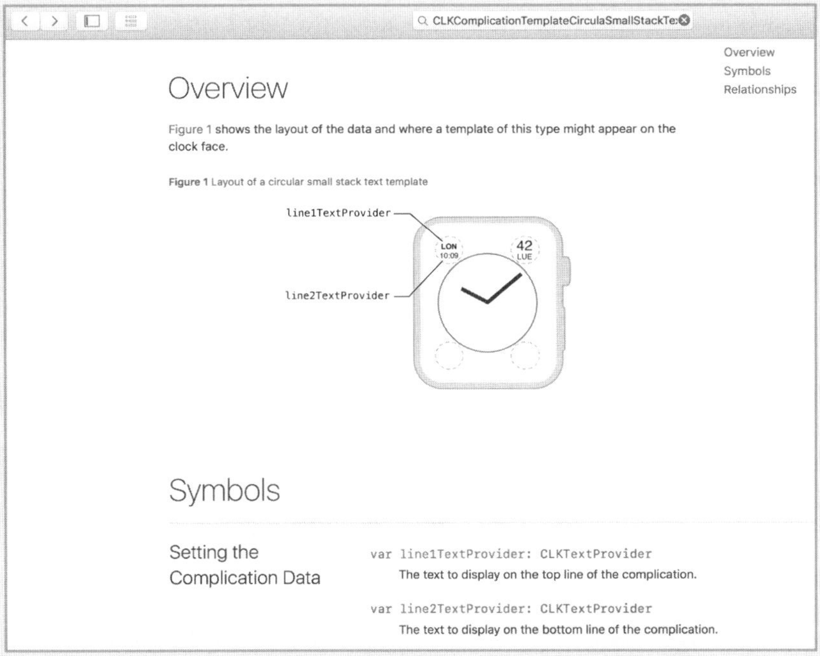

Bild 12.80 In der Dokumentation finden Sie alle benötigten Informationen zu den verfügbaren Properties einer CLKComplicationTemplate-Subklasse.

Nutzen Sie also die Dokumentation, wenn Sie Ihre eigenen Complications erstellen, um zu sehen, welche Properties Ihnen zur Verfügung stehen und wie Sie diese ansprechen.

12.13.5.2 Text- und Image-Provider

Bevor wir uns nun einmal die beispielhafte Erstellung einer Complication im Code ansehen, muss ich zuvor noch auf eine weitere Besonderheit bei der Entwicklung von Complications eingehen. Wir haben gesehen, dass diese sich ausschließlich aus Text und/oder Bildern zusammensetzen. Diese Texte und Bilder werden aber nicht mithilfe von Objekten der Klassen `NSString` oder `UIImage` erstellt (so, wie man es von der iOS-Entwicklung her gewohnt ist), sondern es werden stattdessen eigene Klassen verwendet, die Bestandteil des ClockKit Frameworks sind: `CLKTextProvider` und `CLKImageProvider`.

Der Grund für diese neuen Klassen liegt darin begründet, dass Complications – gerade was Text betrifft – extremen Einschränkungen unterliegen und über sehr wenig Platz verfügen. Nehmen wir beispielsweise einmal an, wir möchten in einer Complication ein Datum ausgeben. Für manche Complication kann da ein Text in ausgeschriebener Form angezeigt werden (zum Beispiel „25. Juli 1988"), in anderen, kleineren Complications würde dieser lange Text aber erbarmungslos abgeschnitten und es wäre womöglich nur noch „25. Ju…" zu sehen. Die Text- und Image-Provider aus dem ClockKit Framework können solche Probleme abfangen und so beispielsweise je nach zur Verfügung stehendem Platz die Angabe ändern; das Datum könnte dann auf engerem Raum einfach auf „25.07.88“ gekürzt werden. Und genau um solche Aufgaben kümmern sich die Klassen `CLTextProvider` und `CLKImageProvider`.

`CLKTextProvider` stellt dabei selbst noch einmal eine Besonderheit dar, denn ähnlich wie die Klasse `CLKComplicationTemplate` werden nicht direkt Objekte der Klasse `CLKTextProvider` erzeugt. Stattdessen stehen verschiedene Subklassen von `CLKTextProvider` zur Verfügung, um unterschiedliche Arten von Text zu präsentieren, die im Folgenden aufgeführt sind:

- `CLKSimpleTextProvider`: Dient zur Darstellung eines einfachen Texts in Form eines Strings.
- `CLKTimeIntervalTextProvider`: Dient zur Darstellung eines sich automatisch aktualisierenden Zeitintervalls (beispielsweise für einen Timer).
- `CLKTimeTextProvider`: Dient zur Darstellung eines formatierten und auf die der Complication zur Verfügung stehenden Größe angepassten Datums.

Alle diese Klassen bringen passende Initializer mit, um sie mit den benötigten Werten und Inhalten zu versorgen. Ebenso verhält es sich mit der Klasse `CLKImageProvider`, die mithilfe passender Initializer ein `UIImage`-Objekt entgegennimmt und dieses dann entsprechend in der Complication anzeigt.

So weit, so gut. Mit diesem Wissen über die verschiedenen `CLKComplicationTemplate`-Subklassen sowie dem Text- und Image-Provider gewappnet, wollen wir einmal sehen, wie nun also eine beispielhafte Erstellung einer Complication der Subklasse `CLKComplicationTemplateModularLargeTallBody` aussehen kann (siehe Listing 12.30).

Listing 12.30 Beispielhafte Erstellung einer Complication

```
// Swift
let complicationTemplate = CLKComplicationTemplateModularLargeTallBody()
complicationTemplate.headerTextProvider = CLKSimpleTextProvider(text: "My
Complication Header")
complicationTemplate.bodyTextProvider = CLKSimpleTextProvider(text: "This is the body
of my complication.")

// Objective-C
CLKComplicationTemplateModularLargeTallBody *complicationTemplate =
[[CLKComplicationTemplateModularLargeTallBody alloc] init];
complicationTemplate.headerTextProvider = [CLKSimpleTextProvider
textProviderWithText:@"My Complication Header"];
complicationTemplate.bodyTextProvider = [CLKSimpleTextProvider
textProviderWithText:@"This is the body of my complication"];
```

Es wird zunächst immer ein Template-Objekt erstellt, das dann anhand der jeweils zur Verfügung stehenden Properties mit Leben und Inhalten gefüllt wird.

12.13.6 Bereitstellen der Complication mittels CLKComplicationDataSource

Wir kennen nun also den Aufbau und die typische Entwicklung einer Complication, bleibt also noch die eine zentrale Frage: Wie binden wir unsere Complications in das watchOS-System ein? Und wie stellen wir für die passende Aktualisierung im Laufe der Zeit neue Einträge für unsere Complication zur Verfügung?

Die Antworten auf diese Fragen liegen allesamt in der Controller-Klasse unserer WatchKit Extension, die konform zum `CLKComplicationDataSource`-Protokoll ist. In dieser Klasse erstellen wir unsere Complications und erstellen verschiedene Varianten über einen bestimmten Zeitraum hinweg. Für all diese Aufgaben stellt uns das Protokoll passende Methoden zur Verfügung, die wir „nur noch" implementieren und mit Leben füllen müssen.

Die erste wichtige Methode dabei ist `getPlaceholderTemplate(for:withHandler:)` (siehe Deklaration in Listing 12.31).

Listing 12.31 Deklaration der Methode zum Bereitstellen von Vorlagen für die unterstützten Templates

```
// Swift
optional func getPlaceholderTemplate(for complication: CLKComplication, withHandler
handler: (CLKComplicationTemplate?) -> Void)

// Objective-C
- (void)getPlaceholderTemplateForComplication:(CLKComplication *)complication
withHandler:(void (^)(CLKComplicationTemplate *complicationTemplate))handler;
```

Diese Methode übergibt uns ein Objekt der Klasse `CLKComplication` sowie einen Block, den wir am Ende der Implementierung aufrufen und dem wir eine fertig konfigurierte Complication übergeben müssen. Die Complication, die wir innerhalb dieser Methode erstellen, ist statisch und dient dem Nutzer als Vorlage, die ihm angezeigt wird, wenn er auf einem Ziffernblatt zwischen den verfügbaren Complications wechselt und ein neues auswählt. Zu diesem Zeitpunkt werden noch keine „realen" Daten verwendet, sondern stattdessen der in dieser Methode erstellte Dummy angezeigt. Dieser sollte dem Nutzer also auf verständliche Art und Weise deutlich machen, wie die Complication aufgebaut ist und welche Informationen sie anzeigt.

Das mitgelieferte `CLKComplication`-Objekt ist für uns deshalb so wichtig, weil es eine Information darüber zurückliefert, welche Art von Template für die Complication benötigt wird. Je nachdem, an welcher Stelle und auf welchem Ziffernblatt der Nutzer gerade seine Complication konfiguriert, müssen wir eine entsprechend passende Complication zurückliefern; beispielsweise müssen wir im Falle des Templates `modularSmall` auch eine passende Complication übergeben, die mithilfe einer der passenden `CLKComplicationTempate`-Subklassen erstellt und konfiguriert wurde. Welches Template gerade aktiv ist, kann über die Property `family` des übergebenen `complication`-Objekts ausgelesen werden.

Die „richtigen" Informationen, die eine Complication anzeigt, werden über das `CLKComplicationDataSource`-Protokoll über insgesamt drei verschiedene Methoden abgefragt (siehe Listing 12.32).

Listing 12.32 Abfragen von konfigurierten Complications

```
// Swift
func getCurrentTimelineEntry(for complication: CLKComplication, withHandler handler:
(CLKComplicationTimelineEntry?) -> Void)
optional func getTimelineEntries(for complication: CLKComplication, before date:
Date, limit: UInt, withHandler handler: ([CLKComplicationTimelineEntry]?) -> Void)
optional func getTimelineEntries(for complication: CLKComplication, after date: Date,
limit: UInt, withHandler handler: ([CLKComplicationTimelineEntry]?) -> Void)

// Objective-C
- (void)getCurrentTimelineEntryForComplication:(CLKComplication *)complication
withHandler:(void (^)(CLKComplicationTimelineEntry *))handler;
- (void)getTimelineEntriesForComplication:(CLKComplication *)complication
beforeDate:(NSDate *)date limit:(NSUInteger)limit withHandler:(void
(^)(NSArray<CLKComplicationTimelineEntry *> *entries))handler;
- (void)getTimelineEntriesForComplication:(CLKComplication *)complication
afterDate:(NSDate *)date limit:(NSUInteger)limit withHandler:(void
(^)(NSArray<CLKComplicationTimelineEntry *> *entries))handler;
```

Innerhalb dieser Methoden werden erneut immer ein `CLKComplication`-Objekt sowie ein Block in Form der `handler`-Property übergeben, der am Ende immer mit einem passend konfigurierten `CLKComplicationTimelineEntry` aufgerufen werden muss (oder mit einem Array bestehend aus einem oder mehreren `CLKComplicationTimelineEntry`-Objekten). Ein `CLKComplicationTimelineEntry`-Objekt setzt sich dabei immer aus zwei Bestandteilen zusammen: der Complication, die in Form eines `CLKComplicationTemplate`-Objekts erstellt und konfiguriert wird (wie wir bereits gesehen haben) und einem Datum in Form eines `NSDate`-Objekts, das den Zeitpunkt darstellt, zu dem die übergebene Complication aktiv ist und somit auch auf dem Ziffernblatt der Apple Watch angezeigt wird. Die Klasse `CLKComplicationTimelineEntry` bringt zu diesem Zweck einen passenden Initializer mit, der genau diese beiden Werte entgegennimmt (siehe Listing 12.33).

Listing 12.33 Initializer der Klasse `CLKComplicationTimeEntry`

```
// Swift
convenience init(date: Date, complicationTemplate: CLKComplicationTemplate)

// Objective-C
+ (instancetype)entryWithDate:(NSDate *)date
complicationTemplate:(CLKComplicationTemplate *)complicationTemplate;
```

Innerhalb der in Listing 12.32 vorgestellten Methoden erzeugen wir also einerseits auf bereits bekannte Art und Weise unsere Complication und generieren daraus in einem zweiten Schritt ein `CLKComplicationTimelineEntry`-Objekt, das wir in besagten Methoden dem `handler`-Objekt übergeben und somit zurückliefern. Doch worin bestehen nun die Unterschiede in den in Listing 12.32 gezeigten Methoden?

Die erste Methode `getCurrentTimelineEntry(for:withHandler:)` fragt die zum *jetzigen* Zeitpunkt anzuzeigende Complication ab, also die Complication, wie sie *in diesem Augenblick* auf dem Ziffernblatt der Apple Watch angezeigt werden soll. Die Methode `getTimelineEntries(for:before:limit:withHandler:)` erwartet ein Array mehrerer `CLKComplicationTimelineEntry`-Objekte, die *vor* dem übergebenen Datum in Form des `date`-Objekts auf der Apple Watch angezeigt werden sollen. Vielleicht fragen Sie sich, warum man denn watchOS Complications übergeben soll, die in der Vergangenheit liegen. Das hängt mit der Time Travel-Funktion zusammen, durch die der Nutzer sich auch den Zustand von Complications aus der Vergangenheit anzeigen lassen kann, und genau dafür ist diese Methode gedacht. Beachten Sie auch das übergebene `limit` bei der Erstellung des Arrays mit den einzelnen `CLKComplicationTimelineEntry`-Objekten und vermeiden Sie es, mehr Objekte als in `limit` angegeben in dem finalen Array zurückzuliefern.

Schlussendlich gibt es dann noch die Methode `getTimelineEntries(for:after:limit:withHandler:)`, die äquivalent zur eben vorgestellten Methode `getTimelineEntries(for:before:limit:withHandler:)` funktioniert, allerdings `CLKComplicationTimelineEntry`-Objekte erwartet, die *nach* dem übergebenen `date`-Datum gültig sind und angezeigt werden sollen.

Damit kennen Sie die grundlegendsten und wichtigsten Methoden zur Bereitstellung und Erstellung Ihrer Complications; um die korrekte Anzeige zur korrekten Zeit kümmert sich dann watchOS selbst. Zum Abschluss möchte ich Ihnen aber noch einige weitere nützliche Methoden des `CLKComplicationDataSource`-Protokolls vorstellen, mit denen Sie zusätzliche Konfigurationen für Ihre Complication durchführen können.

Zunächst wäre da die Methode `getNextRequestedUpdateDate(handler:)` (siehe Deklaration in Listing 12.34). Über diese Methode können Sie ein `Date`- (Swift) beziehungsweise `NSDate`-Objekt (Objective-C) zurückliefen, zu dem Sie sich ein erneutes Update Ihrer Complication wünschen. Da die Anzahl der dem System übergebbaren `CLKComplicationTimelineEntry`-Objekte aus den in Listing 12.32 vorgestellten Methoden begrenzt ist, können Sie so den Termin angeben, zu dem Ihre Complications erneut geprüft und gegebenenfalls aktualisiert werden sollen.

Listing 12.34 Abfrage des Datums für die nächste Aktualisierung einer Complication

```
// Swift
optional func getNextRequestedUpdateDate(handler: (Date?) -> Void)

// Objective-C
- (void)getNextRequestedUpdateDateWithHandler:(void (^)(NSDate *updateDate))handler;
```

Mithilfe der Methode `getSupportedTimeTravelDirections(for:withHandler:)` (siehe Deklaration in Listing 12.35) können Sie festlegen, ob und, falls ja, in welche „Richtung" Sie das Time Travel-Feature von watchOS unterstützen. Dazu erwartet das `handler`-Objekt einen Wert vom Typ `CLKComplicationTimeTravelDirections`, bei dem es sich um eine Struktur handelt, die über die Werte `forward` und `backward` verfügt. Übergeben Sie dem `handler` einfach die unterstützte Richtung beziehungsweise die unterstützten Richtungen und watchOS wird entsprechend dafür sorgen, dass Ihre Complications nur dann bei der Nutzung von Time Travel aktualisiert werden, wenn Sie die entsprechende Richtung auch anbieten. Ist das nicht der Fall, wird stattdessen bei der Verwendung von Time Travel Ihre Complication schlicht und einfach ausgegraut, um dem Nutzer darüber zu signalisieren, dass Ihre Complication bei der Nutzung von Time Travel nicht zur Verfügung steht.

Listing 12.35 Abfrage der Time Travel-Unterstützung

```
// Swift
func getSupportedTimeTravelDirections(for complication: CLKComplication, withHandler
handler: (CLKComplicationTimeTravelDirections) -> Void)
```

```
// Objective-C
- (void)getSupportedTimeTravelDirectionsForComplication:(CLKComplication *)
complication withHandler:(void (^)(CLKComplicationTimeTravelDirections directions))
handler;
```

Manche Complications zeigen möglicherweise private Daten an, die nur für den Nutzer bestimmt sind, der die Uhr gerade trägt. Aus diesem Grund ist es mithilfe der Methode `getPrivacyBehavior(for:withHandler:)` (siehe Deklaration in Listing 12.36) des `CLKComplicationDataSource`-Protokolls möglich, festzulegen, ob eine Complication auch dann aktiv angezeigt werden soll, wenn der Nutzer die Apple Watch abnimmt (und sie somit gesperrt wird), oder eben nicht. Das `handler`-Objekt erwartet dabei einen Wert vom Typ `CLKComplicationPrivacyBehavior`. Dabei handelt es sich um eine Enumeration, die einen von zwei zur Verfügung stehenden Werten annehmen kann: `showOnLockScreen` (Complication wird auch bei gesperrter Apple Watch aktiv angezeigt) oder `hideOnLockScreen` (Complication wird bei gesperrter Apple Watch deaktiviert und ausgegraut).

Listing 12.36 Abfrage der Unterstützung einer Complication bei gesperrter Apple Watch

```
// Swift
optional func getPrivacyBehavior(for complication: CLKComplication, withHandler
handler: (CLKComplicationPrivacyBehavior) -> Void)

// Objective-C
- (void)getPrivacyBehaviorForComplication:(CLKComplication *)complication
withHandler:(void (^)(CLKComplicationPrivacyBehavior behavior))handler;
```

Mit diesen Informationen zu Complications können Sie loslegen und so Ihre eigenen Zusatzfunktionen zu Ihrer Apple Watch-App auf die verschiedenen Ziffernblätter bringen; ich wünsche viel Spaß dabei! ☺

12.14 Kommunikation und Datenaustausch zwischen iOS und watchOS

Sie haben nun alle Facetten der Entwicklung für watchOS kennengelernt und wissen, wie Apps für die Apple Watch funktionieren und welche Funktionen Ihnen zur Verfügung stehen. Auf einen wichtigen Punkt möchte ich an dieser Stelle noch eingehen, nämlich die Frage nach der Kommunikation beziehungsweise dem Datenaustausch zwischen Ihrer iPhone- und der zugehörigen Apple Watch-App. Schließlich wollen Sie wohl nur in den seltensten Fällen für beide Varianten mit komplett unterschiedlichen Datenbeständen arbeiten.

Was die Verwendung der gleichen Datenbasis beziehungsweise -bestände betrifft, so kann ich es erfreulicherweise kurz machen, denn das Zauberwort hier lautet *App Groups*. Da es sich ja bei der WatchKit App im Prinzip um nichts anderes als eine Erweiterung einer iPhone-App handelt, kommen zum gegenseitigen Datenaustausch auch hier – genau wie bei Extensions allgemein – die App Groups zum Einsatz (siehe dazu auch den Abschnitt „App Groups“ im Kapitel „Extensions“). Das bedeutet im Klartext:

- Erstellen Sie eine App Group und fügen Sie diese in den Capabilities des iPhone-App-Targets sowie der WatchKit Extension hinzu.
- Nutzen Sie die entsprechenden Methoden der Klassen `UserDefaults` (Swift) beziehungsweise `NSUserDefaults` (Objective-C) und `FileManager` (Swift) beziehungsweise `NSFileManager` (Objective-C), um auf die App Group zuzugreifen und damit sowohl von der iPhone- als auch aus der Apple Watch-App heraus auf dieselben Daten zuzugreifen und diese synchron zu halten.

Die Methoden zum Zugriff auf eine App Group haben wir bereits im entsprechenden Abschnitt im Kapitel „Extensions" kennengelernt. So greifen Sie mit der Methode `init(SuiteName:)` der Klasse `UserDefaults` beziehungsweise `NSUserDefaults` auf die gemeinsamen Einstellungen innerhalb dieser App Group zu, während Sie mit der Methode `containerURL(forSecurityApplicationGroupIdentifier:)` der Klasse `FileManager` beziehungsweise `NSFileManager` auf ein gemeinsames Ordnerverzeichnis zugreifen können. Der Umgang mit diesen Methoden und den App Groups ist dabei äquivalent zu dem von jeder anderen iOS-Extension auch.

12.14.1 Watch Connectivity

Zusammen mit watchOS 2 hat Apple ein neues Framework exklusiv für die Kommunikation zwischen iPhone und gekoppelter Apple Watch vorgestellt: das *Watch Connectivity*-Framework. Es bietet verschiedene Funktionen und Techniken, um Daten zwischen iPhone und Apple Watch auszutauschen und so die Informationen einer App auf beiden Geräten aktuell zu halten.

Herzstück des Watch Connectivity-Frameworks sind die Klasse `WCSession` und das Protokoll `WCSessionDelegate`. `WCSession` ist als Singleton ausgelegt und ist die Klasse, die alle zur Verfügung stehenden Funktionen zur Kommunikation zwischen iPhone und Apple Watch zur Verfügung stellt. `WCSessionDelegate` kann dann sozusagen als Gegenstelle gesehen werden, die nach dem Aufruf einer Funktion über `WCSession` auf dem einen Gerät eine passende Delegate-Methode auf dem jeweils anderen Gerät mitsamt den verschickten Informationen aufruft.

Um Watch Connectivity nutzen zu können, gilt es zunächst, immer in einem ersten Schritt auf das `WCSession`-Singleton zuzugreifen und zu prüfen, ob überhaupt eine Verbindung zwischen iOS und watchOS besteht. Diesen ersten Schritt sehen wir uns nun einmal im Detail an.

12.14.1.1 Setup

Bevor es mit der Verwendung von WatchConnectivity losgeht, muss zunächst das `WCSession`-Singleton angesprochen und diesem ein passendes Delegate-Objekt zugewiesen werden, das die verschiedenen Delegate-Methoden des `WCSessionDelegate`-Protokolls abfängt. Ebenso muss die Session explizit im Code aktiviert werden, um sie verwenden zu können. Listing 12.37 zeigt das typische Code-Pattern, das für die Durchführung dieser Schritte verwendet wird und dafür sorgt, dass die `WCSession` erfolgreich gestartet wird. Ein entsprechender Code muss sowohl in der iOS- als auch in der watchOS-App ausgeführt werden.

Listing 12.37 Setup von `WCSession`

```
// Swift
if WCSession.isSupported() {
    WCSession.default().delegate = self
    WCSession.default().activate()
}

// Objective-C
if ([WCSession isSupported]) {
    [WCSession defaultSession].delegate = self;
    [[WCSession defaultSession] activateSession];
}
```

Die `if`-Abfrage zu Beginn ruft die Klassenmethode `isSupported()` von `WCSession` auf und gibt einen booleschen Wert zurück. Diese Methode prüft zunächst einmal, ob die Nutzung von Watch Connectivity überhaupt auf dem jeweiligen Gerät zur Verfügung steht. Aktuell kann beispielsweise ein iPad nichts mit Watch Connectivity anfangen, auf einem iPad liefert diese Methode darum auch `false` (Swift) beziehungsweise `NO` (Objective-C) zurück. Auf iPhone und Apple Watch hingegen wird sie immer erfolgreich durchlaufen.

Innerhalb des `if`-Blocks erfolgt dann der Zugriff auf das `WCSession`-Singleton mithilfe der Klassenmethode `default()`. Das darüber zurückgelieferte `WCSession`-Objekt wird für alle Aufrufe und Funktionen verwendet, die man mittels Watch Connectivity durchführen möchte; es wird keine eigene Instanz dieser Klasse erstellt. Um Watch Connectivity erfolgreich zu aktivieren, ist es notwendig, ein passendes Delegate-Objekt zu setzen sowie die Session abschließend mittels des Aufrufs der Instanzmethode `activate()` zu aktivieren. Als Nächstes gilt es zu prüfen, ob eine Verbindung zwischen iPhone und Apple Watch sowie der zugrunde liegenden App besteht.

12.14.1.2 Verbindungsprüfung

Die Klasse `WCSession` stellt verschiedene Read-Only-Properties zur Verfügung, um die Verbindung zwischen iPhone und Apple Watch zu prüfen. Die erste wichtige Property dabei lautet `isPaired`. Diese gibt an, ob ein iPhone mit einer Apple Watch gekoppelt ist (`true`) oder nicht (`false`). Die Property `isWatchAppInstalled` gibt dann in einem nächsten Schritt darüber Aufschluss, ob die passende Apple Watch-App zur iPhone-App installiert ist (`true`) oder nicht (`false`). Wie Sie sehen, sind diese beiden Properties prinzipiell nur für die iPhone-Variante Ihrer App interessant, da sie umgekehrt zwangsläufig auf der Apple Watch immer `true` zurückliefern würden. Darüber hinaus steht aber auch noch eine zusätzliche Property `isComplicationEnabled` zur Verfügung, die Aufschluss darüber gibt, ob eine eventuell vorhandene Complication der eigenen App auf dem aktiven Ziffernblatt des Nutzers hinzugefügt ist.

Mithilfe all dieser vorgestellten Properties ist es Ihnen also möglich, zu ermitteln, ob die Funktionen des Watch Connectivity-Frameworks zur Kommunikation zwischen iPhone und Apple Watch genutzt werden können. Dann kann die eigentliche Arbeit mit dem WatchConnectivity Framework beginnen. ☺ Generell wird bei der Kommunikation zwischen iPhone und Apple Watch mittels Watch Connectivity zwischen zwei Verfahren beziehungsweise Techniken unterschieden: *Background Transfers* und *Interactive Messaging*. Beide sehen wir uns im Folgenden im Detail an.

12.14.1.3 Background Transfers

Background Transfers erlauben es uns, Informationen vom iPhone oder von der Apple Watch dem jeweils anderen Gerät bereitzustellen. Diese Informationen holt das Zielgerät dann ab, sobald die entsprechende App aktiv wird. Im Gegensatz zum Interactive Messaging müssen also nicht beide Apps parallel aktiv sein, stattdessen kann sich eine Version im Hintergrund befinden.

Es gibt drei verschiedene Arten von Informationen, die mithilfe der Background Transfers ausgetauscht werden können: der aktuelle Application Context, User Infos und Dateien. Das Vorgehen zum Austauschen der entsprechenden Informationen ist bei allen drei identisch, nur die Art der Information unterscheidet sich.

Beginnen wir mit dem Application Context. Dabei handelt es sich um ein Dictionary mit Informationen für ein Update innerhalb der App, das nicht direkt mit spezifischen Nutzerinformationen zusammenhängt (beispielsweise das Aktualisieren einer Ansicht oder Ähnliches). Die Inhalte innerhalb des Dictionaries können frei bestimmt und gesetzt werden.

Um von einer Stelle aus (egal ob iPhone oder Apple Watch) ein Update des Application Context zu initiieren, muss die Methode `updateApplicationContext(_:)` der Klasse `WCSession` aufgerufen und ihr das passende Dictionary-Objekt übergeben werden. Wird nun die App auf dem jeweils anderen Gerät geöffnet und erhält so die zuvor gesendeten Daten, wird die Methode `session(_:didReceiveApplicationContext:)` des `WCSessionDelegate`-Objekts gefeuert. Der zweite Parameter `applicationContext` dieser Methode enthält das von der Gegenstelle definierte Dictionary. Listing 12.38 zeigt die Deklaration beider Methoden.

Listing 12.38 Methoden zur Aktualisierung des Application Context

```
// Swift
func updateApplicationContext(_ applicationContext: [String : AnyObject]) throws
optional func session(_ session: WCSession, didReceiveApplicationContext
applicationContext: [String : AnyObject])

// Objective-C
- (BOOL)updateApplicationContext:(NSDictionary<NSString *,id> *)applicationContext
error:(NSError * _Nullable *)error;
- (void)session:(WCSession *)session
didReceiveApplicationContext:(NSDictionary<NSString *,id> *)applicationContext;
```

Ganz ähnlich verhält sich auch die Kommunikation zum Austausch von Nutzerinformationen (User Infos). Auch hier wird ein frei konfigurierbares Dictionary übergeben, typischerweise wird die Aktualisierung der User Infos aber für nutzerspezifische Aktionen durchgeführt (beispielsweise das erfolgreiche Absolvieren eines Levels in einer Gaming-App). Mithilfe der Methode `transferUserInfo(_:)` der Klasse `WCSession` kann die iPhone- beziehungsweise Apple Watch-App die passenden Informationen an ihre jeweilige Gegenstelle schicken. Diese Gegenstelle wird dann bei der nächsten Verwendung mithilfe der Delegate-Methode `session(_:didReceiveUserInfo:)` des `WCSessionDelegate` über die entsprechende Aktualisierung der User Info informiert. Listing 12.39 zeigt die exakte Deklaration dieser beiden Methoden.

Listing 12.39 Methoden zur Aktualisierung der User Info

```
// Swift
func transferUserInfo(_ userInfo: [String : AnyObject] = [:]) ->
WCSessionUserInfoTransfer
optional func session(_ session: WCSession, didReceiveUserInfo userInfo: [String :
AnyObject] = [:])

// Objective-C
- (WCSessionUserInfoTransfer *)transferUserInfo:(NSDictionary<NSString *,id> *)
userInfo;
- (void)session:(WCSession *)session didReceiveUserInfo:(NSDictionary<NSString *,id>
*)userInfo;
```

Abschließend gibt es noch die Möglichkeit, Dateien zwischen den beiden Plattformen iPhone und Apple Watch auszutauschen. Auch hier kommen wieder eine entsprechende Methode der Klasse `WCSession` für den Versand einer Datei sowie eine Delegate-Methode des Protokolls `WCSessionDelegate` zum Einsatz.

Um eine Datei an die jeweils andere Plattform zu verschicken, muss die Methode `transerFile(_:metadata:)` der Klasse `WCSession` aufgerufen werden (siehe Deklaration in Listing 12.40).

Listing 12.40 Methode zum Versand einer Datei über die Klasse `WCSession`

```
// Swift
func transferFile(_ file: URL, metadata: [String : AnyObject]?) ->
WCSessionFileTransfer

// Objective-C
- (WCSessionFileTransfer *)transferFile:(NSURL *)file metadata:(NSDictionary<NSString
*,id> *)metadata;
```

Der erste Parameter `file` ist der Verweis auf die entsprechende Datei in Form eines `URL`- (Swift) beziehungsweise `NSURL`-Objekts (Objective-C). Der zweite Parameter `metadata` ist optional und erlaubt es, eventuell zusätzliche Informationen in Form eines Dictionaries zu übergeben.

Auf Delegate-Seite wird die Methode `session(_:didReceive:)` nach Erhalt einer solchen Datei gefeuert (siehe Deklaration in Listing 12.41). Eine Besonderheit in dieser Methode ist der zweite Parameter `file`, bei dem es sich um ein Objekt der Klasse `WCSessionFile` handelt. Diese verfügt über die Properties `fileURL` und `metadata`, die den Zugriff auf die beim Versand der Datei festgelegten Informationen zusammenfasst.

Listing 12.41 Delegate-Methode zum Erhalt einer versendeten Datei mittels `WCSession`

```
// Swift
optional func session(_ session: WCSession, didReceive file: WCSessionFile)

// Objective-C
- (void)session:(WCSession *)session didReceiveFile:(WCSessionFile *)file;
```

Damit kennen Sie nun die Möglichkeiten und die Verwendung von Background Transfers. Werfen wir nun noch einen Blick auf die zweite Möglichkeit zur Kommunikation zwischen iPhone und Apple Watch: das Interactive Messaging.

12.14.1.4 Interactive Messaging

Interactive Messaging erlaubt eine direkte und sofortige Kommunikation zwischen iPhone und Apple Watch. Während mittels Background Transfer übertragene Daten und Informationen auf dem Zielgerät erst dann weitergereicht werden, wenn das Zielgerät das nächste Mal aktiv wird, werden die Daten beim Interactive Messaging umgehend zum Zielgerät gesendet und dort verarbeitet.

Damit das aber funktioniert, muss zunächst geprüft werden, ob Interactive Messaging überhaupt zur Verfügung steht. Auf dem iPhone kann Interactive Messaging nur verwendet werden, wenn sowohl iPhone- als auch Apple Watch-App gleichermaßen aktiv und auf dem jeweiligen Gerät im Vordergrund sind. Auf der Apple Watch hingegen reicht es bereits aus, dass die Apple Watch-App aktiv und im Vordergrund und die App wenigstens mit dem iPhone gekoppelt ist.

Um zu erfahren, ob diese jeweilige Voraussetzung zur Nutzung von Interactive Messaging gegeben ist, steht über die Klasse `WCSession` die Property `isReachable` zur Verfügung, die genau diese Information zurückgibt; ist Interactive Messaging möglich, liefert sie `true` zurück, andernfalls `false`. Es gilt also demnach immer zunächst diese Property zu prüfen, ehe man Interactive Messaging nutzt.

Um nun Informationen mittels Interactive Messaging zu versenden, stehen in der Klasse `WCSession` zwei entsprechende Methoden zur Verfügung (siehe Deklarationen in Listing 12.42).

Listing 12.42 Methoden zum Versenden von Nachrichten mittels Interactive Messaging

```
// Swift
func sendMessage(_ message: [String : AnyObject], replyHandler: (([String :
AnyObject]) -> Void)?, errorHandler: ((Error) -> Void)? = nil)
func sendMessageData(_ data: Data, replyHandler: ((Data) -> Void)?, errorHandler:
((Error) -> Void)? = nil)

// Objective-C
- (void)sendMessage:(NSDictionary<NSString *,id> *)message replyHandler:(void (^)
(NSDictionary<NSString *,id> *replyMessage))replyHandler errorHandler:(void (^)
(NSError *error))errorHandler;
- (void)sendMessageData:(NSData *)data replyHandler:(void (^)(NSData
*replyMessageData))replyHandler errorHandler:(void (^)(NSError *error))errorHandler;
```

Der einzige Unterschied zwischen den beiden Methoden liegt in der Art der Information, die sie weitergeben; bei `sendMessage(_:replyHandler:errorHandler:)` handelt es sich um ein Dictionary-Objekt, während bei `sendMessageData(_:replyHandler:errorHandler:)` ein `Data`- (Swift) beziehungsweise `NSData`-Objekt (Objective-C) weitergegeben wird. Die zweite Besonderheit ist der zweite Parameter `replyHandler`, der optional übergeben werden kann. Er dient generell dazu, dem Zielgerät die Möglichkeit zu geben, den erfolgreichen Erhalt der Daten zu bestätigen. In der Regel ist es daher durchaus sinnvoll, einen `replyHandler` zu übergeben und diesen von dem Zielgerät aus aufzurufen.

Das Zielgerät selbst wird auch beim Interactive Messaging mithilfe passender Methoden des `WCSessionDelegate` über den Erhalt der Daten informiert. Die Deklaration der vier zur Verfügung stehenden Methoden sehen Sie in Listing 12.43.

Listing 12.43 Methoden zum Empfangen von Nachrichten mittels Interactive Messaging

```
// Swift
optional func session(_ session: WCSession, didReceiveMessage message: [String :
AnyObject])
optional func session(_ session: WCSession, didReceiveMessage message: [String :
AnyObject], replyHandler: ([String : AnyObject]) -> Void)
optional func session(_ session: WCSession, didReceiveMessageData messageData: Data)
optional func session(_ session: WCSession, didReceiveMessageData messageData: Data,
replyHandler: (Data) -> Void)

// Objective-C
- (void)session:(WCSession *)session didReceiveMessage:(NSDictionary<NSString *,id>
*)message;
- (void)session:(WCSession *)session didReceiveMessage:(NSDictionary<NSString *,id>
*)message replyHandler:(void (^)(NSDictionary<NSString *,id> *replyMessage))
replyHandler;
- (void)session:(WCSession *)session didReceiveMessageData:(NSData *)messageData;
- (void)session:(WCSession *)session didReceiveMessageData:(NSData *)messageData
replyHandler:(void (^)(NSData *replyMessageData))replyHandler;
```

Generell unterteilen sich die Methoden in zwei Bereiche: Die ersten beiden werden beim Versand von Informationen über die Methode `sendMessage(_:replyHandler:errorHandler:)` aufgerufen, während letztere über das Versenden von Informationen mittels `sendMessageData(_:replyHandler:errorHandler:)` gefeuert werden. Welche der verbleibenden zwei Methoden, die dann noch jeweils zur Verfügung stehen, ausgeführt werden, hängt davon ab, ob dem Parameter `replyHandler` beim Versand der Informationen ein Objekt übergeben wurde oder nicht. Existiert ein solches Objekt, wird jeweils die Methode mit dem `replyHandler`-Parameter aufgerufen, andernfalls die ohne den zusätzlichen Parameter.

12.15 Was sonst noch zu sagen und zu beachten ist

Sie haben jetzt einen Rundumblick über die Entwicklung eigener Apps für die Apple Watch erhalten und die verschiedenen Facetten und Eigenheiten der Plattform sowie der watchOS-Entwicklung kennengelernt. Worauf ich abschließend noch einmal eingehen möchte, ist die Versions- beziehungsweise die Build-Nummer von WatchKit Extension und WatchKit App, die Sie für beide nach Auswahl des jeweiligen Targets im Reiter General setzen können (siehe Bild 12.81).

Bild 12.81 Die Build-Nummer von WatchKit Extension und WatchKit App muss identisch sein.

Es ist wichtig, dass spätestens bei der Einreichung einer iPhone-App mitsamt WatchKit Extension und WatchKit App im App Store alle drei Targets über dieselbe Versions- und Build-Nummer verfügen, da nur dann die App erfolgreich und ohne Fehler eingereicht werden kann.

Darüber hinaus bleibt es spannend, abzuwarten, wie sich die Apple Watch mitsamt watchOS in der kommenden Zeit noch weiterentwickeln wird. Diese neue Gerätekategorie steht noch am Anfang und wir dürfen uns sowohl als Nutzer wie auch als Entwickler in der nächsten Zeit sicherlich auf viele weitere Verbesserungen und Anpassungen freuen. Wenn es Sie interessiert, schauen Sie doch ab und an auf der Website zum Buch unter *iosbuch.thomassillmann.de* vorbei, wo ich in regelmäßigen Blog-Beiträgen über Neuigkeiten informieren werde.

13 Tests

Testen ist wichtig! Falls Sie das bisher noch nicht gewusst oder vermutet haben, so wissen Sie es jetzt. Ein großer Teil Ihrer Arbeit in der iOS-Entwicklung wird im Testen Ihrer App bestehen, um Fehler zu erkennen oder Verbesserungen durchzuführen. Denn Sie können sich denken: Ein unausgereiftes oder gar gänzlich fehlerbehaftetes Programm den Endnutzern bereitzustellen, wird zu vielen negativen Kritiken und stetig schwindenden Download-Zahlen Ihrer Anwendung führen.

Genau hier kommen die Tests ins Spiel. In der iOS-Entwicklung gibt es derer drei verschiedene Arten:

- Unit-Tests
- Performance-Tests
- UI-Tests

Alle diese drei Arten von Tests werde ich Ihnen in diesem Kapitel im Detail vorstellen und auf ihre jeweilige Funktionsweise und ihre Anwendungszwecke eingehen.

13.1 Unit-Tests

Beginnen möchte ich dabei mit den Unit-Tests. Mithilfe von Unit-Tests können Sie einzelne Teile Ihrer Anwendung – in der Regel sind das einzelne Methoden Ihrer Klassen – auf ihre korrekte Funktionsweise hin überprüfen. Diese Tests können Sie dann allesamt zu jeder Zeit ausführen und sehen, ob sie erfolgreich durchlaufen werden oder einen Fehler zurückgeben; in letzterem Fall können Sie direkt reagieren und dem eigentlichen Problem auf die Schliche kommen, in ersterem Fall wissen Sie, dass Ihre Anwendung wie geplant funktioniert.

Was bei kleinen Anwendungen nach mehr Arbeit als Nutzen klingen mag, ist gerade in größeren Softwareprojekten aber ein wichtiger Bestandteil der App-Entwicklung. Denn Unit-Tests prüfen immer alle Funktionen Ihrer Anwendung, für die Sie auch einen entsprechenden Test geschrieben haben. Umgekehrt bedeutet das aber auch, dass es Ihnen sofort auffällt, wenn eine bestimmte Änderung in Ihrem Programm eine ursprüngliche Funktion außer Kraft setzt, da der entsprechende Test dann fehlschlägt. Je größer und komplexer eine Anwendung ist, umso mehr Abhängigkeiten können sich zwischen Ihren Klassen und

Methoden ergeben und Unit-Tests können dabei helfen, sicherzustellen, dass Ihre Anwendung nach jeder Änderung noch das tut, was sie soll. Denn Sie kennen das sicherlich: Bei einer Änderung testen Sie nicht alle Funktionen Ihrer kompletten App, sondern die konkret umgesetzte neue Funktion. Es wäre auch ein viel zu großer zeitlicher Aufwand, Ihre App nach jeder kleinen Änderung in Gänze testen und prüfen zu müssen.

Um Unit-Tests in Ihren eigenen Apps umsetzen zu können, stellt Apple Ihnen das XCTest-Framework zur Verfügung. Die Unit-Tests selbst werden innerhalb eines eigenen Targets in Ihrem Projekt realisiert. Sie können beim Erstellen eines neuen Xcode-Projekts festlegen, ob Sie ein solches Test-Target erstellen möchten oder nicht, indem Sie den Haken für die Checkbox INCLUDE UNIT TESTS setzen oder nicht (siehe Bild 13.1).

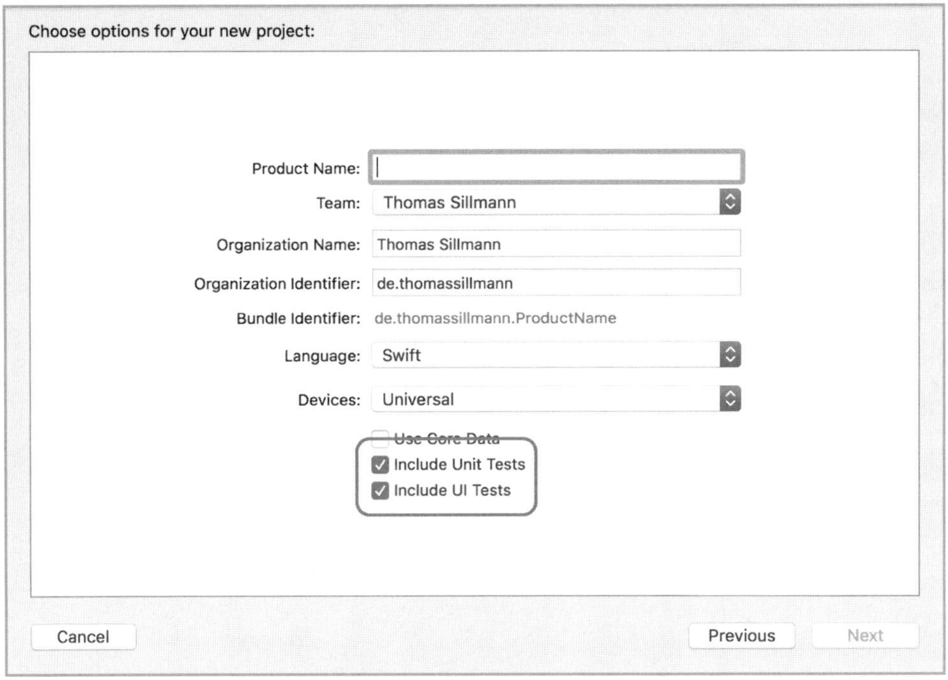

Bild 13.1 Sie können beim Erstellen eines neuen Xcode-Projekts entscheiden, ob Sie auch ein Unit-Test- beziehungsweise UI-Test-Target einbinden möchten oder nicht.

Wichtig ist dabei die Unterscheidung zwischen Unit-Tests und UI-Tests, da diese über zwei verschiedene Test-Targets abgedeckt werden. Entsprechend bietet Ihnen Xcode auch zwei Checkboxen zur Erstellung von Test-Targets an, die die beiden genannten Punkte abdecken. Für Unit-Tests muss somit der Haken wie beschrieben bei INCLUDE UNIT TESTS gesetzt sein; möchten Sie (auch) UI-Tests in Ihrem Projekt abbilden, so steht dafür der Haken INCLUDE UI TESTS bei Erstellung eines neuen Projekts zur Verfügung.

Ist der Haken für Unit-Tests bei Projekterstellung gesetzt, generiert Xcode automatisch ein passendes Test-Target, sodass Sie in diesem Fall direkt mit ihren Unit-Tests loslegen können (siehe Bild 13.2). Das Target erhält dabei automatisch den von Ihnen vergebenen *Product Name* des Projekts, gefolgt vom Schlüsselwort „Tests“. Ein UI-Test-Target ist namentlich identisch aufgebaut, endet aber mit dem Suffix „UITests“.

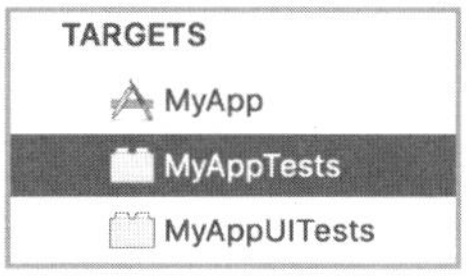

Bild 13.2
Das Unit-Test-Target erhält standardmäßig den Namen Ihres Projekts, gefolgt vom Suffix „Tests".

Manuelles Erstellen eines Test-Targets

Sie können auch jederzeit manuell ein Test-Target für Ihr Projekt erstellen (beispielsweise dann, wenn Sie den entsprechenden Haken zum Erstellen eines Test-Targets bei Projekterstellung nicht gesetzt haben). Gehen Sie dazu in Xcode über das Menü zu File → New → Target.... Daraufhin öffnet sich Xcodes Template-Auswahl für Targets. Wählen Sie dort im oberen Bereich iOS aus und wechseln Sie anschließend in den Bereich *Test*. Dort werden Ihnen die zur Verfügung stehenden Test-Targets angezeigt, die Sie Ihrem Xcode-Projekt hinzufügen können. Aktuell finden sich dort je ein Target für UI- und Unit-Tests (siehe Bild 13.3).

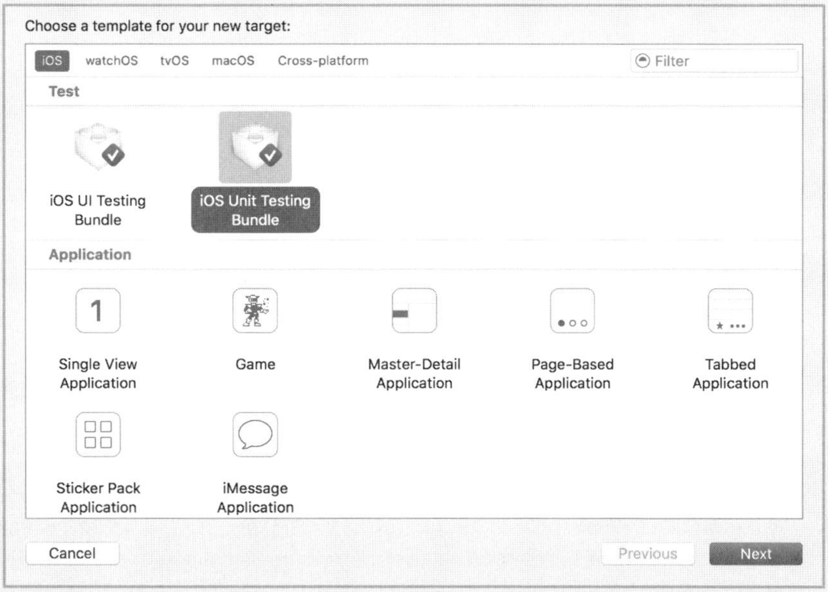

Bild 13.3 In der Template-Auswahl von Xcode finden sich auch Vorlagen für neue Test-Targets.

Wählen Sie dort das gewünschte Target aus; iOS UI Testing Bundle für UI-Tests oder iOS Unit Testing Bundle für Unit-Tests und klicken Sie anschließend auf Next. Im nächsten Schritt geben Sie dann verschiedene Informationen zu Ihrem neuen Test-Target ein. Sie können einen beliebigen *Product Name* sowie Ihren *Organization Name* und *Organization Identifier* setzen und ein *Team* auswählen. Zu guter Letzt haben Sie noch drei Auswahllisten zur Verfügung: *Language*, *Project* und *Target to be Tested* (siehe Bild 13.4).

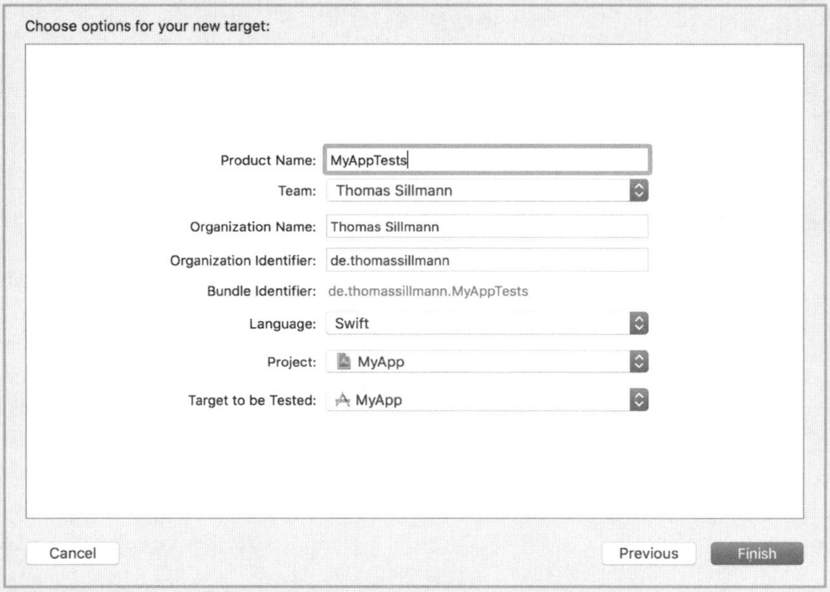

Bild 13.4 Maske zur Eingabe von Detailinformationen für das zu erstellende Test-Target.

Bei *Language* können Sie zwischen Objective-C und Swift wählen. In *Project* wählen Sie das Projekt aus, welchem das Test-Target zugeordnet werden soll. Hier stehen nur dann mehrere Projekte zur Verfügung, wenn Sie einen Workspace verwenden, in dem mehrere Projekte untergebracht sind.

Unter *Target to be Tested* wählen Sie abschließend noch von den bestehenden Targets aus Ihrem zuvor gewählten Projekt dasjenige aus, auf das Sie Unit-Tests anwenden und das Sie somit mithilfe von Tests überprüfen möchten. Auch hier stehen selbstredend nur dann mehrere Targets zur Verfügung, wenn Sie auch mehr als ein solches Target in Ihrem Projekt angelegt haben.

Wenn Sie diese Ansicht dann per Klick auf die Schaltfläche FINISH verlassen, wird das neue Test-Target erstellt und dazu auch ein neuer Ordner mit Ihrem zuvor gewählten *Product Name* Ihrem Projekt hinzugefügt. Dieser enthält dann exakt die Dateien, die Xcode auch automatisch beim Erstellen eines Test-Targets bei neuen Projekten anlegt. ■

Diese gesonderten Test-Targets dienen dazu, Ihre Tests von Ihrem eigentlichen App-Target und somit auch von Ihrem App-Code zu trennen; schließlich hat Ihr Testcode nichts in Ihrer fertigen App verloren und ist dort gänzlich überflüssig.

Neben einem Test-Target fügt Xcode Ihrem Projekt auch gleich einen passenden Ordner pro Test-Target hinzu (siehe Bild 13.5). Dabei handelt es sich um jene Anlaufstelle, von der aus Sie neue Tests schreiben beziehungsweise auf bestehende Tests zugreifen.

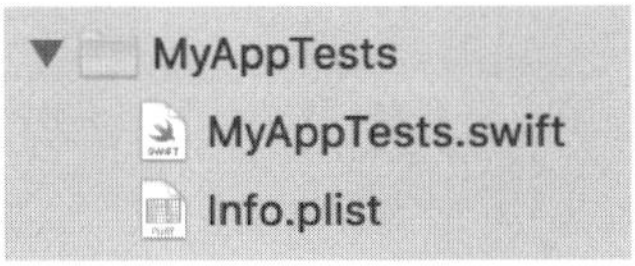

Bild 13.5
Xcode legt einen eigenen Ordner für jedes Test-Target mitsamt erster Testklasse an.

Um Unit-Tests für eine App zu schreiben, verwenden wir sogenannte Test-Case-Klassen (in Objective-C bestehen diese Klassen nur aus einer Implementation-Datei, besitzen also kein Header-File). Diese Klassen enthalten für jeden Test, den man ausführen möchte, genau eine passende zugehörige Testmethode. Diese Methoden sind wie alle Methoden in Swift und Objective-C aufgebaut, es gibt also keine spezielle „Testsyntax", die man erlernen und verwenden muss. Test-Case-Klassen sind von der Klasse `XCTestCase` des XCTest-Frameworks abgeleitet.

Neben den eigenen Methoden für spezifische Tests, die man selbst innerhalb einer Test-Case-Klasse erstellt, gibt es noch zwei weitere wichtige Methoden in jeder Test-Case-Klasse (siehe Listing 13.1).

Listing 13.1 Deklaration der Methoden vor Start und Ende jedes Tests

```
// Swift
func setUp()
func tearDown()

// Objective-C
- (void)setUp
- (void)tearDown
```

Diese Methoden erlauben es Ihnen, bestimmte globale Konfigurationen für all Ihre Tests innerhalb dieser Klasse vorzunehmen. So können Sie in den `setUp()`-Methoden Werte für Properties eines Objekts setzen, die dann beim Ausführen einer jeden Testmethode identisch sind. In `tearDown()` werden umgekehrt Werte zurückgesetzt, damit die Änderungen eines vorherigen Tests nicht alle nachfolgenden Tests verfälschen. Die Methode `setUp()` wird vor jeder Testmethode in Ihrer Test-Case-Klasse aufgerufen, die Methode `tearDown()` immer nach jeder Testmethode Ihrer Test-Case-Klasse. Nutzen Sie also diese beiden Methoden zur Vor- beziehungsweise Nachbereitung aller Ihrer Tests innerhalb einer Test-Case-Klasse.

Wichtig dabei:

Rufen Sie auch immer die jeweilige Elternklasse mittels `super.setUp()` / `[super setUp]` beziehungsweise `super.tearDown()` / `[super tearDown]` in diesen Methoden auf!

Ihre eigenen Testmethoden selbst können Sie wie jede andere Methode auch in der Test-Case-Klasse hinzufügen und dort dann allen relevanten Code zur Ausführung Ihres Tests implementieren.

Wichtig dabei:

Der Name all Ihrer Testmethoden muss mit dem Präfix „test“ beginnen, andernfalls werden sie von Xcode nicht als Testmethoden erkannt und damit auch nicht aufgerufen und durchlaufen.

13.1.1 Aufbau und Funktionsweise von Unit-Tests

Mit jedem Unit-Test-Target erstellt Xcode auch direkt eine erste Test-Case-Klasse. Diese trägt den Namen des gewählten Product Name des Test-Targets und enthält bereits ersten Code. Listing 13.2 zeigt diesen Standardinhalt für eine erstellte Test-Case-Klasse namens `MyAppTests`, die das Target `MyApp` testen soll.

Listing 13.2 Standardinhalt einer neu erstellten Test-Case-Klasse

```
// Swift
import XCTest
@testable import MyApp
class MyAppTests: XCTestCase {
    override func setUp() {
        super.setUp()
        // Put setup code here. This method is called before the invocation of each
test method in the class.
    }
    override func tearDown() {
        // Put teardown code here. This method is called after the invocation of each
test method in the class.
        super.tearDown()
    }
    func testExample() {
        // This is an example of a functional test case.
        // Use XCTAssert and related functions to verify your tests produce the
correct results.
    }
    func testPerformanceExample() {
        // This is an example of a performance test case.
        self.measure {
            // Put the code you want to measure the time of here.
        }
    }
}

// Objective-C
#import <XCTest/XCTest.h>
@interface MyAppTests : XCTestCase
@end
@implementation MyAppTests
- (void)setUp {
    [super setUp];
    // Put setup code here. This method is called before the invocation of each test
method in the class.
}
```

```
- (void)tearDown {
    // Put teardown code here. This method is called after the invocation of each
test method in the class.
    [super tearDown];
}
- (void)testExample {
    // This is an example of a functional test case.
    // Use XCTAssert and related functions to verify your tests produce the correct
results.
}
- (void)testPerformanceExample {
    // This is an example of a performance test case.
    [self measureBlock:^{
        // Put the code you want to measure the time of here.
    }];
}
@end
```

Ein paar Worte zu diesem Standardinhalt einer neu erstellten Test-Case-Klasse: Zu Beginn wird zunächst XCTest-Framework importiert, das als Grundlage für die Arbeit mit Unit-Tests benötigt wird. Da die Programmiersprache Swift modulbasiert arbeitet und das zu testende App-Target ein separates Modul vom Test-Target darstellt, muss jenes App-Modul ebenfalls noch importiert werden. Das dabei verwendete vorangestellte Keyword `@testable` wurde mit Swift 2 eingeführt und erlaubt den Zugriff auch auf als `internal` gekennzeichnete Eigenschaften einer Klasse (sowie auf als `internal` erstellte Klassen selbst). Somit ist es möglich, innerhalb des Test-Targets auf Klassen und Funktionen zuzugreifen, die im App-Projekt als `internal` gekennzeichnet sind, ohne diese zwingend für Unit-Tests als `public` zu deklarieren.

Die erstellte Klasse selbst ist – wie bereits beschrieben – abgeleitet von `XCTestCase`. Es sind bereits Methodenrümpfe für die beiden Methoden `setup()` und `tearDown()` vorhanden, die nach eigenem Gusto nur noch implementiert werden müssen (oder auch komplett entfernt werden können, sollten sie gar nicht benötigt werden).

Mit der Methode `testExample()` ist auch bereits eine erste Testmethode implementiert. Wie alle Testmethoden beginnt sie mit dem Präfix „test“, gefolgt von einem aussagekräftigen Namen, der den Test beschreiben soll. Eigene Testmethoden für Unit-Tests deklarieren wir auf exakt dieselbe Art und Weise.

Die letzte der standardmäßig implementierten Methoden – `testPerformanceExample()` – können wir an dieser Stelle getrost ignorieren. Wie der Name bereits andeutet, handelt es sich dabei um einen sogenannten Performance-Test; Performance-Tests werden im nachfolgenden Abschnitt 13.2, „Performance-Tests“, noch im Detail vorgestellt.

Betrachten wir nun einmal genauer die eigentlichen Testmethoden wie `testExample()`, diese sind schließlich das Herzstück unserer Unit-Tests. Diese Methoden arbeiten – wie der Standardkommentar in der Implementierung von `testExample()` bereits andeutet – mit sogenannten XCT-Bedingungen. Diese XCT-Bedingungen dienen zur Prüfung, ob ein Test erfolgreich war oder nicht. Es sind Bedingungen, die erfüllt sein müssen, damit ein Test erfolgreich abgeschlossen werden kann. Trifft eine solche XCT-Bedingung nicht zu, schlägt der Test fehl.

Im Folgenden stelle ich Ihnen einige der typischen XCT-Bedingungen vor, mit denen Sie häufiger in Ihren Unit-Tests arbeiten werden, inklusive kurzem Beispiel. Allen XCT-Bedingungen gemein ist, dass sie über mindestens einen Kommentar-Parameter verfügen, der bei fehlschlagenden Tests ausgegeben wird. Einen solchen Kommentar können Sie also dazu nutzen, eine Beschreibung des Fehlers anzeigen zu lassen. Darüber hinaus nehmen manche XCT-Bedingungen auch noch weitere Parameter entgegen, um zum Beispiel ein Objekt gegen `nil` zu prüfen oder zwei Objekte miteinander zu vergleichen. Das ist aber von XCT-Bedingung zu XCT-Bedingung unterschiedlich. Die Dokumentation der einzelnen XCT-Bedingungen gibt detailliert Aufschluss darüber, ob und welche Parameter eine XCT-Bedingung entgegennimmt. Die Parameter werden dabei kommasepariert innerhalb von runden Klammern nach der XCT-Bedingung aufgeführt.

In der folgenden Tabelle habe ich der Einfachheit halber die Beispiele nur in Swift aufgeführt. Die Syntax in Objective-C ist identisch, lediglich mit dem Unterschied, dass beispielsweise die Strings für die Kommentare in Form von `NSString`-Objekten mittels `@` deklariert werden.

XCT-Bedingung	Erläuterung	Beispiel
`XCTFail`	Der Test schlägt an dieser Stelle fehl.	`XCTFail("Test failed.")`
`XCTAssertNil`	Der übergebene Parameter muss `nil` sein; ist er das nicht, schlägt der Test fehl.	`XCTAssertNil(myObject, "Parameter must be nil!")`
`XCTAssertNotNil`	Der übergebene Parameter darf nicht `nil` sein; ist er das, schlägt der Test fehl.	`XCTAssertNotNil(myObject, "Parameter must not be nil!")`
`XCTAssertTrue`	Der übergebene Parameter muss `true` sein, andernfalls schlägt der Test fehl.	`XCTAssertTrue(booleanExpression, "Parameter must be true!")`
`XCTAssertFalse`	Der übergebene Parameter muss `false` sein, andernfalls schlägt der Test fehl.	`XCTAssertFalse(booleanExpression, "Parameter must be false!")`
`XCTAssertEqual`	Beide übergebenen Parameter müssen identisch sein. Sind sie das nicht, schlägt der Test fehl.	`XCTAssertEqual(int1, int2, "Both parameters must be equal!")`
`XCTAssert EqualObjects`	Beide übergebenen Objekte müssen identisch sein. Sind sie das nicht, schlägt der Test fehl.	`XCTAssertEqualObjects(object1, object2, "Both objects must be equal!")`

13.1.2 Aufbau einer Test-Case-Klasse

Werfen wir nach den bisherigen Grundlagen zu Unit-Tests und den Test-Targets nun einen konkreten Blick auf das Herzstück von Unit-Tests: den Test-Case-Klassen. In diesen schreiben wir unsere Unit-Tests und bringen sie zur Ausführung. Die Methoden `setup()` und `tearDown()`, die wir in jeder Test-Case-Klasse implementieren können, haben wir schon kennengelernt. Jetzt geht es darum, wie konkrete Tests für eine App innerhalb einer Test-Case-Klasse aussehen können. Betrachten wir dazu ein konkretes Beispiel.

Nehmen wir an, Sie haben eine Klasse namens `Calculator`, mit der Sie Berechnungen (z. B. Additionen) durchführen. Der Header dieser Klasse in Objective-C beziehungsweise die Implementierung dieser Klasse in Swift sieht wie in Listing 13.3 aufgeführt aus.

Listing 13.3 Deklaration der Beispielmethode `doubleTheValue(_:)` der `Calculator`-Klasse

```
// Swift
class Calculator {
    func doubleTheValue(_ value: Int) -> Int {
        return value * 2
    }
}

// Objective-C
#import <Foundation/Foundation.h>
@interface Calculator: NSObject
- (int)doubleTheValue:(int)value;
@end
```

Die Klasse `Calculator` besitzt eine einzige Methode namens `doubleTheValue(_:)`, die einen Integer-Parameter entgegennimmt und den doppelten Wert davon zurückliefert. Um nun diese Klasse und deren Funktion zu testen, brauchen wir eine entsprechende Test-Case-Klasse, in der wir unsere Tests unterbringen. Wir können dazu entweder die von Xcode generierte Test-Case-Klasse verwenden oder auch beliebig viele weitere erstellen (wie das geht, erläutert der folgende Abschnitt 13.1.3 „Neue Test-Case-Klasse erstellen"). In diesem Beispiel gehe ich davon aus, dass die Tests Teil einer eigenen Test-Case-Klasse namens `CalculatorTests` sind, die spezifisch dazu dient, Funktionen der Klasse `Calculator` zu testen.

Wie könnte nun aber ein konkreter Test der Funktion `doubleTheValue(_:)` aussehen? Da die Funktion den übergebenen Integer verdoppeln und als Ergebnis zurückliefern soll, ruft man die Methode idealerweise mit einem festgelegten Parameter auf (zum Beispiel 8) und prüft, ob das von der Methode zurückgelieferte Ergebnis dem von uns erwarteten Ergebnis (in diesem Fall nämlich 16) entspricht. Für diese letzte Prüfung verwenden wir eine der zur Verfügung stehenden XCT-Bedingungen, für dieses Beispiel idealerweise `XCTAssertEqual`.

Listing 13.4 zeigt, wie eine entsprechende Implementierung der Test-Case-Klasse `CalculatorTests` aussehen kann.

Listing 13.4 Beispielhafte Implementierung einer Test-Klasse

```
// Swift
import XCTest
@testable import Calculator
class CalculatorTests: XCTestCase {
    func testDoubleTheValue() {
        let myCalculator = Calculator()
        let result = myCalculator.doubleTheValue(8)
        XCTAssertEqual(result, 16, "The result has to be 16.")
    }
}
```

```
// Objective-C
#import <XCTest/XCTest.h>
#import "Calculator.h"
@implementation CalculatorTests
- (void)testDoubleTheValue {
    Calculator *myCalculator = [[Calculator alloc] init];
    int result = [myCalculator doubleTheValue:8];
    XCTAssertEqual(result, 16, @"The result has to be 16.");
}
@end
```

Das ist zwar ein recht simples Beispiel, verdeutlicht dafür aber klar, wie Unit-Tests aufgebaut sind und wie Sie damit arbeiten. In diesem Fall wurde innerhalb einer eigens definierten Testmethode namens `testDoubleTheValue()` eine Instanz einer `Calculator`-Klasse erstellt (deren Header dazu implementiert werden muss, ansonsten wird die Klasse nicht gefunden) und anschließend eine Aktion auf die Methode `doubleTheValue:` der `Calculator`-Klasse ausgeführt, von der ein klares und eindeutiges Ergebnis erwartet wird. Dieses Ergebnis wird abschließend noch mittels `XCTAssertEqual` abgefragt und auf seine Korrektheit hin geprüft.

Wie so erstellte Unit-Tests letzten Endes ausgeführt werden, erläutere ich gleich im Abschnitt 13.1.4 „Ausführen von Unit-Tests".

13.1.3 Neue Test-Case-Klasse erstellen

Sie können theoretisch all Ihre Unit-Tests in eine einzige Test-Case-Klasse schreiben, das ist in der Regel aber wenig sinnvoll. Besser ist es, die Unit-Tests über mehrere verschiedene Test-Case-Klassen aufzuteilen. Ein beliebtes Pattern beispielsweise ist, für jede zu testende Klasse eine eigene Test-Case-Klasse zu erstellen. Diese kann dann den Namen der zu testenden Klasse tragen, gefolgt vom Suffix „Tests".

Eine neue Test-Case-Klasse erstellen Sie genauso wie andere Dateien in Xcode auch: Rufen Sie zunächst über File → New → File... den Template-Manager für neue Dateien auf. Dort wählen Sie im oberen Bereich *iOS* und anschließend im Bereich *Source* das Template für Unit Test Case Class aus (siehe Bild 13.6).

Nach Klick auf Next müssen Sie nur noch einen Namen vergeben und die Superklasse für Ihre Test-Case-Klasse sowie die gewünschte Programmiersprache (Swift oder Objective-C) wählen (siehe Bild 13.7).

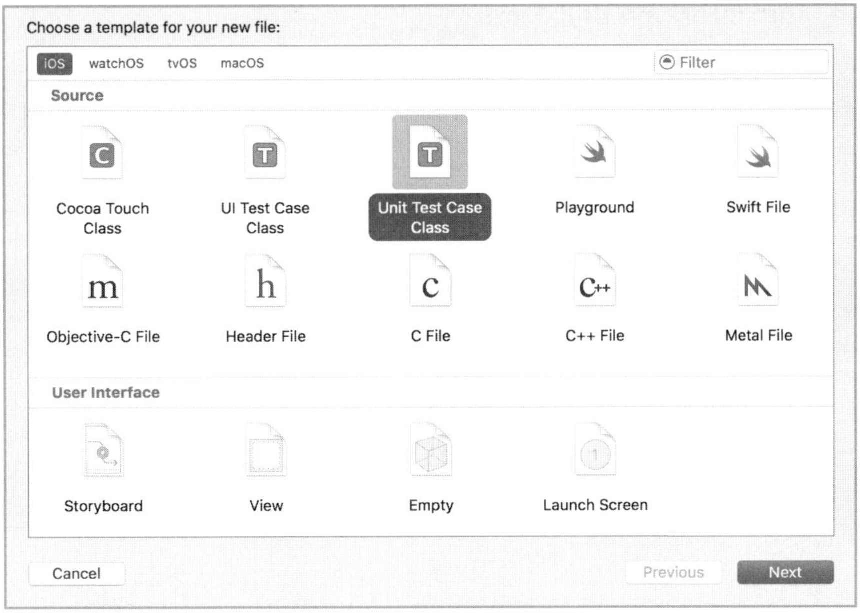

Bild 13.6 Über die Vorlagen von Xcode lässt sich auch einfach eine neue Test-Case-Klasse erstellen.

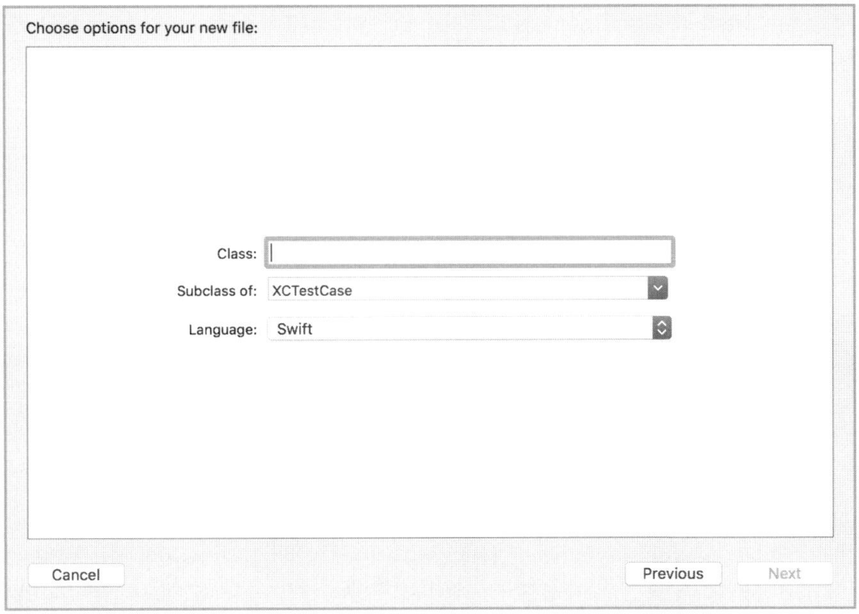

Bild 13.7 Noch einige grundlegende Informationen zur Datei angeben – und fertig!

Nach einem weiteren Klick auf NEXT und der anschließenden Auswahl eines Speicherorts ist die neue Test-Case-Klasse auch schon erstellt und Sie können beginnen, diese mit Ihren Unit-Tests zu füllen.

13.1.4 Ausführen von Unit-Tests

Kommen wir nun zu einem der interessantesten Punkte: dem eigentlichen Ausführen Ihrer Tests! Generell gibt es zwei Möglichkeiten, Tests auszuführen: Entweder können Sie alle vorhandenen Tests direkt auf einmal ausführen oder einzelne Tests manuell durchlaufen lassen (z. B. um zu prüfen, ob eine bestimmte Änderung einen spezifischen Test beeinflusst hat; dann müssen nicht immer alle vorhandenen Unit-Tests durchlaufen werden, was bei einem sehr umfangreichen Testaufgebot durchaus eine Zeit lang dauern kann).

Das Durchführen aller Tests können Sie über die Schaltfläche zum Starten Ihrer App in Xcode anstoßen. Klicken Sie dazu auf den Run-Button und halten Sie die linke Maustaste gedrückt. Daraufhin werden weitere Schaltflächen eingeblendet, über die Sie Ihre App ausführen können, unter anderem auch eine Test-Schaltfläche (siehe Bild 13.8).

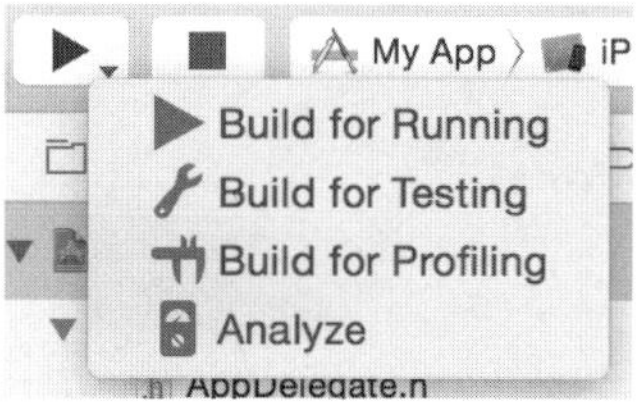

Bild 13.8
Xcode bietet mehrere Optionen zum Ausführen und Erstellen einer App, darunter auch eine Test-Option.

Wenn Sie nun diese Test-Schaltfläche auswählen, wird die App wie gewohnt gebaut und anschließend werden alle Test-Case-Klassen mit ihren Testmethoden durchlaufen. Das funktioniert allerdings nur, wenn Ihr Test-Target auch mit Ihrem App-Target verbunden ist (siehe dazu auch den obigen Kasten „Manuelles Erstellen eines Test-Targets"). Am Ende erhalten Sie dann eine Aufstellung darüber, wie viele Tests erfolgreich durchgelaufen sind. Diese Information ist dabei an zwei Stellen einsehbar. Die komfortabelste Übersicht bietet die Navigation Area innerhalb des Test Navigator (siehe Bild 13.9). Dort werden alle Ihre Test-Targets mitsamt Ihren Test-Case-Klassen und den zugehörigen Testmethoden aufgeführt. Tests, die erfolgreich durchlaufen wurden, werden mit einem grünen Haken markiert, während fehlgeschlagene Tests mit einem roten X gekennzeichnet werden.

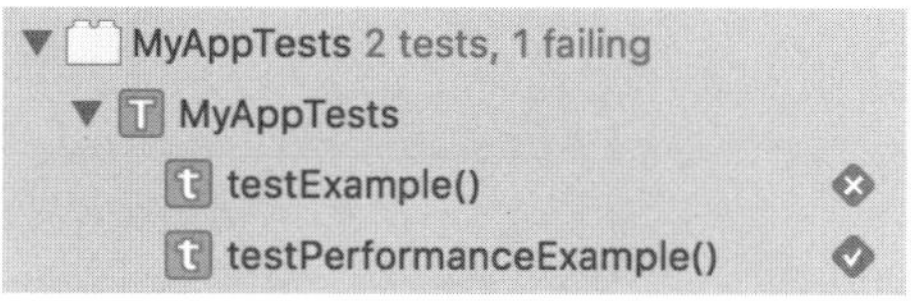

Bild 13.9
Der Test Navigator gibt Aufschluss darüber, welche Tests erfolgreich durchlaufen wurden und welche nicht.

Darüber hinaus sehen Sie ebenso in den einzelnen Test-Case-Klassen selbst, ob ein einzelner Test erfolgreich war oder nicht. Dabei wird neben jeder ausgeführten Testmethode innerhalb einer Test-Case-Klasse ebenfalls ein grüner Haken (erfolgreich) oder ein rotes X (fehlgeschlagen) angezeigt (siehe Bild 13.10).

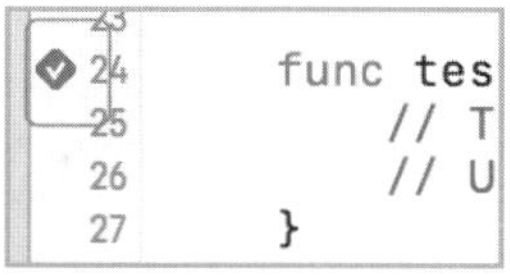

Bild 13.10
Über das Symbol links neben jeder Testmethode können Sie auch einen einzelnen Test jederzeit erneut ausführen.

Über diese Markierungen (grüner Haken und rotes X) haben Sie darüber hinaus die Möglichkeit, einen **einzelnen** Test erneut auszuführen. Klicken Sie dazu einfach (entweder innerhalb des Test Navigator oder der Test-Case-Klasse) auf die entsprechende Markierung beim zugehörigen Test, und Xcode wird nur diesen einen Test erneut ausführen.

Anpassen der Test-Funktion

Über die Test-Schaltfläche, die sich wie dargestellt durch Gedrückthalten der linken Maustaste auf dem Run-Button in Xcode auswählen lässt, werden typischerweise alle Unit-Tests aller Test-Targets in Ihrem Projekt gestartet und ausgeführt. Dass das so ist, ist innerhalb des Schemes festgelegt, das Sie ausführen. Und darüber haben Sie auch die Möglichkeit, das, was beim Betätigen der Test-Schaltfläche passiert, zu beeinflussen.

Um das nachvollziehen zu können, klicken Sie auf die Scheme-Auswahl in Xcode und wählen die Schaltfläche EDIT SCHEME.... Klicken Sie anschließend in der linken Tabelle auf den Eintrag TEST. Dort finden Sie – neben weiteren Optionen und Einstellungsmöglichkeiten – im ersten Reiter *Info* eine Tabelle am unteren Ende mit dem Namen *Tests*. Dort werden alle Test-Targets mitsamt ihren jeweiligen Test-Case-Klassen und deren Testmethoden aufgeführt (siehe Bild 13.11). Über die Haken am rechten Rand in der Spalte *Test* neben jedem Test-Target, jeder Test-Case-Klasse und jeder Testmethode haben Sie die Möglichkeit, diese an- oder abzuwählen. Nur die Tests, die angewählt sind, werden dann bei Betätigen der Test-Schaltfläche auch ausgeführt.

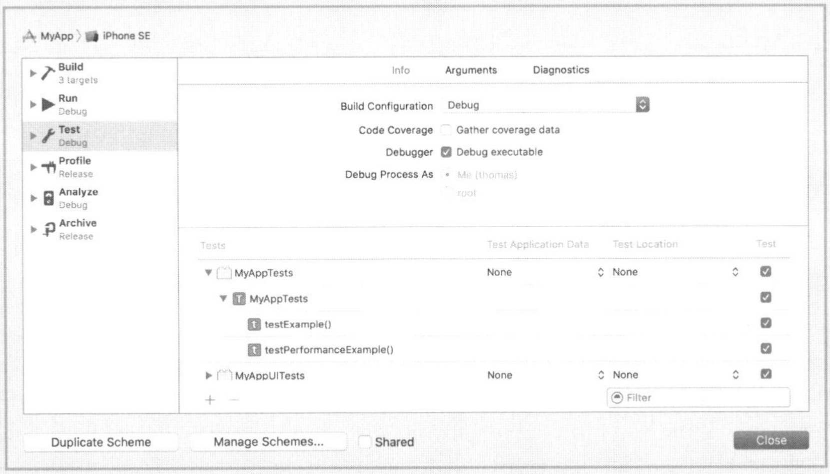

Bild 13.11 Im Scheme definieren Sie, welche Tests bei Betätigen der Test-Schaltfläche ausgeführt werden.

13.1.5 Was sollte ich eigentlich testen?

Möglicherweise haben Sie sich während des Lesens dieses Abschnitts oder bereits aus eigener vorheriger Erfahrung die Frage gestellt, was genau Sie eigentlich mit Unit-Tests testen und abdecken sollten? Schließlich wird es zum Beispiel ziemlich schwierig, Views zu testen, möchte man nicht Koordinaten und Positionen im Detail im Code abfragen (und nein, das wollen wir nicht).

Generell gilt: Die Model-Klassen aus Ihrem Projekt können Sie meist perfekt mit Unit-Tests abdecken, und das sind auch die Klassen, bei denen die Unit-Tests am meisten Sinn machen und ihre Stärke ausspielen. Das Model enthält schließlich unsere Programmlogik, und genau die wollen wir mit Unit-Tests abdecken.

Auch kann es bisweilen sinnvoll sein, die ein oder andere Funktion eines Controllers zu testen, insbesondere wenn dieser nicht an eine View, sondern nur an Model-Objekte gekoppelt ist. Dafür gibt es aber keine Faustregel und es hängt wirklich von der jeweils zu testenden Funktion ab.

In keinem Fall müssen Sie aber beispielsweise testen, ob sich eine eingefügte Subview genau an der richtigen Stelle befindet und die korrekte Größe besitzt. Das mag vielleicht ganz nett sein, um eine große Testabdeckung zu ermöglichen, wird Ihnen aber kaum das Entwicklerleben erleichtern; ganz im Gegenteil. Kaum ändern Sie diese Subview (was bei Views während der Entwicklung nun wirklich des Öfteren vorkommen kann), so ist auch Ihr Test hinfällig und muss überarbeitet werden. Meiner Meinung nach ist das an dieser Stelle viel zu viel Liebesmüh für viel zu wenig Nutzen.

> Konzentrieren Sie sich stattdessen lieber auf Ihre Model-Klassen und decken Sie Ihre Programmlogik mit passenden Unit-Tests ab.

13.2 Performance-Tests

Performance-Tests sind eine Erweiterung der bereits im vorigen Abschnitt vorgestellten Unit-Tests. Sie zielen nicht darauf ab, die korrekte Funktionsweise einer Methode zu prüfen, sondern vielmehr Hinweise darauf zu geben, wie lange einzelne Funktionen zur Durchführung benötigen und wie hoch die Auslastung des Gesamtsystems durch diese Funktionen ist. Und nicht nur das: Es können sich damit nicht nur diese Werte messen lassen, sondern es können auch Höchstwerte – z. B. für die maximale Durchführungsdauer eines Performance-Tests – festgelegt werden. Wird nun dieser festgelegte Höchstwert beim Test überschritten, schlägt der Test fehl und Sie sehen sofort, dass sich hier Optimierungspotenzial verbirgt.

Performance-Tests werden wie Unit-Tests auch in Test-Case-Klassen erstellt. Der Aufbau dieser Methoden ist dabei identisch zu dem von Unit-Tests: Leiten Sie den Namen der Methode mit dem Präfix „test“ ein und wählen Sie dann die gewünschte Bezeichnung. Den eigentlichen Testcode schreiben Sie nun aber nicht direkt in diese Methode, sondern verpacken diesen in eine Funktion namens `measure(_:)` (in Objective-C trägt diese Funktion den Namen `measureBlock:`). Diese nimmt ein Closure beziehungsweise einen Block als Parameter entgegen, und in genau den kommt der Code hinein, der auf seine Performance hin geprüft werden soll (siehe Listing 13.5).

Listing 13.5 Aufbau eines Performance-Tests

```
// Swift
func testPerformance() {
    self.measure {
        <Insert your Performance-Test-Code here...>
    }
}

// Objective-C
- (void)testPerformance {
    [self measureBlock:^{
        <Insert your Performance-Test-Code here...>
    }];
}
```

Voilà, das ist bereits der gesamte Grundaufbau, den Sie schreiben müssen, um einen Performance-Test zu erstellen! ☺ Xcode erkennt anhand der `measure(_:)`-Funktion, dass Sie den darin enthaltenen Code auf seine Performance hin überprüfen möchten. Sie müssen hier auch keinen XCT-Befehl ausführen wie bei den sonstigen Unit-Tests, da Sie an dieser Stelle ja nicht interessiert, ob eine Funktion wie gewollt arbeitet, sondern wie viel Zeit sie für ihre Durchführung benötigt. Das Ergebnis zeigt Ihnen Xcode nach der Durchführung des Tests am rechten Bildschirmrand des Methodennamens in Ihrer `XCTestCase`-Klasse an (siehe Bild 13.12).

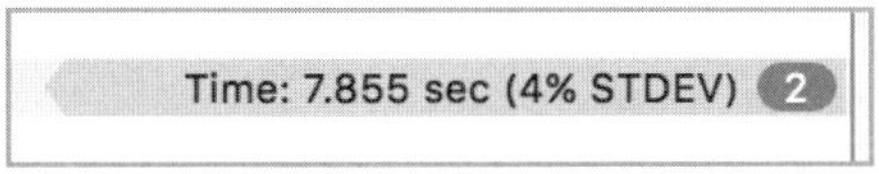

Bild 13.12
Xcode zeigt zu jedem Performance-Test die benötigte Durchführungszeit an.

Hier bietet Ihnen Xcode nun aber noch ein weiteres Feature. Wenn Sie auf das angezeigte Ergebnis der Dauer des Performance-Tests klicken, öffnet sich ein weiteres Fenster, in dem Sie weitere Einstellungen für Ihren Performance-Test festlegen können (siehe Bild 13.13).

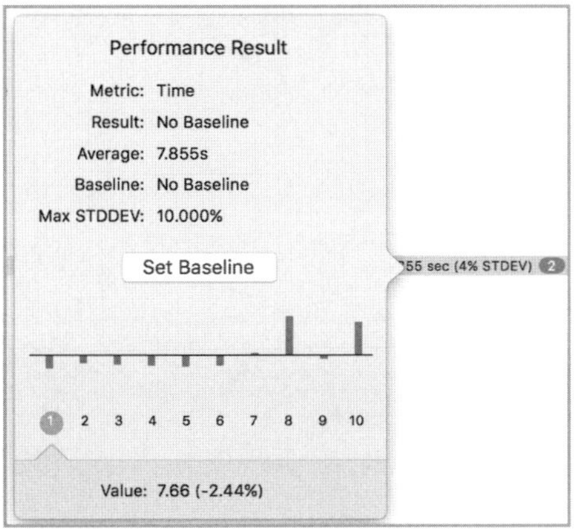

Bild 13.13
Sie können für einen Performance-Test noch weitere Einstellungen vornehmen.

Dort können Sie die Dauer des letzten durchgelaufenen Tests als Maximaldauer festlegen, indem Sie auf den Button SET BASELINE drücken. Nach einem weiteren Klick auf EDIT haben Sie sodann die Möglichkeit, diese Maximalzeit für den Test anzupassen und zu ändern. Wird nun bei einem Testdurchlauf diese Maximalzeit überschritten, wird der Test als fehlgeschlagen gekennzeichnet. Dadurch sind Performance-Tests eine mächtige Möglichkeit, die Performance Ihrer App auch während der Weiterentwicklung im Auge zu behalten und zu kontrollieren. Und das Beste: Alles, was Sie brauchen, ist eine Testmethode, die die oben gezeigte `measure(_:)`-Funktion für die Ausführung des Tests aufruft.

13.3 UI-Tests

Die letzte Möglichkeit zum Testen Ihrer App mittels Xcode sind UI-Tests. Wie der Name bereits andeutet, wird diese Art von Test dazu verwendet, das User Interface und die Bedienung einer App zu testen. Zu diesem Zweck wurde das XCTest-Framework um neue Klassen und Funktionen speziell zum Testen der grafischen Oberfläche erweitert.

Genau wie bei Unit- und Performance-Tests bedarf es auch bei UI-Tests eines eigenen Test-Bundles, das Sie Ihrem Projekt hinzufügen müssen. Beim Erstellen eines neuen Projekts können Sie ein solches direkt mit einbinden, indem Sie einen entsprechenden Haken bei der Checkbox INCLUDE UI TESTS setzen (siehe Bild 13.14).

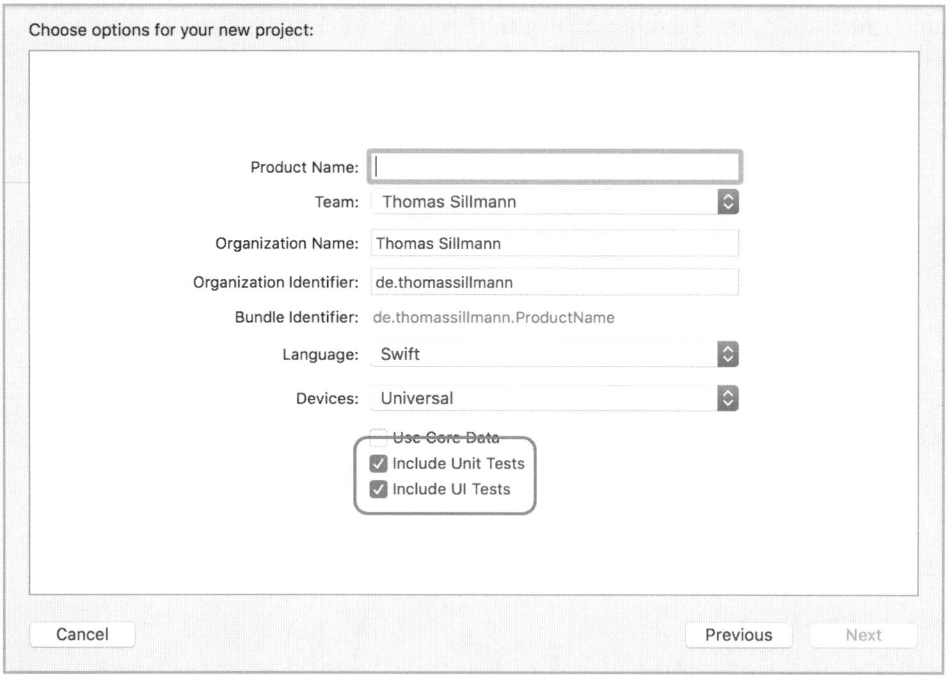

Bild 13.14 Sie können ein Test-Target für UI-Tests direkt beim Erstellen eines neuen Projekts mit einbinden.

Natürlich kann ein solches UI-Test-Target auch zu einem späteren Zeitpunkt manuell hinzugefügt werden. Öffnen Sie dazu auf die bekannte Art und Weise die Ansicht zum Hinzufügen eines neuen Targets und wählen Sie anschließend im oberen Abschnitt iOS aus und wechseln in den Bereich *Test*. Dort steht Ihnen das Template für ein iOS UI TESTING BUNDLE zur Verfügung (siehe Bild 13.15). Beim Erstellen des Test Bundles müssen Sie die gleichen Eingaben tätigen wie auch bei der Erstellung eines Unit-Test-Targets.

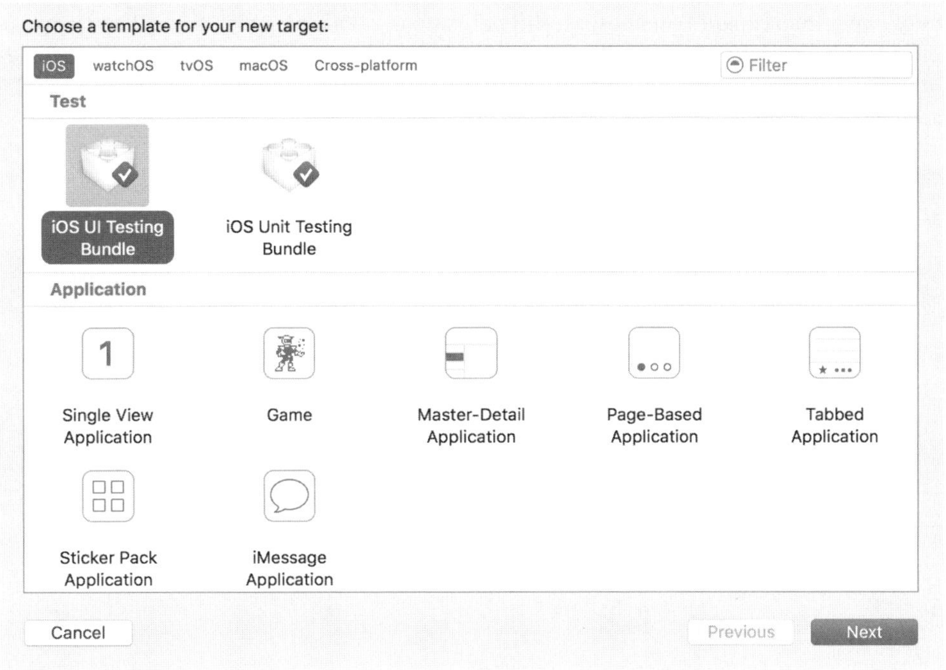

Bild 13.15 Ein UI-Test-Target kann problemlos auch zu einem späteren Zeitpunkt einem Projekt hinzugefügt werden.

13.3.1 Klassen für UI-Tests

Wie im vorigen Abschnitt beschrieben, bringt das XCTest-Framework neue Klassen speziell für die Erstellung von und für die Arbeit mit UI-Tests mit. Die beiden wichtigsten Klassen dabei sind `XCUIApplication`, `XCUIElement` und `XCUIElementQuery`.

`XCUIApplication` erlaubt es Ihnen, Ihre App zu starten und zu beenden, und bringt dafür passende Funktionen mit. Ein jeder UI-Test beginnt mit dem Starten Ihrer App mittels `XCUIApplication`. Damit unterscheidet es sich vom typischen Lebenszyklus einer App, wo Sie keinerlei Steuerungsmöglichkeit über den Start und das Beenden Ihrer eigenen App besitzen, sondern mithilfe des App Delegate über die entsprechenden Zustände informiert werden. Bei den UI-Tests hingegen steuern Sie explizit den Zustand Ihrer App.

`XCUIElement` bildet ein User Interface-Element ab, beispielsweise eine Schaltfläche oder einen Schalter. Sie nutzen diese Klasse, um beispielsweise einen Tap auf einer View auszuführen oder Text in ein Textfeld einzugeben. Jedes Interface-Element, das Sie dabei innerhalb Ihrer App verwenden, stellt ein eindeutiges und einzigartiges `XCUIElement`-Objekt dar. Um Zugriff darauf zu erhalten, sprechen Sie das gewünschte Element über eine passende Methode gefolgt von einem eindeutigen Bezeichner an, den es innerhalb Ihres Projekts nur einmalig gibt. Wie dieser Bezeichner lautet, ist abhängig davon, wie das entsprechende Interface-Element konfiguriert ist. Standardmäßig wird beispielsweise bei einem `UILabel` oder `UIButton` der Titel verwendet, den das jeweilige Element innerhalb Ihrer XIB- beziehungsweise Storyboard-Datei besitzt. Hierbei kann es aber womöglich schnell zu Dopplungen bei den Bezeichnern kommen. Besser ist es hingegen, die Accessibility-Attribute jedes Interface-Elements in passender Form zu setzen; sodann werden diese zum Zugriff auf die jeweiligen Elemente verwendet.

Accessibility

Wir haben in der iOS-Entwicklung die Möglichkeit, Interface-Elemente mit zusätzlichen Informationen zu versehen, um unsere Apps auch Menschen mit Beeinträchtigungen zugänglich machen zu können. Schaltflächen können so beispielsweise mit einem alternativen Text versehen werden, der vom VoiceOver-System von iOS vorgelesen werden kann.

Diese Accessibility-Attribute können schnell, einfach und komfortabel über den Interface Builder gesetzt werden. Wählen Sie dazu einfach ein UI-Element aus und wechseln Sie dann innerhalb der Utilities Area in den Identity Inspector. Dort findet sich am Ende ein eigener Bereich namens *Accessibility*, wo Sie verschiedene Einstellungen vornehmen können (siehe Bild 13.16).

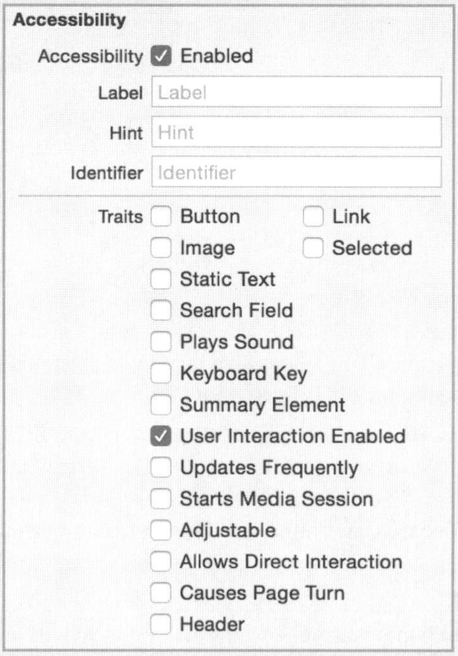

Bild 13.16
Die Accessibility-Attribute können Sie einfach im Interface Builder für jedes Interface-Element setzen.

Die Informationen, die Sie hier hinterlegen, werden auch zum Ansprechen der jeweiligen Interface-Elemente durch die Klasse XCUIElement verwendet. Durch Pflegen dieser Informationen schlagen Sie also zwei Fliegen mit einer Klappe: Einerseits stellen Sie sicher, dass Sie problemlos UI-Tests für Ihre App integrieren und umsetzen können, und erhöhen auf der anderen Seite die Zugänglichkeit Ihrer App für spezifische Benutzergruppen. ■

XCUIElementQuery schließlich dient als eine Art Bindeglied zwischen XCUIApplication (das den Zugriff auf Ihre App darstellt) und XCUIElement (das ein einzelnes Interface-Element innerhalb Ihrer App beschreibt). Mit XCUIElementQuery ist es möglich, spezifische Interface-Elemente zu suchen und abzufragen. Die Funktionen von XCUIElementQuery werden dabei direkt auf eine Instanz von XCUIApplication ausgeführt und liefern ein entsprechendes XCUIElement-Objekt zurück.

Erfreulicherweise steht innerhalb des XCTest-Frameworks ein Protokoll mit dem Namen XCUIElementTypeQueryProvider bereit, das die häufigsten und typischsten Abfragen, die wir mittels XCUIElementQuery abbilden müssen, bereits vorgefertigt zur Verfügung stellt. So können wir direkt und ohne Umschweife auf Schaltflächen, Schalter, Picker und so weiter innerhalb unserer App zugreifen. Wie das im Detail geht, sehen wir gleich.

Um nun grundsätzlich auf ein spezifisches Interface-Element in Ihrer App zuzugreifen, benötigen Sie zwei Informationen:

1. Um welche Art von Interface-Element handelt es sich (Button, Switch, Picker et cetera)?
2. Wie lautet der eindeutige Bezeichner für das gewünschte Element?

Mit diesen Informationen können Sie dann auf das gewünschte Interface-Element zugreifen. Für die verschiedenen Arten von Interface-Elementen nutzen wir im einfachsten Fall das angesprochene XCUIElementTypeQueryProvider-Protokoll, dessen Funktionen wir schnell und einfach auf XCUIApplication aufrufen können und somit festlegen, um welche Art von Interface-Element es sich handelt. Dieser Funktion wird dann noch der eindeutige Bezeichner übergeben; fertig! So erhalten wir ein XCUIElement, über das wir nun Funktionen wie Taps oder Texteingaben ausführen können. Die Dokumentation von XCUIElement gibt Aufschluss über alle zur Verfügung stehenden Funktionen, in Listing 13.6 habe ich einmal die beiden wichtigsten aufgeführt.

Listing 13.6 Wichtige Funktionen von XCUIElement

```
// Swift
func tap() // Ausführen eines einfachen Tap
func typeText(_ text: String) // Schreiben von Text

// Objective-C
- (void)tap // Ausführen eines einfachen Tap
- (void)typeText:(NSString *)text // Schreiben von Text
```

Einen einfachen UI-Test mit allen genannten Bestandteilen zeigt einmal das folgende Listing 13.7. Dort wird die App mittels launch-Methode der Klasse XCUIApplication gestartet und anschließend auf eine Schaltfläche mit dem eindeutigen Bezeichner MyButton zugegriffen und ein Tap auf diese Schaltfläche ausgeführt.

Listing 13.7 Einfacher UI-Test zum Betätigen einer Schaltfläche

```
// Swift
func testExample() {
    XCUIApplication().launch()
    XCUIApplication().buttons["MyButton"].tap()
}

// Objective-C
- (void)testExample {
    [[[XCUIApplication alloc] init] launch];
    [[[XCUIApplication alloc] init].buttons[@"MyButton"] tap];
}
```

Neben diesem „händischen" Erstellen eines UI-Tests gibt es auch eine Möglichkeit, UI-Tests automatisch von Xcode generieren zu lassen; mehr dazu erfahren Sie im Abschnitt 13.3.3, „Automatisches Erstellen von UI-Tests".

13.3.2 Aufbau von UI-Test-Klassen

Eine UI-Test-Klasse ist im Allgemeinen genauso aufgebaut wie auch eine Unit-Test-Klasse. Sie besteht aus einer einfachen Implementation-Datei, bei der es sich um eine Subklasse von `XCTestCase` handelt. Somit stehen Ihnen auch die Methoden `setUp()` und `tearDown()` zur Verfügung, um Ihre UI-Tests initial vorzubereiten. Die Methode `setUp()` wird dabei in UI-Tests typischerweise dazu verwendet, Ihre App mittels der Klasse `XCUIApplication()` zu starten, `tearDown()` könnten Sie zum Beenden Ihrer App verwenden. Die Testmethoden selbst werden ebenfalls genauso geschrieben wie bei Unit-Tests und werden somit mit dem Präfix „test" eingeleitet.

13.3.3 Automatisches Erstellen von UI-Tests

Zum Erstellen eines einfachen UI-Tests hat Apple in Xcode eine neue Funktion namens *UI Recording* implementiert. Darüber können Sie Ihre App starten und wie gewohnt benutzen, während UI Recording im Hintergrund passenden Code dazu erstellt, um einen entsprechenden UI-Test zu kreieren. Das erlaubt das bequeme und einfache Erstellen von UI-Tests, ohne selbst den kompletten Code dafür schreiben zu müssen. Natürlich haben Sie darüber hinaus aber die Möglichkeit, den Test-Code selbst anzupassen oder abzuändern, unabhängig davon, was UI Recording erfasst.

Um UI-Tests mithilfe von UI Recording zu erstellen, müssen Sie zunächst eine passende Testmethode innerhalb Ihrer UI-Test-Klasse erstellen und den Cursor innerhalb der Implementierung der Methode platzieren. Das ist dann die Stelle, wo UI Recording beginnen wird, den eigenen Code zu schreiben. Anschließend klicken Sie auf den kleinen roten Aufnahmeknopf am unteren Bildschirmrand, oberhalb der Debug Area (siehe Bild 13.17).

Bild 13.17
Mithilfe des roten Aufnahmeknopfs starten und beenden Sie das Erstellen von UI-Tests mittels UI Recording.

Anschließend baut und startet Xcode Ihre App wie gewohnt im Simulator. Alle Aktionen, die Sie nun innerhalb der App durchführen (Zellen auswählen, Schaltflächen betätigen, Text eingeben), werden automatisch von UI Recording erfasst und in passende Befehle umgewandelt. Diese werden in Echtzeit in die Testmethode geschrieben, von der aus Sie UI Recording gestartet haben. Wenn Sie alle Aktionen ausgeführt haben, die Sie für den gewünschten Test durchführen möchten, wechseln Sie zurück zu Xcode und klicken erneut auf die Aufnahmeschaltfläche, um UI Recording zu beenden. Der Test steht dann fertig zur Verfügung und kann jederzeit von Ihnen ausgeführt werden. Natürlich ist es darüber hinaus jederzeit problemlos möglich, den von UI Recording erzeugten Code zu erweitern oder zu verändern.

13.3.4 Einsatz von UI-Tests

UI-Tests stellen eine großartige Ergänzung zu den bestehenden Unit-Tests dar und erlauben es, auch die Oberfläche einer App und die Funktionsweise verschiedener Views zu testen. Und genau dafür sind UI-Tests auch primär gedacht. Sie ersetzen auch keinesfalls bestehende Unit-Tests, die ja primär zum Testen der Model-Logik gedacht sind und dort auch ihre vollen Stärken ausspielen. Ideal ist eine gute Mischung aus Unit-Tests (für spezifische Funktionen des Models) sowie UI-Tests (für spezifische Funktionen der Oberfläche und der Views). Und das manuelle Testen natürlich nicht vergessen! ☺ Das ist immer und in jedem Fall essenziell wichtig bei der App-Entwicklung.

13.4 Test-Driven Development

Unter Test-Driven Development versteht man ein bestimmtes Vorgehen in der Software-Entwicklung, welches auch nichts im Speziellen mit iOS zu tun hat. Dabei geht es im Allgemeinen darum, in den eigenen Softwareprojekten erst die Tests und anschließend die dazu passende Implementierung zu schreiben, die den Test erfüllen soll. Das ist das Herzstück der testgetriebenen Entwicklung und es sorgt dafür, dass Sie eine sehr hohe Testabdeckung in Ihrem Projekt besitzen und sichergehen können, dass alle wichtigen Funktionen über einen entsprechenden separaten Test verfügen und damit adäquat abgedeckt sind. Ein weiterer Vorteil von Test-Driven Development besteht darüber hinaus darin, dass Sie sich im Vorhinein – also bevor Sie Ihre erste eigentliche Zeile Code schreiben – Gedanken darüber machen müssen, wie Ihre Klassen funktionieren und wie sie sinnvollerweise aufgebaut sind; und daraus resultierend bauen Sie einen Test, der genau diese Funktionalität abdeckt. In diesem Fall muss also nicht der Test zur Implementierung passen, sondern Ihre Implementierung den Test erfüllen, und das ist in den meisten Fällen die bessere Herangehensweise. Denn wenn Sie Tests für bereits vorhandenen Code schreiben, kann dies oft damit enden, dass Sie diese Tests – bewusst oder unbewusst – eben so schreiben, dass sie auf Anhieb funktionieren, möglicherweise aber nicht 100 %ig sinnvoll sind.

In jedem Fall ist aber Test-Driven Development (kurz TDD) eine sehr gute Möglichkeit, einmal erste Erfahrung im Umgang mit Tests für iOS zu sammeln. Ich weiß aus eigener Erfahrung, dass gerade der Einstieg in das Schreiben von Tests für die eigene App schwierig sein kann, da einem noch ein wenig das Gefühl dafür fehlt, für was nun alles sinnvollerweise Tests geschrieben werden und wie diese Tests am besten und sinnvollsten aufgebaut sind. TDD „zwingt" Sie als Entwickler dazu, bereits im Vorhinein über die Funktionen und Methoden nachzudenken, mit denen Sie ans Ziel kommen und mit denen Sie mit Ihren Klassen interagieren wollen.

Wichtig: Selber testen nicht vergessen!

Es mag für Sie selbstverständlich sein, dennoch bringe ich es auch hier noch einmal zur Sprache: Unit- und UI-Tests ersetzen selbstverständlich nicht das manuelle Testen Ihrer App im Simulator und auf einem Endgerät! Tests dienen dazu, bestimmte Teile und Funktionen Ihrer App zu prüfen und sicherzustellen, dass diese wie gewollt funktionieren und arbeiten. Da Sie diese Tests jederzeit durchführen können, merken Sie dadurch schnell, wenn eine bestimmte Änderung an Ihrer App einen oder gar mehrere Ihrer Tests nicht mehr durchlaufen lässt. In diesem Moment können Sie genau prüfen, welche Ihrer letzten Änderungen etwas an der Grundfunktionalität Ihrer App verändert hat, und entsprechend reagieren. Somit ergänzen sich beide Testarten absolut sinnvoll: Unit- und UI-Tests decken die kleinen Teile und Funktionen Ihrer App ab, während Sie im Simulator und auf dem Endgerät das „große Ganze" Ihrer Anwendung überprüfen.

14 Versionierung

14.1 Über Versionskontrolle

Git ist ein sehr, sehr mächtiges Stück Software und bei Softwareentwicklern aus allen Bereichen weit verbreitet und geschätzt. Grob gesagt dient Git dazu, die verschiedenen Zustände und Fortschritte eines Softwareprojekts zu archivieren und zu dokumentieren. Das erlaubt Ihnen zum einen, anhand einer Art Historie den genauen Projektfortschritt zu verfolgen, als auch einfach über Git zurück zu älteren beziehungsweise vorherigen Versionen Ihrer App zu springen (zum Beispiel im Fall von Problemen oder Fehlern in einer aktuellen Version).

Mit Xcode 5 wurden umfangreiche neue Funktionen in Xcode eingebaut, die die Arbeit mit Git erleichterten und übersichtlicher gemacht haben. In den Versionen davor führte kaum ein Weg an einem separaten Git-Client für den Mac vorbei. Zwar hat auch die aktuelle Version von Xcode noch nicht die Mächtigkeit einer separaten Software, aber gerade für die Standardaufgaben sind die integrierten Funktionen in Xcode meist vollkommen ausreichend.

Basis zur Nutzung von Git ist ein sogenanntes Repository. In diesem Repository werden alle Änderungen und der gemeinsame Code Ihres Projekts verwaltet. Entwickler spielen ihre eigenen Code-Änderungen in dieses Repository und können umgekehrt die Änderungen anderer Entwickler beziehen. Somit hält das Repository immer den aktuellsten Stand des Projekts vor und alle Entwickler arbeiten gemeinsam mit diesem Repository. Daher befindet sich ein solches Repository bei der Arbeit mit mehreren Entwicklern auch standardmäßig auf einem eigenen Server, auf den alle Entwickler zugreifen können.

Xcode Server

Teil von Apples eigenem Server-Betriebssystem ist eine Komponente namens *Xcode Server*. Diese erlaubt es, Xcode-Projekte bereitzustellen und zu verwalten, damit mehrere Entwickler von ihren jeweiligen Macs Zugriff darauf haben. Darüber hinaus bietet Xcode Server zusätzliche Funktionen wie das automatische Bauen von Apps in regelmäßigen Abständen, um so Apps auf ihre korrekte Funktionsweise hin zu überprüfen, wenn Entwickler Updates eingespielt haben.

Aufgrund der nahtlosen Integration von Xcode Server in die Entwicklungsumgebung Xcode und des einfachen Zusammenspiels zwischen diesen beiden Elementen kann es durchaus sinnvoll sein, für Projekte einen eigenen Mac-Server anzuschaffen und diese über Xcode Server zu verwalten. In vielen Fällen dürfte bereits ein einfacher Mac mini den Aufgaben und Anforderungen eines solchen Servers gerecht werden (sofern er nicht noch aufwendige und zusätzliche Aufgaben übernehmen muss).

14.2 Basisfunktionen und -begriffe von Git

14.2.1 Begriffe

Bei der grundlegenden Arbeit mit Git werden Sie schnell mit den folgenden Begriffen in Berührung kommen, die ich daher zu Beginn einmal grundlegend vorstellen und klären möchte.

- *Repository:* Ein Git-Repository fasst alle gemeinsamen Änderungen und Commits an einem Projekt zusammen. Es liegt in der Regel auf einem Server, auf den alle betroffenen Entwickler eines Projekts Zugriff haben, um somit gemeinsam an diesem Projekt zu arbeiten und die Änderungen des jeweils anderen einzuspielen und eigene Änderungen den anderen Teammitgliedern zugänglich zu machen.
- *Branches:* Entwickler arbeiten auf Branches eines Projekts. Ein Projekt kann dabei beliebig viele Branches besitzen. Änderungen und Commits werden in den Branch gepusht, auf dem der jeweilige Entwickler entsprechend arbeitet. Die Änderungen aus verschiedenen Branches können dann jederzeit zusammengefasst werden. Häufig werden daher sogenannte Feature-Branches erstellt, an denen meist ein Entwickler alleine arbeitet, ohne aber mit seinen Änderungen direkt in die Arbeit der anderen (die jeweils an ihren eigenen Features arbeiten) einzugreifen. Am Ende werden dann die Änderungen aller aus jenen Feature-Branches in einen gemeinsamen großen Projekt-Branch, der letztendlich alle Änderungen enthält, zusammengefasst.

14.2.2 Funktionen

Grundlegende Funktionen

Bei der Verwendung von Git gibt es einige Basisbefehle, deren Begriffe und Funktionsweisen Sie in jedem Fall kennen und verstehen sollten und die so auch in die Funktionen zur Versionsverwaltung in Xcode integriert sind.

- *Commit:* Haben Sie Änderungen an Ihrem Projekt beziehungsweise dem Code vorgenommen, müssen diese Änderungen zunächst von Ihnen „committet“ werden. Einen solchen

Commit können Sie auch mit einem Kommentar versehen, der sodann erläutern kann, was warum geändert wurde.

- *Pull:* Mit einem Pull werden all Ihre letzten Commits in das gemeinsame Repository des Projekts gespielt, womit Ihre Änderungen nicht nur lokal auf Ihrem Rechner vorliegen (wie das noch nach einem Commit der Fall ist), sondern stattdessen auch allen anderen Entwicklern des Projekts zur Verfügung stehen.
- *Push:* Mit einem Push beziehen Sie all die Änderungen von anderen Entwicklern an dem Projekt, die sich im Repository befinden, ein, sodass diese auch lokal in Ihrem Projekt vorliegen und Sie selbst mit diesen Änderungen arbeiten können.

Arbeit mit Branches

Sie können mit den Source-Control-Funktionen in Xcode auch neue Branches erstellen oder zu bereits existierenden Branches in dem entsprechenden Repository wechseln. Wählen Sie dazu aus dem Source-Control-Menü den zweiten Punkt (der den Namen des Branches enthält, auf dem Sie aktuell arbeiten) und wählen Sie sodann zwischen den verschiedenen Funktionen zur Arbeit mit Branches; wechseln Sie zu einem bestehenden Branch, erstellen Sie einen neuen oder mergen Sie die Inhalte *von* einem anderen Branch oder *in* einen anderen Branch (siehe Bild 14.1).

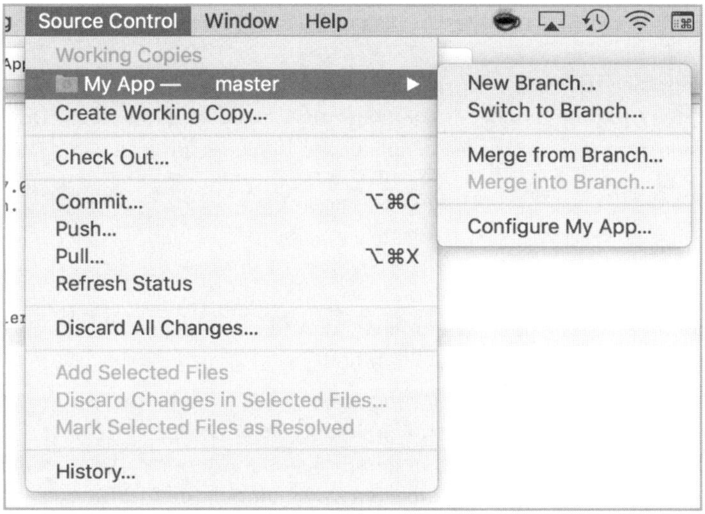

Bild 14.1 Branches lassen sich über das Source-Control-Menü erstellen und wechseln.

14.3 Source Control in Xcode

Ausgangspunkt der Versionsverwaltung in Xcode-Projekten ist das Menü SOURCE CONTROL. Dort finden sich alle verfügbaren Funktionen und Befehle, die Sie für die Versionsverwaltung in Xcode nutzen können (siehe Bild 14.2).

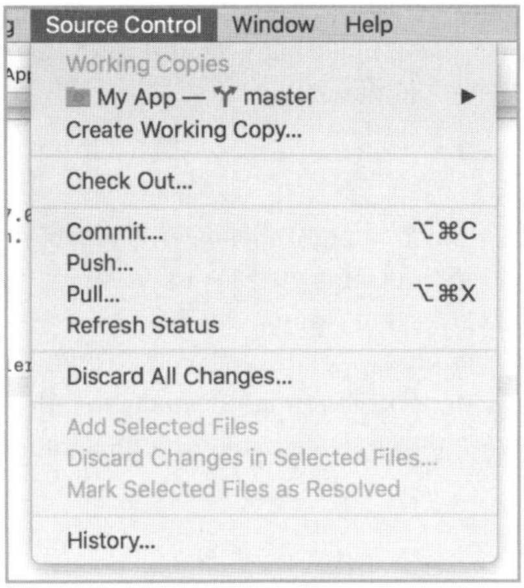

Bild 14.2
Optionen zur Versionsverwaltung erreichen Sie in Xcode über das Source-Control-Menü.

Darüber hinaus kennzeichnet Xcode im Project Navigator alle Dateien, die sich im Vergleich zu Ihrem letzten Commit geändert haben oder neu dazugekommen sind. Dies können Sie entsprechenden Kommentaren rechts neben der Datei im Project Navigator entnehmen (siehe Bild 14.3).

Bild 14.3
Diese Datei wurde modifiziert und angepasst.

Ein *A* weist hierbei auf eine neue Datei hin, *M* auf Änderungen an einer bereits bestehenden Datei und ein *D* informiert über gelöschte Inhalte.

Möchten Sie sodann Ihre letzten Änderungen an einem Projekt committen, so wählen Sie aus dem Source-Control-Menü einfach den entsprechenden Punkt COMMIT... aus. Daraufhin öffnet sich ein separates Fenster, in dem links alle geänderten Dateien angezeigt werden. Über die Checkbox vor jeder geänderten Datei können Sie festlegen, ob Sie diese jetzt committen wollen oder nicht. So könnten Sie beispielsweise nach und nach verschiedene Commits mit einzelnen Änderungen in das System einspielen.

Wenn Sie eine der links aufgeführten Dateien auswählen, sehen Sie zudem in einer Art Vergleichseditor, was genau sich an der entsprechenden Datei geändert hat. Alle Änderungen werden entsprechend hervorgehoben und durchnummeriert. Auf diese Weise können Sie auch eine einzelne Änderung aus einem Commit herausnehmen, indem Sie auf die entsprechende Zahl in der Mitte klicken und dort dann DON'T COMMIT auswählen (siehe Bild 14.4).

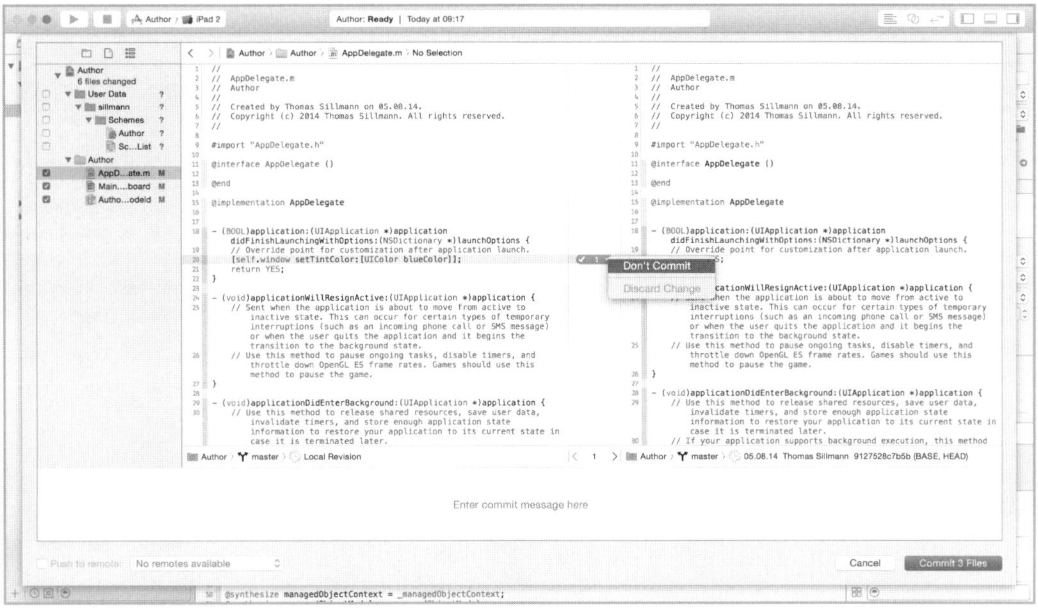

Bild 14.4 Einzelne Änderungen lassen sich im Vergleichseditor via „Don't Commit" rückgängig machen.

Ebenfalls können Sie die Änderung auch über diesen Editor wieder rückgängig machen, indem Sie im entsprechenden Popup den Menüpunkt DISCARD CHANGE auswählen; dann wird diese Änderung entsprechend verworfen und wieder der ursprüngliche Zustand hergestellt.

Über die Menüpunkte PUSH... und PULL... können Sie Ihre Änderungen auf einen eingangs beschriebenen Server spielen, auf dem sich das gemeinsame Repository für das Projekt befindet (PUSH...), oder über PULL... die letzten Änderungen von anderen Entwicklern einspielen. Ein Pull ist aber nur dann über Xcode möglich, wenn Sie selbst alle Ihre eigenen Änderungen bereits erfolgreich committet haben.

Daneben können Sie mittels des Befehls DISCARD ALL CHANGES... alle Ihre letzten Änderungen verwerfen und über den Punkt HISTORY... einen Verlauf der Änderungen für das gesamte Repository einsehen (siehe Bild 14.5).

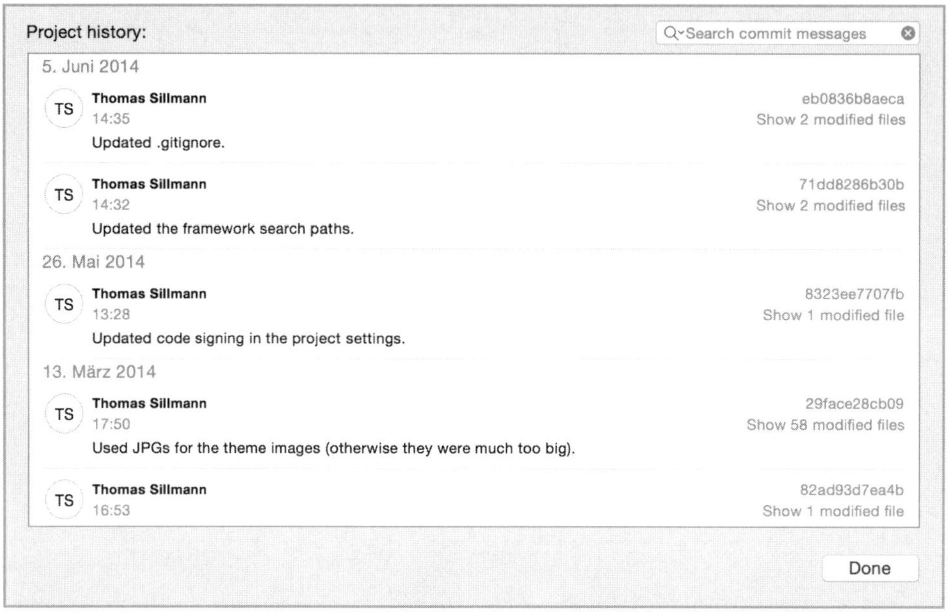

Bild 14.5 Über die History können Sie alle Änderungen im aktuellen Branch verfolgen und abrufen.

Die Source-Control-Funktionen können Sie auch einzeln pro Datei aufrufen. Dazu genügt ein Rechtsklick auf die entsprechende Datei und dort die Auswahl des Menüpunkts Source Control. Es werden Ihnen auf diese Weise auch automatisch nur die für diese Datei verfügbaren Funktionen zur Source Control zur Verfügung gestellt (siehe Bild 14.6).

Konflikte

Bei der Durchführung eines Pushs (also das Einspielen Ihrer Änderungen in das Repository) kann es zu Konflikten kommen, wenn Sie beispielsweise eine Datei bearbeitet haben, die sich seit Ihrem letzten Pull inzwischen auch im Repository geändert hat. In diesem Fall blendet Xcode erneut einen Vergleichseditor ein, in dem alle Konfliktdateien aufgeführt werden. Sie haben dann die Chance, diese Konflikte entsprechend zu beheben, indem Sie beispielsweise einstellen, dass beide Änderungen gleichermaßen übernommen oder andere Einstellungen überschrieben werden.

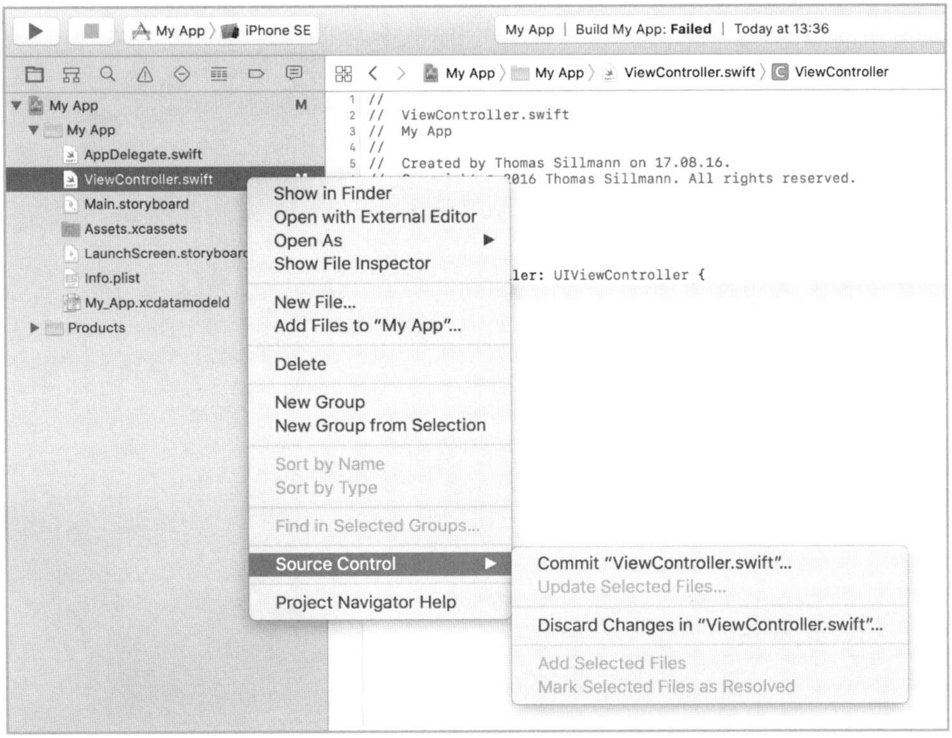

Bild 14.6 Das Source-Control-Menü kann auch pro Datei aufgerufen werden.

Alternativen zur Source Control in Xcode

Git ist ein sehr mächtiges Werkzeug und mit diesem Überblick kratze ich auch nur an der Oberfläche dessen, was mit Git alles möglich ist, und begrenze mich auf die in Xcode integrierten Funktionen und Tools. Alternativ kann es sich durchaus lohnen – gerade bei großen und komplexen Projekten mit sehr vielen Branches –, eine Drittsoftware zur Arbeit mit Git und zur Verwaltung der Repositories zu nutzen. Im Bereich Open Source wäre hier beispielsweise GitX zu nennen (*http://gitx.org*), das es in verschiedenen Varianten und Versionen mit jeweils unterschiedlichem Funktionsumfang gibt. Auf kommerzieller Seite ist besonders die App Tower bei Mac-Nutzern beliebt und überzeugt mit ihrer aufgeräumten UI und dem mächtigen Funktionsumfang (*http://www.git-tower.com*) (siehe Bild 14.7).

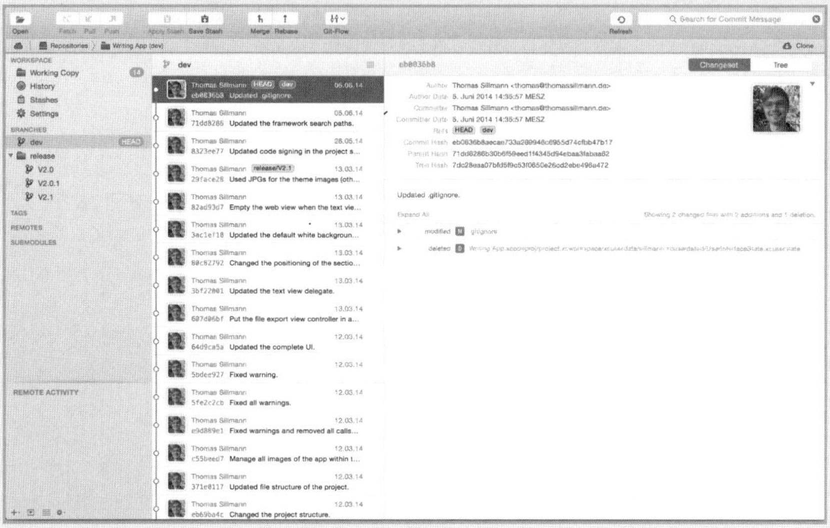

Bild 14.7 Tower ist ein bei Mac-Nutzern sehr beliebtes und zugleich mächtiges Programm zur Verwaltung Ihrer Git-Repositories.

14.4 Version Editor und Source Control

Wie wir gesehen haben, sind die Funktionen zur Source Control in Xcode überschaubar und übersichtlich. Dafür finden sich noch weitere mächtige Funktionen in Xcode, die Ihnen die Arbeit mit Git-Repositories vereinfachen. Allen voran gehört dazu der Version Editor, den Sie über die entsprechende Schaltfläche in der Xcode-Toolbar aktivieren können (siehe Bild 14.8).

Bild 14.8
Über den Version Editor-Button können Sie Dateien in Xcode miteinander vergleichen.

In diesem Editor werden die Zustände einer Datei zu verschiedenen Zeitpunkten nebeneinander aufgeführt, inklusive der Hervorhebung der Unterschiede zwischen diesen beiden Zuständen. Dabei können Sie über ein Auswahlmenü am unteren Ende des rechten Editor-Fensters den Zeitpunkt mitsamt zugehörigem Commit der Datei auswählen, um diese so mit ihrem aktuellen lokalen Stand zu vergleichen (siehe Bild 14.9).

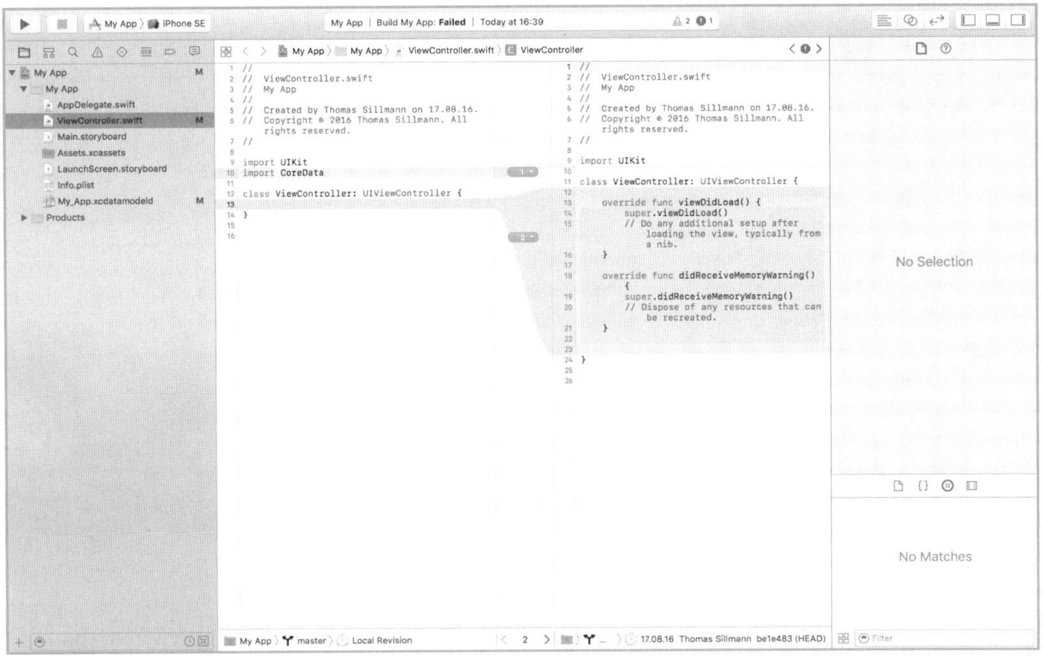

Bild 14.9 Die Vergleichsansicht des Version Editors gibt detailliert Aufschluss über Änderungen an einer Datei.

Darüber hinaus hatte Apple mit Xcode 5 seiner IDE auch die Funktion SHOW BLAME FOR LINE spendiert, die Sie in Quelltextdateien verwenden können. Klicken Sie dazu einfach an eine Stelle im Code, von der Sie wissen möchten, wer die letzte Änderung daran durchgeführt hat (inklusive zugehörigem Commit und Kommentar dieses Nutzers), und rufen Sie das Kontextmenü per Rechtsklick auf. Dort wählen Sie dann den Befehl SHOW BLAME FOR LINE und Xcode blendet genau diese Informationen in einem Popup ein. Es wird dann sogar der gesamte Code hervorgehoben, der innerhalb desselben Commits in dieser Datei geändert wurde (siehe Bild 14.10).

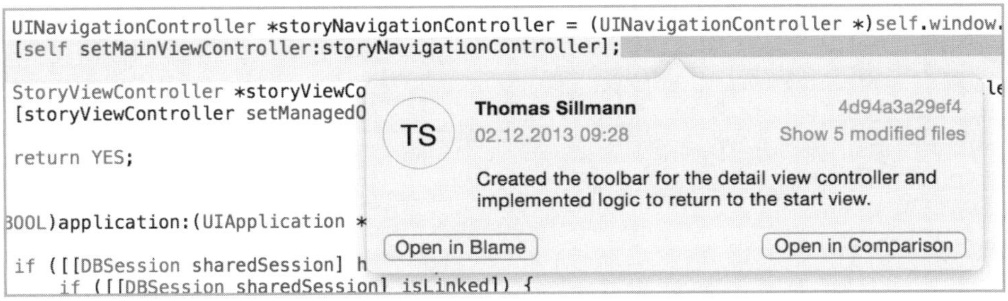

Bild 14.10 Dank „Show Blame for Line" können Sie gezielt nachverfolgen, wer wann welche Änderung an einer Datei vorgenommen hat.

Die Funktion SHOW BLAME FOR LINE lässt sich im Übrigen sogar auch ganz bequem über den Version Editor nutzen. Wenn Sie längere Zeit mit der linken Maustaste auf die Schaltfläche für den Version Editor klicken, öffnet sich ein Popup, in dem Sie den Inhalt des Version

Editors festlegen können. Neben der Standard-COMPARISON-Ansicht können Sie dort auch noch zwischen der BLAME- und LOG-Ansicht wechseln. BLAME zeigt dabei rechts neben dem Quellcode alle durchgeführten Änderungen an dieser Datei inklusive zugehörigem Entwickler und Kommentar an, während in der Log-Ansicht alle Commits aufgeführt werden, in denen die gewählte Datei geändert und angepasst wurde (siehe Bild 14.11 und Bild 14.12).

Bild 14.11 Mit den verschiedenen Ansichten des Version Editors können Sie übersichtlich sehen, wer wann welche Änderungen durchgeführt hat ...

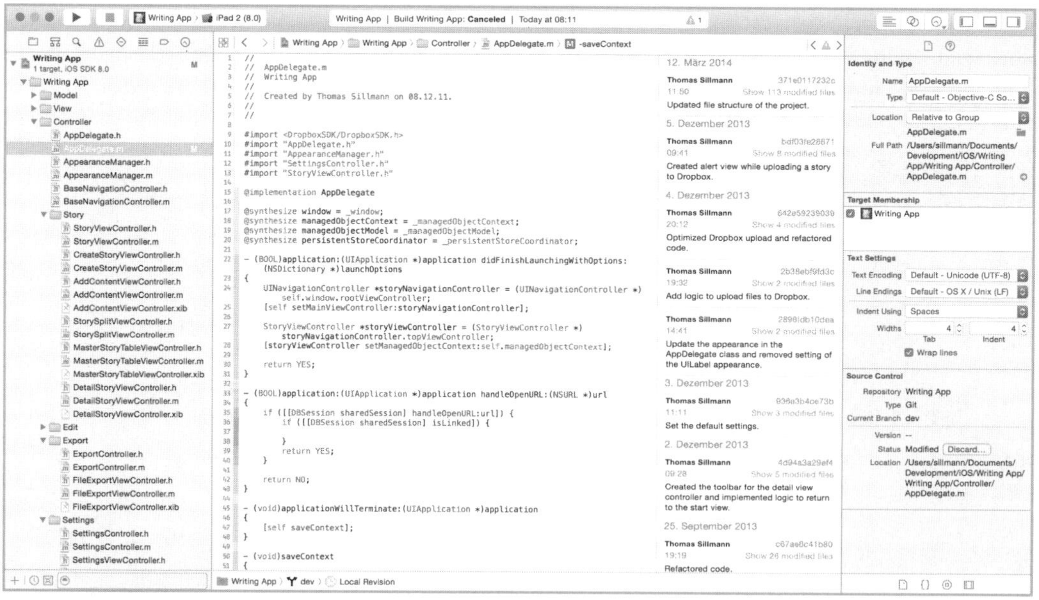

Bild 14.12 ... und welche Commits abgesetzt wurden.

15 Veröffentlichung im App Store

15.1 Zertifikate, Provisioning Profiles und Ihre App

Ganz gleich, ob Sie Ihre App auf einem Endgerät installieren oder im App Store vertreiben möchten, ab diesem Punkt der iOS-Entwicklung führt kein Weg mehr an einer Mitgliedschaft im Apple Developer Program vorbei (siehe hierzu auch den Abschnitt „iOS für Entwickler“ im Kapitel „Über iOS“). Nur als registrierter Entwickler haben Sie die Möglichkeit, die notwendigen Zertifikate und sogenannten Provisioning Profiles zu erstellen und damit Ihre App auch außerhalb des iOS-Simulators von Xcode zu nutzen. Die Registrierung bei Apple ist dabei nicht weiter schwierig und Sie werden Schritt für Schritt durch alle Bereiche des Prozesses geführt (siehe Bild 15.1).

Bild 15.1 Von hier aus werden Sie Teil des iOS-Entwicklerprogramms von Apple (Bild: *https://developer.apple.com/programs*).

Am Ende haben Sie einen Entwickler-Account, über den Sie einerseits auf alle Entwicklerressourcen von Apple zugreifen (wie zum Beispiel Vorabversionen des iOS-Betriebssystems oder von Xcode) und andererseits all die eben angesprochenen Zertifikate, Profile und letztlich auch Ihre Apps verwalten können. Ausgangspunkt für all diese Operationen ist dabei Apples offizielle Entwickler-Website (siehe Bild 15.2): *http://developer.apple.com*

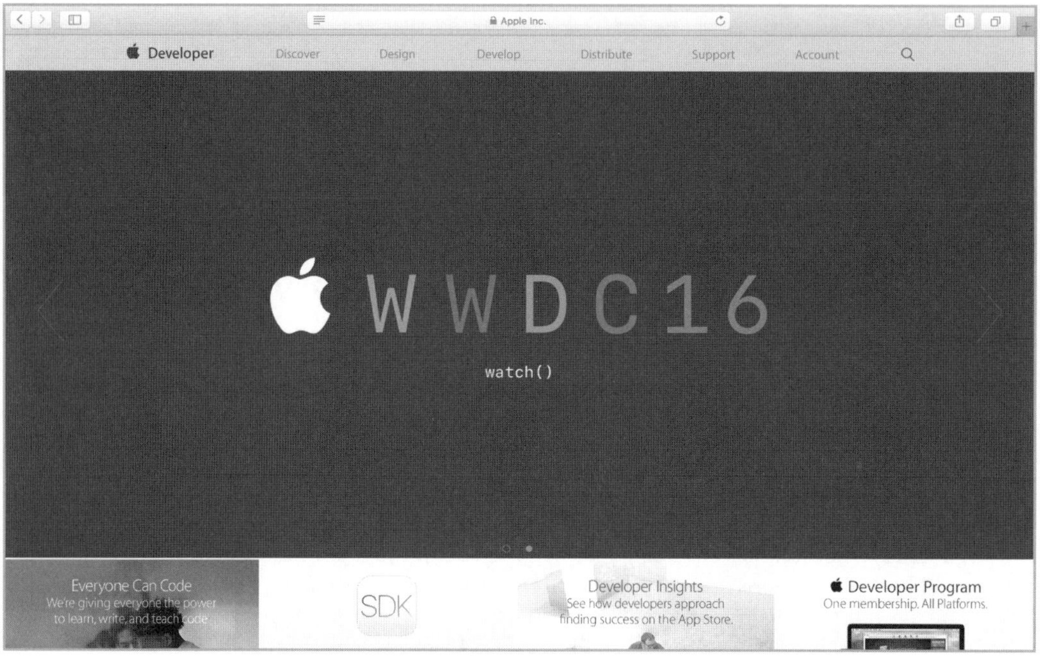

Bild 15.2 Auf der Entwickler-Website von Apple haben Sie Zugriff auf alle Ressourcen zur Entwicklung Ihrer eigenen Apps (Bild: *https://developer.apple.com*).

Über den Link ACCOUNT oben rechts gelangen Sie in eine Anmeldemaske, in der Sie sich mit Ihrer Entwickler-Apple-ID mitsamt Passwort anmelden. Anschließend landen Sie im sogenannten *Member Center*, von wo aus Sie alle wichtigen Operationen und Konfigurationen starten können (siehe Bild 15.3).

Das Member Center bietet verschiedenste Funktionen, die Sie aufrufen können. Da wäre einerseits der Punkt DOWNLOADS, der Sie zu allen verfügbaren Ressourcen wie Vorabversionen von iOS oder Xcode weiterleitet. FORUMS, BUG REPORTER und CODE-LEVEL SUPPORT dienen zur Kontaktaufnahme mit Apple oder anderen Apple-Entwicklern und sind für Support und Fragen gedacht. Die Bereiche CERTIFICATES, IDs & PROFILES und iTUNES CONNECT geben uns Zugriff auf die Ressourcen, die wir brauchen, um unsere Apps zu entwickeln und im App Store einreichen zu können. Und genau mit diesen beiden setzen wir uns im Folgenden im Detail auseinander.

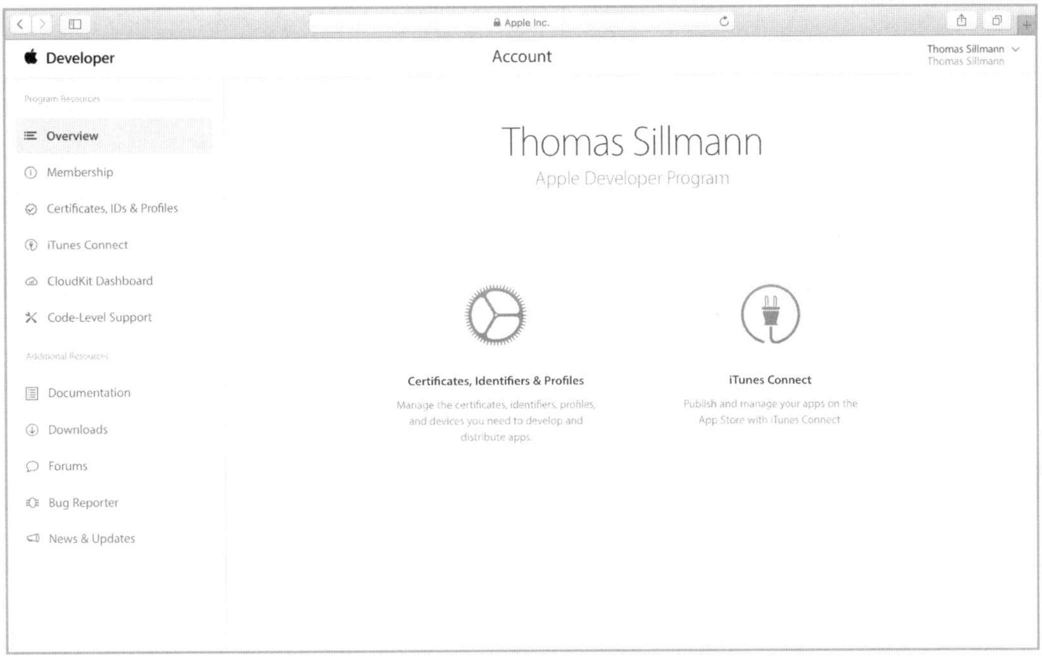

Bild 15.3 Das Member Center ist die zentrale Anlaufstelle zum Zugriff auf Ressourcen und die Verwaltung Ihrer Apps.

15.1.1 Certificates, IDs & Profiles

Wir fangen zunächst einmal einfach an: Um Ihre App im App Store zu veröffentlichen, benötigen Sie in jedem Fall zunächst die folgenden Dinge: ein Entwicklerzertifikat und ein Provisioning Profile. Daneben gibt es noch zwei andere wichtige Elemente, die für die Veröffentlichung im App Store wichtig sind (und ebenfalls beide über das CERTIFICATES, IDs & PROFILES-Portal konfiguriert werden): IDENTIFIERS und DEVICES. All diese Dinge sehen wir uns im Folgenden einmal im Detail an.

Entwicklerzertifikat

Das Entwicklerzertifikat wird benötigt, um Ihre App digital zu signieren und damit sicherzustellen, dass die App von einem offiziellen Entwickler erstellt und gebaut wurde. Erst mit einem solchen Entwicklerzertifikat ist es möglich, eine App im App Store einzureichen.

Dabei gibt es zwei grundlegende Arten von Entwicklerzertifikaten: Es gibt *Development-* und *Production*-Zertifikate. Development-Zertifikate verwenden Sie für die Entwicklung Ihrer App und um Ihre App während der Entwicklung aus Xcode heraus auf ein Endgerät spielen und verschiedene Funktionen wie iCloud oder In-App-Käufe testen zu können. Die Production-Zertifikate werden für die Veröffentlichung und Verbreitung Ihrer App benötigt, also für alle Bereiche außerhalb von Xcode. Für Sie als Entwickler bedeutet das, dass Sie in der Regel mindestens zwei Entwicklerzertifikate anlegen werden: ein Development-Zertifikat, um Ihre App auf verschiedenen Endgeräten testen zu können, und ein Production-Zertifikat für die finale Veröffentlichung im App Store.

Provisioning Profiles

Während das Entwicklerzertifikat Sie als Entwickler eindeutig identifiziert und somit auf Sie als Person zugeschnitten ist, richten sich die Provisioning Profiles an die von Ihnen entwickelten Apps. Für jede App, die Sie auf einem Endgerät testen oder im App Store veröffentlichen möchten, benötigen Sie ein passendes Provisioning Profile für genau diese eine App. Auch hier unterscheidet man wieder zwischen zwei Arten von Provisioning Profiles: *Development* und *Distribution*. Wie bei den Entwicklerzertifikaten auch, verwenden Sie Development-Profile, um damit Ihre App auf einem Endgerät testen zu können, und Distribution-Profile, um Ihre App entweder im App Store oder ad hoc zu veröffentlichen. Ad hoc bedeutet dabei, dass Ihre App gebaut und als IPA-Datei auf Ihrem Mac gespeichert wird. Diese IPA können Sie dann an Kunden, Mitarbeiter oder Freunde (je nach Zielgruppe) schicken, damit diese sich die App über iTunes auf ihrem Gerät installieren können.

Hier kommt aber auch ein direkter Knackpunkt ins Spiel: Sie können Ihre App weder mit einem Development- noch mit einem Distribution-Profil einfach so auf allen möglichen iOS-Geräten installieren. Alle Geräte, auf denen Sie Ihre App installieren möchten (außer natürlich bei der Veröffentlichung im App Store, das betrifft nur die Test- und Ad-hoc-Fälle), müssen im entsprechenden Provisioning Profile für Ihre App hinterlegt sein. Wenn Sie sodann Ihre App bauen, „weiß“ diese ganz genau, auf welchen Geräten sie installiert werden „darf“ und auf welchen nicht.

Identifiers

Sobald Sie Ihre App veröffentlichen möchten – egal ob als IPA, die Sie an Kunden und so weiter verteilen, oder im App Store –, müssen Sie einen passenden App Identifier dafür erstellen. Dieser App Identifier ist eindeutig und es existiert nur ein einziger für jede App innerhalb des App Store. Der App Identifier entspricht dabei genau dem Identifier, den Sie auch in Xcode als Bundle Identifier für Ihre App festgelegt haben (siehe dazu auch den Abschnitt „Projekteinstellungen“ im Kapitel „Die Entwicklungsumgebung – Xcode“). Beim Bauen Ihrer App außerhalb des Simulators werden genau diese beiden Werte miteinander verglichen und müssen übereinstimmen, andernfalls kann Ihre App nicht erstellt werden. Ein App Identifier setzt sich dabei aus mehreren Informationen zusammen:

- *App ID Description:* Eine von Ihnen frei wählbare Beschreibung des Identifiers, beispielsweise der Name Ihrer App.
- *App ID Prefix:* Das Team beziehungsweise der Entwickler-Account, zu dem diese App-ID gehört.
- *App ID Suffix:* Hierbei handelt es sich um die Bundle-ID, wie sie für die entsprechende App auch in Xcode verwendet wird.
- *App Services:* Möchte Ihre App auf bestimmte Services von Apple wie iCloud oder das Game Center zugreifen, so müssen diese auch in den App Services ausgewählt werden.

Mit diesen Informationen können Sie sodann einen eindeutigen App Identifier für Ihre App erstellen. Während Sie während der Entwicklung noch auf die Erstellung eines solchen verzichten können, muss spätestens für die Veröffentlichung auch eine passende App-ID vorliegen. Diese App-ID wird nämlich dann mit dem zugehörigen Provisioning Profile verknüpft und somit auch beim Bauen Ihrer App verwendet. Daher kann Xcode eben prüfen, ob der Bundle Identifier aus dem Xcode-Projekt mit dem App Identifier aus dem entsprechenden Provisioning Profile zusammenpasst.

Devices

Sobald Sie eine App auf einem Endgerät testen oder für einen Kunden bauen und zur Verfügung stellen möchten, müssen die entsprechenden Geräte, auf denen die App laufen soll, im Devices-Bereich hinterlegt sein. Jedes iOS-Gerät verfügt dabei über eine eindeutige Kennzeichnung – die sogenannte UDID. Nur die Geräte, die Sie im Devices-Bereich angelegt haben, können auch später beim Erstellen eines Provisioning Profiles in dieses eingebunden werden. Und nur auf den iOS-Geräten, die in einem Provisioning Profile erfasst sind, kann die App dann auch installiert werden.

Damit kennen Sie die grundlegenden Elemente und ihre jeweilige Aufgabe, die für die Veröffentlichung und Nutzung Ihrer App außerhalb von Xcode essenziell sind. Widmen wir uns nun der Erstellung der entsprechenden Elemente über das Certificates, IDs & Profiles-Portal.

15.1.2 Erstellen von ...

... Entwicklerzertifikaten

Über den Abschnitt *Certificates* erreichen Sie die Zertifikatverwaltung. Dort werden all Ihre Zertifikate aufgeführt und können eingesehen und heruntergeladen werden (siehe Bild 15.4).

Bild 15.4
Über das Certificates-Menü erhalten Sie Zugriff auf Ihre Zertifikate und können diese dort verwalten und erstellen.

Um ein neues Entwicklerzertifikat zu erstellen, klicken Sie zunächst auf die +-Schaltfläche oben rechts. Anschließend öffnet sich eine Maske, in der Sie wählen müssen, welche Art von Zertifikat Sie erstellen möchten. Wie eingangs beschrieben, unterteilen sich die Zertifikate in *Development*- und *Production*-Zertifikate. Um ein Zertifikat für Ihre Tests auf einem Endgerät zu erstellen, wählen Sie hier unter *Development* den Punkt iOS App Development aus, für ein Zertifikat zur Veröffentlichung Ihrer App im App Store oder ad hoc wählen Sie hingegen unter *Production* den Punkt App Store and Ad Hoc (siehe Bild 15.5). Anschließend setzen Sie die Einrichtung per Klick auf Continue fort.

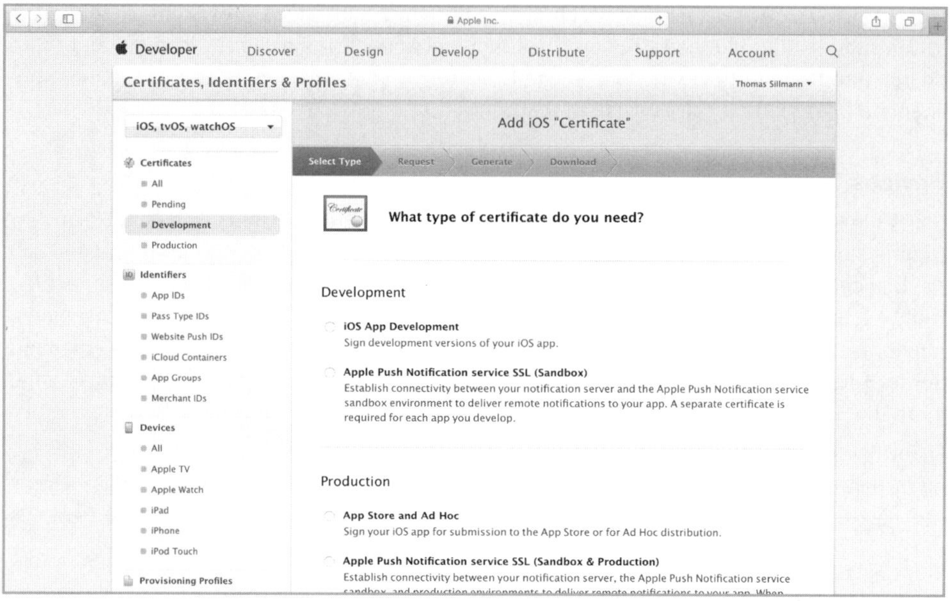

Bild 15.5 Aus den vorgegebenen Typen müssen Sie für Ihr Zertifikat genau eines auswählen.

Im nächsten Schritt werden Sie darauf hingewiesen, dass Sie nun von Ihrem Rechner aus ein sogenanntes CSR-File erstellen müssen (siehe Bild 15.6). Diese Datei wird anschließend in einem nächsten Schritt an Apple übertragen, woraufhin ein passendes Zertifikat für Sie erstellt wird.

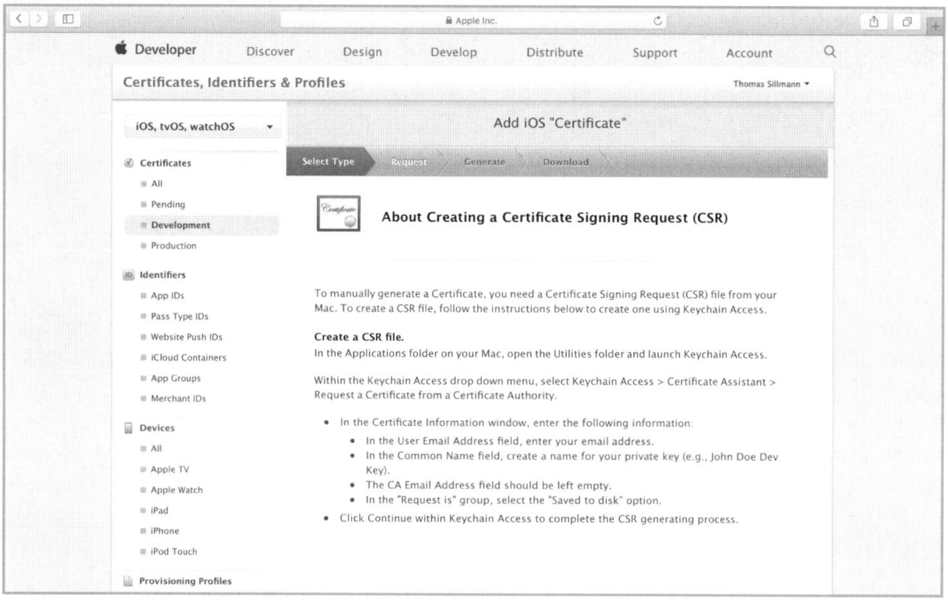

Bild 15.6 Sie müssen eine CSR-Datei erstellen, um die Generierung eines Zertifikats abzuschließen.

Um die CSR-Datei zu erstellen, müssen Sie das Dienstprogramm *Schlüsselbundverwaltung* Ihres Mac starten. Am einfachsten erreichen Sie dies über die Eingabe des Programmnamens mittels Spotlight (siehe Bild 15.7).

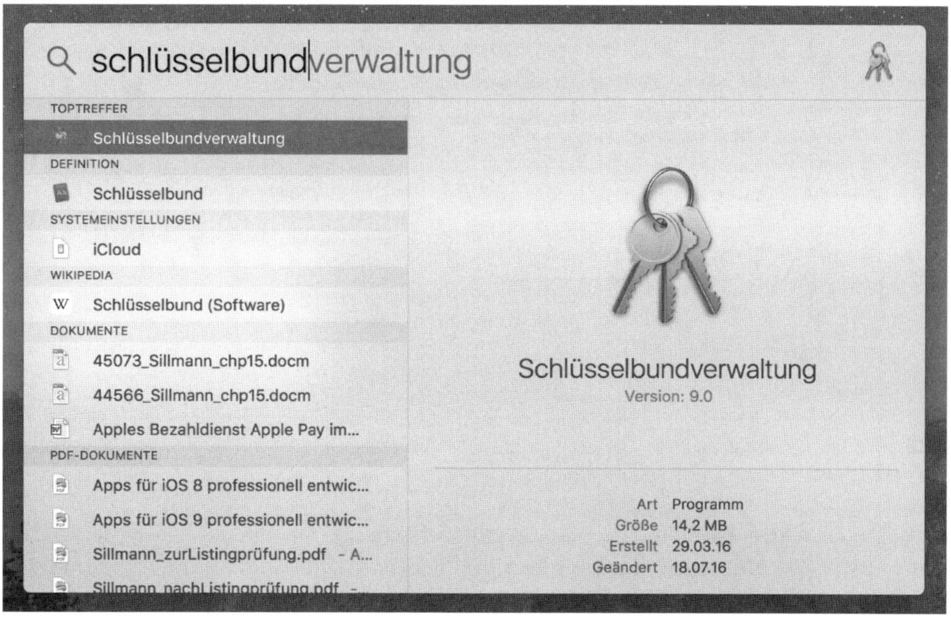

Bild 15.7 Die Eingabe weniger Buchstaben reicht aus, um die Schlüsselbundverwaltung aus Spotlight heraus zu starten.

Nach Start der Schlüsselbundverwaltung gehen Sie über das Menü über SCHLÜSSELBUNDVERWALTUNG → ZERTIFIKATSASSISTENT → ZERTIFIKAT EINER ZERTIFIZIERUNGSINSTANZ ANFORDERN.... Anschließend öffnet sich ein Assistent, in dem Sie Ihre Entwickler-E-Mail-Adresse im Feld E-MAIL DES BENUTZERS sowie Ihren Namen unter ALLGEMEINER NAME eintragen. Danach wählen Sie noch unter ANFRAGE den Punkt AUF DER FESTPLATTE SICHERN aus. Das Feld E-MAIL DER ZERT.-INSTANZ können Sie wie es ist leer lassen (siehe Bild 15.8).

Sobald Sie anschließend auf FORTFAHREN klicken, generiert die Schlüsselbundverwaltung die benötigte CSR-Datei. Diese können Sie sodann an einem beliebigen Ort auf Ihrer Festplatte speichern. Nach diesem Schritt geht es zurück in den Browser. Das aktuelle Fenster mit den Hinweisen zum Erstellen einer CSR-Datei können Sie nun per Klick auf CONTINUE verlassen.

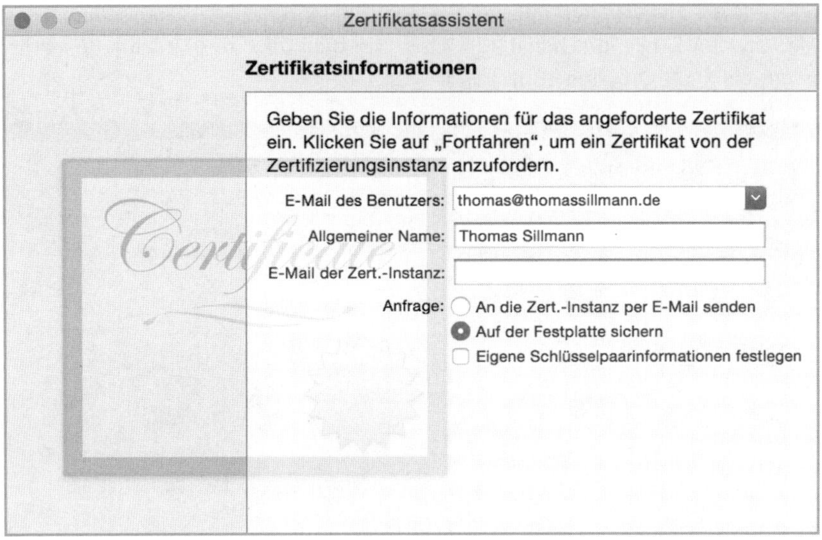

Bild 15.8 Im Zertifikatsassistent geben Sie Ihre E-Mail-Adresse und Ihren Namen an und speichern die daraus entstehende Datei auf der Festplatte Ihres Mac.

Im nächsten Schritt der Erstellung eines Zertifikates müssen Sie nun die eben erstellte CSR-Datei auswählen. Klicken Sie dazu einfach auf die Schaltfläche CHOOSE FILE... und wählen Sie die entsprechende Datei von Ihrer Festplatte (siehe Bild 15.9). Anschließend erstellen Sie Ihr Entwicklerzertifikat per Klick auf GENERATE. Die CSR-Datei können Sie nun auch problemlos wieder löschen, sie wird ab jetzt nicht weiter benötigt.

Bild 15.9 Nun nur noch die eben erstellte CSR-Datei hochladen und das Zertifikat wird erstellt!

Ist die Generierung des Zertifikates abgeschlossen, können Sie dieses direkt herunterladen (siehe Bild 15.10). Dann braucht es nur noch einen Doppelklick auf das heruntergeladene Zertifikat, um dieses Ihrer Schlüsselbundverwaltung hinzuzufügen und damit zukünftig über Xcode verwenden zu können.

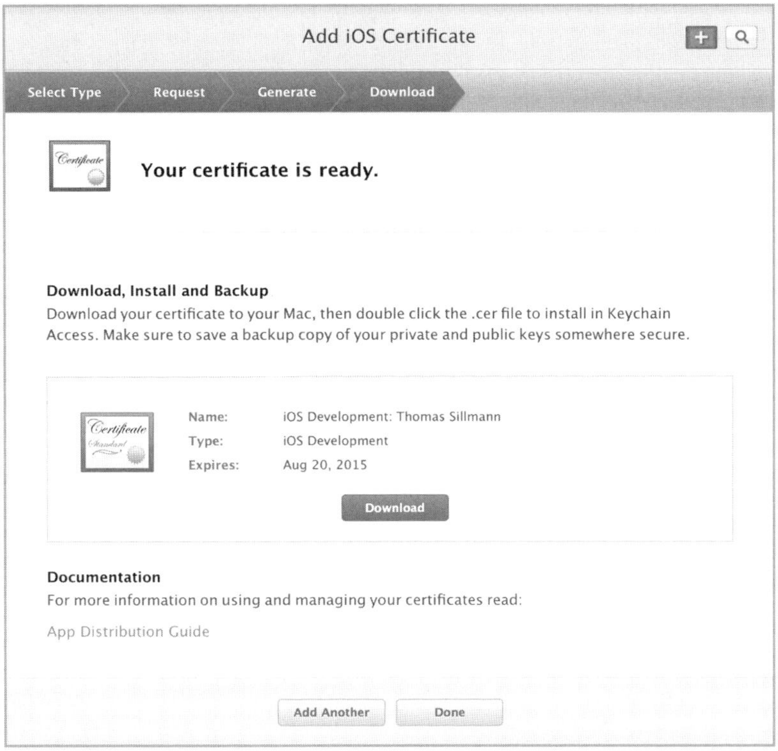

Bild 15.10 Jetzt noch das erstellte Zertifikat herunterladen und installieren; fertig!

Damit ist die Erstellung eines Entwicklerzertifikats abgeschlossen. Wie bereits beschrieben, benötigen Sie als iOS-Entwickler in der Regel immer mindestens zwei: ein Development-Zertifikat zum Testen auf Endgeräten und ein Production-Zertifikat für die Veröffentlichung und Verbreitung Ihrer App.

...Identifiers

Die App-IDs sind – wie bereits beschrieben – eindeutig und werden benötigt, um Ihre App zu veröffentlichen. All Ihre App-IDs werden im Bereich *Identifiers* unter dem Punkt App IDs aufgeführt (siehe Bild 15.11).

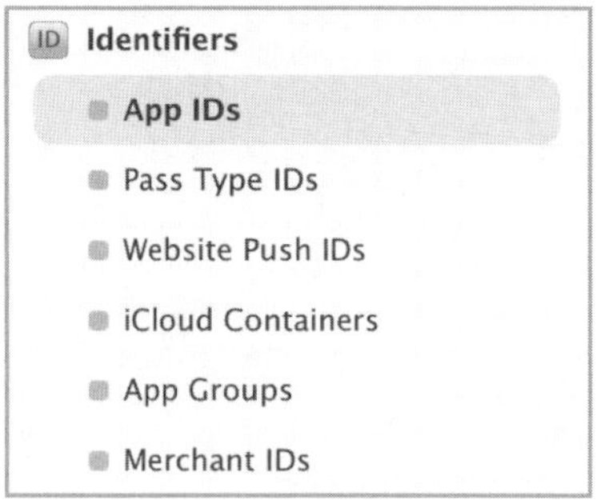

Bild 15.11
Die App-IDs sind essenziell zum Veröffentlichen Ihrer App.

Um eine neue App-ID zu erstellen, klicken Sie von dort aus auf die +-Schaltfläche oben rechts. Anschließend öffnet sich die Maske, in der Sie alle bereits zuvor beschriebenen Informationen hinterlegen müssen (siehe Bild 15.12).

Bild 15.12 Über dieses Formular können Sie schnell und einfach eine neue App-ID erstellen.

Mit am wichtigsten ist dabei die Bundle-ID im Bereich *App ID Suffix*. Dabei handelt es sich um den gleichen umgekehrten Domain-Namen, den Sie auch als Bundle Identifier in Ihrem Xcode-Projekt hinterlegt haben, also zum Beispiel *de.thomassillmann.meineapp*. Bei der Beschreibung können Sie einen freien Bezeichner wählen, in der Regel handelt es sich aber schlicht um den Namen der App. Diesen Namen sowie die unterstützten App Services können Sie aber auch jederzeit später noch anpassen. Lediglich das App-ID-Suffix sowie das App-ID-Präfix sind fest und können nach dem erstmaligen Anlegen nicht mehr angepasst werden.

App IDs are forever

Nicht nur, dass Sie App-ID-Suffix und -Präfix im Nachhinein nicht mehr ändern können: Haben Sie eine App-ID einmal zum Einreichen einer App im App Store genutzt, können Sie diese (zumindest bisher) nie wieder löschen; Sie bleibt somit auf ewig Bestandteil Ihrer App-IDs, selbst wenn Sie ein bestimmtes App-Projekt komplett einstellen und nicht mehr über den App Store vertreiben (oder nach einer Ablehnung durch die Prüfung von Apple gar nicht erst veröffentlichen). Legen Sie also App-IDs tatsächlich nur für reale und ernsthafte App-Projekte an. ■

... Devices

Im Bereich *Devices* werden all Ihre registrierten iOS-, Apple Watch- und Apple TV-Geräte aufgeführt (siehe Bild 15.13). Als freier iOS-Entwickler können Sie bis zu 100 iOS-Geräte in diesem Bereich anlegen (und damit Ihre App auf maximal 100 Geräten verteilen).

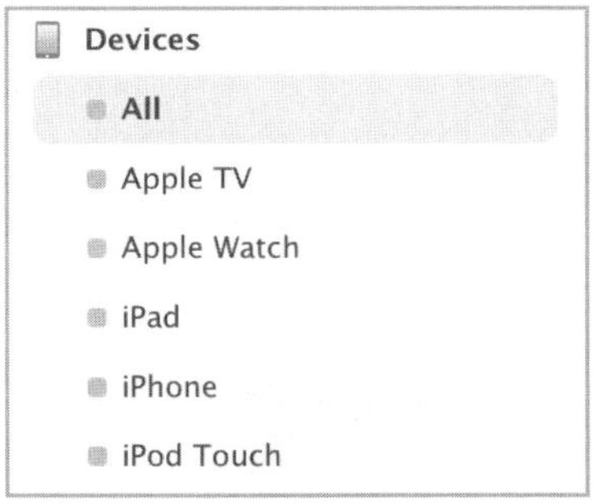

Bild 15.13
All Ihre registrierten iOS-Geräte werden im Bereich „Devices" aufgeführt.

Um ein neues Gerät hinzuzufügen, gibt es zwei Möglichkeiten:

1. *Über das Devices-Portal:*
   Sie klicken im *Devices*-Bereich auf den +-Button oben rechts und geben in dem sich öffnenden Assistenten die eindeutige UDID des zu registrierenden Geräts sowie einen Namen an, der in der Oberfläche angezeigt wird (siehe Bild 15.14).

Bild 15.14 Zum Hinzufügen eines neuen Geräts über das Member Center benötigen Sie die UDID des Geräts, den Namen können Sie beliebig vergeben.

Die UDID erhalten Sie dabei am einfachsten aus dem *Devices*-Fenster von Xcode; schließen Sie dazu Ihr iOS-Gerät an Ihren Mac an und kopieren Sie sodann den Inhalt aus dem Feld *Identifier* in das Feld für die UDID (siehe Bild 15.15).

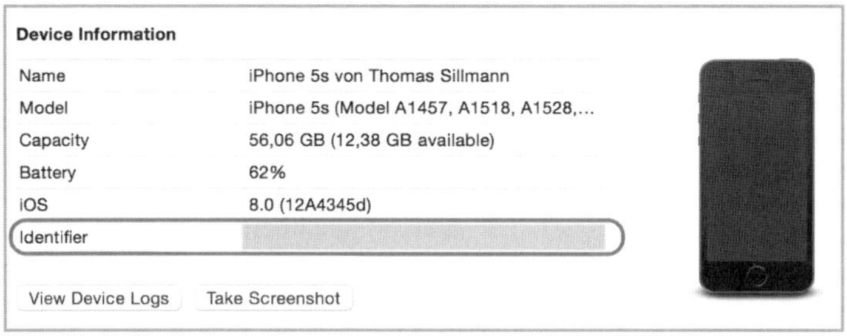

Bild 15.15 Die UDID Ihres iOS-Geräts können Sie über das Devices-Fenster von Xcode in der Zeile „Identifier" auslesen.

2. *Über Xcode:*
   Alternativ können Sie – wenn Sie sowieso bereits das Devices-Fenster von Xcode geöffnet haben – neue Geräte auch direkt über Xcode hinzufügen. Ist das angeschlossene Gerät dabei noch nicht in Ihrem Entwicklerprogramm registriert, bietet Xcode im Devices-Fenster nach Klick auf das entsprechende Gerät einen separaten Button zum Hinzufügen dieses iOS-Device als Entwicklergerät. Nach einem Klick darauf werden Sie womöglich noch nach dem passenden Team beziehungsweise Benutzernamen und Passwort gefragt und anschließend erledigt Xcode den Rest für Sie.

... Provisioning Profiles

Im Bereich *Provisioning Profiles* werden Ihnen all die Profildateien angezeigt, die Sie bisher erstellt und angelegt haben (siehe Bild 15.16). Um selbst ein neues Profil zu erstellen, klicken Sie auf die +-Schaltfläche oben rechts im entsprechenden Bereich.

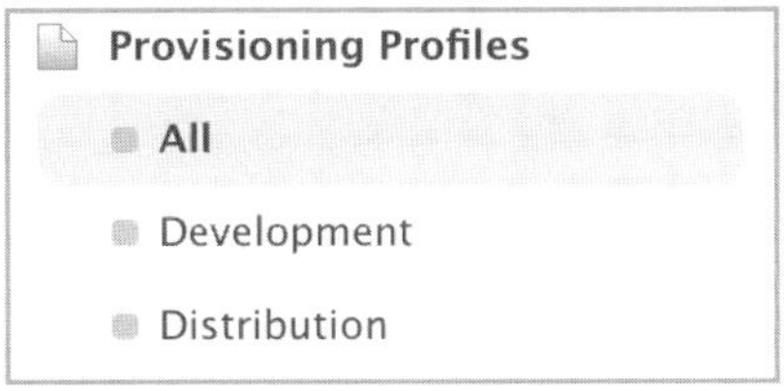

Bild 15.16
All Ihre Provisioning Profiles werden im gleichnamigen Abschnitt verwaltet.

Development Profiles

Sie benötigen ein Provisioning Profile, sobald Sie Ihre App auf einem Endgerät testen oder über den App Store beziehungsweise ad hoc verbreiten möchten. Für ersteren Fall benötigen Sie dazu – wie bereits beschrieben – ein sogenanntes Development Provisioning Profile. Seit Xcode 5 können Sie es sich aber sparen, entsprechende Profile selbst händisch anzulegen; sobald Sie das Team in den Target-Einstellungen Ihres Projekts setzen, erstellt Xcode automatisch alle Development Provisioning Profiles selbst und weist diesen alle unter *Devices* registrierten Geräte zu. Das bedeutet für Sie, dass nach Auswahl des Teams in Ihrem Projekt sofort all Ihre hinterlegten Endgeräte für Tests aus Xcode heraus genutzt werden können. Diese von Xcode generierten Profile erkennen Sie auch leicht im Online-Portal, da diese beim Status den Zusatz *Managed by Xcode* erhalten (siehe Bild 15.17).

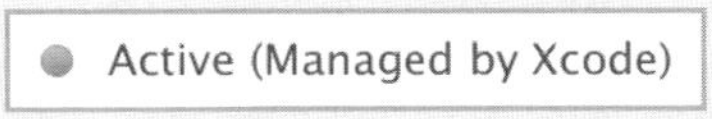

Bild 15.17 Dieses Profil wurde eindeutig von Xcode heraus automatisch erzeugt.

Für Sie bedeutet das, dass Sie prinzipiell nur die Distribution-Profile händisch online anlegen müssen. Nichtsdestoweniger können Sie aber selbstverständlich auch eigene Development-Profile online erstellen, wenn Sie dies wünschen.

In dem sich öffnenden Assistenten haben Sie wieder die Qual der Wahl: Sie müssen sich zwischen einem Development- und einem Distribution-Profil entscheiden, bei den Distribution-Profilen müssen Sie zudem festlegen, ob dieses für die Veröffentlichung im App Store oder für eine Ad-hoc-Verteilung genutzt werden soll (siehe Bild 15.18).

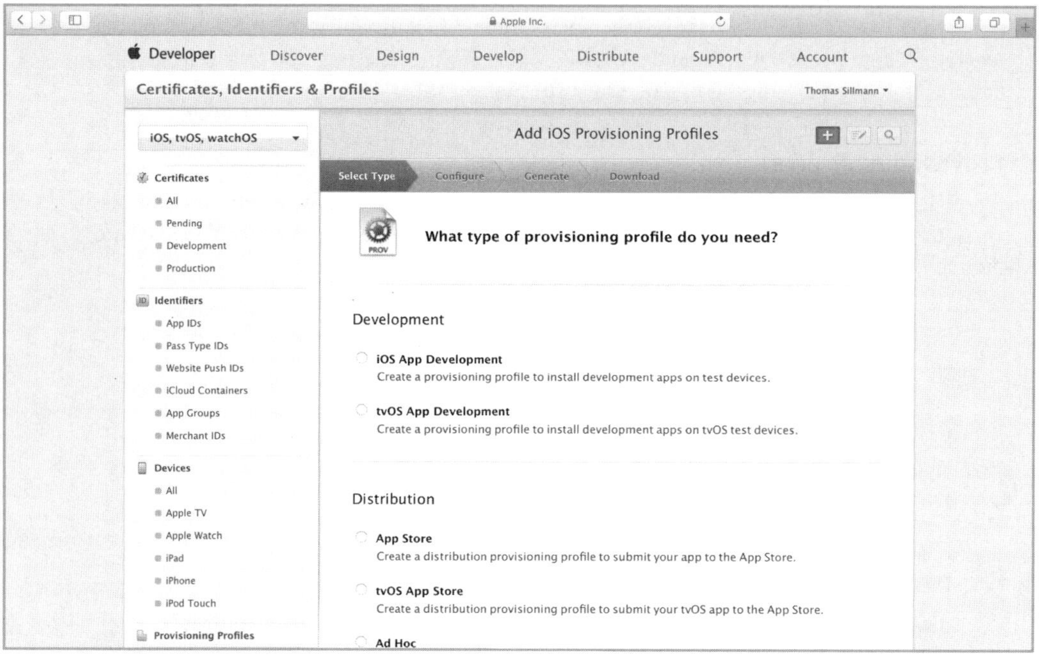

Bild 15.18 Ein Provisioning Profile kann nur einem der hier aufgeführten Typen zugeordnet sein.

Nach Auswahl dieses Typs und Klick auf die Schaltfläche CONTINUE folgt die Wahl einer App-ID für dieses Profil. Hier können Sie aus einem Drop-down-Menü heraus zwischen denen wählen, die Sie unter *App IDs* im Online-Portal erstellt haben (siehe Bild 15.19).

Nach einem weiteren Klick auf CONTINUE folgt die Wahl eines passenden Zertifikats. Wenn Sie ein Development-Profil erstellen, werden Ihnen hier entsprechend Ihre Development-Zertifikate aufgeführt (siehe Bild 15.20). Wollen Sie hingegen ein Distribution-Profil erstellen, listet Ihnen das Online-Portal entsprechend alle erstellten und hinterlegten Production-Zertifikate auf.

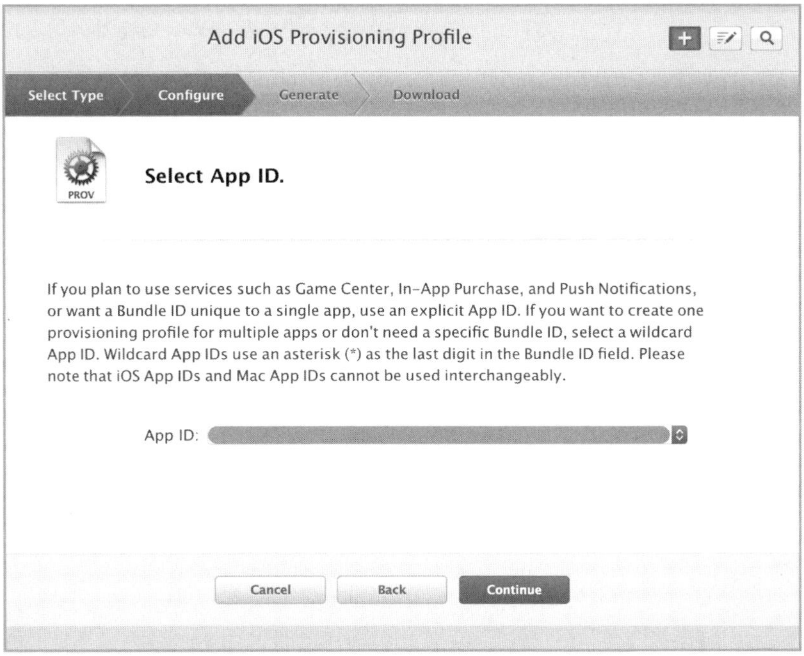

Bild 15.19 Jedem Profil muss eine eindeutige App-ID zugeordnet werden.

Bild 15.20 Nach der App-ID folgt die Auswahl des passenden Zertifikats für das Profil.

Sollten Sie ein Development Provisioning Profile erstellen, so müssen Sie im nächsten Schritt noch aus den von Ihnen registrierten iOS-Geräten diejenigen auswählen, die zusammen mit diesem Profil genutzt werden sollen (siehe Bild 15.21). Bei einem Ad-hoc- oder App Store-Zertifikat entfällt dieser Schritt.

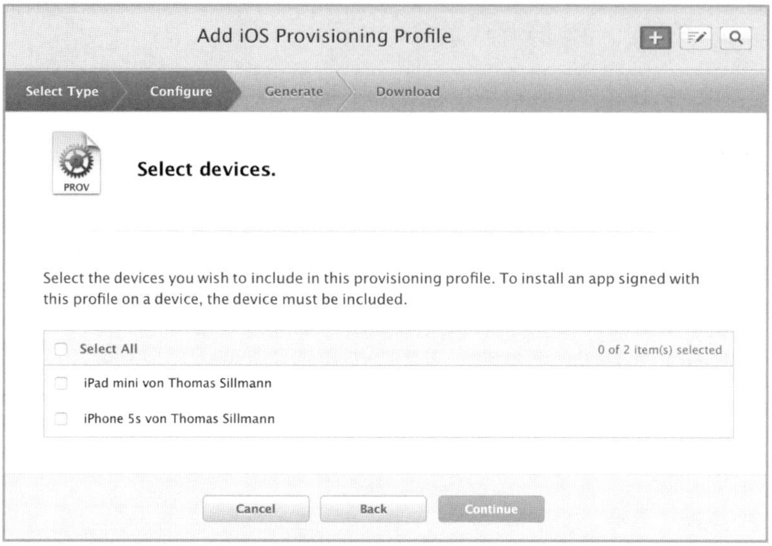

Bild 15.21 Sollten Sie ein Provisioning Profile für die Entwicklung erstellen, müssen Sie noch die iOS-Geräte auswählen, für die sich dann über dieses Profil eine App bauen und erstellen lässt.

Zu guter Letzt müssen Sie noch einen frei wählbaren Namen für das Profil vergeben (siehe Bild 15.22). Typisch sind dabei Zusammensetzungen aus dem Namen der App und dem Zweck des Profils, also beispielsweise „Meine App Ad Hoc", „Meine App Development" oder „Meine App Distribution".

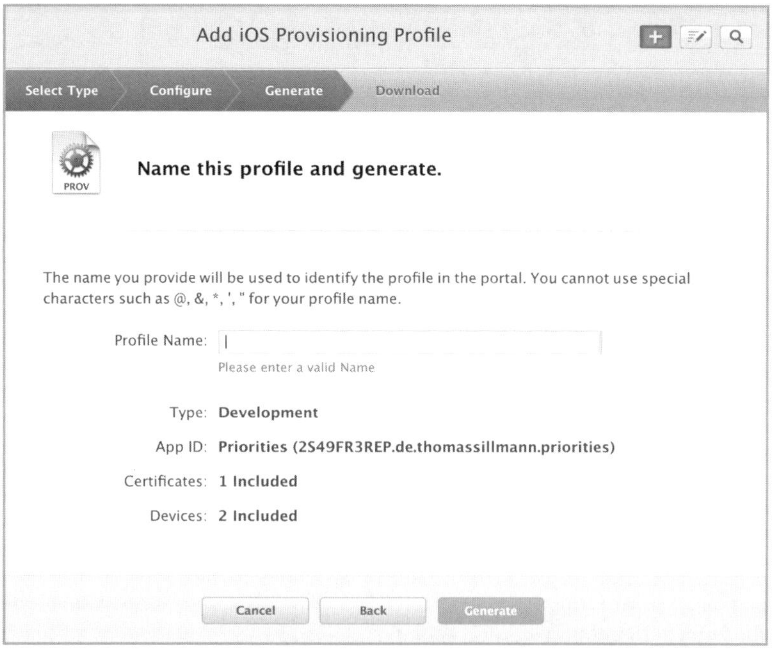

Bild 15.22 Noch einen passenden Namen für das Profil angeben und es anschließend erstellen lassen!

Nach einem Klick auf GENERATE wird das neue Profil erstellt und Sie können es direkt herunterladen. Nach einem Doppelklick auf diese heruntergeladene Datei wird das Profil automatisch Xcode hinzugefügt und kann nun für die Entwicklung verwendet werden.

Alternativ können Sie auch alle aktuellen Provisioning Profiles automatisch von Xcode abrufen lassen. Wechseln Sie dazu in die Einstellungen von Xcode über das Menü XCODE → PREFERENCES... oder das Tastaturkürzel CMD + ;. Wählen Sie anschließend im Reiter ACCOUNTS Ihren Entwickler-Account aus und klicken Sie sodann rechts unten auf die Schaltfläche VIEW DETAILS... (siehe Bild 15.23) (mehr zum Hinzufügen eines Entwickler-Accounts in Xcode erfahren Sie im Abschnitt „Einstellungen in Xcode" im Kapitel „Die Entwicklungsumgebung - Xcode").

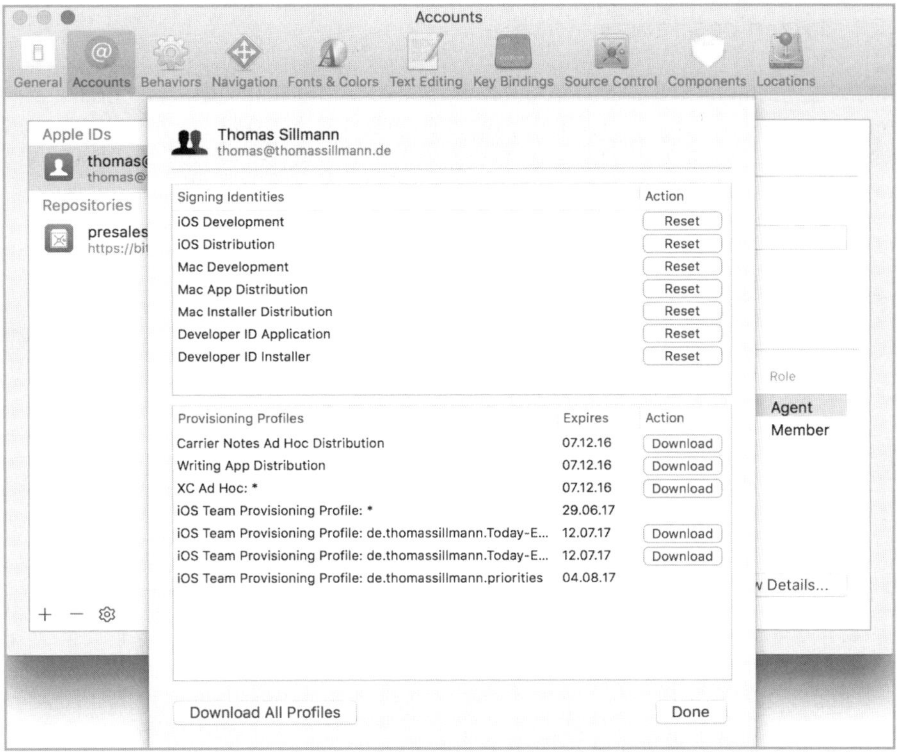

Bild 15.23 In den Details zu Ihrem Entwickler-Account in Xcode sehen Sie auch alle Ihre Provisioning Profiles und können diese über die Refresh-Schaltfläche unten links jederzeit aktualisieren.

In dem sich öffnenden Fenster werden Ihnen sodann Ihre Entwicklerzertifikate aus der Schlüsselbundverwaltung sowie die Provisioning Profiles angezeigt. Mit einem Klick auf die Refresh-Schaltfläche unten links prüft Xcode, ob es neue oder aktualisierte Profile gibt, und lädt diese automatisch herunter und bindet sie ein. Auch können Sie hierüber Ihre Zertifikate zurücksetzen und einzelne Provisioning Profiles herunterladen.

15.2 Testen auf dem eigenen Endgerät

Im vorigen Abschnitt 15.1 „Zertifikate, Provisioning Profiles und Ihre App“ haben Sie alle Bestandteile kennengelernt, die Sie brauchen, um Ihre App auf einem eigenen Endgerät installieren und testen zu können. Stellen Sie also sicher, dass Sie über ein Development-Zertifikat verfügen und die gewünschten Testgeräte im Online-Portal hinzugefügt haben. Ist das der Fall, braucht es nur noch zwei kleine Schritte, um Ihre App aus Xcode heraus auf einem eigenen iOS-Device zu starten.

15.2.1 Setzen des Teams

Wählen Sie in Ihrem Xcode-Projekt Ihr App-Target aus. Im Reiter GENERAL finden Sie im Bereich *Signing* einen Auswahlpunkt TEAM (siehe Bild 15.24). Wenn Sie hier auf das Drop-down-Menü klicken, werden Ihnen alle Entwickler-Accounts angezeigt, die Sie in Xcode hinterlegt haben (mehr zum Hinzufügen von Entwickler-Accounts in Xcode erfahren Sie im Abschnitt „Einstellungen in Xcode“ im Kapitel „Die Entwicklungsumgebung - Xcode“).

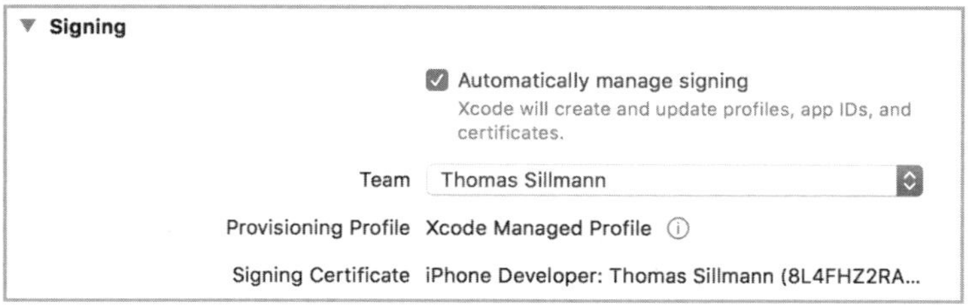

Bild 15.24 Im Bereich „Signing“ des Targets können Sie den passenden Entwickler-Account für Ihre App auswählen.

Wenn Sie hier nun das passende Team auswählen, unter dem Sie die App entwickeln und unter dem Sie Ihr Entwicklerzertifikat und Ihre Devices hinterlegt haben, kümmert sich Xcode sodann um die Erstellung der passenden Development-Provisioning-Profiles. Die Dauer dieser Konfiguration wird Ihnen anhand eines Activity Indicators neben dem Drop-down-Menü nach Auswahl eines Teams signalisiert. Hat Xcode alle Arbeiten abgeschlossen, verschwindet der Activity Indicator wieder und alle entsprechenden Einstellungen sind gesetzt.

15.2.2 Auswahl Ihres iOS-Geräts

Um nun Ihre App auf Ihrem Endgerät auszuführen, müssen Sie dieses nur noch an Ihren Mac anschließen und sodann aus Xcode heraus in der Scheme-Auswahl auswählen (dort, wo Sie auch zwischen allen verfügbaren iOS-Simulatoren wechseln können). Ganz oben in dieser Liste werden Ihre eigenen angeschlossenen Testgeräte aufgeführt (siehe Bild 15.25).

Wählen Sie hier nun das entsprechende Endgerät aus und erstellen Sie anschließend Ihre App per Klick auf RUN. Achten Sie lediglich darauf, dass Ihr Gerät entsperrt ist, sollte es über einen Passcode-Schutz verfügen, andernfalls kann Xcode Ihre App nicht auf dem iOS-Gerät starten.

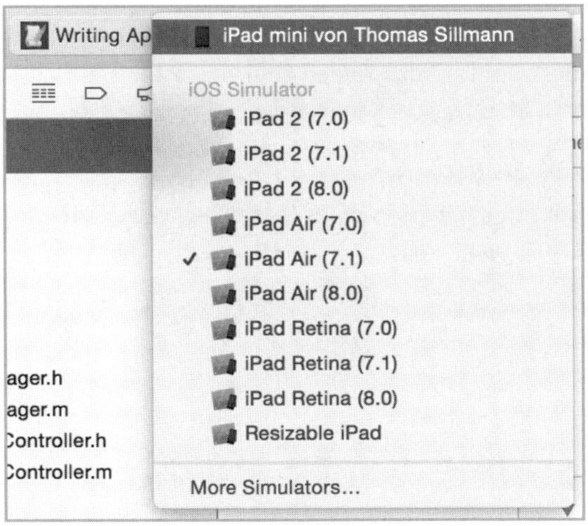

Bild 15.25
Bei der Auswahl des Targets werden Ihnen neben den Simulatoren auch alle angeschlossenen iOS-Geräte angezeigt, auf denen Sie Ihre App ausführen können.

Entwickler-Einstellungen in iOS

Haben Sie eine App einmal auf Ihrem Endgerät über Xcode ausgeführt, werden Sie feststellen, dass in den Einstellungen von iOS plötzlich ein neuer Menüpunkt mit dem Titel ENTWICKLER aufgetaucht ist (siehe Bild 15.26).

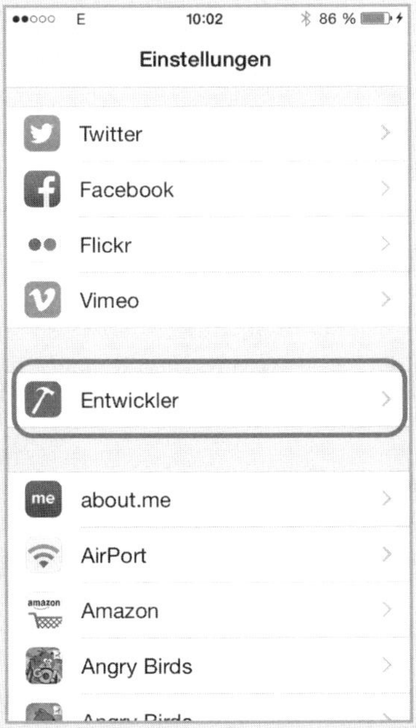

Bild 15.26 Haben Sie Ihre App einmal auf einem Endgerät über Xcode ausgeführt, findet sich dieser neue Menüpunkt in den Einstellungen von iOS.

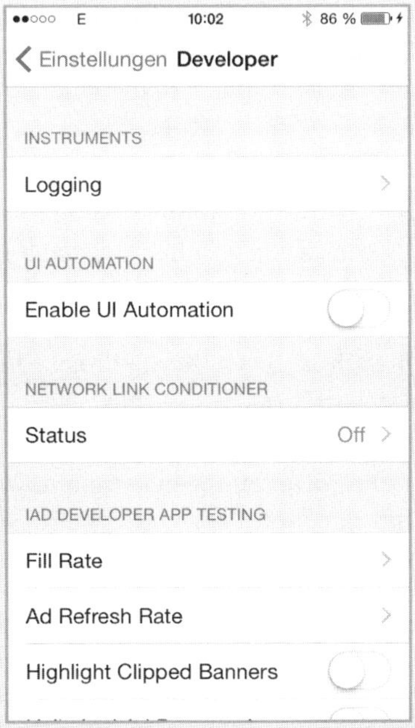

Bild 15.27 Die Entwickler-Einstellungen in iOS sind für verschiedene Testfälle eine wahre Hilfe und werden hoffentlich in Zukunft von Apple noch weiter ausgebaut.

Wenn Sie diesen Menüpunkt auswählen, haben Sie Zugriff auf einige exklusive Entwickler-Funktionen, die dazu dienen sollen, das Testen Ihrer Anwendung auf dem Endgerät zu erleichtern (siehe Bild 15.27). Besonders der *Network Link Conditioner* ist eine großartige Hilfe, um das Verhalten Ihrer App bei schwachen Netzverbindungen zu testen und zu prüfen (sofern Ihre App davon überhaupt Gebrauch macht). Es lohnt in jedem Fall ein Blick in diese Einstellungen, zumal davon auszugehen ist, dass Apple langfristig weitere Optionen für Entwickler in diesem Menü freischaltet. ■

■ 15.3 iTunes Connect und Veröffentlichung im App Store

Zertifikate und Provisioning Profiles sind die technische Grundlage zur Veröffentlichung einer jeden App, und diese haben Sie nun bereits ausführlich kennengelernt. Der zweite Teil besteht darin, nun schlussendlich ein Archiv Ihrer App zu erstellen und dieses in den App Store hochzuladen. Zwischen diesen beiden Aufgaben liegt iTunes Connect. Innerhalb von iTunes Connect verwalten Sie Ihre Apps und sehen die Verkaufszahlen ein. Bevor eine App in den App Store hochgeladen werden kann, muss sie von Ihnen in iTunes Connect mit allen grundlegenden Informationen angelegt worden sein. Und genau all diesen letzten Schritten widmen wir uns nun an dieser Stelle.

Erstellen eines Archivs Ihrer App

Um ein Archiv Ihrer App (und damit eben die eigentliche App-Datei) erstellen zu können, benötigen Sie in jedem Fall das passende Entwickler-Production-Zertifikat sowie ein passendes Distribution-Provisioning-Profile für Ihre App. Beides haben Sie bereits in Abschnitt 15.1, „Zertifikate, Provisioning Profiles und Ihre App“, kennengelernt. Damit diese Informationen nun auch in Ihrem Xcode-Projekt hinterlegt sind, müssen Sie das passende Team auswählen und in Ihrem App-Target setzen; wie das geht, erläutert der vorherige Abschnitt 15.2, „Testen auf dem eigenen Endgerät“.

Damit sind alle Vorbereitungen getroffen. Wählen Sie nun in der Scheme-Auswahl in Xcode entweder ein Endgerät oder – falls kein Endgerät an Ihrem Mac angeschlossen ist – den Punkt Generic iOS Device aus; das ist notwendig, da ein Archiv nur über diese Auswahl erstellt werden kann (siehe Bild 15.28).

Bild 15.28 Nur bei Auswahl eines iOS-Endgeräts oder „Generic iOS Device" ist das Erstellen eines Archivs möglich.

Ist das erledigt, gehen Sie über das Xcode-Menü und wählen dort PRODUCT → ARCHIVE (der Punkt ARCHIVE ist nur dann aktiv und anwählbar, wenn Sie wie zuvor beschrieben ein iOS-Gerät oder den Punkt GENERIC iOS DEVICE in der Scheme-Auswahl gesetzt haben). Ihre App wird anschließend gebaut. Hat Xcode diesen Prozess abgeschlossen, öffnet sich der Organizer und zeigt Ihnen das eben erstellte Archiv an (siehe Bild 15.29).

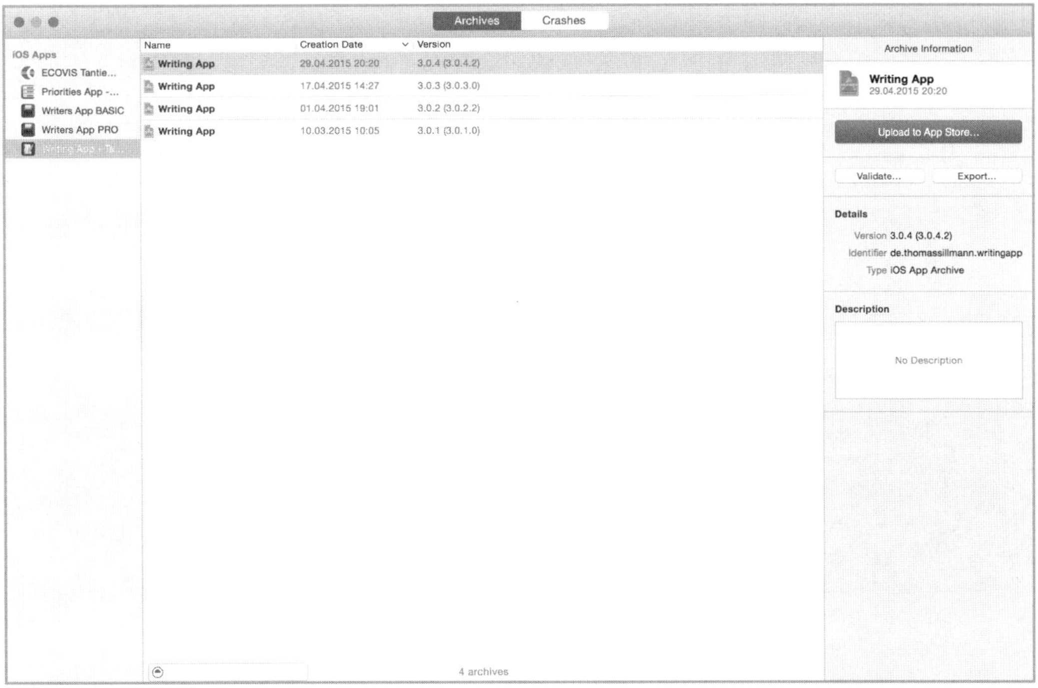

Bild 15.29 Die erstellten App-Archive werden im Reiter „Archives" des Organizers aufgeführt und zusammengefasst.

Technisch sind damit alle Voraussetzungen geschaffen, um Ihre App im App Store zu veröffentlichen. Allerdings müssen Sie zuvor erst noch Ihre App überhaupt bei Apple bekannt machen, damit Apple auch weiß, mit welchem Beschreibungstext, welchen Screenshots und zu welchem Preis die App dann im App Store aufgeführt werden soll. Und hier kommen wir zu iTunes Connect.

15.3.1 Vorbereiten der App in iTunes Connect

iTunes Connect erreichen Sie entweder über das bereits vorgestellte Member Center (siehe Abschnitt 15.1, „Zertifikate, Provisioning Profiles und Ihre App") oder direkt über die URL *https://itunesconnect.apple.com* (siehe Bild 15.30). Dort erscheint eine Anmeldemaske, über die Sie sich mit denselben Zugangsdaten wie für Apples Entwickler-Website anmelden.

Nach der Anmeldung werden Sie von einer schlichten Startseite begrüßt, über die Sie alle Informationen zu Ihren Apps, Ihren Bankverbindungen und Verkäufen einsehen und bearbeiten können (siehe Bild 15.31).

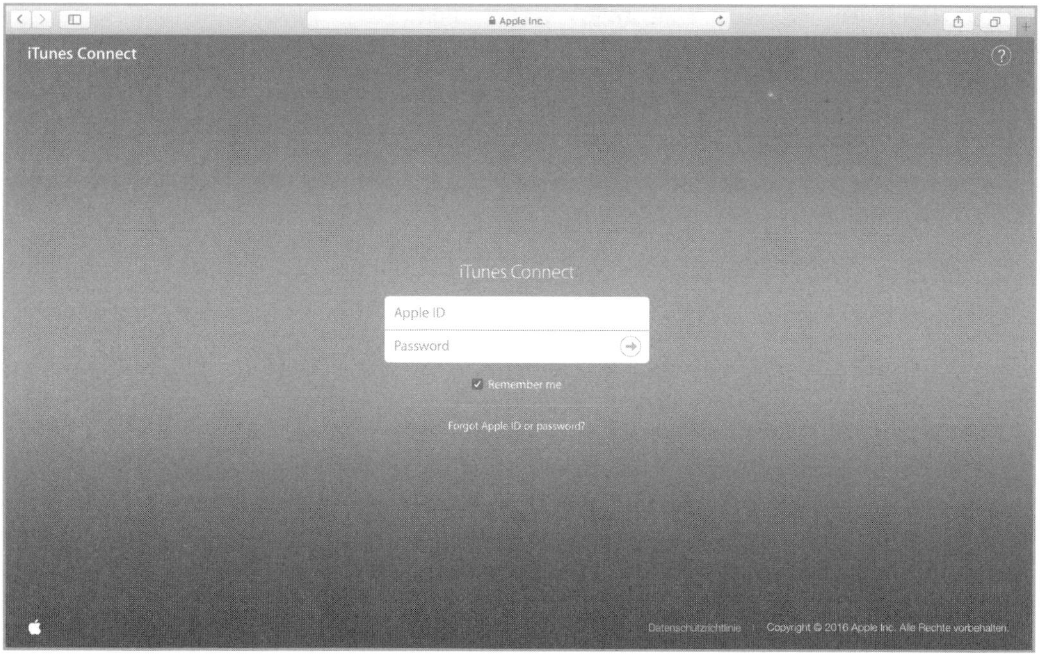

Bild 15.30 Über iTunes Connect verwalten Sie Ihre Apps und erhalten Informationen über Verkaufsstatistiken und erzielte Erlöse.

Um Ihre Apps zu verwalten, wählen Sie den Punkt MEINE APPS oben rechts. Ihnen werden anschließend alle Apps angezeigt, die Sie bisher eingerichtet und konfiguriert haben (siehe Bild 15.32). Sie können hier entweder eine bereits existierende App auswählen und anpassen oder über die +-Schaltfläche am oberen linken Bildschirmrand und anschließender Auswahl von NEUE APP eine komplett neue App anlegen.

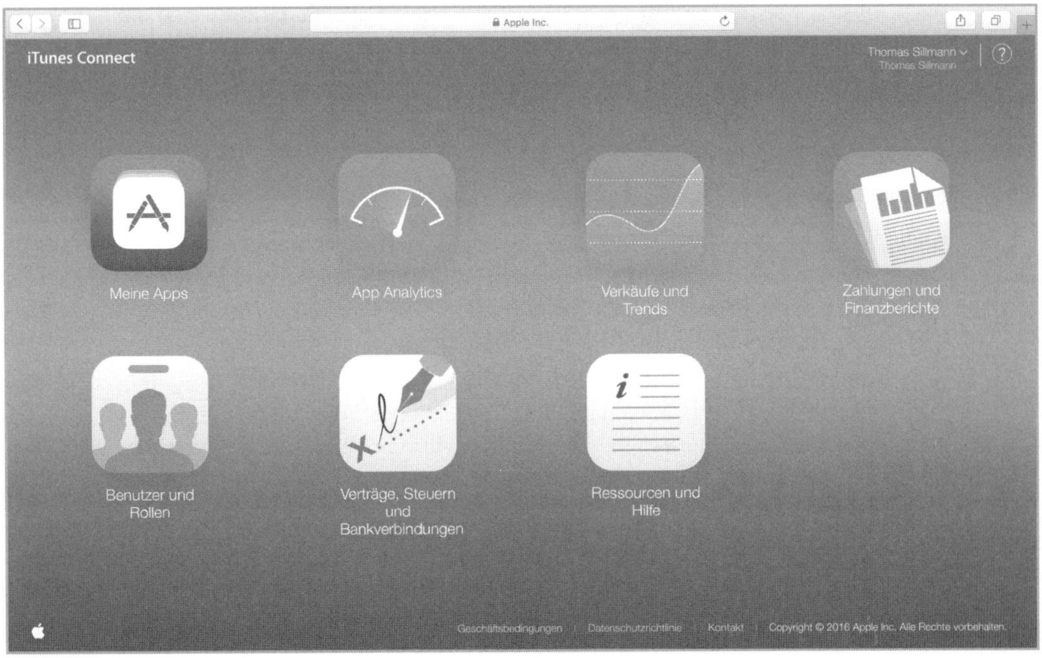

Bild 15.31 Nach der Anmeldung an iTunes Connect landen Sie auf der übersichtlichen Startseite, von wo aus Sie zu jedem weiteren Bereich des Portals navigieren können.

Bild 15.32 Ihre Apps werden im Abschnitt „Meine Apps“ in iTunes Connect verwaltet.

Nach Klick auf NEUE APP werden Sie zunächst nach den Standardinformationen zu Ihrer neuen App gefragt (siehe Bild 15.33). Dabei handelt es sich um die folgenden Elemente:

- Plattformen: Die Plattform Ihrer App (geht es nach diesem Buch, dürften Sie hier iOS auswählen ☺).
- Name: Der Name Ihrer App.
- Primärsprache: Die Standardsprache Ihrer App.
- Bundle ID: Die passende App-ID der App.
- SKU: Eine eindeutige Nummer Ihrerseits, die für die App verwendet wird. Sie können jede SKU nur einmalig nutzen, selbst wenn Sie später eine vorhandene App wieder löschen, ist die entsprechende SKU für Sie verloren.

Nach Hinterlegen dieser Angaben und Klick auf ERSTELLEN wird Ihre App mit diesen Informationen erstellt. Von nun an können Sie alle möglichen Informationen für Ihre App hinterlegen und erstellen, darunter eine Beschreibung für den App Store, Screenshots, Schlüsselwörter und so weiter. Viele dieser Informationen sind Pflicht und müssen von Ihnen ausgefüllt werden.

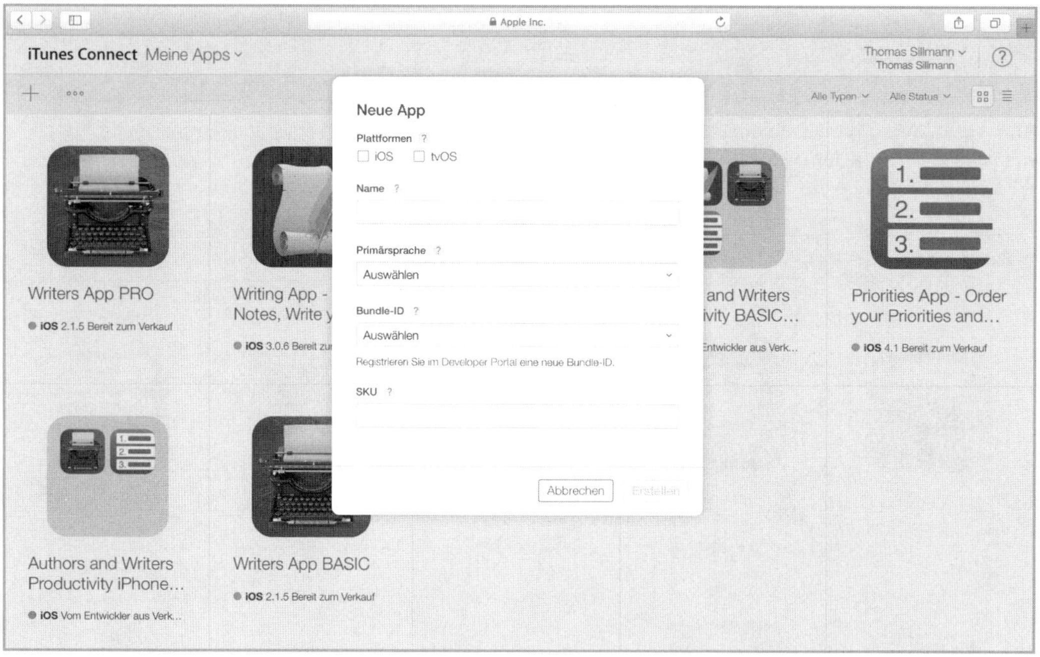

Bild 15.33 Sie müssen die grundlegenden Informationen in dieser Maske ausfüllen, um eine neue App in iTunes Connect hinzuzufügen. Die weitere Konfiguration Ihrer App erfolgt im Anschluss.

15.3.2 Upload der App in den App Store

Sind alle Informationen zu Ihrer App in iTunes Connect gesetzt, kommt wieder Xcode mit seinem Organizer und der Archives-Ansicht ins Spiel. Haben Sie bisher noch kein Archiv Ihrer App erstellt, ist es spätestens jetzt an der Zeit dafür. Anschließend können Sie Ihr App-Archiv über den Button UPLOAD TO APP STORE... oben rechts veröffentlichen (siehe Bild 15.34). Es öffnet sich ein Assistent, der Sie durch die nächsten Schritte führt.

Bild 15.34
Über den „Upload to App Store...“-Button aus der „Archives“-Ansicht des Organizers laden Sie Ihre App in Apples App Store hoch.

Während der Veröffentlichung mithilfe des Assistenten müssen Sie unter anderem angeben, ob Sie die App als Ad-hoc-Version erstellen oder in den App Store hochladen möchten. In letzterem Fall prüft Xcode daraufhin, ob es für die Bundle-ID der App einen passenden Eintrag in iTunes Connect gibt; nur wenn das der Fall ist, können Sie einen Upload Ihrer App für den App Store initiieren.

Haben Sie all diese Eingaben und Informationen bestätigt, validiert Xcode die App noch und prüft sie auf eventuelle Fehler (wie beispielsweise das Fehlen eines App-Icons). Treten Probleme auf, werden Ihnen diese in einer Fehlerliste aufgeführt und der Upload abgebrochen; in diesem Fall müssen Sie erst in Ihrem Xcode-Projekt nachbessern, anschließend ein neues Archiv erstellen und den Upload neu starten. Ist hingegen alles in Ordnung, startet der Assistent direkt den Upload Ihrer App. Ist dieser abgeschlossen und haben Sie einige Minuten gewartet, finden Sie im *Build*-Bereich Ihrer App in iTunes Connect eine +-Schaltfläche, über die Sie die von Ihnen hochgeladene App auswählen können. Erst wenn Sie so eine passende Version Ihrer App in iTunes Connect hinzugefügt und alle sonstigen Informationen hinterlegt haben, können Sie die App über eine entsprechende Schaltfläche oben rechts zur Prüfung bei Apple einreichen. Ab dieser Stelle haben Sie Ihre Arbeit getan und es ist nun an Apple, Ihre App zu prüfen und (hoffentlich) in den App Store aufzunehmen. Doch sollten auch an dieser Stelle tatsächlich Probleme mit Ihrer App auftreten, so informiert Sie Apple in der Regel ausführlich darüber, warum die App abgewiesen wurde und was Sie ändern beziehungsweise anpassen sollten.

App Store Review Guidelines

Sie haben sehr wahrscheinlich bereits von ihnen gehört, den App Store Review Guidelines. Apple unterzieht alle eingereichten Apps und App-Updates einer ausgiebigen Prüfung, die durchaus bis zu mehreren Tagen und Wochen Zeit in Anspruch nehmen kann. Die App Store Review Guidelines sind dabei die Grundlage dieser Prüfung. Verstoßen Sie gegen einen oder – Gott bewahre! – gleich mehrere der dort aufgeführten Punkte, so wird Ihre App abgelehnt und Sie müssen nachbessern.

Sie müssen all diese Regeln selbstverständlich nicht auswendig im Kopf haben, aber es lohnt sich durchaus, einmal einen genaueren Blick auf Apples Regelwerk zu werfen. Sie finden es im Internet unter der URL *https://developer.apple.com/appstore/resources/approval/guidelines.html* (siehe Bild 15.35).

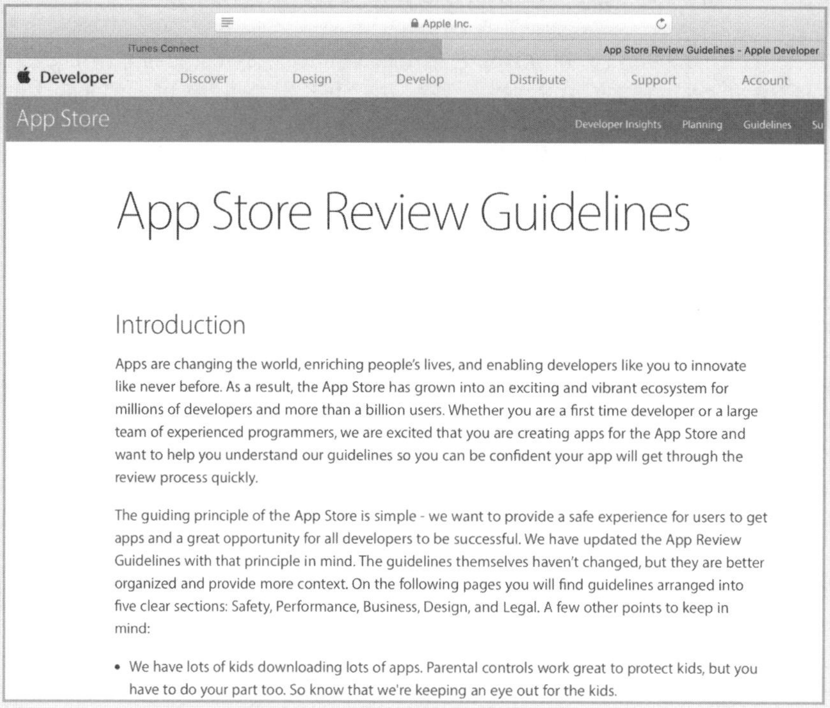

Bild 15.35 Die App Store Review Guidelines geben Aufschluss über den Prüfprozess und die Prüfkriterien von Apple zur Einreichung von Apps in den App Store (Bild: *https://developer.apple.com/appstore/resources/approval/guidelines.html*). ■

15.3.3 Wie geht es weiter?

Der App-Markt ist hart umkämpft und gerade in der heutigen Zeit ist es mehr als leicht, in der Fülle an Apps unterzugehen. Wurde Ihre App von Apple geprüft und im App Store zugelassen, so beginnt damit erst der zweite große Teil der Arbeit: die Vermarktung. Machen Sie Werbung für Ihre App, sprechen Sie über Ihre App in den sozialen Netzwerken, verteilen Sie Promo-Codes an die angepeilte Zielgruppe, um schnell Feedback zu erhalten und (hoffentlich) erste Stimmen für sich zu gewinnen, schreiben Sie Blogs an und stellen Sie diesen ebenfalls einen Promo-Code für einen Test zur Verfügung und so weiter.

Es ist sicherlich kein Leichtes, in der Welt der Apps Fuß zu fassen, doch ebenso kann ich Ihnen aus eigener Erfahrung sagen, dass es auch alles andere als unmöglich ist. Planen Sie Aktionen, in denen kostenpflichtige Apps für kurze Zeit kostenlos oder günstiger angeboten werden, und rühren Sie die Werbetrommel; bleiben Sie im Gespräch. Und horchen Sie auf das Feedback Ihrer Kunden. Es könnte entscheidende Hinweise darüber geben, wie Sie aus Ihrem App-Projekt noch das letzte Quäntchen Qualität herausholen, mit dem Sie sich von der Konkurrenz und damit von der Masse abheben.

Gehen Sie's an!

Index

Symbole

A

B

L

M

N

T

U

V

W

X

Z

Alles finden ...

Viele Bücher mit

E-Book inside

Alle Angaben entsprechen dem Stand vom 01.01.2016

Frische Rezepte für Profis!

Walter Doberenz, Thomas Gewinnus

Visual Basic 2015
Grundlagen, Profiwissen und Rezepte

- Für Einsteiger, Fortgeschrittene und Profis
- Klassiker der Visual Basic-/.NET-Programmierung
- EXTRA: 700 Seiten Bonuskapitel zur GUI-Entwicklung mit WPF und Windows Forms

1.195 Seiten
FlexCover
€ 49,99
ISBN 978-3-446-44380-8

Walter Doberenz, Thomas Gewinnus

Visual C# 2015
Grundlagen, Profiwissen und Rezepte

- Für Einsteiger, Fortgeschrittene und Profis
- Übungs- und Nachschlagewerk mit genialen Rezepten zu jedem Thema
- EXTRA: 700 Seiten Bonuskapitel zur GUI-Entwicklung mit WPF und Windows Forms

1.195 Seiten
FlexCover
€ 49,99
ISBN 978-3-446-44381-5

Andreas Stadler

Mein LEGO®-EV3-Buch

Eigene Roboter bauen und programmieren
mit LEGO® MINDSTORMS®

- → Nach dem Prinzip: Kreativ selbst entwickeln statt Nachmachen
- → Vermittelt grundlegende Programmiertechniken, um den Roboter über die LEGO® MINDSTORMS® EV3-Software zu steuern
- → Mit dem LEGO® Digital Designer ein einfaches, beliebig erweiterbares Robotermodell erstellen – und auf Wunsch mit der Community teilen
- → Zeigt die Einsatzmöglichkeiten aller im Set enthaltenen LEGO®-Sensoren

Erscheint 04/2016
ca. 256 Seiten. Komplett in Farbe. Broschur
ca. € 22,99
ISBN 978-3-446-44737-0

E-Book inside

Christoph Scheel

Multicopter-Drohnen

Selber Bauen – Tunen – Fliegen

- → Jeder kann einen Multicopter bauen, auch ohne Vorkenntnisse
- → Klar strukturierte Bauanleitung für ein erprobtes Modell mit hochwertigen, aber preisgünstigen Einzelkomponenten
- → Beliebig erweiterbares Konzept für alle denkbaren Anwendungen
- → Der Bastler versteht die Technik und kann selbst Modelle entwickeln und, falls nötig, reparieren
- → Inklusive kleiner Flugschule – keine Angst vorm Fliegen

Erscheint 06/2016
ca. 200 Seiten. Komplett in Farbe. Broschur
ca. € 29,99
ISBN 978-3-446-44738-7

E-Book inside

Florian Horsch

3D-Druck für alle

Der Do-it-yourself-Guide

- ➜ Für alle, die 3D-Druck im privaten oder kommerziellen Bereich einsetzen möchten (keine Vorkenntnisse erforderlich)
- ➜ Alles Wissenswerte zu Hard-/Software, Dienstleistern, Shops & Events
- ➜ Mit über 10 Praxisübungen zur Fertigung von 3D-Selfies, Multicoptern, Ringen, Ersatzteilen u.v.m.
- ➜ Mit aktuellen Trends zu Mehrfarbdruck, Materialien und Veredelung

2., aktualisierte und erweiterte Auflage
356 Seiten. Komplett in Farbe. Broschur
€ 29,99
ISBN 978-3-446-44261-0

E-Book inside

Stephan Hüwe

Raspberry Pi für Windows-/.NET-Entwickler

Grundlagen, optimale Umsetzung, Projekte für die Praxis

- ➜ Erstmals: Raspberry Pi in Verbindung mit Windows 10
- ➜ Für die professionelle Entwicklerszene (Visual Studio/.NET)
- ➜ Vermittlung aller notwendigen Software- und elektrotechnischen Grundlagen
- ➜ Mit fünf Beispielprojekten: Von der Idee bis zur Umsetzung

Erscheint 06/2016
ca. 280 Seiten. Komplett in Farbe. FlexCover
ca. € 29,99
ISBN 978-3-446-44719-6

E-Book inside

NEU

Excellente Bücher

Ignatz Schels

Excel 2016 Praxisbuch

Zahlen kalkulieren, analysieren und präsentieren

- → Das Grundlagenwerk für Excel – neu zu Excel 2016
- → Für Einsteiger und Profis: Von den Grundlagen der Zellenbearbeitung bis zu Spezialtechniken mit ODBC, PowerPivot und VBA
- → Zu jedem Thema Beispiele aus der Praxis
- → Mit zahlreichen Tipps und Tricks, nützlichen Tastenkombinationen und Makros

Erscheint 04/2016
ca. 1.000 Seiten. Komplett in Farbe. FlexCover
ca. € 39,99
ISBN 978-3-446-44803-2

Ignatz Schels

Excel 2016 Formeln und Funktionen

Über 450 Funktionen, jede Menge Tipps und Tricks aus der Praxis

- → Die volle Excel-Power nutzen – aktuell zu Excel 2016
- → Die Funktionsbibliothek kennen und beherrschen – rund 450 Funktionen
- → Professionelle Kalkulationen und Verknüpfungen

Erscheint 04/2016
ca. 650 Seiten. Zweifarbig. Broschur
ca. € 19,99
ISBN 978-3-446-44802-5

NEU

E-Book inside

Ignatz Schels, Uwe M. Seidel

Excel 2016 im Controlling

Professionelle Lösungen für Controlling, Projekt- und Personalmanagement

- → Eingeführter Bestseller – aktuell zu Excel 2016
- → Die besten Tipps und Tricks aus der Praxis
- → Mit zahlreichen Lernbeispielen und Lösungen für die Bereiche Finanzen, Personal und Projektmanagement

Erscheint 04/2016
ca. 600 Seiten. Komplett in Farbe. FlexCover
ca. € 39,99
ISBN 978-3-446-44799-8

NEU

E-Book inside

Michael Kofler, Ralf Nebelo

Excel 2016 programmieren

Abläufe automatisieren, (Office-)Add-ins und Anwendungen entwickeln

- → Das Standardwerk für professionelle Excel-Programmierer
- → Aktuell zu Excel 2016
- → Die nahezu unbegrenzten Möglichkeiten der Excel-Programmierung kennenlernen und sich in den komplexen Objektwelten zurechtfinden
- → Mit VBA tägliche Arbeitsvorgänge automatisieren, neue Tabellenfunktionen programmieren, externe Daten einlesen, Diagramme erstellen u.v.m.
- → Mit zahlreichen Schritt-für-Schritt-Beispielen

Erscheint 04/2016
ca. 1.000 Seiten. FlexCover
ca. € 49,99
ISBN 978-3-446-44798-1

Ignatz Schels, Uwe M. Seidel

Projektmanagement mit Excel

Projekt planen, überwachen und steuern

- → Projekte planen und steuern mit Excel
- → Mit Praxisbeispiel, Schritt für Schritt aufgebaut
- → Termine, Kosten und Ressourcen im Griff
- → Nützliche VBA-Makros für Projektmanager

332 Seiten. FlexCover
€ 39,99
ISBN: 978-3-446-44009-8

NEU

E-Book inside

Boris Gloger

Scrum
Think big

Scrum für wirklich große Projekte, viele Teams und viele Kulturen

- ➜ Wie wird Software-Entwicklung in großen Projekten durchgeführt?
- ➜ Standortübergreifend Scrum in großen Teams managen
- ➜ Vom Scrum-Papst Boris Gloger
- ➜ Praxisnahe Problemerläuterungen mit pragmatischen Lösungsansätzen aus 10 Jahren Erfahrung

Erscheint 05/2016
ca. 250 Seiten
FlexCover
ca. € 34,99
ISBN: 978-3-446-44634-2

Boris Gloger, Dieter Rösner

Selbstorganisation braucht Führung

Die einfachen Geheimnisse agilen Managements

263 Seiten
FlexCover
€ 34,99
ISBN 978-3-446-43828-6

E-Book inside

Boris Gloger

Wie schätzt man in agilen Projekten

– oder wieso Scrum-Projekte erfolgreicher sind

160 Seiten
FlexCover
€ 29,99
ISBN 978-3-446-43910-8

E-Book inside

A. Opelt, B. Gloger,
W. Pfarl, R. Mittermayr

Der agile Festpreis

Leitfaden für wirklich erfolgreiche IT-Projekt-Verträge

2., überarbeitete Auflage
267 Seiten
FlexCover
€ 34,99
ISBN 978-3-446-44136-1

E-Book inside

Boris Gloger

Scrum

Produkte zuverlässig und schnell entwickeln

4., überarbeitete Auflage
352 Seiten
FlexCover
€ 39,99
ISBN 978-3-446-43338-0

NEU

Klaus Leopold

Kanban in der Praxis

Vom Teamfokus zur Wertschöpfung

- → Wie startet man erfolgreich mit Kanban?
- → Das Buch bietet einen Praxisleitfaden, der zeigt, wie mit einem Kanban-System gearbeitet wird und wie es verbessert wird
- → Zeigt zwei spezielle Arten der Verbesserung: Breitenskalierung und Tiefenskalierung

Erscheint 04/2016
ca. 250 Seiten
FlexCover
ca. € 34,99
ISBN: 978-3-446-44343-3

E-Book inside

Klaus Leopold,
Siegfried Kaltenecker

Kanban in der IT

Eine Kultur der kontinuierlichen Verbesserung schaffen

2., überarbeitete Auflage
304 Seiten
FlexCover
€ 34,99
ISBN 978-3-446-43826-2

E-Book inside

Judith Andresen

Retrospektiven in agilen Projekten

Ablauf, Regeln und Methodenbausteine

243 Seiten
FlexCover
€ 29,99
ISBN 978-3-446-43908-5

E-Book inside

M. Baumgartner, M. Klonk,
H. Pichler, R. Seidl, S. Tanczos

Agile Testing

Der agile Weg zur Qualität

254 Seiten
FlexCover
€ 39,99
ISBN 978-3-446-43194-2

E-Book inside

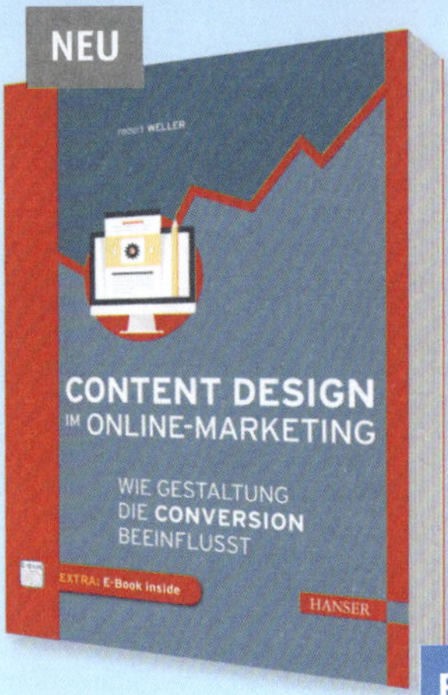

Robert Weller

Content Design im Online-Marketing

Wie Gestaltung die Conversion beeinflusst

- → Content & Design als Einheit: perfekt auf das Marketing-Ziel ausgerichtet
- → Wichtiges Thema für Online-Marketer und -Designer gleichermaßen
- → Mit Beispielen, Best Practices, Worksheets und Checklisten
- → Themen: Gestaltungs- & Marketinggrundlagen, Design im Marketing, Content Marketing, Conversion Optimierung etc.

Erscheint 05/2016
ca. 350 Seiten
FlexCover
Komplett in Farbe
ca. € 39,99
ISBN: 978-3-446-44295-5

E-Book inside

Gregor Meier

Pagespeed Optimierung

Schritt für Schritt zur schnelleren Website

Erscheint 03/2016
ca. 150 Seiten
FlexCover
ca. € 19,99
ISBN: 978-3-446-44822-3

E-Book inside

David Jardin, Elisa Foltyn

Joomla! 3

Professionelle Webentwicklung. Aktuell zu Version 3.6

2., aktualisierte und erweiterte Auflage
Erscheint 06/2016
ca. 580 Seiten
FlexCover
ca. € 34,99
ISBN: 978-3-446-44015-9

E-Book inside

NEU Digital –Multimedial – Social

Pia Kleine Wieskamp

Storytelling: Digital – Multimedial – Social

Formen und Praxis für PR, Marketing, TV, Game und Social Media

Erscheint 06/2016
ca. 250 Seiten
Broschur
Komplett in Farbe
ca. € 29,99
ISBN: 978-3-446-44645-8

E-Book inside

Robert Prediger, Ralph Winzinger

Node.js

Professionell hochperformante Software entwickeln

368 Seiten
FlexCover
€ 34,99
ISBN 978-3-446-43722-7

E-Book inside

Karolina Schilling

Apps machen

Der Kompaktkurs für Designer: Von der Idee bis zum klickbaren Prototyp

- → Sie wollen eine App in die Welt bringen? Sie brauchen ein App-Konzept? Sie wollen eine App gestalten? Sie arbeiten mit App-Entwicklern an einem App-Projekt? Oder Sie kümmern sich um die App Ihres Kunden?
- → Sie brauchen Wissen, wie Sie von der Idee zu einem App-Prototyp kommen und wie Sie diesen testen, bevor die kostenintensive App-Entwicklung beginnt
- → In »Apps machen« erhalten Sie Einblick, Wissen und praktische Tipps zum gesamten App-Entstehungsprozess

Erscheint 03/2016
ca. 300 Seiten
FlexCover
Komplett in Farbe
ca. € 39,99
ISBN: 978-3-446-44574-1

Thomas Sillmann

Apps für iOS 9 professionell entwickeln

Sauberen Code schreiben mit Objective-C und Swift

2., aktualisierte und erweiterte Auflage
718 Seiten
FlexCover
€ 44,99
ISBN: 978-3-446-44566-6

Bengt Weiße

AngularJS & Ionic Framework

Hybride App-Entwicklung mit JavaScript und HTML5

345 Seiten
FlexCover
€ 34,99
ISBN: 978-3-446-44671-7

Manuel Ziegler

Sicher in sozialen Netzwerken

Vom Cybermobbing bis zur staatlichen Überwachung – Tipps & Anleitungen zum Schutz persönlicher Daten

324 Seiten
Broschur
€ 19,99
ISBN: 978-3-446-44431-7

Manuel Ziegler

Web Hacking

Sicherheitslücken in Webanwendungen – Lösungswege für Entwickler. Mit Playground im Internet.

217 Seiten
FlexCover
€ 29,99
ISBN: 978-3-446-44017-3

NEU

E-Book inside

Gernot Starke, Peter Hruschka

arc42 in Aktion

Tipps und Taktiken zum effektiven Einsatz

- Der Praxiseinsatz von arc42 - dem Template für Softwarearchitekturen
- Sie finden konkrete Maßnahmen und Praktiken, um arc42 sowohl zur effektiven Kommunikation und Dokumentation wie auch zur Konstruktion und Entwicklung von Systemen anzuwenden
- Unmittelbarer Nutzen für die tägliche Arbeit

Erscheint 03/2016
ca. 150 Seiten
Broschur
ca. € 19,99
ISBN: 978-3-446-44801-8

E-Book inside

Stefan Zörner

Softwarearchitekturen dokumentieren und kommunizieren

Entwürfe, Entscheidungen und Lösungen nachvollziehbar und wirkungsvoll festhalten

2., überarbeitete und erweiterte Auflage
291 Seiten. FlexCover
€ 34,99
ISBN 978-3-446-44348-8

E-Book inside

Stefan Toth

Vorgehensmuster für Softwarearchitektur

Kombinierbare Praktiken in Zeiten von Agile und Lean

2., aktualisierte und erweiterte Auflage
268 Seiten
FlexCover
€ 34,99
ISBN 978-3-446-44395-2

E-Book inside

Gernot Starke

Effektive Softwarearchitekturen

Ein praktischer Leitfaden

7., überarbeitete Auflage
458 Seiten
FlexCover
€ 44,99
ISBN 978-3-446-44361-7

E-Book inside

Peter Hruschka

Business Analysis und Requirements Engineering

Produkte und Prozesse nachhaltig verbessern

349 Seiten
FlexCover
€ 34,99
ISBN: 978-3-446-43807-1

Jonas Richartz

Spiele entwickeln mit Unreal Engine 4

Programmierung mit Blueprints
Grundlagen & fortgeschrittene Techniken

- → Spiele erstellen für Desktop, Konsolen, Web und Mobile
- → Von den Grundlagen bis zum fertigen Spiel
- → Mit vielen Aufgaben, Beispielen und hilfreichen Tipps & Tricks
- → Beispielanwendung: Entwicklung eines Spiels von A bis Z

Erscheint 05/2016
ca. 400 Seiten
FlexCover
Komplett in Farbe
ca. € 39,99
ISBN 978-3-446-44635-9

E-Book inside

Carsten Seifert

Spiele entwickeln mit Unity 5

2D- und 3D-Games mit Unity und
C# für Desktop, Web & Mobile

- → Für alle, die ihr eigenes Spiel entwickeln wollen
- → Vorkenntnisse sind nicht erforderlich
- → Im Internet: die Games aus dem Buch mit allen Ressourcen, Videotutorials zur Vertiefung und weitere Beispiele, Zusatzmaterialien

2., aktualisierte und erweiterte Auflage
631 Seiten
FlexCover
Komplett in Farbe
€ 39,99
ISBN 978-3-446-44563-5

E-Book inside

Heiko Kalista

C++
für Spieleprogrammierer

5., aktualisierte und
erweiterte Auflage
517 Seiten
FlexCover
€ 34,99
ISBN 978-3-446-44644-1

Gunther Rehfeld

Game Design
und Produktion

Grundlagen, Anwendungen
und Beispiele

256 Seiten
Broschur
€ 29,99
ISBN 978-3-446-43163-8

E-Book inside

E-Book inside

Thomas Sillmann

Swift im Detail

- ➜ Für alle, die in Apples neue Programmiersprache einsteigen wollen: iOS-/OS X-Entwickler, (App-)Entwickler aller Couleur, Einsteiger ohne Programmierkenntnisse
- ➜ Von den Basics bis zu fortgeschrittenen Techniken
- ➜ Mit zahlreichen Vergleichen zu Objective-C
- ➜ Code-Beispiele und zusätzliche Infos sind auf der Autorenwebsite abrufbar

346 Seiten
FlexCover
€ 29,99
ISBN: 978-3-446-44294-8

E-Book inside

Dietmar Ratz, Jens Scheffler, Detlef Seese, Jan Wiesenberger

Grundkurs Programmieren in Java

7., überarbeitete und erweiterte Auflage
745 Seiten
FlexCover
€ 34,99
ISBN 978-3-446-44073-9

E-Book inside

Dirk Louis, Peter Müller

Java

Eine Einführung in die Programmierung

495 Seiten
Mit DVD
Broschur
€ 19,99
ISBN: 978-3-446-43854-5

E-Book inside

Rainer Oechsle

Parallele und verteilte Anwendungen in Java

4., neu bearbeitete Auflage
442 Seiten
Broschur
€ 39,99
ISBN 978-3-446-43888-0

E-Book inside

Florian Siebler

Design Patterns mit Java

Eine Einführung in Entwurfsmuster

327 Seiten
FlexCover
€ 29,99
ISBN 978-3-446-43616-9

Ulrich Breymann

Der C++-Programmierer

C++ lernen – professionell anwenden – Lösungen nutzen

- ➔ Ein Praxisbuch für alle Ansprüche – mehr brauchen Einsteiger und Profis nicht
- ➔ Stellt Grundlagen und fortgeschrittene Themen der C++-Programmierung vor und zeigt, welche Unterstützung professionelle Softwareentwickler in der Teamarbeit benötigen
- ➔ Entspricht dem ISO- Standard C++11
- ➔ Enthält über 150 praktische Lösungen für typische Aufgabenstellungen und 90 Übungsaufgaben – inkl. Musterlösungen

4., überarbeitete und erweiterte Auflage
992 Seiten. FlexCover
€ 39,99
ISBN: 978-3-446-44346-4

E-Book inside

Bjarne Stroustrup

Die C++-Programmiersprache

Aktuell zu C++11

1.467 Seiten
FlexCover
Durchgehend zweifarbig
€ 49,99
ISBN 978-3-446-43961-0

E-Book inside

Bjarne Stroustrup

Eine Tour durch C++

Die kurze Einführung in den neuen Standard C++11

200 Seiten
FlexCover
Durchgehend zweifarbig
€ 24,99
ISBN 978-3-446-43962-7

E-Book inside

Bernd Klein

Einführung in Python 3

Für Ein- und Umsteiger

2., überarbeitete und erweiterte Auflage
512 Seiten
FlexCover
€ 24,99
ISBN: 978-3-446-44133-0

E-Book inside

Warren Sande, Carter Sande

Hello World!

Programmieren für Kids und andere Anfänger

2., aktualisierte und erweiterte Auflage
501 Seiten. Mit CD
FlexCover
Komplett in Farbe
€ 29,99
ISBN 978-3-446-43806-4

E-Book inside

Rüdiger Schreiner

Computernetzwerke

Von den Grundlagen zur Funktion und Anwendung

- → Das Top-Standardwerk für Einsteiger und (künftige) Administratoren von Computersystemen und -netzwerken
- → Vermittelt das nötige Know-how, um Netzwerke, ob in großen Umgebungen oder zu Hause, von Grund auf verstehen zu lernen
- → Fundiert, kompakt und verständlich erklärt, unterhaltsam geschrieben
- → Mit vertiefenden Exkursen, Beispielszenarien und Fehleranalysen
- → Mit Übungen und Repetitorien

5., erweiterte Auflage
330 Seiten. FlexCover
€ 24,99
ISBN 978-3-446-44132-3

E-Book inside

Anatol Badach, Erwin Hoffmann

Technik der IP-Netze

Internet-Kommunikation
in Theorie und Einsatz

3., überarbeitete und
erweiterte Auflage
812 Seiten
FlexCover
€ 49,99
ISBN 978-3-446-43976-4

E-Book inside

Anatol Badach, Sebastian Rieger

Netzwerkprojekte

Planung, Realisierung,
Dokumentation und
Sicherheit von Netzwerken

512 Seiten
FlexCover
€ 34,99
ISBN 978-3-446-40487-8

E-Book inside

Wolfgang Riggert

Rechnernetze

Grundlagen
Ethernet
Internet

5., aktualisierte Auflage
281 Seiten
Broschur
€ 29,99
ISBN 978-3-446-44204-7

E-Book inside

NEU

Jörg Fischer, Christian Sailer

VoIP Praxisleitfaden

IP-Kommunikation aus der Cloud,
im WEB und mobil planen,
implementieren und betreiben

2., überarbeitete und
erweiterte Auflage
Erscheint 04/2016
ca. 500 Seiten. FlexCover
ca. € 49,99
ISBN: 978-3-446-44491-1

E-Book inside

NEU

Holger Schwichtenberg

Windows PowerShell 5.0

Das Praxisbuch

- → Windows PowerShell als Microsofts mächtige Lösung für die kommandozeilenbasierte Administration und Scripting in Windows
- → Eine schrittweise Einführung in die Automatisierung administrativer Aufgaben
- → Das Buch wurde auf PowerShell 5.0 aktualisiert und erweitert, kann aber auch für die Vorgängerversionen verwendet werden; die Unterschiede sind im Buch beschrieben

Erscheint 04/2016
ca. 1.000 Seiten
FlexCover
ca. € 49,99
ISBN 978-3-446-44643-4

E-Book inside

NEU

Ulrich B. Boddenberg

Microsoft Cloud im Unternehmen: Office 365, Azure, Power BI, Intune

Business Cases, Architektur & Planung, Hybride Lösungen, Management

Erscheint 04/2016
ca. 800 Seiten. FlexCover
ca. € 69,99
ISBN: 978-3-446-44236-8

E-Book inside

NEU

Holger Schwichtenberg

Windows Scripting lernen

Von Windows Script Host und Visual Basic Script bis zur Windows PowerShell

Erscheint 05/2016
ca. 500 Seiten
FlexCover
ca. € 34,99
ISBN: 978-3-446-44800-1

E-Book inside

Jamal Baydaoui

Webseiten entwickeln mit ASP.NET

Eine Einführung mit umfangreichem Beispielprojekt. Alle Codes in Visual Basic und C#

316 Seiten
FlexCover
€ 34,99
ISBN 978-3-446-43723-4

E-Book inside

Unser IT-Blog auf update.hanser-fachbuch.de

E-Book inside

Ulrich B. Boddenberg

SQL Server 2014 für Professionals

Hochverfügbarkeit, Cloud-Szenarien, Backup/Restore, Monitoring & Performance, Dimensionierung

- ➜ Optimaler Begleiter für die Planung, Umsetzung und/oder Wartung des SQL Server
- ➜ Bietet einen thematisch ganzheitlichen Überblick bis hin zu Cloud-Szenarien
- ➜ Informiert von Thema zu Thema über Hintergründe und Funktionsweisen und zeigt anschließend die praktische Umsetzung

634 Seiten
FlexCover
€ 59,99
ISBN 978-3-446-44262-7

E-Book inside

Klemens Konopasek

SQL Server 2014

Der schnelle Einstieg

761 Seiten
FlexCover
€ 34,99
ISBN 978-3-446-43938-2

NEU

E-Book inside

M. Hotzy, A. Held, M. Adar, C. Antognini, R. Egner, M. Flechtner, A. Gallwitz, S. Oehrli, D. Steiger

Der Oracle DBA

Handbuch für die Administration der Oracle Datenbank 12c

2., überarbeitete Auflage
Erscheint 04/2016
800 Seiten. FlexCover
€ 69,99
ISBN: 978-3-446-44344-0

Thomas Kudraß (Hrsg.)

Taschenbuch Datenbanken

2., neu bearbeitete Auflage
576 Seiten
Flexibler Einband
€ 29,99
ISBN 978-3-446-43508-7

E-Book inside

Ralf Adams

SQL

Eine Einführung mit vertiefenden Exkursen

459 Seiten
FlexCover
€ 29,90
ISBN: 978-3-446-43200-0

Jakob Freund, Bernd Rücker

Praxishandbuch BPMN 2.0

→ Starten Sie mit diesem topaktuellen Führer in die Welt der BPMN 2.0 und profitieren Sie von der Praxiserfahrung der Autoren
→ Lernen Sie nicht nur die Notation kennen, sondern auch alles, was damit zusammenhängt: Fachliche Prozessmodellierung, Prozessautomatisierung und Business-IT-Alignment
→ Neu in der 4. Auflage: Überarbeitung des beliebten BPMN-Methodenframeworks
→ Zum Heraustrennen: Übersicht über die wichtigsten Symbole der BPMN 2.0

4., aktualisierte Auflage
296 Seiten
FlexCover
€ 34,99
ISBN 978-3-446-44255-9

E-Book inside

Chris Rupp, die SOPHISTen

Requirements-Engineering und -Management

Aus der Praxis von klassisch bis agil

6., aktualisierte und erweiterte Auflage
570 Seiten
FlexCover
Komplett in Farbe
€ 49,99
ISBN 978-3-446-43893-4

E-Book inside

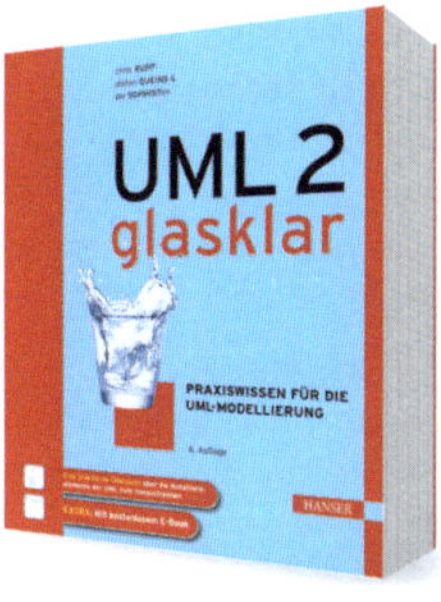

Chris Rupp, Stefan Queins, die SOPHISTen

UML 2 glasklar

Praxiswissen für die UML-Modellierung

4., aktualisierte und erweiterte Auflage
580 Seiten. FlexCover
Inkl. der wichtigsten Notationselemente der UML z. Heraustrennen
€ 34,90
ISBN 978-3-446-43057-0

E-Book inside

ALLE BÜCHER GIBT ES AUCH ALS E-BOOK!

fachbuch.hanser-ebooks.de

Inge Hanschke, Gunnar Giesinger, Daniel Goetze

Business Analyse – einfach und effektiv

Geschäftsanforderungen verstehen und in IT-Lösungen umsetzen

- → Unternehmen müssen in der Lage sein, sich zu verändern und an die jeweiligen Markt- und Wirtschaftsbedingungen schnell anzupassen
- → Unnötige Doppelarbeiten und wertvernichtende Projekte werden vermieden; so entstehen Freiräume für strategische Vorhaben

2., überarbeitete und erweiterte Auflage
347 Seiten
FlexCover
€ 39,99
ISBN: 978-3-446-44345-7

Inge Hanschke

Strategisches Management der IT-Landschaft

Ein praktischer Leitfaden für das Enterprise Architecture Management

3., aktualisierte und erweiterte Auflage
646 Seiten. FlexCover
€ 49,99
ISBN 978-3-446-43509-4

E-Book inside

Inge Hanschke

Lean IT-Management – einfach und effektiv

Der Erfolgsfaktor für ein wirksames IT-Management

496 Seiten
FlexCover
€ 49,99
ISBN 978-3-446-44071-5

E-Book inside

Inge Hanschke

Enterprise Architecture Management – einfach und effektiv

Ein praktischer Leitfaden für die Einführung von EAM

343 Seiten
FlexCover
€ 34,90
ISBN 978-3-446-42694-8

E-Book inside

Inge Hanschke, Rainer Lorenz

Strategisches Prozessmanagement – einfach und effektiv

Ein praktischer Leitfaden

248 Seiten
FlexCover
€ 34,90
ISBN 978-3-446-42695-5

E-Book inside

Tom DeMarco

Als auf der Welt das Licht ausging

Ein Wissenschafts-Thriller

»Der Weltuntergang steht bevor, aber nicht so, wie Sie denken. Dieser Krieg jagt nicht alles in die Luft, sondern schaltet alles ab.«

Übersetzt aus dem Amerikanischen von Andreas Brandhorst

652 Seiten. Broschur
€ 19,99
ISBN 978-3-446-43960-3

Tom DeMarco, Timothy Lister

Wien wartet auf Dich!

Produktive Projekte und Teams

- → Revolutionärer Software-Management-Bestseller jetzt in Neuauflage
- → »Lebensnotwendige« Erkenntnisse aus der Softwareentwicklung – unterhaltsam zu lesen
- → Inkl. sechs neuer Kapitel und erstmalig mit kostenlosem E-Book inside

Übersetzt aus dem Englischen von Peter Hruschka

3., überarbeitete und erweiterte Auflage
274 Seiten. FlexCover
€ 19,99
ISBN 978-3-446-43895-8

Tom DeMarco

Der Termin

Ein Roman über Projektmanagement

- → Über Prinzipien und Absurditäten, die die Produktivität eines Software-Entwicklungsteams beeinflussen
- → Managementmethoden auf dem Prüfstand

Übersetzt aus dem Englischen von Doris Märtin

272 Seiten. FlexCover
€ 19,90
ISBN 978-3-446-41439-6

Tom DeMarco, Timothy Lister

Bärentango

Mit Risikomanagement Projekte zum Erfolg führen

- → Lernen Sie, wie man Risiken identifiziert und ihnen begegnet, bevor sie zu Problemen werden
- → Konkrete Strategien im Umgang mit den häufigsten Risiken in Softwareprojekten

Übersetzt aus dem Englischen von Doris Märtin

234 Seiten. FlexCover
€ 19,90
ISBN 978-3-446-22333-2

Tom DeMarco

Spielräume

Projektmanagement jenseits von Burn-out, Stress und Effizienzwahn

- → Tipps, wie Manager ihre Organisationen sehr viel flexibler machen können
- → Strategien, wie man Spielräume in den Arbeitsalltag des Unternehmens einführen kann, damit es überlebensfähig bleibt und schnell auf Veränderungen reagieren kann

Übersetzt aus dem Englischen von Doris Märtin

224 Seiten. FlexCover
€ 19,90
ISBN 978-3-446-21665-5

Tom DeMarco, Peter Hruschka, Timothy Lister, Steve McMenamin, James Robertson, Suzanne Robertson

Adrenalin-Junkies und Formular-Zombies

Typisches Verhalten in Projekten

- → Tausende von Projekten unter die Lupe genommen durch die Mitglieder der Atlantic Systems Guild
- → Die Beschreibung typischer Verhaltensweisen in Softwareentwicklungs-Projekten, schädliche wie nützliche
- → Verhaltensmuster in Projekten – einige sind sehr konstruktiv, andere einfach dumm

Übersetzt aus dem Englischen von Dirk Wittke

228 Seiten. Komplett in Farbe. FlexCover
€ 24,90
ISBN 978-3-446-41254-5